Großkommentare der Praxis

Bruck/Möller

Versicherungsvertragsgesetz

Großkommentar

9., völlig neu bearbeitete Auflage

herausgegeben von

Horst Baumann, Roland Michael Beckmann,
Katharina Johannsen, Ralf Johannsen (†), Robert Koch

Sechster Band

Transportversicherung

Teilband 2

DTV-VHV laufende Versicherung 2003/2011
DTV-ADS 2009
AVB Flusskasko 2008/2013
AVB Wassersportfahrzeuge 2008

Bearbeiter:

DTV-VHV laufende Versicherung: Erwin Abele
DTV-ADS: Jan Dreyer, Jan Eichhorn, Jens Jaeger, Maximilian Guth
AVB Flusskasko: Olaf Hartenstein
AVB Wassersportfahrzeuge: Jürgen Raab

De Gruyter

Stand der Bearbeitung: Juli 2014

Zitiervorschlag: Bruck/Möller/*Abele*[9] Bd. 6/2, Ziff. 1 DTV-VHV 2003/2011 Rn. 6

Sachregister: Christian Klie

MIX
Papier aus verantwortungsvollen Quellen
FSC® C016439

ISBN 978-3-11-041237-6
e-ISBN(PDF) 978-3-11-041241-3
e-ISBN(EPUB) 978-3-11-041253-6

Bibliografische Information der Deutschen Nationalbibliothek

Die Deutsche Nationalbibliothek verzeichnet diese Publikation in der Deutschen Nationalbibliografie; detaillierte bibliografische Daten sind im Internet über http://dnb.d-nb.de abrufbar.

Datenkonvertierung/Satz: WERKSATZ Schmidt & Schulz GmbH, Gräfenhainichen
Druck: Hubert & Co. GmbH & Co. KG, Göttingen

∞ Gedruckt auf säurefreiem Papier

Printed in Germany

www.degruyter.com

Verzeichnis der Bearbeiter der 9. Auflage

Erwin Abele, Rechtsanwalt in München
Dr. **Horst Baumann**, Professor an der Technischen Universität Berlin
Dr. **Roland Michael Beckmann**, Professor an der Universität des Saarlandes, Saarbrücken
Dr. **Oliver Brand**, LL.M. (Cambridge), Professor an der Universität Mannheim
Dr. **Christoph Brömmelmeyer**, Professor an der Europa-Universität Viadrina, Frankfurt (Oder)
Dr. **Heinrich Dörner**, Professor an der Westfälischen Wilhelms-Universität Münster
Dr. **Jan Dreyer**, Rechtsanwalt und Fachanwalt für Versicherungsrecht in Hamburg
Charlotte Echarti, Rechtsanwältin in Rellingen
Dr. **Jan Eichhorn**, Rechtsanwalt in Hamburg
Dr. **Thomas Gädtke**, Rechtsanwalt in München
Dr. **Sven Gerhard**, Allianz Global Corporate & Speciality AG, Hamburg
Dr. **Maximilian Guth**, LL.M. (Southampton), Rechtsanwalt in Hamburg, Solicitor of England & Wales
Dr. **Olaf Hartenstein**, D.E.A., LL.M., Rechtsanwalt in Hamburg
Dr. **Helmut Heiss**, LL.M. (Chicago), Professor an der Universität Zürich
Dr. **Jörg Henzler**, Rechtsanwalt in Stuttgart
Dr. **Harald Herrmann**, Professor an der Friedrich-Alexander-Universität Erlangen-Nürnberg und Leiter des Instituts für Versicherungswissenschaft
Dr. **Knut Höra**, Rechtsanwalt und Fachanwalt für Versicherungsrecht in Frankfurt am Main
Dr. **Detlef A. Huber**, Rechtsanwalt in Freiburg i.Br.
Jens Jaeger, Rechtsanwalt in Hamburg
Dr. **Katharina Johannsen**, Vorsitzende Richterin am Hanseatischen OLG a.D., Hamburg
Dr. **Ralf Johannsen** (†), Rechtsanwalt in Hamburg
Dr. **Rocco Jula**, Rechtsanwalt und Fachanwalt für Versicherungsrecht in Berlin
Dr. **Kai-Oliver Knops**, Professor an der Universität Hamburg
Dr. **Robert Koch**, LL.M. (McGill), Professor an der Universität Hamburg
Dr. **Hubertus W. Labes**, Rechtsanwalt in Rellingen
Dr. **Kent Leverenz**, Richter in Hamburg
Dr. **Annemarie Matusche-Beckmann**, Professor an der Universität des Saarlandes, Saarbrücken
Dr. **Helmut Müller**, Präsident des Bundesaufsichtsamts für das Versicherungswesen a.D., Berlin
Dr. **Ernst Niederleithinger**, Ministerialdirektor beim Bundesministerium der Justiz a.D., Honorarprofessor, Berlin
Dr. **Peter Präve**, Syndikus beim GDV, Berlin
Jürgen Raab, Rechtsanwalt in Hamburg
Dr. **Reinhard Renger**, Ministerialrat beim Bundesministerium der Justiz a.D., Bonn
Dr. **Jens-Berghe Riemer**, Rechtsanwalt und Fachanwalt für Versicherungsrecht sowie Transport- und Speditionsrecht in Nürnberg
Dr. **Claus von Rintelen**, Rechtsanwalt in Hamburg
Dr. **Christian Rolfs**, Professor an der Universität zu Köln
Dr. **Christian Schneider**, Rechtsanwalt in Köln
Dr. **Winfried Schnepp**, Rechtsanwalt und Fachanwalt für Versicherungsrecht in Köln

Arno Schubach, Rechtsanwalt und Fachanwalt für Versicherungsrecht in Koblenz
Dr. **Dieter Schwampe**, Professor an der Universität Hamburg, Rechtsanwalt in Hamburg
Dr. **Hans-Peter Schwintowski,** Professor an der Humboldt-Universität zu Berlin
Dr. **Ansgar Staudinger**, Professor an der Universität Bielefeld
Dr. **Wolfgang Voit**, Professor an der Philipps-Universität Marburg
Dr. **Eckhardt Wilkens**, Vorstand der R+V Versicherung AG und Vorsitzender des Vorstandes der Vereinigten Tierversicherung Gesellschaft auf Gegenseitigkeit a.D., Burgwedel
Dr. **Gerrit Winter**, Professor an der Universität Hamburg

Vorwort zu Band 6/2

Der vorliegende Teilband behandelt die Verkehrshaftungsversicherung (DTV-VHV 2003/2011), die Seeschiffversicherung (DTV-ADS 2009), die Binnenschiffversicherung (AVB Flusskasko 2008/2013) und die Wassersportfahrzeugversicherung (AVB Wassersportfahrzeuge 2008).

Die gesetzlichen Vorschriften zur Transportversicherung (§§ 130–141 VVG) sowie die Güterversicherung (DTV-Güter 2000/2011) werden in 2015 in Band 6/1 erscheinen.

Für die Kommentierungen konnten Verlag und Herausgeber in der Rechtspraxis dieser Themengebiete erfahrene Autoren gewinnen.

Rechtsprechung und Schrifttum wurden im Wesentlichen bis Juli 2014 berücksichtigt. Für Kritik und Verbesserungsvorschläge sind Verlag und Herausgeber dankbar.

Berlin, Saarbrücken und Hamburg im November 2014

Horst Baumann *Roland Michael Beckmann* *Katharina Johannsen* *Robert Koch*

Inhaltsübersicht

Verzeichnis der Abkürzungen und der abgekürzt zitierten Literatur

a.A.	anderer Ansicht
a.a.O.	am angegebenen Ort
ABBV	Allgemeine Bedingungen für die Baubestandsversicherung
ABE	Allgemeine Bedingungen für die Elektronikversicherung
ABG	Allgemeine Bedingungen für die Kaskoversicherung von Baugeräten
ABGB	Allgemeines Bürgerliches Gesetzbuch (Österreich)
abgedr.	abgedruckt
ABGF	Allgemeine Bedingungen für die dynamische Sachversicherung des Gewerbes und der Freien Berufe
Abk.	Abkommen
abl.	ablehnend
ABl.	Amtsblatt
ABMG	Allgemeine Bedingungen für die Maschinen- und Kasko-Versicherung von fahrbaren und transportablen Geräten
ABN	Allgemeine Bedingungen für die Bauleistungsversicherung von Gebäudeneubauten durch Auftraggeber
ABRK	Allgemeine Bedingungen für die Reparaturkosten von Kraftwagen
ABRV	Allgemeine Bedingungen für die Reise-Rücktrittskosten-Versicherung
ABS	Allgemeine Bedingungen für die Sachversicherung (Österreich)
Abs.	Absatz
Abschlussbericht	*siehe KomE*
Abschn.	Abschnitt
ABU	Allgemeine Bedingungen für die Bauleistungsversicherung von Unternehmerleistungen
ABV	Allgemeine Bedingungen der Vertrauensschadenversicherung
ABV (PKautV)	Allgemeine Bedingungen der Vertrauensschadenversicherung (Personenkautionsversicherung)
ABVerm	Allgemeine Bedingungen für die Vermögenshaftpflichtversicherung
abw.	abweichend
AcP	Archiv für civilistische Praxis (zit. nach Band, Jahr u. Seite)
ADB	Allgemeine Deutsche Binnen-Transportversicherungsbedingungen
ADS	Allgemeine Deutsche Seeversicherungsbedingungen von 1919
a.E.	am Ende
AEB	Allgemeine Einbruchdiebstahlversicherungsbedingungen
ÄndG	Änderungsgesetz
ÄndVO	Änderungsverordnung
AERB	Allgemeine Bedingungen für die Einbruchdiebstahl- und Raubversicherung
AEUV	Vertrag über die Arbeitsweise der Europäischen Union
AFB	Allgemeine Bedingungen für die Feuerversicherung
AFVB	Allgemeine Bedingungen für die Fahrradverkehrsversicherung
a.F.	alte Fassung
AFG	Arbeitsförderungsgesetz
AG	Amtsgericht; Aktiengesellschaft
AGG	Allgemeines Gleichbehandlungsgesetz
AGBG	Gesetz zur Regelung des Rechts der Allgemeinen Geschäftsbedingungen (AGB-Gesetz)

AGlB	Allgemeine Bedingungen für die Glasversicherung
AGTG	Allgemeine Bedingungen für die Garantieverlängerungsversicherung von Technischen Geräten
AHagB	Allgemeine Hagelversicherungs-Bedingungen
AHB	Allgemeine Versicherungsbedingungen für die Haftpflichtversicherung
AKB	Allgemeine Bedingungen für die Kfz-Versicherung
AKadZ	Zeitschrift der Akademie für Deutsches Recht
AKB	Allgemeine Bedingungen für die KfZ-Versicherung
AktG	Gesetz über Aktiengesellschaften und Kommanditgesellschaften auf Aktien
ALB	Allgemeine Bedingungen für die kapitalbildende Lebensversicherung
allg.	allgemein
allg.M.	allgemeine Meinung
Alt.	Alternative
AltZertG	Gesetz über die Zertifizierung von Altersvorsorgeverträgen
a.M.	anderer Meinung
AMB	Allgemeine Maschinen-Versicherungsbedingungen; ab 2008: Allgemeine Bedingungen für die Maschinenversicherung von stationären Maschinen
AMBUB	Allgemeine Maschinen-Betriebsunterbrechungs-Versicherungsbedingungen
AMG	Arzneimittelgesetz
AMoB	Allgemeine Montageversicherungsbedingungen
amtl. Begr.	amtliche Begründung
Anh.	Anhang
Anl.	Anlage
Anm.	Anmerkung
AnwBl.	Anwaltsblatt
AnwKom/*Bearbeiter*	AnwaltKommentar BGB, hrsg. von Dauner-Lieb/Heidel/Ring, 5 Bände (2005)
ao	außerordentlich
AO	Abgabenordnung
AöR	Archiv des öffentlichen Rechts
AP	Arbeitsrechtliche Praxis. Nachschlagewerk des Bundesarbeitsgerichts
ARB	Allgemeine Bedingungen für die Rechtsschutz-Versicherung
ArchBR	Archiv für Bürgerliches Recht
Art.	Artikel
ASKB	Allgemeine Bedingungen für die Sachversicherung von kerntechnischen Anlagen
Asmus/Sonnenberg	Kraftfahrtversicherung, 7. Aufl. (1998)
AssJhrB	Assekuranz-Jahrbuch
AStB	Allgemeine Bedingungen für die Sturmversicherung
AT	Allgemeiner Teil
AtomG	Gesetz über die friedliche Verwendung der Kernenergie und den Schutz gegen ihre Gefahren (Atomgesetz)
AUB	Allgemeine Unfallversicherungsbedingungen
AÜG	Arbeitnehmerüberlassungsgesetz
Auff.	Auffassung
Aufl.	Auflage
AuR	Arbeit und Recht
ausdrückl.	ausdrücklich
ausführl.	ausführlich
AusfVO	Ausführungsverordnung
ausl.	ausländisch

AuslG	Ausländergesetz
AuslPflVG	Gesetz über die Haftpflichtversicherung für ausländische Kraftfahrzeuge und Kraftfahrzeuganhänger
Auslunf	Unfälle mit Auslandsbezug
AusnVO	Ausnahmeverordnung
ausschl.	ausschließlich
Ausschussbericht	Beschlussempfehlung und Bericht des Rechtsausschusses zum Regierungsentwurf eines Gesetzes zur Reform des Versicherungsvertragsrechts (BTDrucks. 16/5862)
AV	Allgemeine Verfügung
AVB	Allgemeine Versicherungsbedingungen
AVB-AVG	Allgemeine Versicherungsbedingungen für die Vermögensschaden-Haftpflichtversicherung von Aufsichtsräten, Vorständen und Geschäftsführern
AVB MaV	Allgemeine Bedingungen für die Versicherung von Maschinen, maschinellen Einrichtungen und Apparaten
AVBR	Allgemeine Bedingungen für die Versicherung von Reisegepäck
AVBSP	Allgemeine Bedingungen für die Versicherung von Juwelen, Schmuck- und Pelzsachen im Privatbesitz
AVB Vermögen	Allgemeine Versicherungsbedingungen zur Haftpflichtversicherung für Vermögensschäden
AVBW	Allgemeine Bedingungen für die Kasko-Versicherung von Wassersportfahrzeugen
AVFE	Allgemeine Versicherungsbedingungen für Fernmelde- und sonstige elektronische Anlagen
AVFEBU	Allgemeine Betriebsunterbrechungs-Bedingungen bei Fernmelde- und sonstigen elektrotechnischen Anlagen
AVFEM	Allgemeine Bedingungen für die Mehrkostenversicherung bei Fernmeldeanlagen und sonstigen elektrotechnischen Anlagen
AVG	Angestelltenversicherungsgesetz
AVP	Allgemeine Bedingungen für die Versicherung von Pferden und anderen Einhufern
AVR	Allgemeine Bedingungen für die Versicherung von Rindern
AVSZ	Allgemeine Bedingungen für die Versicherung von Schweinen, Schafen und Ziegen
AVTHK	Allgemeine Bedingungen für die Tierkrankenversicherung von Hunden und Katzen
AWaB	Allgemeine Versicherungs-Bedingungen für die Waldbrandversicherung
AWB	Allgemeine Bedingungen für die Leitungswasserversicherung
AWG	Außenwirtschaftsgesetz
Az.	Aktenzeichen
Bach/Langheid	Aktuelle Rechtsfragen der Versicherungsvertragspraxis, 2. Aufl. (1990)
Bach/Moser	Private Krankenversicherung, MB/KK- und MB/KT-Kommentar, 4. Aufl. (2010)
BaFin	Bundesanstalt für Finanzdienstleistungsaufsicht
BAG	Bundesarbeitsgericht
Bamberger/Roth/*Bearbeiter*	Kommentar zum Bürgerlichen Gesetzbuch in drei Bänden, 3. Aufl. (2012)
BankArch	Bankarchiv. Zeitschrift für Bank- und Börsenwesen
BAnz.	Bundesanzeiger
Baran	Das Versicherungsaufsichtsgesetz, 3. Aufl. (2000)
Basedow/Fock	Europäisches Versicherungsvertragsrecht, Bd. I–III (2002/03)

Bauer	Die Kraftfahrtversicherung, 6. Aufl. (2010)
BauGB	Baugesetzbuch
Baumgärtel/Prölss	Handbuch der Beweislast im Privatrecht, Bd. 5 (Versicherungsrecht) (1993)
Baumgärtel/Laumen/Prütting	Handbuch der Beweislast – BGB AT, §§ 1–240, 3. Aufl. (2007)
BAV (BAA)	Bundesaufsichtsamt für das Versicherungs- (bis 1973: und Bausparwesen (bis 2001)
BB	Der Betriebs-Berater
BBG	Bundesbeamtengesetz
BBR	Besondere Bedingungen und Risikobeschreibungen
BBR ITD	Besondere Bedingungen und Risikobeschreibungen für die Haftpflichtversicherung von IT-Dienstleistern
Bd.	Band
BDSG	Bundesdatenschutzgesetz
Bearb.	Bearbeitung
Beckmann/Matusche-Beckmann/*Bearbeiter*	Versicherungsrechts-Handbuch, 2. Aufl. (2009)
BeckOK-BGB	Beck'scher Online-Kommentar BGB, hrsg. von Bamberger/Roth.(Stand: 1.2.2013)
BeckRS	Elektronische Entscheidungsdatenbank in beck-online (zitiert mit Jahrgang und lfd. Nummer)
BEEG	Gesetz zum Elterngeld und zur Elternzeit
begl.	beglaubigt
Begr.	Begründung zum VVG: RTDrucks Nr. 364, 12. Legislaturperiode, 1. Session 1907; zum PflVersG v. 7.11.1939: DJ 39, 1771; zur VO v. 19.12.1939: Amtl. Sonderveröffentl. d. DJ Nr. 20, Beilage zur DJ Nr. 3/1940; zum G v. 28.12.1942: DJ 43, 41 ff.; zur VO v. 6.4.1943: DJ 43, 269; zum G v. 5.4.1965 (PflVersG n.F.): BRDrucks. IV/2252 S 11 ff. zum RegE VVGReformG v. 20.12.2006 BTDrucks. 16/3945
Bek.	Bekanntmachung
Bekl.	Beklagter
Bem.	Bemerkung
Benkel/Hirschberg	Berufsunfähigkeits- und Lebensversicherung, ALB- und BUZ-Kommentar, 2. Aufl. (2011)
ber.	berichtigt
Berliner Kommentar/*Bearbeiter*	Berliner Kommentar zum Versicherungsvertragsgesetz: Kommentar zum deutschen und österreichischen VVG, hrsg. von H. Honsell (1999)
BerVersV	Versicherungsberichterstattungsverordnung vom 29.3.2006 (BGBl. I S. 622)
bes.	besonders
BesBed Arch	Besondere Bedingungen und Risikobeschreibungen für die Berufshaftpflichtversicherung von Architekten, Bauingenieuren und beratenden Ingenieuren
BesBed Priv	Besondere Bedingungen und Risikobeschreibungen für die Privathaftpflichtversicherung
Beschl.	Beschluss
Beschw.	Beschwerde
Bespr.	Besprechung
Best.	Bestimmung
bestr.	bestritten
betr.	betreffend

BetrAV	Betriebliche Altersversorgung
BetrAVG	Gesetz zur Verbesserung der betrieblichen Altersversorgung
BeurkG	Beurkundungsgesetz
BEW	Bedingungen für die Versicherung weiterer elementarer Schäden in der Wohngebäudeversicherung
BfA	Bundesversicherungsanstalt für Angestellte (heute: Rentenversicherung Bund)
BFH	Bundesfinanzhof
BGB	Bürgerliches Gesetzbuch
BGBl.	Bundesgesetzblatt
BGE	Entscheidungen des (Schweizerischen) Bundesgerichts
BGH	Bundesgerichtshof
BGHGrS	Bundesgerichtshof, Großer Senat
BGHR	BGH-Rechtsprechung Zivilsachen
BGHSt	Entscheidungen des Bundesgerichtshofes in Strafsachen (zit. nach Band u. Seite)
BGHZ	Entscheidungen des Bundesgerichtshofes in Zivilsachen (zit. nach Band u. Seite)
BilMoG	Bilanzrechtsmodernisierungsgesetz
BLAH/*Bearbeiter*	Baumbach/Lauterbach/Albers/Hartmann, Zivilprozessordnung, 70. Aufl. (2012)
BLVA	Bayerische Landesbrandversicherungsanstalt
BMI	Bundesminister(ium) des Inneren
BMJ	Bundesminister(ium) der Justiz
BOÄ	Bundesärzteordnung
Böhme/Biela	Kraftverkehrs-Haftpflicht-Schäden. Handbuch für die Praxis, 23. Aufl. (2006) (bis zur 22. Aufl. *Becker/Böhme)*
Boldt FeuerV	Feuerversicherung, 7. Aufl. (1995)
Bolze	Praxis des Reichsgerichts in Civilsachen (1886 ff.)
Borutta	Handbuch des Privatversicherungsrechts (Loseblatt-Ausgabe)
BR	Bundesrat
BRAK	Bundesrechtsanwaltskammer
BRAO	Bundesrechtsanwaltsordnung
BRAOÄndG	Gesetz zur Änderung der Bundesrechtsanwaltsordnung, der Patentrechtsanwaltsordnung und anderer Gesetze
Braun Lebensversicherung	Lebensversicherung (1932)
BRDrucks.	Bundesrats-Drucksache
BReg.	Bundesregierung
BRProt.	Protokolle des Bundesrates
BRRG	Beamtenrechtsrahmengesetz
BRStenBer.	Verhandlungen des Bundesrats, Stenographische Berichte (zit. nach Sitzung u. Seite)
Bruck PVR	Das Privatversicherungsrecht (1930)
Bruck Versicherungsvertrag	Kommentar zum Reichsgesetz über den Versicherungsvertrag, 7. Aufl. (1932)
Bruck/Dörstling	Das Recht des Lebensversicherungsvertrages: ein Kommentar zu den Allgemeinen Vertragsbedingungen der Kapitalversicherung auf den Todesfall, 2. Aufl. (1933)
Bruck/Möller/*Bearbeiter*[8]	Kommentar zum Versicherungsvertragsgesetz und zu den Allgemeinen Versicherungsbedingungen unter Einschluss des Versicherungsvermittlerrechtes, 8. Aufl. (1961–2002)
Bruck/Möller/*Bearbeiter*	Großkommentar zum Versicherungsvertragsgesetz und zu den Allgemeinen Versicherungsbedingungen, herausgegeben von Horst Baumann/Roland Michael Beckmann/Katharina Johannsen/Ralf Johannsen/Robert Koch, 9. Aufl. (2008 ff.)

BSG	Bundessozialgericht
BSHG	Bundessozialhilfegesetz
Bsp.	Beispiel
BStBl.	Bundessteuerblatt
BT	Besonderer Teil, Bundestag
BTDrucks.	Bundestagsdrucksache
BTProt.	s. BTVerh.
BTRAussch.	Rechtsausschuss des Deutschen Bundestags
BTStenBer.	Verhandlungen des deutschen Bundestages, Stenographische Berichte (zit. nach Wahlperiode u. Seite)
BU	Betriebsunterbrechung
Buchst.	Buchstabe
van Bühren/*Bearbeiter* Hdb	Handbuch Versicherungsrecht, 5. Aufl. (2012)
van Bühren	Versicherungsrecht in der anwaltlichen Praxis, 4. Aufl. (2000)
van Bühren/Nies	Reiseversicherung, 3. Aufl. (2010)
BUZ	Berufsunfähigkeits-Zusatzversicherung
BVB	Besondere Vertragsbedingungen
BVerfG	Bundesverfassungsgericht
BVerfGE	Entscheidungen des Bundesverfassungsgerichts (zit. nach Band u. Seite)
BVerfGG	Gesetz über das Bundesverfassungsgericht
BVerwG	Bundesverwaltungsgericht
BVerwGE	Entscheidungen des Bundesverwaltungsgerichts (zit. nach Band u. Seite)
bzgl.	bezüglich
bzw.	beziehungsweise
ca.	circa
CCZ	Corporate Compliance Zeitschrift
cic	culpa in contrahendo
CR	Computer und Recht
dagg.	dagegen
DAR	Deutsches Autorecht
DAV	Deutscher Anwaltsverein; Deutsche Aktuarvereinigung
DB	Der Betrieb
DDR	Deutsche Demokratische Republik
DeckRV	Deckungsrückstellungsverordnung vom 6.5.1996 (BGBl. I S. 670)
DepotG	Gesetz über die Verwahrung und Anschaffung von Wertpapieren (Depotgesetz)
ders.	derselbe
Deutsch	Das neue Versicherungsvertragsrecht, 6. Aufl. (2008)
dgl.	dergleichen
DGVZ	Deutsche Gerichtsvollzieher-Zeitung
d.h.	das heißt
dies.	dieselbe(n)
Dietz HausratV	Hausratversicherung 84, Kommentar, 2. Aufl. (1987)
Dietz WohngebäudeV	Wohngebäudeversicherung, Kommentar, 2. Aufl. (1999)
Diff., diff.	Differenzierung, differenzierend
Dig.	Digesta
Diller	Die Berufshaftpflichtversicherung für Rechtsanwälte. Kommentar (2009)
DIN	Deutsche Industrie Norm
Diss.	Dissertation
DJ	Deutsche Justiz

DJT	Deutscher Juristentag
DJZ	Deutsche Juristenzeitung (1896–1936)
DMW	Deutsche Medizinische Wochenschrift
DöV	Deutsche öffentlich-rechtliche Versicherung
Dörner AVB	Allgemeine Versicherungsbedingungen, Textausgabe, 6. Aufl. (2009)
D&O	Directors and Officers (Liability Insurance)
DOGE	Entscheidungen des Deutschen Obergerichts für das Vereinigte Wirtschaftsgebiet
DR	Deutsches Recht, Wochenausgabe (vereinigt mit Juristische Wochenschrift) (1931–1945)
DRechtsw.	Deutsche Rechtswissenschaft (1936–1943)
Dreher	Die Versicherung als Rechtsprodukt (1991)
DRiB	Deutscher Richterbund
DRiG	Deutsches Richtergesetz
DRiZ	Deutsche Richterzeitung
DRM	Deutsches Recht, Monatsausgabe (vereinigt mit Deutsche Rechtspflege)
DRpfl.	Deutsche Rechtspflege (1936–1939)
DRsp.	Deutsche Rechtsprechung, hrsg. von Feuerhake (Loseblattsammlung)
Drucks.	Drucksache
DRW	Deutsches Recht, Wochenausgabe
DRZ	Deutsche Rechts-Zeitschrift (1946–1950)
DS	Der Sachverständige
DSB	Datenschutzberater
DStrR	Deutsches Steuerrecht
dt.	deutsch
DuR	Demokratie und Recht
DVBl.	Deutsches Verwaltungsblatt
DVers.	Deutsche Versicherung
DVersPresse	Deutsche Versicherungspresse
DVO	Durchführungsverordnung
DVollzO	Dienst- und Vollzugsordnung
DVP	Deutsche Verwaltungspraxis
DVR	Datenverarbeitung im Recht (bis 1985, danach vereinigt mit IuR)
DVZ	Deutsche Versicherungszeitschrift
DZWIR	Deutsche Zeitschrift für Wirtschaftsrecht
E	Entwurf bzw. Entscheidung
ebd.	ebenda
ebso.	ebenso
ECB	Bedingungen für die Versicherung zusätzlicher Gefahren zur Feuerversicherung für Industrie- und Handelsbetriebe
ECBUB	Bedingungen für die Versicherung zusätzlicher Gefahren zur Feuer-Betriebsunterbrechungs-Versicherung für Industrie- und Handelsbetriebe
ED	Einbruchdiebstahl
ed(s)	editor(s)
EDV	Einbruchdiebstahlversicherung
EFG	Entscheidung der Finanzgerichte (zit. nach Band u. Seite)
EG	Einführungsgesetz bzw. Europäische Gemeinschaft(en) bzw. Erinnerungsgabe
EGBGB	Einführungsgesetz zum Bürgerlichen Gesetzbuch
EGGVG	Einführungsgesetz zum Gerichtsverfassungsgesetz v. 27.1.1877

EGInsO	Einführungsgesetz zur Insolvenzordnung
EGInsOÄndG	Gesetz zur Änderung des Einführungsgesetzes zur Insolvenzordnung und anderer Gesetze
EGKS	Europäische Gemeinschaft für Kohle und Stahl
EGMR	Europäischer Gerichtshof für Menschenrecht
EGOWiG	Einführungsgesetz zum Gesetz über Ordnungswidrigkeiten
EGStGB	Einführungsgesetz zum Strafgesetzbuch
EGStPO	Einführungsgesetz zur Strafprozessordnung
EGV	Vertrag zur Gründung der Europäischen Gemeinschaft
EGVVG	Einführungsgesetz zum VVG
EheG	Ehegesetz
ehem.	ehemalig
Ehrenberg	Privatversicherungsrecht (1923)
Ehrenzweig	Deutsches (österreichisches) Versicherungs-Vertragsrecht (1952)
Einf.	Einführung
eingeh.	eingehend
einschl.	einschließlich
einschr.	einschränkend
Einl.	Einleitung
EKMR	Europäische Kommission für Menschenrechte
EMRK	Europäische Menschenrechtskonvention
entgg.	entgegen
Entsch.	Entscheidung
entspr.	entsprechend
Entw.	Entwurf
ErfK/*Bearbeiter*	Erfurter Kommentar zum Arbeitsrecht, hrsg. von Dieterich/Hanau/Schaub, 13. Aufl. (2013)
Erg.	Ergebnis bzw. Ergänzung
ErgBd.	Ergänzungsband
Erl.	Erläuterung
Erman/*Bearbeiter*	Handkommentar zum Bürgerlichen Gesetzbuch, hrsg. von Westermann, 12. Aufl. (2008)
Erw.	Erwiderung
EStG	Einkommensteuergesetz
etc.	et cetera
EU	Europäische Union
EuGH	Gerichtshof der Europäischen Gemeinschaft
EuGHE	Entscheidungen des Gerichtshofs der Europäischen Gemeinschaften – Amtliche Sammlung
EuGRZ	Europäische Grundrechte-Zeitschrift
EuGVVO	Verordnung des Rates über die gerichtliche Zuständigkeit und die Anerkennung und Vollstreckung von Entscheidungen in Zivil- und Handelssachen (EG-Verordnung Nr. 44/2001)
EuR	Europarecht
EurKomMR	Europäische Kommission für Menschenrechte
europ.	europäisch
EuropolG	Europol-Gesetz
EUV	Vertrag über die Europäische Union (Lissabon-Vertrag)
EuZW	Europäische Zeitschrift für Wirtschaftsrecht
EV	Vertrag zwischen der Bundesrepublik Deutschland und der Deutschen Demokratischen Republik über die Herstellung der Einheit Deutschlands (Einigungsvertrag)
evtl.	eventuell
EWG	Europäische Wirtschaftsgemeinschaft
EWGV	Vertrag zur Gründung der Europäischen Wirtschaftsgemeinschaft

EWiR	Entscheidungen zum Wirtschaftsrecht
EWiV	Europäische wirtschaftliche Interessenvereinigung

f., ff.	folgende
FAG	Gesetz über Fernmeldeanlagen
Fahr/Kaulbach/Bähr	Versicherungsaufsichtsgesetz, 4. Aufl. (2007)
Fahr/Kaulbach/Bähr/ Pohlmann	Versicherungsaufsichtsgesetz, 5. Aufl. (2012)
FamRZ	Ehe und Familie im privaten und öffentlichen Recht. Zeitschrift für das gesamte Familienrecht
FAO	Fachanwaltsordnung
Farny	Versicherungsbetriebslehre, 5. Aufl. (2011)
FBUB	Allgemeine Feuer-Betriebsunterbrechungs-Versicherungsbedingungen
Fenyves/Kronsteiner/Schauer	Kommentar zu den Novellen zum VersVG (Österreich) (1998)
FG	Finanzgericht
FGG	Gesetz über die Angelegenheiten der freiwilligen Gerichtsbarkeit
FGO	Finanzgerichtsordnung
FHB	Feuerhaftungs-Versicherungsbedingung
FinDAG	Finanzdienstleistungsaufsichtsgesetz
FJL	*Feyock/Jacobsen/Lemor* Kraftfahrtversicherung, 3. Aufl. (2009)
Fn.	Fußnote
Foerste/Graf von Westphalen/ *Bearbeiter*	Produkthaftungshandbuch, 3. Aufl. (2012)
fragl.	fraglich
FS	Festschrift
FVG	Gesetz über die Finanzverwaltung
v. Fürstenwerth/Weiß	Versicherungsalphabet, 10. Aufl. (2001)

G	Gesetz
GB BAV	Geschäftsbericht des Bundesaufsichtsamtes für das Versicherungswesen
GB GDV	Geschäftsbericht des Gesamtverbandes der Deutschen Versicherungswirtschaft e.V.
GBl.	Gesetzblatt
GDV	Gesamtverband der Deutschen Versicherungswirtschaft e.V.
GE	Geschäftsplanmäßige Erklärung
Geimer/Schütze/*Bearbeiter*	Europäisches Zivilverfahrensrecht, 3. Aufl. (2010)
gem.	gemäß
GenG	Gesetz betreffend die Erwerbs- und Wirtschaftsgenossenschaften
Gerhard/Hagen	Kommentar zum deutschen Reichsgesetz über den Versicherungsvertrag (1908)
GerS	Der Gerichtssaal
GeschO	Geschäftsordnung
gesetzl.	gesetzlich
GewArch	Gewerbearchiv, Zeitschrift für Gewerbe- u. Wirtschaftsverwaltungsrecht
GewO	Gewerbeordnung
gg.	gegen
GG	Grundgesetz für die Bundesrepublik Deutschland
ggf.	gegebenenfalls
von Gierke Versicherungsrecht I	J. von Gierke, Versicherungsrecht, Bd. I (1937)
von Gierke Versicherungsrecht II	J. von Gierke, Versicherungsrecht, Bd. II (1947)
GKG	Gerichtskostengesetz

GKV	Gesetzliche Krankenversicherung
gl.	gleich
GmbHG	Gesetz betr. die Gesellschaften mit beschränkter Haftung
GmbHR	GmbH-Rundschau (vorher: Rundschau für GmbH)
GMBl.	Gemeinsames Ministerialblatt
GoA	Geschäftsführung ohne Auftrag
grdl.	grundlegend
grds.	grundsätzlich
Grimm	Unfallversicherung, 5. Aufl. (2009)
Großkomm-AktG/*Bearbeiter*	Aktiengesetz, hrsg. von Hopt/Wiedemann, 4. Aufl. (1992 ff.)
GrS	Großer Senat
GrSZ	Großer Senat in Zivilsachen
Grubmann	Das Versicherungsvertragsgesetz, 6. Aufl. (2007) (Österreich)
GRUR	Gewerblicher Rechtsschutz und Urheberrecht
GS	Gedächtnisschrift
GVBl.	Gesetz- und Verordnungsblatt
GVG	Gerichtsverfassungsgesetz
GWB	Gesetz gegen Wettbewerbsbeschränkungen
GwG	Gesetz über das Aufspüren von Gewinnen aus schweren Straftaten (Geldwäschegesetz)
h.A.	herrschende Ansicht
Hagelschuer	Lebensversicherung, 2. Aufl. (1987)
Hagen Versicherungsrecht	in: Ehrenbergs Handbuch des gesamten Handelsrechts, 8. Band, I. und II. Abteilung (1922)
Halbs.	Halbsatz
Halm/Engelbrecht/Krahe	Handbuch des Fachanwalts Versicherungsrecht, 4. Aufl. (2011)
Hansen Beweislast	Beweislast und Beweiswürdigung im Versicherungsrecht (1990)
HansRGZ	Hanseatische Rechts- und Gerichtszeitschrift
HansRZ	Hanseatische Rechtszeitschrift
Harbauer	Rechtsschutzversicherung. Kommentar zu den Allgemeinen Bedingungen für die Rechtsschutzversicherung (ARB), 8. Aufl. (2009)
Hauss	25 Jahre Karlsruher Forum. Beiträge zum Haftungs- und Versicherungsrecht (1983)
Hax	Grundlagen des Versicherungswesens (1964)
Hdb.	Handbuch
HdV	Handwörterbuch der Versicherung, hrsg. von Farny/Helten/Koch/Schmidt (1988)
HeilPrG	Gesetz über die berufsmäßige Ausübung der Heilkunde ohne Bestallung (Heilpraktikergesetz)
Heiss	Treu und Glauben im Versicherungsvertragsrecht (1989)
Heiss/Lorenz	Versicherungsvertragsgesetz, 2. Aufl. (1996)
Herdt	Die mehrfache Kausalität im Versicherungsrecht (1978)
HEZ	Höchstrichterliche Entscheidungen (Zivilsachen)
HFR	Höchstrichterliche Finanzrechtsprechung
HGB	Handelsgesetzbuch
HGZ	Hanseatische Gerichtszeitung
hins.	hinsichtlich
Hinw.	Hinweis
HK BGB/*Bearbeiter*	Bürgerliches Gesetzbuch Handkommentar, hrsg. von Schulze/Dörner/Ebert et. al., 7. Aufl. (2011)
HK ZPO/*Bearbeiter*	Zivilprozessordnung Handkommentar, hrsg. von Saenger, 4. Aufl. (2011)
HK VVG/*Bearbeiter*	Versicherungsvertragsgesetz Handkommentar, hrsg. von Rüffer/Halbach/Schimikowski, 2. Aufl. (2011)

h.A.	herrschende Ansicht, herrschende Auffassung
h.L.	herrschende Lehre
h.M.	herrschende Meinung
Hofmann PVR	Privatversicherungsrecht, 4. Auflage (1998)
HRR	Höchstrichterliche Rechtsprechung (1928–1942), bis 1927: Die Rechtsprechung, Beilage zur Zeitschrift Juristische Rundschau
Hrsg./hrsg.	Herausgeber/herausgegeben
h.Rspr.	herrschende Rechtsprechung
Hübner	Allgemeine Versicherungsbedingungen und AGB-Gesetz, 5. Aufl. (1997)
Hüffer	Aktiengesetz, 10. Aufl. 2012
i.Allg.	im Allgemeinen
i.d.F.	in der Fassung
i.d.R.	in der Regel
i.d.S.	in diesem Sinne
i.E.	im Ergebnis
i.e.S.	im engeren Sinne
IFG	Informationsfreiheitsgesetz
i.gl.S.	im gleichen Sinne
i.Grds.	im Grundsatz
IHK	Industrie- und Handelskammer
i.H.v.	in Höhe von
ILC	International Law Commission
IM	Innenministerium
InfoV	*siehe VVG-InfoV*
inl.	inländisch
insbes.	insbesondere
insges.	insgesamt
InsO	Insolvenzordnung
inzw.	inzwischen
IPBPR	Internationaler Pakt über bürgerliche und politische Rechte
i.R.d.	im Rahmen der/des
i.R.v.	im Rahmen von
i.S.	im Sinne
i.S.d.	im Sinne der/des
i.S.e.	im Sinne einer(s)
i.S.v.	im Sinne von
i.techn.S.	im technischen Sinne
i.U.	im Unterschied
i.üb.	im Übrigen
IuKDG	Gesetz zur Regelung der Rahmenbedingungen für Informations- und Kommunikationsdienste (Informations- und Kommunikationsdienstegesetz)
IuR	Informatik und Recht
IVH	Info-Letter Versicherungs- und Haftungsrecht
i.V.m.	in Verbindung mit
i.w.	im Wesentlichen
i.w.S.	im weiteren Sinne
i.Z.m.	im Zusammenhang mit
JA	Juristische Arbeitsblätter für Ausbildung und Examen
Jabornegg	Das Risiko des Versicherers (1979)
JahrbÖR	Jahrbuch des öffentlichen Rechts der Gegenwart
JBeitrO	Justizbeitreibungsordnung

JBl.	Juristische Blätter (Österreich)
JBlRhPf.	Justizblatt Rheinland-Pfalz
JBl Saar	Justizblatt des Saarlandes
jew.	jeweils
JK	Jura-Kartei
JM	Justizminister(ium)
JOR	Jahrbuch für Ostrecht
JR	Juristische Rundschau
JRPV	Juristische Rundschau für die Privatversicherung
Jula	Sachversicherungsrecht, 2. Aufl. (2008)
JurA	Juristische Analysen
Jura	Juristische Ausbildung
jurisPK/*Bearbeiter*	juris Praxiskommentar BGB, hrsg. von Herberger/Martinek/Rüßmann/Weth, 5. Aufl. (2010)
jurisPR	juris PraxisReport
JurJahrb.	Juristen-Jahrbuch
JuS	Juristische Schulung. Zeitschrift für Studium und Ausbildung
Justiz	Die Justiz. Amtsblatt des Justizministeriums von Baden-Württemberg
JuV	Justiz und Verwaltung
JVBl.	Justizverwaltungsblatt
JVKostO	Gesetz über Kosten im Bereich der Justizverwaltung
JW	Juristische Wochenschrift
JZ	Juristenzeitung
JZ-GD	Juristenzeitung – Gesetzgebungsdienst
KalV	Verordnung über die versicherungsmathematischen Methoden zur Prämienkalkulation und zur Berechnung der Alterungsrückstellung in der privaten Krankenversicherung (Kalkulationsverordnung – KalV)
Kap.	Kapitel
Kfz.	Kraftfahrzeug
KfzPflVV	Kraftfahrzeugpflichtversicherungsverordnung
KG	Kammergericht, Kommanditgesellschaft
KGJ	Jahrbuch für Entscheidungen des Kammergerichts in Sachen der freiwilligen Gerichtsbarkeit, in Kosten-, Stempel- und Strafsachen (1881–1922) (zit. nach Band u. Seite)
KH	Kraftfahrzeug-Haftpflicht
Kisch Versicherungsschein	Der Versicherungsschein (1952)
Kisch Mehrfache Versicherung	Die Mehrfache Versicherung desselben Interesses (1935)
Kisch PVR II	Handbuch des Privatversicherungsrechts, Bd. II (1920)
Kisch PVR III	Handbuch des Privatversicherungsrechts, Bd. III (1922)
KJ	Kritische Justiz
KK-OWiG/*Bearbeiter*	Karlsruher Kommentar zum Gesetz über Ordnungswidrigkeiten, 3. Aufl. (2006)
Kl.	Klausel
KLV	Kapitalbildende Lebensversicherung
Knoerrich/Rotkies	Rechtsgrundlagen der Individualversicherung
KO	Konkursordnung
Koch/Weiss	Gabler Versicherungslexikon (1994)
Koller	Transportrecht, 7. Aufl. (2010)
KomE	Kommissionsentwurf zur Reform des Versicherungsvertragsrechts; zitiert nach: Abschlussbericht der Kommission zur Reform des Versicherungsvertragsrechts vom 19. April (2004), hrsg. von Egon Lorenz (2004)
KorrBekG	Gesetz zur Bekämpfung der Korruption

K&R	Kommunikation und Recht
krit.	kritisch
KritVj	Kritische Vierteljahresschrift für Gesetzgebung und Rechtsprechung
KrW-/AbfG	Gesetz zur Förderung der Kreislaufwirtschaft und Sicherung der umweltverträglichen Beseitigung von Abfällen (Kreislaufwirtschafts- und Abfallgesetz)
KStG	Körperschaftsteuergesetz
KTS	Zeitschrift für Konkurs-, Treuhand- und Schiedsgerichtswesen
Kühnholz	Versicherungsrecht (1989)
KunstUrhG	Kunsturhebergesetz
Kuwert	Allgemeine Haftpflichtversicherung. Leitfaden durch die AHB, 4. Aufl. (1992)
Kuwert/Erdbrügger	Privat-Haftpflichtversicherung. Leitfaden durch die besonderen Bedingungen und Risikobeschreibungen, 2. Aufl. (1990)
KuV	Kraftfahrt und Verkehrsrecht
KWG	Gesetz über das Kreditwesen
Lackner/Kühl	StGB, 27. Aufl. (2011)
Landmann/Rohmer/*Bearbeiter*	Umweltrecht, 66. Ergänzungslieferung 2012
Langheid/Wandt/*Bearbeiter*	Münchener Kommentar Versicherungsvertragsgesetz: VVG; Band 1: §§ 1–99 VVG (Teil 1. Allgemeiner Teil) und Erläuterungen zum EGVVG (2010); Band 2: §§ 100–191 VVG (Teil 2. Einzelne Versicherungszweige) (2011); Band 3: §§ 192–215 VVG, Synopsen, Materialien (2009)
LegPer.	Legislaturperiode
LG	Landgericht
lit.	littera (Buchstabe)
Lit.	Literatur
LM	Nachschlagewerk des Bundesgerichtshofs, hrsg. von Lindenmaier/Möhring u.a. (zit. nach Paragraph u. Nummer)
LMK	Kommentierte BGH-Rechtsprechung Lindenmaier-Möhring
Looschelders/Pohlmann/*Bearbeiter*	VVG Versicherungsvertragsgesetz, Kommentar, 2. Aufl. (2011)
LPG	Landespressegesetz
LS	Leitsatz
lt.	laut
LVerf.	Landesverfassung
LZ	Leipziger Zeitschrift für Deutsches Recht (1907–1933)
LZB	Zusatzbedingungen für die Feuerversicherung landwirtschaftlicher Betriebe
m.	mit
MaBV	Makler- und Bauträgerverordnung
Mahr	Einführung in die Versicherungswirtschaft, 3. Aufl. (1970)
Maier	Das Versicherungs-Vertragsrecht (1911)
MalßZ	Zeitschrift für Versicherungsrecht, hrsg. v. Conrad Malß (Bd. I v. 1866, Bd. II v. 1878)
Manes Versicherungslexikon	Versicherungslexikon, 3. Aufl. (1930)
m. Anm.	mit Anmerkung
Marlow/Spuhl	Das neue VVG, 4. Aufl. (2010)
Martin SVR	Sachversicherungsrecht, Kommentar, 3. Aufl. (1992)
Maunz/Dürig/*Bearbeiter*	Grundgesetz, Loseblatt-Kommentar, 69. Ergänzungslieferung (5/2013), begr. von Maunz/Dürig
m.a.W.	mit anderen Worten

m.Bespr.	mit Besprechung
MBKK	Musterbedingungen für die Krankheitskosten- und Krankenhaustagegeldversicherung
MBKT	Musterbedingungen für die Krankentagegeldversicherung
MBPPV	Musterbedingungen für die private Pflegeversicherung
MBUB	Allgemeine Maschinen-Betriebsunterbrechungs-Versicherungsbedingungen
MdB	Mitglied des Bundestags
MdL	Mitglied des Landtags
MDR	Monatsschrift für Deutsches Recht
MDStV	Staatsvertrag über Mediendienste
MedR	Zeitschrift für Medizinrecht
Meixner/Steinbeck	Allgemeines Versicherungsvertragsrecht, 2. Aufl. (2011)
missverst.	missverständlich
m.krit.Anm.	mit kritischer Anmerkung (von)
MMR	MultiMedia und Recht
MMW	Münchner Medizinische Wochenschrift
Möller Verantwortlichkeit	Verantwortlichkeit des Versicherungsnehmers für das Verhalten Dritter (1939)
Möller Versicherungsvertragsrecht	Versicherungsvertragsrecht, 3. Aufl. (1977)
Motive	Motive zum VVG, Nachdruck (1963)
MüKo-AktG/*Bearbeiter*	Münchener Kommentar zum Aktiengesetz, hrsg. von Goette/Habersack/Kalss, 3. Aufl. (2008)
MüKo-BGB/*Bearbeiter*	Münchener Kommentar zum Bürgerlichen Gesetzbuch, hrsg. von Rebmann/Säcker/Rixecker, 5. Aufl. (2009)
MüKo-ZPO/*Bearbeiter*	Münchener Kommentar zur Zivilprozessordnung mit Gerichtsverfassungsgesetz und Nebengesetzen, hrsg. von Rauscher/Wax/Wenzel, 4. Aufl., Band 1 (2013), Band 2 (2012)
MüKo-StGB/*Bearbeiter*	Münchener Kommentar zum Strafgesetzbuch, hrsg. von Joecks/Miebach, 2. Aufl., 2003 ff.
H. Müller	Versicherungsbinnenmarkt (1998)
Musielak/*Bearbeiter*	Kommentar zur Zivilprozessordnung, 10. Aufl. (2013)
m.w.N.	mit weiteren Nachweisen
m.zust.Anm.	mit zustimmender Anmerkung
N.	Nachweise
Nachtr.	Nachtrag
Nds.GVBl.	Niedersächsisches Gesetz- und Verordnungsblatt
Nds.Rpfl	Niedersächsische Rechtspflege
NEGB	Allgemeine Bedingungen für die Neuwertversicherung der Elektro- und Gasgeräte des Haushalts
NEhelG	Gesetz über die Rechtsstellung der nichtehelichen Kinder
Neum.	Neumanns Zeitschrift für Versicherungswesen
n.F.	neue Fassung
Niederleithinger	Das neue VVG (2007)
NJ	Neue Justiz
NJOZ	Neue Juristische Online Zeitung
NJW	Neue Juristische Wochenschrift
NJWE-VHR	NJW-Entscheidungsdienst Versicherungs-/Haftungsrecht
NJW-RR	NJW-Rechtsprechungs-Report Zivilrecht
Nr.	Nummer
NStZ	Neue Zeitschrift für Strafrecht
NVersZ	Neue Zeitschrift für Versicherung und Recht
NVwZ	Neue Zeitschrift für Verwaltungsrecht

NwIG	Sonderbedingungen für die Neuwertversicherung von Industrie und Gewerbe
NwSoBed	Sonderbedingungen für die Neuwertversicherung
NwSoBedIuG	Sonderbedingungen für die Neuwertversicherung von Industrie und Gewerbe
NwSoBedlwGeb	Sonderbedingungen für die Neuwertversicherung landwirtschaftlicher Gebäude
NZA	Neue Zeitschrift für Arbeits- und Sozialrecht
NZG	Neue Zeitschrift für Gesellschaftsrecht
NZI	Neue Zeitschrift für Insolvenzrecht
NZS	Neue Zeitschrift für Sozialrecht
NZV	Neue Zeitschrift für Verkehrsrecht
o.	oben
o.ä.	oder ähnlich
ob.dict.	obiter dictum
OBGer	Obergericht (Schweizer Kantone)
Oetker/*Bearbeiter*	Handelsgesetzbuch, 3. Aufl. (2013)
öffentl.	öffentlich
ÖJVersG	Österr. Bundesgesetz über internationales Versicherungsvertragsrecht für den Europäischen Wirtschaftsraum
ÖJZ	Österreichische Juristenzeitung
OLGR	OLG-Report, Rechtsprechung der Oberlandesgerichte
ÖVVG	Österreichisches Versicherungsvertragsgesetz (*auch* VersVG)
o.g.	oben genannt
OG	Oberstes Gericht der DDR
OGDDR	Entscheidungen des Obersten Gerichts der DDR in Zivilsachen
ÖOGH	Österreichischer Oberster Gerichtshof
OHG	Offene Handelsgesellschaft
OLG	Oberlandesgericht
OLGZ	Entscheidungen der Oberlandesgerichte in Zivilsachen, einschließlich der freiwilligen Gerichtsbarkeit
OVG	Oberverwaltungsgericht
OWiG	Gesetz über Ordnungswidrigkeiten
Palandt/*Bearbeiter*	Bürgerliches Gesetzbuch, 72. Aufl. (2013)
PaPfleReQ	Patienten- und PflegeRecht mit Qualitätsmanagement
PartGG	Partnerschaftsgesellschaftsgesetz
PatG	Patentgesetz
PAuswG	Gesetz über Personalausweise
PflVG	Pflichtversicherungsgesetz
PHi	Haftpflicht international (vormals Produkthaftpflicht international)
PKV	Private Krankenversicherung
polit.	politisch
PostG	Gesetz über das Postwesen (Postgesetz)
PostO	Postordnung
Pr.	Praxis des Versicherungsrechts, Beilage zur „Oeffentlich-rechtlichen Versicherung“ (1926–1928: „Versicherung und Geldwirtschaft“)
Präve AGB	Versicherungsbedingungen und AGB-Gesetz (1998)
PrG	Pressegesetz
ProdHM	Besondere Bedingungen und Risikobeschreibungen für die Produkthaftpflicht-versicherung von Industrie- und Handelsbetrieben
Prölss/Martin/*Bearbeiter*	Versicherungsvertragsgesetz, 28. Aufl. (2010)
Prölss/*Bearbeiter* VAG	Versicherungsaufsichtsgesetz, hrsg. von Kollhosser, 12. Aufl. (2005)
PrOVG	Preußisches Oberverwaltungsgericht

PStG	Personenstandsgesetz
psych.	psychisch
QIR	Angerer/Ollick, Quellen zum Individualversicherungsrecht
RAA	Reichsaufsichtsamt für Privatversicherung
RAO	Reichsabgabenordnung
Raiser	Kommentar der Allgemeinen Feuerversicherungs-Bedingungen, 2. Aufl. (1937)
RAnz.	Deutscher Reichsanzeiger
RAussch.	Rechtsausschuß/Rechtsausschuss
RBerG	Rechtsberatungsgesetz (bis 1962: Gesetz zur Verhütung von Mißbräuchen auf dem Gebiete der Rechtsberatung)
RdA	Recht der Arbeit
RdErl.	Runderlaß/Runderlass
RDG	Rechtsdienstleistungsgesetz
RdJB	Recht der Jugend und des Bildungswesens
RdK	Das Recht des Kraftfahrers, Unabhängige Monatsschrift des Kraftverkehrsrechts (1926–43, 1949–55)
RdSchr.	Rundschreiben
RDV	Recht der Datenverarbeitung
RdW	Recht der Wirtschaft (Österreich)
Recht	Das Recht, begründet von Soergel (1897–1944)
RechtsM	Rechtsmedizin
rechtspol.	rechtspolitisch
rechtsvergl.	rechtsvergleichend
RechVersV	Verordnung über die Rechnungslegung von Versicherungsunternehmen vom 8.11.1994 (BGBl. I S. 3378)
RefE	Referentenentwurf des Bundesministeriums der Justiz zur Reform des Versicherungsvertragsrechts mit Begründung (nicht veröffentlicht; zitiert nach der vom BMJ online zur Verfügung gestellten PDF-Datei; u.a. noch abrufbar unter: http://www.brak.de/seiten/pdf/aktuelles/versicherungsvertragsrecht.pdf)
ReformG	Gesetz zur Reform des Versicherungsvertragsrechts vom 23.11.2007 (BGBl. I S. 2631) (siehe auch VVG-Reform 2008)
Reg.	Regierung
RegE	Regierungsentwurf eines Gesetzes zur Reform des Versicherungsvertragsrechts (BTDrucks. 16/3945); siehe auch *Ausschussbericht*
RegBl.	Regierungsblatt
Reichert-Facilides/*Bearbeiter*	Aspekte des internationalen Versicherungsvertragsrechts im Europäischen Wirtschaftsraum, hrsg. von Reichert-Facilides (1994)
rel.	relativ
RfB	Rückstellung für die Beitragserstattung
RFH	Reichsfinanzhof
RfStV	Rundfunkstaatsvertrag
RG	Reichsgericht
RGBl.	Reichsgesetzblatt
RGRK/*Bearbeiter*	Reichsgerichtsrätekommentar – Das Bürgerliche Gesetzbuch. Kommentar, hrsg. von den Mitgliedern des Bundesgerichtshofs, 12. Aufl. (1975 ff.)
RGZ	Entscheidungen des Reichsgerichts in Zivilsachen (zit. nach Band u. Seite)
RHG	Reichshaftpflichtgesetz
Richter PVR	Privatversicherungsrecht (1980)
Riebesell	Unfallversicherungsrecht und AUB 88, 2. Aufl. (1991)

Ritter/Abraham	Das Recht der Seeversicherung. Kommentar zu den Allgemeinen Deutschen Seeschiffahrts-Bedingungen, 2. Aufl. (1967)
RKG	Reichsknappschaftsgesetz
RL	Richtlinie
Rn.	Randnummer(n)
Rom I-VO	Rom I-Verordnung (Verordnung (EG) Nr. 593/2008 des Europäischen Parlaments und des Rates über das auf vertragliche Schuldverhältnisse anzuwendende Recht)
Römer	Neuere höchstrichterliche Rechtsprechung zum Versicherungsvertragsrecht, 7. Aufl. (1997)
Römer/Langheid	Versicherungsvertragsgesetz, 3. Aufl. (2012)
ROW	Recht in Ost und West. Zeitschrift für Rechtsvergleichung und interzonale Rechtsprobleme
Rpfleger	Der Deutsche Rechtspfleger
RpflG	Rechtspflegergesetz
Rspr.	Rechtsprechung
RStBl.	Reichssteuerblatt
RT	Reichstag
RTDrucks.	Drucksachen des Reichstags
RTVerh.	Verhandlungen des Reichstags
Rudisch Versicherungsrecht	Das neue Versicherungsrecht: Gesetzestexte, Materialien, Hinweise (1994)
RuP	Recht und Politik. Vierteljahreshefte für Rechts- und Verwaltungspolitik
RuS	Recht und Schaden
RVerkBl.	Reichsverkehrsblatt
RVG	Rechtsanwaltsvergütungsgesetz
RVO	Reichsversicherungsordnung
RzW	Rechtsprechung zum Wiedergutmachungsrecht
s.	siehe
S.	Satz, Seite
s.a.	siehe auch
SaarRZ	Saarländische Rechts- und Steuerzeitschrift
Sachs/*Bearbeiter*	Grundgesetz, Kommentar, hrsg. von Sachs, 6. Aufl. (2011)
SBR	Sonderbedingungen für die Beraubungsversicherung
Schauer	Das österreichische Versicherungsvertragsrecht, 3. Aufl. (1995)
ScheckG	Scheckgesetz
SchiedsVZ	Zeitschrift für Schiedsverfahren – German Arbitration Journal
Schimikowski	Versicherungsvertragsrecht, 4. Aufl. (2009)
Schimikowski/Höra	Das neue Versicherungsvertragsrecht (2008)
SchlHA	Schleswig-Holsteinische Anzeigen
SchHB 79	Allgemeine Bedingungen für die gleitende NeuwertVers von Gebäuden gegen Schäden durch Schwamm und Hausbockkäfer
Schmidt-Futterer/*Bearbeiter*	Mietrecht, hrsg. von Blank, 10. Aufl. (2011)
Schmidt-Salzer/Schramm	Kommentar zur Umwelthaftpflichtversicherung (1993)
Schmidt-Salzer/*Bearbeiter*	Produkthaftung, Bd. IV/1: Produkthaftpflichtversicherung, 3. Auflage (1994)
Schmidt/Müller-Stüler	Das Recht der öffentlich-rechtlichen Sachversicherung, 3. Aufl. (1979)
Schmidt Obliegenheiten	Reimer Schmidt, Die Obliegenheiten (1953)
Schönke/Schröder	Strafgesetzbuch, Kommentar, 28. Aufl. (2010)
Schwintowski	Der private Versicherungsvertrag zwischen Recht und Markt (1987)
Schwintowski/Brömmelmeyer/*Bearbeiter*	Praxiskommentar zum Versicherungsvertragsrecht, 2. Aufl. (2010)

SchwJZ	Schweizerische Juristen-Zeitung
SchwZStr.	Schweizer Zeitschrift für Strafrecht (zit. nach Band u. Seite)
Sen.	Senat
SGB I, IV, V, VIII, X, XI	I: Sozialgesetzbuch, Allg. Teil IV: Sozialgesetzbuch, Gemeinsame Vorschriften für die Sozialversicherung V: Sozialgesetzbuch, Gesetzliche Krankenversicherung VIII: Sozialgesetzbuch, Kinder- und Jugendhilfe X: Sozialgesetzbuch, Verwaltungsverfahren, Zusammenarbeit der Leistungsträger und ihre Beziehung zu Dritten XI: Soziale Pflegeversicherung
SGb.	Sozialgerichtsbarkeit / Die Sozialgerichtsbarkeit (Zeitschrift)
SGG	Sozialgerichtsgesetz
SGlN	Sonderbedingungen für die gleitende Neuwertversicherung von Wohn-, Geschäfts- und landwirtschaftlichen Gebäuden
Sieg Versicherungsvertragsrecht	Allgemeines Versicherungsvertragsrecht, 3. Aufl. (1994)
SJZ	Süddeutsche Juristen-Zeitung (1946–50), dann Juristenzeitung
s.o.	siehe oben
Soergel/*Bearbeiter*	Bürgerliches Gesetzbuch, 13. Aufl. (2000)
sog.	sogenannt(e)
Sonderausschuss	Sonderausschuß des Bundestags für die Strafrechtsreform, Niederschriften zitiert nach Wahlperiode und Sitzung
SozVers	Die Sozialversicherung
SP	Schadenspraxis
Späte AHB	Haftpflichtversicherung. Kommentar zu den Allgemeinen Versicherungsbedingungen für die Haftpflichtversicherung (AHB) (1993)
spez.	speziell
SpV	Spektrum für Versicherungsrecht
StaatsGH	Staatsgerichtshof
Staudinger/*Bearbeiter*	Kommentar zum Bürgerlichen Gesetzbuch mit Einführungsgesetz und Nebengesetzen, 13. Bearbeitung (1993 ff.)
StAZ	Das Standesamt. Zeitschrift f. Standesamtswesen, Personenstandsrecht, Ehe- u. Kindschaftsrecht, Staatsangehörigkeitsrecht
Stein/Jonas/*Bearbeiter*	Kommentar zur Zivilprozessordnung, 22. Aufl. (2002 ff.)
StenBer	Stenographischer Bericht
StGB	Strafgesetzbuch
Stiefel/Hofmann	Kraftfahrtversicherung. Kommentar zu den Allgemeinen Bedingungen für die Kraftversicherung (AKB) und zu den Allgemeinen Bedingungen für die Verkehrs-Service-Versicherung (AVSB), 17. Aufl. (2000)
Stiefel/Maier	Kraftfahrtversicherung. Kommentar zu den Allgemeinen Bedingungen für die Kraftfahrtversicherung – AKB mit Kommentierungen zu VVG (Auszug), Pflichtversicherungsgesetz (Auszug) und Pflichtversicherungsverordnung, 18. Aufl. (2010)
StPO	Strafprozessordnung
str.	strittig, streitig
st.Rspr.	ständige Rechtsprechung
StuR	Staat und Recht
StVG	Straßenverkehrsgesetz
StVj	Steuerliche Vierteljahresschrift
StVO	Straßenverkehrsordnung
SVS	Speditions-Versicherungsschein
StVZO	Straßenverkehrs-Zulassungs-Ordnung
s.u.	siehe unten

SubvG	Subventionsgesetz
SV	Sachverhalt
SZ	Entscheidungen des Österreichischen Obersten Gerichtshofes in Zivil- und Justizverwaltungssachen
TDG	Gesetz über die Nutzung von Telediensten
Terbille/*Bearbeiter* MAH	Münchener Anwaltshandbuch Versicherungsrecht, hrsg. von Terbille, 2. Aufl. (2008)
Thume/de la Motte/Ehlers/ *Bearbeiter*	Transportversicherungsrecht, 2. Aufl. (2011)
TierschG	Tierschutzgesetz
Tit.	Titel
TKG	Telekommunikationsgesetz
TranspR	Transportrecht
TumSchG	Gesetz über die durch innere Unruhen verursachten Schäden vom 12.5.1920
TV	Truppenvertrag
Tz.	Textzahl
u.	unten
u.a.	unter anderem
u.ä.	und ähnlich
u.a.m.	und anderes mehr
Üb.	Überblick, Übersicht
ÜbergangsAO	Übergangsanordnung
Übk.	Übereinkommen
ü.M.	überwiegende Meinung
UFITA	Archiv für Urheber-, Film-, Funk- und Theaterrecht
U-Haft	Untersuchungshaft
Ulmer/Brandner/Hensen	AGBG-Kommentar, 11. Aufl. (2011)
umstr.	umstritten
UmweltHM	Besondere Bedingungen und Risikobeschreibungen für die Versicherung der Haftpflicht wegen Schäden durch Umwelteinwirkung
UNO	United Nations Organization (Vereinte Nationen)
unv.	unveröffentlicht
u.ö.	und öfter
UrhG	Gesetz über Urheberrecht und verwandte Schutzrechte (Urheberrechtsgesetz)
UStG	Umsatzsteuergesetz
USV	Allgemeine Versicherungsbedingungen für die Umweltschadensversicherung
usw.	und so weiter
u.U.	unter Umständen
UWG	Gesetz gegen den unlauteren Wettbewerb
UZwG	Gesetz über den unmittelbaren Zwang bei Ausübung öffentlicher Gewalt durch Vollzugsbeamte des Bundes
VA	Veröffentlichungen des Reichsaufsichtsamtes für Privatversicherung, ab 1947: … des Zonenamtes des Reichsaufsichtsamtes für das Versicherungswesen (Hamburg)
VA (Berlin)	Veröffentlichungen des Aufsichtsamts für das Versicherungswesen Groß-Berlin (ab 15.9.1948)
VAE	Verkehrsrechtliche Abhandlungen und Entscheidungen
VAG	Gesetz über die Beaufsichtigung der Versicherungsunternehmungen
v.A.w.	von Amts wegen

VBlBW	Verwaltungsblätter für Baden-Württemberg
VD	Verkehrsdient
VDEW	Vereinigung Deutscher Elektrizitätswerke, ab 2000: Verband der Elektrizitätswirtschaft
VDEW-Bed.	Versicherungsbedingungen für die Mitglieder der VDEW
VE	Vorentwurf
Veith/Gräfe/*Bearbeiter*	Versicherungsprozess, 2. Aufl. (2010)
VerAfP	Veröffentlichungen des Reichsaufsichtsamtes für das Versicherungswesen
VerBAV/VerBaFin	Veröffentlichungen des Bundesaufsichtsamtes für das Versicherungs- und Bausparwesen, ab 1973: … des Bundesaufsichtsamtes für das Versicherungswesen, ab Mai 2002: VerBAFin = Veröffentlichungen der Bundesanstalt für Finanzdienstleistungsaufsicht (Versicherungsbereich)
VereinsG	Gesetz zur Regelung des öffentlichen Vereinsrechts (Vereinsgesetz)
VerfGH	Verfassungsgerichtshof
VerglO	Vergleichsordnung
Verh.	Verhandlungen des Deutschen Bundestages (BT), des Deutschen Juristentages (DJT) usw.
VerkMitt	Verkehrsrechtliche Mitteilungen
vermitt.	vermittelnd
VerschG	Verschollenheitsgesetz
VersG	Gesetz über Versammlungen und Aufzüge (Versammlungsgesetz)
VersEnzyklopädie/*Bearbeiter*	Versicherungsenzyklopädie, hrsg. von Grosse/Müller-Lutz/Schmidt, 4. Aufl. (1991)
VersAG	Versicherungsaktiengesellschaft
VersArch	Versicherungsarchiv
VersM	Versicherungsmedizin
VersPrax, VP	Die Versicherungspraxis
VersR	Versicherungsrecht. Zeitschrift für Versicherungsrecht, Haftungs- und Schadensrecht
VersRAI	Versicherungsrecht. Beilage Ausland
VersRdsch.	Versicherungsrundschau (Österreich)
VersSlg	Sammlung der seit 1945 ergangenen höchstrichterlichen Entscheidungen in Vertragsversicherungssachen, hrsg. von K. Wahle (1961)
VersVermV	Verordnung über die Versicherungsvermittlung und -beratung
VersVO	Dritte DurchführungsVO zu MRG Nr. 63 (VersicherungsVO)
VersWissArch	Versicherungswissenschaftliches Archiv
VersWiss. Stud.	Versicherungswissenschaftliche Studien, hrsg. von Brömmelmeyer et. al.
VerwArch.	Verwaltungsarchiv
VG	Verwaltungsgericht
VGB	Allgemeine Bedingungen für die Neuwertversicherung von Wohngebäuden gegen Feuer-, Leitungswasser- und Sturmschäden
VGB 2008, 2010	Allgemeine Wohngebäude-Versicherungsbedingungen
VGH	Verwaltungsgerichtshof
vgl.	vergleiche
VGS	Vereinigter Großer Senat
VHB	Allgemeine Bedingungen für die Neuwertversicherung des Hausrats gegen Feuer-, Einbruchdiebstahl-, Beraubungs-, Leitungswasser-, Sturm- und Glasbruchschäden/Allgemeine Hausratversicherungsbedingungen
VHB 2008	Allgemeine Hausrat-Versicherungsbedingungen
VN	Versicherungsnehmer/in
Vogel/Stockmeier/*Bearbeiter*	Umwelthaftpflichtversicherung/Umweltschadensversicherung, 2. Aufl. (2009)

VO	Verordnung
VOBl.	Verordnungsblatt
VOBlBZ.	Verordnungsblatt für die Britische Zone
VOR	Zeitschrift für Verkehrs- und Ordnungswidrigkeitenrecht
vorangeh.	vorangehend
Voraufl.	Vorauflage
Vorbem.	Vorbemerkung
vorgen.	vorgenannt
VorstAG	Gesetz zur Angemessenheit der Vorstandsvergütung
VRR	Verkehrsrechtliche Rundschau
VR	Versicherer
VRS	Verkehrsrechts-Sammlung, Entscheidungen aus allen Gebieten des Verkehrsrechts (zit. nach Band u. Seite)
VU	Versicherungsunternehmen
VuR	Verbraucher und Recht
VVaG	Versicherungsverein auf Gegenseitigkeit
VVG	Gesetz über den Versicherungsvertrag (Versicherungsvertragsgesetz)
VVG-InfoV	Verordnung über Informationspflichten bei Versicherungsverträgen
VVGE	Entscheidungssammlung zum Versicherungsvertragsrecht (VVGE): Entscheidungen zum Versicherungsvertragsgesetz (VVG) und zu den Allgemeinen Versicherungsbedingungen (AVB), hrsg. von Dietrich Müller
VVG-Kommission	Kommission zur Reform des Versicherungsvertragsrechts
VVGRefG *bzw.* VVG-Reform 2008	Gesetz zur Reform des Versicherungsvertragsrechts vom 23.11.2007 (BGBl. I S. 2631) (siehe auch ReformG)
VVV	Versicherungswissenschaft, Versicherungspraxis, insbesondere Versicherungsmedizin (später DVZ)
VW	Versicherungswirtschaft
VwGO	Verwaltungsgerichtsordnung
VwVfG	Verwaltungsverfahrensgesetz
VwVG	Verwaltungsvollstreckungsgesetz
VwZG	Verwaltungszustellungsgesetz
WaffG	Waffengesetz
Wallm.	Wallmanns Versicherungszeitschrift
Wandt	Versicherungsrecht, 5. Aufl. (2010)
WarnRspr	Sammlung zivilrechtlicher Entscheidungen des RG, hrsg. von Warneyer (zit. nach Jahr u. Nummer)
weitergeh.	weitergehend
Werber/Winter	Grundzüge des Versicherungsvertragsrechts (1986)
von Westphalen/*Bearbeiter*	Produkthaftungshandbuch Bd. 1, 2. Aufl. (1997); Bd. 2, 2 Aufl. (1999)
WHG	Gesetz zur Ordnung des Wasserhaushalts (Wasserhaushaltsgesetz)
WI	Wussows Informationen
WiB	Wirtschaftsrechtliche Beratung
1. WiKG	1. Gesetz zur Bekämpfung der Wirtschaftskriminalität
2. WiKG	2. Gesetz zur Bekämpfung der Wirtschaftskriminalität
Winter	Versicherungsaufsichtsrecht (2007)
WiStG	Gesetz zur weiteren Vereinfachung des Wirtschaftsstrafrechts (Wirtschaftsstrafgesetz 1954)
WM	Wertpapier-Mitteilungen
Wolf/Lindacher/Pfeiffer	AGB-Recht, Kommentar, 5. Aufl. (2009)
WPg	Die Wirtschaftsprüfung
WpHG	Gesetz über Wertpapierhandel
WRP	Wettbewerb in Recht und Praxis

WuM	Wohnungswirtschaft und Mietrecht
WuR	Wirtschaft und Recht der Versicherung. Beiheft zu Mitt., ab 1926 zu „Versicherung und Geldwirtschaft", ab 1929 zu OeffV, ab 1935 zur DOeffV
Wussow	Unfallhaftpflichtrecht, 16. Aufl. (2008)
Wussow AHB	Allgemeine Versicherungsbedingungen für die Haftpflichtversicherung, 8. Aufl. (1976)
Wussow FeuerV	Kommentar zu den AFB und den §§ 1127–1130 BGB, §§ 97–107c VVG, 2. Aufl. (1975)
WZG	Warenzeichengesetz
WzS	Wege zur Sozialversicherung
(Z)	Entscheidung in Zivilsachen
ZAkDR	Zeitschrift der Akademie für Deutsches Recht (1934–44)
ZaöRV	Zeitschrift für ausländisches öffentliches Recht und Völkerrecht
ZAP	Zeitschrift für die Anwaltspraxis
z.B.	zum Beispiel
ZentrBlHR	Zentral-Blatt für Handelsrecht
ZEuP	Zeitschrift für Europäisches Privatrecht
ZfBR	Zeitschrift für deutsches und internationales Baurecht
ZFBUB	Zusatzbedingungen zu den FBUB
ZfgA 81b	Zusatzbedingungen (zu den AFB) für Fabriken und gewerbliche Anlagen
ZfRV	Zeitschrift für Rechtsvergleichung, Internationales Privatrecht u. Europarecht
ZfS/zfs	Zeitschrift für Schadensrecht
ZfV	Zeitschrift für Versicherungswesen
ZfW	Zeitschrift für Wasserrecht
ZfZ	Zeitschrift für Zölle und Verbrauchssteuern
ZGR	Zeitschrift für Unternehmens- und Gesellschaftsrecht
ZGS	Zeitschrift für das gesamte Schuldrecht
ZHR	Zeitschrift für das gesamte Handelsrecht und Wirtschaftsrecht, begr. v. Goldschmidt
Ziff.	Ziffer
ZIP	Zeitschrift für Wirtschaftsrecht
zit.	zitiert
ZJBl.	Zentral-Justizblatt für die Britische Zone
ZMR	Zeitschrift für Miet- und Raumrecht
Zöller/*Bearbeiter*	Zivilprozessordnung mit Gerichtsverfassungsgesetz und Nebengesetzen; Kommentar 29. Aufl. (2012)
ZollG	Zollgesetz
ZPO	Zivilprozessordnung
ZRP	Zeitschrift für Rechtspolitik
ZR-QuotenV	Verordnung über die Mindestbeitragsrückerstattung in der Lebensversicherung vom 23.7.1996 (BGBl. I S. 1190)
ZSchwR	Zeitschrift für Schweizerisches Recht
ZSK	Zusatzklauseln
ZSW	Zeitschrift für das gesamte Sachverständigenwesen
z.T.	zum Teil
ZTR	Zeitschrift für Tarifrecht
ZUM	Zeitschrift für Urheber- und Medienrecht/Film und Recht
ZusBedIT	Zusatzbedingungen zur Betriebshaftpflichtversicherung für die Nutzer von Internet-Technologien
zusf.	zusammenfassend

zust.	zustimmend
ZustG	Zustimmungsgesetz
zutr.	zutreffend
z.V.b.	zur Veröffentlichung bestimmt
ZVBl.	Zentralverordnungsblatt für die sowjetische Besatzungszone Deutschlands
ZVerkR	(Österr.) Zeitschrift für Verkehrsrecht
ZVersWiss	Zeitschrift für die gesamte Versicherungswissenschaft (zitiert nach Jahr und Seite)
ZVG	Gesetz über die Zwangsversteigerung und die Zwangsverwaltung (Zwangsversteigerungsgesetz)
zw.	zweifelhaft
zz.	zurzeit
ZZP	Zeitschrift für Zivilprozess

DTV-Verkehrshaftungsversicherungs-Bedingungen für die laufende Versicherung für Frachtführer, Spediteure und Lagerhalter 2003/2011

Schrifttum (Auswahl)

Abele Transporthaftungsversicherung 2004 Sonderbeilage, TranspR **2004** 2–4; *ders.* Versicherung und qualifiziertes Verschulden im Transportversicherungsbereich, TranspR **2004** 152–157; *ders.* Versicherungen im Logistikbereich, TranspR **2005** 383–39; *ders.* Versicherungen der Spedition, TranspR **2006** 62–67; *ders.* Verkehrshaftungsversicherung und laufende Versicherung nach § 210 VVG, TranspR **2009** 60–64; van Bühren/*Ehlers* Handbuch Versicherungsrecht, § 20 Transportversicherung; *de la Motte* CMR: Schaden – Entschädigung – Versicherung, VersR 1988, 317; *Ehlers* Auswirkungen der Reform des Versicherungsvertragsgesetzes (VVG) auf das Transportversicherungsrecht, TranspR **2007** 5; *ders.* Die neuen DTV-Verkehrshaftungsversicherungsbedingungen für Frachtführer, Spedition und Lagerhalter 03 (DTV-VHV 03) und das grobe Organisationsverschulden im Deckungsverhältnis sowie Besonderheiten der Pflichtversicherung nach § 7a GüKG, VersR **2003** 1080–1087; *GDV/Flach/Supp/Bremke,* Handbuch Verkehrshaftung, **2009**; *Heuer,* Versicherungen des gewerblichen Straßengüterverkehrs, TranspR **2006** 22–29; *Häusser/Abele* Aktuelle Probleme der Speditionsversicherung, TranspR **2003** 8–12; *Koller* Transportrecht, **2010**; *Knorre/Demuth/Schmid* Handbuch des Transportrechts, **2008**; *ders.* Nur eine Änderung der Bedingungen der Verkehrshaftungsversicherung oder der Beginn eines neuen Zeitalters für die Transportbeteiligten? TranspR **2003** 102; *Müglich* Das neue Transportrecht, **1999**; *Schneider* Verkehrshaftungsversicherungen, **1992**; *Thume/de la Motte/Ehlers* Transportversicherung, 2. Aufl. **2010**; *Thume* Versicherungen des Transports – Einführung, TranspR **2006** 1; *ders.* Der Regress des Verkehrshaftungsversicherers, VersR **2009**, 722; *ders.* Probleme des Verkehrshaftungsversicherungsrechts nach der VVG-Reform, VersR **2010**, 849; ders. Transportrechtliche Erfahrungen mit dem neuen VVG, TranspR **2012**, 125 ff.

A. Einführung

I. Definition und Entstehungsgeschichte

1. Definition VHV

Die Verkehrshaftungsversicherung (im folgenden VHV) ist eine besondere Versicherung, bei der die Haftung des Verkehrsträgers aus Verkehrsverträgen versichert wird. Der Begriff hat sich aus der Praxis heraus entwickelt und ist identisch mit dem weniger gebräuchlicheren Begriff „Transporthaftungsversicherung", der allerdings deutlicher macht, was versichert wird.[1] Im Versicherungslexikon des GDV ist definiert: „Verkehrshaftungsversicherung (engl. carrier's liability insurance), Sparte der Transportversicherung; versichert wird die gesetzliche oder vertragliche Haftung (Verkehrshaftungsrecht) aus Verkehrsverträgen (Fracht-, Speditions- oder Lagerverträge) von Frachtführern, Spediteuren oder Lagerhaltern nach DTV-VHV 2003/2005 oder anderen Versicherungskonzepten".[2] 1

Der Begriff VHV ist im VVG nicht zu finden. Er ist lediglich eine Spartenbezeichnung, die unmittelbar im Versicherungsvertragsrecht nicht existent und somit kein „terminus technicus" ist.[3] Nach den Versicherungsberichterstattungs-Verordnung vom 29. März 2006 (BerVersV)[4] der Versicherungsunternehmen gegenüber der Bundesanstalt für Finanzdienstleistungsaufsicht müssen VR die „Verkehrshaftungsversicherung (einschließlich der Speditions- und Rollfuhrversicherung)" gem. Anlage 1, Abschnitt C mit dem Kennzeichen 04.5 innerhalb des Versicherungszweigs 04 zur Haftpflicht-Versicherung melden, es sei denn, es wird nach Zeichnungsjahren abgerechnet.[5] 2

Die VHV war stets aufsichts- und insbesondere vertragsfrei, d.h. alle Versicherungsbedingungen konnten insgesamt frei gestaltet werden.[6] Bis heute wird die VHV bei VR in der Transportversicherungsabteilungen bearbeitet. Sie ist rechtlich aber eine **Haftpflichtversicherung** i.S.d. §§ 100–112 und keine Transportversicherung i.S.d. §§ 130 ff.[7] Die VHV kann sogar eine Pflicht-Haftpflichtversicherung im Sinne der §§ 113–124 sein, sofern gesetzlich ein Pflichtversicherung vorgeschrieben wird.[8] 3

Versichert wird ausschließlich das Interesse des Verkehrsträgers daran, nicht aus einem mit dem Auftraggeber abgeschlossenen Verkehrsvertrag in Anspruch genommen zu werden.[9] Die versicherungsrechtliche Besonderheit der VHV liegt also darin, dass sie ausschließlich dem Gewerbezweig der Frachtführer, Speditionen und Lagerhalter dient. Versichert werden kann in der Regel nur derjenige, der sich gewerbsmäßig mit dem Gütertransport bzw. der Lagerung von Gütern für Dritte beschäftigt.[10] „**Verkehrsträger**" ist der Überbegriff für alle Unternehmen, die gewerblich gegen Entgelt Güterbeförderung 4

---

1 *Abele* TranspR **2004** Sonderbeilage IV; *Thume* TanspR **2006** 4.

2 www.gdv-tis.de.

3 van Bühren/*Ehlers* § 17 Transportversicherung 1735; *Abele* TranspR **2009** 62.

4 BGBl I 622.

5 Thume/*de la Motte*/Ehlers Einführung 1, Rn. 49.

6 Thume/*de la Motte*/Ehlers Einführung 1, Rn. 48.

7 Zur Abgrenzung *Abele* TranspR **2004** Sonderbeilage I; *GDV/Flach/Supp/Bremke* 22; *Schneider* 189; *Thume* VersR **2010**, 849.

8 *Abele* TranspR **2004**, Sonderbeilage III; Thume/*de la Motte*/Ehlers Einführung 1, Rn. 44.

9 *Abele* TranspR **2004**, Sonderbeilage III; *GDV/Flach/Supp/Bremke* 18; *Schneider* 189 ff.

10 *Abele* TranspR **2004**, Sonderbeilage II Thume/*de la Motte*/Ehlers Einführung 1, Rn. 44.

oder -lagerung betreiben (Frachtführer, Spedition, Lagerhalter).[11] Zum Verkehrsgewerbe gehörende Verkehrsträger sind Frachtführer, Spediteure, Lagerhalter, Schwergutunternehmer, Umzugsspeditionen, Umschlagsbetriebe, Binnenschiffer, Eisenbahnen, Lufttransportunternehmen, Kurier-, Eil- und Paketdienste, oder ähnliche mit der Güterbeförderung beschäftigten Betriebe, die nach Art oder Umfang einen in kaufmännischer Weise eingerichteten Geschäftsbetrieb erfordern und entsprechend im Handelsregister eingetragen sind. Der **Verkehrsvertrag** ist der Oberbegriff von Fracht-, Speditions- und Lagervertrag nach der Definition im HGB (§§ 407 ff., 453 ff., 467 ff.). Der Begriff stammt aus Ziff. 1.1 SVS/RVS.[12] Die Verkehrsträger versichern ihr vertragliches und gesetzliches Haftungsrisiko nach den Haftungsregimen des nationalen und internationalen Transportrechts (z.B. HGB, CMR, CIM, Warschauer Abkommen (WA), Montrealer Übereinkommen (MÜ), die Haager Regeln und die Hague-Visby-Rules).

5 **Versichertes Interesse** ist die Haftung aus der verkehrsvertraglichen Berufstätigkeit „an Transportmittel oder Transportgüter anknüpfenden Interessen gegen Gefahren, denen sie während der Bewegung oder Bewegungsbereitschaft ausgesetzt sind".[13] Das Freistellungsinteresse von der Haftung nach dem Transportrecht (Transporthaftungsrisiko) wird versichert.[14] Die VHV knüpft dabei an bestimmte Haftungsrisiken an, die aus den versicherten Verkehrsverträgen entstehen. Versicherungsgegenstand sind nicht alle Tätigkeiten der Verkehrsträger, sondern ausschließlich Verkehrsverträge. Nicht Gegenstand der VHV ist die Beförderung von Personen oder Reisegepäck. Es handelt sich ferner nicht um die Versicherung der Haftung der damit zusammenhängenden Beförderungsmittel oder -hilfsmittel, wie Container oder Paletten, Gabelstapler o.a, sofern dies nicht isoliert mittels Verkehrsvertrag selbst befördert werden. Beispiele: LKW befördert eine komplette Partie Paletten oder einen Gabelstapler. Frachtführer muss einen Container befördern.

6 **Nicht versichert** wird das Interesse des Wareninteressenten am Transportgut (Versender, Empfänger, Sonstige).[15] Die zu transportierenden Güter sind nicht versichert.[16] Der BGH stufte die KVO-Versicherung zunächst als Haftpflicht- und zugleich als Transportversicherung ein.[17] Der BGH hat diese Aussage dahingehend geändert, als von einer „Güterschaden-Haftpflichtversicherung" gesprochen wird, bei der das Sachersatzinteresse des Auftraggebers versichert sei. Die VHV deckt ferner nicht alle Gefahren, die während eines Transports oder einer Lagerung auftreten.[18] Die Verkehrshaftungsversicherung hat keine Vermischung mit dem Typus der Transportversicherung. Die Vorschriften über die Transportversicherung finden weder unmittelbare noch entsprechende Anwendung.[19]

---

11 van Bühren/*Ehlers* § 17 Transportversicherung 1738; Knorre/Demuth/*Schmid* G.I Rn. 3.

12 Thume/*de la Motte*/Ehlers Einführung 1, Rn. 46.

13 Thume/*de la Motte*/Ehlers Einführung 1, Rn. 44.

14 BGH 7.12.1961 VersR **1962** 129; BGH 1.2.1968 VersR **1968** 289; BGH 7.5.2003 TranspR **2003** 320; *Abele* TranspR **2004**. Sonderbeilage II, *Thume* TransR **2006** 4.

15 *Abele* TranspR **2004** Sonderbeilage II, *GDV/Flach/Supp/Bremke* 18, Thume/*de la Motte*/Ehlers Einführung 1 Rn. 44; *Thume* TanspR **2006** 4.

16 Thume/*de la Motte*/Ehlers Einführung 1 Rn. 45.

17 BGH 23.11.1988 TranspR **1989** 156; Thume/*de la Motte*/Ehlers Einführung 1 Rn. 45.

18 *Abele* TranspR, **2004** Sonderbeilage II, *de la Motte* VersR **1988**, 320, *Thume* TanspR **2006** 4.

19 *Thume* VersR **2008** 455.

Davon strikt zu trennen sind die Versicherung der Güter gem. § 454 II HGB und Ziffer 21 ADSp. Hier wird geregelt, wann der Verkehrsträger eine Transportwarenversicherung zugunsten seines Auftraggebers einzudecken hat:

„§ 454 II HGB: Zu den Pflichten des Spediteurs zählt ferner die Ausführung sonstiger vereinbarter auf die Beförderung bezogener Leistungen wie die Versicherung und ... Der Spediteur schuldet jedoch nur den Abschluss der zur Erbringung dieser Leistungen erforderlichen Verträge, wenn sich dies aus der Vereinbarung ergibt."

„21.1 ADSp. Der Spediteur besorgt die Versicherung des Gutes (z.B. Transport- oder Lagerversicherung) bei einem Versicherer seiner Wahl, wenn der Auftraggeber ihn vor Übergabe der Güter beauftragt."

Typisch für die VHV als Haftpflichtversicherung ist das sog. Dreiecksverhältnis. Es **7** besteht eine Beziehung zwischen dem geschädigten Dritten und dem VN, der ev. aus dem Verkehrsvertrag haftet. Zweitens gibt es eine Beziehung zwischen dem VN mit seinem Verkehrshaftungsversicherer für dieses Verhältnis, in dem der VR diese verkehrsvertragliche Haftung versichert. Es gilt aber grundsätzlich das so genannte „**Trennungsprinzip**".[20] Ob der VN haftet, wird im Haftungsprozess entschieden. Im so genannten Deckungsprozess wird entschieden, ob der VR Versicherungsschutz zu gewähren hat. Haftung und Deckung sind also strikt zu trennen.[21]

2. Entstehungsgeschichte

Die Speditionsversicherung war von 1927 bis 2002 in Deutschland ein einheitliches **8** Gemeinschaftswerk. Als Anhang zu den „Allgemeine Deutsche Spediteur-Bedingungen" (ADSp) gab es zuerst den Speditions-Versicherungs-Schein (SVS), der von der Fa. Oskar Schunck entwickelt wurde. Seit 1929 waren zusätzlich der Rollfuhr-Versicherungs-Schein (RVS) und seit 1978 die Zusammenfassung beider zum Speditions- und Rollfuhr-Versicherungs-Schein (**SVS/RVS**) den ADSp beigefügt. Geschaffen wurden die ADSp samt Versicherungsbedingungen von den sog. Spitzenorganisation der Spediteure und der Verlader (damals: Deutschen Industrie- und Handelstages, Verein deutscher Spediteure (VDSp) als Reichsverband des Deutschen Speditionsgewerbes, der Reichsverband der Deutschen Industrie, der Reichsverband des Deutschen Groß- und Überseehandels und die Hauptgemeinschaft des Deutschen Einzelhandels und des Deutschen Versicherungsschutzverbandes:)[22] Heute kann man die beteiligten Verbände aus der Präambel der ADSp ersehen, welche diese Bedingungen dem Markt weiterhin empfehlen. Für Speditionen gab es in Deutschland also stets ein komplexes Haftungs- und Versicherungssystem nach den ADSp. Der SVS/RVS gewährte dem Auftraggeber einer Spedition Ersatz der eingetretenen Schäden nach Maßgabe und im Umfang der für alle einheitlich geltenden und ausformulierten Versicherungsbedingungen des SVS/RVS. Im Gegenzug dazu wurde der Spediteur für den durch den SVS/RVS gedeckten Schaden von seiner Speditionshaftung nach dem HGB freigestellt. Dieses Prinzip nennt man Haftungsersetzung durch Versicherung.[23] Der SVS/RVS war eine Schadenversicherung bei der jeder Geschädigte einen unmittelbaren Versicherungsschutz für Güter-, Güterfolge- und Vermögens-

[20] BGH 18.03.1992 VersR **1992** 568; BGH 30.09.1992 NJW **1993** 68; OLG Koblenz 07.10.1994 VersR **1995** 1298; *Abele* TranspR, **2004** 153; *Schneider* 195; *Thume/de la Motte/Ehlers* VVG Rn. 350.

[21] *Abele* TranspR **2004** Sonderbeilage II.

[22] Zur Geschichte der ADSp ausführlich *Schneider* 39 ff.; *Häusser/Abele* TranspR **2003** 8–12.

[23] Zur Geschichte des SVS ausführlich *Schneider* 58 ff.

schaden erhielt.[24] Sie war zuerst ein Monopol der Oskar Schunck KG, der als Makler für einen Versicherungspool unter Führung der Victoria Versicherung tätig war. Später entstanden mehrere Versicherungspools einzelner Makler wie Hans-Rudolf Schmidt, Aktivassekuranz u.a.

Folgender ökonomischer Grundsatz galt für diese haftungsersetzende Versicherungen: Die Besorgung der Beförderung einer Ware soll unabhängig vom dem Warenwert, der -art und Relation annähernd gleich teuer sein. Durch die Gewährung eines Versicherungsanspruchs mit klaren Regelungen für alle Kaufleute sollte der Frachtpreis für „Sand oder Gold" derselbe bleiben. Die speditionelle Haftung wurde in den ADSp stark abgesenkt, aber der Auftraggeber hatte die Möglichkeit durch Angabe eines Warenwerts eine „haftungsersetzende Versicherung" automatisch abzuschließen, wenn er keine eigene Transportversicherung hatte. *Schneider* nannte die Versicherungsart eine „Versicherung mit haftungsrechtlichem Einschlag, der wegen seinem spezifischen Charakteristika keiner klassischen Sparte untergeordnet werden kann."[25] 1998 wurde der SVS/RVS durch das Transportrechtsreformgesetz abgeschafft, da der Spediteur immer zu haften hatte. Haftungsersetzung durch Versicherung war ab diesem Zeitpunkt unzulässig.

9 Neben dem SVS/RVS gab es zahlreiche weitere Versicherungspolicen, in denen die Haftung der Spedition versichert wurde, wenn der Auftraggeber dic Eindeckung der Speditionsversicherung verbot bzw. darauf verzichtete. Diese hießen damals Ergänzungsvertrag zum SVS/RVS, CMR-Klauseln des E-Vertrag, WA-Deckung, TBL/FBL-Police.[26]

10 Bis 1998 gab es VHV-Versicherungen für Frachtführer, deren Deckungen wegen dem Pflichtversicherungserforderniss des GüKG die Haftung beispielsweise im Fernverkehrsbereich nach der Kraftverkehrsordnung (KVO), im Umzugs- und Möbeltransportbereich nach dem GüKUMT und im Nahverkehr aufgrund AGB-Versicherungsverpflichtungen gem. den so genannten AGNB versicherten.[27]

11 In den ADSp von 1998 bis 31.12.2002 wurden in der Speditionsversicherung spezielle Versicherungssysteme wie der sog. **SLVS** oder die Speditionsversicherung (**SpV**), die zusätzlich zur Versicherung der speditionellen Haftung eine Schadenversicherung anzubieten, eingeführt.[28] VHV-VR mussten bis 2002 mindestens die Versicherungsbedingungen der Speditionsversicherung (SLVS, SpV) erfüllen, wenn ein Spediteur nach ADSp zu versichern war. Gleichgültig für Art, Inhalt und Umfang des Versicherungsschutzes war, ob der ADSp-Spediteur Frachtverträge, Speditionsverträge oder Lagerverträge abschloss, wie er organisiert war (Schreibtischspedition, Umschlagslager, disponierte Lager), wo er tätig war (nationaler oder weltweite Spedition), welche Güter er befördern ließ (Computer, Zigaretten, Abfall), usw. Es galt der Grundsatz, dass ein vollständiger Versicherungsschutz für jede denkbar in Betracht kommende Haftung gewährt wird. Es sollte sich um eine „Sleep easy-Deckung" handeln. Ab der Änderung der ADSp mit Beginn des Jahres 2003 wurde der Abschluss jeglicher Schadenversicherung als Anlage zu den ADSp beendet.[29]

12 Die am häufig verwendeten VHV-Bedingungen, jedenfalls im Speditionsversicherungsbereich, sind die „DTV-Verkehrshaftungsversicherungs-Bedingungen für die laufende Versicherung für Frachtführer, Spediteure und Lagerhalter 2003/2011 (**DTV-VHV**

---

[24] *Zocher* Die Speditionsversicherung I und II, Versicherungswirtschaft **1984** 501 ff. und 571 ff.

[25] *Schneider* 61.

[26] *Schneider* 129–147.

[27] *Schneider* 219–223.

[28] *Abele* TranspR **2006**, 63 m.w.N.

[29] *Abele* TranspR **2004** 153; *Häusser/Abele* TransR **2003** 8; Thume/*de la Motte*/Ehlers, 631 1 ff.

2003/2011)“.[30] Der GDV hat diese erstmals 2003 unverbindlich bekanntgegeben, damit alle VR nach Wegfall der ADSp-Versicherung dieses Bedingungswerk verwenden können. Sie enthalten aus Kartellgründen keine Klauseln über Nichtversicherung von bestimmten hochwertigen bzw. diebstahlsgefährdeten Gütern, über Beitragsgestaltungen oder -höhen, über bestimmte Versicherungssummen, Maxima bzw. Selbstbehalte. Jeder VR muss die offenen gelassenen Punkte in den Bedingungen ergänzen. Der GDV hat aus Kartellgründen diese Bedingungen unverbindlich veröffentlicht.[31] Es handelt sich um Musterversicherungsbedingungen für die VHV, die als Basis für die Versicherung der Haftungsrisiken des Verkehrsträgers dienen können. Jeder VR kann diese für seine VHV nutzen und frei entscheiden, ob und in welchem Umfang er die Verbandsempfehlung umsetzt. Es werden darin keinerlei Aussagen zur Transportwaren- oder Schadenversicherung gemacht.

Ab 2003 haben viele VR die DTV-VHV als Basis ihrer AVB für das Neugeschäft bei Speditionen genommen. Makler und VR haben andere VHV-Policen der Verkehrsträger überarbeitet und dieses Konzept häufig übernommen. 2008 wurden diese Bedingungen an das neue VVG angepasst und klargestellt, dass es sich um eine „laufende Versicherung“ i.S.d. §§ 43 ff. VVG handelt. Zuletzt eingefügt wurde 2011 die sog. „Sanktionsklausel“.

Ferner existieren viele verschiedenartige VHV, die von den vielen Versicherungsunternehmen und Maklern bzw. Assekuradeuren, die sich auf die Verkehrshaftung spezialisiert hatten, mittels besonderer Policenformen angeboten werden: Policen für Frachtführer (Strasse, Luft, Bahn, Binnenschiff u.a.), für Umzugsunternehmen (sog. UMVS), für Schwergut- oder Abschleppunternehmen, für Lagerhalter (BLE-Lagerungen u.a.), für besondere Zollrisiken und bei Ausstellung von Dokumenten wie TBL/FBL usw. **13**

Es existierten zudem gemischte Verkehrshaftungspolicen (Frachtführer + Spedition + Lager + Sonderrisiken) und so genannte Multiline-Policen, in denen Verkehrshaftung mit anderen Haftpflichtversicherungen wie Kraftfahrzeugs- oder Betriebshaftpflicht verbunden oder kombiniert werden.

II. Inhalt und Zweck der Regelung

Wie bei anderen Haftungsversicherungen ist **Gegenstand der VHV** zunächst ein Haftungstatbestand des VN. Die Besonderheit liegt darin, dass eine gesetzliche oder vertragliche Haftung aus Verkehrsverträgen, die in der jeweiligen Police beschrieben sein müssen, versichert wird. Im Versicherungsvertrag wird zunächst das zu versichernde Risiko durch die auf dem Policendeckblatt beschriebene Policenart häufig bereits vorab abstrakt definiert. Die Bezeichnungen lauten: Frachtführerpolice, Möbelspeditionsversicherung, Speditionspolice, Lagerhalterdeckung usw.[32] **14**

Die in Einzelrisiken aufgesplitterten Versicherungsvarianten in Straßenfrachtführer-, Binnenschifffahrts-, Speditions-, Lagerhalter-, Zoll, Umzugs- oder gemischte VHV-Policen sind aus historischen und rechtlichen Gründen unterschiedlich ausgestaltet, weil sich die verschiedenen Haftungsversicherungen der Verkehrsträger besonders wegen der

---

[30] www.tis-gdv.de/tis/bedingungen/avb/vhv/verkehr.html.

[31] *Abele* TranspR **2009** 62 ff; *GDV/Flach/Supp/Bremke* 17.

[32] *Abele* TranspR **2004** 153.

rechtlichen Rahmenbedingungen (verkehrsvertragliche Haftungen) unterschiedlich entwickelt haben. Ferner war der Schadenverlauf beispielsweise bei der Speditionsversicherung sehr schlecht, während er bei den Straßenfrachtführern meist positiv verlief.[33] Dies führte ebenfalls zu unterschiedlichen Deckungen auf dem deutschen Versicherungsmarkt, da VR dann mit anderen versicherten Haftungen, Ausschlüssen oder Obliegenheiten bzw. maximale Versicherungssummen wie Jahresaggregaten reagieren mussten.

Der Frachtführer, Spediteur einerseits haften nach den HGB beispielsweise in der Regel mit der sog. Obhutshaftung und diese müssen Ausschlussgründe beweisen, können sich dafür aber auf Haftungsbegrenzungen (8,33 SZR) berufen, soweit kein qualifiziertes Verschulden gegeben ist. Im Gegensatz dazu haftet der Lagerhalter andererseits für in seine Obhut gelangte Güter nach Gesetz nur bei Verschulden, welches der Geschädigte beweisen muss. Wenn dies gelingt, haftet er unbegrenzt für Güter- oder Vermögensschäden. Er kann allerdings durch Vertrag oder AGB seine Haftung einschränken.

Das allgemeine Transportrecht ist mit den unterschiedlichen gesetzlichen Haftungsvorschriften im nationalen Recht mit dem HGB, im internationalen Recht mit der CMR, dem MÜ/WA, dem CMNI, der CIM bereits sehr komplex. Nimmt man dann noch die von verschiedenen Verkehrsträgerverbänden (DSLV, BGL, AMÖ, BSK) empfohlenen AGB (ADSp, VBGL, ABBH, ABBEDV, BSK) hinzu samt den möglichen individuellen Verträgen (siehe § 449 II HGB), steht der Verkehrsträger vor einem kaum zu überblickenden Haftungsrisiko. Im Schadenfall kann er kaum eine Schadenregulierung vornehmen, wenn es sich um einen komplexen Schaden mit mehreren Beteiligten handelt. Hier hat der VHV-VR das entsprechende knowhow, das er seinem VN zur Verfügung stellt.

15 Im Rahmen der VHV muss der VR diesen Haftungsunterschied nicht nur bei der Quotierung der richtigen Versicherungsprämie beachten, sondern auch in den Versicherungsbedingungen oder sogar in den sog. Zeichnungsrichtlinien eines VR. So versichern viele VHV-VR beispielsweise HGB-Lagerhalter nur, wenn sie Haftungsbegrenzungen vorweisen können (Ziff. 24 ADSp o.a.). Gibt es solche Haftungsbegrenzungen nicht, besteht ein Zeichnungsverbot. Der VHV-VR wird also dem HGB-Lagerhalter kein Angebot unterbreiten, sein unbegrenztes Haftungsrisiko zu übernehmen. Ev. wird ein anderer VR ein Angebot abgeben, weil er auf der Versicherungsebene nicht die gesamte Haftung übernimmt, d.h. mit bestimmten versicherungstechnischen Regelungen beispielsweise zur Maximierung oder zu Obliegenheiten sein Risiko eingrenzt. Das darüber hinausgehende Haftungsrisiko des Lagerhalter kann existenzgefährdend für den VN sein kann. Der Deckungsschutz der VHV hängt stark vom Haftungsszenario des jeweiligen VN ab.

16 Der Grundsatz des weitgehenden Gleichlaufs von gesetzlicher oder vertraglicher Haftung für alle möglichen Tätigkeiten und entsprechenden Versicherungsschutz hat die VHV seit 2003 verlassen.[34] VHV-VR verlangen vom VN das Ausfüllen besonderer Fragebögen, die teilweise **Betriebsbeschreibung (BB)** genannt werden. Nur nach Maßgabe der Angaben des VN über sein konkretes Verkehrshaftungsrisiko wird VS gegeben. Teilwiese muss der VN jedes Jahr die Veränderung seines ursprünglich in dem Fragebogen festgehaltene Verkehrshaftungsrisiko dem VR anzeigen. Insbesondere bei der Abfrage prämienrelevanter Daten wie Umsätze vom letzten Jahr, Anzahl der eingesetzten Fahrzeuge, Anzahl der ausgestellten Dokumente o.a. werden solche Fakten abgefragt und notfalls erneuert. Neue Risiken werden in der Police festgehalten und dem VN bestätigt.

---

[33] *Abele* TranspR 2006 62.

[34] Thume/de la Motte/Ehlers/*Kollatz* DTV-VHV Rn. 1.

Mit diesen Mitteln wird versucht, die bestehende Haftung und das versicherte Risiko hinsichtlich der Tätigkeiten des VN so zu erfassen, dass die Haftung und die Versicherung möglichst zusammenpassen. Ausnahmen wird es jedoch immer geben, weil VHV-VR mit einer Maximierung beispielsweise pro Jahr, den Ausschlüssen oder den Obliegenheitsverletzungen ihr Risiko eingrenzen. Bis zu diesen versicherungsvertraglichen Grenzen stellt der VR seinen VN von Schadensersatzansprüchen frei, die gegen diesen erhoben werden.

Sinn und Zweck der VHV ist es, den Verkehrsträger hinsichtlich seiner Haftung von **17**
Ansprüchen der Geschädigten freizustellen. Als Haftungsversicherung wird die Befriedigung begründeter Schadenersatzansprüche, die gegen den VN als Auftragnehmer eines Verkehrsvertrages erhoben werden, vom VHV-VR geschuldet. Voraussetzung ist aber, dass die im Schadenfall behauptete Haftung aus einer Tätigkeit nach Maßgabe des VHV-Vertrags versichert war. Dies ist die Leistungskomponente der VHV. Der VR stellt dem Anspruchsteller den Geldbetrag zur Verfügung zu, der benötigt wird, um die zu Recht geltend gemachten Schadensersatzansprüche auszugleichen.[35]

Sinn und Zweck der VHV ist ferner der Rechtsschutz für den VN.[36] Er umfasst die Abwehr unbegründeter Schadenersatzansprüche, die gegen den VN erhoben werden. Wenn der VN dem Grunde nach oder zumindest hinsichtlich der Schadenshöhe unberechtigt auf Ersatz in Anspruch genommen wird, hat der VR die Pflicht, diese Schadenersatzansprüche abzuweisen. Der VR stellt sicher, dass der VN nicht fälschlicherweise leisten muss. Er wehrt die Ansprüche gegenüber dem Anspruchsteller ab. Notfalls führt er einen Zivilprozess, wenn der VN verklagt wird. Der VR gewährt Rechtsschutz, für die gegen seinen VN gerichtete Klage. Er beauftragt einen Rechtsanwalt, der im Namen des VN, aber auf Rechnung des VR den Prozess führt. Der VR zahlt die Urteilssumme und die aus dem Rechtsstreit entstandenen Verfahrenskosten (Anwalts- und Gerichtskosten), wenn der Rechtsstreit verloren wird. Deshalb ist insoweit der Abschluss einer Rechtsschutzversicherung nicht erforderlich.

Zusätzlich zur Leistungs- und Abwehrverpflichtung erstreckt sich der Versicherungsschutz der Haftungsversicherung auch auf die Übernahme von Kosten, die dem VN im Zusammenhang mit einem Schadensfall entstehen können. Die VR ersetzen Kosten zur Abwendung eines drohenden Schadens, zur Minderung eines ersatzpflichtigen Schadens sowie zur Feststellung eines ersatzpflichtigen Schadens.

III. Anwendungsbereich

In der VHV wird im Gegensatz zur Betriebshaftpflichtversicherung (BHV) nicht der **18**
gesamte Betrieb des Verkehrsträgers generell gegen seine Haftungsrisiken versichert.[37] Die §§ 129 ff. gelten also für die VHV nicht, vielmehr nur die §§ 149 ff.[38] Versicherungsschutz der BHV wird für den gesamten Betrieb des Verkehrsträgers für den Fall gewährt, dass er wegen eines Schadenereignisses, das den Tod, die Verletzung oder Gesundheitsbeschädigung von Menschen (Personenschaden) oder die Beschädigung oder Vernichtung von Sachen (Sachschaden) zur Folge hatte, aufgrund gesetzlicher Haftpflichtbestimmungen privatrechtlichen Inhalts von Dritten auf Schadenersatz in Anspruch genommen wird. Die BHV deckt Schäden durch die Betriebsstätte und die be-

[35] *Abele* TranspR **2004** 154 ff.; *Thume/* de la Motte/Ehlers VVG Rn. 344 ff.

[36] *Abele* TranspR **2004** 154 ff.; Thume/ de la Motte/Ehlers/*Kollatz* DTV-VHV Rn. 56.

[37] *Abele* TranspR **2009** 61 ff.

[38] BGH 07.10.1994 TranspR **1998** 21.

trieblichen Tätigkeiten. Ferner besteht Versicherungsschutz vor dem In-Verkehr-Bringen von Erzeugnissen bzw. vor dem Abschluss der Arbeiten oder Leistungen (als Abgrenzung zur Produkthaftungsversicherung), was ev. bei den sog. logistischen Tätigkeiten wichtig werden kann.

19 Der Versicherungsschutz beider Versicherungen (BHV und VHV) umfasst insbesondere die Freistellung von Ansprüchen nach dem Recht der unerlaubten Handlung (Deliktsrecht). Die jeweiligen Haftungsansprüche des Geschädigten können sich bei der BHV aus der Situation als Eigentümer von Grundstücken und Gebäuden, aus dem Halten, dem Besitz und Gebrauch nicht zulassungspflichtiger und nicht versicherungspflichtiger Kraftfahrzeuge und Arbeitsmaschinen, aus der Teilnahme an Ausstellungen und Messen sowie aus sonstigen betrieblichen Tätigkeiten ergeben. Durch besondere Vereinbarung kann die BHV ferner auf z.B. Be- und Entladeschäden, Tätigkeits- und Bearbeitungsschäden oder andere Schäden ausgedehnt werden. Es ist somit die gesetzliche Haftpflicht eines Betriebes versichert, d.h. es ist pauschal das Interesse dieses Betriebes auf Entlastung von Haftungstatbeständen versichert. Der BGH nennt das in einer Entscheidung zur Verpackerhaftpflicht „Unternehmerversicherung“. Während die BHV nach den AHB gesetzliche Ansprüche wegen sog. „Drittschäden“ deckt, werden in der VHV vertragliche und gesetzliche Ersatzansprüche der Vertragspartners aus Verkehrsverträgen versichert. Es wird die fehlerhafte Erfüllung von Verkehrsverträgen versichert, allerdings beschränkt auf die sekundäre Schadenersatzpflicht (Verlust, Beschädigung, Lieferfristüberschreitung, reine Vermögensschäden).[39] Die Haftung aus der primären Leistungspflicht (rechtzeitige Gestellung von vereinbarten Fahrzeugen, Durchführung speditionsvertraglicher Pflichten u.a.), ist nicht Gegenstand der VHV.[40] Im Gegensatz zur „Unternehmerversicherung“ werden nur ganz bestimmte Tatbestände der sekundären Ersatzpflichten in der VHV gedeckt.

IV. Großrisiko und Laufende Versicherung

Schrifttum

Abele Verkehrshaftungsversicherung und laufende Versicherung nach § 210 VVG, TranspR 2009 60; *Heuer* Die Haftung des Spediteurs und des Lagerhalters als „Großrisiko“ i.S.d. § 187 VVG, TranspR 2007 55.

1. Großrisiko

§ 210 II

Die Beschränkungen der Vertragsfreiheit nach diesem Gesetz sind auf Großrisiken und auf laufende Versicherungen nicht anzuwenden.

Großrisiken im Sinne dieser Vorschrift sind: Risiken der unter den Nummern 4 bis 7, 10 Buchstabe b sowie den Nummern 11 und 12 der Anlage Teil A zum Versicherungsaufsichtsgesetz erfassten Transport- und Haftpflichtversicherungen.

20 Die erste Frage ist, ob alle Arten der VHV deshalb vertragsfrei, d.h. vom VVG abweichend gestaltbar sind, weil sie „**Großrisiken**“ sind. Auf Großrisiken sind die im VVG vorgesehenen Beschränkungen der Vertragsfreiheit nach § 210 nicht anzuwenden. Das VVG wurde mit Wirkung vom 17.12.2009 durch das Gesetz zur Anpassung der Vorschriften des Internationalen Privatrechts an die Verordnung (EG) Nr. 593/2008 vom

---

[39] Knorre/Demuth/*Schmid* G.I Rn. 3.

[40] *GDV/Flach/Supp/Bremke* 18.

25.06.2009[41] geändert. Danach erfolgt neben den in Ziff. 2 und 3 genannten Großrisiken die Einteilung der Versicherungssparten für die VHV nach folgenden Regelungen: Die Anlage Teil A zum VAG unterscheidet die Versicherungssparten nach der Nummer 10b mit der Haftpflicht aus Landfahrzeugen mit eigenem Antrieb, wobei es keine Unterscheidung zwischen Straße und Schiene gibt. In Nummer 11 wird ferner die Luftfahrzeughaftpflicht und in Nummer 12 die See-, Binnensee- und Flussschifffahrtshaftpflicht als Großrisiko definiert. Bei all diesen VHV kann in den AVB vom VVG grundsätzlich abgewichen werden, sofern es nicht zwingend ist.[42] Diese sind alle die genannten VHV-Versicherungen nach dem VVG Großrisiken.[43] Nach dem Wortlaut von Nr. 10b der Anlage A zum VAG gehört nur die „Haftpflicht aus Landtransporten" zu den Großrisiken. VHV-Policen, welche unter die genannten Kriterien fallen oder die Merkmale des Großrisikos der § 210 II Ziff. 3 überschreiten, sind daher vertragsfrei.

21 Fraglich ist, ob Speditions- und Lagerhalterpolicen oder kombinierten Policen Großrisiken sind. Teile der Rechtsprechung[44] und Literatur[45] sprechen sich aufgrund des Wortlautes Nr. 10b **„Haftpflicht aus Landfahrzeugen mit eigenem Antrieb"** gegen eine generelle Anwendung der Großrisikoregelung auf die Speditions- und Lagerhalterversicherung aus.[46] Andere sind der Auffassung, dass die Versicherung der Spediteure zumindest der Frachtführerversicherung gleichzustellen ist.[47] Gegebenenfalls könne dies im Wege einer Analogie erfolgen.[48] Der BGH hat zu Recht entschieden, dass kombinierte Policen nicht als Großrisiko anzusehen sind.[49] Somit sind kombinierte Policen mit der VHV-Deckung von Spediteuren und Lagerhaltern, auch dann, wenn sich im konkreten Schadenfall ein reines Straßenfrachtführerrisiko verwirklicht hat, kein Großrisiko.

2. Laufende Versicherung

§ 53 Anmeldepflicht

Wird ein Vertrag in der Weise geschlossen, dass das versicherte Interesse bei Vertragsschluss nur der Gattung nach bezeichnet und erst nach seiner Entstehung dem Versicherer einzeln aufgegeben wird (laufende Versicherung), ist der Versicherungsnehmer verpflichtet, entweder die versicherten Risiken einzeln oder, wenn der Versicherer darauf verzichtet hat, die vereinbarte Prämiengrundlage unverzüglich anzumelden oder, wenn dies vereinbart ist, jeweils Deckungszusage zu beantragen.

22 Die zweite Frage ist, ob alle Arten der VHV deshalb vertragsfrei gestaltbar sind, weil sie **„laufende Versicherungen"** gem. der gesetzlichen Legaldefinition in § 53 sind. Zum 1.1.2008 hat das VVG den Zustand des ehemaligen § 187 VVG, der bis 30. Juni 1990 galt, mit der laufenden Versicherung in § 210 wiederhergestellt.[50] Begründet hat der Gesetzgeber dies damit, dass VN im Bereich der gewerblichen Versicherung und der Transportversicherung wie Großrisiken auch des Schutzes der halbzwingenden und zwingenden Nor-

---

41 BGBl I 1574.

42 Knorre/Demuth/*Schmid* G.I Rn. 4.

43 *Thume*/de la Motte/Ehlers VVG Rn. 533 ff. Zur internationalen Problematik der ROM I VO siehe B 10a.

44 LG Hamburg 20.12.2004 TranspR **2005** 224; HansOLG Hamburg 26.10.2006 TranspR **2007** 258.

45 *Thume* TranspR **2006** 5.

46 *Schwintowski/Brömmelmeyer/Klär* PK-VersR § 210 Rn. 13; *Möhrle* Laufende Versicherung 158–164; *Ehlers* TransportR **2007** 5 ff. und **2006** 7 ff.; *Flach* TransportR **2008** 61; *Freitag r+s* **2008** 96 ff.; *Thume* TransportR **2006** 1 ff.

47 *Heuer* TranspR **2007** 55; *Ehlers* TranspR **2007** 12.

48 *Heuer* TranspR **2007** 55.

49 BGH 18.03.2009 IV ZR 293/06.

50 Zur Entstehung *Heuer* TranspR **2007** 55.

men entbehren können.[51] Die Gestaltung der Rechtsbeziehungen zu diesen Vertragspartnern, die als gleichberechtigte Kaufleute den VR gegenüberstehen und zu denen gerade kein wirtschaftliches Ungleichgewicht besteht, ist weitestgehend dispositiv gestaltbar.[52]

23 In der Kommentierung zum VVG vor 30.6.1990 wird in Prölls/Martin[53] zur Frachtführerversicherung folgendes ausgeführt: „Laufende Versicherung, II. A. Anwendungsfälle: Sie kommt z.B. ..., in der HaftpflichtVers nach § 27 Güterkraftverkehrsgesetz (Bischoff VersR 52, 217; gilt sowohl für KVO- wie für CMR-Vers, München VersR 82,257 gegen Frankfurt VersR 78, 535, ferner Schönwerth VersR 78, 536)." Dubischar weist auf folgendes hin: „Die KVO-Versicherung ist als gesetzliche Pflichtversicherung in der Form sog. laufender Versicherung zu nehmen. Das versicherte Interesse wird also bei Vertragsschluss [nur der Gattung nach bezeichnet] und erst nach jeweiligem Entstehen dem VR aufgegeben. Praktisch besorgen die Straßenverkehrsgenossenschaften über sog. KVO-Sammelpolicen den Versicherungsschutz, mit Prämienberechnung nach einem Prozentsatz der jeweiligen Bruttofracht der einzelnen Transporte."[54]

Dem scheint die ältere Rechtsprechung des BGH zur Verpackungshaftpflicht zu widersprechen: Ein Verpackungsbetrieb hatte eine Betriebshaftpflicht nach den AHB abgeschlossen, in deren Zusatzhaftpflicht auch Schäden an fremden, in Verwahrung genommenen Sachen und an bearbeiteten Sachen im Hinblick auf den Ersatz mittelbarer Schäden durch mangelhafte Verpackung oder unzureichenden Korrosionsschutz versichert waren (sog. Verpackerhaftpflicht).[55] Voraussetzung war die Vereinbarung von bestimmten Verpackungs-AGB (Risikobegrenzung). Nach dem BGH war das auferlegte Verhalten eine verhüllte Obliegenheit und keine Risikobegrenzung. Nur unter den Voraussetzungen des § 6 VVG konnte die Leistungsfreiheit des Verpackungshaftpflichtversicherers begründet werden.

Auf eine laufende Versicherung konnte sich der VR nicht berufen, weil Gegenstand der Betriebshaftpflichtversicherung das Interesse des VN sei, dass der Verpackungsbetrieb nicht mit Haftpflichtverbindlichkeiten belastet werde. Der BGH wörtlich: „Dieses eigene Interesse, das ein Interessent, die Kl., hat, ist durch den Abschluss des Versicherungsvertrags genau bestimmt. Die Revision verwechselt die Haftpflicht(Passiven)-versicherung mit einer Sachgüter(Aktiven)-versicherung, wenn sie meint, dass das Interesse der Kl. an den von ihr verpackten Sachen versichert sei."[56]

Selbst die KVO-Pflichtversicherung sei eine „Unternehmerversicherung" und damit auch keine laufende Versicherung, was sich aus der entsprechenden und nicht direkten Anwendung des § 27 I, 2 GüKG i.V.m. § 187 VVG ergebe. Der BGH scheint also der Frachtführerhaftungsversicherung der KVO in dieser Entscheidung im Gegensatz zur Literatur[57] und Rechtsprechung[58] die Einordnung als „laufende Versicherung" wegen der analogen Anwendung im GüKG abzusprechen.

24 In der Kommentierung zum VVG vor 30.6.1990 wird in Prölls/Martin[59] die Speditionsversicherung (SVS/RVS) zitiert und bestätigt, dass im Gegensatz zur Betriebshaft-

---

51 *GDV/Flach/Supp/Bremke* 45.

52 Ausführlich *Abele* Festschrift für Thume 119 ff.

53 *Prölls/Martin* VVG **1988** 755.

54 *Dubischar* Transportrecht § 16, Nr. 2 260; *Roltsch* Haftung des Straßenfrachtführers 14; *Heine/Eichhoff/Pukall/Krien* § 27 GüKG Anm. 7.

55 BGH 22.06.1967 VersR **1967** 771.

56 BGH 22.06.1967 VersR **1967** 771, 772.

57 *Dubischar* (Fn. 11); *Bischoff*, VersR **1952** 217; *Schönwerth* VersR **1978** 536; *Prölls-Martin* (Fn. 10); *Heuer* Gütertransport und Versicherung, **1990** 52; *Schneider* 190.

58 OLG Köln 16.11.1999 OLGR Köln **2000** 147 für eine KVO/CMR-Police.

59 *Prölls/Martin* VVG, 24. Aufl. **1988** 755.

pflichtversicherung beim SVS wiederkehrend entstehende Risiken ohne konstitutive Anmeldung versichert werden. Bekanntlich sind der SVS/RVS als „Krone der Schöpfung" seit 1998 und deren Nachfolger, die SpV-Speditionsversicherung, seit 2002 nicht mehr existent.[60] Zweifellos waren diese alle „laufende Versicherungen", weil die jeweiligen Verkehrsverträge gem. ADSp automatisch, d.h. laufend, im Voraus per Rahmenvertrag SVS oder der späteren Speditionsversicherung SpV versichert waren und der VN (ADSp-Spedition) jeden einzelnen Verkehrsvertrag mit der jeweiligen Versicherungssumme gemäß einem Prämienanmeldeformular seinem VR unter Angabe der Risiken (Relation, Warenart) laufend melden und eigentlich laufend hätte zahlen müssen.[61]

Die DTV-VHV versichern die transportrechtlichen Haftungen, die sich aus den jeweiligen mit dem Auftraggeber abgeschlossenen Verkehrsverträge ergeben. Welche dieser Verträge von einem Schadenfall konkret betroffen werden könnten, wissen die Vertragsparteien bei Abschluss des Verkehrsvertrages nicht. Dasselbe gilt für den VHV-VR, der generell alle Verkehrsverträge, wenn sie in das vereinbarte Risikoprofil passen, versichern wollen. Die „Gattung" des versicherten Interesses sind diese unbekannten Verkehrsverträge. Die versicherte Haftung aus diesen Verträgen entsteht erst, wenn der Verkehrsvertrag mit dem Auftraggeber abgeschlossen wurde.[62]

Der Abschluss von Einzelpolicen (Haftungsversicherung von nur einem ganz bestimmten Transport) ist auch mit dem GüKG ab 1998 nicht mehr zu vertreten. Nach Ziff. 7a GüKG ist nämlich eine Versicherung „abzuschließen" und „aufrechtzuerhalten". Der Frachtführer muss also eine Haftungspolice „vorhalten", für den Fall, dass er einen Frachtvertrag auszuführen hat, der unter das GüKG fällt. Das kann er nicht über eine Einzelpolice gegenüber den Behörden (BAG) nachweisen. Entsprechend müsste z.B. ein ausländischer Frachtführer für einen einzigen Kabotagetransport in der BRD eine Verkehrshaftungsversicherung als laufende Versicherung abschließen.[63]

3. Auslegungsgrundsätze der AVB

Es ist bei der Auslegung von AVB auf die Sicht eines durchschnittlichen VN abzu- **25**
stellen.[64] Wenn man die Frage beantworten will, inwieweit Regelungen des dispositiven Rechts im VVG Leitbildfunktion beanspruchen, ist zunächst davon auszugehen, dass das Gesetz grundsätzlich auf einen angemessenen Interessenausgleich der Vertragsparteien ausgerichtet ist. Andererseits stellen die gesetzlich normierten Regeln nicht den einzig denkbaren Interessenausgleich dar, sondern nur eine von mehreren vertretbaren Möglichkeiten. Dem Verwender von Versicherungs-AGB ist aber nicht jede Abweichung vom Gesetz verboten. Grundlegende Änderungen der vom Gesetz als gerecht vorgegebenen Ausgleichsstruktur darf er nicht zum Nachteil der Interessen seines Vertragspartners ändern.

Der VN ist als Verkehrsträger in der Regel ein Kaufmann, zumindest ist er geschäfts- **26**
erfahren.[65] Er arbeitet regelmäßig ständig selbst mit eigenen AGB, wie den ADSp, VBGL, BSK o.a. Bedingungswerken.[66]

---

[60] Zur Entwicklung *Häusser/Abele* TranspR **2003** 8 ff.
[61] *Abele* TranspR **2009** 60.
[62] Siehe Ziffer 1.1 u. 11.
[63] *Boettge* VersR **2011** 21 ff.
[64] BGH 16.06.1982 VersR **1982** 841; BGH 23.06.1993 VersR **1993** 957.
[65] BGH vom 9.5.1984 VersR **1984** 830; BGH 03.06.1992 VersR **1992** 1089; BGH 1.12.2004 VersR **2005** 266; *Römer/Langheid* § 129 Rn. 5.
[66] *Abele* TranspR **2004** 152 ff. zum qualifizierten Verschulden.

Bei einer VHV muss man bei der Interessenabwägung, was in den AVB erlaubt und was verboten ist, die mit dem Transport von Gütern verbundenen großen Haftungsrisiken einerseits berücksichtigen, die insbesondere aus der Rechtsprechung der BGH zum sog. „qualifizierten Verschulden“ entstanden ist.[67] Andererseits muss man erkennen, dass der Haftungsversicherer eine volle Haftung nur in Ausnahmefällen versichern kann.[68]

27 Es wurde bei der Vertragsauslegung, ob der Versicherungsvertrag bei einer Obliegenheitsverletzung zu kündigen ist, der Umstand bewertet, dass in der VHV für Frachtführer in der Regel der gesamte Fahrzeugbestand des VN eingeschlossen ist. Es besteht nach dem BGH daher ein existenzielles Interesse des Transportunternehmers am Fortbestand eines den Betrieb des Unternehmens sichernden, lückenlosen Versicherungsschutzes. „Dieser wäre aber erheblich gefährdet, wenn der VR gezwungen würde, bei Obliegenheitsverletzungen stets das gesamte Versicherungsverhältnis zu kündigen, um im Einzelfall leistungsfrei zu werden“.[69] Die Gefahr, dass ein Transportunternehmer im Kündigungsfall keinen anderweitigen angemessenen Versicherungsschutz erlangen kann, wurde berücksichtigt, so dass in der Frachtführerhaftpflichtversicherung das Kündigungserfordernis des § 6 Abs. 1 S. 3 VVG alter Fassung in Versicherungsbedingungen wirksam abbedungen werden konnte.[70]

28 Insoweit sind in der VHV besondere kaufmännische Maßstäbe der laufenden Versicherung bzw. der Großrisiken bei der Auslegung der AVB im Hinblick auf die besonderen Ausschlüssen, Obliegenheiten, Maxima usw. anzusetzen.

V. Pflichtversicherung

Schrifttum

Ehlers Die neuen DTV-Verkehrshaftungsversicherungsbedingungen für Frachtführer, Spedition und Lagerhalter 03 (DTV-VHV 03) und das grobe Organisationsverschulden im Deckungsverhältnis sowie Besonderheiten der Pflichtversicherung nach § 7a GüKG, VersR **2003** 1080 ff; *Herber* Pflichtversicherung für den Spediteur – mit vielen Fragezeichen, TranspR **2004** 229 ff; *ders.* Die Grenzen der Versicherungspflicht nach § 7a GüKG und des Schutzes des Dritten gemäß § 158c VVG, TranspR **2004** 454; *Knorre* Der neue § 7a GüKG und seien Auswirkungen auf die Verkehrshaftungsversicherung, TranspR **2006** 228 ff; *ders.* „Zur Versicherungspflicht der Transportunternehmer für innerdeutsche Transporte“, TranspR **2004** Sonderbeilage zu Heft 3 XXI ff.

1. Straßengüterverkehr (7a GüKG)

§ 7a Haftpflichtversicherung

(1) Der Unternehmer ist verpflichtet, eine Haftpflichtversicherung abzuschließen und aufrechtzuerhalten, die die gesetzliche Haftung wegen Güter- und Verspätungsschäden nach dem Vierten Abschnitt des Vierten Buches des Handelsgesetzbuches während Beförderungen, bei denen der Be- und Entladeort im Inland liegt, versichert.

(2) Die Mindestversicherungssumme beträgt 600 000 Euro je Schadensereignis. Die Vereinbarung einer Jahreshöchstersatzleistung, die nicht weniger als das Zweifache der Mindestversicherungssumme betragen darf, und eines Selbstbehalts sind zulässig.

(3) Von der Versicherung können folgende Ansprüche ausgenommen werden:

1. Ansprüche wegen Schäden, die vom Unternehmer oder seinem Repräsentanten vorsätzlich begangen wurden,

---

[67] Siehe B III 9d.

[68] *Abele* TranspR **2004** 156.

[69] BGH 03.06.1992 VersR **2005** 266.

[70] BGH 30.09.1992 VersR **2005** 266.

2. Ansprüche wegen Schäden, die durch Naturkatastrophen, Kernenergie, Krieg, kriegsähnliche Ereignisse, Bürgerkrieg, innere Unruhen, Streik, Aussperrung, terroristische Gewaltakte, Verfügungen von hoher Hand, Wegnahme oder Beschlagnahme seitens einer staatlich anerkannten Macht verursacht werden,
3. Ansprüche aus Frachtverträgen, die die Beförderung von Edelmetallen, Juwelen, Edelsteinen, Zahlungsmitteln, Valoren, Wertpapieren, Briefmarken, Dokumenten und Urkunden zum Gegenstand haben.

(4) Der Unternehmer hat dafür zu sorgen, dass während der Beförderung ein Nachweis über eine gültige Haftpflichtversicherung, die den Ansprüchen des Absatzes 1 entspricht, mitgeführt wird. Das Fahrpersonal muss diesen Versicherungsnachweis während der Beförderung mitführen und Kontrollberechtigten auf Verlangen zur Prüfung aushändigen.

(5) (weggefallen)

a) **Entstehungsgeschichte.** Im Rahmen der HGB-Änderungen zum Transportrechts- **29** reformgesetz 1998 wurde für Straßenfrachtführer, die dem **Güterkraftverkehrsgesetz** (**GüKG**) unterliegen, eine **Pflichtversicherung** eingeführt. Die Versicherungspflicht im Straßengüterverkehr geht auf das Güterfernverkehrsgesetz (GFG) von 1936 zurück, das den Fernverkehr einheitlich regelte. Die Versicherung des Güterfernverkehrsunternehmers gem. der Kraftverkehrsordnung KVO war wegen ihres Charakters einer Pflichtversicherung eine Haftpflichtversicherung nach §§ 149 ff. VVG alt.[71] Zwar sollte im Zuge der Liberalisierung des Güterkraftverkehrs gem. einem Entwurf des GüKG im Jahr 1998 die Versicherungspflicht abgeschafft werden, aber nach Beratungen im Rechtsausschuss hat der Deutschen Bundestags eine Versicherungspflicht gem. § 7a GüKG eingeführt.

Weil es keine Unterscheidung zwischen Nahverkehr und Fernverkehr gem. dem **30** GüKG ab 1998 gibt, unterliegt **jeder** Unternehmer, der gewerbsmäßig Gütertransport für Dritte durchführt und dem GüKG unterliegt, der Pflichtversicherung. VHV-VR müssen kraft Gesetzes daher gesetzliche Vorgaben beachten, soweit das GüKG bei einem versicherten Transport auf der Straße eingreift.

Nach dem 1998 geltenden § 7a GÜKG musste der Frachtführer eine „Güterschaden- **31** Haftpflichtversicherung" für seine Haftung nach dem „HGB und dem Frachtvertrag" abschließen, wenn er Lkw-Transporte innerhalb der BRD durchführte. Der Inhalt und der Umfang dieser Pflichtversicherung wurden im GüKG nach Ansicht aller ungenügend formuliert.[72] Im Jahr 2004 wurde die Vorschrift grundlegend reformiert und die Formulierungen neu gefasst. Die Überschrift lautet jetzt: „Haftpflichtversicherung" statt „Güterschaden-Haftpflichtversicherung". Sachlich bedeutet dies keine Änderung. Es sollte nur die Abgrenzung zur Transportwarenversicherung klargestellt werden. Weil der Begriff „Güterschaden" zu nahe bei der Transportversicherung des Auftraggebers war, wurde die Klarstellung vorgenommen, dass es sich um eine Haftungsversicherung und um keine Transportwarenversicherung handelt.

Aus dem Wortlaut „ist verpflichtet" ergibt sich, dass eine Pflichtversicherung nach **32** dem Versicherungsvertragsgesetz (VVG) vorliegt. Dies ist jedoch streitig und wird in der Literatur unterschiedlich gesehen.[73]

Mit der Gesetzesänderung wurde ferner der Streit beendet, welche HGB-Haftung versichert werden muss. Die alte Formulierung des § 7a GüKG für den Umfang der Haftungsübernahme lautete: „nach dem Vierten Abschnitt des Handelsgesetzbuchs in Ver-

---

71 *Thume*/de la Motte/Ehlers GüKG Rn. 3.

72 *Thume*/de la Motte/Ehlers GüKG Rn. 6; *Ehlers* VersR **2003** 1080.

73 *Thume*/de la Motte/Ehlers GüKG Rn. 7; **a.A.** *Heuer* TranspR **2006** 22.

bindung mit dem Frachtvertrag". Wegen dem Weglassen des Bezugs zum Frachtvertrag, wird klargestellt, dass der VR Deckung in Höhe der Regelhaftung des HGB mit 8,33 SZR pro Kilo zu gewähren hat. Alle weiter gehenden Haftungen sind nicht von der Pflichtversicherung erfasst. Haftungserweiterungen auf beispielsweise 40 SZR unterliegen nicht den Regelungen Pflichtversicherung. Damit entfallen in diesen Fällen besondere Rechte im Fall der Insolvenz u.a. Schutzvorschriften. Ein Geschädigter genießt maximal in Höhe der HGB-Regelhaftung Vertrauensschutz. Eine Vereinbarung über höhere Haftungen mit dem Frachtführer bewirkt also nicht, dass diese Haftungserweiterungen pflichtversichert sind.

33 Pflichtversicherungsregelungen setzen selbstverständlich eine Haftung des Frachtführers voraus. Liegt diese nicht vor, haftet also der Frachtführer nach dem HGB nicht, dann deckt der VR zwar einen Schadenfall, in dem er seinem VN Rechtsschutz zur Abwehr unberechtigter Ansprüche gewährt. Der Geschädigte erhält aber keinen Schadenersatz in Fällen fehlender Haftung.

34 b) **GüKG-Vorgaben.** Wenn das Güterkraftverkehrsgesetz (GüKG) für den Inhaber einer Firma oder den jeweiligen Transport nicht gilt, dann gibt es keine Versicherungspflichten. Voraussetzung des GüKG ist, dass eine entgeltliche Beförderung von Gütern mit Kraftfahrzeugen, die einschließlich Anhänger ein höheres zulässiges Gesamtgewicht als 3,5 t haben, vorliegt. Wenn das Gesamtgewicht unter der genannten GüKG-Grenze liegt oder ein Befreiungstatbestand nach § 2 GüKG vorliegt, dann müssen keine gesetzlichen Versicherungsregelungen beachtet werden. Solche Frachtführer brauchen kraft Gesetzes keine VHV abzuschließen. Sie können ohne eine VHV abzuschließen gewerbliche Güterbeförderung betreiben. In der Praxis haben die allermeisten deutschen Frachtführer, die nicht dem GüKG unterliegen, freiwillig eine VHV abgeschlossen. Dies gilt für die überwiegende Mehrzahl der ordentlichen Betriebe.

35 c) **Kein Werkverkehr. Werkverkehr** liegt nach § 1 Abs. 2 GüKG vor, wenn die dort genannten vier Voraussetzungen kumulativ erfüllt sind:

1. Die beförderten Güter müssen Eigentum des Unternehmens sein.
2. Die Beförderung muss der Anlieferung der Güter zum Unternehmen, ihrem Versand vom Unternehmen dienen.
3. Die für die Beförderung verwendeten Kraftfahrzeuge müssen vom eigenen Personal des Unternehmens geführt werden.
4. Die Beförderung darf nur eine Hilfstätigkeit im Rahmen der gesamten Tätigkeit des Unternehmens darstellen.

Die unter Ziff. 4 genannte Bestimmung dient dazu, die Abgrenzung zwischen dem Werkverkehr und dem gewerblichen Güterkraftverkehr deutlicher zu ermöglichen.

Die Literatur meint, dass die Hilfstätigkeitsfrage neben den anderen Kriterien ein Anhaltspunkt sei, ob auch tatsächlich Werkverkehr vorliege. Die Beförderung dürfe der Tätigkeit des Unternehmens keinesfalls das Gepräge geben. Vielmehr müsse sie hinter dem Handels- oder sonstigen gewerblichen Nutzen eines Unternehmens „deutlich zurücktreten". Soweit ein solcher Nutzen nicht oder nur in ganz geringem Umfang vorhanden sei, stelle die Beförderung keine Hilfstätigkeit dar. Die Grundsätze zu den Fragen des Scheintatbestandes oder des unechten Fuhrmannshandels seien auch hier heranzuziehen. Der Einzelfall müsse jeweils genau untersucht werden.[74] Mit § 1 Abs. 2 Nr. 4

[74] Hein/Eichhoff/Pukall/*Krien* Güterkraftverkehrsrecht, 2010 § 1 *GüKG* Rn. 9.

GüKG solle eine Umgehung der Erlaubnispflicht vermieden werden, indem eine angebliche Handelstätigkeit vorgeschoben wird. In diesen Fällen sei zu prüfen, ob ein echter Handelsnutzen erzielt wird und der Zwischenhändler selbständig handeln kann oder nicht.[75]

Nach der Rechtsprechung des BGH ist Werkverkehr nur eine Hilfstätigkeit im Rahmen der gesamten, von Ein- und Verkauf, Werbung, Kundenpflege, händlerischem Risiko usw. bestimmten Handelstätigkeit eines Kaufmanns. Werkverkehr liegt dann vor, wenn der von kaufmännischer Kalkulation und Gewinnerwartung geprägte Handel die Haupttätigkeit des Betriebes bildet und im Rahmen dieser Handelstätigkeit die Beförderung lediglich eine Nebenfunktion hat. Wenn die transportierten Waren tatsächlich im Eigentum des Beförderers stehen, er das Beschädigung- und Verlustrisiko selbst trägt und eine eigene sog. Werkverkehrspolice (Transportwarenpolice nach DTV-Güter gegen alle Risiken) für diese Fälle abschließen kann, kann keine weite Auslegung des Begriffs des Werkverkehrs den Beförderer zu einer VHV-Versicherung zwingen. Wenn jemand also einen Großhandel betreibt, liegt Werkverkehr vor. Wenn er eigene Güter befördert, ist kein unerlaubter gewerblicher Güterkraftverkehr gegeben.

Andererseits handelt es sich **nicht** um Werkverkehr, wenn es den Vertragsparteien wirtschaftlich um die Beförderung geht und der Händlerstellung des Transportunternehmens lediglich eine rechtlich-formale, jedoch keine wirtschaftlich erhebliche Bedeutung zukommt. Wenn der Handel eine „künstlich herbeigeführte, sachliche entbehrlich Folge der Güterbeförderung ist", liegt dennoch eine Frachtführertätigkeit vor.[76]

d) **Pflichtversicherungsvorgaben.** Es müssen nicht alle Haftungstatbestände des HGB pflichtversichert werden. Es brauchen nur Güterschäden (Verlust und Beschädigung) und Lieferfristüberschreitungen gedeckt sein. Der Pflichtversicherung unterliegen keine Güterfolge- (soweit sie überhaupt haftet) oder sonstigen reinen Vermögensschäden.[77] Wenn z.B. der Frachtführer seinem Auftraggeber nicht mitteilt, dass er den Transport zu spät begonnen hat, Monteure am Einsatzort warten, die Produktion beim Empfänger stillsteht und Konventionalstrafen des Empfängers entstehen, unterliegen solche Schäden nicht den Pflichtversicherungsregeln, weil solche Spezialfälle haftungsrechtlich nach § 433 HGB reine Vermögensschäden und keine Lieferfristüberschreitungen sind. 36

VHV-VR haben die Deckung dieser so genannten Vermögensschäden nicht aus ihren Policen herausgenommen. Es besteht zwar eine entsprechende versicherungsmäßige Abdeckung dieser Schäden, jedoch kann der Geschädigte diese Ansprüche nicht nach den Pflichtversicherungsregelungen des VVG geltend machen. 37

Der Gesetzgeber hat in insgesamt in 3 Abschnitten viele Ausschlüsse zugelassen. Vorsätzliche Handlungen des VN, Schäden durch Naturkatastrophen, Kernenergie, Krieg, kriegsähnliche Ereignisse, Bürgerkrieg, innere Unruhen, Streik, Aussperrung, terroristische Gewaltakte, Verfügungen von hoher Hand, Wegnahme oder Beschlagnahme seitens einer staatlich anerkannten Macht samt den Schäden bei der Beförderung von Edelmetallen, Juwelen, Edelsteinen, Zahlungsmitteln, Valoren, Wertpapieren, Briefmarken, Dokumenten und Urkunden dürfen ausgeschlossen werden.[78] In Fällen der Pflichtversicherung müsste der VR die Ansprüche generell in seinen AVB ausschließen, soweit sie in § 7a GüKG genannt sind: Wenn der Frachtführer in diesen ausgeschlossenen Bereichen je haften 38

[75] *Lammich/Pöttinger* Gütertransportrecht, § 1 GüKG Rn. 33.

[76] BGH 09.05.1996 VersR **1996** 1301–1303.

[77] *Thume*/de la Motte/Ehlers GüKG Rn. 10.

[78] Siehe Ausschlüsse der DTV-VHV in B.III.5.c.bb.

würde, kann der VR die Deckung ablehnen. Er darf sich auf den erlaubten Risikoausschluss berufen. Er prüft nicht die Frage der Haftung, gibt also auch keinen Rechtsschutz und leistet keinen Ersatz. Es besteht keine Leistungspflicht nach § 117. Dies bedeutet, dass ein VHV-VR diese Ausschlüssen einem Pflichtversicherungsanspruch entgegengesetzt werden kann. Wenn der Gesetzgeber in ein Gesetz Ausschlüsse für zulässig erklärt, können diese auch bei einem Direktanspruch eines Geschädigten eingewandt werden.

Der Gesetzgeber hat ferner eine verbindliche Mindestversicherungssumme festgelegt. Der VR muss € 600.000 je Schadenereignis decken. Eine Versicherungsbestätigung mit einer Deckung pro Ereignis von beispielsweise € 500.000 genügt bei einem innerdeutschen Transport nicht.

Ferner kann eine so genannte Jahreshöchstersatzleistung vereinbart werden, die nicht weniger als das Zweifache der Mindestversicherungssumme betragen darf. Die Kurzformulierung lautet häufig in VHV-Policen: „Die maximale Versicherungsleistung beträgt € 600.000, zweifach maximiert pro Jahr."

39 Ein VHV-VR darf eine Selbstbeteiligung ohne Begrenzung nach oben vereinbaren.[79] Unter Kaufleuten muss dies im Rahmen der laufenden Versicherung nach dem § 210 VVG auch im Rahmen des § 7a GüKG zulässig sein. Im Gesetz wurde es als zulässig formuliert wurde, dass eine Selbstbeteiligung vereinbart werden kann, obwohl es sich um eine Pflichtversicherung handelt. Es wurde erhebliche Kritik auch an der SB vor Änderung des GüKG geäußert und sprachlich erfolgte bei der SB keine Änderung.[80] Deshalb ist die Ansicht abzulehnen, dass unangemessene und überhöhte Selbstbehalten unzulässig seien.[81]

Dies ergibt sich auch aus der Rechtsprechung des BGH, der die Verpflichtung des Unternehmers eine Güterschaden-Haftpflichtversicherung nach § 7a GüKG zu unterhalten, nicht als Gesetz im Sinne des § 823 Abs. 2 BGB zum Schutze des Vermögens eines Güterkraftverkehrsunternehmers, angesehen hat.[82]

40 Ordnungswidrig handelt der Frachtführer nach § 19 GüKG, wenn er vorsätzlich oder fahrlässig keinen Nachweis über eine Versicherung nach § 7a Abs. 1 GüKG im Kraftfahrzeug mitgeführt wird oder nicht rechtzeitig aushändigt. Diese Ordnungswidrigkeiten können mit einer Geldbuße bis zu € 5.000 geahndet werden.

2. Luftfahrt (Art. 50 MÜ)

MÜ, Artikel 50 – Versicherung

„Die Vertragsstaaten verpflichten ihre Luftfrachtführer, sich zur Deckung ihrer Haftung nach diesem Übereinkommen angemessen zu versichern. Der Vertragsstaat, in den ein Luftfrachtführer eine Beförderung ausführt, kann einen Nachweis über einen angemessenen Versicherungsschutz zur Deckung der Haftung nach diesem Übereinkommen verlangen."

41 Gemäß einer EU-Richtlinie ist am 28.6.2004 gemäß dem Übereinkommen zur Vereinheitlichung bestimmter Vorschriften über die Beförderung im internationalen Luft-

---

[79] *Thume*/de la Motte/Ehlers GüKG Rn. 13.

[80] *Ehlers VersR* **2003**, 1080; *Herber* Pflichtversicherung für den Spediteur – mit vielen Fragezeichen TranspR **2004** 229 ff.; *Knorre* Zur Versicherungspflicht der Transportunternehmer für innerdeutsche Transporte TranspR **2004** Sonderbeilage zu Heft 3 XXI ff.

[81] *Koller* 7a GüKG Rn. 5.

[82] BGH 09.11.2004 TranspR 2005, 33–35; **a.A.** Reiff Sinn und Bedeutung von Pflichthaftpflichtversicherungen, TranspR **2006** 15 ff.

verkehr (**Montrealer Übereinkommen MÜ**) eine gesetzliche Pflichtversicherung vorgeschrieben worden. Gemäß Art. 50 MÜ besteht eine Versicherungspflicht als Erstes für denjenigen, der die Luftbeförderung tatsächlich mit eigenen Luftfahrzeugen ausführt. Das ist der „acting carrier“, der sich nach dem MÜ versichern muss. Derjenige, der den Lufttransport, d.h. die Beförderung der Güter per Luft, verspricht, ist vertraglicher Luftfrachtführer („contracting carrier“), auch dann, wenn er kein Flugzeug hat.

Kontrovers wird die Frage diskutiert, ob ein Spediteur, der die Besorgung und nicht **42**
die Luftbeförderung im Verkehrsauftrag versprochen und ausgeführt hat, unter die Pflichtversicherungsregelung fällt.[83] Ob in diesen Fällen direkt das Montrealer Übereinkommen anwendbar ist, ist streitig.[84] Für den Versicherungsbereich hat dieses Auswirkungen, weil bei der von Speditionsversicherung Pflichtversicherungsvorgaben entstehen. Ausschlüsse oder Obliegenheiten u. a. können dann nicht mehr eingewandt werden.

Die nationalen HGB-Haftungsfolgen des Selbsteintritts, der Sammelladung, der Fix- **43**
kostenspedition oder die Ausstellung eines eigenen Luftfrachtbriefs (unechter Selbsteintritt) bedeuten, dass die Rechtsfolge der „Haftung wie ein Frachtführer“ gegeben ist. Die Rechtsfolgenverweisung des deutschen HGB ist von der Auslegung des MÜ strikt zu trennen, weil das MÜ aus sich heraus auszulegen ist. Deshalb bestehen für Speditionsverträge keine Versicherungspflichten nach MÜ.[85]

3. Vertragliche Versicherungspflichten

ADSp Ziffer 29 ADSp 03

„Der Spediteur darf sich gegenüber dem Auftraggeber auf die ADSp nur berufen, wenn er bei Auftragserteilung einen ausreichenden Haftungsversicherungsschutz vorhält.“

§ 33 VBGl

„Der Frachtführer und der Spediteur im Sinne von § 1 haben sich gegen alle Schäden, für die sie nach diesen Bedingungen und nach dem 4. Abschnitt des Handelsgesetzbuches im Rahmen der Regelhaftungssummen haften, in marktüblichem Umfang zu versichern.“

Es gibt Versicherungspflichten, die sich aus Regelungen in den AGB der VN ergeben. **44**
Dies sind „freiwillige Versicherungspflichten“, die dem AG in den AGB versprochen werden. In den von den Verbänden veröffentlichten AGB; wie den ADSp und VBGL, aber auch in den so genannten KEP-AGB der Kurier-, Eil und Paketdienste, verweisen diese Verkehrsträger darauf, dass sie eine VHV abgeschlossen haben. Als Sanktion der Nichteinhaltung des Versicherungsversprechens wird teilweise die volle gesetzliche Haftung gegenüber dem Auftraggeber versprochen (siehe hierzu Ziff. 29 3 ADSp).

Jeder Verkehrsträger, der andere Unternehmen beauftragt, muss sich vergewissern, dass diese eine ausreichende VHV eingedeckt haben. Stellt er fest, dass diese keine Versicherung haben, darf er den Auftrag nicht erteilen. Es gehört zur Kardinalpflicht eines Spediteurs, nur Frachtführer einzusetzen, die eine solche Versicherung abgeschlossen haben. Ansonsten liegt ein Auswahlverschulden vor, wenn entsprechende Prüfungen der Versicherungsdeckung nicht vorgenommen werden. Es genügt, wenn der Verkehrsträger sich eine aktuelle Versicherungsbestätigung vorlegen lässt.

---

[83] *Ruhwedel* TranspR **2008** 92.

[84] *Koller* WA 1955 Rn. 3 m.w.N.

[85] *Abele* TransR **2004** Sonderbeilage IV.

B. Verkehrshaftungsversicherung nach den DTV-VHV-Bedingungen

Schrifttum

Häusser/Abele Aktuelle Probleme der Speditionsversicherung, TranspR 2003 8–12; *Ehlers* Die neuen DTV-Verkehrshaftungsversicherungsbedingungen, VersR 2003 1080; *GDV/Flach/Supp/Bremke* Handbuch Verkehrshaftung, 2009; *Heuer* Versicherungen des gewerblichen Straßengüterverkehrs, TranspR 2006 22–29.

I. Entstehungsgeschichte

1 Am 29.05.1998 wurde wegen dem Transportrechtsreformgesetz (TRG), das am 1.07.1998 in Kraft getreten ist, die Allgemeinen Deutschen Spediteur-Bedingung (ADSp) neu gefasst. Als Anhang zu den ADSp wurde zunächst ein Versicherungsmodell eines Maklers Speditions-, Logistik- und Lagerversicherungsschein (SLVS) beigefügt, das den „Speditionsversicherungsschein/Rollfuhrversicherungsschein" (SVS/RVS) ablösen sollte. Das Bundeskartellamt beanstandete unter anderem, dass der SLVS nicht das Produkt eines konkreten Anbieters sein dürfe. Die ADSp galten mit dem SLVS bis zum 31.12. 1998 und ab 1.01.1999 gab es als Anlage zu den ADSp die „Mindestbedingungen für die Speditionsversicherung" (SPV). Exakt diesen Versicherungsschutz musste erstens der ADSp-Spediteur eindecken und zweitens musste den Inhalt samt Umfang die deutsche Versicherungswirtschaft decken. Die Speditionsversicherung, die bei den ADSp als Anhang beigefügt war, unterschied zwischen der Haftungsversicherung einerseits und dem Abschluss einer sog. Schadenversicherung andererseits.[1] Der GDV hat vor allem aufgrund dramatischer Verluste im Bereich der Speditionsversicherung mit über € 100 Mio Verlust einen neuen Ansatz in der Speditionsversicherung gewählt. Er wollte das Modell einer mit den ADSp verbundenen Versicherungslösung verlassen und hat einen veränderten systematischen Lösungsweg zur Versicherung aller Verkehrsträger und nicht nur der Speditionen gewählt.[2]

2 Die unverbindliche Verbandsempfehlung des GDV wurde unter dem Namen „**DTV-Verkehrshaftungsversicherungs-Bedingungen für Frachtführer, Spedition und Lagerhalter 2003, Fassung 2011**" (**DTV-VHV 2003/2011**) bekanntgegeben.[3] Mit dieser Empfehlung der DTV-VHV ist seit Dezember 2002 ein Bedingungswerk für viele Verkehrshaftungsrisiken auf dem deutschen Versicherungsmarkt vorhanden.[4] Versichert werden können danach sowohl Frachtführer als auch Spediteure und Lagerhalter.

3 Der Markt ist diesem Model fast vollständig im Jahr 2003, jedenfalls für die Speditionsversicherung, gefolgt.[5] Die SpV wurde aus den ADSp zum Jahresende 2002 entfernt, nachdem der GDV den Verbänden, die die ADSp samt den SpV gem. der Präambel entwickelt haben, die neue Versicherungslösung übermittelt hatte. Diese nahmen daraufhin Abstand von einer Anlage zu den ADSp. Damit waren die Speditionsversicherung und die Folgekonzeptionen SLVS und SpV, die seit 1927 als Anlage zu den ADSp bestand, zum 1.1.2003 nicht mehr existent.[6]

---

1 *Abele* TranspR **2004** 153; Thume/de la Motte/Ehlers/*Kollatz* DTV-VHV Rn. 1.

2 Thume/de la Motte/Ehlers/*Kollatz* DTV-VHV Rn. 1.

3 http://www.tis-gdv.de/tis/bedingungen/avb/vhv/verkehr.html.

4 GDV-Verbandsrundschreiben Nr. 2500/2002 vom 23.12.2002; *GDV/Flach/Supp/Bremke* 17.

5 Thume/de la Motte/Ehlers/*Kollatz* DTV-VHV Rn. 6.

6 *Abele* TranspR **2004** 153; *Häusser/Abele* TranspR **2003** 8–12.

Die DTV-VHV wurden wegen dem neuen VVG zum 1.1.2008 an das VVG angepasst. Es wurde klargestellt, dass es sich um eine laufende Versicherung handelt.[7] 2011 wurde wegen der Sanktionsklausel noch eine Änderung vorgenommen, so dass jetzt die Version DTV-VHV 2003/2011 gültig ist. Im Folgenden wird immer auf dies neueste Version Bezug genommen.

II. Inhalt und Zweck der Regelung

Ziff. 1: Gegenstand der Versicherung

1.1: Verkehrsverträge

Gegenstand der Versicherung sind Verkehrsverträge (Fracht-, Speditions- und Lagerverträge) des Versicherungsnehmers als Frachtführer im Straßengüterverkehr, als Spediteur oder Lagerhalter, die während der Laufzeit dieses Versicherungsvertrages abgeschlossen und nach Maßgabe der Ziffer 11 aufgegeben werden, wenn und soweit die damit zusammenhängenden Tätigkeiten in der Betriebsbeschreibung ausdrücklich dokumentiert sind.

1. Leitbild der DTV-VHV

Das generelle Leitbild der DTV-VHV ist die Schaffung einer größtmöglichen **Transparenz** des Verkehrshaftungsrisikos eines VN. Es soll durch die VHV ein risikobezogener Versicherungsschutz gewährt werden, den der VN auf Grund seiner Angaben beantragen muss. Scharf voneinander zu trennen ist die Ebene der verkehrsvertraglichen Haftung von der Ebene der Versicherung. Nicht jede Haftung aus Verkehrsverträgen soll nach den DTV-VHV versichert werden. Es gibt keine sog. „sleep-easy-Deckung", d.h. die Haftung des VN und dessen Versicherung kann auseinanderfallen.[8] 4

Es soll aber dem VHV-VR mit einer vom VN auszufüllenden Betriebsbeschreibung und einem Baukastensystem ein individuelles und flexibles Underwriting ermöglicht werden. Ausschließlich die bei Versicherungsvertragsbeginn bestehenden Risiken sollen versichert werden, während andere theoretisch mögliche Haftungen oder Tätigkeiten, die später neu hinzukommen, grundsätzlich nicht oder nur in begrenztem Umfang (Vorsorgeversicherung) versichert werden sollen.

Es erfolgt in den VHV-Bedingungen eine klare **Trennung** zwischen einer Haftung- und Warentransportversicherung. Während vor 2003 immer eine Mischung zwischen Schadenversicherung (SLVS, SPV) und Haftung in der Speditionsversicherung bestand, ist die VHV bedingungsseitig nur eine reine Haftungsversicherung, ohne jegliche Schadenversicherungsbestandteile.[9]

Jeder VR soll die Möglichkeit haben, die DTV-VHV als eigene AVB beinahe für die **alle Verkehrsträger** zu verwenden. Der GDV wollte seinen Mitgliedsunternehmen nicht nur Versicherungslösungen für die Spedition, sondern ausdrücklich für die Frachtführer und die Lagerhalter anbieten. Dabei wurde besondere Vorsicht bei gewissen überhaupt nicht in den Umfang der VHV fallenden Tätigkeiten oder Haftungen vorgeschlagen. Es wurden nämlich diverse Tätigkeiten nicht in die VHV einbezogen, da es einerseits bessere Produkte der VHV bereits am Markt gab, die man nicht angreifen wollte (Schwergut, 5

---

7 *GDV/Flach/Supp/Bremke* 17 und 43 ff.

8 *Abele* Festschrift für Thume 128.

9 *Häusser/Abele* TranspR 2003 8–12.

Abschleppunternehmen). Besondere Kumulrisiken wollte man speziellen VHV-Varianten überlassen (See-, Binnenschiff-, Luftfracht-, Bahnrisiken). Schadenrisiken bei besonderen Gütern sollten zunächst ausgeschlossen werden, man bot später aber den Mitgliedsunternehmen an, diese wieder mittels besonderer Bedingungen mitzuversichern. Zunächst nicht in dem Umfang der VHV genommene besonders diebstahlsgefährdete Güter wurden gesondert mit zusätzlichen AVB (BB Güter) wieder versicherbar gemacht. Das Thema Logistikrisiken wollte man ausgliedern (BHV-Versicherung).

2. Verkehrsverträge

6 Gegenstand der VHV sind nach Ziff 1.1 DTV-VHV „Verkehrsverträge". Der Begriff **„Verkehrsvertrag"** wird abschließend in der VHV definiert. Gegenstand des Versicherungsvertrags sind Fracht-, Speditions- und Lagerverträge, d.h. entgeltliche Beförderung oder Lagerung einer Sache.[10] *Kollatz* meint, dass Verträge über alle Arten von mit Gütertransporten im Zusammenhang stehenden Leistungen damit gemeint seien.[11] Dies ist eine zu weite Fassung, da gem. Ziff. 1.4 letzter Spiegelstrich alle Leistungen nicht Gegenstand der VHV sind, die über die „primäre Vertragspflicht" der Verkehrsträger hinausgeht.[12]

7 Entscheidend für die Beantwortung der Frage, ob ein Verkehrsvertrag oder ein anderes Vertragsverhältnis gegeben ist, ist grundsätzlich die Privatautonomie. Die Parteien können das Leistungsversprechen so definieren, dass die jeweiligen Pflichten dem entsprechen, was das HGB unter Fracht-, Speditions- oder Lagervertrag definiert.[13]

Speditionen können untereinander statt eines Verkehrsvertrags einen Dienstleistungsvertrag für Tätigkeiten im Umschlagslager eines Spediteurs vereinbaren (Be- und Entladedienste). Es wird im Vertragstext keine Beförderungsleistung vereinbart, sondern die Dienstleistung, Güter über eine kurze Strecke ohne Besitz- oder Gewahrsamsübernahme zu verbringen. Es fehlt die für den Frachtvertragsabschluss notwendige Übernahme und Ablieferung. Die Parteien wollen ausdrücklich keinen Frachtvertrag. Das können diese Parteien vereinbaren, so dass eine Auslegung in Richtung eines Frachtvertrags gegen den eindeutigen Willen der Parteien nicht möglich ist. Mangels Verkehrsvertrag wären also solche Vertragsverhältnisse über die VHV nicht versichert.

8 Welche Haftung vereinbart wurde (Fracht-, Speditions- oder Lagerrecht), ist für das Problem, ob ein versicherter Verkehrsvertrag vorliegt, unerheblich. Selbst wenn die Parteien eine Haftung nach dem Transportrecht vereinbart haben wie z.B. bei der Lohnfuhr, ist dennoch das zu Grund liegende Vertragsverhältnis rechtlich kein Verkehrsvertrag.[14]

9 Die VHV stellt ferner nicht auf die **Tätigkeit** oder das **Berufsbild** eines Verkehrsträgers ab. Der Verkehrsvertrag umfasst **ausschließlich** die klassischen Vertragsarten des HGB, d.h. den Fracht-, Speditions-, und Lagervertrag.[15]

10 Vertragspartner dieser Verkehrsverträge muss der VN sein. Jeder Verkehrsträger, der sich über die DTV-VHV versichern will, wird den Inhalt seiner Verträge kennen. Es kann sein, dass ein reiner Frachtführer nur Frachtverträge abschließt und nur diese versichert. Ein Frachtführer kann aber einen Lagerauftrag von seinem Auftraggeber erhalten. Wenn

---

10 Knorre/Demuth/*Schmid* G.I Rn. 3; *Abele* TranspR 2009 63.

11 Thume/de la Motte/Ehlers/*Kollatz* DTV-VHV Rn. 7.

12 Siehe B.II.2.e und B.III.2.c.

13 *Müglich* § 407 Rn. 2 ff.

14 Siehe B II 3d.

15 *Abele* TranspR **2005** 38; Thume/de la Motte/Ehlers/*Kollatz* DTV-VHV Rn. 7.

eine Änderung des Risikos hinsichtlich der Vertragsarten eintritt, d.h., wenn statt Frachtverträgen plötzlich Lagerverträge mit einer ganz anderen Haftungssituation (Vollhaftung, Ersatz von Güterfolgeschaden) geschlossen werden, muss eine Reaktion des VN erfolgen. Der Frachtführer muss also aktiv werden und den VR verständigen, dass er nunmehr auch Lagerverträge abschließt. Klargestellt wird dadurch die Tatsache, dass jeweiligen Verkehrsverträge als „Gattung" versichert sind, wenn diese dem VR gemeldet werden. Somit liegt nach der Legaldefinition des § 43 VVG eine laufende Versicherung vor.[16]

a) Frachtvertrag

§ 407 HGB Frachtvertrag

(1) Durch den Frachtvertrag wird der Frachtführer verpflichtet, das Gut zum Bestimmungsort zu befördern und dort an den Empfänger abzuliefern.

Das Frachtrecht ist in den §§ 407 ff HGB geregelt. Entscheidend ist der Abschluss eines Frachtvertrags, d.h. wenn vertraglich eine Beförderungsleistung geschuldet wird. Die wesentliche Pflicht des Frachtführers besteht darin, die Güter unversehrt und rechtzeitig an den Bestimmungsort zu bringen. Dies kann auch auf kürzeste Distanz in vertikaler (Trageumzug)[17] oder auch nur in horizontale Richtung (Kranarbeiten) erfolgen. Beförderer können der Mensch oder Tiere (Kamel, Esel o.a.) sein. Mittel zur Beförderung sind Fahrrad, PKW, LKW, Bahn, Schiff, Flugzeug. Beförderungshilfsmittel sind der Gabelstapler, Container oder Paletten. **11**

Der Beförderungsvertrag ist in der Regel Werkvertrag.[18] Gegenüber diesen BGB-Vorschriften (§ 823, 831, 280 BGB), die subsidiär zur Anwendung gelangen, gehen die gesetzlichen Sondervorschriften des 4. Buch HGB oder internationale Vorschriften (CMR, CIM, WA/MÜ, CMNI, Hague-Visby u.a.) vor. **12**

Der Frachtvertrag wurde im HGB nach dem Vorbild der CMR als Konsensualvertrag definiert.[19] Wenn die Vertragsparteien, d.h. der Beförderer und der Absender, die Übernahme des Gutes und Ablieferung durch den Frachtführer vereinbart haben, liegt ein Vertragsverhältnis vor, den man als Frachtvertrag definiert. Dabei ist unerheblich, mit welchen Transportmitteln die Beförderungsleistung erfolgt (Kran, Gabelstapler, LKW). Frachtverträge erhalten deshalb auch Bahn-, Binnenschifffahrts- oder Luftfahrtunternehmen, wenn sie den entgeltlichen Gütertransport ausführen. **13**

b) Speditionsvertrag

§ 453 HGB Speditionsvertrag

(1) Durch den Speditionsvertrag wird der Spediteur verpflichtet, die Versendung des Gutes zu besorgen.

Das gesamte Speditionsrecht ist in den §§ 453 bis 466 HGB geregelt. Entscheidend ist der Abschluss eines Speditionsvertrags, d.h. wenn die Besorgung der Versendung der Güter geschuldet wird. Der Spediteur kann sowohl im eigenen als auch in fremdem Namen handeln. Ob er für fremde Rechnung handelt, ist kein Merkmal für einen Speditionsvertrag. Die wesentlichen Pflichten im Rahmen der „Besorgung" benennt § 454 HGB. Hauptpflicht ist die Bestimmung des Beförderungsmittels und -weges, die Auswahl der und den Vertragsabschluss mit den ausführenden Unternehmen, deren Instruktion **14**

---

[16] Siehe A IV 2.

[17] BGH 15.12.1994 VersR **1995** 364, *Herber* NJW **1998** 3297, 3299.

[18] BGH 27.02.1974 NJW **1974** 852.

[19] *Müglich* § 407 Rn. 2.

sowie die Sicherung von Schadenersatzansprüchen des Versenders.[20] Den Selbsteintritt des Spediteurs regelt § 458 HGB, die Fixkostenspedition § 459 HGB, die Sammelladung § 460 HGB. Liegt ein solcher Fall vor, hat der Spediteur hinsichtlich der Beförderung die Rechte und Pflichten eines Frachtführers.[21] Die speditionellen Nebenpflichten wie Versicherungsbesorgung, Verpackung, Kennzeichnung und Verzollung sind in § 454 Abs. 2 HGB geregelt.

c) Lagervertrag

§ 467 HGB Lagervertrag

(1) Durch den Lagervertrag wird der Lagerhalter verpflichtet, das Gut zu lagern und aufzubewahren.

15 Das Lagerrecht ist in den §§ 467 bis 475 HGB geregelt. Voraussetzung ist der Abschluss eines Lagervertrags zwischen dem Lagerhalter und dem Einlagerer. Die Hauptleistung ist die dauernde Einlagerung und Aufbewahrung von Gütern gegen Entgelt. Dies nennt man auch die disponierte Lagerung. Es herrscht Vertragsfreiheit. Es besteht dann eine unbegrenzte Verschuldenshaftung für Sach- oder Vermögensschäden.

16 Im Gegensatz dazu gibt es die transportbedingte Lagerung, die in einem Umschlagslager stattfindet. Hier wird das Gut nicht ständig eingelagert, sondern nur während der Zeit des Umschlags zwischengelagert. Vertragliche Grundlage für diese verkehrsbedingte Lagerung ist aber ein Speditions- oder Frachtvertrag.

17 Ein Lagerhalter hat über die VHV in der Regel nur Lagerverträge nach dem HGB oder seinen AGB versichert. Im Regelfall besteht keine Deckung für Schäden an der Ware während des Transports, wenn nur die reine Lagerhaltung, d.h. die Haftung aus Lagerverträgen, versichert ist. Muss er seitens seines Auftraggebers die Organisation der Transporte von seinem Lager an die Endempfänger besorgen, dann ändert sich der Lagervertrag in einen Speditionsvertrag. Diesen neuen nicht versicherten Speditionsvertrag muss er seinem VHV-VR melden.

18 **d) Gemischte Verträge.** Es gibt sog. Gemischtbetriebe, die verschiedene Arten von Verträge schließen. Diese Unternehmen nennen sich beispielsweise Spedition, obwohl sie ständig Fracht- oder Lagerverträge abschließen. Ein Spediteur kann statt einem speditionellen Auftrag auch einen Frachtvertrag abschließen. Genauso gut kann der Frachtführer gelegentliche speditionelle Tätigkeiten ausüben oder die dauernde Lagerung der Güter übernehmen. Von der Firmierung kann also nicht auf den Vertragstypus geschlossen werden, den diese Unternehmen jeweils eingehen. Entscheidend ist stets im konkreten Fall der Inhalt des abgeschlossenen Vertrags mit dessen Hauptpflichten „befördern, speditieren oder dauernd lagern".

Mischverträge liegen vor, wenn innerhalb eines vereinbarten Rahmens jeweils einzelne Speditions-, Fracht-, oder Lagertätigkeiten für den Auftraggeber gegen entsprechendes Entgelt geschuldet wird. In Rahmenverträgen werden viele HGB-Vertragsarten geregelt, wenn ein Versender eine Spedition mit dem Transport, der Lagerung und dem Einsatz fremder Dritter beauftragt. Es ist anhand der Formulierung im Vertrag zu prüfen, welches Vertragsrecht vom Verkehrsträger geschuldet wird. Sind die jeweils geschuldeten Pflichten unter einen Verkehrsvertrag zu fassen und liegen die geschuldeten Leistungen innerhalb des Bereichs Frachtvertrag, Speditionsvertrag oder Lagervertrag, ist die VHV grundsätzlich auch für solche Mischverträge zuständig.

---

20 *Müglich* § 453 Rn. 2 ff.

21 *Müglich* § 458–460.

e) **Logistikvertrag und Logistik-AGB.** Frachtführer, Spediteure und Lagerhalter sind Teilnehmer an der Logistikkette. Intelligentes Bündeln und Verteilen von Waren- und Informationsströmen ist Gegenstand des umfassenden und allgemeinen aus der Betriebswirtschaft stammenden Logistikbegriffs. Speditionen nennen sich Logistiker. Das sind Unternehmen, welche die Planung, Steuerung, Durchführung und Kontrolle von Informations- und Materialflüssen anderen Unternehmen und Kunden als Dienstleistung anbieten. 19

Im Gegensatz dazu wird im Transportrecht häufig der Begriff Logistik verwendet, wenn Verkehrsträger **weitere Leistungen** anbieten. Etwaige zusätzliche Leistungen in den Bereichen Transport, Lagerung und Spedition werden als logistische Leistung angesehen.[22] 20

Wo genau die Grenzen zu den Vertragsarten Fracht-, Speditions- oder Lagervertrag zu ziehen sind, ist schwierig zu ermitteln. Sobald Pflichten geschuldet werden, die „nicht **beförderungsbezogen**" sind, richtet sich die rechtliche Beurteilung nicht nach dem Transportrecht.[23] Es gibt nämlich sog. „Value-Added-Service Mehrwertdienstleistungen", die über die Kernleistung des Transportrechts hinausgehen.[24] Dazu gehören alle werk-, dienst-, oder sonstige vertraglichen Leistungen. Sobald sonstige nicht speditions-, beförderungs- oder lagerspezifische vertragliche Leistungen geschuldet werden, gehören diese nicht zu den Vertragstypen des HGB. Sie fallen nicht unter den Begriff „Verkehrsvertrag", wenn sie isoliert vereinbart werden. 21

In Logistikverträgen kommt es aber häufig bei zusätzlichen Leistungen, die über die Vertragspflicht eines Frachtführers, Spediteurs und Lagerhalters gemäß dem deutschen Handelsgesetzbuch (HGB), hinausgehen. Das sind **Typenmischverträge**. Bei der Abgrenzung zwischen den Vertragsarten des HGB und der BGB-Verträge (Dienst- Werk u.a. Verträge) kommt es bei lediglich untergeordneter Bedeutung auf die Schwerpunktbetrachtung an.[25] Der vertragstypologische Charakter der Leistung ist entscheidend im konkreten Einzelfall.

Es werden in Rahmenverträgen verkehrsvertragliche Leistungen vereinbart, zu denen noch weitere untypische Aufgaben hinzukommen, die nicht zu dem Bereich Fracht-, Speditions- oder Lagervertrag gehören, aber dennoch im Rahmen des Vertragsverhältnisses zu erbringen sind. Häufig werden innerhalb eines Verkehrsvertrages weitere nicht verkehrsvertragliche Leistungen geschuldet. Eine solche ist beispielsweise die Produktionsleistung, d.h. eine Bearbeitung des zu befördernden oder zu lagernden Gutes, wenn beispielsweise dessen Substanz verändert wird. Wenn ein Frachtführer, Spediteur oder Lagerhalter im Rahmen eines Verkehrsvertrags auf das beförderte oder gelagerte Gut eingewirkt und es in seiner Beschaffenheit ändert, liegt zwar ein Verkehrsvertrag hinsichtlich der Transport- oder Lagertätigkeiten vor. Hinsichtlich der werkvertraglichen und damit logistischen Tätigkeiten liegt ein Werkvertrag vor. Eine verkehrsvertragliche Tätigkeit wird mit anderen Tätigkeiten, die nur indirekt mit der Güterbeförderung oder Lagerung etwas zu tun haben, vermischt.

Im Gegensatz zu dieser klaren Abgrenzung zum Werkvertrag gibt es jedoch verkehrsvertragliche Pflichten aus einem Fracht-, Speditions-, oder Lagervertrag wie Kommissionieren, Etikettieren, Verpacken und Verwiegen von Gütern, die als reine speditionelle 22

[22] *Wieske* Anmerkungen zur neueren Rechtsprechung zum Logistikrecht TranspR **2008** 388–394; *Abele* TranspR **2005**, 383.

[23] *Müglich* § 454 Rn. 6 ff.

[24] *Wieske* AGB für die Logistik? VersR **2006** 336.

[25] BGH 9.12.1974 NJW 1975, 305–307.

Pflichten angesehen werden. Deutlich ist dies bei der Verpackungs- und Kennzeichnungsleistung in § 454 HGB, die als speditionelle Nebenleistung anerkannt werden.

23 Unter **Kommissionierung** versteht man das Sammeln und Bereitstellen von Waren in einer vorgegebenen Menge und Zusammensetzung. Der Auftraggeber gibt eine bestimmte Anzahl und Bezeichnung der Ware an die der Lagerhalter vor, die in einem Packstück zusammenfassen werden sollen. Gem. der Artikel- und Platznummer im Lager wird gem. einer Kommissionierliste verschiedene Ware entnommen und in ein Paket zusammengefasst. Das ist eine lagerhalterbezogene Leistung, die direkt dem Lagerrecht unterliegt.

24 **Etikettieren** ist das Anbringen von Versanddaten auf das Gut (Belabelung). Sobald aber die Ware aus eingelagerten Einzelbestandteilen zu einem Endprodukt nach kundenspezifischen Anforderungen samt dessen Etikettierung zusammengesetzt wird, wie es bei der **Konfektionierung** der Fall ist, wird ein neues Produkt geschaffen. Die Konfektionierung ist dann keine verkehrsvertragliche Nebenleistung.

25 Bestandteile eines Logistikvertrages stellen häufig ein grundsätzlich unter die VHV fallendes Vertragsverhältnis dar, soweit diese geschuldete Tätigkeit und die daraus entstehende Haftung innerhalb den Regelungen des Fracht-, Speditions- oder Lagerrechts bleiben. Innerhalb des Rahmens bleiben demnach das Kommissionieren, Etikettieren, Verpacken und Verwiegen von Gütern, wenn diese Tätigkeiten in Verbindung mit einem Verkehrsvertrag zu erfüllen sind.

26 Im Einzelfall bereitet die Abgrenzung bei einer Vermischung kauf-, werk oder dienstvertraglichen Elementen innerhalb der typengemischten Verträge Schwierigkeiten. Häufig gibt es sprachlich bereits unklare Regelung in diesen Logistikverträgen hinsichtlich der vom Verkehrsträger geschuldeten Logistiktätigkeit und die Haftung daraus.[26]

Verdeutlicht werden kann dies gem. den sog. **Logistik-AGB**, die sich am Markt jedoch **nicht** durchgesetzt haben.[27] In diesen AGB wird geregelt, was die beteiligten Verwender der AGB unter den dort verwendeten Begriff „Logistik" fassen.

Logistik-AGB Ziff. 1

> Diese Logistik-AGB gelten für alle logistischen (Zusatz-)Leistungen, die nicht von einem Verkehrsvertrag nach Ziffer 2.1 der Allgemeinen Deutschen Spediteurbedingungen (ADSp) – soweit vereinbart – oder von einem Fracht-, Speditions- oder Lagervertrag erfasst werden, jedoch vom Auftragnehmer im wirtschaftlichen Zusammenhang mit einem solchen Vertrag erbracht werden.
>
> Die logistischen Leistungen können Tätigkeiten für den Auftraggeber oder von ihm benannte Dritte sein, wie z.B. die Auftragsannahme (Call-Center), Warenbehandlung, Warenprüfung, Warenaufbereitung, länder- und kundenspezifische Warenanpassung, Montage, Reparatur, Qualitätskontrolle, Preisauszeichnung, Regalservice, Installation oder die Inbetriebnahme von Waren und Güter oder Tätigkeiten in Bezug auf die Planung, Realisierung, Steuerung oder Kontrolle des Bestell-, Prozess-, Vertriebs-, Retouren-, Entsorgungs-, Verwertungs- und Informationsmanagements.

Aus dem Anwendungsbereich und der verwendeten Begriffe kann man ersehen, wie die Abgrenzung zur verkehrsvertraglichen Leistung einerseits und die logistischen Tätigkeit andererseits erfolgt. Die in den Logistik-AGB neu definierten „logistische Zusatzleistung" müssen also immer im wirtschaftlichen Zusammenhang mit einem Transport

---

26 *Abele* TransportR **2005** 384.

27 *Valder* Logistik-AGB – Ein neues Klauselwerk, TranspR **2006** 221–226; kritisch *Heuer* Brauchen wir Logistik-AGB für die Spedition? TranspR **2006** 89–91; Müller Logistik-AGB – Opus magnum oder Makulatur? TranspR **2006** 227–228.

oder einer Lagerung stehen. Sind solche Leistungen nicht unter den Verkehrsvertrag nach den DTV-VHV zu fassen, sind diese genannten logistischen Leistungen nicht Gegenstand der VHV, sondern müssen gem. Ziff. 18 Logistik-AGB gesondert versichert werden.[28]

In Ziff. 2.1 ADSp erfolgt eine Differenzierung bezüglich der Anwendung der ADSp auf logistische Leistungen nach den sog. **„speditionsübliche logistische Leistungen“**, die mit der Beförderung und Lagerung von Gütern in Zusammenhang stehen. Soweit es sich um speditionsunübliche logistische Leistungen handelt, gelten bestimmte Haftungsregeln des BGB. Die Frage der Üblichkeit der ADSp kann allerdings nicht immer auf die Versicherungsebene übertragen werden kann. Wegen der Typenmischung kann auch bei üblichen Leistungen kein nach den DTV-VHV versicherter Verkehrsvertrag vorliegen. **27**

Teilweise wird die Abgrenzung in VHV-Policen in Abänderung des DTV-VHV-Konzepts nach den so genannten „unüblichen“ und „üblichen zusätzlichen logistischen Leistungen“ gem. den Regelungen der ADSp vorgenommen. Der sog. SLVS-Plus hat in Ziff. 1 als Gegenstand der Deckung auch die Haftung aus „sonstigen üblicherweise zum Speditionsgewerbe gehörenden Geschäften“ mitversichert.[29] Wegen ihrer Komplexität und der daraus folgenden BGB-Haftung wurden die Bestandteile der so definierten „Logistik“ im Gegensatz zu den teilweise versicherten ADSp **bewusst nicht** mit in die Definition der versicherten Verkehrsverträge in die DTV-VHV aufgenommen.[30] **28**

Weitere Einzelheiten zur Abgrenzung siehe B.III.2.c.

3. Keine Verkehrsverträge:

Kein Verkehrsvertrag im versicherungsrechtlichen Sinn liegt vor, wenn keine transport- oder lagerspezifische Leistung zwischen einem Auftraggeber und einem Verkehrsträger erkennbar ist. Wenn logistische Leistungen ohne jeglichen Zusammenhang mit Verkehrsverträge durchgeführt werden, ist dies der Fall. Wenn ferner statt oder im Rahmen eines Vertragsverhältnisses bestimmte Leistungen etwa eine Miete, Leihe oder einem ähnlichen Vertragsbestandteile geschuldet werden, dann haftet der Verkehrsträger ev. für Schäden des Auftraggebers wie z.B. für die Gebrauchsfähigkeit und Verkehrssicherheit des Transportmittels für die Eignung des gestellten Personals. Solche Haftungen sind aber mangels Verkehrsvertrag keine über die VHV versicherten Verträge. **29**

Durch Auslegung ist zu klären, ob die Parteien tatsächlich einen Verkehrsvertrag oder ein anderes Vertragsverhältnis gewollt haben. Im Folgenden sollen einige nicht abschließende Fälle behandelt werden, welche die Abgrenzung erleichtern sollen.

a) **Reine Verpackungsleistung.** Verpackt eine Spedition, ohne die Güterbeförderung zu besorgen, selbst durchzuführen oder das Gut zu lagern, ist dieser Sachverhalt nicht versichert. **Reine Verpackungen** sind werkvertragliche Leistungen und somit nicht versichert, auch wenn dies ein Verkehrsträger ausführt.[31] Selbst wenn die Parteien dieses reinen Verpackungsvertrages vertragsrechtlich das HGB, die ADSp oder VBGL oder andere AGB mit rein transportrechtlicher Haftung vereinbaren, bestünde keine Deckung über eine VHV. Es liegt weder ein Fracht-, Speditions- noch Lagervertrag vor. Ev. kann aber der VHV-VR solche werkvertraglichen Haftungen versichern. **30**

---

[28] Thume/de la Motte/Ehlers/*Kollatz* SLVS-Plus Rn. 176.

[29] Siehe Logistikversicherung E.

[30] Thume/de la Motte/Ehlers/*Kollatz* DTV-VHV Rn. 8.

[31] *Abele* TranspR **2005** 388.

31 b) **Miete/Leihe.** Ein **Mietvertrag** liegt vor, wenn der die Überlassung, d.h. die Vermietung eines LKW oder anderen Beförderungsmittels vereinbart wird. Wird dieses sogar unentgeltlich überlassen, liegt eine Leihe vor. Diese Abgrenzung ist wichtig bei Schwergutunternehmern bzw. Kranunternehmern und der Hakenlast.[32]

Ferner sind Vereinbarungen über die Palettenabwicklung mangels Verkehrsvertrag nicht versichert.[33]

32 c) **Dienst/Geschäftsbesorgung.** Dienst- und Geschäftsbesorgungsaufträge an Verkehrsträger sind regelmäßig keine Verkehrsverträge. So ist die klassische Logistikberatung kein Verkehrsvertrag, da kein Speditionsvertrag vorliegt. Es wird nicht die Güterversendung besorgt, sondern es findet eine Beratung statt, wie die Güterversendung am besten durchgeführt werden kann. Sog. Fourth-Party-Logistics-Provider (4PL) und andere Logistikdienstleister haben sich auf die Logistikplanung und -beratung für Unternehmen spezialisiert. Diese schließen hinsichtlich ihrer Beratungstätigkeit keinen Verkehrsvertrag ab.[34]

33 Ferner ist die Tätigkeit als **Fiskalvertreter** nicht versichert.[35] Dessen Tätigkeit umfasst nur Aufgaben für den Auftraggeber hinsichtlich dessen fiskalischer Pflichten. Die Vertretung sämtlicher steuerlichen Pflichten des vertretenen Unternehmers gegenüber der betreffenden Finanzverwaltung zu erfüllen übernehmen teilweise Speditionen. Dies ist jedoch keine speditionelle Aufgabe.

d) **Lohnfuhr**

§ 9 VBGL Lohnfuhrvertrag

(1) Der Lohnfuhrvertrag ist abgeschlossen, wenn sich Unternehmer und Auftraggeber darüber einig sind, dass der Unternehmer ein bemanntes Fahrzeug zur Verwendung nach Weisung des Auftraggebers stellt.

(2) Auf den Lohnfuhrvertrag finden die frachtrechtlichen Regelungen dieser Vertragsbedingungen entsprechende Anwendung mit der Maßgabe, dass der Unternehmer nicht für Schäden haftet, die durch den Auftraggeber verursacht worden sind. Statt des Frachtbriefes wird beim Lohnfuhrvertrag ein anderer Nachweis verwendet, der insbesondere die Einsatzzeit beinhaltet.

34 Die **Lohnfuhr** ist ein gemischter Vertrag mit Elementen von Gebrauchsüberlassung des Fahrzeuges (Mietkomponente) und Überlassung des Fahrers (Dienstverschaffungskomonente). Teilweise wird unterschieden zwischen dem ladungsbezogenen, dem reinen und dem voll überlassenen Lohnfuhrvertrag, deren Rechtsfolgen in der analogen Anwendung des Frachtrechts nach §§ 425 ff. HGB oder Haftung für ordnungsgemäße Fahrt oder für ordnungsgemäße Auswahl bestehen.[36] Der reine Lohnfuhrvertrag ist jedoch kein Verkehrsvertrag.[37] Daran ändert sich auch nichts, wenn die Haftung des „Lohnfuhrunternehmers" von Gerichten analog dem Frachtrecht ausgelegt wird. Kritisch ist jedoch, wenn bestimmte AGB, die den Lohnfuhrvertrag (wie bei § 9 VBGl.) analog dem Frachtvertrag behandeln, ausdrücklich mitversichert werden. Hier muss jeder VR selbst klären, ob diese Vertragsart versichert sein soll. Dies setzt voraus, dass der VN dem VR dieses Riko anzeigt, d.h. dass er auf die Lohnfuhr verweist, wenn der VR dies ausdrücklich in der Betriebsbeschreibung abfragt.

---

32 Siehe H.II und III.

33 *Willenberg* Kraftverkehrsordnung, Kommentar, 4. Auflage, § 1 Rn. 121 ff.; *GDV/Flach/Supp/Bremke* 41.

34 *GDV/Flach/Supp/Bremke* 40.

35 *GDV/Flach/Supp/Bremke* 40.

36 *Temme* Lohnfuhr und Charter TranspR **2012** 419–425.

37 *GDV/Flach/Supp/Bremke* 41.

e) **Frachtenvermittlung /-börsen.** Der **Frachtenvermittler** vermittelt nur zwischen zwei Personen, also dem Absender und dem Verkehrsträger (Frachtführer, Spedition). Er handelt wie ein Makler. Die Rechtsgrundlage für Frachtenvermittler ist § 93 HGB. Frachtenbörsen sind Tabellen im Internet, auf denen Transportunternehmen freie Fracht finden und sich mit den Auftraggebern in Verbindung setzen kann. 35

Der Frachtvertrag kommt zwischen dem Frachtführer und dem Auftraggeber zustande. Der Frachtenvermittler wird nie Beteiligter des Verkehrsvertrages. Er trägt nicht die Verantwortung für die Durchführung des Transports. Der Frachtenvermittler erhält von einer der beiden Parteien lediglich eine Provision für seine Vermittlungstätigkeit. Diese Provision ist **nicht** gleichzusetzen mit der einer Spedition, die ja den Transport besorgen soll. Gerade letzteres soll aber der Frachtenvermittler nicht leisten. Es gilt für den Vertrag demnach kein Fracht-, Speditions- oder sonstiges Transportrecht.[38] Deshalb arbeitet der Vermittler auch nicht nach Maßgabe der für das Verkehrsgewerbe typischen AGB, wie ADSp oder VBGL. Damit kann der Frachtenvermittler nicht über die DTV-VHV versichert werden, weil er keinerlei Verkehrsverträge schließt. 36

f) **Öffentlich-rechtliche Ansprüche.** Es sind nur zivilrechtliche Ansprüche in den DTV-VHV versichert. Alle Ansprüchen, die auf einer öffentlich-rechtlichen Grundlage basieren, sind nicht versichert. Das können bei Verkehrsträgern besonders Abgabenforderungen des Zolls sein. Nach den vom GDV als unverbindliche Empfehlungen bekannt gemachten **DTV-AVB Zoll 2005** können bestimmte öffentlich-rechtlich „Haftungen" aus Zollbescheiden versichert werden.[39] 37

4. Versicherte Tätigkeit

Das **versicherte Interesse** ist nicht das geldwerte Interesse am beförderten Gut, sondern das Haftpflichtinteresse der Verkehrsträgers aus Verkehrsverträgen.[40] Wer, was, welches Risiko, welchen Gegenstand und welche Haftung versichert hat, richtet sich dem Wortlaut der DTV-VHV. Jeder Verkehrsträger kennt am besten seine möglichen Geschäftsfelder. Danach richtet sich die Eingruppierung in die VHV. Versichert werden nämlich nach den DTV-VHV nicht alle Interessen und Tätigkeiten, sondern nur ganz bestimmte Verkehrsträger, wie Straßenfrachtführern, Speditionen und Lagerhalter und deren Verkehrsverträge samt den daraus folgenden Haftungen. 38

a) **Straßenfrachtführer.** Nach Ziffer 1.1 DTV-VHV sollen nur Frachtführer **im Straßengüterverkehr** versichert werden. Wenn ein Unternehmen als Straßenfrachtführer tätig ist, also mit eigenen Landfahrzeugen Transporte durchführt oder mittels Subunternehmer durchführen lässt, kann dieses Unternehmen versichert werden.[41] 39

Alle Frachtverträge der Bahn-, See-, Binnenschiffs- oder Luftfrachtführer sollen somit nicht versichert sein, auch dann, wenn diese Unternehmen an sich versicherte Verkehrsverträge schließen.[42] Nicht unter den Versicherungsschutz fallen sollen globale Unternehmen wie z.B. große Kurierdienste, die eigene Flugzeuge besitzen und im Selbsteintritt als Luftfrachtführer tätig sind. Wenn ein zugelassenes Eisenbahnverkehrsunternehmen mit eigenen Bahnen fährt oder fremde Eisenbahnen einsetzt, soll dieses Risiko ebenfalls 40

[38] *GDV/Flach/Supp/Bremke* 40.
[39] Siehe Zollversicherung D.
[40] Knorre/Demuth/*Schmid* G.I Rn. 61; *Schneider* 189.
[41] *Abele* TranspR 2005, 388; *GDV/Flach/Supp/Bremke* 56.
[42] Thume/de la Motte/Ehlers/*Kollatz* DTV-VHV Rn. 7.

nicht unter die VHV fallen. Dasselbe gilt für den Partikulier mit eigenen Binnenschiffen oder den Reeder mit Seeschiffen. Nur der klassische Straßenfrachtführer soll erfasst werden.

Für diese Verkehrsträger soll nach Ansicht des GDV eine spezielle Police gefertigt werden, weil die Luftfahrt-, Seeschiff- oder Eisenbahnrisiken eine eigenständige Versicherung erfordern.[43]

41 b) **Auftragnehmer-/Auftraggebertätigkeit.** Umstritten ist, ob die Inanspruchnahme des VN als **Auftraggeber** von Verkehrsverträgen versichert ist. Versichert werden soll nicht nur die Haftung des VN aus seinen Tätigkeiten als Auftragnehmer, sondern auch als Auftraggeber eines Verkehrsvertrags. Aus dem reinen Wortlaut der Ziffer 1.1 DTV-VHV ergibt sich dies nicht. Allerdings erkennt man aus den Ziffer 3 und 4 der DTV-VHV, dass nur die Haftung aus Verkehrsverträgen versichert werden soll.[44] *Kollatz* wendet ein, dass die Einschränkung der Eigenschaft als Auftragnehmer fehle. Zwar werde die Auftragnehmereigenschaft in Ziff. 4.1 DTV-VHV erwähnt, die Erwähnung an dieser Stelle sei aber evtl. überraschend im Hinblick auf das AGB-Gesetz.[45]

Dem ist nicht zu folgen, weil die Verkehrshaftung stets die Haftung als Auftragnehmer eines Verkehrsvertrags versichert hat.[46] Die in den ADSp von 1998 bis 2003 als Anlage angehängten SLVS und SPV-Versicherungen konnten als Schadenversicherungen nur dann eingreifen, wenn der Spediteur als Auftragnehmer tätig war und für die jeweiligen Auftraggebern die Eindeckung der Schadenversicherung vorzunehmen hatten.

So lautete die Speditionsversicherung SPV bis 2003 wie folgt:

Speditionsversicherung (SpV) als Anlage zu den ADSp 1998–2002

Ziff I. Allgemeines

1 Gegenstand der Versicherung

1.1 Verkehrsverträge

Gegenstand der Versicherung sind Verkehrsverträge des Spediteurs als Auftragnehmer über alle Arten von Verrichtungen des Spediteurs, gleichgültig, ob sie Speditions-, Fracht-, Lager- oder sonstige üblicherweise zum Speditionsgewerbe gehörende Geschäfte betreffen.

3.2 Die Versicherung umfaßt die Befriedigung begründeter und die Abwehr unbegründeter Schadensersatzansprüche, die gegen den Spediteur als Auftragnehmer eines Verkehrsvertrags erhoben werden.

In der DTV-VHV wird dies in folgender Passage erwähnt:

DTV-VHV Ziff. 4:

4.1 Die Versicherung umfasst die Befriedigung begründeter und die Abwehr unbegründeter Schadenersatzansprüche, die gegen den Versicherungsnehmer als Auftragnehmer eines Verkehrsvertrages erhoben werden.

Es liegt AGB-rechtlich im Vergleich zu den bisherigen üblichen VHV-Versicherungsvarianten am deutschen Markt keine Überraschung vor. Die Tatsache der Auftragnehmereigenschaft war demnach in der VHV stets vorhanden, lediglich an einer unterschiedlichen Stelle. Es macht für einen durchschnittlichen Leser der DTV-VHV keinen Unterschied, ob er diese Tatsache im Gegenstand oder Umfang des Versicherungsschutzes erfährt. Wenn seine verkehrsvertragliche Haftung versichert werden soll, dann erwartet

43 Siehe B.II.2.a.aa.–dd.

44 *GDV/Flach/Supp/Bremke* 40.

45 Siehe B.II.2.a ff.

46 Van Bühren/*Ehlers* Rn. 235; *GDV/Flach/Supp/Bremke* 38.

er, dass sein Risiko als Auftragnehmer eines Verkehrsvertrags versichert wird. Der Umstand, dass in den VHV das Wort Auftragnehmer nicht mehr unter dem Gegenstand der Versicherung erwähnt wird, ist so zu erklären, dass diese Selbstverständlichkeit wegen der Einordnung als Versicherung der verkehrsvertraglichen Haftung verständlicher im Umfang der Versicherung statt wie früher doppelt in Ziff 1 und 3.2. der SpV.

c) **Tätigkeiten.** Die DTV-VHV haben nicht wie vor 2003 jegliche Tätigkeiten versichert. Während in der zitierten Vorschrift der SPV von „über alle Arten von **Verrichtungen** des Spediteurs" gesprochen wird, hat die DTV-VHV bewusst auf die weitgehende Regelung verzichtet.[47] Entscheidend ist der Verkehrsvertrag und Einordnung der darin versprochenen Tätigkeit als beförderungsbezogene Leistung. **42**

5. Betriebsbeschreibung

Jeder VR stellt seinem VN vor Übernahme des Verkehrshaftungsrisikos Fragen zum zu versichernden Risiko. Vom VR werden dem Verkehrsträger diverse Fragen gestellt, bevor das Haftungsrisiko aus der zu versichernden Leistungen dieses Betriebes versichert werden kann. Es wird zunächst das zu übernehmende Risiko in allen wichtigen Einzelheiten abgefragt. Es werden detaillierte Fragen zur Tätigkeit als Frachtführer, Spedition und Lagerhalter, zu Haftungsgrundlagen zu den versicherten Gebäuden und Fahrzeugen, u.v.m. gestellt. **43**

In der DTV-VHV nennt man den Risikofragebogen die „**Betriebsbeschreibung (BB)**".[48] Dieser Begriff ist als zwingender Bestandteil des Versicherungsschutzes erstmalig im Jahr 2003 eingeführt worden. Die Betriebsbeschreibung dient dazu, das konkrete Verkehrshaftungsrisiko des Verkehrsträgers zu erfassen. Die Betriebsbeschreibung ist ein umfangreicher Fragebogen, durch den der VR ermitteln will, welche verkehrsvertraglichen Leistungen der jeweilige VN erbringt und wie er haftet. Diese Betriebsbeschreibung ist Grundlage der Risikobewertung und damit der Prämienkalkulation durch den VR. Sie soll das Verkehrshaftungsrisiko transparent machen.[49] **44**

Gegenstand der VHV werden nur die Risiken, die der zukünftige VN bei Antragsaufnahme in der Betriebsbeschreibung aufgeführt hat. Alle Tätigkeiten und Haftungen die aktuell existieren, müssen durch eine korrekte Beantwortung der gestellten Fragen angegeben werden. Die Betriebsbeschreibung ist vom VN auszufüllen und selbst zu unterzeichnen. Der VN ist für die vollständigen und sachlich richtigen Angaben verantwortlich. **45**

Keine Deckung besteht für solche Risiken, die der VN kannte und entgegen der Fragestellungen in der Betriebsbeschreibung nicht angegeben hat. **46**

Der Underwriter beim VR überlegt nach Erhalt der Betriebsbeschreibung, ob und wie er den Verkehrsträger versichert. Der Underwriter ist ein Mitarbeiter einer Versicherungsgesellschaft, der insbesondere Transportrisiken zeichnet (engl. to underwrite). Anhand des Fragenkatalogs ermittelt er das VHV-Risiko des zukünftigen VN. Er erstellt ein Angebot zum Abschluss einer VHV. Darin muss er festgehalten, was versichert ist und was nicht. **47**

---

47 *GDV/Flach/Supp/Bremke* 40; Thume/de la Motte/Ehlers/*Kollatz* DTV-VHV Rn. 7.

48 *GDV/Flach/Supp/Bremke* 47; Thume/de la Motte/Ehlers/*Kollatz* DTV-VHV Rn. 11.

49 *GDV/Flach/Supp/Bremke* 47.

48 Es existieren bei VHV-VR so genannte **„Zeichnungsverbote“**. In den Annahmerichtlinien werden gewisse Risiken, die ein Antragsteller in der Betriebsbeschreibung ankreuzt, als Verbot gekennzeichnet, die der Underwriter nicht versichern darf.

Beispielsweise und nicht abschließend werden generell bei VHV-VR nicht versichert:
- Geld- und Werttransportunternehmen (GWTU),
- Kfz-Transporteure,
- Schlachtviehtransporteure.

Ferner werden besonders diebstahlsgefährdete bzw. hochwertige Waren wie Tabak, Kaffee, Alkohol, Mobiltelefone, Computer, Fernseher, Bildschirme, Schmuck, Uhren Pharmaartikel u.v.m. generell nicht in den Gegenstand der Versicherung mit einbezogen (kein Ausschluss, sondern nicht versichertes Risiko).

Gewisse Risiken werden nur nach besonderen Kriterien versichert: Schwergutunternehmen nicht nach BSK, Speditionen bis Umsatz von € 10 Mio. u.s.w.

49 Der VN hat die Möglichkeit das ihm übermittelte Angebot der VHV-Deckung abzulehnen oder anzunehmen. Nimmt er das Angebot an, muss der VR später in der Versicherungspolice alle wesentlichen Angaben entsprechend dem Angebot in der Versicherungspolice ausdrücklich dokumentieren.

50 Die Verkehrshaftungsrisiken, die der VN in der Betriebsbeschreibung angegeben und der VR ausdrücklich akzeptiert und entsprechend dokumentiert hat, sind versichert. Alles was vom VR bestätigt wurde, ist nach Maßgabe der sonstigen Bedingungen versichert.[50] Alles, was in der Betriebsbeschreibung nicht dokumentiert war, gilt als nicht versichert.

51 Eine aktuelle Risikoabfrage wird häufig in gewissen Zeitabständen (halbjährlich, jährlich o.a.) vom VR verlangt, um die gewollte Risikotransparenz zu erzeugen. Eine Aktualisierung des Versicherungsschutze soll dadurch erreicht werden und die Versicherungsdeckung muss denn bei Änderungen entsprechend angepasst werden. Es wird ein ständiger Dialog zwischen VR und seinem VN angestrebt.

6. Vorsorgeversicherung

Ziff. 1.3 Vorsorgeversicherung

Gegenstand der Versicherung sind auch Verkehrsverträge des Versicherungsnehmers als Frachtführer im Straßengüterverkehr, Spediteur oder Lagerhalter nach Maßgabe des Versicherungsvertrages über zu diesem Verkehrsgewerbe üblicherweise gehörenden Tätigkeiten, wenn der Versicherungsnehmer nach Abschluss des Versicherungsvertrages diese Tätigkeiten neu aufnimmt (neues Risiko). Der Versicherungsschutz beginnt sofort mit dem Eintritt des neuen Risikos, ohne dass es einer besonderen Anzeige bedarf. Der Versicherungsnehmer ist aber verpflichtet, binnen eines Monats nach Beginn des neuen Risikos, dieses dem Versicherer anzuzeigen. Unterlässt der Versicherungsnehmer die rechtzeitige Anzeige oder kommt innerhalb Monatsfrist nach Eingang der Anzeige bei dem Versicherer eine Vereinbarung über die Prämie für das neue Risiko nicht zustande, so entfällt der Versicherungsschutz für das neue Risiko rückwirkend von Beginn an.

Der Versicherungsschutz der Vorsorge ist auf den Betrag von EUR .... je Schadenereignis begrenzt.

---

[50] Thume/de la Motte/Ehlers/*Kollatz* DTV-VHV Rn. 11.

Die **Vorsorgeversicherung** bietet dem VN automatisch einen vorübergehenden, zeitlich begrenzten Versicherungsschutz für neue Risiken, die er noch nicht in der Betriebsbeschreibung angeben konnte. Es gibt einen begrenzten Versicherungsschutz, wenn der VN eine **neue verkehrsvertragliche Tätigkeit** aufnimmt und diese Tätigkeit nicht in der Betriebsbeschreibung bzw. in der Policenbeschreibung der VR erwähnt worden ist.[51] 52

Der VN muss jedes neue Risiko dem VR anzeigen, damit die von der VR gewollte Risiko-Transparenz erzeugt wird. Wenn der VR durch seinen VN über ein neues Risiko informiert wird, hat dieser die Aufgabe, das neue Risiko zu analysieren, dieses richtig hinsichtlich der Versicherbarkeit zu bewertet und dieses entweder abzulehnen oder zu versichern. Der VR erhält also umgehend Nachricht über neue Verkehrshaftungsrisiken des VN und erhält somit auch während der Laufzeit des Versicherungsvertrages eine optimale Transparenz. Der VN wird angehalten, bei neuen Risiken den Versicherungsschutz zu aktualisieren und frühzeitig dies mit dem VR abzusprechen. Versäumt der VN jedoch die Anmeldefrist von einem Monat von Beginn des neuen Risikos, entfällt rückwirkend die Vorsorgeversicherung.[52]

a) **Neues Risiko.** Wenn sich bei einem Verkehrsträger das versicherte Risiko verändert (= neues Risiko), hat er weiterhin Versicherungsdeckung nach Maßgabe der DTV-VHV-Bedingungen.[53] Ein **neues Risiko** liegt vor, wenn sich ein Verkehrshaftungsrisiko in Bezug auf die gesetzliche oder vertragliche Haftungen als Frachtführer im Straßengüterverkehr, Spediteur oder Lagerhalter und die damit zusammenhängenden Tätigkeiten verändert.[54] Die Beantwortung der Frage, ob ein neues Risiko vorliegt, hängt davon ab, welche der zunächst versicherten Risiken im Verhältnis zur Versicherungspolice nach Ausfüllen der Betriebsbeschreibung neu hinzugekommen sind. Der Begriff „**neu**" setzt voraus, dass es sich um grundsätzlich über die VHV zu versichernden Leistungen handelt, die bei Abschluss des Versicherungsvertrages noch nicht vorhanden waren und der VN dies später aufgenommen hat.[55] 53

Wenn das versicherte Risiko „Spedition mit Umschlaglager" lautet, der Spediteur nach Abschluss des VHV-Vertrages erstmals Einlagerungsaufträge erhält, er also eine disponierte Lagerung durchführt, ist dieses neue Lager über die Vorsorgeversicherung versichert. Es handelt sich um ein neues Risiko. 54

Kollatz meint, es sei unklar, ob es auf den Abschluss des Verkehrsvertrages oder auf die Aufnahme der Tätigkeit ankommt.[56] Nachdem der Begriff „Tätigkeiten" und nicht der Begriff „Verkehrsvertrag" in Ziff. 1.3 verwendet wird, muss es entscheidend auf die aufgenommene Vertragsschluss ankommen. Wenn also der Vertrag (Fracht/Spedition/Lager) zeitlich weit vor Aufnahme der neuen Tätigkeit geschlossen wurde, ist der entscheidende Zeitpunkt nach den DTV-VHV der Vertragsschluss. Das nach Ziff. 1 DTV-VHV versicherte VHV-Risiko beginnt bereits mit Vertragsabschluss, weil ab diesem Zeitpunkt der VN diesen Auftrag zur Versicherung anmelden muss (laufende Versicherung). Wenn der VR bereits im Risiko ist und dem VN entsprechende Deckung auch für die Vorsorge gibt, muss die Versicherung bereits in diesem Moment und nicht erst mit Auf- 55

[51] *Abele* TranspR **2009**, 63; *GDV/Flach/Supp/Bremke* 47; Thume/de la Motte/Ehlers/*Kollatz* DTV-VHV Rn. 12.

[52] Kritisch hierzu Thume/de la Motte/Ehlers/*Kollatz* DTV-VHV Rn. 16.

[53] Thume/de la Motte/Ehlers/Kollatz DTV-VHV Rn. 12.

[54] *GDV/Flach/Supp/Bremke* 51; Thume/de la Motte/Ehlers/Kollatz DTV-VHV Rn. 12.

[55] GDV/Flach/Supp/Bremke 51.

[56] Thume/de la Motte/Ehlers/Kollatz DTV-VHV Rn. 12.

nahme der Tätigkeit eingreifen. Nur so ist der VN ausreichend durch die Vorsorgeversicherung geschützt.

56 b) **Kein neues Risiko.** Für andere Verträge als die unter Ziff. 1.1 DTV-VHV genannten Vertragsarten Fracht-, Speditions- oder Lagervertrag scheidet von vorneherein jegliche Vorsorge aus. Miet-, Leih-, Werk-, Dienstleistung- oder andere Verträge sind nicht Gegenstand der Vorsorge.

Eine **quantitative Veränderung** ist in der Regel kein neues Risiko.[57] Veränderungen hinsichtlich des Umfangs der versicherten Tätigkeiten oder eine geringere Haftung sind dann unerheblich, weil das Risiko bereits versichert ist. Wenn sich das Verkehrshaftungsrisiko hinsichtlich der bereits versicherten Risiken nur von der Menge der versicherten Risiken anders gestaltet, dann liegt kein neues Risiko vor. Dies gilt bei Änderungen der Anzahl der Fahrzeuge, dem Wegfall oder Hinzukommen neuer Auftraggeber, Änderung des Umsatzes, Erweiterung der Lagerflächen o.a.[58] Wenn beispielsweise gegenüber den Angaben in der Betriebsbeschreibung ursprünglich kaum Lagerhaltung betrieben wurde, aber neue Einlagerer hinzukommen, steigt für den VR zwar sein Risiko. Weil das Risiko Lagerhaltung versichert war und nur der Umsatz zugenommen hat, ist das kein neues Risiko. Wenn die Haftung pauschal auch mit 40 SZR versichert war und der VN seinen einzigen Hauptauftraggeber mit 40 SZR verliert, und nunmehr nur mit 8,33 SZR haftet, so ist dieser Umstand ebenfalls kein „neues Risiko".

57 Alle folgenden Regelungen der VHV, insbesondere die in Ziff. 1.4 DTV-VHV genannten nicht versicherten Risiken, wie See-, Binnenschiff, Luftfracht, Bahn, Umzug, Schwergut, Abschleppgüter, hochwertige Güter, Logistik usw. fallen nicht unter die Vorsorgeversicherung.

58 Obliegenheiten, Ausschlüsse, Policenmaximum pro Fall/Ereignis/Jahr u.a. gelten auch für die Vorsorgeversicherung. Dies gilt auch für den versicherten Geltungsbereich gem. Ziff. 5 DTV-VHV.[59] Die Vorsorgeversicherung gilt nicht, wenn der VN im Versicherungsvertrag eine Deckung für den EWR erhalten hat und nunmehr Transporte in die GUS durchführt, so ist dies kein neues Risiko. Wenn der VN eine weltweite Deckung versichert hat, er aber maximal innerhalb der EU Transporte ausführt, ist der Wegfall der weltweiten Tätigkeit ebenfalls kein „neues Risiko".

59 c) **Meldefrist.** Der Schutz der Vorsorge gilt nur für einen bestimmten Zeitraum ab Risikoaufnahme. Nach diesem Zeitpunkt fällt die Versicherung von Anfang an wieder weg, wenn der Verkehrsträger das neue Risiko nicht innerhalb eines Monats nach Beginn des neuen Risikos meldet. Diverse VR haben diese Klausel in ihren AVB beispielsweise auf 2 Monate erweitert.

60 Die Vorsorgeversicherung entfällt, wenn keine Einigung über Bedingungen und Konditionen zwischen dem Verkehrsträger und seinem VR zustande kommt.

61 d) **Maximum.** Es wird bei der Vorsorgeversicherung nicht der volle Versicherungsschutz zur Verfügung gestellt, sondern nur bis zu einem bestimmten weit niedrigeren Maximum als das normale Policenmaximum. Diesen Betrag nennt man Sublimit. Die Vorsorgeversicherung schützt nur bis zu einem bestimmten Betrag pro Schadenereignis, den jeder VR individuell festlegen kann. Die maximalen Summen entwickeln sich am

[57] van Bühren/*Ehlers* § 19 Rn. 294.
[58] *GDV/Flach/Supp/Bremke* 53.
[59] *GDV/Flach/Supp/Bremke* 54.

Markt so unterschiedlich, dass keine Beträge genannt werden können. Teilweise wird auch kein Sublimit in der Vorsorgeversicherung div. Marktteilnehmer in deren VHV-AVB festgehalten.

III. Anwendungsbereich

1. Persönlicher Anwendungsbereich

Ziff. 2: Versicherungsnehmer/Versicherter

2.1 Versicherungsnehmer ist das in der Betriebsbeschreibung genannte Unternehmen unter Einschluss aller rechtlich unselbstständigen inländischen Niederlassungen und Betriebsstätten. Andere Betriebe können nach Vereinbarung in die Versicherung einbezogen werden.

2.2 Die Arbeitnehmer des Versicherungsnehmers sind im Umfange der Versicherung mitversichert, wenn diese in Ausführung der unter Ziffer 1 genannten Verkehrsverträge gehandelt haben.

a) **Versicherungsnehmer.** Der VN wird in der Versicherungspolice ausdrücklich genannt und ist damit das versicherte Unternehmen. Unselbständige Niederlassungen und Geschäftsstellen gehören automatisch zu den versicherten Unternehmen des VN. Es können alle rechtlich selbstständigen inländischen Niederlassungen und Betriebsstätten mit in den Versicherungsschutz einbezogen werden. Der VR wird eine Liste aller Unternehmen mit genauer Firmierung und Adresse samt den mitzuversichernden Firmen erstellen, die versichert werden sollen.[60] Es werden dabei auch alle Orte mit Niederlassungen und Lager benannt. Kommen später andere Betriebe hinzu, müssen diese in die Versicherung einbezogen werden. Alle Änderungen in der Firmenstruktur (Zukauf anderer Unternehmen) sind dem VR anzuzeigen. **62**

Bei ausländischen Töchtern ist dies mit dem VR abzustimmen. Bei reinen ausländischen VN ist stets zu beachten, ob mit diesen VN deutsches Versicherungsrecht vereinbart werden kann.[61] **63**

b) **Arbeitnehmer.** VHV boten bis 2003 selten Versicherungsschutz für die Haftung der Arbeitnehmer eines Verkehrsträgers. Es wurden nur die vertraglichen Ansprüche gegen den Unternehmer nach § 831 BGB oder aus Verkehrsverträgen versichert. Wurde jedoch der Arbeitnehmer direkt in Anspruch genommen, hatte er keinen Versicherungsschutz. **64**

Neu ist die Mitversicherung von Ersatzansprüchen gegen den Arbeitnehmer nach § 823 BGB.[62] Arbeitnehmer des VN sind demnach im Umfang der Versicherung mitversichert, wenn diese in Ausführung der versicherten Verkehrsverträge gehandelt haben. Handlungen von Mitarbeitern, welche nur „gelegentlich" der Ausführung arbeitsvertraglicher Tätigkeiten begangen werden, sind nicht versichert.

---

[60] *GDV/Flach/Supp/Bremke* 60; Thume/de la Motte/Ehlers/*Kollatz* DTV-VHV Rn. 25.

[61] Siehe B.III.13.a.

[62] *GDV/Flach/Supp/Bremke* 60.

2. Sachlicher Anwendungsbereich

Ziff. 1.4

Die Versicherung gilt nicht für Verträge, die ganz oder teilweise zum Inhalt haben
- **Beförderung und beförderungsbedingte Lagerung von Gütern, die der Versicherungsnehmer als Verfrachter (Seefahrt und Binnenschifffahrt), Luftfrachtführer oder Eisenbahnfrachtführer im Selbsteintritt (tatsächlich) ausführt;**
- **Beförderung und Lagerung von folgenden Gütern: ....**
- **Beförderung und Lagerung von Umzugsgut;**
- **Beförderung und Lagerung von Schwergut sowie Großraumtransporte, Kran- oder Montagearbeiten;**
- **Beförderung und Lagerung von abzuschleppenden oder zu bergenden Gütern;**
- **Produktionsleistungen, werkvertragliche oder sonstige nicht speditions-, beförderungs- oder lagerspezifische vertragliche Leistungen im Zusammen-hang mit einem Verkehrsvertrag, die über die primäre Vertragspflicht eines Frachtführers, Spediteurs und Lagerhalters gemäß dem deutschen Handelsgesetzbuch (HGB) hinausgehen. Hierzu zählen nicht das Kommissionieren, Etikettieren, Verpacken und Verwiegen von Gütern, wenn diese Tätigkeiten in Verbindung mit einem Verkehrsvertrag zu erfüllen sind.**

65 a) **Diverse Tätigkeiten.** Neu eingeführt wurde in die VHV die **Ausgrenzung** gewisser Verkehrshaftungsrisiken. Unabhängig vom Vertragstyp sollten einzeln aufgeführte, besondere Risiken vom Versicherungsschutz nicht umfasst sein. Dem VN einer VHV wird bereits in Ziffer 1 der DTV-VHV mitgeteilt, was nicht Gegenstand des Versicherungsschutzes sein soll. Nach den Grundsätzen der laufenden Versicherung muss er solche der Gattung nach bezeichneten Risiken auf Grund von ihm abgeschlossener Verkehrsverträge und die entsprechenden Umsätze **nicht** dem VR melden, da diese generell nicht unter die VHV fallenden Risiken betrachtet werden.[63]

Wenn ein Unternehmen als Straßenfrachtführer tätig ist, sollen solche Unternehmen nach der VHV gem. Ziff 1.1. DTV-VHV generell versichert werden. Konkret bedeutet dass, der Frachtführer, der mit eigenen Landfahrzeugen Transporte durchführt oder durchführen lässt, als klassische Straßenfrachtführer erfasst werden soll. Ausdrücklich sollen aber die Risiken „Beförderung und beförderungsbedingte Lagerung von Gütern, die der VN als Verfrachter (Seefahrt und Binnenschifffahrt), Luftfrachtführer oder Eisenbahnfrachtführer im Selbsteintritt (tatsächlich) ausführt" nicht unter die VHV fallen.[64] Das Risiko der See-, Binnenschiffs-, Bahn- und Luftfrachtführer ist anders als das eines Straßenfrachtführers einzuschätzen. Die Gefahren der Straße sind mit denen der See, der Bahn und der Luftbeförderung nicht vergleichbar.

66 Es sind die sog. „**Kumul-Risken**" unterschiedlich einzuschätzen. Der Kumulschaden ist ein Begriff aus der Versicherung: Aufgrund bestimmter Umstände können ein und dasselbe Ereignis (z.B. Hochwasser, Feuer aber auch Dispositionsfehler u.a.) gleichzeitig Schäden bei mehreren oder vielen Risiken (wie Verkehrsaufträge, viele Einlagerungen in einer Lagerhallen, Sammelladung auf einem LKW) auslösen. Bei der Charterungen von Schiffen/Flugzeugen befinden sich meist eine enorme Zahl von verschiedenartigen Aufträgen einer Spedition auf einem Schiff oder Flugzeug. Wenn ein solches Transportmittel einen Großschaden erleidet, dann hat der VR ein klassisches Kumul-Problem. Stückzahlmäßig mehr Güter und höhere Warenwerte befinden sich in einem Frachtflugzeug, einem

---

63 *GDV/Flach/Supp/Bremke* 56.

64 *GDV/Flach/Supp/Bremke* 56; Thume/de la Motte/Ehlers/*Kollatz* DTV-VHV Rn. 18.

Eisenbahnzug mit vielen Waggons, auf einem Containerschiff im Gegensatz zu einem maximal beladenen LKW auf der Straße. Straßentransporte sind völlig anderen Risiken ausgesetzt als die Gefahren der Seeschifffahrt (Sturm, Feuer, Navigationsfehler). Völlig unterschiedlichen Gefahrensituationen gibt es für die Güter bei Luft-, Binnenschifffahrt oder Schienenbeförderungen (Entgleisen der Waggons).

Wenn der VN Spediteur ist, kann er sich im Außenverhältnis als sog. „Carrier" darstellen. Er geriert sich ausdrücklich auf seinen Geschäftspapieren oder in Dokumenten als „carrier", obwohl er selbst keinerlei Schiffe, Bahnen oder Flugzeuge hat. Der Spediteur kann sich zum Beispiel in ein Airwaybill „as carrier" verpflichten, d.h. er verspricht eine Luftbeförderung und kommt direkt in die Luftfrachthaftung und bräuchte eine Pflichtversicherung nach Montrealer Übereinklommen. 67

Das Haftungsproblem für den VHV-VR ist, dass ein solcher Spediteur keine Einwendungen aus dem Speditionsrecht insbesondere den ADSp (siehe Ziff. 23.1.3 und Ziff. 24) erheben und sich nicht auf die Vorschriften des HGB zum multimodalen Transport § 452 HGB berufen kann, wenn er direkt einen Luftfracht-, Binnenschiffs- oder Eisenbahnvertrag mit dem Auftraggeber abschließt. 68

VHV-VR haben daher in Ihren Zeichnungsrichtlinien häufig sog. „Carrierhaftungen" ausgeschlossen, d.h. es besteht ein Zeichnungsverbot.

aa) **Seeschifffahrtsunternehmen.** Speditionelle Risiken im Zusammenhang mit der Seebeförderung sind zwar grundsätzlich nach den DTV-VHV versichert. Nicht Gegenstand der Versicherung ist aber der sog. Selbsteintritt, d.h. wenn der Spediteur tatsächlich mit eigenen Schiffen die Beförderung ausführt. Weder die Reederhaftung noch sonstige Haftungen im Zusammenhang mit der vom VN selbst durchgeführten Schiffsbeförderung durch Seeschiffe sollen versichert werden. Die Beförderungsleistung mit einem eigenen Seeschiff (auch geleast, gemietet oder gechartert) per Frachtvertrag ist nicht Gegenstand der Versicherungsdeckung. 69

Bei einem Chartervertrag wird ein komplettes Schiff oder ein Teil davon für eine Reise oder für einen bestimmten Zeitraum angemietet.

Es bieten andere Deckungsformen in der Versicherungswirtschaft besseren Schutz (sog. P&I-Deckungen u.a.). Die P & I Clubs (Protecting & Indemnity Clubs) waren ein Zusammenschluss einiger englischer Schifffahrtsgesellschaften im 18. Jahrhundert, die sich zu „Clubs" gewandelt haben. Um sich gegenseitig gegen Risiken, die von den Seeversicherern nicht übernommen wurden, wollte man sich gegenseitig schützen.[65] 70

Die **P & I-Versicherung** ist eine Haftpflichtversicherung, die sich aus dem Eigentum bzw. Besitz aber auch dem Betrieb des Seeschiffs und auch des Binnenschiffs ergeben.[66]

Diese Art der Versicherung geht jedoch teilweise weit über die Haftpflichtversicherung hinaus. Sie bietet jedoch keine Allgefahrendeckung. *Schwampe* nennt sie ein „Auffangbecken für Versicherungsbedarf von Reedern".[67] Sie ist eine sog. Seehaftpflichtversicherung.[68]

bb) **Binnenschifffahrtsunternehmen.** Ähnlich verhält es sich mit der Durchführung von Binnenschifftransporten durch einen Binnenschiffer. **Partikulier** ist dabei der selbständige Schiffseigner im Rahmen der Binnenschifffahrt. Die Haftung ist besonders in 71

---

[65] Zur historischen Entwicklung Thume/de la Motte/Ehlers/*Schwampe* 7 Rn. 447 ff.

[66] Thume/de la Motte/Ehlers/*Schwampe* 7 Rn. 443 ff.

[67] Thume/de la Motte/Ehlers/*Schwampe* 7 Rn. 443.

[68] *Herber* Seehandelsrecht 416.

diversen Gesetzen und Verordnungen oder Vereinbarungen geregelt (HGB, CMNI). Auch hier gibt es gesonderte Deckungen auf dem Transportversicherungsmarkt (sog. T&H-Deckung), so dass dieses Risiko nicht versichert ist.

72 cc) **Luftfrachtunternehmen.** Ein Verkehrsträger kann eigene Flugzeuge besitzen und diese für Güterbeförderungen einsetzen. Nahezu alle **Luftfrachtführer**, die Personenbeförderungen durchführen, transportieren Waren, neben dem Gepäck der Passagiere. Weil diese Risiken zum Teil völlig anders als reine Frachtführerrisiken auf der Straße zu qualifizieren sind, und diese meist auch im Rahmen der Passagierbeförderung u.a. versichert werden, wird im Regelfall keine Versicherung von Luftfrachtführern über die DTV-VHV angeboten, sondern auf bestehende Versicherungskonzepte verwiesen.[69]

Sollte ein Frachtführer eigene Flugzeuge besitzen, sollte er dies seinem VR melden. Häufig wird er dieses Risiko nicht versichern. Er kann jedoch einen Weg aufzeigen, wer das Luftfahrtrisiko zeichnet.

73 dd) **Eisenbahnverkehrsunternehmen** (EVU). Nicht Gegenstand der VHV ist die auftragsgemäße Beförderung mit eigenen Schienenfahrzeugen. Es sollen nach dem Verbandsmodel keine **Eisenbahnunternehmen (EVU)** versichert werden (Eisenbahnfrachtführer im Selbsteintritt). Diese besondere Unternehmensgruppe, die mit eigenen oder angemieteten Bahnfahrzeugen (Loks, Waggons) Güter gegen Entgelt befördern, sollen über gesonderte Bedingungen versichert werden. Speditionelle Leistungen (Transportbesorgung durch ein EVU) sind damit nicht gemeint. Diese werden vom versicherten Bereich der VHV erfasst.

74 ee) **Umzugsunternehmen.** Nach der Ziff. 1.4 3. Spiegelstrich DTV-VHV sind „Beförderung und Lagerung von **Umzugsgut**" grundsätzlich im nicht zu versichernden Bereich. Der Begriff Umzugsgut ist weit zu verstehen und deckt sich mit dem Begriff in § 451 HGB.[70] Die bisherige und zukünftige Zweckbestimmung des beförderten Guts muss mit einer Wohnsitzverlegung zusammenhängen. Auch bei privatem Heirats- oder Erbgut, Büro- und Betriebsumzügen ist dies der Fall. Umzug im Sinne der §§ 451–451h HGB liegt auch dann vor, wenn Möbel abgebaut und abtransportiert, kurzfristig vom Unternehmen eingelagert, zurücktransportiert und in der gleichen Wohnung erneut aufgestellt werden.[71] Kein Umzugsgut liegt vor, wenn der Frachtführer den Umstand der Wohnungsverlegung nicht kennt, weil er einen kompletten Container übernimmt.[72] Diese Umzugunternehmen sind im HGB gesondert geregelt, weil die Auftraggeber meist sog. Verbraucher sind. Umzugsunternehmen verfügen ferner über besondere Hilfsmittel beim Transport von Umzugsgut (besonders ausgestattete Fahrzeuge, Umzugskartons, Luftfolien u.a.). Es gibt HGB-Sonderregelungen zur Verpackung, zum Aufstellen von Möbeln usw. Es sind zahlreiche Punkte der Aufklärung über Haftungsbegrenzungen, Versicherungsmöglichkeiten nach § 451 S. 1 Nr. 2 HGB zu beachten. Ein Umzugsunternehmen braucht eine besondere Transportversicherung zu Gunsten der Verbraucher. Diese haben zum Teil zusätzlich neben der Zeitwert- auch eine Neuwertversicherung. Schadenmeldefristen usw. sind einzuhalten, die nach dem Gesetz oder nach den Geschäftsbedingungen der Möbelunternehmen vorgesehen sind. Generell werden daher diese Unternehmen aus der Geltung der VHV herausgenommen.

---

69 Siehe Luftfrachtpolicen G.

70 Thume/de la Motte/Ehlers/*Kollatz* DTV-VHV Rn. 20.

71 Schleswig-Holsteinisches Oberlandesgericht 5 U 24/08 05.06.2008, TranspR **2009** 30.

72 *Koller* § 451 Rn. 3

Hier bietet der Versicherungsmarkt diesen Umzugsunternehmen über Makler und VR einen auf deren besonderen Risiken zugeschnittenen Versicherungsschutz an.[73]

ff) **Schwergutunternehmen.** Es gibt keine gesetzliche oder übliche Definition des Begriffs **Schwergut** in der VHV. Schwergutrisiken können so definiert werden, dass es um die Beförderungen, Behandlungen oder Lagerung von Gütern geht, die wegen ihres Umfangs, ihres Gewichtes oder den örtlichen Gegebenheiten mit besonderen Beförderungs- oder Hebemitteln ausgeführt werden müssen, in der Regel unter Ausschluss von werkvertraglichen Elementen wie Montagetätigkeiten. Meist sind bei den Schwerlasttransporten mit Übermaßen behördliche Genehmigungen und besondere Begleitfahrzeuge erforderlich. Häufig müssen besondere Genehmigung für die Durchführung von Großraum- und Schwertransporten eingeholt werden, was ein Indiz für Schwergutbeförderungen ist.[74] 75

Schwergutunternehmer sind eine Berufsgruppe, die in der Bundesfachgruppe Schwergut und Kranarbeit (**BSK**) organisiert sind. Die Haftung dieser Unternehmen wegen dem meist hohen Wert, dem hohen Gewicht und zusätzlich wegen der in den BSK-AGB verankerten Haftung deutlich erhöht. Weil eine erhöhte Risikosituation existiert und besonderes Fachwissen der jeweiligen Unternehmen erforderlich ist, greifen versicherungsrechtlichen Grundsätze der normalen Frachtführerversicherung nicht ein. 76

Bei Kran- und Montagearbeiten ist die Rechtslage unterschiedlich. Reine horizontale Beförderungen der fremden Güter mittels Kränen fallen unter das Transportrecht. Dagegen gehören die Montagearbeiten nicht mehr zum Verkehrsvertrag, d.h. sie werden nach dessen Beendigung mittels Werkvertrag ausgeführt und liegen daher außerhalb der Güterbeförderung. 77

Der GDV sieht deshalb die Schwergutunternehmen als ein besonderes Risiko an, bei dem VHV-VR besser mit gesonderten Bedingungen und Prämien arbeiten sollten. Es besteht einmal das hohe Beschädigungsrisiko, weil besonders schwere und meist teure Güter bewegt werden. Es ist ein besonderes technisches Wissen notwendig, um diese Güter zu transportieren und zu lagern. Es müssen Genehmigungen besorgt, Routen geplant und Begleitschutz organisiert werden. Am Markt gibt es spezielle Versicherungskonzepte, die auf die Besonderheiten dieser Unternehmer eingehen.[75] 78

gg) **Abschleppunternehmen.** Nicht versichert werden sollen Risiken im Hinblick auf abzuschleppenden oder zu bergenden Güter. Es ist sehr fraglich, ob überhaupt ein Beförderungsauftrag vorliegt. Bei den **Abschleppunternehmen** fehlt es im Normalfall am Frachtauftrag, wenn beispielsweise der Zweck des Transports die Reparatur oder die polizeiliche Hilfsleistung ist. 79

Wenn ein Kfz auf der Autobahn liegenbleibt und eine Werkstätte gerufen wird, kann es vertragsrechtlich vernachlässigbar um den Transport, als vielmehr um die Reparatur des Fahrzeugs gehen. Dann würde der Verkehrsvertrag fehlen, weil der Werkstattwagen die Beförderung zum Zwecke der Reparatur des Fahrzeugs übernimmt. Bei Autohäusern, die fremde Fahrzeuge befördern, geschieht dies meist für eigene Zwecke des Autohauses, also nach § 1 Abs. 2 Ziff. 1 GüKG zum Zwecke der Bearbeitung (Lackierung) oder

[73] Siehe Umzugsspeditionspolicen F.

[74] Rebler Die Genehmigung der Durchführung von Großraum- und Schwertransporten, SVR **2012** 299–302.

[75] Siehe Schwergutpolice H.II.

Instandsetzung (Reparatur, Technik-defekt). Das gilt auch für „eigene" Neu- oder Gebrauchtfahrzeuge, die vom Autohaus gekauft, verkauft, verleast o.a. werden.

80 Es sind nach § 2 Abs. 1 Ziff. 3 GüKG gewisse Verkehrsträger vom GüKG ausgenommen. Selbst dann, wenn ein reiner Frachtvertrag vorliegt (also kein Werkverkehr und keine anschließende Reparatur oder Kundendienst erfolgt), ist die reine entgeltliche Beförderung für Dritte von A nach B ausgenommen, wenn beschädigte oder reparaturbedürftige Fahrzeuge „aus Gründen der Verkehrssicherheit" oder zum „Zwecke der Rückführung" befördert werden. Liegen gebliebene Fahrzeuge im Auftrag der Polizei oder andere „Überführungen" sind also vom GüKG eindeutig ausgenommen. Wird ein Abschleppunternehmen von der Polizei beauftragt, handelt das Unternehmen als Gehilfe der Polizeibehörde. Ob dieser Hilfeleistung ein Frachtvertrag zu Grund liegt, ist im Einzelfall zu prüfen. Wenn jedoch gegen Entgelt fremde Fahrzeuge, die nichts mit dem Autohaus in irgendeiner Weise zu tun haben, von A nach B befördert werden (Autotransport), liegt ein Frachtvertrag vor.

81 Weil die Abgrenzung zum Transportauftrag schwierig ist, soll nach Ansicht des GDV keine Haftungsdeckung über die DTV-VHV gegeben werden. Die Beförderung von abzuschleppenden oder zu bergenden Gütern soll versicherungsmäßig gesondert behandelt werden. Deshalb werden solche Unternehmen grundsätzlich über eine sog. **Hakenlastversicherung** versichert. Zum Teil wird eine Deckung über die Krafthaftpflichtversicherung gegeben.[76]

82 b) **Güter.** Der GDV wollte die Haftung für bestimmte Güter vom Versicherungsschutz ausschließen. VHV-VR haben die aus Kartellgründen in Ziff. 1.4. DTV-VHV 2. Spiegelstrich offen gelassene Passage ausgefüllt und eine Güterliste eingesetzt. Diese gilt unabhängig von etwaigen weiteren Versicherungsausschlüssen bezüglich gewisser weiterer Güter (vergl. 6.7 DTV-VHV: „Umzugsgut, Kunst, Antiquitäten, Edelmetalle, Edelsteine, Geld, Valoren, Dokumenten, Urkunden"). Die Erfahrung der VHV-VR hat gezeigt, dass Verkehrsträger und deren Auftraggeber die hohen Gefahren der Beförderung besonders risikogefährdeter, insbesondere **diebstahlsgefährdeter Waren**, teilweise ignorieren. Es gibt allerdings unterschiedliche Schadenerfahrungen mit den verschiedenen Gütern.

83 Selbst dann, wenn der Verkehrsträger nicht weiß, dass der Verkehrsvertrag solche Waren umfasst, ist seine Haftung nicht Gegenstand der versicherten Verkehrsverträge. Um dieser Gefahr zu entgehen, wird er bei seinem Auftraggeber nach diesen ausgeschlossenen Waren fragen. Es gibt viele AGB, die sicherstellen sollen, dass der Auftraggeber die Güter, die sein VHV-VR ausgeschlossen hat, nicht übergibt werden. Als Vorbild kann die ADSp herangezogen werden:

ADSp Ziff. 3.6

„Der Auftraggeber hat den Spediteur bei besonders wertvollen oder diebstahlsgefährdeten Gütern (z.B. Geld, Edelmetalle, Schmuck, Uhren, Edelsteine, Kunstgegenstände, Antiquitäten, Scheck-, Kreditkarten, gültige Telefonkarten oder andere Zahlungsmittel, Wertpapiere, Valoren, Dokumente, Spirituosen, Tabakwaren, Unterhaltungselektronik, Telekommunikations-Geräte, EDV-Geräte und -Zubehör) sowie bei Gütern mit einem tatsächlichen Wert von 50 Euro/kg und mehr so rechtzeitig vor Übernahme durch den Spediteur schriftlich zu informieren, dass der Spediteur die Möglichkeit hat, über die Annahme des Gutes zu entscheiden und Maßnahmen für eine sichere und schadenfreie Abwicklung des Auftrags zu treffen."

[76] Siehe Hakenlastpolice H.III.

Im Einzelfall kann ein VR das Risiko auf Antrag zusätzlich versichern. Der VR wird dann, weitere Obliegenheiten mit besonderen Maßnahmen zum Schutz der Güter vorschreiben. Die Rechtsprechung verlangt nämlich haftungsseitig wegen dem Vorwurf des qualifizierten Verschuldens besondere Vorkehrungen und exakte Vorgabe von Verhaltensweisen vom Verkehrsträger, die gestaffelt nach Warenwert und Warenart unterschiedlich ausfallen.[77] Je diebstahlsgefährdeter die Waren, desto höher sind die Anforderungen an den Frachtführer, Spediteur oder an den Lagerhalter. 84

Der GDV hat einen unverbindlichen Vorschlag mit den **Besondere Bedingungen für die Beförderung und Lagerung hochwertiger Güter 2005/2008 (BB hochwertige Güter 2005/2008)** gemacht, wie man solche Güter mit besonderen Mechanismen wieder versichern kann.[78]

c) **Logistik.** Bereits nach der Definition der VHV in Ziff.1 sind jegliche nicht verkehrsvertragliche Haftungen aus Werk-Dienst-, Miet- oder anderen BGB-Verträgen nicht versichert. Wenn diese sog. **logistische Arbeiten** vom Verkehrsträger ausgeführt werden (reine Verpackungsarbeiten, Bügeln von Hosen u.a.) ohne dass diese Tätigkeit mit einem Verkehrsvertrag zusammenhängt, ist die Haftung nach BGB mangels Verkehrsvertrag überhaupt nicht von der VHV umfasst.[79] 85

Besteht ein solcher grundsätzlich versicherter Verkehrsvertrag, werden aber Leistungen ausgeführt, die unter den Bereich Produktion, Werkdienstleistung, Veredelung o.a. fallen, wurden zur Klarstellung diese Vertragsinhalte von der VHV ausgenommen. Unter Ziffer 1.4 VHV letzter Spiegelstrich wird daher klargestellt, dass diese vertraglich geschuldeten Leistungen und die Haftung hieraus nicht Gegenstand der VHV sind. 86

Alle zusätzlichen Tätigkeiten, die über die so genannte primäre Vertragspflicht des deutschen HGB hinausgehen, sind nicht versichert. Andererseits sind alle verkehrsvertraglichen Pflichten des HGB und die damit zusammenhängenden Haftungen aus solchen Tätigkeiten insoweit versichert, als sie sich innerhalb der zu übernehmenden Pflichten der jeweiligen Vertragstypen Frachtführer, Spedition oder Lagerhalter bewegen. Zur Hauptpflicht des Frachtführers gehört die Beförderungsleistung. Bei Speditionsvertrag ist dies die Beförderung zu organisieren, zu planen und zur Ausführung zu bringen. Die speditionellen Nebenpflichten beinhalten z.B. die Eindeckung der Versicherung die Vornahme der Verpackung, die Kennzeichnung sowie die Zollbehandlung. Ein Lagerhalter schuldet primär die dauernde Lagerung samt der Aufbewahrung. Es ist in jedem konkreten Einzelfall daher zu prüfen, ob die jeweils geschuldete Leistung im Rahmen des abgeschlossenen Verkehrsvertrags rechtlich innerhalb des vom HGB vorgesehenen typischen Bereichs der Vertragspflichten aus einem Fracht-, Speditions- oder Lagervertrag bleiben. 87

In der Regel kommen die nicht unter die VHV fallenden Haftungen nach Ziff. 1.4. VHV aus den sog. **Logistikverträgen.** Ein Logistikvertrag ist kein Vertrag sui generis, d.h. eigener Art, sondern ein typengemischter Vertrag. Diese Verträge sind immer individuell gestaltet und selten vergleichbar. Sie regeln unterschiedliche Vertragsrisiken nach Maßgabe uneinheitlicher und sehr differenzierter Leistungsbeschreibungen. Neben fracht-, speditions-, und/oder lagervertraglichen Pflichten kommen diverse zusätzliche Leistungen hinzu, die juristisch unter allen nur denkbaren unterschiedlichen Vertragstypen einzuord- 88

[77] BGH 1.07.2010 TranspR **2011** 78–80; *Koller* Die Leichtfertigkeit im deutschen Transportrecht, VersR **2004** 1346.

[78] Siehe BB Hochwertige Güter C.

[79] Siehe Logistikversicherung H.VI.

nen sind, wie Kauf-, Dienst-, Werk-, Geschäftsbesorgungs- oder Mietvertrag. Hinzukommen kann Arbeitnehmerüberlassung u.v.m. Aufgrund dieser unterschiedlichen Vertragstypen und Leistungen innerhalb eines Logistikvertrages fehlt es an einer einheitlichen, gesetzlich geregelten Haftung für solche logistischen Leistungen.

89 Warenbestellung namens des Auftraggebers, Logistikberatung, Säubern und Volltanken von Kraftfahrzeugen, usw. sind solche Leistungen. Weitere Hinweise zu den Tätigkeiten bietet Ziff. 1.1 Logistik-AGB.[80] Wenn eine Spedition, die üblicherweise Reifen und Felgen befördern lässt, für den Auftraggeber im Zuge eines Rahmenvertrags neben der Beförderung auch die Felgen auf die Reifen zieht, entsteht ein neues Produkt, nämlich Autoreifen. Die danach vertraglich ebenfalls geschuldete durchzuführende anschließende Beförderung an den Automobilproduzenten ist die Leistung aus dem Frachtvertrag. Entstehen Schäden an den Reifen, weil sie während der Beförderung beschädigt wurden, fällt dieser Schaden grundsätzlich unter die VHV. Ausgenommen von der VHV-Deckung ist die Haftung aus der reinen Autoreifenproduktion. Wenn diese Reifen von der Spedition daher falsch montiert wurden, ist der Schaden an dem neuen Produkt „Autoreifen“ nicht versichert. Ebenfalls nicht innerhalb der VHV mitversichert sind alle Schäden, die dadurch entstehen, dass der Automobilhersteller alle Fahrzeuge zurückrufen muss, die mit den Autoreifen und den etwaigen Montagefehlern der Spedition ausgeliefert wurden.

90 Für solche Risiken ist grundsätzlich die Betriebshaftplichtversicherung zuständig. Häufig haben aber Speditionen keine Deckung für „Produktionsleistungen“, da sie nach ihrem klassischen Betriebsbild keine solchen Leistungen durchführen. Teilweise haben sich jedoch Betriebshaftpflichtversicherer diesen neuen Entwicklungen angepasst und bieten sog. Logistikbausteine mit erweiterte Produkthaftplicht und Rückruf auch für der KFZ-Industrie an. Schäden an den bearbeiteten Gegenständen (Bearbeitungsschäden) können teileweise ebenfalls versichert werden.

91 Der GDV hat **keine Empfehlungen für Deckungen der Logistik** außerhalb des fest definierten Verkehrsvertragsbereich ausgesprochen. Die DTV-VHV deckt daher ausschließlich die Ansprüche nach den Grundlagen des gesetzlichen Transportrechts. Für Ansprüche nach dem Werk, Dienst, Auftragsrecht, d.h. jenseits dieses spezifischen transportrechtlichen Bereichs, ist die Betriebshaftpflichtversicherung und andere Sparten zuständig.[81]

Teilweise werden jedoch Spezialdeckungen für einzelne Logistikverträge in Erweiterung der üblichen VHV-Deckung bei bestehenden Policen angeboten.[82] Wenn das logistische Risiko und die vereinbarte Haftung für den Underwriter als akzeptabel erscheinen, versichert er solche Rahmenverträge. Es wird nicht im gesamten Umfang der Haftung (inkl. Personen und anderen Vermögensschäden) eine Deckungszusage erteilt, sondern es wird nur eine begrenzte Deckung auf der Versicherungsebene mit entsprechender Maximierung gegeben. Diese Versicherungsvariante muss zur jeweiligen VHV-Police angesichts der Prämien und dem bisherigen Schadenverlauf passen. Es besteht bei Logistikverträgen die Option mit dem VHV-VR über einen begrenzten Versicherungsschutz zu verhandeln. Je nach dessen Geschäftspolitik kann dieser gewisse logistische Risiken mit in den Versicherungsschutz aufnehmen. Häufig werden dabei die reinen Produktionsrisiken nicht versichert, da die Haftungen meist mit den Haftungsbegrenzungen des Transportrechts und der Obhutshaftung nicht in Übereinklang zu bringen sind.

---

[80] Siehe H.VI.

[81] *GDV/Flach/Supp/Bremke* 59.

[82] Thume/de la Motte/Ehlers/*Raab KLP* Rn. 269 ff.

Andere VHV-VR decken teilweise immer mittels „Logistikbausteine“ in ihren Verkehrshaftungspolicen diverse Risiken außerhalb der üblichen VHV-Deckungen, insbesondre für die unüblichen logistischen Leistungen.[83] Teilweise werden von Maklern insbesondere die Logistik-AGB in einem speziellen Wording gedeckt. In diesem Zusammenhang kann jedoch auf eine solche spezielle Deckung nach Maßgabe der Logistik-AGB nicht eingegangen werden. 92

3. Sanktionsklausel

Ziffer 1.2

Es besteht – unbeschadet der übrigen Vertragsbestimmungen – Versicherungsschutz nur, soweit und solange dem keine auf die Vertragsparteien direkt anwendbaren Wirtschafts-, Handels- oder Finanzsanktionen bzw. Embargos der Europäischen Union oder der Bundesrepublik Deutschland entgegenstehen.

Dies gilt auch für Wirtschafts-, Handels- oder Finanzsanktionen bzw. Embargos, die durch die Vereinigten Staaten von Amerika in Hinblick auf den Iran erlassen werden, soweit dem nicht europäische oder deutsche Rechtsvorschriften entgegenstehen.

Die EU hat die Verordnung vom 25.10.2010 (961/2010) mit restriktiven Maßnahmen gegen den Iran erlassen. Diese Verordnung beinhaltet sowohl güterbezogene Verbote und Genehmigungspflichten sowie Dienstleistungs- und Finanzierungsrestriktionen. Die EU-Regelungen sowie ergänzende Informationen sind beim Bundesamt für Wirtschaft und Ausfuhrkontrolle abrufbar.[84] Erstmalig enthält die EU-Verordnung auch ein personenbezogenes Bereitstellungsverbot für Versicherungen. Dieses Verbot bezieht sich auf die Zurverfügungstellung von Versicherungsschutz. VR dürfen keinen Deckungsschutz bieten, der gegen dieses Verbot verstößt. Ein Verstoß kann einen Ordnungswidrigkeits- oder Straftatbestand gemäß §§ 33, 70 Außenwirtschaftsgesetz darstellen und eine Geldbuße bis zu € 500.000 oder eine Freiheitsstrafe bis zu fünf Jahren nach sich ziehen. 93

Der GDV hat eine unverbindliche **Sanktionsklausel** empfohlen, die in die DTV-VHV im Jahr 2011 unter Ziff. 1.2 eingefügt wurden. Nachdem die EU weitere Sanktionsregelungen für andere Länder (Syrien) mit ähnlichen Rechtsfolgen formuliert hat, ist die vom GDV empfohlene Sanktionsklausel nicht auf bestimmte Länder bezogen und gilt auch für künftige Sanktionen gegen sonstige Länder. Durch die Vereinbarung dieser Klausel wird lediglich hervorgehoben, dass Rechtsgeschäfte, die gegen gesetzliche Verbote oder gute Sitten verstoßen, nach §§ 134, 138 BGB nichtig sind. Insofern wird durch die Sanktionsklausel der Deckungsumfang klargestellt und nicht eingeschränkt. 94

Es gibt aber unterschiedliche Formulierungen bei einigen VR, die intern andere Klauseln verwenden.

4. Versicherte Haftungen

Ziff. 3: Versicherte Haftung (Bausteinsystem)

Versichert ist
die verkehrsvertragliche Haftung des Versicherungsnehmers nach Maßgabe
3.1 der deutschen gesetzlichen Bestimmungen, insbesondere der §§ 407 ff. HGB;

[83] Thume/de la Motte/Ehlers/*Raab* KLP Rn. 293 ff.

[84] http://www.bafa.de/ausfuhrkontrolle/de/embargos/iran/index.html

3.2 der Allgemeinen Geschäftsbedingungen (AGB) des Versicherungsnehmers, vorausgesetzt der Versicherer hat dem Einschluss dieser Bedingungen in den Versicherungsschutz zugestimmt;

3.3 der Allgemeinen Geschäftsbedingungen (AGB) im Umfange des § 449 Abs. 2 Nr. 1 HGB; vorausgesetzt der Versicherer hat dem Einschluss dieser Bedingungen in den Versicherungsschutz zugestimmt;

3.4 des Übereinkommens über den Beförderungsvertrag im internationalen Straßengüterverkehr (CMR);

3.5 der jeweils nationalen gesetzlichen Bestimmungen für das Verkehrsgewerbe in den Staaten des Europäischen Wirtschaftsraumes (EWR);

3.6 des Übereinkommens über den internationalen Eisenbahnverkehr (Anhang B – COTIF, aktuelle Fassung) und der einheitlichen Rechtsvorschriften für den Vertrag über die internationale Eisenbahnbeförderung von Gütern (CIM);

3.7 des Montrealer Übereinkommens (MÜ) vom 28.5.1999, des Warschauer Abkommens von 1929 (WA) und soweit anwendbar – des Haager Protokolls vom 28.05.1955, des Zusatzabkommens von Guadalajara vom 18.09.1961 oder anderer maßgeblichen Zusatzabkommen für den Luftverkehr, soweit diese jeweils zwingend anwendbar sind;

3.8 der Haager Regeln und – soweit anwendbar – der Hague Visby Rules bzw. des Seerechtsänderungsgesetzes vom 25.06.1986, der Hamburg-Regeln sowie anderer maßgeblicher internationaler Abkommen oder nationaler gesetzlicher Bestimmungen für den Seeverkehr, soweit diese jeweils zwingend anwendbar sind;

3.9 der Bestimmungen eines FIATA Combined Bill of Lading (FBL) oder Through Bill of Lading (TBL) in der von der FIATA verabschiedeten Form;

3.10 eines vom Versicherungsnehmer verwendeten eigenen House Airway Bill (HAWB), House Bill of Lading (House B/L) oder anderer Dokumente des Versicherungsnehmers, vorausgesetzt der Versicherer hat dem Einschluss derartiger Dokumente in den Versicherungsschutz zugestimmt;

3.11 der jeweils anwendbaren gesetzlichen Bestimmungen anderer Staaten, sofern sich der Versicherungsnehmer nicht mit Erfolg auf die Bestimmungen der vorgenannten Ziffern berufen kann und die jeweiligen gesetzlichen Vorschriften nicht über 8,33 SZR je kg für den Güterschaden hinaus gehen.

3.12 Versichert sind auch Ansprüche nach dem Recht der unerlaubten Handlung (Deliktsrecht), wenn und soweit der Berechtigte diese gesetzlichen Ansprüche neben oder anstelle der Haftung aus dem Verkehrsvertrag geltend macht.

95 a) **Bausteinsystem.** In der DTV-VHV sind in 12 Punkten alle üblichen Haftungsgrundlagen aufgelistet, die innerhalb der Verkehrshaftung bei den versicherten Unternehmen in Betracht kommen können. Nach Ansicht des GDV war die konkrete Beschreibung der Haftungssituation des Verkehrsträgers einer der wichtigen Punkte bei der Schaffung der DTV-VHV. Die versicherte Haftung wurde nach den GDV-Bedingungen als **Bausteinsystem** aufgebaut.[85] Nur die Haftungen, die ausdrücklich im Versicherungsvertrag benannt sind, sollten als versichert gelten. Bestehen andere Haftungen in konkreten Schadenfällen, die nicht ausdrücklich aus dem Bausteinsystem ausgewählt und im Versicherungsvertrag genannt wurden, besteht kein Versicherungsschutz.

---

[85] *GDV/Flach/Supp/Bremke* 62; Thume/de la Motte/Ehlers/*Kollatz* DTV-VHV Rn. 27 ff.

Ziel des GDV war es, dass der Underwriter nur die Haftungen aus dem Bausteinsystem auswählt, die der VN in der Betriebsbeschreibung angegeben hat. Es werden in der Betriebsbeschreibung die verschiedenen verkehrsvertraglichen Haftungen des Verkehrsträgers abgefragt. Primär wird gefragt, welche **gesetzliche** Haftung besteht. Als zweites werden Risiken hinsichtlich etwaiger **vertraglicher** Haftungen, also zulässige Abweichungen vom Gesetz, geprüft. Dies sind Fragen nach den AGB oder nach 40 SZR. Dann kommen die **individuellen Vereinbarungen**, von denen die komplette aktuelle Fassung des jeweiligen Haftungsvertrags der Betriebsbeschreibung beizufügen ist. Wenn sich die Haftungssituation grundlegend seit Abschluss des Versicherungsvertrags verändert hat, sollten nach dem GDV die VHV-VR ihre Bedingungen, d.h. das Baukastensystem anpassen und die Prämien an die geänderte Haftungssituation anpassen. Wenn ein Spediteur bisher LKW-Beförderungen vermittelt hat, dann als Luftfrachtspedition tätig wird, bleibt zwar die versicherte Tätigkeit als Spediteur gleich (keine Vorsorge), es ändert sich aber die ADSp-Haftung in die des WA/MÜ mit den dort genannten Haftungen. Diese Änderungen des Haftungsrisikos sollten mit dem VHV-VR abgestimmt werden und in der VHV-Police einen Niederschlag finden. **96**

Das Bausteinprinzip wurde vom Markt 2003 jedoch nicht übernommen.[86] Die Praxis hat gezeigt, dass die VR nicht in der Lage sind, in jedem Einzelfall die konkreten verkehrsvertraglichen Haftungen dem Risiko, welches in der BB angegeben wurde, zuzuordnen. Mittlerweile werden alle in der Liste aufgeführten Haftungsarten in den meisten VHV-Verträgen komplett in jedem Versicherungsvertrag übernommen. Dass einzelne Haftungen ausgewählt werden, also nicht mit in den Versicherungsvertrag übernommen werden, ist die Ausnahme. **97**

b) Bausteine nationale HGB und BGB-Haftungen

aa) Nationale Frachtführerhaftung. Versichert wird generell die verkehrsvertragliche Haftung des VN nach Maßgabe der deutschen gesetzlichen Bestimmungen, insbesondere der §§ 407 ff. HGB. **98**

Versichert ist die gesetzlichen Regelhaftung nach HGB mit 8,33 SZR gem. § 431 I HGB. Gedeckt ist durch den Hinweis „**insbesondere**" auch die Haftung nach dem BGB.[87] Die jeweiligen Anspruchsgrundlagen können daher die §§ 823, 831 BGB und § 280 BGB sein. Die Rechtsfolgen ergeben sich jedoch aus dem HGB, insbesondere aus §§ 433 und 434 HGB, die wie folgt lauten:

§ 433 HGB Haftungshöchstbetrag bei sonstigen Vermögensschäden

Haftet der Frachtführer wegen der Verletzung einer mit der Ausführung der Beförderung des Gutes zusammenhängenden vertraglichen Pflicht für Schäden, die nicht durch Verlust oder Beschädigung des Gutes oder durch Überschreitung der Lieferfrist entstehen, und handelt es sich um andere Schäden als Sach- oder Personenschäden, so ist auch in diesem Falle die Haftung begrenzt, und zwar auf das Dreifache des Betrages, der bei Verlust des Gutes zu zahlen wäre.

§ 434 Außervertragliche Ansprüche

(1) Die in diesem Unterabschnitt und im Frachtvertrag vorgesehenen Haftungsbefreiungen und Haftungsbegrenzungen gelten auch für einen außervertraglichen Anspruch des Absenders oder des Empfängers gegen den Frachtführer wegen Verlust oder Beschädigung des Gutes oder wegen Überschreitung der Lieferfrist.

---

86 *GDV/Flach/Supp/Bremke* 59; Thume/de la Motte/Ehlers/*Kollatz* SLVS-Plus Rn. 183; Thume/de la Motte/Ehlers/Temme Rn. 235.

87 Thume/de la Motte/Ehlers/*Kollatz* DTV-VHV Rn. 31, von Bühren/*Ehlers* Rn. 311.

99 Nicht versichert wäre nach dem ersten Baustein der DTV-VHV demnach der Haftungskorridor nach § 449 II HGB mit 40 SZR. Diese Haftungserhöhung ist eine vertraglich vereinbarte Haftung nach Maßgabe von eigenen oder fremden allgemeinen Geschäftsbedingungen.

100 bb) **Nationale Speditionshaftung.** Bei Speditionen bedeutet die Versicherung der gesetzlichen Haftung, dass auch deren gesetzlich unbeschränkter speditionellen Haftung versichert ist. Bei reinen speditionellen Fehlern gibt es nach dem HGB (ohne ADSp o.a. AGB) **keine Haftungsgrenze**, es sei denn, dass die auf das Frachtrecht verweisenden wird.[88] Nur wenn das Gesetz wegen Obhut und weiteren ausdrücklichen Vorschriften auf das Frachtrecht verweist, können grds. Haftungsgrenzen im Schadenfall eingewandt werden. Diese verweisende Regeln im HGB-Haftung sind die Regelungen zum Selbsteintritt und zur Fixkosten- bzw. Sammelladungsspedition (§§ 458–460 HGB), die grundsätzlich versichert sind.[89]

101 Einige VR wollen jedoch den unbegrenzten Haftungsanspruch bei Verletzung einer speditionsvertraglichen Pflicht (Auswahlverschulden) nicht versichern. Sie verlangen, dass die ADSp als Haftungsgrundlage mit dem jeweiligen Auftraggeber vereinbart werden. HGB-Speditionen sind für einen VR wegen der unbesc hränkten HGB-Haftung ein hohes Risiko. In Einzelfällen wird der Underwriter eines VR prüfen, ob und wie er einen nationalen Spediteur, der nicht nach Maßgabe der ADSp arbeitet, versichern kann.

102 cc) **Nationale Lagerhalterhaftung.** Grundsätzlich ist die HGB-Lagerhaltung versichert, wenn der HGB-Baustein für einen reinen Lagerhalter gewählt wird. Reine HGB-Lagerhaltung wäre dann versichert.[90] VHV-VR zeichnen teilweise die **unbegrenzte Verschuldenshaftung** nicht. Sie versichern das Lagerhalterrisiko nur dann, wenn Haftungsbegrenzungen im Lagervertrag oder in AGB vorhanden und mit dem Auftraggeber vereinbart worden sind. Der VHV-VR wird möglicherweise auch nach entsprechendem Hinweis an den VN eine bestimmte Summe als gesonderte Versicherungsgrenze (Maxima) einführen. Häufig werden im Lagervertrag besondere Haftungsbegrenzungen eingeführt oder auf den Versicherungsvertragsebene Maxima eingeführt, die sich an den Haftungsgrenzen der Ziffer 24 ADSp orientieren.

ADSp Ziff. 24

„24. Haftungsbegrenzungen bei verfügter Lagerung

24.1 Die Haftung des Spediteurs bei Verlust oder Beschädigung des Gutes (Güterschaden) ist bei einer verfügten Lagerung begrenzt

24.1.1 auf 5 EUR für jedes Kilogramm des Rohgewichts der Sendung,

24.1.2 höchstens 5.000 EUR je Schadenfall; besteht der Schaden eines Auftraggebers in einer Differenz zwischen Soll- und Ist-Bestand des Lagerbestandes (Ziffer 15.6), so ist die Haftungshöhe auf 25.000 EUR begrenzt, unabhängig von der Zahl der für die Inventurdifferenz ursächlichen Schadenfälle.

...

24.3 Die Haftung des Spediteurs für andere als Güterschäden mit Ausnahme von Personenschäden und Sachschäden an Drittgut ist bei einer verfügten Lagerung begrenzt auf 5.000 EUR je Schadenfall."

---

88 *Müglich* § 461 Rn. 8 ff.

89 Thume/de la Motte/Ehlers/*Kollatz* DTV-VHV Rn. 34.

90 Thume/de la Motte/Ehlers/*Kollatz* DTV-VHV Rn. 35.

Weil der Lagerhalter unbegrenzt haftet, sollte er seine Haftung durch einen Lagervertrag oder durch AGB im eigenen Interesse einschränken. Welche Haftungsbegrenzungen sinnvoll und rechtlich zulässig sind, hängt von der Art und Menge der eingelagerten Güter, der Anzahl der Ein- und Auslagerungen und vielen weiteren Einzelheiten ab. 103

Es kann momentan eigentlich nur eine Grundregel aufgestellt werden: Die Haftungsgrenzen der Ziffer 24 ADSp gelten bei vielen VR als versicherbare Haftung für reine Lagerhalter.

HGB-Lagerhalterhaftungen werden nur ausnahmsweise versichert. Man sollte daher immer bei solchen Haftungen den VR befragen, ob das Risiko gedeckt ist.

c) Bausteine AGB-Haftungen

aa) AGB Verkehrsträgerverbände (VBGL, ADSp). Folgende Verbände der Verkehrsträger haben ihren Mitgliedern Verbands-AGB zur Verfügung gestellt, die diese verwenden können: 104

- DSLV: Allgemeinen Deutschen Spediteur-Bedingungen (ADSp);
- BGL: Vertragsbedingungen für den Güterkraftverkehrs- und Logistikunternehmer für die verkehrsvertragliche Haftung (VBGL).

Diese und alle anderen AGB müssten nach den GDV-Bedingungen namentlich benannt werden, damit diese Gegenstand der Deckung sind, da alle Haftungen vorgeben, die vom Gesetz abweichen. Der GDV hat keine generelle Mitversicherung der ADSp oder VBGL vorgeschlagen, obwohl am deutschen Markt häufig diese AGB vorkommen. Viele Versicherer sehen standardmäßig die Deckung der AGB, insbesondere der ADSp, in ihren VHV-Policen vor.[91]

Die Bedingungen der BSK und der AMÖ fallen standardmäßig nicht unter die Regelung. Nach der GDV-Lösung sollen VR die Risiken im Zusammenhang mit Schwergut bzw. Umzug mit speziellen Versicherungsbedingungen gesondert versichern. Der Grund ist darin zu sehen, dass der Markt Spezialversicherungen angeboten hat und man die GDV-Bedingungen nicht mit den Besonderheiten dieser Branchen belasten wollte (Montage bei Schwergut, Hinweispflichten für Verbraucher bei Umzugsunternehmen usw.).[92] 105

bb) 40 SZR-Haftung. Wenn ein Frachtführer eigene AGB mit 40 SZR pro Kilo verwendet, sollte er dies seinem VR sagen. Dieser kann diese AGB versichern. Er wird wegen der deutlichen Haftungserhöhung jedoch eine andere Prämie kalkulieren als bei einem VN, der keinerlei AGB hat und daher nur nach 8,33 SZR bei nationalen Verkehren haftet. 106

In der VHV kann ausdrücklich für AGB des jeweiligen Auftraggebers im Rahmen der HGB-Korridordeckung in Höhe von **40 SZR** gegeben werden. 107

Der GDV hat keine generelle Mitversicherung der 40 SZR vorgeschlagen, obwohl am deutschen Markt häufig diese Haftungsvereinbarung vorkommt. Viele Versicherer sehen mittlerweile standardmäßig die Deckung der 40 SZR in ihren VHV-Policen vor.[93] 108

---

91 Thume/de la Motte/Ehlers/*Kollatz* DTV-VHV Rn. 36; Thume/de la Motte/Ehlers/*Kollatz* SLVS-Plus Rn. 184; Thume/de la Motte/Ehlers/*Temme SGP Ziff.* 2.2.2 Rn. 235; Thume/de la Motte/Ehlers/*Supp* Ergo VHV Rn. 324.

92 Siehe B.III.2.ee.–gg.

93 Thume/de la Motte/Ehlers/*Kollatz* SLVS-Plus Rn. 185; Thume/de la Motte/Ehlers/*Supp* Ergo VHV Rn. 324.

109 d) **Bausteine internationale Haftungen. Internationale Haftungsgrundlagen** können in der DTV-VHV gem. den **Ziffern 3.4 bis 3.8 DTV-VHV** mitversichert werden, wenn grenzüberschreitende Risiken betroffen sind.

Wichtig ist zunächst, dass beide Partner des Verkehrsvertrags deutsches Recht vereinbart haben bzw. beide ihren Hauptwohnsitz in der BRD haben. Sobald ein Vertrag mit ausländischen Unternehmen abgeschlossen werden, sollte ausdrücklich die Anwendung deutscher Rechtsgrundlagen vereinbart werden. Damit haben der Verkehrsträger und sein VR die Rechtssicherheit, dass auch die Haftungsregeln zunächst vor deutschen Gerichten verhandelt werden. Dies ist auch für den VR wichtig, weil er dadurch die Haftungssituation besser kalkulieren kann (keine zusätzlichen Anwalts-, Übersetzungskosten u.a.).

110 Versichert werden können das Übereinkommen über den Beförderungsvertrag im internationalen Straßengüterverkehr (CMR), das Warschauer Abkommen (WA), das Montrealer Übereinkommen (MÜ), die Einheitliche Rechtsvorschriften für den Vertrag über die Internationale Eisenbahnbeförderung (CIM), Gesetz zu dem Budapester Übereinkommen vom 22.06.2001 über den Vertrag über die Güterbeförderung in der Binnenschifffahrt (CMNI), die Haager Regeln/Hague Visby Rules/Hamburger Regeln. Hinsichtlich der versicherten internationalen Haftungen kann auf die jeweiligen Haftungsvorschriften und entsprechend Kommentierung hingewiesen werden.[94]

111 e) **Dokumentenhaftung.** Wenn Verkehrsträger im grenzüberschreitenden Verkehr unterschiedlichste Dokumente benutzen, kommen sie wegen zahlreicher Haftungsregelungen in den zum Teil in englischer Sprache abgefassten Hinweisen auf der Rückseite dieser Dokumente in besondere Haftungsrisiken. Wenn keine zwingenden internationalen Haftungsgrundlagen für Transporte oder Lücken in den Abkommen bestehen, regeln diese Klauseln die Haftungssituation des Verwenders. Zum Teil sind die Haftungen international abgestimmt, zum Teil werden eigenständige Haftungsregelungen in diese Dokumente übernommen. (Beispiel: Luftfrachtspeditionen mit eigener Airway Bill). Folgende Dokumente können verbandsseitig versichert werden:

- FIATA Combined Bill of Lading (FBL),
- Through Bill of Lading (TBL) in der von der FIATA verabschiedeten Form,
- House Airway Bill (HAWB),
- House Bill of Lading (House B/L),
- andere Dokumente des VN.

Voraussetzung der besonderen VHV-Deckung ist bei einzelnen VHV-VR, dass der VR die Dokumente erhält und dann dem Einschluss derartiger Dokumente in den Versicherungsschutz zustimmt.

112 f) **Kabotage und weltweite Haftungen. Kabotage** ist das Recht, innerhalb eines fremden Staates, Güter zu befördern. Frachtführer, die in einem EU-Land niedergelassen sind, dürfen meist ohne Einschränkung Waren innerhalb eines anderen Mitgliedstaates befördern. Dies bedeutet, dass ein Frachtführer Binnenverkehr in einem fremden Land betreiben darf. Der Frachtführer haftet allerdings in der Regel nach den jeweiligen innerstaatlichen Haftungsbestimmungen.[95]

---

[94] *Thume* Kommentar zur CMR; *Giemulla & Schmid* Recht der Luftfahrt; *Wirtz* Die CMNI und ihre Bedeutung für die Binnenschifffahrt BinSchiff 2008 68–70; *Freise* Unimodale transportrechtliche Übereinkommen und multimodale Beförderungen TranspR 2012 1–13; *Herber* Seehandelsrecht jeweils m.w.N.

[95] *Brandt* Kabotage im europäischen Straßengüterverkehr, TranspR 2011 1–9; *Müller-Eiselt* Die Neuordnung des Güterkraftverkehrsrechts, VR 2012 9–16.

Die Kabotageverkehre und die damit verbunden verkehrsvertragliche Haftung des jeweiligen europäischen Landes werden durch den Baustein **Ziffer 3.5 DTV-VHV** gedeckt. Versichert werden dann die jeweils nationalen gesetzlichen Bestimmungen für das Verkehrsgewerbe in den Staaten der Europäischen Union (EWR).

Weiterer Versicherungsschutz **außerhalb der EWR** kann darüber hinaus gem. **113**
Ziff. 3.11 DTV-VHV angeboten werden, aber nicht über 8,33 SZR je kg für den Güterschaden hinaus. Als Auffangtatbestand wurde die Ziffer 3.11 der DTV-VHV ausgestaltet. Versicherungsschutz besteht auch für die verkehrsvertragliche Haftung. Wenn dieser Baustein versichert wird, muss allerdings auch der räumliche Geltungsbereich ggf. auf eine weltweite Deckung erweitert werden.

g) Besondere nicht versicherte Haftungen

aa) Vertraglich übliche Haftung. In der Praxis werden **nicht** alle AGB der jeweili- **114**
gen Verkehrsträgerverbände von den VHV-VR versichert. Nicht Gegenstand der DTV-VHV sind die BSK-Bedingungen wegen der Nichtversicherung von Schwergutunternehmen. Ferner sind nach den DTV-VHV die AMÖ-Bedingungen wegen der Nichtversicherung von Umzugsgutunternehmen (gilt allerdings nur für Umzugsgut und nicht für Handelsmöbel oder reine EDV-Transporte) nicht in den Deckungsumfang mit einbezogen.

Es werden aber in der Praxis auch diese AGB häufig automatisch (ohne Bausteinsystem) mitversichert. Dies gilt dann, wenn ein VR keine besonderen Bedingungswerke für Schwergut- oder Möbelunternehmer vorhält.

bb) Vertraglich unübliche Haftung. Kurier-, Eil-, und Paketdienst (KEP-Dienste) und **115**
Postdienstleister, die eine Zulassung zur Briefbeförderung haben, verfügen häufig über **eigene AGB,** die von der gesetzlichen Grundhaltung des HGB mit 8,33 SZR abweichen. Paketdienste sind Beförderungsunternehmen, die kleine und leichte Güter (Paketen) befördern oder befördern lassen. In der Regel ist bei Paketdiensten 25–30 kg das zulässige Gewichtslimit pro Paket bzw. Packstück (nicht pro Auftrag!). Ferner findet eine Begrenzung auf einen bestimmten Umfang der Sendung statt. Der Vorteil der KEP-Dienste liegt in der schnellen Beförderung.

In den jeweiligen Haftungsklauseln der AGB werden Haftungen mit bestimmten festen Beträgen pro Auftrag (oder Sendung/Kolli/Paket/Brief/Nachnahme) angeboten. Es werden teilweise **feste Haftungssummen** ohne Bezug auf die gesetzliche Haftung pro Kilo versprochen (Begünstigungen nach § 449 II HGB). Beispielsweise werden € 520 bis € 5.000 pro Paket Entschädigung gewährt.

Daneben werden so genannten Haftungsdeklarationen seitens des Auftraggebers zugelassen. Wenn der Auftraggeber einen besonderen Wert angibt und der KEP-Dienst dies akzeptiert, kann sich der Verkehrsträger nicht auf die Haftungsbegrenzung in seinen AGB berufen. Es wird als Haftungssumme der Betrag bezahlt, den der Auftraggeber als Wert angegeben hat. Eine solche höhere Haftung wird nur bei entsprechenden Hinweisen auf dem Fracht-/Speditionsauftrag akzeptiert. Nur gegen Zahlung eines bestimmten Zuschlags zum vereinbarten Frachtentgelt wird diese Haftungserhöhung akzeptiert. Die Höherwertdeklaration setzt somit voraus, dass der Auftraggeber dem Verkehrsträger den der Werterhöhung entsprechenden Teil der Kosten erstattet. Die entsprechenden Zuschläge werden in den Preislisten der KEP dem Auftraggeber bekanntgegeben. In den AGB wird häufig eine obere Grenze des Güterwerts angegeben, die für die übergebenen Güter generell gilt, die aber nicht überschritten werden darf.

116 Solche AGB müssen dem VHV-VR vorgelegt werden. Diese können im Regelfall nur gesondert versichert werden. Der VHV-VR sollte darauf achten, dass diese AGB erstens dem Transportrecht entsprechen, also nicht gegen das HGB verstoßen. Zweitens muss die AGB-Inhaltskontolle nach BGB überprüft werden, weil ansonsten in Schadenfällen eine Vollhaftung in Betracht kommen kann. Weil AGB im Verkehrsträgerbereich häufig unklar sind, ist Vorsicht bei der Versicherung solcher AGB geboten.

Regeln zur Versicherbarkeit können nicht aufgestellt werden, weil die Konzepte (Hauptumschlagsbetriebe oder Direkttransporte) und die transportierten Güter (Valoren oder Briefe) so unterschiedlich sind, dass eine individuelle Betrachtung der Risiken durch den Underwriter erfolgen muss.

117 cc) **Höherwertdeklarationen.** Genauso wie bei den KEP-AGB ist auch bei anderen Verkehrsträgern häufig die Haftungsdeklaration erlaubt. Wenn der Auftraggeber einen besonderen Warenwert ausdrücklich deklariert, kann sich der Verkehrsträger nicht auf die Haftungsbegrenzung berufen. Es gilt der Betrag als vereinbart, den der Auftraggeber angegeben hat. Häufig gilt die Erklärung einseitig, d.h. es muss nicht in den AGB des Auftraggebers oder des Verkehrsträgers entsprechendes geregelt werden. Es genügt zur Anhebung der Haftung, wenn der Verkehrsträger der **Höherwertdeklaration** nicht widerspricht.[96]

Wenn eine solche höhere Haftung in den AGB mit entsprechenden Hinweisen auf dem Fracht-/Speditionsauftrag akzeptiert wird, erfolgt dies wie bei den KEP-Unternehmen nur gegen Zahlung eines vorher genau bestimmten Betrags. Die Höherwertdeklaration setzt meist voraus, dass der Auftraggeber dem Verkehrsträger den der Werterhöhung entsprechenden Teil der Haftungsprämie erstattet. Dies muss aber nicht immer so sein, weil der Verkehrsträger auf ein höheres Frachtentgelt verzichten kann. Ausnahmsweise kann sich ein VR jedoch bereiterklären, solche Vereinbarungen dann zu versichern, wenn der Verkehrsträger dies mit dem VR abgestimmt hat. Nicht vergessen werden darf, dass Fragen der Versicherungs- und Mehrwertsteuer zu beantworten sind. Ob beide berechnet werden müssen, weil der Verkehrsträger eine zusätzliche Leistung (Höherhaftung) verspricht und hierfür auch entsprechenden Versicherungsschutz benötigt, soll in diesem Zusammenhang wegen der besonderen steuerrechtlichen Zusammenhänge nicht erörtert werden.

Es gibt diesen Versicherungsschutz jedoch nur individuell, weil nach den **Ziffer 6.11 DTV-VHV** solche Höherwertdeklarationen ausdrücklich ausgeschlossen sind. Sie können jedoch in Einzelfällen versichert werden.

118 dd) **Interessedeklarationen.** Demgegenüber werden die **Interessedeklarationen** ganz selten von VR anerkannt, weil meist keine klaren Regeln erkennbar sind, wo die obere Grenze des Interesses liegt.[97]

Hier muss auf jeden Fall generell mit dem VR die Handhabung solcher Interessendeklarationen abgestimmt werden. Im Einzelfall kann ein VR die Interessendeklarationen, die in der Praxis äußerst selten vorkommen, versichern. Nach **Ziffer 6.11 DTV-VHV** sind auch solche Interessendeklarationen ausgeschlossen.

---

[96] Österreichischer OGH 22. September 2011 7 Ob 111 12t unveröffentlicht.

[97] *Eltermann* Zur Frage der erweiterten Haftung des Frachtführers, VersR **1982** 1107–1108.

5. Versicherte Schäden

Ziff. 4

4.1 Die Versicherung umfasst die Befriedigung begründeter und die Abwehr unbegründeter Schadenersatzansprüche, die gegen den Versicherungsnehmer als Auftragnehmer eines Verkehrsvertrages erhoben werden.

4.2 Der Versicherer ersetzt dem Versicherungsnehmer

- die Aufwendungen zur Abwendung oder Minderung eines ersatzpflichtigen Schadens, wenn der Schaden unmittelbar droht oder eingetreten ist, soweit der Versicherungsnehmer sie nach den Umständen für geboten halten durfte

sowie

- die gerichtlichen und außergerichtlichen Kosten, soweit sie den Umständen nach geboten waren.

4.3 Der Versicherer ersetzt dem Versicherungsnehmer den Beitrag, den er zur großen Haverei aufgrund einer nach Gesetz oder den York-Antwerpener-Regeln oder den Rhein Regeln IVR 1979 oder anderen international anerkannten Haverei-Regeln aufgemachten Dispache zu leisten hat, soweit durch die Haverei-Maßregel ein dem Versicherer zur Last fallender Schaden abgewendet werden sollte.

4.4 Der Versicherer ersetzt dem Versicherungsnehmer aufgewendete Beförderungsmehrkosten aus Anlass einer Fehlleitung, wenn sie zur Verhütung eines ersatzpflichtigen Schadens erforderlich waren, bis zu ....% des Wertes des Gutes, höchstens EUR .... je Schadenereignis. (Baustein)

4.5 Der Versicherer ersetzt dem Versicherungsnehmer die aufgrund gesetzlicher oder behördlicher Verpflichtung aufzuwendenden Kosten bis zu einer Höhe von EUR .... je Schadenereignis zur Bergung, Vernichtung oder Beseitigung des beschädigten Gutes, wenn ein ersatzpflichtiger Schaden vorliegt oder soweit nicht ein anderer Versicherer zu leisten hat. (Baustein)

In der VHV werden als versicherter **Güterschaden** grundsätzlich Verlust und Beschädigung der unter den versicherten Verkehrsvertrag fallenden Güter definiert. Totalverlust liegt vor, wenn die Güter physisch nicht mehr vorhanden sind. Eine Beschädigung kann grundsätzlich auch ohne festgestellte Substanzverletzung allein aufgrund eines der betroffenen Sache anhaftenden Schadensverdachts in Betracht kommen.[98] 119

Eine Substanzverletzung ist also nicht erforderlich. Es genügt, dass die Güter wirtschaftlich nicht mehr verwertbar sind.

Gedeckt sind ferner Vermögensschäden. Alle Schäden, die nicht Güterschäden sind, also die nicht mit dem Verlust, der Beschädigung des Gutes unmittelbar zusammenhängen, fallen hierunter. Die Unterteilung erfolgt im Transportbereich nach dem reinen Vermögensschaden und dem Güterfolgeschaden. Nach § 433 HGB haftet der Frachtführer wegen der Verletzung einer mit der Ausführung der Beförderung des Gutes zusammenhängenden vertraglichen Pflicht für Schäden, die nicht durch Verlust oder Beschädigung des Gutes entstehen. Dies wäre der sog. **reine Vermögensschaden**. 120

Der **Güterfolgeschaden** ist ein Vermögensschaden, der aus einem Güterschaden im Vermögen des Auftraggebers entsteht.[99]

---

[98] BGH 24.05.2000, TranspR **2000**, 456–459.

[99] *Thume* Die Ansprüche des geschädigten Dritten im Frachtrecht, TranspR **2010** 45–50.

121 Die jeweiligen Begriffsbestimmungen des Fracht- und Speditionsrechts sind jedoch nicht auf das Transportversicherungsrecht zu übertragen.[100]

Güterfolgeschäden sind in der Regel immer versichert, die Frage ist nur, ob nach dem Transportrecht überhaupt eine **Haftung** des VN besteht. Dies ist nach § 429 HGB (Wertersatzprinzip) und § 433 HGB (kein Ersatz sonstiger Schäden) bei Frachtführern nicht der Fall.[101] Die Ausnahme bildet § 435 HGB bei Vorsatz oder bewusste Leichtfertigkeit des Frachtführers.

Jeder Drittschaden, d.h. Personenschäden oder Sachschäden, die beim Betrieb eines LKW, Binnenschiff. Flugzeug, einer Eisenbahn oder sonstigen Beförderungsmitteln an Drittgütern entstehen, also außerhalb des Schutzbereichs des Verkehrsvertrags nach HGB oder internationalen Vorschriften liegen, sind mangels Gegenstand der VHV keine Schadenfälle der DTV-VHV.

122 a) **Grundsatz: Freistellung und Rechtsschutz.** Die VHV befriedigt wie jede Haftungsversicherung begründete Ansprüche des Geschädigten aus dem versicherten Verkehrsvertrag. Der VR lehnt unbegründete Ansprüche ab, die gegen den VN wegen Verletzung des grundsätzlich versicherten Verkehrsvertrages ab.[102]

123 b) **Aufwendungs- und Kostenersatz.** Die DTV-VH gewähren teilweise Ersatz für bestimmte Aufwendungen des VN. Dabei wird ein nur ganz enger Bereich von Kosten erstattet, die mit der Schadenminderung und -verhütung zusammenhängt.[103]

Teilweise erklären sich VHV-VR jedoch bereit, über die sog. Supra-Deckung Versicherungsschutz für Beförderungsmehrkosten zu geben, wenn andere Verkehrsträger verzögern oder eine Leistung verweigern. Ferner werden Standgelder und Liegegelder und zusätzliche Fehlleitungskosten erstattet.[104]

124 aa) **Aufwendungserstattung.** Etwaige Aufwendungen des VN zur Abwendung oder Minderung eines ersatzpflichtigen Schadens können vom VHV-VR nach **Ziff. 4.2 DTV-VHV** erstattet werden. Dies entspricht §§ 82 I, 83 I. Die Klausel entspricht den alten Formulierungen der Ziff. 4.1 SVS, wobei dort ausdrücklich auf § 63 alte Fassung Bezug genommen wurde. Die ursprüngliche Fassung der Ziff. 4.2 DTV-VHV lautete:

> „Der Versicherer ersetzt dem Versicherungsnehmer die Aufwendungen zur Abwendung oder Minderung eines ersatzpflichtigen Schadens, wenn der Schaden droht oder eingetreten ist, soweit der Versicherungsnehmer sie nach den Umständen für geboten halten durfte".

Im Rahmen der Änderungen des VVG wurde der Wortlaut geändert, dass der Schaden **unmittelbar** drohen muss.

Schon *Schneider* hat die **erfolglosen** Rettungsmaßnahmen unter die Leistungspflicht des VHV-VR subsummiert.[105] *Kollatz* meint, dass diese Aufwendung des § 83 VVG nicht zu erstatten seien.[106] Dem ist deshalb nicht zu folgen, weil sachlich keine Änderung zum VVG gewollt ist, wie die Historie zeigt.

---

100 Siehe Definition für die Transportversicherung *Thume*/de la Motte/Ehlers § 130 VVG Rn. 41.7

101 *Müglich* § 425 Rn. 1.

102 *GDV/Flach/Supp/Bremke* 69; Thume/de la Motte/Ehlers/*Kollatz* DTV-VHV 56; *Schneider* 200 ff.

103 Thume/de la Motte/Ehlers/*Kollatz* DTV-VHV Rn. 57 ff.

104 Thume/de la Motte/Ehlers/*Temme* Rn. 240.

105 *Schneider* 82.

106 Thume/de la Motte/Ehlers/*Kollatz* DTV-VHV Rn. 58.

Voraussetzung ist erstens ein ersatzpflichtiger Schaden. Es muss also ein grundsätzlich versicherter Verkehrsvertrag vorliegen und es dürfen keine Ausschlüsse eingreifen. Es muss also ein Versicherungsfall vorliegen. **125**

Zweitens muss der Schaden **unmittelbar** drohen. Dies ist dann der Fall, wenn ein Schadeneintritt ohne Rettungsmaßnahmen sofort oder in nächster Zukunft eintritt. Der Schaden muss so konkret gegeben sein, dass unverzüglich Gegenmaßnahmen zu ergreifen sind.

Drittens muss der VN die Aufwendungen nach den Umständen für geboten halten. Der VN muss die Rettungsmaßnahme für objektiv notwendig gehalten haben. Offensichtlich aussichtlose oder zu aufwendige Maßnahmen werden nicht ersetzt.

Teilweise wird in anderen VHV-Wordings erstens das Wort „unmittelbar" gestrichen, was erhebliche Folgen dann haben kann, wenn der nahe, d.h. unmittelbare, zeitliche Bezug zum Schaden fehlt. In VHV-Policen wird ferner geregelt, dass Aufwendungen auch dann erstattet werden, wenn sich im Nachhinein feststellen lässt, dass kein nach der Police ersatzpflichtiger Schaden vorlag. **126**

bb) Kostenersatz. Der VHV-VR erstattet die gerichtlichen und außergerichtlichen Kosten nach **Ziff. 4.2 DTV-VHV**. Voraussetzung ist, dass diese den Umständen nach geboten waren. Dies entspricht § 101. Gerichtskosten, Rechtsanwaltsgebühren, Sachverständigenauslagen usw. sind zu ersetzen. Der VN muss insoweit seine Obliegenheit nach Ziff. 7.2.3 und 7.7.5 DTV-VH beachten. **127**

cc) Havereibeitrag. Der VHV-VR erstattet die den Beitrag zur großen Haverei nach **Ziff. 4.3 DTV-VHV.** Erstattet werden Beiträge, den der VN zur großen Haverei aufgrund einer Dispache zu leisten hat, soweit dem VR ein zur Last fallender Schaden abgewendet werden sollte. **128**

Als **große Havarie** bezeichnet man alle Schäden, die vom Schiffer selbst oder auf seine Weisung an Schiff und Ladung verursacht werden, um Schaden von Mannschaft, Schiff oder Ladung abzuwenden.[107] Schiff und Ladung tragen den Schaden gemeinsam, d.h. alle Ladungsbeteiligten und der Schiffer selbst teilen sich den Schaden. Dies gilt, wenn Schiff und Ladung, oder wenigstens ein Teil der Ladung gerettet wurden. Dies ist dann der Fall, wenn z.B. Ladung über Bord geworfen wird, um ein Kentern des Schiffes zu verhindern. Dabei handelt es sich um Schäden und Aufwendungen, die vom Schiffsführer bewusst veranlasst wurden, um eine unmittelbar für das Schiff und dessen Ladung gemeinsam drohende Gefahr abzuwenden. Die dabei entstehenden Kosten werden von den Beteiligten (Schiff, Ladung, Fracht, Mannschaftseffekten) entsprechend ihrer Werte gemeinsam getragen, wenn von Schiff und Ladung wenigstens Teile gerettet sind. Wenn der VN als Verkehrsträger seinen Beitrag zur großen Haverei erstatten muss, leistet diesen Beitrag dessen VHV-VR. Der sog. Einschuss muss aufgrund einer nach Gesetz oder den York-Antwerpener-Regeln oder den Rhein Regeln IVR 1979 oder anderen international anerkannten Haverei-Regeln aufgemachten Dispache zu leisten sein. Eine **Dispache** ist eine Schadenfeststellung und Umlegung der Kosten und Verluste auf die Beteiligten durch einen Dispacheur. Im Bericht des Dispacheurs, in dem der Beitragswert und die Verteilung der anerkannten Verluste und Kosten auf die Havarie-grosse-Gemeinschaft in einem Verteilungsplan festgehalten werden, werden später die Kosten im Verhältnis der Beitragswerte der Beteiligten (Schiff, Ladung) verteilt.

---

[107] Thume/de la Motte/Ehlers/*Kollatz* DTV-VHV Rn. 58.

Durch die Haverei-Maßregel muss ein dem VR zur Last fallender Schaden abgewendet werden.

129 Unter kleiner Havarei versteht man alle gewöhnlichen und ungewöhnlichen Kosten der Schifffahrt, d.h. die Schiffsbetriebskosten, Lotsengelder, Schäden durch gewöhnliche Abnutzung, Hafengelder, Schleppgelder usw. Solche Schäden sind nicht versichert.

130 dd) **Fehlleitungskosten.** Nach **Ziff. 4.4 DTV-VHV** erstattet der VR Fehlleitungskosten. Wenn Sendungen versehentlich in eine falsche Relation verladen werden, muss die falsch versandte Sendung an den richtigen Empfänger gelangen. Die Mehrfrachtkosten, die aus einer solchen Korrektur entstehenden sind Fehlleitungskosten. **Fehlleitung** liegt nicht vor, wenn der Verkehrsträger ein falsches Beförderungsmittel wählt. Mehrkosten sind ein nicht versicherter Eigenschaden.

131 Die Fehlleitungskosten sind schwierig zu fassen, weil verschiedene Ebenen auseinanderzuhalten sind. Einmal geht es um die Haftung für das Verwechseln der Packstücke. Das ist Erfüllung und nach **Ziffer 3.20 DTV-VHV** nicht versichert. Auf der zweiten Ebene, der Versicherung, werden nach 2.3 Fehlleitungskosten des VN erstattet. Das ist Schadenvermeidung. Weil bei einer Fehlleitung von Gütern immer weitere Schäden (Verlust, Verderb, Verspätung) drohen, sollen dem VN seine **Aufwendungen** erstattet werden. Hier übernimmt der VR zur Schadenverhütung Kosten, weil sonst die Speditionen bei geringer Haftung ev. einen Schaden (Verlust) meldet, als die „Eigenkosten" der Umfuhr zu übernehmen. Fehlleitungskosten sind keine Rettungskosten, weil kein Versicherungsfall gegeben ist oder unmittelbar droht. VR wollen den VN zur Schadenverhütung anleiten und übernehmen Kosten, damit das Gut nicht verlorengeht oder weitere Schäden eintreten.

Erste Voraussetzung ist also, dass diese Kosten aus Anlass einer Fehlleitung entstanden sind. Verauslagte **Beförderungsmehrkosten** sind aber nicht die gesamten vom VN verauslagten Beförderungskosten, sondern nur die zusätzlichen Kosten vom falschen zum richtigen Bestimmungsort.[108] Zu beachten ist hierbei, dass der Verkehrsträger die Kosten für den fehlgeleiteten Transport nicht erstattet erhält, weil er insoweit keinen Aufwendungsersatz gegen den Auftraggeber hat.[109]

Voraussetzung ist ferner, dass diese sie zur Verhütung eines ersatzpflichtigen Schadens erforderlich waren. Schließlich kann und soll der VHV-VR Beträge einsetzen. Ein bestimmter Betrag bis zu einem bestimmten %-Satz des Wertes der Sendung. Häufig lauten die Formulierungen bis max. 50 % vom Wert, maximal € 5.000.

Diesen Aufwendungsersatz für Fehlleitungen hat der GDV als Baustein konzipiert. Nahezu alle VR verwenden diesen Teil der VHV jedoch immer in ihren AVB.

132 ee) **Bergungs- und Beseitigungskosten.** In **Ziffer 4.5 DTV-VHV** können Kosten erstattet werden, die aufgrund gesetzlicher oder behördlicher Verpflichtung für **Bergung, Vernichtung oder Beseitigung** des beschädigten Gutes aufwendet wurden. Schließlich soll eine Erstattung nur bis zu einer Höhe eines vom VR auszufüllenden Betrags je Schadenereignis stattfinden.

Auf der Versicherungsebene werden eigene **Aufwendungen** erstattet, d.h. Kosten werden übernommen, die der VN aufwenden musste. Voraussetzung ist, dass ein ersatzpflichtiger Schaden vorliegt oder kein anderer VR zu leisten hat. Es erfolgt keine Erstat-

108 Thume/de la Motte/Ehlers/*Kollatz* DTV-VHV Rn. 64.

109 *Schneider* 85.

tung, wenn beispielsweise wegen einem unabwendbaren Ereignis der VN nicht haftet. Daran erkennt man den Haftungsteil bei der Aufwendungserstattung.

Aufwendungen sind Kostenbescheide, gerichtet an den Verkehrsträger durch die Feuerwehr, THW o.a, wenn diese zur Bergung der Ladung (nicht des Fahrzeugs) durch die Polizei oder ggf. durch den Havariekommissar oder den VN beauftragt wird. Bei Transportmittelunfällen wird die Rechnung der Bergung der Güter und deren Beseitigung meist an den Frachtführer und selten an den Wareneigentümer oder dessen Transportversicherer gestellt. Ein Haftungstatbestand entsteht aber dann, wenn die Kosten durch diese verauslagt werden und entsprechend Regress geführt wird. Wenn in einem Beschädigungsfall ausnahmsweise die Forderung des Abschleppunternehmen oder der Feuerwehr o.a. vom Wareneigentümer oder dessen Transportwarenversicherer gegen den VN geltend gemacht werden, besteht nach § 432 HGB keine Frachtführer-Haftung für die Güterfolgeschadenkosten, es sei denn, es liegt qualifiziertes Verschulden vor. Wenn der Wareneigentümer diese Kosten verlangt, lehnt der VHV-VR Schaden diesen Anspruch mangels Haftung ab. Er gewährt seinem VN Rechtsschutz. Wenn allerdings ein qualifiziertes Verschulden nach § 435 HGB vorliegt, dann kann eine Haftung auch für diese Kosten des Wareneigentümers bestehen. Dann ist die Versicherungsebene zu prüfen. **133**

Exkurs: Bereits Mitte der 90er Jahre hat der BGH entschieden, dass es sich bei Entsorgungskosten um Kosten handelt, die als Auswirkung des Schadens an den beförderten Sachen entstehen und damit der Haftungsausschluss „beförderte Sache" in § 8 Nr. 3 StVG und der entsprechende Deckungsausschluss in den AKB nicht greifen.[110] Der BGH sieht diese Kosten weiterhin als ersatzpflichtig im Rahmen der KH Versicherung an.[111] Die Haftung des VN ergibt sich somit aus § 7 StVG und nicht aus der Haftung als Frachtführer. Auf der Versicherungsebne ersatzpflichtig ist somit der Kraft-Haft-VR, so dass keine Doppelversicherung eingreift. Dies ist jedoch streitig.[112] **134**

c) Ausgeschlossene Schäden

Ziff. 6:

Vom Versicherungsschutz ausgeschlossen sind Ansprüche

6.1 aus Schäden durch Naturkatastrophen (z.B. Erdbeben, Blitzschlag, vulkanische Ausbrüche);

6.2 aus Schäden durch Krieg, kriegsähnliche Ereignisse, Bürgerkrieg, innere Unruhen, Aufruhr;

6.3 aus Schäden durch Streik, Aussperrung, Arbeitsunruhen, terroristische Gewaltakte oder politische Gewalthandlungen;

6.4 aus Schäden, verursacht durch die Verwendung von chemischen, biologischen, biochemischen Substanzen oder elektromagnetischen Wellen als Waffen mit gemeingefährlicher Wirkung – gleichgültig durch wen – und zwar ohne Rücksicht auf sonstige mitwirkende Ursachen;

6.5 aus Schäden, verursacht durch Kernenergie oder sonstige ionisierende Strahlung;

6.6 aus Schäden durch Beschlagnahme, Entziehung oder sonstige Eingriffe von hoher Hand;

6.7 aus Schäden an Umzugsgut, Kunstgegenständen, Antiquitäten, Edelmetallen, Edelsteinen, echten Perlen, Geld, Valoren, Dokumenten, Urkunden;

---

110 BGH 23.11.1994 VersR **1995** 162.
111 BGH 23.11.1994 VersR **1995** 162.
112 LG Berlin 5 O 265/11 nicht rechtskräftig, unveröffentlicht.

6.8 aus Schäden an lebenden Tieren und Pflanzen;

6.9 die üblicherweise Gegenstand einer Betriebs-, Produkt-, Umwelt-, Gewässerschaden-, Kraftfahrzeug-, Privathaftpflicht-, Kreditversicherung sind oder aufgrund entsprechender üblicher Versicherungsbedingungen hätten gedeckt werden können;

6.10 die durch eine andere Verkehrshaftungsversicherung des Versicherungsnehmers versichert sind;

6.11 wegen Nichterfüllung der Leistungspflicht aus Verkehrsverträgen (Eigenschäden des VN);

6.12 aufgrund vertraglicher, im Verkehrsgewerbe nicht üblicher Vereinbarungen, wie Vertragsstrafen, Lieferfristgarantien usw., sowie aus Vereinbarungen, soweit sie über die Haftungshöhe von 8,33 SZR je kg des Rohgewichts der Sendung oder die für Verkehrsverträge geltende gesetzliche Haftung hinausgehen, wie z.B. Wert- oder Interessevereinbarungen nach Art. 24, 26 CMR, Art. 22 Abs. 2 WA, Art. 22 Ziffer 3 und Art. 25 MÜ, § 660 HGB etc.;

6.13 die strafähnlichen Charakter haben, z.B. Geldstrafen, Verwaltungsstrafen, Bußgelder, Erzwingungs- und Sicherungsgelder und aus sonstigen Zahlungen mit Buß- oder Strafcharakter und den damit zusammenhängenden Kosten;

6.14 in unmittelbarem Zusammenhang mit der Verwendung, Weiterleitung oder Rückzahlung von Vorschüssen, Erstattungsbeträgen o.ä.;

6.15 die durch einen Mangel im Betrieb des Versicherungsnehmers (z.B. mangelnde Schnittstellenkontrolle) entstanden sind, dessen Beseitigung innerhalb einer angemessenen Frist der Versicherer unter Ankündigung der Rechtsfolgen (Risikoausschluss) verlangt hatte;

6.16 wegen Schäden aus Charter- und Teilcharterverträgen im Zusammenhang mit der Güterbeförderung mit Schiffen, Eisenbahn- oder Luftfahrzeugen;

6.17 auf Entschädigungen mit Strafcharakter, insbesondere „punitive“ oder „exemplary damages“ nach amerikanischem und kanadischem Recht; (Baustein, siehe Ziff. 3.11)

6.18 aus Carnet TIR-Verfahren;

6.19 wegen Personenschäden;

6.20 wegen vorsätzlicher Herbeiführung des Versicherungsfalls durch den Versicherungsnehmer oder einen seiner Repräsentanten, ferner Ansprüche gegen den Erfüllungsgehilfen selbst, wenn dieser vorsätzlich gehandelt hat;

6.21 gegen den Arbeitnehmer des Versicherungsnehmers selbst, wenn dieser vorsätzlich gehandelt hat.

135 Wie in allen Versicherungsbedingungen werden vom Versicherungsschutz bestimmte Haftungsansprüche von der Versicherung ausgeschlossen, jedoch nur, soweit nicht zwingende gesetzliche Vorschriften der Pflichtversicherung entgegenstehen (z.B. § 7a GüKG oder § 50 Montrealer Übereinkommen MÜ).[113]

Die Besonderheit ist, dass gewisse Risiken bereits nach § 7a III Ziff. 1–3 GüKG als **Ausschlüsse** vom deutschen Gesetzgeber **anerkannt** wurden.[114] In diesen Fällen dürfte es eindeutig sein, dass bei Vorliegen des Tatbestandes einer der dort genannten Ausschlüsse deren Zulässigkeit nach dem VVG oder BGB nicht zu prüfen ist bzw. in all diesen Fällen keine versteckte Obliegenheit, sondern ein objektiver Risikoausschluss vorliegt. Dieser ist

[113] Siehe A.V.1 und 2.

[114] Siehe A.V.1.d.

gegeben und befreien den VR von seiner Leistungspflicht, wenn sie objektiv vorliegen. Bei einem Versicherungsausschluss trägt der VR die Beweislast für die Verwirklichung des ausgeschlossenen Risikos und dessen Kausalität für den Versicherungsfall. Er muss den Tatbestand beweisen, der zum Ausschluss führen soll. Zweifel gehen zu seinen Lasten.[115]

Risikoausschlüsse und Obliegenheiten sind gegeneinander abzugrenzen. Die Unterscheidung ist nicht einfach, da gelegentlich Obliegenheiten in das äußere Gewand eines Risikoausschlusses gekleidet sind. Die Unterscheidung ist deshalb wesentlich, weil es beim Ausschluss auf ein Verschulden des VN nicht an kommt. Der objektive Ausschluss greift auch dann ein, wenn eine Haftung des Verkehrsträgers besteht. Der Spediteur haftet, wenn sein Fahrer Rauschgift im Lkw mit befördert hat und die Ware (Gemüse) wegen der Beschlagnahme des Lkw verdirbt. **136**

Es kommt auf den materiellen Inhalt des Ausschlusses und nicht auf die äußere Erscheinungsform in den Versicherungsbedingung an. Beim echten Risikoausschluss ist von vornherein geregelt, dass bestimmte Ausschnitte aus dem gesamten Risiko nicht versichert sein sollen. Eine als Ausschluss gefasste Regelung in den AVB ist dann eine Obliegenheit, wenn sie der Sache nach eine Verhaltensnorm aufstellt, die der VN beachten muss, um sich seinen Versicherungsanspruch zu erhalten.[116] Von einer **verhüllten Obliegenheiten** spricht man dann, wenn sie an ein Verhalten des VN anknüpfen. Bei der Obliegenheit bezieht sich das dem VN obliegende Tun oder Unterlassen auf die versicherte Gefahr und dem Versicherungsnehmer steht es demgemäß frei, die Grenzen des durch die Versicherung geschützten Bereichs zu überschreiten.

Als Risikoausschlüsse hat zunächst das Reichsgericht Ausschlussklauseln in AVB, wenn ein Schiff in einem nicht fahrtüchtigen Zustand, nicht ordentlich ausgerüstet oder bemannt die Reise antritt und der Schaden darauf beruht.[117] Der BGH hat diese Rechtsprechung zunächst fortgeführt.[118] Bei einer Werkverkehrspolice mit dem Wortlaut Ausschluss in der Überschrift und der Klausel, dass „Schäden durch nicht verkehrssicheren Zustand der Fahrzeuge von der Haftung ausgeschlossen" seien, hat der BGH jedoch seine Rechtsprechung geändert und geht von einer verhüllten Obliegenheit aus.[119] Neuerdings meint der BGH, dass es dem Sinn und Zweck des § 132 Abs. 1 VVG a.F. entsprechen würde, ihn als verhüllte Obliegenheit anzusehen. Wörtlich: „Der Versicherer soll nicht für Schäden haften, die der Versicherungsnehmer durch ordnungsgemäße Instandhaltung und Ausrüstung sowie personelle Ausstattung des Schiffes hätte verhindern können. In solchen Fällen kann der Versicherungsnehmer nicht erwarten, dass er Deckungsschutz erhält." § 132 Abs. 1 VVG a.F. wurde deshalb als verhüllte Obliegenheit und nicht als objektiver Risikoausschluss eingeordnet.[120] **137**

Die Rechtsprechung akzeptiert allerdings Klauseln, wonach in der Luftfahrzeug-Haftpflichtversicherung keine Deckung besteht, wenn die gesetzlich vorgeschriebene behördliche Genehmigung des Luftbetriebes fehlt.[121] **138**

---

115 Thüringer Oberlandesgericht 12.06.2012 NJW-RR 2012, 1386; *Römer/Langheid* § 61 Rn. 93.

116 BGH 26.02.1969 BGHZ **51** 356–360.

117 RG 20.04.1921 RGZ **102** 111, 113, zu § 4c Flusskasko; RG 27.01.1926 RGZ **115** 67, 70, zu § 821 Abs. 1 Nr. 1 HGB; RG 21.01.1928 RGZ **120** 39, 41, zu § 58 Abs. 1 Satz 1 ADS.

118 BGH 04.07.1966 VersR **1966** 749 zu § 4c Flusskasko; BGH 21.02.1974 VersR **1974** 589, 590, zu AVB entsprechend § 58 ADS; BGH 07.02.1983 VersR **1983** 479, 480, zu § 58 ADS; BGH 11.02.1985 VersR **1985** 629 zu § 4c Flusskasko.

119 BGH 24.05.2000 VersR **2000** 969.

120 BGH 18.05.2011 VersR **2011** 1048–1051.

121 BGH 31.01.1990 VersR **1990** 482.

139 aa) **Allgemeine, nicht versicherbare Risiken.** Der VR hat ein berechtigtes Interesse an der Begrenzung unkalkulierbarer Risiken und einer unvorhersehbaren Gefahrenerhöhung. Insbesondere Naturkatastrophen, Krieg und innere Unruhen usw. sind solche außergewöhnlichen, politisch bedingte Risiken, die den VR aufgrund der seiner AVB von seiner Leistungspflicht befreien. Das sind Gefahren, die nicht kalkulierbar sind.[122] Es liegt eine unvorhersehbare Risikokumulation vor, weil der Eintritt, Verlauf und Umfang der Schäden für den VR nicht einschätzbar sind. Es fehlt die Möglichkeit einer statistischen Risikoerhebung. Versicherungsrechtlich handelt es sich also um objektive Risikoausschlüsse, bei denen es nicht auf ein Verschulden oder eine besondere Verhaltensweise des VN ankommt.

140 Es werden in **Ziff. 6.1** DTV-VHV Schäden durch **Naturkatastrophen** ausgeschlossen. Naturkatastrophe ist eine natürlich entstandene Veränderung der Erdoberfläche oder der Atmosphäre, die auf Lebewesen und deren Umgebung verheerende Auswirkungen hat. Hierunter können u.a. Erdbeben, Blitzschlag, Sturm, vulkanische Ausbrüche, Dürre, Erdsenkung, Erdrutsch, Felssturz, Hochwasser, Überschwemmung, Sturzfluten, Hagel sowie Orkan usw. fallen. Bei dem Ausschluss von Ansprüchen aus Schäden durch Naturkatastrophen i.S.d. VHV sind versicherungsrechtliche Begrifflichkeiten der Sachversicherung zur Erläuterung heranzuziehen.[123]

So ist ein Erdbeben eine naturbedingte Erschütterung des Erdbodens, die durch geophysikalische Vorgänge im Erdinnern ausgelöst wird. Ein Blitzschlag ist das unmittelbare Auftreten eines Blitzes auf Sachen. Sturm ist eine wetterbedingte Luftbewegung von mindestens Windstärke 8. Überschwemmungen ist eine Überflutung des Grund und Bodens des Grundstücks durch Ausuferung von oberirdischen Gewässern oder Niederschlägen.

Teilweise wird geltend gemacht, dass insoweit keine Haftung z.B. wegen § 426 HGB gegeben und daher der Ausschluss nicht erforderlich sei.[124] Es fehlt zum Teil bei anderen VHV dieser Ausschluss.[125] Tatsache ist jedoch, dass der Verkehrsträger auch bei Naturkatastrophen haften kann, wenn kein sog. unabwendbares Ereignis vorliegt. Wenn beim Lagerhalter das Lager zum wiederholten Mal überflutet wird, wenn der Frachtführer bei der Ankündigung eines Blitzeis losfährt, wenn der Spediteur bei einem Vulkanausbruch nicht bei seinem Auftraggeber nachfragt, ob er statt der vereinbarten Luftbeförderung auf der Straße befördern soll, liegen Haftungstatbestände vor, bei denen der VR trotz eines Verschulden seines VN bei Naturkatastrophen keine Deckung geben will.

141 Es sind in Ziff. **6.2 DTV-VHV** Krieg, kriegsähnliche Ereignisse, Bürgerkrieg, innere Unruhen, Aufruhr ausgeschlossen. Krieg ist ein organisierter gewaltsam, mit Waffen ausgetragener Konflikt zwischen zwei oder mehreren anerkannten Staaten. Krieg setzt also den Gebrauch von Waffen durch eine der Kriegsparteien oder den Vorstoß von Streitkräften auf fremdes Territorium voraus. Die Abgabe einer Kriegserklärung ist nicht Voraussetzung. Kriegsähnliche Ereignisse ist ein Auffangtatbestand, wenn sich ein Krieg nicht exakt feststellen lässt. Insbesondere wenn von Staaten Terroranschläge erfolgen. Bürgerkrieg ist der bewaffnete Kampf innerhalb eines Staates zwischen der amtierenden Regierung und Aufständischen zum Zweck politische oder gesellschaftliche Verhältnisse zu erhalten bzw. zu ändern oder um eine Abtrennung oder Unabhängigkeit eines Teils des Staates zu erreichen bzw. zu verhindern. Inneren Unruhen liegen vor, wenn erheb-

---

122 *Schneider* 93 ff.

123 *GDV/Flach/Supp/Bremke* 73; Thume/de la Motte/Ehlers/*Kollatz* DTV-VHV 56; *Schneider* 200 ff.

124 Thume/de la Motte/Ehlers/*Kollatz* DTV-VHV Rn. 72.

125 Thume/de la Motte/Ehlers/*Kollatz* SLVS-Plus Rn. 192 ff.

liche Bevölkerungsteile die öffentliche Ordnung stören und Gewalt gegen Personen und Sachen ausüben. Aufruhr ist die Zusammenrottung eines zahlenmäßig erheblichen Teils des Volkes, um einen Kampf gegen den Staat mit Gewalt zu führen.[126]

Nach **Ziff 6.3 DTV-VHV** sind Ansprüche aus Schäden durch Streik, Aussperrung, Arbeitsunruhen, terroristische Gewaltakte oder politische Gewalthandlungen ausgeschlossen. Streik ist eine Maßnahme des Arbeitskampfes durch die gemeinsame, vorübergehende planmäßige durchgeführte Arbeitsniederlegung zur Erreichung eines gemeinschaftlichen Zwecks durch mehrere Arbeitnehmer innerhalb eines Gewerbezweiges oder eines Betriebes. Aussperrung ist ebenfalls eine Maßnahme des Arbeitskampfes der Arbeitgeber, das Arbeitsverhältnis mit dem Arbeitnehmer bis zum Ende des Arbeitskampfes zu unterbrechen. Arbeitsunruhen sind als Auffangtatbestand auch Handlungen von Nichtarbeitnehmern. **142**

Terroristische Gewaltakte sind jede Form der Gewaltkriminalität, die politisch motiviert ist. Beschaffungskriminalität gehört nicht dazu. Die Gewalthandlung muss sich auch nicht gegen den Staat richten. Der Ausschlusstatbestand kann auch ohne Verwirklichung von Straftaten erfüllt sein.[127]

Nach **Ziff. 6.4 DTV-VHV** sind die Risiken wegen „dirty bombs" ausgeschlossen. Dirty bombs sind Waffen, die aus einem herkömmlichen Sprengsatz hergestellt sind, der bei seiner Detonation radioaktives Material großflächig in die Umwelt abgibt. Es müssen chemischen, biologischen, biochemischen Substanzen bzw. elektromagnetischen Wellen als Waffen benutzt werden und zwar mit gemeingefährlicher Wirkung. Das ist nicht immer eine Terrorgefahr. Das ist jedenfalls ein objektiver Risikoausschluss, den der GDV ab 1.1.2005 empfohlen hat, der sich in nahezu allen Transportpolicen auf Druck der Rückversicherer befinden. Dahinter steht das potenzielle Schadenszenario, wenn Terroristen Behälter mit Sprengsätzen in einer Sendung verstecken und diese Bombe ein Containerterminal beispielsweise in Hamburg (geschätzes Potential 4 Milliarden Euro) oder einen anderen Hafen lahmlegt. Der Dirty-Bombs-Ausschluss ist generell nicht verhandelbar.[128] **143**

Der in **Ziff. 6.5 DTV-VHV** genannte Ausschluss für „Kernenergie" umfasst sämtliche Kernenergierisiken, insbesondere die im Zusammenhang mit einer friedlichen Nutzung entstehen können. Gemeint sind also Schäden, die durch den Betrieb von Kernanlagen entstehen können (Brand, Explosion) und dadurch verursachte Strahlungs- und Kontaminationsschäden. Ferner hat man aus dem Haftpflichtbereich den dort verwendeten weiten Begriff der ionisierende Strahlung verwendet, damit elektromagnetische Strahlen (Röntgen- und Gammastrahlung) und Teilchenstrahlung (Alpha-, Beta- und Neutronenstrahlung) dazugehören. Keine ionisierenden Strahlen sind Radiowellen, Mikrowellen, Infrarotstrahlung.[129] **144**

Nach **Ziff. 6.6 DTV-VHV** sind die Risiken wegen Beschlagnahme, Entziehung oder sonstige Eingriffe von hoher Hand ausgeschlossen. Beschlagnahme ist das Tätigwerden einer staatlichen Gewalt z.B. wegen eines Zollvergehen, wegen Gesundheitsvorschriften oder Umweltgeschehen. Dabei wird die Ware in amtliches Gewahrsam genommen und festgehalten.[130] Die Beschlagnahme wird nur als eine der möglichen Alternative genannt. **145**

126 Begriffe in Thume de la Mitte/*Ehlers* volle Deckung Rn. 113–119, 129; *Ehlers* Krieg, Kriegsereignisse, terroristische und politische Gewalthandlungen, Beschlagnahme, Eingriffe von hoher Hand, RuS **2002** 133–140.

127 Begriffe in Thume de la Mitte/*Ehlers* volle Deckung Rn. 125–129; Ehlers RuS **2002** 133–140.

128 Thume de la Mitte/*Ehlers* volle Deckung Rn. 140.

129 *Nickel-Fiedler* AHB, 491 ff.

130 Ehlers RuS **2002** 133–140.

Entziehung oder sonstige Eingriffe von hoher Hand kann eine Beschlagnahme sein. Ob es sich bei der Maßnahme um eine förmliche Beschlagnahme handelt, ist nicht entscheidend. Im konkreten Fall muss jemand seitens der staatlichen Macht diese anordnen, wobei es gleichgültig ist. ob diese rechtmäßig war, ob man dagegen Rechtsmittel hätte einlegen können.[131] Es genügt die Tatsache, dass die staatliche Behörde tätig war und der Zoll beispielsweise den LKW beschlagnahmt hat. Dann muss der Geschädigte darlegen, dass die Nichtablieferung der Ware beim Empfänger nicht auf dem Anhalten durch den Zoll beruht, sondern durch andere Gründe verursacht wurde.

Selbst dann, wenn die Spedition haftet, ist der Schaden wegen dem Risikoausschluss nicht versichert.[132] Versicherer wollen und können nicht klären, ob im Einzelfall eine stattliche Behörde wegen dem Verschulden eines Spediteurs die Beschlagnahme vorgenommen hat. Wenn selbst der deutsche Gesetzgeber in § 7a II Nr. 2 GüKG Beschlagnahmen als Ausschluss formuliert hat, dann ist dieser gerade bei einem Verschulden des VN in den DTV-VHV zulässig. Es liegt ein objektiver Risikoausschluss vor.

146 Entziehung und Verfügung von hoher Hand ist jeder staatlicher Akt, durch den der Verfügungsberechtigte seine Verfügungsmöglichkeit über das Eigentum oder den Besitz beschränkt oder aufgehoben wird. Der Grund, wieso das Gut entzogen wurde, oder der Eingriff erfolgte soll genau wie bei der Beschlagnahme nicht dahin geprüft werden, ob der VN diesen Akt etwa verschuldet hat. Sobald die staatliche Beschränkung der Verfügung vorliegt, ist der Risikoausschluss gegeben.

147 **bb) Güterausschlüsse.** In **Ziff. 6.7 DTV-VHV** sind Schäden an Umzugsgut, Kunstgegenständen, Antiquitäten, Edelmetallen, Edelsteinen, echten Perlen, Geld, Valoren, Dokumenten, Urkunden ausgeschlossen. Umzuggut ist nach Ziff. 1.4 DTV-VHV nicht Gegenstand der VHV-Bedingungen, so dass der Ausschluss klarstellende Wirkung hat.[133]

Kunstgegenstände und Antiquitäten haben einen schwer schätzbaren Wert. Probleme bei den Schadenhöhen entstehen, wie man unschwer bei den Versteigerungen von Bildern erkennen kann, die innerhalb kurzer Zeit enorm an Wert gewinnen. Die geringste Beschädigung führt häufig zum Totalschaden, so dass diese Risiken nicht kalkulierbar sind. Entscheidend ist ferner, dass es besondere Kunstspediteure mit besonderen Versicherungskonzepten gibt, die solche Beförderungen und Lagerungen, die besonders komplex sind und häufig eine Diebstahlsgefahr gegeben ist, durchführen. Hier gibt es Spezialkonzepte für solche Spediteure/Frachtführer/Lagerhalter am VHV-Markt.

Edelmetallen, Edelsteinen, echten Perlen, Geld, Valoren, Dokumenten, Urkunden sind ausgeschlossen, weil es spezielle Verkehrsträger aus dem Geld- und Wertbereich gibt, die diese Beförderungen und Lagerungen ausführen. Diese haben spezielle Versicherungskonzepte, so dass diese Güter seit jeher ausgeschlossen waren. Andererseits sind Haftungen mit 8,33 SZR bei Geld, Valoren, Dokumenten und Urkunden wenig hilfreich.

148 Ähnliches gilt für Schäden an lebenden Tieren und Pflanzen nach **Ziff. 6.8 DTV-VHV**, die vom Versicherungsschutz ausgenommen werden. Hier gibt es ganz spezielle Beförderer, die ganz spezielle Deckungen haben. 8,33 SZR für Schäden an einem transportierten Pferd sind wenig sinnvoll, zumal ein Haftungsausschluss in § 427 I Nr. 6 HGB besteht.

---

131 *Prölss/Martin-Koller* VVG, 28. Aufl.; Thume/de la Motte/Ehlers 4 zu Nr. 2 DTV-Güter 2000/2008.

132 **a.A.** *Ehlers* TranspR **2006,** 7–15; Thume/de la Motte/Ehlers/*Brenken/Supp* ERGO VHV Rn. 332; Thume/de la Motte/Ehlers/*Kollatz* DTV-VHV Rn. 81, siehe zum SVS-RVS Schneider 95.

133 Siehe B.III.2.a.ee.

cc) **Andere Versicherungen.** In **Ziff. 6.9 DTV-VHV** sind Schäden ausgeschlossen, die üblicherweise Gegenstand einer anderen Versicherung sind. Genannt werden ausdrücklich die Betriebs-, Produkt-, Umwelt-, Gewässerschaden-, Kraftfahrzeug-, Privathaftpflicht-, Kreditversicherung. Wenn die Schäden bereits von einer solchen Versicherung gedeckt sind oder hätten gedeckt werden können, soll die Verkehrshaftung nicht eingreifen. Da Gegenstand der Versicherung mittels Abgrenzungsklauseln in den jeweiligen AVB der oben genannten Versicherung bestehen, kommt es selten zu Doppelversicherungen.[134] **149**

In **Ziff. 6.10 DTV-VHV** sind Schäden aus einer anderen VHV des gleichen VN ausgeschlossen. Damit soll eine Doppelversicherung mit einer anderen VHV vermieden wird. Diese doppelten Ansprüche sollen deshalb ausgeschlossen werden, weil unterschiedliche Deckungen als Spediteur über die DTV-VHV und als Frachtführer nach anderen Bedingungen, durchaus auch bei einem anderen VR, häufig vorkommen. Liegt im konkreten Fall ein Frachtführerschaden vor (Transportmittelunfall), dann ist die Frachtführerpolice zuständig. Hat der Spediteur den Auftrag an andere Speditionen weitergegeben und haften diese neben dem eigenen VN, so ist die Speditionspolice nach den DTV-VHV zuständig. **150**

Um hier eine Abgrenzung zu finden, wurden der Ausschluss und keine Subsidiaritätsklausel aufgenommen.

dd) **Erfüllungsansprüche.** In **Ziff. 6.11 DTV-VHV** wurden zur Klarstellung Ansprüche wegen Nichterfüllung der Leistungspflicht aus Verkehrsverträgen vom Versicherungsschutz ausgenommen. Der Verkehrsträger muss Verkehrsaufträge erfüllen. Es ist ein **Eigenschaden**, wenn er zusätzliche Aufwendungen Dritter erstatten muss, für die er wegen eigener Fehler haftet.[135] **151**

Wenn ein Lagerhalter Güter nicht herausgeben kann, weil er die Güter nicht mehr auffindet, muss er dem beauftragten Frachtführer die Anfahrtskosten zahlen. Dieser Schaden ist ein nicht versicherter Erfüllungsanspruch, der nichts mit einer Verletzung des Auftrags gegenüber dem Wareneigentümer (Verkehrsvertragsverhältnis) zu tun hat. Es ist die reine Erfüllungspflicht des Lagerhalters, die Güter herauszugeben. Erfüllungsfragen der Verkehrsträger untereinander sind nicht Gegenstand der VHV. Wenn die vielfältigen Fehler, die bei der Disposition oder bei der Bereitstellung von Fahrzeugen auftreten, von VHV-VR versichert würden, dann würde das unternehmerische Risiko der Verkehrsträger komplett übernommen. Eigenschäden muss der VN selbst tragen. Palettentausch und Rücklieferung der Ladehilfsmittel oder erhöhte Frachtkosten wären solche ausgeschlossenen Bereiche. Ferner gibt es keinerlei Haftungsbegrenzungen, die für die VHV jedoch existentiell sind, da im Transportrecht die Kilobegrenzung oder weiter Limits für Lieferfristüberschreitungen und Vertragsverletzungen nach § 433 HGB das Risiko erst versicherbar machen. Wie in der allgemeinen Haftpflicht gilt aber auch für die VHV, dass Schlechtleistung auf der Erfüllungsebene von Speditions-, Lager- oder auch reinen Frachtverträge zwischen Verkehrsträgern untereinander nicht versicher werden kann. Das ist das nicht versicherbare unternehmerische Risiko.

---

134 Thume/de la Motte/Ehlers/*Kollatz* DTV-VHV Rn. 86; zur BHV und Transportversicherung siehe A.III.

135 *GDV/Flach/Supp/Bremke* 82. Thume/de la Motte/Ehlers/*Kollatz* DTV-VHV Rn. 89.

152 ee) **Unübliche Vereinbarungen, Strafen u.a.** Wenn ein Verkehrsträger Verträge mit im Verkehrsgewerbe nicht üblichen Vereinbarungen schließt, sind diese in der Regel nach **Ziff. 6.12 DTV-VHV** nicht versichert. Im Transportgewerbe werden ständig Liefertermine vereinbart. Wenn der Liefertermin nicht eingehalten wurde, stellt sich die Frage, ob der Frachtführer oder der Spediteur haftet. Es kann ein unabwendbares Ereignis vorliegen (plötzlicher Stau oder Autobahnsperre wegen eines Streiks, unabwendbarer Unfall) mit der Folge, dass der VR die Haftung des VN ablehnen könnte. Wenn Lieferfristen zu knapp kalkuliert sind, ist von Anfang an damit zu rechnen, dass der vereinbarte Termin nicht eingehalten werden kann. Wenn der Verkehrsträger darüber hinaus eine Lieferfrist**garantie** abgibt und diese nicht einhalten konnte, muss der Garantierende wegen der Nichteinhaltung des Garantieversprechens den Ersatz leisten. Eine solche Garantie ist eine vom Eigenverschulden unabhängige Zusage eines Erfolgs. Für ein solches unbegrenztes und von jedem Haftungstatbestand unabhängiges Strafversprechen eine Frist einzuhalten, kann keine Versicherungsdeckung bestehen.

153 Das gilt ferner für Vereinbarungen über **Vertragsstrafen.** Der Auftraggeber vereinbart mit dem Frachtführer oder Spediteur bei einem Güterschaden (Verlust/Beschädigung) oder bei der Nichteinhaltung eines Liefertermins eine betragsmäßig festgelegte Vertragsstrafe. Der vereinbarte Betrag der Strafe ist fällig, unabhängig davon, ob der Verkehrsträger haftet. Ferner ist nicht entscheidend, ob dem Auftraggeber kein oder ein geringer Schaden entstanden ist. Ferner kann die Vertragsstrafe **neben** dem Schadenersatzanspruch wegen der Verspätung zusätzlich geltend gemacht werden. Versichert sind Haftungen nur dann, wenn keine solchen Pönalen im Verkehrsvertrag vereinbart wurden und keine unübliche Lieferfristen vereinbart sind. VHV setzt eine verkehrsvertragliche Haftung voraus, die bei einem Anspruch aus einer Vertragsstrafe fehlt. VR wollen grundsätzlich nur nach den Normen des Transportrechts Ersatz leisten. Dies gilt für den Grund und für die Höhe der transportrechtlichen Haftung. Es gibt keine Deckung für selbstständige Abreden für Strafen, selbst wenn diese Gegenstand eined Verkehrsvertrages sind. Eine solche weitgehende Vereinbarung ist das kaufmännische Risiko des Verkehrsträgers. Ob eine Vertragsstrafenklausel überhaupt wirksam ist oder ev. unwirksam, weil die Vertragsstrafe unangemessen hoch ist, prüft der VHV-VR nicht.

Dieser Ausschluss ist keine verhüllte Obliegenheit, weil der VR ganz generell nur Haftungstatbestände aus dem Transportrecht und nicht abstrakte Strafversprechen versichern will.

154 Nicht versichert sind auch Vereinbarungen, soweit sie über die gesetzliche Haftung hinausgehen. Das sind die zunächst die Wert- und Interessenvereinbarungen nach den in **Ziff. 6.12 DTV** aufgezählten gesetzlichen Vorschriften.[136] Dies gilt auch für etwaige vertragliche Vereinbarungen zur Wert- bzw. Interessendeklaration, insbesondere in AGB oder sonstigen Verkehrsverträgen.

155 In **Ziff. 6.13 DTV-VHV** sind Geld- oder Verwaltungsstrafen sowie Buß-, Erzwingungs- und Sicherungsgelder ausgeschlossen. Dies gilt auch für sonstige Ansprüche mit Buß- oder Strafcharakter samt den damit zusammenhängenden Kosten. Strafen deutscher Behörden dürfen VR nach gültigem Recht nicht erstatten.[137] Alle Ansprüche, die strafähnlichen Charakter haben, sind daher in den DTV-VHV ausgeschlossen. Ähnlich verhält es sich mit Entschädigungsforderungen mit Strafcharakter.

156 Im Haftungsrecht nach amerikanischem und kanadischem Recht gibt es strafähnliche Ersatzpflichten, die auch im Rahmen von Verkehrsverträgen ausgesprochen werden

[136] Siehe B.III.4.g.cc) und dd).

[137] *GDV/Flach/Supp/Bremke* 83.

könnten.[138] Es handelt sich hierbei insbesondere um so genannte Punitive oder Exemplary Damages. Solche Ansprüche sind ebenfalls nach **Ziff. 6.17 DTV-VHV** als klarstellender objektiver Risikoausschluss generell nicht versichert.

ff) **Weiterleitungsansprüche.** Die VHV befasst sich gem. **Ziff. 6.14 DTV-VHV** nicht mit der Weiterleitung von Vorschüssen, Erstattungsbeträgen oder Ähnlichem. Der Verkehrsvertrag ist beendet, wenn die Ware an den Empfänger ausgeliefert wird. Der Rückfluss eventueller Nachnahmen u.ä. ist generell nicht mehr versichert. Wenn der Verkehrsträger etwa in Konkurs geht und sein Konto gepfändet wird, auf dem sich Vorschüsse u.a. befinden, ist dies möglicherweise ein Verstoß des Verkehrsvertrags.[139] Der Rückfluss des Geldes hat jedoch faktisch nichts mit dem bereits erledigten Verkehrsvertrag zu tun. Es ist ein objektiver Risikoausschluss, weil die unkalkulierbaren Risiken bei Fehlern im Zusammenhang mit der Verwendung oder Rückzahlung von Geldern das nicht versicherbare Insolvenzrisiko der Verkehrsträger ausgeschlossen werden sollen. **157**

gg) **Betriebsmangel.** Es sind nach **Nr. 6.15 DTV-VHV** vom Versicherungsschutz Ansprüche ausgeschlossen, die durch einen Mangel im Betrieb des VN entstanden sind. Wenn der Spediteur entgegen seinen AGB (siehe Ziff. 7 ADSp) keine oder mangelnde **Schnittstellen** hat, d.h. er den Eingang und den Ausgang der Sendungen nicht prüft, haftet er in voller Höhe. Nach der Rechtsprechung des BGH gibt zum groben Organisationsverschulden und zur den Kardinalpflichten für Verkehrsträger gibt es viele Schwachstellen die bei einem Verkehrsträger auftreten können. All diese Mängel führen zur Vollhaftung.[140] Diese Situation will der VHV-VR dadurch vermeiden, dass er dem VN die Beseitigung des Mangels innerhalb einer angemessenen Frist verlangt. Dabei muss er die Rechtsfolgen, d.h. den Versicherungsausschluss ankündigen. Hier wird das objektive Merkmale des Betriebsmangels mit der Pflicht, dass er die Obliegenheit nach 7.1.8 DTV-VHV für Schnittstellen sorgen muss, verbunden und durch die Mitteilungspflicht ein Ausschluss konstruiert. Ehlers meint, dass dies „etwas unpräzise und untechnisch geraten sei".[141] Es spricht alles dafür, dass es sich hier um keinen Ausschluss, sondern um eine verhüllte Obliegenheit handelt.[142] **158**

hh) **Charter.** In **Ziff 6.17 DTV-VHV** sind Schäden aus **Charter**- und Teilcharterverträgen ausgeschlossen. Dies ist eine Klarstellung, weil keine Verkehrsverträge, sondern Mietverträge vorliegen.[143] Ferner gibt es über die sog. „Charterers Liablity Insurance" eine entsprechende Deckung.[144] **159**

Dasselbe gilt für den in **Ziff 6.19 DTV** genannten klarstellenden Ausschluss wegen Personenschäden.[145] **160**

ii) **Carnet TIR.** Carnet-T.I.R. ist ein Zollbegleitscheinheft für den internationalen Straßengüterverkehr aufgrund des „Zollübereinkommens über den internationalen Waren- **161**

---

138 *GDV/Flach/Supp/Bremke* 85; Thume/de la Motte/Ehlers/*Kollatz* DTV-VHV Rn. 93.

139 *GDV/Flach/Supp/Bremke* 84.

140 *Marx* Die Darlegungs- und Beweislast beim qualifizierten Verschulden im Transportrecht nach der aktuellen Rechtsprechung des Bundesgerichtshofs TranspR **2010** 174–179.

141 *Ehlers* VersR **2003** 1080–1087.

142 Ebenso Thume/de la Motte/Ehlers/*Kollatz* DTV-VHV Rn. 91.

143 Thume/de la Motte/Ehlers/*Kollatz* DTV-VHV Rn. 92; zur Charter siehe B.III.2.a.

144 *Schwampe* Charters Liability Insurance, Hamburger Reihe A 63.

145 Zur Abgrenzung Betriebshaftpflicht siehe A.III.

transport mit Carnets TIR“ (Transport international de marchandieses par la route) vom 14.11.1975.[146] Mehr als 60 Staaten sowie die EU sind Vertragspartner des TIR-Übereinkommens. Das Carnet TIR-Verfahren gewährleistet eine schnelle Grenzabfertigung ohne Vorführung der beförderten Güter. Das TIR-Übereinkommen regelt nur die Rechtsverhältnisse der Vertragsparteien zu ihren bürgenden Verbänden, nicht aber das Zollschuldrecht.[147]

Normalerweise sind bei internationalen Transporten zwischen der Europäischen Union und Drittstaaten sowie zwischen nicht zur EU gehörigen Staaten für die beförderten Waren Zölle und Abgaben zu entrichten. Da diese Vorgehensweise zu erheblichen Aufenthalten an den einzelnen Grenzen führt, wurden die Versandverfahren eingeführt, mit deren Hilfe die Erhebung der Zölle und Abgaben vereinfacht wird. Das Carnet TIR-Verfahren ist ein solches Versandverfahren für den Transport von Gütern auf der Straße.[148]

Das Carnet TIR-Dokument wird von der International Road Transport Union (IRU) in Genf herausgegeben. Der Bundesverband Güterkraftverkehr Logistik und Entsorgung (BGL) als Mitgliedsverband der IRU bietet die Möglichkeit des Bezugs von Carnets TIR innerhalb der BRD an. Seitens der Zollbehörden müssen für den Bezug von Carnets TIR die persönliche Zuverlässigkeit und wirtschaftlich geordnete Verhältnisse vom Frachtführer nachgewiesen werden. Er erkennt das Regelwerk des TIR-Verfahrens und das Weisungsrecht von BGL und IRU an. Jeder Verstoß eines Carnet TIR-Benutzers gegen die Zollvorschriften führt dazu, dass der Frachtführer zum Steuerschuldner dieser Abgaben wird. Die Ausstellung eines Carnet TIR liegt danach in der Regel im Interesse des Frachtführers, weil dadurch die Abwicklung der Beförderung vereinfacht und beschleunigt wird.[149]

162 Das Carnet TIR ist ein Begleitschein, den Transport von Waren unter Zollverschluss in verschlusssicher hergerichteten und besonders zugelassenen Behältern begleitet. Ein Schild mit der Aufschrift „TIR“ wird vorn und hinten am Fahrzeug mitgeführt. Die Güter innerhalb dieses Fahrzeugs werden unter Zollverschluss befördert. Der Lkw mit einem gültigen Zollverschlussanerkenntnis wird zu Beginn des Transports vom Abgangszollamt verplombt. Der Zollbeamte eröffnet das Carnet TIR. Er bestätigt, dass in dem Fahrzeug die im Dokument aufgeführten Waren unter Zollverschluss befördert werden. An allen Grenzübergängen wird das Carnet TIR vom Zollamt nur gestempelt. Für Waren, die im TIR-Verfahren unter Zollverschluss mit Straßenfahrzeugen, Lastzügen oder Behältern befördert werden, wird nach Art. 5 Abs. 1 des Übereinkommens grundsätzlich keine Beschau bei den Durchgangszollstellen vorgenommen, wodurch sich der Aufenthalt an den Grenzen im Allgemeinen erheblich verkürzt. Eine Beschau erfolgt lediglich stichprobenartig in Ausnahmefällen, wenn z.B. die Zollplombe nicht intakt ist. Es müssen gemäß Art. 4 des Übereinkommens für die Waren keine Eingangs- und Ausgangsabgaben bei den Durchgangszollstellen entrichtet oder hinterlegt werden. Am Bestimmungszollamt wird die Zollblombe entfernt und die Übereinstimmung mit den im Carnet TIR vermerkten Gütern geprüft. Das Carnet TIR-Verfahren ist mit Zahlung der Zölle und Abgaben im Bestimmungsland erledigt.

163 Versäumnisse bei der ordnungsgemäßen Gestellung der Ware beim Bestimmungszollamt oder die Nichterledigung des Carnet TIR-Verfahrens sind Beispiele. Wenn die Steuerschuld gegen den Frachtführer von den Zollbehörden nicht durchgesetzt werden kann, bedient

[146] BGBl 1979 II 446.
[147] Siehe Zollversicherung D.II.3.
[148] Fuchs TIR-Verfahren und gemeinsames Versandverfahren; Besonderheiten gegenüber dem gemeinschaftlichen Versandverfahren ZfZ **2005** 33–35.
[149] BGH 09.09.2010 VersR **2012** 337–339.

sich der Zoll der sog. Bürgschaftskette des TIR-Systems.[150] Der ausgebende Verband, also der BGL, ist Zollbürge für Forderungen, die in der BRD wegen einer Nichterledigung des Carnet-Verfahren entstehen. Bis zu einem maximalen Betrag von € 60.000 bürgt der BGL. Die Bürgschaftsverpflichtung ist allerdings durch einen internationalen Versicherungspol gedeckt. Aus diesem Grund wird kein Versicherungsschutz über die VHV bereitgestellt.

jj) **Vorsatzausschluss.** Die DTV-VHV entsprechen in **Ziff. 6.20 und 6.21** DTV-VHV dem Leitbild des § 103 und stellen nur auf den Vorsatz des VN ab. Im VVG ist der Begriff „**Vorsatz**" nicht definiert. Es gilt daher der allgemeine Vorsatzbegriff des bürgerlichen Rechts, so dass unter den Begriff Vorsatz das Wissen und Wollen des rechtswidrigen Erfolgs zu verstehen ist.[151] Der VN muss den rechtswidrigen Erfolg vorausgesehen und in seinen Willen aufgenommen haben. Es genügt bedingter Vorsatz, wenn also der VN mit der Möglichkeit des rechtswidrigen Erfolgs rechnet, den Eintritt aber billigt. Der Vorsatz braucht sich in der Regel aber nur auf die Verletzung der einzelnen angeführten geschützten Rechtsgüter zu erstrecken, nicht auf den eingetretenen Schadenserfolg. Im Rahmen des § 823 I BGB, der in der VHV gedeckt ist, greift also der Ausschluss auch dann ein, wenn der VN bei einer gewollten Verletzung grundsätzlich für alle sich daran anschließenden Folgen einzustehen hat, ohne dass er sie in sein Bewusstsein aufgenommen zu haben braucht.[152] **164**

In den beiden genannten Ausschlüssen wird die Regelung des § 103 für den Bereich der VHV konkretisiert. Zwar fehlt der Zusatz „widerrechtlich", aber dies ist keine inhaltliche Abweichung von § 103. Unter den VHV-Begriff „Vorsatz" fällt die Rechtswidrigkeit und das Bewusstsein der Rechtswidrigkeit wie generell im Zivilrecht.[153]

Wenn der VN selbst vorsätzlich die Schäden verursacht, hat er keinen Versicherungsschutz. Andererseits erstreckt sich der Versicherungsschutz auf Schäden, die der VN bzw. seine Erfüllungsgehilfen durch leichte oder grobe Fahrlässigkeit verursachen. Wenn sein Mitarbeiter einen Diebstahl begeht, handelt dieser vorsätzlich. Der VR muss dennoch den Schaden ersetzen, wenn der Anspruch gegen das versicherte Verkehrsträger gerichtet ist und nicht gegen den vorsätzlich handelnden Mitarbeiter. Der Versicherungsschutz kann nur versagt werden, wenn der VN bei der Auswahl und Überwachung seiner Mitarbeiter bedingt vorsätzlich gehandelt hat. Wenn dem VN bekannt war, dass der Mitarbeiter bereits mehrfach wegen Diebstahl verurteilt war, kann dies zur Leistungsfreiheit des VR führen. Ein bedingter Vorsatz liegt vor, wenn ein eingesetzter Fahrer bei einem anderen Arbeitgeber wegen Trunkenheitsdelikten auffiel und dies dem VN bekannt war. Verursacht dieser Fahrer unter Alkoholeinfluss einen Unfall, wird sich der VR auf diesen Risikoausschluss berufen. **165**

Ein VN muss nicht notwendigerweise selbst allein diese Pflichten wahrnehmen. Soweit er sich dazu leitender Angestellter bedient, sind diese seine Repräsentanten. Deren Verhalten muss sich der VN wie eigenes anrechnen lassen.[154]

Bei den Ausschlüssen 6.20 und 6.21 DTV-VHV handelt es sich um einen subjektiven Risikoausschluss und nicht um eine bloße Obliegenheitsverletzung, d.h. es entfällt von vornherein der Versicherungsschutz.[155] Die Möglichkeit des § 103 wenden alle VHV-VR **166**

150 Thume/de la Motte/Ehlers/*Kollatz* DTV-VHV Rn. 94.

151 Palandt/*Grüneberg* BGB 69. 2010 § 276 Rn. 10.

152 Palandt/*Grüneberg* BGB 69. 2010 § 276 Rn. 10.

153 BGH VersR **1998** 1011; siehe *Späte* zur Haftpflichtversicherung **1993** § 4 Rn. 205.

154 Thume/de la Motte/Ehlers/*Kollatz* DTV-VHV Rn. 96.

155 *Hintz/ Burkard* Folgen unberechtigten Versagens der Deckung wegen vermeintlich

an und zwar selbst bei der Pflichtversicherung. Nach § 7a II, 1 GüKG kann selbst bei Pflichtversicherungsansprüchen die Leistung verweigert werden, wenn der VN oder der mitversicherte Arbeitnehmer den eingetretenen Schaden vorsätzlich herbeigeführt haben.

167 § 103 ist jedoch keine zwingende Norm, sodass von ihr in AVB besonders bei Großrisiken und der laufenden Versicherung gem. § 210 abgewichen werden kann.[156]

168 In einigen Transporthaftungspolicen wird in Abänderung der DTV-VHV neben dem Vorsatz auch die **bewusst leichtfertige Herbeiführung** des Versicherungsfalls, d.h. die Leichtfertigkeit in dem Bewusstsein, dass ein Schaden mit Wahrscheinlichkeit eintreten werde, also der Verschuldensgrad des § 435 HGB, ausgeschlossen. Leichtfertig ist ein mehr als grob fahrlässiges Verhalten, das eine auf der Hand liegende Sorgfaltspflicht außer Betracht lässt, weil der Schädiger sich in besonders krasser Weise über die Sicherungsinteressen seines Auftraggebers bezüglich der ihm anvertrauten Güter hinwegsetzt. Das objektive Merkmal der Leichtfertigkeit mithin eine besonders schwere Nachlässigkeit voraus.[157]

Dies dürfte rechtlich zulässig sein.[158] Bedenken gegen die Wirksamkeit des Risikoausschlusses bestehen in der Rechtsprechung bei diesen „leichtfertig und in dem Bewusstsein der Wahrscheinlichkeit eines Schadenseintritts" herbeigeführte Versicherungsfälle, wenn der VR diese Deckungsbegrenzung und ihre Tragweite nicht ausdrücklich hervorhebt. Der Schutz vor der Haftung in voller Höhe werde durch die Reichweite eines solchen Risikoausschlusses ausgehöhlt.[159]

169 Dem ist entgegenzusetzen, dass schon unter Pflichtversicherungspolicen nach der KVO es noch Policen gab, in denen die **grobe Fahrlässigkeit** ausgeschlossen wurde.[160] Grob fahrlässig handelt, wer die im Verkehr erforderliche Sorgfalt unter Berücksichtigung sämtlicher Umstände in besonders hohem Maße verletzt und das unbeachtet lässt, was im gegebenen Fall jedem hätte einleuchten müssen.[161]

Rechtlich **zulässig** ist es deshalb auch, wenn dem Ausschluss der Verschuldensgrad des § 435 HGB zugrunde gelegt wird, wobei sogar die grobe Fahrlässigkeit des VN als Ausschlussgrund möglich wäre.[162]

6. Obliegenheiten des VN

Ziff. 7: Obliegenheiten

Dem Versicherungsnehmer obliegt es,

7.1 vor Eintritt des Versicherungsfalls

7.1.1 nur einwandfreie und für den jeweiligen Auftrag geeignete Fahrzeuge und Anhänger, Wechselbrücken / Container, Kräne / Hubgeräte, sowie sonstiges Equipment (einschließlich Seile, Gurte) **zu verwenden;**

---

vorsätzlichen Herbeiführens des Versicherungsfalls in der Haftpflichtversicherung, VersR **2011** 1373.

156 *Abele* TranspR **2004** 155; Thume/de la Motte/*Ehlers* § 103 Rn. 360 m.w.N.

157 *Koller* Leichtfertigkeit im Transportrecht, VersR **2004** 1346.

158 Thume/de la Motte/*Ehlers* § 103 Rn. 360; *Abele* TransR **2004** II.

159 Oberlandesgericht Saarbrücken 13.07.2005 TranspR **2007** 83.

160 *Thume*/de la Motte/Ehlers § 81 Rn. 272.

161 OLG Karlsruhe 29.06.1995 VersR **1995** 1306 ff; *Abele* TransR **2004** Sonderbeilage II; *Bayer* Zur Haftung und zur Verkehrshaftungsversicherung eines Frachtführers bei Straßengütertransporten nach Italien VersR **1995** 1309–1311.

162 *Abele* TranspR **2004** 155.

7.1.2 bei Beförderungen von temperaturgeführten Gütern nur Fahrzeuge und Anhänger mit ATP-Zertifikat und Kühlschreiber einzusetzen, die einzuhaltende Temperatur im Beförderungspapier zu vermerken und das Fahrpersonal anzuweisen, die Einhaltung der Temperatur während des Transportes regelmäßig zu prüfen und zu dokumentieren;

7.1.3 im Straßengüterverkehr einzusetzende Fahrzeuge des eigenen Betriebes mit je zwei von einander unabhängig funktionierenden Diebstahlsicherungen auszustatten (hierzu zählen nicht Türschlösser) und die Fahrer anzuweisen, die Diebstahlsicherungen beim Verlassen des Fahrzeuges einzuschalten;

7.1.4 für die Sicherung eigener oder in seinem Einfluss- und Verantwortungsbereich befindlicher fremder beladener Kraftfahrzeuge, Anhänger und Wechselbrücken/Container gegen Diebstahl oder Raub zu sorgen, insbesondere auch zur Nachtzeit, an Wochenenden und Feiertagen;

7.1.5 dafür zu sorgen, dass für die Auftragsdurchführung erforderliche Genehmigungen vorliegen und behördliche Auflagen eingehalten werden;

7.1.6 dafür zu sorgen, dass die für die Auftragsabwicklung eingesetzten elektrischen Geräte, insbesondere die Hard- und Software zur Datenverarbeitung oder Steuerung von Maschinen und Anlagen, in ihrer Funktionsfähigkeit nicht gestört werden und eine den jeweiligen Erfordernissen entsprechende Sicherung der Daten gewährleistet ist;

7.1.7 nur für den jeweiligen Auftrag geeignete Lager- bzw. Umschlagsgebäude oder -flächen, sowie technisches oder sonstigen Equipment zu nutzen, und dafür Sorge zu tragen, dass gesetzliche oder behördliche Auflagen erfüllt werden und Sicherungseinrichtungen in ihrer Funktionsfähigkeit nicht gestört sind;

7.1.8 Schnittstellenkontrollen durchzuführen und zu dokumentieren.

7.1.9 auf Verlangen des Versicherers zusätzlich zu den auftragsgemäß vorgesehenen Inventuren bzw. Inventurintervallen weitere Inventuren auf Kosten des Versicherungsnehmers durchzuführen;

7.1.10 Mitarbeiter sorgfältig auszuwählen und zu überwachen;

7.1.11 die Auswahl der Subunternehmer und Erfüllungsgehilfen mit der Sorgfalt eines ordentlichen Kaufmanns zu treffen und darauf hinzuwirken, dass auch sie die Obliegenheiten der Ziffern 7.1.1 bis 7.1.10 erfüllen und über eine in Kraft befindliche, den üblichen Bedingungen und evtl. anwendbaren gesetzlichen Vorschriften entsprechende Versicherung verfügen;

7.1.12 Veränderungen der dem Versicherer zur Kenntnis gebrachten und durch die Besonderen Versicherungsbedingungen oder die Betriebsbeschreibung in den Versicherungsschutz einbezogenen Geschäftsbedingungen, Individualvereinbarungen, Dokumente, Frachtpapiere oder sonstiger die Haftung des Versicherungsnehmers betreffende Vereinbarungen dem Versicherer unverzüglich mitzuteilen;

7.1.13 Gesetze, Verordnungen, behördliche Anordnungen oder Verfügungen, berufsgenossenschaftliche Vorschriften oder sonstige Sicherheitsvorschriften einzuhalten.

Obliegenheiten sind Verhaltensnormen, die der VN einhalten muss, um seinen An- **170**
spruch aus dem Versicherungsvertrag nicht zu verlieren.[163] Diese Pflichten werden dem VN vom VR auferlegt. Obliegenheiten sollen eine bestimmte Gefahrenlage klarstellen, festhalten, vermindern und verbessern. Obliegenheiten sollen den möglichen Schaden abwenden und mindern oder den eingetretenen Schaden anzeigen und aufdecken. Sie sol-

---

[163] Thume/de la Motte/Ehlers/*Kollatz* DTV-VHV Rn. 98.

len den VN von einem vermeidbaren gefahrbezogenen Verhalten möglichst abhalten, damit der zugesagte Versicherungsschutz erhalten bleiben kann. Vorbeugende Obliegenheiten normieren die Sorgfalt, die der VN bei beim Umgang mit der Gefahr zu beachten hat, für die er dem darauf angewiesenen Versicherer nach Maßgabe des Versicherungsvertrags verantwortlich ist.[164]

Sie werden durch das VVG oder den Versicherungsvertrag samt den AVB bestimmt. Die Einhaltung der Obliegenheiten ist gerichtlich nicht einklagbar. Die Nichteinhaltung der Obliegenheiten führt zum Verlust einer Rechtsposition aus dem Versicherungsvertrag. Der VR kann leistungsfrei sein, wenn die entsprechenden Rechtsfolgen vorliegen. Voraussetzung ist grundsätzlich, dass die Obliegenheit schulhaft verletzt wurde und im konkreten Einzelfall kausal für die mögliche Leistungspflicht des VR geworden wäre. Bei Obliegenheiten muss der VR die objektive Pflichtverletzung und ggf. einen Vorsatz des VN beweisen.[165] Der VN muss den Entlastungsbeweis führen, dass grobe Fahrlässigkeit fehlt.[166]

Es wird in den DTV-VHV zwischen Obliegenheiten vor Eintritt und nach Eintritt des Versicherungsfalls unterschieden.

171 a) **Obliegenheiten vor dem Versicherungsfall.** Obliegenheiten fordern ein bestimmtes vorbeugendes Verhalten des VN, von dem es abhängt, ob er einen zugesagten Versicherungsschutz behält oder ob er ihn verliert. Weil bei Ziff. 7.1 DTV-VHV ein solches Verhalten im Vordergrund steht und es nicht hinter objektive Voraussetzungen zurücktritt, liegt eine Obliegenheit vor.[167] VHV-VR haben Obliegenheiten in AVB aufgenommen, die von der Rechtsprechung mit den Begriffen „bewusste Leichtfertigkeit, Verletzung von Kardinal- bzw. Organisationspflichten" genutzt werden, um zu einer vollen Haftung zu gelangen.[168] Die Erfahrung lehrt, dass diese von der deutschen Rechtsprechung rasch erhobenen Vorwürfe in der Praxis gerechtfertigt waren, weil völlig ungeeignete Lager- oder Umschlagsflächen, fehlende Diebstahlsicherungen, mangelhafte Schnittstellenkontrollen, Nichteinhaltung von Gesetzen und Vorschriften und insbesondere mangelhafte Auswahl und Überwachung von Mitarbeiter und Subunternehmern für hohe Verkehrshaftungsschäden ursächlich waren.[169] Folgende relevante versicherungsrechtliche Obliegenheiten sind in den DTV-VHV 2003/2011 sind entwickelt worden, die vom VN vor Eintritt des Versicherungsfalls besonders zu beachten sind:

172 aa) **Fahrzeuge und Betriebsmittel.** Generell muss der VN geeignete Ressourcen zur Erfüllung der Verpflichtung aus dem Verkehrsvertrag einsetzen. Die DTV-VHV sehen eine Reihe von Verpflichtungen vor, die man als Kardinalpflichten bezeichnen kann, weil sie ganz essentiell für die Erfüllung der verkehrsvertraglichen Verpflichtungen sind.

173 In **Ziff. 7.1.1 DTV-VHV** wird der VN angehalten, fehlerfreie Beförderungsmittel und -hilfsmittel zu verwenden. Alle eingesetzten Fahrzeuge, Anhänger, Wechselbrücken, Container, Kräne, Hebegeräte (einschließlich Seile, Gurte u.a.) müssen gewartet, einwandfrei und für den konkreten Auftrag geeignet sein. Diese Obliegenheit bezieht sich auf fremde Beförderungsmittel.[170]

---

[164] *Ehlers* VersR **2003** 1080; *Schneider* 208.

[165] Bruck/Möller/*Heiss* § 28 VVG Rn. 214 und 215; *Ehlers* VersR **2003** 1080 ff.

[166] Bruck/Möller/*Heiss* § 28 VVG Rn. 216 und 220.

[167] Zur Juwelenversicherung BGH 26.02.1969 VersR **1969** 507.

[168] *GDV/Flach/Supp/Bremke* 91.

[169] *Ehlers* VersR **2003** 1080.

[170] *GDV/Flach/Supp/Bremke* 91; kritsch für Thume/de la Motte/Ehlers/*Kollatz* DTV-VHV Rn. 101.

174 Nach **Ziff. 7.1.2 DTV-VHV** sind besondere Voraussetzungen bei temperaturgeführten Gütern vorgeschrieben. Die Fahrzeuge und Anhänger müssen mit einem ATP-Zertifikat versehen sein. Das internationale Abkommen ACCORD RELATIF AUX TRANSPORTS INTERNATIONAUX DE DENREES PERISSABLES ET AUX ENGINS SPECIAUX A UTILISER POUR CES TRANSPORTS (ATP) mit dem deutschen Namen „Übereinkommen über internationale Beförderungen leicht verderblicher Lebensmittel und über die besonderen Beförderungsmittel, die für diese Beförderungen zu verwenden sind“[171] oder englisch: „Agreement on International Carriage of Perishable Foodstuffs“ regelt auch den Inhalt, wie Fahrzeuge ausgestattet und überprüft werden müssen, damit diese Lebensmittel befördern dürfen. Ein entsprechendes Testat für diese Fahrzeuge muss also vorliegen, damit diese temperaturgeführte Güter befördern dürfen.[172]

Ferner müssen diese Fahrzeuge einen Kühlschreiber haben, die VN müssen die einzuhaltende Temperatur im Beförderungspapier vermerken und die Fahrer müssen die einzuhaltende Temperaturen während der Beförderung regelmäßig prüfen und entsprechend dokumentieren.

175 Nach **Ziff. 7.1.3 DTV-VHV** müssen alle Fahrzeuge mit je zwei Diebstahlsicherungen auszustatten sein.[173] Diese müssen unabhängig voneinander wirken und müssen stets einsatzbereit sein. Dabei wird in den AVB klargestellt, dass ein Türschloss keine solche Diebstahlssicherung ist. Der VN muss schließlich seine Fahrer anweisen, dass er die an seinem Fahrzeug vorhandenen Diebstahlsicherungen in Gang setzt, sobald er das Fahrzeug verlässt.

176 In **Ziff. 7.1.6 DTV-VHV** soll die Funktionsfähigkeit aller eingesetzten elektrischen Geräte aufrechterhalten werden. Die eingesetzte Hard- und Software samt der Datenverarbeitung muss gewartet und generell einsetzbar sein. Aktueller Softwareschutz und andere Sicherungen gegen schadenverursachende Computerviren müssen vorgehalten werden. Daten müssen ausreichend notfalls auf externen Servern gesichert werden. Wenn Maschinen und Anlagen durch Software insbesondere im Lagerbereich gesteuert werden (chaotische Lagerhaltung), muss diese Software zuverlässig sein und stets ausreichend gewartet werden, so dass nach den jeweiligen Erfordernissen eine entsprechende Kapazität der Anlagen vorhanden und eine entsprechende Sicherung der Daten gewährleistet ist.

177 Gem. **Ziff. 7.1.7 DTV-VHV** sind schließlich nur geeignete Gebäude für den Umschlag und die dauernde Lagerung zu verwenden. Auch müssen die Lagerflächen ordentlich und für die Lagerung bzw. den Umschlag geeignet sein. Soweit technisches Besonderheiten, wie Flurförderfahrzeuge, Kranen zur Umladung von schweren Gütern, Gabelstapler u.a. eingesetzt werden, müssen diese ebenfalls geeignet und in Ordnung sein. Der VN muss ferner alle gesetzlichen oder behördlichen Auflagen einhalten, was eine Selbstverständlichkeit ist. Sicherungseinrichtungen müssen funktionieren und müssen bei Fehlern sofort repariert werden, so dass diese in ihrer Funktionsfähigkeit nicht gestört sind.

178 **bb) Bewachungspflichten.** Dem VN obliegt es nach **Ziff 7.1.4 DTV-VHV** für die Sicherung beladener Fahrzeuge, Anhänger und Wechselbrücken/Container zu sorgen. Straftaten wie Diebstahl oder Raub muss der VN möglichst durch aktive vorausschauende Maßnahmen der Sicherung und Bewachung vermeiden. Straftaten geschehen nach der Statistik meist nachts. Weil an Wochenenden und Feiertagen die Speditionsläger nicht mit Personal besetzt sind, erfolgen Straftaten oft an diesen Tagen. Dementsprechend

[171] BGBl II **1974** 566.

[172] *GDV/Flach/Supp/Bremke* 93.

[173] *GDV/Flach/Supp/Bremke* 94; Thume/de la Motte/Ehlers/*Kollatz* DTV-VHV Rn. 103.

muss der Unternehmer für eine ordnungsgemäße Sicherung beladener Fahrzeuge sorgen und hierbei insbesondere nachts oder während Ruhepausen eine ausreichende, angemessene Bewachung sicherstellen. Die Klauseln, die eine Sicherung oder Bewachung des versicherten bzw. gefährdeten Gegenstands anordnen, sind Obliegenheiten, weil auch damit ein bestimmtes vorbeugendes Verhalten beschrieben wird. Eine Obliegenheit zur Sicherung des Transportmittels und dessen beförderte Güter in einem umfassenden Sinne wird somit in den AVB vereinbart. Solche Klauseln sind generell zulässig.[174] Gegen die Klausel, dass der VN für eine ordnungsgemäße Sicherung beladener Fahrzeuge gegen Diebstahl Sorge zu tragen, insbesondere während des Abstellens oder der Ruhepausen bestehen keine Bedenken.[175]

Die Formulierung „zu sorgen" bedeutet, dass der VN den Fahrer mit der Ladung nicht einfach sich selbst überlassen darf, sondern Anweisungen für das Verhalten bei Fahrtunterbrechungen erteilen muss.[176] Die Klausel, dass Fahrzeuge auf unbewachten Parkplätzen nicht länger als 45 min verlassen werden, soll dem VN ein bestimmtes der Diebstahlgefahr (bzw. der darauf beruhenden Gefahr, deshalb dem Auftraggeber haftpflichtig zu sein) vorbeugendes Verhalten vorgegeben werden.[177] Welche Sicherheitsvorkehrungen der VN zur Erfüllung seiner Obliegenheit, das ihm anvertraute Transportgut während der Beförderung vor Diebstahl oder Raub zu bewahren, ergreifen muss, hängt von den Umständen des Einzelfalls ab. Es kommt entscheidend darauf an, ob die getroffenen Maßnahmen den aktuell erforderlichen Sorgfaltsanforderungen genügen. Die angeordneten Sicherheitsvorkehrungen müssen zuverlässig ineinandergreifen, verlässlich funktionieren und eine geschlossene Sicherheitsplanung darstellen. Je größer die mit der Güterbeförderung verbundenen Risiken sind, desto höhere Anforderungen sind an die zu treffenden Sicherheitsmaßnahmen zu stellen.[178] Ein Spediteur muss für eine sichere Unterstellgelegenheit oder sonst für eine verlässliche Bewachung des Fahrzeugs sorgen, wenn er das am Montag vom Transportunternehmer abzuholende Fahrzeug bereits am Freitag beladen will.[179] Es stellt ein Organisationsverschulden des Transportunternehmers dar, wenn er keine Dienstanweisung über ein generelles Abstellverbot beladener LKW erteilt. Dies ist regelmäßig auch dann der Fall, wenn der VN keine ordnungsgemäße Sicherung eines beladenen Lkw anordnet und dieser über das Wochenende unbeaufsichtigt auf einer öffentlichen Straße abgestellt wird. Gleichgültig ist dabei, ob der beladene LKW in einem Industriegebiet oder Wohngebiet, abgestellt wird.[180] Es genügt nicht, wenn der VN seinen Fahrer anweist, den am Freitag beladenen Sattelzug zu waschen und anschließend über das Wochenende bis zum Fahrtantritt am Sonntagabend um 22.00 Uhr vor dessen Haus in einer Einfamilienhausgegend abzustellen. Es fehlt dabei an Vorkehrungen für eine verlässliche Bewachung auch für den Fall, dass ein Waschen und Parken des gesamten Sattelzugs nicht möglich ist und der Anhänger abgekoppelt werden muss.[181]

179 Wenn es dem VN obliegt, für eine ordnungsgemäße Sicherung beladener Fahrzeuge gegen Diebstahl Sorge zu tragen, insbesondere während des Abstellens oder der Ruhepausen, so kann eine Nachlässigkeit des Fahrers dem VN mangels Repräsentantenstellung nicht zugerechnet wird. Der VN erfüllt diese Obliegenheit nur dann, wenn er die betrieb-

[174] BGH 29.1.2003 VersR **2003** 445.

[175] BGH 29.01.2003 NJW-RR **2003** 600, 601, OLG Frankfurt 08.12.2004 VersR **2006** 115–116.

[176] OLG Saarbrücken 18.06.2003 OLGR **2003** 456.

[177] BGH 1.12.2004 TranspR **2005** 83–86.

[178] BGH 16.07.1998 TranspR **1999** 19.

[179] BGH 16.11.1995 TranspR **1996** 72.

[180] BGH 29.01.2003 NJW-RR 2003; OLG Düsseldorf 20.05.2010 VersR **2010** 1643–1645.

[181] KG Berlin 13.04.2007 VersR **2008** 351.

lichen Abläufe so organisiert und zweckmäßige Anweisungen erteilt, die vorausschauend der Diebstahlsgefahr entgegen wirken. Der VN hält die Obliegenheiten nicht ein, wenn er den Fahrer mit der Ladung gewissermaßen sich selbst überlässt. Er hält diese Obliegenheiten ferner nicht ein, wenn er darauf vertraut, dass der Fahrer von sich aus über hinreichende Erfahrungen verfügt, um für die Sicherheit des Transports zu sorgen.[182]

Ob Anordnungen ausreichen, ist **ex ante** zu beurteilen. Eine schriftlichen Anweisung, **180**
dass die Fahrzeuge auf dem Firmengelände abzustellen sind und dass die Zugmaschine nicht getrennt werden oder keinesfalls ein beladenes Fahrzeug unbewacht auf dem Betriebsgelände darf genügt bei einem mit Übernachtung verbundenen, mehrtätigen Transport nicht.[183]

Dem VN obliegt es, die Fahrer auf diese Standards hinzuweisen. Er ist gehalten, die Fahrer über die zu beachtenden Sicherheitsvorkehrungen zu unterweisen. Der VN muss Verhaltensanweisungen an diese und etwaige Subunternehmer weitergegeben werden, die ein sicheres Abstellen des Fahrzeugs insbesondere bei Fahrtunterbrechungen gewährleisten.[184]

Zur Vermeidung von Lkw- und Ladungsdiebstählen dürfen beladene Fahrzeuge oder Fahrzeugeinheiten (Sattelauflieger, Anhänger, Wechselbrücken) nicht unbewacht abgestellt werden. Teilweise werden auch Zeitlimits (15 Minuten) angegeben oder im Schadenfall erhöhte Selbstbeteiligungen verlangt. Weiter wird vorgeschrieben, dass der Fahrer die Fahrzeug- und Frachtpapiere beim Verlassen des Fahrzeugs mitzunehmen hat. Damit soll bewirkt werden, dass ein Dieb mit dem Fahrzeug nicht über kontrollierte Landesgrenzen fahren kann und Dritte nicht aus den Frachtpapieren ersehen können, ob die Ladung bei Hehlern zu einem hohen Preis abgesetzt werden kann.

cc) **Schnittstellen/Inventuren.** Nach **Ziff. 7.1.8 DTV-VHV** muss der VN das einhal- **181**
ten, was die Speditionen in Ziff. 7. ADSp über die Kontrollpflichten des Spediteurs im Hinblick auf die Schnittstellendefinition festhalten:

7.1 Der Spediteur ist verpflichtet, an Schnittstellen

7.1.1 die Packstücke auf Vollzähligkeit und Identität sowie äußerlich erkennbare Schäden und Unversehrtheit von Plomben und Verschlüssen zu überprüfen und

7.1.2 Unregelmäßigkeiten zu dokumentieren (z.B. in den Begleitpapieren oder durch besondere Benachrichtigung).

7.2 Schnittstelle ist jeder Übergang der Packstücke von einer Rechtsperson auf eine andere sowie die Ablieferung am Ende jeder Beförderungsstrecke.

Der VN hat gem. dieser Schnittstellendefinitionen, die für die Auslegung der DTV-VHV gilt, Kontrollen durchzuführen und zu dokumentieren.[185] Ist er also ein Unternehmen, das sich weigert, solche Schnittstellen im eigenen Betrieb aus Kostengründen weiter zu unterhalten, dann verletzt ein solches Unternehmen diese Obliegenheit.[186]

Nach **Ziff. 7.1.9 DTV-VHV** muss der VN auf Verlangen des VR **Inventuren** zu Lasten **182**
seiner eigenen Kosten durchzuführen. Damit sollen die enormen Schäden, die bei der Lagerhaltung durch Fehlmengen bei der Überprüfung der Lagerbestände festgestellt werden, vermieden werden.

---

182 Bruck/Möller/*Heiss* § 28 VVG Rn. 216 und 220.

183 OLG Frankfurt 8.12.2004 VersR **2006** 115.

184 BGH 29.01.2003 VersR **2003** 445.

185 Ebenso van Bühren/Ehlers § 19 Rn. 409; *GDV/Flach/Supp/Bremke* 98; **a.A.** Thume/de la Motte/Ehlers/*Kollatz* DTV-VHV Rn. 93.

186 *Ehlers* VersR **2003** 1080.

183 dd) **Auswahlverschulden.** Gem. **Ziff 7.1.10 DTV-VHV** muss der VN seine eigenen Mitarbeiter sorgfältig, d.h. mit der Sorgfalt eines ordentlichen Kaufmanns, auszuwählen. Dazu gehört die Prüfung des vollständigen und aussagefähigen Lebenslaufs. Der VN muss die Zuverlässigkeit des zukünftigen Angestellten bereits bei der Einstellung prüfen. Er muss Zeugnisse und das polizeiliche Führungszeugnis verlangen.[187] Die für den Beruf nötigen Kenntnisse müssen abgefragt werden. Ferner muss er diese hinsichtlich der Einhaltung ihrer arbeitsrechtlichen Verpflichtungen im Umgang mit den dem VN übergebenen Waren überwachen. Dazu gehört eine sorgfältige Prüfung aller arbeitsrechtlichen Vorgaben.[188]

184 Der VN ist gem. **Ziff 7.1.11 DTV-VHV** verpflichtet, alle von ihm eingesetzten Subunternehmer, d.h. weiter Spediteure, Lagerhalter und alle Arten von Frachtführer sorgfältig auszuwählen.[189]

Dies gilt aber auch für andere Unternehmen, die er einschaltet (externe Verpackungsunternehmen oder sonstige Erfüllungsgehilfen). Ferner muss er die in den DTV-VHV genannten Obliegenheiten (7.1.1–7.1.10) weitergeben, d.h. diese den Subunternehmer mitteilen und auf die Einhaltung hinwirken.

185 ee) **Haftungsänderungen.** Wenn der VN seine AGB ändert, er besonders ausgehandelte Verträge (Individualvereinbarungen nach § 449 HGB) oder sonstige Vereinbarungen abschließen will, muss er dies seinem VR nach **Ziff. 7.1.12 DTV-VHV** mitteilen. Ferner sind alle neuen Dokumente, Frachtpapiere oder sonstige Änderungen der Haftungssituation unverzüglich mitzuteilen. Entscheidend ist, was sich gegenüber der Betriebsbeschreibung und dem Versicherungsvertrag haftungsseitig ändert. Der VN muss dem VR die Gelegenheit geben, dass er die Haftungen mitversichert oder jedenfalls hinsichtlich der veränderten Haftungssituation den Versicherungsvertrag entsprechend zusammen mit dem VN anpasst.

186 ff) **Recht und Gesetz.** In Bezug auf 2 verschiedene Obliegenheiten muss der VN das umsetzen, was generell ein ordentlicher Kaufmann einhalten muss. Erstens muss er nach **Ziff. 7.1.5 DTV-VHV** alle Genehmigungen und behördliche Auflagen eingehalten. Soweit Ausnahmegenehmigungen für Beförderungen oder sonstige für die Güterbeförderung notwenigen Vorgaben einzuhalten sind, muss der VN diese selbstverständlich einhalten. Dazu gehört auch die Obliegenheit nach **Ziff. 7.1.13 DTV-VHV** alle bestehenden Gesetze, Verordnungen, behördliche Anordnungen oder Verfügungen, berufsgenossenschaftliche Vorschriften (Unfallverhütung) oder sonstige Sicherheitsvorschriften einzuhalten. Dass der VR gesetzeskonformes Verhalten seines VN zulässigerweise verlangen kann, ist eine Selbstverständlichkeit, da der VR gesetzeswidriges Verhalten nicht unterstützen darf.[190]

---

187 OLG Saarbrücken 13.07.2005 TranspR **2007**, 83–88.

188 BGH 10.11.1966 VersR **1967** 53/54; OLG Celle 08.10.1998 Schaden-Praxis **1999** 101; OLG München 21.12.1995 OLGR **1996** 1 78 ff; zur Umvermeidbarkeit bei Raub OLG Stuttgart 20.04.2011 TranspR **2011** 340–346.

189 OLG Saarbrücken 13.07.2005 TranspR **2007** 83–88;*GDV/Flach/Supp/Bremke* 100.

190 *Schneider* 204.

b) Obliegenheiten nach dem Versicherungsfall

Ziff. 7: Obliegenheiten

Dem Versicherungsnehmer obliegt es,

7.2 nach Eintritt des Versicherungsfalls

7.2.1 jeden Schadenfall oder geltend gemachten Haftungsanspruch dem Versicherer unverzüglich, spätestens innerhalb eines Monats, zu melden und alle zur Beurteilung notwendigen Unterlagen vorzulegen;

7.2.2 für die Abwendung und Minderung des Schadens zu sorgen, dem Versicherer jede notwendige Auskunft zu geben und etwaige Weisungen zu befolgen.

7.2.3 die Versicherer unverzüglich zu benachrichtigen, wenn gerichtlich gegen ihn im Zusammenhang mit einer versicherten Tätigkeit vorgegangen wird, und die erforderlichen Rechtsmittel oder Rechtsbehelfe, insbesondere Widerspruch gegen Mahnbescheide, einzulegen;

7.2.4 ohne Einwilligung der Versicherer keine Versicherungs- oder Regressansprüche abzutreten;

7.2.5 sich auf Verlangen und Kosten der Versicherer auf einen Prozess mit dem Anspruchsteller einzulassen und dem Versicherer die Prozessführung zu überlassen;

7.2.6 jeden Diebstahl, Raub sowie jeden Verkehrsunfall mit möglichem Schaden an der Ladung der zuständigen Polizeidienststelle und dem Versicherer unverzüglich anzuzeigen sowie bei allen Unfällen, Schäden über EUR .... und solchen, deren Umfang oder Höhe zweifelhaft sind, den nächst zuständigen Havariekommissar zu benachrichtigen und dessen Weisungen zu befolgen;

7.2.7 mögliche Regressansprüche gegen Dritte zu wahren und die Reklamationsfristen zu beachten.

aa) **Benachrichtigungspflicht.** Jeder Schadenfall ist nach **Ziff. 7.2.1** DTV-VHV unverzüglich, d.h. ohne schuldhafte Verzögerung, spätestens jedoch innerhalb einer Monatsfrist, dem VR mitzuteilen. Die Frist beginnt mit der Kenntnis des VN vom Schaden (Beschädigung, Verlust, Lieferfristüberschreitung oder sonstiger Vermögensschaden). Ausreichend für die Einhaltung der Frist ist die telefonische oder sonstige Mitteilung in Textform, dass ein Schadeneintritt vorliegt. **187**

Der VN muss alle zur ausreichenden Prüfung von Schadenersatzansprüchen notwendigen Unterlagen vorlegen. Das sind alle Dokumente (Frachtpapiere, Aufträge u.a.), etwaige Schadensgutachten und den auf den Schadenfall bezogenen kompletten Schriftverkehr. Grundlage der Schadenmeldung sind meist Anmeldeformulare der VR, in denen die konkreten Fragen zu beantworten sind, die mit dem Schadensfall zusammenhängen. Solche Schadenformulare übergibt der VR auf Anfrage dem VN. **188**

Neben der wichtigen Schilderung des Schadenhergangs ist die Schadenrechnung (Original), die Lieferrechnung (Kopie), das Gewicht der Sendung oder weitere zur Schadenregulierung oder -abwehr notwendigen Unterlagen vorzulegen. Solange nicht alle zulässigen zur Schadenaufklärung notwenigen Fragen vom VN beantwortet wurden, ist die Eintrittspflicht der VR nicht gegeben.

Wenn eine verspätete Schadenanzeige beim VR eingeht, ist zu prüfen, ob durch den Zeitablauf der VR den Schadenfall nicht aufklären oder minimieren konnte.[191] Der VR **189**

[191] Zur Unfallversicherung OLG Koblenz 29.11.1996 VersR **1997** 868.

muss vortragen, welche Maßnahmen er bei rechtzeitiger Schadenmeldung ergriffen hätte. Zusätzlich muss feststehen, welchen Erfolg seine Maßnahmen gehabt hätten, wenn er früher den Schaden erfahren hätte.[192] Allein die Tatsache, dass er den Schaden spät erfahren hat, genügt nicht. Nur wenn mögliche Maßnahmen zur Sachverhaltsaufklärung wegen dem Zeitablauf nicht umzusetzen waren, liegt eine Obliegenheitsverletzung vor.

190 bb) **Schadenminderung und Gerichtsverfahren.** Nach **Ziff. 7.2.2 DTV-VHV** muss der VN alles tun, um einen unmittelbar drohenden Schaden abzuwenden bzw. so gering wie möglich zu halten. Er muss also zur Schadenverhütung oder Schadenminderung tätig werden. Um seiner Leistungsverpflichtung nach Ziff. 4.2. DTV-VHV zu genügen, die schadenmindernde Maßnahmen (z.B. Neuverpackung oder Aussortierung der Ware) dem VN vorzuschreiben, muss der VN jede notwendige Auskunft erteilen und Weisungen des VR befolgen. Insoweit ist die Obliegenheit ein zulässiger Ausfluss der Leistungspflicht des VR bei der Schadenminderung und -verhütung.[193]

191 Damit ist die Obliegenheit nach **Ziff. 7.2.3 DTV-VHV** zu erklären, der eine unverzügliche Benachrichtig seitens des VN verlangt, wenn ein gerichtliches Verfahren im Zusammenhang mit Verkehrshaftungsschäden gegen den VN eingeleitet wurde. Der VN muss alle notwendigen Rechtsmittel (Widerspruch, Einspruch usw.) einlegen. Dementsprechend muss der VHV-VR die gerichtlichen und außergerichtlichen Kosten dem VN nach Ziff. 4.2 DTV-VHV erstatten, soweit sie den Umständen nach geboten waren.

192 Ferner muss sich der VN nach **Ziff. 7.2.5 DTV-VHV** auf Verlangen des VR auf einen Prozess einlassen. Er muss dem Versicherer die Führung des Prozesses überlassen. Der VR wählt einen Rechtsanwalt aus, zu dem er Vertrauen hat und der fachlich in der Lage ist, den Prozess mit allen Schwierigkeiten des Transportrechts zu führen.

193 cc) **Abtretung, Anerkenntnis.** Nach **Ziff 7.2.4 DTV-VHV** darf der VN keine Versicherungs- oder Regressansprüche abtreten (**Abtretungsverbot**). Sollte die Abtretung solcher Ansprüche im Einzelfall notwendig sein, muss dies vom VR genehmigt werden. Wesentliche Gesichtspunkt der Abwehr unbegründeter Ansprüche ist bei der VHV, dass der VN alle notwendigen Informationen zur Schadenregulierung mitteilt. Wenn aber der geschädigte Auftraggeber die Rechte aus dem VHV-Vertrag nach einer entsprechenden Abtretung geltend machen könnte, also der Anspruchsteller und der Berechtigte aus dem Versicherungsvertrag sich in einer Person vereinigen, dann wäre eine korrekte Abwehr unbegründeter Ansprüche unmöglich.

Dieses Abtretungsverbot ist nach § 210 bei einer laufenden Versicherung als Obliegenheit zulässig.[194]

194 Wenn ein Insolvenzverwalter an einen Geschädigten oder dessen Transportversicherer die Freigabe der Forderung erklärt, ist diese Freigabe keine Abtretung Das Verbot der Abtretung aus dem Versicherungsvertrag gilt nicht, da nach Ansicht des BGH die Freigabe keine Abtretung und mit einer solchen auch nicht gleichzusetzen ist.[195]

195 Im Gegensatz zum Abtretungsverbot haben die DTV-VHV kein **Anerkenntnisverbot** mehr in den VHV. Im Zusammenhang mit der Reform des VVG wurde die früher bestehende Obliegenheit gestrichen.

---

192 BGH 4.04.2001 VersR **2001** 756.

193 *GDV/Flach/Supp/Bremke* 103.

194 OLG Köln 22.01.2008, VersR **2008** 777; *GDV/Flach/Supp/Bremke* 105; kritisch *Thume* VersR **2010**, 849 und Thume/de la Motte/Ehlers/*Kollatz* DTV-VHV Rn. 118.

195 BGH 2.04.2009, VersR **2009** 821 mit Kritik Seybold/Henning Wendt, VersR **2011** 458–460.

dd) **Straftaten und Havariekommissar.** Gem. Ziff. 7.2.6 DTV-VHV muss der VN jede Straftat (z.B. Diebstahl, Raub) sowie jeden Transportmittelunfall einer Polizeidienststelle unverzüglich anzeigen und den Versicherer informieren. Um dem Vorwurf der Rechtsprechung im Zusammenhang mit dem qualifizierten Verschulden zu entgehen, welche die Anzeige bei der Polizeibehörde immer bei Vorliegen eines Verdachts auf eine Straftat vorschreibt, haben die VHV-VR diese zulässige Obliegenheit in den VHV aufgenommen. Der VN darf auch haftungsseitig nicht auf die polizeiliche Meldung verzichten. **196**

Bei Schäden über einen vom VR auszufüllenden Betrag muss der VN den zuständigen Havariekommissar benachrichtigen und dessen Weisungen befolgen. Dies gilt auch bei Schäden, deren Umfang oder Höhe zweifelhaft sind. Havariekommissar ist ein neutraler und unabhängiger Sachverständiger, der auf Transportschäden spezialisiert ist. Er bietet in der Regel unterschiedliche Dienstleistungen an. Er begutachtet Warenschäden, leitet am Schadenort schadenmindernde Maßnahmen ein, recherchiert die Schadenursache, bewertet den Schadenumfang unter Berücksichtigung der gültigen Gesetze und Normen. Der Havariekommissar trägt zur Regresssicherung bei und macht Verwertungsvorschläge bei zunächst verlorengegangenen und wieder aufgetauchten Gütern. Ferner berät der Havariekommissar hinsichtlich der Verpackung und Ladungssicherung entsprechend dem Anforderungsprofil der zu transportierenden Güter. Verladekontrollen oder Transportbegleitung gehören ebenfalls zu den Tätigkeitsfeldern eines Havariekommissars. Damit der Haftungsgrund und die -höhe sachgerecht festgestellt werden kann muss der VN diesen Sachverständigen einsetzen. Die dafür anfallenden Kosten muss der VR dem VN ersetzen. **197**

c) Sanktion für Obliegenheitsverletzungen

7.3 „Leistungsfreiheit bei Obliegenheitsverletzung

7.3.1 Verletzt der Versicherungsnehmer oder einer seiner Repräsentanten diese oder sonst vertraglich vereinbarte Obliegenheiten vorsätzlich oder grob fahrlässig, ist der Versicherer von der Leistung frei, es sei denn, die Verletzung war weder für den Eintritt oder die Feststellung des Versicherungsfalls noch für die Feststellung oder den Umfang der Leistungspflicht ursächlich. Satz 1 gilt nicht, wenn der Versicherungsnehmer die Obliegenheit arglistig verletzt hat.

7.3.2 Bezieht sich die Verletzung von Obliegenheiten auf eine nach Eintritt des Versicherungsfalls bestehende Auskunfts- oder Aufklärungsobliegenheit wie z.B. nach Maßgabe der Ziffern 7.2.1, 7.2.2, 7.2.3 oder 7.2.6 wird der Versicherer auch ohne gesonderte Mitteilung der Rechtsfolge an den Versicherungsnehmer von der Leistung frei.“

aa) Alles oder Nichtsprinzip

§ 58 Obliegenheitsverletzung

1 Verletzt der Versicherungsnehmer bei einer laufenden Versicherung schuldhaft eine vor Eintritt des Versicherungsfalles zu erfüllende Obliegenheit, ist der Versicherer in Bezug auf ein versichertes Einzelrisiko, für das die verletzte Obliegenheit gilt, nicht zur Leistung verpflichtet.

2 Bei schuldhafter Verletzung einer Obliegenheit kann der Versicherer den Vertrag innerhalb eines Monats, nachdem er Kenntnis von der Verletzung erlangt hat, mit einer Frist von einem Monat kündigen.

Eine Obliegenheitsverletzung kann zur Leistungsfreiheit des Versicherers führen. Leistungsfreiheit bedeutet, dass der Versicherer seine Vertragspflicht auf Freistellung des Versicherungsnehmers gegenüber den vom Geschädigten erhobenen Ansprüchen nicht zu erfüllen braucht. Einer der zentralen Punkte der VVG-Änderung 2008 waren die Rechtsfolgen bei Obliegenheitsverletzungen. Verletzt der VN nach Vertragsschluss Anzeige- **198** pflichten bzw. Obliegenheiten, bemessen sich die Rechtsfolgen nach den Regeln danach, wie stark sein Verschulden wiegt. Das **Quotelungsprinzip** ist die Grundregel bei Obliegenheitsverletzungen. Das VVG sieht in § 28 ein abgestuftes Modell vor, das den Grad des Verschuldens berücksichtigt. Bei vorsätzlichen Verstößen bleibt es dabei, dass der VR von seiner Pflicht zur Leistung frei wird. Einfach fahrlässige Verstöße bleiben für den VN folgenlos. Bei grob fahrlässigen Verstößen des VN gegen Obliegenheiten kann die Leistung entsprechend der Schwere des Verschuldens gekürzt, jedoch nicht mehr vollständig versagt werden. Das geltende „Alles-Oder-Nichts-Prinzip" wird aufgegeben.

199 Diese VVG-Regelung passt nicht auf ein Vertragsverhältnis zwischen einem Kaufmann, der es täglich gewohnt ist, Verkehrsverträge auszuhandeln. Der VVG-Gesetzgeber daher die gesetzliche Regel in § 53 bei der laufenden Versicherung geschaffen, dass bei einfachem Verschulden bei einer vor Eintritt des Versicherungsfalls erfolgten Obliegenheitsverletzung auf diesen Schaden keine Leistungspflicht besteht.

In den **DTV-VHV 2003/2011** hat der GDV die Beibehaltung des **Alles-Oder-Nichts-Prinzip** vorgeschlagen.[196] Eine Abkehr vom Alles-Oder-Nichts-Prinzip stellt die Grundlagen der bisherigen Risikokalkulation in der VHV in Frage. Die Einhaltung der wichtigen besonders im Interesse des VN eingeführten Obliegenheiten ist zu seinem und auch zum Wohl des Auftraggebers wichtig.[197]

200 *Temme* meint, dass gem. § 307 BGB die Beibehaltung des Alles-oder-Nichts-Prinzips" mit den wesentlichen Grundgedanken des VVG nicht zu vereinbaren ist.[198] Dabei wird die gesetzliche VVG-Grundregel des genannten § 58 VVG und die Tatsache, dass nach § 210 vom VVG in der VHV abgewichen werden kann, übersehen.

Es gibt keine allgemeine Erfahrung dahin, dass sich der vernünftiger VN durch bewusste Nichterfüllung von Pflichten Rechtsnachteile im Deckungsverhältnis zum VR zuziehen will.[199] Erst bei Annahme von Vorsatz käme es auf die Relevanzrechtsprechung an.[200]

Ehlers hat in seiner Kommentierung zur VHV-Bedingungen zwar darauf hingewiesen, dass das Nebeneinander von vorbeugenden Obliegenheitsverletzungen und dem Herbeiführen des Versicherungsfalls wegen der unterschiedlichen Verschuldensgrad problematisch ist.[201]

Gerade die Obliegenheiten sollten den VN davor schützen, dass er wegen qualifiziertem Verschulden höher, als die gesetzlichen Haftungsgrenzen es vorsehen, haftet. Dennoch werden die Rechtsfolgen allgemein als zulässig erachtet.[202]

201 Teilweise war umstritten, ob sich z.B. ein VR bei grobfahrlässigen Obliegenheitsverletzungen ohne Kündigung auf das „Alles-Oder-Nichts-Prinzip" berufen konnte. Wenn es sich um Frachtführerrisiken handelte, hat der BGH dies wegen der **Großrisikodefinition** bejaht.[203] Gerichte entschieden jedoch bei gemischten Policen (Frachtführer + Spedition oder Lagerhalter) unterschiedlich.[204] Unabhängig davon, ob es sich nun um

---

196 *Abele* TransR **2004** Sonderbeilage II; *Thume*/de la Motte/Ehlers § 28 VVG Rn. 61 ff.

197 *Abele* TranspR **2009** 64; *Thume*/de la Motte/Ehlers § 28 Rn. 61 ff.

198 Thume/de la Motte/Ehlers/*Temme* SGP Rn. 232; Thume/de la Motte/Ehlers/*Raab* KLP Rn. 288.

199 BGH 03.10.1979 VersR **1979** 1117–1119; BGH 21.05.2003 VersR **2003** 900–902.

200 BGH 07.07.2004 TranspR **2005** 370–371.

201 *Ehlers* TranspR **2007** 5.

202 Abele TranspR **2009** 64; *Thume*/de la Motte/Ehlers § 28 Rn. 61 ff.

203 BGH 01.12.2004 TranspR **2005** 83.

204 KG 13.04.2007 6 U 20/07 TranspR 2007 256; HansOLG 26.10.2006 TranspR 2007, 258.

ein Großrisiko handelt oder nicht, gilt nach § 210, dass bei den laufenden Versicherungen vom VVG abgewichen werden kann. Es gelten die gesetzlichen Regelungen der §§ 43 ff nach herrschender Meinung daher für die DTV-VHV 2003/2008.[205]

Auf die Leistungsfreiheit wegen Obliegenheitsverletzungen des VN kann sich der VR **202**
aber dann nicht berufen, wenn und soweit eine VHV eine gesetzliche Pflichtversicherung gemäß § 7a GüKG ist und der Anspruchsteller zu Recht diese Pflichtversicherungsansprüche geltend machen kann.

bb) VN und Repräsentant. Der VN muss die Obliegenheiten selbst verletzt haben. **203**
VN ist das Unternehmen, das den Versicherungsvertrag abgeschlossen hat und im Versicherungsvertrag als VN benannt wird. Es wird durch den Eigentümer oder bei einer Handelsgesellschaft durch den Geschäftsführer vertreten. Handelt es sich bei dem VN um eine OHG, KG, AG oder GmbH, so ist ihm das Handeln seiner gesetzlichen Vertreter oder Organe nach § 31 BGB direkt oder analog zuzurechnen.

Darüber hinaus gibt es weitere Personen, die als **Repräsentanten** des VN gelten. Der **204**
BGH hat den Repräsentanten wie folgt definiert: „Repräsentant ist, wer in dem Geschäftsbereich, zu dem das versicherte Risiko gehört, aufgrund eines Vertretungs- oder ähnlichen Verhältnisses an die Stelle des VN getreten ist. Die bloße Überlassung der Obhut über die versicherte Sache reicht hierfür nicht aus. Repräsentant kann nur sein, wer befugt ist, selbstständig in einem gewissen, nicht ganz unbedeutenden Umfang für den VN zu handeln (Risikoverwaltung)“. Nicht erforderlich ist, dass der Repräsentant die Rechte und Pflichten aus dem Versicherungsvertrag wahrzunehmen hat. Wer Repräsentant ist, ist eine Frage des Einzelfalls.

Repräsentant ist, wer in dem maßgeblichen Geschäftsbereich auf Grund eines Vertretungs- oder ähnlichen Verhältnisses an die Stelle des VN getreten und befugt ist, selbständig in einem gewissen, nicht ganz unbedeutenden Umfang für den VN zu handeln (Risikoverwaltung). Übt jemand auf Grund eines Vertretungs- oder ähnlichen Verhältnisses die Verwaltung des Versicherungsvertrages eigenverantwortlich aus, so kann er ebenfalls Repräsentant sein.[206] Wenn ein Familienangehöriger als eigenverantwortlicher Geschäftsführer auftritt, gilt er als Repräsentant.[207] Der Niederlassungsleiter ist meist Repräsentant. Der Lageraufseher oder Prokurist können, müssen aber nicht Repräsentanten sein. Es kommt darauf an, ob sie selbstständig die Personen für das Lager einstellen dürfen und selbstständig die Hoheit über das Lager haben. Ein Lkw-Fahrer ist kein Repräsentant. Die Überlassung der Obhut für die Waren allein genügt nicht. Repräsentant wäre er nur, wenn ihm der Lkw zur eigenverantwortlichen Nutzung, wie dies bei Handelsvertretern der Fall sein kann, überlassen worden wäre.[208] Anders ist es nur, wenn der Inhaber der versicherten Firma selbst der Fahrer war, der die Obliegenheit verletzt hat.

cc) Kausalität. Leistungsfreiheit für den Fall vorsätzlicher oder grob fahrlässiger **205**
Obliegenheitsverletzung besteht nach Ziffer 8 Satz 1 der DTV-VHV nicht, wenn die Verletzung weder Einfluss auf den Eintritt des Versicherungsfalles noch auf die Feststellung oder den Umfang der Versicherungsleistung gehabt hat. Ein solcher dem VN eröffneter Kausalitätsgegenbeweis ist zulässig.

---

[205] *Abele* TranspR **2009** 64; *Thume/de la Motte/Ehlers* § 28 Rn. 61 ff.
[206] BGH 21.04.1993 VersR **1993** 828–830.
[207] BGH 04.07.1990 RuS **1990** 310–311.
[208] BGH 01.10.1969 NJW **1970** 43.

7. Räumlicher Anwendungsbereich

Ziff. 5

Soweit die geschriebenen Bedingungen keine abweichende Regelung enthalten, besteht Versicherungsschutz für Verkehrsverträge innerhalb und zwischen den Staaten des Europäischen Wirtschaftsraumes (EWR), Schweiz.

206 Es gibt folgende 18 Mitgliedstaaten des EWR: Belgien, Dänemark, Deutschland, Finnland, Frankreich, Griechenland, Irland, Island, Italien, Liechtenstein, Luxemburg, Niederlande, Norwegen, Österreich, Portugal, Schweden, Spanien, Vereinigtes Königreich.

Bei den meisten VHV-VR gilt der Grundsatz, dass nur deutsche Firmen mit Sitz im Inland versichert werden. Verkehrsträger, die Verträge im Ausland mit ausländischen Auftraggebern schließen, sollten besonders im Hinblick auf den erforderlichen Versicherungsschutz bewertet und über einen gesonderten Deckungsschutz verfügen.

207 VR können den in den VHV geregelten Geltungsbereich näher konkretisieren.[209] Sie können in dem Versicherungs-Wording also engere oder weitere Grenzen einführen. Die Praxis regelt den räumlichen Geltungsbereich wie folgt:

208 a) **Straßenfrachtführer.** Bei Frachtführern werden Transporte innerhalb bestimmter Zonen versichert (50–200 km vom Standort). Dies ist historisch mit den Nah- und Fernverkehr einerseits und den internationalen grenzüberschreitenden Transporten andererseits zu erklären. Erweiterungen des Geltungsbereichs können gestaffelt angeboten werden nach Transporte innerhalb der BRD, in der EU, in Europa (territorial), außerhalb Europas.

Transporthaftungsversicherer versichern Transporte von, nach und durch Staaten wie GUS sowie außereuropäische Staaten teilweise nur begrenzt. Besonders bei Transporten nach in die GUS-Staaten oder nach Südosteuropa bestehen nach der Erfahrung der VHV-VR überdurchschnittlich hohe Schadenquoten. Das ist einerseits auf schlechte Straßenverhältnisse in Osteuropa (Beschädigung) und anderseits auf einige Großschäden wegen Ladungsdiebstählen oder Raub und Täuschungshandlungen bei der Ablieferung von Gütern an falsche Empfänger zurückzuführen.

209 b) **Speditionen.** VHV-VR bieten Spediteuren in der Regel in Abänderung der DTV-VHV einen weltweiten Versicherungsschutz an. Das gilt besonders bei internationalen Speditionen. Wenn ein VN mangels internationaler Beförderungsleistungen ausschließlich Verkehrsverträge innerhalb der BRD abwickelt, kann ausnahmsweise eine weltweite Deckung entfallen.

210 c) **Lagerhalter.** Dauernde Lagerungen werden mit einem räumlichen Geltungsbereich nur innerhalb der BRD versichert, wenn ein genau beschriebenes Lager (Ort, Straße) benannt wurde. Wenn die Lagerrisiken im Ausland liegen, gibt es erhebliche haftungsrechtliche Probleme, auf die in diesem Zusammenhang nicht näher eingegangen werden kann.

---

209 *GDV/Flach/Supp/Bremke* 70.

8. Dauer der Versicherung

a) Zeitliche Dauer

Ziff. 1.1 DTV-VHV:

„Gegenstand der Versicherung sind Verkehrsverträge (...), die während der Laufzeit dieses Versicherungsvertrages abgeschlossen (...) werden, (...).“

Verkehrsverträge sollen nach Ziff. 1.1. DTV-VHV nur dann versichert sein, wenn diese „während der Laufzeit dieses Versicherungsvertrages abgeschlossen ... werden“ (Ziff. 1.1 DTV-VHV). In der Betriebsbeschreibung wird der VN gefragt, wann die Versicherung beginnen soll. Dies kann unterjährig sein oder in den meisten Fällen zum Jahresende. Sie beginnen in der Regel am 1.1. und enden am 31.12. Der VR schreiben auf das Policendeckblatt unter „Beginn und Ende der Versicherung“ die entsprechenden Termine. **211**

Üblicherweise haben VHV-Versicherungen die Laufzeit von 1 Jahr. Längere Vertragszeiten (bis 3 Jahre) bestehen bei großvolumigen Policen, sind aber eher die Ausnahme.

Häufig gibt es eine automatische Verlängerung der Laufzeit, sofern keine Kündigung rechtzeitig erfolgt ist. Die Vertragsklausel lautet dann wie folgt: „Der Versicherungsvertrag verlängert sich jeweils um ein Jahr, wenn er nicht drei Monate vor Ablauf schriftlich gekündigt wird.“

VHV-VR lassen aus historischen Gründen die neue Versicherung ab 12 Uhr beginnen. Daher kann es eine Lücke geben, wenn der VN einen VS hatte, in welchem er Deckung bis 24 Uhr des vorherigen Tages hatte. Häufig wird dabei § 10 VVG nicht beachtet: **212**

§ 10 Beginn und Ende der Versicherung

Ist die Dauer der Versicherung nach Tagen, Wochen, Monaten oder einem mehrere Monate umfassenden Zeitraum bestimmt, beginnt die Versicherung mit Beginn des Tages, an dem der Vertrag geschlossen wird; er endet mit Ablauf des letzten Tages der Vertragszeit.

Bei einer Neugründung wird die Versicherung mit der Aufnahme des Geschäftsbetriebs beginnen. Bei bereits laufenden Geschäften wird eine Versicherung bereits bestehen, die von Seiten des VR oder VN zu einem bestimmten Zeitpunkt endet. Zeitlich beginnt dann die Versicherung richtigerweise am nächsten Tag, nachdem die Vorversicherung endet. **213**

b) Verkehrsvertrag/Lagerung

Ziff. 13.3:

Der Versicherungsschutz bleibt für alle vor Beendigung des Versicherungsvertrages abgeschlossenen Verkehrsverträge bis zur Erfüllung aller sich daraus ergebenden Verpflichtungen bestehen. Bei verfügten Lagerungen endet der Versicherungsschutz jedoch spätestens einen Monat nach Beendigung des Versicherungsvertrages.

Jeder Verkehrsvertrag ist nach dieser klarstellenden Regelung trotz der Kündigung des Versicherungsvertrags gedeckt, wenn er zwischen Beginn und Ende des vereinbarten Versicherungszeitraumes abgeschlossen wurde. Wenn ein außerhalb des Versicherungszeitraums liegender Schadeneintritt festzustellen ist, aber der betreffende Verkehrsvertrag vor Ende der Versicherung geschlossen wurde, besteht Deckung. Entscheidend ist nicht der Eintritt des Schadens (Verlust, Beschädigung, Lieferfristüberschreitung oder sonstiger Vermögensschaden), sondern der Abschluss des Verkehrsvertrages.

Der Versicherungsschutz beginnt, wenn der Vertragsschluss durch zwei sich deckende Willenserklärungen des Auftraggebers und des Verkehrsträgers zustande gekommen ist. Schriftlichkeit wird nicht vorausgesetzt. Mündlich, insbesondere am Telefon, kann der Vertrag also bereits abgeschlossen werden und bereits dann ist dieser Vertrag, wenn er ein grundsätzlich unter die VHV fallender Vertrag ist, versichert. Der Verkehrsvertrag kann später in Textform, also durch Email oder andere Arten (Fax), durch Übersendung eines Borderos oder Frachtbriefs bestätigt werden. Das Bordero ist eine Liste des Versandspediteurs, mit der er dem Empfangsspediteur alle erforderlichen Einzelheiten über jede in der Sammelladung enthaltene Einzelsendung mitteilt. Der VS beginnt jedoch mit Vertragsschluss.

Zweitens müssen sie dem VR später „aufgegeben" werden. Die Deklaration ist eine Pflicht aus dem Versicherungsvertrag, die in Ziffer 11 DTV-VHV weiter ausformuliert wird. „Aufgeben" ist ein Sammelbegriff für die je nach gewählter Prämiengrundlage und den jeweils verschiedenen Anmeldeformen (Umsatz, Festbeitrag o.a.). Näheres sollte vom jeweiligen VR im auszuformulierenden Anmeldeverfahren in Ziffer 11.2 DTV-VHV geregelt werden

214 Eine Sonderregelung gibt es hinsichtlich einer sog. Nachhaftung bei Lagerverträgen. Hierbei wird die Dauer der Versicherung auf einen Monat nach Beendigung des jeweiligen Lagervertrags ausgedehnt.

9. Maxima

Ziff. 8: Begrenzung der Versicherungsleistung

(Bausteinsystem)

8.1 Schadenfall

Begrenzung der Versicherungsleistung bei gesetzlicher oder vertraglicher Haftung

Die maximale Versicherungsleistung beträgt je Schadenfall, also je Geschädigten und je Verkehrsvertrag

- **für Frachtverträge:**
  bei Güterschäden: €;
  bei reinen Vermögensschäden: €;
- **für Speditionsverträge:**
  bei Güter- und Güterfolgeschäden: €;
  bei reinen Vermögensschäden: €;
- **für Lagerverträge:**
  bei Güter- und Güterfolgeschäden: €;
  bei Differenzen zwischen Soll- und Ist-Bestand des Lagerbestandes leistet der Versicherer jedoch maximal .... €, unabhängig von der Zahl der für die Inventurdifferenz ursächlichen Schadenfälle;
- **bei reinen Vermögensschäden; €,**
- **für Ansprüche nach dem Recht der unerlaubten Handlung (Deliktsrecht) – unabhängig von der Art des Verkehrsvertrages oder des Schadens – €,**

8.2 Schadenereignis

Begrenzung der Versicherungsleistung je Schadenereignis

Der Versicherer leistet höchstens .... €. Die durch ein Ereignis mehreren Geschädigten entstandenen Schäden werden unabhängig von der Anzahl der Geschädigten und der Verkehrsverträge anteilmäßig im Verhältnis ihrer Ansprüche ersetzt, wenn sie zusammen die äußerste Grenze der Versicherungsleistung übersteigen.

8.3 Jahresmaximum

8.3.1 Begrenzung der Versicherungsleistung pro Versicherungsjahr

Die Höchstersatzleistung des Versicherers beträgt für alle Schadenereignisse der versicherten Verkehrsverträge eines Versicherungsjahres .... €.

8.3.2 Zusätzliche Begrenzung bei qualifiziertem Verschulden
Die Versicherungsleistung des Versicherers ist zusätzlich je Versicherungsjahr bei Schäden, die vom Versicherungsnehmer, seinen gesetzlichen Vertretern oder seinen leitenden Angestellten durch Leichtfertigkeit und in dem Bewusstsein, dass ein Schaden mit Wahrscheinlichkeit entstehen werde, herbeigeführt, durch Kardinalpflichtverletzung oder durch grobes Organisationsverschulden verursacht worden sind, über die gesetzliche oder vertragliche Regelhaftung (§ 449 HGB-Korridor) und unabhängig vom Schadenfall und -ereignis, begrenzt bis maximal .... €.

Das **Versicherungsmaximum** ist der Betrag, der die Obergrenze jeder Leistungspflicht des Versicherers ist. Dies kann ein Maximum pro Versicherungs- oder Schadenfall, pro Jahr oder pro Police sein. Meist sind einzelne Beträge pro Transportmittel oder Lager angegeben. Über das jeweilige Maximum hinausgehende Beträge sind nicht versichert. Jedes VU wird zur Verringerung seiner eigenen Zahlungspflichten Grenzen (Maxima) der Versicherungsleistung setzen. Unabhängig von der Höhe des tatsächlich entstandenen Schadens ist die Leistungsverpflichtung des VR durch maximale Versicherungssummen begrenzt. Damit sorgt der VR dafür, dass das versicherte Risiko kalkulierbar und überschaubar bleibt. Ein angemessenes Verhältnis zwischen Risiko und Prämie muss erzielt werden. **215**

Die Summen, bis zu denen maximal Zahlungen erfolgen, werden im Versicherungsvertrag der Höhe nach festgehalten. Das ist das Leistungsversprechen der Haftpflichtversicherung.

Die in den Verkehrshaftungspolicen standardmäßig vorgesehenen Grenzen der Ersatzleistung können durch individuelle Vereinbarung aufgestockt werden, soweit der VN dies für notwendig hält. Jeder Unternehmer muss daher im Fragebogen bzw. in der Betriebsbeschreibung angeben, welche Deckungssummen er haben möchte. Der VR wird dann mitteilen, ob er solche Versicherungssummen zur Deckung der Haftungsschäden zur Verfügung stellen will.

In den DTV-VHV sind die Summen aus Kartellgründen freigelassen. VR haben die Summen mit eigenen Beträgen ausgefüllt. Die bis 2003 versicherten Summen (€ 7,5 Mio. pro Schadenereignis) wurden erheblich reduziert. Es kann keine generelle Aussage erfolgen, welche Summen hier in der Praxis eingesetzt wurden. Zu unterschiedlich sind die Konzepte der VR für die einzelnen Verkehrsträger (Frachtführer, Speditionen, Lagerhalter) und die eingesetzten Summen. Fast immer werden jedoch die Grenzen des Pflichtversicherungsregelung des § 7a GüKG mit € 600.000 übertroffen (Ausnahme: Briefbeförderer, KEP). **216**

Bei den Versicherungsmaxima wird pro Schadenfall, d.h. pro Verkehrsauftrag, pro Schadenereignis, d.h. für mehrere Schadenfälle aus einer Ursache und pro Versicherungsjahr (Jahresaggregat) d.h. für alle Versicherungsfälle eines Jahres unterschieden. **217**

a) **Grenze je Schadenfall.** Als **Schadenfall** wird der Schaden bezeichnet, der als Ursache eines Haftungstatbestand an einem Verkehrsauftrag eines Auftraggebers eintritt.[210] Die Begrenzung der Versicherungsleistung bei gesetzlicher oder vertraglicher Haftung pro Schadenfall kann im Regelfall erfolgen: **218**

- je Kilogramm des Rohgewichts der Sendung (mit 8,33 SZR, 40 SZR oder reduzierten bzw. erhöhten SZR),
- je €-Betrag (pro Auftrag, mit festen Pauschalsummen ohne Gewichtsangabe, wie z.B. € 500),
- festen Summen mit Kilo-Bezug (€ 5 pro Kilo).

---

210 Thume/de la Motte/Ehlers/*Kollatz* DTV-VHV Rn. 130.

Es können dabei für die jeweiligen Vertragsarten die Haftungen auf die Versicherungsebene übertragen werden. Das bedeutet, dass immer nur in Höhe der gesetzlichen oder vertraglichen Regelhaftungen Deckung besteht.

Es können dabei jeweils gesonderte Maxima-Regelungen vorgenommen werden, unterteilt nach den versicherten Risiken:
- Frachtverträge (8,33 und 40 SZR pro Kilo)
- Speditionsverträge (€ 5 pro Kilo)
- Lagerverträge (€ 5 pro Kilo, 5.000 € pro Lagervertrag, € 25.000 pro Inventur)

Zusätzlich können VR bestimmte Summen für Güterfolge- und reine Vermögensschäden einführen.

Ferner können zusätzlich von der Haftungsgrenze des allgemeinen Transportrechts unabhängige Obergrenzen benannt werden, wie z.B. für Frachtverträge bei
- Güterschäden ... €;
- reinen Vermögensschäden ... €

219 b) **Grenze je Schadenereignis.** Als ein **Schadenereignis** gelten mehrere zeitlich und örtlich zusammenhängende Schäden aus derselben Ursache.[211] Es können zusätzliche Begrenzungen der Versicherungsleistung je Schadenereignis eingeführt werden. Das sind Fälle, bei denen nicht nur Ansprüche wegen eines Verkehrsauftrags geltend gemacht werden, sondern wenn ein oder mehrere Auftraggeber mit mehreren Verkehrsaufträgen durch ein Schadenereignis geschädigt werden. Dann leistet der VR maximal einen festen Betrag gemäß der im Versicherungsvertrag festgeschriebenen Summe (Maxima pro Ereignis). Werden durch ein Ereignis mehrere geschädigt, werden die entstandenen Schäden unabhängig von der Anzahl der Geschädigten und der Verkehrsverträge anteilmäßig im Verhältnis ihrer Ansprüche ersetzt, wenn sie zusammen die eben genannte Grenze der Versicherungsleistung übersteigen.

220 c) **Jahresmaximum.** Schließlich können VR eine Begrenzung der Versicherungsleistung pro **Versicherungsjahr** einführen. Diese in jeder Betriebshaftpflichtversicherung (BHV) übliche Regelung kann in den Versicherungsvertrag eingeführt werden. Damit wird das Risiko für den VR pro Jahr kalkulierbarer. Die Höchstersatzleistung des VR für alle Schadenereignisse der versicherten Verkehrsverträge eines Versicherungsjahrs wird auf einen bestimmten Betrag festgelegt. Wenn diese Summe durch Auszahlung von ersatzpflichtigen Schäden verbraucht ist, besteht die Möglichkeit, zusätzlich weitere Summen anzufordern. Ein VR wird aber einem solchen Antrag auf nochmalige Gewährung eines zusätzlichen Maximums nur bei Wegfall schadenträchtiger Risiken und einem kräftigen Sanierungszuschlag stattgegeben.

221 d) **Jahresmaximum wegen qualifiziertem Verschulden.** Als weiteres zusätzliches Limit kann die Versicherungsleistung je Versicherungsjahr in Fällen des sog. **qualifizierten Verschuldens** eingeschränkt werden: Bei Schäden, die vom VN, seinen gesetzlichen Vertretern oder seinen leitenden Angestellten verursacht worden sind
- durch Leichtfertigkeit und in dem Bewusstsein, dass ein Schaden mit Wahrscheinlichkeit entstehen werde,
- durch eine Verletzung einer vertragswesentlichen Pflicht (so genannte Kardinalpflichtverletzung),

---

[211] Thume/de la Motte/Ehlers/*Kollatz* DTV-VHV Rn. 131.

- durch grobes Organisationsverschulden, soll das 2003 neu eingeführte Jahresmaximum gelten.

Wenn der Schaden entsprechend den genannten Kriterien „qualifiziert verschuldet" verursacht wurde, werden alle entsprechenden Ansprüche eines Jahres auf die Gesamtsumme eines in der Police festgelegten so genannten Aggregats angerechnet. Die Versicherungsleistung wird für solche Ansprüche bis maximal zu einer festen Summe, die immer unter dem Jahresgesamtmaximum liegt, begrenzt.[212]

Es werden nach den DTV-VHV alle Ansprüche, die über die versicherten gesetz- **222**
lichen oder vertraglichen Haftungen hinausgehen, zunächst versichert (Rechtsschutzfunktion), jedoch summenmäßig begrenzt. Dies bedeutet, dass der VR primär die gesetzliche Haftung mit den in den vorherigen Ziffern genannten Summen zur Verfügung stellt. Zusätzlich werden weitere Zahlungen bei höheren Haftungssummen wegen eines so genannten qualifizierten Verschuldens des VN nur bis zu einem festen Betrag pro Jahr erstattet.

Wenn das Jahresaggregat für diese Ansprüche verbraucht ist, kann dem VN maximal die versicherte Grundhaftung (also 8,33 SZR oder 40 SZR) ausgezahlt werden. Den nicht versicherten Rest bis zur vollen Haftung wegen Organisationsverschulden trägt der Verkehrsträger dann aus eigener Tasche. Anders ausgedrückt: Wenn eine über die versicherte Haftung hinausgehende Summe ausgezahlt werden soll, erfolgt dies nur, wenn das Sublimit (**Jahresaggregat**) nicht ausgeschöpft wurde.

Jede Zahlung, die die gesetzliche Haftung betrifft, wird unter Berücksichtigung der **223**
Maximalregelungen der vorherigen Ziffern abgewickelt. Die dort versicherten Summen werden in der Regel nach den gesetzlichen und vertraglichen Haftungssummen bezahlt.

Jede Zusatzzahlung, die deshalb erfolgen muss, weil eine höhere Haftung wegen des so genannten qualifizierten Verschuldens gegeben ist, wird automatisch auf das vereinbarte Aggregat angerechnet, das als Jahresbetrag für das Organisationsverschulden bereitsteht.

Durch das Jahresaggregat für Ansprüche aufgrund qualifizierten Verschuldens werden zusätzlich Ansprüche der Höhe nach bis zu einem bestimmten Betrag pro Jahr versichert, wenn diese über die gesetzliche oder sonst vertraglich vereinbarte Haftung hinausgehen.

Diese zusätzliche Begrenzung ist unter Kaufleuten nicht überraschend und zulässig.[213]

10. Prämien

Ziff. 11:

11.1 Anmeldepflicht
Durch den Abschluss dieser laufenden Versicherung wird der Versicherungsnehmer verpflichtet, sämtliche unter diesen Versicherungsvertrag fallenden Verkehrsverträge nach Maßgabe der Ziffer 11.2 oder die vereinbarte Prämiengrundlage anzumelden.

Bei der Haftungsversicherungen gibt es verschiedene Kriterien, anhand derer der VR **224**
eine Prämie errechnen und quotieren kann

[212] *GDV/Flach/Supp/Bremke* 110; Thume/de la Motte/Ehlers/*Kollatz* DTV-VHV Rn. 139 ff.

[213] *GDV/Flach/Supp/Bremke* 110 m.w.N.

a) **Prämienberechnungsgrundlagen**

225 aa) **Umsatz.** Bei Versicherungen für mittlere und größere Verkehrsträger kann der Umsatz des Unternehmens als Prämienberechnungsgrundlage herangezogen werden. Dabei ist es gleichgültig, ob es sich um einen Frachtführer, Spediteur oder Lagerhalter handelt. Anhand von Erfahrungswerten versucht der VR den Schadenbedarf pro Jahr zu ermitteln und setzt diesen ins Verhältnis zum Umsatz. Daraus ergibt sich dann ein Prozent- oder Promillesatz als Prämiensatz.

Von der Fracht sind gemäß § 420 Abs. 1 Satz 2 HGB die vom Absender zu erstattenden Aufwendungen zu unterscheiden. Diese zählen nicht zur Fracht und damit nicht zum Umsatz des VN, wenn keine Sonderregelungen bei der Beitragsberechnung in der Police vorhanden sind.[214] Es handelt sich vielmehr um Aufwendungen, die der Frachtführer zusätzlich für das Gut erbringt, das heißt im Rahmen einer zusätzlichen Geschäftsbesorgung über die allgemeinen Beförderungskosten hinaus.[215] Zum Frachtentgelt gehören die Kosten, die regelmäßigen anfallen. Lohnkosten der Angestellten, Vergütung der Subunternehmer und die Wegekosten gehören zum Frachtentgelt. Wenn ein Benzinkostenzuschlag wegen der Verteuerung der Benzinpreise verlangt wird, dann gehört dies genauso zum Umsatz wie Aufwendungen für den verauslagten Zoll. Die LKW-Maut gehört ebenfalls zu den allgemeinen Betriebskosten, und zwar unabhängig, ob der Frachtführer die Maut pauschal in die Fracht einrechnet oder einzeln berechnet. Ob der jeweilige Umsatz und die darin enthaltenen Aufwendungen risikorelevant sind, ist gleichgültig. Sie dienen lediglich als Berechnungsfaktor für die zu zahlende Prämie.

226 bb) **Fahrzeuganzahl.** Bei Lkw-Transportunternehmen wird teilweise die Anzahl der Fahrzeuge als Prämienberechnungsgrundlage herangezogen. Pro Fahrzeug wird ein bestimmter Jahrespauschalbetrag als Prämie festgelegt. Die Pauschalprämien pro Fahrzeug sind unterschiedlich hoch. Man kann nach folgenden Kriterien differenzieren:

- Größenordnung der Fahrzeuge (Nutzlast)
- technische Ausstattung der Fahrzeuge (Kühl-, Tank-, Silofahrzeuge)
- Transportart (Regional-, Langstrecken-, grenzüberschreitender Verkehr)
- Art der beförderten Güter (Schwergut, Pkw, Schüttgut, Kühlgut)

Ein Kühlfahrzeug kann eine höhere Prämie erfordern als ein normales Planenfahrzeug, weil bei der Verwendung eines Kühlfahrzeugs zusätzlich eine Gefahr wegen dem Funktionieren des Kühlaggregats besteht. Das Risiko ist für den VR höher als bei einem Planenfahrzeug.

227 cc) **Festprämien.** Es können Jahrespauschalprämien mit einem festen Beitrag pro Jahr vereinbart werden. Weil nicht immer der Umsatz eine Aussage über das tatsächliche Schadenrisiko darstellt, kann diese Prämienberechnung richtig sein. Auf der anderen Seite sind keinerlei Änderungen des Risikos erfassbar. Sinkt der Umsatz, weil ein Großkunde nicht mehr mit dem Verkehrsträger zusammenarbeitet, bleibt die Prämie für das Verkehrsträger gleich. Eine Festprämie kann also auch nachteilig sein.

228 b) **Prämienanmeldung.** Es besteht die Möglichkeit, dass der VN seine Anmeldepflichten verletzt. Der VN kann diese entweder unterlassen oder inhaltlich diese fehlerhaft vornehmen. Der VR ist von der zur Leistungsverpflichtung frei, ohne dass es einer Kündi-

---

[214] *Koller* § 431 HGB Rn. 17.

[215] *Koller* § 420 HGB Rn. 9 ff.

gung durch den VR bedarf, sofern der VN die Sorgfaltspflicht eines ordentlichen Kaufmannes nicht verletzt hat und dass er die Anmeldung unverzüglich nach Entdeckung des Fehlers nachgeholt oder berichtigt hat.

Der VR kann den Versicherungsvertrag jedoch fristlos kündigen, wenn der VN seine Anmeldepflicht vorsätzlich verletzt hat. Dem VR gebühren die Prämien, die ihm im Falle gehöriger Erfüllung des Vertrages bis zum Wirksamwerden der Kündigung zu zahlen gewesen wären.

Je nachdem, welche Art von Prämienberechnungsgrundlage Gegenstand des Versiche- **229**
rungsvertrags ist, kann sich die Notwendigkeit zur monatlichen oder vierteljährlichen Prämienanmeldung ergeben. Bei Umsatzpolicen ist je nach Vereinbarung monatlich, vierteljährlich oder nur jährlich der in der zurückliegenden Periode erzielte Unternehmensumsatz aufzugeben und die entsprechend dem vereinbarten Prämiensatz sich ergebende Prämie anzumelden und zu zahlen.

Damit die Fragen der laufenden Police geregelt sind, wurde folgende Anregung in den DTV-VHV gegeben: Anmeldeverfahren erfolgt nach dem Bausteinsystem: Raum für individuelles Anmeldeverfahren je vereinbarter Prämiengrundlage, z.B. Umsatz-, Einzel- oder summarische Anmeldungen, Deckungszusagen etc.

c) **Sanierung.** Viele VHV haben eine **Sanierungsklausel.** In dieser wird festgelegt, dass **230**
der VN einen bestimmten oder individuell zu vereinbarenden Prämienzuschlag zu zahlen hat, wenn die Schadenquote einen bestimmten Satz übersteigt. Der Prämienzuschlag ist meist dann zu zahlen hat, wenn die Schadenquote den Satz von 70 % (teilweise auch schon 60 %) übersteigt.

Hinter diesem Mechanismus steht folgende Erfahrung: Die Risikoprämie, mit welcher der VR kalkuliert, ist die Nettoprämie, also ohne Versicherungssteuer. Nahezu einheitlich kalkulieren die VR einen Verwaltungskostenanteil von mindestens 30 % bis max. 50 % der Nettoprämie. Die Kosten für den laufenden Versicherungsbetrieb beinhalten die Kosten für die Kosten für die interne Verwaltung, für den Vertrieb (inklusive Maklercourtage), für die Policierung, für das Prämieninkasso und besonders in der Verkehrshaftung für die Schadenbearbeitung. Um keinen Verlust zu machen, dürfen für Schadenzahlungen maximal 70 % der gezahlten Nettoprämie aufgewendet werden. Jeder Betrag darüber hinaus ist einen Verlustgeschäft für den VR.

Mittels der Sanierungsklausel wird vertraglich festgelegt, in welchem Umfang der VN eine erhöhte Prämie zu zahlen hat, damit die Schadenquote unter Berücksichtigung der höheren Prämie wieder unter 70 % absinkt.

Folgende Sanierungsklausel existiert beispielsweise: **231**

„Übersteigt die Schadenbelastung 70 % (oder 50 %) des Beitrags, ist für das Folgejahr ein Zuschlag zum Beitrag nach folgender Staffel zu verlangen.

1.1. bis 100 %	50 % Zuschlag
1.2. bis 150 %	120 % Zuschlag
1.3. bis 200 %	200 % Zuschlag.

2. Übersteigt die Schadenbelastung 200 %, können Sanierungsmaßnahmen verlangt werden. Kommt hierüber innerhalb einer Frist von 2 Monaten ab Zugang des Sanierungsverlangens keine Einigung zustande, kann der Vertrag mit einer Frist von 2 Wochen gekündigt werden.

Die Schadenbelastung ist das Verhältnis der für den Beobachtungszeitraum gezahlten zuzüglich den reservierten bekannten Schäden zu den für den gleichen Zeitraum insgesamt geschuldeten Beiträge ohne Versicherungssteuer."

11. Schadenbeteiligung

Ziff. 9:

Die allgemeine Schadenbeteiligung des Versicherungsnehmers beträgt ... % der Versicherungsleistung je Schadenfall, mindestens € .... höchstens € .....

Für die Schadenbeteiligung des Versicherungsnehmers bei Manko- oder Fehlmengenschäden bei verfügter Lagerung wird das Ausmaß eines Schadenfalls mit € ... angenommen, es sei denn, er weist einen anderen Betrag nach.

232 Bei der **Schadenbeteiligung** wird der VN vom VR in bestimmter Höhe am Schaden „beteiligt". Es bleibt der Versicherungsschutz aber in vollem Umfang bestehen. Der VR leistet nach außen in der Regel in voller Höhe, weil er nur dem Geschädigten gegenüber mit befreiender Wirkung als Haftpflichtversicherer zahlen kann. Vom VN kann er den verauslagten Betrag im Innenverhältnis zurückverlangen. Ein sprachlicher Unterschied zum **Selbstbehalt** besteht nicht, weil auch dort der VN einen Teil des von ihm zu verantwortenden Schadens ebenfalls wirtschaftlich selbst tragen muss.[216]

Bagatellschäden sollen zur Vermeidung von Schadenbearbeitungskosten aus dem Versicherungsschutz herausfallen. Wenn der Schaden wegen der Selbstbeteiligung nicht in voller Höhe vom VR zu zahlen ist, wird insgesamt das Risiko des VR gemindert. Ferner soll der Anreiz gefördert werden, zur Schadenminderung oder -verhütung tätig zu werden. Wenn der VN unmittelbar an den Schadenkosten bei jedem einzelnen Schaden beteiligt wird, wird der VN aus kaufmännischen Gründen schadenmindernde Maßnahmen an Schwachstellen einführen.

Die Selbstbeteiligung des VN kann ein fester Betrag pro Schadenfall oder aber ein Prozentsatz aus der vom VR zu regulierenden Summe sein. Kombinationen von beiden sind zulässig. Häufig werden 15 % des ersatzpflichtigen Schadens, mindestens € 125/150, max. 2.500 € sind Standardsummen eingesetzt. Hinzu kommt die Regelung, dass bei Inventurdifferenzen € 500/600 als 1 Schadenfall gelten.

233 Ferner gibt es in der Praxis individuelle Möglichkeiten, die unterschiedlichsten Selbstbehalte zu vereinbaren.

Abzugsfranchise: Der VR ersetzt nur den über den Franchisebetrag hinausgehenden Schadenanteil. Der Franchisebetrag geht in jedem Schadenfall zu Lasten des VN.

Integralfranchiste: Alle Beträge bis zum vereinbarten Franchisebetrag trägt der VN selbst. Schäden, die über den Franchisebetrag hinausgehen, werden vom VR ohne Abzug erstattet.

In der Praxis gibt es viele Regelungen, die in diesem Zusammenhang nicht ausgeführt werden können. Ein Argument für hohe Selbstbeteiligungen bei gleichzeitiger Absenkung der Prämie ist die anteilige Einsparung der Versicherungssteuer.

234 Die Höhe des Selbstbehalts können die Parteien im Rahmen der Privatautonomie grundsätzlich frei festlegen. Regelungen zum Selbstbehalt können der AGB-Kontrolle nach § 307 Abs. 2 Nr. 2 BGB unterliegen.[217] Der Selbstbehalt darf weder den Zweck der Pflichtversicherung nach § 7a GüKG oder den jeweiligen vertraglichen Regelungen in den AGB zur Versicherung gefährden noch gegen Rechtsvorschriften verstoßen (§ 114 Abs. 2 S. 1). Da Einschränkungen des Versicherungsschutzes zulasten des Geschädigten und der Mitversicherten im Bereich der Pflichtversicherung unzulässig sind (§ 114 Abs. 2 S. 2), darf der Selbstbehalt eine angemessene Höhe nicht überschreiten. Die Frage der

---

216 *Franz Spielmann* VersR **2012** 960.

217 Langheid/Wandt/*Brand* § 114 Rn. 26.

Angemessenheit ist nach den Umständen des Einzelfalls zu entscheiden. Im Kfz-Bereich werden als angemessener Selbstbehalt im Privatkundengeschäft € 10000 angesehen, während im Firmenkundenbereich höhere Summen möglich seien, wobei „die Solvenz des Kunden nicht gefährdet werden dürfe".[218] Ein ADSp-Spediteur (aber auch Frachtführer/Lagerhalter) soll sich nicht auf die Bestimmungen der ADSp berufen dürfen, wenn in seiner Police ein Selbstbehalt vereinbart ist, durch welchen ein Großteil des Schadens nicht von der VHV gedeckt ist.[219] Es liegt nach der ständigen Rechtsprechung des OLG Nürnberg gem. Ziff. 29 III ADSp keine „ausreichende Haftungsversicherung" vor, wenn der Schaden € 10.441 beträgt und der SB € 10.000 .[220] Wenn aber der SB den größten Teil des Schadens nicht deckt, hängt es nach dem OLG Nürnberg immer vom Einzelfall ab, ob eine ausreichende Versicherung vorliegt oder nicht. Nach Koller[221] darf dagegen der Selbstbehalt max. 10% der Regelhaftung nicht übersteigen. Bahnsen[222] sieht dies bei einfachem Verschulden ebenso, jedoch ist bei einem qualifizierten Verschulden ein höherer SB zulässig.

Weil nach dem oben gesagten die vom GDV vorgenommene „Schadenbeteiligungsvariante" gewählt wurde, steht fest, dass diese im Außenverhältnis zu dem Geschädigten nicht gilt. Weil nach § 7a II GüKG und Ziff. 29.2 ADSp die Vereinbarung eines Selbstbehaltes zulässig ist, kann sich der Spediteur entgegen genannten Ansichten auf die Haftungsbeschränkungen (u.a.) der ADSp berufen. Es ist den Kaufleuten (VN und VR) im Rahmen der Privatautonomie überlassen, welche Höhe der Schadenbeteiligung sie angesichts der Prämie und der Anzahl der Schäden wählen. Der Pflichtversicherungscharakter dient dem Schutz des geschädigten Dritten, nicht aber dem Schutz des VN. Von der Frage, welche Höhe der konkrete Schaden im Einzelfall hat, ob Haftungsgrenzen gelten oder nicht, kann die Zulässigkeit einer SB nicht abhängen. Entscheidend ist allein, dass das GüKG und die ADSp samt anderen AGB **ausdrücklich** die Selbstbeteiligung grundsätzlich **unbegrenzt** zulassen.

In der Praxis kommen insbesondere bei großvolumigen Versicherungsverträgen deutlich höhere SB-Varianten vor.

12. Rückgriff, Regress

In **Ziff. 8 DTV-VHV** verzichtet der VR grundsätzlich auf einen **Rückgriff** gegen den VN und seine Arbeitnehmer. Wenn diese den Schaden jedoch vorsätzlich herbeigeführt haben, nimmt der VR nach Zahlung an den geschädigten Anspruchsteller Rückgriff. Durch den Abschluss einer VHV schützt sich der Verkehrsträger gegen das schwer abschätzbare Haftungsrisiko aus Verkehrsverträgen und die im Betrieb beschäftigten Mitarbeiter. Der VR kann jedoch bei Vorsatzhandlungen den VN, dessen Repräsentanten und jeden Mitarbeiter, gleichgültig in welcher Funktion, in Regress nehmen. 235

Wenn der VN seine Anmelde- oder Zahlungspflichten vorsätzlich verletzt, der VR aber gegenüber dem Geschädigten zu leisten verpflichtet war, besteht ebenfalls die Regressmöglichkeit. Dasselbe gilt, wenn ein Versicherungsausschluss gegeben war oder eine Obliegenheitsverletzung zur Leistungsfreiheit des Versicherers geführt hätte, der VR aber

[218] *Franz Spielmann* VersR **2012** 960.

[219] OLG Nürnberg 15.04.2010 TranspR **2010** 346–347.

[220] Ständige Rspr. OLG Nürnberg 12 U 2444/06 vom 18.07.2007 und 12 U 2119/06 vom 16.05.2007 unveröffentlicht.

[221] *Koller* Ziff. 29 ADSp, Rz. 3.

[222] Münchner Kommentar, ADSp, Rz. 277, 279.

dennoch zur Leistung verpflichtet war. Wenn also die VHV wegen den Pflichtversicherungsanforderungen leisten musste, hat der VR die Möglichkeit, Regress gegenüber dem eigenen VN zu nehmen.

13. Anwendbares Recht/Gerichtsstand

Ziff. 14:

14.1 Auf diesen Versicherungsvertrag findet deutsches Recht Anwendung, insbesondere die Vorschriften des VVG.

14.2 Für Klagen gegen den Versicherungsnehmer wegen Prämienzahlung, Zahlung von Schadenbeteiligung, Regressansprüchen oder aus sonstigem Grund ist das Gericht am Ort der Niederlassung oder des Sitzes des Versicherungsnehmers zuständig.

14.3 Für Klagen gegen den Versicherer ist das Gericht am Ort der zuständigen geschäftsführenden Stelle des Versicherers zuständig. Für Klagen gegen den Versicherungsnehmer wegen Prämienzahlung, Zahlung von Schadenbeteiligung, Regressansprüchen oder aus sonstigem Grund ist das Gericht am Ort der Niederlassung oder des Sitzes des Versicherungsnehmers zuständig.

236 a) **Rechtswahl.** Grundsätzlich kann der deutsche VR mit deutschen VN deutsches Recht, d.h. die Geltung des VVG vereinbaren. Dieser Hinweis in **Ziff. 14.1 DTV-VHV** wäre eigentlich nicht erforderlich. Wird keine Rechtswahl getroffen, unterliegt der Vertrag grundsätzlich dem Recht des Staates, in dem der VN seinen gewöhnlichen Aufenthalt hat. Bei deutschen VN und deutschem oder ausländischen VR gilt daher grundsätzlich deutsches Recht.

237 Die Frage ist, ob die VHV ausländische VN innerhalb der EU durch einen deutschen VR ohne Probleme möglich ist. Am 17.06.2008 hat die EG die Verordnung des Europäischen Parlaments und des Rates über das auf vertragliche Schuldverhältnisse anzuwendende Recht erlassen. Sie gilt ab 17.12.2009 als vereinheitlichtes europäisches Recht in allen EG-Mitgliedstaaten mit Ausnahme von Dänemark und Großbritannien, und zwar für alle grenzüberschreitenden Schuldverträge, die nach diesem Datum abgeschlossen werden. Für Versicherungsverträge, die nach dem 17.12.2009 geschlossen werden, beurteilt sich das anwendbare Recht nach der **Rom I-Verordnung.**[223] Es besteht nur noch für Großrisiken im Sinne der EG-rechtlichen Definition Rechtswahlfreiheit (s. Art. 7 Abs. 2 der Rom I-Verordnung). Für Großrisiken besteht Freiheit der Rechtswahl.

238 Die „Haftpflicht aus Landtransporten (Frachtführerhaftung)“ als ein Teilbereich der VHV fällt zwar unter die Sparte 10 b der Anlage A zum VAG. EG-rechtlich ist die Frachtführerhaftung nach der geänderten 1. Schadenversicherungs-Richtlinie kein Großrisiko kraft „Natur“, sondern nur bei Überschreitung der Schwellenwerte für Großrisiken. Die frühere einseitige deutsche Erweiterung in § 10 Abs. 1 Nr. 1 EGVVG, wonach auch Risiken nach Sparte 10 b) Großrisiken kraft „Natur“ darstellten, ist nicht mehr anwendbar. Auch die Bestimmungen zur „laufenden Police“ im VVG und die Bestimmung in § 210 VVG sind bei ausländischem VN ohne Belang, da diese nur die Vertragsfreiheit unter dem VVG betreffen, nicht aber Fragen der Rechtswahlfreiheit nach der Rom I-VO regelt.

---

[223] Rom-I-Verordnung ABlEU L 177 vom 7.4.2008 6.

In der VHV kann mit ausländischen VN grundsätzlich nur dann die Anwendbarkeit deutschen Rechts vereinbart werden, wenn die bekannten Schwellenwerte für Großrisiken überschritten werden. Werden die Grenzen nicht erreicht, was regelmäßig bei de Verkehrsträgern mit Ausnahme weniger Großspeditionen der Fall ist, findet auf den Vertrag das Recht des Staates Anwendung, in dem der VN seinen gewöhnlichen Aufenthalt bzw. Sitz hat.

Eine Ausnahme kann dennoch vorliegen, weil nach Art. 7 Abs. 3 Rom I-Verordnung **239** für die EU/EWR-Mitgliedsstaaten die Möglichkeit besteht, eine größere Rechtswahlfreiheit einzuräumen. Das bedeutet, dass für jedes Land, in dem der jeweilige ausländische VN sitzt, zu prüfen ist, ob nach dessen Landesrecht für VHV ein anderes als das nationale Versicherungsvertragsrecht gewählt werden kann. Deutsches Recht kann mit solchen ausländischen VN bei VHV-Risiken also nur gewählt werden, wenn dies das jeweilige nationale Recht des VN ausdrücklich zulässt.

Wenn keine solche Ausnahmeregeln bestehen, bedeutet dies, dass bei Abschluss einer VHV mit einem ausländischen VN zu prüfen ist, ob die deutschen Versicherungsbedingungen mit dem jeweiligen nationalen Versicherungsrecht vereinbar sind. Ob allein wegen der deutschen Sprache (keine AVB in der Landessprache) die Unwirksamkeit der Versicherungsbedingungen in Betracht käme, kann dahingestellt bleiben. Denn um sicherzustellen, dass vertragliche Risikobeschreibungen, -ausschlüsse und Obliegenheiten tatsächlich wirksam sind, müssten die VHV-Versicherungsbedingungen generell für jedes in Betracht kommende Land auf Konformität mit dem nationalen Recht hin überprüft und ggf. entsprechend angepasst werden. Nur so kann Rechtssicherheit erzielt werden, dass die in der VHV-Versicherung besonders wichtigen Klauseln Bestand haben.

Verwendet ein VR Bedingungen und Klauseln (hier Klausel: Vereinbarung deutschen **240** Rechts), die nicht dem maßgeblichen nationalen Versicherungsrecht entsprechen, ist dies grundsätzlich ein aufsichtsrechtlicher Missbrauchstatbestand. Aufsichtsrechtliche Probleme können außerdem dann entstehen, wenn ausländische Risiken gezeichnet werden und der VR hierfür nicht die notwendigen Erlaubnisse/Zulassungen besitzt. Auf Fragen der jeweils fälligen Versicherungssteuer für die ausländischen VN soll in diesem Zusammenhang nicht eingegangen werden.

Diese Ausführungen gelten dann nicht, wenn der Versicherungsvertrag mit einer deut- **241** schen Mutter abschlossen wurde und das ausländische Tochterunternehmen sozusagen im deutschen Hauptvertrag mitversichert wird. Hier kann deutsches Recht auch für die Risiken der Tochterunternehmen vereinbart werden, wenn das Mutterunternehmen in der BRD sitzt und für die Tochter die Rechtswahl ausüben kann.

b) Gerichtsstand. Für Klagen gegen den VN ist das Gericht der Niederlassung des **242** VN, für Klagen gegen den VR das Gericht am Ort der zuständigen geschäftsführenden Stelle zuständig.

C. BB hochwertige Güter 2005/2008

Schrifttum

Koller Die Leichtfertigkeit im deutschen Transportrecht, VersR **2004** 1346; *Marx* Die Darlegungs- und Beweislast beim qualifizierten Verschulden im Transportrecht nach der aktuellen Rechtsprechung des Bundesgerichtshofs, TranspR **2010** 174–179.

I. Anwendungsbereich

Besondere Bedingungen für die Beförderung und Lagerung hochwertiger Güter 2005/2008 (BB hochwertige Güter 2005/2008)

1 Gegenstand der Besonderen Bedingungen

Abweichend von Ziffer 1.3 DTV-Verkehrshaftungsversicherungs-Bedingungen für die laufende Versicherung für Frachtführer, Spediteure und Lagerhalter 2003/2011 (nachfolgend DTV-VHV genannt) sind die nachfolgenden Güter versichert: ....

1 Der GDV wollten mit den **BB hochwertige Güter** die Versicherung bestimmter zunächst nicht unter die VHV fallender Güter wieder ermöglichen. Der Wiedereinschluss der zunächst in den Ziff. 1.4 DTV-VHV ausgeschlossenen Güterrisiken sollte ermöglicht werden. Die Erfahrung hat gezeigt, dass die VR, welche die DTV-VHV ab 2003 anwendeten und Güter ausschlossen, den VN eine Gelegenheit bieten mussten, wie und in welchem Umfang sie die nicht versicherten Risiken wieder einschließen. VR mussten die erhöhten Haftungsrisiken bei diesen besonderen Gütern bewerten und hierzu hat der GDV die unverbindliche Möglichkeiten über die BB hochwertige Güter den VU angeboten.[1]

2 Voraussetzung einer ordentlichen Risikoeinschätzung ist zunächst, dass der VR sich intensiv mit der deutschen Rechtsprechung zum qualifizierten Verschulden der Verkehrsträger auseinandersetzt.

3 Je größer die mit der Güterbeförderung verbundenen Risiken sind, desto höhere Anforderungen sind an die zu treffenden Sicherheitsmaßnahmen zu stellen. Von erheblicher Bedeutung ist in diesem Zusammenhang, ob das transportierte Gut leicht verwertbar und damit besonders diebstahlsgefährdet ist, welchen Wert es hat, ob dem Frachtführer die besondere Gefahrenlage bekannt sein musste und welche konkreten Möglichkeiten einer gesicherten Fahrtunterbrechung es gab, um vorgeschriebene Pausen einzuhalten.[2]

Es liegt im Interesse des Verkehrsträgers, dass er seine Fahrer und Mitarbeiter vor Diebstählen und Überfällen schützt. Eine Gefährdung des Lebens seiner Mitarbeiter muss vermieden werden. Ferner muss der Verkehrsträger die Güter sicher befördern und besondere Maßnahmen für jeden Einzelfall vornehmen.

Der BGH hat zwar entschieden, dass bei einem allgemeinen Hinweis in einem Frachtvertrag „ACHTUNG: Diebstahlgefährdete Ware! Wagen wird verplombt!“ der Verkehrsträger grundsätzlich nicht von einer „besondere Gefahrenlage“ ausgehen muss und er keinen Einsatz eines Kastenwagens statt eines Planen-Lkws oder den Einsatz eines zweiten Fahrers vornehmen muss.[3] Sobald der Auftraggeber aber die Art der Ware und dessen Wert mitteilt, muss er das in seiner Obhut befindliche Gut besonders schützen.

---

[1] Thume/de la Motte/Ehlers/*Kollatz* BB hochwertige Güter Rn. 159.

[2] BGH 06.06.2007 TranspR **2007** 423–425; BGH 01.07.2010 TranspR **2011** 78–80, *Koller* VersR **2004** 1346.

[3] BGH 01.07.2010 TranspR **2011** 78–80.

Der Auftraggeber muss den ungewöhnlich hohen Wert des Transportguts so rechtzeitig mitteilen, dass der Verkehrsträger eine Entscheidung darüber treffen kann, ob er angesichts des Werts und der Art des Transportguts den Verkehrsvertrag überhaupt ausführen will. Als zweites kommt hinzu, dass er besondere Sicherungsmaßnahmen nach der ständigen Rechtsprechung des BGH ergreifen muss.[4] Bei Verlust von Waren, die einerseits auf einem qualifizierten Verschulden des Frachtführers und zum anderen auf der vom Auftraggeber nicht angegebenen hohen Werts des Gutes beruhen, kann zwar nach der Rechtsprechung des BGH eine Schadensteilung erfolgen. Es kann auch trotz einem qualifizierten Verschulden des Frachtführers eine Haftung entfallen, wenn der AG sogenannte „Verbotsgüter" übergibt, d.h. Güter die der Frachtführer in seinen AGB von der Beförderung ausschließt.[5] Wenn der Wert der Sendung sehr deutlich über dem Betrag liegt, ab dem ein Hinweis auf einen ungewöhnlich hohen Schaden hätte erfolgen müssen, kommt dieser vollständiger Ausschluss der Haftung des Frachtführers in Betracht.[6]

Wenn allerdings kein Mitverschulden vorliegt, regelt der BGH die **Beweislast** wie folgt: Wenn der Vortrag des Klägers ein qualifiziertes Verschulden mit gewisser Wahrscheinlichkeit nahelegt oder sich Anhaltspunkte für ein derartiges Verschulden aus dem unstreitigen Sachverhalt ergeben, muss der Frachtführer substantiiert darlegen (**sekundäre Darlegungslast**), welche Sorgfalt er zur Vermeidung des eingetretenen Schadens konkret angewendet hat. Kommt er dem nicht nach, kann nach den Umständen des Einzelfalls auf ein qualifiziertes Verschulden geschlossen werden, mit der Folge, dass der Frachtführer in voller Höhe den Schaden erstatten muss.[7] Angesichts des unterschiedlichen Informationsstands der Vertragsparteien muss dem Frachtführer die Beweislast nach Treu und Glauben übertragen werden, soweit möglich und zumutbar, zu den näheren Umständen des Schadensfalls im Prozess im Hinblick auf das qualifizierten Verschulden vorzutragen.[8]

Diese Grundsätze hat die Rechtsprechung für den Fall des Verlustes von Transportgut entwickelt.[9] Der BGH lässt jedoch keine schematische Betrachtungsweise zu. Es sind bei der Abwägung sämtliche festgestellten Umstände zu berücksichtigen.[10]

Angesichts dieser komplexen auf den Einzelfall bezogenen Rechtsprechung des BGH **4**
muss bei einer Versicherung der risikogefährdeten Güter der VHV-VR überlegen, wie er mit dem Risiko umgeht, dass er jeden Schadenfall in voller Höhe für seinen VN zahlen muss, d.h. ohne die Geltendmachung von Höchsthaftungsgrenzen (§§ 429–434 HGB und Ziff. 23 und 24 ADSp u.a.). Zunächst hat der GDV die Nichteinbeziehung der Güter in Ziff. 1.4 DTV-VHV vorgeschlagen. Wenn er den Wiedereinschluss mit besonderen Klauseln zulässt, so muss die Beförderung oder Lagerung gewisser hochwertiger Waren teurer sein, weil der Haftungsversicherer für das zusätzliche Risiko mehr Prämie verlangen wird.

Diese Technik des Wiedereinschlusses mit einer beschränkten Versicherungsmöglichkeit soll für einen schadenfreien Ablauf in der Transportwirtschaft sorgen, damit besonders gefährdete Güter sicher befördert werden können. Dies liegt im Interesse aller Beteiligten (Verlader, Verkehrsträger, VR).

Versender und Empfänger verlangen in Rahmenverträge häufig die Einhaltung beson- **5**
derer Richtlinien bei besonderen Gütern. Sie verlangen zusätzliche Sicherheitsmaßnah-

---

[4] BGH 3.07.2008 TranspR **2008** 394; BGH 13.06.2012 MDR **2012** 1423–1425.

[5] BGH 5.02.2007 TranspR **2007** 164.

[6] BGH 13.08.2009 TranspR **2010**, 143.

[7] *Marx* TranspR **2010** 174–179, *Abele* TranspR **2012** 391.

[8] BGH 18.12.2008 TranspR **2009** 134.

[9] BGH 10.12.2009 TranspR **2010** 78; BGH 24.11.2010 TranspR **2011** 161; BGH 13.1.2011 TranspR **2011** 218.

[10] BGH 18.12.2008 TranspR **2010** 143, *Koller* VersR **2004** 1346.

men, die über das hinausgeht, was die Rechtsprechung von einem ordentlichen Spediteur bzw. Frachtführer verlangt. Vom Auftraggeber sind die durch die Sicherheitsmaßnahmen erforderlich gewordenen Mehrkosten auf Seiten der Verkehrsträger zu zahlen. Am Markt hat man längst erkannt, dass Sicherheit erstens Geld kostet, zweitens Geld für Reklamationen und Schadenbearbeitung samt weiteren immateriellen Rufschäden und Ärger bei den Empfängern spart. Um dies über die VHV wieder versicherbar zu machen, hat der GDV in den BB besondere Maßnahmen vorgeschlagen.

II. Besondere Obliegenheiten

2 Obliegenheiten

2.1 Sofern der Warenwert ..... € je Verkehrsvertrag, maximal ...... € je Transportmittel/Lager übersteigt, obliegt es dem Versicherungsnehmer, ergänzend zu den Obliegenheiten gemäß Ziffer 7 DTV-VHV,

2.1.1 für die Beförderung ausschließlich Koffer- oder Kastenfahrzeuge, Container oder Kofferwechselbrücken zu verwenden, die zusätzlich durch besonders geeignete Riegel- oder Schließsysteme gesichert sind;

2.1.2 Beförderungen nur ohne Aufenthalt, oder wenn dies nicht möglich ist, nur mit zwei Fahrern durchzuführen, es sei denn, der Auftraggeber ist mit der Beförderung durch nur einen Fahrer vor Beginn der Beförderung schriftlich ausdrücklich einverstanden. Bei Fahrten mit nur einem Fahrer muss vor Fahrtantritt sichergestellt sein, dass der Fahrer auf seiner Fahrtroute bewachte Parkplätze oder bewachte Speditions-/Frachthöfe auch tatsächlich anfahren kann;

2.1.3 dafür zu sorgen, dass das Fahrpersonal während der Dauer der Beförderung durch Mobiltelefone erreichbar ist;

2.1.4 dafür zu sorgen, dass jegliche Lagerung, einschließlich transportbedingte Zwischenlagerungen (auch kurzfristig), nur in besonders gesicherten Lagerstätten erfolgen, die

2.1.4.1 mit einer durch die VdS Schadenverhütung GmbH oder gleichermaßen qualifizierten Prüfstelle anerkannten Einbruchmeldeanlage überwacht werden, die auf die zuständige Polizei oder auf ein durch die VdS Schadenverhütung GmbH oder eine gleichermaßen qualifizierte Zertifizierungsstelle anerkanntes Wach- und Sicherheitsunternehmen aufgeschaltet ist;
sowie

2.1.4.2 mit einer Brandmeldeanlage ausgestattet sind, die in Übereinstimmung mit den Richtlinien der VdS Schadenverhütung GmbH oder vergleichbaren Regelwerken erstellt und betrieben wird und auf die zuständige Feuerwehr oder auf ein durch die VdS Schadenverhütung GmbH oder eine gleichermaßen qualifizierte Zertifizierungsstelle anerkanntes Wach- und Sicherheitsunternehmen aufgeschaltet ist;

2.1.5 dafür zu sorgen, dass innerhalb der Lagerstätten (Ziffer 2.1.4) zusätzlich ein besonders abgeschlossener und gesicherter Raum (Wertverschlag), sowie eine genau definierte Wertverschlagsorganisation vorgehalten und genutzt werden.

2.1.6 dafür zu sorgen, dass neben der Schnittstellenkontrolle gemäß Ziffer 7.1.8 DTV-VHV auch jede innerbetriebliche Übergabe/Übernahme dokumentiert, wird

2.1.7 besonders vertrauenswürdige Mitarbeiter einzusetzen, die im Umgang mit hochwertigen Gütern und den zusätzlichen Sicherheitsmaßnahmen vertraut sind und regelmäßig geschult werden;

2.1.8 seine Mitarbeiter hinsichtlich der Einhaltung der Obliegenheiten gemäß Ziffer 2.1.1 bis 2.1.7 sowie 2.2 zu überwachen;

2.1.9 bei Beauftragung von Subunternehmern und Erfüllungsgehilfen dafür Sorge zu tragen, dass auch sie sich zur Einhaltung der Obliegenheiten gemäß Ziffer 2.1.1 bis 2.1.7 sowie 2.2 schriftlich verpflichten;

2.2 Darüber hinaus hat der Versicherungsnehmer sicherzustellen, dass bei einem Warenwert, der ...... € je Verkehrsvertrag, maximal ...... € je Transportmittel übersteigt, das Fahrzeug durch ein Überwachungssystem (z.B. GPS/GSM) mit Aufschaltung zu einer ständig besetzten Notrufzentrale überwacht wird und im Alarmfall ein vorher definierter Notfallplan ausgelöst wird.

2.3 Im Übrigen bleiben die Versicherungsleistungen gemäß Ziffer 8 DTV-VHV unberührt.

3 Besondere Selbstbeteiligung

Die Schadenbeteiligung des Versicherungsnehmers beträgt für die in Ziffer 1 genannten Güter € .... je Schadenfall.

4 Beginn des Versicherungsschutzes

Der Versicherungsschutz beginnt mit Wirkung vom ....

5 Besonderes Kündigungsrecht

Diese besonderen Bedingungen können mit einer Frist von 3 Monaten zum Ende eines Versicherungsjahres gesondert gekündigt werden.

6 Anderweitige Bestimmungen

Im Übrigen gelten die Bestimmungen der DTV-VHV.

VHV-VR geben an die Verkehrsträger besondere gegenüber den VHV zusätzliche Obliegenheiten vor: Benutzung bewachter Parkplätze, Besetzung der Kfz mit zwei Fahrern, Einsatz von besonderen Diebstahlsschutzgeräten für die Ladung, Bewachung der Lager durch Wachdienste, Diebstahlsschutzeinrichtungen bei Lagerhaltung. Diese Obliegenheiten orientieren sich stark an der Rechtsprechung der deutschen Gerichte zum qualifizierten Verschulden. 6

Welche Sicherheitsvorkehrungen der Verkehrsträger zur Erfüllung seiner vertraglichen Verpflichtung, das in seiner Obhut befindliche Transportgut während der Beförderung oder Lagerung vor Diebstahl oder Raub zu bewahren, haftungsseitig ergreifen muss, hängt von den Umständen des Einzelfalls ab. Entscheidend ist, ob die getroffenen Maßnahmen den aktuell erforderlichen Sorgfaltsanforderungen genügen. 7

Um das Haftungsrisiko des VN zu minimieren, vereinbaren die VR die besonderen Obliegenheiten gemäß den BB Güter. Sie verlangen genau das, was die Rechtsprechung vom VN verlangt. Da diese Obliegenheiten im Wortlaut **selbsterklärend** sind, soll auf den Inhalt der einzelnen Obliegenheiten, die Maxima und die SB samt der Kündigungsfrist der BB nicht eingegangen werden. 8

D. Zollversicherung

Schrifttum

Görtz Nämlichkeitssicherung im TIR-Verfahren BDZ 2009 F 63-F 65; *Hartenstein/Reuschle* Handbuch des Fachanwalts Transport- und Speditionsrecht, 2. Aufl., Köln 2012, Kap. 20: Zollrecht; *Witte/Wolffgang* Lehrbuch des Europäischen Zollrechts. 6. Auflage 2009.

Allgemeine Bedingungen für die Versicherung gegen Abgabenforderungen (DTV-AVB Zoll 2005/08)

1 Gegenstand des Versicherungsschutzes

1.1 Gegenstand des Versicherungsschutzes sind alle dem Versicherungsnehmer während der Laufzeit der Versicherung erteilten Zollaufträge zur Durchführung von Zollabfertigungen jeglicher Art einschließlich IT-gestützter Zollabwicklungen, die dem Versicherer nach Maßgabe der Ziffer 9 aufgegeben werden, wenn sie

1.1.1 im Zusammenhang mit einem Verkehrsvertrag (Fracht-, Speditions- und Lagerverträge im Sinne des HGB) stehen und / oder;

1.1.2 ohne Übernahme der Verpflichtung zur Besorgung oder Durchführung der Beförderung der Sendung, die Eröffnung eines gemeinschaftlichen/gemeinsamen Versandverfahrens zum Inhalt haben, wenn der Versicherungsnehmer sich von dem im Geltungsbereich des Versandverfahrens ansässigen Empfänger der Sendung vor Eröffnung des Versandverfahrens schriftlich hat bestätigen lassen, dass er die Ware bestellt hat und erwartet.

1.2 Zollaufträge von Privatpersonen sind nicht versichert.

2 Versichertes Interesse

Versichert sind die von Zollbehörden der Staaten des europäischen Wirtschaftsraumes (EWR), Schweiz, Liechtenstein und Island gegen den Versicherungsnehmer erhobenen Abgabenforderungen, wie z.B. Zölle, Abschöpfungen, Einfuhrumsatzsteuer (EUSt) und Verbrauchsteuern, aufgrund von ihm verursachter fehlerhafter Ausführung der erteilten Zollaufträge in seiner Eigenschaft als Anmelder (Zollbeteiligter, Hauptverpflichteter eines gemeinschaftlichen/gemeinsamen Versandverfahrens, Zollanmelder, Zollwertanmelder oder dessen Vertreter), Zoll-, Steuer- oder Haftungsschuldner.

3 Umfang des Versicherungsschutzes

Die Leistungsverpflichtung des Versicherers umfasst die Befriedigung begründeter und die Abwehr unbegründeter Abgabenforderungen, die gegen den Versicherungsnehmer erhoben werden.

4 Ausschlüsse

Ausgeschlossen sind Abgabenforderungen sowie Ansprüche,

4.1 entstanden aus Schäden durch Naturkatastrophen (z.B. Erdbeben, Blitzschlag, vulkanische Ausbrüche);

4.2 verursacht durch vorsätzliches oder grob fahrlässiges Handeln oder Unterlassen des Versicherungsnehmers oder seines Repräsentanten;

4.3 die dadurch entstanden sind, dass der Versicherungsnehmer das Zollgut veredelt, bearbeitet, verarbeitet, verändert oder in sonstiger Weise auf dieses eingewirkt hat;

4.4 aufgrund von dem Versicherungsnehmer überlassenen fehlerhaften Dokumenten oder ihm gegenüber gemachten falschen Angaben bzw. aufgrund schuldhaften Verhaltens des Auftraggebers;

4.5 aus Aufträgen zur Zollabfertigung
- folgender Marktordnungswaren: ....
- folgender verbrauchsteuerpflichtigen Erzeugnisse: ....

Dieses Risiko kann gegen gesonderte Prämie und aufgrund schriftlicher Vereinbarung versichert werden;

4.6 aus Carnet-TIR-Verfahren;

4.7 die dem Abgaben- oder Wirtschaftsstrafrecht zuzuordnen sind oder strafähnlichen Charakter haben, wie z.B. Geldstrafen, Verwaltungsstrafen, Bußgelder, Erzwingungs- und Sicherungsgelder und sonstigen Zahlungen mit Buß- oder Strafcharakter sowie damit zusammenhängenden Kosten;

4.8 entstanden aus Schäden durch Krieg, kriegsähnliche Ereignisse, Bürgerkrieg, innere Unruhen oder Aufruhr;

4.9 entstanden aus Schäden durch Streik, Aussperrung, Arbeitsunruhen, terroristische Gewaltakte oder politische Gewalthandlungen;

4.10 entstanden aus Schäden infolge der Verwendung – gleichgültig durch wen – von chemischen, biologischen, biochemischen Substanzen oder elektromagnetischen Wellen als Waffen mit gemeingefährlicher Wirkung, und zwar ohne Rücksicht auf sonstige mitwirkende Ursachen;

4.11 entstanden aus Schäden durch Kernenergie oder sonstige ionisierende Strahlung;

4.12 entstanden aus Schäden durch Beschlagnahme, Entziehung oder sonstige Eingriffe von hoher Hand;

4.13 insoweit, als die Durchsetzung von Rückgriffs- oder Erstattungsforderungen durch Handlungen oder Unterlassungen des Versicherungsnehmers oder seiner Repräsentanten ausgeschlossen ist.

5 Obliegenheiten

Dem Versicherungsnehmer obliegt es,

5.1 vor Eintritt des Versicherungsfalles

5.1.1 dafür zu sorgen, dass für die Auftragsdurchführung erforderliche Genehmigungen vorliegen und behördliche Auflagen eingehalten werden;

5.1.2 Mitarbeiter sorgfältig auszuwählen, einzuarbeiten und hinsichtlich der für die Zollabwicklung relevanten Vorschriften sowie der IT-gestützten Zollabwicklung nach dem jeweils neuesten Stand aus- und weiterzubilden;

5.1.3 die Auswahl der Subunternehmer und sonstiger Erfüllungsgehilfen mit der Sorgfalt eines ordentlichen Kaufmanns zu treffen und die von ihm beauftragten Verkehrsträger über die zoll- und steuerrechtliche relevanten Vorschriften im Zusammenhang mit der Abwicklung des Zollauftrages zu belehren;

5.1.4 das Zollgut an einen von ihm beauftragten Verkehrsunternehmer nur gegen Abgabe einer von diesem bzw. dessen Fahrer unterzeichneten Übernahmeerklärung inkl. Anweisungen im Versandverfahren für die Zollabwicklung zu übergeben;

5.1.5 dafür zu sorgen, dass die für die Auftragsabwicklung im IT-Verfahren eingesetzten elektronischen Geräte auf ihre Funktionsfähigkeit geprüft sind und ordnungsgemäß gewartet werden sowie die Soft- und Hardware immer den jeweiligen Erfordernissen des aktuellen Zollanmeldeverfahrens entsprechen;

5.1.6 ferner dafür zu sorgen, dass eine den jeweiligen Erfordernissen entsprechende Sicherung der Daten und den gesetzmäßige Archivierung gewährleistet ist;

5.2 nach Eintritt des Versicherungsfalls

5.2.1 jede Inanspruchnahme dem Versicherer unverzüglich schriftlich zu melden, spätestens 14 Tage nachdem er davon Kenntnis erlangt hat;

5.2.2 dem Versicherer alle zur Beurteilung des jeweiligen Zolltatbestandes notwendigen Unterlagen, einschließlich eines Ausdrucks der elektronischen Zollanmeldung vorzulegen;

5.2.3 für die Abwendung und Minderung des Schadens zu sorgen, dem Versicherer jede notwendige Auskunft zu geben und etwaige Weisungen des Versicherers zu befolgen;

5.2.4 Ersatzansprüche gegen Dritte zu sichern;

5.2.5 bei Eingang von Zoll- und Steuerbescheiden, Mahnbescheiden und Klagen gegen den Versicherungsnehmer sowie für den Fall, dass der Versicherungsnehmer selbst Klage beim Finanzgericht erheben will, den Versicherer unverzüglich zu benachrichtigen und die erforderlichen Rechtsmittel oder Rechtsbehelfe wie Einspruch, Beschwerde und Widerspruch fristgerecht einzulegen;

5.2.6 sich auf Verlangen und Kosten des Versicherers auf einen Prozess einzulassen und dem Versicherer die Prozessführung zu übertragen.

6 Leistungsfreiheit bei Obliegenheitsverletzung

6.1 Verletzt der Versicherungsnehmer oder einer seiner Repräsentanten diese oder sonst vertraglich vereinbarte Obliegenheiten vorsätzlich oder grob fahrlässig, ist der Versicherer von der Leistung frei, es sei denn, die Verletzung war weder für den Eintritt oder die Feststellung des Versicherungsfalls noch für die Feststellung oder den Umfang der Leistungspflicht ursächlich. Satz 1 gilt nicht, wenn der Versicherungsnehmer die Obliegenheit arglistig verletzt hat.

6.2 Bezieht sich die Verletzung von Obliegenheiten auf eine nach Eintritt des Versicherungsfalls bestehende Auskunfts- oder Aufklärungsobliegenheit wie z.B. nach Maßgabe der Ziffern 5.2.1, 5.2.2, 5.2.3 oder 5.2.5 wird der Versicherer auch ohne gesonderte Mitteilung der Rechtsfolge an den Versicherungsnehmer von der Leistung frei.

7 Begrenzung der Versicherungsleistung

Die Versicherungsleistung ist je Tatbestand, d.h. jedes Handeln und Unterlassen, welcher eine Inanspruchnahme durch eine Zollbehörde im Sinne von Ziffer 2 zur Folge hat, mit € .... begrenzt, maximal mit € .... je Kalenderjahr.

Die Begrenzung je Kalenderjahr umfasst alle über diese Police zu erbringenden Versicherungsleistungen einschließlich der gerichtlichen und außergerichtlichen Kosten, soweit sie den Umständen nach geboten waren. Maßgebend für die Errechnung dieses Betrages ist jeweils der Zeitpunkt der fehlerhaften Ausführung des Zollauftrages.

8 Selbstbeteiligung

Die allgemeine Schadenbeteiligung des Versicherungsnehmers beträgt .... % der Versicherungsleistung je Tatbestand, mindestens € ...., höchstens € ....

9 Anmeldung, Prämie, Zahlung und Sanierung

9.1 Anmeldepflicht

Durch den Abschluss dieser laufenden Versicherung wird der Versicherungsnehmer verpflichtet, sämtliche unter diesen Versicherungsvertrag fallenden Zollaufträge nach Maßgabe der Ziffer 9.2 oder die vereinbarte Prämiengrundlage anzumelden.

9.2 Anmeldeverfahren

(Bausteinsystem: Raum für individuelles Anmeldeverfahren, z.B. Umsatz-, Einzel- oder summarische Anmeldungen, Deckungszusagen uvm.)

9.3 Verletzung der Anmeldepflicht

9.3.1 Hat der Versicherungsnehmer die Anmeldung unterlassen oder fehlerhaft vorgenommen, so ist der Versicherer von der Verpflichtung zur Leistung frei, ohne dass es einer Kündigung durch den Versicherer bedarf, es sei denn, dass der Versicherungsnehmer die Sorgfaltspflicht eines ordentlichen Kaufmannes nicht verletzt hat und dass er die Anmeldung unverzüglich nach Entdeckung des Fehlers nachgeholt oder berichtigt hat.

9.3.2 Verletzt der Versicherungsnehmer die Anmeldepflicht vorsätzlich, so kann der Versicherer den Vertrag fristlos kündigen. Dem Versicherer gebühren die Prämien, die ihm im Falle gehöriger Erfüllung des Vertrages bis zum Wirksamwerden der Kündigung zu zahlen gewesen wären.

I. Entstehungsgeschichte

Historisch sind Zölle eine der ältesten Abgabenformen, ursprünglich Entgelt für die Benutzung von Wegen, Brücken Märkten etc. Später gab es folgende wirtschaftlichen Überlegungen: Schutzzollgedanke durch Regulierung der Einfuhr mit dem Ziel, bessere Einfuhrbedingungen für die eigenen Produzenten zu schaffen. 1

Wichtige Schritte in der Entwicklung:
- 1834 Gründung Deutscher Zollverein
- 1869 Vereinszollgesetz
- 1871 Gründung deutsches Reich mit einheitlichem Zollgebiet
- 1939 neues Zollgesetz
- 1949 Gründung BRD und DDR – divergierende Zollrechtsentwicklung
- 1958 Bildung EWG mit Ziel der Schaffung einer Zollunion
- 1968 Verwirklichung Zollunion in der EG und gemeinsamer Zolltarif
- 1990 Einheit Deutschlands/Einbeziehung neue Bundesländer
- 1992 Zollkodex der EG.

Im Zollbereich sind EG-Rechtsverordnungen die wichtigsten Rechtsquellen, die unmittelbar auf jene anwendbar sind, die an Warenbewegungen über die Zollgrenzen der EU beteiligt sind. Die wichtigste Rechtsverordnung ist der der **Zollkodex**(ZK). Er wurde zur europaweiten Vereinheitlichung der Zollvorschriften am 12. Oktober 1992 erlassen (VO Nr. 2913/92/EWG).[1] und ist die Grundlage des EU-Zollrechts. Der Zollkodex ist nur im Zollgebiet der Europäischen Gemeinschaft (Art. 3 ZK) anwendbar. Es wird die Erhebung der Ein- und Ausfuhrabgaben geregelt, die beim Warenverkehr zwischen Mitgliedstaaten und Drittländern anfallen. Er wird durch die Bestimmungen der Zollkodex-Durchführungsverordnung (ZK-DVO) ergänzt. Ferner gibt es die Verordnung (EWG) Nr. 2454/93 der Kommission mit Durchführungsvorschriften zu der Verordnung (EWG) Nr. 2913/92 des Rates zur Festlegung des Zollkodex der Gemeinschaften vom 2. Juli 1993, der Zollbefreiungsverordnung (ZollbefreiungsVO) Verordnung (EG) Nr. 1186/2009 des Rates über das gemeinschaftliche System der Zollbefreiungen, dem Gemeinsamen Zolltarif der Europäischen Gemeinschaften.

Hinzu kommt das **nationale Zollrecht** mit dem Zollverwaltungsgesetz (ZollVG) vom 21. Dezember 1992 und der zu seiner Durchführung erlassenen Zollverordnung (ZollV) vom 23. Dezember 1993.[2] Darin sind die Grundlagen für die Erhebung der Einfuhr- und 2

---

[1] http://eur-lex.europa.eu/LexUriServ/LexUriServ.do?uri=CELEX:31992R2913:DE:NOT.

[2] http://www.zoll.de/DE/Fachthemen/Zoelle/Rechtsgrundlagen/rechtsgrundlagen_node.html.

Ausfuhrabgaben, der Zolltarif, Ursprung, Zollwert der Waren, das Verbringen ins Zollgebiet, Gestellen, Anmelden, vorübergehende Verwahrung, zollrechtl. Bestimmung, Zollverfahren, Befreiungen, die Zollschuld samt deren Entstehen, Erhebung, Erlöschen, Erstattung oder Erlass der Abgaben und die Rechtsbehelfe geregelt. Während einer zollamtlichen Überwachung gibt es besondere Pflichten für Verkehrsträger, weil sie die Ware im Besitz haben. Zollamtliche Überwachung besteht, bis zur Überführung in den zollrechtlich freien Verkehr, Verbringung in eine Freizone oder ein Freilager, Wiederausfuhr oder Vernichtung oder Zerstörung.

3 Wenn ein speditioneller Fehler bei einer vereinbarten Nebenpflicht zur Verzollung zur Haftung führt, ist dieser zivilrechtliche Haftungstatbestand grundsätzlich über die VHV versichert. Der Verkehrsträger haftet nach den jeweiligen verkehrsvertraglichen Vorschriften für den beim Geschädigten eingetretenen **Zollschaden.** Im Regelfall besteht eine entsprechende VHV-Deckung für den zivilrechtlichen HGB-Anspruch des Geschädigten.

Wenn jedoch bei gleichem Sachverhalt eine Zollbehörde einen hoheitlichen Bescheid (Zollbescheid) statt gegen den Absender bzw. Empfänger gegen den Verkehrsträger erlässt, weil dieser gegenüber dem Zoll seine Pflichten verletzt hat, dann ist dieses Risiko nicht über die DTV-VHV oder die meisten „normalen“ VHV-Deckungen versichert.

4 Zollforderungen können sehr hoch sein, so dass ein Versicherungsbedürfnis bestand. *Schneider* hat dies für das Jahr 1992 so kommentiert: „*Der Verkehrshaftungsmarkt hatte daher eine Zollpolice entwickelt, die allerdings häufig sehr schlecht verlief. Mit Zolltätigkeiten befaßte Spediteure sind im Berichtsjahr vor allem bei Hochzollgütern (Zigaretten, Fleisch, Lebendvieh u.a.) aufgrund betrügerischer Machenschaften – zum Teil unter Mitwirkung von Zollbeamten – mit Zollforderungen und Eingangsabgaben weit über die 100-Millionen-Grenze hinaus konfrontiert worden. Aufgrund der in der Regel sehr niedrigen Maxima der Zoll-Police sind die VR hiervon nur in relativ geringem Umfang tangiert. Dennoch ist deutlich geworden, dass solche Risiken in der bisherigen Weise nicht mehr versicherbar sind, zumal seit der Öffnung der Ostgrenzen auch in diesem Spezialbereich mit einer weiteren Zunahme der Kriminalität gerechnet werden muss. Die VR werden hieraus die notwendigen Konsequenzen für den künftigen Umfang des Deckungsschutzes ziehen müssen.*“[3]

5 Der GDV hat für dieses spezielle eigentlich nicht unter die klassische VHV fallende Risiko 2005 die **Allgemeine Bedingungen für die Versicherung gegen Abgabenforderungen (DTV-AVB Zoll 2005/08)** entwickelt. Weil der Markt seit langem diese Versicherungsvariante kannte und man aus dem schlechten Verlauf der Zolldeckungen gewisse Schlüsse zog, wurde unverbindlich diese Empfehlung ausgesprochen, der viele VR gefolgt sind.

II. Inhalt und Zweck der Zolldeckung

1. Zolltätigkeiten

6 Alle Waren, die in ein Zollverfahren überführt werden sollen, sind unabhängig von ihrem Status als Gemeinschafts- oder Nichtgemeinschaftsware zu dem betreffenden Verfahren vom Zollschuldner anzumelden. Artikel 5 Zollkodex sieht vor, dass sich der Ver-

[3] *Schneider* Verkehrshaftungs-Versicherung und Verkehrshaftungs-Fragen 1992, VW **1993** 1250.

sender/Eigentümer gegenüber den Zollbehörden bei der Vornahme der das Zollrecht betreffenden Verfahrenshandlungen vertreten lassen kann. Die Vertretung kann direkt, wenn der Vertreter in Namen und für Rechnung eines anderen handelt oder indirekt erfolgen, wenn der Vertreter in eigenem Namen, aber für Rechnung eines anderen handelt. Zur Zahlung der Einfuhrabgaben wird nach Art. 201 Abs. 3 ZK die Person verpflichtet, welche die Zollanmeldung im eigenen Namen abgibt oder in deren Namen eine Zollanmeldung abgegeben wird, also der Anmelder. Im Falle der indirekten Stellvertretung werden gesamtschuldnerisch sowohl der Stellvertreter als auch der Vertretene **Zollschuldner**.

Soweit ein Verkehrsträger gegenüber der Zollbehörde als „Zollbeteiligter" auftritt, gerät dieser in ein öffentlich-rechtliches Verhältnis zum Staat. Wenn er Zollanmeldungen für den Auftraggeber vornimmt oder gar Versandscheinverfahren eröffnet, ist er ein solcher Zollbeteiligter. Nach dem Zollkodex ist der Verkehrsträger für Fehler aus nicht gesetzesmäßiger Erledigung von Zollformalitäten haftbar.

In der Regel geht es bei der DTV-AVB Zoll 2005/08 um Zölle und sonstige Einfuhr- **7**
abgaben, die der Zoll wegen fehlerhafter Handlung des Verkehrsträgers nicht beim eigentlichen Abgabenschuldner, dem Importeur, geltend macht, sondern sich per Bescheid an den Verkehrsträger wendet. Die Erhebung von Abgaben setzt beim Eingang einer Ware in den Wirtschaftskreislauf (Einfuhrzoll) bzw. beim Verlassen (Ausfuhrzoll) an. Für dieses spezielle **„öffentlich-rechtliche Haftungsrisiko"** wird über die DTV-AVB Zoll Versicherungsschutz geboten. Versichert sind die von Zollbehörden gegen den VN erhobenen Abgabenforderungen, die dieser in seiner Eigenschaft als Zollschuldner „zu vertreten" hat.

2. Ausgenommene Zolltätigkeiten

Wenn kein Zusammenhang mit einem Verkehrsvertrag (Fracht-, Speditions- und **8**
Lagerverträge im Sinne des HGB) bestehet, greift die Zollversicherung nach DTV-AVB Zoll nicht ein. Dies gilt für die sog. Zollagenten. Wenn eine Spedition einen Zollauftrag annimmt, ohne gleichzeitig auch die Übernahme der Durchführung der Beförderung der Sendung zu besorgen, besteht nach den DTV-AVB Zoll ebenfalls keine Deckung.

Wenn aber die Eröffnung eines gemeinschaftlichen/gemeinsamen Versandverfahrens erfolgt ist, besteht Deckung gem. den DTV-AVB Zoll nur dann, wenn der VN sich von dem im Geltungsbereich des Versandverfahrens ansässigen Empfänger der Sendung vor Eröffnung des Versandverfahrens schriftlich hat bestätigen lassen, dass er die Ware bestellt hat und erwartet.

Nicht Gegenstand der Zollversicherung nach DTV-AVB Zoll sind schließlich Zollauf- **9**
träge von Privatpersonen.

Im Gegensatz dazu bestehen am Markt allerlei Varianten zu diesem Thema „Zollver- **10**
sicherung". Teilweise werden die genannten GDV-Einschränkungen so nicht übernommen. Teilweise wird am Markt zusätzlich ausgeschlossen, wenn der Auftraggeber dem VN nicht bekannt ist. Damit besteht bei nur einem einzigen Auftrag eines betrügerischen Unbekannten kein Deckungsschutz. Dies gilt für die Zollspedition, die z.B. an den Ostgrenzen sitzt und keinerlei Bezug zu einem Auftraggeber hat und gegen geringstes Entgelt die Verzollung vorzunehmen hat. Wenn etwa gefälligkeitshalber das T-Dokument anderen Personen zur Verfügung gestellt wird und diese Fälle häufig vorkamen, wollen manche VHV-VR dieses Risiko zusätzlich ausschließen.

III. Anwendungsbereich

1. Abgabenforderungen

11 Versichert sind erstens die den Staaten des europäischen Wirtschaftsraumes (EWR), Schweiz, Liechtenstein und Island erhobenen Forderungen. Außerhalb dieser Liste genannten Zollbehörden sind nicht gedeckt. Zuständige **Zollbehörden** in der BRD sind die Zollverwaltung, d.h. das Bundesministerium der Finanzen, das Zollkriminalamt, bei der Oberfinanzdirektion die jeweiligen Zoll- und Verbrauchssteuerabteilungen, die Bundeskasse, die Hauptzollämter, die Zollämter Zollabfertigungsstellen) und die Zollkommissariate (Grenzaufsichtsstellen). Der Zoll kümmert sich um die Verbrauchsteuern (Mineralölsteuer, Stromsteuer, Tabaksteuer, Branntweinsteuer, Kaffeesteuer, Schaumweinsteuer, Biersteuer usw.), um die Einfuhrumsatzsteuer für Einfuhren aus Drittländern und um Zölle (Einnahmen der EU).

12 Versichert sind die gegen den VN erhobenen Abgabenforderungen, wie z.B. Zölle, Abschöpfungen, Einfuhrumsatzsteuer (EUSt) und Verbrauchsteuern. Als **Zölle** werden Abgaben oder Steuern bezeichnet, die im grenzüberschreitenden Verkehr mit Drittländern zu entrichten sind. Einfuhrumsatzsteuer ist eine weitere Steuer, die bei der Einfuhr aus Drittländern erhoben wird. Als Verkehrssteuer wird die Umsatzsteuer wirtschaftlich vom Endverbraucher getragen (Vorsteuerabzug). Entspricht weitgehend der Umsatz steuer (Mehrwertsteuer). Besondere Verbrauchssteuern sind z.B. Mineralöl-, Branntwein-, Tabaksteuer usw.

2. Öffentlich-rechtliche Haftung

13 Voraussetzung der Erstattung eines Schadens nach den DTV-AVB Zoll ist, dass der VN aufgrund von ihm verursachter fehlerhafter Ausführung der erteilten Zollaufträge von den Zollbehörden in Anspruch genommen wird.

Zollschuld ist nach Art. 4 Nr. 9 ZK die Verpflichtung einer Person, die für eine bestimmte Ware im geltenden Gemeinschaftsrecht vorgesehenen Einfuhrabgaben (Einfuhrzollschuld) oder Ausfuhrabgaben (Ausfuhrzollschuld) zu entrichten. Die Sachverhalte, die das Entstehen einer Zollschuld begründen, sind in den Vorschriften des Gemeinschaftszollrechts einzeln festgelegt. Insoweit wird auf die Literatur zum Zollrecht verwiesen.[4]

Dennoch sollen im Folgenden zum Verständnis einige Kriterien des Zollrechts behandelt werden.

3. Versandverfahren:

14 Bei Waren, die in die EU eingeführt werden, sind die Einfuhrabgaben grundsätzlich im Zeitpunkt des Grenzübertritts zu entrichten. Weil die zu befördernden Güter für einen Empfänger im EU-Binnenland bestimmt sind, wurde das sog. Versandverfahren geschaffen. Es bietet die Möglichkeit, die Verzollung am endgültigen Bestimmungsort der Waren vorzunehmen. Das **Versandverfahren** soll die zeitweilige Nichterhebung von Zöllen, Abgaben und MwSt, die aus einem Drittland stammen, während ihre Beförderung durch ein bestimmtes Zollgebiet ermöglichen. Die zeitweilige Nichterhebung von Zöllen und

[4] *Witte/Wolffgang* Lehrbuch des Europäischen Zollrechts. 6. Auflage 2009.

Abgaben dauert so lange, bis die Waren das betreffende Zollgebiet verlassen, einer anderen Zollregelung unterstellt werden oder die Zölle und Abgaben gezahlt werden und die Waren in den freien Verkehr gelangen.

Das Versandverfahren darf nur durch bekannte Personen durchgeführt werden, die für die ausgesetzten Einfuhrabgaben während des Versands haften. Diese muss beim Zoll eine Sicherheit (Bürgschaft) zur Absicherung der finanziellen Verpflichtungen abgeben. Solche Personen können in der Regel die Verkehrsträger, insbes. Spediteure, sein.

Im Versandverfahren werden Waren unter Aussetzung der eigentlich zu zahlenden Einfuhrabgaben (unverzollt) befördert. Das Abgabenrisiko, welches mit der Beförderung unter zollamtlicher Überwachung verbunden ist, trägt als Beteiligter des Zollverfahrens der VN.

Folgende Arten der Versandverfahren gibt es: gemeinschaftliches oder gemeinsame Versandverfahren, Beförderung mit Carnet TIR oder mit Carnet ATA

a) **Externes gemeinschaftliches Versandverfahren T1:** Seit dem 1. Juli 2005 werden **15**
die gemeinschaftlichen/gemeinsamen Versandverfahren, die bis dahin mit Einheitspapier T1 und T2 abgewickelt wurden, mit dem sog. New Computerised Transit System (NCTS) als Regelverfahren durchgeführt. Als Inhaber des Versandverfahrens ist der Verkehrsträger dafür verantwortlich, dass die Waren der Bestimmungsstelle unverändert, d.h. mit intaktem Zollverschluss innerhalb einer festgelegten Frist unter Vorlage der Versandanmeldung gestellt werden. Die vom VN durchgeführte Zollanmeldung wird im NCTS-Verfahren auf elektronischem Weg an die Abgangsstelle geschickt.

Das **gemeinschaftliche/gemeinsame Versandverfahren** beginnt mit der Eingabe der Daten ins EDV-System durch den VN. Im Regelverfahren ist die Gestellung der Waren bei der Abgangsstelle möglich, im vereinfachten Verfahren mit Gestellung der Waren an einem anderen zugelassenen Ort. Die Zollstelle nimmt die Versandanmeldung an, sofern sie Voraussetzungen vorliegen. Dann können die Zollbehörden stichprobenweise Kontrollen durchführen. Nach Art. 357 Zollkodex-Durchführungsverordnung (ZK-DVO) sichert die Abgangsstelle die sog. Nämlichkeit der in das Versandverfahren zu überführenden Waren, die von deren Verschluss abhängig ist.

Die Beendigung des Versandvorgangs setzt voraus, dass die Waren zusammen mit den Unterlagen den Zollbehörden an der Bestimmungsstelle gestellt oder einem zugelassenen Empfänger übergeben wurden.

Der Versandvorgang ist erledigt, wenn die Zollbehörde durch Vergleich der bei der Abgangsstelle und bei der Bestimmungsstelle vorliegenden Angaben das Zollverfahren als ordnungsgemäß beurteilt hat. Die Nachricht über die Gestellung der Waren bei der Bestimmungsstelle und über die Beendigung des Verfahrens wird auf elektronischem Weg an die Abgangsstelle gesandt.

Wenn Waren während eines Zollverschluss des LKW befördert werden und die Verschlüsse manipuliert wurden, liegt keine ordnungsgemäße Erledigung vor. Eine Unregelmäßigkeit besteht auch, wenn die Bestimmungsstelle eine Differenz zwischen den angemeldeten Waren und den ihr tatsächlich gestellten Waren feststellt.

b) **TIR-Verfahren.** Ziel des **Carnet TIR-Verfahren** (Transports Internationaux Routiers) **16**
ist es, die Warenbeförderung durch möglichst wenige Grenzformalitäten zu behindern. Ein- und Ausfuhrabgaben werden während des Beförderungsvorgangs nicht erhoben, sondern erst am Bestimmungsort. Die Güterbeförderung erfolgt unter Zollverschluss. Im Gegensatz zum gemeinschaftlichen/gemeinsamen Versandverfahren wird das TIR-Verfahren von jeder Vertragspartei für sich erledigt. Jede Nichterledigung des Carnet-TIR, ins-

besondere das Versäumnis, die Ware ordnungsgemäß am Bestimmungszollamt zu gestellen, lässt den Frachtführer selbst zum Steuerschuldner dieser Abgaben werden. Jeder ausgebende Verband eines TIR-Vertragsstaates ist aber Zollbürge für Forderungen, die in seinem Land aus Nichterledigung von Carnet-TIR entstehen ist und wenn der Frachtführer nicht zahlt, tritt die Bürgschaftskette in Kraft.[5]

Versichert ist jedes Carnet TIR aber bereits über ein internationales Konsortium, sodass in der VHV immer ein Versicherungsausschluss steht.[6]

4. Zollanmeldung

17 Der VN muss in seiner Eigenschaft als Schuldner der genannten Zollverfahren tätig werden. Als Zollbeteiligter, Hauptverpflichteter eines gemeinschaftlichen/gemeinsamen Versandverfahrens, Zollanmelder, Zollwertanmelder oder dessen Vertreter ist er der Zoll-, Steuer- oder Haftungsschuldner.

Anmelder ist die Person, die entweder in eigenem Namen Zollanmeldung abgibt oder in deren Namen eine Zollanmeldung abgegeben wird. Der Zollanmeldung sind alle Unterlagen beizufügen, die für das betreffende Zollverfahren erforderlich sind, z.B. Rechnung für Zollwertanmeldung, Überführung in ein Zollverfahren, Vorübergehende Verwendung (Messeware), Passive Veredelung, Ausfuhrverfahren, Verbringen in eine Freizone oder ein Freilager, Wiederausfuhr, Vernichtung oder Zerstörung, Aufgabe zugunsten Staatskasse.

5. Zollschuld

18 Wenn der VN verpflichtet ist, die Einfuhr- oder Ausfuhrabgaben zu entrichten, wird er Zollschuldner. Zollschuldner ist der Anmelder. Der Einfuhrzoll entsteht bei Überführung einer einfuhrabgabenpflichtigen Ware in den zollrechtlich freien Verkehr, wenn vorschriftswidriges das Verbringen von Waren in das Zollgebiet stattfindet. Ferner bei Entziehung aus der zollamtlichen Überwachung, Diebstahl von Waren, die sich in einem Zollverfahren befinden, usw.

6. Ausschlüsse

19 Generell genauso wie in der DTV-VHV sind in der Zolldeckung nach **Ziff. 4.1 und 4.6–4.12 DTV-AVB Zoll** diverse Risiken wie Naturkatastrophen, Krieg, kriegsähnliche Ereignisse, Bürgerkrieg, innere Unruhen oder Aufruhr, Streik, Aussperrung, Arbeitsunruhen, terroristische Gewaltakte oder politische Gewalthandlungen, Dirty bombs, Kernenergie oder sonstige ionisierende Strahlung, Beschlagnahme, Entziehung oder sonstige Eingriffe von hoher Hand, Strafen und das Carnet-TIR-Verfahren ausgeschlossen, so dass auf die dortige Kommentierung verwiesen werden kann.[7]

Ausgeschlossen sind nach **Ziff. 4.2 DTV-AVB Zoll** Abgabenforderungen sowie Ansprüche, die durch vorsätzliches oder grob fahrlässiges Handeln oder Unterlassen des VN oder seines Repräsentanten verursacht wurden. Somit wird hier nicht nur der Vorsatz, sondern auch die grobe Fahrlässigkeit ausgeschlossen. Dies ist zulässig.

---

5 *Fuchs* Die Haftung des Bürgen im TIR-Verfahren ZfZ 2007 57–63.

6 Siehe B.III.5.c.ii.

7 Siehe B.III.5.c.

Nach **Ziff. 4.3 DTV-AVB Zoll** fallen unter den objektiven Risikoausschluss Tätigkeiten des VN im Zusammenhang mit der Veredelung, Be- oder Verarbeitung, Veränderung oder in sonstiger Einwirkung auf das Zollgut. Dies hängt mit der in der Regel nicht versicherten „Logistik" in der VHV zusammen.

Bei Schäden aufgrund schuldhaften Verhaltens des Auftraggebers, insbesondere bei fehlerhaften Dokumenten oder falschen Angaben kann dennoch ein Zollbescheid gegen den VN ergehen. Die **Ziff. 4.4 DTV-AVB Zoll** schließt aber solche Forderungen aus Zollschulden von der Zollversicherung aus.

Besondere mit teils hohen Zöllen belegte Waren wie lebende Tiere, Fleisch und Fleischwaren, Getreide, Tabakwaren, Alkohol und alkoholischen Getränken (Branntwein, Likör und andere Spirituosen) werden nach **Ziff. 4.5 DTV-AVB Zoll** ausgeschlossen. Hier haben die VR sehr negative Erfahrungen mit Betrügereien gemacht, so dass der GDV den Ausschluss dieser waren angeregt hat. Dieses Risiko wird teilweise gegen gesonderte Prämie versichert.

Nach **Ziff. 4.13 DTV-AVB Zoll** besteht ein objektiver Risikoausschluss dann, wenn die Rückgriffs- oder Erstattungsforderungen nicht durchgesetzt werden können, weil diese durch Handlungen oder Unterlassungen des Versicherungsnehmers oder seiner Repräsentanten ausgeschlossen wurden.

7. Obliegenheiten

Besondere Obliegenheiten werden dem VN in der Zolldeckung auferlegt, die teilweise **20** über die DTV-VHV-Obliegenheiten nur wegen den zollrechtlichen Verfahren Zusätze erhalten haben, so dass auf die dortige Kommentierung verwiesen werden kann.[8]

a) **vor Eintritt des Versicherungsfalles.** Dem VN obliegt es nach **Ziff 5.1.1 DTV-AVB Zoll** zusätzlich, dass alle für die Auftragsdurchführung erforderliche Genehmigungen vorliegen. Behördliche Auflagen im Zusammenhang mit der Zollabfertigung sind einzuhalten. **21**

Der VN muss besondere mit dem Umgang von Zollformalitäten besonders geschulte Mitarbeiter nach **Ziff 5.1.2 DTV-AVB Zoll** einsetzen, die besonders einzuarbeiten sind und sich mit den sich ständig ändernden Zoll-Vorschriften samt der dazugehörenden IT auskennen und entsprechend weiterbilden. Die Mitarbeiter müssen den jeweils neuesten Stand der Zollformalitäten kennen.

Nach **Ziff 5.1.3 DTV-AVB Zoll** muss der VN alle von ihm eingesetzten weiteren Verkehrsträger (Subunternehmer) über die zoll- und steuerrechtliche Vorschriften in Bezug auf den Zollauftrages belehren.

Es darf der VN nach **Ziff 5.1.4 DTV-AVB Zoll** das Zollgut an einen von ihm beauftragten Verkehrsunternehmer nur gegen Abgabe einer von diesem bzw. dessen Fahrer unterzeichneten Übernahmeerklärung inkl. Anweisungen im Versandverfahren für die Zollabwicklung übergeben.

Die Soft- und Hardware muss nach **Ziff 5.1.5 DTV-AVB Zoll** den Erfordernissen des aktuellen Zollanmeldeverfahrens entsprechen und es muss eine Sicherung der Daten und den gesetzmäßige Archivierung gewährleistet sein nach **Ziff 5.1.6 DTV-AVB Zoll.**

b) nach Eintritt des Versicherungsfalls. Dem VN obliegt es, jede Inanspruchnahme **22** dem VR unverzüglich schriftlich zu melden, spätestens 14 Tage nach Kenntnis. Dem VR

[8] Siehe B.III.6.

sind alle notwendigen Unterlagen, einschließlich eines Ausdrucks der elektronischen Zollanmeldung vorzulegen, damit er den jeweiligen Zolltatbestandes, der die Zollschuld hat entstehen lassen, beurteilen kann.

Sobald Zoll- oder Steuerbescheide aber auch Klagen gegen den VN eingehen bzw. bevor der VN selbst eine Klage beim Finanzgericht erheben will, ist der VR unverzüglich zu benachrichtigen. Einspruch, Beschwerde und Widerspruch usw. sind fristgerecht einzulegen.

Der VN muss sich auf einen Prozess einlassen und dem VR die Prozessführung übertragen. Der VR übernimmt allerdings die Kosten des Verfahrens.

23 c) **Rechtsfolgen bei Obliegenheitsverletzungen.** Es besteht eine Leistungsfreiheit der VHV-VR bei Obliegenheitsverletzungen nach **Ziff 6.1 DTV-AVB Zoll**, wenn der VN oder einer seiner Repräsentanten Obliegenheiten vorsätzlich oder grob fahrlässig verletzt. Wie in der DTV-VHV gilt das Alles oder Nichts-Prinzip, da es sich bei den Zoll-AVB ebenfalls um eine laufende Versicherung handelt. Jeder Zollauftrag ist nämlich gem. Ziff. 9.2 Zoll-AVB anzumelden.

Nur wenn die Verletzung weder für den Eintritt oder die Feststellung des Versicherungsfalls noch für die Feststellung oder den Umfang der Leistungspflicht ursächlich war, gilt dies nicht, es sei denn der VN handelte arglistig.

Bei Obliegenheiten nach Eintritt des Versicherungsfalls nach Ziff 5.2.1, 5.2.2, 5.2.3 oder 5.2.5 DTV-AVB Zoll wird der VR auch ohne gesonderte Mitteilung der Rechtsfolge an den VN von der Leistung frei.

8. Maximum

24 Je Tatbestand ist in vielen Policen die maximale Leistung des VR mit € 10.000 je Dokument begrenzt, maximal mit € 100.000 je Kalenderjahr.

Der Versicherungsfall wird in der Zollversicherung als jedes Handeln und Unterlassen, welcher eine Inanspruchnahme durch eine Zollbehörde zur Folge hat, bezeichnet. Im Zweifel ist jede einzelne Zollanmeldung ein Versicherungsfall.

Die Begrenzung pro Kalenderjahr umfasst alle über diese Police zu erbringenden Versicherungsleistungen. Alle gerichtlichen und außergerichtlichen Kosten werden eingerechnet, soweit sie den Umständen nach geboten waren.

9. Selbstbeteiligung

25 Die Schadenbeteiligung des VN beträgt meist 15 % der Versicherungsleistung je Tatbestand, mindestens € 125 höchstens € 2.500.

E. Straßenfrachtführerversicherung

Schrifttum

Boettge Versicherungsrechtliche Probleme der Straßengüterkabotage, VersR **2011** 21 ff.; *Heuer* Versicherungen des gewerblichen Straßengüterverkehrs, TranspR **2006** 22.

I. Entstehungsgeschichte

Es gab schon seit es die ersten Fuhrbetriebe gab, eine von den Speditions- und Lagerhalterrisiken gesonderte Versicherung von Frachtführerrisiken. Insbesondere galt dies für die Straßenfrachtführer. Eisenbahnen, Binnenschiffe oder Seeschiffe samt Luftfahrzeuge zählen in diesem Zusammenhang nicht dazu. Mit dem häufig verwendeten Begriff „Unternehmer des gewerblichen Güterverkehrs mit Kraftfahrzeugen" waren alle Unternehmer gemeint, die gewerbsmäßig die Beförderung von Gütern mit Kraftfahrzeugen durchführen. Diese wurden am deutschen VHV-Markt besonders wegen dem SVS/RVS bzw. dem SLVS/SpV als Anlage zur ADSp separat behandelt.[1] Diesem Begriff unterfällt auch ein Unternehmer, der die von ihm geschlossenen Frachtverträge immer durch Subunternehmer ausführen lässt (s.u.). **1**

Diese Frachtführerversicherung bestand als eigenständiges Produkt neben der Speditionsversicherung. Es gab die Police für den gewerblichen Güterkraftverkehr und Policen für den gewerblichen Güternahverkehr, CMR-Policen und GüKUMT-Policen für den Möbelspediteur u.v.m. Die sog. BZG-Bundespolice mit einem Pool aus diversen Versicherungsgesellschaften gab es unter Führung der Allianz mit einem Versicherungskonzept der Bundes-Zentralgenossenschaft Straßenverkehr.[2] Seit Anfang der 90er Jahre gibt es beispielsweise sog. EUROPA-Police Landverkehre Straße oder andere Policen, die in standardisierter Form Frachtführerrisiken versichern. Der Grundsatz des Gleichlaufs von gesetzlicher Haftung und Versicherungsschutz soll dort eingehalten werden. Vorsorgeversicherung, Baukastensysteme für die Haftung, Sublimits für qualifiziertes Verschulden oder eine Betriebsbeschreibung wie bei der DTV-VHV werden meist nicht verwendet.

II. Inhalt und Zweck der Regelung

Versicherungsschutz genossen die reinen Frachtführerrisiken im Straßengüterverkehr. **2**
Nicht versichert wurde in solchen Policen die Haftung aus Speditions- oder Lagerverträgen. Der Risikobereich Frachtführerhaftung wurde also stets durch eine von Speditions- oder Lagerrisikobereichen scharf getrennt. Im Folgenden soll die Grundstruktur dieser Policen dargestellt werden ohne dass auf ein konkretes Konzept eines Maklers oder Versicherers eingegangen werden kann. Zu unterschiedlich sind die verschiedenen Produkte.

---

[1] *Scheider* 189 ff.

[2] *Scheider* 223.

III. Anwendungsbereich

1. Gegenstand der Versicherung

3 Gegenstand des Versicherungsschutzes ist die Haftung des VN aus der Durchführung von entgeltlichen Frachtverträgen. Haftungen aus Speditionsverträgen nach § 458 HGB (Selbsteintritt), § 459 HGB (Spedition zu festen Kosten) und § 460 HGB (Sammelladung) sind genauso wenig vom Versicherungsschutz umfasst wie Lagerverträge.

4 a) **Landverkehr Straße.** Voraussetzung ist zweitens, dass die Beförderungen von Gütern im Landverkehr, d.h. auf der Straße erfolgt. Meist wird ausdrücklich nur die Beförderung mit den **Kraftfahrzeugen** versichert, so dass alle sonstigen Straßenbeförderungen (per Fahrrad, Kutsche o.a.) zunächst ausgeschlossen sind. Nicht versichert ist die Haftung der Binnenschiffer, Seeschifffahrt, Eisenbahn oder Luftfahrt.

5 b) **Fahrzeuge des eigenen Betriebs.** Häufig wird nur die Beförderung mit den Fahrzeugen des eigenen Betriebes versichert. Nur wenn der VN die Beförderung sozusagen als „actual carrier" selbst durchführt, besteht Deckung. Um dies kontrollieren zu können, muss der VN eine Fahrzeugliste erstellen. Nur die Transporte gelten als versichert, die mit einem in der Liste genannten Fahrzeug ausgeführt wurde. VR geben die Möglichkeit, als Ausnahme einen Transport dann zu versichern, wenn nachweisbar ein anderes Fahrzeug zu deren Ersatz verwendet wurde.

6 c) **Subunternehmereinsatz.** Wenn der VN die Beförderung nicht mit eigenen Fahrzeugen ausführt, sondern fremde Subunternehmer einsetzt, ist dieser Transport nicht versichert. Der Einsatz fremder Frachtführer (Subunternehmer), kann jedoch zusätzlich versichert werden, wenn der VN einen entsprechenden Deckungsschutz beantragt.

7 d) **Betriebsbeschreibung, Vorsorge.** Bei den meisten Frachtführerpolicen gibt es weder eine Betriebsbeschreibung noch eine Vorsorgeversicherung. Im Gegensatz zu den DTV-VHV 2003 soll das den Vorteil haben, dass die damit verbunden Risiken und möglichen Deckungslücken für den VN entfallen.

2. Versicherte Haftung

8 Die gesetzliche und vertragliche Haftung des VN wird in vielen Frachtführerpolicen mit den typischen Frachtrechtsvorschriften umschrieben. Erfasst wird besonders die Haftung aus Frachtverträgen.

9 a) **Nationale Haftung.** Bei nationale Beförderungen wird die Haftung nach dem HGB immer versichert. Ferner nach einzeln aufgeführten oder pauschal genannten marktüblichen Allgemeinen Geschäftsbedingungen (AGB). AGB, bei denen auch ein Frachtvertrag zu Grunde liegen kann, sind die Vertragsbedingungen für den Güterkraftverkehrs-, Speditions- und Logistikunternehmer (VBGL), Allgemeinen Deutschen Spediteur-Bedingungen (ADSp), BSK, ABBH/ABBEDV.

Häufig wird auch noch das sonstige nationale Recht versichert. Dies kann als Anspruchsgrundlage das Recht der außervertraglichen Haftung nach § 823 und § 831 BGB sowie Vertragsrecht nach § 280 BGB sein. Es wird die Einschränkung in der Police gemacht, dass frachtvertragliche Ansprüche neben oder anstelle der Haftung aus dem Frachtvertrag geltend gemacht werden müssen, damit Versicherungsschutz besteht.

Versichert wird ferner entweder nach entsprechendem Antrag oder pauschal die mit den Auftraggebern vereinbarte weitergehende Haftung bis zu 40 Sonderziehungsrechte (SZR) je kg brutto. Das sind die maximal zulässigen Summen im Rahmen des vorgesehenen gesetzlichen Haftungskorridors gemäß § 449 Abs. 2 Ziff. 1 HGB. 10

b) **Internationale Haftung.** Bei internationalen Beförderungen ist die zwingende Haftung nach dem Übereinkommen über den Beförderungsvertrag im internationalen Straßengüterverkehr (CMR) versichert. Teilweise wurden auch die Türkei und einige Mittelmeeranrainerstaaten ausdrücklich in der Police genannt, in denen die CMR gilt. Damit wird der Geltungsbereich auf alle CMR-Länder erweitert. Andere Haftungen wie WA/MÜ, CIM oder CMNI werden meist nicht mitversichert. Dies kann zu Deckungslücken führen, wenn die LKW mit anderen Beförderungen beauftragt sind, wie beispielsweise im Luftfrachtersatzverkehr, rollende Landstraße usw. Wenn in diesen Fällen die CMR als Anspruchsgrundlage nicht gilt, besteht keine Deckung. 11

c) **Kabotage.** Ferner werden Haftungen nach den jeweiligen nationalen Rechtsvorschriften über den innerstaatlichen oder grenzüberschreitenden Gütertransport mit Kraftfahrzeugen auf der Straße einzelner außereuropäischen Staaten versichert. Zu den diversen Problemfeldern der Kabotage.[3] 12

3. Umfang der Leistung

Analog den DTV-VHV 2003/2011 bestehen in den üblichen Frachtführerpolicen ohne wesentliche inhaltliche Veränderung die Leistungsverpflichtung des VR mit der Befriedigung begründeter und die Abwehr unbegründeter Schadenersatzansprüche, die gegen den VN erhoben werden. 13

Ferner werden diverse Kosten fast mit gleichem Wortlaut analog den DTV-VHV versichert. Insbesondere die aufgrund gesetzlicher oder behördlicher Verpflichtung erforderlichen Kosten zur Bergung und/oder Vernichtung oder Beseitigung des beschädigten Ladegutes werden versichert. Voraussetzung ist auch hier, dass kein anderer VR geleistet hat.

Auf die Ladung entfallende Havarie-grosse-Beiträge und geleistete Sicherheiten werden ebenfalls erstattet.

4. Ausschlüsse

a) **Übliche Ausschlüsse.** Ausgeschlossen sind wie in fast allen VHV-Policen Krieg, kriegsähnliche Ereignisse, Bürgerkrieg, innere Unruhen, Aufruhr, Streik, Aussperrung, Verfügung von Hoher Hand und Wegnahme oder Beschlagnahme seitens einer staatlich anerkannten Macht gem. Ziffer 6.2, 6.3 und 6.4 DTV VHV.[4] 14

b) **Rechtswidriger Transport.** Ausdrücklich sind Ansprüche aus **rechtswidrigen Gütertransporten** ausgeschlossen.[5] Die Frage der Rechtswidrigkeit des Transports bezieht sich auf den Gegenstand des Verkehrsvertrag, nicht auf das konkret zu transportierende Gut beziehen oder auf das Transportmittel. Es ist darauf abzustellen, ob der Transportvertrag wegen des Gegenstands des Transports (Kriegswaffen, Drogen) gegen geltendes Recht verstößt und deshalb „rechtswidrig" ist. 15

---

[3] *Boettge* Versicherungsrechtliche Probleme der Straßengüterkabotage, VersR **2011** 21 ff.

[4] Siehe B.III.5.c.

[5] OLG Saarbrücken 28.09.1999 VersR **2000** 760, grundlegend *Thume*/de la Motte/Ehlers VVG Rn. 333, *Schneider* 204.

16 Die Rechtswidrigkeit der Beförderung muss von Beginn des Transports bestanden haben. Die vereinbarte Beförderung illegaler Drogen, die beiden Vertragsparteien bekannte Überladung des Fahrzeugs sind Beispiele.[6]

Ein Verstoß gegen verkehrsrechtliche Vorschriften (STOP-Stelle, rote Ampel, Überholverbot o.a.) genügen nicht. Lag jedoch bei Fahrtbeginn eine Überladung vor und war dies beiden Parteien (Auftraggeber und Frachtführer) bekannt, dann liegt ein objektiver Risikoausschluss vor.[7]

Die öffentlich-rechtliche Regelung z.B. des GüKG sieht für den Straßengüterverkehr vor, dass bei den unter das GüKG fallenden Transporten der Unternehmer über die dafür vorgesehenen behördlichen Erlaubnisse verfügen muss. Bei Transporten mit Gewichts- oder Lademaßüberschreitungen sind spezielle Ausnahmegenehmigungen bei den Behörden zu beantragen. Die ungenehmigte Transportdurchführung ist verboten. VR wollen für gesetzeswidrige Handlungen ihres VN keinen Versicherungsschutz anbieten.

Wenn der Verstoß gegen die gesetzlichen Vorschriften im konkreten Fall die Ursache für den eingetretenen Schaden war, liegt ein objektiver Ausschlussgrund und keine verhüllte Obliegenheit vor.

17 c) **Besondere Güterversicherung.** Zunächst werden üblicherweise Ansprüche aus Schäden an und Verlusten von ungemünzten und gemünzten oder sonst verarbeiteten Edelmetallen sowie Juwelen, Edelsteinen, Papiergeld, Wertpapieren aller Art, Dokumenten und Urkunden ausgeschlossen.[8]

Eine Ausnahme für Frachtführerpolicen gegenüber der Speditionspolicen gibt es jedoch, weil hier traditionell Schäden an Kunstgegenständen, Gemälden, Skulpturen und anderen vergleichbaren Kostbarkeiten nur insoweit ausgeschlossen sind, als der Einzelwert am Ort der Übernahme den Betrag von € 5.000,– nicht übersteigt. „Billige Güter" dieser Warengruppe fallen also unter den Versicherungsschutz einiger Frachtführerpolicen.

18 d) **Vorsatz, grobe Fahrlässigkeit.** Ferner gibt es immer den üblichen Vorsatzausschluss, welcher der Ziffer 6.18 DTV-VHV 2003 entspricht. Zusätzlich gibt es jedoch einige VR, die aus langer Tradition heraus auch die grobe Fahrlässigkeit oder teilweise die bewusste Leichtfertigkeit ausschließen.[9]

Klauseln lauten wie folgt: „Vom Versicherungsschutz sind ausgeschlossen Schäden, die der VN, dessen gesetzliche Vertreter oder dessen leitende Angestellte vorsätzlich oder grobfahrlässig verursacht haben". Solche Klauseln sind zulässig.[10]

19 e) **Umzug/Handelsmöbel.** Häufig werden Umzugsfrachtführer nicht im Rahmen von diesen reinen Frachtführerpolicen mitversichert. Ausgeschlossen sind dann Schäden im Zusammenhang mit Umzugsgut und Handelsmöbeln. Meist hat der jeweilige VR oder Makler eine Police, die sich speziell auf Umzugsspeditionen, ggf. zusammen mit Umzugsgutlagerungen, bezieht.[11] Häufig werden in solchen **Möbelpolicen** dann Handelsmöbelbeförderungen nach den ABBH oder EDV-Transporte nach den ABBEDV versichert.

Eine Ausnahme wird teilweise deckungsseitig gemacht, wenn es dem VN und seinen Repräsentanten unbekannt war, dass es sich um Umzugsgut gehandelt hat.

---

[6] Offen gelassen OLG Celle 8 U 118/10 vom 10.02.2011 unveröffentlicht.

[7] a.A. OLG München 03.03.2011 RuS **2011** 437.

[8] Siehe B.III.5.c.bb.

[9] *Ehlers* VersR **2003** 1080.

[10] *Abele* TranspR **2004** 155.

[11] Siehe B.III.2.a.ee.

f) **Schwergutbeförderungen.** Schäden im Zusammenhang mit der Übernahme von Schwergutaufträgen werden häufig in reinen Frachtführerpolicen ausgeschlossen. Dabei kann es gesonderte Definitionen in der Police geben, was als Schwergut definiert wird.[12] Genehmigungspflichtige Sondertransporte sowie Transporte mit einer Gesamtmasse über 40 t können einer gesonderten Versicherung nämlich der Schwergutversicherung zugewiesen werden. **20**

5. Obliegenheiten

Die Obliegenheiten der Frachtführerpolicen entsprechen dem bis zur Schaffung der DTV-VHV 2003 einheitlichen marktüblichen Standard. Es beschränken sich die Obliegenheiten vor und nach dem Versicherungsfall auf Maßnahmen, die auch tatsächlich im Einflussbereich des Versicherungsnehmers liegen. In manchen Policen werden diese auch auf die Subunternehmer ausgedehnt, sofern dieses Risiko mitversichert wird. Die Obliegenheiten sind im Gegensatz zu den DTV-VHV erheblich reduziert. Dies leuchtet ein, da alle Obliegenheiten im Zusammenhang mit speditionellen Tätigkeiten oder Lagerungen entfallen konnten. **21**

a) **Vor Eintritt des Versicherungsfalles.** Als Obliegenheit vor Eintritt des Versicherungsfalles wird dem VN vorgeschrieben nur **im grenzüberschreitenden Straßengüterverkehr** Fahrzeuge einsetzen, die mit zwei unabhängig voneinander funktionierenden Diebstahlsicherungen (hierzu zählen nicht Türschlösser) ausgestattet sind. Innerhalb der BRD wird also auch der Einsatz anderer Fahrzeuge zugelassen. Im Falle des Einsatzes von Subunternehmern sind diese vom VN allerdings anzuweisen, entsprechend ausgerüstete Fahrzeuge einzusetzen. **22**

VR geben mit dem Versicherungsvertrag eine sog. „Fahreranweisung“ heraus, in welcher dem Fahrer gewisse Verhaltensweisen nahegelegt werden. Da die Anweisungen der Versicherer sehr unterschiedlich sind, kann in diesem Zusammenhang auf Einzelheiten nicht eingegangen werden. Diese Anweisung ist jedenfalls als vorvertragliche Obliegenheit ausgestaltet. Die Fahreranweisung ist dem Fahrer auszuhändigen und von ihm gegenzeichnen zu lassen.

Neben der sorgfältigen Auswahl der Subunternehmer wird die Obliegenheit vereinbart, Subunternehmer anzuweisen, beladene Transportbehältnisse verschlossen auf einem gesicherten Grundstück, bewachten Parkplatz oder sonst beaufsichtigt abzustellen.

In vielen Policen gibt es darüber hinaus kaum noch Obliegenheiten.

b) **Nach Eintritt des Versicherungsfalles.** Nach Eintritt des Versicherungsfalles muss wie in den DTV-VHV auch bei der Frachtführerversicherung der VN den VR unverzüglich schriftlich Schadenfälle melden, spätestens vier Wochen nach Kenntnis. Der VN muss für die Abwendung und Minderung des Schadens zu sorgen, dem VR jede notwendige Auskunft zu geben und etwaige Weisungen des VR befolgen. Ferner muss er erforderliche Rechtsmittel oder Rechtsbehelfe einlegen, wenn ein Anspruch gerichtlich geltend gemacht wird. Der VN darf keinen Anspruch ohne vorherige Zustimmung des VR anerkennen oder zu befriedigen. Häufig werden hier also noch Anerkenntnisse des VN nicht zugelassen, was kritisch ist. Das Abtretungsverbot existiert ebenfalls. Regressansprüche sind gegen den Schadenstifter, insbesondere gegen den eingesetzten Subunternehmer oder andere Verkehrsträger zu wahren. **23**

---

[12] Siehe B.III.2.a.ff.

24 c) **Rechtsfolgen bei Obliegenheitsverletzung.** Wie in den DTV-VHV wird bei einer Obliegenheit, die mindestens grob fahrlässig verletzt wurde, die Leistungsfreiheit des VR in die AVB aufgenommen. Ferner gibt es die zulässige Klausel, dass bei einer Obliegenheitsverletzung vor Eintritt des Versicherungsfalles die Leistungsfreiheit des VR auch ohne Kündigung des Versicherungsvertrages eintritt.

6. Geltungsbereich

25 a) **Räumlicher Geltungsbereich.** Der räumliche Geltungsbereich umfasst sehr unterschiedliche Bereiche in den üblichen Frachtführerpolicen.

26 aa) **Nahverkehr.** Teilweise erstreckt sich der Geltungsbereich nur auf einen kleinen räumlichen Bereich. Diesen nannte man früher den **Nahverkehr.**[13] Das können jetzt 50, 75, 150 km oder mehr um den Standort des Fahrzeugs sein. Andere Anknüpfungspunkte als den Standort gibt es ebenfalls. Dies kann der Sitz des VN oder Sitz einer Niederlassung sein.

27 bb) **Fernverkehr.** Haftungsseitig gab es den Fernverkehr gemäß der Kraftverkehrsordnung (KVO).[14] Das waren Beförderungsbedingungen für den nationalen **Güterfernverkehr** innerhalb der BRD, die ab 1.7.1998 entfallen ist. Fernverkehr wurde anfänglich definiert mit mehr als 50 Kilometer vom Standort des Fahrzeugs. Als räumlicher Geltungsbereich wird in solchen Fällen einfach die BRD angegeben. Jeder grenzüberschreitende Transport ist aber nicht versichert.

Entscheidend ist der Abgangs- und der Ablieferungsort, nicht jedoch die Beförderungsstrecke. Bei den sog. „Schlenkerverkehren" wird eine Auslandsstrecke (Schnellstraße oder Autobahn) benutzt um schneller oder günstiger den Zielort zu erreichen. Passiert dann auf dieser Strecke ein Schadenereignis (Beschädigung oder Verlust bzw. Lieferfristüberschreitung), dann ist der zugrundliegende Transport ein innerdeutscher Fernverkehrstransport, auch wenn der Schaden im Ausland eingetreten ist.

28 cc) **Internationale Verkehre.** In Frachtführerpolicen wird als räumlicher Geltungsbereich ferner Europa (geographische Grenzen) definiert. Welche Ländern zu diesem Begriff gehören, ist kompiziert, weil gewisse Staaten und exterritoriale Gebiete zwar in Europa liegen, aber einen Teil ihres Territoriums außerhalb Europas haben. Insoweit soll keine Länderliste angeboten werden, sondern es ist in jedem Schadenfall zu prüfen, was der Wortlaut der jeweiligen Police hergibt und wo der konkrete Ablieferungs- oder Ausgangspunkt liegt.

Schließlich kann der VR einer Deckungserweiterung über Europa vor Risikoübernahme schriftlich zustimmen, wenn der VN ausnahmsweise für ein paar Transporte den räumlichen Geltungsbereich erweitern will. Häufig werden die Staaten genannt, die die CMR gezeichnet haben. Mittlerweile sind es 55 Staaten.[15] Deshalb kommen in manchen Policen die sog. Mittelmeeranrainerstaaten hinzu.

29 dd) **Ausschluss.** Teilweise wird auch noch zusätzlich für Beförderungen außerhalb des räumlichen Geltungsbereiches des Versicherungsvertrages ein Ausschluss in die Police mit aufgenommen. Dieser hat jedoch nur deklaratorische Wirkung. Es gilt immer die in der Police genannte die räumliche Begrenzung der Police.

---

[13] *Schneider* 219.
[14] *Schneider* 164 ff.
[15] http://www.logistikrecht.info/cmr/info/cmr-vertragsstaaten.html.

b) Zeitlicher Geltungsbereich. Der Versicherungsschutz gilt nur für Frachtverträge, die nach dem Beginn und vor der Beendigung des Versicherungsvertrages, der vom VR meist genau mit Beginn- und Ablaufdatum genannt wird, abgeschlossen werden. 30

7. Grenzen der Versicherungsleistung

In Frachtführerpolicen gibt es im Gegensatz zu den Speditionspolicen keine hohen Grenzen der Versicherungsleistung. Es gibt die Erfahrung, dass es im Gegensatz zu Speditions- oder Lagerrisiken selten Schäden über € 1 Mio. gibt. Wegen dem in der Regel guten Verlauf der Frachtführerscheinrisiken haben sich nicht so hohe Versicherungsmaxima wie bei den Speditionen herausgebildet. 31

Häufig fehlen bereits ausformulierte Grenzen pro Versicherungsfall. Es wird dann nur die Versicherungsleistung ist je Schadenereignis begrenzt.

Alle Ersatzleistung aus der Befriedigung begründeter Ansprüche, ferner die Schadenabwendungs-, Schadenminderungs-, Schadenfeststellungskosten sowie die gerichtlichen und außergerichtlichen Kosten fallen unter dieses Maximum.

Häufig werden runde Summen, wie € 1, 2 oder 3 Mio. genannt. Es gibt meist mehr die maximalen Summen der Pflichthaftpflichtversicherung nach § 7a GüKG mit € 600.000 pro Ereignis, 2fach maximiert pro Jahr. Sublimits gibt es für Ansprüche wegen reiner Vermögensschäden mit € 100.000. Ferner gibt es folgende Grenzen bei Nachnahmeversehen mit € 25.000 und für die Erstattung der Bergungs-, bzw. Beseitigungskosten mit € 25.000.

8. Prämie

Die im Vergleich zu den Speditionsrisiken samt Lagerhaltung niedrigeren Prämien werden bei den VR hauptsächlich mit festen Tarifen berechnet und hängen von verschiedenen Parametern ab, wie Einsatzgebiet (Nah-, Fern-, internat. Verkehre, beförderte Güter, Deckungssumme usw.). Die konkreten Prämienberechnungsgrundlagen und die Bedingungen für eine verlaufsabhängige Prämienänderung werden häufig nicht in den Frachtführerbedingungen oder in der Police, sondern in einem zusätzlichen Prämienblatt zum Versicherungsvertrag festgelegt. Der Grund ist einfach: Der VR will nicht, dass bei einem Abwerbungsangebot durch einen anderen VR dieser bei Übergabe der Police an den fremden Anbieter auch die Prämienseite erfährt. 32

9. Selbstbeteiligung (SB)

Häufig gibt es im Gegensatz zu den Speditionspolicen im Frachtführerbereich keine Selbstbeteiligung. Das hat reine historische Gründe. Wenn eine SB vereinbart wird, dann beträgt die SB meist 10 % der Leistung des VR, mindestens € 100, höchstens € 500. Die SB berechnet sich immer nach der vom VR zu zahlenden Ersatzleistung. 33

Es gibt im Falle des Fahrzeugdiebstahls, insbesondere bei einem grenzüberscheitenden Straßengütertransport gibt es häufiger eine SB 10 %, höchstens € 10.000. Wenn der LKW entweder auf einem gesicherten Grundstück, bewachten Parkplatz oder sonst beaufsichtigt abgestellt war oder zwei unabhängig voneinander funktionierende Diebstahlsicherungen in Betrieb waren, kann die SB jedoch wieder entfallen. Der VN muss diesen Umstand jedoch beweisen.

Wenn andererseits der Schadenfall durch den VN oder einer seiner Repräsentanten grob fahrlässig herbeiführt wurde, und kein Ausschluss oder keine Obliegenheitsverletzung vorliegt, trägt der VN 25 % der Leistung des VR, höchstens € 25.000 selbst.

10. Rückgriffsrecht

34 Auch Frachtführerversicherer sind berechtigt, gegen Dritte, die haften oder letztendlich den Schaden zu vertreten haben, Rückgriff zu nehmen.

Der Rückgriff gegen Mitarbeiter des VN ist nur bei Vorsatz oder grober Fahrlässigkeit möglich und bei grob fahrlässiger Herbeiführung des Schadens nur in den Grenzen, die in den individuellen Policen vermerkt sind.

11. Kündigung im Schadenfall

35 Besonders geregelt ist in vielen Policen das Kündigungsrecht im Schadenfall. Im Schadenfall kann dann der Versicherungsvertrag innerhalb eines Monats nach Befriedigung oder Ablehnung des Versicherungsanspruchs schriftlich gekündigt werden.

F. Umzugsspeditionspolicen

Schrifttum

Andresen Die Beförderung von Umzugsgut – Neuregelung durch den Entwurf eines Transportrechtsreformgesetzes, TranspR **1998** 97–100; *Mittelhammer* Leitfaden für den Praktiker zum Umzugsrecht, TranspR **2011** 139–146; *Tschiltschke* Haftung auch für „Zufall" im Umzugsrecht? TranspR **2008**, 458–464; *Scheel* Die Entwicklung des Umzugsrechtes seit Inkrafttreten der Transportrechtsreform am 1-7-1998, TranspR **2005** 239–245.

1. Historie und Begriff

Häufig gibt es am Markt gesonderte Versicherungsbedingungen für sog. Umzugs- oder Möbelspeditionen. Die verwendeten Begriffe der Unternehmen, die mit der Umzugsversicherung eine Verkehrshaftungsdeckung bekommen können, sind vielfältig. Gemeint sind zunächst die Unternehmen, die Umzugsgutverträge schließen.[1] **1**

Als zweites kommen die Frachtführer und Lagerhalter in Betracht, die mit Handelsmöbeln und EDV-Transporten umgehen. Solche sog. „Möbelunternehmen", die meist auch Umzugstransporte oder Lagerungen ausführen, werden auch **Möbelspeditionen** genannt. Diese sind in der Regel Mitglied in einem regionalen Fachverband des Bundesverbandes Möbelspedition (AMÖ) e.V., Hattersheim. Diese Mitgliedsunternehmen haben sich verpflichtet, nach dem folgenden Verhaltenskodex zu arbeiten: **2**

1. Nach den Grundsätzen und Regeln eines ordentlichen Kaufmanns zu arbeiten.
2. Ein übersichtliches und detailliertes Angebot zu erstellen.
3. Gründlich und umfassend zu beraten und eine Leistungsbeschreibung als Bestandteil des Umzugsvertrages beizufügen.
4. Ausführlich über Versicherungs- und Haftungsbestimmungen zu informieren.
5. Mit seriösen Versicherer zusammenzuarbeiten.
6. Als Umzugsberater, Transportleiter und Packer sowie für vereinbarte Handwerkerleistungen Fachpersonal einzusetzen.
7. Umweltverträgliche Verpackungsmaterialien zu benutzen. Fahrzeuge zu verwenden, die für die Beförderung von Möbeln besonders eingerichtet und ausgerüstet sind und dem derzeitigen Sicherheitsstandard entsprechen.
8. Geeignete und sichere Möbellager und Standplätze für die Fahrzeuge vorzuhalten.
9. Korrekte, nachprüfbare Abrechnungen zu erstellen.
10. Bei Meinungsverschiedenheiten mit dem Kunden dem Spruch der Einigungsstelle der AMÖ zu folgen.

VR nehmen teilweise nur die Unternehmen, die Mitglied bei der AMÖ sind, als mögliche VN an (Annahmerichtlinie).

Der sog. „Universalmöbelversicherungsschein" (UMVS) oder ähnliche Versicherungsmöglichkeiten bestehen am Markt als Deckungsmöglichkeit. Sie orientieren sich stark an den Frachtführerbedingungen und regeln zusätzlich die Besonderheiten der Umzugsgut und Handelsmöbelrisiken. Diese Bedingungen verwenden die Formulierungen des DTV-VHV häufig nicht. Bei manchen Bedingungen werden andererseits die Besonderheiten mittels AVB (z.B. Besondere Bedingungen zur Versicherung von Umzugsunternehmer) nur für den Umzugs- und Handelsmöbelbereich verwendet, der als Zusatz zu den DTV-VHV mit angeboten wird. **3**

---

[1] Siehe B.III.2.a.ee, sowie *Mittelhammer* TranspR **2011** 139–146.

2. Gegenstand der Versicherung

4 Gegenstand der Versicherung sind Umzugsverträge (Fracht-, Speditions- und Lagerverträge). Versicherte Tätigkeit ist ferner die Haftung aus Frachtverträgen im Straßengüterverkehr, aus Speditions- und Lagerverträge mit dem Hinweis, dass diese Tätigkeit dem Möbelspeditionsgewerbe entsprechen muss. Damit sind auch Tätigkeiten als Handelsmöbelfrachtführer oder EDV-Beförderer gemeint.

5 Häufig handelt es sich um eine laufende Versicherung, wenn die vom VN abgeschlossenen Umzugs- und sonstigen versicherbaren Verkehrsverträge während der Laufzeit des Versicherungsvertrages dem VR aufgegeben werden müssen.

6 Voraussetzung bei vielen neueren Policen ist, dass die zu versichernden Tätigkeiten in der Betriebsbeschreibung ausdrücklich vom VN benannt werden und der VR diese in der Police ausdrücklich dokumentiert.

7 Eine Vorsorgeversicherung gibt es dann, wenn zu den im Möbelverkehrsgewerbe üblicherweise ausgeführte Tätigkeiten nach Abschluss des Versicherungsvertrages eine neue Tätigkeit aufgenommen wird. Häufig werden die weiteren Formulierungen der DTV-VHV übernommen, dass nämlich der Versicherungsschutz sofort mit dem Eintritt des neuen Risikos beginnt, ohne dass es einer besonderen Anzeige bedarf. Unterlässt der VN die rechtzeitige Anzeige binnen eines Monats nach Beginn des neuen Risikos entfällt der Versicherungsschutz für das neue Risiko rückwirkend von Beginn an. Dasselbe gilt, wenn innerhalb eines Monats nach Eingang der Anzeige beim VR keine Vereinbarung über den Beitrag für das neue Risiko zustande kommt.

8 Genau wie in der Speditionsversicherung nach DTV-VHV gilt die Versicherung nicht für Verträge im Selbsteintritt bei der See- u. Binnenschifffahrt, der Luft- oder Eisenbahnfrachtführer, bei Charterverträgen. Schwergut, Kran- oder Montagearbeiten sind selbst dann, wenn es sich um einen Betriebsumzug handelt, häufig ausgeschlossen bzw. nicht Gegenstand der Versicherung.

9 Ebenfalls entweder ausgeschlossen oder nicht Gegenstand der Versicherung sind die Beförderung und Lagerung von Edelmetallen, Edelsteinen, Juwelen, echten Perlen, Schmuck, Uhren, Geld, Briefmarken, Münzen, Scheck- und Kreditkarten, gültige Telefonkarten oder andere Zahlungsmittel, Wertpapiere, Dokumenten, Urkunden und anderen vergleichbaren Kostbarkeiten (Valoren). Die Vorsorgeversicherung findet hierauf keine Anwendung;

Zusätzlich wird eine Versicherung der besonders wertvollen oder diebstahls- und raubgefährdeten Güter wie Spirituosen, Tabakwaren, Unterhaltungselektronik, Telekommunikationsgeräte und insbesondere EDV-Geräte, angeboten, häufig jedoch mit bestimmten Begrenzungen pro LKW und Lager im Handelsmöbel- und EDV-Aufträgen. Die Versicherung greift bei diesen ausgeschlossenen Gütern jedoch ein, wenn die Beförderung bzw. Lagerung im Rahmen eines Umzugsvertrages erfolgt ist.

3. Umfang der Versicherung

10 Auch der VHV-VR für die Umzugsspeditionen schuldet die Befriedigung begründeter und die Abwehr unbegründeter Schadenersatzansprüche, die gegen den VN als Auftragnehmer eines Umzugsvertrages erhoben werden.

11 Deckung besteht nach Maßgabe deutscher gesetzlichen Bestimmungen über entgeltliche Beförderungen von Umzugsgut im Umfang der §§ 451 ff. HGB. Mitversichert werden nahezu in allen Policen alle im Möbelspeditionsgewerbe üblichen Allgemeinen Geschäftsbedingungen (AGB). Das sind die ABBH, ABBEDV und die ALB.

Vereinbart ist ferner der Zusatz, dass Versicherungsschutz nach deutschen gesetzlichen Bestimmungen besteht, wenn diese im Einzelfall nicht durchzusetzen sind.

Der Begriff „durchsetzen" ist dabei nicht geklärt. Gemeint ist, dass der VN die AGB vereinbart haben muss, aber aus rechtlichen Gründen diese nicht gelten.

Deckung wird teilweise auch dann bei Auslandsbezug nach den jeweils anwendbaren gesetzlichen Bestimmungen anderer Staaten gewährt, sofern sich der VN nicht mit Erfolg auf die AGB oder das HGB berufen kann. Weil dann die Haftung über die € 620 je Kubikmeter Laderaum hinausgeht, der zur Erfüllung des Umzugsvertrages benötigt wird, sind auch solche Güterschäden grundsätzlich versichert.

Wie bei Frachtführerpolicen ersetzt der VR die Abwehr- oder Minderungskosten **12**
eines ersatzpflichtigen drohenden Schadens (besser: **unmittelbar** drohenden) sowie die gerichtlichen und außergerichtlichen Kosten, soweit sie den Umständen nach geboten waren. Aufgewendete Beförderungsmehrkosten aus Anlass einer Fehlleitung kann es auch im Umzugsbereich geben. Wenn sie zur Verhütung eines ersatzpflichtigen Schadens erforderlich waren, kann in manchen Policen häufig nur bis zu 50 % des Warenwertes, höchstens gemäß dem gesondert geregelten Maximum eine Erstattung erfolgen.

Subsidiär werden etwaige Kosten zur Bergung, Vernichtung oder Beseitigung des be- **13**
schädigten Gutes, die aufgrund gesetzlicher oder behördlicher Verpflichtung aufgewendet wurden, erstattet werden, soweit ein ersatzpflichtiger Schaden vorliegt. Stets ist die Begrenzung der Versicherungsleistung insgesamt zu beachten.

4. Versicherungsausschlüsse

Soweit nicht zwingende Vorschriften der Pflichtversicherung entgegenstehen (z.B. **14**
§ 7a GüKG), sind auch bei Umzugsgutpolicen die meisten üblichen Haftungsausschlüsse der jeweiligen Umzugspolice oder den DTV-VHV vorhanden, wie z.B. Schäden durch Naturkatastrophen (z.B. Erdbeben, Blitzschlag, vulkanische Ausbrüche, Überschwemmungen), Krieg, kriegsähnliche Ereignisse, Bürgerkrieg, innere Unruhen, Aufruhr, Streik, Aussperrung, Arbeitsunruhen, terroristische Gewaltakte oder politische Gewalthandlungen.

Wichtig ist der Ausschluss, wenn der Umzugsspediteur eine Transportwaren- oder **15**
Sachversicherung weisungswidrig nicht oder nicht ausreichend eindeckt. Dann erstattet der VR nicht über die Haftungsversicherung den Schaden. Soweit eine Haftung für den entstandenen Schaden nach HGB deshalb zu bejahen ist, weil er eine Nebenpflicht gegebenenfalls bewusst leichtfertig verletzt hat, ist dieser Haftungstatbestand nicht versichert. Versichert ist aber der Sachverhalt dann, wenn eine Haftung des VN für den eingetretenen Schaden wegen der Verletzung der Hauptpflicht des Verkehrsvertrags, die Beförderung oder Lagerung schadenfrei auszuführen, besteht.

5. Anfragepflicht für besondere Risiken

Der VN ist verpflichtet, vor Risikobeginn anzufragen, wenn Beförderungen nach und **16**
von außereuropäischen Ländern und bei Transporten von, nach und durch Staaten der Gemeinschaft unabhängiger Staaten der ehemaligen Sowjetunion (GUS) in Betracht kommen.

Weitere Anfragepflichten gibt es, wenn der deklarierte Wert aller auf einem Transportmittel (Lastzug) zu befördernden Güter € 250.000 übersteigt.

Ein besonderer für den Umzugsbereich wichtigen Fall gibt es, wenn die Einbeziehung **17**
sonstiger besonderer Haftungsausschlüsse, wie z.B. die Beförderung von Pflanzen, Tieren, Edelmetallen, Edelsteinen, Juwelen, echten Perlen, Schmuck, Uhren, Geld, Briefmarken,

Münzen, Scheck- und Kreditkarten, gültige Telefonkarten oder andere Zahlungsmittel, Wertpapiere, Dokumenten, Urkunden und anderen vergleichbaren Kostbarkeiten (Valoren), vertraglich vereinbart werden soll.

Wenn der Umziehende den Wert des Umzugsguts über die Haftungsversicherung versichert haben will, muss der VN diesen besonderen Versicherungsschutz bei seinem VR zusätzlich versichern. Weil aber in den meisten VHV-Policen der Ausschluss der Wert- und Interessendeklaration verankert ist, muss der VN gesondert nachfragen, ob und zu welchem Preis der Höherwert versichert werden kann. Häufig gibt der VHV-VR seinem VN einen festen Prämiensatz für die Höherwertversicherung und versichert dann automatisch den vom Umzugskunden genannten Wert.

6. Umzugsguttransportversicherung

18 Weil der Umzugsspediteur seinem Kunden im Umzugsvertrag meist die Möglichkeit anbietet, die Güter zu versichern, ist der Abschluss einer Umzugsguttransportversicherung sinnvoll. Nach § 451g Ziff. 1 HGB muss der Umzugsspediteur den Umziehenden auf eine Möglichkeit der Versicherung des Gutes, sei es über eine Transportversicherung oder eine Lagerversicherung hinweisen. Wenn der Umziehende den Wert des Umzugsguts über die Transportversicherung versichert haben will, muss der VN diesen besonderen Versicherungsschutz bei seinem VR mit einer zusätzlichen Versicherungspolice besorgen.

Nicht eingegangen wird in diesem Zusammenhang auf diese besondere Art der Transportversicherung. Dies ist keine Haftpflichtversicherung, sondern eine Schadenversicherung.

G. Luftfrachtpolicen

Schrifttum

Müller-Rostin Art. 50 Montrealer Übereinkommen – eine unscheinbare, aber bedeutungsvolle Vorschrift zur Pflichtversicherung für Luftfrachtführer, VersR **2004** 832; *Mühlbauer* Die Schnittstellen der Luftfahrtversicherung zu anderen Versicherungssparten, VersR **2008** 1045; Langheid/Wandt/*Mühlbauer* Band II Luftfrachtversicherung, **2009**; Thume/de la Motte/Ehlers/*Mühlbauer*-Transportversicherungsrecht Haftpflichtversicherung-Bedingungen für Luftfahrzeughalter und Luftfrachtführer (LHB 2008) F Rn. 353 ff.

I. Entstehungsgeschichte

Die von Luftfahrzeugen ausgehenden Gefahren stellen ein besonderes Risikopotenzial **1** dar. Luftfahrtrisiken werden daher als besonders hoch eingestuft. Viele Besonderheiten sind zu berücksichtigen. Für Luftfahrtrisiken sind höhere Deckungssummen als bei anderen Verkehrsträgern üblich, mit der Folge, dass diese Risiken von einem speziellen Rückversicherungsmarkt versichert werden.[1]

Für das **luftfahrtspezifische Haftpflichtrisiko** bieten die Luftfahrtversicherer seit 1908 **2** umfassenden Versicherungsschutz.[2] In § 29 des LuftVG vom 1.8.1922 wurde bereits die Verpflichtung zum Nachweis einer Haftpflichtversicherung für Luftfahrzeughalter, Flughafenunternehmer und Veranstalter öffentlicher Flugveranstaltungen angeordnet. Im die Haftung des Luftfrachtführers regelnde Warschauer Abkommen (WA) ging es zwar um luftfrachtrechtliche Schadensersatzansprüche. Die Frage der Absicherung dieser Ansprüche durch eine Versicherung wurde im Abkommen nicht geregelt. Es oblag es dem nationalen Gesetzgeber, dem Luftfrachtführer eine Verpflichtung zur Absicherung seiner frachtvertraglichen Haftung aufzuerlegen. In Deutschland unterliegt der Luftfahrzeughalter einer Pflichtversicherung (oder Sicherheitsleistung) gem. § 43 LuftVG. Am 28.6.2004 ist das Übereinkommen zur Vereinheitlichung bestimmter Vorschriften über die Beförderung im internationalen Luftverkehr (Montrealer Übereinkommen MÜ) in Kraft getreten. Gem. Art. 50 MÜ wurde erstmalig durch ein internationales Abkommen die Verpflichtung für den Luftfrachtführer eingeführt worden, Versicherungsschutz für seine beförderungsvertragliche Haftung einzudecken.[3] Vorher gab es auf völkerrechtlicher Ebene lediglich die Verpflichtung für den Luftfahrzeughalter, seine Haftung für solche Schäden, die von einem Luftfahrzeug im Flug einer Person oder Sache auf dem Erdboden zugefügt werden, durch Versicherung (oder durch Sicherheiten) abzusichern.

Art. 50 MÜ lautet:

> Die Vertragsstaaten verpflichten ihre Luftfrachtführer, sich zur Deckung ihrer Haftung nach diesem Übereinkommen angemessen zu versichern. Der Vertragsstaat, in den ein Luftfrachtführer eine Beförderung ausführt, kann einen Nachweis über einen angemessenen Versicherungsschutz zur Deckung der Haftung nach diesem Übereinkommen verlangen.

Für Güterschäden bestimmt § 4 Abs. 2 im Gesetz zur Durchführung des Übereinkommens vom 28.5.1999 zur Vereinheitlichung bestimmter Vorschriften über die Beförderung im internationalen Luftverkehr (Montrealer-Übereinkommen-Durchführungsgesetz

---

[1] *Müller-Rostin* VersR **2004** 832; Thume/de la Motte/Ehlers/*Mühlbauer* F Rn. 354.

[2] Zu den Einzelheiten Langheid/Wandt/*Mühlbauer* Luftfrachtversicherung.

[3] Geigel/*Mühlbauer* Der Haftpflichtprozess 29 Rn. 164.

MontÜG), dass der Luftfrachtführer für seine frachtvertragliche Haftung nach dem MÜ eine Versicherung anzuschließend hat. Im Gesetzentwurf der Bundesregierung in der Begründung zu § 4 Abs. 2 des MontÜG werden Speditionen, die aufgrund der Rechtsfolgenverweisung der §§ 458–460 HGB wie ein Frachtführer haften, von der Versicherungspflicht ausgenommen.[4]

In Ziff. 25 der Verordnung über die Berichterstattung von Versicherungsunternehmen gegenüber der Bundesanstalt für Finanzdienstleistungsaufsicht, Versicherungsberichterstattungs-Verordnung, Anlage 1 Abschnitt c werden unter Luft- und Raumfahrzeug-Haftpflichtversicherung die Luftfahrt-Haftpflichtversicherung (einschließlich der Luftfrachtführer-Haftpflichtversicherung) genannt.

3 Der GDV hat Musterbedingungen unverbindlich bekannt gegeben. Sie lauten **Luftfahrt-Haftpflichtversicherungs-Bedingungen für Luftfahrzeughalter und Luftfrachtführer** (LHB 2008).[5]

4 In der DTV-VHV wird das Luftfahrtrisiko im Selbsteintritt ausgeschlossen. In vielen andern Versicherungssparten ist dies ebenso (Betriebshaftpflicht-, Produkthaftpflicht-, Unfallversicherung u.v.m.). Bei der allgemeinen Haftpflichtversicherung werden Luftfahrtrisiken aus Verträgen mit einer Reihe von Klauseln in den AHB, beispielsweise der kleinen Kraft-, Luft- und Wasserfahrzeugklausel in der Privathaftpflichtversicherung und die große Luftfahrzeugklausel, die in Betriebs- und Produkthaftpflichtversicherungen verwendet wird, ausgeschlossen.[6]

II. LHB 2008

5 Mittels einer Luftfrachtführer- oder Passagierhaftpflichtversicherung werden Haftpflichtansprüche wegen Schäden an beförderten Personen oder Sachen versichert.

Generell ist die LHB als Haftpflichtversicherung aufgebaut. Versicherungsschutz besteht für den Fall, dass der VN wegen eines eingetretenen Versicherungsfalls aufgrund gesetzlicher Haftpflichtbestimmungen privatrechtlichen Inhalts von einem Dritten auf Schadensersatz in Anspruch genommen wird. Personen-, Sach- oder sich daraus ergebenden Vermögensschaden werden erstattet. Der Versicherungsschutz umfasst zunächst die gesetzliche Haftpflicht aus dem Gebrauch von Luftfahrzeugen wegen Schäden von Personen und Sachen, die nicht im Luftfahrzeug befördert werden (Halter-Haftpflichtversicherung).[7]

Ferner wird u.a. die gesetzliche Haftpflicht aus der geschuldeten Beförderung der Luftfracht ohne Wertdeklaration (**Luftfrachtführer-Haftpflicht-Versicherung**) versichert. In dieser Luftfrachtführer-Haftpflicht-Versicherung wird der Versicherungsschutz auf die gesetzliche Haftpflicht privatrechtlichen Inhalts des VN wegen Luftfracht ohne Wertdeklaration erweitert.

6 In diesem Zusammenhang können Ausschnittsdeckungen der VHV als spezieller Teil der Luftfrachtversicherung nicht besprochen werden, so dass auf die spezielle Kommentarliteratur zur Luftfahrtversicherung verwiesen wird.

---

4 BGH 11.07.1978 VersR **1978** 1070–1072.

5 Thume/de la Motte/Ehlers/*Mühlbauer* F Rn. 353 ff.

6 *Mühlbauer* VersR **2008** 1045; Geigel/*Mühlbauer* Der Haftpflichtprozess 29 Rn. 165.

7 Thume/de la Motte/Ehlers/*Mühlbauer* F Rn. 358.

H. Sonstige Verkehrshaftungsversicherungen

I. Fremdunternehmerpolice

Schrifttum

De la Motte CMR: Schaden – Entschädigung – Versicherung, VersR **1988** 317; *Thume* Zum Umfang des Versicherungsschutzes einer Fremdunternehmerpolice im internationalen Transportrecht, RIW **1999** 453–454.

1. Historie und Begriff

Es hat sich die Tatsache in vielen Schadenfällen herausgestellt, dass bei der Beauftragung ausländischer Transportunternehmer deren Versicherungsschutz nicht ausreichend ist. Der Spediteur hatte dann die Möglichkeit, den Subunternehmer im Rahmen der **Fremdunternehmerpolice** zu versichern. Dies war dann der Fall, wenn nicht mit einer VHV des beauftragten Frachtführers gerechnet werden konnte.[1] Den Spediteur, der einen Transportauftrag an ein nicht oder nicht ausreichend versichertes Fremdunternehmen vergibt, trifft ein Auswahlverschulden.[2] Diese Haftung ist über die normale Speditionspolice in der Regel versichert (aber Obliegenheit der sorgfältigen Auswahl). Um die Inanspruchnahme seiner eigenen VHV mit der Sanierungsgefahr im Fall des erfolglosen Regresses zu verhindern, schließt der Spediteur die Fremdunternehmerversicherung ab. **1**

Für VHV-VR ist diese Deckung kritisch, da er Haftungen von unbekannten Fremdfrachtführern deckt, bei denen sein VN Zweifel hat, ob dieser ausreichend versichert ist. Mit Abschluss dieser Police hat der VR die Risikoauslese aus der Hand gegeben. Dies entspricht nicht den Grundideen eines risikobewussten und transparenten Underwritings. Nur historisch kann erklärt werden, dass diese Police weiterhin existiert, wobei einige VR diese Policenart überhaupt nicht anbieten (Zeichnungsverbot). **2**

2. Gegenstand der Versicherung

Mit der Fremdunternehmerpolice wird die Haftung der vom Spediteur eingesetzten fremden Frachtführer aus den mit ihm geschlossenen Frachtverträgen nach den gesetzlichen Bestimmungen (HGB/CMR) versichert. Fremdunternehmerpolice ist eine Versicherung für fremde Rechnung nach § 43 VVG.[3] **3**

Gegenstand des Versicherungsvertrages ist die Haftung des Versicherten, also des eingesetzten Fremdunternehmers, aus mit dem Spediteur geschlossenen Verträgen über entgeltliche Beförderungen von Gütern mit Kraftfahrzeugen. Der Versicherungsschutz ist auf separat dem VR anzumeldende Frachtverträge beschränkt. Es handelt sich daher um eine laufende Versicherung, obwohl die Frachtverträge **vor Transportbeginn** nach den meisten Policenformulierungen angemeldet werden müssen. Ferner ist die Fremdunternehmerpolice eine Haftpflichtversicherung.[4] **4**

---

[1] *De la Motte* VersR **1988**, 317; *Schneider* 145, *Helm* GroßkommHGB, 4. Aufl., Anh. I § 429 Rn. 48; *Heuer* Gütertransport und Versicherungen, 60 f.; *de la Motte* VersR **1988**, 317, 323 f.

[2] *Schneider* 145.

[3] *Schneider* 145.

[4] *De la Motte* VersR **1988**, 317; *Schneider* 145.

3. Versicherungsnehmer/Versicherter

5 Der Spediteur ist der VN der Police. Versichert ist nicht dessen Haftung aus dem mit dem Auftraggeber abgeschlossenen Speditionsvertrag. Versichert ist vielmehr die Haftung des von ihm eingesetzten Frachtführers, der den entgeltlichen Straßentransport durchführt. Dieser ist der Versicherte.

6 Der versicherte fremde Unternehmer kann **nicht in Regress** genommen werden.[5]

7 Streitig war, ob der begünstigte Dritte des Versicherungsvertrages, also der Fremdunternehmer, grundsätzlich nur derjenige sein kann, der von dem VN direkt mit der Transportdurchführung beauftragt wird. Der BGH hat entschieden, dass Fremdunternehmer und damit Versicherter jedenfalls bei der von der Fa. Oskar Schunck KG betreuten Police für grenzüberschreitende Transporte von Fremdunternehmern nach der CMR aus dem Jahr 1980 nur der Frachtführer oder Fixkostenspediteur ist, der in direkten vertraglichen Beziehungen zum VN steht, unabhängig davon, ob und inwieweit er den Transport selbst ausführt.[6] *Thume* weist aber darauf hin, dass angesichts der unterschiedlichen Policen nur ein Einzelfall entschieden worden ist.[7]

4. Versicherungsumfang

8 Versichert ist die Haftung wegen Güterschäden nach HGB und CMR. Zusätzlich ist die Vereinbarungen über einen Haftungsbetrag von bis zu 40 SZR/kg (§ 449 II HGB) versichert, wenn es sich nicht um einen grenzüberschreitenden Transport handelt. Ansprüche wegen reinen Vermögensschäden und Nachnahmeversehen sind grundsätzlich versichert. Mitversichert werden auch Kabotagetransporte, d.h. wenn der eingesetzte Frachtführer innerhalb eines bestimmten Landes die Transporte ausführt.[8]

9 Nicht versichert sind speditionelle Tätigkeiten, ein etwaiger Vorsatz des VN oder des Versicherten. Nicht Gegenstand der Versicherung sind alle Wert-, Umzugs-, Großraum- und Schwerguttransporte. Wie in Frachtführerpolicen üblich ist ferner auch eine Wert- und Interessendeklarationen ebenso wie abweichende AGB oder Vereinbarungen, die über den Haftungsrahmen der nationalen Rechtsvorschriften hinausgehen, nicht vom Versicherungsschutz umfasst.

10 Die Maxima werden nach Bedarf und Risikosituation individuell vereinbart.

11 Der räumliche Geltungsbereich gilt für Transporte innerhalb Europas (geografische Grenzen). Teilweise werden Mittelmeeranrainerstaaten hinzugenommen.

12 Besonders wichtig sind die Obliegenheiten in Bezug auf die sorgfältige Auswahl des Unternehmers und die Sicherung des Fahrzeuges während des Transportes gegen Diebstahl etc. (z.B. Diebstahlsicherungen).

13 Die Prämie wird aus dem zwischen Spediteur und Unternehmer vereinbarten Gesamtentgelt berechnet und ist dem VR für jeden einzelnen angemeldeten Transport fällig.

II. Schwergutpolice

Schriftum

Rebler Die Genehmigung der Durchführung von Großraum- und Schwertransporten, SVR 2012, 299–302.

---

[5] Schneider 145.

[6] BGH 10.12.1998 TranspR **1999** 155–159.

[7] *Thume* RIW **1999** 453–454.

[8] *Boettge* VersR **2011**, 21ff.

1. Historie und Begriff

Die Bundesfachgruppe Schwergut und Kranarbeit (BSK) ist ein Verband in dem ca. 200 Schwergutunternehmer organisiert sind. BSK-Schwergutunternehmer sind in der Regel Transportunternehmer mit Schwerlast-Fahrzeugen. Daneben gibt es auch Kranunternehmer und Montagebetriebe. Deren Tätigkeitsprofile sind mehr als komplex. Neben Transportleistungen mit den dazugehörenden Kranbeförderungen, Betriebsverlegungen, Binnenschiffstransporte, Multimodalbeförderungen, Überseebeförderungen per Luft oder Schiff, Sonderprojekte, und Lagerungen bzw. Verwahren von Gütern kommen auch nicht transportspezifische Leistungen hinzu wie Montagedienstleistung, Vermietungen Fahrzeuggestellung, Lohnfuhr u.a. hinzu. 14

Die Besonderheit der besonderen Beförderungs- oder Hebemittel ergibt sich allgemein aus der Eignung des erforderlichen Beförderungs- oder Hebemittels, dem Umfang oder dem Gewicht des Transportguts oder den besonderen örtlichen Gegebenheiten, wo normale Transportmittel scheitern oder den Transport nachhaltig erschweren würden.

Der HGB-Gesetzgeber verwendet den Begriff Schwergut nicht. In den ADSp wird er ebenfalls ohne Begriffsbestimmung verwendet (siehe Ziff. 2.3 ADSp). In § 52 Abs. 4 Ziff. 4 StVZO wird der Begriff des Schwer- oder Großraumtransports ohne gesetzliche Begriffsbestimmung verwendet. Was unter einem **Schwergutauftrag im versicherungsvertraglichen Sinn** zu verstehen ist, muss anhand der in der Schwergut-Police gegebenen Definition bestimmt werden. Es gibt keinen allgemeingültigen Begriff. 15

Im Fall des BGH griff ein Ausschluss aus Ziffer 3.6 einer Police nicht ein, weil der Geschädigte einen gesetzlichen Schadensersatzanspruch eingefordert hatte. Dieser war versichert und es bestand Deckungsschutz über die Schwergutpolice.[9]

Ein Schwergutauftrag liegt danach vor, wenn zur Ausführung besondere Beförderungs- oder Hebemittel eingesetzt werden. Insoweit ist jede VHV-Police zu prüfen, ob sie dieses Risiko decken will. In der Praxis wird der Begriff jedoch verwendet, ohne ihn zu definieren. Insoweit gilt die weite Auslegung. Sobald also besondere Mittel eingesetzt werden, die eigens für den konkreten Transport schwerer Güter konstruiert sind, liegt ein Schwergutrisiko vor. Es kommt auf die Eignung des erforderlichen Beförderungs- oder Hebemittels, den Umfang oder das Gewicht des Transportguts an. Dort wo normale Transportmittel scheitern oder den Transport nachhaltig erschweren würden, also wegen der Eigenart der Güter besondere Hilfsmittel notwendig sind, wird der Begriff Schwergut bejaht.[10]

2. Gegenstand der Versicherung

Selbst wenn der Begriff Schwergut zu bejahen ist, ist weiter zu prüfen, ob eine verkehrsvertragliche Tätigkeit ausgeführt wird, denn nur Verkehrsverträge sind auch nach den meisten üblichen Schwergutversicherungen versichert. Hierzu ist wird häufig nur mitgeteilt, dass die Haftung aus den Schwergutverträgen versichert wird. Versicherte Haftung ist dann die gesetzliche Haftung nach dem nationalen Recht, also dem HGB und dem BGB, und dem internationalen Recht meist nur nach der CMR. Daneben wird die vertragliche Haftung nach den AGB des Schwergutunternehmers versichert. 16

Der BSK-Verband hat 1998 allgemeine Geschäftsbedingungen, die sog. BSK-Bedingungen, für seine Mitglieder veröffentlicht. Das sind die ALLGEMEINE GESCHÄFTSBEDINGUNGEN DER BUNDESFACHGRUPPE SCHWERTRANSPORTE UND KRAN- 17

[9] BGH vom 26.03.2003 VersR **2003** 728.

[10] BGH vom 26.03.2003 VersR **2003** 728.

ARBEITEN (BSK) 2002. Alle Tätigkeiten sind darin umschrieben, die ein Verbandsunternehmer durchführt und wonach er haften könnte(Kranverleih, Industriemontage, Schwertransporte, Abschleppunternehmer Begleitdienste).

BSK-Bedingungen Ziff. 2

2. **Kranleistungen** im Sinne dieser Bedingungen werden in zwei Regelleistungstypen erbracht:

2.1. Leistungstyp 1 – Krangestellung
Krangestellung bezeichnet die **Überlassung** von Hebezeugen samt Bedienungspersonal an den Auftraggeber zur Durchführung von Arbeiten nach dessen Weisung und Disposition

2.2. Leistungstyp 2 – Kranarbeit
Kranarbeit ist Güterbeförderung, insbesondere das Anheben, Bewegen und die Ortsveränderung von Lasten und/oder Personen zu Arbeitszwecken mit Hilfe eines orstveränderlichen Hebezeuges und bezeichnet die Übernahme eines oder mehrerer vereinbarter Hebemanöver durch den Unternehmer nach dessen Weisung und Disposition.

18 a) **Krangestellung.** Die BSK benennen den **Leistungstyp 1** als einen Mietvertrag mit Arbeitnehmerüberlassung. In der Regel besteht insoweit keine verkehrsvertragliche Haftung und somit oftmals keine Deckung über die Schwergutpolice, wenn ausdrücklich nur Verkehrsverträge versichert werden. Anders kann es sein, wenn nach den Schwergutbedingungen nichts von den Verkehrsverträgen oder verkehrsvertraglichen Haftung als Deckungsgegenstand gesprochen wird und dieser Punkt bewusst offen gelassen wird. Wenn nur die BSK als AGB versichert werden, ist auch die hinter dieser Leistungsbeschreibung stehende mietvertragliche Haftung versichert.

19 b) **Kranarbeit und Transportleistungen.** Beim **Leistungstyp 2** werden als **Kranarbeiten** vertikale oder horizontale Verbringungen von Gütern, d.h. Transportvorgänge geschuldet. **Transportleistung** im Sinne dieser Geschäftsbedingungen ist die gewerbsmäßige Beförderung von Gütern jeglicher Art sowie die Bewegung oder Ortsveränderung von Gütern insbes. mittels besonderer Transporthilfsmittel wie z.B. Schwerlastroller, Panzerrollen, Luftkissen, hydr. Hubgerüsten und Hubportalen, o.ä. (sog. Flur- und Quertransporte), einschl. der damit im Zusammenhang stehenden, transportbedingten Zwischenlagerung.

Kranarbeiten und Transportleistungen unterliegen dem Transportrecht und sind daher Beförderungsverträge.

20 Schwergut wird regelmäßig unverpackt transportiert. Das Verpacken und Verplanen des Ladegutes obliegt in der Regel dem Auftraggeber. Das Laden, Stauen und Zurren und das Entladen schuldet der Schwergutunternehmer, wenn dies erstens ausdrücklich vereinbart ist und zweitens, wenn sich aus den Umständen entsprechendes ergibt. Das ist dann der Fall, wenn der Auftraggeber den Schwergutauftrag an ein Unternehmen erteilt, welches besondere Beförderungsmittel auftragsgemäß bereits mitbringt. Ist ein Kran-LKW vom Auftraggeber bestellt, dann ergibt sich aus dem Umständen, dass die Be- und Entladung vom Frachtführer auszuführen ist. Im Zweifel ist das Frachtentgelt in diesen Fällen erheblich teurer als bei der Gestellung LKW ohne Kran.

21 c) **Grobmontagen und -demontagen.** Wenn **Montagearbeiten** ausdrücklich mit in die Schwergutpolice aufgenommen wurden, sind diese auch Bestandteile der Versicherung. Darunter fällt das Zusammenfügen oder Zerlegen sowie das Befestigen oder Lösen des Ladegutes für Zwecke der Transportvorbereitung- oder Abwicklung. Für darüber hinausgehende Montageleistungen (Endmontage, Probelauf, Feinjustierungen etc.) gelten die BSK-Montagebedingungen jeweils neuester Fassung.

3. Umfang der Versicherung

Neben der Freistellung wird in der Schwergutversicherung wie bei jeder Haftpflichtversicherung Rechtsschutz bei unberechtigten Ansprüchen geboten. Daneben werden Aufwendungen wie in Frachtführerpolicen üblich erstattet. Im Gegensatz dazu gibt es aber häufig keine frachtrechtlichen Einschränkungen bei den maximalen Versicherungssummen pro Fall mit 8,33 SZR usw. 22

Weil es sich bei Schwergutversicherung nach den BSK um hohe Risiken nach den AGB handelt sind die Versicherungssummen in diesen Fällen meist hoch. 23

Die BSK-Haftungsregelung lautet wie folgt:

> Die Haftung des Unternehmers nach diesen Vorschriften ist begrenzt auf 8,33 Sonderzichungsrechte (SZR) je Kilogramm des beschädigten oder in Verlust gegangenen Gutes.
>
> BSK Ziff. 15
>
> 15.2. Der Unternehmer verzichtet auf die Einrede der summenmäßigen Haftungsbegrenzung gemäß Ziffer 15.1. für Güterschäden bis zum Betrag von € 500.000 sowie für sonstige Vermögensschäden bis zum Betrag von € 125.000, jeweils pro Schadenereignis.
> Für Schadenersatzansprüche oberhalb dieser Grenzen finden die Vorschriften der Ziffer 15.1. Anwendung.

Konkret kann der VR daher bis zu jedem Schaden bis € 500.000 keine gesetzliche Haftungsbegrenzung einwenden. Das ist eine Begünstigung dessen, der eigentlich nur eine Haftung i.H.v. 8,33 SZR pro Kilo Rohgewicht der Sendung erhalten würde. Wenn der VR diese Haftung deckt, kann er insoweit keine Einwendung der begrenzten Haftung erheben.

III. Hakenlastpolice

Schrifttum

Saller/Winter Haftung und Versicherung beim Autokranunfall, VersR **1997** 1459–1463; *Hammacher* Die Hakenlastversicherung – Rechtsprobleme und praktische Ausgestaltung, VersR **1997** 288–291.

1. Historie und Begriff

Hakenlast war früher eine Transportwarenversicherung nach den AVB Hakenlast (all risk). *Hammacher* formuliert es wie folgt: „Die Hakenlastversicherung ist als besonderer Typ einer Transportversicherung einzuordnen, beschränkt auf alle Vorgänge, die mit dem Heben und Verbringen des Gutes an den Verwahrort zu tun haben, sowie die sich anschließende Verwahrung (gegebenenfalls auf Zeit)".[11] Es war bei der Hakenlastversicherung nur das Gut versichert, das am Haken hängt („die Last am Haken"). Es war das Interesse des Eigentümers an der am Kran hängenden Sache versichert. **Nicht versichert** war das Interesse des Hakenlastunternehmers, der kein eigenes Interesse an dem bewegten Gut hat. Es gab und gibt teilweise immer noch Hakenlastpolicen unter Verwendung der ADB, der ADS Güterversicherung oder gar der DTV-Güter. 24

Dann wurde die Hakenlastpolice als Sonderpolice konstruiert, die meist als Police **„sui generis"** bezeichnet wird.[12] Versichert werden nicht nur verkehrshaftungsmäßige, 25

[11] *Hammacher* VersR **1997** 288.

[12] *Saller/Winter* VersR **1997** 1461.

sondern auch werkvertragliche Haftungsvorschriften. Der Versicherungsschutz gilt für Schadenersatzansprüche, die für Beförderungsleistungen (Abschlepp- und Transportvorgänge), aber auch für sonstige Leistungen und Tätigkeiten aufgrund des BGB oder HGB erhoben werden. Schäden an eigenen Gütern sind nicht versichert. Der Schutz der Hakenlastversicherung gilt nicht nur während das zu bewegende Gut „am Haken" hängt, sondern es werden noch Montagetätigkeiten und Nachlagerungen mitversichert.

26 Die Hakenlast-Versicherung ist mittlerweile eine Haftungsversicherung.[13] Sie umfasst die Befriedigung berechtigter und die Abwehr unberechtigter Haftungsansprüche.

Je nach vertraglicher Vereinbarung und den Umständen des Einzelfalls müssen BGB- und HGB-Verträge unterschieden werden. Insoweit geht diese Versicherungsvariante weit über die übliche Verkehrshaftungsversicherung hinaus.

27 Mitversichert werden Haftungen, die rechtlich außerhalb von vertragstypischen Beförderungs- oder Lagerungsvorgängen entstehen. Folgende Tätigkeiten werden auf der Rechtsgrundlage der Haftung nach BGB und oder HGB (häufig ohne AGB-Haftung) versichert:

- Bergen, Abschleppen, Schleppen und die Beförderung von Fahrzeugen;
- Auf-, Ab-, Um- und Entladungen von Fahrzeugen;
- Beförderung von Sachen, soweit Sie im Zusammenhang mit einem Beförderungs- oder Abschleppauftrag stehen;
- Parterrearbeiten;
- Lagerung von Sachen auf dem Betriebsgrundstück (Verwahrungsverträge)
- Anheben, Absetzen und Bewegen von Schwergut mittels Kran o.ä. und die damit zusammenhängenden Transporte.

28 Diese Hakenlastversicherung sollte nicht mit einer Schwergutversicherung verwechselt werden, obwohl am Markt die Begriffe nicht scharf getrennt werden. Überlappungen, insbesondere bei der Schwergutbeförderung auf der Straße, gibt es. Häufig werden nicht nur die reinen Hebevorgänge mitversichert, sondern auch die Beförderung auf der Straße, die eigentlich in die Schwergutversicherung gehören.

29 Im Wesentlichen gibt es zwei Modelle für die Versicherung: Einmal gibt es ein reines durchgeschriebenes Wording ohne jegliche AVB oder BB. Zum zweiten gibt es ein Frachtführer-Grundwording, welches durch Zusatzbedingungen mit den Besonderheiten der Hakenlast angereichert wird. Bei dieser Hakenlast-Versicherung wird auf die üblichen AVB für Frachtführer verwiesen. Abweichende Vereinbarungen werden sozusagen in den besonderen Bedingungen für die Hakenlastversicherung getroffen sind.

30 In der Regel gilt die Versicherung ausschließlich innerhalb der Bundesrepublik Deutschland.

2. Andere Versicherung

31 **a) Maschinenversicherung.** Die Maschinenversicherung ist eine reine Sachversicherung. Neben Kaskoschäden können innere Betriebsschäden von Kränen versichert werden. Das Interesse des Mieters kann über die Maschinenversicherung mitversichert werden. Über Begriffsverwirrungen beim Auftrag zur Maschinenversicherung mit der Hakenlastversicherung.[14]

---

[13] *Saller/Winter* VersR **1997** 1461.

[14] OLG Dresden vom 29.04.2008 5 U 1498/06 BauR **2009** 1339.

b) **Kraftversicherung.** Der Umfang der Kfz-Haftpflichtversicherung ist in den AKB geregelt. Danach bezieht sie sich auf Schadensersatzansprüche, die gegen den VN wegen Personen-, Sach- oder Vermögensschäden erhoben werden. Teilweise gibt es Sonderbedingungen, die den Namen „Hakenlastversicherung" tragen. Wenn ein Fahrzeugkran nicht mehr als Fortbewegungsmittel, sondern als Arbeitsmaschine genutzt wird, kann ein weitgehender Versicherungsschutz vom jeweiligen VR gegeben werden. 32

Die Allgemeine Kraftfahrzeughaftpflichtversicherung deckt nicht Haftpflichtansprüche gegen einen Abschleppunternehmer wegen Beschädigung des abgeschleppten Fahrzeugs.

Abschleppunternehmer werden vom BGH auf den Abschluss einer sog. Hakenlast-Haftpflichtversicherung verweisen.[15]

c) **Sonstige Versicherungen.** Im Zusammenhang mit den Kranarbeiten können Transport-, Montage- und Bauleistungsversicherungen, aber auch die klassische Betriebshaftpflichtversicherung für Drittschäden erforderlich sein.[16] 33

3. Abschleppversicherung

Eine **Abschleppversicherung** gibt für Unternehmen, die gewerbsmäßig und gegen Entgelt fremde Kraftfahrzeuge mit eigenen Abschleppfahrzeugen befördern. Gegenstand dieser Versicherung ist ausschließlich das Abschleppen von Fahrzeugen. 34

Das Abschleppunternehmen braucht meist eine Pflichtversicherung nach § 7a GüKG, wenn sie die Vorgaben des GüKG erfüllen (siehe Ziff. 1 GüKG). Dann braucht dieser Beförderer auch eine Erlaubnis zur gewerblichen Güterkraftverkehr nach dem GüKG. Für die Abschleppversicherung bedeutet dies, dass diese die Vorgaben der Pflichtversicherung erfüllen muss.

So gibt es beispielsweisen die **„Sonderbedingung Hakenlastversicherung für Abschleppwagen"**. Gedeckt sind Haftpflichtansprüche aufgrund Beschädigung oder Zerstörung von abgeschleppten Fahrzeugen sowie deren Ladung, die durch den Bergungs- oder Abschleppvorgang verursacht werden. Hierunter fallen z.B. behördlich angeordnete Abschleppvorgänge (Falschparker) ebenso wie das Abschleppen und Bergen von defekten und beschädigten Fahrzeugen. Aufträge werden den Abschleppunternehmen von der Polizei oder von Privatpersonen aber auch zum Zwecke der Reparatur erteilt. Mitversichert wird häufig die Lagerung oder Verwahrung von Sachen auf dem eigenen oder angemieteten Betriebsgrundstück. 35

a) **Abschleppauftrag durch Polizei.** Nach dem zugrundeliegenden Vertragsverhältnis mit den Polizeibehörden besteht meist ein Frachtvertrag, weil der Frachtauftrag gegen Entgelt von der Polizei erteilt wird und der Autohalter das Frachtentgelt beim Abholen an das Abschleppunternehmen bezahlt. Es besteht also der Tatbestand der entgeltlichen Güterbeförderung. 36

Abschleppen von Fahrzeugen im Wege der Gefahrenabwehr usw. unterliegt daher der Pflichtvers. des GüKG, weil durch das Abschleppunternehmen ein gewerblicher Güterverkehrstransport des abzuschleppenden Fahrzeugs vorliegt. Bei den polizeilichen Maßnahmen des Abschleppens wird das Abschleppunternehmen als Hilfsperson der Behörde tätig.

---

[15] BGH vom 11.07.1978 VersR **1978** 1070–1072.

[16] *Saller/Winter* VersR **1997** 1461.

Wenn beim Abschleppen im Auftrag der Polizei ein Schaden entsteht, haftet u.U. der Staat. Der BGH hatte zu entscheiden, als ein Abschleppunternehmer mit der Polizei einen auf jeweiliges Abschleppen gerichteten „Rahmenvertrag“ abgeschlossen hatte. Die dort stehende Weisung, eine Hakenlast-Haftpflichtversicherung abschließen, führe dazu, dass vom Staat an den geschädigten Fahrzeugeigentümer dieser Ersatzanspruch aus dem Rahmenvertrag zuwendet wird. Wenn durch den Gebrauch von Bergungsfahrzeugen, Abschleppfahrzeugen oder Kranfahrzeugen Schäden an den zu bergenden oder abzuschleppenden Fahrzeugen entstehen, können Ansprüche auch gegen den Abschleppunternehmer hergeleitet werden.[17]

37 Wenn anderseits ein Auftrag erteilt wird, das Fahrzeug zum Zwecke der Reparatur zu befördern, fehlt es i.d.R. an einem Frachtvertrag. Weil das Abschleppfahrzeug repariert werden soll, lautet der Auftrag nicht „befördere“, sondern „repariere“. Der Auftrag ist dann ein Werkvertrag und als unselbständige Nebenleistung kommt das transportieren hinzu. Das wäre dann Werkverkehr (siehe § 1 II GüKG Instandsetzung Ziff. 1 und Hilfstätigkeit Ziff 4).

Abschleppfahrzeuge von Autohäusern sind häufig keine Frachtführer. Es fehlt der gesonderte Frachtvertrag. Ausnahmen gelten nur dann, wenn der Käufer völlig separat vom Kaufvertrag den Transportauftrag erteilt, das gekaufte Kfz vom Händler an seinen Wohnort zu transportieren. Wenn das Autohaus dann eine sog. „Logistikabteilung“ (= Frachtführer) hat, kann dies eine gewerbliche Güterbeförderung sein.

38 b) **Frachtvertrag.** Wenn der Auftrag erfolgt, das Fahrzeug zu einem bestimmten Ort zu befördern, weil u.U. die Reparatur nicht von dem Autohändler auszuführen ist, liegt ein Frachtvertrag vor. Der Abschluss eines Frachtvertrages scheitert nicht daran, dass das Abschleppunternehmen den Pkw deshalb nicht in seine Obhut genommen hat, weil der im Führerhaus des Abschleppwagens mitfahrende Fahrzeughalter die Obhut behält. Der Abschleppunternehmer hat vielmehr den Pkw zur Beförderung übernommen und hatte während des Abschleppvorgangs die alleinige Verantwortung für die Sicherheit des aufgeladenen Fahrzeugs. Es besteht also die Obhut von Übernahme bis zur Ablieferung im frachtrechtlichen Sinn.[18]

4. Kranversicherung

39 Eine Einheitlichkeit der versicherten Haftungsgrundlagen bei sog. **Kranleistungen** ist nicht zu erkennen. Je nachdem, welche Vertragsart hinsichtlich des Kranvorgangs zwischen den Parteien zugrunde gelegt wird, sind die Haftungsfolgen unterschiedlich.[19] Ein HGB-Beförderungsvertrag liegt in der Regel für den Hubvorgang vor. Haftungsrechtlich kann jedoch eine reine Maschinenmiete (Kranmiete) sowie die Maschinenmiete, kombiniert mit Dienstverschaffung hinsichtlich des überlassenen Bedienungspersonals (Kranüberlassung) vereinbart werden.[20] Häufig kommt ein Lohnfuhrvertrag in Betracht, wenn eine reine Krangestellung mit einem Kranfahrer erfolgt. Insoweit ist jede Police hinsichtlich der Haftungstatbestände gesondert zu prüfen, was versichert werden sollte.

[17] BGH 11.07.1978 VersR **1978** 1070–1072.

[18] OLG Köln vom 29.07.2003 TranspR **2004** 320.

[19] *Saller/Winter* VersR **1997** 1459 ff.

[20] *Saller/Winter* VersR **1997** 1459 ff.

5. Höchstersatzleistung

Je nachdem wie verkehrsvertragslastig die Police ausgestellt ist, gibt es bei den Maxima folgende übliche Maximierung in der Police: Bei Güterschäden werden als Betrag 8,33 Sonderziehungsrechte (SZR) für jedes Kilogramm des Rohgewichts der Sendung, bei Schäden durch Lieferfristüberschreitung der dreifachen Betrag der Fracht und bei sonstigen Vermögensschäden das Dreifache des Betrags, der bei Verlust zu zahlen wäre, als maximalen Betrag angegeben. 40

Häufig wird die Höchstersatzleistung des VR für alle Schäden, Kosten und Ansprüche auf insgesamt € 500.000 bis 1 Mio. je Schadenereignis begrenzt. Es gibt jedoch auch weit geringere Maximierung, insbesondere bei den Abschlepppolicen.

IV. Temperaturgeführte Transporte und Lagerungen

Schrifttum

Abele Transportrechtliche Haftungs- und Versicherungsfragen anhand von temperaturgeführten Pharmatransporten, TranspR **2012** 391.

DTV-VHV 2003/2011 Ziff. 7

Dem Versicherungsnehmer obliegt es

Ziff. 7.1.2 bei Beförderungen von temperaturgeführten Gütern

- nur Fahrzeuge und Anhänger mit ATP-Zertifikat[21] und Kühlschreiber einzusetzen,
- die einzuhaltende Temperatur im Beförderungspapier zu vermerken und
- das Fahrpersonal anzuweisen, die Einhaltung der Temperatur während des Transports regelmäßig zu prüfen und zu dokumentieren."

In den Obliegenheiten der DTV-VHV gibt es wenige Sonderregeln für das Thema **„temperaturgeführte Transporte und Lagerungen"**. Diese werden besonders wegen den vielzähligen Problemen im Zusammenhang mit temperaturgeführten Beförderungen immer wichtiger. Die Verletzung definierter oberer und unterer Temperaturgrenzwerte wird vom Auftraggeber vorgegeben und jede Verletzung führt zum Totalschaden. Bei frischen Lebensmitteln kann ein Schaden durch Aussortieren der faulen Ware gemindert werden. Das ist bei Pharmaartikeln anders. Medikamente sind in der Regel leicht, aber teuer. So kann eine Palette Insulin mit 250 Kilo einen Warenwert von € 250.000 haben.[22] Wenn die Güter außergewöhnlichen Schutzmaßnahmen ausgesetzt sind, muss dies der Auftraggeber sofort bei Vertragsschluss konkret denn Temperaturrahmen mit beispielsweise zwischen 2 und 8 Grad angeben. In diesen Fällen wird von einem temperaturgeführten Transport oder Lagerung gesprochen. Vielfältige Probleme gibt es zum Risiko und den Pflichtenkriese der am Pharmatransport Beteiligten.[23] 41

Immer häufiger gibt es für besondere Risiken der temperaturgeführten Güter gesonderte Bedingungen. In solchen Fällen kann es sein, dass in den allgemeinen Versicherungsbedingungen (AVB) ein entsprechender **Ausschluss** für solche Güter formuliert ist, mit dem Hinweis, dass der VR bereit ist, dieses Risiko nach gesonderter Anfrage unter bestimmten Konditionen (Obliegenheiten, Maxima und Beitrag) zu versichern.[24] 42

---

[21] Übereinkommen über internationale Beförderungen leicht verderblicher Lebensmittel und über die besonderen Beförderungsmittel, die für diese Beförderungen zu verwenden sind (ATP), BGBl. II 1974 566.

[22] *Franz Kasten* Temperaturgeführte Transporte von Pharmaprodukten, www.tis-gdv.de.

[23] *Abele* TranspR **2012** 391.

[24] *Abele* TranspR **2012** 399.

Die Klauseln können wie folgt lauten:

„Die Beförderung von temperaturgeführten pharmazeutischen Produkten ist nicht versichert, sofern der gemeine Handelswert dieser Produkte € XX0.000 pro Transportmittel nicht übersteigt.

Die maximale Ersatzleistung für die Haftung für diese Güter beträgt
- je Versicherungsfall maximal € X0.000 und
- für alle Versicherungsfälle eines Versicherungsjahres € XX0.000 unter Anrechnung auf die vereinbarten Versicherungssummen (z.B. sog. 2- oder 3-fache Maximierung)."

Mittels besonderer Bedingungen wird die Beförderung und Lagerung von temperaturgeführten Gütern dann wieder mittels besonderer Summen und Obliegenheiten versichert.

43 Besondere Spezialbedingungen gibt es bei den hochwertigen temperaturgeführten Gütern bzw. bestimmten Wertgrenzen, damit nicht alle Güter unter die jeweiligen Klauseln fallen. Wenn die Beförderung oder Lagerung eine Wertgrenze von in der Regel € 50.000 pro Transportmittel oder Lager übersteigt, gelten gesonderte Bedingungen.

44 Die zentrale Regelung der gesonderten Bedingungen für temperaturgeführte Beförderungen sind jedoch die **Obliegenheiten vor Eintritt des Versicherungsfalles.**

Geregelt wird, dass die Kerntemperatur der zu transportierenden Produkte bereits bei Übernahme der Güter zu prüfen ist. Es wird dabei eine gemeinsame Prüfung des Versenders und der VN gefordert. Es wird die Pflicht normiert, dass der VN zuerst seine Mitarbeiter im Umgang mit temperaturgeführten Gütern und den zusätzlichen Maßnahmen vertraut macht, diese regelmäßig schult und ihnen konkrete Weisungen gibt, wie sie sich verhalten sollen. Dazu gehört die Obliegenheit, den Fahrer anzuweisen, dass vor Übernahme der Güter das Fahrzeug bzw. den Laderaum zu kühlen ist. Nach der Beladung muss der Fahrer gemäß für eine ausreichende Luftzirkulation im Beförderungsmittel zwischen dem Ladungsgut und den Außenwänden sowie den Türen und dem Ladeboden bei sicherer Stauung der Ware sorgen.[25]

Die eingesetzten Fahrzeuge müssen erstens mit einer gültigen ATP-Bescheinigung/ ATP-Zertifikat[26] versehen sein, was üblicherweise bereits in den DTV-VHV oder ähnlichen AVB als Obliegenheit steht. Ferner müssen diese über ein eigenes zertifiziertes Temperaturmess- und aufzeichnungsgerät verfügen, der Temperaturwerte der Güter und daneben auch den Betriebszustand des eingesetzten Kühlaggregates aufzeichnet.

Mittels Datenübertragung an eine Leitstelle sollen diese Daten innerhalb einer kurzen Frist während der Fahrt und bei Stillstand gesendet und kontrolliert werden. Sobald eine Temperatur vom Sollwert, den meist der Auftraggeber vorgibt, abweicht, muss ein Alarmmanagement bestehen, der möglichst rasch die Temperaturprobleme klärt. Konkret wird die Bereitstellung eines anderen Fahrzeugs gefordert, der die Temperaturen einhält. Die Einholung einer Weisung beim Auftraggeber oder die Fahrt zu einem entsprechenden Kühlhaus, damit die Temperaturen wieder hergestellt werden können, sofern nicht bereits ein Totalschaden eingetreten ist, wird gefordert. Dieser soll aber gerade dadurch vermieden werden, dass der Fahrer zur regelmäßig Überwachung der Kühlung während des Transportes und besonders während der Ruhezeiten angehalten wird.

45 Generell wichtig ist, dass die Kühleinrichtungen der Transportmittel bzw. der Kühlräume in regelmäßigen Zeitintervallen von einer autorisierten Fachwerkstatt überprüft

---

[25] *Abele* TranspR **2012** 399.

[26] Übereinkommen über internationale Beförderungen leicht verderblicher Lebensmittel und über die besonderen Beförderungsmittel, die für diese Beförderungen zu verwenden sind (ATP), BGBl II **1974** 566.

und gewartet werden. Jede Lagerung, einschließlich transportbedingter Zwischenlagerung darf nur in besonders ausgestatteten Kühllägern bzw. Kühlräumen erfolgen, die einen Temperaturbereich zwischen 2 und 8 Grad Celsius gewährleisten können.

Bei der Beauftragung von Subunternehmern und Erfüllungsgehilfen muss der VN dafür sorgen, dass alle besonderen Obliegenheiten schriftlich weitergegeben werden.

In Fällen des sog. qualifizierten Verschuldens, als bei bewusster Leichtfertigkeit, bei **46**
Kardinalpflichtverletzung und bei grobem Organisationsverschulden gibt es ein Sublimit. Hier kann die Leistung bis zu € 250.000 je Schadenereignis eingeschränkt werden. Eine unzureichende Kühlung führt bei hohen Außentemperaturen zur Annahme eines vorsatzgleichen Verschuldens, jedenfalls dann, wenn es um Arzneimittel geht, die besonders kühlempfindlich sind.[27]

Bei vorsätzlicher oder grobfahrlässiger Obliegenheitsverletzung ist der VR, sofern dies auch so in den AVB geregelt ist, nach einigen besonderen Bedingungen von der Verpflichtung zur Leistung frei.

V. Versicherung fremder Einheiten

Fremde Einheiten werden am VHV-Markt mit verschiedenen Klauseln mitversichert, **47**
wenn diese ohne entsprechenden Verkehrsvertrag zur Beförderung vom Auftraggeber überlassen wurden (keine eigenen geleasten, angemietete o.a. Einheiten des VN). Fremde Einheiten sind fremde Anhänger, Auflieger, Chassis, Container, Wechselbrücken und Wechselbehälter (nicht aber ziehender Fahrzeuge wie z.B. LKW oder Sattelzugmaschinen).

Die übliche Klausel lautet:

> Mitversichert ist die Haftung für Sachschäden aus Verlust oder Beschädigung fremder Einheiten, wie Anhänger, Auflieger, Chassis, Container, Wechselbrücken und Wechselbehälter (nicht aber ziehender Fahrzeuge wie z.B. LKW oder Sattelzugmaschinen), soweit diese nicht Gegenstand eines versicherten Verkehrsvertrages sind, sondern dem VN mit der Ausführung einer Güterbeförderung vom Auftraggeber – stillschweigend oder ausdrücklich – unentgeltlich überlassen werden.
>
> Versichert ist die Haftung des Versicherungsnehmers nach deutschen gesetzlichen Bestimmungen für Ansprüche aus Vertrag oder unerlaubter Handlung.
>
> Versicherungsschutz besteht nur subsidiär, wenn nachweislich kein Ersatz durch eine anderweitige Versicherung (Betriebshaftpflicht- oder Kaskoversicherung) erlangt werden kann.
>
> Ausgeschlossen sind Schadenersatzansprüche aus Schäden verursacht:
> - durch fehlerhafte Konstruktion der Einheiten, Fabrikations- und/oder Materialfehler
> - durch Abnutzung, Verschleiß, Verschrammen, Farbabsplitterungen und
> - allmähliches Verziehen, Rost, Oxydation oder Fäulnis
> - an vom Versicherungsnehmer gemieteten oder geleasten Einheiten.
> - Frachtausfall und/oder Forderungen aus Pfand- und Zurückbehaltungsrecht
>
> Die Höchstersatzleistung ist je Schadensfall mit € xxxx je fremder Einheit (ohne Ladung) begrenzt, maximiert mit € xxxx pro Versicherungsjahr.
> Die Selbstbeteiligung beträgt xxx € je Einheit.

[27] OLG München 23 U 4922/09 vom 29.07.2010, unveröffentlicht.

VI. Logistikversicherung

Schrifttum

Abele Versicherungen im Logistikbereich, TranspR **2005** 383; *Gilke* Probleme bei der Vertragsgestaltung aus Sicht eines Logistikdienstleisters, TranspR **2008** 380–383; *Müller* Praxisgerechte Gestaltung von Logistikverträgen, TranspR **2009** 49–53; *Valder* Mehrwertdienstleistungen und ihre rechtliche Einordnung, TranspR **2008** 383–387.

48 Eine „**Logistikversicherung**" gibt es im Versicherungsrecht nicht, weil das Versicherungsaufsichtsgesetz (VAG) und das VVG diesen Begriff nicht verwenden.[28] In der VHV gibt es einige Produkte, die den Begriff „**Logistik**" mit in den Namen der Versicherung aufgenommen haben. Ferner gibt es einige Produkte, bei denen Verkehrshaftung- und Betriebshaftpflichtversicherungen verbunden (Bündelpolice mit jeweils eigenständigen allgemeinen Versicherungsbedingungen) oder kombiniert werden (Kombipolicen mit sog. „durchgeschriebenen" einheitlichem Wording).[29] Auf Spezialprodukte weniger Anbieter am deutschen Markt kann in diesem Zusammenhang jedoch nicht eingegangen werden.[30]

Zu merken ist, dass ein Unternehmen nicht unter die klassische VHV fällt, wenn sich der Verkehrsträger als sog. „Logistikdienstleister" zum „Produzenten" wandelt. Standardmäßig wird der Logistikausschluss bestehen. VHV-VR können gewisse Risiken mit in den Versicherungsschutz aufnehmen.[31]

Vertragstypen sind neben den Frachtverträgen, Speditionsverträgen und Lagerverträge die Werkverträgen und Dienstverträgen, Mietverträge, Kommissionsverträge und sowie weitere Vertragsarten.[32] Es gibt sehr individuelle Zuschnitte aus Logistikverträge mit den vielschichtigen Problemen der Vertragsgestaltung.[33]

Für Logistikprozesse bedeutet dies, dass diese mit dem jeweiligen VR abzustimmen sind, und zwar unabhängig davon, ob diese üblich oder unüblich sind. Meist werden die reinen Produktionsrisiken oder reinen auftragsrechtlich geschuldeten sog. „added values" in der BRD nicht über die Verkehrshaftungsversicherung versichert. Möglichkeiten bieten individuelle Betriebshaftpflichtversicherungen.[34]

---

[28] *Abele* TranspR **2005** 385.

[29] *Abele* TranspR **2005** 385.

[30] Thume/de la Motte/Ehlers/*Raab* KLP Rn. 269 ff.

[31] *Abele* TranspR **2005** 389.

[32] *Valder* Mehrwertdienstleistungen und ihre rechtliche Einordnung, TranspR **2008** 383–387.

[33] *Gilke* Probleme bei der Vertragsgestaltung aus Sicht eines Logistikdienstleisters, TranspR **2008** 380–383; *Müller* Praxisgerechte Gestaltung von Logistikverträgen, TranspR **2009** 49–53.

[34] *Abele* TranspR **2005** 390.

DTV – Allgemeine Deutsche Seeschiffsversicherungsbedingungen 2009 (DTV-ADS 2009)

Schrifttum

Argyriadis Die Frachtversicherung, Diss. Hamburg (1961); *Commentary* The Nordic Marine Insurance Plan of 2013, Oslo (2013); *Dreyer* Die Rechtsstellung des Versicherers, Liber amoricum für Geritt Winter (2007) 159 (zit.: FS G. Winter); *Ehlers* DTV-Güterversicherungsbedingungen 2000 (DTV-Güter 2000), 2. Aufl. (2003); *Enge/Schwampe* Transportversicherung, 4. Aufl. (2012) (zit.: *Enge/Schwampe* Transportversicherung); *Enge* Erläuterungen zu den DTV-Kaskoklauseln 1978 (1980); *ders.* Transportversicherung: Recht und Praxis in Deutschland und England, 3. Auflage (1996); *Georgacopoulos* Die vom Seeversicherer getragenen Gefahren, Diss. Hamburg (1973); *Gerhard* Die Allgemeinen Deutschen Seeschiffsversicherungsbedingungen 2009 (DTV-ADS 2009), TranspR **2011** 67; *Guth* Der Versicherungsschutz des Ship Managers, Diss. Hamburg (2011); *Haberstroh* Das Augenblicksversagen – kein Fall grober Fahrlässigkeit VersR **1988** 943; *Heiss/Trümper* Transportversicherungsrecht (2009); *Herber* Das neue Haftungsrecht der Schiffahrt (1989); *ders.* Seehandelsrecht (1999); *Klimke* Vertragliche Ausschlussfristen für die Geltendmachung des Versicherungsanspruchs nach der VVG-Reform – Entschuldigungsmöglichkeit, Hinweispflicht und Transparenz VersR **2010** 290; *Maßmann* Die Taxe im Seeversicherungsrecht, Diss. Hamburg (2007); *Meinert* Das Bereicherungsverbot im deutschen Seeversicherungsrecht, Diss. Hamburg (1998); *Mittelbach* Die Verdienstausfallversicherung für See- und Binnenschiffe, Diss. Hamburg (1996); *Mohr* Die Frachtversicherung, Diss. Hamburg (1927); *Möller* Arten und Rechtsnatur der Frachtversicherung, Mitteilungen des Intern. Transport-Verbandes (ITM) (1937); *Müller-Collin* Die Allgemeinen Deutschen Seeversicherungsbedingungen (ADS) und das AGB-Gesetz, Diss. Hamburg (1994); *Passehl* Die Beschaffenheitsschäden in der Seeversicherung (1966); *Rabe* Seehandelsrecht, 4. Aufl. (2000); *Remé* Die neuen DTV-Kasko-Klauseln, ein Gemeinschaftswerk, VersR **1979** 293; *Richartz* Die Schiffsbetriebsunterbrechungsversicherung in der Seeversicherung, Diss. Hamburg (2012); *Schlegelberger* Seeversicherungsrecht (1960); *Schwampe* Die DTV-Abnutzungsklausel 1978 – Eine Durchbrechung der causa-proxima Regeln? Hansa **1980** 1502; *ders.* Die Taxe in der Schifffahrtskrise – Möglichkeiten vertraglicher Gestaltung TranspR **2009** 239; *ders.* Die DTV-ADS – Neue Bedingungen für die Versicherung von Seeschiffen im deutschen Markt, VersR **2010** 1276; *ders.* Seekaskoversicherung

(2009); *Sieg* Die Dispache: Rechtsgrundlagen, Verfasser, Funktion im Bereich der Versicherungsleistung, VersR **1996** 684; *ders.* Betrachtungen zur Gewinndeckung in der Seeversicherung VersR **1997** 649; *ders.* Sicherungen des Vercharterers eines Seeschiffes gegen Störungen im Charterverhältnis TranspR **1998** 9; *Sieveking* Das deutsche Seeversicherungsrecht (1912); *Trölsch* Die Obliegenheiten in der Seeversicherung, Diss. Hamburg (1998); *von Fürstenwerth* Versicherung des Kriegsrisikos (1992); *Winter* Die Verabschiedung des allgemeinen Bereicherungsverbots, Festschrift für Johannes Wälder (2009); *Würdinger/Sotiropoulos* Schiffsgläubigerrechte und Schiffshypothek (1961); *Zeller* Die Deckung von Haftpflicht-Risiken im Rahmen der Seekaskoversicherung (1987).

I. Versichertes Interesse

1 Versichertes Interesse

1.1 Jedes in Geld schätzbare Interesse, welches jemand daran hat, dass das Schiff die Gefahren der Seeschifffahrt besteht, kann versichert werden.

1.1.1 Es besteht – unbeschadet der übrigen Vertragsbestimmungen – Versicherungsschutz nur, soweit und solange dem keine auf die Vertragsparteien direkt anwendbaren Wirtschafts-, Handels- oder Finanzsanktionen bzw. Embargos der Europäischen Union oder der Bundesrepublik Deutschland entgegenstehen.

1.1.2 Dies gilt auch für Wirtschafts-, Handels- oder Finanzsanktionen bzw. Embargos, die durch die Vereinigten Staaten von Amerika in Hinblick auf den Iran erlassen werden, soweit dem nicht europäische oder deutsche Rechtsvorschriften entgegenstehen.

1.2 Soweit nichts anderweitig vereinbart, sind versichert:

1.2.1 in der Kaskoversicherung das Eigentümerinteresse des registrierten Eigentümers des Schiffes sowie sein in Ziff. 65 geregeltes Haftpflichtinteresse;

1.2.2 in der Nebeninteressenversicherung die in den Ziff. 67 bis 69 bezeichneten Interessen;

1.2.3 in der Ertragsausfallversicherung das Interesse des Eigentümers des Schiffes an den Einnahmen des Schiffes.

1.2.4 in der Kriegsversicherung das Eigentümerinteresse des registrierten Eigentümers des Schiffes sowie sein in Ziff. 85 in Verbindung mit Ziff. 65 geregeltes Haftpflichtinteresse;

1.2.5 unter der Minenklausel das Eigentümerinteresse des registrierten Eigentümers des Schiffes sowie sein in Ziff. 82.9 in Verbindung mit Ziff. 65 geregeltes Haftpflichtinteresse.

1.3 Soweit anderweitig vereinbarte Interessen unrichtig bezeichnet werden, ist die Versicherung für den Versicherer nicht verbindlich.

1.4 Die für Rechnung des Reeders separat versicherten Summen auf Interesse, Fracht und Versicherungsprämie bei Totalverlust werden von Fall zu Fall vereinbart. Im Falle des Totalverlusts kann der Versicherer verlangen, dass alle für Rechnung des Reeders bestehenden Nebeninteressenversicherungen angezeigt werden. Sind höhere Beträge auf Nebeninteressen versichert als die in der Police vereinbarten, so leistet der Versicherer im Falle des Totalverlustes insoweit keinen Ersatz.

Übersicht

A. Einführung

I. Bedeutung der Klausel

1 Die Klausel enthält Bestimmungen zum versicherten Interesse für den Fall, dass die Parteien diesbezüglich keine Vereinbarung getroffen haben (Ziff. 1.2), und eine Begrenzung der Leistungspflicht des Versicherers für den Fall seitens des Reeders vertragswidrig anderweitig zu hoch vereinbarter Nebeninteressen (Ziff. 1.4). Daneben greift die Klausel noch auf Bestimmungen der ADS zurück, denen kein eigener wesentlicher Regelungsgehalt zukommt (Ziff. 1.1 und Ziff. 1.3).

II. Vergleich zu ADS/DTV-Kaskoklauseln

2 Ziff. 1.1 ist nahezu wortgleich mit § 1 Abs. 1 ADS[1], beschränkt sich jedoch auf Interessen, die am Schiff bestehen können, während die ADS auch auf die Versicherung der Ladung zugeschnitten sind. Ziff. 1.2 betrifft eine neue Regelung, die die DTV-Kasko-Klauseln[1a] nicht beinhalten. Ziff. 1.3 entspricht im Wesentlichen § 1 Abs. 3 ADS. Ziff. 1.4 ist wortgleich mit Ziff. 6 DTV-Kaskoklauseln.

B. Erläuterung der Klausel

I. Versicherbares Interesse (Ziff. 1.1)

1. „Jedes in Geld schätzbare Interesse"

3 Der **Interessebegriff** begegnet keinen Besonderheiten. Unter einem versicherten Interesse wird allgemein die **Beziehung des Versicherten zu dem betreffenden Gegenstand** verstanden, bei dessen nachteiliger Veränderung der Versicherte einen Schaden erleidet.[2] Es muss sich um ein in Geld schätzbares Interesse, also ein vermögenswertes Inte-

[1] Die ADS 1919 sind abgedruckt in *Schwampe* Seekaskoversicherung S. 1 ff.

[1a] Die DTV-Kaskoklauseln 1978/2004 sind abrufbar unter www.tis-gdv.de/tis/bedingungen/avb/see/sk_0401_dtv_kaskoklauseln.pdf; abgedruckt in *Schwampe* Seekaskoversicherung S. 41 ff.

resse handeln, da die Versicherungsleistung in Geld zu erbringen ist.[3] Das versicherte Interesse muss **nicht unbedingt ein Interesse des VN** sein. Es reicht, dass es „jemandes" Interesse ist, das Gegenstand des Versicherungsvertrages ist. Nach dem Grundsatz der **Vertragsfreiheit** steht es den Parteien des Versicherungsvertrages frei, jegliches Interesse, solange es legal ist, durch Vereinbarung in den Versicherungsvertrag einzubeziehen. Es können also **entgegen dem Wortlaut der Ziff. 1.1 auch nicht in Geld schätzbare Interessen** versichert werden. Eine derartige Vereinbarung der Vertragsparteien würde als Individualvereinbarung Ziff. 1.1, die eine Allgemeine Geschäftsbedingung darstellt, vorgehen. In der Praxis werden aber nur in Geld schätzbare Interessen im Rahmen der Bedingungen versichert.[4]

4 Versicherbar sind nur **legale Interessen**. Ziff. 1.1 macht hierzu zwar keine ausdrückliche Einschränkung, jedoch ergibt sich dies aus den allgemeinen Vorschriften. Nach **§ 134 BGB** sind Vereinbarungen, die gegen ein gesetzliches Verbot verstoßen, nichtig. Das gleiche gilt gemäß **§ 138 BGB** für Rechtsgeschäfte, die gegen die guten Sitten verstoßen. Während für die Anwendbarkeit von § 134 BGB nur in Deutschland geltende gesetzliche Verbote relevant sind,[5] erlangen ausländische Verbotsgesetze Bedeutung im Rahmen der Prüfung der Sittenwidrigkeit gemäß § 138 BGB.[6] Besonders hervorzuheben sind hier die in letzter Zeit verstärkt beschlossenen **Embargo-Regelungen**. Die EU-Sanktionen wirken sich als gesetzliches Verbot i.S.d. § 134 BGB aus, Verstöße gegen Embargo-Vorschriften anderer Staaten können zur Sittenwidrigkeit führen.[7]

2. „Gefahren der Seeschifffahrt"

5 Obwohl Ziff. 1.1 nur Gefahren der Seeschifffahrt nennt, gegen die Versicherung genommen werden kann, ist es den Vertragsparteien **nach dem Grundsatz der Vertragsfreiheit unbenommen, etwas anderes zu vereinbaren** und z.B. Binnenschiffe oder Werftdocks nach den DTV-ADS 2009 zu versichern. Der Begriff der **Gefahren der Seeschifffahrt** hat im Zusammenhang mit den versicherten Interessen also keine besondere Bedeutung. Er erfährt eine Spezifizierung im Rahmen der Ziff. 27. Zu den Einzeleinheiten vergl. die dortigen Erläuterungen.

3. Sanktionsklauseln (Ziff. 1.1.1; Ziff. 1.1.2)

6 Ziffer 1.1.1 inkorporiert die GDV-Muster-Sanktionsklausel. Sie **stellt klar**, dass zu den gesetzlichen Verboten, die zur Nichtversicherbarkeit des Interesses führen, auch Sanktionen und Embargos der Europäischen Union und der Bundesrepublik Deutschland gehören.[8]

---

[2] Zum Begriff des versicherten Interesses wird auf die Erläuterungen in Bruck/Möller/*Schnepp* § 80 Rn. 16; Bruck/Möller/*Baumann* § 1 Rn. 65 ff.; Bruck/Möller/*Möller*[8] § 49 Anm. 48 verwiesen.

[3] *Enge/Schwampe* Transportversicherung S. 52.

[4] **A.A.** *Ritter/Abraham* § 1 Anm. 15, wonach nur in Geld schätzbare Interessen versicherbar seien, andernfalls keine Versicherung vorliege.

[5] Verbotsgesetz i.S.d. § 134 BGB sind nur Gesetze i.S.d. Art. 2 EGBGB, vgl. Palandt/*Ellenberger* § 134 Rn. 2; Palandt/*Sprau* Einleitung Rn. 19.

[6] Vgl. hierzu auch Ziff. 2 Rn. 6.

[7] Zum Verstoß gegen amerikanische Embargo-Vorschriften vgl. BGH 24.5.1962 Vers **1962** 659; *Ritter/Abraham* § 1, Anm. 18; *Enge/Schwampe* Transportversicherung S. 53.

[8] Auswirkungen auf die Seeversicherung haben insbesondere die **Iran-Sanktionen**, die ausdrücklich die Versicherung von Schiffen in iranischem Eigentum verbieten (Art. 35 VO (EU) 267/2012 des Rates vom 23. März 2012; ABl. L 88/1).

Zahlungen aus einer als Sicherheitsleistung gestellten Garantie eines Versicherers zugunsten von durch Sanktionen oder Embargos betroffenen Personen können ebenfalls verboten sein.[9] 7

Zusätzlich zu den unmittelbar in Deutschland geltenden deutschen Gesetzen und Richtlinien sowie der Verordnungen der Europäischen Union werden **auch Embargos und Sanktionen, die von den U.S.A. erlassen werden, mit derselben Rechtsfolge ausgestattet.** Allerdings geschieht dies nur insoweit, als sie nicht gegen deutsches oder europäisches Recht verstoßen. Die Ausnahme ist eine Folge der VO (EG) 2271/96 vom 22. November 1996[10] zum Schutz vor extraterritorialer Anwendung eines Rechtsaktes eines Drittlandes. 8

II. Versichertes Interesse nach Art der Versicherung (Ziff. 1.2)

1. Allgemein

Die Regelung stellt klar, dass die Parteien des Versicherungsvertrages frei sind, dessen Inhalt – im Rahmen der allgemeinen gesetzlichen Grenzen – zu bestimmen, will jedoch **für den Fall, dass die Parteien nichts anderes vereinbart haben** (dazu nachfolgend Rn. 21 ff.) Sicherheit über den Vertragsinhalt durch Schaffung eines Auffangtatbestandes herstellen. 9

Für eine **anderweitige Vereinbarung** bedarf es zweier übereinstimmender Willenserklärungen der Parteien. Ob diese vorliegen, wird anhand der allgemein gültigen Regeln bestimmt. Besondere Formvorschriften bestehen nicht. Es sind daher Vereinbarungen auch in konkludenter[11] oder mündlicher[12] Form möglich. Liegt keine anderweitige Vereinbarung zwischen den Parteien vor, sind nur die in den Ziffern 1.2.1 bis 1.2.5 genannten Interessen versichert. 10

Es ist **in der Seeversicherung üblich**, dass neben dem VN in der Police **diverse weitere Personen als Versicherte aufgenommen** werden, insbesondere zum Beispiel der kaufmännische oder technische Manager des oder der versicherten Schiffe, die Crewmanager oder auch sonstige am Betrieb des versicherten Schiffes beteiligte Personen. Soweit diese Personen keines der in den Ziffern 1.2.1 bis 1.2.5 genannten Interessen besitzen, können sie keinen Deckungsanspruch gegen den VR geltend machen. Ihre Nennung im Versicherungsvertrag als versicherte Personen entfaltet jedoch insofern eine **Schutzfunktion,** als der VR gehindert sein kann, Regressansprüche gegen die „Versicherten ohne Interesse" geltend zu machen. Die Aufnahme in den Versicherungsvertrag kann als **Regressverzicht** ausgelegt werden.[13] 11

2. Kaskoversicherung (Ziff. 1.2.1)

Die Klausel nimmt Bezug auf die Regelungen zur Kaskoversicherung im zweiten Abschnitt der Bedingungen, **Ziff. 54 bis 66.** Aufgrund des Baukastensystems der DTV-ADS ist es allerdings möglich, dass die Parteien auch die Geltung anderweitiger Kaskobedingungen vereinbaren. 12

---

[9] Zur Auswirkung der Sanktionen auf die Sicherheitsleistung und die Stellungnahme des Bundeswirtschaftsministeriums vgl. *Engel/Schwampe* Transportversicherung S. 43 ff.

[10] ABl. L 309/1.

[11] Palandt/*Ellenberger* Einf v § 116 Rn. 6.

[12] Palandt/*Ellenberger* § 125 Rn. 1.

[13] Zur Annahme der Vereinbarung eines Regressverzichts bei Aufnahme in den Versicherungsvertrag vgl. Bruck/Möller/*Voit* § 86 Rn. 70.

13 Das **Eigentümerinteresse** ist das sogenannte **Sacherhaltungsinteresse.**[14] Das Sacherhaltungsinteresse besteht darin, dass der Eigentümer einen finanziellen Nachteil bei Verlust oder Beschädigung der Sache erleidet.

14 Das Abstellen auf den **registrierten Eigentümer** geht auf die in der Schifffahrt gängige Praxis zurück, dass Schiffe häufig eine Flagge eines anderen Staates führen als desjenigen, in dem der wirtschaftliche Eigentümer seinen Sitz hat. Die Schiffe sind dann im Register des sogenannten Flaggenstaates registriert. Dies kann auch im Wege einer sogenannten Vollausflaggung bzw. Treuhandausflaggung oder im Wege einer Bareboat-Ausflaggung erfolgen. Während bei der Vollausflaggung die Eigentumsrechte am Schiff bei der im ausländischen Register eingetragenen (ausländischen) Gesellschaft liegen und die Anteile an der Eigentumsgesellschaft beim wirtschaftlichen Eigentümer verbleiben, erlaubt § 7 FlaggRG die temporäre Löschung eines deutschen Seeschiffes, das sich im Eigentum einer deutschen natürlichen oder juristischen Person befindet, aus dem deutschen Seeschiffsregister und Registrierung in einem ausländischen Register, in dessen Zuständigkeitsbereich der Bareboat-Charterer des betreffenden Schiffes seinen Sitz hat. Der Bareboat-Charterer ist nicht Eigentümer des Schiffes, sondern nur „Mieter" und auch als solcher im ausländischen Register registriert. Der deutsche Eigentümer bleibt als Eigentümer im deutschen Register registriert und daher bleiben auch seine Eigentümerinteressen versichert. Anders liegt der Fall bei der Vollausflaggung. Dann wird die ausländische Gesellschaft als Eigentümer im ausländischen Register registriert, der deutsche wirtschaftliche Eigentümer ist dagegen nicht registriert. Seine Interessen sind also – vorbehaltlich einer anderweitigen Vereinbarung – nicht versichert.

15 Der Eigentümer des Schiffes ist aufgrund gesetzlicher Haftungsbestimmungen bestimmten Haftpflichtrisiken ausgesetzt, im deutschen Recht insbesondere Schadensersatzansprüchen aus Kollisionen gemäß § 570 HGB. Die **Haftpflichtrisiken betreffen nicht das Sacherhaltungsinteresse des Eigentümers**, sondern begründen ein Sachersatzinteresse für Schäden, die Dritte erleiden. Zum Umfang des versicherten Haftpflichtrisikos vergleiche Bruck/Möller/*Eichhorn* DTV-ADS 2009 Ziff. 65.

3. Nebeninteresseversicherung (Ziff. 1.2.2)

16 Die Regelung beinhaltet eine **Klarstellung**, die der Vollständigkeit halber aufgenommen wurde, **da die Nebeninteressen** gemäß Ziff. 67 bis 69 ohnehin **nur versichert sind, wenn dies vereinbart wurde**. Anders als Ziffer 1.2.1 bezeichnet Ziffer1.2.2 nicht, wessen Interessen versichert sind. Es sind daher mangels anderweitiger Vereinbarungen auch Nebeninteressen anderer Versicherter. Zur Versicherung von Interesse vgl. Bruck/Möller/*Jaeger* DTV-ADS 2009 Ziff. 67, zur Versicherung der Fracht vgl. Bruck/Möller/*Guth* DTV-ADS 2009 Ziff. 68 sowie zur Versicherung der Prämie vgl. Bruck/Möller/*Jaeger* DTV-ADS 2009 Ziff. 69.

4. Ertragsausfallversicherung (Ziff. 1.2.3)

17 Die Klausel verweist zwar nicht ausdrücklich, aber konkludent auf die **Reglungen des 4. Abschnittes**, sofern nicht eine anderweitige Ertragsausfallversicherung, zum Beispiel die Loss-of-Hire-Versicherung nach dem Norwegian Marine Insurance Plan als Grund-

---

[14] BGH 5.3.2008 VersR **2008** 634; zum Begriff des Sacherhaltungsinteresses vgl. Prölss/Martin/*Klimke* § 43 Rn. 14.

lage vereinbart wurde. Anders als Ziff. 1.2.1, 1.2.4 und 1.2.5 bezieht sich die Regelung auf das Interesse des Eigentümers des Schiffes und nennt nicht den *registrierten* Eigentümer. Damit ist auch denkbar, dass das Interesse des wirtschaftlichen Eigentümers (Rn. 14) versichert ist. Der **wirtschaftliche Eigentümer** könnte einen Ausfallschaden erleiden, wenn er das voll ausgeflaggte Schiff selbst auf Bareboat-Basis zurückchartert und im eigenen Namen Frachtverträge abschließt.

Möglicherweise handelt es sich bei der Formulierung um ein **Redaktionsversehen.** Da es sich bei der Regelung aber um eine allgemeine Geschäftsbedingung handelt, scheidet aus Gründen des AGB-Rechts eine einschränkende Auslegung zugunsten des Verwenders aus, § 305c Abs. 2 BGB.[15] 18

5. Kriegsversicherung (Ziff. 1.2.4)

In der Grunddeckung der Kaskoversicherung sind bestimmte Kriegsschäden gemäß Ziff. 35 ausgeschlossen. Die Kriegsversicherung nach dem **6. Abschnitt** schließt Teile der Risiken – soweit vereinbart – wieder ein. Für das versicherte Interesse in dieser **speziellen Kaskoversicherung** gilt das in Rn. 12 ff. Gesagte entsprechend.[16] 19

6. Minenklausel (Ziff. 1.2.5)

Die Minenklausel ist ebenso wie die Kriegsversicherung eine **spezielle Ausprägung der Kaskoversicherung**, so dass das in Rn. 12 ff. Gesagte entsprechend gilt.[17] 20

III. Unrichtige Bezeichnung von anderweitig vereinbarten Interessen (Ziff. 1.3)

1. Allgemein

Die Klausel bezieht sich nur auf **anderweitig vereinbarte Interessen**, da bei einer fehlenden Vereinbarung Ziff. 1.2 eine Regelung trifft. Diese Regelung trägt dem **erheblichen Interesses des VR, durch Richtigkeit der Bezeichnung des versicherten Interesses** das zu tragende Risiko einschätzen und die Prämie kalkulieren zu können, Rechnung.[18] Mit *Enge/Schwampe* ist davon auszugehen, dass demgegenüber das Interesse des VN an dem Erhalt des Versicherungsschutzes nur nachrangige Bedeutung hat.[19] 21

2. Anwendungsbereich

Der Begriff des **anderweitig vereinbarten Interesses** nimmt Bezug auf Ziffer 1.2, der die Interessen auflistet, die als versichert gelten, soweit *nichts* anderweitig vereinbart wurde. Es bedarf also einer anderweitigen, mithin einer besonderen oder auf andere Art und Weise erfolgten Vereinbarung zwischen VN und VR über das versicherte Interesse. Geht man von der Definition des versicherten Interesses als Beziehung zwischen einer 22

---

15 Zur Unklarheitenregel und Auslegung vergl. Palandt/*Grüneberg* § 305c Rn. 15 ff.

16 Zum Deckungsumfang in der Kriegsversicherung vgl. Bruck/Möller/*Jaeger* DTV-ADS 2009 6. Abschnitt.

17 Zum Deckungsumfang durch die Minenklausel vgl. Bruck/Möller/*Jaeger* DTV-ADS 2009 5. Abschnitt.

18 *Enge/Schwampe* Transportversicherung S. 54.

19 **A.A.** *Müller-Collin* 96 f.

Person und einer Sache aus, kann sich die besondere – anderweitige – Vereinbarung sowohl auf die Person des Interessenten, die Art des Interesses als auch auf die Sache, zu der die Beziehung besteht, beziehen.[20]

23 Zunächst ist durch Auslegung zu ermitteln, was zwischen den Parteien vereinbart wurde. Liegt zwar eine falsche Bezeichnung im Wortsinne vor, sind die Parteien sich jedoch einig darüber, was diese falsche Bezeichnung in Wahrheit zu bedeuten haben soll, gilt das falsch bezeichnete als vereinbart („*falsa demonstratio non nocet*").[21] Meinen VN und VR jeweils unterschiedliche Interessen mit der falschen Bezeichnung und können auch davon ausgehen, dass die jeweilige Sichtweise korrekt ist, liegt ein Fall des versteckten Dissenses vor, der zur Nichtigkeit der Vereinbarung führt.[22]

24 Bezeichnet **eine der Vertragsparteien** das versicherte Interesse **absichtlich unrichtig**, ohne dass die andere Partei hierüber Kenntnis hat, so wirkt sich dies gem. § 116 Satz 1 BGB nicht auf die Wirksamkeit des Vertrages aus. Der Versicherungsvertrag kommt also mit dem objektiv bezeichneten Interesse zustande. **Hiervon weicht Ziff. 1.3 zugunsten des VR ab.**

25 Anderes gilt, wenn die **andere Partei von der absichtlichen Falschbezeichnung Kenntnis** hat. In diesem Fall kommt ein wirksamer Vertrag gem. § 116 Satz 2 BGB nicht zustande; ebenso in dem Fall der **einverständlichen Falschbezeichnung** gem. § 117 Abs. 1 BGB. In diesen Fällen ist auch **Ziff. 1.3** nicht wirksam vereinbart, sodass sie **keine Wirkung** entfalten kann.

3. Unwirksamkeit der Klausel

26 Ziff. 1.3 ordnet im Falle der Falschbezeichnung des Interesses an, dass **die Versicherung *für den VR nicht verbindlich*** ist. Über die **Verbindlichkeit der Versicherung für den VN** – also insbesondere über die Frage, ob er zur **Prämienzahlung** verpflichtet ist oder nicht – trifft Ziff. 1.3 keine Aussage. Aus dem Umstand, dass Ziff. 1.3 ausdrücklich nur den VR nennt, ist zu jedoch zu schließen, dass die Klausel für den VN verbindlich bleiben soll. Die Einseitigkeit der Regelung lässt Bedenken hinsichtlich ihrer Wirksamkeit unter AGB-Gesichtspunkten aufkommen. Würde Ziff. 1.3 die Unverbindlichkeit für beide Parteien (jedenfalls für den Fall der absichtlichen Falschbezeichnung durch den VR) anordnen, läge keine einseitige Benachteiligung vor. Die Verbindlichkeit nur für den VN ohne entsprechende Einschränkung würde aber bedeuten, dass er stets zur Prämienzahlung verpflichtet bliebe, ohne dass dem eine Risikotragung durch den VR gegenüberstünde. Damit entsteht ein erhebliches und ungerechtfertigtes Missverhältnis der vertraglichen Rechte und Pflichten, das zur Unwirksamkeit der Klausel gem. § 307 Abs. 1 S. 1 führt.[23]

IV. Vertragswidrige Nebeninteressenversicherung (Ziff. 1.4)

1. Allgemein

27 Ziff. 1.4 ist identisch mit Klausel 6 DTV-Kaskoklauseln und fasst deren Unterpunkte 6.1, 6.2, 6.3 in einem Text zusammen. Die Klausel betrifft die Versicherung von so genannten Nebeninteressen, regelt aber nicht deren Inhalt, sondern eine Einschrän-

---

[20] Vgl. *Ritter/Abraham* § 1 Rn. 184.

[21] Vgl. st.Rspr., z.B. BGHZ **20** 110; BGHZ **71** 274.

[22] *Ritter/Abraham* § 1 Anm. 186.

[23] Vgl. Palandt/*Grüneberg* § 307 Rn. 10.

kung für den VN, Nebeninteressen zu versichern sowie eine Auskunftsverpflichtung im Hinblick auf bestehende Nebeninteressenversicherungen gegenüber dem Kaskoversicherer.[24]

2. Anwendungsbereich

Die Klausel beseitigt nicht die schon in Ziff. 6 DTV-Kaskoklauseln enthaltene Ungenauigkeit der sprachlichen Regelung, denn zwischen VR und VN werden nicht die Versicherungssummen selbst vereinbart, da der VN durchaus mit anderen Versicherern Nebeninteressenversicherungen abgeschlossen haben kann, sondern nur bis zur welcher Höhe der VN Nebeninteressen eindecken darf, ohne dass dies die in Ziff. 1.4 beschriebenen Folgen für die Kaskoversicherung hat.[25] Überschreitet der VN die vereinbarte Summe, so wird gemäß Ziff. 1.4 Satz 3 die Leistung aus der Kaskoversicherung im Falle eines Totalverlustes entsprechend gekürzt. Hintergrund dieser Regelung ist, dass einem Missbrauch vorgebeugt werden soll, der darin besteht, dass der VN gegen relativ günstige Prämien für die Versicherung von Nebeninteressen bereit sein könnte, einen Totalverlust des Schiffes hinzunehmen. 28

In diesem Sinne ist auch Ziff. 1.4 Satz 2 zu verstehen, der den VN verpflichtet, auf Verlangen des Versicherers im Falle des Totalverlustes Auskunft über bestehende Nebenversicherungen zu geben. 29

Die Regelung gilt nur, sofern mit dem VR eine entsprechende Vereinbarung getroffen wurde. Ist dies nicht der Fall, zeigt der VR, dass das Bestehen anderweitiger Nebenversicherungen für ihn nicht von Bedeutung ist. Dementsprechend entfällt sowohl das Auskunftsrecht gem. Satz 2 als auch das Recht, die Leistung im Falle des Totalverlustes zu kürzen. 30

C. Verfahrensfragen/Beweislast

Für die Beweislastverteilung gelten die allgemeinen Regeln für Versicherungsverträge. Der VN muss daher die Vereinbarung eines anderweitigen Interesses nachweisen. Gelingt ihm dies nicht, geltend die Ziffern 1.2.1 bis 1.2.5.[26] 31

Die Vereinbarung einer Begrenzung der versicherten Summen für Nebeninteressen gem. Ziff. 1.4 hat der VR zu beweisen, da die Ziffer eine für ihn günstige Regelung enthält. 32

2 Fehlendes Interesse

2.1 Ein Vertrag ist unwirksam, soweit ihm ein versicherbares Interesse nicht zugrunde liegt.

2.2 Dem Versicherer gebührt gleichwohl die Prämie, es sei denn, dass der Versicherer bei der Schließung des Vertrags den Grund der Unwirksamkeit kannte, oder dass der Versicherungsnehmer bei der Schließung des Vertrags den Grund der Unwirksamkeit weder kannte noch kennen musste.

---

[24] *Schwampe* Seekaskoversicherung Klausel 6 Rn. 2 ff.

[25] Vgl. *Schwampe* Seekaskoversicherung Klausel 6 Rn. 3.

[26] Zur Beweislastverteilung vgl. Bruck/Möller/*Baumann* § 1 Rn. 308.

2.3 Wird der Vertrag von einem Vertreter geschlossen, so kommt in Bezug auf die Kenntnis und das Kennenmüssen nicht nur die Person des Vertreters, sondern auch diejenige des Versicherungsnehmers in Betracht.

Übersicht

A. Einführung

I. Bedeutung der Klausel

1 Ziff. 2 regelt die Rechtsfolgen für den Vertrag als Ganzes und für die Prämienzahlungspflicht im Einzelnen für den Fall, dass diesem ein versicherbares Interesse nicht zugrunde liegt. Ziff. 2.2 findet entsprechende Anwendung auf die Prämienzahlungspflicht im Falle der Überversicherung, Ziff. 12.1.[1]

II. Vergleich zu ADS/DTV-Kaskoklauseln

2 Ziff. 2 ersetzt § 2 Abs. 1 Satz 1, Abs. 2 und § 3 Abs. 1 ADS. § 2 Abs. 1 Satz 2 ADS hatte lediglich klarstellende Funktion[2] und findet sich in den DTV-ADS 2009 nicht wieder.

B. Erläuterung der Klausel

I. Unwirksamkeit des Vertrages bei fehlendem versicherbarem Interesse (Ziff. 2.1)

1. „… nicht zugrunde liegt …“

3 Sowohl Ziff. 2.1 als auch Ziff. 3 regeln das Fehlen von Interessen. **Ziff. 3** bezieht sich auf den **Wegfall** – d.h. das **nachträgliche Fehlen** – des Interesses vor oder nach materiellem Versicherungsbeginn.[3] Somit verbleibt für **Ziff. 2.1** lediglich ein kleiner Anwen-

[1] Ziff. 12 Rn. 4 ff.

[2] Die Wettversicherung (nicht notwendig Wette i.S.d. § 762 Abs. 1 BGB) ist eine Art interesseloser Versicherung i.S.d. § 2 Abs. 1 Satz 1 ADS, vgl. Beckmann/Matusche-Beckmann/*Heiss* § 38 Rn. 207; *Ritter/Abraham* § 2 Anm. 11.

[3] Ziff. 3 Rn. 3.

dungsbereich, namentlich Fälle, in denen **von Anfang an, also bereits im Zeitpunkt des formellen Versicherungsbeginns**, kein versicherbares gegenwärtiges, künftiges oder vergangenes[4] Interesse besteht.

Das **Nichtentstehen eines künftigen Interesses** war gem. § 4 Abs. 1 Satz 1 Alt. 2 ADS dem Interessenwegfall gleichgestellt.[5] Da Ziff. 3 keine Gleichstellung mehr anordnet, gilt das Nichtentstehen eines künftigen Interesses nun als nicht zugrundeliegendes Interesse i.S.d. Ziff. 2.1.[6] 4

2. Begriff: versicherbares Interesse

Ziff. 2.1 regelt das Fehlen eines *versicherbaren* Interesses. Hiervon ist das Fehlen eines *versicherten* Interesses **abzugrenzen**. Während die Frage nach dem **versicherten Interesse**[7] die Vertragsauslegung[8] betrifft, m.a.W., welches Interesse in den Vertrag einbezogen wurde, betrifft die Frage nach dem **versicherbaren Interesse** das Bestehen überhaupt irgendeines Interesses des VN an dem versicherten Objekt.[9] 5

Nicht versicherbar sind – neben nicht existierenden Interessen[10] – Interessen, deren Versicherung die **Nichtigkeit des Versicherungsvertrages gem. §§ 134, 138 Abs. 1 BGB** oder **§ 762 BGB** zur Folge hat.[11] Die Nichtigkeit ergibt sich in diesen Fällen bereits aus dem Gesetz, sodass es einer besonderen Regelung in den DTV-ADS 2009 eigentlich nicht bedarf, die im Übrigen mangels wirksamen Vertrags ohnehin nicht wirksam vereinbart wäre. **Voraussetzung** ist im Falle des Wettvertrages gemäß § 762 BGB[12] wie auch z.T. im Falle des § 138 Abs. 1 BGB[13] jedoch die **Kenntnis** der Parteien von den die Nichtigkeit bewirkenden Umständen. 6

Ziff. 2 trifft vor diesem Hintergrund die **erweiternde Regelung**, dass der Vertrag **gleichermaßen unwirksam** ist, wenn der Versicherungsvertrag aufgrund **fehlender Kenntnis** einer oder beider Parteien nicht von vornherein gem. § 762 BGB oder § 138 Abs. 1 BGB nichtig ist, dies jedoch wäre, wenn entsprechende Kenntnis über den zugrundeliegenden Sachverhalt bestünde.[14] Dies betrifft insbesondere den Fall, dass mindestens eine Partei keine positive Kenntnis von dem Fehlen des Interesses und somit des Wettcharakters der Versicherung hatte.[15] 7

---

4 *Ritter/Abraham* § 2 Anm. 4 ff.

5 *Ritter/Abraham* § 4 Anm. 8.

6 So auch § 80 Abs. 1 Hs. 2 VVG.

7 Zum Begriff des versicherten Interesses: Ziff. 1 Rn. 3.

8 Bruck/Möller/*Baumann* § 1 Rn. 68.

9 Z.B. OLG Celle 21.12.1953 VersR **1954** 89 zum Bestehen eines versicherbaren Interesses des Grundstücksveräußerers nach Übergabe des Grundstücks.

10 Insbes. bei Wettversicherung, *Ritter/Abraham* § 2 Anm. 3, 11.

11 Z.B. BGH 24.5.1962 VersR **1962** 659 zu der Nichtigkeit des Seetransportversicherungsvertrages gem. § 138 Abs. 1 BGB aufgrund Verstoßes gegen Embargo-Vorschriften der USA; OLG Hamburg 26.3.1964 Hansa **1964** 848 f. zur Differenzierung zwischen handelspolitisch und weltpolitisch motivierten Embargo-Bestimmungen: Nur letztere seien i.R.d. § 138 Abs. 1 BGB relevant.

12 Die Wette ist ein Vertrag, sodass Kenntnis beider Parteien über die zugrundeliegenden Umstände erforderlich ist, Palandt/*Sprau* § 762 Rn. 1.

13 Staudinger/*Fischinger/Sack* (2011) § 138 Rn. 74 ff.

14 *Ritter/Abraham* § 2 Anm. 9.

15 *Ritter/Abraham* § 2 Anm. 11.

3. Rechtsfolge: Unwirksamkeit des Vertrages

8 Ziff. 2.1 ordnet die Unwirksamkeit des Versicherungsvertrages an, *soweit* ein versicherbares Interesse nicht zugrunde liegt. Hinsichtlich **weiterer versicherter Interessen** bleibt die Wirksamkeit des Vertrages folglich **unberührt**. Die **Prämienzahlungsvereinbarung** bleibt i.d.R.[16] auch hinsichtlich des nach Ziff. 2.1 unwirksamen Vertragsteils erhalten, Ziff. 2.2.

II. Prämienzahlungspflicht (Ziff. 2.2)

1. Allgemein

9 Gem. Ziff. 2.2 bleibt die **Prämienzahlungspflicht** trotz Unwirksamkeit des Vertrages nach Ziff. 2.1. **grds. bestehen** („es sei denn ...", Ziff. 2.2 Hs. 2). Nur im Falle der Kenntnis des VR von der Unwirksamkeit bzw. der unverschuldeten Unkenntnis des VN von diesem Umstand besteht keine Prämienzahlungspflicht. Abzustellen ist hinsichtlich der Kenntnis auf den **Zeitpunkt** des **Vertragsschlusses** (Wortlaut), d.h. auf den Zeitpunkt, in welchem sich zwei korrespondierende und auf den Abschluss des Versicherungsvertrages gerichtete wirksame Willenserklärungen in Form von Angebot und Annahme erstmals gegenüberstehen.[17]

10 **Prämie** ist die Versicherungsprämie einschließlich Nebenkosten[18] wie der Versicherungssteuer, §§ 1 Abs. 1, 3 Abs. 1 Satz 2 Nr. 1, 7 Abs. 1 VersStG, Verwaltungskosten und Reserve.[19] Zuschlagprämien (z.B. Ziff. 22.4, 24.4) können jedoch nicht verlangt werden,[20] da diese Ausdruck des erhöhten Risikos des VR ist, welche das Bestehen einer Leistungsverpflichtung voraussetzt. Diese ist durch Ziff. 2.1 gerade ausgeschlossen.

2. Kenntnis des Versicherers

11 Auf Seiten des VR schadet allein **positive Kenntnis** dem Fortbestand der Prämienzahlungsplicht trotz Unwirksamkeit des Vertrages nach Ziff. 2.1.[21] Kennenmüssen, d.h. fahrlässige Unkenntnis i.S.d. § 122 Abs. 2 BGB, ist nach dem eindeutigen Wortlaut der Klausel nicht ausreichend. Neben der Kenntnis der Organe kommt hier insbesondere die Kenntnis der mit dem Vertragsschluss befassten Mitarbeiter des VR oder sonstiger dazu beauftragter Personen, z.B. des Agenten, in Betracht.[22] Kenntnis des Maklers reicht nicht aus, da er regelmäßig im Lager des VN steht.[23]

12 Soll eine Mitversicherung i.S.d. Ziff. 19.1 vereinbart werden, ist zu fragen, ob die **Kenntnis** einzelner Mitversicherer, insbesondere **des führenden Versicherers**, allen anderen Mitversicherern zuzurechnen ist. Dies ist jedoch abzulehnen:[24] Das die Wissenszurech-

---

16 Rn. 9.

17 Vgl. z.B. Staudinger/*Bork* (2010) Vorbem zu §§ 145 ff Rn. 36 ff.

18 *Ritter/Abraham* § 2 Anm. 13.

19 Beckmann/Matusche-Beckmann/*Hahn* § 12 Rn. 1.

20 *Ritter/Abraham* § 2 Anm. 13.

21 Zur Wissenszurechnung bei Organen vgl. Prölss/Martin/*Prölss* § 21 Rn. 15 ff.; *Testorf/Meyer-Reim* VersR **1994** 1137.

22 BGH 1.6.1989 NJW **1989** 2879; BGH 17.4.1996 VersR **1996** 742.

23 BGH 22.5.1985 BGHZ **94** 356; zuletzt BGH 26.3.2014 VersR **2014** 625, 626 m.w.N.; Beckmann/Matusche-Beckmann/*Matusche-Beckmann* § 5 Rn. 196.

24 So auch *Ritter/Abraham* § 2 Anm. 15.

nung begründende Führungsverhältnis[25] zwischen Mitversicherern und führendem Versicherer wird mit dem sukzessiven Abschluss der einzelnen, unter der Police zusammengefassten Mitversicherungsverträge,[26] welche die Führungsklausel (Ziff. 19) beinhalten, wirksam. Der Abschluss des Versicherungsvertrages selbst erfolgt dabei direkt zwischen dem VN und jedem einzelnen Mitversicherer, sodass im gem. Ziff. 2.2 relevanten Zeitpunkt[27] noch kein Führungsverhältnis und damit kein Vertretungsverhältnis zwischen zeichnendem Mitversicherer und künftigem führenden VR besteht. Eine Wissenszurechnung des führenden VR zulasten der Mitversicherer gem. § 166 Abs. 1 BGB kommt demnach nicht in Betracht. Auch kommt eine **Wissenszurechnung unter den nicht-führenden Mitversicherern** nicht in Betracht; insbesondere bilden die Mitversicherer keine GbR, sondern „lediglich" ein *Begleitschuldverhältnis sui generis* gem. §§ 241 Abs. 2, 311 Abs. 2 BGB,[28] sodass es an einer Zurechnungsgrundlage fehlt. In dieser **Folge** ist das Schicksal des Prämienzahlungsanspruchs für jeden Mitversicherer einzeln zu beurteilen. Diejenigen Mitversicherer, denen keine positive Kenntnis von der Unwirksamkeit des Versicherungsvertrages anzulasten ist, behalten ihren **anteiligen Prämienzahlungsanspruch** gem. Ziff. 2.2.

3. Kenntnis oder Kennenmüssen des Versicherungsnehmers

13 Hatte der VR keine positive Kenntnis, so ist der VN von der Prämienzahlungspflicht nur befreit, wenn er **weder positive Kenntnis, noch fahrlässige Unkenntnis** besaß, also gutgläubig i.S.d. § 932 Abs. 2 BGB war. Der VN muss sich das Wissen seiner Vertreter zurechnen lassen, § 166 Abs. 1 BGB. Als Vertreter kommt hier insbesondere der Makler in Betracht.[29]

4. Vereinbarkeit mit §§ 307 ff. BGB

14 Der Fortbestand der Prämienzahlungspflicht trotz (Teil-)Unwirksamkeit des Vertrages könnte als Überschreitung der Grenze der unangemessenen Benachteiligung nach **§ 307 Abs. 1 Satz 1 BGB** gewertet werden. Der in § 326 Abs. 1 Satz 1 Hs. 1 BGB zum Ausdruck kommende Grundgedanke, nach welchem in einem gegenseitigen Vertrag grds. niemand leisten soll, ohne die Gegenleistung zu erhalten, könnte für eine Unwirksamkeit sprechen.[30]

15 Jedoch betrifft die fortbestehende Prämienzahlungspflicht nur den Fall, dass der VR den Umstand des fehlenden Interesse nicht kennt und der VN sich dessen bewusst bzw. fahrlässig nicht bewusst ist. Da **bereits in § 895 HGB a.F.** das **Fortbestehen einer Prämienzahlungspflicht trotz Unwirksamkeit des Versicherungsvertrages** im Falle der Bösgläubigkeit des VN angeordnet war, ist eine unangemessene Benachteiligung des VN nicht ersichtlich. Hinzu kommt, dass der VN gem. Ziff. 2.2 nicht nur durch Nachweis seiner eigenen Gutgläubigkeit,[31] sondern auch durch Nachweis der positiven Kenntnis

---

25 Zum Führungsverhältnis: Ziff. 19 Rn. 7 ff.; *Lange/Dreher* VersR **2008** 289, 293 ff.

26 Zur Eigenständigkeit der Mitversicherungsverträge: Ziff. 19 Rn. 5.

27 Vertragsschluss, Rn. 9.

28 Zur Einordnung als *Begleitschuldverhältnis sui generis*: Bruck/Möller/*Möller*[8] § 58 Anm. 60; *Dreher/Lange* VersR **2005** 717, 721 ff.; *Dreyer* FS G. Winter 159, 163 f.; **a.A.** (für eine GbR): Prölss/Martin/*Armbrüster* Vor § 77 Rn. 7; *Schaloske* VersR **2007** 606, 610 ff.

29 BGH 22.5.1985 BGHZ **94** 356; zuletzt BGH 26.3.2014 VersR **2014** 625, 626 m.w.N.; Beckmann/Matusche-Beckmann/*Matusche-Beckmann* § 5 Rn. 196.

30 Vgl. auch Ziff. 3 Rn. 6.

31 Gutgläubigkeit ist das Fehlen von Kenntnis und fahrlässiger Unkenntnis, § 932 Abs. 2 BGB.

des VR vom fehlenden zugrundeliegenden versicherbaren Interesse die Prämienzahlungspflicht abwenden kann. Insofern ist **Ziff. 2.2 sogar vorteilhafter als § 895 HGB a.F.** gestaltet.

§ 895 HGB a.F. lautet:

„Ist die Versicherung wegen Mangels des versicherten Interesses (§ 778) oder wegen Überversicherung (§ 786) unwirksam und hat sich der Versicherungsnehmer bei dem Abschluß des Vertrags und im Falle der Versicherung für fremde Rechnung auch der Versicherte bei der Erteilung des Auftrags in gutem Glauben befunden, so kann die Prämie gleichfalls bis auf die in § 894 bezeichnete Ristornogebühr zurückgefordert oder einbehalten werden."

III. Wissenszurechnung (Ziff. 2.3)

16 Ziff. 2.3 stellt eine **von § 166 Abs. 1 BGB abweichende Klausel** dar. Sie bestimmt, dass neben dem Wissen des Vertreters auch das Wissen des Vertretenen beachtlich ist. Diese Klausel ist abzugrenzen von Ziff. 8.1, welcher die Wissenszurechnung zwischen VN und Versichertem regelt.[32]

C. Verfahrensfragen/Beweislast

I. Allgemein

17 Will sich eine Partei auf die **Unwirksamkeit des Vertrages nach Ziff. 2.1** berufen, so gelten die allgemeinen Regeln hinsichtlich der Beweislast. Insbesondere trägt diese Partei die Beweislast für die ursprünglich wirksame Begründung des Versicherungsverhältnisses unter Einbeziehung der DTV-ADS 2009 und den Umstand, dass im relevanten Zeitpunkt dem Vertrag kein versicherbares Interesse zugrunde lag.

II. Prämienzahlungsanspruch

18 Der **VR** muss, wenn er die Zahlung der Prämie beansprucht, nicht das Vorliegen der Voraussetzungen der Ziff. 2.1 beweisen, da sich der **Prämienzahlungsanspruch aus dem Vertrag** ergibt. Den VR trifft also nur die Beweislast dafür, dass ein wirksamer Versicherungsvertrag mit entsprechender Prämienzahlungsvereinbarung geschlossen wurde.

19 Den **VN** trifft dagegen die **Beweislast dafür, dass der Prämienzahlungsanspruch ausnahmsweise gem. Ziff. 2.2 nicht besteht.** Diesen Beweis kann der VN führen, indem er entweder beweist, dass der VR im relevanten Zeitpunkt positive Kenntnis von dem Fehlen des versicherbaren Interesses hatte, oder, dass er selbst im relevanten Zeitpunkt weder positive Kenntnis hatte, noch das Vorliegen der Voraussetzungen der Ziff. 2.1 fahrlässig nicht kannte.

---

[32] Ziff. 8 Rn. 3 ff.

3 Wegfall des Interesses

3.1 Fällt das Interesse, für das die Versicherung genommen ist, vor dem Beginn der Versicherung weg, so ist der Versicherungsnehmer von der Verpflichtung zur Zahlung der Prämie frei.

3.2 Die Verpflichtung des Versicherungsnehmers zur Zahlung der Prämie wird dadurch, dass das Interesse, für das die Versicherung genommen ist, nach dem Beginn der Versicherung wegfällt, nicht berührt.

Übersicht

A. Einführung

I. Bedeutung der Klausel

1 Ziff. 3 regelt wie Ziff. 2.2 das Schicksal des Prämienzahlungsanspruchs bei fehlendem Interesse, allerdings bei Wegfall eines zuvor bestehenden Interesses.

II. Vergleich zu ADS/DTV-Kaskoklauseln

2 Ziff. 3.1 entspricht § 4 Abs. 1 Satz 1 Alt. 1 ADS und Ziff. 3.2 entspricht § 4 Abs. 2 ADS. Die Fristenregelung des § 4 Abs. 1 Satz 2 ADS und § 4 Abs. 1 Satz 3 ADS (Ristornogebühr) wurden nicht übernommen. § 4 Abs. 1 Satz 1 Alt. 2 ADS (Nichtentstehung eines künftigen Interesses) wird nun von Ziff. 2 erfasst.[1]

B. Erläuterung der Klausel

I. Wegfall des Interesses im relevanten Zeitpunkt

3 Damit ein Interesse wegfallen kann, muss es erst einmal bestanden haben. Für die Abgrenzung zu Ziff. 2.1 ist **maßgeblicher Zeitpunkt der formelle Versicherungsbeginn.**[2] Im zeitlichen Anwendungsbereich der Ziff. 3 wird **unterschieden** zwischen Wegfall vor (Ziff. 3.1) und nach (Ziff. 3.2) materiellem Versicherungsbeginn.[3]

---

1 Ziff. 2 Rn. 4.

2 Ziff. 2 Rn. 3.

3 Materieller Versicherungsbeginn = Beginn des Versicherungsschutzes/des Haftungszeitraums des VR, Bruck/Möller/*R. Johannsen* § 2 Rn. 3.

II. Rechtsfolge bei Interessenwegfall vor materiellem Versicherungsbeginn (Ziff. 3.1)

4 Gem. Ziff. 3.1 **wird der VN von seiner Prämienzahlungspflicht frei**, wenn das versicherte Interesse vor materiellem Versicherungsbeginn wegfällt. Eine Unwirksamkeit des Vertrages wird anders als in Ziff. 2.1 jedoch nicht angeordnet. Stattdessen wird der VN nach allgemeinen Regeln gem. §§ **326 Abs. 1 Satz 1 Hs. 1, 275 Abs. 1 BGB** von seiner Leistungspflicht befreit, und zwar **unabhängig von einer etwaigen Verantwortlichkeit** für den Wegfall des Interesses. Insofern weicht Ziff. 3.1 zugunsten des VN von § 326 Abs. 2 BGB ab.

III. Rechtsfolge bei Interessenwegfall nach materiellem Versicherungsbeginn (Ziff. 3.2)

1. Allgemein

5 Anders verhält es sich mit dem Schicksal der **Prämienzahlungspflicht des VN**, wenn das versicherte Interesse nach dem materiellen Versicherungsbeginn wegfällt.[4] Diese **bleibt in jedem Fall bestehen.** Hier wird also **§ 326 Abs. 1 Satz 1 Hs. 1 BGB abbedungen.**

2. Vereinbarkeit mit §§ 307 ff. BGB

6 Nach allgemeiner Ansicht[5] ist eine **Abbedingung des § 326 Abs. 1 Satz 1 Hs. 1 BGB** im Wege von AGB **grds. nicht möglich**, da dies mit wesentlichen Grundgedanken der gesetzlichen Regelung nicht zu vereinbaren sei. **§ 40 Abs. 1, Abs. 2 Satz 2 VVG a.F.**, welcher für Fälle der vorzeitigen Vertragsbeendigung die **Unteilbarkeit der Prämie** statuierte[6] und damit selbst von dem Grundsatz des § 326 Abs. 1 Satz 1 Hs. 1 BGB abwich, war in der Vergangenheit erheblichen Bedenken hinsichtlich seiner Verfassungsmäßigkeit ausgesetzt, auch noch, nachdem das **BVerfG**[7] jedenfalls dessen Abs. 2[8] für **verfassungsgemäß** erklärt hatte. Anders als das reformierte VVG (vgl. insbes. § 39 VVG n.F.),[9] das gemäß § 209 VVG für das Seeversicherungsrecht keine Anwendung findet, haben die DTV-ADS 2009 an der Unteilbarkeit der Prämie für den Fall der Ziff. 3.2 festgehalten, wie sie bereits in § 4 ADS bestand.[10] Die darin zu erblickende Abbedingung des § 326 Abs. 1 Satz 1 Hs. 1 BGB verstößt jedoch nicht gegen § 307 Abs. 1 Satz 1 BGB, da diese im Bereich des Seeversicherungsrechts als **gebräuchlich i.S.d. § 310 Abs. 1 Satz 2 Hs. 2 BGB** anzusehen ist und zudem **in den meisten Fällen** des nachträglichen Interessenwegfalls der **VR zur Leistung verpflichtet** ist.[11] Auf den Eintritt eines nicht unter Ziff. 20.7 gefassten

[4] Z.B. Ziff. 42.1 (Abandon), Ziff. 60.1 Satz 1 (Totalverlust), Ziff. 60.2 (Verschollenheit) und Ziff. 61.2.2 (Versteigerung). Vgl. dort und auch Ziff. 20 Rn. 22 ff.

[5] BGH 2.10.1981 NJW **1982** 181; Staudinger/*Otto* (2009) § 326 Rn. B 68 m.w.N.; Palandt/*Grüneberg* § 326 Rn. 6.

[6] Einleitend: Bruck/Möller/*Möller*[8] § 40 Anm. 3, 4, 7, 11.

[7] BVerfG 8.3.1999 VersR **1999** 1221 im Anschluss an BGH 2.10.1991 VersR **1991** 1277.

[8] Und damit letztlich auch dessen Abs. 1, Prölss/Martin/*Prölss*[27] § 40 Rn. 15.

[9] Bruck/Möller/*Beckmann* § 39 Rn. 1 ff.

[10] *Ritter/Abraham* § 4 Anm. 15.

[11] Ziff. 20 Rn. 22.

Falles des nachträglichen Interessenwegfalls hat der **VN i.d.R. Einfluss**, sodass er das Risiko, die volle Prämie ohne Anspruch auf die Gegenleistung zahlen zu müssen, so weit selbst kontrollieren kann, dass in **Ziff. 3.2 keine unangemessene Benachteiligung** zu erblicken ist.

C. Verfahrensfragen/Beweislast

Ziff. 3 regelt, wann der VN trotz (vom VR zu beweisenden[12]) Bestehen des Versiche- 7
rungsvertrages von seiner Prämienzahlungspflicht befreit ist. Die Einbeziehung der DTV-ADS 2009 sowie das Vorliegen der Voraussetzungen der Ziff. 3.1 – den **Wegfall des versicherten Interesses vor materiellem Versicherungsbeginn** – hat folglich der VN zu beweisen. Er muss hingegen **nicht** beweisen, dass das **Interesse bei formellem Versicherungsbeginn bestanden** hat; ausreichend ist zu beweisen, dass dieses Interesse irgendwann vor materiellem Versicherungsbeginn bestand, da auch künftige und vergangene Interessen versicherbar sind.

Abzugrenzen vom Bestehen des Interesses ist dessen Nicht-zugrunde-liegen im Zeit- 8
punkt des formellen Versicherungsbeginns, welches derjenige zu beweisen hat, der sich auf die Unwirksamkeit des Vertrages nach Ziff. 2.1 berufen möchte.[13]

II. Versicherung für eigene Rechnung, für fremde Rechnung

4 Versicherung für eigene Rechnung, für fremde Rechnung

4.1 Ergibt sich aus den Umständen nicht, dass der Versicherungsnehmer die Versicherung im eigenen Namen für einen anderen nehmen will (Versicherung für fremde Rechnung), so gilt die Versicherung als für Rechnung des Versicherungsnehmers genommen (Versicherung für eigene Rechnung).

4.2 Wird die Versicherung für einen anderen genommen, so ist, auch wenn der andere benannt wird, anzunehmen, dass der Vertragschließende nicht als Vertreter, sondern im eigenen Namen für fremde Rechnung handelt.

4.3 Sofern nichts anderes vereinbart ist, hat ein Versicherter Versicherungsschutz zu den gleichen Bedingungen wie der Versicherungsnehmer, unter dessen Vertrag er mitversichert ist. Bezieht sich die Versicherung auf Haftpflichtrisiken, so ist der Versicherungsschutz nach Grund und Höhe begrenzt auf den Versicherungsschutz, den der Versicherer nach dem Versicherungsvertrag dem Reeder des Schiffes unter Berücksichtigung der für ihn geltenden Haftungsbeschränkungen zu gewähren hätte, wenn Ansprüche gegen den Reeder und nicht gegen den Versicherten geltend gemacht worden wären.

4.4 Je Schadensereignis steht der Versicherungsschutz für den Versicherungsnehmer und alle Versicherten insgesamt nur einmal zur Verfügung. Wird nichts vereinbart, hat der Deckungsanspruch des Versicherungsnehmers Vorrang vor dem Deckungsanspruch von Versicherten.

---

[12] Ziff. 2 Rn. 18.

[13] Ziff. 2 Rn. 17 ff.

Übersicht

A. Einführung

I. Bedeutung der Klausel

1 Ziff. 4 regelt unter der Statuierung von Vermutungs- (Ziff. 4.1) und Zweifelsregeln (Ziff. 4.2) entsprechend § 43 Abs. 2, Abs. 3 VVG, wessen Interessen versichert sind.[1] Zudem wird der Umfang des Versicherungsschutzes im Falle der Versicherung für fremde Rechnung (Ziff. 4.3) sowie das Verhältnis der Deckungsansprüche des VN und von Versicherten (Ziff. 4.4) geregelt.

II. Vergleich zu ADS/DTV-Kaskoklauseln

2 Ziff. 4.1 und Ziff. 4.2 sind identisch mit § 52 Abs. 1 und Abs. 2 ADS. Ziff. 4.3 und 4.4 finden weder in den ADS, noch in den DTV-Kaskoklauseln eine Entsprechung.

B. Erläuterung der Klausel

I. Versicherung für eigene Rechnung, Versicherung für fremde Rechnung (Ziff. 4.1)

3 Handelt die vertragsschließende Person **in eigenem Namen**, wird nach Ziff. 4.1 das Bestehen einer **Eigenversicherung**[2] **vermutet**. In diesem Fall sind nur Interessen des Versicherungsnehmers versichert.

4 Einzig wenn aus den Umständen im Zeitpunkt des Vertragsschlusses erkennbar ist, dass der **in eigenem Namen** Handelnde die **Versicherung (zumindest auch) für einen anderen** nehmen will, liegt eine **Versicherung für fremde Rechnung** vor. Es handelt sich dann um einen atypischen Vertrag zugunsten Dritter (**VzD**), §§ 328 ff. BGB, da Interessen des Dritten versichert sind.[3]

---

[1] Ziff. 2.1 dagegen regelt, *welche* Interessen verischert sind.

[2] Eigenversicherung = Versicherung eines eigenen Interesses für eigene Rechnung, Schwintowski/Brömmelmeyer/*Hübsch* §§ 43 bis 48 VVG Rn. 29 f.

[3] Bruck/Möller/*Brand* Vor §§ 43–48 Rn. 14 ff. m.w.N.

II. Vertragsschluss in eigenem Namen, Vertragsschluss in fremdem Namen (Ziff. 4.2)

Der Fall, dass die vertragsschließende Person nicht in eigenem, sondern **in fremdem Namen** – gleich für wessen Rechnung – auftritt, ist nicht in den ADS geregelt, da eine Einbeziehung des Vertragsschließenden in das Versicherungsverhältnis gerade nicht erfolgt, stattdessen die **allgemeinen Vertretungsregelungen der §§ 164 ff. BGB** gelten. Es handelt sich dann entsprechend Ziff. 4.1 um eine **Eigenversicherung des Vertretenen oder** um eine **Versicherung des Vertretenen für fremde Rechnung.** 5

Allerdings enthält Ziff. 4.2 eine widerlegbare Auslegungsregel,[4] nach welcher **im Zweifel**[5] auch bei dem Abschluss einer **Versicherung für einen anderen** davon auszugehen ist, dass der Vertragsschließende **in eigenem Namen** handelte, selbst VN wird und demnach eine **Versicherung für fremde Rechnung** i.S.d. Ziff. 4.1 vorliegt. 6

Dies gilt sowohl dann, wenn der Dritte benannt wird, als auch, wenn er unbenannt bleibt. Insofern wird **§ 164 Abs. 2 BGB** dahingehend **eingeschränkt,**[6] dass die Benennung des Begünstigten nicht dazu führt, dass der Wille des Erklärenden, in fremdem Namen zu handeln, erkennbar hervortritt. 7

III. Versicherter und Versicherungsnehmer

Liegt eine Versicherung für fremde Rechnung (Ziff. 4.1) vor, so sprechen die DTV-ADS 2009 von dem **begünstigten Dritten** als **Versicherten.** Vertragspartner des VR und damit **VN ist der in eigenem Namen Handelnde.** 8

IV. Umfang des Versicherungsschutzes des Versicherten allgemein (Ziff. 4.3 Satz 1)

Der Versicherte genießt gem. Ziff. 4.3 Satz 1 Versicherungsschutz **„zu den gleichen Bedingungen" wie der VN.** Dass etwas anderes vereinbart werden kann, ergibt sich bereits aus § 305b BGB. 9

Problematisch ist, dass im Falle einer Versicherung für fremde Rechnung der **VN nicht unbedingt mitversichert** ist[7] oder unterschiedliche Interessen von VN und Versichertem versichert sind. Insofern müssen also **keine „gleichen Bedingungen" des Versicherungsschutzes des VN existieren,** welche für die Bestimmung des Versicherungsschutzes des Versicherten herangezogen werden könnten. Abzustellen ist stattdessen darauf, **zu welchen Bedingungen identische Interessen des VN versichert wären, wenn sie bestünden.** 10

---

[4] Bruck/Möller/*Brand* § 43 Rn. 26; *Ritter/Abraham* § 52 Anm. 15.

[5] Wie § 43 Abs. 2 VVG, auch wenn auf die Formulierung „im Zweifel" ausdrücklich verzichtet wurde, vgl. *Ritter/Abraham* § 52 Anm. 15.

[6] *Ritter/Abraham* § 52 Anm. 15.

[7] Vgl. Bruck/Möller/*Brand* § 43 Rn. 30.

V. Umfang des Versicherungsschutzes des Versicherten für Haftpflichtrisiken (Ziff. 4.3 Satz 2)

11 Ziff. 4.3 Satz 2 bezieht sich auf den Fall der Versicherung von Haftpflichtrisiken i.S.d. Ziff. 65.

12 Demgemäß wird **abweichend von Ziff. 4.3 Satz 1** bei der Bestimmung des Umfangs des Versicherungsschutzes des Versicherten nicht auf den (potentiellen[8]) Versicherungsschutz des VN, sondern auf den **Umfang des Versicherungsschutzes eines Reeders** abgestellt. Diese abweichende Regelung ist erforderlich, da der haftpflichtige Reeder sich u.U. auf Haftungsbeschränkungen gegenüber Dritten berufen kann und der Versicherte nicht unbedingt zu diesem Personenkreis zählen muss. Hier kommen insbesondere die aufgrund internationaler Abkommen und nationaler Gesetze und Vorschriften bestehenden Möglichkeiten der Haftungsbeschränkungen in Betracht.[9]

VI. Konkurrierende Deckungsansprüche (Ziff. 4.4)

1. Allgemein

13 Ziff. 4.4 regelt den Fall, dass **sowohl der VN, als auch ein oder mehrere Versicherte Deckungsansprüche gegen den VR** haben. Insofern bezieht sich die Klausel nur auf Versicherungen, welche **gleichzeitig eigene und fremde Interessen** decken.

2. Ein Schadenereignis, mehrere Anspruchsteller

14 Die Leistungspflicht des VR besteht gem. **Ziff. 4.4 Satz 1** nur **einmal je Schadensereignis.** Das Schadensereignis ist in den DTV-ADS 2009 nicht definiert. Zu verstehen ist hierunter ein äußerer **Geschehensablauf, der den Versicherungsfall[10] objektiv zurechenbar herbeiführt.**

15 Die **Begrenzung der Leistungspflicht** auf ein Mal je Schadensereignis ist **unabhängig von der Höhe der Versicherungssumme.** Das bedeutet, dass mit einer einmaligen Leistung, welche unterhalb der Versicherungssumme liegt, die Leistungspflicht des VR vollständig erfüllt ist. Ein zweiter Versicherter kann dann nicht für dasselbe Schadensereignis Leistung des VR in Höhe der „nicht verbrauchten" Versicherungssumme verlangen.

3. Mehrere Schadenereignisse, eine versicherte Reise

16 Die Regelung der Ziff. 4.4 Satz 1 bedeutet jedoch nicht, dass der VR im Umkehrschluss für jedes Schadensereignis jeweils bis zur Versicherungssumme haftet. Treten **mehrere Schadensereignisse auf einer versicherten Reise** auf, ist die Ersatzpflicht des VR insgesamt auf die Versicherungssumme begrenzt, **Ziff. 41.1.**

---

[8] Rn. 10.

[9] Z.B. LondonHBÜ. Einleitend hierzu: *Herber* Das neue Haftungsrecht der Schiffahrt.

[10] Zum Begriff des Versicherungsfalls: Bruck/Möller/*Brömmelmeyer* § 30 Rn. 15.

4. Verhältnis konkurrierender Deckungsansprüche zueinander

Ziff. 4.4 Satz 2 bestimmt, dass der **Deckungsanspruch des VN Vorrang** vor dem Deckungsanspruch von Versicherten hat. Damit ist jedoch nichts gesagt über den Fall, dass **mehrere VN oder mehrere Versicherte** Deckungsansprüche geltend machen; hierüber schweigen die DTV-ADS 2009. 17

Sind **mehrere VN** an dem Versicherungsvertrag beteiligt, hat jeder VN einen **eigenen, unabhängigen Anspruch auf die Versicherungsleistung**, die der VR zu erfüllen verpflichtet ist (keine Gesamtgläubigerschaft i.S.d. § 428 BGB). Da diese Ansprüche voneinander unabhängig sind, besteht zwischen ihnen **kein Konkurrenzverhältnis**. 18

Mehrere Versicherte können dagegen insgesamt nur einmal die Versicherungsleistung verlangen, sodass aufgrund der Gleichrangigkeit ihrer Forderungen eine **quotale Aufteilung** erfolgen muss, wenn bei allen bzw. mehreren Mitversicherten der Versicherungsfall aufgrund desselben Schadensereignisses eintritt. Problematisch ist dann allerdings der Fall, dass nicht alle Versicherten gleichzeitig den VR in Anspruch nehmen, sodass die Quotelung einzelne, **erst später ihren Anspruch anmeldende Versicherte nicht berücksichtigt**. Dies kann insbes. dann der Fall sein, wenn aus einem Schadensereignis geschädigte Dritte einzelne Versicherte erst in Anspruch nehmen, wenn der VR bereits die volle Versicherungsleistung an andere Mitversicherte erbracht hat. Dieser Umstand führt jedoch nicht zu einer Leistungserweiterung des VR, sodass den später in Anspruch genommenen Versicherten kein eigener Deckungsanspruch mehr zusteht. Allerdings können sie dann die begünstigten Versicherten auf Ausgleich in Anspruch nehmen, § 430 BGB. 19

C. Verfahrensfragen/Beweislast

Ziffer 4.1 und 4.2 enthalten Vermutungsregelungen, die im Zweifelsfall gelten. Wird nachgewiesen, dass anderweitige Vereinbarungen getroffen wurden, gelten diese. Wer sich hierauf berufen will, muss den entsprechenden Beweis führen. Dabei kommt es auf die **Umstände** an, also diejenigen objektiven Merkmale, die einen Rückschluss darauf zulassen, wessen Interessen versichert sein sollen. In der Kaskoversicherung liegt der Schluss nahe, dass die Interessen des Eigentümers versichert sind. Nicht so eindeutig ist dies in Haftpflichtfällen oder in der Ertragsausfallversicherung, da hier sowohl Eigner des Schiffes als auch z.B. Bareboatcharterer in Betracht kommen.[11] 20

Beruft sich ein Versicherter auf einen anderen Versicherungsdeckungsumfang als der VN genießt, muss er nachweisen, dass insoweit andere Bedingungen vereinbart wurden. Der VR hat zu beweisen, dass Haftungsbeschränkungen für den Reeder gelten, wenn er sich im Verhältnis zum Versicherten darauf berufen will (Ziffer 4.3). 21

5 Rechtsstellung des Versicherten

5.1 Die Rechte aus dem Vertrag stehen dem Versicherten zu. Die Aushändigung einer Police kann jedoch nur der Versicherungsnehmer verlangen.

5.2 Der Versicherte kann ohne Zustimmung des Versicherungsnehmers über seine Rechte nur verfügen und diese Rechte nur gerichtlich geltend machen, wenn er im Besitz einer Police ist.

---

[11] Vgl. allgemein zum Zusammentreffen von Eigen- und Fremdversicherung: Beckmann/Matusche-Beckmann/*Armbrüster* § 6 Rn. 123 ff.

Übersicht

A. Einführung

I. Bedeutung der Klausel

1 Ziff. 5 regelt die Aufteilung von formeller und materieller Berechtigung zwischen VN und Versichertem entsprechend § 44 VVG.

II. Vergleich zu ADS/DTV-Kaskoklauseln

2 Ziff. 5 ist identisch mit § 53 ADS.

B. Erläuterung der Klausel

3 Zu den Einzelheiten vgl. Bruck/Möller/*Brand* § 44 m.w.N.

6 Rechtsstellung des Versicherungsnehmers

6.1 Der Versicherungsnehmer kann über die Rechte, die dem Versicherten aus dem Vertrage zustehen, im eigenen Namen verfügen.

6.2 Ist eine Police ausgestellt, so ist der Versicherungsnehmer ohne Zustimmung des Versicherten zur Annahme der Zahlung sowie zur Übertragung der Rechte des Versicherten nur befugt, wenn er im Besitz der Police ist.

6.3 Der Versicherer ist zur Zahlung an den Versicherungsnehmer nur verpflichtet, wenn dieser ihm gegenüber nachweist, dass der Versicherte seine Zustimmung zu der Versicherung erteilt hat.

Übersicht

A. Einführung

I. Bedeutung der Klausel

1 Ziff. 6 regelt die Rechtsstellung des Versicherungsnehmers, wenn dieser nicht der materiell Berechtigte (Versicherter) ist. Die enthaltenen Regelungen entsprechen § 45 VVG.

II. Vergleich zu ADS/DTV-Kaskoklauseln

Ziff. 6 ist identisch mit § 56 ADS. 2

B. Erläuterung der Klausel

Zu den Einzelheiten vgl. Bruck/Möller/*Brand* § 45. 3

7 Aufrechnung

Der Versicherer kann gegen die Entschädigungsforderung eine Forderung, die ihm gegen den Versicherungsnehmer zusteht, insoweit aufrechnen, als sie auf der für den Versicherten genommenen Versicherung beruht.

Übersicht

A. Einführung

I. Bedeutung der Klausel

1 Gem. **Ziff. 7** steht dem VR ein **Aufrechnungsrecht mit Forderungen gegen den VN** aus dem Versicherungsvertrag auch mit Forderungen **gegen den** gem. Ziff. 5.1 materiell berechtigten **Versicherten** in dem nachfolgend erläuterten Umfang zu. Eine der Ziff. 7 ähnliche Regelung findet sich in § 35 VVG.[1] Zur generellen Aufrechenbarkeit von Prämienforderungen vgl. Ziff. 20 Rn. 27 f.

II. Vergleich zu ADS/DTV-Kaskoklauseln

Ziff. 7 entspricht § 56 ADS. 2

---

[1] Zu den Einzelheiten: Rn. 9.

B. Erläuterung der Klausel

I. Anwendungsbereich der Ziff. 7: Aufrechnungsrecht des Versicherers

1. Gegenseitigkeit von Forderungen im Versicherungsvertrag für fremde Rechnung

3 Grundsätzlich können nur Personen Forderungen aufrechnen, die einander gleichartige Leistungen schulden und die in einem Gegenseitigkeitsverhältnis zueinander stehen, § 387 BGB.[2] Im Falle der **Versicherung für fremde Rechnung** schuldet der VN dem VR Leistungen (nämlich in erster Linie die Prämienforderung), der VR dagegen hauptsächlich dem Versicherten (nämlich u.a. Zahlung der Versicherungssumme).

4 Das erforderliche **Gegenseitigkeitsverhältnis** besteht in dem Fall, dass der VR eine Forderung gegen den Versicherten innehat und er diese gegen eine von ihm an den Versicherten zu erbringende Leistung aufrechnen möchte.[3] Dieser Fall ist jedoch nicht von Ziff. 7 umfasst, da sie nur die Aufrechnung mit **Ansprüchen gegen den VN** regelt.

2. Aufrechenbarkeit trotz an sich nicht bestehender Gegenseitigkeit

5 Ziff. 7 räumt dem VR die Möglichkeit ein, eine Forderung, die an sich nicht im Gegenseitigkeitsverhältnis steht, gegen die Forderung auf Entschädigungsleistung aufzurechnen. Die Forderung auf Entschädigungsleistung steht dem Versicherten zu, auch wenn er das Ausübungsrecht gem. Ziff. 5.2 nur dann innehat, wenn er auch im Besitze der Police ist. Formeller Forderungsinhaber ist andernfalls der VN. Schuldner gegenüber dem VR ist in der Regel der VN, insbesondere im Hinblick auf die zu zahlende Prämie. Ziff. 7 räumt dem VR nun die Möglichkeit ein, Forderungen, die ihm gegenüber dem VN zustehen, gegen Forderungen des Versicherten aufzurechnen. Allerdings gilt dieses Recht nicht unbeschränkt, sondern die Forderungen gegen den VN müssen **aus derselben Versicherung** stammen, aus der auch dem Versicherten die Entschädigungsleistung zusteht.[4]

6 Bei der **Aufrechnung gegen Prämienforderungen** ist Ziff. 20.9 zu beachten, die dem VR ausnahmsweise das Recht gewährt, die Aufrechnung mit einer noch nicht fälligen Forderung vorzunehmen. Es gilt jedoch nur für die nächste fällige Prämienforderung. Zu Einzelheiten vgl. Ziff. 20 Rn. 28.

7 Die Relevanz von Ziff. 7 **beschränkt sich auf den Fall, dass nicht der VN, sondern der Versicherte verfügungsbefugt ist**, also wenn eine Police ausgestellt ist und diese sich im Besitz des Versicherten befindet. Ist dagegen der VN noch verfügungsbefugt, kann der VR ohnehin ihm gegenüber die Aufrechnung erklären, da anderenfalls eine Hin- und Herzahlung von Entschädigungsleistung und Prämienforderung erfolgen müsste, die vermieden werden kann.[5]

8 **Aufrechnungen**, die **seitens des VN** gegenüber dem VR erklärt werden, sind nicht Gegenstand der Ziff. 7, aber dennoch jederzeit möglich, soweit der VN verfügungsbefugt ist, also **auch mit Forderungen, die dem Versicherten zustehen.** Dass diese Verfügung über Forderungen des Versicherten gegen schuldrechtliche Bindungen im Innenverhältnis zwischen dem VN und dem Versicherten verstoßen können, hindert nicht ihre Wirksamkeit im Außenverhältnis zum VR. Der VN macht sich möglicherweise schadensersatzpflichtig, jedenfalls dürfte er Bereicherungsansprüchen gem. §§ 812 ff. BGB ausgesetzt sein.[6]

---

2 Einleitend: Palandt/*Grüneberg* § 387 Rn. 4 ff.
3 *Ritter/Abraham* § 56 Anm. 2.
4 Zur sog. qualifizierten Konnexität vgl. Bruck/Möller/*Beckmann* § 35 Rn. 11.
5 *Ritter/Abraham* § 56 Anm. 3.
6 Vgl. im Einzelnen *Schwampe* VersR **2009** 316.

3. Vergleich zu § 35 VVG

9 Ziff. 7 beschränkt die Ausnahmeregelung auf Fälle, in denen der Inhaber der Gegenforderung der aus dem Versicherungsvertrag für fremde Rechnung Begünstigte ist. Dagegen **erfasst § 35 VVG Gegenforderungen jedes Dritten**, also nicht nur Fälle der Ziff. 7, sondern insbesondere auch den Fall, dass die ursprünglich dem VN oder im Falle der Versicherung für fremde Rechnung dem Versicherten zustehende Gegenforderung abgetreten wurde. Im Falle der **Zession** wird der nicht gänzlich umfassende Schutz des VR nach § 406 BGB durch § 35 VVG erweitert, indem insbes. die Kenntnis des VR von der Zession vor Fälligkeit seines Anspruchs der Aufrechenbarkeit nicht mehr entgegensteht.[7] Eine derartige Regelung enthalten die DTV-ADS 2009 nicht, da von § 406 BGB nicht zum Nachteil des Zessionars durch Vertrag zwischen Schuldner (VR) und dem Zedenten (VN oder Versicherter) abgewichen werden kann.

II. Voraussetzungen der Ziff. 7

1. Forderungen des Versicherers

10 Aufrechnungsfähig sind nach Ziff. 7 alle **Forderungen des VR gegen den VN**, sofern sie **aus demselben Versicherungsvertrag für fremde Rechnung wie die Gegenforderung** herrühren.[8] Hierzu gehören insbes. die Ansprüche auf Prämienzahlung und Zahlung von Zuschlagprämien (z.B. Ziff. 22.4, 24.4).

11 Anders als § 35 VVG beschränkt sich Ziff. 7 nicht ausdrücklich auf **fällige Forderungen des VR**. Das bedeutet jedoch nicht, dass Ziff. 7 auch nicht fällige Forderungen des VR entgegen § 387 BGB für aufrechenbar erklären möchte, vielmehr wurde in Ziff. 7 lediglich nicht die gegenüber § 35b VVG a.F. erfolgte Klarstellung[9] des § 35 VVG übernommen. Zudem wird aus dem Regelungszusammenhang (Versicherung für fremde Rechnung) und dem Umstand, dass die DTV-ADS 2009 Forderungen des VR auch i.R.e. Versicherung für eigene Rechnung mit Ausnahme der Ziff. 20.9 nicht vor Fälligkeit für aufrechenbar erklärt, ersichtlich, dass **Ziff. 7 diesbezüglich nicht über § 387 BGB hinausgeht.**

2. Gegenforderung

12 Anders als in Ziff. 5 und Ziff. 6 nimmt Ziff. 7 nicht auf **„die Rechte aus dem Vertrag"**,[10] sondern auf **„die Entschädigungsforderung"** Bezug, da diese die einzige Geldleistung ist, die dem Versicherten aus dem Versicherungsvertrag zusteht.

3. Adressat der Aufrechnungserklärung, § 388 Satz 1 BGB

13 Die Aufrechnung ist vom VR gem. § 388 Satz 1 BGB „gegenüber dem anderen Teil" zu erklären. Dies ist grds. der **Inhaber der Gegenforderung**, bei der hier vorliegenden Versicherung für fremde Rechnung jedoch grds. der VN Verfügungsberechtigter. Erlangt der Versicherte die alleinige Verfügungsbefugnis, ist die Aufrechnung ihm gegenüber zu erklären.

---

[7] Vgl. hierzu Bruck/Möller/*Beckmann* § 35 Rn. 3.

[8] Zur Konnexität: Rn. 5.

[9] RegE BTDrucks. 16/3945 S. 71.

[10] Ähnlich auch § 35 VVG: „eine Forderung aus der Versicherung".

III. Keine Unwirksamkeit der Klausel

14 Ziff. 7 stellt eine Regelung dar, die den nicht am Versicherungsvertrag beteiligten Versicherten belastet, da dieser durch Aufrechnung des VR einen Zahlungsanspruch verlieren kann, ohne selbst etwas direkt zu erlangen (Schuldbefreiung). Im Falle einer Aufrechnung nach Ziff. 7 wäre der Versicherte stattdessen auf eine bereicherungsrechtliche, ggf. auch schadensersatzrechtliche[11] Inanspruchnahme des VN verwiesen, wodurch ihm das Insolvenzrisiko für Forderungen des VR gegen den VN übertragen würde. Damit weicht Ziff. 7 **von dem Gegenseitigkeitserfordernis des § 387 BGB ab,**[12] jedoch liegt in dieser Abweichung ein angemessener Interessenausgleich, da im Hauptanwendungsbereich der Sonderfall ausgeglichen wird, dass Prämienschuldner und Begünstigter unter dem Versicherungsvertrag auseinanderfallen. Eine unangemessene Benachteiligung des Versicherten i.S.d. §§ 307 ff. BGB ist hierin nicht zu erblicken.

C. Verfahrensfragen/Beweislast

15 Will der VR aufrechnen, hat er die Aufrechnungslage nach § 387 BGB i.V.m. Ziff. 7 zu beweisen. Insofern ergeben sich hier keine Besonderheiten.

8 Kennen, Kennenmüssen, Verschulden

8.1 Wird in diesen Versicherungsbedingungen auf ein Kennen, Kennenmüssen oder Verschulden des Versicherungsnehmers abgestellt, so steht diesem ein Kennen oder Kennenmüssen des Versicherten gleich, es sei denn, dass etwas anderes vereinbart ist. Das gleiche gilt für die Befreiung des Versicherungsnehmers von der Verpflichtung zur Prämienzahlung wegen fehlenden Interesses. Der Einwand, dass die Anzeige eines erheblichen Umstandes ohne Verschulden unterblieben ist, kann dem Versicherer nur entgegengesetzt werden, wenn weder dem Versicherungsnehmer noch dem Versicherten ein Verschulden zur Last fällt.

8.2 Ist die Versicherung so genommen, dass sie zu einem vor der Schließung des Vertrags liegenden Zeitpunkt beginnt, so ist der Versicherer von der Verpflichtung zur Leistung frei, wenn der Versicherungsnehmer oder der Versicherte bei der Schließung wusste oder wissen musste, dass der Versicherungsfall schon eingetreten war.

8.3 Auf die Kenntnis und das Kennenmüssen des Versicherten kommt es nicht an, wenn der Vertrag ohne sein Wissen geschlossen ist. Das gleiche gilt, wenn eine rechtzeitige Benachrichtigung des Versicherungsnehmers nicht tunlich war; eine Benachrichtigung gilt nicht als rechtzeitig, wenn sie nicht so schnell, wie dies im ordnungsmäßigen Geschäftsgange tunlich ist, mindestens aber in derselben oder in ähnlicher Weise erfolgt ist wie die Übermittlung der Erklärung, welche den Auftrag zur Schließung des Vertrages enthält.

8.4 Hat der Versicherungsnehmer den Vertrag ohne Auftrag des Versicherten geschlossen und bei der Schließung den Mangel des Auftrags dem Versicherer nicht angezeigt, so braucht dieser den Einwand, dass der Vertrag ohne Wissen des Versicherten geschlossen ist, nicht gegen sich gelten zu lassen.

---

[11] Vgl. Rn. 8.

[12] Zur in § 35 VVG geregelten Ausnahme vom Gegenseitigkeitsverhältnis des § 387 BGB: Bruck/Möller/*Beckmann* § 35 Rn. 2 f.; Prölss/Martin/*Knappmann* § 35 Rn. 1.

Übersicht

A. Einführung

I. Bedeutung der Klausel

Ziff. 8 befasst sich mit der Gleichstellung von Kennen, Kennenmüssen und Verschulden des Versicherten mit dem des VN. Während Ziff. 8.1 eine Gleichstellung allgemein statuiert und die Beachtlichkeit von Anzeigepflichtverletzungen regelt, regelt Ziff. 8.2 den Sonderfall der Rückwärtsversicherung. Ziff. 8.3 enthält Ausnahmeregelungen zu Ziff. 8.1 und 8.2, wobei Ziff. 8.4 wiederum eine Rückausnahme zu Ziff. 8.3 darstellt. Ziff. 8 ist stark an § 47 VVG angelehnt. 1

II. Vergleich zu ADS/DTV-Kaskoklauseln

Ziff. 8 stimmt größtenteils mit § 57 ADS überein. Lediglich § 57 Abs. 1 Satz 1 Hs. 1 ADS wurde nicht übernommen und durch Ziff. 8.1 Satz 1 ersetzt. Damit ist der Anwendungsbereich der Ziff. 8 gegenüber § 57 ADS deutlich erweitert, da sich die Gleichstellung von Kennen und Kennenmüssen nicht mehr nur auf die vorvertragliche[1] Anzeigepflicht des VN bezieht, sondern allgemein gilt. Daneben sollte zusätzlich auch das Verschulden von Versichertem und VN über den Fall der Ziff. 8.1 Satz 3 bzw. § 57 Abs. 1 Satz 2 ADS hinaus gleichgestellt werden, was jedoch nicht geglückt ist.[2] 2

B. Erläuterung der Klausel

I. Kennen, Kennenmüssen oder Verschulden (Ziff. 8.1 Satz 1)

In den DTV-ADS 2009 sind Kennen, Kennenmüssen und Verschulden nicht definiert, sodass die §§ 122 Abs. 2, 276 BGB heranzuziehen sind. Bezweckt war, über Ziff. 8.1 Satz 1 Kennen, Kennenmüssen und **Verschulden** des Versicherten allgemein dem Kennen, Kennenmüssen und Verschulden des VN gleichzustellen und damit eine dem § 47 Abs. 1 VVG ähnliche[3] Regelung zu schaffen. Wohl aufgrund eines **Redaktionsversehens** ist das 3

---

[1] *Ritter/Abraham* § 57 Anm. 2.
[2] Rn. 3.
[3] § 47 Abs. 1 VVG stellt neben Kennen und Kennenmüssen nicht auf ein *Verschulden*, sondern auf ein *Verhalten* ab.

Verschulden des Versicherten im Gegensatz zum Verschulden des VN jedoch unerwähnt geblieben, sodass über diese Klausel[4] **nur das Kennen und das Kennenmüssen des Versicherten demjenigen des VN gleichzustellen** ist.[5] Von einer aus dem Redaktionsversehen resultierenden Unklarheit oder Missverständlichkeit der gesamten Ziff. 8.1 Satz 1 i.S.d. **§ 307 Abs. 1 Satz 2 BGB** ist nicht auszugehen.

4 Zu beachten ist jedoch Ziff. **8.1 Satz 3**, welche **unabhängig**[6] **von Ziff. 8.1 Satz 1** (auch) auf das Verschulden des Versicherten abstellt.

5 Die Gleichstellung des Kennen und Kennenmüssens seitens des VN und des Versicherten erfolgt „in diesen Versicherungsbedingungen", also nur für die DTV-ADS 2009, nicht jedoch für sonstige Klauseln oder Vereinbarungen des Versicherungsvertrages, z.B. häufig verwandte Maklerklauseln.

II. Befreiung von der Prämienzahlungspflicht gem. Ziff. 2.2 (Ziff. 8.1 Satz 2)

6 Ziff. 8.1 Satz 2 bezieht sich auf das Bestehenbleiben der Prämienzahlungspflicht im Falle des fehlenden Interesses gem. Ziff. 2.2: Da der Geltungsbereich der Ziff. 8.1 Satz 1 bereits für die gesamten DTV-ADS 2009 geregelt sind, kommt Satz 2 keine eigenständige Bedeutung zu und er ist daher überflüssig. Seine Aufnahme in die DTV-ADS 2009 ist nur historisch dadurch zu erklären, dass er dem § 57 Abs. 1 Satz 1 Hs. 2 ADS entnommen wurde.[7]

III. Nichtanzeige eines erheblichen Umstands (Ziff. 8.1 Satz 3)

7 Ziff. 8.1 Satz 3 kommt hingegen eigener Regelungsgehalt zu. Er hat nicht wie Satz 1 der Ziff. 8.1 eine Gleichstellung von Kenntnis und Kennenmüssen von Versichertem und VN zum Inhalt, sondern fordert, dass für die ausnahmsweise Unbeachtlichkeit der Nichtanzeige erheblicher Umstände **keiner der beiden** Personen Verschulden zur Last gelegt werden kann, mithin Nichtanzeige trotz **Kenntnis oder fahrlässiger Unkenntnis.**

8 Durch Ziff. 8.1 Satz 1 hat sich der **Anwendungsbereich der Ziff. 8.1 Satz 3** gegenüber § 57 Abs. 1 Satz 1 Hs. 1 ADS **erweitert.** Dieser fand nur auf die Nichtanzeige „eines Gefahrumstandes"[8] Anwendung, sodass sich auch § 57 Abs. 1 Satz 2 ADS nur auf ebendiese Umstände bezog. Dadurch, dass sich Ziff. 8.1 Satz 1 nicht auf die vorvertragliche Anzeigepflichtverletzung beschränkt, sind auch die in Ziff. 8.1 Satz 3 genannten „Umstände" weiter zu verstehen. **Neben gefahrerheblichen Umständen** i.S.d. Ziff. 22 erfasst Ziff. 8.1 Satz 3 **auch alle anderen erheblichen – nachträglichen – Umstände** wie Gefahränderung (Ziff. 24), Wechsel der Bereederung (Ziff. 25), Wechsel der Klassifikationsgesellschaft (Ziff. 26), Eintritt eines Schadensereignisses (Ziff. 43) und Erhalt von für den VR erheblichen Nachrichten (Ziff. 60.4).

§ 57 **Abs. 1 ADS** lautet:

„Für die im Falle der Verschweigung oder der unrichtigen Anzeige eines Gefahrumstandes eintretenden Rechtsfolgen kommt nicht nur die Kenntnis und das Kennenmüssen des Versicherten

---

[4] Die Möglichkeit der Repräsentantenzurechnung (siehe Bruck/Möller/*Beckmann* Einf. C. Rn. 265; Bruck/Möller/*Heiss* § 28 Rn. 77 ff.; Bruck/Möller/*Baumann* § 81 Rn. 98 ff.) bleibt hiervon unberührt.

[5] Keine Auslegung der Klausel über den Wortlaut hinaus zugunsten des AGB-Verwenders.

[6] Rn. 7.

[7] Rn. 2.

[8] Gefahrerhebliche Umstände i.S.d. Ziff. 22.

in Betracht; das gleiche gilt für die Befreiung des Versicherungsnehmers von der Verpflichtung zur Prämienzahlung wegen fehlenden Interesses. Der Einwand, daß die Anzeige eines erheblichen Umstandes ohne Verschulden unterblieben ist, kann dem Versicherer nur entgegengesetzt werden, wenn weder dem Versicherungsnehmer noch dem Versicherten ein Verschulden zur Last fällt."

IV. Rückwärtsversicherung (Ziff. 8.2)

Allgemein zur Rückwärtsversicherung: Ziff. 9 Rn. 23 ff. In **Ziff. 9.6 Abs. 1 Satz 2** ist für den Eintritt des Versicherungsfalls vor Vertragsschluss die Leistungsfreiheit des VR bei **Kenntnis und grob fahrlässiger Unkenntnis des VN** geregelt.[9] Da bereits gem. Ziff. 8.1 Satz 1 die Kenntnis und grob fahrlässige Unkenntnis des Versicherten derjenigen des VN allgemein gleichgestellt ist, ist Ziff. 8.2 nur eine überflüssige Klarstellung. 9

V. Ausnahmen von der Gleichstellung (Ziff. 8.3)

1. Allgemein

Die Kenntnis und das Kennenmüssen des Versicherten ist unter den Voraussetzungen der Ziff. 8.3 ausnahmsweise unbeachtlich. Ziff. 8.3 ist identisch mit § 57 Abs. 3 ADS und stimmt im Wesentlichen mit § 47 Abs. 2 Satz 1 VVG überein. Zu den Einzelheiten vgl. Bruck/Möller/*Brand* § 47 Rn. 16 ff.; 22 f. 10

2. Fehlende Kenntnis des Versicherten vom Vertragsschluss (Ziff. 8.3 Satz 1)

Ist der Versicherte ausnahmsweise nicht vom Vertragsschluss unterrichtet, kommt es auf seine Kenntnis oder fahrlässige Unkenntnis über gefahrerhebliche Umstände nicht an. Denkbar sind hier Fälle, in denen Interessen von Mitversicherten wie Crewmanager oder technischer Managementgesellschaft ohne deren Kenntnis mitversichert werden. 11

3. Nicht tunliche rechtzeitige Benachrichtigung des Versicherungsnehmers (Ziff. 8.3 Satz 2)

Nicht tunlich bedeutet nicht im ordentlichen Geschäftsgang mit üblichen Mitteln möglich. Dass eine **Benachrichtigung des VN** von gefahrerheblichen Umständen **nicht tunlich** ist, sollte aufgrund der heutigen Kommunikationsmöglichkeiten **praktisch ausgeschlossen** sein. 12

Von der Frage, ob eine Benachrichtigung überhaupt tunlich ist, ist diejenige zu trennen, **ob eine tunliche Benachrichtigung auch rechtzeitig erfolgt ist.** Dies bestimmt Ziff. 8.3 Satz 2 Hs. 2 durch negative Abgrenzung. Demnach ist eine Benachrichtigung nicht rechtzeitig, wenn sie nicht so schnell wie im ordnungsgemäßen Geschäftsgang tunlich, übermittelt wird. Dabei ist ein Kommunikationsmittel zu verwenden, welches in der Übermittlungsgeschwindigkeit dem für das Angebot zum Vertragsschluss verwendeten Mittel mindestens entspricht. Dementsprechend darf eine Benachrichtigung nicht per Post versandt werden, wenn das Angebot zum Vertragsschluss per Fax oder E-Mail über- 13

[9] Ziff. 9 Rn. 25 ff.

mittelt wurde. Fax und E-Mail sollten dagegen gleichzusetzen sein, da mit beiden Kommunikationsmitteln Nachrichten praktisch umgehend beim Empfänger eintreffen. Ist die tunliche Benachrichtigung **nicht rechtzeitig** erfolgt, sind weiterhin die **Kenntnis und das Kennenmüssen des Versicherten beachtlich**, sodass sich der VN nicht darauf berufen kann, dass er erst später von den relevanten Umständen Kenntnis erlangt hat.

VI. Vertragsschluss ohne Auftrag des Versicherten (Ziff. 8.4)

14 Ziff. 8.4 bildet eine **Rückausnahme zu Ziff. 8.3 Satz 1.** Zu den Einzelheiten vgl. Bruck/Möller/*Brand* § 47 Rn. 20 f.

C. Verfahrensfragen/Beweislast

15 Ziff. 8.1 Satz 1 Hs. 1 legt fest, dass Kennen und Kennenmüssen von VN und Versichertem gleichzustellen sind. Will sich der VR hierauf berufen, hat er also lediglich zu beweisen, dass es sich bei den Personen um VN und Versicherten handelt.

16 Dagegen hat der VN das Bestehen einer **von Ziff. 8.1 Satz 1 Hs. 1 abweichenden Regelung** zu beweisen (Ziff. 8.1 Satz 1 Hs. 2: „es sei denn ..."), wenn er erreichen möchte, dass eine Gleichstellung nicht erfolgt. Als weitere Möglichkeit steht es ihm offen, das Bestehen der Voraussetzungen der Ziff. 8.3 zu beweisen, also, dass Kenntnis bzw. Kennenmüssen des Versicherten **ausnahmsweise unbeachtlich** ist. Ebenfalls hat der VN zu beweisen, dass eine Anzeige von Gefahrumständen unterblieben ist, da weder er, noch der Versicherte diesen Umstand kannte oder kennen musste (Ziff. 8.1 Satz 2), damit ihn nicht die Folgen einer **Anzeigepflichtverletzung** treffen.

17 Gegen den Einwand der Unbeachtlichkeit der Kenntnis des Versicherten nach Ziff. 8.3 kann sich der VR wenden, wenn er beweist, dass die Voraussetzungen der **Ziff. 8.4** – Vertragsschluss ohne Auftrag des Versicherten und Nichtanzeige dieses Mangels ggü. dem VR – erfüllt sind.

18 Im Hinblick auf die Leistungsfreiheit des VR im Falle der Rückwärtsversicherung (Ziff. 8.2) vgl. Ziff. 9 Rn. 25 f.

III. Dauer der Versicherung

9 Dauer der Versicherung

9.1 Die Versicherung beginnt um 00:00 Uhr und endet um 24:00 Uhr an den in der Police angegebenen Daten.

9.2 Der Versicherungsnehmer kann jedoch vor Ende der Versicherung ihre Verlängerung durch Erklärung gegenüber dem Versicherer für solche Schiffe bewirken, die bei Ende der Versicherung verschollen oder unterwegs sind und auf der Reise einen ersatzpflichtigen Schaden erleiden, der die Seetüchtigkeit beeinträchtigt. Der Verlängerung der Versicherung endet im Falle der Verschollenheit mit dem Wiederauffinden des Schiffes, spätestens mit dem Ablauf der Verschollenheitsfrist gemäß Ziff. 60.2.2, im Falle der Beschädigung, sobald die Reparatur durchgeführt oder – wenn nicht unverzüglich repariert wird – der Schaden festgestellt ist. Im Falle der Verlängerung gebührt dem Versicherer eine der längeren Dauer entsprechende Prämie.

9.3 Der Versicherungsvertrag endet vor dem in der Versicherungspolice genannten Datum:

9.3.1 bei Totalverlust des versicherten Schiffes oder den gemäß Ziff. 60 dem Totalverlust gleichgestellten Fällen;

9.3.2 bei Veräußerung des versicherten Schiffes gemäß Ziff. 53;

9.3.3 bei Auslaufen, Einschränkung oder Entzug der Klasse gemäß Ziff. 26;

9.3.4 durch Kündigung seitens des Versicherungsnehmers nach Anpassung der Taxe durch den Versicherer gemäß Ziff. 10;

9.3.5 durch Kündigung seitens des Versicherers im Falle der Nichtzahlung der Prämie gemäß Ziff. 20;

9.3.6 durch Kündigung seitens des Versicherers im Falle der Verletzung der vorvertraglichen Anzeigepflicht gem. Ziff. 22;

9.3.7 durch Kündigung seitens des Versicherers innerhalb von 14 Tagen mit einer Frist von 14 Tagen im Fall der Übertragung von Bemannung, Ausrüstung und Inspektion des Schiffes auf einen anderen gemäß Ziff. 25 oder im Falle des Wechsels der Klassifikationsgesellschaft gem. Ziff. 26;

9.4 Die Versicherung gegen die Gefahren von Gewalthandlungen gemäß Ziff. 37 endet vor dem in der Versicherungspolice genannten Datum durch Kündigung seitens des Versicherers gem. Ziff. 37.2, der nach einer solchen Kündigung verbleibende Versicherungsvertrag durch Kündigung des Versicherungsnehmers gem. Ziff. 37.3;

9.5 durch Kündigung seitens des Versicherers bei der Deckung von Kriegs- und Pirateriegefahren gemäß Ziff. 87

9.6 Die Versicherung kann auch so genommen werden, dass sie zu einem vor der Schließung des Vertrags liegenden Zeitpunkte beginnt. Der Versicherer ist von der Verpflichtung zur Leistung frei, wenn der Versicherungsnehmer bei der Schließung des Vertrags wusste oder wissen musste, dass der Versicherungsfall schon eingetreten war; dem Versicherer gebührt die Prämie, sofern er nicht bei der Schließung von dem Eintritt des Versicherungsfalls Kenntnis hatte.

Wird der Vertrag von einem Vertreter geschlossen, so kommt in Bezug auf die Kenntnis und das Kennenmüssen nicht nur die Person des Vertreters, sondern auch diejenige des Vertretenen in Betracht.

Übersicht

A. Einführung

I. Bedeutung der Klausel

1 Ziff. 9 hat neben dem regelmäßigen Beginn und Ende der Versicherung (Ziff. 9.1) auch die Möglichkeit der Verlängerung (Ziff. 9.2) und der automatischen oder kündigungsbedingten vorzeitigen Beendigung (Ziff. 9.3, 9.4, 9.5) der Versicherung, sowie die Rückwärtsversicherung (Ziff. 9.6) zum Gegenstand.

2 Mit Versicherung ist in Ziff. 9 die **materielle Versicherung, also den Zeitraum der Gefahrtragung** gemeint. Mit dem Ende der materiellen Versicherung fällt jedoch das formelle Ende der Versicherung, also das Vertragsende, zusammen.[1]

II. Vergleich zu ADS/DTV-Kaskoklauseln

3 Ziff. 9.1 und 9.2 entsprechen größtenteils Ziff. 2.1 und 2.2 DTV-Kaskoklauseln. Ziff. 9.2 ist jedoch erweitert um den Fall der Verschollenheit (Ziff. 60.2.2). Ergänzend wurde § 68 Satz 3 Hs. 1 ADS in Ziff. 9.2 Satz 3 übernommen. Ziff. 9.6 entspricht § 5 ADS, wobei dessen Absatz 1 Satz 1 nicht übernommen wurde. Ziff. 9.3 bis Ziff. 9.5 enthalten nur eine Zusammenfassung der anderweitig geregelten Beendigungsgründe und sind in den ADS und den DTV-Kaskoklauseln nicht enthalten.

B. Erläuterung der Klausel

I. Dauer der Versicherung (Ziff. 9.1)

4 Anders als noch Ziff. 2.1 DTV-Kaskoklauseln i.V.m. § 39 Satz 1, Satz 2 ADS ist nicht mehr 12:00 mittags maßgeblicher Zeitpunkt für den Versicherungsbeginn und dessen Ende, sondern **00:00 (des Anfangsdatums) bzw. 24:00 (des Enddatums)**. Da § 39 Satz 3 ADS keine Entsprechung in den DTV-ADS 2009 findet, ist maßgeblicher Ort für die Fristberechnung nicht mehr der Standort des versicherten Schiffes. Sofern die Vertragsparteien keine (dem § 39 Satz 3 ADS entsprechende oder anderweitige) Regelung individuell vereinbaren, ist somit der **Ort des Vertragsschlusses maßgeblich**. Dies ist derjenige, an welchem die Annahmeerklärung gem. § 130 BGB wirksam wird, also i.d.R. der Geschäftssitz des Antragenden.[2]

§ 39 Satz 3 ADS lautet:

„Für die Zeitbestimmung ist der Ort, an dem das Schiff sich befindet, maßgebend."

5 Soll eine Versicherung **nicht für einen Zeitraum, sondern für eine Reise** geschlossen werden, bedarf dies **individueller Absprachen**; in den DTV-ADS 2009 ist lediglich die am Markt vorherrschende[3] Zeitversicherung geregelt.[4]

6 Üblicherweise gelten für Versicherungsverträge, welche die gesamte Schiffsflotte in den Versicherungsschutz einbeziehen, (sog. **Flottendeckung**) abweichende Vereinbarungen,

---

[1] Zu den Begriffen der materiellen, formellen, technischen Versicherung: Bruck/Möller/*R. Johannsen* § 2 Rn. 3.

[2] Palandt/*Ellenberger* Einf v § 145 Rn. 4.

[3] Vgl. *Enge/Schwampe* Transportversicherung S. 235 f.

[4] Anders noch §§ 66, 67, 69 ADS.

sodass neu in die Flotte aufgenommene Schiffe **sofort** mit entsprechender Anzeige gegenüber dem VR, jedoch nicht vor tatsächlicher Aufnahme, unter den Versicherungsschutz fallen.[5]

II. Verlängerung der Versicherung (Ziff. 9.2)

1. Allgemein

7 Grundsätzlich endet eine Versicherung mit dem Ende des vereinbarten Zeitraums, §§ 163, 158 Abs. 2 BGB. Eine **automatische Verlängerung** ist in den DTV-ADS 2009 **nicht vorgesehen**. Auch die noch in § 68 Satz 1, Satz 2 ADS ausnahmsweise automatische Verlängerung für bei Vertragsende auf der Reise befindlicher Schiffe wurde nicht übernommen.[6] Jedoch kann der VN die **Verlängerung der Versicherung durch einseitige Erklärung**[7] **gegenüber dem VR** in Fällen der Ziff. 9.2 Satz 1 bewirken.

8 Während Ziff. 2.2 DTV-Kaskoklauseln noch von *dem Schiff* sprach, erfasst Ziff. 9.2 eine unbestimmte Vielzahl von Schiffen, auf welche die weiteren Voraussetzungen der Ziff. 9.2 zutreffen. Somit ist die Klausel **auch auf Flottenversicherungen anwendbar**. In diesem Fall wird der **einheitliche Flottenvertrag** in nicht betroffene und betroffene Schiffe **aufgeteilt** und nur für letztere verlängert.

2. „... bei Ende der Versicherung verschollen oder unterwegs ..."

9 Das Schiff muss sich bei Ende der Versicherung **auf einer Reise** befunden haben, also verschollen[8] oder unterwegs gewesen sein. Die Verschollenheit ist in den Tatbestand der Ziff. 9.2 neu aufgenommen worden. Zuvor war in Ziff. 2.2 DTV-Kaskoklauseln lediglich das Unterwegssein vom Begriff der Reise ausdrücklich erfasst; dass die Verschollenheit ebenfalls hiervon erfasst war, ergab sich dagegen aus § 68 ADS.[9] Wann ein Schiff unterwegs ist, war in der Vergangenheit sehr umstritten.[10] Dieser Streit spielt im Rahmen der DTV-ADS 2009 jedoch keine Rolle mehr, da Ziff. 41.1 den Zeitraum einer Reise genau definiert. Vgl. hierzu Bruck/Möller/*Jaeger* DTV-ADS 2009 Ziff. 41 Rn. 3.

10 Anders als noch § 68 Satz 1 ADS spricht Ziff. 9.2 nicht von „dem Ablaufe der vereinbarten Versicherungszeit", sondern von dem **„Ende der Versicherung"** als maßgeblichen Zeitpunkt. Dennoch ist Ziff. 9.2 nur auf den Fall anwendbar, dass die Versicherung **aufgrund des Ablaufs der vereinbarten Versicherungszeit nach Ziff. 9.1** endet; eine Erweiterung z.B. auf Fälle der Beendigung durch Kündigung ist durch die abweichende Formulierung nicht gewollt.

11 Der ersatzpflichtige **Schaden** muss zudem **auf der Reise entstanden** sein, auf welcher sich das Schiff im Zeitpunkt des Versicherungsendes befunden hat. Schäden aus anderen vorhergehenden Reisen lassen ein Verlängerungsrecht des VN nicht entstehen.

---

5 *Schwampe* Seekaskoversicherung Klausel 2 Rn. 5.

6 Für Kaskoversicherungen war § 68 Satz 1 ADS bereits gem. Ziff. 2.2 DTV-Kaskoklauseln abbedungen.

7 Eingehend: *Schwampe* Seekaskoversicherung Klausel 2 Rn. 7.

8 Ziff. 60.2.2.

9 *Schwampe* Seekaskoversicherung Klausel 2 Rn. 11.

10 Vgl. *Ritter/Abraham* § 68 Anm. 3 m.w.N.

3. „... einen ersatzpflichtigen Schaden erleiden, ...“

12 Das Verlängerungsrecht des VN besteht nur, wenn der entstandene Schaden auch **tatsächlich vom VR zu ersetzen** ist. Ob dies der Fall ist, dürfte häufig im Zeitraum einer möglichen Verlängerungserklärung des VR (bis Vertragsende nach Ziff. 9.1) noch nicht feststehen, ggf. sogar bis zur gerichtlichen Entscheidung zwischen den Vertragsparteien streitig sein. Möglicherweise stellt sich später heraus, dass der festgestellte Schaden nicht die Höhe der vereinbarten Abzugsfranchise erreicht und damit nicht ersatzpflichtig ist. Hieraus resultiert eine **starke Unsicherheit auf Seiten des VN**. Allerdings ist der VR nach **Ziff. 15** verpflichtet, dem VN Zweifel an seiner Ersatzpflicht mitzuteilen, damit dieser entsprechende Maßnahmen einleiten, insbesondere vorsorglich anderweitigen Versicherungsschutz eindecken kann.[11]

4. „... der die Seetüchtigkeit beeinträchtigt“

13 Der auf der betreffenden Reise entstandene und ersatzpflichtige Schaden muss für die Beeinträchtigung der Seetüchtigkeit **kausal** sein. Erleidet ein **bereits vor Beginn der Reise in der Seetüchtigkeit beeinträchtigtes Schiff** weitere die Seetüchtigkeit beeinträchtigende Schäden, so führt dies regelmäßig nicht zu einem Verlängerungsrecht des VN, da derartige Schäden i.d.R. **nicht ersatzpflichtig** sind, vgl. Ziff. 33.2.1.1, 58.2, 59.3.[12]

5. Erklärung des VN

14 Die Erklärung des VN, in der Regel nicht des Versicherten,[13] muss **vor dem Ende der Versicherung** (Ziff. 9.1) erfolgen. Da eine Erklärung erst mit Zugang wirksam wird, muss diese bis zum Ende der Versicherung zugegangen sein, § 130 Abs. 1 Satz BGB; eine Absendung innerhalb der Frist reicht nicht aus. Üblicherweise sind in der Seeversicherung Maklerklauseln[14] vereinbart, die eine Erklärung gegenüber dem Makler genügen lassen.

6. Rechtsfolge: befristete Verlängerung der Versicherung

15 Ziff. 9.2 bestimmt eine Abänderung des Versicherungsendes nach Ziff. 9.1, welches sowohl das Ende der formellen, als auch der materiellen Versicherung beschreibt.[15] Durch Erklärung des VN wird somit nicht etwa lediglich eine Verlängerung des Versicherungsschutzes über die Vertragslaufzeit hinaus bewirkt, sondern auch der Versicherungsvertrag (formeller Versicherungszeitraum) hinsichtlich des betroffenen Schiffes bzw. der betroffenen Schiffe verlängert. Das bedeutet, dass **alle vertraglichen Rechte und Pflichten** – insbes. Anzeigepflichten – der Parteien **aufrechterhalten** bleiben.[16] Die **vorvertragliche Anzeigepflicht** nach Ziff. 22.1 wird jedoch **nicht** neu begründet.[17]

Durch die Verlängerung besteht weiter Versicherungsschutz für sämtliche Versicherungsarten, die ausdrücklich oder gemäß Ziff. 1.2 Gegenstand des Versicherungsvertrages sind.

---

11 Vgl. hierzu ausführlich *Schwampe* Seekaskoversicherung Klausel 2 Rn. 9.

12 *Schwampe* Seekaskoversicherung Klausel 2 Rn. 10.

13 Die Erklärung des Versicherten reicht nach Ziff. 5.2. aus, wenn er im Besitz der Police ist.

14 Für Beispiele von allgemeinen Maklerklauseln vgl. *Zinnert* Recht und Praxis des Versicherungsmaklers (2008) 949 f.

15 Rn. 2.

16 Zum Schicksal der Prämienzahlungspflicht: Rn. 21.

17 Ziff. 22 Rn. 5.

Sofern mehrere VN verschiedene Interessen an dem Schiff unter der Police versichert haben,[18] müssen diese jeweils die Verlängerung erklären. 16

7. Ende der Verlängerung (Ziff. 9.2 Satz 2)

Der Versicherungsvertrag endet gemäß Ziff. 9.2 Satz 2 **im Falle der Verschollenheit** mit dem Wiederauffinden des Schiffes, spätestens jedoch mit dem Ablauf der Verschollenheitsfrist nach Ziff. 60.2.2 (grds. zwei Monate). 17

Im Falle der Beschädigung ist gem. Ziff. 9.2 Satz 2 der Zeitpunkt der unverzüglichen Durchführung der Reparatur bzw. bei nicht unverzüglicher[19] Reparatur der Zeitpunkt der Schadenfeststellung maßgeblich. Die **Reparatur** ist in dem Zeitpunkt **durchgeführt**, in welchem sie beendet ist, also der vor dem schädigenden Ereignis bestandene **physische Zustand (soweit möglich) wiederhergestellt und das Schiff ggf. ausgedockt** wurde.[20] Die **Schadenfeststellung** hat vor der Reparatur zu erfolgen (Ziff. 62.1 Satz 1) und kann gem. Ziff. 62.1 Satz 2 nach Maßgabe der Ziff. 63 in einem Sachverständigenverfahren durchgeführt werden. Auf diesen Zeitpunkt ist jedoch nur abzustellen, wenn eine unverzügliche Reparatur nicht erfolgt. 18

Eine **Reparatur ist als unverzüglich erfolgt anzusehen**, wenn diese **ohne schuldhaftes Zögern des VN** durchgeführt wurde. Sofern Verzögerungen nicht in dessen Verantwortungsbereich liegen, diese dem VN insbes. nicht aufgrund von § 278 Satz 1 BGB zuzurechnen sind, verlängert sich die Versicherung auch über den Zeitraum der Verzögerung. Dies ist z.B. dann der Fall, wenn das reparierte Schiff aufgrund eines technischen Problems des Docks dieses nicht verlassen kann.[21] Das schuldhafte Verhalten des Versicherten ist dem VN nicht zuzurechnen, da dieser nicht Erfüllungsgehilfe i.S.d. § 278 Satz 1 BGB und Ziff. 8.1 Satz 1 hinsichtlich der Verschuldenszurechnung unwirksam ist.[22] 19

Nutzt der VN die Gelegenheit, neben den zur Versicherungsverlängerung führenden Schäden **weitere Schäden reparieren zu lassen** und verzögert sich dadurch der Abschluss der Reparaturarbeiten für erstgenannte Schäden, so endet die Versicherungsverlängerung gem. Ziff. 9.2 mit der der Reparatur vorangegangenen Schadensfeststellung, nicht etwa erst in dem Zeitpunkt, in welchem die Reparatur dieser Schäden ohne Verzögerung fertiggestellt und das Schiff ausgedockt worden wäre. Allerdings steht es den Parteien stets frei, für einen derartigen Fall eine abweichende Vereinbarung zu treffen, § 305b BGB. Existiert keine abweichende individuelle Vereinbarung und sollen dennoch weitere Reparaturen durchgeführt werden, **darf sich das Ausdocken hierdurch nicht verzögern**, wenn der Versicherungsschutz länger als bis zur Schadensfeststellung aufrechterhalten bleiben soll. **Nicht ausreichend** ist es insbes. wenn erst die zur Versicherungsverlängerung führenden Schäden unverzüglich repariert, daraufhin weitere Reparaturen unverzüglich durchgeführt werden und im Anschluss das Schiff unverzüglich ausgedockt wird. 20

[18] Insbes. Eigentümerinteresse des Reeders, Haftungsinteresse des Managers; vgl. hierzu Ziff. 1 Rn. 11, 14 f., 19 f.

[19] § 121 Abs. 1 Satz 1 BGB.

[20] *Schwampe* Seekaskoversicherung Klausel 2 Rn. 12.

[21] *Schwampe* Seekaskoversicherung Klausel 2 Rn. 12. Ein Verschulden der Werft bleibt außer Betracht, da diese nicht Erfüllungsgehilfe des VN ist.

[22] Ziff. 8 Rn. 3.

8. Prämienzahlungspflicht (Ziff. 9.2 Satz 3)

21 Durch die Vertragsverlängerung wird der Prämienzahlungsanspruch des VR der Höhe nach dem verlängerten Zeitraum und ggf. geänderten Gefahrumständen entsprechend angepasst.

III. Vorzeitige Beendigung der Versicherung (Ziff. 9.3, 9.4 und 9.5)

22 Ziff. 9.3, 9.4 und 9.5 **verweisen** zusammenfassend auf (fast[23]) alle in den DTV-ADS 2009 enthaltenen vorzeitigen Beendigungstatbestände. Diese werden unter den entsprechenden Ziffern erläutert. Anzumerken ist, dass Ziff. 9.5 durch ein **Redaktionsversehen** falsch eingeordnet sein dürfte. Diese Klausel (bestehend aus einem Halbsatz ohne Anknüpfungspunkt) gehört Sinn und Form nach zu der Aufzählung unter Ziff. 9.3.

IV. Rückwärtsversicherung (Ziff. 9.6)

1. Allgemein

23 Die Rückwärtsversicherung hat in der Seeversicherung vor allem Bedeutung, wenn **Gefahren i.S.d. Ziff. 59.1.1 und Ziff. 59.1.2** versichert werden sollen. Allgemein zur Rückwärtsversicherung: Bruck/Möller/*R. Johannsen* § 2. Siehe auch Ziff. 8 Rn. 9.

24 Dass der Abschluss einer **Rückwärtsversicherung möglich** ist, ergibt sich nicht aus Ziff. 9.6 Abs. 1 Satz 1, sondern aus der allgemeinen Vertragsfreiheit; die Klausel hat insofern also nur deklaratorischen Inhalt. Die Regelungen der Ziff. 9.6 beschränken sich darauf, unter welchen Umständen ein vor Vertragsschluss eingetretener Versicherungsfall die Leistungsfreiheit des VR entfallen lässt. Hintergrund ist, dass der **Eintritt eines Versicherungsfalls vor Vertragsschluss nicht zwingend ein gefahrerheblicher Umstand i.S.d. Ziff. 22.1** ist, etwa wenn der VN nach Antragstellung und beantragtem Versicherungsbeginn, aber vor Annahme durch den VR vom Eintritt des Versicherungsfalls erfährt.[24] In derartigen Fällen besteht keine Anzeigepflicht und die Leistungspflicht des VR kann nach Ziff. 22.2 mangels Anzeigepflichtverletzung nicht ausgeschlossen werden. Diese Lücke schließt Ziff. 9.6.

2. Leistungsfreiheit des Versicherers (Ziff. 9.6 Abs. 1 Satz 2 Hs. 1)

25 Die Bestimmung sieht eine Leistungsfreiheit des VR vor, wenn der VN bei Vertragsschluss, dem formellen Versicherungsbeginn[25], Kenntnis von dem Eintritt des Versicherungsfalls[26] hatte oder gehabt haben müsste.

26 Die **Kenntnis bzw. das Kennenmüssen** des VN[27] von dem Eintritt des Versicherungsfalls muss **im Zeitpunkt des formellen Versicherungsbeginns** vorgelegen haben. I.d.R.

[23] Das Kündigungsrecht des VN im Falle der Berufung des VR auf die Leistungsfreiheit nach Ziff. 22.2 Abs. 4 fehlt.

[24] Prölss/Martin/*Prölss* § 2 Rn. 18.

[25] Bruck/Möller/*R. Johannsen* § 2 Rn. 3.

[26] Zum Begriff des Versicherungsfalls: Bruck/Möller/*Baumann* § 1 Rn. 109; Prölss/Martin/*Prölss* § 1 Rn. 103.

[27] Oder des Versicherten nach Ziff. 8.2, vgl. Ziff. 8 Rn. 9.

reicht auch das frühere Kennen aus, da das **Vergessen** zumeist der fahrlässigen Unkenntnis und damit dem Kennenmüssen zuzuordnen ist.[28]

3. Schicksal der Prämienzahlungspflicht (Ziff. 9.6 Abs. 1 Satz 2 Hs. 2)

Die Leistungsfreiheit des VR ist im Fall der Ziff. 9.6 Satz 2 Hs. 1 unabhängig von dessen Kenntnis gegeben. Die Kenntnis des VR ist nur im Zusammenhang mit der **Prämienzahlungspflicht** relevant. Diese **bleibt grds. bestehen**, sofern der VR im Zeitpunkt des formellen Versicherungsbeginns **keine positive Kenntnis** von dem Eintritt des Versicherungsfalls hatte, auf ein Kennenmüssen kommt es anders als beim VN nicht an. **27**

4. Wissenszurechnung bei Vertretung auf Seiten des Versicherungsnehmers (Ziff. 9.6 Abs. 2)

Ziff. 9.6 Abs. 2 trifft eine **von § 166 Abs. 1 BGB abweichende Regelung**, nach welcher neben der Kenntnis bzw. Kennenmüssen des Vertreters über den bereits eingetretenen Versicherungsfall auch diejenige des vertretenen VN i.R.d. Ziff. 9.6 Abs. 1 Satz 2 Hs. 1 maßgeblich ist. **28**

C. Verfahrensfragen/Beweislast

I. Verlängerung der Versicherung nach Ziff. 9.2 Satz 1

Will der VN die Verlängerung der Versicherung nach Ziff. 9.2 herbeiführen, muss er beweisen, dass das betreffende Schiff auf Reise, also verschollen oder unterwegs ist und auf diesen Zeitraum das Ende der Versicherung fällt. Auch hat er vollumfänglich zu beweisen, dass der Schaden, den er ersetzt verlangt, auf dieser Reise eingetreten ist und dass dieser Schaden die Seetüchtigkeit beeinträchtigt. **29**

II. Ende der Verlängerung der Versicherung nach Ziff. 9.2 Satz 2

Wer sich auf das Ende der Verlängerung der Versicherung berufen will – dies wird i.d.R. der VR sein, um einer weiteren Leistungspflicht zu entgehen, denkbar ist jedoch auch, dass der VN mit der Berufung auf das Ende der Verlängerung der Versicherung einer Prämienzahlungspflicht entgegentritt – hat zu beweisen, dass das verschollene Schiff wieder aufgefunden wurde oder die Verschollenheitsfrist der Ziff. 60.2.2 abgelaufen ist oder dass das beschädigte Schiff repariert wurde. Wer sich darauf berufen möchte, dass die Versicherung für ein beschädigtes Schiff bereits vor Durchführung der Reparatur, nämlich bereits zum Zeitpunkt der Schadenfeststellung beendet wurde, hat zu beweisen, dass die Reparatur nicht unverzüglich erfolgt ist. **30**

---

[28] Anders nur bei „echtem Vergessen". Vgl. zu den Voraussetzungen *Neuhaus* r+s **2011** 273. Beachte in diesem Zusammenhang auch die Notwendigkeit der Speicherung, Erhaltung und Abrufbarkeit von relevantem Organwisssen, Prölss/Martin/*Prölss* § 21 Rn. 16 f.

III. Rückwärtsversicherung nach Ziff. 9.6

31 Entsprechend dem allgemeinen Grundsatz, dass jeder das ihm Günstige zu beweisen hat, muss der **VR zur Berufung auf seine Leistungsfreiheit** nach Ziff. 9.6 Abs. 1 Satz 2 Hs. 1 zum einen beweisen, dass die Versicherung eine Rückwärtsversicherung ist und zum anderen, dass der VN[29] im Zeitpunkt des Vertragsschlusses Kenntnis bzw. fahrlässige Unkenntnis vom bereits erfolgten Eintritt des Versicherungsfalls hatte.

32 Dagegen trifft den VN die Beweislast, dass der VR ebenfalls Kenntnis von dem Eintritt des Versicherungsfalls bei Vertragsschluss gehabt hatte, wenn er **der Prämienzahlungspflicht entgehen** will (Ziff. 9.6 Abs. 1 Satz 2 Hs. 2).

IV. Versicherungswert, Unter-, Über-, Doppelversicherung, Taxe

10 Versicherungswert und Taxe

10.1 Als Werte der versicherten Interessen (Versicherungswerte) gelten deren volle Werte.

10.2 Diese Werte gelten auch bei dem Eintritt des Versicherungsfalls als Versicherungswert.

10.3 Ist durch Vereinbarung der Versicherungswert auf einen bestimmten Betrag (Taxe) festgesetzt, so ist die Taxe für den Versicherungswert maßgebend.

10.4 Übersteigt die Taxe zum Zeitpunkt der Festsetzung den wirklichen Versicherungswert um 20 % oder einen anderen in der Police bestimmten Prozentsatz, kann der Versicherer jedoch eine Herabsetzung der Taxe auf den wirklichen Wert zum Zeitpunkt der ursprünglichen Taxierung erklären, es sei denn, dass der Versicherungsnehmer nachweist,

10.4.1 dass er zum Zeitpunkt der Vereinbarung keine Kenntnis hiervon hatte, oder

10.4.2 dass der Versicherer hiervon Kenntnis hatte.

10.5 Nach der Herabsetzung wird die Prämie entsprechend der neuen Taxe angepasst.

10.6 Der Versicherungsnehmer kann den Vertrag innerhalb einer Frist von 14 Tagen nach Zugang der Herabsetzungserklärung kündigen.

10.7 Ist die Versicherungssumme niedriger als die Taxe, so haftet der Versicherer, auch wenn die Taxe herabgesetzt ist, für den Schaden nur nach dem Verhältnis der Versicherungssumme zu der durch die Vereinbarung festgesetzten Taxe.

10.8 Wird für Teilschäden (Ziff. 62) eine besondere Taxe vereinbart (Teilschadentaxe), so leistet der Versicherer für Teilschäden Ersatz bis zur vereinbarten Teilschadentaxe.

---

[29] Oder der Versicherte, Ziff. 8.1 Satz 1.

Übersicht

A. Einführung

I. Bedeutung der Klausel

Ziff. 10 enthält allgemeine Regelungen zum Versicherungswert und zur Taxe (Ziff. 10.1, 10.2, 10.3, 10.8) sowie zu den Folgen des Auseinanderfallens von (wirklichem) Versicherungswert und Taxe (Ziff. 10.4, 10.5, 10.6) sowie des Auseinanderfallens von Taxe und Versicherungssumme (Ziff. 10.7). Allgemein zur Taxenvereinbarung vgl. Bruck/Möller/*Schnepp* § 76 Rn. 20 ff.[1] **1**

II. Vergleich zu ADS/DTV-Kaskoklauseln

Ziff. 10.1 und 10.2 entsprechen sinngemäß § 6 Abs. 1 und § 70 Abs. 2 ADS. Die nun verwendete Pluralform der Begriffe (Versicherungs-)Wert und Interesse ist dem Umstand geschuldet, dass sich Ziff. 10 als Teil des Ersten Abschnitts auf alle unter den DTV-ADS 2009 versicherbaren Interessen bezieht. Ziff. 10.3 entspricht § 6 Abs. 2 Satz 1 ADS. Dessen Satz 2 findet sich mit inhaltlichen Änderungen[2] in Ziff. 10.4 wieder. § 6 Abs. 2 Satz 3 ADS wurde als Ziff. 10.7 übernommen; Ziff. 10.5, 10.6 und 10.8 sind in den ADS oder DTV-Kaskoklauseln nicht enthalten. **2**

B. Erläuterung der Klausel

I. Versicherungswerte; maßgeblicher Zeitpunkt (Ziff. 10.1, 10.2)

Versicherungswert ist als Wert des versicherten Interesses definiert,[3] wobei die Wertbestimmung objektiv erfolgt. Ziff. 10.1 legt fest, dass als Versicherungswerte die *vollen Werte*[4] der versicherten Interessen gelten. In Zeiten stark schwankender Schiffswerte **3**

---

[1] *Enge/Schwampe* Transportversicherung S. 88; *Stahl* VersR **2004** 557.

[2] Festlegung eines Prozentsatzes für die Erheblichkeitsschwelle, vgl. Rn. 12.

[3] § 74 VVG Abs. 1 Satz 1.

[4] Deckung des vollen Wertes ist Vollversicherung, vgl. *Ritter/Abraham* § 6 Anm. 5.

stellt sich die Frage, auf welchen Wert des Interesses und auf welchen Zeitpunkt der Wertfeststellung abzustellen ist. Für den Wert des in der Kaskoversicherung regelmäßig versicherten Eigentümerinteresses hat die Rechtsprechung den Wiederbeschaffungswert des Schiffes festgelegt.[5] Das führt dazu, dass der Versicherungswert eines Schiffes schon bei Ablieferung als Neubau erheblich unter dem Anschaffungspreis liegen kann.[6] Daraus entsteht das Bedürfnis der Reedereien und anderer Beteiligter wie Banken in der Praxis, nicht allein auf den Wiederbeschaffungswert für den Versicherungswert abzustellen, sondern auf den Wert des Schiffes als langfristige Einnahmequelle, den sog. Long Term Asset Value (LTAV).[7]

4 Denselben Ansatz hat schon *Ritter/Abraham*[8] verfolgt. Die Verbindung des Eigentümerinteresses als Sachwertinteresse mit seinem Interesse, durch das Schiff als Sache langfristig Einnahmen zu erzielen, bedeutet eine Verquickung von Eigentümer- und Nutzungsinteressen. Sachgerecht scheint daher, mit *Schwampe* den Lösungsansatz zu verfolgen, die berechtigten Interessen außerhalb des eigentlichen Eigentümerinteresses durch Nebeninteressenversicherung (dritter Abschnitt) und Ertragsausfallversicherung (vierter Abschnitt) abzusichern.[9] Der Versicherungswertbegriff der Kaskoversicherung gilt auch für die Kriegsversicherung (sechster Abschnitt) und die Minenklausel (fünfter Abschnitt). Für die Interesseversicherung trifft Ziff. 67.1 eine Sonderregelung.[10] Nach ihr gilt das versicherte Interesse in Höhe der vereinbarten Versicherungssumme als bewiesen.

5 Für die Ertragsausfallversicherung regelt Ziff. 72.4, dass ausschlaggebend der jeweilige Fracht- oder Mietvertrag sei und falls ein solcher fehlt, an die durchschnittlichen Einnahmen während der Zeit des Ertragsausfalles von Schiffen vergleichbarer Bauart und Größe unter Abzug aller Ausgaben abzustellen sei.[11]

6 Darüber hinaus wird nicht ausdrücklich geregelt, auf welchen **Zeitpunkt** sich der Versicherungswert beziehen soll. In Betracht kämen hier z.B. Vertragsschluss, materieller Versicherungsbeginn, Schadenfall oder jedes beliebige Datum.

Das (ohnehin gem. § 209 VVG nicht auf Seeversicherungen anwendbare **VVG bietet keinen Anhaltspunkt** dafür, auf welchen Zeitpunkt generell abgestellt wird. Auch ist eine dem **§ 70 Abs. 1 Satz 1 ADS** entsprechende oder ähnliche Regelung, welche als maßgeblichen Zeitpunkt den materiellen **Versicherungsbeginn** bestimmt, **nicht in die DTV-ADS 2009 übernommen** worden.

7 **Einziger Anhaltspunkt** für den maßgeblichen Zeitpunkt ist somit **Ziff. 10.2**, welcher § 70 Abs. 2 ADS entspricht und bestimmt, dass die in Ziff. 10.1 bezeichneten Werte „auch bei dem Eintritt des Versicherungsfalls" maßgeblich sind. Im **Umkehrschluss** bedeutet dies, dass die in Ziff. 10.1 bezeichneten Werte zeitlich vor dem Versicherungsfall anknüpfen. Grundsätzlich kann jedoch auch dies jeder beliebige vor dem Versicherungs-

5 BGH 2.4.1979 VersR **1979** 861 („Rüstringen"), LG Hamburg 17.12.2003 TranspR **2004** 82 („Grand Arabella").

6 So sind eine Vielzahl von Schiffen, die in den Jahren 2006 und 2007 bestellt wurden bei ihrer Ablieferung in den Jahren nach 2008, dem Beginn der Schifffahrtskrise, oft nur noch mit einem erheblichen Abschlag von ihrem Werftvertragspreis handelbar gewesen.

7 Der LTAV wurde von der Vereinigung Hamburger Schiffsmakler und Schiffsagenten (VHSS) entwickelt unter Zugrundelegung des so genannten Hamburg Ship Evaluation Standards (HSES), vgl. http:\\www.vhss.de\hses_deutsch.pdf.

8 *Ritter/Abraham* § 6 Anm. 18.

9 Vgl. *Schwampe* TranspR **2009** 239.

10 Zu den Einzelheiten vgl. Bruck/Möller/*Jaeger* DTV-ADS 2009 Ziff. 67 Rn. 5 ff.

11 Zu den Einzelheiten vgl. Bruck/Möller/*Jaeger* DTV-ADS 2009 Ziff. 72 Rn. 13 ff.

fall liegende Zeitpunkt und nicht zwangsläufig der Zeitpunkt des (formellen oder materiellen) Versicherungsbeginns sein, zumal Ziff. 10.2 anders als § 70 Abs. 2 ADS gerade keinen Bezug zu einer konkreten zeitlichen Regelung hat.

§ 70 **ADS** lautet:

„(1) Als Versicherungswert gilt der Wert, den das Schiff bei dem Beginne der Versicherung hat. Der Wert umfaßt nicht die Ausrüstungskosten, die Heuer und die Versicherungskosten.

(2) Dieser Wert gilt auch bei dem Eintritte des Versicherungsfalls als Versicherungswert."

Dies hat zur Folge, dass durch Ziff. 10.1, 10.2 der für den Versicherungswert maßgebliche Zeitpunkt nicht hinreichend bestimmt wird. Könnte man diese Regelungslücke nicht durch **ergänzende Vertragsauslegung** schließen, bestünde ein Dissens, nach welchem im Zweifel der gesamte Versicherungsvertrag als nicht geschlossen anzusehen wäre (§ 154 Abs. 1 Satz 1 BGB). Als Ansatzpunkt für eine ergänzende Vertragsauslegung kann Ziff. 10.2 herangezogen werden. Aus dieser Klausel ergibt sich, dass jedenfalls nicht der Wert im Schadenfall maßgeblich ist, sondern ein Wert zu einem vorherigen Zeitpunkt. **Dies kann vernünftigerweise nur der Zeitpunkt des materiellen Versicherungsbeginns sein**, denn grds. sind „nur zwei Wege denkbar": Entweder ist der Versicherungsfall als maßgeblicher Zeitpunkt heranzuziehen und der Versicherte soll dadurch „in den Stand gesetzt werden, worin er bei glücklicher Ankunft des versicherten Gegenstandes am Bestimmungsort gewesen sein würde", oder der materielle Beginn der Versicherung wird als maßgeblicher Zeitpunkt herangezogen, sodass bei Eintritt des Versicherungsfalls der Versicherte so gestellt wird, als „wenn er die durch das Unglück vereitelte Spekulation gar nicht unternommen hätte"[12]. Da sich die DTV-ADS 2009 mit Ziff. 10.2 offenbar gegen den ersten Weg entschieden haben, muss vernünftigerweise der zweite Weg gewollt sein, wie es in der Seeversicherung bis zur VVG-Reform kodifiziert war (§ 795 Abs. 1 HGB a.F.; § 141 Abs. 1 VVG a.F.) und auch von § 70 ADS aufgegriffen wurde. 8

II. Taxe (Ziff. 10.3)

Den Parteien steht es frei, anstelle des wirklichen Versicherungswertes einen Versicherungswert vertraglich zu vereinbaren.[13] Für das Vorliegen einer **Vereinbarung** gelten die allgemeinen zivilrechtlichen Grundsätze. Sie kann ausdrücklich oder konkludent erfolgen. Wird der Begriff der Taxe im Versicherungsvertrag ausdrücklich genannt, wird das Vorliegen einer Vereinbarung über den Versicherungswert vermutet.[14] Der vereinbarte Versicherungswert wird als **Taxe** in Ziff. 10.3 definiert und kann insgesamt oder für jedes einzelne versicherte Interesse festgesetzt werden. Der Grund für die Festlegung einer Taxe liegt darin, dass die Parteien im Schadenfall Unsicherheiten bei der Feststellung des zum Vertragsschluss maßgeblichen Versicherungswerts vermeiden wollen.[15] Dagegen wird durch die Vereinbarung der Versicherungssumme eine Leistungsbegrenzung des VR herbeigeführt. 9

---

12 *Ritter/Abraham* § 70 Anm. 7 m.w.N.

13 Zum rechtshistorischen Hintergrund der Taxe (u.a. Bereicherungsverbot): *Maßmann* 21 ff., 84 ff.; *Meinert*.

14 *Ritter/Abraham* § 6 Anm. 21; *Stahl* VersR 2004 558.

15 Thume/de la Motte/Ehlers/*Schwampe* Teil 6 Rn. 17.

10 Bei wirksamer Vereinbarung[16] ist die Taxe für den Versicherungswert allein **maßgeblich**, was zur Folge hat, dass auch zur **Feststellung von Über- oder Unterversicherung** nicht der wirkliche Versicherungswert, sondern die Taxe zugrunde zu legen ist. Die ansonsten maßgebliche Taxe unterliegt aber der Herabsetzung gem. Ziff. 10.4.

III. Herabsetzung der Taxe (Ziff. 10.4)

1. Allgemein

11 Zu unterscheiden ist die Über- bzw. Unterversicherung, also der Fall, dass (wirklicher oder taxierter) Versicherungswert und Versicherungssumme auseinanderfallen,[17] von dem Fall, dass **wirklicher und vereinbarter Versicherungswert nicht übereinstimmen**. Letzterer ist in Ziff. 10.4 geregelt und statuiert ein **einseitiges Herabsetzungsrecht** der Taxe für den **VR**, wenn die Taxe über dem wirklichen Versicherungswert liegt. **Umgekehrt** besteht für den Fall, dass der wirkliche Versicherungswert über der Taxe liegt, **kein einseitiges Heraufsetzungsrecht**, weder für den VR noch für den VN.[18]

2. Übersteigen des wirklichen Versicherungswertes (um mindestens 20 Prozent)

12 Anders als noch in § 6 Abs. 2 Satz 2 ADS bzw. § 793 Abs. 2 Satz 1 Hs. 1 HGB a.F., welche ein „erhebliches Übersteigen" des wirklichen Versicherungswertes bzw. ein „wesentliches Übersetztsein" der Taxe voraussetzten, findet sich in Ziff. 10.4 DTV-ADS 2009 ein **konkreter Prozentsatz** (mindestens[19] 20 Prozent), um den die Taxe den wirklichen Versicherungswert übersteigen muss, um die Rechtsfolgen der Ziff. 10.4 auszulösen. Zur Ermittlung des wirklichen Versicherungswertes wird in der Praxis für die Kaskoversicherung der Kaufpreis für vergleichbare Schiffe zum maßgeblichen Zeitpunkt[20] durch Einholung von Sachverständigengutachten ermittelt. Im Vergleich zur bisherigen Rechtslage ergibt sich deutlich **mehr Rechtssicherheit**, da in der Vergangenheit keine allgemeingültige Grenze festgelegt werden konnte, ab welcher Erheblichkeit bzw. Wesentlichkeit des Auseinanderfallens vorliegen solle.[21]

13 Es kann auch ein anderer Prozentsatz vereinbart werden. Dies ergibt sich bereits aus § 305b BGB. Sofern Ziff. 10.4 diese Möglichkeit auf **in der Police eingetragene Prozentsatzvereinbarungen** beschränken möchte, also eine Schriftformklausel darstellt, ist sie **unwirksam, § 307 Abs. 1 BGB.**[22]

---

16 Dies richtet sich nach den allgemeinen Regeln, insbesondere nach den §§ 119 ff. BGB. Der Irrtum über den wirklichen Versicherungswert ist dabei unbeachtlicher Motivirrtum, sofern nicht über wertbildende Faktoren geirrt wird, Bruck/Möller/*Schnepp* § 76 Rn. 59 ff.

17 Vgl. Ziff. 11 Rn. 3, Ziff. 12 Rn. 3.

18 *Maßmann* 83 f.

19 Wortlaut: 20 Prozent, wobei dieser (oder ein anderer vereinbarter) Prozentsatz lediglich die Untergrenze der beachtlichen Übertaxierung darstellt, §§ 133, 157 BGB.

20 Vgl. Ziff. 10.4 Rn. 14.

21 I.d.R. wohl 10 Prozent, jedoch abhängig von Marktschwankung und Versicherungssparte, vgl. *Schwampe* TranspR **2009** 239, 241 m.w.N.; *Enge/Schwampe* Transportversicherung S. 89 f.

22 Palandt/*Grüneberg* § 305b Rn. 5 m.w.N.; zuletzt BGH 21.9.2005 BGHZ **164** 133 m.w.N.

3. maßgeblicher Zeitpunkt für die Taxierung

14 Ob eine beachtliche Übertaxierung besteht, ist durch einen Vergleich der Taxe mit dem wirklichen Versicherungswert **im Zeitpunkt der Taxierung**, also i.d.R. bei formellem Versicherungsbeginn, festzustellen. I.R.d. Ziff. 10.4 ist also grundsätzlich ein **anderer Zeitpunkt als in Ziff. 10.1**[23] für die Bestimmung des wirklichen Wertes maßgeblich; der nach Ziff. 10.1 zu bestimmende Wert ist gerade nicht bei bestehender Taxierung relevant.[24]

4. Rechtsfolge: Herabsetzungsrecht des Versicherers

15 Liegt eine beachtliche Übertaxierung vor, so steht dem **VR**[25] das Recht zu, durch einseitige Erklärung[26] die **Taxe auf den wirklichen Versicherungswert zum Zeitpunkt der Taxierung herabzusetzen.**[27] Es handelt sich um die Geltendmachung eines Gestaltungsrechts.[28] Ein Herabsetzungsrecht hinsichtlich der Versicherungssumme räumt Ziff. 10.4 hingegen nicht ein, sodass die Herabsetzung der Taxe **regelmäßig eine Überversicherung (Ziff. 12) mit entsprechenden Rechtsfolgen**[29] **bewirkt.**

16 Ziff. 10.4[30] unterscheidet sich erheblich von **§ 76 Satz 2 Hs. 2 VVG**, der **kein Herabsetzungsrecht**[31] des VR statuiert, sondern bei erheblichem Übersteigen der **Taxe**[32] diese für die betreffende Schadenregulierung für **unbeachtlich** erklärt.[33] Im Anwendungsbereich des VVG wird also keine auf den wirklichen Versicherungswert herabgesetzte Taxe, sondern der wirkliche Versicherungswert selbst maßgeblich, und zwar unabhängig vom Willen des VR. Nach Ziff. 10.4 hingegen bleibt es dem VR überlassen, von seinem Herabsetzungsrecht Gebrauch zu machen.

5. Inhalt der Herabsetzungserklärung des VR

17 Nach Ziff. 10.4 kann der VR „eine Herabsetzung der Taxe auf den wirklichen Wert zum Zeitpunkt der ursprünglichen Taxierung erklären". Unklar ist, **ob der wirkliche Wert in der Herabsetzungserklärung bezeichnet werden muss**, oder ob es ausreicht, zu erklären, es werde auf den wirklichen Wert herabgesetzt.[34] *Ritter/Abraham*[35] geht davon aus, dass eine Herabsetzung auf den wirklichen Versicherungswert auch ohne nähere Bezifferung ausreiche. Solange der wirkliche Versicherungswert nicht festgestellt ist, ist

---

[23] Materieller Versicherungsbeginn, vgl. Rn. 8.

[24] Rn. 9.

[25] Bzgl. Berechtigung zur Herabsetzung bei Mitversicherung: Ziff. 19 Rn. 12.

[26] *Ritter/Abraham* § 6 Anm. 30.

[27] Zu den Auswirkungen der Schifffahrtskrise auf Taxen und das Herabsetzungsrecht: *Schwampe* TranspR **2009** 239.

[28] Dies galt schon im Rahmen des § 6 Abs. 2 ADS, der noch von „verlangen können" sprach, vgl. *Ritter/Abraham* § 6 Anm. 30; *Looks* VersR **1991** 73; *Maßmann* 70.

[29] Ziff. 12 Rn. 3.

[30] Ebenso § 793 Abs. 2 Satz 1 Hs. 1 HGB a.F. und § 6 Abs. 2 Satz 2 ADS.

[31] Bruck/Möller/*Schnepp* § 76 Rn. 51.

[32] Allerdings im Zeitpunkt des Versicherungsfalls.

[33] Str., z.T. wird von Unwirksamkeit der Taxierung für den gesamten Versicherungsvertrag ausgegangen. Vgl. hierzu Bruck/Möller/*Schnepp* § 76 Rn. 47 ff. m.w.N.

[34] Eine ähnliche Frage ergibt sich im Zusammenhang mit der Minderungserklärung des Käufers, § 441 Abs. 1 Satz 1 BGB. Dort stellt die wohl **h.M.** darauf ab, dass ein bestimmter, zumindest bestimmbarer Betrag benannt wird, vgl. Palandt/*Weidenkaff* § 441 Rn. 10.

[35] *Ritter/Abraham* § 6 Anm. 30.

weder die Höhe der Prämie festzustellen, die sich üblicherweise in einem Promillesatz des Versicherungswertes bemisst, noch ist feststellbar, ob Über- oder Unterversicherung vorliegt, da die Versicherungssumme nicht die gleiche Herabsetzung erfährt, wie der Versicherungswert. Aus diesem Grund ist der Ansicht von *Ritter/Abraham* nicht zu folgen.

18 Daran ändert auch nichts, dass die Herabsetzung durch den VR einen falschen Wert zugrunde legen kann. Die **Nennung eines falschen Wertes** hat nicht die Unwirksamkeit der Erklärung selbst zur Folge. Wird beispielsweise ein erheblich zu geringer Wert festgesetzt, kann die Festsetzung durch ein Gericht korrigiert und der wahre wirkliche Wert festgesetzt werden.[36] Dies folgt dem häufiger im Zivilrecht anzufindenden Prinzip, dass eine unangemessene Gestaltungserklärung nicht von vornherein unwirksam ist, sondern durch eine wirksame gerichtlich ersetzt werden kann.[37]

19 Sind an dem Versicherungsvertrag – wie in der Seekaskoversicherung üblich – eine Mehrzahl von VR beteiligt, übt der führende VR aufgrund der in Ziff. 19 enthaltenen **Führungsklausel** die Erklärung für alle beteiligten VR aus. Sollte die Führungsklausel abbedungen sein, stünde das Herabsetzungsrecht jedem beteiligten VR gesondert zu. Die Erklärung muss grundsätzlich dem VN zugehen, in der Praxis sind jedoch meistens **Versicherungsmakler** eingeschaltet, die insofern Empfangsvollmacht haben.[38]

6. Ausschluss des Herabsetzungsrechts

20 Die in Ziff. 10.4 geregelten Ausschlusstatbestände sind neu eingeführt. Sie waren zuvor weder in den ADS, noch im HGB a.F. enthalten.

21 Das Herabsetzungsrecht des VR ist dann ausgeschlossen, wenn entweder der **VN**[39] **keine Kenntnis** (Ziff. 10.4.1) oder der **VR Kenntnis** (Ziff. 10.4.2) von der Übertaxierung hatte. **Maßgeblicher Zeitpunkt** bzgl. der Kenntnis ist der der Taxierung. Gemeint ist in beiden Fällen allein positive Kenntnis.

22 Das Herabsetzungsrecht ist **zeitlich nicht begrenzt**, kann insbes. auch noch nach Eintritt des Versicherungsfalls und nach Leistung der Entschädigungssumme ausgeübt werden.[40]

7. Abweichende vertragliche Vereinbarung über das Herabsetzungsrecht

23 Abweichende Vereinbarungen der Parteien des Versicherungsvertrages zum Herabsetzungsrecht des VR sind zulässig. Die früher vertretene Ansicht,[41] dass das Herabsetzungsrecht nicht wirksam ausgeschlossen werde, ist insbesondere nach Wegfall des § 793 HGB a.F. nicht mehr haltbar.[42]

---

36 LG Hamburg 17.12.2003 TranspR **2004** 82 („Grand Arabella“).

37 So wird für die Nachfristsetzung im Rahmen des § 281 BGB durch die Setzung einer zu kurzen Frist die angemessene Frist in Lauf gesetzt, vgl. Palandt/*Grüneberg* § 281 Rn. 10 m.w.N.

38 Siehe zu Maklerklauseln auch Ziff. 9 Rn. 14.

39 Oder der Versicherte nach Ziff. 8.1.

40 LG Hamburg 17.12.2003 TranspR **2004** 82, 88; *Ritter/Abraham* § 6 Anm. 34; **a.A.** *Müller-Collin* 165 f., wonach die Klausel aufgrund der Möglichkeit der Herabsetzung nach Eintritt des Versicherungsfalls unwirksam sein soll.

41 *Sieg* VersR **1997** 649.

42 Vgl. hier zu den Einzelheiten *Schwampe* TranspR **2009** 239.

IV. Anpassung der Prämie bei herabgesetzter Taxe (Ziff. 10.5)

Nach Ausübung des Herabsetzungsrechts des VR nach Ziff. 10.4 wird die Prämie **entsprechend der neuen Taxe angepasst.** Anders als für dem VR gebührende Zuschlagprämien nach Ziff. 22.4 und 24.4 bestimmt Ziff. 10.5 nicht, dass die nach Herabsetzung zu zahlende Prämie zwischen den Parteien vereinbart werden müsse. Vielmehr kann eine **einseitige Festsetzung durch den VR** erfolgen, die gemäß § 315 BGB nach billigem Ermessen zu erfolgen hat und der richterlichen Überprüfung im Rahmen des § 315 Abs. 3 BGB unterliegt. 24

Bei Ausübung des billigen Ermessens hat der VR die Prämie **so anzupassen, dass sie der Prämie entspricht, die er dem VN unter Berücksichtigung der angepassten Taxe bei Vertragsschluss angeboten hätte.** Durch die einseitige Anpassung ist eine unangemessene Benachteiligung des VN nicht zu befürchten, da diesem im Gegenzug ein vierzehntägiges Kündigungsrecht (Ziff. 10.6) eingeräumt wird. In diesem Zeitraum kann er Angebote von anderen VR einholen und sich entscheiden, ob er die angepasste Prämie als ausreichend herabgesetzt hinnehmen möchte oder kündigt. Im Übrigen steht es den Parteien offen, sich abweichend von Ziff. 10.5 über die anzupassende Prämie einvernehmlich zu verständigen, § 305b BGB. 25

V. Kündigungsrecht des Versicherungsnehmers (Ziff. 10.6)

Dem VN steht nach Zugang der Herabsetzungserklärung (Ziff. 10.4) ein **vierzehntägiges Kündigungsrecht** zu. Der **Zugang** der Kündigungserklärung muss innerhalb der Kündigungsfrist erfolgen, § 130 Abs. 1 Satz 1 BGB. Ziff. 10.6 setzt für die **Ingangsetzung der Kündigungsfrist** lediglich den wirksamen Zugang der Herabsetzungserklärung voraus. 26

Ob die (mit der einseitigen Erklärung zu bewirkende) Herabsetzung der Taxe selbst wirksam sein muss, damit auch die Kündigung des VN wirksam ist, ergibt sich daraus nicht. Eine Herabsetzungserklärung könnte insbes. dann unwirksam sein, wenn es an einer relevanten Übertaxierung nach Ziff. 10.4 fehlt. Dafür, dass die Herabsetzung selbst wirksam sein muss, könnte sprechen, dass Ziff. 9.3.4 die Anpassung der Taxe und nicht lediglich den Zugang der Herabsetzungserklärung als Voraussetzung für die Kündigung durch den VN benennt. Allerdings wird innerhalb der 14-Tage-Frist der Ziff. 10.6 regelmäßig nicht abschließend zu klären sein, ob die Herabsetzungserklärung wirksam war; der VN muss dennoch neuen Versicherungsschutz eindecken, wenn er von seinem Kündigungsrecht Gebrauch macht. Würde sich im Nachhinein herausstellen, dass die Herabsetzung unwirksam war und dies die Unwirksamkeit der Kündigung des VN zur Folge haben, würde sich der VN plötzlich in einer Doppelversicherungssituation (Ziff. 13) wiederfinden, deren Mitteilung und Beseitigung einen erheblichen Verwaltungsaufwand zur Folge haben kann.[43] Dies kann nicht gewollt sein, sodass die einmal fristgerecht ausgeübte **Kündigung des VN unabhängig von der Wirksamkeit der Taxenherabsetzung wirksam** sein muss; Anknüpfungspunkt für das Entstehen eines Kündigungsrechts ist also der Zugang der Herabsetzungserklärung und nicht die wirksame Herabsetzung der Taxe. 27

---

[43] Zur Mitteilung und Beseitigung einer Doppelversicherung: Ziff. 14.

VI. Unterversicherung (Ziff. 10.7)

28 Die Unterversicherung ist in Ziff. 11 geregelt und liegt vor, wenn die Versicherungssumme niedriger als der Versicherungswert ist.[44] Wurde der **Versicherungswert vertraglich vereinbart** (Taxe, Ziff. 10.3), so handelt es sich um einen Fall der **bewussten Unterversicherung.** Wird nun die **Taxe nach Ziff. 10.4 herabgesetzt**, ändert sich das Verhältnis zwischen Versicherungswert und Versicherungssumme zueinander und damit der vom VR nach Ziff. 11 zu ersetzende Anteil des Schadens **zugunsten des VN.**

Beispiel:

Wirklicher Versicherungswert: 100.000; Taxe: 500.000; Versicherungssumme: 250.000.

Vor Herabsetzung zu ersetzender Schadenanteil: **50 Prozent.**

Nach Herabsetzung zu ersetzender Schadenanteil: **100 Prozent** (2,5-fache Überversicherung, Ziff. 12.1).

29 Ziff. 10.7 verhindert derartige Folgen, indem im Falle der Unterversicherung trotz Herabsetzung der Taxe die **zuvor vereinbarte Taxe für die Bestimmung des Verhältnisses zwischen Versicherungswert und Versicherungssumme maßgeblich bleibt.**[45]

VII. Teilschadentaxe (Ziff. 10.8)

30 Grds. wird für alle versicherten Interessen, einschließlich Teilschaden (Ziff. 62) und Totalverlust sowie diesem gleichstehende Fälle (Ziff. 60, 61), eine **einheitliche Taxe nach Ziff. 10.3** vereinbart. Dies kann **im Falle von alten Schiffen und sonstigen Schiffen mit niedrigem Wert** jedoch zu **Problemen** führen, da oftmals die Reparatur eines Teilschadens teurer ist als die Wiederbeschaffung im Totalverlustfall.[46]

31 **Richtet man die Taxe an dem niedrigeren Totalverlustinteresse aus**, liegt, wenn nicht die Versicherungssumme bereits von vornherein hieran ausgerichtet wird, Überversicherung i.S.d. Ziff. 12 vor mit der Folge, dass die Vereinbarung der höheren Versicherungssumme in Höhe der Überversicherung unwirksam ist.[47] Die Reparatur von Teilschäden wäre in einem derartigen Fall gem. Ziff. 61.1 Abs. 2 aufgrund von Reparaturunwürdigkeit nicht ersatzfähig, soweit die Reparatur die Versicherungssumme übersteigen würde.[48]

32 Jedoch kann der VN ein Interesse daran haben, dass das alte Schiff repariert wird, obwohl es wirtschaftlich einen Totalschaden darstellt. Vor diesem Hintergrund wäre es denkbar, **für die Taxierung das höhere Teilschadeninteresse zugrunde zu legen.** Dann wäre zwar die Herabsetzung der Taxe auf den wirklichen (aufgrund des geringen Wiederbeschaffungswertes niedrigeren) Versicherungswert nach Ziff. 10.4.2 ausgeschlossen, doch hätte der VN in dieser Folge eine dem tatsächlichen Risiko nicht entsprechende, höhere Prämie zu zahlen.

33 Einzige Lösungsmöglichkeit ist die Vereinbarung verschiedener Taxen jeweils für das Totalverlustinteresse und das Teilschadeninteresse. Dass die **Doppeltaxierung** möglich ist, setzt Ziff. 10.8 voraus. Der Hinweis, dass der VR bei Vereinbarung einer Teilscha-

---

[44] Ziff. 11 Rn. 3.

[45] Anders *Ritter/Abraham* § 6 Anm. 32, welche in § 6 Abs. 2 Satz 3 ADS = Ziff. 10.7 nur eine Klarstellung dessen, was ohnehin gelte, sehen.

[46] Einleitend: *Enge/Schwampe* Transportversicherung S. 239.

[47] Ziff. 12 Rn. 4.

[48] Bruck/Möller/*Eichhorn* DTV-ADS 2009 Ziff. 61 Rn. 5.

dentaxe im Falle eines Teilschadens bis zur vereinbarten Teilschadentaxe Ersatz leistet, ist so zu verstehen, dass auch eine besondere **Teilschadenversicherungssumme**, welche die Grenze der Ersatzpflicht des VR bestimmt, entsprechend der Teilschadentaxe zu vereinbaren ist. Andernfalls läge weiter Unter- bzw. Überversicherung vor.

C. Verfahrensfragen/Beweislast

Der VR muss zur Ausübung seines Herabsetzungsrechts nach Ziff. 10.4 den wahren Wert des versicherten Interesses, in der Kaskoversicherung also des betreffenden Schiffes, ebenso beweisen wie das Überschreiten der Taxe um mindestens 20 Prozent und im Falle einer anderweitigen Vereinbarung, um mindestens den vereinbarten Wert. Der VN muss dagegen beweisen, dass er zum Zeitpunkt der Vereinbarung keine Kenntnis oder dass der VR Kenntnis von dem wahren Wert hatte. **34**

11 Unterversicherung

Ist die Versicherungssumme niedriger als der Versicherungswert, so gilt für den nicht gedeckten Teil des Versicherungswerts der Versicherungsnehmer als Selbstversicherer, Insbesondere hat der Versicherer den Schaden und die Aufwendungen nur nach dem Verhältnis der Versicherungssumme zum Versicherungswert zu ersetzen.

Übersicht

A. Einführung

I. Bedeutung der Klausel

Ziff. 11 regelt die Unterversicherung. Vgl. zur Herabsetzung der Taxe bei Unterversicherung Ziff. 10 Rn. 28 f. **1**

II. Vergleich zu ADS/DTV-Kaskoklauseln

Ziff. 11 entspricht § 8 ADS. **2**

B. Erläuterung der Klausel

I. Allgemein

Ist die Versicherungssumme geringer als der (wirkliche, Ziff. 10.1, taxierte, Ziff. 10.3, oder nach Ziff. 10.4 herabgesetzte) Versicherungswert, liegt eine Teilversicherung vor. Ob diese Teilversicherung **Unterversicherung i.S.d. Ziff. 11 oder Versicherung auf erstes** **3**

Risiko[1] ist,[2] hängt grundsätzlich von der Parteivereinbarung ab, §§ 133, 157 BGB. Ziff. 11 statuiert jedoch im Einklang mit der gesetzlichen Regelung des § 75 VVG eine **widerlegliche Vermutung** für das Vorliegen einer **Unterversicherung** („so gilt [...] der Versicherungsnehmer als Selbstversicherer").

II. Rechtsfolge

4 **Ziff. 11 geht deutlich über die von § 75 VVG und § 792 HGB a.F. angeordnete Rechtsfolge (anteilige Haftung**[3]**) hinaus.** Die Stellung als Selbstversicherer umfasst neben der Folge, dass der VR „insbesondere" Schäden (Ziff. 27) und Aufwendungen (Ziff. 31) nur anteilig zu ersetzen hat, außerdem u.a. auch eine lediglich anteilige Ersatzpflicht des VR bzgl. Havarie-grosse-Beiträgen (Ziff. 28 ff.) sowie eine nur anteilige Anrechnung von geretteten Sachen und des anderweitig zur Ausgleichung des Schadens Erlangten nach Ziff. 60.1. Auch die Erklärung des Übergangs der Rechte an dem Schiff nach Ziff. 60.3 ist nur in dem Verhältnis möglich, in dem der VN nicht Selbstversicherer ist.[4]

C. Verfahrensfragen/Beweislast

5 Sofern der **VR** nur anteilig Ersatz entsprechend Ziff. 11 leisten möchte, so muss er das Vorliegen der **Voraussetzungen der Unterversicherung**, namentlich das Vorliegen eines über der Versicherungssumme liegenden Versicherungswertes, beweisen. Aufgrund der Vermutung der Ziff. 11 hat der VR jedoch nicht zu beweisen, dass keine Versicherung auf erstes Risiko geschlossen wurde. Will sich der **VN** darauf berufen, dass entgegen der Vermutung der Ziff. 11 eine **Versicherung auf erstes Risiko vereinbart** wurde – und so eine vollständige statt nur anteilige Leistung des VR erreichen – so hat er entsprechende Vereinbarungen zu beweisen.

12 Überversicherung

12.1 Soweit die Versicherungssumme den Versicherungswert übersteigt, ist der Vertrag unwirksam. Auf die Verpflichtung des Versicherungsnehmers zur Zahlung der Prämie finden die Bestimmungen der Ziff. 2.2 entsprechende Anwendung.

12.2 Schließt der Versicherungsnehmer den Vertrag in der Absicht, sich aus der Überversicherung einen rechtswidrigen Vermögensvorteil zu verschaffen, so ist der ganze Vertrag unwirksam. Dem Versicherer gebührt gleichwohl die Prämie, es sei denn, dass er bei der Schließung des Vertrags den Grund der Unwirksamkeit kannte.

Übersicht

[1] Zum Begriff der Versicherung auf erstes Risiko: Bruck/Möller/*Schnepp* § 75 Rn. 58 ff.
[2] Vgl. *Ritter/Abraham* § 8 Anm. 4.
[3] Vgl. Bruck/Möller/*Schnepp* § 75 Rn. 35 ff.
[4] Weiterführend *Ritter/Abraham* § 8 Anm. 4.

A. Einführung

I. Bedeutung der Klausel

Ziff. 12 regelt die Überversicherung, insbesondere die betrügerische Überversicherung in Ziff. 12.2. 1

II. Vergleich zu ADS/DTV-Kaskoklauseln

Die Klausel ist (bis auf die aktualisierte Verweisung auf Ziff. 2.2 DTV-ADS 2009) identisch mit § 9 ADS. 2

B. Erläuterung der Klausel

I. Allgemein

Eine Überversicherung liegt vor, wenn die Versicherungssumme über dem (wirklichen, Ziff. 10.1, taxierten, Ziff. 10.3, oder nach Ziff. 10.4 herabgesetzten) Versicherungswert liegt.[1] Ein **Auseinanderfallen von Versicherungssumme und Taxe** ist i.d.R. nur möglich, wenn eine Herabsetzung der Taxe nach Ziff. 10.4 erfolgt ist, da die Vertragsparteien Versicherungssumme und Taxe zumeist gemeinsam bei Vertragsschluss in gleicher Höhe festlegen.[2] 3

II. „Soweit … ist der Vertrag unwirksam“ (Ziff. 12.1)

Rechtsfolge der Überversicherung ist, dass der Vertrag **in Höhe der Überversicherung unwirksam**, die Versicherungssumme also auf den Versicherungswert herabgesetzt wird, im Übrigen aber vollständig wirksam bleibt. 4

Hinsichtlich der Auswirkungen der Überversicherung auf die **Höhe der Prämie** verweist Ziff. 12.1 auf die **entsprechend anzuwendende Ziff. 2.2.** Folglich bleibt die Prämienzahlungspflicht in voller Höhe erhalten, sofern der VR keine Kenntnis von der Überversicherung hatte und der VN diese weder kannte noch kennen musste. 5

Da die **Verweisung** der Ziff. 12.1 ausdrücklich **nicht Ziff. 2.3 erfasst**, ist im Falle eines Vertretungsgeschäfts auf Seiten des VN **§ 166 Abs. 1 BGB nicht modifiziert**, so dass allein die Kenntnis des Vertreters, nicht des Vertretenen maßgeblich ist. Möglicherweise handelt es sich dabei um ein **Redaktionsversehen**, welches aber wegen des eindeutigen Wortlauts zu Lasten des Verwenders ginge. 6

III. Betrügerische Überversicherung (Ziff. 12.2)

Zu den Voraussetzungen und Rechtsfolgen einer betrügerischen Überversicherung vgl. Bruck/Möller/*Schnepp* § 74 Rn. 68 ff. Unterschiede ergeben sich lediglich hinsichtlich des Umstandes, dass dem **VR** unter Ziff. 12.2 **immer die gesamte Prämie zusteht,** soweit er im Zeitpunkt des Vertragsschlusses **keine positive Kenntnis** von dem Vorliegen 7

---

[1] Bruck/Möller/*Schnepp* § 74 Rn. 22 ff.

[2] Ausnahme: bewusste Unterversicherung, Ziff. 10 Rn. 28.

der Voraussetzungen der betrügerischen Überversicherung hatte. Ist der Versicherungswert gemäß Ziff. 10 taxiert und kann deshalb eigentlich keine Überversicherung vorliegen, da die Versicherungssumme dem taxierten Versicherungswert entspricht, ist im Rahmen der Ziff. 12.2 dennoch auf den wahren Versicherungswert abzustellen; damit ist **bei taxierten Policen die tatsächliche Überversicherung maßgeblich.**[3] Der VN muss sich nicht selbst einen rechtwidrigen Vermögensvorteil verschaffen wollen, es genügt die Absicht einem Dritten, dem Versicherten, aus der Überversicherung einen rechtswidrigen Vermögensvorteil zu verschaffen.[4]

C. Verfahrensfragen/Beweislast

8 Der VR hat sowohl zu beweisen, dass die Versicherungssumme den Versicherungswert übersteigt, als auch im Rahmen der Ziff. 12.2, das der VN die Absicht hatte, sich einen rechtswidrigen Vermögensvorteil zu verschaffen.

13 Haftung der Versicherer bei Doppelversicherung

13.1 Ist ein Interesse gegen dieselbe Gefahr bei mehreren Versicherern versichert und übersteigen die Versicherungssummen zusammen den Versicherungswert, so sind die Versicherer in der Weise als Gesamtschuldner verpflichtet, dass dem Versicherungsnehmer jeder Versicherer für den Betrag haftet, dessen Zahlung ihm nach seinem Vertrag obliegt, der Versicherungsnehmer aber im Ganzen nicht mehr als den Betrag des Schadens verlangen kann.

13.2 Die Versicherer sind im Verhältnisse zueinander zu Anteilen nach Maßgabe der Beträge verpflichtet, deren Zahlung ihnen dem Versicherungsnehmer gegenüber vertragsgemäß obliegt. Findet auf eine der Versicherungen ausländisches Recht Anwendung, so kann der Versicherer, für den das ausländische Recht gilt, gegen den anderen einen Anspruch auf Ausgleich nur geltend machen, wenn er selbst nach dem für ihn maßgebenden Rechte zum Ausgleich verpflichtet ist.

13.3 Hat der Versicherungsnehmer eine Doppelversicherung in der Absicht genommen, sich dadurch einen rechtswidrigen Vermögensvorteil zu verschaffen, so ist der in dieser Absicht geschlossene Vertrag unwirksam; dem Versicherer gebührt die ganze Prämie, es sei denn, dass er bei der Schließung des Vertrag den Grund der Unwirksamkeit kannte.

Übersicht

[3] LG Hamburg 11.9.1959 VersR **1960** 316, 317; *Ritter/Abraham* § 9 Anm. 13.

[4] LG Hamburg 11.9.1959 VersR **1960** 316, 317.

A. Einführung

I. Bedeutung der Klausel

Ziff. 13 regelt die sog. Doppelversicherung[1] und ordnet eine Gesamtschuldnerschaft (§§ 421 ff. BGB) der VR an. Ziff. 13.1 betrifft das Verhältnis der Gesamtschuldner zum VN, Ziff. 13.2 dagegen deren Innenverhältnis. Ziff. 13.3 betrifft die betrügerische Doppelversicherung. Ziff. 13 entspricht weitgehend § 78 VVG. 1

Die Gesamtschuld ist rein vertraglicher Natur, da mit der VVG-Reform die Anwendbarkeit des § 78 VVG ausgeschlossen wurde, § 209 VVG, und auch die spezialgesetzliche Regelung des § 787 HGB a.F.[2] wegfiel. 2

Doppelversicherungen können insbesondere dann zustande kommen, wenn der VN für die Zeit nach dem Ende des Versicherungsschutzes bereits eine neue Versicherung abgeschlossen hat, sich dann jedoch nach Ziff. 9.2 durch Erklärung des VN der Versicherungsschutz der ersten Versicherung verlängert. 3

II. Vergleich zu ADS/DTV-Kaskoklauseln

Ziff. 13 entspricht – bis auf zwei sprachliche Anpassungen – § 10 ADS. 4

B. Erläuterung der Klausel

I. Allgemein

Zu den Voraussetzungen der Doppelversicherung und zur Abgrenzung von der Mitversicherung vgl. Bruck/Möller/*Schnepp* § 77 Rn. 12 f.[3] 5

Ob eine Doppelversicherung vorliegt, hängt davon ab, ob die Summe der mit verschiedenen VR für dasselbe Interesse vereinbarten Versicherungssummen den Versicherungswert übersteigt. Da der Versicherungswert Schwankungen unterliegen kann und gem. Ziff. 10.2 nicht dem Wert bei Eintritt des Versicherungsfalls entspricht, sondern zum Zeitpunkt des Beginns der materiellen Versicherung festzumachen ist[4] und im Übrigen auch vertraglich vereinbart werden kann (Taxe, Ziff. 10.3), können den abgeschlossenen Versicherungen **verschiedene Versicherungswerte** zugrunde liegen. In einem derartigen Fall besteht eine **Doppelversicherung in der Höhe, in welcher sich die Summen der Versicherungswerte decken.**[5] 6

---

[1] Mehrfachversicherung i.S.d. § 78 Abs. 1 VVG.

[2] Im Wortlaut größtenteils übereinstimmend mit Ziff. 13 bzw. dem Vorgänger § 10 ADS.

[3] Sowie Schwintowski/Brömmelmeyer/*Kloth/Neuhaus* § 77 Rn. 20.

[4] Zur Problematik der Regelung in Ziff. 10.1: Ziff. 10 Rn. 6 ff.

[5] *Ritter/Abraham* § 10 Anm. 11.

II. Verhältnis zwischen Versicherern und Versicherungsnehmer (Ziff. 13.1)

7 Der Versicherungsnehmer kann **jeden Versicherer nach seinem Belieben** ganz oder zum Teil in Anspruch nehmen (§ 421 Satz 1 BGB), jeden einzelnen von ihnen jedoch nicht über den vertraglich vereinbarten Betrag und insgesamt nicht über die Schadenhöhe hinaus. Zu den Einzelheiten vgl. Bruck/Möller/*Schnepp* § 78 Rn. 47 ff.

III. Verhältnis der Versicherer zueinander (Ziff. 13.2)

1. Allgemein

8 Entsprechend § 426 Abs. 1 Satz 1 a.E. BGB bestimmt Ziff. 13.2 Satz 1 *ein anderes* insofern, als dass der gesamtschuldnerische **Ausgleich** nicht zu gleichen Anteilen, sondern **entsprechend der gegenüber dem Versicherungsnehmer übernommenen Leistungspflicht** zu erfolgen hat. Dabei sind etwaige Schadenabwendungs-, Schadenminderungs- und Schadenfeststellungskosten,[6] Leistungsfreiheit oder Abzugsfranchisen (Ziff. 40) zu berücksichtigen, nicht jedoch freiwillige (Kulanz-)Zahlungen.[7] Dem leistenden VR steht gegen seine Mitschuldner neben dem Ausgleichsanspruch nach Ziff. 13.2 i.V.m. § 426 Abs. 1 BGB ein separater Anspruch nach Ziff. 13.2 i.V.m. § 426 Abs. 2 BGB zu. Zu den Einzelheiten vgl. Bruck/Möller/*Schnepp* § 78 Rn. 82 ff.

2. Versicherungsvertrag unter ausländischem Recht

9 Im Vergleich zu seinen gesetzlichen Vorbildern[8] hat Ziff. 3.2 Satz 2 aufgrund seiner vertraglichen Natur kaum Relevanz. Es ist davon auszugehen, dass eine Doppelversicherung regelmäßig in Unkenntnis der VR zustande kommt, sodass der Versicherungsvertrag lediglich zwischen den Vertragsparteien Wirkung entfaltet und keine Bestimmungen hinsichtlich des gesetzlichen Ausgleichsverhältnisses der VR treffen kann. (**Vertrag zu Lasten Dritter**).

10 Anders kann es sich verhalten, wenn mindestens zwei VR bei Vertragsschluss mit dem VN die DTV-ADS 2009 zugrunde gelegt haben. In diesem Fall **gilt für beide Versicherungsverhältnisse Ziff. 13.2. Satz 2.** Jedoch ist wiederum zu beachten, dass nach Ziff. 90 diese Verträge deutschem Recht unterliegen, im Regelfall folglich **kein Auslandsbezug** i.S.d. Ziff. 13.2 Satz 2 besteht. Anderes ergäbe sich lediglich, wenn der Ausgleich suchende VR mit seinem VN zwar einen Versicherungsvertrag auf Grundlage der DTV-ADS 2009 geschlossen hat, jedoch **abweichend von Ziff. 90 ein anderes Recht vereinbart** wurde. Eine derartige Konstellation ist denkbar unwahrscheinlich. Möglich erscheint auch die Konstellation, dass z.T. unterschiedliche Bedingungswerke zugrunde liegen, welche eine der Ziff. 13 DTV-ADS 2009 entsprechende Regelung enthalten. Sofern unterschiedliche Rechtswahlen getroffen wurden, ist ein Auslandsbezug i.S.d. Ziff. 13.2 denkbar. Allgemein zum Versicherungsvertrag unter ausländischem Recht vgl. Bruck/Möller/*Schnepp* § 78 Rn. 138 ff.; zur Anwendbarkeit des § 78 Abs. 2 Satz 2 VVG nach IPR vgl. Bruck/Möller/*Dörner* Art. 16 Rom I VO Rn. 3 ff.

---

[6] *Ritter/Abraham* § 10 Anm. 18.

[7] BGH 5.3.1986 VersR **1986** 380, 381.

[8] § 78 Abs. 2 Satz 2 VVG und § 787 Abs. 2 Satz 2 HGB a.F.

IV. Betrügerische Doppelversicherung (Ziff. 13.3)

Im Falle der betrügerischen Doppelversicherung ordnet Ziff. 13.3 wie § 78 Abs. 3 VVG die **Nichtigkeit des Vertrages** an. Jedoch **gebührt dem Versicherer** – sofern er bei Vertragsschluss die Unwirksamkeit des Vertrages nach Ziff. 13.3 nicht kannte – **die ganze Prämie.** Zu den Einzelheiten vgl. Ziff. 12.2 und Bruck/Möller/*Schnepp* § 78 Rn. 149 ff. **11**

C. Verfahrensfragen/Beweislast

Zu den Einzelheiten vgl. Bruck/Möller/*Schnepp* § 78 Rn. 199 ff. **12**

14 Mitteilung und Beseitigung der Doppelversicherung

14.1 Der Versicherungsnehmer hat, sobald er von der Doppelversicherung Kenntnis erlangt, dem Versicherer unverzüglich Mitteilung zu machen.

14.2 Hat der Versicherungsnehmer den Vertrag, durch den die Doppelversicherung entstanden ist, ohne Kenntnis von der anderen Versicherung geschlossen, so kann er, sofern die Versicherung noch nicht begonnen hat, von jedem Versicherer verlangen, dass die Versicherungssumme, unter verhältnismäßiger Minderung der Prämie, auf den Betrag des Anteils herabgesetzt wird, den der Versicherer im Verhältnisse zu dem anderen Versicherer zu tragen hat. Das Recht erlischt, wenn der Versicherungsnehmer es nicht unverzüglich geltend macht, nachdem er von der Doppelversicherung Kenntnis erlangt hat.

Übersicht

A. Einführung

I. Bedeutung der Klausel

Ergänzend zu Ziff. 13 regelt Ziff. 14 die Pflicht des VN, die VR über das Bestehen der Doppelversicherung in Kenntnis zu setzen (Ziff. 14.1) und ein Anpassungsrecht des VN für die Versicherungssumme und Prämienzahlungspflicht (14.2). Ziff. 14.1 entspricht § 77 Abs. 1 Satz 1 VVG; Ziff. 14.2 stimmt nur teilweise mit § 79 Abs. 1 VVG überein. **1**

II. Vergleich zu ADS/DTV-Kaskoklauseln

Ziff. 14.1 entspricht § 12 ADS und Ziff. 14.2 entspricht § 11 Abs. 1 ADS. § 11 Abs. 2 ADS (Ristornogebühr) wurde mangels praktischer Relevanz nicht in die DTV-ADS 2009 übernommen. **2**

B. Erläuterung der Klausel

I. Mitteilungspflicht (Ziff. 14.1)

3 Die Mitteilungspflicht entsteht im **Zeitpunkt der Kenntniserlangung**[1] über die Doppelversicherung durch den VN.[2] Zu den Einzelheiten, insbesondere zur Person von Erklärungspflichtigem und Erklärungsempfänger, vgl. Bruck/Möller/*Schnepp* § 77 Rn. 75 ff.

4 **Gegenstand der Mitteilung** ist nicht nur der Umstand, dass eine Doppelversicherung besteht, sondern u.a. auch die Identität der beteiligten VR einschließlich aller Mitversicherer und der Versicherungssummen sowie Angaben zur Interessen- und Gefahrenidentität. Nur mit diesen Informationen kann den VR durch die Mitteilung des VN der Ausgleich ihrer Ansprüche ermöglicht werden.[3]

5 Die Mitteilungspflicht ist nicht Obliegenheit, sondern **echte Rechtspflicht.**[4] Ein Unterbleiben der Mitteilung hat also nicht Leistungsfreiheit des VR nach Ziff. 46 zur Folge; die Erteilung der Auskunft ist stattdessen **einklagbar.**

II. Anpassungsrecht des Versicherungsnehmers (Ziff. 14.2)

1. Allgemein

6 Ziff. 14.2 schafft für den VN, der **ohne anfängliche Kenntnis** die Doppelversicherungssituation herbeigeführt hat oder anderweitig in diese geraten ist, einen **Ausgleich von den nachteiligen Folgen der Doppelversicherung.** Denn die Prämienzahlungspflicht des VN bleibt, obwohl die einzelnen VR insgesamt nur bis zur Schadenhöhe zu leisten haben,[5] bestehen – im Falle der betrügerischen Doppelversicherung (Ziff. 13.3) gar ohne eine Gegenleistung vom VR zu erhalten.

7 **Anders als § 79 Abs. 1 VVG** sieht Ziff. 14.2 nicht die Möglichkeit vor, sich von dem Vertrag, durch den die Doppelversicherung herbeigeführt wurde, gänzlich zu lösen. Stattdessen steht dem VN ein Anpassungsrecht zu, wie es das Gesetz als Ausnahme in § 79 Abs. 2 Satz 2 VVG vorgesehen hat.

2. „… so kann er … verlangen, dass … herabgesetzt wird …“

8 Anders als Ziff. 9.2 („kann […] Verlängerung […] bewirken“) und Ziff. 10.4 („kann […] Herabsetzung […] erklären“) spricht Ziff. 14.2 davon dass der VN „verlangen“ kann, dass die Versicherungssumme herabgesetzt wird. Vom Wortlaut her scheint Ziff. 14.2 dem VN also kein einseitiges Gestaltungsrecht einzuräumen. Allerdings war bereits für den gleichlautenden § 11 ADS anerkannt, dass sich dahinter ein **einseitiges Gestaltungsrecht des VN** verbirgt, es demnach nicht auf eine Zustimmung seitens des VR ankommt.[6]

---

[1] Durch die ausdrückliche Regelung des Erfordernisses der Kenntniserlangung ist dem aus der insofern unklaren Regelung des § 77 Abs. 1 Satz 1 VVG entstandenen Streit ein Riegel vorgeschoben. Vgl. zu dem Meinungsstand i.R.d. § 77 Abs. 1 Satz 1 VVG Bruck/Möller/*Schnepp* § 77 Rn. 71 ff.

[2] Oder den Versicherten nach Ziff. 8.1.

[3] Bruck/Möller/*Schnepp* § 77 Rn. 82; *Ritter/Abraham* § 12 Anm. 9.

[4] Wohl **h.M.**, vgl. Bruck/Möller/*Schnepp* § 77 Rn. 68 m.w.N.

[5] Ziff. 13 Rn. 7.

[6] *Ritter/Abraham* § 11 Anm. 5; ebenso zu § 79 Abs. 1 VVG: Bruck/Möller/*Schnepp* § 79 Rn. 60; Prölss/Martin/*Armbrüster* § 79 Rn. 23.

Gem. Ziff. 14.2 Satz 2 ist das Anpassungsrecht des VN ausgeschlossen, wenn er dieses nicht **unverzüglich** (§ 121 Abs. 1 Satz 1 BGB) **nach Erlangung positiver Kenntnis** von der Doppelversicherung ausübt. Die Anzeigepflicht nach Ziff. 14.1 und die Ausübung des Anpassungsrechts nach Ziff. 14.2 müssen also regelmäßig zeitgleich erfolgen, um als rechtzeitig zu gelten; beide knüpfen an den denselben Zeitpunkt an. 9

3. Rechtsfolge: Vertragsanpassung

Das **Anpassungsrecht** bezieht sich ausdrücklich nur auf **Versicherungssumme und Prämie**, nicht jedoch auf Versicherungswert oder Taxe. Zur Durchführung der Anpassung und das Verfahren bei Doppelversicherung in Form der Teilidentität, also nur teilweiser Überlagerung von versicherten Interessen bei verschiedenen VR, vgl. Bruck/Möller/*Schnepp* § 79 Rn. 66 ff. und 94 ff. 10

C. Verfahrensfragen/Beweislast

Möchte der **VN** von seinem Anpassungsrecht aus Ziff. 14.2 Gebrauch machen, hat er – neben dem **Bestehen der Doppelversicherung** – zu beweisen, dass **weder er noch ein möglicher Versicherter (Ziff. 8.1) positive Kenntnis** von dem Entstehen der Doppelversicherung bei Vertragsschluss hatten. Auch den **Zugang** seines Anpassungsverlangens muss der VN beweisen. Der **VR** hat hingegen zu beweisen, dass die Erklärung des VN **nicht unverzüglich** erfolgte. 11

15 Versicherungstreue

Alle Beteiligten haben Treu und Glauben im höchsten Maße zu betätigen.

Übersicht

A. Einführung

I. Bedeutung der Klausel

Ziff. 15 verschärft den Grundsatz von Treu und Glauben nach § 242 BGB. 1

II. Vergleich zu ADS/DTV-Kaskoklauseln

Ziff. 15 ist identisch mit § 13 ADS. 2

B. Erläuterung der Klausel

I. Allgemein

3 Ziff. 15 beinhaltet die im Versicherungswesen seit jeher verankerte sog. **Assekuranztreue**, nach welcher den Beteiligten ein besonders hohes Maß an Loyalität abverlangt wird. Aus der Assekuranztreue wurden viele inzwischen besonders geregelte Pflichten abgeleitet, wie z.B. die vorvertragliche Anzeigepflicht des VN.[1]

4 Die Regelung enthält **eine Steigerungsform des in § 242 BGB normierten Grundsatzes von Treu und Glauben,** indem nicht die durchschnittlich in Vertragsbeziehungen geforderte Rücksicht auf Treu und Glauben gefordert wird, sondern ein „Superlativ"[2] also die größtmögliche, zumutbare Anstrengung bzw. rücksichtsvolle Verhaltensweise. Zum Teil wurde die Ansicht vertreten, es gäbe keine Steigerungsform des in § 242 BGB normierten Grundsatzes von Treu und Glauben.[3] Vergleichbar ist dies jedoch mit dem Erfordernis der **Sorgfalt eines ordentlichen Kaufmanns nach § 347 Abs. 1 HGB**. Sowohl Kaufleute als auch Nichtkaufleute haben sich im Geschäftsverkehr sorgfältig zu verhalten, doch ist der Sorgfalt eines ordentlichen Kaufmanns nicht Genüge getan, wenn er sich durchschnittlich sorgfältig verhält. Er muss sich besonders umsichtig und vorausschauend verhalten, um den gesteigerten Anforderungen an seine Sorgfalt gerecht zu werden. Eine Steigerungsform der Treuepflichten ist deshalb durchaus anzuerkennen.

5 Die Assekuranztreue geht jedoch nicht so weit, dass die Beteiligten dazu verpflichtet wären, selbst über die pflichtgemäße Vertragserfüllung der anderen Partei zu wachen.[4]

II. Die „Beteiligten"

6 Zu den Beteiligten i.S.d. Ziff. 15 gehören neben VR und VN auch etwaige **Versicherte**.[5] Jedoch können dem Versicherten aufgrund des **Verbots von Verträgen zulasten Dritter** grds. keine Rechtspflichten oder gar die in besonders hohem Maße loyale Erfüllung dieser Pflichten auferlegt werden. Etwas anderes gilt lediglich, wenn der Versicherte in den Versicherungsvertrag mit einbezogen wurde. *Ritter/Abraham* gehen davon aus, dass die Auferlegung von Pflichten stets in der Weise zulässig ist, „daß die Rechte nur dann entstehen, bestehen, sich entwickeln oder geltend gemacht werden können, wenn der Berechtigte gewisse Pflichten erfüllt, und mit dieser Maßgabe dem Berechtigten die Pflichten" von den Vertragsparteien auferlegt werden.[6]

7 Jedenfalls kann das **dem Versicherungsvertrag zugrundeliegende Rechtsgeschäft** zwischen VN und Versicherten mit der Maßgabe geschlossen werden, dass dem Versicherten die Rechte aus dem Versicherungsvertrag nur zustehen sollen, wenn er Treu und Glauben in höchstem Maße gegenüber allen Beteiligten, auch dem VR, betätigt hat.

---

[1] Eingehend *Ritter/Abraham* § 13 Anm. 3, 5.
[2] *Ritter/Abraham* § 13 Anm. 4.
[3] *Ritter/Abraham* § 13 Anm. 4 mit Angaben zu Zitaten; *Trölsch* 47.
[4] Vgl. BGH 16.11.1992 VersR **1993** 312, 313.
[5] Zur Versicherung für fremde Rechnung: Ziff. 4 und Ziff. 5.
[6] *Ritter/Abraham* § 13 Anm. 10.

V. Police, Mitversicherung, Prämie

16 Police

16.1 Der Versicherer hat dem Versicherungsnehmer auf Verlangen eine von ihm unterzeichnete Urkunde über den Versicherungsvertrag (Police) auszuhändigen.

16.2 Die Police enthält den Namen und die Anschrift des Versicherungsnehmers, etwaiger Versicherter und, soweit ernannt, des Beauftragten des Versicherers, den Namen des Schiffes, für das die Versicherung genommen wird, die IMO-Nummer, das durch den Versicherungsvertrag versicherte Interesse, die durch die Versicherung gedeckten Risiken unter Hinweis auf die einschlägigen Bestimmungen der Allgemeinen Versicherungsbedingungen, etwaige Zusatzvereinbarungen, die Versicherungssummen und Taxen, die vereinbarten Selbstbehalte und Franchisen sowie den Beginn und das Ende des Versicherungsschutzes. Sie ist vom Versicherer zu unterzeichnen und unverzüglich zur Berichtigung zurückzugeben, wenn Änderungen erforderlich werden. Änderungen werden in vom Versicherer unterzeichneten Nachträgen dokumentiert.

16.3 Ist eine Police ausgestellt, so ist der Versicherer nur gegen Vorlage der Police zur Zahlung verpflichtet. Durch die Zahlung an den Inhaber der Police wird er befreit.

16.4 Ist die Police abhanden gekommen oder vernichtet, so ist der Versicherer zur Zahlung verpflichtet, wenn die Police für kraftlos erklärt oder Sicherheit geleistet ist; die Sicherheitsleistung durch Bürgen ist ausgeschlossen. Das gleiche gilt für die Verpflichtung des Versicherers zur Ausstellung einer Ersatzurkunde; die Kosten der Ersatzurkunde hat der Versicherungsnehmer zu tragen.

Übersicht

A. Einführung

I. Bedeutung der Klausel

Die Ausstellung einer Police ist in einigen Klauseln **Tatbestandsvoraussetzung**, z.B. Ziff. 5.2, 6.2, 16.3, 17. 1

II. Vergleich zu ADS/DTV-Kaskoklauseln

Ziff. 16.1, 16.3 und 16.4 entsprechen § 14 ADS. Lediglich das Wort „Vorlegung" in § 14 Abs. 2 Satz 1 ADS wurde durch „Vorlage" ersetzt. Ziff. 16.2 ist ohne Entsprechung in den ADS oder den DTV-Kaskoklauseln und vollständig neu gefasst. 2

B. Erläuterung der Klausel

I. Definition Police (Ziff. 16.1)

3 Ziff. 16.1 definiert als Police die **Urkunde über den Versicherungsvertrag**. Zu der Funktion der Police als Beweisurkunde, Schuldschein und Legitimationspapier vgl. Bruck/Möller/*Knops* § 3 Rn. 6, § 4 Rn. 2 f. Im Gegensatz zum Versicherungsschein des § 3 VVG ist die Police der DTV-ADS 2009 **stets Legitimationspapier** i.S.d. § 808 BGB, da sie als Urkunde ausgestellt ist und gem. Ziff. 16.2 Satz 1 den Berechtigten (VN oder Versicherten) benennt. Aus diesem Grunde ist die Police nur **ein Mal auszustellen.**[1]

4 Gemäß Ziff. 16.1 ist der VR zur Ausstellung einer Police verpflichtet, wenn dies vom VN verlangt wird. **Verlangen** ist empfangsbedürftige und rechtsgestaltende, da die Ausstellungspflicht des VR begründende, Willenserklärung.[2] Aufgrund von Ziff. 5.1 Satz 2 ist jedoch nur der VN, nicht der Versicherte zur Erklärung berechtigt. Dies bedeutet nicht, dass der VR ohne Verlangen des VN hierzu nicht berechtigt wäre. Hierzu muss der **VR auch ohne Verlangen des VN berechtigt** sein, da sich an die Ausstellung der Police auch für ihn günstige Rechtsfolgen wie z.B. die Möglichkeit der befreienden Leistung an den Inhaber der Police nach Ziff. 16.3 oder die Genehmigungsfiktion der Ziff. 17 knüpfen.

5 Unter **Aushändigung** ist Verschaffung des Besitzes an der Urkunde zu verstehen. Bei der Versendung vom allgemeinen Erfüllungsort – dem Sitz des VR[3] – trägt der VN die Gefahr des zufälligen Untergangs und der zufälligen Verschlechterung.[4]

II. Notwendiger Inhalt der Police (Ziff. 16.2 Satz 1)

6 Aus Ziff. 16.1 ergibt sich, dass die Police über den Versicherungsvertrag ausgestellt sein muss. Sie muss also den **Inhalt der getroffenen Vereinbarungen** wiedergeben. Ziff. 16.2 Satz 1 bestimmt **im Einzelnen**, welche Umstände der Einigung durch sie beurkundet werden sollen.

7 Bei der **IMO-Nummer** handelt es sich um die Schiffsidentifikationsnummer, die aufgrund der Resolution Nummer A.600 (15) vom 19.11.1987 der International Maritime Organisation (IMO) jedem Seeschiff von mindestens 100 GT zugeteilt und vom IMO-Sekretariat oder von Lloyd's Register verwaltet wird. Seit 2002 muss jedes Schiff seine IMO-Nummer am Heck und seitlich an der Brücke führen. Das Schiff behält sie bis zur Verschrottung bei, unabhängig von einem Reeder- oder Flaggenwechsel.

III. Unterzeichnung der Police; Nachträge (Ziff. 16.2 Satz 2)

8 Die Pflicht des VR die Police zu **unterzeichnen**, ergibt sich bereits aus dem Urkundenbegriff des § 126 BGB.[5] Der Hinweis auf diese Pflicht ist sowohl in Ziff. 16.1, als auch in Ziff. 16.2 Satz 2 enthalten, hat jedoch **keine eigene rechtliche Bedeutung**.

9 Änderungen und/oder Ergänzungen des Versicherungsvertrages werden in so genannten **Nachträgen** festgehalten und dokumentiert. Sie sind Bestandteil der Police und nicht

---

1 *Ritter/Abraham* § 14 Anm. 7.
2 *Ritter/Abraham* § 14 Anm. 6.
3 *Ritter/Abraham* Vorb. VII vor § 1 Anm. 55.
4 *Ritter/Abraham* § 14 Anm. 4
5 Palandt/*Ellenberger* § 126 Rn. 6 ff.

eine Police in sich selbst, da sie nicht die erforderlichen Angaben des Vertrages insgesamt enthalten, sondern eben nur Änderungen. Da sie Bestandteil der Police werden, kann der VR auch die Vorlage von Nachträgen zur Zahlung verlangen, Ziff. 16.3.

IV. Legitimationspapier (Ziff. 16.3)

Ziff. 16.3 entspricht inhaltlich § 808 Abs. 1 Satz 1, Abs. 2 Satz 1 BGB. Die bezeichneten Rechtsfolgen – Zahlungsverpflichtung nur gegen Vorlage der Police, befreiende Leistung an den Policeninhaber – ergeben sich nicht erst aus Ziff. 16.3, sondern bereits aus dem Umstand, dass die Police ein Namenspapier mit Inhaberklausel i.S.d. § 808 BGB ist.[6] Ziff. 16.3 hat folglich lediglich **klarstellende Funktion**. Zu den Einzelheiten vgl. Bruck/Möller/*Knops* § 4 Rn. 3 f. 10

Grundsätzlich hat demgemäß der VN die Police **vorzulegen**. Dabei ist Vorlage nicht gleichbedeutend mit Herausgabe, Übergabe oder Rückgabe, sondern dem VR ist Einsichtnahme in die Police gegebenenfalls einschließlich der existierenden Nachträge zu gewähren.[7] Gemäß § 808 Abs. 2 S. 2 BGB kann der VN die Police im Wege des Aufgebotsverfahren für kraftlos erklären lassen mit der Folge, dass der gerichtliche Ausschlussbeschluss die vorgelegte Urkunde ersetzt. Der VN muss dann auf andere Weise sein Forderungsrecht nachweisen.[8] Bis zur Vorlage der Police ist der VR berechtigt, die Leistung zu verweigern. Ihm steht ein Zurückbehaltungsrecht gem. § 273 BGB zu. 11

Ob das Bestehen eines **Leistungsverweigerungsrechts** die Fälligkeit der Forderung beendet oder erst dessen Ausübung ist umstritten.[9] Diese Frage hat Einfluss auf einen Zinsanspruch des VN. Regelmäßig sind die VN in der Seeversicherung ebenso wie die VR kaufmännische Unternehmen mit der Folge, dass für die Verzinsung von Forderungen § 353 HGB gilt. Mit der Geltendmachung seines Leistungsanspruches aus der Versicherung kann der VR daher Verzinsung in Höhe von 5 Prozent p.a. (vgl. § 352 HGB) verlangen. Der VR hat dann durch Geltendmachung des Zurückbehaltungsrechts die Möglichkeit, die Fälligkeit *ex nunc* zu beseitigen, bis die Police vorgelegt wird. Mit der h.M. ist davon auszugehen, dass mit Geltendmachung des Zurückbehaltungsrechtes die Forderung ihre Fälligkeit verliert.[10] Der VR *kann* an den Inhaber der Police zahlen, muss es aber nicht. Er kann den Nachweis der materiellen Berechtigung verlangen. Er muss dies jedoch nicht tun, sondern kann aufgrund der Legitimationswirkung der Police als so genanntem hinkendem Inhaberpapier schuldbefreiend an dessen Inhaber leisten.[11] 12

V. Abhandenkommen oder Zerstörung der Police (Ziff. 16.4)

Der VR ist nur zur Leistung verpflichtet, wenn die Police vorgelegt wird. Dies gilt auch, wenn die Police zerstört wurde oder abhandengekommen ist, unabhängig von einem Verschulden des Berechtigten. **Erst nach Kraftloserklärung der Urkunde** i.R.d. 13

---

[6] Rn. 3.

[7] *Ritter/Abraham* § 14 Anm. 19; § 4 Abs. 2 VVG ordnet demgegenüber eine Rückgabe an.

[8] Vgl. Palandt/*Sprau* § 808 Rn. 5 m.w.N.

[9] Vgl. MüKo/*Schmidt* HGB § 353 Rn. 14 m.w.N.

[10] BGH 5.5.1971 WM **1971** 1020, 1021; MüKo/*Schmidt* HGB § 353 Rn. 14 m.w.N.

[11] Zu der Frage, ob die Leistungsberechtigung auch dann besteht, wenn der VR grob fahrlässige Unkenntnis oder Kenntnis der fehlenden Berechtigung des Inhabers hatte vgl. Bruck/Möller/*Knops* § 4 Rn. 4.

Aufgebotsverfahrens nach § 808 Abs. 2 Satz 2 BGB, §§ 466 ff. FamFG[12] **ist der VR zur Leistung an den Berechtigten ohne Vorlage der Police verpflichtet.**

14 Ziff. 16.4 Satz 1 bestimmt *ein anderes* i.S.d. § 808 Abs. 2 Satz 2 BGB lediglich insofern, als dass anstelle der Durchführung des Aufgebotsverfahrens **auch die Sicherheitsleistung geeignet** ist, ohne Vorlage der Police den VR zur Zahlung zu verpflichten. Abweichend von § 232 BGB ist jedoch die Stellung einer **Bürgschaft ausgeschlossen.**

15 Für die Verpflichtung des VR zur **Ausstellung einer Ersatzpolice** gilt gem. Ziff. 16.4 Satz 2 *das Gleiche*. Die Pflicht des VR besteht demnach erst, wenn die originale Police Abhandengekommen oder zerstört ist und diese für kraftlos erklärt oder Sicherheit geleistet wurde.

C. Verfahrensfragen/Beweislast

16 Will der **VR** nicht ohne Vorlage der Police leisten, muss er zuerst beweisen, dass eine **Police ausgestellt** wurde. Dem **VN** obliegt es hingegen zu beweisen, dass die Police **abhandengekommen oder zerstört** ist.

17 Inhalt der Police

Der Inhalt der Police gilt als von dem Versicherungsnehmer genehmigt, wenn dieser nicht unverzüglich nach der Aushändigung widerspricht. Das Recht des Versicherungsnehmers, die Genehmigung wegen Irrtums anzufechten, bleibt unberührt.

Übersicht

A. Einführung

I. Bedeutung der Klausel

1 Ziff. 17 enthält eine **Genehmigungsfiktion**[1] hinsichtlich des Inhaltes der Police, welche regelmäßig nur dann eine Rolle spielt, wenn Vereinbartes und nach Ziff. 16.1, 16.2 Satz 1 und Satz 3 Beurkundetes voneinander abweichen. Bis auf die unterschiedliche Fristenregelung[2] stimmt Ziff. 17 mit § 5 Abs. 1, Abs. 4 VVG überein. Eine dem § 5 Abs. 2 VVG entsprechende Aufklärungspflicht des VR besteht nicht.[3]

---

[12] Einführend: Staudinger/*Marburger* (2009) § 808 Rn. 35.

[1] *Ritter/Abraham* § 15 Anm. 6.

[2] Ziff. 17 Satz 1: unverzüglich ab Aushändigung der Police; § 5 Abs. 1 VVG: innerhalb eines Monats ab Zugang des Versicherungsscheins.

[3] Rn. 5 ff.

II. Vergleich zu ADS/DTV-Kaskoklauseln

Ziff. 17 ist identisch mit § 15 ADS. 2

B. Erläuterung der Klausel

Ziff. 17 modifiziert § 150 Abs. 2 BGB, demzufolge die veränderte Annahme eines Angebots ein neues Angebot zum Vertragsschluss darstellt. Sofern in der Übersendung der Police ein kaufmännisches Bestätigungsschreiben i.S.d. § 346 HGB gesehen wird,[4] begegnen der **Wirksamkeit der Ziff. 17 keine Bedenken**, da § 346 HGB insofern *lex specialis* ggü. § 150 Abs. 2 BGB ist und Ziff. 17 mangels Abweichung von gesetzlichen Regelungen grds. nicht kontrollfähig ist, § 307 Abs. 3 BGB. 3

Selbst wenn man die Eigenschaft der übersandten Police als kaufmännisches Bestätigungsschreiben ablehnen würde, verstößt Ziff. 17 nicht gegen § 307 BGB, da keine unangemessene Benachteiligung des VN erkennbar ist. Vielmehr besteht ein **erhebliches Interesse des VR daran, frühzeitig klarzustellen, mit welchem Inhalt der Vertag geschlossen wurde**, insbesondere, wann und in welchem Umfang der VR zur Leistung verpflichtet ist.[5] Dies gilt umso mehr, als dass die Police Legitimationspapier i.S.d. § 808 BGB ist, aus deren Vorlage der Vorlegende Ansprüche ggü. dem VR herleiten kann.[6] 4

Die Klausel ist auch **nicht etwa aufgrund des Fehlens einer dem § 5 Abs. 2 VVG entsprechenden Aufklärungspflicht unwirksam**. Dies ergibt sich bereits daraus, dass der Gesetzgeber die Regelung von Seeversicherungsbedingungen mit **§ 209 VVG** weitestgehend in die Hände der Vertragsparteien gelegt hat und auch im Wege der Inhaltskontrolle nach § 307 BGB der vom Verbraucherschutz geprägte Grundgedanke des § 5 Abs. 2 VVG nicht herangezogen werden kann.[7] 5

Hinzu kommt, dass die Hinweispflicht des § 5 Abs. 2 VVG sicherstellen soll, dass ein durchschnittlicher VN[8] i.S.d. VVG – dies schließt auch Verbraucher ein – erkennen kann, welche Folgen die Genehmigungsfiktion des § 5 Abs. 1 VVG für ihn hat. Da jedoch an einem Seeversicherungsvertrag **keine durchschnittlichen VN i.S.d VVG**, sondern in der Regel ausschließlich Reeder, Charterer und ähnliche Personen beteiligt sind, für die der Abschluss des Versicherungsvertrages in Zusammenhang mit ihrer unternehmerischen Tätigkeit[9] steht, liegt es fern, in einer fehlenden Hinweispflicht eine unangemessene Benachteiligung des VN zu sehen. 6

Dies gilt umso mehr, als dass diese Genehmigungsfiktion der Ziff. 17 an sich ohnehin **nicht überraschend** (§ 305c Abs. 1 BGB) ist, sondern vielmehr widerspiegelt, was im unternehmerischen Geschäftsverkehr allgemeine Regel ist.[10] Auf nicht überraschendes muss nicht hingewiesen werden. 7

Aufgrund der weitestgehenden Übereinstimmung der Klausel mit § 5 VVG kann im Übrigen auf Bruck/Möller/*Knops* § 5 verwiesen werden. 8

---

4 So offenbar *Ritter/Abraham* § 14 Anm. 10, § 15 Anm. 3.
5 Vgl. auch Ziff. 1 Rn. 9.
6 Zur Police vgl. Ziff. 16.
7 Vgl. RegE BTDrucks. 16/3945 S. 115.
8 Bruck/Möller/*Knops* § 5 Rn. 11.
9 Unternehmer i.S.d. § 14 Abs. 1 BGB.
10 Grundgedanke der Schnelligkeit und Sicherheit des Handelsverkehrs, vgl. z.B. Kaufmännisches Bestätigungsschreiben, § 346 HGB, und Rügeobliegenheit, § 377 HGB.

C. Verfahrensfragen/Beweislast

9 Der **VR** hat die **Aushändigung der Police** zu beweisen, wenn er sich auf deren Inhalt als maßgeblichen Inhalt berufen möchte. Der **VN** hat hingegen den **rechtzeitigen Zugang seines Widerspruchs** zu beweisen.[11]

18 Deckungsnote

18.1 Der Inhalt einer nicht vom Versicherer erstellten Deckungsnote ist nur dann für den Inhalt des Versicherungsvertrages maßgeblich, wenn sie vom Versicherer gegengezeichnet ist.

18.2 Ist neben der Deckungsnote auch eine Police ausgestellt, so ist für den Inhalt des Versicherungsvertrages allein die Police maßgeblich.

Übersicht

A. Einführung

I. Bedeutung der Klausel

1 Die Klausel greift die in der Seeversicherung übliche Praxis auf, dass der Inhalt des Versicherungsvertrages aufgrund der Vielzahl der beteiligten Versicherer vom Versicherungsmakler in sog. Deckungsnoten (*cover notes*) festgehalten wird. Ziffer 18 regelt, wann diese Deckungsnoten den maßgeblichen Inhalt des Versicherungsvertrages bestimmen.

II. Vergleich zu ADS/DTV-Kaskoklauseln

2 Ziff. 18 findet keine Entsprechung in den ADS oder in den DTV-Kaskoklauseln.

B. Erläuterung der Klausel

I. Deckungsnote

3 Als Deckungsnote wird ein in der Praxis häufig verwendetes Dokument bezeichnet, welches – wie die Police – den **Inhalt des Versicherungsvertrages wiedergibt**, jedoch nicht vom VR, sondern **vom Versicherungsmakler für den VN erstellt** wurde.[1] Im Gegensatz

---

[11] So hat nach wohl allg. Ansicht auch im vergleichbaren Fall des § 121 BGB der Anfechtende die Unverzüglichkeit voll zu beweisen, vgl. z.B. Palandt/*Ellenberger* § 121 Rn. 6 m.w.N.

[1] *Enge/Schwampe* Transportversicherung S. 85.

zur Police enthält die „einfache“ Deckungsnote somit keine Gedankenerklärung des VR, was ihre **Unverbindlichkeit für das Versicherungsverhältnis** begründet. Eine bestimmte **Form** ist für die Deckungsnote nicht erforderlich.

II. Maßgeblichkeit einer nicht vom Versicherer erstellten Deckungsnote (Ziff. 18.1)

Die Deckungsnote wird dann **verbindlich für den Versicherungsvertrag**, wenn der VR 4
sie **gegengezeichnet** hat. Durch die Gegenzeichnung macht sich der VR die darin verkörperte Gedankenerklärung zu Eigen. Liegen neben der Gegenzcichnung alle weiteren Voraussetzungen der Ziff. 16.1, 16.2 Satz 1 vor,[2] ist die Deckungsnote Police.

III. Verhältnis Deckungsnote/Police (Ziff. 18.2)

Ziff. 18.2 bestimmt, dass, wenn sowohl Deckungsnote als auch Police existieren, 5
allein die Police für das Versicherungsverhältnis maßgeblich ist. Für die „einfache“ Deckungsnote ist dies selbstverständlich und Ziff. 18.2 nur klarstellender Natur. Die Klausel ist nur relevant, wenn neben der Police eine nach Ziff. 18.2 gegengezeichnete Deckungsnote existiert.

C. Verfahrensfragen/Beweislast

Die Partei, welche sich auf den Inhalt der **Deckungsnote** als für den Versicherungs- 6
vertrag **maßgeblich** berufen möchte, muss beweisen, dass diese vom VR gegengezeichnet wurde. Wer die **Maßgeblichkeit** der gegengezeichneten Deckungsnote erfolgreich **widerlegen** möchte, muss die Existenz einer Police beweisen.

19 Führung – Mitversicherung

19.1 Bei Versicherungen, die von mehreren Versicherern übernommen sind, haften diese stets nur für ihren Anteil und nicht als Gesamtschuldner, auch wenn die Police oder die Deckungsnote von einem Versicherer für alle Versicherer gezeichnet ist.

19.2 Der führende Versicherer gilt als von den Mitversicherern bevollmächtigt,

19.2.1 mit dem Versicherungsnehmer Vereinbarungen zu treffen; ausgenommen hiervon sind jedoch Erhöhungen von Versicherungssummen über die höchste Versicherungssumme des Vertrages hinaus sowie Verlängerungen der Laufzeit der Versicherung,

19.2.2 Hypothekenklauseln zu zeichnen,

19.2.3 Verpfändungsanzeigen entgegenzunehmen,

19.2.4 den Abandon (Ziff. 42) zu erklären,

19.2.5 den Schaden zu regulieren,

---

[2] Vgl. dort Ziff. 16 Rn. 3 ff.

19.2.6 Sicherheitsleistungen gemäß Ziff. 32 zu übernehmen. Der führende Versicherer ist berechtigt, aber nicht verpflichtet, solche Sicherheitsleistungen nicht nur für seinen Anteil, sondern auch für die Anteile der Mitversicherer zu übernehmen. In diesem Fall sind die Mitversicherer verpflichtet, für ihre Anteile gegenüber dem führenden Versicherer Sicherheitsleistungen in gleicher Form zu übernehmen, wie dieser sie selbst übernommen hat.

19.2.7 Regresse zu führen,

19.2.8 Rechtsstreitigkeiten im Namen der Mitversicherer zu führen; dies gilt sowohl für Prozesse vor den ordentlichen Gerichten als auch bei Schiedsgerichten. Es wird jedoch auch ein nur gegen den führenden Versicherer wegen dessen Anteils erstrittenes Urteil oder ein nach Rechtshängigkeit geschlossener Vergleich oder ein solcher Schiedsspruch von den Mitversicherern als für sie verbindlich anerkannt.

19.3 Der führende Versicherer ist nicht bevollmächtigt, für die Mitversicherer den Übergang von Rechten gemäß Ziff. 60.3 zu erklären.

19.4 Anzeigen und Willenserklärungen gelten mit Zugang beim führenden Versicherer auch als den Mitversicherern zugegangen.

Übersicht

A. Einführung

I. Bedeutung der Klausel

1 Ziff. 19 regelt die offene Mitversicherung und insbesondere die Befugnisse des führenden Versicherers. Die Mitversicherung ist die übliche Form der Versicherung von Seekaskorisiken.[1]

II. Vergleich zu ADS/DTV-Kaskoklauseln

2 Die Mitversicherung wurde in den ADS nicht geregelt. Zum Teil entspricht Ziff. 19 der Ziff. 9 DTV-Kaskoklauseln, wurde jedoch deutlich umfangreicher gestaltet.[2]

---

[1] *Schwampe* RdTW **2013** 49.

[2] Vgl. hierzu unter B. die einzelnen Klauseln.

B. Erläuterung der Klausel

I. Haftung der Mitversicherer (Ziff. 19.1)

Ziff. 19.1 entspricht größtenteils Ziff. 25.1 DTV-Güter 2000/2008. Der erste Halbsatz entspricht zudem Ziff. 9.1 DTV-Kaskoklauseln. 3

Ziff. 19.1 regelt lediglich die offene, also **einverständliche Mitversicherung,**[3] bei deren Vorliegen die einzelnen Mitversicherer im Außenverhältnis **Teilschuldner i.S.d. § 420 BGB** sind.[4] Handelt es sich nicht um eine offene Mitversicherung, sondern tritt nur ein VR nach außen auf, hat aber das Risiko im Innenverhältnis mit weiteren VR geteilt, liegt keine Mitversicherung vor.[5] **Abweichend** von der Zweifelsregel des § 420 BGB haften die Mitversicherer jedoch nicht zu gleichem, sondern nach dem jeweils vereinbarten Anteil. Die **Gesamtschuldnerschaft** ist ausdrücklich **ausgeschlossen,** sodass die Zweifelsregel des § 427 BGB ebenfalls keine Anwendung findet. 4

Aufgrund der teilschuldnerischen Ausgestaltung der Mitversicherung bleiben alle unter der Police zusammengefassten **Verträge eigenständig** bestehen[6] mit der Folge, dass jedem einzelnen Mitversicherer die Rechte des VR entsprechend seinem Anteil zustehen und das Vorliegen von Über- und Unterversicherung nach den einzelnen Versicherungsverträgen zu beurteilen ist.[7] Aufgrund der Eigenständigkeit der einzelnen Versicherungsverträge können ihnen **unterschiedliche Bedingungen und Laufzeiten** zugrunde liegen.[8] 5

Der aus Ziff. 25.1 DTV-Güter 2000/2008 übernommene Zusatz, nach welchem Teilschuld auch vorliegt, wenn die Police von einem VR **für alle gezeichnet** ist, ist lediglich **klarstellender Natur,** da sich dies bereits aus § 164 Abs. 1 BGB ergibt. Dass die Zeichnung für alle VR erfolgt, muss sich jedoch aus den Umständen ergeben, § 164 Abs. 2 BGB.[9] 6

II. Vertretungsmacht des führenden Versicherers (Ziff. 19.2, 19.3)

1. Allgemein

Grds. ist die Mitversicherung auch ohne einen führenden VR möglich, in den meisten Fällen[10] wird jedoch eine **Führungsklausel** vereinbart, nach welcher der führende VR die **übrigen Mitversicherer vertritt, §§ 164 ff. BGB.** Zumindest am Versicherungsplatz Hamburg gilt darüber hinaus der Handelsbrauch, dass der in der Versicherungspolice als erster genannte VR der Führungsversicherer ist.[11] In diesem Fall ersetzt der Handelsbrauch die Bevollmächtigung an sich, bezieht sich also nicht etwa nur auf die Auslegung, welcher VR zur Führung bevollmächtigt wurde.[12] 7

---

3 Bruck/Möller/*Schnepp* § 77 Rn. 12; *Dreher/Lange* VersR **2005** 717; *Schaloske* VersR **2007** 606; *Schwampe* Seekaskoversicherung Klausel 9 Rn. 4.

4 *Schwampe* Seekaskoversicherung Klausel 9 Rn. 5.

5 *Dreyer* liber amicorum Gerrit Winter 160.

6 *Ritter/Abraham* Vorbem. V Anm. 44.

7 Eingehend: *Schwampe* Seekaskoversicherung Klausel 9 Rn. 5.

8 Zu dieser Problematik: *Schwampe* RdTW 2013 49.

9 *Ehlers* Ziff. 25 Rn. 3.

10 Prölss/Martin/*Armbrüster* Vor § 77 Rn. 16.

11 OLG Köln 13.9.2005 VersR **2006** 1564, 1565; OLG Hamburg 24.4.1975 VersR **1976** 37, insoweit bestätigt durch BGH 7.11.1977 VersR **1978** 177.

12 OLG Hamburg 24.4.1975 VersR **1976** 37, 38: „Vielmehr ist es so, daß in den zum Vertragsschluß führenden Willenserklärungen der beteiligten Versicherer zugleich […] kraft Handelsbrauches die Bestimmung des zuerst genannten Versicherers als führender Ver-

8 Ziff. 19 setzt die Vereinbarung[13] eines führenden VR voraus[14] und regelt lediglich deren **Rechtsfolgen im Außenverhältnis.**[15] Zum Innenverhältnis,[16] insbesondere zu der Frage, in welchem Umfang der führende VR tatsächlich von den Mitversicherern zur Stellvertretung ermächtigt wurde, schweigen die DTV-ADS 2009 jedoch. Stattdessen bestimmt Ziff. 19.2, dass der führende VR im Außenverhältnis **als von den Mitversicherern bevollmächtigt *gilt*.**

9 Obwohl der Wortlaut der Klausel insofern nur eine Vollmacht für den führenden Versicherer zu fingieren scheint, ist davon auszugehen, dass der führende Versicherer von den Mitversicherern tatsächlich bevollmächtigt ist, sofern sie nicht in ihrem Innenverhältnis durch besondere Regelung etwas anderes vereinbaren.

10 Zu beachten ist die **Haftung des führenden VR** gegenüber den anderen Mitversicherern, wenn er seine im Innenverhältnis erteilte Vertretungsmacht im Außenverhältnis überschreitet[17] sowie die **Haftung des Maklers,** wenn z.B. anders als vorgesehen statt einer Mitversicherung lediglich eine Einzelversicherung abgeschlossen wird.[18]

2. Treffen von Vereinbarungen mit dem Versicherungsnehmer (Ziff. 19.2.1)

11 Ziff. 19.2.1 weicht von Ziff. 9.2 Satz 1 **DTV-Kaskoklauseln** insofern ab, als dass der führende VR mit dem VN nunmehr keine Laufzeitverlängerungen vereinbaren kann. Der Ausschluss von Vereinbarungen über die Erhöhung von Taxen besteht nicht mehr; stattdessen sind jedoch Vereinbarungen über die Erhöhung von Versicherungssummen beschränkt.

12 Nach Ziff. 19.2.1 gilt der führende VR als ermächtigt, jegliche **Vereinbarungen** mit dem VN zu treffen. Als wesensgleiches Minus sind hiervon **auch alle einseitigen Rechtsgeschäfte** erfasst.[19] Trifft der führende VR Vereinbarungen mit dem VN i.R.d. gem. Ziff. 19.2.1 fingierten Vertretungsmacht, so kann er die **Bindungswirkung** der Vereinbarung für die anderen Mitversicherer **nicht dadurch verhindern, dass er erklärt, nur in eigenem Namen handeln zu wollen**; dies gilt insbesondere für Anerkenntnisverträge bei unter den Mitversicherern herrschendem Streit über das Bestehen von Versicherungsschutz.[20]

13 In den DTV-ADS 2009 ist die **Erhöhung „von Versicherungssummen über die höchste Versicherungssumme des Vertrages hinaus“** von der Vollmacht der Ziff. 19.2 ausgeschlossen. Dass man Ziff. 9.2 Satz 1 DTV-Kaskoklauseln mit dem Ausschluss der

---

sicherer und dessen Bevollmächtigung in dem sich wiederum aus dem Handelsbrauch ergebenden Umfang enthalten war“.

[13] Kann auch konkludent erfolgen oder in Hamburg aufgrund Handelsbrauchs.

[14] Zur Bestimmung des führenden VR: *Schwampe* Seekaskoversicherung Klausel 9 Rn. 7.

[15] *Schwampe* Seekaskoversicherung Klausel 9 Rn. 12.

[16] Entgeltlicher oder unentgeltlicher Geschäftsbesorgungsvertrag; vgl. hierzu allgemein Prölss/Martin/*Armbrüster* Vor § 77 Rn. 16; *Schwampe* Seekaskoversicherung Klausel 9 Rn. 37 ff.

[17] Prölss/Martin/*Armbrüster* Vor § 77 Rn. 16.

[18] Z.B. OLG Hamburg 19.2.2008 VersR **2008** 1249.

[19] Neben Erklärung des Abandon, welche in Ziff. 19.2.4 ausdrücklich erwähnt ist, z.B.: Kündigung, Herabsetzung der Taxe, Aufrechnung usw., *Schwampe* Seekaskoversicherung Klausel 9 Rn. 8.

[20] *Schwampe* Seekaskoversicherung Klausel 9 Rn. 10; beachte jedoch ggf. bestehende Haftung des führenden VR ggü. den Mitversicherern aufgrund der Verletzung ihrer Interessen, §§ 280 Abs. 1 Satz 1, 241 Abs. 2 BGB.

Erhöhung von *Taxen* nicht übernommen hat, steht vor dem Hintergrund, dass die Taxenerhöhung für die Mitversicherer zwar nachteilig[21] ist, jedoch nicht das eigentlich **zu vermeidende Risiko** darstellt. Ihre Haftung ist, selbst wenn die neue Taxe die Versicherungssumme übersteigt (Unterversicherung, Ziff. 11), auf die Versicherungssumme begrenzt, Ziff. 41.1 Satz 1. Taxenerhöhungen gingen unter der Ziff. 9.2 Satz 1 DTV-Kaskoklauseln daher grds. mit der Erhöhung der Versicherungssumme einher, da nur in einem derartigen Fall ein Interesse an der Erhöhung der Taxe besteht.

Eine unbeschränkte Befugnis des führenden VR, die Versicherungssumme zu erhöhen, **14**
steigerte jedoch das Risiko der Mitversicherer in deutlich stärkerem Maße als die Erhöhung der Taxe an sich. Durch die Begrenzung der fingierten Ermächtigung zur Erhöhung der Versicherungssumme bis zur höchsten Versicherungssumme „des Vertrages" – gemeint sind die in dem betreffenden Mitversicherungsvertrag ggf. vereinbarten Versicherungssummen für mehrere Schiffe (Flottenversicherung) – bleibt das Risiko für die Mitversicherer kalkulierbar, da davon ausgegangen werden kann, dass der Mitversicherer Rückversicherungsschutz ohnehin bis zur höchsten Versicherungssumme des von ihm abgeschlossenen Versicherungsvertrages eingedeckt hat.

Ebenfalls aufgrund des Interesses der Mitversicherer, eine ausreichende Rückversiche- **15**
rung eindecken zu können, gilt der führende VR nicht als zur **Verlängerung von Versicherungslaufzeiten** ermächtigt.

3. Zeichnung von Hypothekenklauseln (Ziff. 19.2.2)

Ziff. 19.2.2 entspricht Klausel 9.3 Var. 1 **DTV-Kaskoklauseln.** **16**

Im Zusammenhang mit Schiffsfinanzierungen werden die Reedereien verpflichtet, **17**
Schiffshypotheken zugunsten der finanzierenden Banken zu bestellen und weitere Sicherheiten, insbesondere die Abtretung von Ansprüchen aus Versicherungsverträgen, die für das Schiff abgeschlossen wurden, vorzunehmen. In diesem Zusammenhang werden die Reedereien auch verpflichtet, dafür Sorge zu tragen, dass so genannte Hypothekenklauseln mit den Versicherern des Schiffes vereinbart werden. Durch Hypothekenklauseln wird das Rechtsverhältnis zwischen den Versicherern und den Schiffshypothekengläubigern abweichend von den Regelungen gem. §§ 31 bis 38 SchiffsRG enthaltenen Regelungen zugunsten der Schiffshypothekengläubiger verändert. Ziff. 19.2. ermächtigt den führenden VR, Hypothekenklauseln auch mit Wirkung für die Mitversicherer zu zeichnen. Dabei beschränkt der Wortlaut von Ziff. 19.2.2 die Vollmacht nicht nur auf die Zeichnung üblicher Hypothekenklauseln, sondern ermächtigt den führenden Versicherer auch zur Zeichnung unüblicher Klauseln. Gegebenenfalls macht sich der führende Versicherer gegenüber den Mitversicherern im Innenverhältnis schadensersatzpflichtig.[22]

4. Entgegennahme von Verpfändungsanzeigen (Ziff. 19.2.3)

Ziff. 19.2.3 entspricht Ziff. 9.3 Var. 2 **DTV-Kaskoklauseln.** Die missverständliche[23] **18**
Formulierung hinsichtlich der „Zeichnung" der Verpfändungsanzeige wurde jedoch beseitigt und durch „Entgegennahme" ersetzt. Die Ermächtigung zur **Gegenzeichnung** als

---

[21] *Schwampe* Seekaskoversicherung Klausel 9 Rn. 11.

[22] Vgl. *Schwampe* Seekaskoversicherung Klausel 9 Rn. 17.

[23] *Schwampe* Seekaskoversicherung Klausel 9 Rn. 18.

Nachweis der Entgegennahme[24] findet sich jedoch nunmehr nicht im Wortlaut, sodass der Klausel jeder Regelungsgehalt genommen wurde, da der führende VR bereits nach Ziff. 19.4 zur Entgegennahme von Anzeigen allgemein als ermächtigt gilt.[25]

5. Erklärung des Abandons nach Ziff. 42 (Ziff. 19.2.4)

19 Ziff. 19.2.4 war in Ziff. 9 **DTV-Kaskoklauseln** nicht ausdrücklich geregelt und war vielmehr in der allgemeinen Ermächtigung nach Ziff. 9.2 Satz 1 DTV-Kaskoklauseln, mit dem VN Vereinbarungen zu treffen, enthalten.[26]

20 Zum Begriff des Abandon siehe Erläuterungen zu Ziff. 42. Die Erklärung des Abandons gehört zur Schadensregulierung, welche **in Ziff. 19.2.5 erfasst** ist.[27] Daher hat Ziff. 19.2.4 lediglich **Klarstellungscharakter**. Klarstellungsgrund ist, dass *Ritter/Abraham* fälschlicherweise[28] die nicht führenden Mitversicherer für zur Erklärung des Abandons berechtigt hielten, diese Handlung also aus der Schadenregulierungsbefugnis des führenden VR ausgeschlossen sei.[29]

6. Schadenregulierung (Ziff. 19.2.5)

21 Ziff. 19.2.5 entspricht Ziff. 9. 2 Satz 2 Alt. 1 **DTV-Kaskoklauseln.**

22 **„Schadenregulierung ist mehr als bloße Schadenbearbeitung"** und „umfasst alle auf Seiten des Versicherers erforderlichen Schritte" von der Entgegennahme der Unfallanzeige über Benennung eines Sachverständigen zur Schadenfeststellung (Ziff. 63.2 Satz 1) bis hin zur Erklärung des Abandon (Ziff. 42)[30] oder einer vergleichsweisen Einigung mit dem VN über die zu leistende Entschädigung.[31]

23 Aufgrund der Führungsklausel haben die **Mitversicherer** die Schadenregulierung vollständig in die Hände des führenden VR gegeben und sind an dessen Entscheidungen gebunden. Für Rechtsstreitigkeiten ist dies ausdrücklich in Ziff. 19.2.8 geregelt, gilt gem. Ziff. 19.2.5 aber auch für Schadensregulierungen außerhalb von Rechtsstreitigkeiten.[32] Eine eigenmächtige Schadensabwicklung durch die Mitversicherer scheidet im Außenverhältnis aus, da dies dem Sinn und Zweck einer Führungsvereinbarung – Vereinfachung der Vertragsabwicklung zwischen VN und Mitversicherern – widersprechen würde.[33] Für Fehlentscheidungen hat der führende VR im Verschuldensfall im Innenverhältnis den Mitversicherern zu haften.[34]

7. Übernahme von Sicherheitsleistungen nach Ziff. 32 (Ziff. 19.2.6)

24 Ziff. 19.2.6 regelt wie Ziff. 9.3 Var. 3 **DTV-Kaskoklauseln** die Bevollmächtigung des führenden VR zu Sicherheitsleistungen. Anstelle wie Ziff. 9.3 Var. 3 DTV-Kaskoklauseln

---

[24] *Schwampe* Seekaskoversicherung Klausel 9 Rn. 18.

[25] Zu den Einzelheiten vgl. Rn. 40.

[26] *Schwampe* Seekaskoversicherung (Klausel 9 Rn. 8.

[27] So bereits für Ziff. 9.2 Satz 2 Alt. 1 DTV-Kaskoklauseln *Schwampe* Seekaskoversicherung Klausel 9 Rn. 12.

[28] Rn. 23.

[29] *Ritter/Abraham* Vorbem. V Anm. 46.

[30] Zur Erklärung des Abandon vgl. auch Rn. 20.

[31] *Schwampe* Seekaskoversicherung Klausel 9 Rn. 12.

[32] Bruck/Möller/*Möller*[8] § 58 Anm. 69.

[33] *Schwampe* Seekaskoversicherung Klausel 9 Rn. 14; **a.A.** *Ritter/Abraham* Vorbem. V Anm. 46.

[34] *Dreyer* 167 f.

verweist Ziff. 19.2.6 jedoch nicht nur auf die entsprechende Klausel zur Sicherheitsleistung,[35] sondern trifft weitergehende Regelungen.

Zu der Verpflichtung des VR, für den VN die Sicherheitsleistung ggü. einem Dritten zu übernehmen vgl. Ziff. 32. Ziff. 19.2.6 regelt, dass der führende VR ermächtigt ist, die Sicherheit nach Ziff. 32 anstatt im Namen der Mitversicherer für ihren jeweiligen Anteil, diese in eigenem Namen für die gesamte Versicherungssumme zu übernehmen. Macht der führende VR von der letzten Möglichkeit Gebrauch, sind die Mitversicherer verpflichtet, entsprechend ihrem Anteil gegenüber dem führenden VR eine entsprechende Sicherheit zu übernehmen. 25

Grund für diese Änderung gegenüber Ziff. 9.3 Var. 3 DTV-Kaskoklauseln ist, dass **Sicherheiten im Namen aller Mitversicherer entsprechend ihrer Anteile am Markt nicht platzierbar** sind und der führende VR aus diesem Grunde von seinem Recht aus Ziff. 9.3 Var. 3 DTV-Kaskoklauseln regelmäßig keinen Gebrauch gemacht hat.[36] Ziff. 19.2.6 entspricht der bis dahin in individualvertraglicher Abweichung von Ziff. 9.3 Var. 3 DTV-Kaskoklauseln geltenden Praxis.[37] 26

8. Regressführung (Ziff. 19.2.7)

Ziff. 19.2.7 entspricht Ziff. 9.2 Satz 2 Alt. 2 **DTV-Kaskoklauseln.** 27

Regressführung umfasst **sowohl die außergerichtliche, als auch die gerichtliche Geltendmachung** von gem. Ziff. 50.2 Satz 1 nach Schadenregulierung[38] auf die an der Mitversicherung beteiligten VR übergegangenen Schadensersatzansprüchen.[39] Hinsichtlich der gerichtlichen Geltendmachung ist Ziff. 19.2.8 zu beachten. 28

Da die Regressführung ggü. nicht am Versicherungsvertrag beteiligter Dritter erfolgt, muss der führende VR **ggü. dem Dritten erkennbar werden** lassen, dass er diese in seiner Funktion als führender VR betreibt. 29

9. Führung von Rechtsstreitigkeiten im Namen der Mitversicherer (Ziff. 19.2.8)

Ziff. 19.2.8 entspricht Ziff. 9.5 Satz 1 und 2 **DTV-Kaskoklauseln**; die Sätze 3 und 4 der Ziff. 9.5 DTV-Kaskoklauseln wurden von den DTV-ADS 2009 nicht übernommen. 30

Die Klausel ermächtigt den führenden VR zur Führung von Rechtsstreitigkeiten. Hierunter fallen sowohl Prozesse vor den ordentlichen, als auch vor den Schiedsgerichten, wie Ziff. 19.2.8 Satz 1 Hs. 2 klarstellt.[40] 31

Grds. hat der VR ein eigenes schutzwürdiges Interesse an der Rechtsverfolgung, sodass er in **gewillkürter Prozessstandschaft** – vorbehaltlich einer entsprechenden Ermächtigung – in eigenem Namen den Mitversicherern zustehende Rechte geltend machen kann. Sofern in einer Führungsklausel lediglich von einer „Vollmacht“ die Rede ist, kann dies ebenfalls als Ermächtigung zur gewillkürten Prozessstandschaft ausgelegt werden, da diese **regelmäßig dem Willen der Beteiligten entspricht**, §§ 133, 157 BGB.[41] 32

---

35 Ziff. 32 bzw. die nahezu gleichlautende Ziff. 24 DTV-Kaskoklauseln.

36 *Schwampe* VersR **2010** 1277, 1279.

37 *Schwampe* Seekaskoversicherung Klausel 9 Rn. 19.

38 Vgl. auch Rn. 21 ff.

39 *Schwampe* Seekaskoversicherung Klausel 9 Rn. 13.

40 *Schwampe* Seekaskoversicherung Klausel 9 Rn. 25.

41 BGH 7.6.2001 VersR **2002** 117, 118; Prölss/Martin/*Armbrüster* Vor § 77 Rn. 25 ff.; *Dreyer* 168.

33 Allerdings **ermächtigt** Ziff. 19.2.8 Satz 1 Hs. 1 den führenden VR **ausdrücklich nur zur Führung von Rechtsstreitigkeiten *im Namen der Mitversicherer*.** Für eine anderslautende Auslegung ist aufgrund des hier eindeutigen Wortlautes anders als im vom BGH[42] entschiedenen Fall kein Raum und Ziff. 19.2.8 tatsächlich lediglich als eine **Vollmacht** zur Führung von Rechtsstreitigkeiten in fremdem Namen zu verstehen, soweit Rechte der Mitversicherer betroffen sind. Die auf den Anteil des führenden Versicherers entfallenden Rechte kann dieser natürlich in eigenem Namen geltend machen bzw. er kann insoweit im eigenen Namen verklagt werden.

34 Die in Ziff. 19.2.8 Satz 1 Hs. 1 enthaltene Vollmacht zur Führung von **Passivprozessen** im Namen der Mitversicherer ist in der Praxis von geringer Bedeutung, da regelmäßig der VR wegen seines eigenen Anteils zusammen mit allen Mitversicherern wegen der auf sie entfallenden Anteile in deren eigenen Namen verklagt werden und es insofern nicht auf die Vertretungsmacht des VR ankommt.[43] Ohnehin ist es **aufgrund der Ziff. 19.2.8 Satz 2 nicht erforderlich, alle Mitversicherer zu verklagen.** Die Klausel enthält ein **abstraktes Schuldanerkenntnis i.S.d. § 781 BGB,**[44] durch welches im Voraus ein gegen den führenden VR „wegen dessen Anteils erstrittenes Urteil oder ein nach Rechtshängigkeit geschlossener Vergleich oder ein solcher Schiedsspruch von den Mitversicherern als für sie verbindlich anerkannt" wird. Ziff. 19.2.8 Satz 2 erfasst neben wortwörtlich „erstrittenen" Urteilen und nach Rechtshängigkeit geschlossenen Vergleichen **auch Anerkenntnisurteile.**[45]

35 Jedenfalls auf den ersten Blick erscheint problematisch, ob Ziff. 19.2.8 Satz 2 auch für den Fall Bindungswirkung entfaltet, in welchem die **Klage des VN** gegen den führenden VR wegen dessen Anteils **vollumfänglich abgewiesen** wurde, m.a.W., ob dem VN durch ein derartiges Urteil die Möglichkeit genommen wird, gegen die Mitversicherer wegen derer Anteile vorzugehen. Die Klausel beschränkt die Bindungswirkung nicht ausdrücklich auf Entscheidungen zum Nachteil des führenden VR. Allerdings spricht Ziff. 19.2.8 Satz 2 davon, dass die *Mitversicherer* anerkennen, nicht der VN. Anerkennender i.S.d. § 781 BGB ist aber stets derjenige, der mit dem Anerkenntnisvertrag seine eigene Schuld anerkennt. Aus der Formulierung der Ziff. 19.2.8 Satz 2 wird also ersichtlich, dass diese **nicht auf den Fall der vollumfänglichen Klageabweisung zugunsten des führenden VR passt,** da in diesem Fall keine Schuld des führenden VR existiert, die durch Anerkenntnis der Mitversicherer zu ihrer eigenen Verbindlichkeit gemacht werden kann.[46]

36 Hinzu kommt, dass das Anerkenntnis i.S.d. § 781 BGB einen Vertrag und somit auch die Zustimmung des VN voraussetzt. Zwar ist grds. denkbar, in den Abschluss des Versicherungsvertrages unter Einbeziehung der DTV-ADS 2009, also unabhängig von dem Ausgang des Prozesses gegen den führenden VR, bereits die Annahme des in Ziff. 19.2.8 Satz 2 enthaltenen Antrages der Mitversicherer auf Abschluss eines abstrakten Schuldanerkenntnisvertrages hineinzudeuten, §§ 133, 157 BGB. Diese Auslegung entspräche jedoch nicht dem **erkennbaren Interesse des VN,** der durch die Führungsklausel von einer „materiell rechtlichen Vereinfachung der Abwicklung der Mitversicherung"[47] profitieren soll. Anders als in anderen Führungsklauseln ist zudem in den DTV-ADS 2009 kein Ver-

---

42 BGH 7.6.2001 VersR **2002** 171.
43 Vgl. *Schwampe* Seekaskoversicherung Klausel 9 Rn. 24, 26.
44 Zum Begriff des abstrakten (= konstitutiven) Schuldanerkenntnisses vgl. Palandt/*Sprau* § 781 Rn. 1.
45 *Schwampe* Seekaskoversicherung Klausel 9 Rn. 30.
46 Zur einseitigen Bindungswirkung der Klausel vgl. *Schwampe* Seekaskoversicherung Klausel 9 Rn. 31.
47 *Schaloske* VersR **2007** 606, 614.

bot, die Mitversicherer neben dem führenden VR separat zu verklagen, enthalten.[48] Daher ist gem. §§ 133, 157 BGB erst in der Berufung des VN auf die Bindungswirkung nach Ziff. 19.2.8 Satz 2 die (konkludente) Annahme des VN zum Abschluss eines Vergleichsvertrages zu erblicken. Dies wird der VN bei vollständiger Klageabweisung freilich nicht tun.

Aufgrund dieser Interessenlage kommt auch im Falle des **teilweisen Obsiegens bzw. des nach Rechtshängigkeit geschlossenen Vergleichs** ein Anerkenntnisvertrag erst mit Berufung des VN hierauf zustande (konkludente Annahme).[49] Dem VN steht es also frei, entweder das Angebot zum Abschluss des Anerkenntnisvertrages anzunehmen mit der Folge, dass seinem ursprünglich ggü. dem führenden VR geltend gemachten Anspruch auf die Versicherungsleistung auch im Verhältnis zu den Mitversicherern nicht vollumfänglich stattgegeben wird, oder er nimmt das Risiko der vollumfänglichen Klageabweisung in Kauf, wenn er weiterhin den vollen Anspruch unter – ebenfalls konkludenter – Ablehnung des in Ziff. 19.2.8 Satz 2 enthaltenen Angebotes ggü. den Mitversicherern geltend macht. 37

10. Nicht: Erklärung des Übergangs von Rechten nach Ziff. 60.3 (Ziff. 19.3)

Diese Klausel findet in den **DTV-Kaskoklauseln** keine Entsprechung. 38

Die Ausübung des Wahlrechts nach Ziff. 60.3, also die Entscheidung, ob die Rechte an dem Schiff auf den VR im Falle der Ziff. 60.2 übergehen sollen,[50] ist **Bestandteil der Schadenregulierung,**[51] zu welcher der führende VR gem. Ziff. 19.2.5 als ermächtigt gilt. Hiervon ist nun die **Ausübung des Wahlrechts nach Ziff. 60.3 ausgenommen.** Dies ist vor dem Hintergrund zu sehen, dass durch die Ausübung des Wahlrechts **für alle Mitversicherer** diese in eine Eigentümerstellung gezwungen würden, welche u.U. **erhebliche finanzielle Folgen** hat, insbes. wenn für eine Wrackbeseitigung Sorge zu tragen ist. Dass der VN durch die Möglichkeit unterschiedlicher Ausübung des Wahlrechts durch die einzelnen Mitversicherer „in eine Miteigentümerstellung mit einigen der Versicherer gedrängt" würde,[52] muss als kleineres Übel hingenommen werden, denn der VN hat anders als die Mitversicherer – immerhin – die Möglichkeit, sich gegen die mit dem Kaskoschaden zusammenhängenden Risiken (insbes. Kosten der Wrackbeseitigung) zu versichern. 39

III. Passive Stellvertretung (Ziff. 19.4)

Ziff. 19.4 ist identisch mit Ziff. 9.4 **DTV-Kaskoklauseln.** 40

Die Klausel regelt die Vollmacht des führenden Versicherers, Willenserklärungen des VN auch mit Wirkung für die Mitversicherten entgegen zu nehmen. Bedeutung erlangt die Klausel insbesondere im Hinblick auf Anzeigen des VN zur Gefahrerhöhung (Ziff. 24.3), des Wechsels der Bereederung (Ziff. 25.1) und des Wechsels der Klassifikation oder der Flagge (Ziff. 24.5.7 und 26.7.1).[53] 41

---

48 Vgl. *Schwampe* Seekaskoversicherung Klausel 9 Rn. 31.

49 *Schwampe* Seekaskoversicherung Klausel 9 Rn. 32, der davon ausgeht, dass der VN die Möglichkeit besitzt, „auf die Wirkung des […] Anerkenntnisses [zu] verzichten".

50 Zu den Einzelheiten vgl. Bruck/Möller/*Eichhorn* DTV-ADS 2009 Ziff. 60 Rn. 20 ff.

51 *Schwampe* Seekaskoversicherung Klausel 32 Rn. 13.

52 *Schwampe* Seekaskoversicherung Klausel 9 Rn. 14.

53 Vgl. *Schwampe* Seekaskoversicherung Klausel 9 Rn. 23.

C. Verfahrensfragen/Beweislast

42 Im Rahmen des Prozesses gegen die Mitversicherer muss der VN sich auf das für ihn günstige Urteil gegen den führenden Versicherer berufen bzw. den ergangenen Schiedsspruch oder den geschlossenen Vergleich vorlegen und dessen Existenz nachweisen. Im Rahmen der Ziff. 19.4 muss der VN den Zugang der jeweiligen Anzeige und Willenserklärung beim führenden Versicherer nachweisen.

20 Prämienzahlung

20.1 Der Versicherungsnehmer hat die Prämie für jeweils 3 Monate im Voraus zu zahlen. Der Versicherer kann die Zahlung sofort verlangen, wenn die Versicherung endet.

20.2 Eine Prämienzulage wird mit der nächsten Quartalsrate gezahlt.

20.3 Die Prämie muss innerhalb von 10 Tagen nach Beginn der 3-Monats-Periode bei dem Versicherer eingegangen sein. Wird die Zahlung über einen Makler geleitet, so muss sie innerhalb der vorgenannten Frist bei ihm eingegangen sein und von ihm unverzüglich weitergeleitet werden, spätestens aber innerhalb weiterer sieben Tage bei dem Versicherer eingegangen sein.

20.4 Wird die Prämie schuldhaft nicht rechtzeitig gezahlt, gerät der Versicherungsnehmer in Verzug, sobald ihm eine schriftliche Mahnung zugegangen ist. Der Versicherer kann ihn schriftlich zur Zahlung auffordern und eine Zahlungsfrist von mindestens 14 Tagen setzen.

20.5 Ist der Versicherungsnehmer nach Ablauf dieser Zahlungsfrist noch mit der Zahlung in Verzug, so ist der Versicherer von der Verpflichtung zur Leistung frei, wenn der Versicherungsfall vor der Zahlung eintritt.

20.6 Ist die Prämie innerhalb der genannten Frist nicht eingegangen, so hat der Versicherer das Recht, die Versicherung mit einer Frist von weiteren 14 Tagen zu kündigen. Kündigt der Versicherer, so endet die Versicherung mit dem Ablauf 14 Tage nach Zugang der Kündigungserklärung beim Versicherungsnehmer, es sei denn, sie endet schon vorher.

20.7 Zahlt der Versicherer die Versicherungssumme oder nach Ziff. 61.2.2 die Differenz zwischen der Versicherungssumme und dem zwischen dem Versicherer und dem Versicherten vereinbarten Wert oder dem Versteigerungserlös des Schiffes, so ist die Jahresprämie zu zahlen. Der noch nicht vorausbezahlte Teil der Jahresprämie ist ohne Abzug eines Rabattes zu bezahlen, jedoch unter Abzug von Rückgaben, auf die der Versicherungsnehmer Anspruch hat. Ist der Vertrag für mehr als ein Jahr geschlossen, gilt als Jahresprämie die Prämie des laufenden Versicherungsjahres.

20.8 Der Versicherungsnehmer kann mit noch nicht fälligen Gegenforderungen gegen die Prämienforderung nur aufrechnen, falls der Versicherer schriftlich zustimmt.

20.9 Der Versicherer ist berechtigt, fällige Schäden gegen die nächste zu zahlende Prämienrate zu verrechnen.

Übersicht

A. Einführung

I. Bedeutung der Klausel

Ziff. 20 regelt umfassend die Fälligkeit der Prämienzahlungspflicht (Ziff. 20.1 bis 20.3, Ziff. 20.7), Rechtsfolgen der Zahlungspflichtverletzung (Ziff. 20.4 bis 20.6), sowie die Aufrechenbarkeit von Prämienforderungen (Ziff. 20.8, 20.9). 1

II. Vergleich zu ADS/DTV-Kaskoklauseln

In den ADS ist die Prämie in den §§ 16 bis 18 ADS geregelt. Diese werden durch die in Klausel 8 DTV-Kaskoklauseln enthalten Regelungen zur Prämie teilweise verdrängt und teilweise ergänzt.[1] Ziff. 20 DTV-ADS 2009 enthält sowohl Regelungen der Ziff. 8 DTV-Kaskoklauseln als auch der Ziff. 12 ADS-DTV-Güter 2000/2008 sowie des § 16 ADS. Ziff. 20.1 Satz 1 entspricht im Wesentlichen Ziff. 8.1 DTV-Kaskoklauseln unter Zugrundelegung des Satzbaus von § 16 Abs. 1 Satz 1 ADS. Ziff. 20.1 Satz 2 entspricht, mit leichten sprachlichen Veränderungen, § 16 Abs. 2 Hs. 2 ADS. Ziff. 20.2 ist identisch mit Ziff. 8.2 DTV-Kaskoklauseln; Ziff. 20.3 entspricht Ziff. 8.3 Abs. 2 DTV-Kaskoklauseln. Ziff. 20.4 und 20.5 sind größtenteils[2] identisch mit Ziff. 12.3 und 12.4 Abs. 1 DTV-Güter 2000/2008. Ziff. 20.6 entspricht größtenteils Ziff. 8.4 DTV-Kaskoklauseln mit Änderung der Fristen von 5 Tagen auf 14 Tage. Die Regelung zum Entfall des Rabattes (Ziff. 8.4 Satz 1 Hs. 1 DTV-Kaskoklauseln) wurde jedoch nicht übernommen, da auch die Regelung zum Rabatt in Ziff. 8.3 DTV-Kaskoklauseln nicht in die DTV-ADS 2009 übernommen wurde. Ziff. 20.7 entspricht – unter Bezugnahme auf Ziff. 61.2.2 anstelle von § 77 ADS – Ziff. 8.5 DTV-Kaskoklauseln. Die Klausel wurde zudem durch einen weiteren Satz ergänzt. Ziff. 20.8 entspricht Ziff. 8.6 Abs. 1 Hs. 1 DTV-Kaskoklauseln; Ziff. 20.9 ist identisch mit Ziff. 8.6 Abs. 2 DTV-Kaskoklauseln. 2

---

[1] *Schwampe* Seekaskoversicherung Klausel 8 Rn. 1: „Ein unübersichtliches Nebeneinander" von ADS und DTV-Kaskoklauseln, welches in seinem Ausmaß an Unübersichtlichkeit nach Beckmann/Matusche-Beckmann/*Heiss/Trümper* § 38 Rn. 203 aus AGB-rechtlicher Sicht „durchaus bedenklich" sei.

[2] Ggü. Ziff. 12.3 DTV-Güter 2000/2008 gibt es zwei Änderungen: Der VR *kann* den VN zur Zahlung auffordern und die von ihm dabei zu setzende Zahlungsfrist beträgt nun mindestens 14 Tage anstelle von mindestens zwei Wochen.

B. Erläuterung der Klausel

I. Allgemein

3 Die „**Prämie**" selbst wird in den DTV-ADS 2009, wie bereits in den ADS und den DTV-Kaskoklauseln, nicht definiert. Die Prämie ist nach allgemeinem Verständnis **die vom VN zu erbringende Gegenleistung** für den vom VR zu leistenden Versicherungsschutz.[3] Vgl. allgemein zur Prämie, insbesondere Bestandteile, Prämienschuldner und Prämiengläubiger, Bruck/Möller/*Beckmann* § 33 Rn. 13 ff., 38 ff., 41 ff.[4]

II. Fälligkeit der Prämie (Ziff. 20.1)

4 Ziff. 20.1 Satz 1 bestimmt, dass der VN die Prämie für jeweils **drei Monate im Voraus** zu zahlen hat. Von der hier gemeinten Gesamtprämie sind folglich **Teilprämien** zu leisten. Hierin ist eine **stufenweise Stundungsabrede** in Abweichung von § 271 Abs. 1 BGB zu sehen.[5] Ist, wie branchenüblich, die Versicherung für ein Jahr geschlossen, entspricht die zu leistende Teilprämie einem Viertel der Gesamtprämie.

5 Der Klausel ist nicht zu entnehmen, an welchen **Zeitpunkt** die Vorauszahlung anknüpft; insofern käme sowohl der formelle, als auch der materielle Versicherungsbeginn[6] in Betracht. Diese Frage wurde bereits von der gleichlautenden Ziff. 8.1 DTV-Kaskoklauseln nicht ausdrücklich beantwortet. Vor dem Hintergrund, dass Ziff. 8.5 DTV-Kaskoklauseln wie nun auch Ziff. 20.7 auf die Jahresprämie Bezug nehmen und Jahresverträge branchenüblich sind, ist davon auszugehen, dass sich der Prämienzahlungszeitraum mit dem materiellen Versicherungszeitraum deckt. Damit ist die **erste Vorauszahlung mit materiellem Versicherungsbeginn fällig**. Dies gilt umso mehr, als dass in der Praxis die Zahlung der ersten Teilprämie zumeist erst mit materiellem Versicherungsbeginn verlangt wird und die DTV-ADS 2009 anders als noch Ziff. 8 DTV-Kaskoklauseln i.V.m. § 16 Abs. 1 Satz 2 ADS eine Unbeachtlichkeit von Verkehrssitten in Bezug auf die Prämienzahlung nicht bestimmt.[7]

6 Satz 2 der Klausel bestimmt, dass der Versicherer die Zahlung **sofort verlangen** kann, wenn die Versicherung endet. Damit erlischt die Stundungsabrede der Ziff. 20.1 Satz 1. Da 20.1 Satz 1 dem VN einen freiwilligen Vorteil einräumt und bei Ende der Versicherung durch Ziff. 20.1 Satz 2 lediglich die gesetzliche Fälligkeitsregelung des § 271 BGB wieder hergestellt wird, ist nicht von einer unangemessenen Benachteiligung des VN durch die Regelung der Ziff. 20.1 Satz 2 auszugehen.

III. Fälligkeit der Prämienzulage (Ziff. 20.2)

7 Der Begriff der Prämienzulage ist nicht definiert und wird auch an anderer Stelle in den Bedingungen nicht genannt. Stattdessen sprechen Ziff. 22.4, 24.4 und 39.2 von Zuschlagsprämien, die der VN in bestimmten Fällen der Gefahrerhöhung schuldet. Nach

---

[3] Bruck/Möller/*Baumann* § 1 Rn. 174; vgl. auch Ziff. 2 Rn. 10.

[4] Sowie *Schwampe* Seekaskoversicherung Klausel 8 Rn. 3 ff.; zur Prämienkalkulation in der Seekaskoversicherung vgl. *Engel/Schwampe* Transportversicherung 4. Aufl. S. 232 ff.

[5] BGH 6.2.2013 VersR **2013** 341, 343.

[6] Zu den Begriffen vgl. Bruck/Möller/*R. Johannsen* § 2 Rn. 3.

[7] Vgl. zu alledem *Schwampe* Seekaskoversicherung Klausel 8 Rn. 7.

Ritter/Abraham sind zwar die Begriffe der Prämienzulage und der Zuschlagsprämie dahingehend zu unterscheiden, dass Prämienzulagen die Gegenleistung für einen erweiterten Versicherungsschutz sind, während Zuschlagsprämien die nachträgliche Erhöhung der Gefahr, die der Kalkulation zu Grunde lag, widerspiegeln.[8] *Schwampe* weist jedoch daraufhin, dass auch *Ritter/Abraham* einräumen, dass die Begriffe im Sprachgebrauch synonym verwendet werden.[9] Mit *Schwampe* ist daher davon auszugehen, dass die Zuschlagsprämien wie Prämienzulagen zu behandeln sind und dementsprechend eine Fälligkeit mit der Quartalsrate eintritt.

Auch der Begriff der Quartalsrate wird nicht in den Bedingungen definiert. In 8 Ziff. 20.1 wird die Prämie „für jeweils drei Monate" genannt. Dies ist ein Synonym für die Quartalsrate.

Der Anspruch auf die Prämienzulage entsteht, wenn ihre Voraussetzung – i.d.R. 9 Gefahrerhöhung, Ziff. 22.4 – erfüllt ist. Abweichend von § 271 Abs. 1 BGB bestimmt Ziff. 20.2, dass die Zulage nicht sofort, sondern erst **mit der nächsten nach Ziff. 20.1 zu zahlenden Prämie fällig** wird. Dass dies der Fall ist, ergibt sich bereits daraus, dass die Prämienzulage selbst Teil der Prämie i.S.d. Ziff. 20.1 ist.[10] Die Regelung der Ziff. 20.2 ist dennoch nicht rein deklaratorischer Natur, da im Falle der Entstehung des Anspruchs auf die Prämienzulage nach materiellem Versicherungsbeginn und damit nach Fälligkeit mindestens einer Prämienrate auch eine rückwirkende Fälligkeit der Prämienzulage in Betracht käme.

Auch im Übrigen ist Ziff. 20.1 auf die Prämienzulage als Teil der Prämie anwendbar, 10 sodass diese ebenfalls nicht vollständig mit der nächsten Prämienrate zu zahlen ist, sondern jeweils für drei Monate im Voraus fällig wird.[11]

IV. Zahlungsfrist (Ziff. 20.3)

1. Allgemein

Ziff. 20.3 regelt, wann die nach Ziff. 20.1 zu leistende Teilprämie bei dem VR **eingegangen sein muss** und unterscheidet dabei, ob die Zahlung direkt an den VR oder über 11 einen Makler erfolgt. Grundsätzlich hat der VN gem. § 270 Abs. 1 BGB[12] dafür Sorge zu tragen, dass die Teilprämie mit Fälligkeit, d.h. mit Beginn des drei-Monats-Zeitraums, bei dem VR eingeht.[13] Ziff. 20.3 trifft jedoch eine **von § 270 Abs. 1 BGB abweichende Regelung.**[14] Für die Berechnung der Fristen gelten die §§ 187 ff. BGB.

2. Fristen

Die Abweichung von § 270 Abs. 1 BGB liegt darin, dass die Klausel dem VN bei 12 **direkter Zahlung an den VR** nach Fälligkeit eine **zehntägige Frist** zur Leistung einräumt.

---

8 *Ritter/Abraham* § 2 Anm. 13

9 *Schwampe* Seekaskoversicherung, Klausel 8 Rn. 9.

10 *Schwampe* Seekaskoversicherung Klausel 8 Rn. 3.

11 *Schwampe* Seekaskoversicherung Klausel 8 Rn. 10.

12 § 36 VVG ist auf die Seeversicherung nicht anwendbar, vgl. § 209 VVG.

13 Sog. qualifizierte Schickschuld nach (noch) **h.M.** Vgl. zum Streitstand insbes. unter Berücksichtigung der sog. Zahlungsverzugsrichtlinie 2011/7/EU Staudinger/*Bittner* (2014) § 270 Rn. 1 ff.; Bruck/Möller/*Beckmann* § 36 Rn. 15 ff.

14 *Schwampe* Seekaskoversicherung Klausel 8 Rn. 14.

13 Bei **Zahlung über einen Makler** gilt abweichend von § 270 Abs. 1 BGB **dieselbe zehn-Tage-Frist** für den Zahlungseingang beim Makler. Dieser hat die Zahlung **unverzüglich** (§ 121 Abs. 1 Satz 1 BGB) weiterzuleiten, sodass sie **spätestens innerhalb weiterer sieben Tage nach Eingang beim Makler beim VR eingeht.** Die sieben-Tage-Frist gilt jedoch nur für unverzügliche Weiterleitungen (vgl. Wortlaut: „spätestens").[15]

14 Aus der Formulierung der Klausel, dass die Zahlung innerhalb der zehn-Tage-Frist beim Makler eingegangen *und* unverzüglich weitergeleitet worden sein muss, wird ersichtlich, dass es **nicht ausreicht, wenn ohne Wahrung dieser Fristen dennoch die Zahlung innerhalb von 17 Tagen nach Beginn des drei-Monats-Zeitraums beim VR eingeht.** Geht die Zahlung nicht innerhalb von 10 Tagen beim Makler ein, wahrt auch eine unverzügliche Weiterleitung der Prämie und Eingang beim VR vor Ablauf von 17 Tagen nach Beginn des drei-Monats-Zeitraums nicht die Zahlungsfrist der Ziff. 20.3 und der VN gerät in Verzug (Ziff. 20.4). Gleiches gilt, wenn zwar innerhalb der zehn-Tage-Frist die Zahlung beim Makler einging, dieser jedoch nicht unverzüglich die Weiterleitung an den VR vornahm, die Zahlung dennoch vor Ablauf von 17 Tagen nach Beginn des drei-Monats-Zeitraums beim VR einging.

15 Die Einschaltung **mehrerer Makler** verlängert die Zahlungsfrist nicht; Ziff. 20.3 stellt lediglich auf den Makler ab, an welchen der VN zahlt.[16] Ziff. 20.3 Satz 2 gilt jedoch nur, wenn der Makler die Zahlung an den VR für den VN vornimmt. Ist der Makler dagegen zur **Forderungseinziehung durch den VR** ermächtigt (§ 185 Abs. 1 BGB), so gilt Satz 1 der Klausel, da mit Zahlung an den Makler die Leistung an den VR bewirkt wird.[17]

V. Verzug des Prämienschuldners (Ziff. 20.4)

1. Allgemein

16 Ziff. 20.4 knüpft an Ziff. 20.3 an und bestimmt, dass, **wenn der VN nicht rechtzeitig** innerhalb der in Ziff. 20.3 eingeräumten Frist **geleistet hat,** dieser in **Verzug** gerät. Folgende **weitere Voraussetzungen** müssen für den Verzugseintritt erfüllt sein:

2. Vertretenmüssen des Versicherungsnehmers

17 Zum einen muss der VN **schuldhaft nicht rechtzeitig gezahlt** haben. Mit Schuldhaftigkeit ist Verantwortlichkeit i.S.d. **§ 276 BGB** gemeint, sodass der VN Vorsatz und jede Form der Fahrlässigkeit zu vertreten hat. Schuldlose Nichtzahlung von Prämien liegt z.B. bei Zusammenbruch des Zahlungsverkehrssystems oder bei bestehenden Embargos vor.[18]

---

15 *Schwampe* Seekaskoversicherung Klausel 8 Rn. 16.

16 *Schwampe* Seekaskoversicherung Klausel 8 Rn. 17.

17 Vertiefend zur Inkassovollmacht des Maklers: *Schwampe* Seekaskoversicherung Klausel 8 Rn. 18.

18 Dürfte in der Praxis äußerst selten sein, da Zahlungen über den Makler erfolgen. Im Übrigen gilt „Geld hat man zu haben", so dass es auf Umstände, die allein beim Schuldner liegen in der Regel nicht ankommt.

3. Ordnungsgemäße Mahnung durch den Versicherer

Abweichend von § 286 Abs. 2 Nr. 1 BGB erklärt Ziff. 20.4 die Mahnung für erforderlich. Diese hat **schriftlich** (§ 126 BGB) gegenüber jedem VN[19] zu erfolgen. Die Setzung einer Nachfrist zur Zahlung ist nicht zwingender Bestandteil einer Mahnung,[20] kann jedoch zusammen mit ihr oder separat erfolgen. Zu beachten ist, dass nur eine **Mahnung mit Nachfristsetzung** die **besonderen Verzugsfolgen der Ziff. 20.5, 20.6** herbeiführt. Zu den allgemeinen Verzugsfolgen vgl. Palandt/*Grüneberg* § 286 Rn. 40 ff. 18

VI. Rechtsfolge des Verzugs: Leistungsfreiheit des Versicherers (Ziff. 20.5)

Der VR ist leistungsfrei, wenn **bei Eintritt des Versicherungsfalls** die der Ziff. 20.4 entsprechende **Nachfristsetzung erfolglos** blieb und der VN sich noch nach Ablauf der gesetzten Frist mit der Prämienzahlung im Verzug befindet. Ziff. 20.5 deckt sich mit § 38 Abs. 2 VVG. Zu den Einzelheiten vgl. Bruck/Möller/*Beckmann* § 38 Rn. 62 ff. 19

VII. Rechtsfolge des Verzugs: Kündigungsrecht des Versicherers (Ziff. 20.6)

Ebenfalls steht dem VR ein Kündigungsrecht nach Ziff. 20.6 zu, wenn die „genannte" Frist – gemeint sind die **Zahlungsfristen nach Ziff. 20.3**[21] – **fruchtlos verstrichen** ist. Ziff. 20.6 stimmt mit § 38 Abs. 3 Satz 1 VVG überein mit der Ausnahme, dass die Kündigung nicht fristlos, sondern mit einer Frist von (mindestens[22]) 14 Tagen möglich ist. Vgl. zu den Einzelheiten Bruck/Möller/*Beckmann* § 38 Rn. 65 ff. Die 14-Tage-Frist beginnt mit Zugang der Kündigungserklärung beim VN. Dies ergibt sich bereits aus § 130 Abs. 1 Satz 1 BGB. Ziff. 20.6 Satz 2 Hs. 2 stellt klar, dass eine anderweitige Beendigung trotz Kündigung weiterhin möglich ist, sodass der Versicherungsvertrag weiterhin vor Ablauf der Kündigungsfrist enden kann. 20

Da in den DTV-ADS 2009 keine dem § 38 Abs. 3 Satz 3 VVG entsprechende Bestimmung existiert, ist es dem VN **nach Kündigung durch den VR** nicht möglich, durch **Zahlung der ausstehenden Teilprämie(n)** das Versicherungsverhältnis wieder aufleben zu lassen bzw. die Wirksamkeit der Kündigung zu verhindern. Jedoch kann in der Zahlung ein **Angebot zur Fortsetzung des Versicherungsverhältnisses** zu erblicken sein.[23] 21

---

19 BGH 8.1.2014 VersR **2014** 229.

20 Palandt/*Grüneberg* § 286 Rn. 17.

21 Vgl. *Schwampe* Seekaskoversicherung Klausel 8 Rn. 22.

22 Abweichungen sind zugunsten des VN möglich, vgl. Bruck/Möller/*Möller*[8] § 39 Anm. 45.

23 Eingehend: *Schwampe* Seekaskoversicherung Klausel 8 Rn. 28. Zu beachten ist in diesem Zusammenhang auch § 362 Abs. 1 Satz 1 HGB, sodass einem konkludenten Angebot des VN auf Fortsetzung des Versicherungsverhältnisses unverzüglich zu antworten ist, wenn der VR dieses Angebot nicht annehmen möchte. Insofern kann unabhängig vom Willen des VR bereits eine nicht unverzügliche Zurückweisung der Prämienzahlung zur Fortsetzung des Versicherungsvertrages führen.

VIII. Fälligkeit der Prämie bei nachträglichem Interessenwegfall nach Ziff. 3.2 (Ziff. 20.7)

1. Zahlung der Versicherungssumme (Ziff. 20.7 Satz 1)

22 Zahlt der VR die Versicherungssumme, steht ihm die gesamte Prämie sofort zu. Indirekt ergibt sich daraus, dass Ziff. 20.7 die **Fälligkeit der Prämienzahlungspflicht des VN in Fällen nachträglichen Interessenwegfalls** (**Ziff. 3.2**) regelt. Gemeint ist nämlich nicht jede beliebige Versicherungsleistung, sondern allein solche Fälle, in denen der VN unabhängig von der Schadenhöhe einen Anspruch auf die Versicherungssumme hat: Ziff. 42.1 (Abandon), Ziff. 60.1 Satz 1 (Totalverlust) und Ziff. 60.2 (Verschollenheit).[24] Gleiches gilt, wenn der VR nach Ziff. 61.2.2 leistet. All dies sind Fälle, in denen das versicherte Interesse nachträglich weggefallen ist.

2. Fälligkeit der Prämie; Umfang (Ziff. 20.7 Satz 2, Satz 3)

23 Von dem nachträglichen Wegfall des versicherten Interesses wird die Prämienzahlungspflicht nicht berührt, Ziff. 3.2;[25] Ziff. 20.7 regelt deren Fälligkeit, und zwar in **Abweichung von Ziff. 20.1, 20.2.** Insofern wird die dort vereinbarte **stufenweise Stundung**[26] **wieder aufgehoben**, sodass § 271 Abs. 1 BGB wieder Anwendung findet. Dies geschieht jedoch **erst, wenn der VR selbst geleistet hat**, nicht bereits mit Entstehung des Anspruchs des VN auf Zahlung der Versicherungssumme bzw. auf Zahlung nach Ziff. 61.2.2.

24 Ziff. 20.7 Satz 1 a.E. bestimmt, dass „die Jahresprämie zu zahlen" ist. Gemeint ist der noch nicht vorausbezahlte Teil[27] der **Gesamtprämie**, welche aufgrund der Üblichkeit der Jahresversicherung[28] **zumeist Jahresprämie** ist. Bei **unterjähriger** Versicherung hat der VN auch nur die Gesamtprämie zu zahlen. Für die **überjährige** Versicherung bestimmt Ziff. 20.7 Satz 3, dass als zu zahlende Jahresprämie die Prämie des laufenden Versicherungsjahres gilt.

25 Ziff. 20.7 Satz 2 bestimmt, dass etwaige **Rabatte,** die für Prämienvorauszahlungen gewährt werden, bei Zahlung des ausstehenden Teils der Gesamtprämie **nicht abzugsfähig** sind. Bei dieser der Ziff. 8.5 Satz 2 DTV-Kaskoklauseln stammenden Regelung handelt es sich um ein Überbleibsel, welches im Gegensatz zu den dazugehörigen Ziff. 8.3 Abs. 1, 8.4 Abs. 1 Hs. 1 DTV-Kaskoklauseln in die DTV-ADS 2009 übernommen wurde.

26 **Abzugsfähig** sind nach Ziff. 20.7 Satz 2 jedoch Rückgaben, auf die der VN einen Anspruch hat. Gemeint sind die **Rückgaben nach Ziff. 21.6** wegen Aufliegens des Schiffes. Weitere Rückgaben sind in den DTV-ADS 2009 nicht vorgesehen, können jedoch individuell vereinbart werden (§ 305b BGB).

IX. Aufrechenbarkeit von Prämienforderungen (Ziff. 20.8, 20.9)

27 **Ziff. 20.8** stellt klar, dass die Parteien des Versicherungsvertrages die Möglichkeit haben, eine **Erweiterung des sich aus § 387 BGB ergebenden Aufrechnungsrechts des VN** zu vereinbaren. Die Klarstellung geht auf § 16 ADS zurück, der noch eine anderweitige

---

[24] Vgl. *Schwampe* Seekaskoversicherung Klausel 8 Rn. 31.

[25] Ziff. 3 Rn. 5.

[26] Rn. 4.

[27] Auf bereits geleistete Teilprämien hat der VR – selbstverständlich – keinen erneuten Anspruch.

[28] Rn. 4.

Regelung traf und unter bestimmten Voraussetzungen auch eine Aufrechnung mit noch nicht fälligen Entschädigungsforderungen des VN zuließ. Sofern der **VR zustimmt,**[29] kann er **trotz fehlender** (von § 387 BGB vorausgesetzter[30]) **Fälligkeit der eigenen Forderung** mit „der Prämienforderung" des VR aufrechnen.

Ziff. 20.9 erweitert das Aufrechnungsrecht des VR ebenfalls, indem das **Erfordernis der Fälligkeit der eigenen Prämienforderung abbedungen** wird – zwar ohne ein der Ziff. 20.8 entsprechendes Zustimmungserfordernis seitens des VN, dafür jedoch **beschränkt auf „die nächste zu zahlende Prämienrate"**. Damit ist die Prämienrate gemeint, die der Aufrechnungserklärung des VR nachfolgt. **28**

C. Verfahrensfragen/Beweislast

Ziff. 20.4 enthält anders als § 280 Abs. 1 BGB keine von der allgemeinen Beweislast abweichende Vermutungsregel hinsichtlich des Vertretenmüssens des VN, sodass der VR selbiges zu beweisen hat. Im Übrigen ergeben hinsichtlich der Darlegungs- und Beweislast i.R.d. Ziff. 20 keine Besonderheiten, sodass u.a. der VR die Verzugsvoraussetzungen zu beweisen hat, wenn er die damit verbundenen Rechtsfolgen (insbes. Ziff. 20.5, 20.6) herbeiführen möchte. Will der VN mit noch nicht fälligen Gegenforderungen gegen die Prämienforderung des VR aufrechnen, muss er neben dem Bestehen der durch Ziff. 20.8 erweiterten Aufrechnungslage die schriftliche Zustimmung des VR hierzu beweisen. **29**

21 Aufliegen

21.1 Zeigt der Versicherungsnehmer dem Versicherer an, dass er das Schiff auflegen will, richtet sich die Deckung nach den folgenden Bestimmungen.

21.2 Als aufgelegt im Sinne der Police gilt ein Schiff,

21.2.1 das an einem mit dem Versicherer vereinbarten Ort aufgelegt wird,

21.2.2 das unbeladen ist,

21.2.3 an dem oder auf dem keine feuergefährlichen Arbeiten ausgeführt werden,

21.2.4 das mit nicht weniger als der nach den anwendbaren Vorschriften Mindestbesatzung besetzt ist,

21.2.5 das mindestens 30 volle Tage aufgelegt ist und

21.2.6 bei dem die Kaskotaxe nicht für die Dauer des Aufliegens durch Vereinbarung reduziert ist.

21.3 Der Versicherungsschutz für ein aufgelegtes Schiff bleibt vollen Umfangs aufrecht erhalten, beschränkt sich aber in Abänderung von Ziff. 23 auf das Revier des mit dem Versicherer vereinbarten Aufliegeorts.

21.4 Bevor das Schiff wieder in Fahrt gesetzt wird, ist der Versicherungsnehmer verpflichtet:

21.4.1 bei einem Aufliegezeitraum von bis zu drei Monaten die Empfehlungen der Klassifikationsgesellschaft und der Maschinenhersteller zur Widerinbetriebnahme einzuhalten und deren Einhaltung zu dokumentieren;

---

[29] Zustimmung i.S.d. §§ 183 Satz 1, 184 Abs. 1 BGB.

[30] Palandt/*Grüneberg* § 387 Rn. 11.

21.4.2 bei einem Aufliegezeitraum von mehr als drei Monaten auf eigene Kosten einen Sachverständigen für eine Wiedederinfahrtsetzungs-Besichtigung, die nicht früher als 15 Tage vor Wiederinfahrtsetzen des Schiffes durchgeführt werden darf, zu bestellen und dem Versicherer dessen Bericht vorzulegen;

21.4.3 die gegebenenfalls vom Sachverständigen gemäß Ziff. 21.4.2 festgestellten Schäden oder Mängel zu beseitigen.

21.5 Der örtliche Deckungsbereich der Versicherung entspricht wieder den vereinbaren Fahrtgrenzen, sobald der Versicherungsnehmer die Beendigung des Aufliegens anzeigt und das Schiff wieder in Fahrt gesetzt ist.

21.6 Für die Zeit des Aufliegens werden die mit dem Versicherer vereinbarten Prämienrückgaben gewährt. Die Prämienrückgabe erfolgt quartalsweise im Nachhinein.

Übersicht

A. Einführung

I. Bedeutung der Klausel

1 Die Ziffer trifft Regelungen für den Fall, dass der Reeder sein Schiff auflegen will, d.h. für einen gewissen Zeitraum, der über die üblichen Wartezeiten zwischen einzelnen Transportaufträgen oder zwischen dem Ende und dem Abschluss eines neuen Chartervertrages hinausgeht, nicht beschäftigen will. Hintergrund ist die kommerzielle Entscheidung, ein Schiff nicht zu Charterraten zu beschäftigen, die nicht auskömmlich sind, die Kosten des Betriebs (Opex) und des Kapitals (Capex) zu bedienen. Die Ziff. 21 soll dem geänderten Interesse und Risiko sowie der nur temporären Änderung Rechnung tragen.

II. Vergleich zu ADS/DTV-Kaskoklauseln

2 In Ziff. 10 DTV-Kaskoklauseln wurde das sog. Stilllegen geregelt, bei dem es lediglich auf das *tatsächliche* Stilllegen ankam. Die Klausel beschränkte sich auf die Ausgestaltung des Anspruchs des VN auf Prämienrückgabe für die durch die Stilllegung vermutete

Gefahrminderung.[1] Demgegenüber stellt Ziff. 21 der DTV-ADS 2009 eine deutlich umfangreichere Regelung dar, bei der die Wieder-in-Fahrt-Setzung (Ziff. 21.4, 21.5) den Regelungsschwerpunkt bildet. Die Prämienrückgabe ist deutlich gekürzt in Ziff. 21.6 geregelt. In Ziff. 21.1 ist die neue Regelung enthalten, der zufolge das Aufliegen vom VN angezeigt werden muss, damit sich die Deckung nach Ziff. 21 bestimmt. Ziff. 21.3 formuliert klar, dass durch das Aufliegen der örtliche Versicherungsschutz begrenzt, dieser im Übrigen jedoch vollumfänglich erhalten bleibt. Zudem ist nunmehr nicht jedes Stilllegen i.S.d. Ziff. 10.1 Satz 1 DTV-Kaskoklauseln ein Aufliegen i.S.d. Ziff. 21.2.

B. Erläuterung der Klausel

I. Anzeige (Ziff. 21.1); Verhältnis zu Ziff. 24

Die Anzeige des Aufliegens durch den VN ist **Voraussetzung für die Anwendbarkeit der Deckung nach Ziff. 21**. Anders als nach Ziff. 10 DTV-Kaskoklauseln ist das tatsächliche Aufliegen nicht ausreichend. Allerdings stellt das Anzeigeerfordernis weder eine einklagbare Rechtsplicht, noch eine Obliegenheit i.S.d. Ziff. 46 dar. Durch die Anzeige des VN (einseitige Willenserklärung) wird vielmehr der Inhalt der vertraglichen Leistungspflichten für den Aufliegezeitraum geändert, **§ 315 BGB**. 3

Der **Zeitpunkt** der Anzeige muss **dem Aufliegen vorausgehen**, denn der VN muss anzeigen, „dass er das Schiff auflegen will". Erfolgt die Anzeige erst nach dem Aufliegen oder unterbleibt sie gänzlich, ist Ziff. 21 nicht anwendbar. Das Aufliegen ist dennoch anzuzeigen, da darin eine **Gefahränderung i.S.d. Ziff. 24** zu sehen ist. Ist Ziff. 21, in welcher der Anspruch auf Prämienrückgabe (Ziff. 21.6) aus der vermuteten Gefahrminderung resultiert,[2] nicht anwendbar,[3] kann das Aufliegen **nach Ziff. 24 auch Gefahrerhöhung** sein. 4

Im Übrigen **verdrängt** Ziff. 21 Ziff. 24 weitgehend, vgl. jedoch Rn. 11. 5

Problematisch ist der Fall, dass zwar das geplante Aufliegen angezeigt, das Schiff dann jedoch **tatsächlich nicht aufgelegt** wird, entweder weil gar keine Stilllegung erfolgt oder jedenfalls die Voraussetzungen der Ziff. 21.2 nicht erfüllt werden. Nach dem Wortlaut Ziff. 21.1 („Zeigt der Versicherungsnehmer [...] an, [...] richtet sich die Deckung nach den folgenden Bestimmungen.") erscheint allein die Anzeige des Aufliegens für die Anwendbarkeit der Ziff. 21 ausreichend zu sein, sodass sich insbes. der Versicherungsschutz in örtlicher Hinsicht (Ziff. 21.3) bereits aufgrund der Anzeige ändert, unabhängig davon, ob und wo das Schiff aufgelegt wird. Allerdings knüpfen die Rechtsfolgen der Ziff. 21 sämtlich an das – nach der Anzeige – *tatsächlich erfolgte Aufliegen* an: 6

So bestimmt Ziff. 21.3, dass sich der örtliche Versicherungsschutz „für ein aufgelegtes Schiff" ändert; Ziff. 21.4, 21.5 knüpfen daran an, dass „das Schiff wieder in Fahrt gesetzt" wird. Die Wiederinfahrtsetzung wird in Ziff. 21.5 zudem ausdrücklich neben der Anzeige der Beendigung des Aufliegens genannt. Gem. Ziff. 21.6 erfolgt die Gewährung der Prämienrückgaben „für die Zeit des Aufliegens" und nicht etwa für die Zeit zwischen den Anzeigen nach Ziff. 21.1 und 21.5. 7

---

1 Rn. 4.

2 *Schwampe* Seekaskoversicherung Klausel 10 Rn. 2.

3 Wenn die Anzeige nicht den Anforderungen der Ziff. 21.1 oder das Aufliegen nicht denen der Ziff. 21.2 entspricht.

8 Aus diesen Formulierungen wird ersichtlich, dass die **bloße Anzeige der Absicht, das Schiff aufzulegen selbst nicht ausreicht**, um den Inhalt der vertraglichen Leistungspflichten gem. Ziff. 21 zu modifizieren und führt insbesondere nicht dazu, dass eine Begrenzung der Fahrtrenzen auf das vereinbarte Aufliegerevier (Ziff. 21.3) erfolgt.

9 Diesem Ergebnis widerspricht auch nicht der Wortlaut der Ziff. 21.1. Sofern gem. Ziff. 21.1 die Bestimmungen der Ziff. 21.2 bis 21.6 gelten, wenn das geplante Aufliegen angezeigt wird, dann dient diese Formulierung lediglich dem Ausschluss von bereits vor der Anzeige aufgelegten Schiffen vom Anwendungsbereich der Ziff. 21. Zudem entspräche es nicht dem Interesse des VN, wenn sich insbes. der örtliche Versicherungsschutz bereits ändern würde, bevor das aufzulegende Schiff das vereinbarte Aufliegerevier erreicht hat. In diesem Fall würde dem VN die Möglichkeit genommen werden, das Aufliegen anzuzeigen, bevor sich das Schiff im vereinbarten Aufliegerevier befindet. **Außerdem hat auch der VR selbst ein grundsätzliches Interesse daran, möglichst frühzeitig von bevorstehenden Gefahränderungen zu erfahren**, vgl. Ziff. 24.2, was im Falle des Aufliegens als spezieller Fall der Gefahränderung[4] nicht anders sein dürfte.

10 **Sachgerecht** erscheint es daher, dem VN jederzeit die Möglichkeit zu geben, das geplante Aufliegen anzuzeigen und die **Rechtsfolgen der Ziff. 21 an die Voraussetzung zu knüpfen, dass später tatsächlich i.S.d. Ziff. 21.2 aufgelegt wird.** Da das Aufliegen des Schiffes dem Eintritt in das vereinbarte Aufliegerevier nachfolgt, spielt die örtliche Begrenzung des Versicherungsschutzes nach Ziff. 21.3 nur dann eine Rolle, wenn das Schiff nach Wiederinfahrtsetzung aus dem Aufliegerevier herausbewegt wird, ohne dass der VN die Beendigung des Aufliegens gem. Ziff. 21.5 angezeigt hat.

11 Verlangt der VN die Gewährung der Prämienrückgaben nach Ziff. 21.6, hat er, sofern dies bei der Anzeige nach Ziff. 21.1 noch nicht erfolgt ist, anzugeben, in welchem Zeitraum das Schiff tatsächlich aufgelegt war. Ergeben sich Abweichungen im ursprünglich angegebenen Beginn des Aufliegens, hat der VN dies unverzüglich mitzuteilen (Ziff. 24.2).

II. Definition Aufliegen (Ziff. 21.2)

1. Allgemein

12 Ziff. 21.2 definiert nicht, was unter Auflegen zu verstehen ist, sondern beschreibt nur, welche Voraussetzungen erfüllt sein müssen, damit das betroffene Schiff als „Auflieger" i.S.d. Bedingungen gilt. Statt den Begriff des Aufliegens zu definieren, verweist die Klausel in Ziff. 21.2.1 in einem Zirkelschluss darauf, dass das Schiff als aufgelegt i.S.d. Police gilt, wenn es an einem mit dem VR vereinbarten Ort aufgelegt wird. **Allgemein wird unter Aufliegen die temporäre Außerbetriebnahme eines Schiffes verstanden.** In dieser Zeit steht das Schiff weder zur Durchführung von Frachtreisen bereit, noch werden Reparaturen noch sonstige Baumaßnahmen durchgeführt.

2. Vereinbarter Aufliegeort (Ziff. 21.2.1)

13 Der Aufliegeort ist durch VN und VR zu **vereinbaren**, §§ 145 ff. BGB. Dies kann jeder **beliebig eingegrenzte Ort** vom bestimmten Liegeplatz bis hin zu einem Hafen oder einer Bucht sein. Vom Aufliegeort i.S.d. Ziff. 21.2.1 ist das **Revier i.S.d. Ziff. 21.3** zu unterscheiden.[5]

---

[4] Rn. 4.

[5] Rn. 19 ff.

3. Unbeladenes Schiff (Ziff. 21.2.2)

Das Schiff ist unbeladen, wenn es nichts an Bord hat, was es bestimmungsgemäß befördern soll. **Nicht** zur Ladung gehört somit, was **Schiffszubehör (Ziff. 54.1) oder Schiffsausrüstung** (Ziff. 54.2) ist.[6] 14

4. Keine Ausführung feuergefährlicher Arbeiten (Ziff. 21.2.3)

Ebenso wenig wie das Aufliegen[7] definieren die DTV-ADS 2009, was unter **feuergefährlichen Arbeiten** zu verstehen ist. Allgemein sind darunter alle Tätigkeiten zu verstehen, die das **Risiko eines Brandes** mit sich bringen. 15

5. Mindestbesatzung (Ziff. 21.2.4)

Vorschriften über die Mindestbesatzung sind in den DTV-ADS 2009 nicht enthalten, sondern nur Verweise auf Sicherheitsvorschriften, die wiederum auf Regelungen zur Mindestbesatzung verweisen. Die Besetzung von Seeschiffen unter deutscher Flagge richtet sich nach der **Schiffsbesetzungsverordnung**, die jedoch keine Anzahl von Besatzungsmitgliedern für Auflieger vorschreibt.[8] Sichergestellt werden muss jedenfalls, dass bestimmte Mindestsicherheitsanforderungen erfüllt werden können.[9] 16

6. Mindestaufliegezeitraum (Ziff. 21.2.5)

Der Mindestaufliegezeitraum beträgt **30 volle Tage**. Das bedeutet, dass der Tag des Aufliegens, sofern dieses nicht zufällig um 00:00 Uhr stattfindet, nicht mitgerechnet wird. Wird das Schiff bereits im Laufe des dreißigsten Tages, also vor 24:00 Uhr, wieder in Fahrt gesetzt, ist die Mindestaufliegezeit ebenfalls nicht erfüllt. Zudem wird der Aufliegezeitraum **unterbrochen**, wenn zwischenzeitlich die anderen Voraussetzungen der Ziff. 21.2 nicht erfüllt sind. Das bedeutet, dass z.B. durch die Durchführung feuergefährlicher Arbeiten oder die zwischenzeitliche Nichteinhaltung der Mindestbesatzung der Aufliegezeitraum beendet wird. Sind bis zu diesem Zeitpunkt nicht bereits mindestens 30 volle Tage vergangen, ist das Schiff von Anfang an nicht i.S.d. Ziff. 21.2 aufgelegt, da der Mindestaufliegezeitraum nicht erreicht wurde. Nach dieser Unterbrechung beginnt der Zeitraum von neuem zu laufen. 17

7. Keine vereinbarte Reduzierung der Kaskotaxe (Ziff. 21.2.6)

Ein Aufliegen i.S.d. Ziff. 21.2 setzt voraus, dass die Kaskotaxe (Ziff. 10.3) nicht durch vertragliche Vereinbarung herabgesetzt wird. Durch eine derartige Vereinbarung und die damit verbundene Prämienreduzierung wird der Gefahrminderung während des Aufliegezeitraums – wenn auch nur mittelbar – ausreichend Rechnung getragen, sodass 18

---

[6] *Schwampe* Seekaskoversicherung Klausel 10 Rn. 8.

[7] Rn. 12.

[8] Vgl. https://www.bg-verkehr.de/service/downloads/dienststelle-schiffssicherheit/schiffsbesetzung/informationen-ueber-auflieger/auflieger.

[9] Die Hamburger Hafenverkehrsordnung regelt in § 35 Abs. 1, Abs. 3 Satz 1, dass Seeschiffe während ihres Aufenthaltes im Hafen ausreichend besetzt sein müssen. Soll ein See- oder Binnenschiff ohne Besatzung in einem Seeschiffhafen aufliegen, so muss sich mindestens ein schifffahrtskundiger Fachmann an Bord befinden.

der VN nicht zusätzlich in den Genuss der Prämienrückgabe nach Ziff. 21.6 kommen soll. Da in eine derartige **Taxenherabsetzung nicht zwangsläufig eine vertragliche Abbedingung der Ziff. 21** hineinzulesen ist, hat Ziff. 21.2.6 zumindest klarstellende Funktion.

III. Umfang des Versicherungsschutzes während des Aufliegens (Ziff. 21.3)

19 Durch das Aufliegen wird der Versicherungsschutz ausdrücklich nicht berührt. Es findet lediglich eine **örtliche Begrenzung** statt, und zwar entgegen der Formulierung der Ziff. 21.3 auch, wenn gar keine Fahrtgrenzen nach Ziff. 23 vereinbart wurden.[10]

20 Der Versicherungsschutz wird in örtlicher Hinsicht „auf das **Revier** des [...] vereinbarten Aufliegeorts" begrenzt. Daraus wird deutlich, dass das Revier nicht gleichbedeutend mit dem nach Ziff. 21.2.1 vereinbarten Aufliegeort ist, wird in den DTV-ADS 2009 jedoch nicht definiert. Zu verstehen ist hierunter der **Hafenbereich oder der Ankerplatz bis zur offenen See.**

21 Anders als die Überschreitung der Fahrtgrenzen nach Ziff. 23 ist das Verlassen des Reviers nicht Gefahrerhöhung i.S.d. Ziff. 24, sondern Verlassen des geographischen Versicherungsschutzes. Tritt der Versicherungsfall **außerhalb des Reviers** ein, ist der VR folglich nicht nur in Fällen der Ziff. 24.3, sondern grundsätzlich **nicht zur Leistung verpflichtet.**

IV. Maßnahmen vor Wieder-in-Fahrt-Setzung (Ziff. 21.4)

1. Allgemein

22 Bevor das Schiff wieder in Fahrt gesetzt und dadurch die Aufliegezeit beendet wird, müssen je nach Dauer des Aufliegens unterschiedlich aufwändige **Wiederinbetriebnahmemaßnahmen** ergriffen werden. Entgegen des Wortlauts („ist der Versicherungsnehmer verpflichtet", Ziff. 21.4) stellt die Durchführung dieser Maßnahmen keine Rechtspflicht, sondern eine **Obliegenheit** i.S.d. Ziff. 46 dar.

23 Das Schiff ist **wieder in Fahrt gesetzt**, wenn es – als Pendant zum Aufliegen – wieder in Betrieb genommen wurde, m.a.W. für die Frachtenreise wieder einsatzbereit ist oder Reparaturen bzw. andere baulichen Maßnahmen durchgeführt werden. Der Wegfall der Voraussetzungen der Ziff. 21.2 allein ist nicht ausreichend. In diesem Fall ist das Schiff nicht wieder in Fahrt gesetzt, sondern lediglich nicht mehr aufgelegt i.S.d. Ziff. 21.2. Die Anzeige der Beendigung des Aufliegens gehört nicht zur (tatsächlichen) Wieder-in-Fahrt-Setzung.[11]

2. Aufliegezeitraum von bis zu drei Monaten (Ziff. 21.4.1)

24 Beträgt die Aufliegezeit maximal drei Monate, so sind vor der wieder-in-Fahrt-Setzung die **Empfehlungen der Klassifikationsgesellschaft und der Maschinenhersteller** zur Wiederinbetriebnahme einzuhalten. Die Einhaltung ist zu dokumentieren, wobei an die **Dokumentation** keine weiteren Anforderungen gestellt werden; insbesondere muss die Wiederinbetriebnahme nicht von einem Gutachter beaufsichtigt werden.

---

[10] Zu nicht vereinbarten Fahrtgrenzen: Ziff. 23 Rn. 3.

[11] Vgl. Ziff. 21.5: „sobald der Versicherungsnehmer ... anzeigt *und* das Schiff wieder in Fahrt gesetzt ist".

3. Aufliegezeitraum von mehr als drei Monaten (Ziff. 21.4.2, 21.4.3)

Beträgt der Aufliegezeitraum des Schiffes mehr als drei Monate, muss der VN auf eigene Kosten einen **Sachverständigen** für eine **Wiederinfahrtsetzungs-Besichtigung** bestellen und dessen Bericht dem VR vorlegen. Dabei ist zu beachten, dass der Zeitraum für die Besichtigung nicht mehr als 15 Tage vor Wiederinfahrtsetzen des Schiffes stattfinden darf. Die Auswahl des Sachverständigen bedarf nicht der Zustimmung des VR, sodass die Auswahl im Ermessen des VN steht, solange er nicht eine Person aussucht, die keine Sachkunde aufweist. 25

Der Wortlaut der **Ziff. 21.4.2 nimmt nicht auf die Verpflichtung gem. Ziff. 21.4.1 Bezug**, derzufolge der VN die Empfehlungen der Klassifikationsgesellschaft und der Maschinenhersteller zur Wiederinbetriebnahme einzuhalten und deren Einhaltung zu dokumentieren hat. Im Wege der Auslegung ist allerdings zu ermitteln, dass diese Voraussetzungen zusätzlich zur Bestellung von Sachverständigen zu erfüllen sind, da bei einem größeren Zeitraum erst recht die Vorschriften der Klassifikationsgesellschaften und der Hersteller einzuhalten sind. 26

V. Ende des Aufliegens (Ziff. 21.5)

Das Aufliegen und damit die örtliche Begrenzung des Versicherungsschutzes ist beendet, wenn das Schiff **wieder in Fahrt gesetzt** wurde und das Ende des Aufliegens vom VN **angezeigt** wurde. Diese Anzeige bewirkt wie die Anzeige nach Ziff. 21.1[12] eine inhaltliche Umgestaltung des Versicherungsvertrages. Dazu, wann ein Schiff tatsächlich wieder in Fahrt gesetzt ist vgl. Rn. 23. 27

Tatsächliche wieder-in-Fahrt-Setzung und Anzeige der Beendigung des Aufliegens müssen **kumulativ** vorliegen, um den örtlichen Versicherungsschutz wieder dem ursprünglichen Umfang anzupassen. Um nicht das Risiko eines nicht gedeckten Schadenfalls einzugehen, ist der VN daher gut beraten, das Schiff nicht aus dem Revier i.S.d. Ziff. 21.3 herauszubewegen, bevor die Anzeige der Beendigung des Aufliegens erfolgt ist. 28

VI. Anspruch des Versicherungsnehmers auf Prämienrückgabe (Ziff. 21.6)

Sind die **Voraussetzungen der Ziff. 21.1, 21.2** erfüllt, hat der VN einen Anspruch auf individuell **vereinbarte Prämienrückgaben**. Wurden weder bei Vertragsschluss noch nachträglich[13] Prämienrückgaben vereinbart, besteht dieser Anspruch nicht, auch nicht in der Form, dass der VN vom VR die Nachholung einer entsprechenden Vereinbarung verlangen könnte. 29

Die Prämienrückgabe wird für die Zeit des Aufliegens gewährt. Gemeint ist damit nur der Zeitraum, in welchem das Schiff den Anforderungen der Ziff. 21.2 entsprechend aufgelegt wurde. Vgl. hierzu insbes. Rn. 13 ff. 30

Die Zahlung der Prämienrückgabe erfolgt quartalsweise im Nachhinein. Der Anspruch des VN auf die Prämienrückgabe wird also nicht bereits während des Aufliegens 31

[12] Rn. 3.
[13] *Schwampe* Seekaskoversicherung Klausel 10 Rn. 12.

fällig, sondern erst nach deren Beendigung, und zwar mit Beginn des darauffolgenden Quartals i.S.d. Ziff. 20.3. In diesem Zeitpunkt entsteht eine Aufrechnungslage i.S.d. § 387 BGB.

32 Sofern der VR nicht einer Aufrechnung vor Fälligkeit, also vor Beginn des nächsten Quartals zugestimmt hat (Zustimmung i.S.d. Ziff. 20.8), hat der VN während des Aufliegezeitraums die volle Prämienrate zu zahlen.

C. Verfahrensfragen/Beweislast

33 Will sich der VR darauf berufen, dass der **geographische Deckungsumfang** entsprechend Ziff. 21.3 begrenzt ist und demnach im Falle einen Schadensereignisses außerhalb dieses Bereichs keine Leistungspflicht besteht, muss er beweisen, dass das Schiff gem. Ziff. 21.2 aufgelegt war und ihm dies zuvor angezeigt wurde (Ziff. 21.1). Zudem muss der VR beweisen, dass der Schaden außerhalb des Reviers nach Ziff. 21.3 entstanden ist. Der **VN** muss in diesem Fall dagegen beweisen, dass vor Eintritt des Schadensereignisses zwischenzeitlich der geographische Deckungsumfang wieder auf die vereinbarten Fahrtgrenzen erweitert wurde, Ziff. 21.5 und das Schadensereignis in diesen Grenzen eingetreten ist. Er muss also die Wieder-in-Fahrt-Setzung sowie den Zugang einer entsprechenden Anzeige beim VR vor Schadenseintritt beweisen.

34 Da die **Nichtbeachtung** der nach Ziff. 21.4 zu ergreifenden **Maßnahmen vor der Wiederinbetriebnahme** des Schiffes Obliegenheitsverletzung ist, hat der VR zur Herbeiführung seiner Leistungsfreiheit – neben der Dauer des Aufliegens (mehr oder weniger als drei Monate) und der Nichtbeachtung der sich nach der Aufliegedauer richtenden Maßnahmen – auch die allgemeinen Voraussetzungen der Ziff. 46 Satz 1 zu beweisen, insbes. die vorsätzliche oder grob-fahrlässige Nichtbeachtung der Ziff. 21.4. Der **VN** kann zur Aufrechterhaltung der Leistungspflicht des VR den Kausalitätsgegenbeweis gem. Ziff. 46 Satz 2 erbringen.[14]

35 Verlangt der VN die Zahlung der **Prämienrückgabe** nach Ziff. 21.6, muss er zum einen beweisen, dass entsprechende Prämienrückgaben vereinbart wurden. Zum anderen muss der VN den Zeitpunkt des Aufliegens nach Ziff. 21.2 sowie die zuvor erfolgte Anzeige nach Ziff. 21.1 und auch den Zeitpunkt der Beendigung des Aufliegens beweisen.

VI. Anzeigepflicht, Gefahränderung

22 Vorvertragliche Anzeigepflicht des Versicherungsnehmers

22.1 Der Versicherungsnehmer hat beim Abschluss des Vertrages alle für die Übernahme des Versicherungsschutzes gefahrerheblichen Umstände anzuzeigen, es sei denn, die Umstände sind allgemein bekannt, und die gestellten Fragen wahrheitsgemäß und vollständig zu beantworten. Gefahrerheblich sind die Umstände, die geeignet sind, auf den Entschluss des Versicherers, den Vertrag überhaupt oder mit dem vereinbarten Inhalt

[14] Vgl. im Einzelnen zu den Voraussetzungen und der Beweislastverteilung nach Ziff. 46 Bruck/Möller/*Jaeger* DTV-ADS 2009 Ziff. 46 Rn. 9 ff.

abzuschließen, Einfluss auszuüben. Ein Umstand, nach dem der Versicherer ausdrücklich oder schriftlich gefragt hat, gilt im Zweifel als gefahrerheblich. Wird der Vertrag von einem Vertreter des Versicherungsnehmers geschlossen und kennt dieser den gefahrerheblichen Umstand, muss sich der Versicherungsnehmer so behandeln lassen, als habe er selbst davon Kenntnis gehabt.

22.2 Bei unvollständigen oder unrichtigen Angaben ist der Versicherer von der Verpflichtung zur Leistung frei. Der Versicherer kann ferner innerhalb eines Monats von dem Zeitpunkt an, in dem er Kenntnis von dem nicht oder unrichtig angezeigten Umstand erlangt hat, den Vertrag kündigen.

Dies gilt auch dann, wenn die Anzeige deshalb unterblieben ist, weil der Versicherungsnehmer den Umstand infolge von grober Fahrlässigkeit nicht kannte.

Ist der Versicherungsfall bereits eingetreten, darf der Versicherer den Versicherungsschutz nicht versagen, wenn der Versicherungsnehmer nachweist, dass die unvollständige oder unrichtige Angabe weder auf den Eintritt des Versicherungsfalls noch auf den Umfang der Leistungspflicht Einfluss gehabt hat.

Verweigert der Versicherer die Leistung, kann der Versicherungsnehmer den Vertrag kündigen. Das Kündigungsrecht erlischt, wenn es nicht innerhalb eines Monats von dem Zeitpunkt an ausgeübt wird, zu welchem dem Versicherungsnehmer die Entscheidung des Versicherers, die Leistung zu verweigern, zugeht.

22.3 Der Versicherer bleibt zur Leistung verpflichtet, wenn er die gefahrerheblichen Umstände oder deren unrichtige Anzeige kannte.

Das Gleiche gilt, wenn der Versicherungsnehmer nachweist, dass die unrichtigen oder unvollständigen Angaben weder von ihm noch von seinem Vertreter schuldhaft gemacht wurden.

22.4 Bleibt der Versicherer mangels Verschulden des Versicherungsnehmers oder dessen Vertreter zur Leistung verpflichtet, gebührt dem Versicherer eine der höheren Gefahr entsprechend zu vereinbarende Zuschlagsprämie. Das Gleiche gilt, wenn bei Abschluss des Vertrages ein gefahrerheblicher Umstand schuldlos nicht bekannt war.

22.5 Das Recht des Versicherers, den Vertrag wegen arglistiger Täuschung über Gefahrumstände anzufechten, bleibt unberührt.

Übersicht

A. Einführung

I. Bedeutung der Klausel

1 Ziff. 22 regelt zusammenfassend die vorvertragliche Anzeigepflicht des VN sowie alle mit ihr verbundenen Rechtsfolgen. Die Anzeigepflicht ist Obliegenheit, keine Verpflichtung im Rechtssinne.[1] Im Falle einer Anzeigepflichtverletzung ist der VR grds. leistungsfrei; daneben steht ihm ein Kündigungsrecht zu (Ziff. 22.2 Abs. 1). Dem VN stehen verschiedene Wege offen, die Leistungspflicht des VR aufrecht zu erhalten, insbes. durch Kausalitätsgegenbeweis und Exkulpierung. Sofern der VR aus diesem Grunde zur Leistung verpflichtet bleibt, hat er Anspruch auf Zahlung einer Zuschlagsprämie (Ziff. 22.4).

II. Vergleich zu ADS/DTV-Kaskoklauseln

2 Die vorvertragliche Anzeigepflicht wurde in den §§ 19 bis 22 ADS geregelt; die DTV-Kaskoklauseln enthalten hierzu keinerlei Regelungen. Die DTV-ADS 2009 lehnen sich jedoch nicht an die Vorschriften der ADS an, sondern haben größtenteils Ziff. 4 DTV-Güter 2000/2008 wörtlich übernommen. Damit sind die Folgen einer vorvertraglichen Anzeigepflichtverletzung deutlich versicherungsnehmerfreundlicher als in den ADS ausgestaltet, da der VR auch im Falle der Falschanzeige nicht verschuldensunabhängig leistungsfrei ist (Ziff. 22.3 Abs. 2)[2] und in allen Fällen bei bereits eingetretenem Versicherungsfall die Leistungspflicht des VR bei fehlender Kausalität bestehen bleibt (Ziff. 22.2 Abs. 2). Allerdings räumen die DTV-ADS 2009 anders als die DTV-Güter 2000/2008 dem VR zusätzlich ein Kündigungsrecht im Falle der vorvertraglichen Anzeigepflichtverletzung ein (Ziff. 22.2 Abs. 1 Satz 2). Das Kündigungsrecht des VN für den Fall der Leistungsverweigerung des VR (Ziff. 22.2 Abs. 4) war bereits in den DTV-Güter 2000/2008 enthalten.

B. Erläuterung der Klausel

I. Entstehen und Inhalt der vorvertraglichen Anzeigepflicht; Wissenszurechnung (Ziff. 22.1)

1. Entstehen der vorvertraglichen Anzeigepflicht

3 Der VN hat seine vorvertragliche Anzeigepflicht **„beim Abschluss des Vertrages“** zu erfüllen, er kann dies jedoch **auch früher** tun.[3] Mit Vertragsschluss endet die vorvertragliche Anzeigepflicht, sodass danach nur noch gefahrändernde Umstände nach Ziff. 24.2 anzuzeigen sind.[4]

---

[1] Bruck/Möller/*Rolfs* § 19 Rn. 6; Prölss/Martin/*Prölss* § 19 Rn. 30 m.w.N.

[2] § 20 Abs. 1 Satz 1 ADS wurde im Hinblick auf die verschuldensunabhängige Leistungsfreiheit für unwirksam erklärt, BGH 28.4.1980 VersR **1980** 964; **a.A.** noch *Ritter/Abraham* § 20 Anm. 30, 32. Vgl. hierzu auch Beckmann/Matusche-Beckmann/*Heiss* § 38 Rn. 245.

[3] *Ritter/Abraham* § 19 Anm. 16. Allgemein zur vorvertraglichen Anzeigepflicht, insbesondere Anzeigepflichtiger und Anzeigeempfänger: Bruck/Möller/*Rolfs* § 19 Rn. 19 ff., 74 ff.

[4] *Ritter/Abraham* § 19 Anm. 20.

Die vorvertragliche Anzeigepflicht besteht nicht nur bei Abschluss eines vollkommen neuen Vertrages, sondern **auch Änderungen, Ergänzungen, Verlängerungen oder Erneuerungen des Vertrages**, die der Schließung des Vertrages gleichstehen.[5] Sämtliche Änderungen, die eine Erweiterung des Umfangs des Leistungsversprechens zur Folge haben, sind Gegenstand der Anzeigepflicht.[6] 4

Nicht erfasst sind hiervon Änderungen, auf die der VN einen vertraglichen Anspruch hat.[7] Hierzu gehört die Vertragsverlängerung nach Ziff. 9.2, die Begrenzung des örtlichen Versicherungsschutzes bei Aufliegen nach Ziff. 21.3 und die Wiederherstellung des ursprünglichen örtlichen Versicherungsschutzes gem. Ziff. 21.5. 5

2. Inhalt der vorvertraglichen Anzeigepflicht

Anders als in § 19 Abs. 1 Satz 1 VVG muss der VN nicht nur Umstände anzeigen, nach denen der VR gefragt hat, sondern **alle gefahrerheblichen Umstände, die nicht allgemein bekannt sind** (Ziff. 22.1 Abs. 1 Satz 1).[8] An das Nachfragen des VR wird nur insofern angeknüpft, als dass Umstände, nach denen „ausdrücklich oder schriftlich" gefragt wird, **im Zweifel** als **gefahrerheblich** anzusehen sind (Ziff. 22.1 Abs. 1 Satz 3). Die Zweifelsregel ist nach dem Wortlaut der Klausel auf ausdrückliche *oder* schriftliche Fragen des VR anwendbar. Aufgrund der Ähnlichkeit der Regelung zu § 16 Abs. 1 Satz 3 VVG a.F. ist jedoch vielmehr davon auszugehen, dass Fragen gemeint sind, die **ausdrücklich *und* schriftlich** gestellt wurden, §§ 133, 157 BGB. Demnach ist also erforderlich, dass der VR schriftlich[9] und hinreichend konkret (= ausdrücklich) nach einem Gefahrumstand fragt. Generelle Fragen wie „Sind sonstige gefahrerhebliche Umstände bekannt?" sind nicht ausreichend.[10] 6

Kenntnis des VR schließt die Anzeigepflichtigkeit nicht aus, wie sich im Umkehrschluss aus Ziff. 22.3 Abs. 1 ergibt. Anders, wenn ein Umstand **allgemein bekannt** ist. Allgemein bekannt sind Umstände, die zur allgemeinen Lebenserfahrung sowie zum Bestand des Durchschnittswissens gehören, darüber hinaus auch das beim Seeversicherer vorauszusetzende Fachwissen.[11] 7

Die vorvertragliche Anzeigepflicht besteht nur für solche gefahrerheblichen Umstände, über die der **VN** im relevanten Zeitpunkt[12] **Kenntnis** hatte. Dies gilt, obwohl Ziff. 22.1 anders als § 19 Abs. 1 Satz 1 VVG und auch § 19 Abs. 1 Satz 1 ADS nicht ausdrücklich nur auf dem VN bekannte Umstände abstellt. Dass die **Nichtanzeige (schuldlos oder fahrlässig) nicht bekannter Umstände keine vorvertragliche Anzeigepflichtverletzung** begründet, ergibt sich zum einen daraus, dass die Zurechnungsnorm der Ziff. 21.1 Satz 4 nur auf positive Kenntnis und nicht etwa auch Kennenmüssen abstellt. Zum anderen wird die Leistungsfreiheit des VR wegen Anzeigepflichtverletzung nach Ziff. 22.2 Abs. 1 durch Ziff. 22.2 Abs. 2 auf Fälle der Nichtanzeige grob fahrlässig nicht bekannter Umstände dem Wortlaut nach *erweitert* und nicht etwa im Falle der Nichtanzeige generell unbekannter Umstände auf grob fahrlässig nicht bekannte Umstände *beschränkt*. 8

---

[5] *Ritter/Abraham* § 19 Anm. 19.

[6] BGH 9.12.1992 VersR **1993** 213, 214; *Neuhaus* r+s **2013** 583 f. m.w.N.

[7] Im Umkehrschluss aus BGH 9.12.1992 VersR **1993** 213, 214.

[8] Allgemein zum Begriff der gefahrerheblichen Umstände: Bruck/Möller/*Rolfs* § 19 Rn. 37.

[9] Nicht Schriftform i.S.d. § 126 Abs. 1 BGB, Bruck/Möller/*Möller*[8] § 16 Anm. 29. Ausreichend ist vielmehr Textform i.S.d. § 126b BGB.

[10] Bruck/Möller/*Möller*[8] § 16 Anm. 29. Zu den weiteren Anforderungen an die Frage des VN vgl. Bruck/Möller/*Rolfs* § 19 Rn. 28.

[11] *Ritter/Abraham* § 19 Anm. 29.

[12] Rn. 3.

3. Nachfrageobliegenheit des Versicherers

9 Gemäß Ziff. 22.3 Abs. 1 bleibt der VR zur Leistung verpflichtet, wenn er von der Unrichtigkeit oder Unvollständigkeit der Anzeige positive Kenntnis hatte. Das Gleiche muss nach der st. Rspr. des BGH[13] für den Anwendungsbereich des VVG auch dann gelten, wenn der VR die Unrichtigkeit oder Unvollständigkeit kennen musste (Nachfrageobliegenheit des VR).[14] Für den Bereich der Güterversicherung wird die Übertragung des Grundsatzes angenommen.[15] Da es sich bei den Beteiligten in der Seeversicherung nach den DTV-ADS 2009 weitgehend um ähnliche Verkehrskreise handelt, besteht eine vergleichbare Interessenlage.

4. Wissenszurechnung (Ziff. 22.1 Satz 4)

10 Ziff. 22.1 Satz 4 besagt, dass, wenn der Versicherungsvertrag auf Seiten des VN durch einen Vertreter geschlossen wird, der VN sich die Kenntnis des Vertreters von einem gefahrerheblichen Umstand als eigene Kenntnis zurechnen lassen muss.[16]

II. Rechtsfolge: Leistungsfreiheit und Kündigungsrecht des Versicherers (Ziff. 22.2 Abs. 1, Abs. 2)

11 Der VR ist gem. Ziff. 22.2 Abs. 1 Satz 1 **nicht zur Leistung verpflichtet**, wenn Umstände unvollständig oder nicht richtig angezeigt wurden, ohne dass es einer entsprechenden Erklärung bedürfte.[17] Ziff. 22.2 Abs. 1 Satz 1 bezieht sich nur auf anzeigepflichtige Umstände, also solche, die dem VN bekannt waren. Leistet der VR dennoch, können sich Kondiktionsansprüche (§§ 812 ff. BGB) ergeben.[18] Die Leistungsfreiheit des VR befreit nicht den VN von seinen Pflichten, insbesondere nicht von der Pflicht zur Prämienzahlung.[19]

12 Das sich aus Ziff. 22.2 Abs. 1 Satz 2 ergebende **Kündigungsrecht** des VR ist hiervon **unabhängig**, das heißt die Leistungsfreiheit des VR bleibt auch dann bestehen, wenn er nicht von seinem Kündigungsrecht Gebrauch macht. Das Kündigungsrecht muss **innerhalb eines Monats** nach Kenntnis von der vorvertraglichen Anzeigepflichtverletzung ausgeübt werden; eine Kündigungsfrist ist jedoch nicht geregelt, sodass auch **fristlos** gekündigt werden kann, sofern hierin kein Verstoß gegen das sich aus Ziff. 15 ergebende Rücksichtnahmegebot zu erblicken ist. Dies dürfte aufgrund der vorangegangenen Pflichtverletzung des VN jedoch selten der Fall sein.

13 Von der unvollständigen oder unrichtigen Anzeige bekannter Umstände nach Ziff. 22.1 Satz 1, Ziff. 22.2 Abs. 1 Satz 1 ist die Nichtanzeige nicht bekannter Umstände abzugrenzen. Diese hat grds. keine Auswirkungen auf die gegenseitigen Leistungspflichten, da sie keine Pflichtverletzung i.S.d. Ziff. 22.1 Satz 1 darstellt. Die **Leistungsfreiheit**

---

13 BGH 25.3.1992 VersR **1992** 603 (VVG a.F.:); zuletzt BGH 11.5.2011 VersR **2011** 909 m.w.N (VVG n.F.).

14 Vgl. hierzu Bruck/Möller/*Rolfs* § 19 Rn. 91 ff. m.w.N.

15 Vgl. Thume/de la Motte/Ehlers/*Ehlers* Teil 5 Rn. 207.

16 Ebenso § 20 VVG; Bruck/Möller/*Rolfs* § 20 Rn. 16.

17 *Ritter/Abraham* § 20 Anm. 3.

18 Beachte insbes. § 814 BGB bei Leistung des VR trotz positiver Kenntnis von der Leistungsfreiheit.

19 *Ritter/Abraham* § 20 Anm. 3.

des VR wird jedoch auf den Fall erweitert, dass ein gefahrerheblicher Umstand nicht angezeigt wurde, wenn dieser dem VN **grob fahrlässig nicht bekannt** war. Gem. Ziff. 22.2 Abs. 2 ist der VR dann von seiner Leistungspflicht befreit und ihm steht das Kündigungsrecht aus Ziff. 22.2 Abs. 1 zu. Dies ist interessengerecht, denn kannte der VN einen gefahrerheblichen Umstand nicht, obwohl sich ihm dieser hätte aufdrängen müssen, liegt eine vergleichbar schwere Pflichtverletzung wie in dem Fall vor, dass der VN einen gefahrerheblichen Umstand zwar kennt, diesen jedoch nicht anzeigt.

III. Kausalitätsgegenbeweis (Ziff. 22.2 Abs. 3)

Die Formulierung der Ziff. 22.2 Abs. 3 ist missverständlich, da diese als einzige Klausel der Ziff. 22 vorauszusetzen scheint, dass der **Versicherungsfall bereits eingetreten** ist. Tatsächlich ist dies jedoch immer im Zusammenhang mit der Frage des Bestehens der Leistungspflicht des VR (Ziff. 22.2 Abs. 1 Satz 1, Abs. 2, Ziff. 22.2 Abs. 3, Ziff. 22.3 Abs. 1 und Abs. 2) notwendige Voraussetzung, da der VR ohne vorher eingetretenen Versicherungsfall ohnehin keine Leistungspflicht besteht. **14**

Die Leistungspflicht des VR bleibt nach Ziff. 22.2 Abs. 3 in Ausnahme zu Ziff. 22.2 Abs. 1 Satz 1 bestehen, wenn sich die **Unvollständigkeit oder Unrichtigkeit der Anzeige** der gefahrerheblichen Umstände **weder auf den Eintritt des Versicherungsfalls, noch auf den Umfang der Leistungspflicht** des VR **ausgewirkt** hat. Diese Klausel entspricht § 26 Abs. 3 Nr. 1 VVG, welcher denselben Kausalitätsgegenbeweis für den Fall der Gefahrerhöhung regelt. Zu den Einzelheiten vgl. Bruck/Möller/*Matusche-Beckmann* § 26 Rn. 26 ff. **15**

Ziff. 22.2 Abs. 3 betrifft ausdrücklich nur die Leistungspflicht des VR; dessen **Kündigungsrecht** aus Ziff. 22.2 Abs. 1 Satz 2 bleibt **unabhängig** vom Kausalitätsgegenbeweis bestehen. Hintergrund ist, dass die Pflichtverletzung des VN nur zufällig nicht kausal geworden ist, das Vertrauensverhältnis zwischen den Parteien also gleichermaßen erschüttert ist und das Interesse des VR an der Vertragsbeendigung trotzdem besteht. **16**

IV. Kündigungsrecht des Versicherungsnehmers (Ziff. 22.2 Abs. 4)

Dem VN steht ein Kündigungsrecht zu, wenn der VR seine Leistung verweigert. Gemeint ist damit nicht jede **Leistungsverweigerung**, sondern nur eine solche, die **auf die Leistungsfreiheit nach Ziff. 22 gestützt** ist. Wie das Kündigungsrecht des VR nach Ziff. 22.2 Abs. 1 Satz 2 ist auch das Kündigungsrecht des VN **innerhalb eines Monats**, und zwar ab Zugang der Erklärung der Leistungsverweigerung, auszuüben; die Kündigung kann ebenfalls **fristlos** erfolgen. Ob die **Leistungsverweigerung des VR berechtigt ist**, spielt für das Kündigungsrecht des VN daher keine Rolle, da ein Streit über die Berechtigung der Leistungsverweigerung i.d.R. nicht innerhalb der Monatsfrist entschieden werden kann.[20] **17**

[20] Vgl. auch Ziff. 10 Rn. 27.

V. Keine Leistungsfreiheit bei Kenntnis des Versicherers oder fehlendem Verschulden des Versicherungsnehmers (Ziff. 22.3)

18 Neben dem Kausalitätsgegenbeweis nach Ziff. 22.2 Abs. 3 regelt Ziff. 22.3 zwei weitere Fälle, in denen die **Leistungspflicht des VR ausnahmsweise bestehen bleibt**. Zum einen regelt **Ziff. 22.3 Abs. 1** die Fälle, dass der **VR** von der unrichtigen Anzeige oder den gefahrerheblichen Umständen Kenntnis **im Zeitpunkt des Vertragsschlusses**[21] hatte.

19 Zum anderen bleibt gem. **Ziff. 22.3 Abs. 2** die Leistungspflicht des VR bestehen, wenn der **VN** oder sein Vertreter (§§ 164 ff. BGB) die **Unrichtigkeit oder Unvollständigkeit der Anzeige nicht verschuldet** – d.h. nicht zu vertreten i.S.d. § 276 BGB, § 346 HGB – hat. Diese Ausnahmeregelung gilt nur für den Fall, dass überhaupt eine – wenn auch fehlerhafte – Anzeige stattgefunden hat, Ziff. 22.2 Abs. 1 Satz 1, und nicht für den Fall der unterbliebenen Anzeige nach Ziff. 22.2. Abs. 2.

20 Ausdrücklich hat Ziff. 22.3 lediglich geregelt, dass in diesen Fällen die Leistungspflicht des VR bestehen bleibt; das **Kündigungsrecht des VR** also fortbestehen soll. Anders als im Falle der Ziff. 22.2 Abs. 3 existiert hierfür jedoch **kein beachtliches Interesse** des VR, entweder, weil er bereits im Zeitpunkt des Vertragsschlusses nicht mehr gutgläubig war, oder, weil aufgrund des fehlenden Verschuldens des VN deren Vertrauensverhältnis nicht durch die Nicht- oder Falschanzeige erschüttert worden sein kann. Somit ist davon auszugehen, dass eine Ausübung des an sich noch bestehenden Kündigungsrechts des VR **gegen** den Grundsatz von Treu und Glauben (**Ziff. 15**) **verstoßen** würde.[22]

VI. Anspruch des Versicherers auf die Zuschlagsprämie (Ziff. 22.4)

21 Die Vereinbarung einer **Zuschlagsprämie** kann der VR gem. Ziff. 22.4 Satz 1 verlangen, wenn er aufgrund von **Ziff. 22.3 Abs. 2**, also aufgrund des **fehlenden Verschuldens des VR bzw. seines Vertreters**, trotz vorvertraglicher Anzeigepflichtverletzung zur Leistung verpflichtet ist. Durch sie soll die (im Gegensatz zum Fall der Ziff. 22.2 Abs. 3 realisierte) **erhöhte Gefahrtragung berücksichtigt** werden.[23] Die Zuschlagsprämie ist von den Parteien frei **zu vereinbaren**, kann also nicht einseitig durch den VR festgelegt werden.

22 Zur Fälligkeit vergl. Ziff. 20.2.

23 Obwohl der VR auch im Falle der **eigenen Kenntnis** von den Gefahrumständen oder deren unrichtiger Anzeige **gem. Ziff. 22.3 Abs. 1** zur Leistung verpflichtet bleibt, steht ihm in diesem Falle unabhängig von der Verantwortlichkeit des VN **keine Zuschlagsprämie** zu (Umkehrschluss aus Ziff. 22.4). Hierzu fehlt dem VR ein schutzwürdiges Interesse, da er in Kenntnis der Umstände bei Vertragsschluss unter Hinweis auf diese eine höhere Prämie hätte verlangen können.

---

[21] Spätere Kenntnis schadet nicht, sondern ist vielmehr Voraussetzung dafür, dass der VR sich auf die Leistungsfreiheit berufen und/oder von seinem Kündigungsrecht Gebrauch machen kann, vgl. auch *Ritter/Abraham* § 20 Anm. 14.

[22] Palandt/*Grüneberg* § 242 Rn. 50 f.

[23] Vgl. zu alledem Ziff. 24 Rn 8 ff.; *Ritter/Abraham* § 20 Anm. 21.

Anders verhält es sich in dem **Fall, dass weder der VR, noch der VN Kenntnis von dem gefahrerheblichen Umstand hatten.** Zwar liegt mangels Kenntnis von dem Gefahrumstand im Zeitpunkt des Vertragsschlusses seitens des VN keine Anzeigepflichtverletzung vor, doch stellen sich die von beiden Parteien vorausgesetzten Geschäftsgrundlagen als falsch heraus, was grds. Leistungsanpassung nach § 313 Abs. 1 BGB zur Folge hätte. Hierzu trifft **Ziff. 22.4 Satz 2** eine Spezialregelung dahingehend, dass in diesem Fall eine Zuschlagsprämie entsprechend Ziff. 22.4 Satz 1 zu vereinbaren ist. Allerdings enthält diese Klausel **nur die Regelung einer Zuschlagsprämie für den Fall, dass der VN *schuldlos* keine Kenntnis von dem gefahrerheblichen Umstand hatte.** Im Falle der *einfach fahrlässigen* Unkenntnis des VN sieht die Klausel keinen Anspruch des VR auf Vereinbarung einer Zuschlagsprämie vor und kann aufgrund des eindeutigen Wortlautes auch nicht erweiternd hineingelesen werden (§ 305c Abs. 2 BGB). Auch eine Anwendung des § 313 Abs. 1 BGB ist für den Fall der einfach-fahrlässigen Unkenntnis des VN wohl nicht möglich, da aus der Regelung der Ziff. 22.4 der Wille des VR, diesen Komplex abschließend zu regeln, erkennbar wird. Die – wohl versehentlich – nicht vollständige Regelung geht zu Lasten des VR, auch wenn insofern ein Wertungswiderspruch besteht, da der VR, um die Vereinbarung der Zuschlagsprämie nach Ziff. 22.4 Abs. 2 verlangen zu können, nachweisen müsste, dass der VN keinerlei Kenntnis von dem gefahrerheblichen Umstand hatte, während einfache Fahrlässigkeit des VN dem VR schaden würde. 24

Dass im Falle der *grob fahrlässigen* Unkenntnis des VN von dem gefahrerheblichen Umstand kein Anspruch auf die Zuschlagprämie nach Ziff. 22.4 besteht, ergibt sich bereits daraus, dass der VR in diesem Fall gem. Ziff. 22.2 Abs. 2 grds. von seiner Leistungspflicht befreit ist. Anderes würde nur bei Kenntnis des VR nach Ziff. 22.3 Abs. 1 gelten, was jedoch den Anspruch auf die Zuschlagsprämie ebenfalls ausschließt (Umkehrschluss aus Ziff. 22.4). 25

VII. Anfechtbarkeit gem. § 123 BGB (Ziff. 22.5)

Ziff. 22.5 stellt klar, dass durch die Einräumung des ex nunc wirkenden Rücktrittsrechts die *ex tunc* wirkende Anfechtung nach § 123 BGB nicht ausgeschlossen werden soll. Vgl. zu alledem Bruck/Möller/*Rolfs* § 22 Rn. 4. 26

C. Verfahrensfragen/Beweislast

Hinsichtlich der Beweislastverteilung gelten keine Besonderheiten, insofern ist auf Bruck/Möller/*Rolfs* § 19 Rn. 172 zu verweisen. 27

23 Fahrtgrenzen

Je nachdem, welches Fahrtgebiet vereinbart ist, gilt:

23.1 Europäische Fahrten
Versichert sind Fahrten zwischen allen europäischen Plätzen und allen Plätzen am Mittelmeer und Schwarzen Meer, begrenzt

23.1.1 nördlich 70° N, jedoch ausschließlich Grönland.
Ausgenommen von dieser Einschränkung sind:

Fahrten zu allen Plätzen in Norwegen, in die Kola-Bucht sowie nach Murmansk, vorausgesetzt, dass das Schiff nie nördlich 72° 30′ N oder östlich 35° E navigiert,

Fahrten von und nach dem Weißen Meer, wenn Honnigsvaag auf der Hinreise nicht vor dem 10. Mai passiert und die Rückreise vom letzten Hafen des Weißen Meeres nicht nach dem 31. Oktober angetreten wird.

23.1.2 im Gebiet der Ostsee: Für Schiffe mit mehr als 90.000 TDW Aufenthalt östlich 28° 45′ E.

23.1.3 südlich an der Atlantikküste Afrikas bis einschließlich Casablanca.

23.1.4 westlich einschließlich Island, jedoch ausschließlich Kanarische Inseln und Azoren.

23.2 Weltweite Fahrten

Versichert sind Fahrten nach und von allen Plätzen. Ausgeschlossen sind jedoch Fahrten:

23.2.1 nördlich 70° N.

Ausgenommen von dieser Einschränkung sind:

Fahrten zu allen Plätzen in Norwegen, in die Kola-Bucht sowie nach Murmansk, vorausgesetzt, dass das Schiff nie nördlich 72° 30′ N oder östlich 35° E navigiert,

Fahrten von und nach dem Weißen Meer, wenn Honnigsvaag auf der Hinreise nicht vor dem 10. Mai passiert und die Rückreise vom letzten Hafen des Weißen Meeres nicht nach dem 31. Oktober angetreten wird.

23.2.2 im Gebiet der Ostsee: Für Schiffe mit mehr als 90.000 TDW Aufenthalt östlich 28° 45′ E.

23.2.3 in den Hoheitsgewässern Grönlands.

23.2.4 südlich 50° S.

Ausgenommen von dieser Einschränkung sind:

Fahren nach und von Plätzen in Argentinien, Chile und den Falkland-Inseln sowie Fahrten von und nach Plätzen des erlaubten Fahrtgebietes.

23.2.5 Nordamerika Ost:

23.2.5.1 Nördlich von 52° 10′ N und zwischen 50° W und 100° W.

23.2.5.2 In dem/der und auf: Sankt Lorenz Golf, Sankt Lorenz Strom und seiner Nebenflüsse (östlich von Les Escoumins), Straße von Belle Isle (westlich von Belle Isle), Cabot-Straße (westlich einer Linie zwischen Kap Ray und Cape North) und Straße von Canso (nördlich der Canso Causeway) zwischen dem 12. Dezember und 30. April eines jeden Jahres.

23.2.5.3 auf dem Sankt Lorenz Strom und seiner Nabenflüsse (westlich von Les Escoumins) zwischen dem 1. Dezember und 30. April eines jeden Jahres.

23.2.5.4 auf dem Sankt Lorenz Seeweg sowie Grosse Seen.

23.2.6 Nordamerika West:

23.2.6.1 Nördlich von 54° 30′ N und zwischen 100° W und 170 ° W.

23.2.6.2 zu den Plätzen an den Queen Charlotte Inseln oder den Aleuten-Inseln.

23.2.7 Indischer Ozean:

In den Hoheitsgewässern der Kerguelen, Crozent-Inseln und der Prinz Edward-Inseln

23.2.8 Ostasien:

23.2.8.1 im Ochotskischen Meer nördlich von 56° N und östlich von 140° E zwischen dem 1. November und 1. Juni eines jeden Jahres.

23.2.8.2 im Ochotskischen Meer nördlich von 53° N und westlich von 140° E zwischen dem 1. November und 1. Juni eines jeden Jahres.

23.8.2.3 in Ostasiatischen Gewässern nördlich von 46° N und westlich der Kurilen und westlich der Kamtschatka-Halbinsel zwischen dem 1. Dezember und 1. Mai eines jeden Jahres.

23.2.9 Im Gebiet der Beringsee:
In der Beringsee, außer direkte Durchfahrten unter Einhaltung folgender Voraussetzungen:

23.2.9.1 Fahrten nicht nördlich von 54° 30′ N.

23.2.9.2 Ein- und Ausfahrten lediglich westlich von Buldir Island oder über die Amchitka, Amukta oder Unimak Passagen,

23.2.9.3 das Schiff ist ordnungsgemäß ausgestattet mit zwei unabhängigen Radargeräten, einem Global Positioning System-Empfänger (oder Loran-C-Positionierung Radio Receiver), einem UKW-Radio und GMDSS, einem Faksimile-Wetter-Recorder (oder alternative Anlagen für den Empfang von Wetter- und Routen-Informationen) und einem Kreiselkompass und

23.2.9.4 das Schiff ist im Besitz der entsprechenden Seekarten und von Lotsenbüchern in der jeweils aktuellen Fassung.

23.3 Überschreiten der vereinbarten Fahrtgrenzen ist Gefahränderung.

Übersicht

A. Einführung

I. Bedeutung der Klausel

Ziff. 23 bestimmt entsprechend der *International Navigating Limits* (INL)[1] des englischen Versicherungsmarktes die Grenzen verschiedener Fahrtgebiete (europäische Fahrten gem. Ziff. 23.1; weltweite Fahrten gem. Ziff. 23.2) und somit den Bereich, deren mit der Befahrung zusammenhängenden Gefahren der VR zu übernehmen bereit ist (Ziff. 23.3). **1**

II. Vergleich zu ADS/DTV-Kaskoklauseln

Mit einigen Änderungen wurde Ziff. 23 der Ziff. 7 DTV-Kaskoklauseln nachgebildet. **2**
Die ADS überließen die Festlegung von Fahrtgrenzen vollständig individualvertraglicher Ausgestaltung.[2]

[1] Ehemals Institute Warranties Limits (IWL). Die INL sind unter https://www.bimco.org/Operations/Insurance/Warranties/International_Navigating_Limits.aspx abrufbar, die IWL unter https://www.bimco.org/Operations/Insurance/Warranties/Institute_Warranties_Limits.aspx.

[2] Abweichende individuelle Vereinbarungen über Fahrtgrenzen sind selbstverständlich auch nicht durch Ziff. 23 ausgeschlossen, § 305b BGB.

B. Erläuterung der Klausel

I. Allgemein

3 Ziff. 23 ist nur anwendbar, wenn **individualvertraglich ein Fahrtgebiet** nach Ziff. 23.1 oder 23.2 **vereinbart** wurde; andernfalls gilt keinerlei Begrenzung, auch nicht die der weltweiten Fahrt nach Ziff. 23.2.[3] Zu beachten ist, dass das **Ausbleiben der Vereinbarung** eines Fahrtgebiets (ebenso wenig eine entsprechende Vereinbarung über ein Fahrtgebiet) die Anwendbarkeit der **Ziff. 33 und 34 nicht ausschließt** und der VN bei der Wahl der Schiffsroute allgemeine Sorgfaltspflichten zu beachten hat.

II. Örtliche Begrenzung

4 Die Fahrtgebiete nach Ziff. 23.1 und 23.2 sind **durch Längen- und Breitengrade begrenzt.** Zudem dürfen bestimmte Verbindungen nur in **direkter Fahrt** genommen werden, d.h. auf der **kürzesten Strecke** entsprechend den aktuellen Gegebenheiten. Muss z.B. ein Schlechtwettergebiet umfahren werden, ist die hierzu einzuschlagende kürzeste Route die direkte Fahrtstrecke i.S.d. Ziff. 23.1, 23.2.[4]

III. Zeitliche Begrenzung

5 Zudem finden sich in einigen Bestimmungen der Ziff. 23.1, 23.2 ein zeitliches Moment. Je nach Jahreszeit **verändern sich die örtlichen Begrenzungen** der Fahrtgebiete.

IV. Rechtsfolge: Gefahränderung (Ziff. 23.3)

6 Anders als nach den ADS ist in den DTV-ADS 2009 (wie Ziff. 7.3 DTV-Kaskoklauseln) die Vereinbarung von Fahrtgebieten nicht als objektive Risikobegrenzung ausgestaltet,[5] welche die generelle Leistungsfreiheit des VR zur Folge hätte. Die Überschreitung von Fahrtgrenzen – unabhängig davon, wie groß diese sein mag oder aus welchem Grunde sie geschieht[6] – ist stattdessen **Gefahränderung i.S.d. Ziff. 24**, wie Ziff. 23.3, 24.5.3 ausdrücklich bestimmen.

24 Gefahränderung

24.1 Der Versicherungsnehmer darf die Gefahr ändern und die Änderung durch einen Dritten gestatten, ohne dass dadurch die sonstigen Rechte und Pflichten der Parteien berührt werden.

24.2 Ändert der Versicherungsnehmer die Gefahr oder erlangt er von einer Gefahränderung Kenntnis, so hat er dies dem Versicherer unverzüglich anzuzeigen.

---

3 *Schwampe* Seekaskoversicherung Klausel 7 Rn. 3.

4 *Schwampe* Seekaskoversicherung Klausel 7 Rn. 4.

5 Vgl. *Schwampe* Seekaskoversicherung Klausel 7 Rn. 3.

6 *Schwampe* Seekaskoversicherung Klausel 7 Rn. 8 f.

24.3 Hat der Versicherungsnehmer eine Gefahrerhöhung nicht angezeigt, so ist der Versicherer von der Verpflichtung zur Leistung frei, es sei denn, die Verletzung der Anzeigepflicht beruhte weder auf Vorsatz noch auf grober Fahrlässigkeit oder die Gefahrerhöhung hatte weder Einfluss auf den Eintritt des Versicherungsfalles noch auf den Umfang der Leistungspflicht des Versicherers.

24.4 Dem Versicherer gebührt für die Gefahrerhöhung eine zu vereinbarende Zuschlagsprämie, es sei denn, die Gefahrerhöhung war durch das Interesse des Versicherers oder durch ein Gebot der Menschlichkeit veranlasst oder durch ein versichertes, das Schiff bedrohendes Ereignis geboten.

24.5 Als Gefahränderung werden insbesondere angesehen:

24.5.1 Docken oder Slippen mit Ladung;

24.5.2 nicht übliches Schleppen oder Geschlepptwerden, ausgenommen in Fällen von Seenot;

24.5.3 Überschreiten der vereinbarten Fahrtgrenzen;

24.5.4 Umschlag auf hoher See zwischen Seeschiffen;

24.5.5 Regressverzicht über das übliche Maß hinaus;

24.5.6 Einsatz des Schiffes bei militärischen Manövern

24.5.7 Wechsel der Flagge.

Übersicht

A. Einführung

I. Bedeutung der Klausel

Anders als im allgemeinen Privatversicherungsrecht (vgl. § 23 VVG) ist der VN nach 1 den DTV-ADS 2009 zur jederzeitigen Gefahränderung berechtigt (Ziff. 24.1). Im Gegenzug hat der VN eine entsprechende Gefahränderung anzuzeigen (Ziff. 24.2), da andernfalls der VR grds. leistungsfrei wird (Ziff. 24.3). Zudem gebührt dem VR eine Zuschlagprämie, wenn die Gefahränderung eine Gefahrerhöhung darstellt (Ziff. 24.4). Ziff. 24.5 enthält einen Katalog von Gefahränderungen.

II. Vergleich zu ADS/DTV-Kaskoklauseln

2 Ziff. 24 stimmt größtenteils mit Ziff. 11 DTV-Kaskoklauseln überein. Ziff. 24.1 wurde gegenüber Ziff. 11.1 DTV-Kaskoklauseln um den klarstellenden Zusatz, dass das Recht zur Gefahränderung das Vertragsverhältnis ansonsten nicht berührt, ergänzt. Nach Ziff. 24.3 ist der VR auch dann von seiner Leistungspflicht frei, wenn die Nichtanzeige der Gefahrerhöhung nicht auf Vorsatz (so Ziff. 11.3 DTV-Kaskoklauseln), sondern auf grober Fahrlässigkeit des VN beruht. Ziff. 24.5.7 war zuvor nicht in Ziff. 11 DTV-Kaskoklauseln erfasst, sondern mit Verweis auf diese Ziffer in Ziff. 37.1 DTV-Kaskoklauseln. Gegenüber den §§ 23 ff. ADS zeigen sich wesentliche Regelungsunterschiede, die insbesondere auf die den ADS zugrundeliegende Gefahrstandspflicht zurückzuführen sind.

B. Erläuterung der Klausel

I. Recht des VN zur Gefahränderung (Ziff. 24.1)

3 Grundsätzlich gilt in allen Versicherungsbereichen die sog. **Gefahrstandspflicht**[1] (§ 23 VVG allgemein wie auch § 23 VVG a.F. und für die Seeversicherung §§ 813, 814, 832, 833 HGB a.F. und § 23 Abs. 1 ADS), nach welcher der VN nach dem Abschluss des Vertrages nicht zu einer Gefahrerhöhung bzw. überhaupt einer Gefahränderung berechtigt ist.[2] **Abweichend hiervon gestatten die DTV-ADS 2009 dem VN grundsätzlich jede Gefahränderung.** Der Begriff der Gefahränderung erfasst sowohl Gefahrerhöhungen als auch Gefahrminderungen sowie Änderungen, die im Ergebnis zu gleich hohen Gefahren führen.[3] **Nicht erfasst** ist hingegen eine derart wesentliche Umgestaltung der Gefahr, dass sie sich als *aliud* zu der versicherten Gefahr verhält.[4]

II. Anzeigepflicht des VN (Ziff. 24.2)

4 Der VN hat **jede** nachträgliche[5] **Gefahränderung** anzuzeigen. Vgl. allgemein hierzu Bruck/Möller/*Matusche-Beckmann* § 23 Rn. 34 ff.[5a]

III. Rechtsfolge der Anzeigepflichtverletzung: Leistungsfreiheit des Versicherers (Ziff. 24.3)

5 Die Anzeigepflicht ist keine echte Rechtspflicht, sondern **Obliegenheit.** Allerdings regelt Ziff. 24 die Rechtsfolgen einer derartigen Obliegenheitsverletzung abschließend. **Ziff. 24** bestimmt also **etwas Anderweitiges i.S.d. Ziff. 46 Satz 1** insofern, als dass nicht

1 *Ritter/Abraham* § 23 Anm. 3.
2 *Schwampe* Seekaskoversicherung Klausel 11 Rn. 15.
3 *Ritter/Abraham* § 23 Anm. 5.
4 *Schwampe* Seekaskoversicherung Klausel 11 Rn. 20.
5 Zur Abgrenzung zur vorvertraglichen Anzeigeflicht nach Ziff. 22.1: *Schwampe* Seekaskoversicherung Klausel 11 Rn. 16.
5a Sowie *Schwampe* Seekaskoversicherung Klausel 11 Rn. 21 ff.

der VR die vorsätzliche oder grob-fahrlässige Obliegenheitsverletzung beweisen, sondern der **VN sich** von diesem Vorwurf **exkulpieren** muss („es sei denn …“, Ziff. 24.3), um die Leistungsfreiheit des VR abzuwenden. Für den Kausalitätsgegenbeweis gilt i.R.d. Ziff. 24 nichts anderes als i.R.d. Ziff. 46; diesen hat der VN zu erbringen.

Ebenfalls abweichend von Ziff. 46 bestimmt Ziff. 24.3, dass die **Verletzung der Anzeigepflicht** nur dann die Leistungsfreiheit des VR zur Folge hat, wenn diese eine **Gefahrerhöhung** betrifft. An die Nichtanzeige von Gefahrminderungen oder gleichbleibend hohen geänderten Gefahren knüpfen die DTV-ADS 2009 somit keine Rechtsfolge. 6

Die **Leistungspflicht des VR bleibt jedoch bestehen**, wenn die Anzeige der Gefahrerhöhung vom VN **weder vorsätzlich, noch grob fahrlässig unterblieben** ist oder die Gefahrerhöhung – ähnlich dem **Kausalitätsgegenbeweis** nach Ziff. 22.2 Abs. 3[6] – keinen Einfluss auf den Eintritt des Versicherungsfalls oder den Umfang der Leistungspflicht des VR hatte. 7

IV. Anspruch des Versicherers auf die Zuschlagsprämie (Ziff. 24.4)

1. Allgemein

Der VR hat im Ausgleich für die Gefahränderung in Form einer **Gefahrerhöhung** einen Anspruch auf eine Zuschlagsprämie, vgl. hierzu Ziff. 22 Rn. 21 ff. Ein **Kündigungsrecht steht ihm** anders als im Falle der vorvertraglichen Anzeigepflichtverletzung (Ziff. 22.2 Abs. 1 Satz 2) **nicht zu**, da die Gefahrerhöhung keine Pflichtverletzung des VN darstellt (Ziff. 24.1). Der Anspruch besteht unabhängig vom Eintritt des Versicherungsfalls.[7] Dem VR steht die Zuschlagsprämie jedoch in folgenden Fällen nicht zu: 8

2. Ausnahme: Veranlassung der Gefahrerhöhung durch das Interesse des Versicherers oder ein Gebot der Menschlichkeit

Dieser Ausnahmetatbestand fand sich bereits in § 24 Abs. 2 ADS, jedoch im Zusammenhang mit der trotz Gefahränderung (bzw. Gestattung derselben) ausnahmsweise bestehen bleibenden Leistungspflicht des VR. Eine Veranlassung in der Weise, dass das **Interesse des VR** Motiv des VN zur Gefahrerhöhung war, ist nicht erforderlich.[8] Der Anspruch auf die Zuschlagprämie besteht vielmehr dann nicht, wenn die Gefahrerhöhung bei ihrer Vornahme aus **ex-ante**-Perspektive[9] **objektiv im Interesse des VR** lag. Im Interesse des VR ist, was ihm zum **Vorteil** gelangt.[10] Die Gefahrerhöhung liegt demnach regelmäßig im Interesse des VR, wenn die dritte Ausnahme – Gefahrerhöhung durch ein versichertes, das Schiff bedrohendes Ereignis – erfüllt ist.[11] 9

Gefahrerhöhungen sind i.d.R. durch ein **Gebot der Menschlichkeit** veranlasst,[12] wenn durch sie eine aus **ex-ante**-Perspektive[13] **drohende Verletzung von Leben oder körper-** 10

[6] Ziff. 22.2 Abs. 3 stellt jedoch auf die Kausalität der Anzeige, nicht der anzuzeigenden Gefahrerhöhung ab, Ziff. 22 Rn. 15.

[7] *Schwampe* Seekaskoversicherung Klausel 11 Rn. 34.

[8] Zum – leider nicht behobenen – „Mißgriff“ bei dem Gebrauch des Begriffs Veranlassung: Rn. 10; *Ritter/Abraham* § 24 Anm. 14.

[9] *Ritter/Abraham* § 24 Anm. 12.

[10] *Ritter/Abraham* § 24 Anm. 12.

[11] Vgl. *Schwampe* Seekaskoversicherung Klausel 11 Rn. 40.

[12] Gemeint ist objektiv dem Gebot der Menschlichkeit dienend, vgl. *Ritter/Abraham* § 24 Anm. 25.

[13] Rn. 10.

licher Unversehrtheit abgewendet oder gemindert werden kann, nicht jedoch, um Sachen zu retten.[14] Zum Schleppen und Geschlepptwerden in Fällen von Seenot: Rn. 14 f. Erfasst sind insbes. Maßnahmen zur Rettung von Menschen aus Seenot, zu denen der Schiffsführer gem. § 2 **SeeFSichV** verpflichtet ist.[15] In diesem Zusammenhang wird deutlich, dass die Gefahrerhöhung nicht subjektiv durch das Gebot der Menschlichkeit **veranlasst** worden sein muss; ausreichend muss vielmehr sein, dass die Gefahrerhöhung ihr **objektiv dient**, da das Gebot der Menschlichkeit i.d.R. durch eigene Rechtspflichten überlagert wird.[16]

§ 2 **Abs. 1 Satz 1 SeeFSichV** lautet:

„Der Schiffsführer oder sonst für die Sicherheit Verantwortliche eines auf See befindlichen und zur Hilfeleistung fähigen Schiffes, dem gemeldet wird, dass sich Menschen in Seenot befinden, hat ihnen mit größter Geschwindigkeit zu Hilfe zu eilen und ihnen oder dem betreffenden Such- und Rettungsdienst nach Möglichkeit hiervon Kenntnis zu geben."

3. Ausnahme: Gefahrerhöhung durch ein versichertes, das Schiff bedrohendes Ereignis geboten

11 Betroffen sind Fälle, in denen **vor Eintritt des Versicherungsfalls**[17] Schadensabwendungsmaßnahmen getroffen werden, die eine Gefahrerhöhung darstellen. Die Gefahrerhöhung zur Abwendung **nicht versicherter Gefahren** lässt den Anspruch des VR auf die Zuschlagsprämie hingegen nicht entfallen. Geboten ist eine Gefahrerhöhung, wenn sie geeignet und erforderlich ist, um das das Schiff bedrohende Ereignis abzuwenden oder zumindest deren Auswirkungen zu mildern. Es darf also kein anderes, gleich geeignetes, weniger gefahrintensives Mittel zur Verfügung stehen.

V. Katalog von Gefahränderungen (Ziff. 24.5)

1. Allgemein

12 Ziff. 24.5 enthält einen **Beispielkatalog** von sieben Ereignissen, die **ohne Möglichkeit eines Gegenbeweises**[18] als Gefahränderung gelten. Liegt ein solches Ereignis vor, wird zunächst nur die Anzeigepflicht nach Ziff. 24.2 begründet; ob in der Gefahränderung auch eine Gefahrerhöhung mit entsprechenden Rechtsfolgen liegt, ist dadurch jedoch nicht vorab entschieden. Hintergrund dieses Kataloges ist das grundsätzlich erhöhte Interesse des VR an der Mitteilung über die Gefahränderung, da in ihr i.d.R. eine Gefahrerhöhung zu erblicken sein dürfte. Folgende Fälle erfasst der Katalog:

---

14 Vgl. *Ritter/Abraham* § 24 Anm. 22

15 *Schwampe* Seekaskoversicherung Klausel 11 Rn. 41.

16 So z.B. auch im Falle des Abweichens vom Reiseweg zur medizinischen Versorgung von Besatzung oder Passagieren (Beispiel nach *Ritter/Abraham* § 24 Anm. 22): § 323c StGB.

17 Bei und nach Eintritt des Versicherungsfalls ist dagegen Ziff. 44 anzuwenden, vgl. Bruck/Möller/*Jaeger* DTV-ADS 2009 Ziff. 44 Rn. 2.

18 *Schwampe* Seekaskoversicherung Klausel 11 Rn. 44.

2. Docken oder Slippen mit Ladung (Ziff. 24.5.1)

Docken und Slippen ist das Verbringen des Schiffes in ein Dock oder auf eine Slipanlage.[19] Erfolgt dies mit Ladung, begründet Ziff. 24.5.1 die Anzeigepflicht des VN unabhängig von dem Vorliegen einer Gefahränderung. Auf die enthaltene **Ladungsmenge** kann es nicht ankommen, da dies eine Frage des Vorliegens einer Gefahrerhöhung ist. **Ladungsreste** sind jedoch keine Ladung i.S.d. DTV-ADS 2009.[20] 13

3. Nicht übliches Schleppen oder Geschlepptwerden (Ziff. 24.5.2)

Die DTV-ADS 2009 bestimmen nicht, wann Schleppen oder Geschlepptwerden unüblich i.S.d. Ziff. 24.5.2 ist. **Üblich** ist dies jedoch grundsätzlich nur für entsprechend ausgerüstete **Schiffe, die bestimmungsgemäß schleppen oder geschleppt werden,** also Schlepper und antriebslose Leichter.[21] Dieses Schleppen oder Geschlepptwerden kann nie Gefahränderung und erst Recht nicht Gefahrerhöhung sein, da diese Gefahr vom VR vertragsgemäß übernommen wird.[22] 14

Werden hierzu nicht bestimmte Schiffe geschleppt oder schleppen diese selber, ist im Umkehrschluss der VN zur Anzeige nach Ziff. 24.5.2 verpflichtet. **Ausgenommen** sind hiervon **Fälle der Seenot.** 15

4. Überschreiten der vereinbarten Fahrtgrenzen (Ziff. 24.5.3)

Dass das Überschreiten der vereinbarten Fahrtgrenzen Gefahrerhöhung i.S.d. Ziff. 24 ist, **ergibt sich bereits aus Ziff. 23.3.** 16

5. Umschlag auf hoher See zwischen Seeschiffen (Ziff. 24.5.4)

Unter hoher See i.S.d. Ziff. 24.5.4 sind **alle offenen, ungeschützten Gewässer** unabhängig von ihrer völkerrechtlichen Einordnung zu verstehen, in denen elementare Naturgewalten herrschen. Nicht erfasst sind somit lediglich Binnengewässer und geschützte Küstenbereiche.[23] Umschlag zwischen Seeschiffen meint die **direkte Umladung** zwischen diesen Schiffen. 17

6. Regressverzicht über das übliche Maß hinaus (Ziff. 24.5.5)

Nicht erfasst sind **nach Schadeneintritt vereinbarte Regressverzichte** zwischen VN und Dritten; diese stellen auch außerhalb des Beispielkataloges nach Ziff. 24.5 keine Gefahränderung i.S.d. Ziff. 24, sondern stets **Verstoß gegen** die Interessenwahrungspflicht des VN nach **Ziff. 50.1** dar.[24] 18

---

19 *Schwampe* Seekaskoversicherung Klausel 11 Rn. 45.

20 Vgl. Ziff. 21 Rn. 14. Anders *Schwampe* Seekaskoversicherung Klausel 11 Rn. 46, welcher zwischen Ladung i.S.d. Ziff. 10 und i.S.d. Ziff. 11 DTV-Kaskoklauseln differenziert.

21 *Schwampe* Seekaskoversicherung Klausel 11 Rn. 48.

22 *Schwampe* Seekaskoversicherung Klausel 11 Rn. 50.

23 Vgl. zu alledem *Schwampe* Seekaskoversicherung Klausel 11 Rn. 52.

24 *Schwampe* Seekaskoversicherung Klausel 11 Rn. 54.

19 Bei Abschluss des Versicherungsvertrages geht der VR grds. davon aus, dass der VR mit Dritten Regressverzichte vereinbart, z.B. i.R.v. Charterverträgen. **Üblich** sind in diesem Zusammenhang Regressverzichte, wie sie in **Mustervertragsbedingungen** regelmäßig vorkommen.[25] Darüber hinausgehende Regressverzichte sind gem. Ziff. 24.5.5 anzeigepflichtig.

20 Aufgrund des **Wegfalls** der noch in Ziff. 11.5.5 DTV-Kaskoklauseln erfolgten **Einschränkung auf Zeitcharterverträge** gilt auch jeder Regressverzicht i.R.v. anderen Rechtsverhältnissen des VN zu Dritten ohne Ausnahme als Gefahränderung.

7. Einsatz des Schiffes bei militärischen Manövern (Ziff. 24.5.6)

21 Ziff. 24.5.6 ist nur anwendbar, wenn die Gefahr des militärischen Manövers nicht bereits aufgrund der Verwirklichung einer **Kriegsgefahr nach Ziff. 35** vom Versicherungsschutz ausgeschlossen ist. Es verbleibt somit für **Ziff. 24.5.6** ein auf **außerhalb von Kriegsgebieten** stattfindende militärische Manöver beschränkter Anwendungsbereich.[26]

8. Wechsel der Flagge (Ziff. 24.5.7)

22 Ziff. 24.5.7 erfasst **jeden Flaggenwechsel**. Anders als noch gem. Ziff. 37.1 DTV-Kaskoklauseln gilt dagegen der **Wechsel der Klassifikationsgesellschaft** nicht mehr unwiderleglich als Gefahränderung nach Ziff. 24.5, sondern ist in der spezielleren Ziff. 26 erfasst.[27]

C. Verfahrensfragen/Beweislast

23 Der **VR** muss nachweisen, dass der VN seine Anzeigepflicht nach Ziff. 24.2 verletzt hat und die anzuzeigende Gefahränderung eine Gefahrerhöhung darstellt, um **von seiner Leistungspflicht nach Ziff. 24.3 Hs. 1 befreit** zu sein. An den Nachweis, dass eine Anzeige i.S.d. Ziff. 24.2 unterblieben ist (negativum), dürfen keine allzu hohen Anforderungen gestellt werden, § 286 ZPO.[28] Der **VN** kann sich **exkulpieren**, wenn er nachweist, dass entweder die Anzeigepflichtverletzung weder Einfluss auf den Eintritt des Versicherungsfalls, noch auf den Umfang der Leistungspflicht de VR hatte, oder die Anzeigepflichtverletzung weder vorsätzlich noch grob fahrlässig erfolgte, Ziff. 24.3 Hs. 2. In diesen Fällen bleibt die Leistungspflicht des VR bestehen. Hier gilt es im Rahmen der Beweiswürdigung ebenfalls zu berücksichtigen, dass es sich hierbei um Negativtatsachen handelt.

24 Im Hinblick auf den Anspruch des **VR** auf die zu vereinbarende **Zuschlagsprämie** nach Ziff. 24.4 Hs. 1 ist bereits der Nachweis der Gefahrerhöhung ausreichend; darauf, ob die Gefahrerhöhung angezeigt wurde, kommt es nicht an. Um die Verpflichtung zur Zahlung einer Zuschlagsprämie zu entgehen, hat der **VN** zu beweisen, dass die vom VR nachgewiesene **Gefahrerhöhung geboten** i.S.d. Ziff. 24.4 Hs. 2 war.

---

[25] *Schwampe* Seekaskoversicherung Klausel 11 Rn. 56.

[26] *Schwampe* Seekaskoversicherung Klausel 11 Rn. 57.

[27] Zu den Einzelheiten vgl. Ziff. 26 Rn. 3 ff.

[28] Vgl. zum Beweis einer negativen Tatsache BGH 8.10.1992 NJW-RR **1993** 746 (Nachweis fehlender Lieferbarkeit) und BGH 20.5.1996 NJW-RR **1996** 1211 (Nachweis eines fehlenden Rechtsgrundes).

25 Wechsel der Bereederung

25.1 Wird die Bemannung oder die Ausrüstung oder die Inspektion des Schiffes auf einen anderen übertragen, so hat der Versicherungsnehmer diesen Umstand dem Versicherer vor der Übertragung anzuzeigen.

25.2 Der Versicherer hat das Recht, die Versicherung innerhalb von 14 Tagen nach Erhalt der Anzeige mit einer Frist von 14 Tagen zu kündigen.

25.3 Kündigt der Versicherer, so bleibt die Bestimmung der Ziff. 9.2 unberührt.

25.4 Die Prämie wird wie bei der Veräußerung eines Schiffes abgerechnet.

25.5 Der Versicherer ist von der Verpflichtung zur Leistung frei, wenn die Anzeige unterbleibt, es sei denn, die Verletzung der Anzeigepflicht beruhte weder auf Vorsatz noch auf grober Fahrlässigkeit oder sie hatte weder Einfluss auf den Eintritt des Versicherungsfalles noch auf den Umfang der Leistungspflicht des Versicherers.

Übersicht

A. Einführung

I. Bedeutung der Klausel

Die technische Bereederung eines Schiffes, also die Ausrüstung, Bemannung und Inspektion ist ein entscheidender risikobeeinflussender Faktor für den Betrieb eines Schiffes und damit auch für den VR. Ziff. 25 geht Ziff. 24 als Spezialregelung zur Gefahränderung vor.[1] Die kaufmännische Bereederung, die Beschäftigung des Schiffes, ist von der Regelung nicht betroffen. 1

II. Vergleich zu ADS/DTV-Kaskoklauseln

Vorbild der Ziff. 25 ist Ziff. 12 DTV-Kaskoklauseln. In Ziff. 25.1 stehen die Tatbestandsvoraussetzungen nun abweichend von Ziff. 12.1 DTV-Kaskoklauseln alternativ statt kumulativ nebeneinander.[2] Die Ausgestaltung des Kündigungsrechts des VN in Ziff. 25.2 entspricht Ziff. 12.2 DTV-Kaskoklauseln. Während Ziff. 12.3 DTV-Kaskoklauseln die Bestimmungen der §§ 66 bis 68 ADS und damit insgesamt die Regelungen 2

1 Eingehend *Schwampe* Seekaskoversicherung Klausel 12 Rn. 2.

2 Vgl. hierzu *Enge/Schwampe* Transportversicherung S. 244; *Schwampe* Seekaskoversicherung Klausel 12 Rn. 6.

zur Dauer der Versicherung für daneben anwendbar erklärt, bezieht sich Ziff. 25.3 lediglich auf Ziff. 9.2, welcher im Groben § 68 ADS entspricht.[3] Damit wurde die im Hinblick auf § 66 ADS sinnlose und im Hinblick auf § 67 ADS problematische[4] Regelung der Ziff. 12.3 korrigiert. Ziff. 25.4 ist identisch mit Ziff. 12.4 DTV-Kaskoklauseln. Ziff. 25.5 wurde gegenüber Ziff. 12.5 DTV-Kaskoklauseln dahingehend erweitert, dass dem VN neben Vorsatz nun auch grobe Fahrlässigkeit bei der Verletzung seiner Anzeigepflicht nach Ziff. 25.1 schadet.

B. Erläuterung der Klausel

I. Anzeigepflicht des Versicherungsnehmers (Ziff. 25.1)

1. Voraussetzungen: Übertragung von Bemannung, Ausrüstung oder Inspektion des Schiffes

3 Der Begriff der **Bereederung** wird in den DTV-ADS 2009 nicht definiert.[5] Aus dem Zusammenhang zwischen der Überschrift der Ziff. 25 und der Aufzählung in Ziff. 25.1 wird jedoch klar, dass unter Bereederung die Bemannung, Ausrüstung sowie Inspektion des Schiffes zu verstehen ist, unabhängig von dem tatsächlichen Aufgabenumfang des Bereeders.

4 **Bemannung** ist die Auswahl, Einstellung, Einweisung und Überwachung der Schiffsbesatzung. Zum Begriff der **Ausrüstung** vgl. Bruck/Möller/*Eichhorn* DTV-ADS 2009 Ziff. 54 Rn. 17. **Inspektion** ist die technische Betreuung des Schiffes einschließlich Zubehör.[6] Ein Bereederungswechsel liegt bereits bei Übertragung einer dieser Tätigkeiten auf einen anderen vor.

5 Die Übertragung erfolgt „**auf einen anderen**" i.S.d. Ziffer 25.1 regelmäßig dann, wenn sie von einem vom bisherigen Bereeder **rechtlich unabhängigen Dritten** ausgeführt wird. Abzustellen ist jedoch letztlich darauf, ob sich der **Wechsel aus Sicht des VR als Gefahränderung** darstellt, sodass das **Kriterium wirtschaftlicher Unabhängigkeit nicht aussagekräftig** ist.[7]

2. Rechtsfolge: Anzeigepflicht des Versicherungsnehmers

6 Der Wechsel der Bereederung begründet gem. Ziff. 25.1 eine **Anzeigepflicht** des VN. Diese ist – in Abänderung der Ziff. 24.2 – **vor dem Wechsel** und damit vor der Gefahrerhöhung **zu erfüllen**. Eine bestimmte **Frist** muss hierbei nicht eingehalten werden.[8] Wie Ziff. 24.2 ist die Anzeigepflicht der Ziff. 25.1 eine **Obliegenheit**, bei deren Verletzung sich die **Rechtsfolgen abschließend nach Ziff. 25.5** und nicht nach Ziff. 46 richten und beinhaltet hinsichtlich des Verschuldens des VN dieselbe **Beweislastumverteilung** wie Ziff. 24.3.[9]

---

[3] Ziff. 9 Rn. 9 f.

[4] *Schwampe* Seekaskoversicherung Klausel 12 Rn. 11.

[5] Zum Bereeder, dessen Aufgaben und Versicherung vgl. *Guth* Der Versicherungsschutz des Ship Managers.

[6] Vgl. zu alledem *Schwampe* Seekaskoversicherung Klausel 12 Rn. 5.

[7] Zur Kritik an diesem Kriterium: *Schwampe* Seekaskoversicherung Klausel 12 Rn. 6.

[8] *Schwampe* Seekaskoversicherung Klausel 12 Rn. 7.

[9] Zu den Einzelheiten: Ziff. 24 Rn. 5, 23.

II. Rechtsfolge: Kündigungsrecht des Versicherers (Ziff. 25.2)

Der Wechsel der Bereederung begründet ein **Kündigungsrecht des VR**. Gegenüber Ziff. 24 hat die Gefahrerhöhung also weitreichendere Folgen, was auf die besondere Gefahr, die mit dem Wechsel der technischen Betreuung eines Schiffes und dem **besonderen Interesse des VR an der Person des Bereeders**[10] zu begründen ist. Die **Kündigungsfrist** beträgt mindestens[11] 14 Tage und ist **innerhalb von 14 Tagen nach Anzeige auszuüben.** 7

Problematisch könnte das Kündigungsrecht bei der Flottenversicherung werden, da der Wechsel der Bereederung nicht zwangsläufig die gesamte Flotte einer Police betrifft, sondern sich im Regelfall nur auf bestimmte Schiffstypen oder einzelne Schiffe bezieht, etwa bei Wechsel eines Pools oder in der Insolvenz von Einschiffsgesellschaften, bei denen der bisherige Manager (Bereeder) keinen Einfluss mehr auf das technische und kaufmännische Management des Schiffes mehr hat. Wäre die Klausel so auszulegen, dass dem VR unabhängig davon, ob ein Wechsel der Bereederung für bestimmte Schiffe der Flotte stattgefunden hat, insgesamt ein Kündigungsrecht zustünde, könnte die Klausel wegen unangemessener Benachteiligung nach § 307 Abs.1 BGB unwirksam sein. Die Klausel ist jedoch im Zusammenhang mit Ziff. 25.1 zu sehen, die von der Übertragung der technischen Bereederung *des* Schiffes spricht. Die gesamte Ziff. 25 ist daher so auszulegen, dass sie nur auf die Versicherung des Schiffes anzuwenden ist, dessen Bereederung übertragen wird. Bei dieser Auslegung handelt es sich nicht um eine Reduktion des an sich weitergehenden Inhalts, sondern um eine Bestimmung ihres Inhalt, so dass das Verbot der geltungserhaltenden Reduktion nicht zur Anwendung kommt. 8

III. Anwendbarkeit der Ziff. 9.2 (Ziff. 25.3)

Im Falle der Kündigung nach Ziff. 25.2 bleibt **Ziff. 9.2** gem. Ziff. 25.3 **unberührt.** Das bedeutet, dass der Versicherungsschutz für ein **Schiff, welches bei Ablauf der Kündigungsfrist auf Reisen ist**, durch Erklärung des VN bis zum Ende der Reise verlängert werden kann, wenn das **Ende der Vertragslaufzeit (Ziff. 9.1) innerhalb der Kündigungsfrist** liegt. Die **Erklärung** muss wie allgemein in Ziff. 9.2 gefordert, vor Vertragsende erfolgen. Zu den Einzelheiten vgl. Ziff. 9 Rn. 14. 9

IV. Prämienzahlung (Ziff. 25.4)

Die Prämienzahlung wird **wie bei der Veräußerung des Schiffes** abgerechnet, also gem. **Ziff. 53.1 Abs. 3**. Zu den Einzelheiten vgl. Bruck/Möller/*Jaeger* DTV-ADS 2009 Ziff. 53 Rn. 4. **Voraussetzung** ist, dass der **VR von seinem Kündigungsrecht** nach Ziff. 25.2 **Gebrauch gemacht** hat,[12] da andernfalls kein Grund für eine Abweichung von der vereinbarten Prämienzahlung besteht; eine Zuschlagprämie sehen die DTV-ADS 2009 für den Wechsel der Bereederung nicht vor. 10

---

[10] *Enge/Schwampe* Transportversicherung S. 244.

[11] Vgl. Ziff. 20 Rn. 20.

[12] *Schwampe* Seekaskoversicherung Klausel 12 Rn. 13.

V. Verletzung der Anzeigepflicht nach Ziff. 25.1 (Ziff. 25.5)

11 Verletzt der VN seine Anzeigepflicht nach Ziff. 25.1, ist der **VR von seiner Leistungspflicht** entsprechend Ziff. 24.3 **frei**. Der VN kann sich jedoch entsprechend Ziff. 24.3 **entlasten** sowie einen **Kausalitätsgegenbeweis** führen; in **Abweichung von Ziff. 24.3** kommt es bei der Kausalität jedoch nicht auf die Gefahrerhöhung, sondern auf die Anzeigepflichtverletzung an.[13]

C. Verfahrensfragen/Beweislast

12 Der **VR** muss zur Ausübung seines **Kündigungsrechts** nach Ziff. 25.2 den Wechsel der Bereederung sowie die Einhaltung der 14-Tage-Frist nach Erhalt der Anzeige nachweisen. Zur Beweislastverteilung im Hinblick auf die Leistungsfreiheit des VR nach Ziff. 25.5 vgl. Ziff. 24 Rn. 23.

26 Klassifikation

26.1 Der Versicherungsnehmer hat dem Versicherer den Wechsel der Klassifikationsgesellschaft vor dem Wechsel anzuzeigen. Der Versicherer hat das Recht, die Versicherung für das betroffene Schiff innerhalb von 14 Tagen nach Erhalt der Anzeige mit einer Frist von 14 Tagen zu kündigen.

26.2 Im Falle von Auslaufen, Einschränkung oder Entzug der Klasse endet die Versicherung zu dem Zeitpunkt, zu dem das Schiff ohne Zustimmung der Klassifikationsgesellschaft die Reise fortsetzt oder neu antritt.

26.3 Der Versicherer ist vom Versicherungsnehmer bevollmächtigt, von der Klassifikationsgesellschaft direkt Auskunft über alle dort zum versicherten Schiff bestehenden Erkenntnisse zu verlangen und Einsicht in die Unterlagen der Klassifikationsgesellschaft zu nehmen. Auf Verlangen de Versicherers ist der Versicherungsnehmer verpflichtet, eine schriftliche Vollmacht zur Einsichtnahme in die Unterlagen der Klassifikationsgesellschaft auszustellen.

Übersicht

[13] Insofern entspricht Ziff. 25.5 Ziff. 22.2 Abs. 3, vgl. Ziff. 22 Rn. 15; Zu der Begründung der Abweichung zwischen Ziff. 24.3 und Ziff. 25.5: *Schwampe* Seekaskoversicherung Klausel 12 Rn. 18.

A. Einführung

I. Bedeutung der Klausel

Ähnlich wie die Qualität der technischen Bereederung ist auch die Auswahl der Klassifikationsgesellschaft und der für das Schiff geltenden Klasse ein entscheidendes Qualitätsmerkmal für die Schiffssicherheit und damit auch für die Risikoeinschätzung des VR.[1] Die Vorschrift ist damit spezielle Gefahränderungsvorschrift, die Ziff. 24 vorgeht. 1

II. Vergleich zu ADS/DTV-Kaskoklauseln

Ziff. 37 DTV-Kaskoklauseln enthält Regelungen zum Wechsel der Klasse (Ziff. 37.1) 2 sowie zu deren Entzug (Ziff. 37.2); diese wurden durch Ziff. 26 vollständig neu ausgestaltet und unter anderem durch ein Auskunftsrecht des VR ergänzt (Ziff. 26.3).

B. Erläuterung der Klausel

I. Wechsel der Klassifikationsgesellschaft (Ziff. 26.1)

Nach Ziff. 26.1 hat der VN dem VR nur den Wechsel der Klassifikationsgesellschaft 3 anzuzeigen, nicht dagegen den Wechsel der Klasse selbst, sofern dieser bei derselben bestehenden Klassifikationsgesellschaft erfolgt. Ziff. 26.1 regelt die Folgen des Wechsels der Klassifikationsgesellschaft.[2] Demnach steht dem **VR** nach Satz 2 ein **außerordentliches Kündigungsrecht** zu, welches gleichlautend mit dem Kündigungsrecht bei Wechsel der Bereederung (Ziff. 25.2) ist. Um die Kündigung zu ermöglichen, wird in Satz 1 eine **Anzeigepflicht des VN** begründet, wie auch für den Wechsel der Bereederung (Ziff. 25.1). Zu den Einzelheiten vgl. daher Ziff. 25 Rn. 6.

Da anders als in Ziff. 24.3 und 25.5 für eine Verletzung der Anzeigepflicht nach 4 Ziff. 26.1 keine von Ziff. 46 abweichende Regelung getroffen wurde, **richten sich die Folgen dieser Obliegenheitsverletzung nach Ziff. 46.**

II. Auslaufen, Einschränkung oder Entzug der Klasse (Ziff. 26.2)

1. Änderung der Klasse

Ziff. 26.2 spricht anders als Ziff. 26.1 nicht von der Klassifikationsgesellschaft, sondern von der Klasse selbst. Die sog. „Klasse" wird erteilt, wenn die Klassifikationsgesellschaft anhand ihrer Vorschriften die technische Ausführung des Schiffes geprüft hat und feststellt, dass es mit diesen übereinstimmt. Dann erhält es das **Klassifikationszertifikat,** das jedoch **zeitlich begrenzt** ist und auch bei Wegfall oder Änderung der technischen Gegebenheiten **entzogen oder eingeschränkt werden kann.** Diesen Fall regelt Ziff. 26.2 und ordnet an, dass die Versicherung zu dem Zeitpunkt endet, zu dem das Schiff ohne Zustimmung der Klassifikationsgesellschaft die Reise fortsetzt oder neu antritt, sofern die Klasse ausgelaufen, eingeschränkt oder entzogen worden ist. 5

[1] *Enge/Schwampe* Transportversicherung S. 227.

[2] Nicht: Wechsel der Klasse gem. Ziff. 37.1 DTV-Kaskoklauseln. Diese ist in Ziff. 26.2 geregelt.

6 Das **Auslaufen einer Klasse** liegt vor, wenn der Zeitraum, für den die Klasse erteilt wurde, beendet ist. Wird die **Klasse eingeschränkt**, hat die Klassifikationsgesellschaft bestimmte technische Auflagen gemacht, die nicht eine volle Nutzung des Schiffes oder einen unbeschränkten Betrieb zulassen. Der **Entzug der Klasse** kann sich aufgrund einer bestimmten Anordnung der Klassifikationsgesellschaft ergeben oder aber auch schon aus deren Vorschriften selbst, die z.T. vorsehen, dass die Klasse automatisch entzogen wird, wenn bestimmte Voraussetzungen vorliegen.[3]

2. Rechtsfolge: Ende der Versicherung

7 Liegen die Voraussetzungen der Ziff. 26.2 vor, **endet die Versicherung** gem. Ziff. 26.2 ohne weiteres Zutun der Vertragsparteien; es handelt sich folglich um eine **auflösende Bedingung** i.S.d. § 158 Abs. 2 BGB. Schadensfälle nach Eintritt der auflösenden Bedingung sind nicht mehr vom Versicherungsschutz erfasst. Neben der **Änderung der Klasse** muss als weitere Bedingung das Schiff **„ohne Zustimmung der Klassifikationsgesellschaft" die Reise fortsetzen oder neu antreten.** Das Hinzutreten dieser Bedingung bestimmt den Zeitpunkt der Vertragsbeendigung.

8 Die Zustimmung der Klassifikationsgesellschaft ist eine Einverständniserklärung, die nach dem Wortlaut der Klausel vor oder nach Beginn oder Fortsetzung der Reise erfolgen kann.

III. Auskunftsrecht des Versicherers (Ziff. 26.3)

9 Durch Ziff. 26.3 Satz 1 **bevollmächtigt der VN den VR, Auskünfte bei der Klassifikationsgesellschaft über das versicherte Schiff einzuholen.** Dies ist erforderlich, um die Rechtsposition des VR zu sichern, der ansonsten auf die Kooperation des VN angewiesen wäre. Zwar mag sich eine gewisse Mitwirkungspflicht des VN zur Informationsbeschaffung bereits aus Ziff. 15 ergeben, doch ist es aufgrund der großen Bedeutung der Mitwirkung des VN angezeigt, dies gesondert zu regeln. Durch die Statuierung eines eigenen Auskunftsrechts des VR kann nunmehr **die Informationsbeschaffung „auf kurzem Wege"** erfolgen.

10 Auf Verlangen des VR ist der VN verpflichtet, eine schriftliche Vollmacht zur Einsichtnahme in die Unterlagen der Klassifikationsgesellschaft auszustellen. Dies dient Beweiszwecken und der besseren Handhabung im Geschäftsverkehr. Bei der Verpflichtung zur Ausstellung einer schriftlichen Vollmachtsurkunde handelt es sich nicht um eine Obliegenheit, sondern um eine echte Vertragspflicht.

C. Verfahrensfragen/Beweislast

11 Entsprechend den allgemeinen Beweisregeln hat der VR zur Ausübung seines **Kündigungsrechts** zu beweisen, dass ein Wechsel der Klassifikationsgesellschaft stattgefunden hat (Ziff. 26.1). Das Gleiche gilt im Hinblick auf Auslaufen, Einschränkung oder Entzug

[3] Beispiel für den automatischen Entzug der Klasse ist, dass eine von der Klassifikationsgesellschaft erteilte Auflage nicht innerhalb des festgesetzten Zeitraums erfüllt wird bzw. ein bestimmter Mangel beseitigt wird. Mit dem Ende der Nachfrist wird dann die Klasse automatisch entzogen.

der Klasse, wenn der VR sich – insbes. um einer Leistungspflicht zu entgehen – auf die **Beendigung des Versicherungsvertrages** berufen will. (Ziff. 26.2). Der VR hat auch den Zeitpunkt der Vertragsbeendigung (Fortsetzung oder Antritt der Reise ohne Zustimmung durch die Klassifikationsgesellschaft) nachzuweisen, da dieser vor dem Eintritt des Versicherungsfalls liegen muss. Um dieser umfänglichen Beweislast nachzukommen, räumt Ziff. 26.3 dem VR einen direkten Auskunftsanspruch ggü. der Klassifikationsgesellschaft ein (vgl. Rn. 9 f.).

VII. Umfang der Haftung des Versicherers

27 Umfang der Haftung im Allgemeinen

Der Versicherer trägt, soweit nicht ein anderes bestimmt ist, alle Gefahren, denen das Schiff während der Dauer der Versicherung ausgesetzt ist. Er haftet insbesondere für einen Schaden, der durch Eindringen von Seewasser, Schiffszusammenstoß, Strandung, Schiffbruch, Brand, Explosion, Blitzschlag, Erdbeben, Eis oder durch Diebstahl, Plünderung oder andere Gewalttätigkeiten verursacht wird. Er haftet jedoch für einen Schaden nur in dem durch diese Bedingungen bestimmten Umfang, insbesondere nicht für die Belastung des versicherten Gegenstandes mit Schiffsgläubigerrechten oder für den Schaden, der durch eine Verzögerung der Reise verursacht wird.

Schrifttum

Gerhard Die Allgemeinen Deutschen Seeschiffsversicherungsbedingungen 2009 (DTV-ADS 2009), TransportR **2011** 67; *Haberstroh* Das Augenblicksversagen – kein Fall grober Fahrlässigkeit VersR **1988** 943; *Remé* Die neuen DTV-Kasko-Klauseln, ein Gemeinschaftswerk, VersR **1979** 293; *Schwampe* Die DTV-Abnutzungsklausel 1978 – Eine Durchbrechung der causa-proxima Regeln? Hansa **1980** 1502; *Schwampe* Die DTV-ADS – Neue Bedingungen für die Versicherung von Seeschiffen im deutschen Markt, VersR **2010** 1276; *Sieg* Die Dispache: Rechtsgrundlagen, Verfasser, Funktion im Bereich der Versicherungsleistung, VersR **1996** 684; *Trölsch* Die Obliegenheiten in der Seeversicherung, Diss. Karlsruhe 1998.

Übersicht

A. Einführung

I. Allgemeines

1 Ziff. 27 entspricht mit geringfügigen Abweichungen dem Wortlaut des § 28 der Allgemeinen Deutschen Seeversicherungsbedingungen (ADS).[1] Anders als die ADS behandeln die DTV-ADS 2009 allein die Versicherung von Seeschiffen. Folgerichtig fehlt in Ziff. 27 die in § 28 ADS noch enthaltene Bezugnahme auf Güter. Ebenfalls entfallen ist in der Aufzählung der insbesondere versicherten Gefahren der **Seeraub**, da Piraterie vom Versicherungsschutz der DTV-ADS grundsätzlich ausgeschlossen ist (Ziff. 35).

II. Allgefahrenversicherung

2 Die DTV-ADS 2009 folgen grundsätzlich dem Prinzip der Allgefahrendeckung. Es gilt der Grundsatz der Universalität oder Totalität der Gefahren. Jede Gefahr ist versichert. Durch die Formulierung „Gefahren der Seeschifffahrt" in Ziff. 1 wird der Grundsatz der Universalität oder Totalität der Gefahren nicht eingeschränkt. Es bedarf insoweit keiner weiteren Bestimmungen in den Bedingungen, um eine Gefahr als versicherte Gefahr anzusehen.

B. Umfang der Haftung

I. Versicherte Gefahren

3 Ziff. 27 versichert „alle Gefahren". Insoweit gilt der **Grundsatz der Allgefahrendeckung** (Universalität der Gefahr). Gefahr ist die Möglichkeit nachteiliger Ereignisse, die ungewiss und noch unvorhersehbar sind.[2] Dagegen Eine Gefahr liegt nicht vor, wenn der Eintritt eines Schadens sicher ist.[3] Typische Gefahren sind z.B. Feuer, Sturm, Strandung, Kollision und Krieg. Auch der Konstruktionsmangel stellt in der Regel eine Gefahr und keinen sicheren Schadenseintritt dar, weil der Zeitpunkt des Eintritts wie auch Art und Umfang des Schadens zumeist ungewiss bleibt.[4]

4 Die Ungewissheit des Schadeneintritts beschränkt die Versicherung nicht auf zufällig eintretende Ereignisse.[5] Die Versicherung erfasst vielmehr grundsätzlich auch die Gefahr eines vom VN selbst fahrlässig verursachten Schadens. Im Unterschied zu den ADS, in denen bereits leicht fahrlässiges Handeln des VN ausgeschlossen ist (§ 33 ADS), beschränken die DTV-ADS den Ausschluss auf Vorsatz und grobe Fahrlässigkeit (Ziff. 34). Insofern ist die Verursachung des versicherten Schadens durch einfache Fahrlässigkeit des VN versicherte Gefahr.

---

[1] Die Allgemeinen Deutschen Seeversicherungsbedingungen ersetzten im Jahr 1919 die seinerzeit geltenden seeversicherungsrechtlichen Regelungen des HGB (§§ 778–900), soweit es sich um abdingbare Vorschriften handelt. Während der erste Abschnitt der ADS die allgemeinen Bestimmungen für die Kasko- und Güterversicherung umfasst, enthält der zweite Abschnitt spezielle Regelungen der jeweiligen Versicherungsform.

[2] Prölss/Martin/*Prölss* § 1 Rn. 6; *Ritter/Abraham* § 28 Anm. 6.

[3] *Enge/Schwampe* Transportversicherung S. 60.

[4] **A.A.** *Enge* Transportversicherung 61; *Remé* VersR **1979** 293, 297.

[5] *Ritter/Abraham* § 28 Anm. 8.

II. Während der Dauer der Versicherung

Der VR trägt alle Gefahren während der Dauer der Versicherung. Die Gefahrtragung des VR ist mithin zeitlich auf die Dauer der Versicherung beschränkt. Entscheidend ist der Zeitpunkt, zu dem der Schaden verursacht ist, nicht der Zeitpunkt, zu dem der Schaden eintritt.[6] 5

III. Soweit nicht ein anderes bestimmt ist

Der VR trägt alle Gefahren, soweit nichts anderes bestimmt ist. Wie auch in § 28 ADS ist dies als Hinweis gemeint, dass der Versicherungsschutz durch Bestimmungen in den Versicherungsbedingungen ausgeschlossen oder beschränkt sein kann. Dies meint nicht nur Bestimmungen, welche das Allgefahrenprinzip durchbrechen, sondern auch Abweichungen von dem Grundsatz der Gefahrenverwirklichung während der Dauer der Versicherung. Eine derartige Bestimmung findet sich in den DTV-ADS in Ziff. 59, welche den Deckungsschutz auf Schäden durch Konstruktions-, Material- oder Fertigungsfehler erweitert und insoweit die Verwirklichung dieser Gefahren vor Beginn der Versicherung einschließt. 6

IV. Aufzählung insbesondere genannte Gefahren

Ziff. 27 Satz 2 nennt ausdrücklich einzelne Gefahren. Es handelt es sich um eine beispielhafte Aufzählung („insbesondere“). Die genannten Gefahren engen den Umfang der versicherten Gefahren nicht ein, erweitern ihn aber auch nicht; bei ihrem Vorliegen liegt auch nicht in jedem Fall Versicherungsschutz vor. Der Versicherungsschutz setzt einerseits voraus, dass sich die Gefahren während der Dauer der Versicherung verwirklicht haben und kein Ausschluss eingreift. Andererseits müssen diese Gefahren auch causa proxima sein, soweit andere, nicht versicherte Gefahren mitgewirkt haben. 7

V. Versicherte Schäden

Versichert sind alle Gefahren, nicht alle Schäden. Dieser Grundsatz findet sich auch in Ziff. 27 S. 3 wieder, wonach der VR für einen durch eine versicherte Gefahr verursachten Schaden nur in dem durch die Bedingungen festgelegten Umfang haftet. Als versicherte Schäden nennt die Kaskoversicherung Totalverlust und die ihm gleich stehenden Fälle (Ziff. 60), Reparaturunfähigkeit und Reparaturunwürdigkeit (Ziff. 61), Teilschaden (Ziff. 62), Ersatz an Dritte (Ziff. 65). Gleiches gilt für die Minenklausel (Ziff. 82) und Kriegsversicherung (Ziff. 85). In der Nebeninteressenversicherung sind es das beeinträchtigte weitere Interesse des VN im Fall des Totalverlustes oder gleichgestellter Fälle (Ziff. 67.1), der sog. Kollisionsexcedent (Ziff. 67.2), der Frachtausfall (Ziff. 68) sowie die nach Eintritt des Totalverlustes verlorene Prämie (Ziff. 69). In der Ertragsausfallversicherung ist schließlich der Ertragsausfall (Ziff. 70) versichert. Für alle Versicherungen gilt, dass der VR die Beiträge zur Havarie-grosse (Ziff. 28 Abs. 1) sowie Aufwendungen zur Abwendung und Minderung des Schadens (Ziff. 31) trägt. 8

---

[6] *Ritter/Abraham* § 28 Anm. 8.

9 Dass ein bestimmter Schaden als versichert genannt ist, bedeutet nicht, dass der VR auch zur Ersatzleistung für einen solchen Schaden verpflichtet ist. Vielmehr setzt die Ersatzpflicht ein versichertes Interesse des VN voraus. Das versicherte Interesse ergibt sich aus den Vereinbarungen der Parteien, mangels solcher Vereinbarungen aus Ziff. 1 und 4 ff.

VI. Nicht versicherte Schäden

10 Als nicht versicherte Schäden genannt werden in Ziff. 27 Satz 3 ausdrücklich die Belastung des versicherten Gegenstandes mit Schiffsgläubigerrechten und der Schaden, der durch eine Verzögerung der Reise verursacht wird.

1. Belastung mit Schiffsgläubigerrechten

11 Schiffsgläubigerrechte gehören neben der Schiffshypothek zu den typischen Sicherungsrechten des Seehandelsrechts. Es handelt sich um gesetzliche Pfandrechte an Schiffen, die weder den Besitz des Pfandgläubigers am Schiff erfordern noch zum Schiffsregister eingetragen werden können und gegen jeden Besitzer des Schiffes verfolgbar sind.[7] Der Ausschluss der Haftung für die Belastung des versicherten Schiffes mit Schiffsgläubigerrechten bedeutet, dass der VR grundsätzlich nicht für Leistungen, die der VN einem Dritten schuldet und für die der versicherte Gegenstand als Pfand haftet, einstehen soll.[8] Weiterhin zum Ersatz verpflichtet bleibt der VR im Rahmen der Bedingungen für gesetzliche Schadenersatzforderungen eines Dritten gegen den VN, auch wenn diese Forderungen ein Schiffsgläubigerrecht am Schiff begründen (vgl. §§ 596 Abs. 1 Nr. 3, 593, 585 Abs. 1, 596 Abs. 1 Nr. 4 HGB). Solche Forderungen sind ausdrücklich vom Versicherungsschutz umfasst (Ziff. 28, 31, 65). Zudem ist der VR gemäß Ziff. 32 verpflichtet entsprechende Sicherheiten zur Abwendung zu stellen.

2. Verzögerung der Reise

12 Verzögerung liegt bei einer zeitlichen Abweichung von der gewöhnlichen Dauer der Seereise vor.[9] Die Verzögerung allein kann keine selbstständige Ursache eines Sachsubstanzschadens darstellen. Vielmehr bedarf es einer weiteren Ursache, damit ein Sachsubstanzschaden eintritt. Liegt eine weitere Ursache in Form einer versicherten Gefahr vor, so ist nach der Lehre von der causa proxima (s. Ziff. 27 Rn. 14) die nächste Ursache zu bestimmen. In der Seeschiffskaskoversicherung werden Verlust oder Beschädigung des Schiffes allerdings die Verzögerung der Reise regelmäßig zur entfernteren Ursache haben.[10] Insoweit ist der Anwendungsbereich des Ausschlusses unter den DTV-ADS 2009 begrenzt. Bedeutung erlangt die Verzögerung lediglich für den Fall, dass der zuvor durch eine versicherte Gefahr verursachte Schaden durch eine Verzögerung weiter vergrößert wird, beispielsweise durch eine verzögerte Dockung des Schiffes nach einem Wassereinbruch. Für einen solchen Fall kann die Verzögerung als eigenständige causa proxima angesehen werden, soweit der weitere Schaden nicht unvermeidliche Folge des bereits eingetretenen Schadens ist. Darüber hinaus meint der Ausschluss von Schäden

[7] *Würdinger/Sotiropoulos* 12.
[8] *Ritter/Abraham* § 28 Anm. 35.
[9] *Ehlers* Ziff. 2 Rn. 212.
[10] *Ritter/Abraham* § 28 Anm. 35.

durch Verzögerung der Reise in erster Linie mittelbare Schäden, beispielsweise Einnahmeverluste im Zusammenhang mit einem Arrest, die vom Versicherungsschutz ausgenommen sein sollen.

VII. Kausalität

Der eingetretene Schaden muss seine Ursache in einer versicherten Gefahr haben. Ob 13
ein Schaden auf einer verwirklichten Gefahr beruht, wird auch in der Seeversicherung zunächst nach der sog. Äquivalenztheorie bestimmt. Danach muss die untersuchte Ursache conditio sine qua non für den eingetretenen Schaden sein; sie darf also nicht hinweg gedacht werden können, ohne dass der Erfolg entfiele.[11] Alle weiteren Überlegungen zur Kausalität erübrigen sich, wenn keine versicherte Gefahr in diesem Sinne äquivalent ist. Ein äquivalentes Ereignis ist dann im Rahmen der Adäquanztheorie[12] weiter daraufhin zu untersuchen, ob es „im Allgemeinen und nicht nur unter besonders eigenartigen, unwahrscheinlichen und nach dem gewöhnlichen Verlauf der Dinge außer Betracht zu lassenden Umständen geeignet ist, einen Erfolg dieser Art herbeizuführen".[13] Diese Theorie gilt grundsätzlich auch in der Transportversicherung,[14] mithin auch in Seeschiffsversicherung. Die Anwendung der Adäquanztheorie engt den Kreis der äquivalenten Gefahren weiter ein. Führt diese Überprüfung dazu, dass mehrere versicherte Gefahren den Schaden adäquat herbeigeführt haben, bedarf es keiner weiteren Anstrengungen. Schwierigkeiten entstehen dann, wenn mehrere Gefahren adäquat kausal für den Schaden sind, aber nicht alle Gefahren vom Versicherungsschutz erfasst sind. Anders als im allgemeinen Versicherungsrecht setzt sich in der Seeversicherung nicht immer der Ausschluss durch. Vielmehr ist auf einer weiteren Stufe der Kausalitätsprüfung die Lehre von der **causa proxima** anzuwenden, welche im gesamten Seeversicherungsrecht gilt.[15] Danach ist aus mehreren in Frage kommenden Ursachen die nächste Ursache zu bestimmen. Maßgeblich ist dabei nicht die dem Schaden zeitlich nächste Ursache, sondern die wirksamste, in ihrer Ursächlichkeit erheblichste Bedingung.[16] Entscheidend ist, welche Ursache den Schadenseintritt objektiv unvermeidlich,[17] zumindest aber überwiegend wahrscheinlicher gemacht hat.[18] Ist eine solche Ursache gefunden, dann ist dies die rechtlich allein maßgebliche Ursache.

Die Anwendbarkeit der Lehre von der causa proxima ist als solche unumstritten, 14
allerdings bereitet das Verfahren zur Bestimmung der causa proxima mitunter Schwierigkeiten, da es an einer klaren Bestimmung des Begriffs „nächste Ursache" fehlt.[19] Die Rechtsprechung hat jedoch eine genauere Begriffsbestimmung abgelehnt und sieht in der Frage, welches die wirksamste, die erheblichste, die eigentliche Ursache des Schadens ist, eine Wertungsfrage, welche anhand des Einzelfalles zu beantworten ist.[20] Die fehlende genaue Begriffsbestimmung mag für die Praxis nicht immer befriedigend sein. Eine

---

[11] BGH 4.4.1951 NJW **1951** 711; BGH 11.1.2005 NJW **2005** 1420; Palandt/Grüneberg vor § 249 Rn. 25.

[12] BGH 27.1.1981 VersR **1981** 676; Palandt/*Grüneberg* Vor § 249 Rn. 26.

[13] BGH 4.7.1994 NJW **1995** 126.

[14] Thume/de la Motte/*Ehlers* Kap. 5 A. Rn. 39; *Ritter/Abraham* § 28 Anm. 19.

[15] *Ritter/Abraham* § 28 Anm. 21; *Enge* Transportversicherung 56.

[16] OLG Hamburg 16.8.1973 VersR **1973** 1137; OLG Hamburg 29.11.1962 VersR **1963** 449.

[17] *Enge/Schwampe* Transportversicherung S. 67.

[18] OLG Hamburg 29.11.1962 VersR **1963** 449.

[19] *Schwampe* Hansa **1980** 1502.

[20] OLG Hamburg 16.8.1973 VersR **1973** 1137; RGZ 169 1.

Rechtsunsicherheit bei der Anwendung der Lehre von der causa proxima ist jedoch nicht zu beobachten. In den bisher veröffentlichten Entscheidungen ist es den Gerichten stets gelungen, eine einzige nächste Ursache zu bestimmen.

15 Umstritten ist, ob die Lehre von der causa proxima auch für die Fälle der überholenden oder hypothetischen Kausalität heranzuziehen ist. Dies ist zu verneinen, weil für diese Fälle nicht eine Ursache unter mehreren in Frage kommenden Ursachen zu bestimmen ist.[21] Der Schaden beruht vielmehr nur auf einer realen Ursache. Sie allein hat den Schaden verursacht.[22] Der BGH[23] hat aus § 844 HGB a.F. den allgemeinen Grundsatz abgeleitet, dass die Verpflichtung des VR, einen Schaden zu ersetzen, nicht dadurch aufgehoben oder geändert wird, dass später infolge einer Gefahr, die der VR nicht zu tragen hat, ein neuer Schaden und selbst ein Totalverlust eintritt. Im Rahmen der VVG-Reform ist der § 844 HGB als Grundlage zwar weggefallen. Gleichwohl findet der Grundsatz unstreitig weiterhin Anwendung.[24]

16 Als Besonderheit stellt Ziff. 55.2 eine eigene Kausalitätsregel für das Zusammentreffen einer versicherten Gefahr und einer der in Ziff. 55.1 genannten ausgeschlossenen Gefahren (Abnutzung, Alter, Rost, Korrosion, Kavitation) auf. Ob diese Bestimmung eine Ausnahme von der Geltung der Lehre von der causa proxima darstellt[25] oder lediglich den Fall der erfolglosen Anwendung der Lehre von der causa proxima lösen soll,[26] kann dahingestellt bleiben. In jedem Fall durchbricht Ziff. 55.2 das für die Ersatzpflicht des VR ansonsten entscheidende Prinzip der allein geltenden Ursache zu Gunsten einer Schadenteilung je nach dem Grad des Ursachenanteils von versicherter und nicht versicherter Gefahr.

C. Konkurrenzen

17 Die Allgefahrendeckung in Ziff. 27 gilt nicht für alle Versicherungen in den DTV-ADS 2009. Sie wird verdrängt durch solche Versicherungen, die in ihren Bestimmungen die versicherten Gefahren ausdrücklich nennen und insoweit dem **Prinzip der benannten Gefahren** folgen. In den ADS-DTV 2009 betrifft dies die Ertragsausfallversicherung, welche in Ziff. 70 die Gefahr des Ertragsausfalls aufgrund eines ersatzpflichtigen Kaskoschadens des Schiffes sowie einiger dort ausdrücklich genannter Erweiterungen (Ziff. 70) bestimmt, die Minenklausel, welche in Ziff. 82.2 die Gefahr von Schäden, verursacht durch Kriegswerkzeuge, die als Folge eines beendeten Kriegsereignisses vorhanden sind, ausdrücklich aufführt sowie die Kriegsversicherung, welche ein Ziff. 84 die Gefahr des Krieges im dort definierten Umfang versichert. Diese Versicherungen beinhalten eigene Regelungen.

Die vorgenannten Versicherung Einzelgefahrendeckung versicherten Gefahren sind als primäre Risikobeschreibung[27] zu verstehen. Die in Teilen der Rechtsprechung[28] aufgekommenen Bedenken bezüglich einer gegenstandsbezogenen Einzelgefahrenversicherung

---

[21] Thume/de la Motte/*Ehlers* Kap. 5 A. Rn. 41; **a.A.** *Ritter/Abraham* § 28 Anm. 23; *Enge* Transportversicherung 54.

[22] BGH 7.6.1988 NJW **1988** 3265; BGH 20.7.2006 NJW **2006** 2767; *Ritter/Abraham* § 28 Anm. 24.

[23] BGHZ **21** 336.

[24] Römer/Langheid/*Römer* § 49 Rn. 11.

[25] *Schwampe* Hansa 1980 1502.

[26] *Enge* Transportversicherung 230.

[27] Vgl. Beckmann/Matusche-Beckmann/*Lorenz* § 1 Rn. 146.

[28] OLG Karlsruhe 16.8.2011 12 U 84/11 VersR **2012** 854.

im Rahmen einer Allgefahrendeckung kommen vorliegend nicht zum Tragen. Die Einzelgefahrenversicherungen der DTV-ADS 2009 sind entweder nicht unmittelbar gegenstandsbezogen wie die Ertragsausfallversicherung, welche in Ziff. 70 die Gefahr des Ertragsausfalls aufgrund eines ersatzpflichtigen Kaskoschadens des Schiffes sowie einiger dort ausdrücklich genannter Erweiterungen (Ziff. 70) bestimmt oder es werden durch diese Einzelgefahrenversicherungen solche Risiken versichert, die in den allgemeinen Bestimmungen der DTV-ADS 2009 ausdrücklich ausgeschlossen wurden. Letzteres betrifft die Minenklausel, welche in Ziff. 82.2 die Gefahr von Schäden, verursacht durch Kriegswerkzeuge, die als Folge eines beendeten Kriegsereignisses vorhanden sind, ausdrücklich aufführt sowie die Kriegsversicherung, welche ein Ziff. 84 die Gefahr des Krieges im dort definierten Umfang versichert. Insoweit hat der VN in diesen Versicherungen auch die Beweislast bezüglich der Verursachung des Schadens durch die versicherte Gefahr. Die Allgefahrendeckung aus Ziff. 27 gilt damit nur für die Kaskoversicherung und die Nebeninteressenversicherung.

D. Beweislast

Im Rahmen der Allgefahrendeckung beschränkt sich die Darlegungs- und Beweislast **18**
des VN auf den Schadenseintritt am versicherten Risiko und – soweit streitig – auf die Frage, ob sich eine Gefahr während der zeitlichen und räumlichen Geltung der Deckung verwirklicht hat. Die Verursachung des Schadens durch eine bestimmte Gefahr hat der VN grundsätzlich nicht darzulegen oder zu beweisen.[29] Dagegen hat der VR die Verursachung des Schadens durch eine ausgeschlossene Gefahr dazulegen und zu beweisen, was sich schon aus den allgemeinen Beweisgrundsätzen ergibt.[30]

28 Havarie-grosse

28.1 Erklärt der Versicherungsnehmer Havarie-grosse, umfasst die Versicherung die von dem Versicherungsnehmer zu entrichtenden Beiträge zur Havarie-grosse, die zur Havarie-grosse gehörenden Aufopferungen des versicherten Gegenstandes und Aufwendungen des Versicherungsnehmers, soweit durch die Havarie-grosse-Maßnahme ein versicherter Schaden abgewendet werden sollte.

28.2 Der Versicherer leistet auch Ersatz für die vom Versicherungsnehmer im Fall der Havarie-grosse zu entrichtenden Beiträge für den auf den versicherten Gegenstand entfallenden Anteil

28.2.1 des Bergelohns, in dem Sachkunde und die Anstrengungen des Bergers in Bezug auf die Verhütung und Begrenzung von Umweltschäden gemäß Art. 13 Ziff. 1 b) Internationales Übereinkommen über Bergung 1989 berücksichtigt sind sowie

28.2.2 der Kosten für die Verhütung und Begrenzung von Umweltschäden, soweit sie gemäß Regeln VI und XI (d) York-Antwerpener-Regeln 1994 berücksichtigt werden.

28.3 Der Versicherer leistet Ersatz für den auf den versicherten Gegenstand entfallenden Anteil der Kosten gemäß Ziff. 28.2.2 bis zur Höhe des im Versicherungsvertrages

---

[29] OLG Hamburg 27.4.1989 VersR **1991** 544; *Enge/Schwampe* Transportversicherung S. 70; *Ritter/Abraham* § 28 Anm. 9; Prölss/Martin/*Koller* § 130 Rn. 2.

[30] BGH 11.10.1994 NJW **1995** 49.

vereinbarten Betrages. Bei Zusammentreffen von Kosten gemäß Ziff. 28.2 mit anderen ersatzpflichtigen Kosten oder Schäden ist der Versicherungsschutz durch die Versicherungssumme begrenzt.

Die Ziff. 28.2.1 und 28.2.2 gelten entsprechend, wenn die Dispachierung nicht auf der Grundlage der York-Antwerpener-Regeln 1994 vereinbart wird.

28.4 In keinem Fall leistet der Versicherer Ersatz für die vom Versicherungsnehmer im Fall der Havarie-grosse zu entrichtenden Beiträge für den auf den versicherten Gegenstand entfallenden Anteil einer Sondervergütung gemäß Art. 14 des Internationalen Übereinkommens über Bergung 1989 oder von Kosten oder Aufwendungen aufgrund einer SCOPIC-Klausel oder einer ähnlichen Vereinbarung in einem Bergungsvertrag.

28.5 Fährt das Schiff ohne Ladung oder sind ausschließlich Güter des Reeders verladen, gelten die Policenbestimmungen für große Havarei sowie die York-Antwerpener Regeln 1994 mit Ausnahme der Regeln XX und XXI sinngemäß.

28.6 Ist hierfür Versicherungsschutz besonders vereinbart, kann der Versicherungsnehmer, wenn er darauf verzichtet, von anderen Beteiligten Havarie-grosse-Beiträge zu fordern, vom Versicherer bis zur vereinbarten Höhe Ersatz aller Havarie-grosse Aufwendungen, die er eingegangen ist, verlangen. Die Berechnung dieser Beträge erfolgt auf der Grundlage der York-Antwerpener Regeln 1994 mit Ausnahme der Regeln XX und XXI sinngemäß; die Kosten der Berechnung sind bis zur vereinbarten Höhe ersatzfähig. Stellt der Versicherungsnehmer dieses Verlangen, stehen ihm gegen den Versicherer keine weiteren Ansprüche wegen Havarie-grosse mehr zu.

Ansprüche gemäß diesem Absatz unterliegen nicht der Abzugsfranchise.

Der Versicherer verzichtet auf den Übergang von Ansprüchen, die dem Versicherungsnehmer gegen andere Beteiligte der Havarie-grosse-Gemeinschaft zustehen.

Übersicht

A. Einführung

I. Allgemeines

Ziff. 28.1 entspricht im Wesentlichen § 29 Abs. 1 ADS, der allerdings nur Aufopferungen und Beiträge zur Havarie-grosse als ersatzfähig erwähnt. Ziff. 28.1 nennt dagegen ausdrücklich auch Havarie-grosse-Aufwendungen. Anders als in § 29 Abs. 1 ADS findet sich die Verpflichtung des VR für Havarie-grosse-Beiträge durch Übernahme der Bürgschaft Sicherheit zu leisten, nicht mehr in der Havarie-grosse-Klausel, sondern abgelöst in Ziff. 32. 1

Ziff. 28.2 und 28.3 entsprechen Ziff. 35.6 DTV Kaskoklauseln. Allerdings fehlt die dort festgelegte Entschädigungsgrenze. Vielmehr wird auf die in der Police dokumentierte Vereinbarung verwiesen. Ziff. 28.6 fasst die Bestimmungen von § 29 Abs. 2 ADS und Ziff. 35.3 DTV Kaskoklauseln zusammen. 2

II. Wesen der Havarie-grosse

Mit Havarie-grosse (große Havarei, engl. General Average) wird die vermögensrechtliche Abwicklung eines Seeunfalls bezeichnet, bei der das Schiff und zumeist auch die Ladung in Mitleidenschaft gezogen werden. Das Gesetz sieht in der Havarie-grosse solche Schäden und Kosten, die unter den in § 588 ff. HGB bestimmten Voraussetzungen entstehen. Die Praxis versteht unter diesem Begriff die Verteilung der Schäden im Wege der außervertraglichen Haftung der geretteten Gegenstände auf alle Beteiligten.[1] 3

Die Havarie-grosse ist eines der ältesten Rechtsinstitute des Seerechts.[2] Sie folgt aus dem Grundgedanken, dass die Beteiligten einer Seereise, d.h. Schiff, Ladung und Fracht, eine sog. Gefahrengemeinschaft bilden. Droht dieser Gemeinschaft eine gemeinsame Gefahr, dann sollen Aufopferungen und Aufwendungen nicht nur von den unmittelbar Betroffenen, sondern von allen Mitgliedern der Gefahrengemeinschaft getragen werden, wenn der Opferschaden auch zur Rettung ihrer Werte erbracht wurde.[3] Die drohende Gefahr muss nicht notwendigerweise objektiv vorliegen. Vielmehr genügt es, wenn der Kapitän ohne Verletzung seiner Sorgfaltspflicht und ohne übertriebene Ängstlichkeit vom Vorliegen einer Gefahr ausgehen kann.[4] 4

Eine Havarie-grosse-Verteilung setzt stets voraus, dass Schiff und Ladung zusammen jeweils ganz oder teilweise gerettet worden sind. Gehen Schiff oder Ladung trotz der Rettungsmaßnahmen vollständig verloren, dann tritt keine Verteilung ein. Liegen die Voraussetzungen einer Havarie-grosse vor, dann wird ein Gutachten, die sog. Dispache (engl. General Average Adjustment), erstellt („aufgemacht"). Die Dispache berechnet die Höhe der Ansprüche der Vergütungsberechtigten gegen die Beitragspflichtigen. 5

III. Deutsches Recht und Internationale Regelwerke

Im deutschen Gesetzesrecht ist die Havarie-grosse seit Inkrafttreten der HGB-Seehandelsrechtsreform am 25.4.2013 in §§ 588 ff. HGB (zuvor §§ 700 ff. HGB) geregelt, das jedoch dispositiv ist und weit überwiegend vertraglich ersetzt wird durch die sog. 6

---

1 *Rabe* § 700 Rn. 4.
2 Vgl. *Rabe* § 700 Rn. 1.
3 *Rabe* § 700 Rn. 35.
4 *Herber* S. 377.

York-Antwerpener Regeln (engl. York-Antwerp Rules), welche Bestimmungen zu den wesentlichen Aspekten einer Havarie-grosse enthalten und zumeist über die Standardverträge im Seeverkehr vereinbart werden. Die York-Antwerp Rules sind kein Gesetz, sondern ein vom Dachverband der Seerechtsvereine CMI (Comité Maritime International) entwickeltes internationales Bedingungswerk, das nur bei entsprechender Vereinbarung gilt. Es handelt sich insoweit um Allgemeine Geschäftsbedingungen[5] die zumeist vom Reeder bei Abschluss des Frachtvertrages eingebracht werden. Die aktuelle Fassung der York-Antwerp Rules stammt aus dem Jahre 2004. Diese Fassung hat sich jedoch nicht im Markt durchsetzen können, so dass regelmäßig die Vorgängerfassung von 1994 vereinbart wird. Bestehende Lücken in den York-Antwerp Rules werden durch das jeweils anwendbare Gesetzesrecht geschlossen.

B. Havarie-grosse (Ziff. 28.1 DTV-ADS 2009)

I. Havarie-grosse-Erklärung

7 Ziff. 28.1 übernimmt die bestehende Praxis und stellt auf eine Erklärung der Havarie-grosse durch den VN ab. Eine fehlende Erklärung durch den VN lässt die Deckungsansprüche unter den DTV-ADS 2009 nicht entfallen. Da ohnehin jeder Beteiligte seitens der Ladung oder des Schiffes berechtigt ist, Havarie-grosse zu erklären, ist entscheidend für die Deckung, dass überhaupt Havarie-grosse erklärt wurde. Im Übrigen könnte der VN die Erklärung jederzeit nachholen und damit die Voraussetzungen der Bestimmung erfüllen, auch wenn die Erklärung des VN keine Rechtsfolgen mehr im Hinblick auf die Havarie-grosse auslöst.

II. Ersatz von Beiträgen und Vergütungen

8 Nach Ziff. 28.1 umfasst die Havarie-grosse-Deckung der DTV-ADS 2009 sowohl die Havarie-grosse-Beiträge des VN als auch die Havarie-grosse-Vergütung des VN. Im Hinblick auf die Havarie-grosse-Vergütung trägt der VR nach Ziff. 28.1 DTV-ADS 2009 einerseits den Vergütungsanspruch des VN, soweit Werte des VN aufgeopfert wurden. Andererseits, und anders als in den §§ 29 ff. ADS, ersetzt der VR auch den Vergütungsanspruch des VN, soweit dieser Aufwendungen (z.B. Freischleppen des Schiffes) eingegangen ist.

1. Beiträge

9 Beiträge zur Havarie-grosse sind der Anteil des VN an dem Havarie-grosse-Schaden. Der VN ist dem vergütungsberechtigten Beteiligten kraft Gesetzes oder vertraglicher Vereinbarung (z.B. York-Antwerp Rules) für seinen Beitrag haftpflichtig. Mit der Versicherung der Beiträge übernimmt der VR also ein Haftpflichtrisiko des VN. Die Versicherung der Beiträge ist insoweit Haftpflichtversicherung,[6] allerdings keine Haftpflichtversicherung i.S.v. § 100 VVG, denn Ziff. 28 ff. bieten keine Rechtsschutzdeckung. Der VR ist nicht verpflichtet, für den VN den Rechtsstreit über die Berechtigung der Vergütungsansprüche zu führen und Kosten der Rechtsverteidigung zu übernehmen.

[5] *Herber* S. 23 f.

[6] *Ritter/Abraham* § 29 Anm. 8.

Deckungsschutz für den Beitrag des VN besteht nicht bereits, wenn die aufgemachte Dispache einen Beitrag des VN ausweist. Die Dispache enthält allein die Auffassung des Dispacheurs im Hinblick auf das Vorliegen der Voraussetzungen der Havarie-grosse und die Berechnung des Beitrages des VN. Die Dispache berücksichtigt dagegen keine Einwendungen gegen die Beitragspflicht des VN, z.B. wegen Verschulden eines Beteiligten (Regel D der York-Antwerp Rules, § 589 Abs. 1 HGB). Zudem muss der VR nicht der Auffassung des Dispacheurs zur Frage, ob die Voraussetzungen eine Havarie-grosse vorlag, folgen. Insofern kann der VR die Beitragspflicht des VN eigenständig ermitteln und ist nicht an die Dispache gebunden. 10

Die Beitragspflicht des VN kann nicht im Wege eines Dispachebestätigungsverfahrens (§§ 405 ff. FamFG) geklärt werden. Der Bestätigungsbeschluss entfaltet keine Wirkung für die Deckung, weil der Beschluss nur die Beteiligten des Dispachebestätigungsverfahrens bindet. Der VR wiederum kann nicht Beteiligter eines solchen Verfahrens sein, weil er nicht Mitglied der Havarie-grosse-Gemeinschaft ist. 11

2. Vergütungen

a) **Aufopferungen.** Ziff. 28. 1 deckt Aufopferungen des VN im Hinblick auf den versicherten Gegenstand. Unter Aufopferungen wird die absichtliche und freiwillige Preisgabe oder Beschädigung von Sachen oder Teilen davon verstanden (z.B. Bodenschaden nach Stranden des Schiffes, Überlastung der Maschine). Nicht gemeint ist die Aufopferung finanzieller Mittel.[7] Im Rahmen einer Havarie-grosse kann eine Aufopferung nur dann vorliegen, wenn jedenfalls Teile des Schiffes unversehrt bleiben. Bleiben die Rettungsmaßnahmen erfolglos und das Schiff geht verloren, liegt keine Havarie-grosse vor (vgl. § 703 HGB a.F.). Absichtlich erfolgt die Aufopferung, wenn der Verlust oder die Beschädigung des versicherten Gegenstandes bewusst und gewollt zugefügt wird;[8] zumindest aber direkte Folge einer bewussten und gewollten Handlung ist.[9] Der Umfang der Haftung des VR richtet sich gemäß Ziff. 30.1 nach der Haftung des VR für Teilschäden. Fehlt es an einer Aufopferung, dann bedeutet dies nicht, dass gar kein Versicherungsschutz für den entstandenen Schaden des VN besteht. Soweit kein Ausschluss eingreift, sind Beschädigungen des Schiffes nach Ziff. 27 gedeckt, der Totalverlust nach Ziff. 60. 12

b) **Aufwendungen.** Anders als in der Havarie-grosse-Deckung der ADS sind nach Ziff. 28.1 DTV-ADS 2009 auch Aufwendungen des VN im Rahmen einer Havarie-grosse versichert. Einen entsprechenden Erstattungsanspruch für Aufwendungen des Havarie-grosse-Beteiligten sehen sowohl das HGB als auch die York-Antwerp Rules vor. Dennoch waren solche Erstattungsansprüche nicht von den ADS gedeckt, weil ein Versicherungsschutz für Aufwendungen des VN nicht notwendig erschien. Durch die Pfandrechte des VN[10] sei eine Vergütung seiner Aufwendungen durch die Havarie-grosse-Beteiligten gewährleistet.[11] Diesen Ansatz verfolgen die DTV-ADS 2009 nicht weiter, sondern wollen einen Versicherungsschutz für alle Vergütungsansprüche des VN gegen die Beteiligten bieten. Welche Aufwendungen gedeckt sind, richtet sich gemäß Ziff. 30.1 nach dafür geltenden Bestimmungen, mithin den Regelungen in Ziff. 31. 13

7 *Ritter/Abraham* § 29 Anm. 12.

8 *Rabe* § 700 Rn. 12.

9 Rule C York-Antwerp Rules; § 588 Abs. 1 HGB n.F. (§ 700 Abs. 1 HGB a.F.).

10 § 593 HGB n.F. (§ 703 HGB a.F.).

11 *Ritter/Abraham* § 29 Anm. 10.

III. Abwendung eines versicherten Schadens

14 Voraussetzung für die Leistungspflicht des VR von Beiträgen und Vergütungen des VN ist, dass die Havarie-grosse-Maßnahme der Abwendung eines versicherten Schadens dient. Nicht gemeint ist der Schaden durch die Aufopferung oder die Havarie-grosse-Aufwendung selbst, sondern der Schaden, welcher durch sie abgewendet werden soll. Durch diese Einschränkung wird gesichert, dass der VN im Falle der Havarie-grosse nicht besser gestellt wird, als er im Falle des Eintritts des Schadens stehen würde.

15 Nicht versicherte Schäden sind solche Schäden, die entweder als nicht versichert ausdrücklich in der Police genannt sind oder auf einer ausgeschlossenen Gefahr beruhen. Zudem kann der Schaden unversichert sein, weil der VN eine Obliegenheit verletzt hat und der VR deshalb gemäß Ziff. 46 leistungsfrei ist.

IV. Konkurrenzen

16 Die Deckung von Havarie-grosse-Beiträgen richtet sich nach Ziff. 28. Die Verpflichtung, für Havarie-grosse-Beiträge gegebenenfalls Sicherheit zu leisten, folgt aus Ziff. 32. Die Franchise fällt gem. Ziff. 40.2.2 auf Havarie-grosse-Beiträge nicht an.

V. Beweislast

17 Der VN ist beweisbelastet für das Vorliegen der Voraussetzungen der Havarie-grosse sowie die absichtliche Aufopferung und das Eingehen von Aufwendungen. Im Hinblick auf die Abwehr eines versicherten Schadens gilt dasselbe wie beim Eintritt eines versicherten Schadens. Entsprechend hat der VN das Vorliegen eines drohenden versicherten Schadens zu beweisen, der VR das Eingreifen eines Ausschlusses oder eine Obliegenheitsverletzung des VN.

C. Beiträge zur Vermeidung und Begrenzung von Umweltschäden (Ziff. 28.2 DTV-ADS 2009)

18 Ziff. 28.2 erweitert die Havarie-grosse-Deckung um Beiträge zur Vermeidung und Begrenzung von Umweltschäden, die entweder direkt als Teil des Bergelohns nach dem Internationalen Bergungsübereinkommen von 1989 (Ziff. 28.2.1) oder indirekt als Vergütung im Rahmen einer Havarie-grosse-Verteilung nach den York-Antwerp Rules von 1994 (Ziff. 28.2.2). Die Regelung ist erforderlich, da die DTV-ADS 2009 keinen Versicherungsschutz für Umweltschutzmaßnahmen in Verbindung mit der Bergung des Schiffes bereithalten. Bergelohn ist unter den DTV-ADS 2009 zwar grundsätzlich als Aufwendung zur Schadenabwendung und -minderung gedeckt, allerdings nur insoweit, wie Kosten im Zusammenhang mit der Verhinderung eines versicherten Schadens am Schiff entstanden sind. Umweltschäden sind dagegen kein in der Kaskoversicherung versicherter Schaden, auch nicht im Rahmen der Ersatz-an-Dritte-Deckung (Ziff. 65). Ist ein Schaden nicht versichert, sind auch die Maßnahmen zur Vermeidung und Begrenzung eines solchen Schadens nicht gedeckt.

I. Internationales Bergungsübereinkommen von 1989

19 Nach Art. 13 Abs. 1 b)des Internationalen Bergungsübereinkommens von 1989[12] enthält der Bergelohn einen Anteil, welcher die Sachkunde und die Anstrengungen des Bergers in Bezug auf die Verhütung oder Begrenzung von Umweltschäden berücksichtigt. Das Abkommen folgt damit den veränderten allgemeinen Wertvorstellungen im Hinblick auf den Umweltschutz. Ziff. 28.2.1 regelt ausdrücklich den Versicherungsschutz für diesen Umweltschutzanteil am Bergelohn.

II. York-Antwerp Rules 1994

20 Ziff. 28.2.2 regelt die Deckung von Beträgen zur Vermeidung von Umweltschäden nach den York-Antwerp Rules in der Fassung von 1994. Die ausdrückliche Bezugnahme auf diese Fassung der York-Antwerp Rules erfolgt aus gutem Grund, da nur diese Fassung eine Bestimmung in Regel XI d) enthält, wonach anfallende Kosten zur Vermeidung von Umweltschäden in engen Grenzen in Havarie-grosse verteilt werden.

D. Grenzen der Haftung (Ziff. 28.3 DTV-ADS 2009)

I. Haftungsgrenze

21 Die Parteien können durch Vereinbarung die Haftung des VR für Beiträge der Höhe nach begrenzen (Ziff. 28.3). Fehlt eine Vereinbarung, führt dies nicht ohne Weiteres zu einer unbegrenzten Deckung, weil in der Regel weder der Bergelohn noch die Havarie-grosse-Beiträge den Wert des geretteten Gutes übersteigen. Insoweit bleibt der Beitrag unterhalb der Versicherungssumme.

22 Die Haftungsgrenze gilt nur für Ziff. 28.2.2. Havarie-grosse-Beiträge, in die Bergelöhne eingegangenen sind, die nach Ziff. 28.2.1 die Sachkunde und Anstrengungen des Bergers in Bezug auf die Verhütung und Begrenzung von Umweltschäden berücksichtigen, unterliegen nicht der Begrenzung nach Ziff. 28.3.

II. Aufwendungen, Kosten und Schäden

23 Für den Fall des Zusammentreffens mit Aufwendungen, Kosten und Schäden bestimmt Ziff. 28.3 eine Begrenzung auf die Versicherungssumme für Anteile solcher Beiträge, die gem. Ziff. 28.2 (also unter Berücksichtigung von Art. 13 Ziff. 1b Bergungsübereinkommen und Regeln VI und XI d) York-Antwerp Rules) gedeckt sind. Alle anderen Aufwendungen und Kosten werden über die Versicherungssumme hinaus ersetzt.

III. Anwendung der York Antwerp Rules 1994

24 Die DTV-ADS 2009 gehen entsprechend der regelmäßigen Praxis grundsätzlich davon aus, dass die Dispache unter den York-Antwerp Rules 1994 aufgemacht wird. Sind andere Regelungen als Grundlage der Havarie-grosse-Verteilung zwischen den Beteiligten verein-

[12] Für Deutschland in Kraft seit dem 8.10.2002 (BGBl. 2001 II S. 510).

bart, dann kommen die in Ziff. 28.2 vorgesehenen Deckungseinschränkungen gleichwohl zur Anwendung, wenn in der Sache die in Ziff. 28.2 angesprochenen Umweltschutzaspekte Berücksichtigung finden.

IV. Beweislast

25 Für die Leistungsbegrenzung der Havarie-grosse-Beiträge ist der VR beweisbelastet. Die Beweislast umfasst den Umfang, in dem die in Ziff. 28.3 angesprochenen Aspekte im Havarie-grosse-Beitrag enthalten sind, sowie die Vereinbarung einer entsprechenden Leistungsbegrenzung.

E. Sondervergütung und SCOPIC-Klausel (Ziff. 28.4 DTV-ADS 2009)

I. Sondervergütung

26 Nach Art. 14 des Bergungsübereinkommens von 1989 hat der Berger einen gesonderten Vergütungsanspruch auf die Vermeidung von Umweltschäden. Durch Ziff. 28.4 wird klargestellt, dass diese Sondervergütung nicht unter die Versicherung fällt. Die Bestimmung folgt damit der Regel VI b) der York-Antwerp Rules, welche die Berücksichtigung einer Sondervergütung im Rahmen der Havarie-grosse ausschließt. Die Sondervergütung ist mangels Deckung von Umweltschäden auch nicht durch Ziff. 31.3 Absatz 2 versichert. Deckung findet die Sondervergütung allein in der P&I-Versicherung.

II. SCOPIC-Klausel

27 Neben den gesetzlichen Grundlagen gelten zwischen Reeder und Berger die Bestimmungen des Bergungsvertrages. In der weit überwiegenden Anzahl der Bergungen ist Grundlage des Bergungsvertrages das Lloyd's Standard Form Salvage Agreement, sog. Lloyds Open Form (LOF), vereinbart.[13] Dieser Standardvertrag folgt bei der Vergütung dem Prinzip „no cure – no pay“, d.h. der Berger erhält keine Vergütung, wenn keine erfolgreiche Bergung des Schiffes eingetreten ist. Die zusätzliche Vereinbarung der Special Compensation Protection & Indemnity Clause (SCOPIC) verdrängt dieses Prinzip im Hinblick auf Umweltschutzmaßnahmen des Bergers. Der Berger kann dann auch im Falle des Misserfolgs der Bergungsmaßnahme, Kosten zur Vermeidung oder Beseitigung von Umweltschäden ersetzt verlangen. Die Klausel ersetzt die Regelungen des Art. 14 des Bergungsübereinkommens von 1989 durch tarifähnliche einzelne Beträge für jedes eingesetzte Bergungsmittel, mithin auch der Sondervergütung. Gleichwohl bleiben auch Kosten entsprechend der SCOPIC vom Versicherungsschutz der DTV-ADS 2009 ausgeschlossen.

---

[13] *Schwampe* VersR 2007 1177, 1178.

F. Ballastreise, reedereigene Ladung (Ziff. 28.5 DTV-ADS 2009)

I. Entsprechende Anwendung der Havarie-grosse-Regeln

Ziff. 28.5 gewährt Deckung nach den Grundsätzen der Havarie-grosse, auch wenn das Schiff keine Ladung an Bord (Ballastreise) hat oder ausschließlich die Ladung des Reeders transportiert. Die Regeln der Havarie-grosse werden auf diese Fälle entsprechend angewendet, weil mangels Gefahrengemeinschaft keine echte Havarie-grosse-Situation vorliegt. Es fehlt an einem Dritten, der Gläubiger und Schuldner sein kann, da niemand eine Forderung gegen sich selbst haben kann.[14] Zugunsten des VN leistet der VR dennoch Ersatz. Bei Ballastschiffen geht es dabei vornehmlich um Kosten im Nothafen.[15] 28

Während für Reisen mit eigener Ladung des Reeders die entsprechende Anwendbarkeit der Havarie-grosse-Regeln bereit in § 29 Abs. 2 ADS geregelt war, wurde für die Ballastreise der Versicherungsschutz erst durch Ziff. 35.3 der DTV-Kaskoklauseln ermöglicht. Die DTV-ADS haben beide Regelungen übernommen. 29

Die Regelung in Ziff. 28.5 das Havarie-grosse auch gilt, wenn ausschließlich Güter des Reeders verladen sind, will den Fall erfassen, dass es bezüglich Schiff und Ladung nur einen Interessenten gibt.[16] Dem Reeder muss sowohl das Eigentum am Schiff als auch das Eigentum an der Ladung gehören,[17] wobei eine wirtschaftliche Betrachtung nicht ausreicht.[18] Dies reduziert die tatsächliche Anwendbarkeit der Regelung auf wenige außergewöhnliche Fälle, da regelmäßig nicht der Reeder, sondern eine sog. Einschiffsgesellschaft das Eigentum am Schiff hält. Ist der VN nicht der Reeder, greift die Regelung nicht ein, es liegt vielmehr der Normalfall einer Havarie-grosse nach Ziff. 28.1 vor. 30

Die Ersatzleistung erfolgt ohne Abzug einer Franchise (Ziff. 40.2.5) und umfasst auch die ansonsten nicht ersatzfähigen Nothafenkosten. 31

II. Anwendbarkeit der York-Antwerp Rules 1994

Während sich die echte Havarie-grosse regelmäßig nach den Vereinbarungen der Frachtvertrags-/Konnossementsparteien richtet, wird die „unechte" Havarie-grosse von Ziff. 28.5 ausschließlich nach den York-Antwerp Rules 1994 abgewickelt. Ausgenommen ist eine Anwendung der Regeln XX und XXI. Die in Regel XX bestimmte Provision auf Auslagen ist bei unechter Havarie-grosse unangemessen. Der Reeder handelt hier letztlich im eigenen Interesse, nicht im Interesse einer Havarie-grosse-Gemeinschaft. Die in Regel XXI vorgesehene Verzinsung bis zum Datum der Dispache ist unpassend, weil es bei der unechten Havarie-grosse nicht zur Aufmachung einer Dispache kommt. 32

---

[14] *Schwampe* Seekaskoversicherung Klausel 35 Rn. 9.

[15] *Enge* Erläuterungen 98.

[16] *Ritter/Abraham* § 29 Anm. 28.

[17] *Schwampe* Seekaskoversicherung Klausel 35 Rn. 10.

[18] *Ritter/Abraham* § 29 Anm. 28.

G. Ersatzleistung ohne Havarie-grosse-Verfahren (Ziff. 28.6 DTV-ADS 2009)

I. General Average Absorption Clause

33 Ziff. 28.6 bildet die für den deutschen Seeschiffsversicherungsmarkt entwickelte Fassung der Standard General Average Absorption Clause des BIMCO (The Baltic and International Maritime Council) ab. Zweck der Klausel ist die Vermeidung der aufwendigen Durchführung einer Havarie-grosse bei überschaubaren Beträgen. Ein Havarie-grosse-Verfahren, insbesondere bei einer großen Anzahl von Ladungsbeteiligten, und die mit der Aufmachung der Dispache verbundenen Kosten stehen bei geringen Aufopferungen und Aufwendungen nicht mehr in einem wirtschaftlich sinnvollen Verhältnis.[19]

II. Besondere Vereinbarung

34 Die Einbeziehung der Ziff. 28.6 in die Versicherung bedarf einer gesonderten Vereinbarung und der Bestimmung einer Summe, bis zu der unter der Klausel Ersatz geleistet werden soll.

35 Die vereinbarte Einbeziehung der Ziff. 28.6 bedeutet nicht, dass der VN sein Recht verliert, Havarie-grosse zu erklären und vom VR Ersatz nach den Bestimmungen der Havarie-grosse-Deckung zu verlangen. Dieses Recht erlischt mit Geltendmachung des Anspruchs auf Ersatz seiner Havarie-grosse Aufwendungen gegenüber dem VR (Ziff. 28.6 S. 3).

36 Ist die Summe der vergütungsberechtigte Aufopferungen und Aufwendungen des VN niedriger als die im Rahmen von Ziff. 28.6 vereinbarte Summe, stellt die dennoch durchgeführte Havarie-grosse eine Verletzung der Schadenabwendungs- und Schadenminderungspflicht gem. Ziff. 44 dar, was den VR von der Leistungspflicht befreien kann (Ziff. 46).

III. Verzicht auf Beiträge anderer Beteiligter

37 Ziff. 28.6 setzt voraus, dass der VN einen Verzicht auf Forderungen gegen die anderen Havarie-grosse-Beteiligten erklärt. Aus dem Zweck der Klausel ergibt sich, dass der VN den Verzicht gegenüber dem VR zu erklären hat. Eine Erklärung des Verzichts gegenüber den anderen Havarie-grosse-Beteiligten ist nicht erforderlich. Macht der VN doch Forderungen gegenüber den Havarie-grosse-Beteiligten geltend, obwohl er zuvor den Verzicht auf solche Forderungen gegenüber dem VR erklärt, dann ist der VR nicht leistungspflichtig, weil der VN die Voraussetzungen der Bestimmung, den Verzicht, nicht erfüllt. Ist die Leistung bereits erbracht, kann der VR sie nach § 812 BGB zurückfordern, weil die Leistungsvoraussetzungen nachträglich weggefallen sind.

---

19 Vgl. BIMCO Special Circular No. 2/2002 v. 14.2.2002.

IV. Ersatzleistung

Der VR schuldet bis zur Höhe der vereinbarten Höchstsumme Deckung aller Aufwendungen des VN. Die unter der Havarie-grosse gem. Ziff. 28.1 ebenfalls ersatzfähigen Aufopferungen sind von der Berechnung der Summe nach Ziff. 28.6 nicht erfasst. Sind die aufgeopferten Werte gering, kann der VN den betroffenen Havarie-grosse-Beteiligten direkt entschädigen. 38

V. Franchise

Eine vereinbarte Franchise ist auf die Deckung gem. Ziff. 28.6 S. 4 nicht anzuwenden. 39

VI. Ausschluss weiterer Ansprüche

Macht der VN Ansprüche unter Ziff. 28.6 geltend, sind weitere Ansprüche des VN unter der Havarie-grosse-Deckung ausgeschlossen. 40

VII. Verzicht auf Anspruchsübergang

Ziff. 28.6 S. 6 bestimmt einen Verzicht des VR auf den Übergang von Ansprüchen. 41

VIII. Beweislast

Die Beweislast für eine Vereinbarung nach Ziff. 28.6 trifft den VN. 42

29 Beiträge

29.1 Der Umfang der Haftung des Versicherers für die Beiträge wird durch die Dispache bestimmt. Wird die Dispachierung aufgrund der York-Antwerpener Regeln vereinbart, gelten diese im Zweifel in der Fassung von 1994.

29.2 Die Dispache ist von einer nach dem Gesetz oder nach dem Ortsgebrauch dazu berufenen Person aufzumachen.

29.3 Die Dispache ist am Bestimmungsort oder, wenn dieser nicht erreicht wird, an dem Ort, wo die Reise endigt, aufzumachen. An die Stelle dieses Ortes tritt, wenn an ihm eine nach Ziff. 29.2 geeignete Person nicht ansässig ist, der nächstliegende Ort, an dem eine solche Person ansässig ist. Haben die Beteiligten im Voraus vereinbart, dass die Dispache an einem anderen Ort aufzumachen ist, so ist dieser Ort maßgebend.

29.4 Die Dispache ist nach den Vorschriften aufzumachen, die an dem Orte, an dem die Dispache aufgemacht wird, für die Aufmachung einer Dispache im Falle einer Havarie-grosse gelten. An die Stelle dieser Vorschriften treten die Vorschriften, die an dem Ort des Heimathafens des Schiffes für die Aufmachung einer Dispache im Falle einer Havarie-grosse gelten, oder die York-Antwerp-Rules, wenn nach den zwischen den Beteiligten im Voraus getroffenen Vereinbarungen die Dispache gemäß diesen Bestimmungen aufzu-

machen ist. Kosten, die dadurch entstanden sind, dass die in einem Nothafen ausgeladenen Güter für Rechnung der an der Havarie-grosse Beteiligten gegen Feuergefahr versichert worden sind, fallen dem Versicherer auch dann zur Last, wenn sie nach den für die Aufmachung der Dispache maßgebenden Vorschriften nicht zu berücksichtigen sind.

29.5 Der Versicherungsnehmer hat bei der Aufmachung der Dispache das Interesse des Versicherers wahrzunehmen. Insbesondere hat der Versicherer Kosten, die dem Versicherungsnehmer durch die Auseinandersetzung der an der Havarie-grosse Beteiligten entstanden sind, nur insoweit zu ersetzen, als sie erforderlich waren.

29.6 Die Dispache ist auch dann maßgebend, wenn die für ihre Aufmachung geltenden Vorschriften unrichtig angewendet oder wenn tatsächliche Unrichtigkeiten in ihr enthalten sind, es sei denn, dass der Versicherungsnehmer die Unrichtigkeit zu vertreten hat.

29.7 Steht dem Versicherungsnehmer wegen der Unrichtigkeit der Dispache ein Anspruch gegen einen an der Havarie-grosse Beteiligten zu, so geht der Anspruch auf den Versicherer über, soweit dieser den Versicherungsnehmer entschädigt. Auf den Übergang finden die Bestimmungen der Ziff. 50 und 51 entsprechende Anwendung.

Übersicht

A. Einführung

I. Allgemeines

1 Eine ausführliche Regelung der Haftung des VR für vom VN zu entrichtende Beiträge ist wie schon in den ADS eigentlich entbehrlich.[1] Die Havarie-grosse-Deckung in Ziff. 28.1, dass der VR ersetzen muss, was der VN beizutragen verpflichtet ist, beschreibt die Haftung des VR ausreichend. Es wäre auch denkbar gewesen, es bei der Regelung zur Anwendbarkeit der York-Antwerp Rules für die Fälle des 28.5 zu belassen. Wie schon in die ADS wurden die Regelungen auch in die DTV-ADS 2009 zur Klarstellung des Deckungsumfangs aufgenommen.

2 Daher entspricht Ziff. 29 weitestgehend § 30 ADS. Der zusätzlich eingefügte Satz 2 in Ziff. 29.1 gibt Ziff. 35.1 DTV-Kaskoklauseln wieder.

3 Entfallen ist die in § 30 Abs. 8 ADS geregelte Kürzung der Deckung, wenn der Beitragswert des Schiffes den Versicherungswert des Schiffes überstieg. Für diesen Fall hatte der VRVR die Havarie-grosse-Beiträge nur im Verhältnis von Versicherungswert und Beitragswert zu ersetzen.

---

[1] *Ritter/Abraham* § 30 Anm. 3.

II. Dispache

Die Dispache ist das Dokument, in dem die Schäden und Kosten und deren Verteilung auf die Havarie-grosse-Gemeinschaft, festgestellt wird.[2] Hierfür wird zunächst das Verhältnis aller Aufopferungen und Kosten zu den geretteten Werten der Gefahrengemeinschaft ermittelt, der sog. Havarie-grosse-Prozentsatz.[3] Derselbe Havarie-grosse-Prozentsatz wird dann auf die geretteten Werte jedes Mitglieds der Gefahrengemeinschaft angewendet und ergibt ihren jeweiligen Beitrag an der Havarie-grosse. Letztlich bildet die Dispache die Grundlage der Ansprüche der Vergütungsberechtigten gegen die Beitragspflichtigen. 4

Im Weiteren enthält die Dispache Feststellungen zu Schadenursache und dem Unfallhergang sowie zum Vorliegen der Voraussetzungen der Havarie-grosse-Situation. 5

Grundsätzlich wäre jeder Havarie-grosse-Beteiligte berechtigt, die Dispache selbst aufzumachen und seine Forderungen gegen die anderen zu bestimmen. Dies würde jedoch leicht zu einer unübersehbaren Anzahl von Rechtsstreitigkeiten führen. Deswegen wird die Dispache gewöhnlich auf Veranlassung des Reeders bzw. des Kapitäns als Vertreter des Reeders bei Ankunft am Bestimmungsort von einem besonders qualifizierten Sachverständigen, dem sog. Dispacheur, aufgemacht. Entsprechend fordert Ziff. 29.2 DTV-ADS 2009 die Einschaltung eines Dispacheurs. 6

Der Dispacheur ist kein Beteiligter im Havarie-grosse-Verfahren und auch kein Schiedsgutachter.[4] Der Vertrag mit dem Dispacheur ist Vertrag mit Schutzwirkungen zu Gunsten für Dritte, so dass der Dispacheur nicht nur die Interessen des Reeders, sondern auch die Interessen aller Beteiligten bei der Aufmachung der Dispache zu wahren hat.[5] 7

Die Dispache ist für die Vergütungsberechtigten kein vollstreckbarer Titel und daher unter den Havarie-grosse-Beteiligten nicht maßgebend. Sie kann aber im Rahmen eines Dispachebestätigungsverfahren (§ 405 ff. FamFG) bestätigt werden. Das Verfahren bezieht sich auch auf Dispachen, die in erster Linie nach den York-Antwerp Rules und nur sekundär nach den Vorschriften des HGB aufgemacht werden.[6] Der Bestätigungsbeschluss (§ 409 FamFG) ist dann Vollstreckungstitel (§ 86 FamFG). 8

B. Haftung für Beiträge (Ziff. 29.1 DTV-ADS 2009)

I. Maßgeblichkeit der Dispache

Die Dispache ist maßgebend, allerdings gem. Ziff. 29.1 S. 1 allein für den Umfang, also die Höhe der Haftung des VR. Keine maßgebende Bedeutung hat die Dispache für den Haftungsgrund, also dem „ob“ der Haftung des VR.[7] Dem VR bleibt deswegen das Recht unbenommen, das Vorliegen der Voraussetzungen einer Havarie-grosse-Lage zu bestreiten. Ebenso stehen dem VR weiterhin die Einwendungen zu, dass die Dispache durch die falsche Person (Ziff. 29.2), am falschen Ort (Ziff. 29.3) oder nach dem falschen Recht (29.4) aufgemacht worden ist.[8] 9

Die Ersatzpflicht des VR für die Beiträge des VN entsteht erst mit Aufmachung der Dispache. Ohne Dispache braucht der VR nicht zu entschädigen.[9] 10

2 OLG Hamburg 27.4.1995 TransportR **1995** 445, 447; *Rabe* § 729 Rn. 5.
3 BGH 23.9.1996 VersR **1997** 90.
4 Sieg VersR **1996** 684.
5 BGH 23.9.1996 VersR **1997** 90.
6 OLG Hamburg 17.2.1994 VersR **1996** 394.
7 *Ritter/Abraham* § 30 Anm. 8.
8 *Ritter/Abraham* § 30 Anm. 8
9 *Ritter/Abraham* § 30 Anm. 10.

II. Zweifelsregelung

11 Die Zweifelsregelung in Ziff. 29.1 S. 2 besagt, falls die Dispachierung aufgrund der York-Antwerp Rules vereinbart wird, gelten diese im Zweifel in der Fassung von 1994. Grundsätzlich ist im Frachtvertrag oder im Konnossement ausdrücklich eine bestimmte Fassung der York-Antwerp Rules genannt. Fehlt die Angabe einer Fassung, dann reicht dies allein für Zweifel im Sinne der Klausel nicht aus, da die anwendbare Fassung von dem Dispacheur oder einem Gericht festgestellt wird. Als Zweifelsfall verbleibt allein, wenn Havarie-grosse-Beteiligte nicht mit der Auffassung des Dispacheurs über die anwendbare Fassung der York-Antwerp Rules übereinstimmen, gleichwohl aber auf eine gerichtliche Klärung verzichten.[10] Dann sollen die York-Antwerp Rules in der Fassung von 1994 gelten.

C. Dispacheur (Ziff. 29.2 DTV-ADS 2009)

12 § 595 HGB sieht für das deutsche Recht vor, dass die Dispache durch einen öffentlich bestellten Sachverständigen oder eine vom Gericht besonders ernannte sachverständige Person aufzumachen ist. In Deutschland bestellen die örtlich zuständigen Industrie- und Handelskammern (IHK) die Dispacheure überwiegend auf Grundlage der GewO, in Hamburg nach der SachverständigenVO von 1961.

D. Ort der Dispachierung (Ziff. 29.3 DTV-ADS 2009)

13 Die Dispache ist in erster Linie an dem von dem Havarie-grosse-Beteiligten zuvor, d.h. vor Beginn der Havarie-grosse-Maßnahme, vereinbarten Ort aufzumachen.[11] Besteht eine solche Vereinbarung nicht, dann ist die Dispache am Bestimmungsort oder, wenn dieser nicht erreicht wird, am Ort, wo die Reise endigt, zu erstellen. Diese Regelung entspricht § 595 Abs. 1 S. 1 HGB (§ 727 HGB a.F.).

E. Recht der Dispache (Ziff. 29.4 DTV-ADS 2009)

14 Ziff. 29.4 bietet eine Reihe von Alternativen nach welchem Recht die Dispache aufzumachen ist. Gleichwohl richtet sich das Recht der Dispache vorrangig nach den Vereinbarungen der Beteiligten. Sind die York-Antwerp Rules vereinbart, dann richtet sich die Aufmachung der Dispache nach dem Recht der York-Antwerp Rules. Alternativ ist die Dispache nach dem Recht am Heimathafen des Schiffes aufzumachen. Erst in zweiter Linie ist das Recht des Ortes, an dem die Dispache aufgemacht wird, anzuwenden.[12]

15 In Ziff. 29.4 S. 3 ist, ebenso wie in § 30 Abs. 4 S. 3 ADS, ausdrücklich die Ersatzfähigkeit von Feuerversicherungsprämien für im Nothafen ausgeladene Güter geregelt. Die Regelung hat aber praktisch keine eigenständige Bedeutung mehr, da die York-Antwerp-Rules in Regel X b) derartige Versicherungsprämien bereits als vergütungsberechtigt bestimmen.

---

10 *Schwampe* Seekaskoversicherung Klausel 35 Rn. 5.

11 *Ritter/Abraham* § 30 Anm. 15.

12 *Ritter/Abraham* § 30 Anm. 16.

F. Pflichten des VN (Ziff. 29.5 DTV-ADS 2009)

Nach Ziff. 29.5 hat der VN bei der Aufmachung der Dispache die Interessen des VR 16 wahrzunehmen. Diese Obliegenheit des VN zur Schadenabwendung- und -minderung besteht ohnehin (Ziff. 44) und ist nur für den Fall der Havarie-grosse gesondert hervorgehoben. Weisungen muss der VN gemäß Ziff. 44 S. 2 einholen und befolgen. Verletzt der VN diese Obliegenheiten vorsätzlich oder grob fahrlässig, dann haftet der VR gemäß Ziff. 46 nicht für Beiträge.

Insbesondere hat der VN darauf zu achten, dass bei der Auseinandersetzung der 17 Havarie-grosse-Beteiligten keine unnötigen Kosten entstehen, was in in erster Linie auf die Kosten der Schadenfeststellung und die Kosten der Dispachierung im Ausland abzielt.[13] Entsprechend ersetzt der VR gem. Ziff. 29.5 S. 2 nur solche Auseinandersetzungskosten des VN zu, als sie erforderlich waren. Erforderlich waren die Kosten dann, wenn sie zur Zeit der Aufwendung bei objektiver Beurteilung im Interesse des VR zu liegen schienen.[14]

G. Unrichtige Dispache (Ziff. 29.6 DTV-ADS 2009)

Nach Ziff. 29.6 bleibt auch eine unrichtige Dispache maßgebend. Der VR muss zah- 18 len.[15] Dies soll nur dann nicht gelten, wenn der VN die Unrichtigkeit der Dispache zu vertreten hat, mithin seine Obliegenheiten zur Schadenabwendung und -minderung verletzt. Zu vertreten hat der VN dabei nur Vorsatz und grobe Fahrlässigkeit (Ziff. 46).

H. Rechtsübergang (Ziff. 29.7 DTV-ADS 2009)

Soweit der VR zahlt, geht der Anspruch wegen der unrichtigen Dispache gegen eine 19 Havarie-grosse-Beteiligten auf den VR über. Zahlt der VR ohne Aufmachung einer Dispache, dann kann kein Anspruch auf den VR übergehen. Insoweit bedarf es einer gesonderten Abtretungsvereinbarung für zukünftige Forderungen gegen Havarie-grosse-Beteiligte, insbesondere für den Fall einer unrichtigen Dispache.

30 Aufopferungen und Aufwendungen in Havarie-grosse

30.1 Der Versicherer haftet bei Vorliegen einer Havarie-grosse für Aufopferungen des versicherten Gegenstandes nach den für seine Haftung für Teilschäden und für Aufwendungen des Versicherungsnehmers nach den dafür geltenden Bestimmungen.

30.2 Der Anspruch auf die dem Versicherungsnehmer zustehende Vergütung geht mit seiner Entstehung auf den Versicherer über. Der Versicherer hat jedoch, wenn die Vergütung die Entschädigung mit Einschluss der zur Geltendmachung des Vergütungsanspruchs gemachten Aufwendungen übersteigt, den Überschuss dem Versicherungsnehmer herauszugeben. Im Übrigen finden auf den Übergang die Bestimmungen der Ziff. 50 und 51 entsprechende Anwendung.

---

[13] *Ritter/Abraham* § 30 Anm. 23 m.w.N.

[14] *Ritter/Abraham* § 30 Anm. 23.

[15] *Ritter/Abraham* § 30 Anm. 25.

Übersicht

A. Einführung

1 Ziff. 30 geht auf § 31 ADS zurück. Redaktionell geändert wurde der in den ADS benutzte Ausdruck „Haftung im Falle der besonderen Havarei" in „Haftung für Teilschäden". Grundsätzlich hätte es einer ausdrücklichen Regelung, dass der VR für Aufopferungen wie für Teilschäden haftet, nicht bedurft, weil dies bei einer Allgefahrendeckung selbstverständlich ist. Zusätzlich aufgenommen wurde in Ziff. 30.1 die Deckung von Aufwendungen des VN im Zusammenhang mit der Havarie-grosse, welche in den ADS nicht aufgenommen war.

B. Aufopferungen und Aufwendungen (Ziff. 30.1 DTV-ADS 2009)

I. Aufopferungen

2 Der Begriff der Aufopferung wird in Havarie-grosse von dem Gesamtbegriff der Aufwendungen herausgelöst. Er bezieht sich auf die bewusste und vorsätzliche Preisgabe der versicherten Gegenstände, um andere Werte zu retten.[1] Dies meint beispielsweise das Überbordwerfen von Containern zur Wiedergewinnung der Stabilität, absichtliches Festfahren des Schiffes, aber auch die Löschwasserschäden nach einem Feuer an Bord. Die DTV-ADS 2009 gehen wie die ADS davon aus, dass Aufopferungen versicherte Verluste oder Beschädigungen darstellen. Deswegen werden Aufopferungen nach Maßgabe der Police als Teilschaden vorab direkt entschädigt[2] und nicht etwa indirekt durch Erstattung der Beiträge, die der VN von den übrigen Havarie-grosse-Beteiligten beanspruchen kann. Würde der VN warten müssen, bis die Dispache fertiggestellt ist, würde er seine Entschädigung erst sehr spät erhalten, weil sich diese im Einzelnen erst aus der Dispache ergibt.[3] Insoweit erfolgt die Ersatzleistung des VR unabhängig vom Verteilungsverfahren der Havarie-grosse. Entsprechend ist die Dispache für die Haftung des VR für Aufopferungen des VN nicht maßgebend. Die Entschädigung für Aufopferungen bestimmt sich vielmehr nach den Regelungen zum Teilschaden in den DTV-ADS 2009. Folglich haftet der VR für die Aufopferungen nur im Rahmen der Versicherungssumme und nicht wie bei Aufwendungen (Ziff. 31) über die Versicherungssumme hinaus.

II. Aufwendungen

3 Aufwendungen im Zusammenhang mit einer Havarie-grosse sind beispielsweise die Bergung des Schiffes durch Dritte. Welche Aufwendungen des VN gedeckt sind, richtet sich nach den Regelungen in Ziff. 31.

---

1 *Enge* Transportversicherung S. 97.

2 Thume/de la Motte/Ehlers/*Gerhard* Kap. 6 Rn. 653.

3 *Enge* Transportversicherung S. 97.

C. Rechtsübergang (Ziff. 30.2 DTV-ADS 2009)

Der Anspruch des VN auf Vergütung seiner Aufopferungen geht auf den VR über. 4 Gemeint sind solche Vergütungsansprüche des VN als Vergütungsberechtigter gegen die Beitragspflichtigen.[4] Die Ansprüche gehen nicht erst über, wenn der VR die Entschädigung leistet, sondern gem. Ziff. 30.2 vielmehr bereits mit ihrer Entstehung. Mangels anderer Regelung entsteht der Vergütungsanspruch gem. § 271 Abs. 1 BGB sofort mit Eintritt des Opferschadens. Entsprechend geht der Anspruch zu diesem Zeitpunkt auf den VR über. Dadurch soll der VR in die Lage versetzt werden, seine Interessen bereits während des Havarie-grosse-Verfahrens aktiv wahrnehmen zu können.[5] Der Anspruch ist allerdings nicht durchsetzbar, da mangels Feststellung der Höhe der Beitragsberechtigte zur Verweigerung der Leistung berechtigt ist. Insofern wird der Anspruch erst mit Fertigstellung der Dispache fällig.[6]

In Abweichung von § 86 VVG handelt es sich bei der Regelung um die Abtretung 5 zukünftiger Forderungen, da die Vergütungen für Aufopferungen erst nach Abschluss des Havarie-grosse-Verfahrens durch die Dispache festgestellt werden.[7] Die Ansprüche gehen in voller Höhe der Vergütungsansprüche auf den VR über, also auch für den Teil der Vergütung, der die Ersatzleistung des VR übersteigt. Um eine Bereicherung des VR auszuschließen, ist ein eventueller Überschuss an den VN auszuzahlen (Ziff. 30.2). Die Regelung ist für die Seekaskoversicherung überflüssig. Während in der Güterversicherung ein hinter dem Beitragswert zurückbleibender Versicherungswert tatsächlich dazu führen kann, dass der VR nicht den vollen Wert ersetzt, aber für den vollen Wert Vergütung erhält, betrifft in der Kaskoversicherung der Versicherungsschutz die Reparaturaufwendungen. Im Normalfall decken sich versicherte Reparatur- bzw. Ersatzkosten und Vergütungsanspruch, da gemäß Regel XVIII a) der York-Antwerp Rules die tatsächlichen Reparaturkosten vergütet werden und auch das Alter des Schiffes (Regel XIII) berücksichtigt wird.

31 Versicherte Aufwendungen und Kosten

31.1 Der Versicherer ersetzt auch:

31.1.1 die Aufwendungen, die der Versicherungsnehmer bei dem Eintritt des Versicherungsfalls zur Abwendung oder Minderung eines unter der Versicherung zu ersetzenden Schadens macht und den Umständen nach für geboten halten durfte;

31.1.2 die Aufwendungen, die der Versicherungsnehmer bei dem Eintritt des Versicherungsfalls gemäß den Weisungen des Versicherers oder eines von ihm benannten und in der Police namentlich bezeichneten Beauftragten macht;

31.1.3 die Kosten, die durch die Ermittlung und Feststellung des vom Versicherer zu ersetzenden Schadens entstehen, soweit ihre Aufwendung den Umständen nach geboten war. Jedoch hat der Versicherer die Kosten nicht zu erstatten, die dem Versicherungsnehmer durch die Hinzuziehung Dritter entstehen, es sei denn, dass der Versicherungsnehmer nach dem Vertrag zu der Hinzuziehung verpflichtet war oder der Versicherer die Hinzuziehung verlangt hatte.

---

[4] *Ritter/Abraham* § 31 Anm. 8.
[5] *Ritter/Abraham* § 31 Anm. 9.
[6] *Rabe* § 725 Rn. 1.
[7] *Ehlers* Ziff. 23 Rn. 28.

31.2 Die in Ziff. 31.1.1 und 31.1.2 bezeichneten Aufwendungen ersetzt der Versicherer auch dann, wenn sie erfolglos bleiben; der Versicherer hat den für die Aufwendungen erforderlichen Betrag auf Verlangen des Versicherungsnehmers vorzuschießen. Ist ein Teil des Versicherungswertes nicht versichert und ist streitig, ob die Befolgung der Weisungen des Versicherers zur Abwendung oder Minderung des Schadens geboten erscheint, so hat der Versicherer den Betrag der durch die Befolgung entstehenden Aufwendungen auch insoweit vorzuschießen, als die Aufwendungen nicht ersetzt werden; der Versicherer ist verpflichtet, die ganzen, gemäß seinen Weisungen gemachten, Aufwendungen zu ersetzen, wenn er die Befolgung der Weisungen den Umständen nach nicht für geboten halten durfte und die Aufwendungen erfolglos geblieben sind.

31.3 Sofern die Aufwendungen in Bergelohn bestehen, in dem Sachkunde und die Anstrengungen des Bergers in Bezug auf die Verhütung und die Begrenzung von Umweltschäden gemäß Art. 13 Ziff. 1 b) Internationales Übereinkommen über Bergung 1989 berücksichtigt sind oder Kosten für die Verhütung und Begrenzung von Umweltschäden, soweit sie gemäß Regeln VI und XI (d) York-Antwerpener-Regeln 1994 berücksichtigt werden, leistet der Versicherer Ersatz bis zur Höhe des im Versicherungsvertrag vereinbarten Betrages.

Der Versicherer leistet keinen Ersatz für Sondervergütung gemäß Art. 14 des Internationalen Übereinkommens über Bergung 1989 oder für Kosten und Aufwendungen aufgrund einer SCOPIC-Klausel oder einer ähnlichen Vereinbarung in einem Bergungsvertrag.

Übersicht

A. Einführung

I. Allgemeines

1 Ziff. 31 übernimmt mit redaktionellen Änderungen den § 32 ADS. In Ziff. 31.1.1. wurde dabei die Voraussetzung „eines unter der Versicherung zu ersetzenden Schadens“ eingefügt. In Ziff. 31.1.2 wurde neu aufgenommen, dass der Aufwendungsersatzanspruch nicht nur bei Weisungen des VR, sondern auch bei Weisungen „eines von ihm benannten und in der Police namentlich bezeichneten Beauftragten“ besteht. Sachverständige, Beistände oder sonstige Beauftragte werden in Ziff. 31.1.3 durch den Begriff „Dritte“ ersetzt. Gänzlich neu eingefügt wurde Ziff. 31.3, der die Ersatzfähigkeit von bestimmten Bergungskosten ausdrücklich regelt.

II. Aufwendungen

Aufwendung ist jede freiwillige oder unfreiwillige Vermögensminderung, die adäquate Folge einer Maßnahme des VN zur Abwehr oder Minderung eines Schadens ist.[1] Nicht gemeint sind Schäden an dem versicherten Schiff selbst. 2

Es muss sich um Aufwendungen des VN handeln, bei Versicherung für fremde Rechnung um Aufwendungen des Versicherten, da dieser gem. Ziff. 4.3 ebenfalls zur Schadenabwendung bzw. -minderung verpflichtet ist. 3

B. Rettungskosten (Ziff. 31.1.1 DTV-ADS 2009)

Der VN ist nach Ziff. 44 verpflichtet, bei Eintritt des Versicherungsfalls einen Schaden abzuwenden oder zu mindern. Dieser Rettungsobliegenheit des VN entspricht die Verpflichtung des VR zum Ersatz der dabei vom VN aufgewendeten Kosten, sie ist die „Kehrseite" der Schadenminderungspflicht des VN.[2] 4

Es muss der Versicherungsfall, mithin der Eintritt eines versicherten Schadens drohen.[3] Der Anspruch auf Rettungskosten entsteht nicht bereits dann, wenn eine versicherte Gefahr (z.B. Feuer, Krieg) droht oder sich verwirklicht hat. Vielmehr muss das versicherte Objekt konkret gefährdet sein.[4] 5

Was der VN den Umständen nach für geboten halten durfte, bestimmt sich aus der Sicht eines vernünftigen VN im Zeitpunkt des Handelns oder unmittelbar davor unter Berücksichtigung der konkreten Umstände und der konkreten Lage des VN.[5] Aus der damaligen Sicht des VN muss die Rettungsmaßnahme auch unter wirtschaftlichen Gesichtspunkten vertretbar gewesen sein. Gleichwohl schaden dem VN gem. Ziff. 46 nur Vorsatz und grobe Fahrlässigkeit. 6

C. Weisungen des Versicherers (Ziff. 31.1.2 DTV-ADS 2009)

Der VN hat die Weisungen des VR zu befolgen. Dies gilt auch für den Fall, dass die Weisungen des VR nicht im Interesse des VN sind.[6] Der VN muss nicht prüfen, ob die angewiesenen Maßnahmen erforderlich oder zweckmäßig sind.[7] Gleichwohl muss der VN solchen Maßnahmen nicht nachkommen, die offensichtlich unzweckmäßig sind oder die Sachlage sich geändert hat. In diesen Fällen muss er beim VR neue Weisungen anfragen.[8] Besteht der Versicherer trotz eines Hinweises auf seiner Weisung, so ist die Weisung bindend.[9] 7

Das zuvor Gesagte gilt auch im Hinblick auf Weisungen von Bevollmächtigten des VR, soweit diese in der Police aufgeführt sind. Dies betrifft in erster Linie Havariekommissare, an welche die Schadenbearbeitung des VR ausgelagert ist. Nicht erfasst sind solche Beauftragte, die zwar schriftlich vereinbart (z.B. in der Deckungsnote), aber nicht auf der Police stehen. 8

---

1 BGH 21.3.1977 VersR **1977** 709; Prölss/Martin/*Voit* § 83 m.w.N.

2 *Ritter/Abraham* § 32 Anm. 4.

3 Zum Begriff des Versicherungsfalls s.u. Ziff. 44 B.

4 *Ehlers* Ziff. 2 Rn. 84.

5 OLG Hamm 28.11.1983 VersR **1983** 1027.

6 *Ritter/Abraham* Ziff. 41 Anm. 21.

7 Honsell/Baumann/*Beckmann* § 63 Rn. 30, *Ehlers* Ziff. 2 Rn. 104.

8 *Ehlers* Ziff. 2 Rn. 104.

9 BGH 26.9.1984 VersR **1984** 1161, 1162; Prölss/Martin/*Voit* § 82 Rn. 24.

D. Schadenermittlungskosten (Ziff. 31.1.3 DTV-ADS 2009)

9 Die Kosten müssen für die Ermittlung oder die Feststellung des Schadens, nicht für seine Behebung oder für eine Ersatzbeschaffung aufgewendet worden sein. Schadenermittlung meint die technische Aufklärung über den Sachverhalt sowie der Schadenursache, bei der Schadenfeststellung geht es um die Bezifferung des Schadens.[10] Die Kosten für Tätigkeiten der Ermittlung und Feststellung des Schadens können sich überschneiden, z.B. im Hinblick auf Reisekosten.[11]

10 Eigene Bemühungen des VN im Rahmen der Ermittlung und Feststellung des Schadens sind grundsätzlich nicht zu ersetzen, auch dann nicht, wenn sie im Rahmen der geschäftlichen Tätigkeit des VN liegen und deshalb als Aufwendungen qualifiziert werden können.[12] Dagegen sind Kosten für Tätigkeiten zu ersetzen, die in den gewerblichen und beruflichen Bereich des VN fallen. Führt der VN die Ermittlung und Feststellung des Schadens im eigenen Betrieb mit eigenen Mitarbeitern durch, so sind die betrieblichen Gemeinkosten einschließlich Unternehmerlohn zu erstatten.[13]

11 Durch Ziff. 31.1.3 wird klargestellt, dass der VR die Kosten von Dritten, die vom VN hinzugezogen werden, nicht ohne Weiteres übernimmt. Ersatzfähig sind diese Kosten allein dann, wenn das Hinzuziehen des Dritten im Versicherungsvertrag vereinbart oder durch den VR verlangt worden ist. Nicht ersatzfähig sind ohnehin Maßnahmen, die üblicherweise privat durchgeführt werden und vom VN auf Dritte übertragen werden.[14]

12 Anders als bei den Rettungskosten (Ziff. 31.1.1) kommt es bei der Gebotenheit der Schadenermittlungs- bzw. feststellungskosten nicht darauf an, ob der VN die Kosten aus seiner subjektive Sicht für geboten halten durfte. Es sind nur solche Kosten zu ersetzen, wie ihre Aufwendung objektiv geboten waren. Dies ist ex ante zu beurteilen.[15]

E. Erfolglose Aufwendungen und Vorschuss (Ziff. 31.2 DTV-ADS 2009)

I. Erfolglose Aufwendungen

13 Gemäß Ziff. 31.2 sind Rettungskosten des VN und Aufwendungen, die der VN gemäß den Weisungen des VR macht, auch dann zu ersetzen, wenn sie erfolglos bleiben.

II. Vorschuss

14 Der VR hat den für die Aufwendungen erforderlichen Betrag vorzuschießen, wenn der VN dies verlangt. Die Höhe des Vorschusses richtet sich nach der zu erwartenden Höhe der Rettungskosten. Besonderheiten gelten nach § 32.2 im Hinblick auf Weisungen. Im Falle von Weisungen hat der VR den Vorschuss in voller Höhe zu leisten, selbst wenn die Aufwendungen teilweise nicht ersatzfähig sind. Voraussetzung ist, dass die zu rettenden Gegenstände teilweise nicht versichert sind und Streit über die Befolgung der Weisung besteht.

---

[10] Prölss/Martin/*Voit* § 85 Rn. 6.
[11] *Ehlers* Ziff. 2 Rn. 112.
[12] Prölss/Martin/*Voit* § 85 Rn. 5.
[13] *Ehlers* Ziff. 2 Rn. 113; Prölss/Martin/*Voit* § 85 Rn. 5.
[14] *Ehlers* Ziff. 2 Rn. 113.
[15] Prölss/Martin/*Voit* § 85 Rn. 7.

F. Deckungsgrenze für Aufwendungen und Kosten im Bergelohn (Ziff. 31.3 DTV-ADS 2009)

Die Parteien können eine Versicherungssumme vereinbaren, bis zu deren Höhe der VR für den Umweltschutzanteil im Bergelohn nach dem Internationalen Bergungsübereinkommen von 1989 oder nach den York-Antwerp Rules von 1994 haftet. Der Ersatz von Sondervergütungen im Bergelohn nach dem Internationalen Bergungsübereinkommen von 1989 oder nach der SCOPIC-Klausel ist vom Versicherungsschutz ausgenommen. **15**

32 Sicherheitsleistung

Ist der Versicherungsnehmer zur Sicherheitsleistung für einen versicherten Schaden oder versicherte Aufwendungen verpflichtet oder ist hierfür eine Sicherheitsleistung zur Abwendung eines drohenden Arrestes geboten, so übernimmt der Versicherer nach den Bedingungen der Police eine Garantie oder zahlt den zur Hinterlegung erforderlichen Betrag.

Übersicht

A. Einführung

Ziff. 32 entspricht Klausel 24 der DTV-Kaskoklauseln. Ergänzt wurde die Regelung um die Formulierung „oder versicherte Aufwendungen“. **1**

I. Sicherheitsleistung

Ziff. 32 verpflichtet den VR zum Stellen von Sicherheiten in Form der Garantie oder der Hinterlegung. Unter den ADS war der VR allein verpflichtet, eine Bürgschaft (§ 765 BGB) als Sicherheit für Havarie-grosse-Beiträge des Schiffes zu stellen (§ 29 Abs. 1 ADS); andere Sicherheiten brauchte der VR nicht zu stellen.[1] Ebenso war das Stellen von Sicherheiten für andere Fälle als Havarie-grosse in den ADS nicht geregelt. **2**

B. Ansprüche gegen VN

Die Klausel dient nur der Absicherung von Ansprüchen, die gegen den VN gerichtet sind, bei der Versicherung für fremde Rechnung auch gegen den Versicherten. Ansprüche gegen Dritte lösen keine Pflicht des VR zur Sicherheitsleistung aus. **3**

---

1 *Ritter/Abraham* § 29 Anm. 19.

C. Pflicht zur Sicherheitsleistung

4 Eine Pflicht des VR zum Stellen einer Sicherheit besteht nur dann, wenn der VN selbst verpflichtet ist, Sicherheit zu leisten. Unter deutschem Recht besteht eine Rechtspflicht für den VN z.B für Forderungen des Bergers gem. § 587 Abs. 3 HGB Sicherheit zu stellen. Vertragliche Verpflichtungen des VN zur Stellung von Sicherheiten, verpflichten den VR ebenfalls.[2] Allerdings kann die Pflicht des VR zum Stellen von Sicherheiten entfallen. Das Eingehen von vertraglichen Verpflichtungen zum Stellen von Sicherheiten ist dem VR anzuzeigen, da dies entweder ein gefahrerheblicher Umstand (Ziff. 22) oder eine Gefahränderung (Ziff. 24) darstellt. Nichtanzeige befreit den VR von der Leistungspflicht und er muss keine Sicherheiten stellen.

5 Der VR hat weiterhin eine Sicherheit zur Abwendung einer drohenden Vollziehung des bereits angeordneten Arrestes zu stellen. Ohne diese Bestimmung könnte der VN lediglich Kosten, die er zur Aufhebung des Arrestes für eine Sicherheit selbst aufgewendet hat, beim VR geltend machen, soweit sie Schadenabwendungsmaßnahmen darstellen.

6 Die Sicherheitsleistung muss gemäß Ziff. 32 geboten sein, um die Vollziehung des Arrestes abzuwenden. Dies ist dann der Fall, wenn das Stellen der Sicherheit bei vernünftiger Abwägung der Umstände zweckmäßig erscheint. Auch bei konkreter Androhung droht der Arrest tatsächlich nur dann, wenn davon auszugehen ist, dass ein Gericht ihn auch erlassen würde.

7 Die Pflicht des VR zur Sicherheitsleistung setzt voraus, dass die Verpflichtung des VN oder der drohende Arrest aus einem versicherten Schaden herrühren. Die Verpflichtung zur Sicherheitsleistung besteht auch dann, wenn zum Zeitpunkt des drohenden Arrestes nicht abschließend beurteilt werden kann, ob der Schaden versichert ist oder nicht. Ergibt sich später, dass der VR nicht deckungspflichtig ist, bleibt er gegenüber dem aus der Sicherheit Begünstigten in der Pflicht. Er kann jedoch dann vom VN nach Bereicherungsrecht kondizieren.

8 Liegt die Voraussetzung vor, hat der VR die Sicherheit zu stellen. Anders als dem P&I-Versicherer steht dem Kaskoversicherer kein Ermessen im Hinblick auf das Stellen einer Sicherheit zu. Stellt der VR zumindest fahrlässig keine Sicherheit, obwohl er nach der Klausel dazu verpflichtet ist, stellt dies eine Pflichtverletzung dar (§ 280 BGB). Der VR ist jedoch nur verpflichtet, nach den Bedingungen der Police Sicherheit zu leisten.[3] Die Bedingungen der Police beschränken die Sicherheitsleistung einerseits auf die Versicherungssumme, andererseits ist eine insoweit vereinbarte Abzugsfranchise zu berücksichtigen.

D. Mitversicherung

9 Gibt es Mitversicherer, ist jeder Mitversicherer proportional zu dem vom ihm gezeichneten Anteil verpflichtet Sicherheit zu stellen. Ziff. 19.2.6 berechtigt den Führungsversicherer, für die Anteile der Mitversicherer Sicherheitsleistungen gemäß Ziff. 32 zu übernehmen. Nicht berechtigt ist der Führungsversicherer, eine gesamtschuldnerische Erklärung für alle beteiligten VR abzugeben. Der Führungsversicherer ist nicht verpflichtet, eine eigene Sicherheit über die volle Summe zu stellen und sich von den beteiligten Mitversichern Rückgarantien geben zu lassen.

---

[2] *Enge* Erläuterungen 70.

[3] *Enge* Erläuterungen 70.

33 Einhaltung von Schiffssicherheitsbestimmungen und Seetüchtigkeit

33.1 Einhaltung von Schiffssicherheitsbestimmungen (gilt sofern nicht im Versicherungsvertrag schriftlich die Geltung von Ziff. 33.2 – Seetüchtigkeit; Gefährliche Ladung, Massengut – vereinbart ist)

33.1.1 Schiffssicherheitsbestimmungen sind alle anwendbaren Bestimmungen in internationalen Konventionen, Gesetzen, Verordnungen oder Regeln von Klassifikationsgesellschaften, die dem sicheren Betrieb des Schiffes dienen.

33.1.2 Ist eine Schiffssicherheitsbestimmung verletzt, ist der Versicherer von der Verpflichtung zur Leistung frei. Der Versicherer bleibt aber ersatzpflichtig, wenn der Versicherungsnehmer nachweist, dass die Verletzung der Bestimmung keinen Einfluss auf die Art und das Ausmaß des Schadens hatte oder dass die Verletzung der Bestimmung weder auf Vorsatz noch auf grober Fahrlässigkeit beruht.

33.1.3 Ist die Verletzung von Schiffssicherheitsbestimmungen vom Kapitän zu vertreten, so hat der Versicherungsnehmer diese insoweit nicht zu vertreten, als er nachweist, dass die Verletzung nicht auf Vorsatz oder grober Fahrlässigkeit bei der erforderlichen Organisation des Schiffsbetriebs beruht.

33.2 Seetüchtigkeit; Gefährliche Ladung, Massengut (gilt nur, wenn im Versicherungsvertrag schriftlich vereinbart)

33.2.1 Seetüchtigkeit

33.2.1.1 Der Versicherer leistet keinen Ersatz für einen Schaden, der dadurch verursacht ist, dass das Schiff nicht seetüchtig, insbesondere nicht gehörig ausgestattet, bemannt oder beladen oder ohne die zum Ausweis von Schiff, Besatzung und Lagerung erforderlichen Papiere oder ohne die höchste Klasse einer anerkannten Klassifikationsgesellschaft und den Fahrterlaubnisschein der See-Berufsgenossenschaft oder – bei ausländischer Flagge – der zuständigen Behörde in See gesandt wurde.

33.2.1.2 Dies gilt nicht, wenn der Versicherungsnehmer die Seeuntüchtigkeit nicht zu vertreten hat.

33.2.1.3 Ist die Seeuntüchtigkeit vom Kapitän zu vertreten, so hat der Versicherungsnehmer dieses insoweit nicht zu vertreten, als er nachweist, alles Erforderliche getan zu haben, das Schiff seetüchtig in See zu senden und organisatorisch sichergestellt hat, dass auch die Schiffsführung die geltenden Vorschriften und Regeln guter Seemannschaft beachten und umsetzen kann.

33.2.2 Gefährliche Ladung, Massengut

33.2.2.1 Der Versicherer leistet keinen Ersatz für Schäden durch Güter, die nach den deutschen Vorschriften über die Beförderung gefährlicher Güter nicht oder nur bedingt befördert werden dürfen, wenn bei ihrer Beförderung gegen diese Vorschriften verstoßen wurde und der Schaden auf diesem Verstoß beruht, es sei denn, der Versicherungsnehmer weist nach, dass er die Vorschriften beachtet und das Erforderliche getan hat, um ihre Einhaltung bei der Beförderung sicherzustellen, oder dass er die Beförderung weder kannte noch kennen musste.

33.2.2.2 Werden die Güter in einem ausländischen Hafen verladen, für den Vorschriften für die Beförderung gefährlicher Güter bestehen, so sind nach Wahl des Versicherungsnehmers entweder diese oder die deutschen Vorschriften maßgebend

33.2.2.3 Für Schäden durch lose verschifftes Massengut sind die Bestimmungen der Klausel 33.2.2.1 und 33.2.2.2 entsprechend anzuwenden im Hinblick auf die gesetzlichen und behördlichen Vorschriften sowie die Bestimmungen und Richtlinien der Klassifikationsgesellschaft.

Übersicht

A. Einführung

1 In Ziff. 33.1 folgen die DTV-ADS 2009 den norwegischen Kaskoversicherungsbedingungen und stellen auf die Verletzung von Schiffssicherheitsbestimmungen ab.[1] Als Wahlalternative bieten die Bedingungen in Ziff. 33.2 die Leistungsfreiheit bei Seeuntauglichkeit und bei Transport gefährlicher Güter, was zurück geht auf Ziff. 23 und Ziff. 14 DTV-Kaskoklauseln. Soweit nicht im Versicherungsvertrag zwischen den Parteien ausdrücklich Ziff. 33.2 vereinbart ist, gilt die Regelung in Ziff. 33.1. Die Erwähnung in der Police oder der Deckungsnote ist wegen der ausdrücklichen Bezugnahme auf den Versicherungsvertrag nicht ausreichend. Der Text im Hinblick auf die Repräsentantenstellung des Kapitäns (Ziff. 33.1.3) ist aus dem Seekasko-Druckstück 12/2003 übernommen.

B. Schiffssicherheitsbestimmungen (Ziff. 33.1 DTV-ADS 2009)

I. Anwendbare Vorschriften (Ziff. 33.1.1 DTV-ADS 2009)

2 Ziff. 33.1.1 nennt als Schiffssicherheitsbestimmungen alle anwendbaren Bestimmungen in internationalen Konventionen, Gesetzen, Verordnungen oder Regeln von Klassifikationsgesellschaften, die dem sicheren Betrieb von Schiffen dienen. Solche Bestimmungen sind beispielsweise die Regelungen in Anhang IX zur SOLAS 74 (Safety of Life ad Sea Convention), der sog. ISM-Code.[2] Die Bestimmung schließt auch formelle Schiffssicherheitsbestimmungen ohne Regelungsinhalt ein. Da der Verstoß allerdings auch kausal für den eingetretenen Schaden sein muss, können nur materielle Regelungen gemeint sein.[3]

II. Rechtsfolgen der Verletzung (Ziff. 33.1.2 DTV-ADS 2009)

1. Leistungsfreiheit des VR

3 Der VR wird leistungsfrei, wenn eine dem sicheren Betrieb des Schiffes dienende Vorschrift verletzt wird. Es gilt das Alles-oder-Nichts-Prinzip. Liegt eine Verletzung von Schiffssicherheitsbestimmungen vor, dann wird er vollständig und ohne Zwischenstufen leistungsfrei. Zu dem gleichen Ergebnis gelangen die DTV-ADS bei der vorvertragliche

1 *Schwampe* VersR **2010** 1276.
2 BGBl. **1995** II 994.
3 *Gerhard* TransportR **2011** 67.

Anzeigepflicht (Ziff. 22.2), der Gefahrerhöhung (Ziff. 23.3) und dem Wechsel der Bereederung (Ziff. 25). Eine andere Rechtsfolge beschreibt die allgemeine Regelung zu Rechtsfolgen von Obliegenheitsverletzungen (Ziff. 44). Wegen der Verwendung des Worts „soweit" gilt dort nicht das Alles-oder-Nichts-Prinzip, sondern eine abgestufte Ersatzpflicht des VR.

2. Beweislast

Der VR muss beweisen, dass objektiv eine Verletzung von Schiffssicherheitsbestimmungen vorliegt. Nicht erforderlich ist der Beweis, dass die Verletzungshandlung durch den VN oder den Versicherten eingetreten, da in Ziff. 33.1.2 eine solche Bezugnahme auf den VN fehlt. Es kann also auch eine Verletzungshandlung auch durch jemand anderen als durch den VN oder den Versicherten in Betracht kommen. Ebenfalls nicht erforderlich ist ein Nachweis der Kausalität zwischen Verletzung der Schiffssicherheitsbestimmungen und Schaden durch den VR. Die Ersatzpflicht des VR bleibt allerdings bestehen, wenn der VN nachweist, dass die Verletzung der betroffenen Schiffssicherheitsbestimmung keinen Einfluss auf die Art und das Ausmaß des Schadens hatte, mithin nicht kausal für den Schaden war, oder dass die Verletzung der Bestimmung weder auf Vorsatz noch auf grobe Fahrlässigkeit beruht. 4

III. Fehlverhalten des Kapitäns (Ziff. 33.1.3 DTV-ADS 2009)

Der Kapitän ist Repräsentant des Reeders, aber kein Repräsentant des VN.[4] Der Kapitän ist auch und gerade als Angestellter des VN eine Person, gegen deren Verschulden der VN geschützt werden soll. Er ist gem. § 478 HGB ein Mitglied der Besatzung, deren Verhalten sich der VN grundsätzlich nicht zurechnen lassen muss.[5] Für ein Fehlverhalten des Kapitäns im Zusammenhang mit der Verletzung von Schiffssicherheitsbestimmungen haftet der VN demnach nur im Rahmen eines eigenen Organisationsverschuldens. Hierdurch wird der VR auch nicht ungebührlich belastet. Aufgrund des ISM-Codes sind Reeder gehalten, ein funktionierendes Sicherheitssystem an Bord und an Land zu unterhalten. Durch die vielfältigen Dokumentationspflichten ist gewährleistet, dass die Reederei von Defiziten erfährt. Funktioniert das System des VN nicht, dann liegt allein darin ein Organisationsverschulden des VN.[6] Der VR bleibt allerdings zur Leistung verpflichtet, wenn die Verletzung nicht auf grober Fahrlässigkeit oder Vorsatz der Organisation des Schiffsbetriebes beruht, was der VN zu beweisen hat. Mithin schadet einfache Fahrlässigkeit des VN nicht. 5

C. Seetüchtigkeit, Transport gefährlicher Güter, Massengut (Ziff. 33.2 DTV-ADS 2009)

Der Ausschluss gilt nur bei entsprechender Vereinbarung zwischen VN und VR. Fehlt eine solche Vereinbarung, dann gilt Ziff. 33.1. 6

4 *Ehlers* Ziff. 15 Rn. 66.
5 BGH 28.4.1980 NJW 1980 2187; BGHZ 77 88.
6 *Enge/Schwampe* Transportversicherung S. 247.

I. Seetüchtigkeit (Ziff. 33.2.1 DTV-ADS 2009)

7 Ausgeschlossen sind Schäden verursacht durch die Seeuntüchtigkeit des Schiffes (Ziff. 32.2.1.1). Seetüchtigkeit bedeutet die Fähigkeit des Schiffes, die gewöhnlichen, unvermeidlichen Gefahren der in Aussicht genommenen Seefahrt zu bestehen.[7] Insoweit ist die Seetüchtigkeit begrifflich auf die jeweils unternommene Reise zu verstehen (relative Seeuntüchtigkeit).[8] Maßgeblicher Zeitpunkt ist, ob die Seetüchtigkeit bei Beginn der Reise vorlag. Zur Seetüchtigkeit gehören insbesondere die gehörige Ausstattung, Bemannung und Beladung des Schiffes. Des Weiteren sind die zum Ausweis erforderlichen Papiere von Schiff, Besatzung und Lagerung erforderlich und das Schiff muss durch eine anerkannte Klassifikationsgesellschaft in der höchsten Klasse zertifiziert sein sowie einen Fahrterlaubnisschein der Berufsgenossenschaft für Transport und Verkehrswirtschaft (ehem. See-Berufsgenossenschaft) bzw. der zuständigen Behörde besitzen. Bei einem fehlenden Safety Management Certificate (SMC) im Rahmen des ISM-Codes greift der Ausschluss nicht. Das SMC bezeichnet ein einem Schiff ausgestelltes Dokument, das zum Ausdruck bringt, dass der Reeder und seine leitenden Mitarbeiter an Bord das betreffende Schiff im Einklang mit dem genehmigten System für die Organisation von Sicherheitsmaßnahmen (SMS) betreiben. Insoweit setzt das SMC einen zertifizierungsfähigen Zustand des Schiffes, mithin ein funktionierendes Safety Management System (SMS), voraus. Liegt das SMS vor, dann ist das Schiff seetauglich. Der Zustand des Schiffes ändert sich nicht, weil ein Zertifikat über die Leistungsfähigkeit des Reeders oder der leitenden Mitarbeiter an Bord fehlt. Dagegen lässt das Fehlen eines Safety Management System (ISM-Code) das Schiff seeuntauglich werden.[9]

8 Der Ausschluss greift nur ein, wenn der VN die Seeuntüchtigkeit zu vertreten hat (Ziff. 33.2.1.2). Dabei kommt es nicht nur auf das Verschulden des VN, sondern auch auf das seiner Repräsentanten an.[10] Unter der Ziff. 23 DTV-Kaskoklauseln (Seetüchtigkeit) wurde die Frage, ob der Kapitän ein Repräsentant des VN ist, lebhaft diskutiert.[11] Der BGH hat unter dieser Klausel in einer ganzen Reihe seiner Entscheidungen eine solche Repräsentantenstellung des Kapitäns bejaht.[12] Vor dem Hintergrund der BGH-Urteile und um den Kapitän aus einer Repräsentantenstellung unter den DTV-Kaskoklauseln zu entlassen, wurde das Druckstück 2003/02 aufgelegt. Die Formulierung des Druckstücks ist textgleich mit Ziff. 33.1.2. Der VN hat deswegen nur sein eigenes Verschulden und das seiner sonstigen Repräsentanten zu vertreten.

II. Gefährliche Ladung (Ziff. 33.2.2 DTV-ADS 2009)

9 Ebenfalls ausgeschlossen sind Schäden verursacht durch gefährliche Güter, deren Beförderung nach deutschem Recht besonderen Auflagen unterliegt (Ziff. 33.2.2.1). Zur Beförderung gehören auch das Laden und Löschen der Ladung. Bei Verladung in einem ausländischem Hafen kann der VN sich alternativ auf das Recht am Verladehafen berufen (Ziff. 33.2.1.2). Der VR hat den Verstoß gegen die Vorschriften und die Kausalität

[7] *Ritter/Abraham* § 58 Anm. 7.

[8] *Heiss/Trümper* Versicherungsrechts-Handbuch § 38 Kap. E Rn. 214; Thume/de la Motte/Ehlers/*Schwampe* Kap. 5 Rn. 253.

[9] *Heiss/Trümper* Versicherungsrechts-Handbuch § 38 Kap. E Rn. 216.

[10] *Ritter/Abraham* § 58 Anm. 22; *Enge/Schwampe* Transportversicherung S. 246.

[11] *Schwampe* Seekaskoversicherung Klausel 23 Rn. 27 f. m.w.N.

[12] BGH 7.2.1983 VersR **1983** 479.

zwischen Verstoß und Schaden zu beweisen. Der VN kann sich entlasten, wenn er beweist, dass er entweder die Vorschriften beachtet hat und alles Erforderliche für deren Einhaltung getan hat oder dass er trotz Anwendung der zumutbaren Sorgfalt die Gefährlichkeit der Güter nicht erkennen konnte.

III. Massengut (Ziff. 33.2.3 DTV-ADS 2009)

Die Regelungen über Gefahrgüter (Ziff. 32.2.2) erstreckt sich auch auf lose verschifftes Massengut, falls die einschlägigen Rechtsvorschriften oder die Vorgaben der Klassifikationsgesellschaft nicht erfüllt werden. 10

34 Verschulden des Versicherungsnehmers

34.1 Der Versicherer ist von der Verpflichtung zur Leistung frei, wenn der Versicherungsnehmer den Versicherungsfall vorsätzlich oder grob fahrlässig herbeiführt;

34.2 Der Versicherungsnehmer hat das Verhalten der Schiffsbesatzung als solcher nicht zu vertreten.

34.3 Für den Fall, dass Ziff. 33.1 (Einhaltung von Schiffssicherheitsbestimmungen) Bestandteil des Versicherungsvertrages ist, finden Ziff. 34.1 und 34.2 keine Anwendung, soweit Ziff. 33.1 anwendbar ist.

Übersicht

A. Einführung

Der in Ziff. 34 geregelte Herbeiführungsausschluss war in den ADS in § 33 geregelt. Während § 33 Abs. 2 ADS komplett entfallen ist, wurde der § 33 Abs. 3 ADS ohne Änderung in Ziff. 34.2 übernommen. Zusätzlich eingefügt wurde in Ziff. 34.3, der auf die Anwendbarkeit des § 33.1 abstellt. 1

B. Herbeiführungsauschluss (Ziff. 34.1 DTV-ADS 2009)

Nicht gedeckt sind Schäden, die der VN oder seine Repräsentanten vorsätzlich oder grob fahrlässig herbei geführt haben. Anders als unter § 33 ADS schadet dem VN leichte Fahrlässigkeit nicht. Auch die Unterscheidung zwischen nautischem und sonstigem Verschulden spielt keine Rolle. 2

Repräsentant ist, wer in dem Geschäftsbereich, zu dem das versicherte Risiko gehört, auf Grund eines Vertretungs- oder ähnlichen Verhältnisses an die Stelle des VN getreten ist. Die bloße Überlassung der Obhut über die versicherte Sache reicht nicht aus. Viel- 3 mehr kann Repräsentant nur sein, wer befugt ist, selbstständig in einem gewissen, nicht ganz unbedeutenden Umfang für den VN zu handeln.[1] Unter den DTV-ADS 2009 ist der Kapitän kein Repräsentant des VN, sondern gehört zur Besatzung. Dies ist klargestellt durch Ziff. 33.1.2 und Ziff. 33.2.1.3.

C. Haftung für Verschulden der Besatzung (Ziff. 34.2 DTV-ADS 2009)

4 Gemäß ausdrücklicher Anordnung in Ziff. 34.2 gehört die Besatzung nicht zu den Repräsentanten des VN.

D. Verhältnis zu Ziff. 33.1 (Ziff. 34.3 DTV-ADS 2009)

5 Wurde der Ausschlusses wegen Verstoß gegen Schiffssicherheitsbestimmungen (Ziff. 33.1) vereinbart und greift der Ausschluss ein, dann findet der Herbeiführungsausschluss keine Anwendung.

E. Beweislast

6 Vorsatz oder grobe Fahrlässigkeit hat der VR zu beweisen.

35 Krieg und Piraterie

35.1 Soweit nicht gemäß dem Sechsten Abschnitt versichert, sind ausgeschlossen

35.1.1 die Gefahren des Krieges, Bürgerkrieges oder kriegsähnlicher Ereignisse,

35.1.2 die Gefahren, die sich unabhängig vom Kriegszustand aus der feindlichen Verwendung von Kriegswerkzeugen ergeben,

35.1.3 die Gefahren, die sich aus dem Vorhandensein von Kriegswerkzeugen als Folge einer dieser Gefahren ergeben.

35.1.4 die Gefahr der Piraterie. Besteht keine Versicherung nach dem Sechsten Abschnitt, kann zwischen dem Versicherer und dem Versicherungsnehmer vereinbart werden, dass die Gefahren der Piraterie gegen eine Mehrprämie bis zur vereinbarten Höhe versichert sind.

35.2 Der Versicherer wird von der Verpflichtung zur Leistung nicht frei, wenn sich die Gefahr dadurch ändert, dass das Schiff infolge der Kriegsgefahr die Reise nicht antritt oder nicht fortsetzt oder einen Hafen anläuft.

35.3 Die Versicherer dieser Police leisten keinen Ersatz, soweit durch diese Police versicherte Gefahren dem Grunde oder der Höhe nach durch eine Kriegsversicherung gedeckt sind oder nur deshalb nicht gedeckt sind, weil unter der Kriegsversicherung wegen der Existenz der hier geregelten Versicherung kein Versicherungsschutz besteht.

---

[1] BGH 21.4.1993 VersR **1993** 828; BGH 10.7.1996 VersR **1996** 1229.

Übersicht

A. Einführung

1 In den ADS war der Ausschluss von Krieg in § 35 geregelt. Die Ausschlüsse in Ziff. 35 DTV-ADS 2009 gehen jedoch in erster Linie auf Ziff. 16 der DTV-Kaskoklauseln zurück, wobei die Ziff. 35.1.1 bis 35.1.3 im Wesentlichen der Ziff. 16.1 DTV Kaskoklauseln entsprechen. Die zusätzlich eingefügte Ziff. 35.1.4 schließt Piraterie vom Versicherungsschutz nunmehr ausdrücklich aus, während die ADS und die DTV-Kaskoklauseln diese Gefahr noch deckten. Die ADS verwendeten zwar den Begriff „Piraterie" nicht, jedoch war der „Seeraub" im Rahmen der beispielhaften Aufzählung der versicherten Gefahren in Ziff. 28 ADS genannt. Ziff. 15 DTV Kaskoklauseln erlaubte u.a. für die Gefahr der Piraterie eine Kündigung durch den VR. Die Regelungen zur kriegsbedingten Reiseveränderung in Ziff. 16 DTV-Kaskoklauseln finden sich in Ziff. 35.2. Die Subsidiaritätsregel in Ziff. 35.3 folgt Ziff. 16.3 DTV-Kaskoklauseln, enthält jedoch zusätzlich eine Erweiterung.

B. Krieg, Bürgerkrieg, kriegsähnliche Ereignisse (Ziff. 35.1.1 DTV-ADS 2009)

I. Krieg

2 Der völkerrechtliche und der versicherungsrechtliche Kriegsbegriff sind nicht deckungsgleich.[1] Krieg im völkerrechtlichen Sinne ist die Auseinandersetzung zweier oder mehrerer Staaten mit Waffengewalt. Der Beginn und das Ende des Krieges bedürfen eines formalen Aktes. Der versicherungsrechtliche Kriegsbegriff geht weiter. Er kann vor dem völkerrechtlichen Krieg beginnen und ihn überdauern. Kennzeichnend für den versicherungsrechtlichen Kriegsbegriff ist insbesondere der beiderseitige Einsatz organisierter Streitkräfte und der Gebrauch von Kriegswaffen durch die beteiligten Personen.[2] Insofern kann der Ausschluss in Ziff. 35.1.1 erfüllt sein, obwohl völkerrechtlich kein Krieg vorliegt.

3 Vom Krieg zu unterscheiden ist Terrorismus. Bereits aus der Systematik der Bedingungen ergibt sich, dass terroristische Gewalthandlungen nicht dem Kriegsbegriff unterfallen. Das Risiko fehlt in den genannten Risiken der Ziff. 35 und ist in Ziff. 37 gesondert

---

[1] Beckmann/Matusche-Beckmann/*Rixeder* § 46 Rn. 194 m.w.N.; **a.A.** *Römer/Langheid/Langheid* § 84 Rn. 3.

[2] *von Fürstenwerth* Versicherung des Kriegsrisikos 1992.

erfasst. Terrorakte können allerdings unter die Ziff. 35 fallen, wenn sie im Kriegsgebiet oder auch außerhalb mit Billigung sowie Unterstützung eines kriegführenden Staates erfolgen.[3]

II. Bürgerkrieg

4 Unter Bürgerkrieg wird der bewaffnete Kampf innerhalb eines Staates zwischen Aufständischen und der Regierung zwecks Herbeiführung politischer oder gesellschaftlicher Veränderung verstanden.[4] Im Unterschied zu inneren Unruhen, die grundsätzlich versichert sind, aber gemäß Ziff. 37 nur ein Kündigungsrecht auslösen, ist Bürgerkrieg politisch oder gesellschaftlich motiviert. Eine solche Motivation fehlt bei inneren Unruhen zumeist. Des Weiteren setzt Bürgerkrieg die Auseinandersetzung mit Waffengewalt voraus, was bei Inneren Unruhen nicht der Fall ist.

III. Kriegsähnliche Ereignisse

5 Kriegsähnliche Ereignisse liegen vor, wenn Staaten gegeneinander Gewaltmaßnahmen begehen, ohne im Kriegszustand zu sein.[5] Hierzu zählen auch Grenzkonflikte, die noch nicht das Ausmaß eines Krieges erreicht haben.[6]

C. Feindliche Verwendung von Kriegswerkzeug unabhängig vom Kriegszustand (Ziff. 35.1.2 DTV-ADS 2009)

6 Was unter Kriegswerkzeug zu verstehen ist, ist in der Klausel nicht definiert. Eine Definition findet sich jedoch in der im Fünften Abschnitt geregelten Minenklausel (Ziff. 82.1.2). Kriegswerkzeug sind danach Minen, Torpedos, Kriegsmunition und anderes explosives Kriegsmaterial sowie Sperren und Hindernisse, die anlässlich eines Krieges, Bürgerkrieges oder kriegsähnlicher Ereignisse verwendet oder errichtet wurden. Ist die Minenklausel allerdings nicht vereinbart, ist der Begriff eigenständig auszulegen, was zu einer anderen Begriffsbestimmung führen kann. Anhaltspunkt kann dann die Definition im Kriegswaffenkontrollgesetz sein.

7 Die Kriegswerkzeuge müssen feindlich verwendet werden. Daran fehlt es, wenn ein Kriegsschiff aufgrund nautischen Fehlers mit dem versicherten Schiff kollidiert oder wenn bei Manövern Schäden durch irrtümlich scharfe Munition entstehen.[7]

D. Vorhandensein von Kriegswerkzeugen unabhängig vom Kriegszustand (Ziff. 35.1.3 DTV-ADS 2009)

8 Ziff. 35.1.3 schließt Schäden allein durch das Vorhandensein von Kriegswerkzeugen aus, wenn es ansonsten an einer kriegerischen oder sonstigen feindlichen Verwendung von Kriegswerkzeugen fehlt. Insbesondere ist die Klausel auf Spätschäden durch Minen, Bomben, Torpedos etc. nach Ende eines Krieges anwendbar. Insoweit ist Voraussetzung,

---

[3] *Ehlers* Ziff. 2 Rn. 150; *Enge/Schwampe* Transportversicherung S. 349.
[4] *Ehlers* Ziff. 2 Rn. 153.
[5] *Ehlers* Ziff. 2 Rn. 156.
[6] *Römer/Langheid* § 84 Rn. 3; **a.A.** Prölss/Martin/*Armbruster* § 2 AFB 2008 Rn. 3.
[7] Thume/de la Motte/*Ehlers* Kap. 5 A Rn. 113.

dass die Kriegswerkzeuge als Folge einer ausgeschlossen Gefahr (z.B. Krieg) vorhanden sind. Langer Zeitablauf allein ändert am Vorhandensein nichts.[8] Dagegen ist die Klausel auf in Friedenszeiten verloren gegangene Bomben oder Munition nicht anwendbar.[9]

E. Piraterie (Ziff. 35.1.4 DTV-ADS 2009)

Ziff. 35.1.4 reflektiert die Pirateriegefahr in der Kriegsversicherung und schließt diese ausdrücklich vom Versicherungsschutz der Kaskoversicherung aus. Der Begriff Piraterie wird in den DTV-ADS 2009 nicht definiert. Nach Art. 101 des UN-Seerechtsübereinkommens,[10] das Piraterie auf Vorgänge außerhalb von nationalen Gewässern verlagert, liegt Piraterie vor, wenn es sich um eine rechtswidrige Gewalttat oder Freiheitsberaubung oder eine Plünderung handelt, welche die Besatzung oder die Fahrgäste eines privaten Schiffes auf hoher See oder an einem Ort, der keiner staatlichen Hoheitsgewalt untersteht, zu privaten Zwecken begehen und die gegen ein anderes Schiff oder gegen Personen oder Vermögenswerte an Bord dieses Schiffes gerichtet ist. Piraterie sind aber auch die in Art. 3 des Übereinkommens zur Bekämpfung widerrechtlicher Handlungen gegen die Sicherheit der Seeschifffahrt[11] geregelten Fälle der vorsätzlichen und widerrechtlichen Inbesitznahme von oder sonstige Ausübung der Herrschaft über ein Schiff durch Gewalt oder Drohung oder andere Form der Einschüchterung. Dieses Übereinkommen ist nicht auf Vorgänge auf hoher See beschränkt und erfasst deshalb auch Piraterie innerhalb nationaler Hoheitsgewässer. Der versicherungsrechtliche Begriff der Piraterie umfasst beide Definitionen und erfasst damit sowohl Piraterie außerhalb als auch innerhalb nationaler Gewässer. 9

Piraterie kann durch individuelle Vereinbarung in den Versicherungsschutz der DTV-ADS 2009 wieder eingeschlossen werden, was für Reeder vorteilhaft ist, die aufgrund ihrer Fahrtgebiete ohne Kriegsversicherung auszukommen meinen, aber dennoch Piratendeckung haben möchten.[12] Der Wiedereinschluss ist aber auch bei gleichzeitig abgeschlossener Kriegsversicherung nach dem Sechsten Abschnitt, unter der die Gefahr der Piraterie gem. Ziff. 82.1.6 ausdrücklich versichert ist, wirksam. 10

F. Kriegsbedingte Reiseveränderungen (Ziff. 35.2 DTV-ADS 2009)

Ziff. 35.2 regelt, dass der VR nicht leistungsfrei wird, wenn das versicherte Schiff infolge einer Kriegsgefahr seine Reise nicht antreten oder nicht fortsetzen kann oder einen Hafen anlaufen muss. Die Regelung entspricht Ziff. 16.2 DTV-Kaskoklauseln, der die Leistungsfreiheit des VR gemäß § 35.2 ADS für den Fall, dass sich die Reise des Schiffs kriegsbedingt ändert, in eine Leistungspflicht des VR abändert. Da in die DTV-ADS 2009 keine entsprechende Bestimmung zu § 35 Abs. 2 ADS aufgenommen wurde, bedurfte es eigentlich der Regelung in Ziff. 35.2 nicht. 11

Ziff. 35.2 wirkt sich auch für den Fall aus, dass bei einem Schaden im Zuge einer kriegsbedingten Reiseveränderung unter mehreren in Frage kommenden Ursachen die Kriegsgefahr causa proxima ist. Geht beispielsweise ein Schiff auf Reede, weil die weite- 12

[8] *Enge* Erläuterungen 18; *Ehlers* Ziff. 2 Rn. 164.
[9] *Ehlers* Ziff. 2 Rn. 164.
[10] BGBl. 1994 II S. 1798.
[11] BGBl. 1990 II S. 496.
[12] *Schwampe* Die DTV-ADS – Neue Bedingungen für die Versicherung von Seeschiffen im deutschen Markt VersR **2010** 1276.

ren Seeverkehrswege als Kriegsmaßnahme gesperrt worden sind, und erleidet dort bei einem Sturm einen Schaden, dem es deshalb nicht entgehen kann, weil es den Liegeplatz nicht verlassen kann, dann hat der VR gemäß Ziff. 35.2 diesen Schaden zu ersetzen. Dieses Ergebnis erscheint nicht unbedenklich.

G. Subsidiarität (Ziff. 35.3 DTV-ADS 2009)

13 In Ziff. 35.3 wird bestimmt, dass die Kaskoversicherung lediglich subsidiär gilt, d.h. hinter einer gleichzeitig genommenen Kriegsversicherung zurücktritt. Dies meint in erster Linie ausländische Kriegsdeckungen (z.B. Institute War and Strikes Clauses, Teil 3 des Norwegian Marine Insurance Plan, Teil 15 des Nordic Marine Insurance Plan) mit denen es in der Kaskoversicherung zu Überschneidungen kommen kann.

14 Wurde neben der Kaskoversicherung auch die Kriegsversicherung auf Basis DTV-ADS 2009 genommen, setzt sich Ziff. 35.2 als qualifizierte Klausel gegenüber der Subsidiaritätsklausel der Kriegsversicherung (Ziff. 82.6) durch und die Kriegsversicherung ist vorrangig anzuwenden.

H. Konkurrenzen

15 Die Ausschlüsse für besondere Waffen und Cyberangriffe (Ziff. 36) und Kernenergie (Ziff. 39) sind neben Ziff. 35 anwendbar, wobei sich die Anwendungsbereiche überschneiden können. Terroristische Gewalthandlungen (Ziff. 37) stellen keinen Ausschluss dar, sondern berechtigen den VR zur Kündigung des ansonsten versicherten Risikos. Als Kündigungsrecht konkurriert Ziff. 37 nicht mit dem Kriegsauschluss in Ziff. 35.c. Durch die Minenklausel (Ziff. 82) kann ein Teil des Kriegsrisikos, durch eine Kriegsversicherung nach dem Sechsten Abschnitte das gesamte Kriegsrisiko versichert werden.

I. Beweislast

16 Der VR hat zu beweisen, dass der Schaden durch die Ausschlusstatbestände in Ziff. 35.1 verursacht wurde. Das gilt auch für den Ausschluss der Piraterie. Hat der VR bewiesen, das ein Schaden durch Piraterie verursacht wurde, liegt es an dem VN den Wiedereinschluss der Piraterie zu beweisen. Gelingt dem VR der Beweis nicht, besteht Versicherungsschutz nach der Allgefahrendeckung (Ziff. 27).

17 Will sich der VR auf die Subsidiarität nach Ziff. 35.2 berufen, trifft ihn die Beweislast dafür, dass Deckung unter einer Kriegsversicherung besteht. Der VN hat allerdings im Rahmen seiner Aufklärungspflichten auf Nachfrage die Kriegsversicherung offen zulegen, damit der VR seine Leistungspflicht prüfen kann.

36 Besondere Waffen und Cyberangriffe

36.1 Ausgeschlossen sind Verlust, Beschädigung, Haftung oder Kosten, soweit sie direkt oder indirekt von einer oder mehrerer der nachfolgend bezeichneten Gefahren verursacht wurden oder daraus entstanden sind, oder wenn diese Gefahren beigetragen haben:

36.1.1 jegliche chemischen, biologischen, biochemischen, elektromagnetischen, nuklearen oder atomaren Waffen;

36.1.2 der als Mittel der Schadenszufügung erfolgende Gebrauch oder Einsatz von jeder Art von Computern, Computersystemen, Computersoftware, schädlicher Codes, Computerviren, Prozessabläufen oder irgendeines anderen elektronischen Systems.

36.2 Sofern diese Ziffer Bestandteil einer Kriegsversicherung nach dem Sechsten Abschnitt ist, findet Ziff. 36.1 keine Anwendung auf ansonsten ersatzpflichtige Schäden, die durch den Gebrauch von jeglichen Computern, Computersystemen, Computersoftware oder jeglichen elektronischen Systemen in Zusammenhang mit Start- oder Führungssystemen oder Abschussmechanismen jeder Art von Waffe oder Flugkörpers entstehen.

Übersicht

A. Einführung

Die Ziff. 36 ist neu in die Seeschiffskaskoversicherung eingefügt. Vergleichbare Klauseln bestanden in der deutschen Seekaskoversicherung zuvor nicht. Grundlage des Ausschlusses für Cyberangriffe war die englische Institute Cyber Attack Explosion Clause (CL. 380). 1

B. Besondere Waffen (Ziff. 36.1.1 DTV-ADS 2009)

Wegen des nicht kalkulierbaren Kumulrisikos ist die Gefahr von Schäden durch Waffen, die chemische, biologische, biochemische, elektromagnetische, nukleare oder atomare Stoffe enthalten, ausgeschlossen. 2

C. Cyberangriffe (Ziff. 36.1.2 DTV-ADS 2009)

Ziff. 36.1.2 schließt die Gefahr von Schäden verursacht durch den Gebrauch oder Einsatz von Computern, Computersystemen, Computersoftware, schädlicher Codes, Computerviren, Prozessabläufen oder jeglichen elektronischen Systems vom Versicherungsschutz aus. Da heutzutage nahezu alle technischen Geräte mit Computersystemen oder Software gesteuert werden, ist Voraussetzung, dass objektiv eine Verwendung zwecks Schadenzufügung erfolgt. Die Klausel erfasst auch das widerrechtliche Eindringen in fremde Datennetze, sei es über das Internet (Cyberangriff) oder auf anderem elektronischen Weg (z.B. mittels Schadsoftware auf einem USB-Stick), um dort Daten auszuspähen, zu stehlen, zu verändern, zu beschädigen oder zu zerstören. 3

D. Ausnahmen (Ziff. 36.2 DTV-ADS 2009)

Damit angesichts moderner Waffensysteme eine eventuell unter den DTV-ADS 2009 neben der Kaskodeckung genommene Kriegsdeckung nicht ausgehöhlt wird, gilt der Ausschluss nicht für Schäden verursacht durch Waffen oder Flugkörper, für deren Gebrauch Computersysteme oder Software eingesetzt wird (Ziff. 36.2). 4

37 Gewalthandlungen und Piraterie

37.1 Versicherungsschutz gegen die Gefahren von terroristischen oder politischen Gewalthandlungen, Arbeitsunruhen, Aufruhr, inneren Unruhen und der Piraterie, letztere soweit gemäß Ziff. 35.1.4 mitversichert, besteht nur insoweit, als für diese Gefahren nicht Versicherungsschutz unter einem anderen Versicherungsvertrag besteht.

37.2 Die Versicherung gegen die in Ziff. 37.1 genannten Gefahren kann jederzeit einzeln oder insgesamt mit einer Frist von 14 Tagen gekündigt werden.

37.3 Der Versicherungsnehmer kann daraufhin den gesamten Vertrag mit einer Frist von einer Woche schriftlich kündigen.

Übersicht

A. Einführung

1 Ziff. 37 entspricht weitgehend Ziff. 15 DTV Kaskoklauseln in der Fassung des Seekasko-Druckstücks 2002/2. Die in dem Seekasko-Druckstück enthaltene summenmäßige Begrenzung des Versicherungsschutzes (EUR 2,5 Mio.) ist entfallen.

B. Gewalthandlungen, Arbeitsunruhen, Aufruhr, Innere Unruhen, Piraterie (Ziff. 37.1 DTV-ADS 2009)

2 Ziff. 37.1 ordnet Subsidiarität für die ansonsten gedeckten Gefahren von terroristischen oder politischen Gewalthandlungen, Arbeitsunruhen, Aufruhr, inneren Unruhen und der Piraterie an.

I. Gewalthandlungen

3 Terroristische und politische Gewalthandlungen sind regelmäßig eins. Von terroristischen Gewalthandlungen ist auszugehen, wenn einzelne oder mehrere Personen oder Gruppen Gewalt oder Gewalthandlungen gegen die politische Ordnung verüben, um einen politischen Wandel herbeizuführen. Es gibt aber auch Terror aus religiösen, ethnischen sonstigen nicht-politischen Gründen.[1]

[1] Thume/de la Motte/*Ehlers* Kap. 5.A Rn. 128.

II. Arbeitsunruhen

Arbeitsrechtlich versteht man unter Arbeitsunruhen unterstützende Handlungen von Nichtarbeitnehmern, also Sympathisanten, im Zusammenhang mit einem Arbeitskampf.[2] In der Transportversicherung dient er als Auffangtatbestand für Gewalthandlungen aus Anlass von Arbeiter- oder Arbeitnehmerunruhen.[3] Insoweit ist unbeachtlich, von wem die Gewalt ausgeht, dies können Sympathisanten oder am Arbeitskampf beteiligte Personen sein. Es ist nicht erforderlich, dass den Handlungen das Motiv zugrunde liegt, eine der Arbeitskampfparteien zu unterstützen. Es genügt, wenn die Handlung in irgendeinem Zusammenhang mit dem Arbeitskampf steht. 4

III. Aufruhr

Unter Aufruhr versteht man eine Zusammenrottung eines zahlenmäßig nicht unerheblichen Volksteils, um einen mit Gewalt verbundenen Kampf gegen die Staatsgewalt zu führen.[4] Dabei reicht es aus, dass sich die Erhebung gegen bestehende Zustände richtet, ohne dass damit eine Änderung der staatlichen Ordnung oder der Staatsform bezweckt sein müsste.[5] 5

IV. Innere Unruhen

Von inneren Unruhen spricht man bereits dann, wenn zahlenmäßig nicht unerhebliche Teile der Bevölkerung die öffentliche Ruhe und Ordnung stören und Gewalttätigkeiten gegen Personen und Sachen verüben.[6] Es ist nicht erforderlich, dass sich die Unruhen gegen den Staat richten.[7] 6

V. Piraterie

Die Bestimmung setzt voraus, dass die Parteien von der Möglichkeit Gebrauch gemacht haben, die durch Ziff. 35.1.4 ausgeschlossene Pirateriegefahr[8] wieder in die Versicherung einzuschließen. 7

C. Kündigung und Anschlusskündigung (Ziff. 37.2, 37.3 DTV-ADS 2009)

Die DTV-ADS 2009 gehen davon aus, dass den in Ziff. 37.1 genannten Gefahren Kumulrisiken innewohnen, die sich verwirklichen können, aber nicht müssen. Aus diesem Grunde sind die Gefahren nicht ausgeschlossen, sondern es wird ein Kündigungsrecht gewährt (Ziff. 37.2). Wird durch den VR gekündigt, dann erhält der VR ein Anschlusskündigungsrecht (Ziff. 37.3). 8

---

2 BAG 12.1.1988 NJW **1988** 2061.
3 *Enge* Erläuterungen 20; *Ehlers* Ziff. 2 Rn. 177.
4 *Enge* Transportversicherung 317.
5 Prölss/Martin/*Knappmann* § 1 AHB Rn. 52.
6 RGZ 97 206; RGZ 108 188; BGH 13.11.1974 VersR **1975** 126; *Ehlers* Ziff. 2 Rn. 184.
7 *Enge/Schwampe* Transportversicherung S. 347.
8 Zum Pirateriebegriff vgl. Ziff. 35 Rn. 9.

9 Die Kündigung kann ausdrücklich jederzeit erfolgen. Die Parteien müssen also nicht abwarten, bis die als Gefahren ausgeführten Ereignisse tatsächlich eintreten, es also z.B. zu Arbeitsunruhen kommt.

10 Ziff. 37.2 stellt eine zulässige vertragliche Vereinbarung über ein Teilkündigungsrecht dar. Wirkung der Teilkündigung ist, dass sich das Versicherungsverhältnis insoweit unverändert fortsetzt, als es von der Kündigung nicht betroffen ist.[9]

11 Die Kündigung ist empfangsbedürftige Willenserklärung. Sie wirkt nur für die Zukunft und wird erst nach Ablauf einer Frist von 14 Tagen nach Zugang beim VN wirksam. Für Schadensfälle, die sich vor Wirksamwerden der Kündigung ereignen, besteht Versicherungsschutz. Dies gilt für alle Schadensfälle, die vor der Kündigungserklärung eingetreten sind, als auch für solche, die während der Kündigungsfrist eintreten.

12 Auf die Teilkündigung gem. Ziff. 37.2 kann der VN – und nur er – mit einer Kündigung des verbleibenden Vertrages reagieren (Ziff. 37.3). Die Kündigung ist mit einer Kündigungsfrist von 7 Tagen möglich. Das Kündigungsrecht des VN entsteht mit dem Moment der Kündigung durch den VR, nicht erst mit dem Ablauf der in Ziff. 37.2 bestimmten 14-Tages-Frist.

D. Beweislast

13 Für den Zugang der Kündigungserklärungen nach Ziff. 37.2 und 37.3 ist der jeweils Erklärende beweisbelastet. Zur Beweislast hinsichtlich der Subsidiarität vgl. Ziff. 35 Rn. 14.

38 Verfügungen von hoher Hand

38.1 Ausgeschlossen sind die Gefahren der Beschlagnahme oder sonstigen Entziehung durch Verfügung von hoher Hand.

38.2 Für einen durch gerichtliche Verfügung oder ihre Vollstreckung entstehenden Schaden bleibt die Verpflichtung des Versicherers zur Leistung bestehen, wenn der Versicherer dem Versicherungsnehmer zu ersetzen hat, was dieser zur Befriedigung des der Verfügung zugrundeliegenden Anspruchs leisten muss.

38.3 Für durch Maßnahmen einer staatlichen Behörde, die sie in Ausübung hoheitlicher Gewalt trifft, um eine drohende Umweltverschmutzung zu verhüten oder eine bereits eingetretene zu vermindern, am Schiff unmittelbar eintretende Schäden bleibt die Verpflichtung des Versicherers zur Leistung bestehen, wenn das Ereignis, welches die drohende oder eingetretene Gewässerverschmutzung ausgelöst hat, die Folge einer versicherten Gefahr ist und die Maßnahme der staatlichen Behörde nicht durch Verschulden des Versicherungsnehmers bei der Verhütung drohender oder der Verminderung eingetretener Gewässerverschmutzung verursacht worden ist.

[9] BGH 5.11.1992 NJW 1993 1320.

Übersicht

A. Einführung

In Ziff. 38.1 und 38.2 wurden die gleichlautenden Ziff. 17.1 und 17.2 DTV-Kaskoklauseln übernommen. Ziff. 38.3 geht in weiten Teilen auf Ziff. 18 DTV-Kaskoklauseln zurück. 1

B. Beschlagnahme oder sonstige Entziehung durch Verfügung von hoher Hand (Ziff. 38.1 DTV-ADS 2009)

In Ziff. 38.1 sind die Gefahren der Beschlagnahme und der sonstigen Entziehung durch Verfügung von hoher Hand ausgeschlossen. 2

I. Beschlagnahme

Beschlagnahme ist die Entziehung oder Beschränkung der Verfügungsgewalt zu Gunsten eines Anderen, insbesondere des Staates, sei es zur Nutzung, zur Sicherung bzw. Durchsetzung oder zur Aneignung.[1] Grundsätzlich fallen unter Beschlagnahme auch Pfändungen als Vollstreckungsmaßnahmen von Arresten. Diese sind jedoch durch Ziff. 38.2 wieder in den Versicherungsschutz eingeschlossen. 3

II. Verfügung von hoher Hand

Die Verfügung von hoher Hand ist weitergehend als Beschlagnahme und liegt vor, wenn durch Anordnungen der öffentlichen Gewalt, also durch staatliche Hoheitsakte Beschränkungen gleich welcher Art auferlegt werden.[2] Insoweit ist die Beschlagnahme ein Unterfall der Entziehung durch Verfügung von hoher Hand.[3] 4

III. Entziehung

Die Klausel erfasst nicht jede Beschlagnahme oder Verfügung von hoher Hand, sondern nur solche Fälle, in denen eine Entziehung des Schiffes erfolgt. Für eine Entziehung ist insoweit erforderlich, dass der Hoheitsakt eine Entziehung, d.h. eine Einschränkung 5

---

1 *Ritter/Abraham* § 35 Anm. 20; *van Bühren/Ehlers* § 20 Rn. 91.

2 *Ritter/Abraham* § 73 Anm. 5.

3 *van Bühren/Ehlers* § 20 Rn. 91.

der Nutzung des Schiffes, anordnet. Ist dies nicht der Fall, sondern wird das Schiff lediglich im Rahmen der Ausübung von hoheitlichen Tätigkeiten (z.B. Zollkontrollen) beschädigt, dann greift der Ausschluss nicht ein.[4]

IV. Beweislast

6 Der VR hat zu beweisen, dass ein Hoheitsakt vorliegt und dass dieser den Schaden verursacht hat.

V. Konkurrenzen

7 Krieg und Eingriffe von hoher Hand sind unterschiedliche Gefahren und die entsprechenden Klauseln überschneiden sich nicht.[5]

C. Gerichtliche Verfügung oder ihre Vollstreckung (Ziff. 38.2 DTV-ADS 2009)

8 Gemäß Ziff. 38.2 bleiben bestimmte gerichtliche Verfügung oder ihre Vollstreckung (Arreste) eingeschlossen, wenn der VR dem VN für die Kosten der Erfüllung des der Verfügung zugrunde liegenden Anspruchs aus dem Versicherungsvertrag haftet. Durch die Voraussetzung, dass der Verfügung ein Anspruch auf Leistung zugrunde liegen muss, scheiden Verfügungen aus, die nicht im Zusammenhang mit Leistungsansprüchen stehen. Gleiches gilt für Verfügungen, die nicht gegen den VN selbst, sondern gegen Dritte gerichtet sind. Der VR haftet für Leistungsansprüche Dritter gegen den VN insbesondere nach der Ersatz-an-Dritte-Klausel (Ziff. 65), im Rahmen einer Havarie-grosse (Ziff. 28 f.) oder wenn die Ansprüche gegen den VN ersatzpflichtige Schadenabwendungs- oder minderungskosten (Ziff. 32) darstellen. Besteht keine Deckung für die Leistungsansprüche des Dritten gegen den VN, dann entfällt der Versicherungsschutz für Schäden verursacht durch eine Verfügung oder ihre Vollstreckung. Besteht dagegen Deckung, dann bedeutet dies nicht, dass der VR unbeschränkt für Schäden haftet. Vielmehr bestimmt sich die Haftung dann nach den Regelungen, die die ersatzfähigen Schäden bestimmen.[6]

D. Behördliche Maßnahme bei Umweltverschmutzung (Ziff. 38.3 DTV-ADS 2009)

9 Eingeschlossen in den Versicherungsschutz sind gemäß Ziff. 38.3 auch Schäden am Schiff, die diesem unmittelbar durch behördliche Maßnahmen zur Verhinderung bzw. Minderung von Umweltverschmutzung zugefügt werden, wenn die Verschmutzungsgefahr aus einem versicherten Ereignis herrührt und der VN schuldlos handelt. Umweltverschmutzung meint Gewässerverschmutzung, aber auch andere Natur- und Landschaftsverschmutzungen.

---

[4] *Schwampe* Seekaskoversicherung Klausel 17 Rn. 11.

[5] *Schwampe* Seekaskoversicherung Klausel 17 Rn. 5.

[6] *Schwampe* Seekaskoversicherung Klausel 17 Rn. 21.

39 Kernenergie

39.1 Ausgeschlossen sind Verlust, Beschädigung, Haftung oder Kosten, soweit sie direkt oder indirekt von einer oder mehrerer der nachfolgend bezeichneten Gefahren verursacht wurden, oder wenn diese Gefahren beigetragen haben oder sie daraus entstanden sind:

39.1.1 radioaktive Strahlung oder radioaktive Kontamination durch nukleare Brennstoffe oder nuklearen Abfall oder durch die Verbrennung von nuklearem Brennstoff;

39.1.2 radioaktive, giftige, explosive oder anderweitig gefährliche Eigenschaften einer nuklearen Einrichtung, eines nuklearen Reaktors oder sonstiger radioaktiver Materie.

39.2 Mit dem führenden Versicherer kann mit Wirkung für alle Mitversicherer vereinbart werden, dass der Versichcrer gegen Zahlung einer Zuschlagsprämie bis zu einem vereinbarten Betrag Ersatz leistet für Schäden am versicherten Schiff selbst, die als Folge eines durch die Kaskopolice versicherten Ereignisses durch radioaktive Isotopen verursacht werden, die sich aus kommerziellen, landwirtschaftlichen, medizinischen, wissenschaftlichen oder sonstigen friedlichen Zwecken als Ladung

- an Bord des versicherten Schiffes oder
- im Falle einer Kollision von Schiffen an Bord eines Kollisionsgegners befindet.

Insbesondere leistet der Versicherer Ersatz für Schäden durch radioaktive Kontamination, d.h. durch die Behaftung oder Verbindung des Schiffes, des Zubehörs oder der Ausrüstung mit radioaktiver Materie.

39.3 Eingeschlossen in die Ersatzleistung sind gemäß Ziff. 39.2 die infolge eines Versicherungsfalls notwendigen Aufwendungen für Isolierungs und Dekontaminierungsmaßnahmen und für die Verbringung isolierter oder dekontaminierter Sachen an eine Lagerstätte (Dekontaminierungskosten).

Nicht eingeschlossen sind:

- Lagereinrichtungskosten;
- laufende Lagergebühren;
- Aufwendungen für die Verbringung von der ersten Lagerstätte zu einer weiteren Zwischen oder zu einer Endlagerstätte sowie eine hierfür erforderliche technische Bearbeitung.

39.4 Der Versicherer leistet abweichend von Ziff. 39.2 und 39.3 jedoch keinen Ersatz, wenn bei der Beförderung radioaktiver Stoffe gegen die deutschen Vorschriften oder die Bestimmungen und Richtlinien der Klassifikationsgesellschaft verstoßen wurde und der Schaden auf diesem Verstoß beruht. Die Leistungsfreiheit des Versicherers tritt nicht ein, wenn der Versicherungsnehmer nachweist, dass er die genannten Vorschriften, Bestimmungen und Richtlinien beachtet sowie das Erforderliche getan hat, um ihre Einhaltung bei der Beförderung sicherzustellen, oder dass er die Beförderung weder kannte noch kennen musste.

39.5 Der Versicherer leistet insoweit nicht Ersatz, als der Versicherungsnehmer Ersatz von einem Dritten erlangt oder erlangen würde, wenn diese Versicherung nicht abgeschlossen wäre.

Übersicht

A. Einführung

1 Ziff. 39 geht in großen Teilen auf Ziff. 19 DTV-Kaskoklauseln zurück, enthält aber in Ziff. 39.1 eine detaillierte Beschreibung der Gefahren. Anders als in Ziff. 19.2 DTV-Kaskoklauseln erlaubt der Ausschluss grundsätzlich keine Ausnahme. Nach Ziff. 39.2 können allerdings Schäden durch radioaktive Isotopen eingeschränkt gegen Mehrprämie versichert werden; die Bestimmung orientiert sich insoweit an der für die Güterversicherung geltenden Isotopenklausel. Ziff. 19.4 DTV-Kaskoklauseln wurde nicht übernommen.

B. Ausschluss der Kernenergie (Ziff. 39.1 DTV-ADS 2009)

2 Ausgeschlossen ohne Rücksicht auf mitwirkende Ursachen sind Schäden im Zusammenhang mit radioaktiver Strahlung oder radioaktiver Kontamination durch nukleare Brennstoffe oder nuklearen Abfall oder durch die Verbrennung von nuklearem Brennstoff als auch radioaktive, giftige, explosive oder anderweitig gefährliche Eigenschaften einer nuklearen Einrichtung, eines nuklearen Reaktors oder sonstiger radioaktiver Materie.

C. Wiedereinschluss von Schäden durch radioaktive Isotopen (Ziff. 39.2 DTV-ADS 2009)

3 Über Ziff. 39.2 sind Schäden durch radioaktive Isotopen eingeschränkt gegen Mehrprämie versicherbar. Vorausgesetzt wird ein unter der Kaskopolice versichertes Ereignis, welches zur Folge hat, dass Schäden am Schiff durch radioaktive Isotopen entstanden sind, soweit diese zu kommerziellen, landwirtschaftlichen, medizinischen, wissenschaftlichen Zwecken an Bord des versicherten Schiffes bzw. an Bord eines Kollisionsschiffes transportiert werden. Nur die Gefahr der Radioaktivität aus der Ladung ist versichert. Nicht erfasst sind Betriebsstoffe, Schmuggelware oder heimlich an Bord geschaffte Güter.[1] Im Kollisionsfall leistet der VR nur Ersatz für Schäden am versicherten Schiff, nicht für solche des Kollisionsgegners. In Ziff. 39.2 letzter Satz ist klargestellt, dass zu den ersatzfähigen Schäden auch radioaktive Kontamination des versicherten Schiffes gehört. Dies schließt insoweit andere dort nicht genannte Schäden nicht aus.[2]

D. Dekontaminierungskosten (Ziff. 39.3 DTV-ADS 2009)

4 Ziff. 39.3 versichert die Kosten der Dekontamination des Schiffes oder dessen Teilen. Die Regelung definiert selbst, was Dekontaminationskosten sind: notwendige Aufwendungen für Isolierung- und Dekontaminationsmaßnahmen sowie die Verbringung an eine Lagerstätte. Ein Erfolg der Dekontamination ist nicht erforderlich. Ausgeschlossen sind dagegen die Lagereinrichtungskosten, laufende Lagergebühren, Aufwendungen für die Verbringung zu weiteren Lagerstätten oder eine hierfür erforderliche technischen Bearbeitung.

---

[1] *Ritter/Abraham* § 1 Rn. 27; *Schwampe* Seekaskoversicherung Klausel 19 Rn. 10.

[2] *Schwampe* Seekaskoversicherung Klausel 19 Rn. 14.

E. Wiederaussschluss (Ziff. 39.4 DTV-ADS 2009)

Hat der VN den Wiedereinschluss gem. Ziff. 39.2 genommen, dann sind vom Versicherungsschutz wiederum ausgenommen Schäden, die aus einem Verstoß gegen deutsche Klassifikationsvorgaben resultieren. Wie bei dem Wiederausschluss bei gefährlicher Ladung (Ziff. 33.2.2.1) kommt dem VN ein zweifacher Entlastungsbeweis zu. 5

F. Subsidiaritätsklausel (Ziff. 39.5 DTV-ADS 2009)

Ziff. 39.5 bestimmt, dass der VR nur insoweit Ersatz leistet, als der VN Ersatz von einem Dritten erlangt oder erlangen würde, wenn diese Versicherung nicht abgeschlossen wäre. Damit gilt die Versicherung nicht nur subsidiär zu anderen Versicherungen, sondern auch zu jeglichen Ersatz durch Dritte. Die Deckung entfällt allerdings nur, wenn der VN tatsächlich Ersatz erlangt, nicht wenn er Ersatz erlangen könnte oder würde.[3] 6

40 Abzugsfranchise

40.1 Ist eine Abzugsfranchise vereinbart, so wird sie auf jedes Schadenereignis angewendet. Wenn mehrere Schwerwetter und Eisschäden während der Reise zwischen zwei aufeinanderfolgenden Häfen eingetreten sind, wird die Abzugsfranchise nur einmal angewendet.

40.2 Die Abzugsfranchise wird nicht angewendet:

40.2.1 bei Totalverlust und in den Fällen, die ihm gemäß Ziff. 59 gleichzuachten sind,

40.2.2 auf Beiträge zur großen Haverei,

40.2.3 auf Aufopferungen,

40.2.4 auf Ersatzleistungen an Dritte,

40.2.5 auf die in Ziff. 31 bezeichneten Aufwendungen und Kosten.

40.3 Sind Abzüge für Eisschäden vereinbart, werden sie zusätzlich vorgenommen.

Übersicht

A. Einführung

I. Allgemeines

Ziff. 40 übernimmt bis auf wenige redaktionelle Änderungen die Regelungen in Ziff. 21 DTV-Kaskoklauseln. 1

[3] *Schwampe* Seekaskoversicherung Klausel 19 Rn. 29.

II. Franchise

2 Die Franchise ist die Haftungsfreiheit des VR für einen bestimmten Teil eines ansonsten ersatzpflichtigen Schadens.[1] Es bestehen zwei Gruppen von Franchisen: Integralfranchisen und Abzugsfranchisen. Bei der Integralfranchise geht der Schaden, der unterhalb der Franchisegrenze liegt, nicht zulasten des VR. Übersteigt der Schaden die Franchisegrenze, so ist der volle Schaden zu ersetzen. Bei der Abzugsfranchise oder Selbstbeteiligung wird der in der Franchise zum Ausdruck kommende Freiteil von jedem Schaden abgezogen. Beide Franchisen können sowohl als Prozentsatz vom Schaden oder als fester Betrag vereinbart werden.[2]

B. Vereinbarung einer Abzugsfranchise (Ziff. 40.1 DTV-ADS 2009)

3 Die Parteien können eine Selbstbeteiligung des VN in Form einer Abzugsfranchise vereinbaren. Im Gegensatz zu einer Integralfranchise, bei der Schäden bis zur vereinbarten Höhe nicht ersetzt werden, wird bei der Abzugsfranchise der vereinbarte Betrag bei jedem Schaden von der Entschädigungsleistung angewendet. Ausdrücklich stellt die Regelung auf das Prinzip des Schadenereignis ab, um die Anzahl der abzuziehenden Franchisen zu bestimmen. Auf alles, was ein und demselben Schadenereignis zuzuordnen ist, ist die vereinbarte Abzugsfranchise anzurechnen.[3] Für Schwerwetter- und Eisschäden enthält Ziff. 40.1 Abs. 2 eine eigene Regelung. Losgelöst vom Schadenereignisprinzip wird die vereinbarte Abzugsfranchise auf alle Schwerwetter- und Eisschäden zwischen zwei Häfen nur einmal abgezogen.

C. Ausnahmen (Ziff. 40.2 DTV-ADS 2009)

4 Haben die Parteien eine Abzugsfranchise vereinbart, dann erfolgt dennoch kein Abzug bei Totalverlust (Ziff. 59) und gleichgestellten Ereignissen (z.B. Verschollenheit), bei Beiträgen zur Havarie-grosse und Aufopferungen sowie den Kosten für Schadensabwendung und -minderung, als auch den Aufwendungen, die der VN gemäß den Weisungen des VR macht.

D. Besondere Eisfranchisen (Ziff. 40.3 DTV-ADS 2009)

5 Ist eine besondere Abzugsfranchise für Eisschäden vereinbart, ist zuerst die allgemeinen Abzugsfranchise anzuwenden, danach zusätzlich die Eisfranchise.[4]

E. Beweislast

6 Der VN hat zu beweisen, durch welches Schadenereignis welche Schäden entstanden sind. Im Hinblick auf Schwerwetter- und Eisschäden hat der VN zu beweisen, dass diese auf einer einzelnen Reise eingetreten sind.[5]

---

1 *Ritter/Abraham* § 34 Anm. 3.
2 *Enge/Schwampe* Transportversicherung S. 70.
3 *Schwampe* Seekaskoversicherung Klausel 21 Rn. 5.
4 *Schwampe* Seekaskoversicherung Klausel 21 Rn. 9; *Enge* Erläuterungen 65.
5 *Schwampe* Seekaskoversicherung Klausel 21 Rn. 10.

41 Grenzen der Haftung

41.1 Der Versicherer haftet für den während der versicherten Reise entstehenden Schaden nur bis zur Höhe der Versicherungssumme. Eine Reise beginnt mit dem Auslaufen des Schiffes aus einem Hafen oder dem Verlassen eines sonstigen Liegeplatzes und endet mit dem Einlaufen in einen Hafen oder dem Erreichen eines sonstigen Bestimmungsortes. Die zwischen zwei Reisen liegende Zwischenzeit wird der vorhergehenden Reise zugerechnet.

41.2 Beiträge zur Havarie-grosse und Havarie-grosse-Aufwendungen, mit Ausnahme der in Ziff. 28.2 geregelten Beiträge, und Aufwendungen, die der Versicherer gemäß Ziff. 31 zu ersetzen hat, fallen ihm ohne Rücksicht darauf zur Last, ob sie zusammen mit der übrigen Entschädigung die Versicherungssumme übersteigen.

41.3 Sind Aufwendungen zur Abwendung, Minderung, Ermittlung oder Feststellung eines Schadens oder zur Wiederherstellung oder Ausbesserung der durch einen Versicherungsfall beschädigten Sache gemacht oder Beiträge zur Havarie-grosse geleistet oder ist eine persönliche Verpflichtung des Versicherungsnehmers zur Entrichtung solcher Beiträge entstanden, so haftet der Versicherer für einen Schaden, der durch einen späteren Versicherungsfall verursacht wird, ohne Rücksicht auf die ihm zur Last fallenden früheren Aufwendungen und Beiträge.

41.4 Soweit die Entschädigung und die Aufwendungen oder Beiträge die Versicherungssumme mit Rücksicht darauf übersteigen, dass der Versicherungsnehmer den einem Dritten zugefügten Schaden ersetzen muss, finden die Bestimmungen der Ziff. 41.2 und 41.3 keine Anwendung.

Übersicht

A. Einführung

Ziff. 42 folgt weitestgehend § 37 ADS. Zusätzlich ist in Ziff. 41.1 die Dauer der versicherten Seereise definiert. Neu geregelt ist die Haftung für Beiträge zur Havarie-grosse und Havarie-grosse-Aufwendungen, die über die Versicherungssumme hinaus ersetzt werden (Ziff. 41.2). 1

B. Entschädigungsgrenze (Ziff. 41.1 DTV-ADS 2009)

Ziff. 41.1 stellt klar, dass der VR nur bis zur Höhe der vereinbarten Versicherungssumme haftet. Die Versicherungssumme stellt die absolute Obergrenze der Entschädigungspflicht des VR dar. Auch wenn der tatsächliche Schaden höher ist, bestimmt die Versicherungssumme grundsätzlich den Betrag, den der VR höchstens zu entschädigen hat. Ist keine Versicherungssumme vereinbart, dann ist der Versicherungswert die Haftungsgrenze des VR.[1] 2

[1] *Ritter/Abraham* § 37 Anm. 8.

3 Die Versicherungssumme steht jeweils für eine Seereise zur Verfügung. Sie wird um jeden einzelnen Schadenfall während der Dauer der Seereise gekürzt. Das gilt auch für die Zeitversicherung, deren Dauer mithin in Haftungsreisen aufgeteilt wird.[2] Zu Beginn einer neuen Seereise füllt sich die Versicherungssumme wieder auf. Die Seereise beginnt mit dem Auslaufen des Schiffes aus dem Hafen oder dem Verlassen eines sonstigen Liegeplatzes; sie endet mit dem Einlaufen in den Hafen oder Erreichen eines sonstigen Bestimmungsortes. Die Zeit zwischen zwei Seereisen wird der vorhergehenden Seereise zugeordnet.

C. Ausnahmen von der Begrenzung (Ziff. 41.2 DTV-ADS 2009)

4 Beiträge und Aufwendungen zur Havarie-grosse (Ziff. 28 f.) sowie Kosten und Aufwendungen zur Schadenabwendung, -minderung, -ermittlung und -feststellung (Ziff. 31) trägt der VR über die vereinbarte Versicherungssumme hinaus. Ausgenommen sind Beiträge zur Vermeidung und Begrenzung von Umweltschäden (Ziff. 28.2).

D. Zweitschaden (Ziff. 41.3 DTV-ADS 2009)

5 Die Ziff. 41.3 regelt den Fall, dass der VN während einer Seereise bereits durch einen ersten Schadenfall mit Beiträgen und Aufwendungen zur Havarie-grosse (Ziff. 28 f.), Kosten und Aufwendungen zur Schadenabwendung, -minderung, -ermittlung und -feststellung (Ziff. 31) oder Wiederherstellungs- und Ausbesserungskosten belastet ist und danach ein Schaden durch einen späteren Versicherungsfall (Zweitschaden) entsteht. Die früheren Beiträge, Aufwendungen und Kosten werden dann nicht von der Versicherungssumme abgezogen. Es ist nicht erforderlich, dass die früheren Beiträge, Aufwendungen und Kosten bei Eintritt des Zweitschadens beglichen sind. Vielmehr ist ausreichend, wenn diese als Verpflichtung entstanden sind.

E. Haftung für Ersatz an Dritte-Schaden (Ziff. 41.4 DTV-ADS 2009)

6 Die vereinbarte Versicherungssumme findet auch Anwendung auf die Haftung des VR für Ersatz an Dritte-Schaden., wobei die Versicherungssumme auf solche Schäden separat anzuwenden ist (Ziff. 65.8). Allerdings begrenzt die Versicherungssumme gemäß Ziff. 41.4 die Haftung des VR nicht nur für die Entschädigung, sondern auch für die Beiträge, Aufwendungen und Kosten. Über die Versicherungssumme hinaus gehende Beträge ersetzt der VR nicht. Ziff. 41.2 und 41.3 finden insoweit keine Anwendung.

42 Abandon

42.1 Der Versicherer ist nach dem Eintritt des Versicherungsfalls berechtigt, sich durch Zahlung der Versicherungssumme von allen weiteren Verbindlichkeiten zu befreien (Abandon).

---

[2] *Heiss/Trümper* Versicherungsrechts-Handbuch § 38 Kap. E Rn. 281; *Ritter/Abraham* § 37 Anm. 6.

42.2 Der Versicherer bleibt trotz der Befreiung zum Ersatz der Kosten verpflichtet, die zur Abwendung oder Minderung des Schadens oder zur Wiederherstellung oder Ausbesserung der versicherten Sache verwendet worden sind, bevor seine Erklärung, dass er sich durch Zahlung der Versicherungssumme befreien wolle, dem Versicherungsnehmer zugegangen ist; den verwendeten Kosten stehen solche Kosten gleich, zu deren Zahlung der Versicherungsnehmer sich bereits verpflichtet hatte.

42.3 Das Recht, sich durch Zahlung der Versicherungssumme zu befreien, erlischt, wenn die in Ziff. 42.2 Satz 1 bezeichnete Erklärung dem Versicherungsnehmer nicht binnen fünf Werktagen nach dem Zeitpunkt, in dem der Versicherer von dem Versicherungsfall und seinen unmittelbaren Folgen Kenntnis erlangt hat, zugeht.

42.4 Der Versicherer erwirbt durch die Zahlung keine Rechte an den versicherten Gegenständen.

Übersicht

A. Einführung

I. Allgemeines

Ziff. 43 entspricht mit geringfügigen redaktionellen Änderungen dem § 38 ADS (Befreiung von der Haftung nach dem Versicherungsfall). 1

II. Begriff des Abandon

Abandon (frz. abandonner = im Stich lassen) bedeutet die Preisgabe eines Rechtes oder einer Sache, um dadurch von einer Verpflichtung (meist zur Zahlung) befreit zu werden.[1] Im deutschen Versicherungsrecht bedeutet Abandon die Aufgabe der versicherten Sache durch den Versicherer oder den Versicherungsnehmer. 2

B. Abandon (Ziff. 42.1 DTV-ADS 2009)

Nach Eintritt des Versicherungsfalls kann der VR die Versicherung durch Zahlung der Versicherungssumme aufheben, abandonieren.[2] Versicherungsfall ist das Ereignis, dessen Eintritt notwendige und jedenfalls in Verbindung mit weiteren dadurch hervorgerufenen Umständen hinreichende Bedingung der Leistungspflicht des VR ist.[3] Der Abandon ermöglicht es, dass der VR sich über eine Regulierung wie im Totalschadenfall von allen weiteren Vertragsverpflichtungen, insbesondere dem Ersatz von versicherten 3

---

[1] *Enge/Schwampe* Transportversicherung S. 119.
[2] *Ritter/Abraham* § 38 Anm. 4; *van Bühren/Ehlers* § 20 Rn. 193.
[3] *Ritter/Abraham* § 38 Anm. 6; *van Bühren/Ehlers* a.a.O.; Prölss/Martin/*Prölss* § 1 Rn. 103.

Aufwendungen und Kosten über die Versicherungssumme hinaus, befreit. Das Recht wird nicht durch Zahlung der Versicherungssumme, sondern durch einseitige, formlose, empfangsbedürftige Erklärung des VR ausgeübt.[4] Mit der Erklärung des VR entsteht jedoch ein Leistungsanspruch des VN auf Zahlung der Versicherungssumme. Gleichwohl ändert eine fehlende Zahlung nichts an der Wirksamkeit des Abandon.

4 Besteht ein Mitversicherungsverhältnis, dann ist der führende VR gemäß Ziff. 19.2.4 berechtigt, für die beteiligten VR Abandon zu erklären.[5]

C. Ausnahmen der Haftungsbefreiung (Ziff. 42.2 DTV-ADS 2009)

5 Ziff. 42.2 regelt die Ausnahmen von der Haftungsbefreiung des VR nach Erklärung des Abandon. Der VR hat Kosten zur Abwendung und Minderung des Schadens, die vom VN vor Zugang der Erklärung bereits aufgewendet worden sind, zu ersetzen. Gleiches gilt für bis zu diesem Zeitpunkt verwendete Kosten zur Wiederherstellung oder Ausbesserung des versicherten Schiffes. Der VR hat ebenfalls bereits eingegangene Verpflichtungen des VN zu übernehmen.

D. Erklärungsfrist (Ziff. 42.3 DTV-ADS 2009)

6 Der VR hat innerhalb von fünf Werktagen nach Kenntnis von dem Versicherungsfall das Abandon zu erklären. Die Frist beginnt, sobald sich der VR ein Bild vom Umfang des Schadens samt möglichen Rettungskosten und sonstige Kosten machen kann.[6]

E. Kein Übergang der Rechte (Ziff. 42.4 DTV-ADS 2009)

7 Der VR erwirbt durch die Zahlung der Versicherungssumme keine Rechte an dem versicherten Objekt. Ersatzansprüche gegen Dritte gehen in Höhe der Versicherungssumme auf den VR über.

VIII. Unfallanzeige, Schadensabwendung, Obliegenheitsverletzung

43 Schadensanzeige

Der Versicherungsnehmer hat jedes Schadenereignis dem Versicherer sowie einem von diesem ernannten und im Versicherungsvertrag namentlich bezeichneten Beauftragten unverzüglich anzuzeigen, auch wenn dadurch ein Entschädigungsanspruch für ihn nicht begründet wird, sofern das Schadenereignis für die von dem Versicherer zu tragende Gefahr erheblich ist.

Übersicht

[4] *Ritter/Abraham* § 38 Anm. 7; Prölss/Martin/*Koller* § 141 Rn. 1.

[5] *Schwampe* Seekaskoversicherung Klausel 9 Rn. 8.

[6] Prölss/Martin/*Koller* § 141 Rn. 1.

A. Einführung

Ziff. 43 geht aus § 40 ADS hervor und wurde um die Anzeigepflicht auch an den Beauftragen des VR erweitert. 1

B. Anzeigepflicht

Der VN muss jedes Schadenereignis dem VR unverzüglich, d.h. ohne schuldhaftes Zögern, anzeigen. Die Anzeige ist eine formlose, empfangsbedürftige Willenserklärung. Mit dem Zugang der Anzeigeerklärung beim VR hat der VN seine Obliegenheit erfüllt. 2

Während § 40 ADS noch fordert, dass jeder Versicherungsfall sowie jeder Unfall anzuzeigen ist, stellt Ziff. 43 jetzt auf das Schadenereignis ab. Der Begriff „Unfall" wurde unter den ADS als Schadenereignis ausgelegt, jedoch lässt sich dieses Verständnis heute unter Berücksichtigung der Sichtweise eines durchschnittlichen VN nicht mehr halten.[1] Insoweit sind auch solche Ereignisse anzuzeigen sind, die keinen Versicherungsfall darstellen. Ausgenommen sind Ereignisse, die nicht erheblich für die Gefahrtragung des VR sind. Insoweit knüpft Ziff. 43 in seinen Voraussetzungen an die vorvertragliche Anzeigepflicht (Ziff. 22) und die Gefahränderung (Ziff. 24) an. Das Schadenereignis ist für die Gefahrtragung des VR erheblich, wenn es geeignet ist, auf den Entschluss des VR Einfluss zu üben, wenn dieser gegenwärtig den Vertrag zu schließen hätte.[2] Erheblich ist das Schadenereignis in jedem Fall, wenn der Schaden gedeckt ist. Gleichwohl hat der VN ein Schadenereignis auch dann anzuzeigen, wenn es keinen Entschädigungsanspruch gegen den VR auslöst. 3

C. Rechtsfolgen

Die Anzeigepflicht stellt eine Obliegenheit dar.[3] Während in der Güterversicherung ein Verstoß des VN gegen seine Anzeigepflicht sanktionslos bleibt, sehen die DTV-ADS 2009 – wie beispielsweise auch die AVB Flusskasko – als Rechtsfolge die Leistungsfreiheit des VR vor, wenn der VN seine Anzeigepflicht grobfahrlässig oder vorsätzlich verletzt (Ziff. 46). 4

44 Abwendung und Minderung des Schadens

Der Versicherungsnehmer hat bei dem Eintritte des Versicherungsfalls nach Möglichkeit für die Abwendung und Minderung des Schadens zu sorgen. Er hat dabei die Weisungen des Versicherers oder seines Beauftragten zu befolgen und, wenn die Umstände es gestatten, solche Weisungen einzuholen.

Übersicht

[1] *Ehlers* Ziff. 15 Rn. 3.
[2] *Ritter/Abraham* § 40 Anm. 13.
[3] Vgl. zum Streitstand *Heiss/Trümper* Versicherungsrechts-Handbuch § 38 Kap. E Rn. 274 m.w.N.

A. Einführung

1 Ziff. 44 orientiert sich an § 41 ADS. Hinzugefügt wurde die Pflicht auch zur Beachtung der Weisungen des Beauftragten des VR.

B. Rettungsobliegenheit (Ziff. 44 S. 1 DTV-ADS 2009)

2 Nach Ziff. 44 S. 1 obliegt es dem VN, bei Eintritt des Versicherungsfalls nach Möglichkeit für eine Abwendung und Minderung des Schadens zu sorgen; ihn trifft die sog. Rettungsobliegenheit. Wann der Versicherungsfall eingetreten ist, wird durch die DTV-ADS 2009 nicht bestimmt. Insoweit ist auf die Rechtsprechung des BGH[1] zur Konkretisierung der Rettungsobliegenheit nach dem VVG zurückzugreifen. Für die Sachversicherung gilt, dass die Rettungsobliegenheit nicht erst „nach", sondern „bei" Eintritt des Versicherungsfalls besteht, d.h. bereits dann, wenn ohne die Rettungsmaßnahme ein Schaden unvermeidlich ist, der Schaden mithin unmittelbar bevorsteht oder droht. Andernfalls könnte ein Fall des grob fahrlässig herbeigeführten Versicherungsfalls vorliegen, was den VR leistungsfrei werden lässt.[2]

3 Die Rettungsobliegenheit besteht im Rahmen des in der jeweiligen Situation Möglichen und Zumutbaren.[3] Der VN hat sich dabei mit der im Verkehr erforderlichen Sorgfalt so zu verhalten, als wenn er nicht versichert wäre. Der VN braucht dabei nicht an die äußersten Grenzen des menschlich Möglichen zu gehen, vielmehr soll er im Rahmen seiner Leistungsfähigkeit („nach Kräften") den Schaden abwenden und mindern.[4]

C. Weisungen (Ziff. 44 S. 2 DTV-ADS 2009)

4 Der VN muss Weisungen des VR oder seines Beauftragten befolgen. Die gilt auch für den Fall, dass die Weisungen nicht in seinem Interesse sind.[5] Der VN muss nicht prüfen, ob die angewiesenen Maßnahmen erforderlich oder zweckmäßig sind.[6] Stellt er jedoch fest, dass die Weisungen offensichtlich unzweckmäßig sind oder die Sachlage sich verändert hat, dann muss er beim VR rückfragen. Sollte eine Rückfrage nicht möglich sein, dann darf der VN die Weisungen missachten, soweit er zu der Überzeugung gelangt, dass der VR in Kenntnis der geänderten Sachlage die Weisung nicht erteilt hätte.

5 Wenn die Umstände es gestatten, hat der VN Weisungen des VR einzuholen. Dies gilt insbesondere bei aufwendigen und kostenintensiven Maßnahmen sowie bei gerichtlichen Maßnahmen (z.B. Arrest).[7]

D. Rechtsfolgen

6 Verletzt der VN seine Obliegenheiten aus Ziff. 44, ergeben sich die Rechtsfolgen aus Ziff. 46.

---

1 BGH 6.2.1985 VersR **1985** 656; BGH 20.2.1991 NJW **1991** 1609.
2 BGH 20.2.1991 NJW **1991** 1609.
3 *Ehlers* Ziff. 15 Rn. 14.
4 *Ritter/Abraham* § 41 Anm. 7.
5 *Ritter/Abraham* § 41 Anm. 21.
6 *Ehlers* Ziff. 15 Rn. 16.
7 *Ehlers* Ziff. 15 Rn. 17.

45 Auskunftserteilung und Beweissicherung

45.1 Der Versicherer kann nach dem Eintritt eines Schadenereignisses verlangen, dass der Versicherungsnehmer jede Auskunft erteilt, die zur Feststellung eines Versicherungsfalls oder des Umfangs der Leistungspflicht des Versicherers erforderlich ist. Belege kann der Versicherer insoweit fordern, als die Beschaffung dem Versicherungsnehmer billigerweise zugemutet werden kann; die Herbeiführung einer Verklarung kann er verlangen, wenn er an ihr ein berechtigtes Interesse hat.

45.2 Der Versicherungsnehmer ist verpflichtet, alle Beweismittel, die für die spätere Aufklärung des Schadenhergangs von Bedeutung sein können oder für die Geltendmachung von Regressansprüchen notwendig sind, zu beschaffen und sicherzustellen.

Übersicht

A. Einführung

Ziff. 45 orientiert sich an § 43 ADS, der aus § 34 VVG a.F. (§ 31 Abs. 1 VVG n.F.) hervor ging. Ersetzt wurde in Ziff. 45.1 die Formulierung „nach dem Eintritt des Versicherungsfalls“ durch „nach dem Eintritt eines Schadenereignisses“. 1

B. Auskunftspflicht (Ziff. 45.1 DTV-ADS 2009)

I. Nach Eintritt des Schadenereignisses

Die Auskunftspflicht des VN entsteht nach Eintritt des Schadenereignisses. Schadenereignis meint jedes Ereignis, das zu einem Schaden an dem versicherten Schiff geführt hat oder führen kann. Anders als in § 43 S. 1 ADS ist die Auskunftspflicht nicht an das Vorliegen eines Versicherungsfalls geknüpft. Eine Auskunftspflicht entsteht auch also auch für solche Ereignisse, die keine Leistungspflicht des VR auslösen können. Der Unterschied ist jedoch theoretisch. Regelmäßig wird es sich bei einem Schadenereignis um einen Versicherungsfall handeln.[1] Liegt kein Schadenereignis vor, hat der VN keine Auskunftspflicht. Gleiches gilt, wenn ein Schaden lediglich droht. 2

II. Auskunftsverlangen

Weitere Voraussetzung für das Entstehen der Auskunftspflicht des VN ist ein Auskunftsverlangen des VR. Anders als die Anzeigepflicht (Ziff. 43) ist der VN nicht zum selbsttätigen Handeln verpflichtet. Das Aufklärungsverlangen ist einseitige, empfangs- 3

[1] *Ehlers* Ziff. 15 Rn. 3.

bedürftige Willenserklärung, die weder einer Annahme noch einer Zustimmung des VN bedarf.[2] Sie ist sofort mit Zugang des Aufklärungsverlangens beim VN oder bei antizipiertem Verlangen sofort nach Eintritt des Schadenereignis zu erfüllen und dauert während der gesamten Schadenregulierung an.[3]

III. Zur Feststellung des Versicherungsfalls oder des Umfangs der Leistungspflicht

4 Die Auskunft muss zur Feststellung des Versicherungsfalls oder des Umfangs der Leistungspflicht erforderlich sein. Der VR ist mithin in die Lage zu versetzen, eine Entscheidung über die Behandlung des Versicherungsfalls zu treffen.[4] Das Erforderliche ist dabei nicht auf das objektiv unbedingt Notwendige beschränkt. Vielmehr kann der VR diejenigen Auskünfte verlangen, die er für notwenig hält.[5] Der VN ist nicht berechtigt, den tatsächlichen Schadenhergang zu verschleiern oder falsche Angaben zu machen.

IV. Belegpflicht

5 Mit der Auskunftspflicht einher geht die Pflicht des VN, soweit zumutbar, auf Verlangen auch Belege vorzulegen. Diese Belegpflicht erstreckt sich auf alle Tatsachen, auf die sich die Auskunftspflicht erstreckt.[6] Als Belege zur Feststellung des Versicherungsfalls und des Umfangs der Leistungspflicht im Rahmen der Seeschiffsversicherung dienen beispielsweise Eigentumsnachweise (z.B. Schiffsregisterauszüge), das Schiffstagebuch (Logbuch), die Verklarung, in Verschollenheitsfällen glaubhafte Bescheinigungen über den Zeitpunkt, an welchem das Schiff den Hafen verlassen hat, und über die Nichtankunft des Schiffes im Bestimmungshafen während der Verschollenheitsfrist.[7] Nicht erfasst von der Belegpflicht i.S. von Ziff. 45 ist das Beibringen behördlicher Ermittlungsergebnisse, insbesondere die Untersuchungen durch ein Seeamt. Deswegen ist dies Pflicht gesondert in Ziff. 47 geregelt.

V. Verklarung

6 Verklarung bedeutet die Beweisaufnahme über einen Unfall, der sich während der Seereise ereignet hat und der das Schiff oder die Ladung betrifft oder sonst einen Vermögensnachteil zur Folge haben kann (§ 522 Abs. 1 HGB a.F.). Die praktische Bedeutung des Verklarungsverfahrens liegt vor allem bei Schadenereignissen im Ausland, weil in Deutschland das selbstständige Beweisverfahren der ZPO zur Verfügung steht. Im Ausland ist die Verklarung von einer deutschen Auslandsvertretung vorzunehmen. Tatsächlich sind die Vertretungen weder personell noch fachlich in der Lage, eine Verklärung vorzunehmen. Abgesehen hiervon wird bei Unfällen regelmäßig ein Havariekommissar

---

2 *Ritter/Abraham* § 43 Anm. 5.

3 Prölss/Martin/*Prölss* § 31 Rn. 2; BGH VersR **1993** 828.

4 *Zeller* Die Deckung von Haftpflichtrisiken im Rahmen der Seeversicherung 552; *Trölsch* Die Obliegenheiten in der Seeversicherung 371.

5 Prölss/Martin/*Prölss* § 31 Rn. 7 m.w.N.

6 *Ritter/Abraham* § 43 Anm. 23; *Trölsch* Die Obliegenheiten in der Seeversicherung 371.

7 *Ritter/Abraham* § 43 Anm. 25.

mit der Klärung des Schadenhergangs beauftragt. Vor diesem Hintergrund ist die praktische Bedeutung des Verklarungsverfahrens gering. Die Verwaltungsvorschriften wurden im Zuge der Reform des Seehandelsrechts[8] aus dem HGB herausgenommen. Gleichwohl hat der VN das Verfahren herbeizuführen, wenn der VR dies verlangt und ein berechtigtes Interesse hat. Ein berechtigtes Interesse des VR an einer Beweisaufnahme wird wegen seiner Entschädigungspflicht und gegebenenfalls einer Regresssicherung regelmäßig gegeben sein.

C. Beschaffen und Sicherstellen von Beweismitteln (Ziff. 45.2 DTV-ADS 2009)

Der VN hat Beweismittel zur späteren Aufklärung des Schadenhergangs oder für die Geltendmachung von Regressansprüchen zu beschaffen und sicherzustellen. Beweismittel sind u.a. Anhörung der Beteiligten, Zeugenvernehmungen durch die Polizei oder andere Behörden, Sachverständigengutachten sowie Urkunden und Akten. 7

D. Rechtsfolgen

Die Auskunftspflicht in Ziff. 45 stellt eine Obliegenheit dar.[9] Demnach ist Rechtsfolge einer zumindest grob fahrlässigen Auskunftspflichtverletzung die Leistungsfreiheit des VR (Ziff. 46). 8

46 Rechtsfolgen von Obliegenheitsverletzungen

Verletzt der Versicherungsnehmer eine der in diesen Bedingungen genannten oder anderweitig im Versicherungsvertrag vereinbarten Obliegenheiten vorsätzlich oder grob fahrlässig, ist der Versicherer, soweit nicht anderweitig bestimmt, ohne gesonderte Mitteilung dieser Rechtsfolgen an den Versicherungsnehmer von der Verpflichtung zur Leistung frei. Der Versicherer bleibt zur Leistung verpflichtet, soweit die Verletzung der Obliegenheit weder für den Eintritt oder die Feststellung des Versicherungsfalls noch für die Feststellung oder den Umfang der Leistungspflicht des Versicherers ursächlich war.

Übersicht

[8] Gesetz zur Reform des Seehandelsrechts BGBl. 2013 I 831.

[9] Zum Streitstand vgl. *Heiss/Trümper* Versicherungsrechts-Handbuch § 38 Kap. E Rn. 274 m.w.N.

A. Einführung

I. Allgemeines

1 Die Rechtsfolgen einer Obliegenheitsverletzung waren in den ADS nur im Hinblick auf die Abwendungs- und Minderungspflicht des VN ausdrücklich geregelt (§ 41 Abs. 3 ADS). Die Obliegenheiten der Schadenanzeige und der Aufklärung waren nicht sanktioniert. Ziff. 46 ist im Wesentlichen § 6 VVG a.F. nachgebildet.

II. Alles-oder-Nichts-Prinzip

2 In Ziff. 46 wurde entgegen der allgemeinen Regelung in § 28 VVG das sog. Alles-oder-Nichts-Prinzip des § 6 VVG a.F. erhalten. Dies ist möglich, weil die Regelungen des VVG auf die Versicherung gegen die Gefahren der Seeschifffahrt (Seeversicherung) keine Anwendung finden (§ 209 VVG). Das Alles-oder-Nichts-Prinzip besagt, dass der VN entweder volle Leistung bei allenfalls leicht fahrlässiger Verletzung von Obliegenheiten oder keine Leistung, wenn ihm zumindest grobe Fahrlässigkeit nachzusagen ist.

B. Leistungsfreiheit bei Vorsatz

3 Bei vorsätzlicher Verletzung einer Obliegenheit tritt Leistungsfreiheit des VR ein. Vorsatz erfordert das Wollen der Obliegenheitsverletzung im Bewusstsein des Vorhandenseins der Verhaltensnorm.[1] Ausreichend ist bedingt vorsätzliches Handeln. Es kommt dabei nicht darauf an, ob dem VN die vereinbarten Obliegenheiten oder die Rechtsfolgen ihrer Verletzung bekannt sind. Vielmehr ist entscheidend, dass der VN den wesentlichen Kern der Bestimmungen kennt.[2] Im Fall des Irrtums ist der Vorsatz ausgeschlossen, jedoch kommt grobe Fahrlässigkeit in Betracht.

4 Nach der Relevanzrechtsprechung des BGH[3] zu § 6 VVG a.F. besteht die Leistungsfreiheit des VR nicht, wenn die vorsätzliche Obliegenheitsverletzung folgenlos geblieben ist. Durch die Verwendung der Formulierung des § 6 VVG a.F. lässt sich die Anwendbarkeit der Relevanzrechtsprechung ebenfalls für die DTV-ADS 2009 unterstellen.[4] Insoweit setzt die Leistungsfreiheit nach Ziff. 46 eine Kausalität zwischen Obliegenheitsverletzung und Auswirkung auf den Eintritt oder Feststellung des Versicherungsfalls sowie die Feststellung und den Umfang der Leistungspflicht voraus. Der VR soll sich nur auf Leistungsfreiheit berufen können, wenn die Obliegenheitsverletzung generell geeignet war, die Interessen des VR ernsthaft zu gefährden und subjektiv von einigem Gewicht war.[5] Das von der Relevanzrechtsprechung zusätzlich aufgestellte Erfordernis einer ausdrücklichen und unmissverständlichen Belehrung über die Rechtsfolgen einer Obliegenheitsverletzung, ist in der Seeschiffsversicherung nicht gebräuchlich. Deswegen bestimmt Ziff. 46, dass bei einer Obliegenheitsverletzung die Leistungsfreiheit auch ohne gesonderte Mitteilung an den VN besteht.

---

[1] BGH 2.6.1993 NJW **1993** 2112; *Ehlers* Ziff. 15 Rn. 49.

[2] *Ehlers* Ziff. 15 Rn. 49.

[3] BGHZ 53 160; BGH 20.12.1972 NJW **1973** 365.

[4] *Ehlers* Ziff. 15 Rn. 46 (für die Güterversicherung).

[5] *Ehlers* Ziff. 15 Rn. 47.

C. Leistungsfreiheit bei grober Fahrlässigkeit

Grobe Fahrlässigkeit ist gegeben, wenn die im Verkehr erforderliche Sorgfalt in besonders schwerem Maße verletzt wird. Grob fahrlässig handelt, wer die im Verkehr erforderliche Sorgfalt nach den gesamten Umständen in ungewöhnlich hohem Maße verletzt und unbeachtet lässt, was im gegebenen Fall jedem hätte einleuchten müssen,[6] sie setzt regelmäßig eine schlechthin unentschuldbare subjektive Pflichtverletzung voraus. Nach diesem Maßstab sind somit auch Umstände zu berücksichtigen, die die subjektive personale Seite der Verantwortlichkeit betreffen. Subjektive Besonderheiten können im Einzelfall im Sinne einer Entlastung von dem schweren Vorwurf der groben Fahrlässigkeit ins Gewicht fallen.[7] 5

Bei der groben Fahrlässigkeit handelt es sich um einen relativen Rechtsbegriff, dessen Inhalt sowohl objektiv als auch subjektiv in Bezug auf den jeweiligen Zweck der anzuwendenden Rechtsvorschrift unterschiedlich bestimmt werden muss. Dennoch lässt sich generell sagen, dass je größer die Schadensträchtigkeit eines Handelns objektiv ist, desto leichter sollte das Risiko auch für den Handelnden erkennbar sein und umso mehr kann von ihm für die Abwendung der erkannten hohen Schadensgefahr verlangt werden. Entsprechend handelt ein VN grob fahrlässig, wenn er sich im Schadenfall nicht informiert, welche Maßnahmen er zur Minderung des Schadens zu ergreifen hat.[8] 6

Ebenfalls kann die Dauer des Sorgfaltsverstoßes ein wichtiges sachliches Merkmal für die grobe Fahrlässigkeit sein, weil die Vorhersehbarkeit und Vermeidbarkeit zunehmend zu bejahen ist und mithin das Verschulden in der Regel um so schwerer wiegt, je länger das Fehlverhalten andauert. Auch eine deutlich erkennbare vorhergehende Warnung lässt die Vorhersehbarkeit des möglichen Schadenseintrittes steigen und damit auch deren Vermeidbarkeit. Zudem liegt in der stetigen Missachtung ergangener Warnungen immer auch der Verdacht eines bewusst eingegangenen Risikos. 7

Im Hinblick auf die subjektive Seite der groben Fahrlässigkeit spielt das sog. Augenblicksversagen eine wesentliche Rolle. Dabei handelt es sich um ein einmaliges und kurzfristiges Fehlverhalten, im Zusammenhang mit ermüdenden Dauertätigkeiten, das auch nicht durch Vorsorgemaßnahmen hätte vermieden werden können.[9] Das Augenblicksversagen stammt aus der Rechtsprechung zum Straßenverkehrsrecht und betrifft dort in der Regel Geschwindigkeitsübertretungen. Gleichwohl hat der BGH das Augenblicksversagen auch auf die Versicherung angewendet.[10] Insofern lassen sich grundsätzlich die von der Rechtsprechung zum Augenblicksversagen angestellten Überlegungen auch auf Obliegenheitsverletzungen vor oder nach Eintritt eines Schadenereignis unter den DTV-ADS 2009 übertragen. 8

Nach Ziff. 46.2 bleibt der VR bei einer grob fahrlässigen Obliegenheitsverletzung zur Leistung verpflichtet, wenn die Verletzung keinen Einfluss auf die Feststellungen des Versicherungsfalls, auf die Feststellung der dem VR obliegenden Leistung oder auf deren Umfang gehabt hat. Eine bloße Beeinflussung des Feststellungsverfahrens genügt nicht, sofern der VR keine Nachteile erfährt.[11] Auf der anderen Seite ist Kausalität gegeben, wenn der VN die Schadenbegutachtung vereitelt oder ein Feststellungsverfahren unmög- 9

6 BGH 17.10.1966 VersR **1966** 1150; BGH 8.2.1989 VersR **1989** 582, 583; BGH 29.9.1992 NJW **1992** 3235, 3236; BGH 19.3.2001 NJW **2001** 2092, 2093.

7 BGH 8.7.1992 VersR **1992** 1085.

8 OLG Hamm 22.11.1991 VersR **1992** 818.

9 *Haberstroh* Das Augenblicksversagen – kein Fall grober Fahrlässigkeit VersR **1988** 943.

10 BGH 10.5.2011 VersR **2011** 916.

11 BGHZ 41 327.

lich macht. Kausalität besteht ebenfalls, wenn der VN den Schaden vor Begutachtung reparieren lässt und dadurch der Versicherungsfall nicht mehr festgestellt werden kann.[12]

10 Keine Leistungsfreiheit besteht, wenn die grob fahrlässige Obliegenheitsverletzung keinen Vermögensnachteil beim VR zur Folge hat.

D. Beweislast

11 Der VR hat zu beweisen, dass objektiv eine Obliegenheitsverletzung des VN vorliegt. Der VN hat dann die Beweislast für maximal leicht fahrlässiges Verhalten. Gleichfalls hat der VN die fehlende Kausalität zwischen grob fahrlässiger Obliegenheitsverletzung und eingetretenem Schaden zu beweisen. Bei vorsätzlicher Obliegenheitsverletzung hat er zu beweisen, dass die Verletzung folgenlos geblieben ist.

IX. Andienung des Schadens, Auskunftserteilung, Fälligkeit der Entschädigung

47 Andienung des Schadens

47.1 Der Versicherungsnehmer hat einen Schaden, für den der Versicherer haftet, diesem binnen fünfzehn Monaten seit der Beendigung der Versicherung und, wenn das Schiff verschollen ist, seit dem Ablaufe der Verschollenheitsfrist durch eine schriftliche Erklärung anzudienen. Durch die Absendung der Erklärung wird die Frist gewahrt.

47.2 Der Entschädigungsanspruch des Versicherungsnehmers erlischt, wenn der Schaden nicht rechtzeitig angedient wird.

47.3 Diese Bestimmungen finden auf die von dem Versicherungsnehmer zu entrichtenden Beiträge zur Havarie-grosse keine Anwendung.

Übersicht

A. Einführung

1 Ziff. 47 entspricht § 42 ADS.

B. Schadenandienung

2 Die Geltendmachung der Versicherungsforderung setzt die Andienung des Schadens durch den VN voraus. Im Unterschied zu der Schadenanzeige muss die Andienung erkennen lassen, dass der VN aus dem Versicherungsfall entschädigt werden will. Die bloße Zusendung eines Sachverständigenberichtes oder Havarie-Zertifikats reicht für eine

[12] *Ehlers* Ziff. 15 Rn. 55.

Andienung nicht aus, soweit sich nicht aus dem Inhalt eine Schadenregulierung zweifelsfrei aufdrängt. Der Schaden ist auch dann anzudienen, wenn der VR ihn bereits kennt.

Die Andienung hat binnen 15 Monaten ab Beendigung der Versicherung, im Falle der Verschollenheit ab Ende der Verschollenheitsfrist, durch schriftliche Mitteilung zu erfolgen. 3

Die Ausschlussfrist ist gewahrt, wenn die Mitteilung innerhalb der Frist abgesendet wird. Versäumt der VN die Frist, dann erlischt der Entschädigungsanspruch (Ziff. 47.2). Dies gilt auch dann, wenn den VN kein Verschulden an der Versäumung der Andienungsfrist trifft. 4

Anders als in der Güterversicherung bestimmt Ziff. 47.3, dass für versicherte Beiträge des VN zu Havarie-grosse keine Schadenandienung notwendig ist. 5

48 Schadensrechnung, Fälligkeit des Entschädigungsanspruchs

48.1 Wird der Schadenfall durch die Bundesstelle für Seeunfalluntersuchung oder durch eine entsprechende für die Untersuchung von Seeunfällen zuständige ausländische Behörde untersucht, so kann der Versicherer vor Zahlung einer Entschädigung die Vorlage des Untersuchungsberichts oder der Entscheidung der ausländischen Behörde verlangen.

In den Fällen von Totalverlust und Verschollenheit ist diese Unterlage als Voraussetzung für die Zahlung der Entschädigung vorzulegen.

48.2 Im Übrigen kann der Versicherungsnehmer die Zahlung nicht eher verlangen, als er dem Versicherer eine Schadensrechnung mitgeteilt sowie die von dem Versicherer geforderten Belege beigebracht hat und danach ein Monat verstrichen ist. Ist dies bis zum Ablauf eines Monats seit der Andienung des Schadens infolge eines Umstandes, den der Versicherungsnehmer nicht zu vertreten hat, nicht geschehen, so kann der Versicherungsnehmer in Anrechnung auf die Gesamtforderung die Zahlung von Dreiviertel des Betrages verlangen, den der Versicherer nach Lage der Sache mindestens zu zahlen hat.

28.3 Die Schadensrechnung muss eine geordnete Zusammenstellung der Beträge enthalten, die der Versicherer für die einzelnen Schäden und Aufwendungen zu entrichten hat.

Übersicht

A. Einführung

Ziff. 48.1 entspricht mit redaktionellen Änderungen Ziff. 25 DTV-Kaskoklauseln. Ziff. 48.2 wurde § 44 Abs. 1 ADS nachgebildet. Ziff. 48.3 übernimmt den Wortlaut des § 44 Abs. 2 S. 1 ADS. 1

B. Schadensnachweis

2 Gesonderte Voraussetzungen für die Entschädigung gelten, wenn der Schadenfall durch die Bundesstelle für Seefahrtuntersuchung oder eine analoge ausländische Behörde untersucht wird. In diesem Fall ist Voraussetzung für die Entschädigungsleistung des VR das Vorliegen der Entscheidung der Behörde, wenn der VR sie anfordert. Einer Aufforderung des VR bedarf es dagegen nicht, wenn ein Totalverlust oder Verschollenheit vorliegt (Ziff. 48.1 Abs. 2). Dann entsteht die Vorlagepflicht nach der Klausel automatisch.[1]

C. Fälligkeit des Entschädigungsanspruchs

3 Die Entschädigungsforderung des VN wird frühestens einen Monat nach Vorlage einer Schadensrechnung samt Belegen durch den VN an den VR fällig (Ziff. 48.2. S. 1). Dies gilt auch, wenn die Erhebungen schon früher beendet waren.

4 Die Schadensrechnung muss eine geordnete Zusammenstellung der Beträge enthalten, die der VR nach Auffassung des VN für die einzelnen Schäden und Aufwendungen zu entrichten hat (Ziff. 48.3). Hält der VR die Schadensrechnung für unvollständig, so darf er nicht stillschweigend auf eine Ergänzung warten, sondern muss sie anfordern.[2]

5 Verzögert sich die Schadensrechnungs- und Belegvorlage ohne Verschulden des VN, so kann dieser vorab 75 % jenes Betrages verlangen, den der VR nach Lage der Dinge jedenfalls schuldet (Ziff. 48.2 S. 2). Die Abschlagszahlung wird nur fällig, wenn der VN sie verlangt. Es handelt sich insoweit nicht um eine Vorschusszahlung, sondern um eine Teilleistung.[3]

49 Verzugsschaden

Wird ein Streit zwischen Versicherer und Versicherungsnehmer durch gerichtliches oder schiedsgerichtliches Verfahren erledigt, so hat der Versicherer dem Versicherungsnehmer einen über die gesetzlich bestimmten Verzugszinsen hinausgehenden Verzugsschaden nicht zu ersetzen, es sei denn, dass der Versicherer die Erfüllung seiner Leistungspflicht vorsätzlich oder grob fahrlässig verzögert hat.

Übersicht

A. Einführung

1 Ziff. 49 entspricht Ziff. 26 DTV-Kaskoklauseln. Neu aufgenommen wurde in die Vorschrift, dass dem VR nunmehr auch grob fahrlässige Verzögerung der Erfüllung seiner Leistungspflicht schadet. Die Beschränkung des VN auf Verzugsschadensersatz nur

---

1 *Schwampe* Seekaskoversicherung Klausel 25 Rn. 8.

2 Prölss/Martin/*Koller* AVB Flusskasko 2000/2008 Nr. 23 Rn. 1.

3 Prölss/Martin/*Koller* AVB Flusskasko 2000/2008 Nr. 23 Rn. 1.

bei vorsätzlicher Verzögerung des VR in Ziff. 26 DTV-Kaskoklauseln stieß auf erhebliche Bedenken, inwieweit die Bestimmung einer Inhaltskontrolle wegen unangemessener Benachteiligung des VN standhält. Diese Bedenken bestehen für Ziff. 49 aufgrund des geänderten Verschuldens des VR nicht.

B. Verzug

Verzögert der VR die Zahlung der Entschädigungsleistung, dann kann der VN unter **2**
den Voraussetzungen von § 286 BGB grundsätzlich Ersatz seines Verzugsschadens fordern. Ziff. 49 beschränkt den Verzugsschaden auf die gesetzlichen Zinsen für den Fall, dass ein Streit zwischen VR und VN durch ein gerichtliches Verfahren entschieden wird. Etwas anderes gilt dann, wenn eine vorsätzliche oder grob fahrlässige Verzögerung der Entschädigungsleistung vorliegt. Dies kommt in Betracht, wenn die Leistungsverweigerung offensichtlich unbegründet war oder wenn der VR nach Unterliegen im Verfahren nicht unverzüglich zahlt.[1]

C. Beweislast

Der VN hat Vorsatz und grobe Fahrlässigkeit des VR zu beweisen („es sei denn"). **3**

X. Übergang von Schadenersatzansprüchen

50 Wahrung und Übergang von Ersatzansprüchen

50.1 Der Versicherungsnehmer hat im Schadenfall Ansprüche auf Ersatz des Schadens gegen Dritte, die für den Schaden ersatzpflichtig sind oder sein können, zu wahren und zu sichern.

50.2 Ansprüche des Versicherungsnehmers auf Ersatz des Schadens gegen einen Dritten gehen auf den Versicherer über, soweit dieser dem Versicherungsnehmer den Schaden ersetzt. Der Versicherungsnehmer ist verpflichtet, dem Versicherer die zur Geltendmachung des Anspruchs erforderliche Auskunft zu erteilen und ihm die zum Beweise des Anspruchs dienenden Urkunden, soweit sie sich in seinem Besitz befinden, auszuliefern, und ihm auch auf Verlangen eine Urkunde über den Übergang des Anspruchs auszustellen; die Kosten hat der Versicherer zu tragen.

50.3 Im Fall der Havarie-grosse gilt Ziff. 50.1 entsprechend. Der Anspruch des Versicherungsnehmers auf die ihm zustehende Vergütung geht jedoch bereits mit seiner Entstehung auf den Versicherer über, soweit der Versicherer für Aufopferungen haftet. Übersteigt die Vergütung die vom Versicherer geleisteten Entschädigungen und Aufwendungen, so ist der Überschuss an den Versicherungsnehmer auszuzahlen.

---

[1] Prölss/Martin/*Koller* AVB Flusskasko 2000/2008 Nr. 25 Rn. 1.

Übersicht

A. Einführung

1 Ziff. 50 orientiert sich grundsätzlich an § 45 ADS, wobei allerdings nur § 45 Abs. 1 ADS in Ziff. 50.2 übernommen wurde. Zusätzlich wurde in Ziff. 50. 1 die Pflicht des VN zur Wahrung und Sicherung des Regress gegen Dritte aufgenommen. Ebenfalls neu eingefügt ist Ziff. 50.3, der einerseits Ziff. 50.1 auf den Fall der Havarie-grosse gelten lässt, andererseits wird Ziff. 30.2. wiederholt.

B. Regresswahrung und -sicherung (Ziff. 50.1 DTV-ADS 2009)

2 Für das VVG war eine Pflicht zur Erhaltung und Sicherung von Ersatzansprüchen überwiegend abgelehnt worden, weil insoweit das Aufgabeverbot[1] entgegenstehe.[2] Diese Überlegungen haben keinen Eingang in das Seeversicherungsrecht gefunden. Gestützt wird dies durch die Rechtsprechung, die eine Pflicht des VN zur Regresswahrung und -sicherung bereits für § 41 ADS als Maßnahme der Schadenminderungspflicht des VN anerkannt hat.[3]

3 Wird ein Schaden während der versicherten Seereise festgestellt, dann sind die Beteiligten (z.B. Kollisionsgegner, Ladung, Kaianstalten, Zoll- und Hafenbetriebe sowie Lotsen) zu einer gemeinsamen Schadenbesichtigung aufzufordern. Eine Schadenbescheinigung ist zu verlangen. Bei Schiffsunfällen kann sinnvoll sein, die Einleitung einer Verklarung oder eines sonstigen Beweissicherungsverfahrens zu verlangen. Der Verursacher des Schadens, im Falle eines Schadens durch Herstellungs- oder Konstruktionsfehler der Hersteller der betroffenen Anlage, ist schriftlich haftbar zu halten.

4 Zur Sicherung der Rechte gegen Dritte gehört auch die Wahrung von möglichen Verjährungs- oder Ausschlussfristen. Der VN hat dann Maßnahmen zur Unterbrechung oder Hemmung der Verjährung zu ergreifen, solange wie die Ansprüche nicht auf den VR übergegangen sind.[4]

5 Ziff. 50.3 stellt klar, dass die Pflicht zur Wahrung und Sicherung der Ersatzansprüche auch für den Fall der Havarie-grosse gilt.

C. Rechtsübergang (Ziff. 50.2. S. 1 DTV-ADS 2009)

6 Die Rechte gehen mit Zahlung der Ersatzleistung über. Allerdings nicht vollständig, sondern nur in Höhe der Entschädigungsleistung des VR („soweit"). Ist der Schaden höher als die Ersatzleistung, dann behält der VN die Rechte in Höhe des überschießen-

---

1 Vgl. § 67 Abs. 1 S. 3 VVG a.F., § 87 Abs. 2 S. 1 VVG n.F.

2 Bruck/Möller § 62 Rn. 19; Bruck/Möller/*Sieg* § 67 Anm. 71; Prölss/Martin/*Voit* § 62 Rn. 19.

3 RGZ 112 149; BGH 16.11.1992 VersR **1993** 312; OLG Hamburg 10.4.1986 VersR **1987** 708, 710.

4 *Ehlers* Ziff. 15 Rn. 39.

den Betrages, d.h. der Differenz zwischen Ersatzleistung und Schaden. Für diesen Fall kann sich der VN, bei dem ein Teil der Forderung verblieben ist, vorrangig gegenüber dem Dritten befriedigen.[5] Reicht der Schadenersatzanspruch gegen den Dritten nicht aus, den Regressanspruch des VR und die nicht übergegangene Forderung des VN zu decken, kann der VR seinen Anspruch erst durchsetzen, wenn der VN seinen Schaden vollständig ersetzt erhalten hat.[6]

D. Auskunftspflicht nach Rechtsübergang (Ziff. 50.2 S. 2 DTV-ADS 2009)

Der VN hat dem VR die zur Geltendmachung der Ersatzansprüche erforderlichen 7
Auskünfte zu erteilen. Daneben hat er die in seinem Besitz befindlichen Urkunden dem VR, soweit sie zum Beweis des Anspruchs geeignet sind, zu überlassen. Gleichfalls hat der VN eine erforderliche Abtretungserklärung zu Gunsten des VR auszustellen, wenn der VR dies verlangt. Anders als noch in § 45 Abs. 1 ADS braucht die Abtretungserklärung nicht öffentlich beglaubigt zu sein. Die Kosten des VN zur Erfüllung dieser Pflichten hat der VR zu ersetzen.

Bei der Auskunftspflicht nach Übergang der Ersatzansprüche handelt es sich nicht um 8
eine Obliegenheit, sondern um eine vertragliche Nebenpflicht.[7] Obliegenheiten sind Verhaltenspflichten, die der VN einhalten muss, um seinen Anspruch aus dem Versicherungsvertrag nicht zu gefährden. Beim Rechtsübergang auf den VR sind die versicherungsvertraglichen Ansprüche VN allerdings bereits erfüllt, so dass eine Obliegenheitsverletzung nicht mehr möglich ist. Verletzt der VN die Auskunftspflicht nach Rechtsübergang schuldhaft, dann stellt dies eine positive Vertragsverletzung dar und löst Schadenersatzansprüche des VR aus.[8]

E. Rechtsübergang von Vergütungsansprüchen (Ziff. 50.3 S. 2 DTV-ADS 2009)

Der Anspruch des VN auf Vergütung seiner Aufopferungen geht auf den VR über. 9
Gemeint sind solche Vergütungsansprüche des VN gegen die Beitragspflichtigen.[9] Die Ansprüche gehen nicht erst über, wenn der VR die Entschädigung leistet, sondern vielmehr bereits mit ihrer Entstehung. Dadurch soll der VR in die Lage versetzt werden, seine Interessen bereits während des Havarie-grosse-Verfahrens aktiv wahrnehmen zu können.[10]

In Abweichung von § 86 VVG handelt es sich bei der Regelung um die Abtretung 10
zukünftiger Forderungen, da die Vergütungen für Aufopferungen erst nach Abschluss des Havarie-grosse-Verfahrens durch die Dispache festgestellt werden. Die Ansprüche gehen in voller Höhe der Vergütungsansprüche auf den VR über, also auch für den Teil der Vergütung, der die Ersatzleistung des VR übersteigt. Um eine Bereicherung des VR auszuschließen, ist ein eventueller Überschuss an den VN auszuzahlen (Ziff. 30.2). Die Regelung ist für die Seekaskoversicherung überflüssig. Während in der Güterversicherung ein hinter dem Beitragswert zurückbleibender Versicherungswert tatsächlich dazu führen kann, dass der VR nicht den vollen Wert ersetzt, aber für den vollen Wert Vergütung erhält, betrifft in

---

5 *Enge/Schwampe* Transportversicherung S. 123.
6 *Ehlers* Ziff. 23 Rn. 18
7 *Ehlers* Ziff. 23 Rn. 25.
8 *Ehlers* Ziff. 23 Rn. 25.
9 *Ritter/Abraham* § 31 Anm. 8.
10 *Ritter/Abraham* § 31 Anm. 9.

der Kaskoversicherung der Versicherungsschutz die Reparaturaufwendungen. Im Normalfall decken sich versicherte Reparatur- bzw. Ersatzkosten und Vergütungsanspruch, da nach Regel XVIII a) der York-Antwerp Rules die tatsächlichen Reparaturkosten vergütet werden und auch das Alter des Schiffes (Regel XIII) berücksichtigt wird.

51 Schadensminderung nach Übergang

Auch nach dem Übergang des Regressanspruchs auf den Versicherer ist der Versicherungsnehmer verpflichtet, für die Minderung des Schadens zu sorgen, gegebenenfalls durch die Zurückbehaltung von Geldleistungen wie der Fracht. Er hat den Versicherer bei der Geltendmachung des Anspruchs zu unterstützen und alle Nachrichten, Informationen und Belege, die der Durchsetzung des Regressanspruches dienlich sein können, unverzüglich dem Versicherer zu übergeben. Die Kosten hat der Versicherer zu tragen und auf Verlangen vorzuschießen.

Übersicht

A. Einführung

1 Ziff. 51 geht inhaltlich auf Ziff. 46 zurück, allerdings mit erheblichen redaktionelle Anpassungen und Umformulierungen.

B. Schadenminderung nach Rechtsübergang

2 Die Schadenminderungspflicht des VN bei Eintritt des Versicherungsfalls (Ziff. 44) bleibt nach Rechtsübergang bestehen. Ausdrücklich nennt Ziff. 51 als Maßnahme zur Schadenminderung die Zurückbehaltung von Geldleistungen. Ebenso wie die Auskunftspflicht in Ziff. 50.2 S. 2 ist die Schadenminderungspflicht nach Rechtsübergang keine Obliegenheit, sondern eine Nebenpflicht aus dem Versicherungsvertrag, da die Ansprüche des VN unter dem Versicherungsvertrag bereits erfüllt sind. Die schuldhafte Verletzung der Pflicht zur Schadenminderung nach Rechtsübergang macht den VN schadenersatzpflichtig.

XI. Zahlungsunfähigkeit des Versicherers

52 Zahlungsunfähigkeit des Versicherers

52.1 Wird über das Vermögen des Versicherers das Insolvenzverfahren eröffnet, endet das Versicherungsverhältnis mit Ablauf eines Monats seit der Eröffnung; bis zu diesem Zeitpunkt bleibt es der Insolvenzmasse gegenüber wirksam.

52.2 Die Vorschriften des Versicherungsaufsichtsgesetzes über die Wirkungen der Insolvenzeröffnung bleiben unberührt.

Übersicht

A. Einführung

Die Zahlungsunfähigkeit des VR war in den ADS in § 47 geregelt. Von dieser Vorschrift wurde für Ziff. 52 lediglich die Überschrift übernommen. Inhaltlich entspricht Ziff. 52 dem Wortlaut der Regelungen zur Insolvenz des VR in § 16 VVG. 1

B. Insolvenz des Versicherers

Das Versicherungsverhältnis erlischt automatisch einen Monat nach Eröffnung des Insolvenzverfahrens über das Vermögen des VR. Eröffnet wird das Verfahren, wenn der VR überschuldet oder zahlungsunfähig ist. Besonderheiten bei der Insolvenz des VR bestehen im Hinblick auf Verfahrensregeln (Insolvenzantrag allein durch Aufsichtsbehörde, § 88 Abs.1 VAG) und Meldepflichten (Anzeige der Überschuldung oder Zahlungsunfähigkeit bei der Aufsichtsbehörde, § 88 Abs. 2 VAG). Darüber hinaus haben Versicherungsgläubiger in Höhe ihres Anteils am Mindestumfang des Sicherungsvermögens ein absolutes Vorrecht auf Befriedigung vor allen anderen Gläubigern (§ 77a VAG). Dies umfasst sowohl Versicherungsforderungen als auch Prämienrückzahlungsansprüche, die vor Eröffnung des Insolvenzverfahrens entstanden sind. Ansprüche aus Versicherungsfällen während der Monatsfrist sind Masseforderungen gem. § 55 Abs. 1 Nr. 2 InsO.[1] Der VN kann allerdings fristlos kündigen, wenn sich die bei Vertragsschluss vorhandene finanzielle Lage des VR bedrohlich verschlechtert hat. 2

XII. Veräußerung von Schiffen und Schiffsparten

53 Veräußerung von Schiffen und Schiffsparten

53.1 Wird ein versichertes Schiff veräußert, so endigt die Versicherung; sind mehrere Schiffe unter einem Vertrag versichert, endet die Versicherung nur für das veräußerte Schiff.

Wird das Schiff veräußert, während es unterwegs ist, so endigt die Versicherung erst mit dem Zeitpunkt, in dem nach den Ziff. 9 die Versicherung am nächsten Bestimmungsort endigen würde.

Auf die spätere Zeit entfallende Prämie wird zurückgegeben; jedoch gebührt dem Versicherer die Prämie so lange, wie er gemäß § 34 Abs. 2 Schiffsrechte-Gesetz oder aufgrund einer Hypothekenklausel haftet.

53.2 Wird eine Schiffspart veräußert, so tritt an Stelle des Veräußerers der Erwerber in die während der Dauer seines Eigentums aus dem Versicherungsverhältnis sich ergebenden Rechte und Pflichten des Versicherungsnehmers ein; für die Prämie haften die Veräußerer und der Erwerber als Gesamtschuldner.

---

[1] Prölss/Martin/*Prölss* § 16 Rn. 3.

Der Versicherer hat in Ansehung der durch das Versicherungsverhältnis gegen ihn begründeten Forderungen die Veräußerung erst dann gegen sich gelten zu lassen, wenn er von ihr Kenntnis erlangt; die Vorschriften der §§ 406 bis 408 des Bürgerlichen Gesetzbuchs finden entsprechende Anwendung.

Übersicht

A. Einführung

1 Ziff. 53 orientiert sich in Ziff. 53.1 an Ziff. 13 DTV-Kaskoklauseln sowie § 50 Abs. 2 ADS. Ziff. 53. 2 geht in wesentlichen Teilen aus § 49 ADS hervor.

B. Veräußerung des Schiffes (Ziff. 53.1 DTV-ADS 2009)

2 Die Versicherung endet mit Veräußerung des versicherten Schiffes, bei Veräußerung während der Seereise am nächsten Bestimmungsort. Sind mehrere Schiffe unter einem Versicherungsvertrag zusammen versichert (sog. Flottenvertrag), dann endet nicht die Versicherung insgesamt, sondern nur die Versicherung für das veräußerte Schiff; der Versicherungsvertrag wird ansonsten unverändert fortgeführt.

3 Veräußerung ist die rechtsgeschäftliche Übertragung des Eigentümerinteresses.[1] Keine Veräußerung ist der Wechsel der Flagge oder Verchartern des Schiffes, dagegen steht die Zwangsvollstreckung der Veräußerung gleich.[2]

4 Mit dem Ende der Versicherung erhält der VN einen Anspruch gegen den VR auf Rückzahlung auf den Teil der Prämie, die auf die Zeit nach Ende der Haftung des VR entrichtet wurde. Zum Schutz der Hypothekengläubiger wird die vorzeitige Beendigung des Versicherungsverhältnisses auch bei einer Veräußerung des Schiffs gegenüber dem Gläubiger, der seine Schiffshypothek dem VR angemeldet hat, erst mit dem Ablauf von zwei Wochen nach Kenntnis der Beendigung (§ 34 Abs. 2 SchiffsRG) oder nach dem in einer vereinbarten Hypothekenklausel bestimmten Zeitpunkt, wirksam. Die Klausel findet in der Praxis selten Anwendung, da Schiffe regelmäßig erst nach Löschung der Hypothek veräußert werden.[3]

C. Veräußerung eines Schiffspart (Ziff. 53.2 DTV-ADS 2009)

5 Ziff. 53.2 regelt die Auswirkungen der Veräußerung eines Schiffspart auf das Versicherungsverhältnis. Schiffspart ist der Gesellschaftsanteil am Reedereivermögen. Eine Reederei besteht, wenn mehrere Personen ein ihnen gemeinschaftlich zustehendes Schiff zum Erwerb durch die Seefahrt für gemeinschaftliche Rechnung verwenden. Die Ver-

[1] *Ritter/Abraham* § 50 Anm. 3.
[2] *Schwampe* Seekaskoversicherung Klausel 13 Rn. 3; *Ritter/Abraham* § 50 Anm. 3; *Enge* Erläuterungen 39.
[3] *Schwampe* Seekaskoversicherung Klausel 13 Rn. 6.

äußerung eines Schiffspart bedeutet demnach, dass der Veräußerer als bisheriger Mitreeder aus der Reederei ausscheidet, während der Erwerber in sie eintritt.

Mit dem Eintritt in die Reederei übernimmt der Erwerber die Stellung als VN des Versicherungsvertrages. Allerdings haften der Veräußerer und der Erwerber für die Prämie noch gesamtschuldnerisch. Forderungen des Erwerbers hat der VR zu erfüllen, sobald ihm der Eintritt des Erwerbers in die Reederei bekannt geworden ist. 6

Zweiter Abschnitt: Kaskoversicherung (soweit vereinbart)

54 Zubehör und Ausrüstung; von Bord genommene Teile

54.1 Zubehör ist mitversichert, auch wenn es nicht Eigentum des Versicherungsnehmers ist.

54.2 Die Ausrüstung ist gegen Teilschäden nur versichert, soweit diese durch Feuer und Explosion verursacht werden.

54.3 Teile des versicherten Schiffes und seines Zubehörs, die vorübergehend von Bord genommen werden, bleiben versichert. Eine anderweitig bestehende Versicherung geht dieser Versicherung voran.

Übersicht

A. Einführung

I. Bedeutung der Klausel

Das Schiff ist „als solches“, also **in seiner Gesamtheit Gegenstand der Seekaskoversicherung.**[1] Dies schließt Zubehör grds. mit ein.[2] Die Einzelheiten werden von Ziff. 54 geregelt. Besondere Bedeutung hat die Klausel für die Versicherung von fremdem (Ziff. 54.1 Hs. 2) und von Bord genommenem Zubehör (Ziff. 54.3 Satz 1). Des Weiteren regelt Ziff. 54.2 den Umfang des Versicherungsschutzes für Teilschäden an Ausrüstung und Ziff. 54.3 Satz 2 das Verhältnis der Zubehörversicherung nach Ziff. 54 zu anderen Versicherungen. 1

---

[1] *Enge/Schwampe* Transportversicherung S. 239.

[2] *Schwampe* Seekaskoversicherung Klausel 4 Rn. 1 m.w.N.

II. Vergleich zu ADS 1919/DTV-Kaskoklauseln 1978/2004

2 Ziff. 54.1 und Ziff. 54.2 sind identisch mit Ziff. 4 DTV-Kaskoklauseln 1978/2004; Ziff. 54.3 entspricht Ziff. 5 DTV-Kaskoklauseln 1978/2004.

B. Erläuterung der Klausel

I. Umfang des Versicherungsschutzes für Zubehör (Ziff. 54.1)

1. Allgemein

3 Die Klausel sieht einen einheitlichen Versicherungsschutz **aller Teile des Schiffes,** welche nicht im Eigentum des VN stehen müssen, und seines **Zubehörs** vor. Bei der Versicherung **fremden Zubehörs** handelt es sich um eine Versicherung für Rechnung des tatsächlichen Eigentümers, sodass die Ziff. 4 ff. gelten.[3] Der VR ist erst in der Leistungspflicht ggü. dem VN, wenn dieser die Zustimmung des Eigentümers gem. Ziff. 6.3 nachweist. Zwar könnte der Eigentümer gem. Ziff. 5.2 auch ohne Zustimmung des VN über seine Rechte verfügen, sofern er im Besitz der Police ist, das kommt aber in der Praxis nicht vor.[4]

2. Definition Zubehör

4 Die DTV-ADS 2009 definieren den Inhalt des zugrundeliegenden Zubehörbegriffs nicht. Ausgangspunkt ist demnach § 97 BGB.[5] Es handelt sich bei Zubehör mithin um „**bewegliche Sachen,** die […] dem **wirtschaftlichen Zwecke der Hauptsache zu dienen** bestimmt sind und zu ihr in einem […] **räumlichen Verhältnis** stehen“.

5 Eine Sache kann **nicht Zubehör i.S.d. Ziff. 54** bzw. § 97 BGB sein, wenn es (wesentlicher i.S.d. § 93 BGB oder unwesentlicher) Bestandteil der Hauptsache ist.[6] **Bestandteil** einer Sache ist nach allgemeinem Sprachgebrauch ein trennbares Einzelteil einer Sache, welches nach der Verkehrsauffassung grds. auch selbständige Sache sein könnte, jedoch durch Verbindung mit der anderen Sache seine Selbständigkeit verloren hat.[7] Bestandteile eines Schiffes sind z.B. Schiffskörper, Maschine, Ruder, Winden usw.[8]

6 **Zubehör** i.S.d. Ziff. 54 sind damit Gegenstände, die dem **wirtschaftlichen Zweck des Schiffes** dienen, ohne wesentlicher oder unwesentlicher Bestandteil des Schiffes zu sein. Dies sind **z.B.** Rettungsboote, Anker, Ketten, Trossen, Inventar, nautische Instrumente, Seekarten und Reserveteile.[9]

7 Da im Zuge der Seehandelsrechtsreform[10] § 478 Abs. 2 HGB a.F. ersatzlos gestrichen wurde, entfaltet die Eintragung oder Nichteintragung einer Sache in die **Schiffsinventarliste** keinerlei Vermutungswirkung für dessen Zubehöreigenschaft.

---

3 Vgl. für die Versicherung für fremde Rechnung nach den DTV-ADS 2009 Bruck/Möller/*Dreyer* DTV-ADS 2009 Ziff. 4 bis 8 sowie für die Versicherung für fremde Rechnung nach VVG Bruck/Möller/*Brand* Vor §§ 43–48 Rn. 1 ff.

4 Hierzu insgesamt *Schwampe* Seekaskoversicherung Klausel 4 Rn. 3.

5 Vgl. hierzu Staudinger/*Jickeli/Stieper* (2012) § 97 Rn. 1 ff.

6 Staudinger/*Jickeli/Stieper* (2012) § 97 Rn. 5.

7 BGH 11.11.2011 BGHZ **191** 285.

8 *Enge/Schwampe* Transportversicherung S. 237.

9 *Enge/Schwampe* Transportversicherung S. 237.

10 BGBl. I S. 831.

§ 478 Abs. 2 HGB a.F. lautet:

Im Zweifel werden Gegenstände, die in das Schiffsinventar eingetragen sind, als Zubehör des Schiffes angesehen.

Damit eine Sache Zubehör im Sinne der Klauseln ist, darf sie **nicht nur vorübergehend** für den wirtschaftlichen Zweck des Schiffes **verwendet** werden, vgl. § 97 Abs. 2 Satz 1 BGB. Sofern eine **vorübergehende Trennung** der Sache vom Schiff erfolgt, bleibt die Zubehöreigenschaft aufrechterhalten, vgl. § 97 Abs. 2 Satz 2 BGB. Ziff. 54.3 stellt klar, dass die Versicherung in diesem Falle aufrechterhalten bleibt.[11] **8**

Sofern Gegenstände nur für eine geringe Anzahl von Reisen verwendet werden, nicht aber für den dauernden Schiffsbetrieb bestimmt sind, handelt es sich nicht um Zubehör. Diese Gegenstände sind nicht versichert und können nur im Rahmen einer **ausdrücklichen Vereinbarung** mit dem VR eingedeckt werden. **9**

3. Zubehör-Pools

Für die Qualifikation einer Sache als Zubehör eines Schiffes ist eine Zuordnung zu einem **konkreten Schiff** erforderlich.[12] Eine **gemeinsame Nutzung** desselben Gegenstandes durch verschiedene Schiffe im Sinne eines sogenannten **Zubehör-Pools** dürfte bereits aufgrund der Tatsache, dass die Nutzung für die jeweiligen Schiffe lediglich vorübergehend den wirtschaftlichen Zwecken der Hauptsache dient, der Qualifikation als Zubehör eines bestimmten Schiffes entgegenstehen. Demnach wäre diesbezüglich eine Versicherungsdeckung für die betreffenden Gegenstände zu verneinen. **10**

4. Fremdes Zubehör

Im Schadensfall sind unterschiedliche **Konstellationen** im Hinblick auf fremdes Zubehör denkbar: Einerseits kann das Schiff sowie das fremde Zubehör durch eine von außen kommende Ursache beschädigt werden. Andererseits denkbar ist die Konstellation, in der das Zubehör einen Schaden am Schiff herbeiführt oder das Schiff selbst schädigend auf das Zubehör wirkt. Hauptanwendungsfall ist die von außen wirkende Ursache auf Zubehör und Schiff. **11**

Sofern Versicherungsschutz besteht, gehen die **Ansprüche des Zubehör-Eigentümers** gegen den Verursacher auf den VR im Umfang seiner Leistung über.[13] Sofern am fremden Zubehör durch das Schiff oder den VN selbst ein Schaden verursacht wird, hängt der Ersatz davon ab, ob das Verhalten des VN[14] zu einer Leistungsfreiheit des VR geführt hat oder nicht. Insbesondere denkbar ist hier die Verletzung von Schiffsicherheitsvorschriften gem. Ziff. 33.1 bzw. die Seetüchtigkeit gem. Ziff. 33.2 oder die Herbeiführung des Versicherungsfalls gem. Ziff. 34.[15] **12**

---

11 Siehe unten Rn. 20 ff.

12 *Herber* Seehandelsrecht (1999) 88.

13 Zum Übergang von Ansprüchen nach Ziff. 50.2 Satz 1 vgl. Bruck/Möller/*Jaeger* DTV-ADS 2009 Ziff. 50 Rn. 6.

14 Bzw. des Zubehöreigentümers selbst als Versicherten, Ziff. 8.1 Satz 1.

15 Zu den Voraussetzungen der Leistungsfreiheit des VR aufgrund der Herbeiführung des Versicherungsfalls durch den VN vgl. insbes. Bruck/Möller/*Jaeger* DTV-ADS 2009 Ziff. 33, 34.

13 Sofern der Schaden am Schiff durch das fremde Zubehör verursacht wurde und der VR Schäden am Schiff oder am eigenen Zubehör des VN ersetzt, gehen die **Ansprüche des VN gegen den Zubehör-Eigentümer**, z.B. aus Miet- oder Leasingverträgen sowie Produkthaftung gem. Ziff. 50.2 Satz 1 auf den VR über.

5. An Land befindliche Ersatzteile

14 Die Klausel ist **eng auszulegen:** Ersatzteillager an Land, auch wenn sie eine Zweckbestimmung für ein bestimmtes Schiff aufweisen, fallen nicht in den Anwendungsbereich.[16] Allerdings dürfte ein **übergangsweise an Bord** installiertes Ersatzteil ganz regulär dem Deckungsbereich der Kaskoversicherung unterfallen.[17] Ein lediglich auf dem Lieferweg zum Schiff befindliches Ersatzteil jedoch war zu keinem Zeitpunkt an Bord und wird auch nicht durch die Klausel erfasst.[18] Sofern man hier den Anwendungsbereich zu weit zieht, würde das Risiko des VR unbillig vergrößert.[19]

15 Unerheblich ist der **Aufbewahrungs- oder Lagerungsort** bei dieser Fragestellung. Weder zivilrechtlich im Sinne von § 97 Abs. 1 BGB noch unter den DTV-ADS 2009 ist ein *besonderes* räumliches Nähe-Verhältnis erforderlich oder eine (über den allgemeinen wirtschaftlichen Zweck hinausgehende) bestimmte zweckmäßige Zuordnung zum betreffenden Schiff. Eine etwaige Abgrenzung dürfte auch nur schwerlich möglich sein.

II. Umfang des Versicherungsschutzes für Ausrüstung (Ziff. 54.2)

16 Im Seeversicherungsrecht wird im Gegensatz zum allgemeinen Zivilrecht eine strikte Unterscheidung zwischen verbrauchbaren Sachen – der Ausrüstung – und dem Zubehör gemacht. **Ausrüstung kann kein Zubehör sein.**[20]

17 Unter den Begriff der **Ausrüstung** fallen sämtliche Gegenstände, die zur Durchführung der Reise erforderlich sind, allerdings nicht Zubehör darstellen. Hier ist insbesondere an **Brennstoff, Öle sowie Proviant** zu denken.[21]

18 Ausrüstung ist gem. Ziff. 54.2 gegen Teilschäden lediglich im Falle von Feuer und Explosion versichert. Das bedeutet jedoch nicht, dass im Falle des Totalverlustes der Ausrüstung kein Ersatz geleistet wird. In diesem Falle greift die Allgefahrendeckung, denn Ziff. 54.2 regelt ausdrücklich nur für *Teilschäden* „ein anderes" i.S.d. Ziff. 27 Satz 1.[22]

19 Anders als Zubehör ist Ausrüstung mangels einer Ziff. 54.1 entsprechenden Bestimmung nur versichert, wenn es im **Eigentum des VN** steht.

[16] *Schwampe* Seekaskoversicherung Klausel 5 Rn. 2.

[17] *Schlegelberger* § 1 III Rn. 1.

[18] *Enge/Schwampe* Transportversicherung S. 240; **a.A.** bzgl. eines Ankers, der am Kai niedergelegt wird und nicht mehr aufgeladen werden kann: *Ritter/Abraham* § 1 Anm. 36.

[19] Vgl. *Schwampe* Seekaskoversicherung Klausel 5 Rn. 2.

[20] *Enge/Schwampe* Transportversicherung S. 237.

[21] *Schlegelberger* § 1 III Rn. 1; *Schwampe* Seekaskoversicherung Klausel 3 Rn. 4.

[22] Zur unglücklichen Formulierung bereits *Schwampe* Seekaskoversicherung Klausel 4 Rn. 7.

III. Vorübergehendes Von-Bord-Nehmen von Zubehör (Ziff. 54.3 Satz 1)

1. Allgemein

Zunächst ist lediglich das **Schiff in seiner Gesamtheit Gegenstand der Seekaskoversicherung.**[23] Von ihm abgetrennte individualisierte und möglicherweise sogar getrennte Teile sind nicht erfasst.[24] Gem. § 97 Abs. 2 Satz 2 BGB geht durch vorübergehende Trennung der Sache von der Hauptsache – dem Schiff – dessen Zubehöreigenschaft nicht verloren. Da Ziff. 54.1 den Zubehörbegriff nicht selbst definiert und demnach auch § 97 Abs. 2 BGB i.R.d. Klausel anwendbar ist, stellt Ziff. 54.3 Satz 1 dies nochmals klar. Damit wird der Versicherungsschutz über das Schiff in seiner Gesamtheit hinaus erweitert. 20

2. „Vorübergehend"

Grundsätzlich ist Voraussetzung, dass die Intention beim VN besteht, die Gegenstände wieder an Bord zu bringen. Anderenfalls ist schon begrifflich ein **vorübergehendes von-Bord-Nehmen** ausgeschlossen. Sofern ein **fortdauerndes oder dauerhaftes Von-Bord-Nehmen** beabsichtigt ist, erlischt der Versicherungsschutz bezüglich dieses Zubehörs unmittelbar in dem Moment, in dem es das Schiff verlässt.[25] 21

Sofern **anfänglich lediglich ein vorübergehendes von-Bord-Nehmen beabsichtigt** war, sich diese Intention allerdings ändert, bleibt das Zubehör solange versichert, bis der VN die Entscheidung trifft, die Teile nicht wieder an Bord zu bringen.[26] Als Beispiel wäre denkbar, dass die Reparatur einer Sache aufwändiger und mit Transport teurer wäre als die Lieferung einer neuen Sache. Sofern sich diese Tatsache erst **während der Reparatur** herausstellt und der VN daraufhin seine Intention ändert, ist ab diesem Zeitpunkt der Versicherungsschutz bezüglich der Sache erloschen. 22

IV. Subsidiarität (Ziff. 54.3 Satz 2)

Andere Versicherungen, beispielsweise Lager- und Transportversicherungen, gehen gem. Ziff. 54.3 Satz 2 im Falle **tatsächlicher Leistung** voran. Sofern der andere VR leistungsfrei ist, leistet der Kaskoversicherer.[27] 23

V. Gefahränderung und Anzeigepflichten

Teile und Zubehör, die vom Schiff entfernt und anderenorts verwahrt werden, sind anderen Gefahren ausgesetzt als an Bord. Einige Gefahren fallen gänzlich weg, so z.B. die Kollision mit einem anderen Schiff. Andere kommen hinzu wie z.B. Brand eines Lagerhauses oder Diebstahl. Demgemäß ist auch das vorübergehende Von-Bord-Nehmen eine **anzeigepflichtige Gefahränderung** im Sinne von Ziff. 24.2. Sofern der VN die Anzeigepflicht vorsätzlich bzw. grob fahrlässig verletzt, ist gem. Ziff. 24.3 **Leistungsfreiheit des VR** gegeben.[28] 24

---

[23] Vgl. Rn. 1.
[24] *Enge/Schwampe* Transportversicherung S. 239.
[25] *Schwampe* Seekaskoversicherung Klausel 5 Rn. 2; Enge/*Schwampe* Transportversicherung S. 239.
[26] *Schwampe* Seekaskoversicherung Klausel 5 Rn. 2.
[27] *Schwampe* Seekaskoversicherung Klausel 5 Rn. 4.
[28] Vgl. zu alledem Enge/*Schwampe* Transportversicherung S. 239.

25 Auch Teile, die sich als Zubehör eines Schiffes vorübergehend nicht an Bord befinden, können einen gefahrerheblichen Umstand ausmachen. Damit sind die Bestimmungen zur **vorvertraglichen Anzeigepflicht** anwendbar, wenn sich die Lagerung über die Laufzeit des Versicherungsvertrages hinaus erstreckt und ein neuer Versicherungsvertrag für das Schiff abgeschlossen werden soll. In diesem Fall wäre dieser Aspekt gegenüber dem VR anzuzeigen. Sofern der Versicherungsvertrag mit dem vorherigen VR fortgesetzt wird, bliebe die Unterlassung der Anzeige gem. Ziff. 24.2 zwar gemäß Ziff. 22.3 folgenlos – sofern das Von-Bord-Nehmen selbst während der Laufzeit des vorangehendenVersicherungsvertrages angezeigt wurde. Bei einem neuen Vertrag mit einem anderen VR wäre der Deckungsanspruch dagegen verloren und es würde ein Kündigungsrecht zugunsten des VR gem. Ziff. 22.2 bestehen.

26 In diesem Zusammenhang ist ferner zu beachten, dass die soeben (Rn. 25) beschriebene Konstellation bei einem gleichbleibenden führenden VR im Hinblick auf den Leistungsanspruch des VN unschädlich ist, auch wenn die ggf. beteiligten **Mitversicherer** nicht dieselben bleiben. Zwar gilt den neuen Mitversicherern ggü. die frühere **Anzeige** nicht gem. Ziff. 19.4 als zugegangen, da sie im Zeitpunkt der Anzeige noch nicht Vertragspartner waren. Sofern der VN jedoch im Vertrauen darauf, dass er in der vorigen Versicherungsperiode die Gefahränderung bereits angezeigt habe, eine solche in der neuen unterlässt, wird die **Kenntnis** des führenden VR den neuen Mitversicherern zugerechnet, sodass diese sich trotz ihnen gegenüber nicht erfolgter Anzeige gem. Ziff. 22.3 nicht auf Leistungsfreiheit berufen können.[29]

C. Verfahrensfragen/Beweislast

27 Verlangt der VN die **Versicherungsleistung** vom VR nach Ziff. 54.1, hat er entsprechend der allgemeinen Regelung zur Darlegungs- und Beweislast insbes. zu beweisen, dass es sich bei dem beschädigten Gegenstand um Zubehör eines versicherten Schiffes handelt. Da auch Eigentum Dritter versichert ist, muss er seine Eigentümerstellung nicht nachweisen, ggf. jedoch dessen Zustimmung gem. Ziff. 6.2, 6.3.

28 Sofern der VN die Versicherungsleistung für einen **Teilschaden an der Ausrüstung** des Schiffes verlangt, hat er – neben der Eigenschaft als Ausrüstung – zudem nachzuweisen, dass der Schaden durch Feuer oder Explosion verursacht wurde und dass er Eigentümer der Ausrüstung war (Ziff. 54.2).

29 Verlangt der VN die Versicherungsleistung für von Bord genommenes Zubehör, muss er beweisen, dass das **Von-Bord-Nehmen nur vorübergehend** erfolgte (Ziff. 54.3 Satz 1).

55 Abnutzung, Alter, Rost, Korrosion, Kavitation

55.1 Der VR leistet keinen Ersatz für einen Schaden, der durch gewöhnliche Abnutzung im Gebrauch oder durch Alter, Rost, jegliche Art von Korrosion oder Kavitation entstanden ist.

55.2 Ist ein Schaden durch das Zusammenwirken einer der in Ziff. 55.1 genannten Gefahren und einer versicherten Gefahr entstanden, ohne dass eine der Gefahren nächste

---

[29] Vgl. hierzu Bruck/Möller/*Dreyer* DTV-ADS 2009 Ziff. 19 Rn. 40, Ziff. 22 Rn. 18 ff.

Ursache des Schadens ist, so leistet der VR anteilig insoweit Ersatz, als der VN nachweist, dass die versicherte Gefahr mitursächlich gewesen ist.

Übersicht

A. Einführung

Immer noch geltender Rechtsgedanke der Klausel ist der bereits bei *Ritter/Abraham* dargelegte Grundsatz, „dass die Abnutzung des Schiffes im gewöhnlichen Gebrauch nicht dem VR zur Last fallen soll".[1] Hierneben steht die Verschlechterung einer Sache durch Umwelteinflüsse ohne eine damit verbundene Nutzung. Diese kann lediglich **alterungsbedingt** im Sinne der Klausel sein. Hierbei handelt es sich um **Alter, Rost,** jegliche Art von **Korrosion** sowie **Kavitation.** Diese Gefahren sind von der Deckung ausgenommen. **1**

Ziff. 55 stellt wie Ziff. 27 der DTV-Kaskoklauseln 1978/2004 andere Kausalitätsanforderungen als der vormals anwendbare § 59 ADS 1919, nach welchem der Deckungsausschluss lediglich dann eingegriffen hat, wenn die ausgeschlossene Gefahr den **Schaden allein herbeigeführt** hat. Eine Einbeziehung der Rechtsprechung zu § 59 ADS 1919 kann jedoch – soweit die neue Bedeutung durch die Ziff. 55 nicht entgegensteht und der geänderte Wortlaut ebenfalls keine andere Beurteilung erfordert – erfolgen.[2] In Ziff. 55.2 wird im Gegensatz zum vorherigen Konzept eine eigene Kausalitätsbetrachtung für Konstellationen festgeschrieben, die durch eine Konkurrenz mehrerer Ursachen im Rahmen der Schadensherbeiführung entstanden sind. **2**

Hinzuweisen ist allerdings auf die Tatsache, dass diese neue Regelung lediglich das Zusammenspiel von Gefahren aus Ziff. 55.1 und **versicherten Gefahren** regelt, nicht jedoch die Konkurrenz zu anderen nicht gedeckten Gefahren.[3] **3**

---

1 *Ritter/Abraham* § 59 Anm. 19.

2 *Schwampe* Seekaskoversicherung Klausel 27 Rn. 1.

3 *Schwampe* Seekaskoversicherung Klausel 27 Rn. 3.

B. Erläuterung der Klausel

I. Gefahrenausschluss (Ziff. 55.1)

1. Allgemein

4 Der Wortlaut von Ziff. 55.1 legt ein anderes Verständnis nahe, da er von „einem Schaden" spricht, der „durch ... entstanden ist". Gemeint ist jedoch nicht ein Ausschluss bestimmter Schäden, sondern vielmehr ein **Ausschluss bestimmter Gefahren.**[4] *H.-C. Enge/H. J. Enge* arbeiten hier terminologisch mit dem „gewissen" Ereignis der „Abnutzung" und der im Gegensatz hierzu bei einer Allgefahrendeckung als Prämisse zugrunde liegenden „Ungewissheit".[5]

5 Die Auslegung von *H.-C. Enge/H. J. Enge*[6] dass es sich hierbei lediglich um eine Klarstellung allgemeiner Grundsätze durch die Klausel handele, vermag nicht zu überzeugen; es handelt sich vielmehr um einen **echten Gefahrenausschluss.**[7] Argument hierfür ist die Position, dass Abnutzungsschäden ebenfalls Gegenstand eines versicherbaren Interesses sein können.[8] Die Sichtweise, dass Abnutzung irgendwann zu einem Schaden führt, ist eine theoretische, da es von vielen, durch den VN oftmals nicht zu kontrollierenden, Faktoren abhängt, ob und wann der Schaden durch Abnutzung eintritt.[9] Da es sich nach hier vertretener Auffassung um eine **Gefahrenausschluss-Klausel** handelt, ist in Abweichung von der grundsätzlich bestehenden Allgefahrendeckung gemäß Ziff. 27 diese Ausnahme eng auszulegen.

6 Es kommt nicht darauf an, dass und ob der VN den ausgeschlossenen Gefahren hätte entgegenwirken können.[10] Es sind lediglich **objektive Maßstäbe** in Zusammenhang mit der Festlegung, ob eine ausgeschlossene Gefahr vorliegt oder nicht, anzulegen.[11]

7 Ausgeschlossen sind neben den unmittelbaren Schäden auch alle **Folgeschäden**, welche aus einer Gefahr i.S.d. Ziff. 55.1 resultieren. Soweit sich jedoch auch eine versicherte Gefahr auf den Folgeschaden ausgewirkt hat, ist dies nach Ziff. 55.2 zu berücksichtigen.[12]

2. Gewöhnliche Abnutzung im Gebrauch

8 Da Ziff. 27.1 DTV-Kaskoklauseln 1978/2004 wie § 59 ADS 1919 von „Abnutzung im gewöhnlichen Gebrauch" sprachen, war aus dem Wortlaut der Klauseln nicht zu erkennen, ob neben gewöhnlicher Abnutzung auch ungewöhnliche Abnutzung im gewöhnlichen Gebrauch von dem Gefahrenausschluss erfasst sein sollte. Diese Unklarheit wurde

---

[4] Thume/de la Motte/Ehlers/*Schwampe* Transportversicherungsrecht (2011) Teil 6 Rn. 239; *Schwampe* Seekaskoversicherung Klausel 27 Rn. 4.

[5] *Enge* Erläuterungen zu den DTV-Kaskoklauseln 1978, S. 74 und Thume/de la Motte/ *H.-C. Enge/H. J. Enge*[1] Teil 4 Rn. 220.

[6] *Enge* Erläuterungen zu den DTV-Kaskoklauseln 1978, S. 74. und Thume/de la Motte/ *H.-C. Enge/H. J. Enge*[1] Teil 4 Rn. 220.

[7] *Schwampe* Seekaskoversicherung Klausel 27 Rn. 4; Thume/de la Motte/Ehlers/*Schwampe* Transportversicherungsrecht (2011) Teil 6 Rn. 239; **a.A.** noch Thume/de la Motte/ *H.-C. Enge/H. J. Enge*[1] Teil 4 Rn. 220.

[8] *Schwampe* Seekaskoversicherung Klausel 27 Rn. 4 sowie *Ritter/Abraham* § 59 Anm. 2.

[9] *Schwampe* Seekaskoversicherung Klausel 27 Rn. 4.

[10] *Ritter/Abraham* § 59 Anm. 3.

[11] *Schwampe* Seekaskoversicherung Klausel 27 Rn. 5.

[12] *Schwampe* Seekaskoversicherung Klausel 27 Rn. 22.

durch die Neufassung in der Form der Ziff. 55.1 und ihren neuen Wortlaut „*gewöhnliche* Abnutzung im Gebrauch" beseitigt.

Die herrschende Meinung in der Literatur zu Ziff. 27.1 DTV-Kaskoklauseln 1978/ 9
2004 bzw. § 59 ADS 1919,[13] dass die außergewöhnliche bzw. ungewöhnliche Abnutzung vom Ausschluss nicht erfasst sei, wird nunmehr durch den Wortlaut der Klausel deutlich widergespiegelt.[14] Hintergrund hierfür ist, dass der Reeder die zur Erhaltung der Sache üblicherweise erforderlichen Aufwendungen in seinen Wirtschaftsplan einstellen und vorab kalkulieren kann. Bezüglich der ungewöhnlichen Abnutzungen ist dies nicht möglich, so dass ein auch wirtschaftlich tragfähiges Ergebnis gefunden wird.[15]

Der Klarstellung halber sei angemerkt, dass die herrschende Literatur zu Ziff. 27.1 10
DTV-Kaskoklauseln 1978/2004 bzw. § 59 ADS 1919 völlig selbstverständlich – allerdings ohne ersichtliche Begründung – davon ausgeht, dass der VR, wenn der Reeder **außergewöhnlichen Gebrauch** von der Sache macht, **erst recht nicht haftet.**[16] Diese Auslegung widerspricht dem Wortlaut dieser Klauseln, welche den Gefahrausschluss ausdrücklich nur auf *gewöhnlichen* Gebrauch beziehen. Dass ungewöhnlicher Gebrauch erst recht nicht erfasst sei, ist mit § 305c Abs. 2 BGB nicht vereinbar und greift zu kurz. Im Ergebnis – kein Versicherungsschutz bei ungewöhnlichem Gebrauch – dürfte diese Einschätzung jedoch dann richtig sein, wenn der VN diesen **ungewöhnlichen Gebrauch**, welche eine Gefahränderung, gewöhnlich in Form der **Gefahrerhöhung** i.S.d. Ziff. 11 24.3 darstellt, nicht anzeigt.

Indem Ziff. 55.1 nunmehr keine Qualifikation des Gebrauchs vorsieht, wurde umge- 11
setzt, was herrschende, aber aus den genannten Gründen nicht vertretbare, Ansicht[17] unter ADS 1919 und DTV-Kaskoklauseln 1978/2004 war, nämlich dass **jede Art von Gebrauch** hinreicht, um den Ausschlusstatbestand zur Anwendung zu bringen.[18]

3. Alter

Bereits § 59 ADS 1919 hat den Effekt von Alterungsprozessen bei im Schiffbau ver- 12
wendeten Materialien ausgeschlossen.[19] Wie unter Rn. 1 ausgeführt, ist die Alterung von der Abnutzung dahingehend zu unterscheiden, dass sie eine **Benutzung des Schiffes nicht erfordert,** sondern lediglich durch Zeitablauf Schäden hervorruft.[20]

Altern, dies ergibt sich bereits aus dem allgemeinen Sprachverständnis, ist die Verän- 13
derung von Materialien durch **Umwelteinflüsse**. Zu nennen ist hier beispielhaft die Versprödung von Kunststoffen durch UV-Licht bzw. das parallel verlaufende Ausgasen von Weichmachern im Kunststoff, die zu einer Verhärtung und Versprödung des Materials

---

13 *Ritter/Abraham* § 59 Anm. 12; *Enge/ Schwampe* Transportversicherung S. 258 mit Verweis auf die Begründung bei *Schwampe* Seekaskoversicherung Klausel 27 Rn. 6 ff., In der Vorauflage allerdings ohne diese Begründung, jedoch mit demselben Ergebnis vgl. *Enge* Transportversicherung (1996) 229; *Passehl* 41.

14 Für einleuchtende Beispiele einer ungewöhnlichen Abnutzung vgl. *Schwampe* Seekaskoversicherung Klausel 27 Rn. 35.

15 Zur ungewöhnlichen Abnutzung vgl. auch Rn. 39.

16 *Ritter/Abraham* § 59 Anm. 12; *Enge* Transportversicherung (1996) 229; *Passehl* 41.

17 *Enge* Transportversicherung (1996) 229; *Passehl* 41.

18 Vgl. ausführlich hierzu *Schwampe* Seekaskoversicherung Klausel 27 Rn. 8 f.

19 *Ritter/Abraham* § 59 Anm. 17.

20 *Schwampe* Seekaskoversicherung Klausel 27 Rn. 10.

führen. Wesentliches Charakteristikum zur Abgrenzung hinsichtlich der Abnutzung ist der Faktor, dass Alterung sich **unabhängig von der Nutzung** vollzieht.[21]

4. Rost

14 Rost ist das Ergebnis einer Veränderungserscheinung im Eisen aufgrund eines chemischen Prozesses, der Oxidation.[22] *Schwampe*[23] weist auf eine begriffliche Ungenauigkeit hin, nämlich dass es sich nicht um die Gefahr des „Rosts" sondern des „Rostens" handelt, ausgeschlossen sind mithin Schäden, die durch die **chemische Umsetzung von Eisen in Eisenoxid** entstehen.

5. Korrosion

15 Korrosion kann durch vielerlei Art und Weise verursacht werden. Eine Form der Korrosion ist Rost. Hiernach hätte streng genommen der Ausschluss für Rost entfallen können. Korrosion kann durch unterschiedliche Vorgänge hervorgerufen werden. Sie definiert sich als chemische, elektrochemische oder biologische Reaktion eines metallischen Werkstoffes, die eine messbare Veränderung dieses Werkstoffes bewirkt und zu Korrosionsschäden führen kann.[24]

6. Kavitation

16 Demgegenüber beruht Kavitation auf dem Effekt, dass bei strömenden Flüssigkeiten der Siedepunkt schon bei geringeren Temperaturen erreicht wird als im Ruhezustand. Infolgedessen bilden sich Gasblasen, die kondensieren, sobald sie erneut mit langsam strömender Flüssigkeit in Kontakt treten. Diese plötzliche Volumenreduktion ist geeignet, negative Materialveränderungen hervorzurufen.[25]

7. Nicht erfasst: Fäulnis und Wurmfraß

17 Durch die Neufassung entfielen die Ausschlüsse Fäulnis und Wurmfraß, die im Wesentlichen historische Bedeutung im Zusammenhang mit der Verwendung entsprechender Materialien haben.[26] Bedeutung entfaltet dieser Bereich noch im Zusammenhang mit Traditionsschiffen. Es ist jedoch darauf hinzuweisen, dass lediglich Schaden durch **Fäulnis am Schiffskörper** selbst ausgeschlossen ist. Sofern Ladung im Schiff fault und hierdurch mittelbar ein Schaden am Schiff entsteht, unterfällt ein solcher Schaden nicht dem Ausschluss.[27]

---

21 Thume/de la Motte/Ehlers/*Schwampe* Transportversicherungsrecht (2011) Teil 6 Rn. 241.

22 Vgl. *Schwampe* Seekaskoversicherung Klausel 27 Rn. 12.

23 *Schwampe* Seekaskoversicherung Klausel 27 Rn. 12.

24 Thume/de la Motte/Ehlers/*Schwampe* Transportversicherungsrecht (2011) Teil 6 Rn. 241.

25 Thume/de la Motte/Ehlers/*Schwampe* Transportversicherungsrecht (2011) Teil 6 Rn. 241.

26 *Ritter/Abraham* § 59 Anm. 18 zur Unterscheidung von innerem und äußerem Wurmfraß.

27 *Schwampe* Seekaskoversicherung Klausel 27 Rn. 11.

II. Verhältnis der einzelnen ausgeschlossenen Gefahren zueinander

Der Wortlaut von § 59 ADS 1919 sah vor, dass der Schaden „nur", also *ausschließlich* durch *eine* ausgeschlossene Gefahr entstanden ist. Hieraus folgte die viel diskutierte Frage, ob der entsprechende Ausschluss auch eingreifen kann, wenn der konkrete Schaden auf dem **Zusammenwirken *verschiedener* ausgeschlossener Gefahren** beruht.[28] Nachdem der Wortlaut der Ziff. 27 DTV-Kaskoklauseln 1978/2004 bzw. Ziff. 55.1 DTV-ADS 2009 diese tatbestandsmäßige Einengung aufgegeben hat, ist die entsprechende Diskussion obsolet geworden. 18

Im Zusammenhang mit dem Vorgänger der Ziff. 55.1, Ziff. 27.1 DTV-Kaskoklauseln 1978/2044, bestand die Frage, ob die ausgeschlossenen Gefahren Alter, Rost, Korrosion und Kavitation der Ziff. 55.1 lediglich als besondere Ausprägungen der gewöhnlichen Abnutzung im Gebrauch bestehen und damit als Ausschlüsse nur dann Anwendung finden, wenn sie sich in Form der Abnutzung darstellen oder ob sie selbständig nebeneinander stehen und gerade nicht erforderlich ist, dass sie sich im Rahmen der Abnutzung materialisieren. 19

Das Reichsgericht hat unter Bezugnahme auf die vergleichbare Situation hinsichtlich Art. 825 ADHGB[29] die dort genannten Gefahren Alter, Fäulnis und Wurmfraß lediglich als **verdeutlichende Ausprägung der Abnutzung** beschrieben.[30] 20

Art. 825 ADHGB lautet:

Dem Versicherer fallen die nachstehend bezeichneten Schäden nicht zur Last:

[...]

2. bei einer auf das Schiff sich beziehenden Versicherung:

der Schaden an Schiff und Zubehör, welcher nur eine Folge der Abnutzung des Schiffs im gewöhnlichen Gebrauch ist;

der Schaden an Schiff und Zubehör, welcher nur durch Alter, Fäulnis oder Wurmfraß verursacht wird;

[...]

Ein Teil der Literatur[31] ist dieser Bewertung gefolgt, während eine Gegenposition sich für die Selbständigkeit der genannten Gefahren neben der Abnutzung aussprach.[32] Die Entscheidung des RG begegnete berechtigter Kritik, da dessen Auffassung nicht mit den Gesetzgebungsmaterialien in Übereinstimmung zu bringen war.[33] Zur Klarstellung, dass alle Gefahren selbständig nebeneinander stehen, wurde in § 59 ADS 1919 das Wort „oder" eingefügt. Zwar verzichtet dagegen Ziff. 27.1 DTV-Kaskoklauseln auf eine derart klarstellende Formulierung, an dessen Regelungsgehalt im Hinblick auf die Selbstständigkeit der aufgezählten Gefahren würde dies laut *Schwampe*[34] jedoch nichts ändern. In Ziff. 55.1 DTV-ADS 2009 wurde dennoch aus Klarstellungsgründen wieder das Wort „oder" eingefügt, sodass kein Zweifel daran bestehen kann, dass die genannten ausgeschlossenen Gefahren nicht als Voraussetzung eine einhergehende Abnutzung haben, sondern neben derselben stehen. 21

---

28 Stellvertretend für viele nur: *Schlegelberger* Seeversicherungsrecht § 59 Rn. 1; *Ritter/Abraham* § 59 Anm. 7 ff.

29 Ähnlich: § 821 HGB a.F.

30 RG 27.5.1889 HGZ **1890** 1, 5.

31 *Enge* Erläuterungen zu den DTV-Kaskoklauseln 1978 (1980) 74; Thume/de la Motte/*H.-C. Enge/H. J. Enge* Transportversicherungsrecht[1] Teil 4 Rn. 220, 224.

32 *Bruck* Das Privatversicherungsrecht S. 376 Fn. 42; *Ritter/Abraham* § 59, Anm. 17 f.; *Schlegelberger* Seeversicherungsrecht (1960) § 59 Rn 1; *Georgacopoulos* S. 105 Fn. 2.

33 *Ritter/Abraham* § 59 Anm. 17.

34 *Schwampe* Seekaskoversicherung Klausel 27 Rn. 20.

22 Damit ist regelungssystematisch zu der deutlichen Lösung, wie sie in § 59 ADS 1919 vorlag, zurückgekehrt worden und der Raum für andersgehende Interpretationen deutlich eingeschränkt worden. Wenn also ein Schaden ausschließlich auf einer der anderen benannten Gefahren beruht, ohne dass die üblicherweise hinzutretende „gewöhnliche Abnutzung" hierneben eingetreten ist, ist dies für die Erfüllung des Tatbestandes der Klausel hinreichend.

III. Kausalität

23 § 59 ADS 1919 setzte seinem Wortlaut nach voraus, dass der betreffende Schaden „nur" aufgrund einer der ausgeschlossenen Gefahren verursacht worden ist. Damit fand nach vorzugswürdigem Verständnis der allgemeine Grundsatz der *causa-proxima*-Regel keine Anwendung und es wurde in § 59 ADS 1919 zu Recht eine spezielle Kausalitätsregel anerkannt.[35] Bereits mit der Fassung der DTV-Kaskoklauseln 1978 wurde dies in Ziff. 27.1 aufgegeben. Hieran hält Ziff. 55.2 DTV-ADS 2009 fest: Es gilt die im Seeversicherungsrecht als allgemeiner Grundsatz anwendbare *causa-proxima*-Regel.[36]

24 Die im allgemeinen Zivilrecht vorherrschende **Adäquanztheorie** und die ***causa-proxima*-Regel** laufen im Falle einer ausschließlichen Schadensursache im Ergebnis parallel. Lediglich bei einer Konkurrenz von gedeckten und nicht gedeckten – Ausschluss oder anders gedeckten – Gefahren entfaltet die *causa-proxima*-Regel eine eigenständige Bedeutung: Die etwaige Mitwirkung anderer Ursachen wird bei der *causa-proxima*-Regel gerade als rechtlich unerheblich beiseitegeschoben und ist im Rahmen von Ziff. 27.1 DTV-Kaskoklauseln 1978/2004 bzw. Ziff. 55.1 DTV-ADS 2009 nicht zu beachten.[37] Sofern keine der in Ziff. 55.1 genannten Gefahren eine adäquate Ursache des Schadens ist, ist der Anwendungsbereich von Ziff. 55.2 bereits nicht eröffnet.[38]

IV. Leistung des Versicherers trotz Gefahrausschlusses

25 Sofern der VR dennoch auf einen Schadensfall leistet, in dem eine in Ziff. 55.1 ausgeschlossene Gefahr zugrunde lag, gilt **Bereicherungsrecht** und hier insbesondere § 814 BGB. Sofern der VR selbst Aufträge zur Schadensabwendung ausspricht, so steht ihm ein Anspruch auf **Ersatz seiner Aufwendungen** nach § 683 BGB zu.[39] Dies gilt auch, wenn der VR weiß, dass er nicht leistungspflichtig ist.[40]

---

35 *Ritter/Abraham* § 59 Anm. 7.

36 Thume/de la Motte/Ehlers/*Schwampe* Transportversicherung (2011) Teil 6 Rn. 244 ff.; *Schwampe* Seekaskoversicherung Klausel 27 Rn. 21; *Remé* VersR **1979** 293, 295.

37 *Schwampe* Seekaskoversicherung Klausel 27 Rn. 21.

38 *Schwampe* Seekaskoversicherung Klausel 27 Rn. 21.

39 BGH 10.10.1966 VersR **1967** 55 (zur Binnenschifffahrtsversicherung).

40 *Schwampe* Seekaskoversicherung Klausel 27 Rn. 23.

V. Zusammenwirken einer nach Ziff. 55.1 ausgeschlossenen Gefahr mit einer versicherten Gefahr (Ziff. 55.2)

1. Allgemein

Durch Ziff. 55.2 wird das bereits durch Ziff. 27.2 DTV-Kaskoklauseln 1978/2004 für bestimmte Konstellationen aufgegebene **Alles-oder-Nichts-Prinzip** der ***causa-proxima*-Regel**[41] **aufgeweicht**. Es wird ausdrücklich eine **anteilige Deckung** für den Fall vorgesehen, dass eine Mitursächlichkeit der versicherten Gefahr durch den VN nachgewiesen wird. 26

Ziff. 55.2 liegt eine grundsätzlich andere Struktur zugrunde als Ziff. 27.2 DTV-Kaskoklauseln 1978/2004 im Hinblick auf die Berücksichtigung der *causa proxima*: Die Verteilungsregel aus Ziff. 27.2 DTV-Kaskoklauseln 1978/2004 kam auch dann zur Anwendung, wenn die ausgeschlossene Gefahr die *causa proxima* darstellt, sofern eine versicherte Gefahr mitgewirkt hat. Im Gegensatz hierzu kommt Ziff. 55.2 nur zur Anwendung, wenn *keine* der mitwirkenden Gefahren, ob versicherte oder nicht versicherte Gefahr, *causa proxima* ist. Hieraus ergibt sich eine Abweichung vom klassischen Verständnis der *causa-proxima*-Regel, nach welcher die Bestimmung einer solchen nahesten Ursache immer möglich sein soll.[42] 27

Durch den neuen Wortlaut der Ziff. 55.2 wird die Differenzierung betont, dass **Abnutzungsschäden grundsätzlich den VN wirtschaftlich** zu treffen haben, während die **Verwirklichung von Gefahren, die beim Einsatz des Schiffes** nicht vorhersehbar waren, vom VR zu tragen sind. Sofern unterschiedliche (versicherte und nicht versicherte) Ursachen den Schaden verursacht haben, muss und wird dies nunmehr durch die neu gefasste Ziff. 55.2 deutlich abgebildet. Eine Schadensteilung zwischen VN und den VR nach dem Grad der Ursachenanteile zwischen versicherter Gefahr einerseits und nicht versicherter Gefahr (Abnutzung usw.) andererseits kann auf Basis der Klausel mit hinreichender Schärfe vorgenommen werden. 28

2. Anwendungsbereich der Ziff. 55.2; Kausalitätskonstellationen

Der Anwendungsbereich der Ziff. 55.2 ist nicht eröffnet, wenn allein eine oder mehrere nach Ziff. 55.1 *ausgeschlossene* Gefahren einen Schaden verursacht haben. Dann bleibt es bei dem vollständigen Gefahrausschluss nach Ziff. 55.1. Es muss eine **ausgeschlossene Gefahr i.S.d. Ziff. 55.1. zusammen mit einer versicherten Gefahr gewirkt** haben, um den Anwendungsbereich von Ziff. 55.2 zu eröffnen. 29

Nicht eröffnet ist der Anwendungsbereich der Ziff. 55.2 nach seinem ausdrücklichen Wortlaut weiter, wenn eine nach Ziff. 55.1 ausgeschlossene und eine anderweitig ausgeschlossene Gefahr oder eine versicherte mit einer anderweitig ausgeschlossenen Gefahr zusammenwirken. 30

Nachdem das Erfordernis der Verursachung „teils/teils“ (vgl. Ziff. 27.2 DTV-Kaskoklauseln 1978/2004) aus ausgeschlossenen und versicherten Gefahren aufgegeben worden ist, können nunmehr auch **Ursachenketten** berücksichtigt werden: Es genügt nunmehr im Gegensatz zur vorherigen Situation unter Ziff. 27.2 der DTV-Kaskoklauseln 31

[41] *Causa proxima* ist die naheste/wirksamste der adäquaten Ursachen. Einleitend zur *causa-proxima*-Regel in der Seeversicherung als Erweiterung der Adäquanztheorie: *Enge/Schwampe* Transportversicherung S. 65 ff.

[42] Bruck/Möller/*Möller*[8] § 49 Anm. 144.

1978/2004,[43] wenn eine nach Ziff. 55.1 ausgeschlossene Gefahr *Ursache* einer versicherten Gefahr ist. Ein **schlichtes Zusammenwirken** von versicherter und ausgeschlossener Gefahr genügt.

32 Sofern der Schaden den obigen Merkmalen entspricht und eine nach Ziff. 55.1 ausgeschlossene und eine versicherte Gefahr zusammenwirken, ist zu prüfen, ob eine der beiden Gefahren die „nächste Ursache" (*causa proxima*) des Schadens darstellt. Ziff. 55.2 setzt seinem Wortlaut nach eindeutig voraus, dass *keine* der Gefahren *causa proxima* des eingetretenen Schadens sein darf, sich in Abweichung vom klassischen Verständnis also **keine *causa proxima* ermitteln lässt.**[44]

33 Daraus folgt, dass, sofern die **versicherte Gefahr *causa proxima*** für den Schaden ist, es zu einer **vollen Deckung gem. Ziff.** 27 kommt und die Abnutzung als *causa remota* vollständig unberücksichtigt bleibt.[45] Die Diskussion, ob die Klausel als Spezialvorschrift gegenüber der *causa-proxima*-Regel anzusehen ist, hat sich insoweit erübrigt.[46]

34 Sofern eine nach Ziff. 55.1 **nicht versicherte Gefahr *causa proxima*** ist, aber eine versicherte Gefahr den Schaden mit verursacht hat, findet die Ziff. 55.2 ebenfalls keine Anwendung. Es bleibt also beim **vollständigen Gefahrausschluss nach Ziff. 55.1**; die versicherte Gefahr tritt als *causa remota* zurück.

3. Regelungsgehalt der Ziff. 55.2

35 Nach hier vertretener Auffassung handelt es sich bei der in Ziff. 55.2 normierten Verteilungsregelung um eine **Spezialvorschrift**, die bewusst keine Allgemeingültigkeit beansprucht und es bei einer Anwendbarkeit der *causa-proxima*-Regel außerhalb von Ziff. 55.2 belässt. Systematisch wäre sie in einem solchen Fall auch nicht erforderlich, da gem. der *causa-proxima*-Regel es einer weiteren Regelung nicht bedurft hätte, sondern lediglich die Tatsache, dass die ausgeschlossene Gefahr eine *causa proxima* darstellt, dazu geführt hätte, dass die übrigen mitwirkenden Ursachen nach allgemeinen Grundsätzen nicht zu berücksichtigen wären.[47] Demgemäß wird nach hier vertretener Auffassung die Regelung in Ziff. 55.2 als besondere Verteilungsregelung angesehen, die lediglich dann nicht gelten soll, wenn eine versicherte Gefahr die *causa proxima* des Schadens darstellt. Im umgekehrten Fall, also wenn die nicht versicherte Gefahr die *causa proxima* des Schadens darstellt, soll dieser Auffassung nach die Mitwirkung der versicherten Gefahr zugunsten des VN Berücksichtigung finden. Wenn weder die ausgeschlossene noch die versicherte, mitwirkende Gefahr eine *causa proxima* darstellen, kann die Verteilungsregel des Ziff. 55.2 Geltung beanspruchen.

4. Rechtsfolgen

36 Die Ziff. 55.2 sieht eine **anteilige Deckung des Schadens** vor. Der Umfang soll abhängig vom Mitverursachungsanteil bestimmt werden. Ob es hierbei allerdings um die Mitverursachung dem Grunde oder der Höhe nach geht, bleibt offen. Im Ergebnis ist für die Verteilung maßgeblich auf den Beitrag der jeweiligen Ursache zur Schadenshöhe zu

---

[43] *Schwampe* Seekaskoversicherung Klausel 27 Rn. 27.

[44] Siehe oben Rn. 27.

[45] Vgl. hierzu Bruck/Möller/*Jaeger* DTV-ADS 2009 Ziff. 27 Rn. 14 ff.

[46] Vgl. hierzu *Schwampe* Seekaskoversicherung Klausel 27 Rn. 29.

[47] *Schwampe* Seekaskoversicherung Klausel 27 Rn. 29 f.

blicken, da es in einer Folgenbetrachtung letztlich auf den wirtschaftlichen Effekt beim VN ankommt.[48]

Gleiches gilt auch für den durch den Ursprungsschaden verursachten **Folgeschaden.**[49] Sofern mithin ein Schaden an dem abgenutzten Teil Folgeschäden verursacht, sind diese ebenfalls nicht gedeckt. Bei einer anteiligen Verursachung des Schadens gilt das eben Gesagte hinsichtlich des Ursprungsschadens auch hinsichtlich der Folgeschäden.[50] **37**

VI. Abgrenzung zu anderen Regelungen

1. Allgemein

Die nach Ziff. 55.1 ausgeschlossenen Gefahren haben gemeinsam, dass ihnen ein Element der **stetig fortwährenden Verschlechterung** innewohnt. Dieser Prozess kann zumindest teilweise durch Maßnahmen des VN oder Dritter unterbrochen werden.[51] Sofern solche Gegenmaßnahmen vom VN jedoch nicht vorgenommen werden, bleibt die Frage, wie sich dies im Verhältnis zu anderen Regelungen auswirkt, die neben den gemäß Ziff. 55.1 von der Versicherungsdeckung ausgeschlossenen Gefahren bzw. Ursachen von Schäden zu einem Zustand führen können, der von anderen, konkurrierenden, Vorschriften erfasst wird. Diese können zunächst in den Regelungen zu maschinellen Einrichtungen nach Ziff. 58, den Regelungen zur Gefahränderung gem. Ziff. 24 bzw. der Seetüchtigkeit gem. Ziff. 33.2. S. 1 gesehen werden. Hierneben ist ebenfalls denkbar, dass konkurrierend das Verschulden des VN in Form von Untätigkeit gem. Ziff. 59.3 vorliegen kann. Zur Abgrenzung zwischen Abnutzung und Material-, Fertigungs- und Konstruktionsfehlern bzw. -mängeln sowie dem Wellenbruch gemäß Ziff. 59 sogleich. **38**

2. Konstruktions-, Material- und Fertigungsfehler und Wellenbruch (Ziff. 59)

Das Verhältnis zwischen **Abnutzung** einerseits und der Kategorie von **Material-, Fertigungs- und Konstruktionsfehlern bzw. -mängeln** andererseits ist kompliziert.[52] Bei diesen Fehlern ist es grundsätzlich denkbar, dass als Folge der genannten Gefahren bzw. Ursachen Abnutzung auftritt und damit ein Schaden an der maschinellen Einrichtung herbeigeführt wird.[53] Obwohl die resultierenden Schäden mithin auf Abnutzung basieren, sind sie dennoch gedeckt. Dies ist die Folge des Umstandes, dass hier **keine gewöhnliche Abnutzung i.S.d. Ziff. 55.1** vorliegt, sondern eine durch den Materialfehler etc. verursachte **besondere Abnutzung.** **39**

---

48 *Thume/de la Motte/Ehlers/Schwampe* Transportversicherung (2011) Teil 6 Rn. 249; *Enge* Erläuterungen S. 75; *Schwampe* Seekaskoversicherung Klausel 27 Rn. 31.

49 *Enge/Schwampe* Transportversicherung S. 259. Zum Folgeschaden vgl. Rn. 7.

50 Im Einzelnen *Enge/Schwampe* Transportversicherung S. 259 sowie hinsichtlich einzelner Kausalitätsbeispiele und Fragestellungen, *Schwampe* Seekaskoversicherung Klausel 27 Rn. 31.

51 *Schwampe* Seekaskoversicherung Klausel 27 Rn. 33.

52 Wie bereits von *Remé* VersR **1979** 293, 296 in seinem Vortrag vor dem Versicherungswissenschaftlichen Verein vom 14.12.1973 ausdrücklich festgestellt.

53 *Schwampe* Seekaskoversicherung Klausel 27 Rn. 35.

40 Die weitere Fallgruppe, der **Wellenbruch** gemäß Ziff. 59.1.3, kann auf unterschiedlichsten Ursachen beruhen.[54] Da es aber im Zusammenhang mit Ziff. 20.2 DTV-Kaskoklauseln 1978/2004 bzw. 59.1.3 nicht um den Schaden an der Welle selbst, sondern um den **Folgeschaden**, der durch den Wellenbruch verursacht wird, geht, ist bei der Betrachtung der Folgeschäden allein auf den Wellenbruch als kausale Ursache und nicht auf die Abnutzung als Ursache des Wellenbruchs abzustellen.[55]

3. Leistungsfreiheit aufgrund Nichteinhaltung von Schiffssicherheitsbestimmungen (Ziff. 33.1.2) oder Seeuntüchtigkeit (Ziff. 33.2.1.1)

41 Die in Ziff. 33 enthaltenen Haftungsausschlüsse aufgrund Nichteinhaltung von Schiffssicherheitsbestimmungen oder Seeuntüchtigkeit können in Konkurrenz zu Ziff. 55 stehen.[56]

42 Liegt neben der Abnutzung nach Ziff. 55.1 auch eine versicherte Gefahr vor, erfolgt eine *anteilige* Haftung nach Ziff. 55.2, wenn keine der beiden Gefahren *causa proxima* ist (vgl. Rn. 27). Fraglich ist dann, ob Ziff. 55.2 auch Anwendung findet, wenn die Abnutzung zu einer Verletzung von Schiffssicherheitsbestimmungen oder Seeuntüchtigkeit geführt hat, da Ziff. 33.1.2 und Ziff. 33.2.1.1 hierfür einen *vollständigen* Haftungsausschluss vorsehen. Keines der in Rede stehenden Regelungskonzepte hat aufgrund einer *ausdrücklichen* Spezialität Vorrang.

43 Hier setzt sich also die von *Schwampe*[57] zu den ADS 1919 und DTV-Kaskoklauseln 1978/2004 ausführlich erörterte Problematik in den DTV-ADS 2009 fort: Schon vor Einführung der DTV-Kaskoklauseln 1978/2004, wie *Schwampe* zutreffend ausführt, hatte das Verhältnis von Abnutzung i.S.v. § 59 ADS 1919 und Seeuntüchtigkeit i.S.v. § 58 ADS 1919 eine erhebliche Bedeutung.[58] Beides waren Deckungsausschlüsse, wobei der Deckungsausschluss nach § 59 ADS 1919 lediglich dann eingriff, wenn es sich um eine alleinige Ursache für das Schadensereignis handelte, während für den Ausschluss nach § 58 ADS 1919 lediglich eine *causa proxima* von unterschiedlichen, gemeinsam eingetretenen Ursachen vorliegen musste. Ziff. 23 DTV-Kaskoklauseln 1978/2004 intensivierte dieses Problem, da aus dem bisherigen Deckungsausschluss ein qualifizierter, subjektiver Ausschluss wurde.[59]

44 Allerdings ist der Lösung von *Schwampe*[60] zu Ziff. 27 DTV-Kaskoklauseln 1978/2004 zu folgen, nach welcher in die Verteilungsregel der Ziff. 55.2 die Voraussetzung hineinzulesen ist, dass eine andere ausgeschlossene Gefahr nicht eingetreten und daher die Deckung aus anderen Gründen versagt sein darf.[61] Wird durch Abnutzung eine Schiffssicherheitsvorschrift schuldhaft verletzt oder eine vom VN zu vertretende See-

---

[54] *Enge* Erläuterungen zu den DTV-Kaskoklauseln 1978 (1980) 61; *Remé* VersR **1979** 293, 296 sowie *Schwampe* Seekaskoversicherung Klausel 27 Rn. 35 f.

[55] *Enge* Erläuterungen zu den DTV-Kaskoklauseln 1978 (1980) 61; *Remé* VersR **1979** 293, 296; *Schwampe* Seekaskoversicherung Klausel 27 Rn. 35.

[56] Zu den Einzelheiten der Gefahrausschlüsse, insbes. Begriffsdefinitionen vgl. Bruck/Möller/*Jaeger* DTV-ADS 2009 Ziff. 33.

[57] *Schwampe* Seekaskoversicherung Klausel 27 Rn. 34.

[58] *Schwampe* Seekaskoversicherung Klausel 27 Rn. 34

[59] *Schwampe* Seekaskoversicherung Klausel 27 Rn. 34, *Ritter/Abraham* § 58 Anm. 19.

[60] *Schwampe* Seekaskoversicherung Klausel 27 Rn. 34.

[61] *Schwampe* Seekaskoversicherung Klausel 27 Rn. 34.

untüchtigkeit herbeigeführt, ist die Haftung bereits nach Ziff. 33.1.2 bzw. 33.2.1.1 vollständig ausgeschlossen; eine Verteilung nach Ziff. 55.2 kommt im Hinblick auf die beteiligte versicherte Gefahr nicht in Betracht.

4. Leistungsfreiheit aufgrund gefährlicher Ladung, Massengut (Ziff. 33.2.2.1)

Anders ist die Konstellation, wenn es um das Verhältnis zwischen Abnutzung nach Ziff. 55.1 und des Haftungsausschlusses aufgrund gefährlicher Ladung oder Massengut (Ziff. 33.2.2.1) geht, denn hier kommt nicht Abnutzung als Ursache, sondern als Folge der gefährlichen Ladung oder nicht ordnungsgemäß verschifften Massengutes in Betracht. Im Ergebnis gilt jedoch das zu der Verletzung von Schiffssicherheitsbestimmungen und Seeuntüchtigkeit gesagte: Eine Anwendung der Verteilungsregelung kommt auch dann nicht in Betracht, wenn weder die durch gefährliche Ladung oder Massengut verursachte Abnutzung, noch die andere, versicherte Gefahr *causa proxima* sind. Grund hierfür ist, dass Ziff. 55.2 das Zusammenwirken von versicherter und *allein* nach Ziff. 55.1 ausgeschlossener Gefahr regelt.[62] Greift der Haftungsausschluss nach Ziff. 33.2.2.1, ist Ziff. 55.2 demnach nicht anwendbar. 45

5. Gefahränderung (Ziff. 24)

Sofern der ungewöhnliche Gebrauch zu einer Seeuntüchtigkeit im Sinne von 33.2 führt, besteht selbstverständlich keine Deckung. Es besteht gem. Ziff. 24 **keine Gefahrstandspflicht.**[63] Eine Änderung der versicherten Gefahr kann der VN herbeiführen oder durch Dritte zulassen. Eine Gefahränderung ist dem VR anzuzeigen, Ziff. 24.2. Leistungsfreiheit des VR kann bei Nichtanzeige einer **Gefahrerhöhung** eintreten, Ziff. 24.3 Hs. 1. Zwischen dieser Anzeigeobliegenheit und ihrer Verletzung und dem Ausschluss hat sich die unter Ziff. 27.1 DTV-Kaskoklauseln 1978/2004 seinerzeit gegebene Situation (nunmehr Ziff. 55.1 der DTV-ADS) nicht verändert: Es gibt keine ersichtlichen Wechselbeziehungen, da auch ein ungewöhnlicher Gebrauch des Schiffes, der eine Gefahrerhöhung beinhalten kann, versichert ist, solange das versicherte Risiko nicht umgestaltet wird.[64] 46

Im Zusammenhang mit Ziff. 55 ist es unerheblich, ob der zur Gefahränderung führende außergewöhnliche Gebrauch angezeigt wurde oder nicht: Sofern er zu einer Abnutzung oder einer anderen genannten Ursache im Sinne der Ziff. 27.1 DTV-Kaskoklauseln 1978/2004 bzw. nunmehr der Ziff. 55.1 DTV-ADS 2009 führt, ist dieser nicht gedeckt.[65] Im Zusammenhang mit der Verletzung der Anzeigeobliegenheit wiederum ist es unerheblich, inwiefern eine grundsätzlich versicherte Gefahr mitgewirkt hat, da aufgrund der unterbliebenen Anzeige einer Gefahrerhöhung Leistungsfreiheit des VR zu bejahen ist und daher auch die Ziff. 55.2 DTV-ADS 2009 bzw. Ziff. 27.2 der DTV-Kaskoklauseln 1978/2004 nicht zu einer teilweisen Deckung führt.[66] 47

---

62 *Schwampe* Seekaskoversicherung Klausel 14 Rn. 8.

63 Vgl. im Einzelnen Bruck/Möller/*Dreyer* DTV-ADS 2009 Ziff. 24 Rn. 1, 3.

64 *Schwampe* Seekaskoversicherung Klausel 11 Rn. 20, Klausel 27 Rn. 36.

65 *Schwampe* Seekaskoversicherung Klausel 27 Rn. 36.

66 *Schwampe* Seekaskoversicherung Klausel 27 Rn. 36.

6. Verschulden des Versicherungsnehmers (Ziff. 34)

48 Der Ausschluss in Ziff. 55.1 ist **verschuldensunabhängig.** Dennoch ist es denkbar, dass parallel das Verhalten bzw. das **Unterlassen des VN Ziff. 34** erfüllt. Wenn die **Anwendbarkeit von Ziff. 33.2** vereinbart wurde, können sich Konkurrenzen zwischen beiden Vorschriften ergeben, die nebeneinander stehen, ohne in ihrer Anwendung eingeschränkt zu sein. Sofern eine Einbeziehung von Ziff. 33.2 nicht erfolgte, regelt Ziff. 34.3 das Zusammenwirken der Vorschriften dergestalt, dass eine Anwendbarkeit von Ziff. 33.1 gemäß Ziff. 34.3 die Anwendung von Ziff. 34 ausschließt. Die nachfolgenden Erwägungen haben demnach lediglich für die verbleibenden Konstellationen Bedeutung.

49 Sofern der VN einen drohenden Schaden im Sinne von Ziff. 55.1 erkennt, diesen aber nicht abwendet, ist dieses subjektive Element im Rahmen der Ziff. 55.1 unerheblich. Allerdings kann der VN durch dieses Unterlassen Ziff. 34 erfüllen.[67] In diesem Fall wird der VR auch dann von der Leistungspflicht befreit, **wenn eine versicherte Gefahr mitgewirkt** hat. Lediglich wenn die versicherte Gefahr eine ***causa proxima*** darstellt, bleibt die Leistungspflicht des VR bestehen. Dieses Ergebnis folgt bereits aus allgemeinen Grundsätzen, da dann das Verschulden des VN nur *causa remota* ist und insofern unbeachtlich bleibt. Im Übrigen ist, dem Wortlaut von Ziff. 55.2 zufolge, die Klausel nicht mehr anwendbar.

C. Verfahrensfragen/Beweislast

50 Die Beweislast für sämtliche **ausgeschlossenen Gefahren und deren Ursächlichkeit** für die eingetretenen Schäden liegt beim **VR**, wenn er sich auf Leistungsfreiheit gem. Ziff. 55.1 berufen will.[68] Sofern der VR bereits geleistet hat und seine Leistungen zurückfordern will, finden die allgemeinen Grundsätze des **Bereicherungsrechts Anwendung.** Sofern der VR im Rahmen einer **Geschäftsführung ohne Auftrag** Aufwendungsersatz wie unter Rn. 25 dargelegt verlangt, gelten die dortigen Regelungen.[69] Aber auch in diesem Rahmen muss der VR zunächst beweisen, dass er nicht leistungspflichtig gemäß Ziff. 55.1 ist.

51 Die Beweislast, dass eine der in Ziff. 55.1 ausgeschlossenen Gefahren zumindest mitursächlich war, obliegt dem VR, vgl. Rn. 23 f. Sofern dieser Beweis erbracht ist, obliegt der Beweis, dass auch eine **versicherte Gefahr mitgewirkt** hat, dem **VN.** Dieses Ergebnis ist auch im Lichte der Allgefahrendeckung nach Ziff. 27 folgerichtig, da nach der Beweisführung durch den VR zunächst der Ausschluss der Ziff. 55.1 voll eingreifen würde und das Mitwirken einer versicherten Gefahr als eine für den VN günstige Tatsache von diesem zu beweisen wäre. Sofern der VN die Mitursächlichkeit einer versicherten Gefahr erfolgreich darlegen und beweisen kann, ist der Versicherer zur Leistung nach Maßgabe der Ziff. 55.2 verpflichtet sofern der VR nicht beweist, dass eine der Gefahren *causa remota* ist.

[67] Prölss/Martin/*Prölss* § 81 Rn. 9.

[68] Berliner Kommentar/*Dallmayr* § 132 Rn. 11.

[69] MüKo-BGB/*Seiler* § 683 Rn. 16.

56 Eisschaden

56.1. Die Deckung für durch Eis verursachte Schäden (Eisschäden) richtet sich nach der jeweiligen Eisklasse des Schiffes, die ihm von der zuständigen Klassifikationsgesellschaft erteilt wurde. Soweit dem Schiff von einer der in der Anlage zu diesen Bedingungen aufgeführten Klassifikationsgesellschaften eine Eisklasse erteilt wurde, verweisen die nachfolgenden Eisklassen auf die in der Anlage aufgeführten Klassezeichen. Ist eine Eisklasse durch eine andere Klassifikationsgesellschaft erteilt, besteht für Eisschäden nur dann Versicherungsschutz, wenn zwischen den Parteien vereinbart wurde, welcher der nachfolgenden Eisklassen das erteilte Klassezeichen entspricht.

56.2 Schiffe ohne Eisklasse

56.2.1 Als Schiffe ohne Eisklasse sind Schiffe anzusehen, die nicht mindestens der Eisklasse I entsprechen. Für diese Schiffe gelten für Reisen und Aufenthalte nach, von oder in das Gebiet östlich der Linie Lindesnaes/Hanstholm einschließlich Nord-Ostsee-Kanal die in der Police zu vereinbarenden Selbstbeteiligungen. Diese finden nach Abzug der in der Police vereinbarten Abzugsfranchisen für Fahrten in folgende Gebiete zusätzlich Anwendung:

56.2.1.1. In dem Gebiet östlich der Linie Lindesnaes/Hanstholm einschließlich Nord-Ostsee-Kanal, nördlich bis zur Linie Gefle/Turku, östlich bis zur Linie Helsingfors/Tallin.

56.2.1.2. In den Gebieten nördlich der Linie Gefle/Turku, jedoch nicht nördlich der Linie Helsinki/Tallin, jedoch nicht östlich der Linie Wyborg/Narwa.

56.2.2. Der VR leistet keinen Ersatz bei Reisen in oder von und während eines Aufenthalts in den Gebieten nördlich der Linie Örnsköldsvik/Wasa, östlich der Linie Wyborg/Narwa.

Der VR leistet jedoch Ersatz nach Ziff. 56.2.1, wenn sich das Schiff in diesen Gebieten infolge von Umständen befindet, die der VN oder im Fall einer Vercharterung auch der Charterer weder voraussah noch voraussehen musste.

56.3. Schiffe mit Eisklassen gemäß Anlage zu diesen Bedingungen

Versicherungsschutz besteht für Reisen und Aufenthalte nach, von oder in den Gebieten nördlich der Linie Stockholm/Dagerort und östlich der Linie Dagerort/Ventspil sowie für Reisen und Aufenthalte nach, von oder in sämtlichen Kanälen, Flüssen und Binnenseen Schwedens.

56.3.1. Eine Selbstbeteiligung des VNs wird von Fall zu Fall nach der jeweiligen Eisklasse in der Police vereinbart. Die Selbstbeteiligung wird von der verbleibenden Summe des Eisschadens nach Abzug der in der Police vereinbarten Abzugsfranchise abgezogen.

56.3.2. Eisklasse V und höher

Für Schiffe mit Eisklasse V und einer anderen Eisklasse, die nach den Bestimmungen der Klassifikationsgesellschaft höher als die Eisklasse V ist, gilt keine Selbstbeteiligung des VNs bei Eisschäden über die bereits in der Police vereinbarte Abzugsfranchise hinaus.

Übersicht

A. Einführung

1 Die neue Klausel enthält erstmalig eigenständige Regelung zu Eisschäden. Eines Rückgriffs auf die separaten DTV-Eisklauseln 1978/2004, die inhaltlich modernisiert und in die DTV-ADS 2009 inkorporiert wurden, bedarf es nicht mehr.

2 Die Klauseln 4 bis 10 der DTV-Eisklauseln 1979/2004 sind ersatzlos entfallen. Die DTV-ADS 2009 regeln in Ziff. 56.2.1 und Ziff. 56.3.1 für Eisschäden eine **besondere Selbstbeteiligung**, wobei zwischen Schiffen mit und ohne Eisklasse differenziert wird.

3 Bei Ziff. 56.2.2 handelt sich um einen **objektiven Gefahrausschluss**[1] in Form einer geographischen Begrenzung des Versicherungsschutzes.

4 Bei Schiffen mit der Eisklasse V (Ziff. 56.3.2) oder höher gilt weder eine Selbstbeteiligung, noch werden einzelne Fahrtgebiete vom Versicherungsschutz ausgeschlossen.

B. Erläuterung der Klausel

I. Definition Eisschaden

5 Ein **Eisschaden** im Sinne der Klausel ist jeder Schaden, der auf Eis zurückzuführen ist.[2] Sofern weitere Schadensursachen bei der Entstehung mitgewirkt haben, gilt die im Seeversicherungsrecht auch ansonsten anwendbare *causa-proxima*-Regel.[3] Nicht maßgeblich ist die konkrete Art des Schadens, es kann sich um einen Totalverlust oder gleichgestellte Fälle, Teilschäden und Havarie-grosse-Beiträge handeln.

II. Anknüpfungspunkt für den Umfang des Versicherungsschutzes: Eisklasse (Ziff. 56.1)

6 Die klasserelevanten Bestimmungen der Klassifikationsgesellschaften werden nicht für versicherungsrechtliche Deckungsfragen herangezogen. Ihre Relevanz beschränkt sich auf die **Zuordnung des Schiffes zu einer bestimmten Eisklasse,** die wiederum für die Anwendbarkeit einzelner Bestimmungen dieser Bedingungen von Bedeutung ist.[4] Leitbild für die systematische Einordnung sind nicht länger die Eisklassen des Germanischen Lloyds. Die neuen Eisklauseln enthalten eine Aufstellung einzelner Klassifikationsgesellschaften mit ihren jeweiligen Eisklassen.[5] Für Eisklassen anderer als in der Anlage aufgeführter Klassifikationsgesellschaften besteht lediglich dann Versicherungsschutz, wenn die Geltung einer spezifischen Eisklasse zwischen den Parteien **ausdrücklich vereinbart** wurde.

7 Die Ermittlung der geltenden Eisklasse durch einen **wertenden Vergleich** mit den Eisklassen des Germanischen Lloyds nach den DTV-Kaskoklauseln 1978/2004 ist damit einer Einordnung kraft privatautonomer Vereinbarung gewichen. Eine solche ist für die Gewährleistung des Versicherungsschutzes indes unerlässlich; bei Fehlen einer entsprechenden Vereinbarung besteht für Eisschäden **keine Deckung**.

---

1 *Enge/Schwampe* Transportversicherung S. 255 zum ähnlich formulierten § 61 ADS 1919.

2 *Schwampe* Seekaskoversicherung Anhang Klausel 22 Rn. 15.

3 *Schwampe* Seekaskoversicherung Anhang Klausel 22 Rn. 15. Vgl. hierzu im Einzelnen: Bruck/Möller/*Jaeger* DTV-ADS 2009 Ziff. 27 Rn. 14 ff.

4 *Enge/Schwampe* Transportversicherung S. 255.

5 Tabelle ersichtlich bei *Enge/Schwampe* Transportversicherung S. 256.

III. Umfang des Versicherungsschutzes bei Schiffen ohne Eisklasse (Ziff. 56.2)

Der Anwendungsbereich dieses Abschnitts beschränkt sich auf Schiffe **ohne Eisklasse**, mithin solcher, die nicht mindestens der Eisklasse I entsprechen. Maßgeblich hierfür ist nicht, wie bei den DTV-Eisklauseln 1979/2004[6] der **tatsächliche bauliche Zustand des Schiffes**, sondern die **Klassifizierung**. Denn anders als bei den Eisklauseln geht es nicht um die Eisausrüstung gemäß den Eisklassen des Germanischen Lloyds, sondern allein um die Klassifizierung durch eine Klassifikationsgesellschaft. 8

Anhand des NOK, der Linie Lindesnaes/Hanstholm, der Linie Gefle/Turku sowie der Linie Helsingfors/Tallin wird der jeweilige geographische Deckungsbereich für Schäden durch Eis abgegrenzt. Es gilt ein abgestuftes System aus **teils Selbstbehalten, teils Deckungsausschluss.** Maßgeblich für die Bewertung des Ursachenzusammenhangs ist die *causa-proxima*-Betrachtung, sodass eine Deckung auch dann besteht, wenn ein außerhalb dieses räumlichen Bereichs entstandener Schaden als *causa proxima* eines innerhalb des umrissenen Gebietes erlittenen Eisschadens zu bewerten ist.[7] 9

Auch **ohne Eisklasse** wird eine Deckung für **Eisschäden** gewährt, die jedoch maßgeblich durch die gesondert in der Police zu vereinbarende und um die jeweilige Abzugsfranchise korrigierte Selbstbeteiligung begrenzt wird. Aus dem Umkehrschluss aus Ziff. 56.2.2 folgt, dass auch bei Fehlen einer besonders vereinbarten Selbstbeteiligung innerhalb der jeweiligen Gebiete der Ziff. 56.2.1 voller Versicherungsschutz für Eisschäden gewährleistet ist. 10

Kein Deckungsschutz besteht grundsätzlich für Eisschäden innerhalb des in Ziff. 56.2.2 umrissenen geographischen Raumes. Als systematische Ausnahme wird aber auch innerhalb dieses Gebietes ein Deckungsschutz nach Maßgabe der Ziff. 56.2.1 gewährt, soweit der Aufenthalt des Schiffes (und nicht das Erleiden eines Eisschadens) nicht voraussehbar und daher dem **Zufall** geschuldet war. Lag diese **räumliche Voraussehbarkeit** allein beim Charterer, nicht aber beim Versicherungsnehmer vor, ist eine Deckung nach dem ausdrücklichen Wortlaut der Klausel dennoch ausgeschlossen, ohne dass es auf eine etwaige Zurechnung zulasten des VN ankäme. **Voraussehbarkeit** liegt vor, wenn der VN bei Reiseantritt objektiv hätte erkennen können, dass sich Eis bilden würde. Die Zurechnung des Vertreterwissens nach § 166 BGB bleibt unberührt. In der Praxis erlangen zudem die auf wissenschaftlichen Erhebungen zurückgehenden Statistiken über Eisverhältnisse bei Vorherrschen bestimmter Temperaturverhältnisse eine besondere Bedeutung.[8] 11

IV. Umfang des Versicherungsschutzes bei Schiffen mit Eisklassen gem. Anlage zu den DTV-ADS 2009 (Ziff. 56.3)

1. Schiffe mit Eisklasse I bis IV (Ziff. 56.3, 56.3.1)

Ausgehend vom Wortlaut der Klausel könnte der Eindruck entstehen, dass ein Versicherungsschutz im Hinblick auf Eisschäden lediglich in den angegebenen Gebieten besteht. Dies ist nicht der Fall. Aufgrund der Allgefahrendeckung gemäß Ziff. 27 12

[6] Thume/de la Motte/Ehlers/*Schwampe* Transportversicherung (2011) Teil 6 Rn. 211 mit einer Vielzahl von Beispielen aus der Rechtsprechung.

[7] *Schwampe* Seekaskoversicherung Anhang Klausel 22 Rn. 5.

[8] *Schwampe* Seekaskoversicherung Anhang Klausel 22 Rn. 20.

besteht Versicherungsschutz grundsätzlich auch in Hinblick auf Eisschäden in oder außerhalb dieser Gebiete.[9] Regelungsgehalt der Klausel ist, dass **für Eisschäden** nördlich Stockholm/Dagerort und östlich Dagerort/Ventspiels eine **Selbstbeteiligung** anfällt.

13 Für Schiffe der Eisklassen I bis IV gibt es keine örtliche Begrenzung des Versicherungsschutzes für Eisschäden im Gegensatz zu Schiffen ohne Eisklasse im Sinne von Ziff. 56.2 (vgl. Ziff. 56.2.2).

14 Die im Schadensfall anfallenden Selbstbeteiligungen i.S.d. Ziff. 56.3.1 werden durch die Klausel nicht vorgeschrieben und sind Gegenstand der Parteivereinbarung. Sofern diese unterbleibt, finden entsprechende Abzüge nicht statt, die Regelung läuft leer.

2. Schiffe mit Eisklasse V oder höher (Ziff. 56.3.2)

15 Für Schiffe mit Eisklasse V oder höher gibt es **keine ausgeschlossenen Fahrtgebiete.** Entsprechende **Selbstbeteiligungen für Eisschäden** sind ebenfalls **nicht vorgesehen.** Der vereinbarte Deckungsumfang unter den DTV-ADS 2009 steht in vollem Umfange zur Verfügung.

C. Verfahrensfragen/Beweislast

16 Wer sich auf die Bestimmungen der Ziff. 56 berufen will – dies wird i.d.R. der **VR** sein, wenn dieser vom VN auf Leistung in Anspruch genommen wird –, muss zuerst beweisen, dass ein **Eisschaden** vorliegt (Ziff. 56.1 Satz 1).

17 In diesem Fall kann der **VR** eine **Selbstbeteiligung** nach Ziff. 56.2.1 Satz 2 (für Schiffe ohne Eisklasse) bzw. Ziff. 56.3.1 (für Schiffe mit Eisklasse gemäß Anlage) in Abzug bringen. Er ist jedoch vollumfänglich beweisbelastet dafür, dass sich das Schiff, als es den Eisschaden erlitt, in dem jeweiligen **Gebiet** aufhielt, in welchem für seine **Eisklasse** die Selbstbeteiligung gilt. Macht der VR die Selbstbeteiligung für Schiffe ohne Eisklasse geltend, muss er beweisen, dass das Schiff keine Eisklasse i.S.d. Ziff. 56.2 besitzt und eine entsprechende Selbstbeteiligung in der Police vereinbart wurde. Macht der VR eine Selbstbeteiligung nach Ziff. 56.3.1 geltend, muss er beweisen, dass das Schiff eine Eisklasse I bis IV (in Abgrenzung zu Ziff. 56.3.2) besitzt und eine entsprechende Selbstbeteiligung tatsächlich für den vorliegenden Fall vereinbart wurde. Hierbei kommen ihm seine Auskunftsrechte aus Ziff. 26.3, Ziff. 45 zugute.

18 Will sich der **VR** auf **Leistungsfreiheit** nach Ziff. 56.2.2 Abs. 1 berufen, hat er zu beweisen, dass das Schiff keine Eisklasse besitzt und dieses sich im Schadenszeitpunkt in dem in Ziff. 56.2.2 bezeichneten Gebiet aufhielt. Zu beachten sind auch in diesem Zusammenhang Ziff. 26.3 und Ziff. 45. Der **VN** kann hiergegen einwenden, dass sich das Schiff aufgrund **unvorhersehbarer Umstände** in dem Gebiet aufhielt, Ziff. 56.2.2 Abs. 2. Ihn trifft diesbezüglich die volle Beweislast.

---

[9] *Schwampe* Seekaskoversicherung Anhang Klausel 22 Rn. 9.

57 Anrechnung von Bergelohn

Der Versicherer haftet für einen Schaden, der bei Gelegenheit der Verwendung des Schiffes zur Bergung entsteht, insoweit nicht, als der Bergelohn zur Ausgleichung des Schadens dient.

Übersicht

A. Erläuterung der Klausel

Diese Klausel geht auf § 64 ADS 1919 zurück. Allerdings wird der Begriff der Hilfeleistung sowie des Leichterns oder Schleppens anderer Fahrzeuge durch den Begriff „Bergung“ erfasst. Es ist darauf hinzuweisen, dass nicht die gesamte Vergütung, sondern **nur der jeweilige Teil** anzurechnen ist, der **zur Schadensausgleichung** dient.[1] Im Falle der Bergung gilt die Vorschrift aufgrund der in Ziff. 66 enthaltenen **Schwesterschiffs-Klausel** auch dann, wenn beide Schiffe dem VN gehören. 1

B. Verfahrensfragen/Beweislast

Will der VR seine Leistungspflicht entsprechend Ziff. 57 begrenzen, trägt er die volle Darlegungs- und Beweislast für die Höhe des vom Bergelohn anzurechnenden Betrages. Ihm steht ferner ein Auskunftsrecht nach Ziff. 45 gegen den VN zu. 2

58 Maschinelle Einrichtungen

58.1 Maschinelle Einrichtungen sind:
Hauptantriebsanlage einschließlich Getriebe, Welle und Propeller, Hilfsmaschinen und Hilfsaggregate, Stromerzeugungs- und Stromumsetzungsanlagen, Decksmaschinen einschließlich Ladungspumpen. Nicht dazu gerechnet werden Rohrleitungen mit Armaturen, Vorrats- und Betriebstanks mit zugehörigen Einrichtungen.

58.2 Der VR leistet keinen Ersatz für Schäden, die entstanden sind durch grobe Vernachlässigung der maschinellen Einrichtungen, insbesondere durch Nichtbeachtung von Wartungs- und Kontrollvorschriften oder besonderen Empfehlungen zur Vermeidung von Schäden, über einen längeren Zeitraum.

58.3 Von jedem versicherten Teilschaden an den maschinellen Einrichtungen, der teilweise oder ausschließlich durch Bedienungsfehler der Schiffsbesatzung verursacht worden ist, trägt der VN nach Berücksichtigung vereinbarter Franchisen einen in der Police vereinbarten Selbstbehalt.

---

[1] *Schlegelberger* Seeversicherungsrecht (1960) § 64 Rn 2.

Übersicht

A. Einführung

1 Bereits Ziff. 20 der DTV-Kaskoklauseln 1978/2004 hat § 65 ADS 1919, der auf § 114 Abs. 1 ADS 1919 verwies, ersetzt. § 65 ADS 1919 eine Versicherungsdeckung lediglich für maschinelle Einrichtungen im Strandungsfall vor.[1] Eine **Strandung** in diesem Sinne war nicht bereits bei jedem Auf-Grund-Geraten eines Schiffes anzunehmen, sondern lediglich dann zu bejahen, wenn das Schiff nur durch **außergewöhnliche Maßnahmen** wieder abgebracht werden konnte. Einer solchen Strandung gleichgestellt war gemäß § 114 Abs. 2 ADS 1919 eine Kollision des versicherten Schiffes mit einem anderen Fahrzeug, das Sinken oder Kentern des Schiffes, ein Beschuss des Schiffes oder ein Brand bzw. eine Explosion an Bord des Schiffes.[2] Diese für maschinelle Einrichtungen nur eingeschränkte Deckung erweiterte der Markt mit Maklerklauseln über die Deckung des § 65 ADS 1919 hinaus.[3]

2 Mit der Einführung der Ziff. 20 der DTV-Kaskoklauseln 1978 war der eingeschränkte Versicherungsschutz des § 65 ADS 1919 nicht nur durch eine Allgefahrendeckung i.S.v. § 28 ADS 1919 ersetzt[4] sondern auch zeitlich um eine Deckung für **Konstruktions-, Material- und Fertigungsfehler** erweitert worden.

3 Die DTV-ADS 2009 erweitern jetzt den Versicherungsschutz noch einmal, indem diese zeitlichen Erweiterungen in Ziff. 59 nicht nur für maschinelle Einrichtungen gelten, sondern auch für das Schiff. Damit hat die jetzige Ziff. 58 eine ganz andere Bedeutung als Ziff. 20.2 DTV-Kaskoklauseln 1978/2004. Sie erweitert nicht mehr den Versicherungsschutz, sondern dient nur noch als Grundlage für eine besondere Maschinenfranchise sowie dem Ausschluss für grobe Vernachlässigung.

B. Erläuterung der Klausel

I. Maschinelle Einrichtungen (Ziff. 58.1)

4 Die neue Ziff. 58.1 DTV-ADS 2009 folgt dem Konzept, das bereits Ziff. 20 der DTV-Kaskoklauseln 1978/2004 zugrunde lag und aufgrund der stetig fortschreitenden technischen Entwicklung auf den Versuch verzichtet, eine abschließende Definition vorzuneh-

---

[1] Hierzu grundlegend *Ritter/Abraham* § 65 Anm. 1 ff.; *Schlegelberger* Seeversicherungsrecht (1960) § 65 Rn. 1 ff.

[2] *Ritter/Abraham* § 65 Anm. 3, 5.

[3] *Enge/Schwampe* Transportversicherung S. 250.

[4] *Müller-Collin* Die Allgemeinen Deutschen Seeversicherungsbedingungen (ADS) und das AGB-Gesetz, Diss. Hamburg 1994, 80; Thume/de la Motte/Ehlers/*Schwampe* Transportversicherung (2011) Teil 6 Rn. 179.

men. Stattdessen werden auch in Ziff. 58.1 **lediglich Oberbegriffe** verwendet, die dem **Stande der Technik** nach ausgefüllt werden.[5] So sind beispielsweise unter **Hilfsaggregaten** nicht nur **Rudermaschinen** zu verstehen, sondern auch **Klimaanlagen**. Zu den Decksmaschinen zählen nicht nur **Kräne** sondern auch **andere Maschinen**, wie beispielsweise Winden.[6] Die einzelnen Oberbegriffe sollen nur als Leitlinien verstanden werden.

II. Risikoausschluss (Ziff. 58.2)

1. Allgemein

Der Ausschluss des Versicherungsschutzes erfasst lediglich die in Ziff. 58.1 benannten 5
maschinellen Einrichtungen und bezieht sich ausschließlich auf die **grobe Vernachlässigung dieser maschinellen Einrichtungen** und nicht wie Ziff. 59.3 *jede Art* grober Vernachlässigung des versicherten Gegenstandes.[7] Inhaltlich fand dieses Konzept bereits unter der Ziff. 20.2 der DTV-Kaskoklauseln 1978/2004 Anwendung, auch wenn die Klausel an „versicherte Einrichtungen" anknüpfte.[8]

2. Grobe Vernachlässigung der maschinellen Einrichtungen

Das Erfordernis der **groben Vernachlässigung** ist als **objektives Kriterium** kon- 6
struiert.[9] Eine Vernachlässigung ist die **negative Abweichung** der Wartung bzw. Unterhaltung der maschinellen Einrichtungen vom erforderlichen Maß. Der Umfang dieser Wartung ergibt sich aus den **Wartungsvorschriften der Hersteller** sowie – noch bedeutsamer – den Vorschriften, Bedingungen und Empfehlungen in den Dokumenten der Klassifikationsgesellschaften. Eine Vernachlässigung ist bei **Nichtvornahme erforderlicher oder empfohlener Maßnahmen der Klassifikationsgesellschaft** zu bejahen.

***Grobe* Vernachlässigung** liegt vor, wenn ein **objektiver Betrachter** die Vernachlässi- 7
gung keinesfalls hingenommen hätte.[10] Diese Vernachlässigung erfordert überdies eine **gewisse Längerfristigkeit:** Sofern beispielsweise eine Maßnahme durch die Klassifikationsgesellschaft im Rahmen einer Verkaufsinspektion vorgeschlagen wird und diese nicht sogleich umgesetzt wird, wird dies sicherlich nicht genügen. Auf der anderen Seite wird eine eigentlich nicht grobe Vernachlässigung bei langem Anhalten durch den **Zeitablauf** zur groben Vernachlässigung. Demgemäß ist die Vernachlässigung auch wenn sie per se nicht grob ist, immer dann grob, wenn eine **Längerfristigkeit** zu bejahen ist.[11] **Einmalige Bedienungsfehler** sollen versichert sein.[12] Innerhalb einer zunehmend komplexer werdenden technischen Struktur mit ihren Überwachungsmöglichkeiten hat bereits *Schwampe* zu Recht angemerkt, dass eine grobe Vernachlässigung bereits die **dauernde Nichtvornahme von Teilarbeiten** darstellen kann.[13]

---

5 *Schwampe* Seekaskoversicherung Klausel 20 Rn. 7.

6 Thume/de la Motte/Ehlers/*Schwampe* Transportversicherung (2011) Teil 6 Rn. 178.

7 Rn. 6 f.

8 *Schwampe* Seekaskoversicherung Klausel 20 Rn. 27.

9 *Enge* Erlauterungen zu den DTV-Kaskoklauseln 1978 (1980) 62.

10 Thume/de la Motte/Ehlers/*Schwampe* Transportversicherung (2011) Teil 6 Rn. 196; *Schwampe* Seekaskoversicherung Klausel 20 Rn. 27.

11 *Schwampe* Seekaskoversicherung Klausel 20. Rn. 27.

12 Thume/de la Motte/Ehlers/*Schwampe* Transportversicherung (2011) Teil 6 Rn. 196.

13 *Schwampe* Seekaskoversicherung Klausel 20 Rn. 27.

3. Verantwortlichkeit

8 Ein **Verschuldenserfordernis** besteht diesbezüglich nicht.[14] *Schwampe* verweist zur identischen Ziff. 20.2 DTV-Kaskoklauseln 1978/2004 zu Recht auf den Widerspruch zu § 33 Abs. 3 ADS 1919 (jetzt: Ziff. 34.2 DTV-ADS 2009), der sich ergäbe, wenn der VN diesbezüglich in einer regelwidrigen Ausnahme das Verhalten der Besatzung doch zu vertreten hätte.[15] Allerdings ist der strukturelle Unterschied zwischen Ziff. 34 und der Ziff. 58 zu unterstreichen, da Ziff. 34 eine subjektive Vorwerfbarkeit für den Erfolg beim VN bzw. dessen Repräsentanten verlangt, während Ziff. 58.2 **kein subjektives Element** verlangt, sondern auf das **zeitliche Element und ein gewisses Gewicht** abstellt. Damit ist das Handeln der **Maschinenraumbesatzung** üblicherweise dem VN nicht zuzurechnen, da deren Mitglieder **keine Repräsentanten** des VN sind. Deren Verhalten ist mithin gemäß Ziff. 34.2 nicht vom VN zu vertreten. Ein objektiver Maßstab, wie er schon Ziff. 20.2 DTV-Kaskoklauseln 1978/2004 zugrunde liegt, ist damit anzuwenden. Schwierig wird die Grenzziehung jedenfalls in Bereichen für **sicherheitsrelevante Wartungsmaßnahmen** im Zusammenhang mit dem **ISM-Code**, da zumindest bei der ***Designated Person*** eine **Repräsentantenstellung für den VN** diskutiert werden kann, mithin eine zurechenbare Kenntnis oder Unkenntnis im Einzelfall vorliegen könnte.[16]

III. Teilschäden an maschinellen Einrichtungen aufgrund von Bedienungsfehlern; Selbstbehalt (Ziff. 58.3)

1. Allgemein

9 Ziff. 58.3 stellt eine **Durchbrechung der *causa-proxima*-Regel** dar: Führen mehrere Ursachen einen Schaden adäquat kausal herbei, wird nach der *causa-proxima*-Regel zur Prüfung der Ersatzpflicht nur die dem Schaden nächstliegende Ursache herangezogen. Dabei kommt es nicht **allein auf zeitliche Umstände** an.[16a] Die Regelung der Ziff. 58.3 hingegen erfasst sämtliche Fälle, in denen der Schaden teilweise oder ausschließlich durch einen Bedienungsfehler verursacht worden ist. Damit findet der beschriebene Selbstbehalt immer dann Anwendung, wenn bereits **eine untergeordnete Mitursächlichkeit des Bedienungsfehlers** bejaht werden kann.[17]

10 Die Klausel hat sich lediglich in ihrer Stellung verändert. Frühere Fassungen der DTV-Kaskoklauseln sahen einen festen Selbstbehalt von 10 % vor, der auf 1 % der Gesamt-Kaskotaxe beschränkt war. Diese Konzeption wurde schon mit den DTV-Kaskoklauseln 1978/2004 aufgegeben. Seither bedarf es für einen solchen Selbstbehalt einer besonderen Vereinbarung in der Police.[18]

2. Bedienungsfehler

11 **Bedienung** ist die **bestimmungsgemäße Benutzung** einer Sache. Im Unterschied hierzu stehen, dies ergibt sich bereits aus dem normalen Sprachgebrauch, Wartung und Reparatur. Beide letztgenannten Tätigkeiten unterliegen nicht dem Selbstbehalt.

---

[14] Thume/de la Motte/Ehlers/*Schwampe* Transportversicherung (2011) Teil 6 Rn. 195, der ein Organisationsverschulden des VNs diskutiert und ablehnt.

[15] *Schwampe* Seekaskoversicherung Klausel 20 Rn. 27.

[16] *Schwampe* Seekaskoversicherung Klausel 20 Rn. 27.

[16a] Zur *causa proxima* vgl. Bruck/Möller/*Jaeger* DTV-ADS 2009 Ziff. 27 Rn. 14 ff.

[17] *Schwampe* Seekaskoversicherung Klausel 20 Rn. 32.

[18] *Schwampe* Seekaskoversicherung Klausel 20 Rn. 29 ff.

Ebenfalls bereits aus dem Wortlaut der Klausel und ihrem Abstellen auf den „Fehler“ ist zu entnehmen, dass vorsätzlicher Beschädigungen – auch im Rahmen der „Bedienung“ im Sinne der Klausel – nicht erfasst sind. Erfasst sind mithin lediglich Fälle, die ein **Element der Unabsichtlichkeit** aufweisen, welches sich in einem nicht intendierten Erfolg verwirklicht.[19] 12

3. Bedienung der maschinellen Einrichtung selbst

Bedient werden muss die **maschinelle Einrichtung selbst,** anderenfalls, bei einem anderen Bedienungsfehler, der mittelbar zu einem Maschinenschaden führt, unterfällt dieser Schaden nicht dem Selbstbehalt.[20] 13

Als Abgrenzungskriterien zwischen der groben Vernachlässigung nach Ziff. 58.2 und Bedienungsfehlern nach Ziff. 58.3 dient sowohl dic Dauer als auch die **Intensität des entsprechenden Verstoßes.**[21] Bedienungsfehler sind **lediglich vorübergehend auftretende Fehlbehandlungen** des Bedienungspersonals und im Vergleich zur groben Vernachlässigung bezogen auf ihrer Reichweite eher **milde Verstöße.**[22] 14

4. Teilschäden

Der **Selbstbehalt** bezieht sich lediglich auf **Teilschäden.** Der ihnen gegenüber stehende Totalverlust ist nicht erfasst, was auch für die allgemeine Abzugsfranchise nach Ziff. 40.2.1 der Fall ist. Allerdings ist der Begriff des Teilschadens weit zu verstehen: Auch ein Totalschaden der maschinellen Einrichtung ist als Teilschaden im Sinne der Regelung zu verstehen. 15

C. Beweislast

Will der **VR** sich auf **Leistungsfreiheit** nach Ziff. 58.2 berufen, trifft ihn hinsichtlich des Vorliegens der **groben Vernachlässigung** und deren Kausalität für den entstandenen Schaden allgemeinen Grundsätzen folgend die volle **Beweislast.** 16

Ebenfalls hat der **VR** zu beweisen, dass ein **Selbstbehalt** i.S.d. Ziff. 58.3 vereinbart wurde und ein **Bedienungsfehler** der Schiffsbesatzung zumindest teilweise für den entstandenen Teilschaden kausal ist. 17

59 Konstruktions- Material- und Fertigungsfehler sowie Wellenbruch

59.1 Der VR leistet auch Ersatz für Schäden am Schiff und seinen maschinellen Einrichtungen, die entstanden sind als Folge

59.1.1 eines verborgenen Mangels, der auf einem Material- oder Fertigungsfehler beruht,

59.1.2 eines Konstruktionsfehlers oder -mangels,

59.1.3 eines Wellenbruchs.

---

[19] *Schwampe* Seekaskoversicherung Klausel 20 Rn 31.

[20] Thume/de la Motte/Ehlers/*Schwampe* Transportversicherung (2011) Teil 6 Rn. 196 f.

[21] Siehe Rn. 7.

[22] Thume/de la Motte/Ehlers/*Schwampe* Transportversicherung (2011) Teil 6 Rn. 197 f.

59.2 Der Versicherer erbringt keine Ersatzleistung für die mit dem Fehler bzw. Mangel behafteten Teile selbst, es sei denn, dass diese Teile von einer Klassifikationsgesellschaft klassifiziert sind.

59.3 Der Versicherer leistet keinen Ersatz für Schäden, die entstanden sind durch grobe Vernachlässigung, insbesondere durch Nichtbeachtung von Wartungs- und Kontrollvorschriften oder besonderen Empfehlungen zur Vermeidung von Schäden, über einen längeren Zeitraum.

Übersicht

A. Einführung

1 Mit der Einführung der Regelung erstmals durch Ziff. 20.2 DTV-Kaskoklauseln 1978 wurde der **Versicherungsschutz in zeitlicher Hinsicht erweitert.**[1] Während Ziff. 20.2 DTV-Kaskoklauseln 1978/2004 diesen erweiterten Versicherungsschutz auf Schäden an maschinellen Einrichtungen beschränkte, dehnt Ziff. 59 ihn jetzt auf das Schiff als solches aus.

2 Der Grundsatz der Ziff. 27 Satz 1, dass der VR lediglich für Schäden eintritt, bei denen der VN nachweist, dass ihre Ursache während der versicherten Zeit gesetzt worden ist, wird im Hinblick auf **verborgene Mängel** (Ziff. 59.1.1) erheblich ausgeweitet, da bei diesen der Nachweis, ob diese beim Bau oder erst bei einer Reparatur, vor oder nach Beginn der Reparatur entstanden sind, schwierig ist. Dieser Erkenntnis Rechnung tragend, dehnt die Klausel den Anwendungsbereich aus;[2] es besteht also eine Rückwärtsversicherung.[3] Im Zusammenhang mit **Konstruktionsfehlern bzw. -mängeln** gilt dies ebenfalls, wenn die Entstehung dieser Mängel in einem Zeitraum vor dem materiellen Beginn der Kaskoversicherung nach Ziff. 9.1 liegt. Hieraus folgt, dass entgegen der sonst gültigen Grundsätze nicht nur die Fehler i.S.d. Ziff. 59.1.1, 59.1.2 Versicherungsschutz genießen, sondern auch daraus entstehende Folgeschäden, sofern sie während der Versicherungszeit auftreten.

---

[1] Thume/de la Motte/*H.-C. Enge*/*H. J. Enge* Transportversicherung[1] Teil 4 Rn. 162 f. sowie *Remé* VersR **1979** 293, 296 für eine Erweiterung in zeitlicher *und sachlicher* Hinsicht. Diesbezüglich kritisch: *Schwampe* Seekaskoversicherung (2009) Klausel 20 Rn. 19.

[2] Thume/de la Motte/Ehlers/*Schwampe* Transportversicherung (2011) Teil 6 Rn. 189; *Schwampe* Seekaskoversicherung Klausel 20 Rn. 19 f.

[3] Siehe zur Rückwärtsversicherung Bruck/Möller/*Dreyer* DTV-ADS 2009 Ziff. 9 Rn. 23 ff.

Eine **zeitliche *und sachliche* Erweiterung** des Versicherungsschutzes enthält Ziff. 59.1.3: Schäden am Schiff und seinen maschinellen Einrichtungen als Folge eines Wellenbruches sind auch dann versichert, wenn der Wellenbruch selbst (z.B. aufgrund Abnutzung, Ziff. 55.1) nicht versichert ist.[4] 3

Die erste Alternative der Ziff. 20.2 DTV-Kaskoklauseln (Schäden als Folge einer versicherten Gefahr) ist in Ziff. 59.1 nicht mehr enthalten. Dieser Teil der Klausel hatte bereits unter den DTV-Kaskoklauseln 1978/2004 lediglich historisch bedingten, klarstellenden Charakter, sodass hierauf i.R.d. DTV-ADS 2009 verzichtet werden konnte.[5] Dass Schäden am Schiff und seinen maschinellen Einrichtungen vom Versicherungsschutz erfasst sind, wenn diese auf einer versicherten Gefahr beruhen, ergibt sich bereits aus Ziff. 27. 4

Des Weiteren enthalten Ziff. 59.2, 59.3 **Ausschlusstatbestände** zu Ziff. 59.1. Lediglich Ziff. 59.3 war zuvor in Ziff. 20.2 DTV-Kaskoklauseln 1978/2004 enthalten. 5

B. Erläuterung der Klausel

I. Verborgener Mangel, der auf einem Material- oder Fertigungsfehler beruht (Ziff. 59.1.1)

1. Allgemein

Diese Alternative knüpft die Ersatzpflicht des VR an das Vorliegen eines **verborgenen Mangels**, welcher auf einem **Material- oder Fertigungsfehler** beruht. 6

2. Materialfehler

Ein **Materialfehler** liegt vor, wenn die **Ist-Beschaffenheit des verwendeten Materials von der Soll-Beschaffenheit** aus den **Materialspezifikationen** negativ abweicht. Demnach kann es im Hinblick auf die eine Verwendung fehlerhaft und auf die andere Verwendung fehlerfrei sein.[6] Sofern die Materialanforderungen falsch definiert worden sind, sodass das an sich nicht fehlerhafte Material den bestimmungsgemäßen Belastungen nicht standhalten kann, liegt kein Material-, sondern ein Konstruktionsfehler vor. Bedeutung entfaltet diese Unterscheidung insbesondere deswegen, weil im Hinblick auf Konstruktionsfehler oder -mängel das Erfordernis der Verborgenheit nicht vorliegen muss.[7] 7

3. Fertigungsfehler

Ein **Fertigungsfehler** liegt vor, wenn in einem **Herstellungsprozess** ein Fehler auftritt. Solange ein Schiff noch nicht fertiggestellt ist, ist von Herstellungsfehlern auszugehen. Auch wenn eine intakte Hauptmaschine an die Werft geliefert wird und falsch angeschlossen wird, liegt ein Fertigungsfehler vor.[8] Demgemäß sind unter der Klausel nicht 8

---

4 *Schwampe* Seekaskoversicherung Klausel 20 Rn. 18.

5 Vgl. hierzu *Schwampe* Seekaskoversicherung Klausel 20 Rn. 9.

6 *Schwampe* Seekaskoversicherung Klausel 20 Rn. 14.

7 *Schwampe* Seekaskoversicherung Klausel 20 Rn. 14.

8 *Schwampe* Seekaskoversicherung Klausel 20 Rn. 15.

nur Fehler im Zusammenhang mit der ursprünglichen Herstellung des Schiffes, sondern auch von Teilen, die später in das Schiff eingebaut wurden, erfasst.[9] Abzugrenzen hierzu ist die **Reparatur**: Fehlerhafte Reparaturen unterliegen nicht der eben geschilderten Deckungsalternative. Sie sind durch die Allgefahrendeckung abgedeckt.[10] Wesentlicher Unterschied ist, dass die Deckung unter der Police besteht, die Gültigkeit hatte, als die Reparatur ausgeführt wurde, während im Falle des Fertigungs- bzw. Herstellungsfehlers die Police Deckung gewährt, die Gültigkeit hatte, als der Schaden aufgetreten ist.[11]

4. Verborgenheit des Mangels

9 Ein Mangel ist verborgen, wenn er auch bei Anwendung der im Verkehr erforderlichen Sorgfalt im Rahmen des üblichen Gebrauchs bzw. der Wartung **nicht erkennbar** ist.[12] Der Mangel ist nicht mehr verborgen, wenn er hätte entdeckt werden können.[13] Nicht erforderlich ist also, dass der Mangel durch einen Repräsentanten oder den VN selbst hätte entdeckt werden können.[14]

10 Im Gegensatz zu den anderen Tatbeständen der Klausel verlangt Ziff. 59.1.1 nicht nur das Vorliegen eines Material- bzw. Fertigungsfehlers, sondern dass auf diesem einen **verborgener Mangel** beruht, aus welchem sich der Schaden sodann entwickelt. Grundsätzlich ist die begriffliche Differenzierung zwischen „Fehler“ und „Mangel“ nur schwer möglich. Es ist zwar grundsätzlich ein Material- oder Fertigungsfehler denkbar, der sich nicht in einen Mangel entwickelt, da er nicht die Verwendbarkeit des Schiffes einschränkt. Die Frage ist allerdings, ob dieser Fehler dann tatsächlich einen Schaden am Schiff oder einer seiner maschinellen Einrichtung im Sinne der Klausel darstellt. Es ist wohl davon auszugehen, dass ein Materialfehler bzw. Fertigungsfehler immer zu einem Mangel führen wird. Wesentlich ist hier nicht der Mangel als solcher, sondern dessen Verborgenheit.

II. Konstruktionsfehler oder -mangel (Ziff. 59.1.2)

1. Die „Ilse“-Entscheidung

11 In der Folge einer viel beachteten Entscheidung des HansOLG Hamburg[15] in Sachen des Motorschiffes „Ilse“ ist die Reichweite des Ausschlusses bei planerischen Fehlleistungen viel diskutiert worden. Das Gericht, welches die Begriffe Fehler und Mangel weitgehend synonym verwendet hat, hatte im konkreten Fall zu entscheiden, ob wegen der konstruktiven Unterdimensionierung eines Zahnrades in einem Getriebe das **beschädigte Zahnrad als Folge des Konstruktionsfehlers gedeckt**, oder als fehlerhaft konstruiertes Teil von der Deckung ausgenommen war. Das Gericht hat sich für die erste Auslegung entschieden und damit mehr als **20 Jahre einheitliche Marktpraxis unbeachtet** gelassen.

---

9 Thume/de la Motte/Ehlers/*Schwampe* Transportversicherung (2011) Teil 6 Rn. 184.

10 *Schwampe* Seekaskoversicherung Klausel 20 Rn. 15; Anders offenbar *Enge* Erläuterungen zu den DTV-Kaskoklauseln 1978 (1980) 60 f.; Thume/de la Motte/Ehlers/*Schwampe* Transportversicherung (2011) Teil 6 Rn. 185.

11 Thume/de la Motte/Ehlers/*Schwampe* Transportversicherung (2011) Teil 6 Rn. 185.

12 Thume/de la Motte/Ehlers/*Schwampe* Transportversicherung (2011) Teil 6 Rn. 186, *Enge/Schwampe* Transportversicherung S. 252.

13 *Schwampe* Seekaskoversicherung Klausel 20 Rn. 16.

14 *Enge/Schwampe* Transportversicherung S. 252; *Schwampe* Seekaskoversicherung Klausel 20 Rn. 16.

15 OLG Hamburg 12.5.1999 VersR **2000** 1142.

Diese Rechtsfolge des „Ilse"-Urteils wurde in der Praxis mit dem **Seekasko-Druckstück 2002/2** kompensiert, indem klargestellt wurde, dass für das mit dem Fehler bzw. Mangel behaftete Teil selbst vom VR keine Ersatzleistung zu erbringen ist.[16] Mittlerweile ist dies in Ziff. 59.2 geregelt. **12**

2. Voraussetzungen; kein Erfordernis der Verborgenheit des Mangels

Im Ergebnis kommt es, wie bei Material- und Fertigungsfehlern, nicht darauf an, zu welchem Zeitpunkt der Fehler entdeckt worden ist. Grundsätzlich sind in dieser Konstellation zwei Arten von Fehlern denkbar: Fehler, die während der Konstruktionsphase des Neubaus bereits angelegt waren, sowic Fehler bei der Konstruktion von Ersatzteilen. Im Gegensatz zu dem unter Rn. 9 Gesagten hinsichtlich der Material- und Fertigungsfehler kommt es nicht darauf an, dass der entsprechende Konstruktionsfehler bzw. -mangel verborgen war, bevor er zum Schaden geführt hat. **13**

Die Entbehrlichkeit der Voraussetzung des verborgenen Mangels wird aus unterschiedlichen Überlegungen hergeleitet: *Enge* argumentiert, dass es sich bereits aus der Natur der Sache ergäbe, dass ein Konstruktionsfehler verborgen sein müsse.[17] Dies wird mit dem Rückschluss begründet, dass ein bekannter Mangel der versicherten Sache bereits nach § 19 ADS 1919 (jetzt Ziff. 22) anzeigepflichtig sei, soweit er vor Versicherungsbeginn bekannt werde.[18] Sofern Kenntnis nach Versicherungsbeginn erlangt wird, gelte § 26 ADS 1919 (jetzt allgemeine Anzeigepflicht von Gefahränderungen in Ziff. 24.2), der eine Anzeigepflicht etabliert. **14**

Schwampe[19] hingegen weist darauf hin, dass **lediglich bekannte Gefahrumstände** anzuzeigen seien. Solche lägen nicht vor, wenn der verborgene Konstruktionsfehler nach Abschluss des Vertrages erkennbar wird. Die von *Enge* zitierten Gefahränderungsvorschriften stellen auf eine objektive Veränderung der Gefahrenlage nach Vertragsabschluss ab. Dies ist im Hinblick auf einen Konstruktionsmangel jedoch nicht gegeben, da dieser die **Gefahrenlage nicht verändert**. Bereits vor Laufzeit des Vertrages war der Mangel angelegt und ist lediglich während der Laufzeit des Vertrages offenkundig geworden. Demnach sind keine Gründe ersichtlich, Konstruktionsfehler hinsichtlich Ihrer Verborgenheit anders zu behandeln als **Material- und Fertigungsfehler**. Es ist allerdings dem Wortlaut der Klausel zufolge nicht notwendig, dass der Konstruktionsfehler verborgen war. Daher sind Schäden infolge von nicht verborgenen, also offenkundigen Konstruktionsmängeln gedeckt und der VR kann die Deckung des Schadens lediglich in solchen Fällen verweigern, in denen er eine Verletzung von **Schiffssicherheitsvorschriften** nach Ziff. 33.1 oder ein Verschulden des VN bzw. des Repräsentanten gemäß Ziff. 34 nachweisen kann.[20] Wie bereits beim Material- und Fertigungsfehler ist es nicht erforderlich, dass der Konstruktionsfehler bei der maschinellen Einrichtung selbst vorliegt. Eine **mittelbare Verursachung** des Schadens genügt, sofern diese die ***causa proxima*** des Schadens darstellt. **15**

---

16 *Enge/Schwampe* Transportversicherung S. 251.

17 Thume/de la Motte/*H.-C. Enge*/*H. J. Enge* Transportversicherung[1] Teil 4 Rn. 164.

18 *Enge* Erläuterungen zu den DTV-Kaskoklauseln 1978 (1980) 61.

19 *Schwampe* Seekaskoversicherung Klausel 20 Rn. 17.

20 *Schwampe* Seekaskoversicherung Klausel 20 Rn. 17.

III. Wellenbruch (Ziff. 59.1.3)

16 Grundsätzlich ist der Wellenbruch als Folge der in Ziff. 27 statuierten Allgefahrendeckung mit erfasst.[21] Eine eigenständige Bedeutung erhält Ziff. 59.1.3. allerdings dadurch, dass, auch wenn der Wellenbruch selbst durch Abnutzung oder mangelnde Wartung verursacht wurde, die **Folgeschäden** eines möglicherweise nicht versicherten Wellenbruchs durch die separate Aufnahme in Ziff. 59.1.3 **voll ersatzfähig** sind.[22]

IV. Risikoausschlüsse

1. Mit dem Fehler bzw. Mangel behaftetes Teil (Ziff. 59.2)

17 Ziff. 59.2 reflektiert die gemachten Erfahrungen der VR im Zusammenhang mit der Entscheidung des HansOLG Hamburg[23] in Sachen „Ilse".[24] Er setzt das Seekasko-Druckstück 2002/2 um. Allerdings ist vorgesehen, dass eine Ersatzleistung ausnahmsweise erfolgen soll, sofern die mit dem Mangel bzw. dem Fehler behafteten Teile durch die Klassifikationsgesellschaft des Schiffes klassifiziert sind. Hierdurch wird der VN gegenüber dem Seekasko-Druckstück 2002/2, welches den Folgen des „Ilse"-Urteils entgegengewirkt hat, besser gestellt, da, sofern der Mangel des betroffenen Teils für die Klassifikationsgesellschaft ebenfalls nicht ersichtlich war, das entsprechende Risiko nicht auf den VN übergeleitet wird, sondern Leistungspflicht des VR besteht.

2. Grobe Vernachlässigung (Ziff. 59.3)

18 **Grobe Vernachlässigung** liegt erst vor, wenn ein **objektiver Betrachter** sie keinesfalls hingenommen hätte.[25] Diese Vernachlässigung erfordert überdies Längerfristigkeit: Sofern beispielsweise eine Maßnahme durch die **Klassifikationsgesellschaft im Rahmen einer Verkaufsinspektion vorgeschlagen** wird, und diese nicht sogleich umgesetzt wird, wird dies nicht genügen. Der Umfang ergibt sich also ebenso aus den **Wartungsvorschriften der entsprechenden Hersteller** sowie den **Vorschriften, Bedingungen und Empfehlungen der Klassifikationsgesellschaft.**

19 Es gelten die bereits unter Ziff. 58.2 angesprochenen Maßstäbe, sodass hier vollumfänglich auf die Kommentierung in diesem Zusammenhang verwiesen werden kann.[26]

C. Verfahrensfragen/Beweislast

20 Grundsätzlich hat der **VN**, wenn er die Versicherungsleistung beansprucht, leidglich den Eintritt des Versicherungsfalls zu beweisen; welche Gefahr den Schaden konkret verursacht hat, ist nicht vom VN zu beweisen, da gem. Ziff. 27 alle Gefahren gedeckt sind.[27]

---

[21] *Schwampe* Seekaskoversicherung Klausel 20 Rn. 18.

[22] Thume/de la Motte/*H.-C. Enge*/*H. J. Enge* Transportversicherung[1] Teil 4 Rn. 167; Thume/de la Motte/Ehlers/*Schwampe* Transportversicherung (2011) Teil 6 Rn. 194.

[23] OLG Hamburg 12.5.1999 VersR **2000** 1142.

[24] *Schwampe* Seekaskoversicherung Klausel 20 Rn. 17 sowie Thume/de la Motte/Ehlers/*Schwampe* Transportversicherung (2011) Teil 6 Rn. 188 f.

[25] Thume/de la Motte/Ehlers/*Schwampe* Transportversicherung (2011) Teil 6 Rn. 196.

[26] Ziff. 58 Rn. 6 f.

[27] Vgl. hierzu im Einzelnen Bruck/Möller/*Jaeger* DTV-ADS 2009 Ziff. 27 Rn. 2 ff.

Will der VN jedoch in den Genuss der zeitlichen Erweiterung des Versicherungsschutzes nach Ziff. 59.1 kommen, muss er beweisen, dass ein **Fehler i.S.d. Ziff. 59.1.1 bis Ziff. 59.1.3** vorliegt und dieser kausal für den Schaden ist.

Verweigert der VR unter Hinweis auf Ziff. 59.2 den Ersatz des fehlerhaften Teils selbst, hat der **VN** die Möglichkeit zu beweisen, dass dieses **Teil von einer Klassifikationsgesellschaft klassifiziert** wurde. 21

Des Weiteren hat der **VR** entsprechend der allgemeinen Darlegungs- und Beweislastverteilung zu beweisen, dass ein Schaden durch **grobe Vernachlässigung** entstanden ist, wenn er sich auf Leistungsfreiheit gem. Ziff. 59.3 berufen will. 22

60 Totalverlust und ihm gleichstehende Fälle

60.1 Im Falle des Totalverlustes kann der VN die Versicherungssumme verlangen. Er muss sich jedoch den Wert der vor Zahlung der Versicherungssumme geretteten Sachen und desjenigen anrechnen lassen, was er anderweitig zur Ausgleichung des Schadens erlangt hat. Besteht zwischen VR und VN kein Einvernehmen über den Wert geretteter Sachen, kann der VR verlangen, dass der Wert der geretteten Sachen durch öffentliche Versteigerung festzustellen ist.

60.2 Der VN kann die Versicherungssumme auch dann verlangen,

60.2.1 wenn das Schiff dem VN ohne Aussicht auf Wiedererlangung entzogen, insbesondere unrettbar gesunken, oder wenn es in seiner ursprünglichen Beschaffenheit zerstört ist;

60.2.2 wenn 2 Monate, gerechnet vom Tag der letzten Meldung, ohne Nachricht vom Schiff verstrichen sind (Verschollenheit). An die Stelle der zweimonatigen Frist tritt eine solche von 12 Monaten, wenn der Eingang von Nachrichten infolge eines Krieges verzögert sein kann.

60.3 Hat der VR den VN gemäß Ziff. 60.2 befriedigt, hat der VR das Recht zu wählen, ob die Rechte des VNs an dem Schiff auf ihn übergehen sollen. Der VN ist verpflichtet, dem VR die zur Geltendmachung der Rechte erforderliche Auskunft zu erteilen und ihm die zum Beweis der Rechte dienenden Urkunden, soweit sie sich in seinem Besitze befinden, auszuliefern, ihm auch auf Verlangen eine öffentlich beglaubigte Urkunde über den Übergang der Rechte auszustellen; die Kosten hat der VR zu tragen. Sofern es für den Übergang der Rechte bestimmter Handlungen oder Erklärungen des VNs bedarf, ist dieser zur entsprechenden Vornahme der Handlung oder Abgabe der Erklärung verpflichtet. Macht der VR von seinem Wahlrecht bis zur Anerkennung des Schadens keinen Gebrauch, so gehen diese Rechte nicht über.

60.4 Der VN bleibt auch nach dem Übergang der Rechte verpflichtet, für die Minderung des Schadens zu sorgen, soweit der VR hierzu nicht imstande ist. Er hat, sobald er eine für die Geltendmachung der Rechte erhebliche Nachricht erhält, dem VR unverzüglich Anzeige zu machen und ihm auf Verlangen die zur Erlangung und Verwertung des Schiffes erforderliche Hilfe zu leisten. Die Kosten hat der VR zu tragen und auf Verlangen vorzuschießen.

Übersicht

A. Einführung

I. Bedeutung der Klausel

1 *Schwampe* weist in seiner Kommentierung der im wesentlichen Regelungsgehalt vergleichbaren Ziff. 32 DTV-Kaskoklauseln 1978/2004 zurecht darauf hin, dass die praktische Bedeutung der Regelung vor dem Hintergrund zunehmend strenger werdenden Umwelthaftungsrechts niedrig ist, da der Kaskoversicherer bei Erwerb der Rechte am Schiff erhebliche – aufgrund fehlender P&I-Deckung – unversicherte Haftungsrisiken übernimmt.[1]

II. Vergleich zu ADS 1919/DTV-Kaskoklauseln 1978/2004

2 Im Wesentlichen entspricht die Vorschrift § 71 ADS 1919. Die in § 73 ADS 1919 geregelte **Verschollenheit** wird mit in die Klausel einbezogen. Während die Reparaturunfähigkeit und Reparaturunwürdigkeit in Ziff. 61 geregelt wird, sind Teilschäden Gegenstand von Ziff. 62. Überdies wird die Regelung der Ziff. 32 DTV-Kaskoklauseln 1978/2004[2] inhaltlich übernommen und vervollständigt.

B. Erläuterung der Klausel

I. Anspruch des Versicherungsnehmers auf die Versicherungssumme bei Totalverlust (Ziff. 60.1)

1. Definition Totalverlust

3 Die Definition für **Totalverlust** erfolgte bis zu dessen Aufhebung im Jahre 2008 aus dem gesetzlichen Seeversicherungsrecht und ergab sich hier aus dem ehemaligen § 854 HGB.

§ 854 HGB a.F. lautet:

Ein Totalverlust des Schiffes oder der Güter liegt vor, wenn das Schiff oder die Güter zugrunde gegangen oder dem Versicherten ohne Aussicht auf Wiedererlangung entzogen sind, namentlich

---

[1] *Schwampe* Seekaskoversicherung Klausel 32 Rn. 2.

[2] Vgl. zur Konzeption von Ziff. 32 DTV Kaskoklauseln 1978/2004: *Schwampe* Seekaskoversicherung Klausel 32 Rn. 2.

wenn sie unrettbar versunken oder in ihrer ursprünglichen Beschaffenheit zerstört oder für gute Prise erklärt sind. Ein Totalverlust des Schiffes wird dadurch nicht ausgeschlossen, dass Einzelteile des Wracks oder Inventars gerettet sind.

Die DTV-ADS 2009 legen nicht fest, wann ein Totalverlust vorliegt. Über die Ziff. 60.2 4
erfolgt eine Gleichstellung des unrettbaren Sinkens des Schiffes bzw. der Zerstörung der ursprünglichen Beschaffenheit des Schiffes und der Verschollenheit mit einem Totalverlust. Auch die Fälle der **Reparaturunfähigkeit** und der **Reparaturunwürdigkeit** stehen **neben** dem **Totalverlust.**

Demnach bleibt für den Totalverlust ein lediglich **schmaler Anwendungsbereich:** Er ist 5
eröffnet, wenn das Schiff als solches nicht mehr existiert[3] bzw. abhandengekommen ist.[4] Das bedeutet allerdings auch, dass in der Praxis der Schadensregulierung ein Totalverlust nur in Ausnahmefällen zu bejahen sein wird und damit das Schiff nicht einfach nicht mehr existiert, sondern gesunken oder in der Beschaffenheit zerstört sein dürfte oder eben wirtschaftlich bzw. insgesamt zur Reparatur unfähig oder unwürdig sein dürfte. Auch können Schiffe verschollen sein, was allerdings nach der Definition eben kein Totalverlust sein soll, sondern einem solchen lediglich gleichsteht wie es sich aus Ziff. 60.2 ergibt.

Zusammenfassend kann gesagt werden, dass ein Totalverlust im Sinne von Ziff. 60.1 6
in der Praxis der Schadensregulierung kaum von Bedeutung ist. In der praktischen Anwendung der Klausel selbst wird schlicht die dogmatische Unterscheidung zurückgestellt und der Unterschied zwischen einer Gleichstellung zum Totalverlust und einem Totalverlust ignoriert.[5] Aus dogmatischer Sicht mag dies zu beanstanden sein, der Praktikabilität der Ergebnisse wird jedoch hierdurch kein Abbruch getan.

Es wird wesentlich auf die Möglichkeiten des VN geblickt; sofern für ihn **keine Möglichkeit der Wiedererlangung** des Schiffes besteht und er dieses nicht freiwillig hergegeben (insbes. verkauft) hat, ist es **total verloren.** 7

2. Zahlung der Versicherungssumme (Ziff. 60.1 Satz 2, Satz 3)

Allgemeine Grundsätze des Schadensersatzrechts werden in Form der Ziff. 60.1 Satz 2 8
bestätigt, indem sämtliche Werte geretteter Sachen vor Zahlung der Versicherungssumme anzurechnen sind, sowie alles, was anderweitig zur Ausgleichung des erlittenen Schadens durch den VR erlangt wurde. Sofern die **Rettung der genannten Sachen nach Zahlung der Versicherungssumme** und Ausübung des Wahlrechts durch den Versicherer erfolgt ist, **gehören die Sachen dem VR.**

Klausel 60.1 Satz 3 sieht eine **öffentliche Versteigerung** nur noch für den Fall vor, dass 9
die Parteien nicht eine einvernehmliche Wertfestsetzung erreicht haben. Damit wird gegenüber der Formulierung in § 71 Abs. 1 Satz 3 ADS 1919 eine praxisgerechte Lösung für Streitfälle gefunden.

II. Entzug ohne Aussicht auf Wiedererlangung (Ziff. 60.2.1)

1. Allgemein

In welchen Fällen dem VN sein Schiff **ohne Aussicht auf Wiedererlangung** entzogen 10
ist, ergibt sich gem. Ziff. 60.2.1 insbesondere in zwei Fällen: zunächst dem unrettbaren Sinken oder der Zerstörung der ursprünglichen Beschaffenheit des Schiffes.

---

[3] *Ritter/Abraham* § 71 Anm. 5.

[4] Prölss/Martin/*Armbrüster* Vor § 74 Rn. 72.

[5] Beckmann/Matusche-Beckmann/*Heiss* § 38 Rn. 235.

11 Aus der Formulierung „**Entzug**" wird deutlich, dass bei freiwilliger Hergabe des Schiffes durch den VN Ziff. 60.2.1 nicht anwendbar ist. So ist z.B. die Zwangsversteigerung des Schiffes unter Ziff. 60.2.1 zu subsumieren, ebenso Enteignung und Wegnahme.[6]

2. Unrettbares Sinken

12 Unter dem Begriff des **unrettbaren Sinkens des Schiffes** ist bereits aufgrund der Qualifikation „unrettbar" nicht jedes Sinken erfasst. Die Grenzen der „Unrettbarkeit" verändern sich mit den Veränderungen der technischen Möglichkeit im Rahmen der Schifffahrt und ergibt sich aus der Betrachtung des **konkreten Einzelfalles.**

13 Grundsätzlich ohne Bedeutung bei der Beantwortung der Frage, ob ein Schiff rettbar oder nicht rettbar ist, sind die **Kosten** der Bergung.[7] Allerdings ist der VN gem. Ziff. 44 gehalten, Schaden zu mindern bzw. falls möglich, abzuwenden. Im Zusammenhang mit der Beurteilung des Maßstabes der Unrettbarkeit i.S.v. Ziff. 60.2.1 ist Ziff. 44 zu berücksichtigen: Konkret kann dem VN bei der Rettung des Schiffes nichts abverlangt werden, was gegen seine Schadenminderungs- bzw. Schadenabwendungspflicht aus Ziff. 44 verstoßen würde.

14 Sofern in der Rettung des Schiffes kein Verstoß gegen Ziff. 44 zu erblicken wäre, sind demgemäß Rettungskosten i.R.d. Ziff. 60.2.1 nicht zu berücksichtigen, da Schadensabwendungsmaßnahmen durch den VN kompensationsfähig im Zusammenhang mit Ziff. 31 sind. Ziff. 61 beleuchtet ebenso wie Ziff. 60 den Unterschied zwischen der Reparaturunfähigkeit und der Reparaturunwürdigkeit, da bei diesem Konzept lediglich die Differenz zwischen dem verbleibenden Wert des Schiffes und der Versicherungssumme zu zahlen ist. Im Unterschied hierzu ist im Falle des unrettbaren Sinkens gerade **kein Restwert beim VN** verblieben und daher eine grundsätzlich andere Konstellation gegeben.

3. Zerstörung des Schiffes in seiner ursprünglichen Beschaffenheit

15 Der zweite in der Klausel genannte Grundfall ist die Zerstörung des Schiffes **in seiner ursprünglichen Beschaffenheit.** Die **Grenze zur Reparaturunfähigkeit** (Ziff. 61.1) lässt sich nicht scharf ziehen, da sich die Bereiche **teilweise überschneiden.** Ein Schiff kann gleichzeitig einerseits in seiner ursprünglichen Beschaffenheit zerstört sein, aber dennoch grundsätzlich reparaturfähig, aber vielleicht nicht mehr reparaturwürdig sein.

16 Problematisch ist das Verhältnis zwischen Ziff. 60.2.1 Alt. 2 (Verlangen der Versicherungssumme aufgrund Zerstörung des Schiffes in seiner ursprünglichen Beschaffenheit) und Ziff. 61.2 (Wahlrecht des VR bei Reparaturunfähigkeit oder Reparaturunwürdigkeit). Würde man davon ausgehen, dass das Wahlrecht des VR aus Ziff. 61.2 besteht, sobald die Reparaturunfähigkeit bzw. Reparaturunwürdigkeit festgestellt wurde, so würde das Wahlrecht des VN aus Ziff. 60.2 unverhältnismäßig beschnitten werden. Dies ergibt sich vor allem daraus, dass nach Ziff. 60.2.1 Alt. 2 i.V.m. Ziff. 60.3 der VR zuerst die Versicherungssumme zahlen *muss* und dann den Rechtsübergang wählen kann, der VR nach Ziff. 61.2.2 dagegen den Rechtübergang, bevor er etwas geleistet hat, ablehnen kann, wodurch er nur zur Zahlung der Wertdifferenz anstelle der vollen Versicherungssumme verpflichtet wird. Es käme am Ende nur darauf an, welche der Parteien schneller von seinem jeweiligen Recht Gebrauch macht. Daher ist im Wege der ergänzenden

---

[6] Ausführlich *Ritter/Abraham* § 71 Anm. 7 m.w.N.

[7] Dagegen wohl unentschlossen: *Ritter/Abraham* § 71 Anm. 10.

Vertragsauslegung (§§ 133, 157 BGB) davon auszugehen, dass das Wahlrecht des VR aus Ziff. 61.2 erst entsteht, wenn feststeht, dass der VN nicht von seinem Recht aus Ziff. 60.2.1 Gebrauch machen wird.

III. Verschollenheit (Ziff. 60.2.2)

Auch wenn die Verschollenheit im Bereich der Seekaskoversicherung seit jeher eine besondere Rolle spielte, ist ihr **Anwendungsbereich heutzutage sehr eng,** da die Kommunikationstechnologie heute so weit entwickelt ist, dass eine tatsächliche Verschollenheit eines Schiffes über einen längeren Zeitraum in der Praxis nur selten vorkommen dürfte. Wesentlicher Zweck des entsprechenden Tatbestandes ist es allerdings, dem VN im Falle des Fehlens jeglicher Information über das Schiff einen Leistungsanspruch zu geben, da er in der überwiegenden Anzahl der Fälle wohl nicht in der Lage sein dürfte, den Totalverlust zu beweisen. 17

Wie Ziff. 31 der DTV-Kaskoklauseln 1978/2004 regelt Ziff. 60.2.2 die Frist, ab der die Verschollenheit angenommen werden kann. Die Versicherung endet entgegen § 68 ADS 1919 an dem vereinbarten Ablaufdatum, auch wenn das Schiff zu diesem Zeitpunkt unterwegs ist.[8] Allerdings wird durch die Fiktion des Ziff. 60.2.2 der Anspruch auf die Versicherungssumme als am Tag der letzten Nachricht über das Schiff entstanden fingiert. Damit wird die Deckungspflicht wie im Ergebnis durch § 68 ADS 1919 auf anderem Wege ebenfalls auf den Altvertrag fingiert.[9] Aus der **zweimonatigen Verschollenheitsfrist** wird eine **zwölfmonatige**, sofern der Nachrichteneingang durch Krieg oder kriegsähnliche Handlungen verzögert sein könnte. Größere praktische Bedeutung hat dies angesichts moderner Kommunikationsmittel nicht mehr. **Fristbeginn** ist die letzte Nachricht über das Schiff. § 188 Abs. 2 und 3 BGB regeln die Fristberechnung.[10] 18

IV. Rechtsfolge: Zahlung der Versicherungssumme

Sofern ein Totalverlust oder ein ihm gleichgestellter Fall vorliegt, kann der VN die Zahlung der Versicherungssumme verlangen, Ziff. 60.1 Satz 1, Ziff. 60.2 Hs. 1. Ob und zu welchem Zeitpunkt der VN von dieser Befugnis Gebrauch macht, liegt allein bei ihm. Sofern sich der VR von diesem **Schwebezustand** befreien will, kann er durch **Zahlung der Versicherungssumme Befreiung von sämtlichen Verbindlichkeiten** erlangen (Ziff. 42),[11] wobei er dann keine Rechte am Schiff erwerben kann.[12] Sofern der **VN die Zahlung der Versicherungssumme verlangt,** kann er **keine Rechte** an einem **wieder aufgetauchten Schiff** geltend machen. 19

8 *Schwampe* Seekaskoversicherung Klausel 31 Rn. 2.

9 *Schwampe* Seekaskoversicherung Klausel 31 Rn. 3.

10 Thume/de la Motte/Ehlers/*Schwampe* Transportversicherung (2011) Teil 6 Rn. 275.

11 Thume/de la Motte/Ehlers/*Schwampe* Transportversicherung (2011) Teil 6 Rn. 283.

12 *Schlegelberger* Seeversicherungsrecht (1960) § 71 Rn. 5.

V. Rechtsübergang

20 Unter der Ägide des HGB und der ADS 1919 erfolgte der Eigentumsübergang zugunsten des VR automatisch.[13] Bereits durch die Ziff. 32 DTV-Kaskoklauseln 1978/2004 wurde ein **Wahlrecht** eingeführt, welches dem VR die Möglichkeit gab, sofern er den VN befriedigte, die Rechte am Schiff zu erwerben. Insbesondere vor dem Hintergrund des immer strenger werdenden Umweltrechts und weiterreichenden Haftungen in diesem Bereich hat der Kaskoversicherer im **Regelfall kein Interesse** daran, die hohen Risiken eines Rechtsüberganges einzugehen, zumal der Eintritt in die anderen Versicherungsverhältnisse, und hier insbesondere in die Haftpflichtversicherungen, nicht erfolgt und sich der Kaskoversicherer mithin unversicherten Haftungsrisiken ausgesetzt sähe, während der VN selbst durch seine P&I-Deckung weitestgehend geschützt wäre.[14]

21 Die neue Ziff. 60.3 sieht überdies, sofern der VR sein Wahlrecht im Blick auf den Eigentumserwerb ausübt, vor, dass der VN die entsprechenden Mitwirkungshandlungen vorzunehmen hat, um den Übergang der Rechte auf den VR herbeizuführen. Damit wird eine unter den DTV-Kaskoklauseln 1978/2004 bestehende Unsicherheit beseitigt, die daraus entstehen kann, dass das maßgebliche Sachenrecht allein aufgrund der Bedingungen des Versicherungsvertrages nicht zu einem Eigentumsübergang führt. Sofern der VR von seinem Wahlrecht keinen Gebrauch bis zum Zeitpunkt des Anerkenntnisses des Schadens macht, erfolgt **kein Rechtsübergang**. Gegenstand des Rechtsübergangs ist lediglich das Schiff selbst, sowie mitversicherte Ausrüstungsgegenstände im Eigentum des VN.

22 Die Ausübung des Wahlrechts kann bei einer Mehrheit von VR vom führenden VR nicht für alle beteiligten Mitversicherer ausgeübt werden.[15]

VI. Stellung des Versicherungsnehmers nach Rechtsübergang (Ziff. 60.4)

23 Aus Ziff. 60.4 ergibt sich, dass auch nach Übergang der Rechte die allgemeinen Grundsätze der Schadensminimierung Anwendung finden und zusätzlich der VN verpflichtet wird, dem VR hierbei zu sekundieren.

C. Verfahrensfragen/Beweislast

24 Verlangt der VN die Versicherungssumme, muss er beweisen, dass entweder ein **Totalverlust** i.S.d. Ziff. 60.1 Satz 1 oder ein diesem **gleichgestellter Fall** (Ziff. 60.2.1, 60.2.2) vorliegt.

25 Der **VR** kann seiner Leistungspflicht zumindest teilweise entgehen, wenn er beweist, dass **Sachen gerettet** wurden und/oder der VN etwas **Anderweitiges** zur Ausgleichung des Schadens **erlangt** hat (Ziff. 60.1 Satz 2). Zu beachten ist in diesem Zusammenhang das Auskunftsrecht des VR gem. Ziff. 45. Der hierdurch anzurechnende Wert wird im Streitfall nach Ziff. 60.1 Satz 3 bestimmt.

26 Will der VR den **Rechtsübergang** nach Ziff. 60.3 wählen, hat er zu beweisen, dass er den VN seinem Verlangen entsprechend **befriedigt** hat.

---

[13] Zu der lang geführten Diskussion, ob das Eigentum kraft Gesetzes oder aufgrund des Versicherungsvertrages (§ 71 ADS) überging, ausführlich *Schwampe* Seekaskoversicherung Klausel 32 Rn. 4 ff.

[14] *Schwampe* Seekaskoversicherung Klausel 32 Rn. 2.

[15] Vgl. Bruck/Möller/*Dreyer* DTV-ADS 2009 Ziff. 19 Rn. 39.

61 Reparaturunfähigkeit und Reparaturunwürdigkeit

61.1. Reparaturunfähig ist ein Schiff dann, wenn die Instandsetzung des Schiffes nicht oder jedenfalls an dem Ort, an dem das Schiff sich befindet, nicht möglich ist und das Schiff auch nicht an einen Ort, an dem die Instandsetzung möglich wäre, verbracht werden kann.

Reparaturunwürdig ist ein Schiff dann, wenn die festgestellten Instandsetzungskosten einschließlich eines etwaigen Bergelohnes und der Kosten der Verbringung zu einer Reparaturwerft höher sind als die Versicherungssumme.

Die Feststellung der Reparaturunfähigkeit oder Reparaturunwürdigkeit erfolgt durch die mit der Schadensfeststellung beauftragten Sachverständigen. Beide Parteien können die Feststellung im Sachverständigenverfahren nach Ziff. 63 verlangen.

61.2. Ist die Reparaturunfähigkeit oder Reparaturunwürdigkeit festgestellt, zahlt der Versicherer nach seiner Wahl

61.2.1. wenn er gemäß Ziff. 60.3 den Übergang der Rechte am Schiff auf sich erklärt, die Versicherungssumme, oder

61.2.2. wenn er nicht den Übergang der Rechte am Schiff auf sich erklärt, die Differenz zwischen der Versicherungssumme und dem zwischen dem Versicherer und dem Versicherten vereinbarten Wert des Schiffes im beschädigten Zustand. Erfolgt keine solche Einigung, ist der Versicherungsnehmer verpflichtet, das Schiff öffentlich versteigern zu lassen. In diesem Falle leistet der Versicherer die Differenz zwischen der Versicherungssumme und dem Versteigerungserlös.

Übersicht

A. Einführung

Die Klausel entspricht in ihrem wesentlichen Regelungskonzept mit geringen Abweichungen § 77 ADS 1919. Sie steht zwischen dem in Ziff. 60 geregelten Fall des Totalverlusts und vergleichbaren Fällen und den Teilschäden gemäß Ziff. 62. Systematisch hat sie nicht unerhebliche Überschneidungen mit Ziff. 60. Die Vorschrift stellt eine Anspruchsgrundlage für Deckungsansprüche gegen den VR dar. **1**

B. Erläuterung der Klausel

I. Reparaturunfähigkeit (Ziff. 61.1 Abs. 2)

Ein Schiff ist **reparaturunfähig**, wenn es nicht ausgebessert werden kann.[1] Es kommt nicht darauf an, ob die Ausbesserung unwirtschaftlich ist oder nur unter Überwindung besonderer Schwierigkeiten oder durch Einsatz besonderer Mittel erfolgen kann, sondern **2**

[1] *Enge/Schwampe* Transportversicherung S. 308; *Schlegelberger* Seeversicherungsrecht § 77 Rn. 1; *Ritter/Abraham* § 77 Anm. 4.

allein darauf, ob es rein technisch möglich ist, das Schiff wieder herzustellen, so dass ein Schiff gleicher Art und Klasse entsteht.[2] Eine deutlich **verzögerte Reparaturmöglichkeit** stellt lediglich einen Fall der **Reparaturunwürdigkeit** dar, da Zeit Geld ist und insofern eine Reparaturunfähigkeit angenommen werden kann.[3]

3 Eine Reparaturunfähigkeit ist auch dann gegeben, wenn das Schiff an dem Orte, an dem es sich befindet, nicht repariert und auch nicht an einen Ort verbracht werden kann, an dem die Reparatur möglich ist.[4] Es handelt sich um einen Fall der **relativen Reparaturunfähigkeit.**[5] Kritisch zu dieser Terminologie *Ritter/Abraham*,[6] die auf die Tatsache abstellen, dass es sich um ein reparaturunfähiges Schiff handelt, da es eben nicht nach Lage der Dinge ausgebessert werden kann. Beide Fälle der Reparaturunfähigkeit werden allerdings in den DTV-ADS 2009 gleich behandelt. Dies ergibt sich bereits aus dem Wortlaut von Ziff. 61.1.[7]

4 Man kann die Reparaturunfähigkeit wirtschaftlich als einen Fall des Totalverlusts der versicherten Sache betrachten, die ja in ihrer ursprünglichen Beschaffenheit zerstört bzw. dem VN ohne Aussicht auf Wiedererlangung entzogen worden ist. Deshalb löst die Reparaturunfähigkeit auch die Leistungspflicht in der Nebeninteressenversicherung aus (Ziff. 67.1).[8] Dies allerdings gilt nur, soweit der VR die ihm gegebene Möglichkeit nicht wählt, den Schaden als Teilschaden abzuwickeln.

II. Reparaturunwürdigkeit (Ziff. 61.1 Abs. 2)

5 Wie bereits in Rn. 2 erläutert, spielen wirtschaftliche Faktoren im Zusammenhang mit der Reparaturunfähigkeit keine Rolle. Diese werden allerdings berücksichtigt, wenn eine **Reparaturunwürdigkeit** vorliegt. Diese ist gegeben gem. Ziff. 61.1. Abs. 2, wenn die gem. Ziff. 62 oder 63 festgestellten Ausbesserungskosten die Versicherungssumme übersteigen. Hier einzurechnen sind ebenfalls Reparaturnebenkosten sowie die der Reparaturreise. Ausgenommen sind jedoch Kosten gem. Ziff. 62.7. Die Ausbesserungskosten werden, sofern, wie regelmäßig, der Versicherungswert taxiert ist, der Versicherungssumme gegenüber gestellt. Die Höhe des Zeitwertes des Schiffes spielt keine Rolle.[9] Sofern die Versicherungssumme von den Ausbesserungskosten zzgl. der zu schätzenden Nebenkosten überschritten wird, ist eine Reparaturunwürdigkeit anzunehmen. Berge- oder Hilfslöhne werden bei der Deckung nach ADS 1919 nicht mitgerechnet. Bei der Deckung gem. Ziff. 61.1 sind diese **mitzurechnen.**

III. Feststellung der Reparaturunfähigkeit oder Reparaturunwürdigkeit (Ziff. 61.1 Abs. 3)

6 Das Konzept der ADS sah noch in § 77 ADS 1919 vor, dass die Reparaturunfähigkeit bzw. -unwürdigkeit stets durch ein Sachverständigenverfahren gemäß § 74 ADS 1919 festzustellen war. Die DTV-ADS 2009 gehen in der Klausel von einem „beauftragten

---

[2] *Engel/Schwampe* Transportversicherung S. 308.
[3] *Ritter/Abraham* § 77 Anm. 4.
[4] *Ritter/Abraham* § 77 Anm. 5.
[5] *Engel/Schwampe* Transportversicherung S. 308.
[6] *Ritter/Abraham* § 77 Anm. 5 f.
[7] In einer differenzierten Betrachtung der Rechtsprechung im Zusammenhang mit der Kategorienbildung relativer und absoluter Reparaturunfähigkeit *Ritter/Abraham* § 77 Anm. 5.
[8] *Engel/Schwampe* Transportversicherung S. 310.
[9] *Engel/Schwampe* Transportversicherung S. 309.

Sachverständigen" aus. Näheres bestimmen die DTV-ADS 2009 nicht. Sofern kein Sachverständiger einvernehmlich beauftragt ist, kann nach Ziff. 61.1 Abs. 3 Satz 2 von beiden Seiten die Durchführung eines Sachverständigenverfahrens gemäß Ziff. 63 gefordert werden. Der zugrunde zu legende **Zeitpunkt für die Bestimmung**, ob Reparaturunfähigkeit oder -unwürdigkeit vorliegt, wird nicht festgelegt. Es ist aber davon auszugehen, dass sinnvollerweise dieser Zeitpunkt unmittelbar nach Eintritt des Versicherungsfalles liegt.

Eine zwischen VN und VR „vereinbarte Reparaturunfähigkeit bzw. -unwürdigkeit" **7** ist unter dem Kaskoversicherungsvertrag als abweichende Bestimmungsmethode unproblematisch. Allerdings knüpft die Nebeninteresseversicherung in Ziff. 67.1, 68, 69 an die Reparaturunfähigkeit bzw -unwürdigkeit im Sinne der Ziff. 61.1 an und hier handelt es sich um „festgestellte" und nicht „vereinbarte" Reparaturunfähigkeit bzw. -unwürdigkeit, sodass die von den Nebeninteresseversicherungen geforderten Tatbestandsmerkmale im Falle einer „vereinbarten" Reparaturunfähigkeit bzw. -unwürdigkeit nicht erfüllt sind. Jedoch ist zu beachten, dass es den Parteien stets möglich ist, auch von dem Erfordernis der Ziff. 67.1, 68, 69 einer „festgestellten" Reparaturunfähigkeit bzw. Reparaturunwürdigkeit durch Individualvereinbarung abzuweichen (§ 305b BGB).

Der Restwert des Schiffes muss unter der Ägide der DTV-ADS 2009 nicht mehr zwin- **8** gend durch eine Versteigerung ermittelt werden. Die Parteien haben die Möglichkeit, den Wert einvernehmlich festzulegen. Diese Festlegung ist im Gegensatz zur eben geschilderten Vereinbarung unkritisch, da lediglich Kaskointeressen betroffen sind, wenn der Wert des beschädigten Schiffes durch Parteivereinbarung festgelegt wird. Sofern eine solche Einigung nicht erzielt werden kann, ist das Schiff öffentlich zu versteigern. Anders kann die nach Ziff. 61.2.2 geschuldete Differenz zwischen Versicherungssumme und Versteigerungserlös nicht festgestellt werden.

IV. Wahlrecht des Versicherers (Ziff. 61.2)

Der VR hat die Möglichkeit die Abrechnung des Schadens nicht über die Repara- **9** turunfähigkeit oder Reparaturunwürdigkeit, sondern als **Teilschaden** vorzunehmen. Sowohl für den VN als auch für den VR ist eine Abwicklung nach Ziff. 61.2.2 oder Ziff. 61.2.3 günstig: Der VN erhält die auf Nebeninteresse versicherten Beträge gem. Ziff. 67.1. Der VR muss nur die **Differenz** zwischen dem **vereinbarten Restwert oder dem Versteigerungserlös** und der **Versicherungssumme** auskehren. Allerdings muss der Versicherer wohl mit Blick auf Ziff. 15 ohne schuldhaftes Zögern entscheiden.

C. Verfahrensfragen/Beweislast

Sofern Streit über das Vorliegen von Reparaturunfähigkeit oder Reparaturunwür- **10** digkeit besteht, ist diese Frage im **Sachverständigenverfahren** nach Ziff. 63 zu klären (Ziff. 61.1 Abs. 3).

Verlangt der **VN** aufgrund von Reparaturunfähigkeit oder Reparaturunwürdigkeit **11** des Schiffes die **Versicherungssumme**, muss er beweisen, dass der VR den **Übergang der Rechte** an dem Schiff erklärt hat (Ziff. 61.2.1). Ist dies nicht der Fall und hat der VN demnach nur Anspruch auf die **Wertdifferenz** nach Ziff. 61.2.2, muss er beweisen, dass die Parteien einen entsprechenden **Wert vereinbart** haben oder das Schiff bei einer **öffentlichen Versteigerung** einen bestimmten Erlös erzielt hat.

62 Teilschaden

62.1 Ein Teilschaden ist vor der Ausbesserung festzustellen. Bei Streit über Ursache oder Höhe des Schadens können beide Parteien deren Feststellung durch Sachverständige verlangen. Das Verfahren richtet sich nach Ziff. 63.

62.2 Erhält das Schiff nach einer Beschädigung von der zuständigen Klassifikationsgesellschaft ein Seefähigkeitsattest, so kann die Reparatur zurückgestellt werden, falls der Schaden unverzüglich festgestellt wird, wobei der Versicherer für einen Mehraufwand infolge verspäteter Reparatur keinen Ersatz leistet. In allen anderen Fällen ist das Schiff vorbehaltlich der Bestimmungen in Ziff. 62.8 nach Feststellung eines Teilschadens unverzüglich auszubessern. Der Versicherungsnehmer hat in Ansehung der Ausbesserung auch das Interesse des Versicherers wahrzunehmen.

62.3 Vor dem Abschluss des Ausbesserungsvertrags hat der Versicherungsnehmer dem Versicherer Reparatur-Offerten vorzulegen. Nach deren Vorlage

62.3.1 hat der Versicherungsnehmer auf Verlangen des Versicherers das Schiff zum Zweck der endgültigen Reparatur an einen anderen Ort zu bringen;

62.3.2 kann der Versicherer einen vom Versicherungsnehmer gewählten Reparaturort oder eine Reparaturwerft ablehnen;

62.3.3 kann der Versicherer verlangen, dass der Versicherungsnehmer für die Reparatur des Schiffes weitere Angebote einholt oder er kann auch selbst solche Angebote einholen (Tenderung).

62.4 Der Versicherer kann die Ausbesserung beaufsichtigen. Der Versicherungsnehmer hat dem Versicherer auf Verlangen über den Stand der Ausbesserung Auskunft zu erteilen und nach der Ausbesserung über die durch sie erforderten Aufwendungen Belege vorzulegen, insbesondere auch mitzuteilen, welche Abzüge oder Nachlässe von den in den Belegen angegebenen Beträgen gewährt wurden.

62.5 Die Ersatzpflicht des Versicherers wird durch die für die Ausbesserung aufgewendeten Kosten bestimmt. Übersteigt der Gesamtbetrag dieser Kosten den geschätzten Betrag, so wird die Ersatzpflicht durch den geschätzten Betrag bestimmt.

62.6 Der Versicherer ersetzt die Kosten des schadenbedingten Anstrichs. Die Kosten für Schrapen und Giftanstrich werden im Verhältnis der Zeit ersetzt, die der Restlebensdauer des Anstrichs entspricht. Ansonsten werden Abzüge von Schäden wegen des Unterschieds zwischen neu und alt nicht gemacht.

62.7 Dem Versicherer fallen auch die Aufwendungen zur Last, deren es bedarf, um das Schiff an den Ort, an dem es ausgebessert werden soll, zu bringen und erforderlichenfalls zurückzubringen. Das gleiche gilt von den Aufwendungen, die der Versicherungsnehmer zur Beschaffung der für die Ausbesserung erforderlichen Gelder macht.

62.8 Der Anspruch des Versicherungsnehmers auf Ersatz eines Teilschadens setzt die Durchführung der Reparatur voraus. Der Versicherungsnehmer kann jedoch, wenn ein wichtiger Grund, der in seinen besonderen Verhältnissen liegt und von ihm nicht zu vertreten ist, vorliegt, unter Angabe dieses Grundes unverzüglich nach Feststellung des Schadens dem Versicherer erklären, dass er das Schiff nicht ausbessern werde; als ein wichtiger Grund ist es auch anzusehen, wenn der Versicherungsnehmer das Schiff vor dem Beginn der Ausbesserung veräußert, ohne dass der Erwerber in das Versicherungsverhältnis eintritt. Die Ersatzpflicht des Versicherers wird in diesem Falle durch den festgestellten Betrag des Schadens bestimmt.

Übersicht

A. Einführung

Ziff. 62 lehnt an § 75 ADS 1919 und den ergänzenden Regelungen aus Ziff. 28, 29, 30.1 und 33 DTV-Kaskoklauseln 1978/2004 an. Durch die Zusammenfassung in eine Klausel sind die mit dem Teilschaden zusammenhängenden Regelungen deutlich übersichtlicher gestaltet. 1

B. Erläuterung der Klausel

I. Teilschaden und Schadensfeststellung (Ziff. 62.1)

Gem. § 74 ADS 1919 war grundsätzlich die Feststellung eines jeden Teilschadens im Rahmen eines förmlichen Sachverständigenverfahrens vorgesehen.[1] Das nicht zuletzt auch kostenintensive Sachverständigenverfahren gemäß § 74 ADS 1919 wird in der Praxis nur im Ausnahmefall und bei Streitigkeiten im Zusammenhang mit der Verursachung bzw. der Höhe des Schadens angewendet. Es ist deshalb in den DTV-ADS 2009 nur noch für den Streitfall vorgesehen. 2

Ein **Teilschaden** ist **Teilverlust** oder **Beschädigung.**[2] Hierneben sind auch **Havarie-Grosse-Aufopferungen** Teilschäden im Sinne der Ziff. 62.[3] Teilschäden werden von den Sachverständigen des VHT (Verein Hanseatischer Transportversicherer) oder ihrer Hava- 3

---

[1] *Enge/Schwampe* Transportversicherung S. 300.

[2] *Schlegelberger* Seeversicherungsrecht (1960) § 74 Rn. 1.

[3] *Ritter/Abraham* § 74 Anm. 4; *Schlegelberger* Seeversicherungsrecht (1960) § 74 Rn. 1.

rie-Kommissare gemeinsam mit einem Vertreter der Reederei festgestellt.[4] Das Verfahren regelt sich nach Ziff. 63.

4 Kosten der Schadensfeststellung sind gem. Ziff. 31.1.3 gedeckt. Wird jedoch ein **Sachverständigenverfahren** nach Ziff. 63 durchgeführt, trägt jede Seite ihre Sachverständigenkosten selbst. Lediglich im Falle des **vom VR verlangten Sachverständigeneinsatzes** trägt dieser gemäß Ziff. 63.6 alle Kosten.[5]

5 Bei im Zusammenhang mit einem Schadensfall entstandenen **Kosten für die Besichtigung durch die Klassifikationsgesellschaft** war lange Zeit gängige Praxis, dass diese nicht als ersatzfähig angesehen wurden, da die Hinzuziehung des Besichtigers meist nicht im Versicherungsvertrag als Verpflichtung des VN formuliert war. Dennoch wurden diese Kosten regelmäßig vom VR übernommen. Dies ist in der Praxis auch zu Recht erfolgt, da nach einer Havarie eine **Besichtigung durch die Klassifikationsgesellschaft** zu erfolgen hat, um die Klasse des Schiffes wieder herzustellen. Im Ergebnis ist daher mit *Engel Schwampe* zu konstatieren, dass diese Kosten als „Havarie-Nebenkosten" zu sehen sind, da sie mit der erfolgreichen Abwicklung der Reparatur und der vollständigen **Wiederherstellung des Schiffes untrennbar verbunden** sind.[6] Es hat sich die gängige Praxis eingebürgert, dass die Kosten des Sachverständigen der Reederei ebenfalls ersatzfähig sind. Die Höchstgrenze hierbei bilden die den VR entstandenen Kosten durch die eigenen Sachverständigen.[7]

II. Zeitpunkt der Reparatur und Schadensfeststellung (Ziff. 62.2)

1. Reparatur: grundsätzlich unverzüglich

6 Grundsätzlich sind festgestellte Schäden vorbehaltlich der Bestimmung der Ziff. 62.8 unverzüglich auszubessern. Eine wichtige Ausnahme hiervon macht Ziff. 62.2 Satz 1 beim Erhalt eines Seefähigkeitsattestes durch die Klassifikationsgesellschaft.

7 Beim **Seefähigkeitsattest** handelt es sich um eine Bestätigung der Klassifikationsgesellschaft, die besagt, dass trotz des Teilschadens das Schiff voll seefähig ist. **Seefähigkeit** ist gegeben, wenn das Schiff seetüchtig ist. Der VN ist daran gebunden, dass die für das Schiff zuständige Klassifikationsgesellschaft tätig wird.[8]

8 Sofern das Schiff nach einer Beschädigung ein Seefähigkeitsattest erhält, **kann** die Reparatur zurückgestellt werden, sofern der Schaden unverzüglich, mithin also vor der weiteren Nutzung des Schiffes, festgestellt wird. Nach Ziff. 62.2 Satz 1 a.E. hat der VR infolge einer zurückgestellten Reparatur den entsprechenden **Mehraufwand nicht zu tragen**. Es ist eine rein faktische Betrachtung vorzunehmen, wobei es auf die Art und Natur der Mehrkosten nicht ankommt. Abzugsfähig sind sämtliche Erhöhungen, beispielsweise durch Änderung von behördlichen oder technischen Vorschriften, aber auch durch einen geänderten Wechselkurs.[9]

---

[4] *Engel/Schwampe* Transportversicherung S. 300.

[5] *Engel/Schwampe* Transportversicherung S. 300.

[6] *Engel/Schwampe* Transportversicherung S. 300.

[7] *Engel/Schwampe* Transportversicherung S. 300.

[8] *Schwampe* Seekaskoversicherung Klausel 33 Rn. 9.

[9] *Schwampe* Seekaskoversicherung Klausel 33 Rn. 13.

2. Schadensfeststellung: stets unverzüglich

Auch wenn eine Zurückstellung der Ausbesserung möglich ist, muss doch der Schaden unverzüglich festgestellt werden. Diese Zurückstellung erfolgt durch die Parteien gemeinsam, es sei denn, eine von ihnen verlangt das förmliche Sachverständigenverfahren.[10] Klarstellend wurde wie bereits in Ziff. 33.2 DTV-Kaskoklauseln 1978/2004 geregelt, dass nicht lediglich die Bestellung des jeweiligen Sachverständigen unverzüglich zu erfolgen hat, sondern auch die Schadensfeststellung selbst. 9

3. Rechtsfolge

Sofern die Voraussetzungen von Ziff. 62.2 vorliegen, kann der VN die Reparatur später durchführen. Das bedeutet jedoch nicht, dass er den Schadensfall nach dem Gutachten der instruierten Sachverständigen mit dem VR abrechnen kann. Er wird **lediglich von der Pflicht der unverzüglichen Ausbesserung freigestellt**. Es bleibt beim Grundsatz, dass der **Ersatz des VR auch die Durchführung von Reparaturen erfordert**.[11] 10

Auf Basis der Feststellungen des/der Sachverständigen werden die Kosten, die bei unverzüglicher Reparatur angefallen wären, mit denen verglichen, die bei der tatsächlichen, zeitlich zurückgestellten Reparatur entstanden sind. Lediglich die bei unverzüglicher Reparatur angefallenen Kosten werden ersetzt.[12] 11

III. Pflicht des Versicherungsnehmers zur Vorlage von Reparaturofferten (Ziff. 62.3 Satz 1)

1. Allgemein

Ziff. 62.3 Satz 1 stellt klar, dass der VN dem **VR vor Abschluss des Ausbesserungsvertrages Reparaturofferten vorzulegen** hat. Dieses Konzept geht bereits auf § 75 Abs. 1 Satz 3 ADS 1919 zurück. Als Ausprägung der Interessenwahrungspflicht des VN aus Ziff. 62.2 Satz 3 hat dieser nicht lediglich eine Offerte einzuholen, sondern mehrere.[13] Dies stellt der Wortlaut der Ziff. 62.3 Satz 1 („Reparatur-Offerten") klar.[14] 12

2. Ausnahme von der Vorlagepflicht

Notreparaturen bzw. lediglich vorläufige Reparaturen, die das Schiff erst in die Lage versetzen, an den Ort der endgültigen Reparatur zu versegeln, sind durch den VN allein u.a. auch im Wege einer **Eilkompetenz** zu treffen. Aber hierbei gilt stets das allgemeine Verständnis, dass der VN gemäß Ziff. 62.2 Satz 3 auch die Interessen des VR mit wahrzunehmen hat.[15] 13

---

[10] *Ritter/Abraham* § 74 Anm. 11; *Schwampe* Seekaskoversicherung Klausel 33 Rn. 10 f.

[11] *Enge* Erläuterungen zu den DTV-Kaskoklauseln 1978 S. 88 f.

[12] *Enge/Schwampe* Transportversicherung S. 301.

[13] *Ritter/Abraham* § 75 Anm. 11.

[14] *Schwampe* Seekaskoversicherung Klausel 30 Rn. 2.

[15] *Schlegelberger* Seeversicherungsrecht (1960) § 75 Rn. 2.

IV. Recht des Versicherers, die Verbringung des Schiffes an einen anderen Ort zu verlangen (Ziff. 62.3.1)

14 Der VR kann gem. Ziff. 62.3.1 verlangen, dass das Schiff an einen anderen Reparaturort verbracht wird. Verlangt er es, sind die Reisekosten an den anderen Ort gem. Ziff. 62.7 gedeckt.[16] Dieses Recht besteht allerdings dem Wortlaut zufolge lediglich für die „endgültige" Reparatur.[17]

15 Der Klarstellung halber sei angemerkt, dass sämtliche Reparaturen des Schiffes, soweit sie nicht Notreparaturen sind, am endgültigen Reparaturort durchgeführt werden müssen. **Endgültig** ist eine Reparatur allerdings auch dann, wie *Schwampe* ausführt, wenn sie an verschiedenen Orten durchgeführt wird.[18] Es besteht daher auf Seiten des VR auch die Möglichkeit zu verlangen, dass bestimmte Arbeiten an einem Ort und andere Arbeiten an einem anderen Ort – beispielsweise aus Kostengründen – durchgeführt werden. Hinzuweisen ist allerdings darauf, dass, sofern der VN dem Verlangen des VR nicht nachkommt, eine klagweise Durchsetzung nicht möglich ist. Diesbezüglich sind die Rechtsfolgen und Möglichkeiten abschließend in der Klausel benannt.

V. Ablehnung der vom Versicherungsnehmer gewählten Reparaturwerft bzw. des Reparaturortes (Ziff. 62.3.2)

1. Allgemein

16 Aus Ziff. 62.3.1 ergibt sich, dass der VR das Recht hat, das Schiff an einen bestimmten **Reparaturort zu verbringen.**[19] Ziff. 62.3.2 ergänzt dies dahingehend, dass der VR auch das Recht hat, die Wahl des VN abzulehnen. Seine Grenze findet dieses Recht in allgemeinen Schutzwürdigkeitserwägungen: Der VR darf nicht jeden vom VN gewählten Ort schlicht ablehnen. Hierdurch wird die vertraglich geschuldete Leistung des VR umgangen.

17 Streitträchtiger als die Auswahl des Reparaturortes ist die Auswahl der Reparaturwerft. In diesem Zusammenhang ist es nicht ungewöhnlich, dass die Interessen des VR und des VN einander zuwiderlaufen: Das Interesse des VR ist auf eine möglichst kostengünstige Ausbesserung des Schiffes gerichtet, während das Interesse des VN sich auf eine möglichst schnelle Ausbesserung konzentrieren dürfte, um das Schiff möglichst schnell wieder einsetzen zu können.[20] Auch hier gilt allerdings die **Treuepflicht aus Ziff. 15;** beide Parteien haben bei der Wahrnehmung eigener Interessen immer auch die Interessen des anderen zu berücksichtigen. Die Wahl des akzeptierten Angebotes muss insbesondere sachgerecht sein und darf nicht nur von dem Ziel des VR geprägt sein, die Verpflichtung zur Leistung einer Tenderentschädigung zu vermeiden.[21]

18 Bei **nicht lösbaren Interessengegensätzen** (z.B. weil lediglich zwei Alternativen der Reparatur zur Verfügung stehen) muss ein anderweitiger Ausgleich nach Ziff. 15 gesucht werden. Hier sind unterschiedliche Modelle denkbar, beispielsweise, dass bei der lang-

---

16 *Schlegelberger* Seeversicherungsrecht (1960) § 75 Rn. 3.
17 *Schwampe* Seekaskoversicherung Klausel 30 Rn. 5.
18 *Schwampe* Seekaskoversicherung Klausel 30 Rn. 5.
19 *Schwampe* Seekaskoversicherung Klausel 30 Rn. 6.
20 *Ritter/Abraham* § 75 Anm. 11.
21 *Schwampe* Seekaskoversicherung Klausel 30 Rn. 15.

sameren Werft repariert wird, die durch die Reparatur allerdings aufgewendete zusätzliche Zeit durch den VR vergütet wird. Dieser Ersatz von zeitlichen Komponenten ergibt sich daraus, dass der VR die Beseitigung des Teilschadens schuldet und zwar in der Form, dass die allgemein schnellste, sicherste und zumutbar billigste Reparatur vorgenommen werden muss.[22] Sofern nun also der VR eine günstigere Reparaturwerft durchsetzt und nicht mehr die schnellste, ist seine Leistungspflicht nicht voll erfüllt und mit dem Ersatz der zeitlichen Komponenten wird erst die volle Ersatzleistung des VR erbracht.

2. Fruchtlose Ablehnung von Reparaturwerft bzw. -ort

Sofern der VN der Weisung des VR nicht folgt und die Reparatur bei der vom VR gebilligten Werft nicht durchgeführt hat, hat der VR **lediglich für die Kosten der von ihm gebilligten Werft** einzustehen und nicht für die der vom VN gewählten Werft.[23] Hinsichtlich der Verbringung an den Reparaturort ist der Ort, an den das Schiff verbracht wurde, nicht der „Ort, an dem es ausgebessert werden soll",[24] so dass der VR die Aufwendung für die Verbringung des Schiffes an den Reparaturort und zurück nicht zu tragen hat. 19

VI. Tenderung (Ziff. 62.3.3)

Die **Einholung weiterer Angebote** bezieht sich sowohl auf die endgültige Reparatur als auch auf die vorläufige bzw. Notreparatur. Eine Tenderung kann entgegen der früher von *Remé/Gercke*[25] vertretenen Auffassung mit *Schwampe*[26] und *Enge*[27] bei **jeder Schadenhöhe** verlangt werden. Sofern allerdings **ein grobes Missverhältnis zwischen Aufwand und Schadenshöhe** besteht, kann das Tenderverlangen gegen Ziff. 15 verstoßen und damit durch den VN zurückgewiesen werden. 20

Da an das **Tenderverlangen** umfassende **Rechtsfolgen** geknüpft sind, muss dieses **hinreichend deutlich** vom VR artikuliert werden.[28] Sofern der VR selbst Angebote einholt, muss er dies dem VN mitteilen. Sofern er diese Informationspflicht dergestalt unterlässt, dass die Grenze der Unverzüglichkeit überschritten wird, wird der VN unter Wahrung der Interessen des VR gem. Ziff. 15 frei, eine der vorgelegten Offerten anzunehmen. 21

Auch das Tenderbegehren muss der VR aus den oben genannten Gründen **unverzüglich** äußern. Erfolgt es verspätet, muss sich auch hier der VN nicht darauf einlassen. Es besteht allerdings grundsätzlich für ihn die Möglichkeit, sich auf das verspätet vom VR geforderte Einholen weiterer Offerten einzulassen. Sofern sich der VN auf ein solches objektiv verspätetes Tenderbegehren des VR ohne Einschränkungen einlässt, finden die Regelungen nach Ziff. 64 Anwendung und der VN muss u.U. auch Leistungskürzungen gem. Ziff. 64 hinnehmen. Es bleibt dem VN allerdings unbenommen, ein modifiziertes 22

---

22 *Schwampe* Seekaskoversicherung Klausel 30 Rn. 7.

23 Thume/de la Motte/Ehlers/*Schwampe* Transportversicherung (2011) Teil 6 Rn. 257.

24 Thume/de la Motte/Ehlers/*Schwampe* Transportversicherung (2011) Teil 6 Rn. 257.

25 Terbille/*Remé/Gercke*[8] MAH § 10 Rn. 79: „bei großen Schäden"; in der aktuellen Auflage Terbille/Höra/*Gercke/Gerhard* § 11 Rn. 112 wird nicht mehr nach der Schadengröße differenziert.

26 *Schwampe* Seekaskoversicherung Klausel 30 Rn. 4.

27 *Enge* Erläuterungen zu den DTV-Kaskoklauseln 1978 (1980) 80.

28 *Schwampe* Seekaskoversicherung Klausel 30 Rn. 4.

Angebot an den VR zu richten sowie die verspätete Tenderung mit der Einschränkung zu versehen, dass eventuelle Nachteile aus den Regelungen für ihn nicht hinzunehmen sind. Dann liegt die Entscheidung beim VR, ob er dieses Angebot annehmen will und eine **modifizierte Tenderung** akzeptieren möchte.

VII. Ausübung der Befugnisse des Versicherers aus Ziff. 62.3

23 Die Wahl des VR, welche Alternative aus Ziff. 62.3.1 bis Ziff. 62.3.3 angewendet werden soll, muss **unverzüglich** erfolgen. Dies ergibt sich zumindest aus Ziff. 15. Es gilt der **allgemeine zivilrechtliche Maßstab des § 121 Abs. 1 BGB**. Sofern das Verlangen des VR verspätet artikuliert wird, ist dies ohne Wirkung. Der VN muss diesbezüglich keine Leistungskürzung hinsichtlich Ziff. 64 hinnehmen.[29] Vgl. auch oben Rn. 22.

VIII. Beaufsichtigung der Reparatur durch den Versicherer (Ziff. 62.4)

24 Der VN hat den **Ausbesserungsvertrag** so abzuschließen, dass der VR von der Befugnis, die Reparaturarbeiten und die Ausbesserung zu beaufsichtigen, Gebrauch machen kann.[30] Dies muss auch durch vom VN beauftragte Dritte erfolgen können. Hierneben ist der VN verpflichtet, dem VR gegenüber **Auskunft über den Stand und den Fortschritt der Ausbesserung zu erteilen**. Ferner sind die im Zusammenhang mit der Ausbesserung gemachten Aufwendungen zu belegen. Insbesondere wird die Verpflichtung des VN normiert, eventuelle Retour-Kommissionen, Abzüge oder Nachlässe von den genannten Beträgen unmittelbar dem VR mitzuteilen.[31] Es handelt sich um eine besondere Ausgestaltung des Auskunftsanspruchs des VR (vgl. Ziff. 45).

IX. Begrenzung der Leistungspflicht des Versicherers durch Kostenschätzung (Ziff. 62.5)

25 **Die konkret entstandenen Ausbesserungskosten sind nicht maßgebend**, wenn der von den Sachverständigen geschätzte Betrag zur Ausbesserung geringer ist. Der Entschädigung des VR ist gem. Ziff. 62.5 Satz 2 lediglich dieser Betrag zugrunde zu legen. Es kann nicht interessengerecht sein, wenn der VN den Schaden teurer reparieren lässt, als es im Rahmen der gemeinsamen Schadenfeststellung entweder die Parteien selbst oder im Rahmen eines förmlichen Sachverständigenverfahrens von Sachverständigen für angemessen erachtet wird und dies dem VR zu Lasten fällt.

X. Abzug neu für alt (Ziff. 62.6)

1. Allgemein

26 Ziff. 62.6 stellt die Ausnahme vor die Regel und beginnt die Ausnahme dann wieder mit der Regel: Grundsatz ist, dass **Abzüge von Schäden wegen des Unterschieds zwischen neu und alt nicht gemacht werden**. Dem entspricht, dass der VR die Kosten des schaden-

---

29 *Schwampe* Seekaskoversicherung Klausel 30 Rn. 3.

30 *Ritter/Abraham* § 75 Anm. 14.

31 Zur rechtlichen Natur dieser Verpflichtung bereits *Ritter/Abraham* § 75 Anm. 13.

bedingten Anstrichs übernimmt. Diese Bestimmung ist eigentlich überflüssig. Wenn der Anstrich schadenbedingt ist, gehört er zur Ausbesserung. Dass keine Abzüge gemacht werden, besagt der in Ziff. 62.6 Satz 3 enthaltene Grundsatz.

Die eigentliche Ausnahme von diesem Grundsatz findet sich in Ziff. 62.6 Satz 2, der von Giftanstrichen und Schrapen spricht und hier einen entsprechenden Abzug vorsieht. *Enge* entnimmt dieser Gegenüberstellung, dass insbesondere der Voranstrich gemeint sein dürfte.[32] *Schwampe* weist zutreffend darauf hin, dass dies zwar dem Wortlaut nicht entnommen werden könne, es aber hierauf nicht ankomme, da andere Anstriche, sobald nicht Ziff. 62.6 Satz 2 eingreift, von dem Grundsatz aus Ziff. 62.6 Satz 3 erfasst würden.[33] **27**

2. Schrapen und Giftanstrich

Unter **Schrapen** versteht man das Beseitigen des alten Anstrichs. Die letzte Lage des Anstrichs eines Unterwasserschiffes ist häufig ein Giftanstrich, dessen Zweck darin besteht, den Bewuchs des Unterwasserschiffes zu erschweren oder gar zu verhindern. Die früher üblichen zinnorganischen Verbindungen sind für Schiffe unter EU-Flagge und sämtliche EU-Häfen seit der VO (EG) 782/2003 des Europäischen Parlaments und des Rates vom 14. April 2003 (ABl. 2003 L 115) verboten. **28**

Die Ersatzleistung des VR hängt für das Schrapen und die Giftanstriche von der **Restlebensdauer** des alten Anstriches ab. Es handelt sich mithin um eine **Ausnahme zum allgemeinen Grundsatz** und **ein Abzug neu für alt wird in modifizierter Form vorgenommen** dahingehend, dass der Umfang der Ersatzleistung die Restlebensdauer des alten Giftanstriches umfasst. Vom Wortlaut her unmittelbar umfasst ist lediglich der **schadenbedingte Teil des Giftanstriches.** Sofern jedoch durch den Kontakt mit Sauerstoff der sämtliche Unterwasseranstrich erneuert werden muss, da dieser unbrauchbar geworden ist, ist dieser als **mitgedeckte Schadensfolge ersatzfähig.** Dieser wird jedoch ebenfalls lediglich anteilig nach dem Maßstab der Restlebensdauer ersetzt.[34] **29**

XI. Verpflichtung des Versicherers zum Ersatz von reparaturbedingten Aufwendungen (Ziff. 62.7)

Eine **Reparaturreise zum Ausbesserungsort** inklusive der Rückreise ist ein Teil der vom VR zu ersetzenden Ausbesserungskosten oder -aufwendungen im Zusammenhang mit dem Schadensfall.[35] Die vormals diskutierte Frage nach dem **Beginn der Reparaturreise** ist obsolet geworden. Die Ersatzfähigkeit einer eventuellen Reparaturreise sollte sich danach beurteilen, ob die Reparaturreise in einem Nothafen beginne – dann seien die Reparaturkosten als Ausbesserungskosten anzusehen und ersatzfähig – oder ob die Reparaturreise im Bestimmungsort beginne, dann seien sie nicht ersatzfähig mit der Begründung, dass der VN im Bestimmungshafen selbst gewählt habe.[36] Dieser Streit hat **30**

---

32 *Enge* Erläuterungen zu den DTV-Kaskoklauseln 1978 (1980) 78.

33 *Schwampe* Seekaskoversicherung Klausel 29 Rn. 3.

34 *Schwampe* Seekaskoversicherung Klausel 29 Rn. 4; *Enge* Erläuterungen zu den DTV-Kaskoklauseln 1978 (1980) 78.

35 *Enge/Schwampe* Transportversicherung S. 303 f.

36 Hierzu ausführlich *Ritter/Abraham* § 75 Anm. 20.

sich erledigt. Die Aufwendungen des VNs müssen nicht auf rein finanzielle Mittel beschränkt sein. Auch entsprechender Erwerb von Treibstoffen etc. erfasst diese Aufwendungen zur Durchführung der Ausbesserung. Diese sind nunmehr als **voll ersatzfähig durch die Klausel** eingeordnet.

31 Ersatzfähig sind insbesondere auch **Ausbesserungsgelder**, also die Kosten der Kreditbeschaffung. Auch hier trifft den VN allerdings die Schadenminderungspflicht. So muss er, bevor er Kredit nimmt, versuchen mit der Werft Zahlungsregelungen auszuhandeln, nach denen erst nach Baufortschritt zu zahlen ist, sodass er für Teilleistungen Abschlagszahlungen vom VR erbitten kann.

XII. Fälligkeit der Leistungspflicht des Versicherers (Ziff. 62.8)

1. Allgemein

32 Ein Anspruch des VN auf **Teilschadensersatz** besteht lediglich dann, wenn das Schiff ausgebessert wurde. Damit ist die Ausbesserung der Sache nach Fälligkeitsvoraussetzung. Unter den ADS 1919 war man zunächst davon ausgegangen, dass dieser Grundsatz durch die Feststellung, die Ersatzleistung des VR werde durch die für die Ausbesserung aufgewendeten Kosten bestimmt, hinreichend zum Ausdruck gekommen war. Ihren Ursprung finden die Vorbilder von Satz 2 der Ziff. 62.8, Ziff. 13 der Kaskoklauseln von 1961 sowie später Ziff. 33.1 DTV-Kaskoklauseln 1978 in einer Entscheidung des RG,[37] die dem VN in bestimmten Fällen auch einen Deckungsanspruch ohne Ausbesserung zubilligen wollte. Der deshalb neu formulierte Grundsatz, dass ein Anspruch auf Teilschadensersatz nur besteht, wenn das Schiff ausgebessert wird, war im Jahre 1951 dem BGH[38] zur Prüfung vorgelegt worden. Dieser entschied zwar nicht, ob es sich bei der streitigen Klausel um eine verdeckte Obliegenheit handelte, stellte jedoch fest, dass, wenn eine Klausel eine Obliegenheit des VN zum objektiven Tatbestandsmerkmal erhebe, die vom Versicherungsnehmer nicht zu vertretende Unmöglichkeit der Erfüllung dieser Bedingung die Leistungspflicht des VR nicht entfallen lasse. Dieses **subjektive Element** ist weder in Ziff. 13 der Kaskoklauseln von 1961 noch in Ziff. 33 der DTV-Kaskoklauseln 1978/2004 oder in Ziff. 62.8 DTV-ADS 2009 in den Wortlaut aufgenommen worden. Dennoch ist unbestritten, dass es sich bei dieser Regelung um eine (verhüllte) **Obliegenheit** handelt.[39]

33 Hinzu kommt die Voraussetzung, dass der VN die **Ausbesserungskosten beglichen** hat, denn die Kosten müssen nach Ziff. 62.5 aufgewendet sein.

2. Leistungspflicht des Versicherers bei Nichtdurchführung der Reparatur (Ziff. 62.8 Satz 2, Satz 3)

34 Das Verständnis der Klausel als **Obliegenheit** führte den *BGH* dazu, und in seiner Folge die einhellige Meinung in der Literatur, dass der VN lediglich dann seinen Deckungsanspruch verliert, wenn Verschulden auf Seiten des VN dazu geführt habe, dass die Reparatur unmöglich geworden ist.[40] Gemäß Ziff. 62.8 Satz 2, Satz 3 kann, sofern ein

[37] RG 12.7.1928 RGZ **121** 396.

[38] BGH 15.6.1951 VersR **1951** 209.

[39] *Schwampe* Seekaskoversicherung Klausel 33 Rn. 3; *Ritter/Abraham* § 75 Anm. 13; *Enge* Erläuterungen zu den DTV-Kaskoklauseln 1978 (1980) 87.

[40] BGH 15.6.1951 VersR **1951** 209; *Schwampe* Seekaskoversicherung Klausel 33 Rn. 4; *Ritter/Abraham* § 75 Anm. 13.

wichtiger Grund vorliegt, der in **den besonderen Verhältnissen des Einzelfalles** seine Ursache hat und nicht vom VN zu vertreten ist, von dem Grundsatz, dass Teilschäden nur ersetzt werden, wenn tatsächlich repariert wurde, abgewichen werden. Ob und inwieweit ein wichtiger Grund vorliegt, beurteilt sich im Rahmen des **sachgemäßen richterlichen Ermessens im Falle eines Gerichtsverfahrens.** Als wichtiger Grund ist bspw. anzusehen, wenn das Schiff nicht wegen des Versicherungsschadens, sondern wegen **versicherungsfreier Schäden reparaturunwürdig wurde.**[41] Dem VN obliegt es, unter Angabe des besonderen Grundes unverzüglich, ohne schuldhaftes Zögern, nach Feststellung des Schadens dem VR zu erklären, dass er das Schiff nicht reparieren werde. Dieser wichtige Grund muss in den besonderen Verhältnissen des VN liegen. Ein lediglich konjunkturbedingter Rückgang der Frachten vermag die Ausbesserungspflicht noch nicht zu beseitigen.[42] Exemplarisch nennt die Ziff. 62.8 Satz 2 Hs. 2 den Fall der Veräußerung des Schiffes vor Beginn der Ausbesserung, ohne dass der Erwerber in das Versicherungsverhältnis eintritt.

Der VN darf den wichtigen Grund **nicht zu vertreten** haben. Zu vertreten sind **Vorsatz** und **Fahrlässigkeit.** Zur Verschuldenszurechnung bei Versicherung für fremde Rechnung vgl. Bruck/Möller/*Dreyer* Ziff. 8.[43] Wegen der besonderen Nennung des Verkaufs des Schiffes, der immer mit Wissen und Wollen, insoweit also „vorsätzlich“ erfolgt, spielt das Vertretenmüssen im Verkaufsfall keine Rolle. **35**

Die bereits angesprochene **unverzügliche Erklärung** gegenüber dem VR, dass der Schaden nicht ausgebessert werden soll, muss hinzutreten. Diese Erklärung muss **unverzüglich** nach Feststellung der Schadenshöhe erfolgen. Bei der Versicherung für fremde Rechnung kann dies der VN erklären. Diese Erklärung gegenüber dem VR ist eine **empfangsbedürftige Willenserklärung.** Formerfordernisse gelten nicht. Sie muss den allgemeinen Anforderungen an Willenserklärungen genügen und hinreichend bestimmt sein. **36**

Die **Begriffe Reparatur** und **Ausbesserung** werden in Ziff. 62.8 inhaltlich gleichbedeutend verwendet.[44] Bei der Beseitigung von **Großschäden** kann es dazu kommen, dass eine Regulierung der Reparaturen in einzelnen Abschnitten erfolgen muss. Es ergeben sich diesbezüglich keinerlei Besonderheiten.[45] **37**

Unter Umständen muss die Ausbesserung in Form einer **vorläufigen Notreparatur** sowie einer **endgültigen am Bestimmungsort** unterteilt werden. Sofern eine solche Maßnahme erforderlich ist, sind die Kosten beider Ausbesserungen zusammenzurechnen und vom VR zu tragen. Die Ausbesserungskosten sind sämtliche durch die Ausbesserung kausal herbeigeführten Kostenpositionen. Insbesondere sind hier zu nennen Dockkosten sowie Verholungskosten durch Schlepper, Slip-Kosten, Pumplohn sowie Kosten dafür, dass die Ladung gelöscht und wieder geladen werden muss, etc.[46] **38**

Rechtsfolge ist, dass der VN das Schiff nicht ausbessern lassen muss. Die Entschädigungspflicht des VR ergibt sich aus dem festgestellten Betrag des Schadens, Ziff. 62.8 Satz 3. Ist der Schaden im Sachverständigenverfahren festgestellt worden, ist die Feststellung nach Maßgabe der Ziff. 63.7 verbindlich. **39**

---

[41] *Ritter/Abraham* § 75 Anm. 33 mit weiteren Beispielen.

[42] *Enge/Schwampe* Transportversicherung S. 306.

[43] *Ritter/Abraham* § 75 Anm. 35.

[44] *Schwampe* Seekaskoversicherung Klausel 33 Rn. 5.

[45] *Enge* Erläuterungen zu den DTV-Kaskoklauseln 1978 (1980) 88; Thume/de la Motte/Ehlers/*Schwampe* Transportversicherung (2011) Teil 6 Rn. 289.

[46] *Enge/Schwampe* Transportversicherung S. 303 ff.; *Ritter/Abraham* § 75 Anm. 20 zu ladungsbezogenen Kosten und im Zusammenhang mit Havarie Grosse.

C. Verfahrensfragen/Beweislast

40 Besteht Streit über die Ursache oder die Höhe des Teilschadens, ist ein **Sachverständigenverfahren** nach Ziff. 63 durchzuführen (Ziff. 62.1).

41 Will der VN die **Reparatur** ausnahmsweise **zurückstellen**, muss er beweisen, dass die Klassifikationsgesellschaft ein **Seefähigkeitsattest** ausgestellt hat (Ziff. 62.2 Satz 1).

42 Zur Beweislast i.R.v. **Obliegenheitsverletzungen** gem. Ziff. 62.2 Satz 3, Ziff. 62.3, 62.4 vgl. Bruck/Möller/*Jaeger* DTV-ADS 2009 Ziff. 46 Rn. 11. Sofern in den betreffenden Klauseln an ein Verhalten des VR angeknüpft wird,[47] muss der VR beweisen, dass er sich entsprechend verhalten hat, insbesondere, dass er ggü. dem VN zu erfolgende Erklärungen ausgesprochen wurden und diese dem VN zugegangen sind.

43 Verlangt der VN Ersatz der **Reparaturkosten** nach Ziff. 62.5 Satz 1, muss er die entstandenen Kosten beweisen sowie, dass diese **schadensbedingt** waren. Die Beweislast für die Entstehung von **Mehrkosten durch die Zurückstellung der Reparatur**, die der VR gem. Ziff. 62.2 Satz 1 a.E. nicht ersetzen will, liegt jedoch beim **VR**. Ebenso hat der VR zu beweisen, dass die Reparaturkosten den zuvor geschätzten Betrag übersteigen (Ziff. 62.5 Satz 2) Die zuvor erfolgte Schätzung selbst hat der VR ebenfalls zu beweisen.

44 Der VN trägt die Beweislast dafür, welche Kosten für den Anstrich entstanden sind und ob diese schadensbedingt waren (Ziff. 62.6 Satz 1). Will der VR den ausnahmsweise möglichen Abzug „neu für alt" gem. Ziff. 62.6 Satz 1 geltend machen, trägt er die Beweislast dafür, welche Restlebensdauer der alte Anstrich besaß. Auch hier kommt ihm sein Auskunftsrecht aus Ziff. 45 zugute, da der VN ihm Auskunft darüber erteilen muss, wann der letzte Anstrich stattfand.

45 Der VN muss ebenfalls beweisen, welche Kosten für die Verbringung des Schiffes an den Reparaturort und für die Rückbringung des Schiffes angefallen sind. Zudem muss er beweisen, dass diese erforderlich waren (Ziff. 62.7 Satz 1). Der Nachweis der Erforderlichkeit jedenfalls der Verbringung des Schiffes an den Ort der Reparatur entfällt allerdings, wenn der VR diesen Ort verlangt hat.

46 Auch die Kosten für die Beschaffung der Reparaturgelder hat der VN entsprechend allgemeiner Beweislastgrundsätze zu beweisen (Ziff. 62.7 Satz 2). Für die Geltendmachung sämtlicher Zahlungsansprüche aus Ziff. 62 hat der VN zu beweisen, dass die Reparatur durchgeführt wurde oder alternativ, dass diese aus einem wichtigen Grunde nicht vorgenommen werde (Ziff. 62.8).

63 Sachverständigenverfahren

63.1 Bei Streit über Ursache oder Höhe des Schadens können beide Parteien deren Feststellung durch Sachverständige verlangen.

63.2 In diesem Fall benennen beide Parteien unverzüglich je einen Sachverständigen. Jede Partei kann die andere unter Angabe des von ihr benannten Sachverständigen zur

[47] Ziff. 62.3.1 (Verlangen, das Schiff an einen anderen Ort zu bringen), Ziff. 62.3.2 (Ablehnung eines vom VN gewählten Reparaturortes bzw. einer Reparaturwerft), Ziff. 62.3.3 (Tenderungsverlangen), Ziff. 62.4 Satz 2 (Auskunftsverlangen).

Benennung des zweiten Sachverständigen schriftlich auffordern. Wird der zweite Sachverständige nicht binnen vier Wochen nach Empfang der Aufforderung bestimmt, so kann ihn die auffordernde Partei durch die Industrie- und Handelskammer hilfsweise durch die konsularische Vertretung der Bundesrepublik Deutschland benennen lassen, in deren Bezirk sich das Schiff befindet.

63.3 Beide Sachverständige wählen vor Beginn des Feststellungsverfahrens einen Dritten als Obmann. Einigen sie sich nicht, so wird der Obmann auf Antrag einer Partei oder beider Parteien durch die Industrie- und Handelskammer hilfsweise durch die konsularische Vertretung der Bundesrepublik Deutschland, in deren Bezirk sich das Schiff befindet, ernannt.

63.4 Die Feststellungen der Sachverständigen müssen alle Angaben enthalten, die je nach Aufgabenstellung für eine Beurteilung der Ursache des Schadens und der Ersatzleistung des Versicherers notwendig sind.

63.5 Die Sachverständigen legen beiden Parteien gleichzeitig ihre Feststellungen vor. Weichen diese voneinander ab, so übergibt der Versicherer sie unverzüglich dem Obmann. Dieser entscheidet über die streitig gebliebenen Punkte innerhalb der durch die Feststellungen der Sachverständigen gezogenen Grenzen und legt seine Entscheidung beiden Parteien gleichzeitig vor.

63.6 Jede Partei trägt die Kosten ihres Sachverständigen. Die Kosten des Obmanns tragen beide Parteien je zur Hälfte. Diese Regelung gilt auch, wenn sich die Parteien auf ein Sachverständigenverfahren einigen. Sofern der Versicherer das Sachverständigenverfahren verlangt, trägt er die Gesamtkosten des Verfahrens.

63.7 Die Feststellungen der Sachverständigen oder des Obmanns sind verbindlich, wenn nicht nachgewiesen wird, dass sie offenbar von der wirklichen Sachlage erheblich abweichen.

63.8 Wenn die Sachverständigen oder der Obmann die Feststellungen nicht treffen können oder wollen oder sie ungewöhnlich verzögern, so sind andere Sachverständige zu benennen.

Übersicht

A. Einführung

Ziff. 63 regelt umfänglich das Sachverständigenverfahren. Diese Regelungen sind nicht dem § 74 ADS 1919 entnommen, sondern Ziff. 20 DTV Güter 2000/2008. 1

B. Erläuterung der Klausel

I. Schadenfeststellung durch Sachverständigen (Ziff. 63.1)

2 Anders als noch nach § 74 ADS 1919 findet das Sachverständigenverfahren der DTV-ADS 2009 nur noch bei Streit über Ursache oder Höhe des Schadens statt. Ist das nicht gegeben, stellen die Parteien den Schaden ohne förmliches Sachverständigenverfahren nach Ziff. 62.1 fest.

3 Es handelt sich nicht um ein Schiedsverfahren im Sinne der §§ 1025 ff. ZPO. Vielmehr haben Sachverständige über **Ursache und Höhe eines Schadens** zu befinden. Der Sache nach handelt es sich um ein **schiedsgutachterliches Verfahren**, auf das die Grundsätze der §§ 317 ff. BGB anzuwenden sind. **Rechtsfragen** wie z.B. die Leistungspflicht des VR an sich, sowie Fragen des Anspruchsgrundes oder der Anspruchshöhe führen keine Bindungswirkung der Parteien im Sinne der Klausel herbei, da sie außerhalb des Auftrages der Sachverständigen liegen.[1]

4 Erst nach Abschluss der Feststellung und Abgabe der Gutachten tritt Fälligkeit der Entschädigung zugunsten des VN ein.[2] Bis zu diesem Zeitpunkt, dem Abschluss des Verfahrens, ist eine **Leistungsklage unbegründet**.[3] Sofern der VR allerdings bereits vor Durchführung des Verfahrens die Leistung dem Grunde nach ablehnt, tritt unmittelbar Fälligkeit ein.[4] Der VN kann, ohne dass ein Sachverständigenverfahren als Zwischenschritt erforderlich wäre, das Klagverfahren betreiben.

II. Benennung der Sachverständigen (Ziff. 63.2)

5 Die Benennung des Sachverständigen ist gegenüber der anderen Partei **verbindlich**. Eine spätere Änderung kann lediglich erfolgen, wenn die andere Partei zustimmt. Eine Verpflichtung zur Zustimmung existiert nicht. Es kann sich lediglich aus Fragen der Zumutbarkeit bzw. von Treu und Glauben eine mittelbare Verpflichtung hierzu ergeben.[5] Von jedem Sachverständigen ist ein eigenes Gutachten zu erstellen, es sei denn, die Parteien haben sich auf ein gemeinsames Gutachten geeinigt, was auch konkludent und nachträglich erfolgen kann. Ein konkludentes Einverständnis für ein gemeinsames Gutachten kann beispielsweise bei einer gemeinsamen Besichtigung und einer gemeinsam durchgeführten Schlussbesprechung angenommen werden.[6] In einem solchen Fall ist jeder Sachverständige berechtigt, seiner Meinung nach erforderliche Untersuchungen durchzuführen und auch Dritte im Rahmen seiner Zuständigkeit zu beauftragen.[7] Eine ersatzweise Benennung von Sachverständigen wird in Anknüpfung an das Verklarungsverfahren durch die **konsularische Vertretung** der Bundesrepublik Deutschland vorgenommen.

1 BGH 28.6.1993 VersR **1994** 91.
2 Prölss/Martin/*Voit* § 84 Rn. 32.
3 OLG Hamburg 24.2.2009 VersR **2009** 1485, 1486.
4 Prölss/Martin/*Voit* § 84 Rn. 9, 32 f.
5 Thume/de la Motte/Ehlers/*Ehlers* Transportversicherung (2011) Teil 5 Rn. 560.
6 BGH 1.4.1987 VersR **1987** 601, 602.
7 Thume/de la Motte/Ehlers/*Ehlers* Transportversicherung (2011) Teil 5 Rn. 564.

III. Wahl des Obmanns (Ziff. 63.3)

Während § 74 ADS 1919 davon ausging, dass das Sachverständigenverfahren durch ein Dreiergremium – bestehend aus den beiden von den Parteien benannten Sachverständigen und dem von den Sachverständigen benannten Obmann – gemeinsam betrieben wurde, hat der Obmann unter den DTV-ADS 2009 nur noch die Funktion, im Falle der Uneinigkeit der ernannten Sachverständigen die Entscheidung herbeizuführen. 6

IV. Erforderliche Angaben des Sachverständigengutachtens (Ziff. 63.4)

Ziff. 63.4 sieht vor, dass alle Angaben, die „je nach Aufgabenstellung für eine Beurteilung der Ursache des Schaden und der Ersatzleistung des Versicherers notwendig sind" enthalten sein müssen. Das bedeutet, dass die **Parteien grundsätzlich frei sind, die den Rahmen der Feststellungen des Sachverständigen festzulegen.** Jede Partei kann zu ihrer Auffassung nach bedeutsamen Aspekten Feststellungen verlangen. Die erforderlichen Angaben des Sachverständigengutachtens im Hinblick auf Ursache und Höhe ergeben sich also aus den von den Parteien hervorgehobenen Aspekten. Das Gutachten kann auch im Hinblick auf Ursache oder Höhe des Schadens begrenzt sein. 7

Mitwirkungspflichten der Parteien zur Sachverhaltsaufklärung sieht Ziff. 63 nicht vor. Sie können sich allerdings aus Schiedsgutachterverträgen der Sachverständigen mit den Parteien ergeben. 8

V. Gleichzeitigkeit der Vorlage der Sachverständigengutachten (Ziff. 63.5)

Im Wesentlichen soll durch das Element der **gleichzeitigen Vorlage** der Gutachten verhindert werden, dass ein Sachverständiger Korrekturen an seinem Gutachten vornimmt, nachdem seine Partei es erhalten hat und bevor es der anderen Partei zugestellt wird.[8] Ab dem Zeitpunkt des Zuganges ist es lediglich anfechtbar; es kann nicht mehr widerrufen werden.[9] Streitige Punkte werden durch den **Obmann** entschieden. Hinsichtlich unstreitiger Punkte sind die Feststellungen des Obmann nicht verbindlich.[10] 9

VI. Kosten des Sachverständigenverfahrens (Ziff. 63.6)

Schadenfeststellungskosten sind eigentlich nach Ziff. 31.1.3 gedeckt. Dies erfasst auch die Kosten der Schadenfeststellung nach Ziff. 62.1, aufgrund besonderer Bestimmung in Ziff. 63.6 aber nicht die Schadenfeststellung im Sachverständigenverfahren. Anders ist das nur dann, wenn das Verfahren vom VR verlangt worden ist. Veranlassung für diese Ausnahme ist ein Urteil des BGH.[11] 10

---

8 Thume/de la Motte/Ehlers/*Ehlers* Transportversicherung (2011) Teil 5 Rn. 565.

9 Berliner Kommentar/*Beckmann* § 64 Rn. 31.

10 BGH 17.3.1971 NJW **1971** 1455.

11 BGH 3.3.1982 NJW **1982** 1391.

VII. Verbindlichkeit der Feststellungen (Ziff. 63.7)

1. Allgemein

11 Verbindlichkeit der Feststellung der Sachverständigen setzt voraus, dass sowohl die Einleitung des Verfahrens als auch die Bestellung der Sachverständigen und des Obmannes **ordnungsgemäß** erfolgt sind. Die Feststellungen dürfen die Grenzen des Mandates der Sachverständigen nicht überschreiten.[12]

12 Unvollständigkeit des Gutachtens führt lediglich bei offenbaren Abweichungen von der Sachlage zu Unverbindlichkeit.[13] Sofern eine bewusste Unvollständigkeit vorliegt, da der Sachverständige bzw. die Sachverständigen bestimmte Aspekte für entbehrlich halten, ist das Gutachten als Teilgutachten einzuordnen und im Rahmen seiner Reichweite verbindlich.[14]

2. Erheblichkeit der Abweichung

13 Die Abweichung muss sich auf das **Gesamtergebnis ausgewirkt** haben. Grundsätzlich ist jedoch denkbar, dass mehrere unterschiedliche Bewertungen von beispielsweise einzelnen Schadenspositionen einander ausgleichen. Sofern bei der Schadenshöhe eine Abweichung von weniger als 15 Prozent vorliegt, ist sie im Allgemeinen als unerheblich, bei mehr als 20 Prozent als erheblich im Sinne der Klausel anzusehen.[15] Bei größeren Beträgen oberhalb von EUR 50.000,00 müssen diese Richtwerte allerdings angepasst werden.[16] Rechtsfolge der Feststellung einer erheblichen offenbaren Abweichung ist Unverbindlichkeit der Feststellungen der Sachverständigen. Die entsprechende Beweislast trifft die Partei, die sich darauf beruft.[17]

3. Offenbare Unrichtigkeit/offenbare Abweichungen

14 Eine offenbare Abweichung liegt vor, wenn die Fehlerhaftigkeit des Gutachtens sich **dem sachkundigen** und unbefangenen Beobachter **aufdrängt,**[18] wenn auch möglicherweise erst nach eingehender Prüfung. Bei der offenbaren Unrichtigkeit sind besonders strenge Maßstäbe anzulegen, um dem Zweck des Sachverständigenverfahrens nicht zuwider zu laufen.[19] Exemplarisch zu nennen sind falsche Rechnungs- oder Schätzungsgrundlagen, vorhandene Erkenntnisquellen nicht benutzt oder ungenügend ausgewertet zu haben oder insgesamt unrichtige Begutachtungsmaßstäbe angewandt zu haben. In diesen Fällen ist das Gutachten als offenbar unrichtig und damit unverbindlich anzusehen.[20]

---

12 BGH 1.4.1987 VersR **1987** 601, 602.

13 Im Einzelnen: Berliner Kommentar/*Beckmann* § 64 Rn. 24.

14 Thume/de la Motte/Ehlers/*Ehlers* Transportversicherung (2011) Teil 5 Rn. 569.

15 BGH 1.4.1987 VersR **1987** 601, 604.

16 Thume/de la Motte/Ehlers/*Ehlers* Transportversicherung (2011) Teil 5 Rn. 571.

17 Thume/de la Motte/Ehlers/*Ehlers* Transportversicherung (2011) Teil 5 Rn. 572.

18 *Ritter/Abraham* § 74 Anm. 49.

19 BGH 30.11.1977 VersR **1978** 121, 124.

20 Schwintowski/Brömmelmeyer/*Kloth/Neuhaus* § 84 VVG Rn. 32.

VIII. Neubenennung von Sachverständigen (Ziff. 63.8)

Es ist möglich, dass der Sachverständige nicht in der Lage ist, entsprechende Feststellungen zu treffen, da sie außerhalb seines Fachgebietes liegen. Auch eine Erkrankung eines Sachverständigen kann Grund für die Benennung eines anderen Sachverständigen sein. **Nichtwollen** im Sinne der Klausel ist anzunehmen, wenn der Sachverständige **bewusst unvollständige** oder **unplausible Feststellungen** trifft.[21] 15

Eine **ungewöhnliche Verzögerung** liegt dann vor, wenn die Feststellung des Sachverhalts und ihre Begutachtung außerhalb eines sachlich zu rechtfertigenden zeitlichen Rahmens ist und deutlich über einen normalen Feststellungszeitraum hinausgeht. Angenommen werden kann dies beispielsweise nach einer Mahnung, wenn die entsprechenden Feststellungen nicht innerhalb der in der Mahnung gesetzten Frist getroffen werden.[22] 16

C. Verfahrensfragen/Beweislast

Will der **VN** entgegen der allgemeinen Verteilungsregelung der Ziff. 63.6 Satz 1, Satz 2 nicht die auf ihn entfallenden Kosten des Sachverständigenverfahrens zahlen, muss er beweisen, dass allein der **VR die Durchführung des Verfahrens verlangt** hat (Ziff. 63.6 Satz 3). 17

Entsprechend des Grundsatzes, dass jeder das ihm Günstige zu beweisen hat, muss derjenige, der Feststellungen der Sachverständigen oder des Obmanns nicht gegen sich gelten lassen will, beweisen, dass diese offenbar von der wirklichen Sachlage erheblich abweichen (Ziff. 63.7), vgl. Rn. 13. 18

64 Tenderentschädigung

64.1 Erfolgt eine Tenderung gemäß Ziff. 62.3.3, zahlt der Versicherer dem Versicherungsnehmer für die Zeit, die nur durch die Tenderung verloren gegangen ist, pro Tag die in der Police vereinbarte Entschädigung. Eine Tenderentschädigung wird nur dann geleistet, wenn die Reparatur entsprechend einem von dem Versicherer akzeptierten Tenderangebot durchgeführt wird.

64.2 Von der Tenderentschädigung sind die Beträge abzusetzen, die dem Versicherungsnehmer vergütet werden für die gleiche Zeit

64.2.1 in großer Haverei oder aufgrund dieses Vertrags anderweitig für Brennstoff, Ausrüstung, Kost und Monatsgelder;

64.2.2 infolge eines gesetzlichen oder vertraglichen Anspruchs gegen Dritte.

64.3 Holt der Versicherungsnehmer entgegen dem Verlangen des Versicherers keine Tenderofferten ein oder gibt er dem Versicherer keine Gelegenheit, selbst Angebote einzuholen, so mindert sich die Ersatzpflicht des Versicherers um den in der Police vereinbarten Prozentsatz des festgestellten, nach der Police zu ersetzenden Schadens.

64.4 Wird trotz Tenderung das vom Versicherer gebilligte Angebot nicht angenommen, so beschränkt sich die Ersatzleistung des Versicherers auf dieses Angebot zuzüglich der ersparten Kosten.

---

[21] Berliner Kommentar/*Beckmann* § 64 Rn. 48.

[22] Thume/de la Motte/Ehlers/*Ehlers* Transportversicherung (2011) Teil 5 Rn. 577.

Übersicht

A. Einführung

I. Bedeutung der Klausel

1 Ziff. 64 knüpft an das Tenderverfahren nach Ziff. 62.3.3 an. Die Tenderung verzögert den Beginn der Reparaturdurchführung und damit den Zeitpunkt, in welchem das Schiff wieder einsatzbereit ist. Da die Tenderung in erster Linie im Interesse des VR erfolgt,[1] soll der VN für die Zeit, die durch die Tenderung verloren geht, gem. Ziff. 64 entschädigt werden.[2]

II. Vergleich zu ADS 1919/DTV-Kaskoklauseln 1978/2004

2 Ziff. 64.1 (Tenderentschädigung) entspricht mit lediglich sprachlichen Änderungen Ziff. 30.2 DTV-Kaskoklauseln 1978/2004. Allerdings sieht Ziff. 64.1 anders als Ziff. 30.3 DTV-Kaskoklauseln 1978/2004 keine Von-Fall-zu-Fall-Vereinbarung der Tenderentschädigung, sondern eine Vereinbarung in der Police vor. Hiervon können die Parteien jedoch selbstverständlich abweichen, § 305b BGB. Ziff. 64.2 (von der Tenderentschädigung abzusetzende Beträge) entspricht mit leichten Abweichungen[3] Ziff. 30.4 DTV-Kaskoklauseln 1978/2004. Ziff. 64.3 (Minderung der Tenderentschädigung) entspricht Ziff. 30.5 DTV-Kaskoklauseln 1978/2004. Eine sprachliche Ungenauigkeit der Ziff. 30.5 DTV-Kaskoklauseln 1978/2004 wurde dabei korrigiert: Ziff. 30.5 DTV-Kaskoklauseln 1978/2004 verwies auf deren gesamte Ziff. 30.1 DTV-Kaskoklauseln 1978/2004 (entspricht Ziff. 62.3.3), obwohl nur Ziff. 30.1 Var. 1 Hs. 1 der DTV-Kaskoklauseln 1978/2004 gemeint sein konnte. Diese Variante – Einholung von Reparaturofferten durch den VR selbst – benennt Ziff. 64.3 nun ausdrücklich. Ziff. 64.4 ist identisch mit Ziff. 30.6 DTV-Kaskoklauseln 1978/2004.

---

1 Vgl. Ziff. 62 Rn. 20 ff. zur Tenderung.

2 Vgl. auch *Enge/Schwampe* Transportversicherung S. 302.

3 Siehe hierzu Rn. 8.

B. Erläuterung der Klausel

I. Tenderentschädigung (Ziff. 64.1)

1. Allgemein

Ziff. 64.1 stellt in der Kaskoversicherung einen Fremdkörper dar, da hier ein direkter Anspruch auf **verlorene Nutzung** des Schiffes gewährt wird.[4] Grundsätzlich trägt den Nutzungsverlust für die Zeit zur Einholung mehrerer Angebote gem. Ziff. 62.3.3 der VN. Sofern jedoch im Rahmen eines Tenderungsverfahrens zur Interessenwahrung des VR zusätzliche Zeit verstreicht, ordnen die diesen Vorteil, sowie auch die einhergehende Verantwortlichkeit Verzögerungen zu kompensieren, dem VR zu. 3

Ziff. 64.1 ist nur anwendbar, wenn eine Tenderung nach Ziff. 62.3.3 durchgeführt wurde. Dies ist nur der Fall, wenn **nach Vorlage** der vom VN eingeholten Reparaturofferten von Seiten des VR verlangt wird, dass **weitere Offerten** eingeholt werden oder wenn er selbst solche einholt.[5] Tenderentschädigung besteht des Weiteren nur im Falle der Reparatur auf Basis des **vom VR akzeptierten Reparaturangebotes.**[6] Vgl. hierzu Ziff. 62 Rn. 20 ff. 4

2. „Zeit, die nur durch die Tenderung verloren geht"

Es soll lediglich der Schaden ersatzfähig sein, der „nur" durch den auf die Tenderung entfallenden Teil des Zeitverlustes entsteht. Sofern hinsichtlich der Reparaturspezifikation zwischen VN und VR eine technische Diskussion entbrennt, ist dies noch nicht Teil der Tenderung, sondern gehört zur Vorarbeit und ist deshalb auch nicht gem. Ziff. 64.1 zu kompensieren. Dieser Überlegung liegt das Argument zugrunde, dass, sofern der VR mit seiner Einschätzung zu Recht eine Änderung oder Ergänzung der Spezifikation gefordert hat, sämtliche vom VN eingeholten Offerten auf einer fehlerhaften Tatsachengrundlage eingeholt worden sind und mithin noch keine Reparaturofferten im Sinne von Ziff. 62.3 Satz 1 sind. Dies dürfte anders zu beurteilen sein, wenn der VR bei der Erarbeitung der Reparatur-Spezifikationen mitwirkte. Sofern dies der Fall sein sollte, ist der VR bei einer abgeänderten Spezifikation für die Tenderung als entschädigungspflichtig anzusehen.[7] 5

3. Keine Tenderentschädigung ohne Zeitverlust

Sofern die endgültige Reparatur noch nicht erfolgen kann und stattdessen **Notreparaturen** ausgeführt werden, so ist die Zeit, in der parallel getendert und notrepariert wird, nicht **kausal durch die Tenderung** verlorengegangen, sodass auch keine Entschädigung zu leisten ist. In diesem Zusammenhang gilt die allgemeine Schadensminimierungspflicht, sodass der VN auch nicht mit Notreparaturen zuwarten darf, bis die Tenderung abgeschlossen ist, um eine Tenderentschädigung zu fordern.[8] Ebenfalls besteht kein Anspruch 6

---

[4] *Schwampe* Seekaskoversicherung Klausel 30 Rn. 10.

[5] *Enge/Schwampe* Transportversicherung S. 302.

[6] Thume/de la Motte/Ehlers/*Schwampe* Transportversicherung (2011) Teil 6 Rn. 260.

[7] *Schwampe* Seekaskoversicherung Klausel 30 Rn. 12.

[8] *Schwampe* Seekaskoversicherung Klausel 30 Rn. 13.

auf Tenderentschädigung, wenn das Schiff nach einer Kollision **arrestiert** wurde und während der Verhandlung über die Aufhebung des Arrests die Tenderung durchgeführt wird.[9] Sofern durch mangelnde Kooperation des VNs bei der Durchführung der Tenderung Verzögerungen entstehen, sind diese – schon nach allgemeinen Grundsätzen – nicht entschädigungspflichtig.

4. Zeitraum der Tenderentschädigung

7 Die entschädigungspflichtige Zeit beginnt mit Zugang des Tenderbegehrens beim VN zu laufen und endet zum Zeitpunkt des Eingangs der letzten erbetenen Offerte oder der betreffenden Absage. Die Höhe der Tenderentschädigung richtet sich nach der in der Police vereinbarten Höhe.[10]

II. Abzüge von der Tenderentschädigung (Ziff. 64.2)

8 Die Regelung in Ziff. 64.2.1. und Ziff. 64.2.2 entspricht in wesentlichen Bereichen Ziff. 30.4 DTV-Kaskoklauseln 1978/2004, welche wiederum Folge von § 13 ADS 1919 ist.[11]

9 Der VR soll lediglich dann mit der Tenderentschädigung belastet werden, wenn der VN keine anderweitige Nutzungsausfallentschädigung erhält. Es handelt sich nach *Enge*[12] um eine Ausprägung des Grundsatzes der Vorteilsausgleichung. *Schwampe*[13] hingegen hält die Regelung für eine Subsidiaritätsklausel im Hinblick auf die zu zahlende Entschädigung. Für die Ansicht *Schwampes* spricht, dass der VN die Interessen des VR wahrnimmt und hierfür durch die Tenderentschädigung kompensiert wird, er also eine Vergütung erhält.[14]

10 Gemäß Ziff. 64.2.1 sind gegenüber der Tenderentschädigung die Kosten für Brennstoff, Ausrüstung, Kost- und Monatsgelder, die im Rahmen der Havarie-grosse dem VN tatsächlich ersetzt werden, in Anrechnung zu bringen.[15] Es kommt in diesem Zusammenhang nicht auf einen bestehenden Anspruch an, sondern vielmehr auf beim VN eingehenden Zahlungen.[16]

11 Ebenfalls werden sämtliche Ansprüche gegen Dritte gemäß Ziff. 64.2.2 in Abzug gebracht. Darunter fallen auch etwaige Ansprüche gegen andere Versicherer, Charterer, falls das Schiff nicht off-hire unter dem entsprechenden Chartervertrag ist, sowie gesetzliche Ansprüche sofern die in Rede stehende Reparatur beispielsweise durch eine Kollision erforderlich wurde.[17]

---

[9] Thume/de la Motte/*H.-C. Enge*/*H. J. Enge* Transportversicherung[1] Teil 4 Rn. 237.

[10] *Enge/Schwampe* Transportversicherung S. 302.

[11] *Schwampe* Seekaskoversicherung Klausel 30 Rn. 20.

[12] *Enge* Erläuterungen zu den DTV-Kaskoklauseln 1978 (1980) 82.

[13] *Schwampe* Seekaskoversicherung Klausel 30 Rn. 20.

[14] *Schwampe* Seekaskoversicherung Klausel 30 Rn. 20.

[15] *Schwampe* Seekaskoversicherung Klausel 30 Rn. 22.

[16] *Schwampe* Seekaskoversicherung Klausel 30 Rn. 21.

[17] *Schwampe* Seekaskoversicherung Klausel 30 Rn. 25.

III. Ausschluss/Beschränkung der Tenderentschädigung (Ziff. 64.1 Satz 2, 64.3, 64.4)

12 Sofern der VN die Rechte des VR verletzt, werden die im Übrigen in der Klausel vorgesehenen Deckungserweiterungen nicht gewährt. Es handelt sich nicht um schadensersatzbewehrte Pflichten des VN gegenüber dem VR, sondern um **Obliegenheiten.**[18]

13 Folge ist, dass Nichtbeachtung durch den VN lediglich zu einer **Leistungskürzung** führt.[19] Eine Tenderentschädigung wird lediglich dann gewährt, wenn die Reparatur entsprechend einem vom VR akzeptierten Tenderangebot durchgeführt wird (Ziff. 64.1 Satz 2). Grundsätzlich obliegt die Einholung von Reparaturofferten dem VN gem. Ziff. 62.3 Satz 1. Diese hat der VN dem VR vorzulegen. Gem. Ziff. 62.3.3 kann der VR dann die Einholung von weiteren Reparaturofferten verlangen oder selbst solche einholen. Erst dann kann von einer Tenderung gesprochen werden.[20] Es handelt sich also nicht um eine Tenderung und entsprechend ist eine Entschädigung nicht zu zahlen, wenn der VR sich aus Beschleunigungs- oder Kulanzerwägungen heraus bei der Einholung eines Angebotes beteiligt, etwa in Form einer Mitwirkung an der Erstellung einer Reparaturspezifikationen.[21]

14 Eine Tenderung ist auch in einem solchen Fall erst gegeben, wenn in einem zweiten Durchlauf **weitere Reparaturofferten** eingeholt werden sollen. Ziff. 62.3.3 berechtigt den VR, die Einholung **„weiterer Angebote"** zu verlangen. Mithin ist für die Anwendbarkeit der Regelungen hinsichtlich der Tenderung Voraussetzung, dass der VN mindestens zwei Offerten eingeholt hat.[22]

C. Verfahrensfragen/Beweislast

15 Verlangt der VN die **Tenderentschädigung** nach Ziff. 64.1, muss er darlegen und beweisen, dass eine Tenderentschädigung vereinbart wurde, eine ordnungsgemäße Tenderung nach Ziff. 62.3.3 stattgefunden hat und welche Zeit nur aufgrund der Tenderung verlorenging.

16 Um seine Leistungspflicht nach Ziff. 64.1 zumindest teilweise zu mindern, kann der VR – insbesondere unter Inanspruchnahme seines Auskunftsrechts nach Ziff. 45 – beweisen, dass der VN Beträge nach Ziff. 64.2.1, Ziff. 64.2.2 erhält. Zudem hat der VR zur Minderung seiner Leistungspflicht die Möglichkeit zu beweisen, dass er vom VN gem. Ziff. 62.3.3 verlangt hat, Tenderofferten einzuholen, dieser diesem Verlangen jedoch nicht nachgekommen ist, oder aber, dass der VN ihm nicht die Möglichkeit gegeben hat, selbst weitere Offerten vor der Reparatur einzuholen. In diesen Fällen hat der VR zusätzlich die Vereinbarung eines bestimmten Prozentsatzes für diese Fälle zu beweisen (Ziff. 64.3).

17 Des Weiteren kann der VR seine Ersatzpflicht aus Ziff. 64.1 beschränken, wenn er beweist, dass der VN das vom VR nach der Tenderung gebilligte Angebot nicht angenommen hat (Ziff. 64.4).

---

18 *Schwampe* Seekaskoversicherung Klausel 30 Rn. 1.

19 Thume/de la Motte/Ehlers/*Schwampe* Transportversicherung (2011) Teil 6 Rn. 266.

20 *Enge/Schwampe* Transportversicherung S. 302.

21 *Schwampe* Seekaskoversicherung Klausel 30 Rn. 2; *Enge/Schwampe* Transportversicherung S. 302.

22 *Enge* Erläuterungen zu den DTV-Kaskoklauseln 1978 (1980) 80.

65 Ersatz an Dritte

65.1 Der Versicherer gewährt dem Versicherungsnehmer Versicherungsschutz auch für den Fall, dass er einem Dritten wegen von diesem erlittenen Verlustes oder Beschädigung von Sachen aufgrund gesetzlicher Haftpflichtbestimmungen Ersatz zu leisten hat und der Verlust oder die Beschädigung bei der Bewegung des Schiffes oder durch navigatorische Maßnahmen in unmittelbarem Zusammenhang mit der Teilnahme am Schiffsverkehr verursacht worden sind.

65.2 Der Versicherer gewährt bei der Schleppung des versicherten Schiffes gemäß Ziff. 65.1 auch Versicherungsschutz für Haftpflichtansprüche wegen Schäden, wenn sich die Haftung aus den Bedingungen des Schleppvertrages ergibt, sofern die darin getroffenen Haftungsvereinbarungen ortsüblich sind und die nautische Einheit des Schleppzuges bei Entstehung des Schadens bestand.

65.3 Der Versicherer gewährt für Schäden an Werfteigentum gemäß Ziff. 65.1 auch Versicherungsschutz für Haftpflichtansprüche, die sich aus den Bedingungen des Dock- und Reparaturvertrages ergeben, sofern die darin getroffenen Haftungsvereinbarungen ortsüblich sind.

65.4 Der Versicherungsschutz bezieht sich nicht auf

65.4.1 Haftpflichtansprüche wegen

65.4.1.1 Tod oder Verletzung von Personen sowie sonstiger Personenschäden,

65.4.1.2 Schäden, verursacht durch das Freiwerden von flüssigen oder gasförmigen Stoffen sowie Chemikalien oder sonstigen gefährlichen Gütern im Sinne der Klassen 1 bis 9 IMDG Code, es sei denn, diese Schäden sind als nächste Folge eines Zusammenstoßes des versicherten Schiffes mit einem anderen Schiff an diesem oder den darauf befindlichen Sachen eingetreten

65.4.1.3 Verlust und Beschädigung von Sachen, die sich an Bord des versicherten Schiffes befinden

65.4.1.4 sonstiger Umweltschaden an Natur und Landschaft im Sinne des § 2 Umweltschadengesetz, insbesondere Riffe

65.4.1.5 Aufwendungen Dritter zur Vermeidung von Schäden, für die die Haftpflicht nicht versichert ist.

65.4.2 Ausgleichsverpflichtungen des Versicherungsnehmers gegenüber einem Kollisionsgegner wegen eines Schadens an der Ladung an Bord des versicherten Schiffes aufgrund des „both-to-blame“ Prinzips.

65.5 Die Leistungspflicht des Versicherers umfasst:

65.5.1 die Prüfung der Haftpflichtfrage

65.5.2 den Ersatz der Entschädigung, welche der Versicherungsnehmer aufgrund eines von dem Versicherer abgegebenen oder genehmigten Anerkenntnisses, eines von ihm abgeschlossenen oder genehmigten Vergleichs oder einer richterlichen Entscheidung zu zahlen hat

65.5.3 die Abwehr unberechtigter Ansprüche.

65.6 Im Versicherungsfall hat der Versicherungsnehmer die Weisungen des Versicherers zu befolgen.

Kommt es in einem Versicherungsfall zu einem Rechtsstreit über den Anspruch zwischen dem Versicherungsnehmer und dem Geschädigten oder dessen Rechtsnachfolger, so führt der Versicherer auf seine Kosten den Rechtsstreit im Namen des Versicherungsnehmers.

Der Versicherer ist bevollmächtigt, alle ihm zur Beilegung oder Abwehr des Anspruchs zweckmäßig erscheinenden Erklärungen im Namen des Versicherungsnehmers abzugeben

65.7 Übersteigen die Haftpflichtansprüche die Versicherungssumme, so hat der Versicherer die Prozesskosten nur im Verhältnis der Versicherungssumme zur Gesamthöhe der Ansprüche zu tragen. Das gleiche gilt, wenn in einem Rechtsstreit Haftpflichtansprüche geltend gemacht werden, für die kein Versicherungsschutz besteht.

65.8 In Abänderung von Ziff. 41 gewährt der Versicherer für Haftpflichtansprüche Dritter gegen den Versicherungsnehmer bis zur Höhe der Versicherungssumme separat Versicherungsschutz

65.9 Bei Mithaftung der Fracht werden Schäden im Verhältnis des Schiffswertes zu der Summe aus Schiffswert und haftender Fracht ersetzt. Als Schiffswert gilt die Kaskotaxe. Ist eine Teilhaftungsklausel vereinbart, so wird diese entsprechend angewendet.

Übersicht

A. Einführung

Bei der Kaskoversicherung handelt es sich um eine **Aktivenversicherung**. Von der Versicherungsdeckung erfasst ist das Interesse des VN als Eigentümer der versicherten Sache. Die Hamburger Assecuranz- und Havarey-Ordnung von 1731 hat jedoch bereits der Tatsache Rechnung getragen, dass ein Schiff wegen einer Kollision gegenüber einem **1** anderen haftpflichtig werden kann und dass es sich hierbei um eine Gefahr der Seeschifffahrt als solcher handelt.[1]

2 Es handelt sich um eine **Adhäsionshaftpflichtversicherung**, da die Versicherung der Kollisionshaftungsgefahr lediglich in Verbindung mit der Kaskoversicherung durch die entsprechenden VR angeboten wird.[2] Das Deckungsverhältnis wird weitreichend durch die Klausel selbst definiert. Hierneben finden allerdings die allgemeinen Grundsätze der Haftpflichtversicherung weiterhin ihre Anwendung.[3]

3 Die ursprünglich vorliegende Konzeption aus § 78 ADS 1919 war lediglich auf den **reinen Kollisionsschadensersatz** beschränkt. Gegenstand war hier die unmittelbare Kollision zweier Schiffe und der unmittelbare Kollisionsschadensersatz. Diese Deckung wurde durch die Klausel 34 der DTV-Kaskoklauseln 1978/2004 dahingehend erweitert, dass nunmehr auch weitreichende – wenn auch nicht umfassende – sonstige **Haftpflichtrisiken** mit erfasst wurden. Die Erweiterung der Deckung wurde durch verschiedene Ausschlüsse wiederum eingeschränkt und der Höhe nach auf die Versicherungssumme begrenzt, die allerdings ein zweites Mal zu Verfügung steht. Die sich für den VN ergebenden Deckungslücken werden summenmäßig teils durch die Nebeninteresse-Versicherung, im Übrigen durch die P&I-Versicherung geschlossen. Ziff. 65 übernimmt im Wesentlichen Ziff. 34 DTV-Kaskoklauseln 1978/2004, fügt aber einen weiteren Ausschluss hinzu und verschiebt die in Ziff. 34.10 DTV-Kaskoklauseln 1978/2004 enthaltene Schwesterschiffsklausel in die separate Bestimmung der Ziff. 66.

B. Erläuterung der Klausel

I. Allgemeine Haftpflichtversicherung bei Verlust oder Beschädigung von Sachen Dritter (Ziff. 65.1)

1. Verlust bzw. Beschädigung von Sachen

4 Während die Urfassung der Ziff. 34 DTV-Kaskoklauseln 1978 schlicht von der Haftung für Schäden Dritter sprach, war ab den DTV-Kaskoklauseln 1978/1984 die Deckung auf Verlust oder Beschädigung von Sachen begrenzt. Die Haftung für Vermögensschäden ist seither nur noch insoweit von der Regelung erfasst, als es sich um **Vermögensfolgeschäden von Sachschäden** handelt.[4] Ziff. 65 setzt dieses Konzept unverändert fort. Vermögensfolgeschäden werden als Bestandteil des entsprechenden gedeckten Sachschadens betrachtet.[5]

5 Diese liegen vor, wenn die Kosten dem Geschädigten durch die Beschädigung der Sache selbst entstanden sind und der Geschädigte derselbe ist, etwa durch **Nutzungsausfall** oder **Folgebeschädigungen**.[6] Auch die Kosten der **Wrackbeseitigung** sind Vermögens-

---

1 Grundlegend: *Schwampe* Seekaskoversicherung Klausel 34 Rn. 1; *Zeller* Die Deckung von Haftpflichtrisiken im Rahmen der Seekaskoversicherung (1987) 13 ff.

2 *Schwampe* Seekaskoversicherung Klausel 34 Rn. 1 m.w.N.

3 *Schwampe* Seekaskoversicherung Klausel 34 Rn. 1 m.w.N.

4 *Schwampe* Seekaskoversicherung Klausel 34 Rn. 11.

5 BGH 21.2.1957 BGHZ **23** 349, 354; Thume/de la Motte/Ehlers/*Schwampe* Transportversicherung (2011) Teil 6 Rn. 298.

6 BGH 21.2.1957 NJW **1957** 907, 908; ähnlich zu Personenschäden: BGH 7.1.1965 NJW **1965** 758, 758 f.

folgeschäden aus der Sachbeschädigung und daher mit erfasst.[7] **Reine Vermögensschäden** liegen dagegen vor, wenn ein Vermögensfolgeschaden nicht durch denselben Dritten erlitten wird, der auch den Sachschaden erleidet.[8]

Maßgeblich für die Frage der „Sachqualität" genau wie auch des „Sachschadens" ist 6
nicht das gem. Ziff. 90 auf den Versicherungsvertrag anwendbare deutsche Recht, sondern dasjenige Recht, das nach dem **Internationalen Privatrecht** auf den Haftpflichtanspruch des Dritten gegen den VN anzuwenden ist.[9] Auf den Haftpflichtanspruch des Geschädigten anzuwenden sind die gesetzlichen Haftpflichtbestimmungen. In der Regel wird dies das Deliktstatut sein, denn für die Deckung primär relevant ist die Frage, ob und inwieweit überhaupt eine **gesetzliche Haftung** für einen Sachschaden besteht.[10] Das **Haftpflichtstatut** umfasst alle Fragen der Haftung, d.h. auch Fragen der haftungsbegründenden und haftungsausfüllenden Kausalität, etwa welche Kausalitätslehre anwendbar ist oder welche **mittelbaren Schäden**, beispielsweise **Anwaltskosten** sowie **Nutzungsausfall** etc., erfasst werden.[11] Hat bereits ein Gericht über diese Fragen rechtskräftig entschieden, ist diese Entscheidung für die Deckungsfrage bindend.[12]

Sofern nach dem IPR **deutsches Recht** auf die Haftungsfrage anwendbar ist, erfasst 7
der Begriff **Sache** sowohl körperliche Gegenstände i.S.d. § 90 BGB (bzw. „bewegliche oder feste" Gegenstände) wie auch Tiere nach § 90a BGB.[13] § 90 BGB erfordert dabei eine körperliche Abgrenzbarkeit des Gegenstandes, weswegen das Wasser oder Strandabschnitte als solche nicht erfasst sind, wohl aber konkret abgrenzbare, eigentumsfähige Teile der Landschaft oder des Meeresgrundes, etwa Felsen oder Korallenriffe.[14]

Ein **Verlust einer Sache** ist gegeben, wenn die Sache infolge nicht mehr **existiert.**[15] 8
Solange nur die **Substanz** beeinträchtigt wurde, handelt es sich nur um eine **Beschädigung**. Die genaue Abgrenzung ist aber nicht relevant, da beide Tatbestände von Klausel 65 gedeckt sind.

2. Gesetzliche Haftpflichtbestimmungen

Hierbei handelt es sich um Normen, die vom Parteiwillen der Betroffenen unabhängig 9
eine an die Verwirklichung eines unter die Klausel fallenden Ereignisses Rechtsfolgen dahingehend begründen, dass sie eine entsprechende Haftpflicht auslösen.[16] Diese beinhalten auch Ansprüche, die das Gesetz im Falle der Verletzung **vertraglicher Pflichten** vor-

[7] Thume/de la Motte/Ehlers/*Schwampe* Transportversicherung (2011) Teil 6 Rn. 299; ausführlich zur Abgrenzung: *Schwampe* Seekaskoversicherung Klausel 34 Rn. 11–14, 32.

[8] BGH 21.2.1957 BGHZ **23** 349; *Schwampe* Seekaskoversicherung Klausel 34 Rn. 11.

[9] *Schwampe* Seekaskoversicherung Klausel 34 Rn. 9; Thume/de la Motte/Ehlers/*Schwampe* Transportversicherung (2011) Teil 6 Rn. 298; sowie *Zeller* Die Deckung von Haftpflichtrisiken im Rahmen der Seekaskoversicherung (1987) 157.

[10] Zur Bestimmung des Statuts bei Zusammenstößen auf Hoher See: BGH 29.1.1959 NJW **1959** 769, 769 f.

[11] *Zeller* Die Deckung von Haftpflichtrisiken im Rahmen der Seekaskoversicherung (1987) 331 f.

[12] Thume/de la Motte/Ehlers/*Schwampe* Transportversicherung (2011) Teil 6 Rn. 298; *Schwampe* Seekaskoversicherung Klausel 34 Rn. 9; **a.A.** offenbar LG Hamburg 26.8.2002 TranspR **2002** 469, 470 f.

[13] *Schwampe* Seekaskoversicherung Klausel 34 Rn. 10.

[14] Zur Eigentumsfähigkeit des Meeresufers: BGH 31.5.1965 NJW **1965** 1712, 1713 f.

[15] *Ritter/Abraham* § 71 Anm. 5: „nicht mehr da, untergegangen, vernichtet".

[16] BGH 20.11.1970 VersR **1971** 144.

sieht, allerdings hier lediglich solche, die nicht auf **Erfüllung bzw. Erfüllungssurrogate** gerichtet sind.[17] Grundsätzlich ist Aufwendungsersatz nach den Grundsätzen der Geschäftsführung ohne Auftrag gem. §§ 677, 683 BGB nicht erfasst. Dem gegenüber erstreckt der BGH im Allgemeinen Haftpflichtversicherungsrecht die Erstattungsansprüche auf solche Personen, die **Verpflichtungen des VN** erfüllen.[18] Dies ist unabhängig davon, ob dies auf Basis einer Zustimmung des VR erfolgt oder nicht. Allerdings sind diese Ansprüche vorliegend unter der Ziff. 65 dennoch nicht versichert, soweit es sich hierbei nicht um Ansprüche wegen Verlust oder Beschädigung handelt.[19] Ziff. 65.1 erfasst sämtliche Haftpflichtansprüche Dritter, unabhängig davon, ob diese durch ein Verschulden des VN begründet wurden oder dieser verschuldensunabhängig haftet.[20]

3. Bewegung des Schiffes

10 Lediglich die Schäden sind gedeckt, die bei der **tatsächlichen Bewegung des Schiffes** verursacht werden. Dies umfasst sämtliche Arten der Bewegung, gleichgültig ob durch **eigenen Antrieb**, durch **Schleppen** oder **ungewolltes Treiben** des Schiffes. Eine entsprechende Führung des Schiffes ist ebenfalls nicht erforderlich. Ein Losreißen und Abtreiben des Schiffes erfüllt ebenfalls die Voraussetzungen der Klausel.[21] Die Bewegung muss nicht in **horizontaler** Form geschehen, es kann auch durch Tidenhub **vertikal** bewegt werden. Es muss sich allerdings das **Schiff in Gänze** bewegen und nicht lediglich einzelne Teile des Schiffes. Sofern also ein Schiffskran eines ansonsten sich nicht bewegenden Schiffes Schäden verursacht dadurch, dass er ausschwenkt, ist dies nicht bei der Bewegung des Schiffes erfolgt.[22]

4. Navigatorische Maßnahmen

11 Es handelt sich um **sämtliche Maßnahmen**, die mit der Teilnahme des Schiffes am Schiffsverkehr zu tun haben und mit ihr im unmittelbaren Zusammenhang stehen. Nicht umfasst sind daher Maßnahmen, die lediglich zur Vorbereitung des Schiffsverkehrs dienen.[23]

II. Speziell: Haftpflichtversicherung bei Schleppung des versicherten Schiffes (Ziff. 65.2)

1. Schleppvertrag

12 Sofern die Bedingungen des Schleppvertrages über die der gesetzlichen Haftung hinausgehen, entfaltet die Ziff. 65.2 Relevanz. Anderenfalls ist sie aufgrund der Regelung von 65.1 unerheblich, da diese bereits die gesetzliche Haftung erfasst. Unter Ziff. 65.2

---

17 Thume/de la Motte/Ehlers/*Schwampe* Transportversicherung (2011) Teil 6 Rn. 300.

18 BGH 18.1.1965 BGHZ **43** 88, 89 f.; *Schwampe* Seekaskoversicherung Klausel 34 Rn. 18.

19 Thume/de la Motte/Ehlers/*Schwampe* Transportversicherung (2011) Teil 6 Rn. 300.

20 *Schwampe* Seekaskoversicherung Klausel 34 Rn. 20.

21 *Zeller* Die Deckung von Haftpflichtrisiken im Rahmen der Seekaskoversicherung (1987) 299; Thume/de la Motte/Ehlers/*Schwampe* Transportversicherung (2011) Teil 6 Rn. 302.

22 Im Einzelnen *Schwampe* Seekaskoversicherung Klausel 34 Rn. 24 ff.

23 *Zeller* Die Deckung von Haftpflichtrisiken im Rahmen der Seekaskoversicherung (1987) 299; ausführlich *Schwampe* Seekaskoversicherung Klausel 34 Rn. 28 mit Beispielen für gedeckte und nicht gedeckte Situationen in Rn. 30 f.

werden nicht allein Sachschäden am schleppenden Schiff erfasst, sondern auch die erforderliche **Freihaltung des Schleppers von Ansprüchen Dritter**, soweit dies der Schleppvertrag – wie häufig – vorsieht.[24]

2. Ortsüblichkeit

Eine über das Gesetz und damit über Ziff. 65.1 hinausgehende vertragliche Haftung ist unter 65.2 jedoch **lediglich dann versichert,** wenn sie **ortsüblich** ist.[25] Die Beweislast hierfür liegt, da es sich um eine Deckungsvoraussetzung handelt, beim VN.[26] Sofern eine Ortsüblichkeit nicht gegeben ist und die eingegangene Haftung weiterreicht, bleibt dem VN lediglich die Deckung, die im Rahmen der Ortsüblichkeit gegeben wäre. **13**

3. Nautische Einheit

Eine nautische Einheit ist dann zu bejahen, wenn **Schlepper und geschlepptes Objekt** dergestalt **miteinander verbunden** sind, dass sie noch nicht oder nicht unabhängig voneinander betrachtet werden können.[27] Demnach entspricht die nautische Einheit des Versicherungsrechts der **navigatorischen Abhängigkeit** mit ihren Folgen im **Kollisionsrecht:** Sofern eine **Schleppverbindung** besteht, sind sämtliche Einheiten eines Schleppzuges voneinander abhängig und bilden eine nautische Einheit.[28] **14**

Die nautische Einheit muss **bei der Entstehung des Schadens** vorliegen. Es genügt nicht, wenn der Schlepper sich auf dem Weg zum oder vom Schiff befindet. Teilweise wird in Schleppbedingungen bereits ab dem Zeitpunkt der Anreise des Schleppers sowie noch nach Verlassen des geschleppten Objekts eine nautische Einheit fingiert. Es besteht während dieser Zeiträume jedoch **keine Deckung** nach Ziff. 65.2, auch wenn die Schleppbedingungen ortsüblich sein sollten, da eine nautische Einheit in *versicherungsrechtlicher* Hinsicht noch nicht vorgelegen hat bzw. nicht mehr vorlag. **15**

Sofern allerdings die zur Entstehung des Schadens gesetzte maßgebliche Ursache (*causa proxima*) während der nautischen Einheit gesetzt wurde, besteht auch dann ein Versicherungsschutz, wenn die nautische Einheit bereits gelöst ist.[29] **16**

III. Speziell: Haftpflichtversicherung bei Dock- und Reparaturvertrag (Ziff. 65.3)

Wie bereits bei Ziff. 65.2 ist die diesbezügliche Grundwertung übertragen worden auf die Fälle, bei denen eine gegenüber der ursprünglichen Ziff. 65.1 hinausgehende Vertragshaftung durch **ortsübliche Haftungsvereinbarungen erweitert** wird. Die **Dock- und** **17**

---

[24] *Zeller* Die Deckung von Haftpflichtrisiken im Rahmen der Seekaskoversicherung (1987) 384; Thume/de la Motte/Ehlers/*Schwampe* Transportversicherung (2011) Teil 6 Rn. 304.

[25] *Enge/Schwampe* Transportversicherung S. 265.

[26] *Zeller* Die Deckung von Haftpflichtrisiken im Rahmen der Seekaskoversicherung (1987) 384 f.; *Schwampe* Seekaskoversicherung Klausel 34 Rn. 38.

[27] Thume/de la Motte/Ehlers/*Schwampe* Transportversicherung (2011) Teil 6 Rn. 306.

[28] *Zeller* Die Deckung von Haftpflichtrisiken im Rahmen der Seekaskoversicherung (1987) 383; *Remé* VersR **1979** 293, 294; Thume/de la Motte/Ehlers/*Schwampe* Transportversicherung (2011) Teil 6 Rn. 306; *Schwampe* Seekaskoversicherung Klausel 34 Rn. 39 und 40.

[29] *Schwampe* Seekaskoversicherung Klausel 34 Rn. 40.

Reparaturverträge im Sinne dieser Klausel sind jedoch nicht abschließend benannt, sondern es handelt sich vielmehr um eine Kurzbezeichnung für alle **Arbeiten Dritter am Schiff:**[30] Slip-Verträge, Wartungsverträge, Umbauverträge und sonstige Werftverträge werden voll erfasst.[31]

18 Zum Terminus der Ortsüblichkeit vgl. Rn. 13.

19 Die beschriebene erweiterte vertragliche Haftung, in Parallelität zur Ziff. 65.2 greift lediglich im Zusammenhang mit **Schäden im Werfteigentum.** Diesbezüglich werden auch **Vermögensfolgeschäden** erfasst. Eine im Vertrag vereinbarte Freihaltung von Ansprüchen Dritter ist jedoch im Gegensatz zu Schleppverträgen nicht vorgesehen. Wie bereits unter Rn. 17 angesprochen, ist der Dock- und Reparaturvertrag lediglich als Kurzbezeichnung zu verstehen.[32] Dies gilt auch für den Begriff des Werfteigentums. Gemeint ist das Eigentum des Vertragspartners der betreffenden o.g. Verträge. Ein Verständnis, dass es sich bei dem Vertragspartner um eine „Werft" handele, ist nicht erforderlich. Ebenfalls eingeschlossen sind branchentypische Subunternehmer.[33]

IV. Ausschlüsse von der Haftpflichtversicherung (Ziff. 65.4)

1. Haftpflichtansprüche wegen Personenschäden (Ziff. 65.4.1.1)

20 Es handelt sich bei der Ziff. 65.4.1 um eine lediglich **redaktionelle Klarstellung,** da die Deckung im Zusammenhang mit Ziff. 65 **lediglich Sachschäden** erfasst. Eine eigenständige Bedeutung hat die Klausel als selbständiger Ausschluss mit der Änderung der Klausel 34 im Jahre 1984 nicht mehr. Zu diesem Zeitpunkt wurde die Beschränkung auf eine reine Sachschadenshaftpflicht vorgenommen.[34] Personenschäden werden in vollem Umfange durch die P&I-Versicherung abgedeckt.[35]

2. Haftpflichtansprüche wegen Freiwerden flüssiger oder gasförmiger Stoffe sowie Chemikalien oder sonstiger gefährlicher Güter im Sinne der Klassen 1 bis 9 IMDG-Code (Ziff. 65.4.1.2)

21 **Ausgeschlossen** sind **flüssige** oder **gasförmige Stoffe** oder **Chemikalien** oder sonstige gefährliche Güter im Sinne der Klassen 1 bis 9 IMDG-Code. Die bereits in der Ziff. 34.4.1 DTV-Kaskoklauseln 1978/2004 existierende Gegenüberstellung von flüssigen oder gasförmigen Stoffen oder Chemikalien wurde zu Recht bereits zur alten Fassung kritisiert.[36] Es ist darauf hinzuweisen, dass flüssige und gasförmige Stoffe zwar Chemikalien sein können, aber **nicht müssen.**[37] **Chemikalien** wiederum existieren auch in fester Form. Für den Ausschluss flüssiger sowie fester Stoffe kommt es mithin auf den

---

30 *Zeller* Die Deckung von Haftpflichtrisiken im Rahmen der Seekaskoversicherung (1987) 387.

31 *Enge/Schwampe* Transportversicherung S. 265; *Schwampe* Seekaskoversicherung Klausel 34 Rn. 44.

32 *Schwampe* Seekaskoversicherung Klausel 34 Rn. 46.

33 *Zeller* Die Deckung von Haftpflichtrisiken im Rahmen der Seekaskoversicherung (1987) 386.

34 Zur Entwicklung der Vorschrift in rechtshistorischer sowie dogmatischer Hinsicht *Schwampe* Seekaskoversicherung Klausel 34 Rn. 7, 49.

35 Thume/de la Motte/Ehlers/*Schwampe* Transportversicherung (2011) Teil 7 Rn. 587 ff.

36 *Schwampe* Seekaskoversicherung Klausel 34 Rn. 56.

37 Thume/de la Motte/Ehlers/*Schwampe* Transportversicherung (2011) Teil 6 Rn. 312.

Aggregatzustand an, auf die Eigenschaften als Chemikalie in **fester, flüssiger oder gasförmiger Form**, auf deren Eignung eine entsprechende **chemische Reaktion** herbeizuführen. Außerdem wird flankierend der IMDG-Code mit seinen Klassen 1 bis 9 als objektiver Maßstab herangezogen. Beim IMDG-Code handelt es sich um ein *International Maritime Dangerous Goods Code,* der entwickelt wurde, um einheitliche Standards im Zusammenhang mit Transport und Benutzung von gefährlichen Gütern auf See festzulegen. Hierin werden spezielle Vorgehensweisen in der Handhabung und Lagerung entsprechender Substanzen geregelt. In das deutsche Recht wird der IMDG-Code durch die Verordnung über die Beförderung gefährlicher Güter mit Seeschiffen (Gefahrgutverordnung See – GGVSee) eingeführt.

Freiwerden beinhaltet **jedes Austreten** eines der o.g. Stoffe aus seinem Behältnis bzw. 22
Gefäß. Es ist hierbei unerheblich, ob das **Freiwerden oder Entweichen** beabsichtigt oder unbeabsichtigt, schuldhaft oder schuldlos, erfolgte.[38] Ebenfalls ausgeschlossen sind Schäden, die aufgrund der Art des Freiwerdens selbst entstehen. Sofern also der Schaden zum Teil dadurch entsteht, dass ein **Gas ausgetreten** ist, ist auch der Schaden durch eine durch das Gas verursachte Explosion als chemischer Reaktion ausgeschlossen.[39] Im Einzelnen sei zu unterschiedlichen Beispielen auf *Zeller*[40] verwiesen, der sich mit der Fragestellung von Freiwerden auf einem anderen Schiff bzw. dem Freiwerden aus Landeinrichtungen beschäftigt.

Nicht ausgeschlossen sind hierbei Schadensersatzansprüche, die aufgrund des Ab- 23
bergens von Treibstoffen etc. zur Vermeidung einer Umweltverschmutzung entstehen. Hierbei handelt es sich rein zweckmäßig schon nicht um ein Freiwerden. Dies soll gerade verhindert werden.[41] Insoweit greift unter den DTV-ADS 2009 aber der neu eingeführte Ausschluss der Ziff. 65.4.1.5, während unter den DTV-Kaskoklauseln 1978/2004, die diesen Ausschluss nicht enthalten, Versicherungsschutz für diesbezügliche Haftung gegenüber dem Sachgeschädigten besteht.

Eine **Gegenausnahme** wird gebildet und mithin Versicherungsschutz gewährt, sofern 24
die o.g. Substanzen frei geworden sind als **nächste Folge eines Zusammenstoßes mit einem anderen Schiff** und hierbei an diesem oder an darauf befindlichen Sachen Schäden verursachen.[42] Unerheblich ist hierbei, ob sich die zum eigentlichen Ausschluss grundsätzlich führenden Stoffe auf dem versicherten Schiff oder dessen Kollisionsgegner befinden. Auch können sich diese Stoffe an Land befinden, sofern sie durch Kollision eines der beteiligten Schiffe freigesetzt werden und diese Kollision sich noch als nächste Ursache darstellt.[43]

Die Ziff. 64.4.1.2 reflektiert die Veränderung, die durch das Seekasko-Druckstück 25
2002/2 die alte Ziff. 34.4.1 der DTV-Kaskoklauseln 1978/2004 ergänzt haben.

---

38 *Schwampe* Seekaskoversicherung Klausel 34 Rn. 55.

39 *Schwampe* Seekaskoversicherung Klausel 34 Rn. 55.

40 *Zeller* Die Deckung von Haftpflichtrisiken im Rahmen der Seekaskoversicherung (1987) 402.

41 Thume/de la Motte/Ehlers/*Schwampe* Transportversicherung (2011) Teil 6 Rn. 311.

42 *Zeller* Die Deckung von Haftpflichtrisiken im Rahmen der Seekaskoversicherung (1987) 405.

43 *Schwampe* Seekaskoversicherung Ziff. 34 Rn. 60.

3. Haftpflichtansprüche wegen Verlust und Beschädigung von Sachen an Bord des versicherten Schiffes (Ziff. 65.4.1.3)

26 Die Bestimmung grenzt die Seekaskoversicherung von der P&I-Versicherung ab, unter der die Haftung des Reeders für auf dem eigenen Schiff auftretende Ladungsschäden versichert ist.[44] Die Auswirkungen des Ausschlusses sind beschränkt, soweit sich die Ansprüche der eigenen Ladungsbeteiligten nach den Haag- oder Haag-Visby-Regeln richten, denn danach besteht keine Verfrachterhaftung für Fehler bei der Führung des Schiffes. Wo dies gilt, bewirkt der Ausschluss nur einen Ausschluss der Rechtsverteidigungskosten nach Ziff. 65.5.3. Wird für nautisches Verschulden gehaftet – so nach den sog. Hamburg Rules und auch nach dem neuen deutschen Seerecht, soweit der Verfrachter nicht seine Haftung diesbezüglich vertraglich ausgeschlossen hat (§ 512 Abs. 2 Nr. 1 HGB) – schränkt die Bestimmung die Deckung auch für die eigentliche Haftpflicht ein.[45]

27 Es handelt sich um **sämtliche an Bord befindlichen Sachen**, mithin die Ladung, Mannschaftseffekten, Bunker sowie **gemietete** oder **geleaste Gegenstände**. Die Gegenstände müssen sich vollumfänglich an Bord des betreffenden Schiffes befinden. Ein Beispiel, welches *Schwampe* hierzu bildet, ist eine aufgrund der Bewegung eines Schiffes gebrochene Schlauchverbindung beim Bunkern.[46] Der Ausschluss findet nach *Schwampe*[47] keine Anwendung, sofern der Bruch auf dem Teil des Schlauches eintritt, der sich vollständig an Bord befindet. Sofern gem. Ziff. 65.2 und 65.3 die Deckung erweitert wurde, kann sie auch über Ziff. 65.4.1.3 wieder ausgeschlossen werden.

4. Haftpflichtansprüche wegen Umweltschäden (Ziff. 65.4.1.4)

28 Der Begriff des **Umweltschadens** als solcher ergibt sich aus dem seit dem 30.7.2010 geltenden **Umweltschadensgesetz** (USchadG).

29 Im Sinne des § 2 Nr. 1 USchadG sind **Umweltschäden** a) eine Schädigung von Arten und natürlichen Lebensräumen nach Maßgabe des § 19 des Bundesnaturschutzgesetzes, b) eine Schädigung der Gewässer nach Maßgabe des § 90 des Wasserhaushaltsgesetzes, c) eine Schädigung des Bodens durch eine Beeinträchtigung der Bodenfunktionen im Sinn des § 2 Abs. 2 des Bundes-Bodenschutzgesetzes, die durch eine direkte oder indirekte Einbringung von Stoffen, Zubereitungen, Organismen oder Mikroorganismen auf, in oder unter dem Boden hervorgerufen wurde und die Gefahren für die menschliche Gesundheit verursacht.

30 Grundsätzlich stellt sich die Frage, inwieweit die Verweisung in Ziff. 65.4.1.4 bei **Schäden außerhalb des Anwendungsbereichs des Umweltschadensgesetzes** zur Anwendung kommt. Grundsätzlich wäre nach den allgemeinen Prinzipien das ausländische Umweltrecht als Haftungsrecht bei Schadensfällen im Ausland anwendbar.[48] Durch die eindeutige Verweisung der Ziff. 65.4.1.4 wird allerdings von diesem allgemeinen Grundsatz abgewichen und ausdrücklich die Anwendbarkeit allein der deutschen Rechtsvorschrift klargestellt. Hierdurch ergeben sich auch im Falle der Anwendung keine speziellen Probleme, da der Inhalt des Deckungsausschlusses sich anhand des eindeutigen Rege-

---

44 Thume/de la Motte/Ehlers/*Schwampe* Transportversicherung (2011) Teil 7 Rn. 565 ff.

45 Siehe dazu auch *Schwampe* Seekaskoversicherung Klausel 34 Rn. 63.

46 *Schwampe* Seekaskoversicherung Klausel 34 Rn. 64.

47 *Schwampe* Seekaskoversicherung Klausel 34 Rn. 64.

48 *Schwampe* Seekaskoversicherung Klausel 34 Rn. 65.

lungsinhaltes von § 2 Umweltschadensgesetz ermitteln lässt. Damit ist durch die neue Fassung der Klausel die Rechtslage hinsichtlich des anwendbaren Haftungsrechts neu in Abweichung zu Ziff. 34 DTV-Kaskoklauseln 1978/2004 eindeutig gefasst.

Ausdrücklich, da ansonsten schwer unter der o.g. Definitionen nur über eine lange **31**
Paragraphenkette zu erfassen, werden ergänzend in den DTV-ADS 2009 auch **Riffe** genannt. Insoweit handelt es sich aber nur um eine Klarstellung.

Die Begriffe „**Natur**" und „**Landschaft**" werden in Ziff. 65.4.1.4 noch verwendet, **32**
allerdings nicht mehr unter dem bis dahin in der Ziff. 34 DTV-Kaskoklauseln 1978/2004 gängigen Verweis auf das Bundesnaturschutzgesetz (BNatSchG). Dennoch ist das darin geprägte Grundverständnis und mithin die Reichweite des Ausschlusses auch dann anwendbar, wenn grundsätzlich dem anwendbaren Haftungsrecht eine andere Wertung zugrunde liegen würde.

5. Haftpflichtansprüche wegen Aufwendungen Dritter zur Schadenvermeidung (Ziff. 65.4.1.5)

Hintergrund der Bestimmung sind Streitigkeiten gewesen, ob für den Aufwand, den **33**
ein (sach-) geschädigter Dritter zur Vermeidung eines (typischerweise nach einer Kollision von seinem Schiff) drohenden Umweltschaden eingeht, von der Haftpflichtdeckung erfasst wird. Nach verbreiteter Auffassung ist dies unter Ziff. 34 DTV-Kaskoklauseln 1978/2004 der Fall. Zwar enthalten auch sie den Umwelschadensausschluss, was aber einen Umweltschaden voraussetzt, der ja gerade vermieden wurde. Die Klausel 65.4.1.5 schließt diese Lücke in den Ausschlüssen, weil die Versicherer in der Tat dann, wenn sie für den entstandenen Schaden keine Deckung gewähren, auch für diesbezügliche Abwendungskosten keine Deckung gewähren wollen.[49]

6. Ausgleichsverpflichtungen des Versicherungsnehmers gegenüber einem Kollisionsgegner aufgrund des „both-to-blame"-Prinzips (Ziff. 65.4.2)

Das internationale Übereinkommen zur einheitlichen Feststellung von Regeln über **34**
den Zusammenstoß von Schiffen von 1910 (IÜZ) legt fest, dass Schadensersatzansprüche gegen die an einer Kollision beteiligten Schiffe lediglich nach dem Grad ihres jeweiligen Verschuldensanteils entstehen. Deutschland hat dieses Übereinkommen ratifiziert und in § 570 HGB umgesetzt. Das Übereinkommen hat sich international weitgehend durchgesetzt. Bedeutsamste Ausnahme sind die Vereinigten Staaten von Amerika. Hier gilt das sog. ***both-to-blame*-Prinzip**, nach dem die Reeder der an einer Kollision beteiligten Schiffe unabhängig vom beiderseitigen Verschulden **gesamtschuldnerisch** nach außen hin haften.[50] Im Innenverhältnis jedoch haften sie untereinander nach dem Maß ihres jeweiligen Verschuldens. Es sind Fälle denkbar, in denen das *both-to-blame*-Prinzip dazu führt, dass ein Reeder sämtlichen Schaden an der Ladung ausgleichen muss. Er kann sodann beim Kollisionsgegner in Höhe des betreffenden Verschuldensanteils desselben Regress nehmen, was zur Folge hat, dass dieser mittelbar für Schäden an der eigenen Ladung aufkommt, obwohl er sich direkten Ansprüchen auf den Haftungsausschluss nautischen Verschuldens hätte berufen können. Hierdurch soll das Ergebnis erzielt werden, dass der Kaskoversicherer für Schäden an der Ladung auf dem versicherten Schiff, im Ergebnis wirtschaftlich betrachtet, deckungspflichtig wird.[51] Es wird also letztlich

---

[49] *Enge/Schwampe* Transportversicherung S. 269.
[50] *Enge/Schwampe* Transportversicherung S. 267.
[51] Thume/de la Motte/Ehlers/*Schwampe* Transportversicherung (2011) Teil 6 Rn. 319.

dem bestehenden Ausschluss für die Haftung gegenüber eigener Ladung auch dort zur Geltung verholfen, wo im Einzelfall haftungsrechtlich das *both-to-blame*-Prinzip Anwendung findet und zu gegenteiligen Ergebnissen führen würde.

V. Leistungsumfang (Ziff. 65.5)

1. Prüfung der Haftpflichtfrage (Ziff. 65.5.1)

35 Die Prüfung der Haftpflichtfrage ist eine **versicherungsvertragliche Hauptleistungspflicht**. Sofern die entsprechende Prüfung unterbleibt, liegt eine Pflichtverletzung vor und macht sich der VR **schadensersatzpflichtig**. Sofern zur Prüfung der Haftpflichtfrage Sachverständige beauftragt werden müssen, sind die hiermit verbundenen Kosten nicht Kosten zur Feststellung des Schadens gem. § 32 Abs. 1 Nr. 3 ADS 1919, da der VR nicht die **eigene Leistungspflicht prüft**, sondern die **Haftpflicht seines VN**.[52] Insoweit kann sich der VR nicht auf die Begrenzung der Deckung auf die Versicherungssumme berufen, da es sich hierbei nicht um das Verhältnis zwischen VN und VR, sondern um eine selbständige Beauftragung durch den VR handelt.[53] Folge der Hauptleistungspflicht ist, dass die Leistungspflicht des VR für Haftpflicht und Prüfungs-/Abwehrkosten insgesamt mit der Versicherungssumme begrenzt ist.

2. Ersatz der vom Versicherungsnehmer zu leistenden Entschädigung (Ziff. 65.5.2)

36 Entgegen den allgemeinen Grundsätzen der Haftpflichtversicherung im Sinne des Versicherungsvertragsgesetzes nach der VVG-Reform im Jahre 2008, nach denen der VR die **Freistellung von der Forderung** des Geschädigten zu gewährleisten hat, ist in der Kaskoversicherung durch den VR an den VN **und nicht an den geschädigten Dritten zu zahlen**. Allerdings ist im Gegensatz zu der P&I-Versicherung nicht erforderlich, dass der geschädigte Dritte bereits befriedigt worden ist. Der VR leistet, was er zu zahlen hat, auch wenn der VN tatsächlich noch nichts gezahlt hat.[54] Hierbei handelt es sich jedoch letztlich um in der Praxis selten vorkommende Konstellationen, da häufig der VR direkt an den Geschädigten zahlt. Anerkenntnis bzw. Vergleich wirken hinsichtlich der Leistungspflicht des VR lediglich dann, wenn sie nicht der VN, sondern der VR selbst abgeschlossen bzw. sie bestätigt hat. Kenntnis vom (beabsichtigten) Vergleich ohne Widerspruch genügt. Auch hier gilt die Mitwirkungspflicht aus Ziff. 15, nach der gegen eine aus sachfremden Erwägungen verweigerte Genehmigung vorgegangen werden kann. Es bleibt dem VR unbenommen, Ausschlusstatbestände bzw. Obliegenheitsverletzungen des VN einer Leistungspflicht entgegenzusetzen.[55]

3. Abwehr unberechtigter Ansprüche (Ziff. 65.5.3)

37 Die Klausel gewährt **Rechtsschutz**. Der VR ist allerdings lediglich verpflichtet, abzuwehren, **wofür Deckung besteht**. Eine Kostenregelung ergibt sich aus Ziff. 65.7 hinsichtlich des Zusammentreffens von versicherten und nichtversicherten Ansprüchen. Entsprechende Kosten werden nicht als Schadensabwendungs- bzw. -minderungskosten auch über die Versicherungssumme hinaus ersetzt, sondern bis hin zur Versicherungssumme

52 Hierzu *Ritter/Abraham* § 32 Anm. 22 ff.

53 Thume/de la Motte/Ehlers/*Schwampe* Transportversicherung (2011) Teil 6 Rn. 320.

54 *Ritter/Abraham* § 78 Anm. 15; Thume/de la Motte/Ehlers/*Schwampe* Transportversicherung (2011) Teil 6 Rn. 321.

55 *Schwampe* Seekaskoversicherung Klausel 34 Rn. 72 ff.

neben der Entschädigungsleistung.[56] Grundsätzlich folgt aus dem **Rechtsschutzcharakter,** dass der VR auch unberechtigte Ansprüche abzuwehren hat, allerdings nur dann, wenn bei ihrer Berechtigung Versicherungsschutz nach Ziff. 65 bestünde. Ob und inwieweit er berechtigte Ansprüche abwehren möchte, obliegt dem VR.

VI. Rechte und Pflichten im Versicherungsfall (Ziff. 65.6)

1. Allgemein

Der VR ist **berechtigt und verpflichtet,** die Rechtstreitigkeiten selbst zu führen. Etwaige 38
Fehler können eine **Schadensersatzpflicht** begründen.[57] Grundsätzlich ist es erforderlich, dass der VR bei der Führung etwaiger Prozesse seine eigenen Sachinteressen zurückstellt, sofern diese die Interessen des VN gefährden würden.[58] Der VR ist also gehalten, wie jeder objektive, an dem Versicherungsvertrag nicht beteiligte Dritte die Rechtsstreitigkeiten zu führen.

2. Weisungsrecht des Versicherers (Ziff. 65.6 Abs. 1)

Ziff. 65.6 Abs. 1 wiederholt, was nach den allgemeinen Regelungen der DTV-ADS 39
2009 bereits gilt: Der VR ist berechtigt, im Zusammenhang mit dem Versicherungsfall zur Schadenabwendung oder -minderung[59] Weisungen zu erteilen.[60]

3. Bevollmächtigung des Versicherers (Ziff. 65.6 Abs. 2, Abs. 3)

Die Klausel räumt dem VR eine Vollmacht im Sinne einer **Geschäftsführungsbefugnis** 40
ein. Sie ist im Außenverhältnis nicht widerruflich.[61] Daher muss der VR sich zu keinem Zeitpunkt mit dem VN ins Benehmen setzen bzw. dessen Genehmigung einholen. Das Handeln des VR kann sogar im Widerspruch zu den Instruktionen bzw. Wünschen des VN stehen. Allerdings ist zu beachten, dass eine Schadensersatzpflicht denkbar ist, sofern in der Nichtbeachtung der Informationen bzw. Weisungen des VN eine Pflichtverletzung zu sehen ist.

Sofern der erhobene Anspruch dem Grunde nach bereits nicht versichert ist, gilt auch 41
die Vollmacht zugunsten des VR nicht. Diskutiert wird in der Haftpflichtversicherung die Frage, inwiefern eine Bevollmächtigung dennoch anzunehmen sei **für nicht versicherte Teile der Haftung**. Während die Bevollmächtigung des VR in einem derartigen Fall i.R.d. allgemeinen Haftpflicht nach VVG bejaht wird,[62] ist für die Deckung schifffahrtsrechtlicher Haftpflichten, wie *Schwampe*[63] zutreffend ausführt, eine solche Gesamtlösung deswegen nicht interessengerecht, weil in der Schifffahrt traditionell neben der Kaskoversicherung die P&I-Versicherung steht. Folgerichtig kann auch **keine Regulierungsvollmacht** für die beim Kaskoversicherer nicht gedeckten Teile der Haftpflicht bestehen.

[56] *Schwampe* Seekaskoversicherung Klausel 34 Rn. 95.

[57] BGH 20.11.1980 VersR **1981** 180, 180 f.

[58] Thume/de la Motte/Ehlers/*Schwampe* Transportversicherung (2011) Teil 6 Rn. 327.

[59] *Schwampe* Seekaskoversicherung Klausel 34 Rn. 86.

[60] Vgl. zu den Einzelheiten Bruck/Möller/*Jaeger* DTV-ADS 2009 Ziff. 44.

[61] Thume/de la Motte/Ehlers/*Schwampe* Transportversicherung (2011) Teil 6 Rn. 328.

[62] Thume de la Motte/Ehlers/*Schwampe* Transportversicherung (2011) Teil 6 Rn. 329 m.w.N.

[63] Thume de la Motte/Ehlers/*Schwampe* Transportversicherung (2011) Teil 6 Rn. 329.

Wäre das der Fall, würde sie mit der entsprechenden Vollmacht des P&I-Versicherers nicht in Einklang stehen.[64] Ein weiteres praktisches Problem tritt auf, wenn Haftpflichtansprüche die Deckungssumme des Kaskoversicherers überschreiten. In einem solchen Fall darf er kein Anerkenntnis zum Grunde abgeben, denn das würde den VN auch jenseits der Deckungssumme binden und deshalb in die Schadenregulierung des P&I-Versicherers eingreifen. Allerdings kann selbstverständlich ein den VN bindendes Anerkenntnis vom VR auf die bei ihm bestehende Versicherungssumme begrenzt werden. Ein etwaiger Vergleich erfasst ebenfalls nur Ansprüche bis zur Höhe der Versicherungssumme. Folgerichtig verbleiben damit weitere Wirkungen des Vergleichs oberhalb der Versicherungssumme und im Bereich der Haftung bei der P&I-Versicherung und unterliegen der dortigen Regulierungsvollmacht.

VII. Prozesskosten (Ziff. 65.7)

1. Allgemein

42 Sofern die Ansprüche sich als unberechtigt erweisen bzw. nicht weiter verfolgt werden, ist die Klausel unanwendbar, da die Verteidigung des VN Hauptleistungspflicht des VR ist.[65] Grundsätzlich muss der VR die Kosten der Auseinandersetzung zunächst voll tragen. Dies bezieht sich auch auf den außergerichtlichen Teil. Sofern Ansprüche abgewehrt werden können, trägt der VR die Kosten der betreffenden Instanz.

43 Sofern dies nicht gelingt oder nicht vollständig gelingt, trägt er die Kosten anteilig. Sofern sich dann in einer späteren Instanz ein anderes Ergebnis herausstellt, ist die vorherige Kostenberechnung zu berichtigen. Ggf. steht dem VR auch ein Erstattungsanspruch gegen seinen VN zu.[66] Gem. Ziff. 65.8 wird im Zusammenhang mit Ersatz an Dritte separat Versicherungsschutz gewährt.

2. Übersteigende Haftpflichtansprüche

44 Sofern die gegen den VN erhobenen Ansprüche dem Grunde nach gedeckt sind, aber die Versicherungssumme der Kaskoversicherung übersteigen, ist ebenfalls eine **anteilige Berücksichtigung** vorgesehen. In diesem Zusammenhang ist auf die einzelne Haftungsreise abzustellen und anhand dieses Maßstabes die Frage nach der Ausschöpfung der Versicherungssumme zu beantworten.[67]

3. Abwehr von Ansprüchen, die nicht versichert sind

45 In diesem Fall ist der VR grundsätzlich nicht zuständig. Sofern er dennoch die gesamte Verteidigung im Zusammenhang mit dem betreffenden Ereignis übernimmt, sind die Kosten nur anteilig gedeckt. Die oben geschilderten Konstellationen sind sämtlich auch kombinierbar.[68]

---

[64] Thume de la Motte/Ehlers/*Schwampe* Transportversicherung (2011) Teil 6 Rn. 329.

[65] OLG Düsseldorf 28.11.1989 VersR **1991** 94; OLG Karlsruhe 12.1.1993 VersR **1993** 821 822.

[66] Thume/de la Motte/Ehlers/*Schwampe* Transportversicherung (2011) Teil 6 Rn. 330.

[67] *Schwampe* Seekaskoversicherung Klausel 34 Rn. 99. Verwiesen sei auch auf Rn. 100 bzgl. nicht versicherter Haftpflichtansprüche.

[68] *Schwampe* Seekaskoversicherung Klausel 34 Rn. 101.

VIII. Versicherungssumme (Ziff. 65.8)

Die Klausel stellt klar, dass der VR im Gegensatz zur Konzeption des § 37 ADS 1919, wonach die Versicherungssumme nur einmal dem VN für seinen eigenen Kaskoschaden und seine Haftpflicht zur Verfügung steht, im Hinblick auf Ersatz an Dritte die Versicherungssumme noch einmal separat zur Verfügung zu stellen hat. Damit erhöht sich das Risiko des VR im Zweifel, bis hin zur **doppelten Versicherungssumme** leisten zu müssen. Die entsprechenden Summen sind allerdings nicht frei zu verwenden, d.h. es besteht **nicht** die Möglichkeit, sofern der Kaskoschaden die Versicherungssumme nicht ausschöpft, noch Mittel aus der dortigen Versicherungssumme für Ersatz an Dritte abzuleiten. Dies gilt auch im umgekehrten Fall. 46

IX. Mithaftung der Fracht (Ziff. 65.9)

Der Wortlaut der Klausel ordnet eine teilweise Deckung durch die Kaskoversicherung lediglich noch dann an, wenn die Fracht im **konkreten** Fall mithaftet. Dies reduziert die Bedeutung der Klausel im großen Umfange. Sie bezieht sich auf Werthaftungssysteme.[69] 47

Im internationalen Bereich haben sich allerdings im Wesentlichen Summenhaftungssysteme durchgesetzt. Demgemäß ist auch nach dem in Deutschland gültigen Londoner Übereinkommen von 1976 in der Fassung des Protokolls von 1996 eine **Summenhaftung** vorgesehen, bei der sich die Haftungshöhe nach der Vermessung des Schiffes richtet und daher der Wert des Schiffes genauso unbedeutend ist wie die Fracht.[70] Besondere Bedeutung hat das Werthaftungssystem allerdings noch in den USA. Sofern die Haftung des VN sich nach US-amerikanischem Recht richten sollte, wäre eine entsprechende Deckungslücke durch die **Nebeninteresse-Versicherung** zu schließen.[71] 48

C. Verfahrensfragen/Beweislast

Im Hinblick auf die Darlegungs- und Beweislast ergeben sich keine Besonderheiten. Dies bedeutet insbesondere, dass der VN, wenn er Deckung nach Ziff. 65 verlangt, beweisen muss, dass er einem Haftpflichtanspruch eines Dritten aufgrund eines Ereignisses ausgesetzt ist, welches unter Ziff. 65.1 bis Ziff. 65.3 fällt. Will der VR sich auf Leistungsfreiheit berufen, muss er beweisen, dass der Haftpflichtanspruch des Dritten unter Ziff. 65.4 fällt. 49

66 Schwesterschiffe

Für die Ersatzleistung des Versicherers in Fällen von Bergung, Hilfeleistung und Ersatzansprüchen Dritter werden Schiffe und Gegenstände im Eigentum des Versicherungsnehmers wie fremdes Eigentum behandelt.

---

69 *Enge* Erläuterungen zu den DTV-Kaskoklauseln 1978 (1980) 95.

70 Im Einzelnen: *Schwampe* Seekaskoversicherung Klausel 34 Rn. 104 ff.

71 *Schwampe* Seekaskoversicherung Klausel 34 Rn. 106.

Übersicht

A. Einführung

1 Die Bedeutung dieser auch als **„Schwesterschiff"-Klausel** bezeichneten Regelung wurde erhöht dadurch, dass sie eine **eigenständige Stellung** erhielt, welche systematisch ihrer Bedeutung als über den Fall des „Ersatzes an Dritte" hinausgehend entspricht.[1]

B. Erläuterung der Klausel

2 Die Klausel soll verhindern, dass eine Ersatzpflicht für Schäden am Eigentum des VN gar nicht erst entsteht, weil niemand gegen sich selbst Forderungen haben kann.[2] Soweit ein Tatbestand vorliegt, nach welchem ein Haftpflicht- oder Bergungsanspruch für die Verletzung von fremdem Eigentum bestehen würde, soll auch das Eigentum des Versicherungsnehmers wie fremdes Eigentum behandelt werden. Sehr plastisch drückt die Bezeichnung als Schwesterschiff-Klausel aus, welcher Gedanke dahinter steht: Kollidieren zwei Schiffe des Versicherungsnehmers, **soll dieser nicht schlechter stehen, als wenn das versicherte Schiff ein fremdes Schiff geschädigt hätte.**[3]

3 Ein **darüber hinausgehender Schutz** i.S. einer Sachversicherung wird durch die Klausel aber **nicht konstruiert.** Ziff. 66 stellt nur klar, dass der VN selbst „Dritter" i.S.d. Ziff. 65.1 sein kann, sollte er durch einen Schadensfall der Ziff. 65 einen außerhalb des versicherten Schiffes befindlichen Sachschaden erleiden.[4]

4 Die Schwesterschiffklausel findet **auch Anwendung auf Ziff. 65.2 und 65.3**, da die Fiktion des Eigentums eigentlich eine allgemeinere Fiktion dergestalt ist, dass der VN wie ein „Dritter" behandelt werden soll. Kann er nachweisen, welche Verträge er bezüglich Schleppen und Reparaturarbeiten üblicherweise schließt, erfasst die Fiktion auch mögliche Vertragsschlüsse mit diesen.[5]

Dritter Abschnitt: Nebeninteressenversicherung (soweit vereinbart)

67 Ergänzungen der Kaskoversicherung bei Totalverlust

67.1 Im Falle von Abandon (Ziff. 41), Totalverlust (Ziff. 60.1 und 60.2), Reparaturunfähigkeit oder Reparaturunwürdigkeit (Ziff. 61.1) leistet der Versicherer die in der Police für Interesse vereinbarte Versicherungssumme. Insoweit gilt das versicherte Interesse als bewiesen.

---

1 *Schwampe* Seekaskoversicherung Klausel 34 Rn. 117.

2 Thume/de la Motte/Ehlers/*Schwampe* Transportversicherung (2011) Teil 6 Rn. 334.

3 *Engel/Schwampe* Transportversicherung S. 266.

4 Zur Eigentumsfiktion: Thume/de la Motte/Ehlers/*Schwampe* Transportversicherung (2011) Teil 6 Rn. 335.

5 BGH 18.4.2012 VersR **2012** 852, 852 f.; vorher bereits: *Schwampe* Seekaskoversicherung Ziff. 34 Rn. 121.

67.2 Der Versicherer leistet auch Ersatz für Ersatzansprüche Dritter, die unter der Kaskopolice versichert sind, in Höhe des Betrages, um den der Drittersatz die Kaskotaxe übersteigt, jedoch nur im Verhältnis der Versicherungssumme dieses Vertrages zu der insgesamt auf Kollisions-Excedent versicherten Summe.

67.3 Der Versicherer, der nach dieser Bestimmung versichert, räumt dem Kaskoversicherer den Vorrang an allen etwa anfallenden Provenues und Regresserlösen gleich welcher Art ein. Dieser Vorrang gilt nur bis zur Höhe der von dem Kaskoversicherer erbrachten Schadenleistungen und -aufwendungen.

67.4 Im Schadenfall ist der Versicherungsnehmer verpflichtet, sämtliche Versicherungen für derartige Interessen anzuzeigen.

Übersicht

A. Einführung

I. Allgemeines

Die Versicherung der Nebeninteressen ist ein Baustein in den DTV-ADS 2009 und kann optional vereinbart werden. Sie geht zurück auf die „DTV-Klauseln für Nebeninteressen 1978“, die zusammen mit den DTV-Kaskoklauseln veröffentlich wurden. Dort wurden erstmals die im Markt befindlichen verschiedenen Klauseln zur Versicherung der Nebeninteressen zusammengefasst. Für die DTV-ADS 2009 konnten die Bestimmungen zur Nebeninteressenversicherung deutlich verkürzt werden, weil Deckungseinschränkungen in der Kaskoversicherung der ADS bzw. DTV-Kaskoklauseln nicht übernommen wurden, z.B. Leistungskürzungen gem. § 30 Abs. 8 ADS und Ziff. 35.4 DTV-Kaskoklauseln. 1

Ziff. 67.1 orientiert sich an Ziff. 2 der DTV-Klauseln für Nebeninteressen, wobei die dort verwendete Formulierung „Interesse für behaltene Fahrt“ aufgegeben wird. Der Begriff „für behaltende Fahrt“ bezeichnet ohnehin nicht ein bestimmtes Interesse, sondern die Beschränkung der Versicherung auf den Fall des dauernden Ausfalls des Schiffes (§ 120 ADS). Ziff. 67.2 übernimmt Ziff. 2.3.3 DTV-Klauseln für Nebeninteressen. Ziff. 67.3 und Ziff. 67.4 entsprechen unter redaktionellen Änderungen den Regelungen in Ziff. 2.7 und Ziff. 2.5 DTV-Klauseln für Nebeninteressen. 2

II. Versicherung der Nebeninteressen

Die Versicherung der Nebeninteressen versichert die in der Hauptversicherung nicht oder nicht ausreichend abgedeckten Interessen, z.B. Ertragsausfall, Kundenverlust und sonstige Mehrkosten. In der Seeschiffsversicherung ergänzt sie die Kaskoversicherung. Während die Kaskoversicherung das Hauptinteresse des VN als Reeder am Schiff deckt, sind in der Versicherung der Nebeninteressen alle seine weiteren Interessen im Fall des Totalverlusts des Schiffes versichert. Entsprechend der Marktlage können Schiffswerte 3 die ursprüngliche Kaskotaxe übersteigen, so dass insbesondere bei der Wiederbeschaffung des Schiffes Lücken entstehen können. Ebenfalls können weitere Interessen aus dem Ausfall von Fracht betroffen sein.

4 Nicht erfasst von der Versicherung der Nebeninteressen sind Nachteile des VN aus dem vorübergehenden Nutzungsausfall des Schiffes. Dieser ist Gegenstand der Ertragsausfallversicherung, geregelt im 4. Abschnitt der DTV-ADS 2009, auch Loss of Hire Versicherung genannt.[1]

B. Zahlung der Versicherungssumme für Interesse (Ziff. 67.1 DTV-ADS 2009)

5 Die Versicherung deckt die Interessen des VN, wenn Totalverlust, Verschollenheit und andere zum Abandon des VN berechtigende Fälle (vgl. Ziff. 60 DTV-ADS 2009) eingetreten ist. Gleiches gilt für Reparaturunwürdigkeit oder -unfähigkeit des Schiffes. Liegt einer der genannten Fälle vor, dann ist die Versicherungssumme für Interesse auszuzahlen.

6 Die Versicherungssumme für Interesse ist einzelvertraglich zu vereinbaren. Da es bei taxierten Policen keine Unterversicherung gibt, wollen die Versicherer das Interesse des VN als Reeder an einer ausreichend hohen Versicherungstaxe erhalten.[2] Deswegen werden in der Praxis regelmäßig nur bestimmte Prozentsätze der Kaskotaxe als Versicherungssumme für Interesse vereinbart.

7 Die betroffenen Interessen des VN müssen nicht im Versicherungsvertrag bezeichnet sein. Vielmehr deckt die Versicherung alle möglichen Interessen des VN. Auch nach Eintritt des Versicherungsfalls braucht der VN seine betroffenen Interessen nicht offenzulegen,weil das versicherte Interesse des VN ausdrücklich als bewiesen gilt (Ziff. 67.1 S. 2).

C. Ersatz des Kollisions-Excedenten (Ziff. 67.2 DTV-ADS 2009)

8 Die Interesseversicherung deckt auch den Excedenten für Ersatzansprüche Dritter im Fall einer Kollision (Kollisions-Excedenten). Dieser kommt in Betracht, wenn im Kollisionsfall die unter der Kaskoversicherung versicherte Summe nicht ausreicht. Der Kollisions-Excedent wird im Verhältnis der auf den Excedenten versicherten Summe zur durch die Kaskoversicherung ungedeckten Summe ersetzt.

D. Vorrang des Kaskoversicherers (Ziff. 67.3 DTV-ADS 2009)

9 Bei nur anteiligem Regresserlös konkurrieren die Ansprüche des Kaskoversicherer und des Interesseversicherer untereinander und möglicherweise auch noch mit solchen Ansprüchen des VN, die von den Versicherungen nicht gedeckt gewesen sind.[3] Im Verhältnis zum Kaskoversicherer räumt der Interesseversicherer dem Kaskoversicherer den Vorrang bis zur Höhe der vom Kaskoversicherer erbrachten Schadenleistungen und -aufwendungen ein. Dies liegt an dem Verständnis der VN von der Interessenversicherung als eine Art Mehrwertversicherung zur Kaskoversicherung.

---

[1] *Enge/Schwampe* Transportversicherung S. 317.
[2] *Enge/Schwampe* Transportversicherung S. 318.
[3] *Enge/Schwampe* Transportversicherung S. 215.

E. Anzeigepflicht (Ziff. 67.4 DTV-ADS 2009)

Die Anzeigepflicht zur Vorlage anderer Versicherungen bezieht sich auf alle Versicherungen, die eine Versicherung des Kollisisons-Excedenten („derartige Interessen“) zur Verfügung stellen. Die Anzeigepflicht entsteht automatisch mit Eintritt des Schadenfalls, nicht erst auf Verlangen des VR. Der VN hat die anderen Versicherungen insoweit ohne weitere Aufforderung des VR vorzulegen. 10

68 Fracht bei Totalverlust

Im Falle von Abandon (Ziff. 41), Totalverlust (Ziff. 60.1 und 60.2), Reparaturunfähigkeit oder Reparaturunwürdigkeit (Ziff. 61.1) leistet der Versicherer die in der Police als für Fracht vereinbarte Versicherungssumme. Insoweit gilt das versicherte Interesse als bewiesen.

Übersicht

A. Einführung

I. Vergleich zu ADS/ DTV-Klauseln für Nebeninteressen

Das **HGB a.F.**[1] und daran anlehnend die **§§ 105 ff. ADS, § 120 ADS** sowie die **DTV-Klauseln für Nebeninteressen** enthalten **vereinzelt Regelungen** in Bezug auf die Versicherung von Fracht in Fällen von Totalverlust. Zudem findet sich in Ziff. 6 der DTV-Kaskoklauseln eine Regelung zur Versicherung von Fracht. Diesen Regelungen fehlt es jedoch an Vollständigkeit und Geschlossenheit[2] und sie sind schwer verständlich. 1

II. Systematische Einordnung

Die Versicherung der Fracht bei Totalverlust ist **Schadensversicherung.** 2

Bei der bisherigen Deckung der Fracht bei Totalverlust nach HGB a.F./§§ 105 ff. ADS und DTV-Klauseln für Nebeninteressen ist gem. § 825 Abs. 3 HGB a.F. und § 105 Abs. 2 ADS grundsätzlich erforderlich, dass zum Zeitpunkt des Versicherungsfalles ein Frachtvertrag abgeschlossen ist. Demnach handelt es sich insoweit jedenfalls um eine Forderungsversicherung. Daneben werden aber auch Gewinninteressen versichert, beispiels- 3

[1] §§ 793 Abs. 4, 797, 798, 821 Nr. 1–3, 825 Abs. 3, 855, 858, 861, 868 HGB a.F.

[2] *Ritter/Abraham* § 28 Anm. 2.

weise bei der Versicherung der Reedersgüterfracht nach § 825 Abs. 3 HGB a.F. und § 105 Abs. 2 ADS, bei der der Reeder seine eigenen Güter für eigene Rechnung auf seinem Schiff transportiert. In diesem Fall versichert der Reeder das Interesse, das den eigenen Güter durch die Beförderung ein Wertzuwachs in Höhe der üblichen Fracht zugutekommt, mithin ein Gewinnanwartschaft.[3] Im Fall einer vorausbezahlte Zeitcharter werden wegen der Verpflichtung des Zeitcharters zur Rückzahlung der zu viel erhaltenen Charter zudem bei einer Versicherung nach dem HGB a.F./ §§ 105 ff. ADS und DTV-Klauseln für Nebeninteressen Haftpflichtinteressen versichert.[4] Bei der Versicherung der Fracht bei Totalverlust nach Ziff. 68 kommt es indes auf die Frage, was für Interessen versichert werden, nicht weiter an. In Höhe der vereinbarten Versicherungssummen gilt das Interesse gem. Ziff. 68 S. 2 als bewiesen. Im Übrigen wird nach Ziff. 68 im Gegensatz zu § 825 Abs. 3 HGB a.F. und § 105 Abs. 2 ADS die Deckung nicht davon abhängig gemacht, ob zum Zeitpunkt des Versicherungsfalls ein Frachtvertrag bestand. Das Gewinninteresse in Bezug auf die Einnahmen des Schiffes ist zudem als versicherbares Interesse in der Seeversicherung anerkannt.[5] Richtig ist demnach, dass im Fall von Ziff. 68 **ausschließlich Gewinninteressen** versichert werden.

4 Die Versicherung der Fracht bei Totalverlust ist als Gewinnversicherung eine **uneigentliche Frachtversicherung**, da die eigentliche Frachtversicherung voraussetzt, dass ein Frachtvertrag abgeschlossen ist.[6]

5 Beziehungsverknüpftes Gut der Versicherung der Fracht bei Totalverlust ist, da ausschließlich Gewinninteressen versichert werden, das Seeschiff als Einnahmequelle. Es handelt sich demnach um eine **Aktivenversicherung.**

6 Bezugspunkt der Versicherung von Fracht bei Totalverlust ist das Gewinninteresse, mithin ein geldwertes Interesse am Schiff. Demnach ist nicht (direkt) die Substanz des Schiffes beziehungsverknüpftes Gut. Die Versicherung von Fracht bei Totalverlust ist daher eine sog. **Nebeninteressenversicherung.**[7] Entsprechend ist auch der Dritte Abschnitt, in dem sich Ziff. 68 findet, betitelt.

7 Die Versicherung von Fracht bei Totalverlust ist **Seeversicherung.**[8] Zwar kann das versicherte Gewinninteresse selbst keinen Gefahren der Seeschifffahrt i.S.v. § 209 VVG ausgesetzt sein. Für die dogmatische Einordnung als Seeversicherung ist jedoch auch die mittelbare Verknüpfung zu den Gefahren der Seeschifffahrt über den ersatzpflichtigen Kaskoschaden ausreichend. Das folgt bereits aus der Bestimmung des § 779 HGB a.F., der unter anderem bestimmte, dass Fracht und imaginärer Gewinn in der Seeversicherung versichert werden kann. Demnach findet auf die Versicherung der Fracht bei Totalverlust das **VVG gem. § 209 VVG keine Anwendung.**

III. Abgrenzung zur Ertragsausfallversicherung

8 Abzugrenzen ist die Versicherung von Fracht bei Totalverlust von der Ertragsausfallversicherung nach Ziff. 70 ff. Im Gegensatz zu einer Versicherung der Fracht bei Totalverlust nach Ziff. 68 versichert die **Ertragsausfallversicherung** für Seeschiffe den **vorübergehenden**

---

[3] *Argyriadis* S. 95 f.

[4] So *Mittelbach* S. 59 f.; **a.A.** *Sieg* TranspR **1998** 9, 10 Fn. 12 mit Verweis auf OLG München VersR **1994** 778, der auch im Fall der vorausbezahlten Charter Forderungsinteressen als versichert ansieht.

[5] Vgl. dazu im Einzelnen Ziff. 70 Rn. 18.

[6] *Argyriadis* S. 54.

[7] *Mittelbach* S. 57.

[8] *Mohr* S. 14; *Argyriadis* S. 106; *Möller* ITM 1937 81, 82; *Ritter/Abraham* § 1 Anm. 68 a.E.

Ertragsausfall aufgrund eines ersatzpflichtigen Kaskoteilschadens. Damit wird in der Ertragsausfallversicherung für Seeschiffe nach Ziff. 70 ff. der vorübergehende Ausfall des versicherten Schiffes für die Erzielung von Fracht- oder Mieteinnahmen versichert. Die **Versicherung der Fracht nach Ziff.** 68 versichert hingegen den **endgültigen Ausfall des versicherten Schiffes** für die zukünftige Erzielung von Fracht- und Mieteinnahmen **aufgrund eines Totalverlustes,** einem Totalverlust gleichgestellten Fall und der Reparaturunfähigkeit oder Reparaturunwürdigkeit. Auch im Falle eines Abandon nach Ziff. 42 – bei dem Verweis der Bedingungen auf Ziff. 41 handelt es sich um ein Redaktionsversehen – ist die als Fracht bei Totalverlust vereinbarte Versicherungssumme zu zahlen. In all diesen Fällen mit Ausnahme des Abandons nach Ziff. 42 leistet der Ertragsausfallversicherer gem. Ziff. 71 nicht. Die Versicherung der Fracht bei Totalverlust und die Ertragsausfallversicherung **schließen sich demnach bis auf den Fall des Abandons nach Ziff. 42 gegenseitig aus.**

Die Versicherung der Fracht bei Totalverlust unterscheidet sich von der Ertragsaus- 9
fallversicherung weiter dadurch, dass bei der **Versicherung der Fracht bei Totalverlust** die **Entschädigung pauschaliert** wird, wohingegen bei der **Ertragsausfallversicherung** die **Entschädigung nur für den Zeitraum gewährt wird, indem das Schiff tatsächlich an dem Verdienen der volle Fracht gehindert ist.** Ertragsausfall im Fall eines Totalverlustes wird nur pauschaliert über Ziff. 68 versichert, da ein langer Zeitraum zwischen dem Versicherungsfall und der Feststellung, dass tatsächlich ein Totalverlust vorliegt, liegen kann. Zudem kann es lange dauern, bis der VN ein vergleichbares Ersatzschiff findet. Auch ist es praktisch schwierig die Zeit für zukünftige Einnahmeausfälle in Tagen, Stunden und Minuten auszudrücken, was aber Ziff. 72.2 für die Ertragsausfallversicherung erfordert. Außerdem sind zukünftige Ertragsausfälle im Fall eines Totalverlustes teilweise bereits in der Kaskotaxe berücksichtigt. Darüber hinausgehende mögliche Ertragsausfälle können daher nur pauschaliert bis zur Höhe der mit dem Kaskoversicherer gem. Ziff. 1.4 vereinbarten Summen in der Versicherung der Fracht für Totalverlust versichert werden.

IV. Verhältnis zur Kaskoversicherung

Die Versicherung der Fracht bei Totalverlust ist **unabhängig von der Kaskoversiche- 10
rung.** Das ist immer dann relevant, wenn die Fracht bei Totalverlust nicht zugleich bei dem Kaskoversicherer versichert ist, sondern bei einem anderen Versicherer. Dann prüft der Versicherer der Fracht bei Totalverlust selbstständig, ob sich eine versicherte Gefahr verwirklicht hat. Der Versicherer der Fracht bei Totalverlust ist dabei **nicht an die Entscheidung des Kaskoversicherers gebunden.** Da aber die Versicherung der Fracht bei Totalverlust an Tatbestände der Kaskoversicherung anknüpft – Totalverlust nach Ziff. 69.1, ein dem Totalverlust gleichgestellter Fall nach Ziff. 69.2, ein Abandon nach Ziff. 42 oder die Reparaturunfähigkeit oder Reparaturunwürdigkeit nach Ziff. 61.1 – erfolgt eine **zweifache Prüfung, soweit sich Kaskoversicherer und Versicherer der Fracht bei Totalverlust nicht gleichen.** Anders als in der Ertragsausfallversicherung gem. Ziff. 74 haben die Feststellungen nicht in gleicher Weise zu erfolgen, wie das in Ziff. 62.1, 63 für die Kaskoversicherung bestimmt. Der VN hat dem Versicherer aber auf dessen Verlangen gem. Ziff. 45 alle Auskünfte zu erteilen und Belege zu beschaffen, die für die Feststellung des Versicherungsfalls und dem Umfang der Leistungspflicht erforderlich sind. Der VN hat daher dem Versicherer der Fracht bei Totalverlust auf dessen Verlangen auch die von dem Kaskoversicherer im Zusammenhang mit dem fraglichen Kaskoschaden erstellten und dem VN zugeleiteten Berichte auszuhändigen.[9]

---

[9] *Ritter/Abraham* § 43 Anm. 27.

11 Gem. Ziff. 1.4 werden die **separat versicherte Summe auf Fracht von Fall zu Fall** zwischen dem Kaskoversicherer und dem VN **vereinbart.** Gemeint ist, dass der Kaskoversicherer und der VN vereinbaren, bis zu welcher Höhe die Fracht als Nebeninteresse versichert werden darf, ohne der Gefahr einer Leistungskürzung nach Ziff. 1.4 S. 3 ausgesetzt zu sein. Anders als 6.1 DTV-Kaskoklauseln machen die DTV-ADS insoweit keine Vorgaben, sondern die Summen sind separat von Fall zu Fall zu vereinbaren. Die Vereinbarung einer Summe die auf Fracht separat als Nebeninteresse versichert werden kann, soll verhindern, dass der VN die Taxe unter der Kaskoversicherung bewusst niedrig hält, um die Versicherungssumme unter der mit geringeren Prämiensätzen belegte Versicherung auf Nebeninteressen entsprechend höher zu bemessen.[10] Nach Ziff. 1.4 S.2 kann der Kaskoversicherer daher verlangen, dass alle Nebeninteressenversicherungen im Falle eines Totalverlustes angezeigt werden, um prüfen zu können, ob sich der VN an die nach Ziff. 1.4 vereinbarten Summen gehalten hat. Dieses Recht des Kaskoversicherers besteht gem. Ziff. 1.4 S. 2 nur im Falle eines Totalverlustes. Das umfasst gem. Ziff. 68 auch die einem Totalverlust gleichgestellten Fälle der Ziff. 60.2. Nicht erfasst sind aber die weiteren in Ziff. 68 genannten Fälle des Abandons nach Ziff. 42 und der Reparaturunfähigkeit oder Reparaturunwürdigkeit nach Ziff. 61. Zwar hat der VN gem. Ziff. 45 auch dann Auskunft zu erteilen, wenn kein Totalverlust oder ein dem Totalverlust gleichgestellter Fall vorliegt. In diesen Fällen ist der Kaskoversicherer aber nicht gem. Ziff. 1.4 S. 3 leistungsfrei, soweit höhere Summen für Fracht in der Nebeninteressenversicherung vereinbart worden sind. Mangels Interessenidentität – in der Kaskoversicherung ist primär das Sacherhaltungsinteresse des Eigentümers versichert, in der Versicherung der Fracht bei Totalverlust ein Gewinninteresse – greift die Regelung zur Doppelversicherung (Ziff. 13) in diesen Fällen nicht.

B. Erläuterung der Klausel

I. „Soweit vereinbart“

12 Ziff. 68 findet sich im Dritten Abschnitt unter der Überschrift „Nebeninteressenversicherung (soweit vereinbart)“. Erforderlich ist gemäß Ziff. 68, dass in der Police (Ziff. 16 ff.) eine **für Fracht vereinbarte Versicherungssumme** aufgenommen wird. Ist keine Police ausgestellt, reicht die Einigung, mit den sich dann für den VN möglicherweise ergebenden Beweisproblemen.

13 Die Versicherung der Fracht bei Totalverlust kann bei einem anderen Versicherer als dem Kaskoversicherer eingedeckt werden. In diesem Fall gelten die Bedingungen des Ersten Abschnittes separat auch gegenüber dem Nebeninteressenversicherer, soweit vereinbart, wobei die Police neben der Versicherungssumme gem. **Ziff. 16.2** einen **Hinweis** auf die **einschlägigen Bestimmungen der Allgemeinen Versicherungsbedingungen** zu enthalten hat. Es können auch andere allgemeine Bestimmungen als die des Ersten Abschnittes vereinbart werden oder Modifikationen an den allgemeinen Bestimmungen des Ersten Abschnittes vorgenommen werden.

14 Die Regelung der Ziff. 60.3, dass der nach Ziff. 60 das Interesse versichernde Versicherer dem Kaskoversicherer den Vorrang an allen etwa anfallenden Provenues und Regresserlösen gleich welcher Art einräumt, gilt nicht auch für den die Fracht bei Total-

---

[10] *Enge* S. 19.

verlust versichernden Versicherer, selbst wenn dieser zugleich nach Ziff. 60 das Interesse versichert. Demnach geht ein **Ersatzanspruch gegen einen Dritten in Höhe der Zahlung auf den Versicherer der Fracht bei Totalverlust nach Ziff. 50.2 über**, soweit nicht eine abweichende Vereinbarung getroffen wird.

II. Versichertes Interesse

Versichert ist das **Frachtgewinninteresse**, das gem. Ziff. 68 S. 2 als bewiesen gilt. 15

Das Gewinninteresse in Bezug auf die Einnahmen des Schiffes ist **als versicherbares** 16
Interesse in der Seeversicherung **anerkannt.**[11]

III. Interessenträger

Interessenträger der Versicherung der Fracht bei Totalverlust ist **gem. Ziff. 1.4** der 17
Reeder. Reeder ist wiederum gem. § 476 HGB der Eigentümer eines von ihm zum Erwerb durch Seefahrt betriebenen Schiffes. Wie in der Ertragsausfallversicherung gem. Ziff. 1.2.3 ist demnach das Interesse des Eigentümers versichert, wobei sowohl der in Ziff. 1.2.1 im Zusammenhang mit der Kaskoversicherung angesprochene registrierte als auch der wirtschaftliche Eigentümer von dem Begriff umfasst ist.[12]

IV. Versicherte Gefahren

Leistungsauslösende Umstände der Versicherung der Fracht bei Totalverlust sind der 18
Totalverlust nach Ziff. 69.1, das Vorliegen eines einem **Totalverlust gleichgestellten Falls nach Ziff. 69.2, das Abandon nach Ziff. 42** und die **Reparaturunfähigkeit oder Reparaturunwürdigkeit nach Ziff. 61.1.**

V. Versicherter Schaden

Versichert ist der **Frachtausfall**. Dabei kann es sich tatsächlich um Fracht handeln, 19
wenn das Schiff unter Raumfracht oder Stückgutfrachtverträgen beschäftigt war oder aber auch um Schiffsmiete im Fall einer Bareboat-Charter/Schiffsmiete i.S.v. §§ 557–569 HGB und einer Zeitcharter i.S.v. §§ 557–569 HGB, soweit man diese als Mietvertrag qualifiziert.[13]

Vor dem Hintergrund, dass das versicherte Interesse als bewiesen gilt und nur Ge- 20
winninteressen versichert sind, kommt es auf das Vorliegen eines Fracht- oder Mietvertrages zum Schadenszeitpunkt nicht an. Der **Versicherer schuldet** im Versicherungsfall unabhängig von einem tatsächlichen Frachtausfall die **nach Ziff. 1.4 auf Fracht vereinbarte Versicherungssumme**. Im Gegensatz zur Ertragsausfallversicherung nach Ziff. 70 ff. wird die Entschädigung im Fall der Versicherung der Fracht bei Totalverlust pauschaliert.

---

11 Vgl. Ziff. 70 Rn. 18.

12 Vgl. dazu auch Ziff. 70 Rn. 19.

13 Die Rechtsnatur der Zeitcharter ist im Zuge der Reform des Seehandelsrechts Anfang 2013 nicht abschließend geklärt worden, vgl. *Paschke/Ramming* RdTW **2013** 1, 8 f.

VI. Auf Fracht vereinbarte Versicherungssumme

21 Gem. Ziff. 68 **muss** eine **Versicherungssumme auf Fracht vereinbart werden**. Hier hat der VN die mit dem Kaskoversicherer nach Ziff. 1.4 auf Fracht vereinbarte Summe zu berücksichtigen, wenn er nicht der **Gefahr einer Leistungskürzung nach Ziff. 1.4 S. 3** ausgesetzt sein will.[14]

C. Fälligkeit

22 Die Fälligkeit richtet sich nach **Ziff.** 48 soweit nichts anderes vereinbart ist. Ist die Versicherung der Fracht bei Totalverlust **zusammen mit der Kaskoversicherung bei demselben Versicherer eingedeckt**, wird die Entschädigung **zusammen mit der Kaskoentschädigung fällig**. Soweit aber die Fracht bei Totalverlust **separat eingedeckt** wurde, ist die Fälligkeit der Entschädigung für Fracht bei Totalverlust **unabhängig von der Fälligkeit der Kaskoentschädigung**. Der Versicherer kann dann gem. Ziff. 45 die Vorlage von Belegen verlangen, insbesondere um selbst prüfen zu können, ob ein Totalverlustes nach Ziff. 69.1, ein einem Totalverlust gleichgestellter Fall nach Ziff. 69.2, ein Abandon nach Ziff. 42 oder eine Reparaturunfähigkeit oder Reparaturunwürdigkeit nach Ziff. 61.1 vorliegt. Insoweit ist aber zunächst der VN beweisbelastet.

D. Beweislast

23 Der VN muss beweisen, dass ein **leistungsauslösender Umstand**, also ein Totalverlustes nach Ziff. 69.1, ein einem Totalverlust gleichgestellten Fall nach Ziff. 69.2, ein Abandon nach Ziff. 42 oder eine Reparaturunfähigkeit oder Reparaturunwürdigkeit nach Ziff. 61.1. vorliegt. Er muss nicht beweisen, dass sich tatsächlich das versicherte Interesse verwirklicht hat, denn das versicherte Interesse gilt gem. Ziff. 68 S. 2 als bewiesen. Demnach muss der VN auch keinen Schaden nachweisen.

E. Rechtsvergleichende Hinweise

24 Für die Versicherung der Fracht bei Totalverlust stehen im **englischen Rechtskreis** die **Institute Time Clauses Freight** für Zeitcharterverträge und die **Institute Voyage Clauses Freight** für Reisecharterverträge zur Verfügung.

25 Der **Nordic Marine Insurance Plan of 2013** enthält für die Versicherung der Fracht bei Totalverlust Regelungen in den Clauses 14-1–14-4. Zudem findet sich im Nordic Plan in Clause 15-2 (c) eine besondere Regelung zu der Versicherung der Fracht bei Totalverlust gegen Kriegsrisiken. Schließlich stellt der Nordic Plan mit Clause 18–40 eine Regelung für die Versicherung der Fracht bei Totalverlust von mobile offshore units (MOUs) zur Verfügung.

---

[14] Vgl. dazu oben unter Rn. 11.

69 Versicherungsprämie bei Totalverlust

69.1 Versichert ist das Interesse des Versicherungsnehmers an der Versicherungsprämie für Kasko und Nebeninteressen im Falle des Totalverlustes oder der ihm gleichzusetzenden Fälle.

69.2 Der Versicherer leistet Ersatz im Falle:

69.2.1 des Abandons des Kaskoversicherers gemäß Ziff. 42,

69.2.2 des Totalverlustes (Ziff. 60.1 und 60.2),

69.2.3 Reparaturunfähigkeit oder Reparaturunwürdigkeit (Ziff. 61.1).

69.3 Der Versicherer leistet auch Ersatz, wenn der Versicherungsnehmer wegen eines einem Dritten entstandenen und unter der Kaskopolice versicherten Schadens in Anspruch genommen und deshalb das versicherte Schiff endgültig beschlagnahmt oder dem Dritten abandonniert wird.

69.4 Die Versicherungssumme ergibt sich aus der beim Eintritt des Versicherungsfalls noch nicht vorausbezahlten Prämie im Sinne von Ziff. 20.7.

Übersicht

A. Einführung

I. Allgemeines

1 Ziff. 69 entspricht bis auf wenige redaktionelle Änderung der Ziff. 4 der DTV-Klauseln für Nebeninteressen. In Ziff. 69.4 tritt an Stelle der Jahresprämie aus Ziff. 4.4 der DTV-Klauseln für Nebeninteressen die noch nicht vorausbezahlte Prämie gemäß Ziff. 20.7.

II. Prämiengelderversicherung

2 In der Kaskoversicherung wie in der Interessenversicherung ist die Prämie vierteljährlich im Voraus zu bezahlen (Ziff. 20.1). Nach einem Totalverlust wird jedoch die volle Jahresprämie fällig (Ziff. 20.7). Für die verbleibende Laufzeit des Versicherungsvertrages hat der VN die Prämie, bei der es sich um bedeutende Beträge handeln kann, verloren. Mit der Versicherung der Prämie, der sog. Prämiengelderversicherung, kann der VN das Risiko des Verlustes der Prämie und einer insoweit gekürzten Versicherungssumme vermeiden.

B. Versicherung der Prämie

3 Ziff. 69.1 regelt den Versicherungsschutz für die Prämie. Grundsätzlich meint Prämie das Entgelt für den Versicherungsschutz. Ausdrücklich umfasst der Versicherungsschutz die Prämie sowohl der Kasko- als auch der Nebeninteressenversicherung. Auf andere Versicherungen und deren Prämie erstreckt sich die Versicherung nicht.

4 Versichert ist der Verlust der Prämie im Falle des Totalverlustes oder gleichgestellte Fälle. Gemeint sind damit grundsätzlich alle Fälle, in denen der VN gemäß Ziff. 20.7 die Jahresprämie entrichten muss, weil der VR die Versicherungssumme ausgezahlt hat.

C. Versicherungsfall

5 Nach Ziff. 69.2 ist der Umfang der Versicherung eingeschränkt auf die Fälle des Abandon, des Totalverlust, der Reparaturunfähigkeit oder -Unwürdigkeit. Durch Ziff. 69.3 sind auch die Prämien bei endgültiger Beschlagnahme oder der Abandon des Schiffes durch einen Dritten im Falle eines versicherten Ersatz-an-Dritte-Schadens gedeckt.

D. Versicherungssumme

6 Liegt einer der in Ziff. 69.2 oder 69.3 geregelten Fälle vor, dann hat der Versicherer die Versicherungssumme der Prämiengelderversicherung als Ersatzleistung auszuzahlen. Die Versicherungssumme berechnet sich gemäß Ziff. 69.4 nach dem Teil der Jahresprämie, der vom VN noch nicht vorausbezahlt wurde. Im Ergebnis entspricht die Versicherungssumme dem Betrag, der gemäß Ziff. 20.7 S. 2 nach Zahlung der Versicherungssumme noch zu entrichten ist.

Vierter Abschnitt: Ertragsausfallversicherung (soweit vereinbart)

70 Versicherte Gefahren

70.1 Der Versicherer ersetzt den Ertragsausfall des versicherten Schiffes für die Dauer, in der das Schiff infolge eines ersatzpflichtigen Kaskoschadens daran gehindert ist, die volle Fracht oder Miete zu verdienen.

70.2 Die Versicherung erfasst auch Fälle,

70.2.1 in denen der Schadensfall unter der Kaskoversicherung innerhalb der Franchise liegt;

70.2.2 in denen der Ertragsausfall auf einer Strandung des Schiffes beruht, ohne dass es zu einem Kaskoschaden kommt.

Übersicht

A. Einführung

I. Entstehungsgeschichte

Bisher gab es in Deutschland **keine Verbandsbedingungen** für die Versicherung von Ertragsausfällen unabhängig von dem Bestehen eines Frachtvertrages als Folge eines unter der Kaskoversicherung versicherten Schadens, der kein Abandon des Versicherers nach sich zieht oder einen Totalverlust oder einem Totalverlust gleichgestellten Fall darstellt. Für den Fall eines bestehenden Frachtvertrages und eines Totalverlustes stehen hingegen mit den §§ 105 ff. ADS und den DTV-Klauseln für Nebeninteressen Standardbedingungen zur Verfügung. Diese Regelungen gelten jedoch als veraltet. Die §§ 105 ff. ADS wurden bereits 1919 veröffentlicht. Auch sind die §§ 105 ff. ADS wenig verständlich. Daher finden sich in den DTV-ADS 2009 in den Ziff. 67 und 68 im Vergleich zu den §§ 105 ff. ADS und den DTV-Klauseln für Nebeninteressen stark vereinfachte Regelungen im Hinblick auf die Versicherung von Fracht bei Totalverlust. 1

Die **deutsche Praxis** hat **bisher** wegen des Fehlens von Verbandsbedingungen für die Ertragsausfallversicherung auf ausländische Bedingungen zurückgegriffen. Auf das amerikanische Loss of Charter Hire Form (= „Lazard Form“) ist kaum zurückgegriffen worden. Häufiger wurde sich mit dem englischen AB Stewart Wording beholfen. Vornehmlich hat die deutsche Praxis aber auf **Kapitel 16 des Norwegian Marine Insurance Plan**, mithin auf das norwegische Seeversicherungsrecht zurückgegriffen. Dabei wurde in der deutschen Praxis in Abweichung von Teil 1, Kapitel 1, § 1–4 des Norwegian Marine Insurance Plan regelmäßig die Anwendung deutschen Rechts und deutscher Gerichtsbarkeit vereinbart. Die norwegischen Bedingungen der Ertragsausfallversicherung sind daher als Marktstandard in Deutschland anerkannt[1] weshalb auch die **deutschen Bedingungen der Ertragsausfallversicherung auf den Bestimmungen des Kapitels 16 des Norwegian Marine Insurance Plan aufbauen.** In 2013 ist der Norwegian Marine Insurance Plan in dem Nordic Marine Insurance Plan (Nordic Plan) aufgegangen. Die Bestimmungen des Kapitel 16 des Norwegian Marine Insurance Plan sind weitestgehend unverändert in den Nordic Plan übernommen worden. 2

Der Vorteil der Ziff. 70 ff. gegenüber dem Kapitel 16 des Norwegian Marine Insurance Plan ist, dass die deutschen Bedingungen der Ertragsausfallversicherung auf das deutsche Recht abgestimmt sind. Damit können die typischerweise auftretenden Probleme bei der Verwendung von nicht auf das deutsche Recht abgestimmte Versicherungsbedingungen unter deutschem Recht vermieden werden. Als Beispiel sei hier das regelmäßig nicht eindeutig im Ertragsausfallversicherungsvertrag geregelte Verhältnis der allgemeinen Bestimmungen der ADS/DTV-KK, auf dessen Grundlage die Kaskoversicherung in Deutschland bisher regelmäßig abgeschlossen wird, und den allgemeinen Bestimmungen des ersten Teils des Nordic Plans genannt. So sind die allgemeinen Bestimmungen des ersten Teils des Nordic Plans mangels abweichender Vereinbarung auch auf die Ertragsausfallversicherung nach Kapitel 16 des Nordic Plans anzuwenden. Die Frage, ob ein ersatzpflichtiger Kaskoschaden vorliegt ist damit letztlich nicht ausschließlich nach den ADS/DTV-KK zu beantworten, sondern auch nach den allgemeinen Bestimmungen des ersten Teils des Nordic Plans. Das gilt selbst dann, wenn der Versicherer die von dem norwegischen Seeversicherungsrecht abweichenden Bestimmungen akzeptiert hat.[2] So bestimmt Clause 16-2 S. 2 des Nordic Plans lediglich, dass, soweit der Versicherer den Abschluss der Kasko- 3

[1] *Enge/Schwampe* Transportversicherung S. 321. [2] *Commentary* 341, 347.

versicherung auf Grundlage von anderen Bedingungen als denen des Nordic Plans schriftlich akzeptiert hat, die Bestimmungen der Kapitel 10–12 des zweiten Teils des Nordic Plans nicht heranzuziehen sind im Zusammenhang mit der Frage, ob ein ersatzpflichtiger Kaskoschaden vorliegt. Im Übrigen gelten aber die Bestimmungen des ersten Teils, bestehend aus den Kapiteln 1 bis 9 des Nordic Plans auch für die auf Grundlage von anderen Bedingungen abgeschlossene Seekaskoversicherung. Dieses **Nebeneinander von norwegischen und deutschen Bedingungen führte in Praxis häufig zu Problemen und teilweise zu überraschenden Ergebnissen.** Diese Problematik kann nunmehr durch die Vereinbarung der Ziff. 70 ff. DTV ADS 2009 vermieden werden, wobei allerdings auch hier deutlich gemacht werden muss, nach welchen Bedingungen zu beurteilen ist, ob ein „ersatzpflichtiger Kaskoschaden" i.S.v. Ziff. 70 vorliegt, wenn die Ertragsausfallversicherung nicht zusammen mit der Kaskoversicherung bei einem Versicherer abgeschlossen wird.[3]

II. Systematische Einordnung

4 Die Ertragsausfallversicherung für Seeschiffe ist eine **Schadensversicherung**, da ihr die konkrete Bedarfsdeckung des Versicherungsnehmers zugrunde liegt und keine abstrakte Bedarfsdeckung vorgesehen ist, wie bei der Summenversicherung. Das zeigt sich bereits an der Regelung in Ziff. 72.4, der die versicherte Summe im Fall einer Beschäftigung zum Zeitpunkt des Schadensfalles und in Ermangelung einer Taxe nach Ziff. 72.5 auf den Betrag festlegt, den das Schiff unter dem jeweiligen Miet- oder Frachtvertrag unter Abzug der Ausgaben verdient hätte.

5 Im Einzelnen strittig ist aber in Bezug auf die bisherigen Deckungskonzepte – §§ 105 ff. ADS und DTV-Klauseln für Nebeninteressen auf der einen Seite und die im Lichte dieser Vorschriften betrachtete Ertragsausfallversicherung auf der anderen Seite –, ob in der Ertragsausfallversicherung ausschließlich Gewinninteressen[4] oder im Fall einer Versicherung des Zeitcharterers Forderungsinteressen[5] und im Fall von einer vorausbezahlte Zeitcharterwegen der Verpflichtung des Zeitcharters zur Rückzahlung der zu viel erhaltenen Charter[6] Haftpflichtinteressen versichert werden[7] Dieser Streit hat für die Ertragsausfallversicherung für Seeschiffe nach Ziff. 70 ff. keine Bedeutung und ist allein darin begründet, dass die Ertragsausfallversicherung letztlich mit den nicht vollständigen und geschlossenen[8] §§ 105 ff. ADS und DTV-Klauseln für Nebeninteressen nicht widerspruchsfrei in Einklang zu bringen ist. Nach dem Deckungskonzept der Ziff. 70 ff. auf der einen Seite für den Fall eines ersatzpflichtigen Kaskoteilschadens und der Ziff. 68 für den Fall des Abandon, des Totalverlustes, der Reparaturunfähigkeit oder der Reparaturunwürdigkeit auf der anderen Seite, ist das auch nicht weiter notwendig. Nach dem Deckungskonzept der Ziff. 70 ff. ist die Ertragsausfallversicherung wie auch die Versicherung der Fracht bei Totalverlust nach Ziff. 68 **ausschließlich** als **Gewinnversicherung** ausgestaltet. Das gilt auch dann, wenn zum Zeitpunkt des Schadensfalles ein Fracht- oder Mietvertrag bestand und sich der zu ersetzenden Ertragsausfall nach Ziff. 72.4 S. 1 bemisst. Nach

[3] Weitere Einzelheiten unter Rn. 12, 22 ff.

[4] So *Richartz* 33 ff.

[5] **Str.**, so *Sieg* VersR **1997** 649, 650; *ders.* TranspR **1998** 9, 10; *Mittelbach* S. 64 ff., 67 f., 77, 80 f.; **a.A.** *Richartz* 33 ff.

[6] So *Mittelbach* 59 f.; a.A. *Sieg* TranspR **1998** 9, 1 Fn. 12; **a.A.** *Sieg* TranspR **1998** 9, 1 Fn. 12 mit Verweis auf OLG München 20.7.1994 VersR **1994** 778, der auch im Fall der vorausbezahlten Charter Forderungsinteressen als versichert ansieht.

[7] So *Ritter/Abraham* § 1 Anm. 69, wobei dieses Interesse nach der Verkehrsanschauung als Frachtinteresse versichert wird (vgl. auch Anm. 78).

[8] *Ritter/Abraham* § 105 Anm. 2.

Ziff. 72.4 S. 1 ersetzt der Ertragsausfallversicherer das, was das Schiff unter dem jeweiligen Fracht- und Mietvertrag nach Abzug aller Ausgaben verdient hätte. Demnach ist ausschließlich der Gewinn versichert, denn versichert ist der Ertrag nach Abzug der Ausgaben. Allerdings ist nicht der Gewinn selbst versichert, sondern, **wie in der Gewinnversicherung üblich, der erwartete Gewinn, mithin eine Gewinnanwartschaft.**[9] Ein Forderungsinteresse wäre nur dann versichert, wenn die sog. Bruttofracht versichert wäre, mithin die ganze Fracht/Miete ohne Abzug der Ausgaben. Die Ersatzpflicht nach Ziff. 72.4 S. 1 knüpft aber allein an die sog. Nettofracht[10]/Nettocharter an, also das, was dem Vercharterer oder Verfrachter nach Abzug der Betriebskosten als Unternehmensgewinn verbleibt. Gleiches gilt im Fall von Ziff. 72.4 S. 2, der bestimmt, dass soweit im Versicherungsfall kein Miet- oder Frachtvertrag besteht, die durchschnittlichen Einnahmen während der Zeit des Ertragsausfalles von Schiffen vergleichbarer Bauart und Größe unter Abzug aller Ausgaben maßgeblich sind. In diesen Fällen existiert zudem nicht einmal ein Fracht- oder Mietvertrag, weshalb die Versicherung von Forderungsinteressen ohnehin ausscheidet. Auch ist das Gewinninteresse versichert, wenn, was in der Praxis fast ausschließlich der Fall ist, der Ertragsausfall nach Ziff. 72.5 taxiert ist. Auch in diesem Fall ist die Ersatzpflicht unabhängig davon, ob zum Zeitpunkt des Versicherungsfalls ein Fracht- oder Mietvertrag bestand. Demnach handelt sich bei der Ertragsausfallversicherung nach Ziff. 70 ff. stets um eine Gewinnversicherung.

Die Ertragsausfallversicherung ist zudem **uneigentliche Frachtversicherung**, da die 6
eigentliche Frachtversicherung voraussetzt, dass ein Frachtvertrag abgeschlossen ist.[11] 7

Beziehungsverknüpftes Gut der Ertragsausfallversicherung ist, da ausschließlich Gewinninteressen versichert werden, das Seeschiff als Einnahmequelle. Es handelt sich demnach um eine **Aktivenversicherung.**

Weiter ist die Ertragsausfallversicherung für Seeschiffe eine sogenannte **Nebeninteressenversicherung**, da sich die Versicherung auf ein geldwertes Interesse am Schiff bezieht und nicht (direkt) auf die Substanz des Schiffes.[12] 8

Die Ertragsausfallversicherung für Seeschiffe ist eine **Seeversicherung i.S.v. § 209 VVG.**[13] Zwar kann das versicherte Gewinninteresse selbst keinen Gefahren der Seeschifffahrt i.S.v. § 209 VVG ausgesetzt sein. Für die dogmatische Einordnung als Seeversicherung ist jedoch auch die mittelbare Verknüpfung zu den Gefahren der Seeschifffahrt über den ersatzpflichtigen Kaskoschaden ausreichend.[14] Das folgt bereits aus der Bestimmung des § 779 HGB a.F., der unter anderem bestimmte, dass Fracht und imaginärer Gewinn in der Seeversicherung versichert werden können. Demnach findet auf die Ertragsausfallversicherung für Seeschiffe das **VVG gem. § 209 VVG keine Anwendung.** 9

III. Abgrenzung zur Versicherung der Fracht bei Totalverlust

Abzugrenzen ist die Ertragsausfallversicherung von der Versicherung von Fracht bei Totalverlust nach Ziff. 68. Im Gegensatz zu einer Versicherung der Fracht in Fällen von Totalverlust nach Ziff. 68 versichert die **Ertragsausfallversicherung** für Seeschiffe den **vorübergehenden Ertragsausfall aufgrund eines ersatzpflichtigen Kaskoteilschadens.** Damit wird in der Ertragsausfallversicherung für Seeschiffe nach Ziff. 70 ff. der vorüber- 10

[9] *Mittelbach* 69 f.
[10] Hierzu im Zusammenhang mit den §§ 107, 108 ADS *Ritter/Abraham* § 1 Anm. 72, § 107 Anm. 7 ff., § 108 Anm. 3.
[11] *Argyriadis* 54.
[12] *Mittelbach* S. 57.
[13] *Mittelbach* 27 ff.; *Richartz* 51 ff.
[14] a.a.O.

gehende Ausfall des versicherten Schiffes für die Erzielung von Fracht- oder Mieteinnahmen versichert. Die **Versicherung der Fracht nach Ziff.** 68 versichert hingegen den **endgültigen Ausfall des versicherten Schiffes für die zukünftige Erzielung von Fracht- und Mieteinnahmen** aufgrund eines Totalverlustes, einem Totalverlust gleichgestellten Fall und der Reparaturunfähigkeit oder Reparaturunwürdigkeit. Auch im Falle eines Abandon nach Ziff. 42 ist die als Fracht bei Totalverlust vereinbarte Versicherungssumme zu zahlen. In all diesen Fällen mit Ausnahme des Abandons nach Ziff. 42 leistet der Ertragsausfallversicherer gem. Ziff. 71 nicht. **Die Versicherung der Fracht bei Totalverlust und die Ertragsausfallversicherung schließen sich demnach bis auf den Fall des Abandons nach Ziff. 42 gegenseitig aus.**

11 Die Ertragsausfallversicherung unterscheidet sich weiter von der Versicherung von Fracht bei Totalverlust dadurch, dass bei der **Versicherung der Fracht bei Totalverlust** die **Entschädigung pauschaliert** wird wohingegen bei der **Ertragsausfallversicherung** die **Entschädigung nur für den Zeitraum** gewährt wird, **in dem das Schiff tatsächlich an dem Verdienen der volle Fracht gehindert war.**

IV. Verhältnis zur Kaskoversicherung

12 Die Ertragsausfallversicherung steht **unabhängig neben der Kaskoversicherung.** Das ist immer dann relevant, wenn die Ertragsausfallversicherung nicht zugleich bei dem Kaskoversicherer versichert ist, sondern bei einem anderen Versicherer. Dann **prüft der** Versicherer der Ertragsausfallversicherung selbstständig, ob sich eine versicherte Gefahr verwirklicht hat. **Der Ertragsausfallversicherer ist nicht an die Deckungsentscheidung des Kaskoversicherers gebunden.** Da die Ertragsausfallversicherung an Tatbestände der Kaskoversicherung anknüpft – ersatzpflichtiger Kaskoschaden, Schaden innerhalb der Kaskofranchise, Strandung ohne Kaskoschaden – erfolgt hier eine **zweifache Prüfung, soweit sich Kaskoversicherer und Ertragsausfallversicherer nicht gleichen.** Liegt der Kaskoschaden unterhalb der Kaskofranchise, prüft wegen Ziff. 70.2.1 nur der Ertragsausfallversicherer, ob ein grundsätzlich ersatzpflichtiger Kaskoschaden vorliegt. Die Prüfung des Ertragsausfallversicherers erfolgt nicht auf Grundlage der Feststellungen des Kaskoversicherers. Allerdings sieht **Ziff. 74** vor, dass die **Feststellung des Ertragsausfallschadens in gleicher Weise zu erfolgen** hat, **wie dies für die Kaskoversicherung bestimmt ist.** Maßgeblich sind demnach die Ziff. 62.1 und 63, allerdings nur, wenn auch die Schadensfeststellung der Kaskoversicherung nach Ziff. 62.1 und 63 zu erfolgen hat. Ist das nicht der Fall, weil andere Bedingungen vereinbart sind, ist auch der Ertragsausfallschaden nach den jeweils vereinbarten Bestimmungen festzustellen. Der Ertragsausfallversicherer hat nach Ziff. 74 S. 2 das Recht, im Fall eines Sachverständigenverfahrens einen eigenen Sachverständigen zu benennen. Auch unabhängig von einem Sachverständigenverfahren kann der Ertragsausfallversicherer Sachverständige bestellen.

B. Erläuterung der Klausel

I. „Soweit vereinbart"

13 Durch den Klammerzusatz in der Überschrift zum vierten Abschnitt „soweit vereinbart" wird deutlich gemacht, dass die Bestimmungen der Ertragsausfallversicherung nur gelten, soweit die Bestimmungen des Vierten Abschnittes ausdrücklich zwischen den Parteien des Versicherungsvertrages vereinbart sind. Die Bestimmungen der DTV-ADS 2009 sehen **keine besondere Form für eine solche Vereinbarung** vor. Sie kann schriftlich, mündlich oder gar schlüssig erfolgen. Eine Vereinbarung lediglich der „DTV-ADS 2009" würde aber zur Folge haben, dass nur die allgemeinen Vorschriften des Ersten Abschnittes und die Schlussbestimmungen des Siebten Abschnittes gelten, denn alle übrigen Abschnitte müssen, wie auch der **Vierte Abschnitt zur Ertragsausfallversicherung, gesondert vereinbart werden.** Eine Geltung nur der allgemeinen Vorschriften des Ersten Abschnittes und der Schlussbestimmungen des Siebten Abschnittes kann beabsichtigt sein, wenn anstatt der Regelungen der DTV-ADS 2009 zur Ertragsausfallversicherung andere Bedingungen, beispielsweise die des Kapitels 16 des Nordic Plan vereinbart werden, insoweit aber klargestellt werden soll, dass die allgemeinen Vorschriften und die Schlussbestimmungen der DTV-ADS 2009 zur Anwendung kommen sollen und nicht die des ersten Teils des Nordic Plans. Eine **Klarstellung, welche allgemeinen Bestimmungen** zur Anwendung kommen, soll die Police nach **Ziff. 16.2** ohnehin enthalten.

Die **allgemeinen Vorschriften des Ersten Abschnittes** und die Schlussbestimmungen des Siebten Abschnittes gelten für die Ertragsausfallversicherung nach Ziff. 70 ff. nach dem Grundsatz besondere Bedingungen gehen allgemeinen Bedingungen vor[15] **nur insoweit, wie die Ziff. 70 ff. keine Sonderregelungen enthalten.** Ziff. 70 nennt drei Fälle, in denen es zu einem versicherten Ertragsausfall kommt. Die versicherten Gefahren werden demnach ausdrücklich benannt, womit es sich bei der Ertragsausfallversicherung gerade um **keine Allgefahrenversicherung i.S.v. Ziff. 27** handelt. Ziff. 27 ist daher gem. dessen S. 1 nicht anwendbar, da durch Ziff. 70 *„ein anderes bestimmt ist"*. Eine weitere Sonderregelung enthält **Ziff. 73 zum Selbstbehalt** in der Ertragsausfallversicherung. Diese Bestimmung **verdrängt** in seinem Anwendungsbereich **Ziff. 40.** Eine weitere Sonderregelung enthält Ziff. 76, die die Schadensabwendungs- und Minderungskosten abweichend von Ziff. 31 regelt. Auch hier wird **im Anwendungsbereich der Ziff. 76 die Ziff. 31 verdrängt.** Im Übrigen gelten die allgemeinen Vorschriften des ersten Abschnittes unverändert, soweit keine abweichenden Vereinbarungen getroffen werden. Demnach geht beispielsweise ein Ersatzanspruch gegen einen Dritten nach Ziff. 50.2 auf den Ertragsausfallversicherer über. 14

II. Versichertes Interesse: Ertragsausfall

Das versicherte Interesse in der Ertragsausfallversicherung ist gem. Ziff. 1.2.3 das **Interesse an den Einnahmen des Schiffes.** 15

Auffällig ist, dass in Ziff. 1.2.3 im Zusammenhang mit der **Ertrag**sausfallversicherung **von „Einnahmen" und nicht von „Ertrag" die Rede ist.** Die **Begrifflichkeiten** werden aber in den DTV-ADS 2009 ausweislich der Ziff. 70 ff. **synonym verwendet.** In beiden Fällen geht es, wie sich aus Ziff. 70 ergibt, um die Versicherung der Fracht oder der Miete im Fall eines ersatzpflichtigen Kaskoschadens. 16

Die **Miete** wird **neben der Fracht** in Ziff. 70 gesondert **angesprochen**, da die **Bareboat-Charter/Schiffsmiete** i.S.v. §§ 553–556 HGB und **teilweise**[16] auch die **Zeitcharter** i.S.v. §§ 557–569 **als Mietvertrag qualifiziert** wird. In diesen Fällen erhält der VN folglich Mietzahlungen. Hingegen erhält der VN **jedenfalls unter Raumfracht- und Stückgutfrachtverträgen Fracht.** 17

---

[15] BGH VersR **1964** 230; OLG Köln VersR **1974** 877; OLG Koblenz VersR **1975** 29.

[16] Die Rechtsnatur der Zeitcharter ist im Zuge der Reform des Seehandelsrechts Anfang 2013 nicht abschließend geklärt worden, vgl. *Paschke/Ramming* RdTW **2013** 1, 8 f.

18 Die Ertragsausfallversicherung nach Ziff. 70 ff. **versichert ausschließlich Gewinninteressen.** Das Gewinninteresse in Bezug auf die Einnahmen des Schiffes ist **als versicherbares Interesse** in der Seeversicherung **anerkannt.** Das folgt bereits aus den mittlerweile ersatzlos gestrichenen Bestimmungen des 10. Abschnittes im Fünften Buch des HGB. Die mittlerweile gestrichenen Bestimmungen der §§ 778 ff. HGB a.F. können nach wie vor herangezogen werden, da der Gesetzgeber bei der Streichung der Bestimmungen ausdrücklich erklärt hat, dass sich in Bezug auf die Seeversicherung nichts ändern soll.[17] Das HGB a.F. und darauf aufbauend die §§ 105 ff. ADS, § 120 ADS und die DTV-Klauseln für Nebeninteressen enthalten vereinzelt Regelungen[18] in Bezug auf die Versicherung von Fracht in Fällen von Totalverlust. Danach ist zwar grundsätzlich erforderlich, dass zum Zeitpunkt des Versicherungsfalles ein Frachtvertrag besteht. Jedoch macht 825 Abs. 3 HGB a.F. eine Ausnahme von dem Erfordernis eines Frachtvertrages für den Fall, dass der Reeder Güter für eigene Rechnung beförderte (= sog. Reedersgüterfracht). Ob jedoch auch über die Reedersgüterfracht hinausgehend der Schiffsgewinn, welcher als der von der Ankunft des Schiffes (= behaltene Fahrt i.S.v. § 120 ADS) in einem zu erwartende Betriebs- und Nutzungsgewinn unabhängig von dem Bestehen eines Frachtvertrages definiert wurde, ein versicherbares Interesse ist, war in der älteren Literatur strittig.[19] Dagegen wurde vorgebracht, dass das Gesetz eine Versicherung von Fracht nur vorsehe, wenn ein Frachtvertrag abgeschlossen sei[20] und weiter, dass der Schiffsgewinn nicht i.S.v. § 778 HGB a.F. *„in Geld schätzbar"* wäre, weshalb es sich um kein versicherbares Interesse handele.[21] Diese Argumente überzeugen indes nicht. Das HGB a.F. hat durchaus die Versicherung von Gewinninteressen als versicherbares Interesse anerkannt. So bestimmte § 779 HGB a.F., dass beispielsweise auch *„der von der Ankunft der Güter am Bestimmungsort erwartete Gewinn (imaginäre Gewinn)"* in der Seeversicherung versicherbar ist. Zudem folgt die Versicherbarkeit von Gewinninteressen bereits aus der Bestimmung zu der Reedersgüterfracht in § 825 Abs. 3 HGB a.F. **Das Reichsgericht hat daher zutreffend in zwei Entscheidungen**[22] einen für behaltene Ankunft i.S.v. § 850 ADS a.F./ § 120 ADS versicherten **Schiffsgewinn als versicherbares Interesse anerkannt** und festgehalten, dass es sich dabei insbesondere um keine „Wettassekuranz" handele.[23] Über den für behaltene Ankunft i.S.v. § 850 HGB a.F./§ 120 ADS versicherten Schiffsgewinn, der nach § 850 Abs. 2 Nr. 1 HGB a.F./§ 120 Abs. 2 ADS die Haftung des Versicherers davon abhängig macht, ob es zu einem Totalverlust gekommen ist, hinausgehend, ist **auch der Schiffsgewinn im Fall von Teilschäden versicherbar, denn auch insoweit handelt es sich um ein versicherbares Gewinninteresse.** Das gilt insbesondere deshalb, **da nach zutreffender Ansicht jeder wirtschaftliche und anerkennenswerte Zweck ein versicherbares Interesse begründet.**[24] Im Übrigen hat **bereits das Reichsgericht** im Zusammenhang mit der Versicherbarkeit des Schiffsgewinns im Fall von Teilschäden ausgeführt:

> *„... eine Versicherung für behaltene Ankunft dann nicht zum Ziele führt, wenn das Schiff in schwer beschädigten Zustande am Bestimmungsorte anlangt. Aus letzterem indessen folgt nicht die Unzulässigkeit solcher Versicherung sondern nur, daß die Versicherung dieses Interesses „auf behaltene Ankunft" nicht ist ...".*[25]

---

[17] RegE VVG 288.

[18] §§ 793 Abs. 4, 797, 798, 821 Nr. 1–3, 825 Abs. 3, 855, 858, 861, 868 HGB a.F.

[19] Dafür: *Ritter/Abraham* § 1 Anm. 57; *Argyriadis* 63 ff.; Dagegen: Mohr S. 33 f.

[20] *Sieveking* 6.

[21] *Mohr* S. 33 f.

[22] RG, HansGZ, Hauptblatt, 14. Jahrgang (1893), S. 57 ff.; RG, HansGZ, Hauptblatt, 15. Jahrgang (1894), S. 281 ff.

[23] RG, HansGZ, Hauptblatt, 14. Jahrgang (1893), S. 57, 59; RG, HansGZ, Hauptblatt, 15. Jahrgang (1894), S. 281, 283.

[24] *Winter* Festschrift für Johannes Wälder 114.

[25] RG HansGZ Hauptblatt 14. Jahrgang (1893) 57, 59.

III. Interessenträger

Als Interessenträger nennt **Ziff. 1.2.3** den **Eigentümer**. Im Zusammenhang mit der Kaskoversicherung wird hingegen auf den registrierten Eigentümer abgestellt (vgl. Ziff. 1.2.1). Dabei dürfte es sich um einen Redaktionsfehler handeln. Dieser hat zur Folge, dass neben dem registrierten Eigentümer auch der wirtschaftliche Eigentümer in der Ertragsausfallversicherung versichert sein kann. Praktisch dürfte das aber keine Auswirkungen haben. Schließlich wird ein nur wirtschaftlicher Eigentümer, typischerweise also ein Treugeber, das Schiff nicht im eigenen Namen verchartern/Frachtverträge abschließen. 19

IV. Versicherte Gefahren

Ziff. 70 nennt als versicherte Gefahren **drei Fälle,** in denen es zu einem versicherten Ertragsausfall kommt. Als erste versicherte Gefahr wird in Ziff. 70.1 der Ertragsausfall infolge eines ersatzpflichtigen Kaskoschadens genannt. In Ziff. 70.2 werden zwei weitere Fälle aufgeführt. Dabei ist der erste Fall ein Unterfall des in Ziff. 70.1 genannten, grundsätzlich versicherten Ertragsausfalles, wobei ein *ersatzpflichtiger* Kaskoschaden jedoch nur deshalb nicht vorliegt, weil der Schaden unterhalb der Kaskofranchise liegt (Ziff. 70.2.1). Der zweite Fall versichert einen Ertragsausfall aufgrund einer Strandung, die keinen versicherten Kaskoschaden nach sich zieht (Ziff. 70.2.2). 20

Alle drei Fälle der Ziff. 70 setzten voraus, dass es sich um keinen Totalverlust oder im gleichgestellten Fall oder um einen Fall der Reparaturunfähigkeit oder Reparaturunwürdigkeit handelt. Das stellt Ziff. 71 klar. 21

1. Ertragsausfall infolge eines ersatzpflichtigen Kaskoschadens

Grundsätzlich ist der **Ertragsausfall** nur dann versichert, wenn er **Folge eines ersatzpflichtigen Kaskoschadens** ist. Dabei ist zu berücksichtigen, dass die Ertragsausfallversicherung selbstständig neben der Kaskoversicherung steht. Der Ertragsausfallversicherer ist folglich nicht an die Entscheidung des Kaskoversicherers, ob ein unter der Kaskoversicherung ersatzpflichtige Kaskoschaden vorliegt, gebunden.[26] Regelmäßig wird der Ertragsausfallversicherer aber der Entscheidung des Kaskoversicherers folgen, was insbesondere dann gilt, wenn die Führung unter der Kasko- und Ertragsausfallversicherung bei demselben Versicherer liegt. 22

Ein „ersatzpflichtiger Kaskoschaden" nach Ziff. 70 erfordert nicht, dass der VN den Kaskoversicherer auch tatsächlich in Anspruch nimmt. Vielmehr **genügt** nach dem Wortlaut das **Vorliegen** eines „ersatzpflichtigen Kaskoschadens". 23

Der Wortlaut der Ziff. 70 spricht von einem *„ersatzpflichtigen Kaskoschaden"* und nicht von einem *„nach den Bestimmungen der DTV-ADS 2009 ersatzpflichtigen Kaskoschaden"*. Folglich ist **für die Beurteilung der Frage, ob ein ersatzpflichtiger Kaskoschaden vorliegt, auf den jeweiligen Kaskoversicherungsvertrag des betreffenden Schiffes abzustellen.**[27] Die möglichen Deckungserweiterungen oder Deckungseinschränkungen im Vergleich zur Standarddeckung nach den DTV-ADS 2009 oder die Vereinbarung der Gel- 24

---

[26] *Enge/Schwampe* Transportversicherung S. 321.

[27] Das gilt allerdings nicht für das Vorliegen der Ausschlusstatbestände der Ziff. 71, vgl. Ziff. 71 Rn. 6.

tung anderer Rechtsordnungen sind demnach für die Beurteilung der Frage, ob ein ersatzpflichtiger Kaskoschaden i.S.v. Ziff. 70 vorliegt, maßgeblich. Bei Deckungserweiterungen oder auch die Wahl anderer Rechtsordnungen handelt es sich um gefahrerhebliche Umstände, die nach Ziff. 22 und Ziff. 23 Anzeigepflichten auslösen. **Dem Versicherer sind** demnach **alle von den DTV-ADS 2009 abweichenden Bedingungen anzuzeigen.** In der Praxis wird jedoch regelmäßig dahingehend verfahren, dass sich der Versicherer und der VN darauf einigen, welche Bedingungen für die Ertragsausfallversicherung maßgeblich sein sollen, die wiederum regelmäßig auf die jeweilige Kaskodeckung abgestimmt werden. In der Police finden sich daher meist Sätze wie *„LoH-Underwriters accept and agree that the Hull &Machinery Insurance is effected on the following basis …"* und im Anschluss daran werden die für die Beurteilung der Frage, ob ein ersatzpflichtiger Kaskoschaden vorliegt maßgeblichen Bedingungen aufgeführt bzw. die Bedingungen, auf deren Grundlage die Kaskoversicherung abgeschlossen worden ist. Bei der **Vereinbarung von Kaskobedingungen, die von dem Ersten und Zweiten Abschnitt abweichen**, sollte darauf geachtet werden, dass auch klargestellt wird, wie im Falle eines Konflikts der allgemeinen Bestimmungen des Ersten Abschnittes mit den Bestimmungen der vereinbarten Kaskobedingungen, zu verfahren ist. **Ändern sich die Kaskobedingungen**, die von den Parteien als maßgeblich vereinbart sind, innerhalb der Versicherungsperiode der Ertragsausfallversicherung und erfolgt insoweit keine Anzeige von Seiten des VN in Gemäßheit der Ziff. 24, ist die Frage, ob ein ersatzpflichtiger Kaskoschaden vorliegt, allein nach den ursprünglich vereinbarten Bedingungen zu beurteilen. **Fehlt eine Vereinbarung**, nach welchen Bedingungen zu beurteilen ist, ob ein ersatzpflichtiger Kaskoschaden vorliegt, ergibt die Auslegung der Ziff. 70, dass trotzdem auf die Bedingungen der tatsächlichen Kaskoversicherung abzustellen ist. **Existiert** aber **für das Schiff überhaupt keine Kaskoversicherung**, ist allein auf die Bestimmungen der DTV-ADS 2009 des Ersten und Zweiten Abschnittes abzustellen. Allein dahingehend kann in diesen Fällen ein durchschnittlicher VN ohne versicherungsrechtliche Spezialkenntnisse die Ziff. 70 verstehen.

25 Unter der Kaskoversicherung sind **unter den Voraussetzungen der Ziff. 28 f. auch Beiträge, Aufopferungen und Aufwendungen gedeckt, die in einem Havarie-grosse-Fall entstehen.** Folglich liegt auch dann ein nach Ziff. 70.1 versicherter Ertragsausfall vor, wenn das Schiff aufgrund eines unter der Kaskoversicherung versicherten Havarie-grosse-Ereignisses daran gehindert ist, die volle Fracht oder Miete zu verdienen. Das gilt aber **nur, wenn zugleich ein ersatzpflichtiger Kaskoschaden** an dem versicherten Schiff entsteht. Kommt es zu keinem solchen ersatzpflichtigen Kaskoschaden, liegt also nur eine Havarie-grosse-Situation vor, besteht keine Deckung unter der Ertragsausfallversicherung. Das ist beispielsweise beim Anlaufen eines Schutzhafens der Fall, nachdem sich im schweren Wetter die Ladung verschoben hat, ohne das Schiff zu beschädigen. Mangels Kaskoteilschaden besteht für die Dauer des Anlaufens und des Aufenthalts im Nothafen zur Ladungssicherung bis zur Wiederaufnahme der Fahrt keine Deckung unter der Ertragsausfallversicherung.

26 Ein erstsatzpflichtiger Kaskoschaden liegt auch vor, wenn eine **Deckungserweiterung der Kaskoversicherung** greift. Kommt es beispielsweise zu einem versicherten Kaskoschaden aufgrund eines **Konstruktions-, Material- oder Fertigungsfehlers nach Ziff. 59**, ist auch ein ersatzpflichtiger Kaskoschaden i.S.v. Ziff. 70 gegeben. Allerdings beschränkt sich die Ersatzpflicht auf den Zeitraum, der erforderlich ist, um die während der Versicherungsperiode entstandenen Schäden zu beseitigen. Für die möglicherweise auf Vorversicherungsperioden entfallenden Schäden, ist der vorhergehende Ertragsausfallversicherer verantwortlich. Dieses Ergebnis ergibt sich daraus, dass der Kaskoversicherer auch nur die Schäden zu ersetzen hat, die während der Versicherungsperiode eingetreten sind.

Kein ersatzpflichtiger Kaskoschaden liegt vor, wenn sich eine unter der Kaskoversicherung **ausgeschlossene Gefahr verwirklicht hat**, der Versicherer aufgrund einer **Obliegenheitsverletzung leistungsfrei** ist oder der VN den Kaskoschaden **vorsätzlich oder grob fahrlässig herbeigeführt** hat. 27

Ertragsausfallen, die auf eine nach **Ziff. 35 ausgeschlossene Kriegs- und Piraterie-Gefahr** zurückzuführen sind, sind nicht versichert, da kein „ersatzpflichtiger Kaskoschaden" i.S.v. Ziff. 70 vorliegt. Das gilt in Ermangelung einer abweichenden Vereinbarung im Versicherungsvertag auch, wenn neben der Kaskoversicherung eine Kriegsversicherung, beispielsweise auf Grundlage des Sechsten Abschnittes der DTV-ADS 2009, abgeschlossen ist. Bei der Kriegsversicherung handelt es sich um eine separate Versicherung, die zwar eine spezielle Ausgestaltung der Kaskoversicherung, von dieser vollkommen unabhängig ist. Strukturell handelt es sich demnach um zwei Versicherungsverträge. **Anders hingegen**, wenn in Gemäßheit der Bestimmung der **Ziff. 35.1.4 S. 2 die Gefahren der Piraterie in der Kaskoversicherung mitversichert werden**. Anders auch, wenn die Kaskoversicherung in Ergänzung zu den Bestimmungen des Zweiten Abschnittes der DTV-ADS 2009 ausdrücklich **„auch für Kriegsgefahr"** abgeschlossen wird, beispielsweise wenn eine an § 122 ADS angelehnte Bestimmung im Versicherungsvertrag vereinbart wird. In diesen Fällen liegt dann, soweit sich die im Kaskoversicherungsvertag versicherte Gefahr der Piraterie oder die Kriegsgefahr verwirklicht, ein ersatzpflichtiger Kaskoschaden i.S.v. Ziff. 70 vor, soweit der **Ertragsausfallversicherer** über diese Deckungserweiterung **gem. Ziff. 22 informiert worden ist** und auch die Ertragsausfälle aufgrund der Kriegsgefahr versichert. Gleiches gilt bei **Vereinbarung der Ziff. 82**, die weitestgehend der DTV-Minenklausel entspricht und das Kriegsrisiko aufgrund dem Vorhandensein von Minen und anderen Kriegswerkzeugen aus beendeten Kriegsereignissen in die Kaskodeckung einbezieht. Demnach ist ein ersatzpflichtiger Kaskoschaden anzunehmen, wenn die Ziff. 82 im Kaskoversicherungsvertrag vereinbart ist und einer der dort genannten Tatbestände den Ertragsausfall herbeiführt, wenn der Ertragsausfallversicherer auch die Ertragsausfälle für dieses Risiko versichert. Ist aber eine von der Kaskoversicherung unabhängige Eindeckung des von der Minenklausel erfassten Risikos erfolgt, greift der Ausschluss der Ziff. 35 im Hinblick auf die Kaskoversicherung, womit unter dieser kein ersatzpflichtiger Kaskoschaden i.S.v. Ziff. 70 vorliegt.

Es besteht **keine Deckung** unter der Ertragsausfallversicherung, wenn ein gem. **Ziff. 56 ausgeschlossen Eisschaden** vorliegt oder der Schaden auf **Abnutzung im gewöhnlichen Gebrauch oder durch Alter, Rost, jegliche Art von Korrosion oder Kavitation zurückzuführen ist** und daher gem. **Ziff. 55.1** keine Deckung besteht. Besteht **nach Ziff. 55.2 nur anteilige Deckung** unter der Kaskoversicherung, da der Schaden durch ein Zusammenwirken einer versicherten Gefahr und durch Abnutzung im gewöhnlichen Gebrauch oder durch Alter, Rost, jegliche Art von Korrosion oder Kavitation entstanden, ohne dass eine der Gefahren nächste Ursache des Schadens, **ist ein ersatzpflichtiger Kaskoschaden i.S.d. Ziff. 70 anzunehmen**. Ziff. 70 setzt nicht voraus, dass der Kaskoschaden voll ersetzt wird, er muss nur, sei es auch nur anteilig, ersetzt werden.[28]

Eine **Leistungsfreiheit unter der Kaskoversicherung** wegen einer Obliegenheitsverletzung oder einer Herbeiführung des Versicherungsfalles **führt nicht automatisch zu einer Leistungsfreiheit des Ertragsausfallversicherers**. Vielmehr muss sich das zur Leistungsfreiheit führende Fehlverhalten auch auf die Ertragsausfallversicherung beziehen. Hat

[28] Anders *Commentary*, der in diesem Fall auch nur eine anteilige Deckung des Ertragsausfallversicherers vorsieht (vgl. *Commentary* 343).

beispielsweise ein VN gegenüber dem Kaskoversicherer vorsätzlich eine vorvertragliche Anzeigepflicht verletzt, weil er den Kaskoversicherer über Vorschäden nicht ordnungsgemäß aufgeklärt hat, ist aber gegenüber dem Ertragsausfallversicherer seiner Aufklärungspflicht ordnungsgemäß nachgekommen, bleibt der Ertragsausfallversicherer leistungspflichtig, obwohl der Kaskoversicherer leistungsfrei ist und demnach kein ersatzpflichtiger Kaskoschaden vorliegt. Eine Verletzung der Ziff. 33, mithin eine Nichteinhaltung von Schiffssicherheitsbestimmungen oder, soweit stattdessen vereinbart, eine vom VN zu vertretende Seeuntüchtigkeit, die zu dem Kaskoschaden geführt hat, wird stets auch zu einer Leistungsfreiheit des Ertragsausfallversicherers führen. Gleiches gilt für den Fall, dass sowohl für die Kasko- wie auch für die Ertragsausfallversicherung die gleichen Fahrtgrenzen nach Ziff. 23 vereinbart sind und der VN die Fahrtgrenze vorsätzlich oder grob fahrlässig ohne seiner Anzeigeverpflichtung nach Ziff. 24 nachzukommen, überschreitet und es dann aufgrund der Überschreitung der Fahrtgrenze zu einem Kaskoschaden kommt.

28 Kommen **mehrere adäquate Ursachen** in Betracht, von denen nur eine zu einem ersatzpflichtigen Kaskoschaden führen würde, findet der **causa proxima non remota spectatur-Grundsatz** Anwendung. Das wird für die Kaskoversicherung in Ziff. 55.2 deutlich gemacht. Ziff. 55.2 sieht eine anteilige Deckung bei einem Zusammenwirken einer nach Ziff. 55.1 ausgeschlossenen Gefahr und einer versicherten Gefahr ausdrücklich nur dann in Abweichung von dem causa proxima-Grundsatz vor, wenn keine der beiden Gefahren die wirksamste Ursache, mithin die causa proxima ist. Folglich gilt im Anwendungsbereich der DTV-ADS wie überhaupt in der deutschen Seeversicherung der Grundsatz, dass ist diejenige Ursache von mehreren Ursachen maßgebend ist, die den Schaden überwiegend herbeigeführt hat und/oder als Wirksamste, in ihrer Ursächlichkeit erheblichste Bedeutung, anzusehen ist.[29] Dieser Grundsatz gilt auch in der Ertragsausfallversicherung nach Ziff. 70 ff., da es sich auch bei dieser um eine Seeversicherung handelt. Bei der Beurteilung, welches die wirksamste Ursache ist, ist in der Ertragsausfallversicherung **auf den Kaskoschaden abzustellen, da der Ertragsausfall selbst stets nur mittelbare Folge der Verwirklichung von Seegefahren ist.**[30]

29 **In dem englischen Fall The „CAPRICORN“**[31] wurde nach dem Auslaufen einer Zeitcharter für ein Kühlschiff ein versicherter Kaskoschaden entdeckt, der im Anschluss repariert wurde, wobei sich die Reparatur über vier Monate hinzog. In dieser Zeit wäre das Schiff jedoch ohnehin aufgelegt worden, da der Zeitcharterer die Verlängerungsoption nicht gezogen hatte, was nicht weiter überraschend war, da Kühlschiffe in der fraglichen Zeit nach dem damaligen Marktgegebenheiten stets aufgelegt wurden. Zudem befand sich das MS „CAPRICORN“ zum Zeitpunkt der Entdeckung des Maschinenschadens auf der Reise zum Aufliegeplatz und nach erfolgter Reparatur blieb das Schiff auch weiter aufgelegt. Für diese besondere Konstellation kam das High Court zu dem Ergebnis, dass ein versichertes Interesse in der Ertragsausfallversicherung – auf Grundlage der norwegischen Loss-of-Hire Bedingungen von 1972 – fehle, da keine Gewinnerzielungsabsicht für den Zeitraum nach dem Auslaufen der Zeitcharter bestanden habe. Nach deutschem Recht kann diese Begründung allerdings nicht überzeugen. Selbst dann, wenn sich ein Gewinn aufgrund von Marktgegebenheiten nicht realisiert werden kann,

[29] BGH VersR **1971** 559 und 1056; ausführlich zum causa proxima-Grundsatz in der Seeversicherung *Ritter/Abraham* § 28 Anm. 17 ff.

[30] *Argyriadis* 154 mit Verweis auf ein nicht veröffentlichtes Gutachten von *Möller* vom 18. April 1955 in der Angelegenheit M/S „BALDUR“.

[31] *Cepheus Shipping Corporation v. Guardian Royal Exchange Assurance PLC* (The Capricorn) [1995] 1 Lloyd's Rep. 622.

kann einem Reeder ein versicherbares Gewinninteresse in Bezug auf das Schiff nicht aberkannt werden. Allerdings betonte das High Court in der Entscheidung, dass es sich um einen Sonderfall gehandelt habe und jedenfalls dann ein Gewinninteresse bestehe, wenn das Schiff trotz fehlender Beschäftigung technisch und besatzungsmäßig jeden Moment einsatzfähig sei. **Der Reeder muss also die Absicht haben, das Schiff einzusetzen.** Dem ist auch für die deutsche Ertragsausfallversicherung zuzustimmen, denn gem. Ziff. 70 ist erforderlich, dass der VN infolge eines ersatzpflichtigen Kaskoschadens „gehindert ist", die volle Fracht zu verdienen. Will der VN das Schiff aber ohnehin nicht einsetzen oder sind andere Gründe als der ersatzpflichtige Kaskoschaden die causa proxima, ist der VN gerade nicht infolge eines ersatzpflichtigen Kaskoschadens „gehindert". Für das Aufliegen folgt das zudem bereits aus Ziff. 71, der bestimmt, dass kein Deckungsschutz besteht, solange das Schiff gemäß Ziff. 21 aufgelegt ist. Ziff. 21 erfordert aber eine Anzeige. Erfolgt diese nicht, kann es trotzdem an der Gewinnerzielungsabsicht fehlen, wenn der VN tatsächlich keine Einnahmen erzielen will. **Auch ist der VN nicht daran aufgrund eines ersatzpflichtigen Kaskoteilschadens „gehindert" Erträge zu erzielen, wenn beispielsweise das Schiff nach Reparaturende[32] den Hafen wegen Sturm nicht verlassen kann.** Auch dann besteht mangels Kausalität des ersatzpflichtigen Kaskoschadens für den Ertragsausfall keine Deckung. Auch das High Court hielt in dem Fall *The Capricorn* fest, dass unabhängig von der Frage, ob der Reeder ein versicherbares Interesse hatte, eine Deckung unter der Ertragsausfallversicherung auch daran scheitern würde, dass der Kaskoschaden nicht für den Ertragsausfall kausal geworden sei. Dem ist, wie gezeigt, auch aus Sicht des deutschen Rechts zuzustimmen, denn causa-proxima für den Ertragsausfall war in dem *Capricorn*-Fall nicht der nach dem Auslaufen der Charter entdeckte Kaskoteilschaden sondern der Umstand, dass in dem Zeitraum nach dem Auslaufen der Charter das Schiff, wie auch in den Vorjahren üblich, aufgelegt werden musste. **Generell wird im Fall eines Aufliegens dann die Gewinnerzielungsabsicht fehlen, wenn das Schiff in dem Zeitraum der Reparatur ohnehin „kalt", also nicht ausgerüstet und bemannt aufgelegt werden sollte.** Anders aber, wenn die Reparatur in einem Zeitraum erfolgt, in dem das Schiff „warm" aufgelegt wird, das Schiff also voll ausgerüstet und bemannt auf Beschäftigung wartend repariert wird. Hier kann dem Versicherungsnehmer eine Gewinnerzielungsabsicht nicht aberkannt werden. Das gilt unabhängig davon, ob eine tatsächliche Einsatzmöglichkeit besteht. Allein die abstrakte Möglichkeit einer Beschäftigung ist ausreichend. **Keine Deckung besteht im Fall eines Aufliegens aber gem. Ziff. 71.2 solange das Schiff gemäß Ziff. 21 aufgelegt ist.**[33]

Die **Kausalität** des ersatzpflichtigen Kaskoschadens für den Ertragsausfall entfällt **30**
grundsätzlich nicht, wenn der VN sich bei kleineren Schäden entscheidet, das Schiff nicht sofort zu reparieren, sondern mit der Reparatur abzuwarten. Das folgt bereits aus Ziff. 80.2, der eine Sonderregelung für die Berechnung des Ertragsausfalles im Falle **zurückgestellter Reparaturen** enthält. Auch kann der VN aufgrund der Schadensabwendungs- und Minderungsobliegenheit gehalten sein, die Reparaturen zurückzustellen. Daraus kann sich ein **Spannungsverhältnis zur Kaskoversicherung** ergeben, die gem. Ziff. 62.2 S. 2 grundsätzlich eine unverzügliche Reparatur erfordert. Allerdings kann unter den Voraussetzungen der Ziff. 62.2 die Reparatur zurückgestellt werden, wenn ein Seefähigkeitsattest bei der zuständigen Klassifikationsgesellschaft eingeholt wird, wozu der VN gegenüber dem Ertragsausfallversicherer aufgrund seiner Schadensabwendungs- und Minderungsobliegenheit nach Ziff. 44 verpflichtet sein kann. Das wird immer dann der

[32] Zu Ertragsausfällen nach Reparaturende vgl. Ziff. 79.

[33] Vgl. Ziff. 71 Rn. 7 f.

Fall sein, wenn die Reparaturen mit ohnehin geplanten oder notwendigen Reederarbeiten wie beispielsweise einem in naher Zukunft geplanten Werftaufenthalt zur Erfüllung von Klasseauflagen kombiniert werden kann. Das folgt wiederum aus **Ziff.** 77, die in dem Fall von **parallelen Reederarbeiten** nur eine **hälftige Erstattung des Einnahmeverlustes** vorsieht. **In diesen Fällen entfällt auch nicht die Kausalität,** denn Ziff. 77 bestimmt gerade, dass **unabhängig davon, ob die causa proxima des Ertragsausfalles die parallelen Reederarbeiten i.S.v. Ziff. 77 waren,** der Ertragsausfall nur hälftig ersetzt wird. Liegt allerdings **kein Fall von Ziff.** 77 vor, mithin keine Erfüllung von Klasseauflagen, keine Arbeiten zur Widerherstellung der Seetüchtigkeit die eines Werftaufenthalts bedurften oder die gleichzeitige Reparatur von Kaskoteilschäden, die unter einer anderen Ertragsausfallversicherung gedeckt sind, kommt die **causa proxima Regel** zur Anwendung. Der Ertragsausfallversicherer ist in diesen Fällen entweder überhaupt nicht oder voll leistungspflichtig. Wird beispielsweise bei Gelegenheit der Reparatur eines ersatzpflichtigen Kaskoteilschadens der Unterwasseranstrich erneuert, bleibt der Ertragsausfallversicherer voll ersatzpflichtig. **Verlängert sich der Werftaufenthalt aber wegen der Zusatzarbeiten,** besteht für diese Zeit selbst dann kein Deckungsanspruch, wenn der VN die Reparatur bei der Werft ausführen lässt, die das zeitlich kürzeste Reparaturangebot abgegeben hat. In diesen Fällen besteht zwar gem. Ziff. 75.2 Deckung auch im Hinblick auf die über die angebotene Reparaturdauer hinausgehende Zeit. Das gilt allerdings nur insoweit, wie die Verlängerung tatsächlich auf die Reparatur zurückzuführen ist und nicht auf die Durchführung von Zusatzarbeiten. **Gleiches gilt im Fall von Streiks,** die die Reparaturdauer verlängern, soweit nicht die Möglichkeit eines Streiks absehbar war, der VN den Versicherer darüber informiert hat und der Versicherer trotzdem auf die Ausführung der Reparatur bei eben dieser Werft mit dem erhöhten Streikrisiko bestanden hat. Dann ist dem Versicherer gem. Ziff. 15 verwehrt, einzuwenden, dass wegen fehlender Kausalität für die auf den Streik entfallenden Zeiten kein Ertragsausfall ersetzt wird.[34]

31 **Nicht versichert** ist nach Ziff. 70 der Fall, dass das Schiff **aufgrund eines unter der P&I-Versicherung versicherten Schadens** daran **gehindert** ist, die **volle Fracht- oder Miete zu verdienen.** Das ist darin begründet, dass ein Ertragsausfall aufgrund eines unter der P&I-Versicherung gedeckten Schadens eher selten ist und deshalb eine entsprechende Deckung in der Praxis so gut wie nicht nachgefragt wird. Zu einem nach den Ziff. 70 ff. DTV-ADS 2009 nicht versicherten Ertragsausfall kann es allerdings beispielsweise im Zusammenhang mit einem von der P&I-Versicherung gedeckten Schaden kommen, wenn das Schiff seine Reiseroute verlassen muss, um ein erkranktes oder verunfalltes Besatzungsmitglied, blinde Passagiere, Flüchtlinge oder geretteten Menschen an Land zu bringen.[35] Soweit sich ein Versicherungsnehmer auch in Bezug auf einen solchen Ertragsausfall aufgrund eines unter der P&I-Versicherung versicherten Schadens absichern will, muss insoweit eine Deckungserweiterung gegenüber der Standarddeckung nach den Ziff. 70 ff. mit dem Ertragsausfallversicherer vereinbart werden.

2. Ertragsausfall infolge eines Kaskoschadens, der unterhalb der Kaskofranchise liegt

32 Gem. Ziff. 70.2.1 erfasst die Versicherung auch Fälle, in denen der **Schadensfall unter der Kaskoversicherung innerhalb der Franchise** liegt. Hierbei handelt es sich um eine **Deckungserweiterung,** da in diesen Fällen kein „ersatzpflichtiger Kaskoschaden" i.S.v. Ziff. 70.1 vorliegt. Denn bei der Kaskofranchise handelt es sich um die in der Kasko-

[34] Vgl. dazu im Einzelnen Kommentierung zu Ziff. 75.

[35] Thume/de la Motte/Ehlers/*Schwampe* Teil 7 Rn. 569, 611, 615.

versicherung vereinbarte Franchise, welche in Gemäßheit der Ziff. 40 regelmäßig als eine Abzugsfranchise vereinbart wird. Eine Abzugsfranchise wird im Gegensatz zu einer sog. Integralfranchise von jedem versicherten Schaden abgezogen und nur insoweit, wie der versicherte Schaden die Abzugsfranchise übersteigt, erfolgt eine Schadenszahlung an den VN. Kommt es zu keiner Schadenszahlung, weil der versicherte Kaskoschaden die Kaskofranchise nicht übersteigt, liegt demnach kein ersatzpflichtiger Kaskoschaden i.S.v. Ziff. 70.1 vor. Nur aufgrund der Ziff. 70.2.1, soweit vereinbart, ist in diesen Fällen ein Ertragsausfall versichert.

In der Kaskoversicherung finden sich in **Ziff. 56.3.1** im Fall von Eisschäden und in **Ziff. 58.3** im Fall von Maschinenbedienungsfehlern **besondere Selbstbehalte**, die nach Abzug der nach Ziff. 40 vereinbarten Franchise abzuziehen sind. Da ein Selbstbehalt einer Abzugsfranchise gleichzusetzen ist[36] **werden auch diese Fälle von Ziff. 70.2.1 erfasst.** 33

Kein Fall einer Kaskofranchise i.S.v. Ziff. 70.2.1 ist anzunehmen, wenn der **VN aufgrund einer Unterversicherung nach Ziff. 11 teilweise** als **Selbstversicherer** anzusehen ist. In der Literatur wird zwar angenommen, dass es sich bei der Selbstversicherung aufgrund einer Unterversicherung letztlich um einen Selbstbehalt und damit um eine Abzugsfranchise handeln würde.[37] Eine Abzugsfranchise ist aber, wie ausgeführt, nur auf den grundsätzlich versicherten Schaden anwendbar und damit gerade nicht auf den aufgrund einer Unterversicherung nicht versicherten Selbstversicherungsteil. Die Unterversicherung ist folglich kein Fall einer Abzugsfranchise, weshalb sich in Fällen eines Ertragsausfalles im Zusammenhang mit einer Unterversicherung nur dann eine nach Ziff. 70.2.1 versicherte Gefahr verwirklicht, wenn grundsätzlich ein versicherter Schaden vorliegt, dieser aber unterhalb der vereinbarten Abzugsfranchise bleibt. 34

Ziff. 70.2.1 spricht, ebenso wie Ziff. 72.3, 73.1 und 73. 2 von **„Schadensfall"**. Dieser Formulierung findet sich sonst in den DTV-ADS 2009 nur in der Überschrift zu Ziff. 88, mithin in der Kriegsversicherung. In Ziff. 88.1 wird wiederum von *„Eintritt des Schadens"* gesprochen. Das legt wiederum nahe, dass „Schadensfall" eine andere Umschreibung für den Versicherungsfall ist, mithin die Verwirklichung der versicherten Gefahr. Das gilt jedenfalls für die Ziff. 72.3, 72.4, 73.1 und 73.2. Die Auslegung der **Ziff. 70.2.1** ergibt indes, dass hier mit **„Schadensfall"** nicht der Versicherungsfall der Ertragsausfallversicherung umschrieben wird, sondern der **ersatzpflichtige Kaskoschaden**, da in Ziff. 70.2.1 weiter von **„Schadensfall unter der Kaskoversicherung"** die Rede ist. 35

3. Ertragsausfall beruht auf einer Strandung ohne ersatzpflichtigen Kaskoschaden

Durch Ziff. 70.2.1 wird die Deckung unter der Ertragsausfallversicherung auf einen Fall erweitert, der ausnahmsweise **keinen Kaskoschaden als Ursache des Ertragsausfalls** erfordert: Deckung wird auch dann gewährt, wenn der Ertragsausfall auf eine **Strandung** ohne Kaskoschaden zurückzuführen ist. 36

Eine Strandung ist gem. Ziff. 28 eine unter der Kaskopolice versicherte Gefahr. Anders als noch die ADS in § 114 Abs. 2, definieren die DTV-ADS 2009 aber nicht, was unter einer Strandung zu verstehen ist. Insoweit kann aber auf die Definition des § 114 Abs. 2 S. 1 ADS, die weitestehend der der §§ 851 Abs. 1 S. 2, 853 HGB a.F. gleicht, zurückgegriffen werden. Folglich ist eine **Strandung** dann anzunehmen, **wenn das Schiff** 37

[36] *Enge/Schwampe* Transportversicherung S. 70. [37] *Ritter/Abraham* § 8 Anm. 8.

auf Grund gerät und nur durch außergewöhnliche Maßregeln abgebracht werden kann. Ein Schiff gerät nach der Verkehrsanschauung dann nicht auf Grund, wenn es zu schwer oder unzweckmäßig beladen wird und deshalb auf dem Grund festsitzt.[38] Ein möglicher Ertragsausfall wegen des zur Befreiung des zu schwer oder unzweckmäßig beladenden Schiffes erforderlichen Löschens und/oder Umstauens ist demnach nicht über Ziff. 70.2.1 versichert, soweit nicht zugleich ein versicherter Kaskoteilschaden vorliegt.

Ob „das Schiff nur durch **außergewöhnliche Maßregeln** abgebracht werden kann", richtet sich nach den Umständen des Falles und seemännischer Erfahrung.[39] In § 114 Abs. 2 S. 2 2. Hs. 2/§ 853 Abs. 1 HGB a.F. werden Beispiele für außergewöhnliche Maßregeln aufgeführt und zugleich Bespiele dafür gegeben, was nicht als außergewöhnliche Maßregeln anzusehen ist. Danach ist als außergewöhnliche Maßregel anzusehen, wenn die Masten gekappt werden, ein Beispiel, das heute kaum noch relevant ist. Anders die zwei weiteren Beispiele, namentlich das Löschen oder Überbordwerfen von Gütern und das Abwarten von ungewöhnlich hoher Flut. Keine außergewöhnlichen Maßnahmen sind hingegen, wenn das Schiff seinen Anker windet oder die Schraube rückwärts dreht.

Die Frage, ob als Strandung auch, wie in § 114 Abs. 2 S. 2 ADS und § 851 Abs. 1 S. 2 HGB a.F. vorgesehen, die Fälle anzusehen sind, bei denen das Schiff kentert, sinkt, mit anderen Fahrzeugen kollidiert, es beschossen wird oder auf ihm ein Brand oder eine Explosion stattfindet, stellt sich im Zusammenhang mit Ziff. 70.2.2 nicht. Denn in diesen Fällen dürfte es stets zu einem Kaskoschaden kommen, womit der Ertragsausfall über die Ziff. 70.1 oder Ziff. 70.2.1 versichert ist, soweit nicht der Kriegs- und Piraterie-Ausschluss der Ziff. 35 greift oder einer der Ausschlusstatbestände der Ziff. 71.

38 Der **Ertragsausfall muss auf einer Strandung beruhen**. Daraus folgt, dass **causa proxima des Ertragsausfalles** die **Strandung** sein muss. Das ist beispielsweise nicht der Fall, wenn das Schiff von Piraten gekapert wird und dann in einer Bucht von den Piraten derart auf Grund gesetzt wird, dass es nur mit außergewöhnlichen Maßnahmen abgebracht werden kann, was nach der Lösegeldzahlung Wochen später geschieht. Der Annahme einer Strandung steht hier zwar nicht entgegen, dass das Schiff nicht vom Versicherungsnehmer oder der Besatzung auf Grund gesetzt wird, sondern von den Piraten.[40] Allerdings ist nächste Ursache des Verdienstausfalles nicht die Strandung, sondern die der Strandung vorangegangene Kaperung durch Piraten, womit jedenfalls nach Ziff. 70.2.1 keine Deckung gebegeben ist.

V. Versicherter Schaden

39 Versichert ist der **Ertragsausfall.** In Ziff. 72.1 wird durch den Klammerzusatz „Ertragsausfall" der Eindruck erweckt, dass dieser als die „Anzahl der Tage an, an denen das Schiff keine Einkünfte gehabt hat" definiert wird. Das ist aber nicht zutreffend. Ertragsausfall ist vielmehr **allein in Ziff. 70 definiert** als **„die Dauer, in der das Schiff infolge eines ersatzpflichtigen Kaskoschadens daran gehindert ist, die volle Fracht oder Mieter zu verdienen".**

40 Das Schiff muss infolge eines ersatzpflichtigen Kaskoschadens gehindert sein, die volle Fracht oder Mieter zu verdienen, um die Deckung unter der Ertragsausfallversicherung auszulösen. Anders als im Nordic Plan (vgl. Clause 16-1 S. 1) wird in Ziff. 70 nicht

[38] *Ritter/Abraham* § 114 Anm. 5.

[39] *Ritter/Abraham* § 114 Anm. 6.

[40] HGZ **1877** 59, 136, 311; anders aber HGZ **1910**, 23.

ausdrücklich erwähnt, dass **auch ein teilweiser Miet- oder Frachtverlust** eine **Deckung auslöst.** Es ist aber auch im Fall von Ziff. 70 für eine Deckung ausreichend, dass die Fracht nur anteilig ausfällt, beispielsweise weil das Schiff aufgrund eines ersatzpflichtigen Kaskoteilschadens nur eine geringere Menge von Ladung aufnehmen kann. Das folgt aus Ziff. 70.2 S. 2, wonach Zeiten, in denen das Schiff nur einen teilweisen Einnahmeverlust erlitten hat, in eine entsprechende Anzahl von Tagen totalen Ertragsausfalls umgerechnet werden. Im Übrigen ist auch ein Schiff in Fällen, in denen es nur teilweise Fracht oder Mieter verdient, gerade an dem Verdienen der vollen Fracht i.S.v. Ziff. 70 gehindert.

C. Beweislast

Nach der allmeinen Beweislastregel muss der **VN** den **Versicherungsfall**, mithin das Vorliegen eines ersatzpflichtigen Kaskoschadens oder die Voraussetzungen für das Greifen einer der Deckungserweiterungen und den kausal daraus entstandenen Ertragsausfall beweisen. 41

D. Rechtsvergleichende Hinweise

Die Ertragsausfallversicherung für Seeschiffe ist **international** unter dem Namen ***Loss of Hire*** **Versicherung** bekannt. 42

Im **amerikanischen Rechtskreis** steht für die Ertragsausfallversicherung das Loss of Charter Hire Form (= **„Lazard Form"**) zur Verfügung. 43

Das sog. **AB Stewart Wording** wird im **englischen Rechtskreis** verwendet. 44

Im **Nordic Plan**, den **norwegischen allgemeinen Versicherungsbedingungen** für die Seeversicherung, ist die Ertragsausfallversicherung in Kapitel 16 geregelt, das wiederum **Vorbild für die deutschen Bedingungen** der Ertragsausfallversicherung war. Die rechtsvergleichenden Hinweise der folgenden Ziffern 72–81 beschränken sich daher auf den Nordic Plan. 45

Grundlage des Nordic Plan, der 2013 veröffentlicht wurde, ist der Norwegian Marine Insurance Plan von 1996, in der Fassung von 2010. Gleichzeitig mit dem Nordic Plan ist der **Commentary zum Nordic Marine Insurance Plan in 2013** veröffentlicht worden (Commentary), dessen Grundlage wiederum der Commentary zum Norwegian Marine Insurance Plan 1996/2010 war. Der Plan selbst verweist bewusst nicht auf den Commentary. Dennoch wird der **Commentary** als **integraler Bestandteil des Plan** angesehen und nicht lediglich als eine einfache Auslegungshilfe.[41] Demnach ist grundsätzlich ausgeschlossen, dass ein norwegisches Gericht eine Klausel anders auslegt als dies im Commentary vorgesehen ist. Die norwegischen Bedingungen der Ertragsausfallversicherung waren jedenfalls bis zur Veröffentlichung der DTV-ADS in 2009 als Marktstandard in Deutschland anerkannt.[42]

Im Gegensatz zu den DTV-ADS 2009 sieht Clause 16-1 des Nordic Plans vor, dass sich die Frage des **ersatzpflichtigen Kaskoschadens** nach den **Nordic Plan-Bestimmungen zur Kaskoversicherung** richtet. Gleichzeitig eröffnet der Plan ausdrücklich die Möglichkeit, andere Bestimmungen als die des Nordic Plan zur Kaskoversicherung als maßgeb-

41 *Commentary* 12.

42 *Enge/Schwampe* Transportversicherung S. 321.

lich zu vereinbaren, wobei auch bestimmt wird, dass damit nur die Anwendung der Kapitel 10–12 des Plans ausgeschlossen wird.[43]

Anders als Clause 16-1 (b) Nordic Plan ist unter den DTV-ADS 2009 standardmäßig nicht auch der **Ertragsausfall** versichert, der als **Folge von physischen Hindernissen** entsteht, die das Schiff daran hindern, einen Hafen oder einen anderen abgegrenzten Bereich zu verlassen. In diesem Fall besteht vielmehr, soweit die Reparatur bereits beendet ist, keine Deckung unter der Ertragsausfallversicherung.[44]

In den Ziff. 70 ff. finden sich **keine an Clause 16-1 (c) und (d) angelehnten Bestimmungen**, wonach auch der Ertragsausfall zur Rettung oder zur Beseitigung beschädigter Ladung sowie Situationen, die zur Vergütung in Havarie-grosse führen, versichert ist. Allerdings besteht auch in diesen Fällen Deckung nach Ziff. 70, wenn es zu einem für den Ertragsausfall kausalen ersatzpflichtigen Kaskoteilschaden kommt.[45]

Der **Nordic Plan** enthält in Clauses 15-2, 15-16–15-19 besondere Regelungen für die **„Kriegsertragsausfallversicherung"**, die sich ebenfalls nicht in den DTV-ADS 2009 finden. Allerdings kann unter den DTV-ADS 2009 auch das „Kriegsertragsausfallrisiko" versichert werden.[46] Zudem enthält der Nordic Plan in Clauses 17-56–17-61 besondere Regelungen für die **Ertragsausfallversicherung von Fischkuttern**. Schließlich finden sich in den Clauses 18-43–18-58 des Nordic Plans **Regelungen für die Ertragsausfallversicherung von mobile offshore units (MOUs)**.

71 Ausschlüsse

Es besteht kein Deckungsschutz:

71.1 für Einnahmeverluste bei Totalverlust oder ihm gleichstehenden Fällen (Ziff. 60.1 und 60.2) oder bei Reparaturunfähigkeit oder Reparaturunwürdigkeit (Ziff. 61.1);

71.2 solange das Schiff gemäß Ziff. 21 aufgelegt ist.

Übersicht

A. Einführung

1 Bei Ziff. 71 handelt es sich um einen **objektiven Risikoausschluss**. Risikoausschlüsse sind grundsätzlich eng auszulegen.[1]

2 In den Fällen der Ziff. 71.1 – Einnahmeverluste bei Totalverlust oder ihm gleichgestellten Fällen (Ziff. 60.1 und 60.2) und bei Reparaturunfähigkeit oder Reparaturunwür-

[43] Vgl. dazu bereits Rn. 3 und zur Situation unter den DTV-ADS Rn. 24.
[44] Vgl. Rn. 29.
[45] Vgl. Rn. 25.
[46] Vgl. Rn. 27.
[1] BGH VersR 2007 388.

digkeit (Ziff. 61.1) – **greift die Versicherung der Fracht bei Totalverlust (Ziff. 68)**. Damit wird eine **Doppelversicherung vermieden.** Allerdings nennt Ziff. 71 im Gegensatz zu Ziff. 68 nicht das Abandon des Versicherers (Ziff. 42). Der Abandon steht einem Totalverlust nicht gleich. Damit greift der **Ausschluss nicht** im Fall eines **Abandons des Versicherers nach Ziff. 42.**

Ziff. 71 stellt nicht wie Ziff. 70 auf den **„Ertragsausfall"** ab sondern auf **„Einnahmeverluste"**. Die Begrifflichkeit werden aber in den DTV-ADS 2009 **synonym** verwendet. 3

B. Erläuterung der Klausel

I. Ziff. 71.1: Totalverlust oder ihm gleichstehende Fälle (60.1 und 60.2) sowie Reparaturunfähigkeit oder Reparaturunwürdigkeit (61.1)

Ausgeschlossen sind Ertragsausfälle bei Totalverlust oder ihm gleichstehende Fälle **(Ziff. 60.1 und Ziff. 60.2)**. Zudem wird bei Reparaturunfähigkeit oder Reparaturunwürdigkeit i.S.v. **Ziff. 61.1** kein Ertragsausfall ersetzt. 4

Der Ausschluss der Ziff. 71.1 greift, wenn die **tatbestandlichen Voraussetzungen einer der Ausschlusstatbestände** der Ziff. 71.1 **vorliegen.** Soweit der VN gegenüber dem Versicherer ein Wahlrecht hat, ob er die Versicherungssumme nach einem der Ausschlusstatbestände fordert oder nicht, hat das auf die Deckung unter der Ertragsausfallversicherung keine Auswirkungen. Entscheidet sich der VN in diesen Fällen zur Reparatur, besteht trotzdem keine Deckung unter der Ertragsausfallversicherung, wenn die Tatbestandsvoraussetzungen einer der Ausschlusstatbestände vorliegen. Ob diese vorliegen, entscheidet der Ertragsausfallversicherer unabhängig von dem Kaskoversicherer, soweit sich beide nicht gleichen. Kommt der Kaskoversicherer zu dem Ergebnis, dass die tatbestandlichen Voraussetzungen einer der Ausschlusstatbestände vorliegen, obwohl dieses tatsächlich nicht der Fall ist, greift Ziff. 71 nicht. Auch greift Ziff. 71 nicht, wenn das Schiff objektiv nicht reparaturwürdig ist, die Voraussetzungen der Ziff. 61.1 aber nicht vorliegen. Repariert der VN aber in diesen Fällen nicht, besteht ab dem Zeitpunkt dieser Entscheidung keine Deckung unter der Ertragsausfallversicherung.[2] 5

Ziff. 71 verweist für die Beurteilung der Frage, ob ein Ausschlusstatbestand vorliegt, ausdrücklich **auf** Bestimmungen die **Ziff. 21, 60.1, 60.2, 61.1.** Demnach kommt es **allein** auf die **tatbestandlichen Voraussetzungen dieser Bestimmungen** an und zwar selbst dann, wenn die Kaskoversicherung auf Grundlage anderer Bestimmungen abgeschlossen ist. 6

II. Ziff. 71.2: Schiff gemäß Ziff. 21 aufgelegt

Gem. Ziff. 71.2 wird für die Zeit, in der das Schiff **nach Ziff. 21 aufgelegt** ist, kein Ertragsausfall ersetzt. Auf Ziff. 21 ist gem. Ziff. 71.2 auch dann abzustellen, wenn für die Kaskoversicherung eine andere Bedingung vereinbart ist. 7

Ziff. 21.1 erfordert eine **Anzeige des VN**, soweit dieser das Schiff auflegen will. Erfolgt eine solche Anzeige nicht, greift der Ausschluss nicht. Hat der VN das Schiff aber aufgelegt, da er ohnehin nicht beabsichtigt, das Schiff für die Zeit des Auflegens einzusetzen, ist der VN nicht i.S.v. Ziff. 70 an der Erzielung von Miete oder Fracht „gehindert", womit ebenfalls kein Ertragsausfall zu ersetzen ist.[3] 8

---

[2] Vgl. Ziff. 70 Rn. 29.

[3] Vgl. Ziff. 70 Rn. 29.

C. Beweislast

9 Die Beweislast für das Vorliegen eines der Ausschlusstatbestände trägt der **Versicherer.**

D. Rechtsvergleichende Hinweise

10 Die Bestimmungen des **Nordic Plans** enthalten im Gegensatz zu den Bestimmungen der DTV-ADS 2009 **Ausnahmen von dem Grundsatz, dass Einnahmeverluste bei Totalverlust nicht versichert sind:** Gemäß den besonderen Bestimmungen der Kriegsversicherung für die Ertragsausfallversicherung ist auch im Falle eines einem Totalverlust gleichgestellten Falles gem. Clause 15-17 Abs. 2 und Clause 15-18 Abs. 2 i.V.m. Clause 15-17 Abs. 2 des Nordic Plans jedenfalls für den ersten Monat der Ertragsausfall zu ersetzen.

Im Gegensatz zu Ziff. 71 stellt **Clause 16-2 des Nordic Plans** ist bei der Beurteilung der Frage, ob ein Ausschlusstatbestand vorliegt, **auf die Bestimmungen der jeweiligen Kaskoversicherung** und nicht auf die Bestimmungen des Nordic Plans **abzustellen,** wenn der Ertragsausfallversicherer die von dem Nordic Plan abweichenden Bestimmungen gem. Clause 16-1 S. 2 schriftlich akzeptiert hat.

Clause 16-2 des Nordic Plan enthält anders als 71.2 **keinen Ausschluss** für die Zeit, in der das Schiff **aufgelegt** ist.

72 Deckungsumfang

72.1 Die Leistungspflicht des Versicherers bestimmt sich nach der Anzahl der Tage, an denen das Schiff keine Einkünfte gehabt hat (Ertragsausfall) und der pro Tag entgangenen Einnahme.

72.2 Der Ertragsausfall wird berechnet in Tagen, Stunden und Minuten. Zeiten, in denen das Schiff nur einen teilweisen Einnahmeverlust erlitten hat, werden umgerechnet in eine entsprechende Anzahl von Tagen totalen Ertragsausfalls.

72.3 Die Leistungspflicht des Versicherers für Ertragsausfälle aus jedem einzelnen Schadensfall (Schadenshöchstversicherungssumme) und für die Summe aller Schadensfälle in einem Versicherungsjahr ist begrenzt auf die pro Tag versicherte Summe multipliziert mit der in der Versicherungspolice angegebenen Anzahl der Tage je Schadensfall und für alle Schadensfälle in einem Versicherungsjahr.

72.4 Versicherte Summe im Sinne der Ziff. 72.3 ist der Betrag, den das Schiff unter dem jeweiligen Fracht- oder Mietvertrag nach Abzug aller Ausgaben verdient hätte. War das Schiff im Versicherungsfall nicht unter einem Fracht- oder Mietvertrag beschäftigt, wird die versicherte Summe berechnet nach den durchschnittlichen Einnahmen während der Zeit des Ertragsausfalls von Schiffen vergleichbarer Bauart und Größe unter Abzug aller Ausgaben.

72.5 Wenn in der Versicherungspolice ein fester Betrag pro Tag vereinbart ist, ist dieser die versicherte Summe pro Tag (Taxe). Die Taxe kann nach Ziff. 10.4 herabgesetzt werden.

Übersicht

A. Einführung

In **Ziff. 72** wird der **Deckungsumfang** geregelt. Nach Ziff. 72.1 gilt der Grundsatz, dass der Versicherer das entschädigt, was dem VN an Fracht oder Miete pro Tag entgeht. Die folgenden Absätze der Ziff. 72 regeln, wie im Einzelnen der Ertragsausfall zu berechnen ist und die Begrenzungen der Leistungspflicht durch Schadens- sowie Jahreshöchstversicherungssummen. Sonderregelungen zu dem Grundsatz, dass die ausgefallene Fracht oder Miete pro Tag zu ersetzen ist, finden sich in den Ziff. 73, 75.2, 77, 78, 80.2 und 81. **1**

Nach **Ziff. 73 S. 2** wird für die **Ertragsausfälle während des vereinbarten Selbstbehalts kein Versicherungsschutz** gewährt. Der Selbstbehalt wird in Tagen vereinbart. Häufig finden sich in Ertragsausfallpolicen Vereinbarungen wie etwa „14/140/200". Danach ist ein 14-tägiger Selbstbehalt vereinbart, eine Schadenshöchstversicherungssumme (Ziff. 72.3) von 140 sowie eine Jahreshöchstversicherungssumme (Ziff. 72.3) von 200. Ziff. 72.1 ist demnach dahingehend zu lesen, dass Ertragsausfälle erst nach Ablauf von 14 Tagen, an denen das Schiff wegen eines ersatzpflichtigen Kaskoschadens daran gehindert ist, die volle Fracht oder Miete zu verdienen, ersetzt werden.

Ziff. 75.2 bestimmt in Abweichung von Ziff. 72.1, dass Ertragsausfall lediglich für den Zeitraum des **kürzesten Reparaturangebots** ersetzt wird, **soweit nicht** der VN die **Werft** wählt, **die den kürzesten Reparaturzeitraum angesetzt hat** und diese Zeit überschritten wird.

In den Fällen von **parallelen Reederarbeiten i.S.v. Ziff. 77 und Ziff. 78** ersetzt der Versicherer lediglich die **Hälfte des Ertragsausfalles** der gemeinsamen Reparaturzeit i.S.v. Ziff. 77.3 und der Anreisezeit, beides gem. Ziff. 77.1 und Ziff. 78 S. 3 aber nur außerhalb des Selbstbehaltes. Entgegen Ziff. 72.1 wird demnach nicht der volle Ertragsausfall pro Tag ersetzt.

Eine **weitere Sonderregelung zu Ziff. 72 enthält Ziff. 80.2.** Danach wird im Fall zurückgestellter Reparaturen auch im Falle der Vereinbarung einer Taxe nach Ziff. 72.5 die pro Tag versicherte Summe nach Ziff. 72.4 ermittelt, soweit der danach errechnete Betrag niedriger ist als die pro Tag vereinbarte Taxe.

In **Ziff. 81** wird für den Fall des Verkaufs des Schiffes im unreparierten Zustand in Abweichung von Ziff. 72 bestimmt, dass in diesem Fall der **Ertragsausfall nicht konkret, sondern fiktiv** für den Zeitraum, den die Reparatur unmittelbar vor dem Verkauf in Anspruch genommen hätte, zu bestimmen ist.

Ziff. 72.1 1. Hs. definiert entgegen dem Anschein **nicht den „Ertragsausfall"**. Der Ertragsausfall ist vielmehr allein in Ziff. 70 definiert als „die Dauer, in der das Schiff infolge eines ersatzpflichtigen Kaskoschadens daran gehindert ist, die volle Fracht oder Mieter zu verdienen". **2**

In Ziff. 72 ist neben „Ertragsausfall" von „Einnahmeverlust" sowie von „Einnahme" die Rede. Die Begriffe „Ertrag" und „Einnahme" sowie „Ertragsausfall" und „Einnahmeverlust" werden in den Ziff. 70 ff. synonym verwendet. **3**

B. Erläuterung der Klausel

I. Ziff. 72.1: Grundsatz

4 Nach **Ziff. 72.1** ist der Ertragsausfall nach der Anzahl der Tage, an denen das Schiff keine Einkünfte gehabt hat und der pro Tag entgangenen Einnahme zu bestimmen. Dieser **Grundsatz** gilt auch dann, wenn sich der Ertragsausfall auf andere Art genauer bestimmen lässt.

5 Der VN muss wegen eines ersatzpflichtigen Kaskoschadens Ertragsausfälle erleiden. Besteht, wie in dem englischen Fall *The „CAPRICORN"*[1] keine Beschäftigungsabsicht, fehlt es an der erforderlichen Kausalität des ersatzpflichtigen Kaskoschadens für den Ertragsausfall.[2]

II. Ziff. 72.2: Berechnung des Ertragsausfalls

6 Ziff. 72.2 S. 1 vervollständigt den in Ziff. 72.1 niedergelegten Grundsatz, dass Ertragsausfall nach der Anzahl der Tage zu bestimmen ist, an denen das Schiff keine Einkünfte gehabt hat, dahingehend, dass sich der **Ertragsausfall in Tagen, Stunden und Minuten berechnet**. Demnach hat der VN auch einen Anspruch auf Ertragsausfälle, die weniger als einen Tag betragen. Diese Berechnungsmethode entspricht der Berechnung von Off-hire-Zeiten bei Zeitcharterverträgen und der Berechnung von Demurrage bei Reisefrachtverträgen.[3]

7 Zeiten teilweisen Ertragsausfalls werden gem. Ziff. 72.2 S. 2 in eine entsprechende Anzahl von Tagen totalen Ertragsausfalls umgerechnet. Auch das entspricht der Berechnung von Off-hire-Zeiten bei Zeitcharterverträgen und der Berechnung von Demurrage bei Reisefrachtverträgen.[4]

8 Kommt es zu einem **weniger schweren Kaskoteilschaden**, der dem VN den Einsatz des Schiffes weiter ermöglicht, jedoch nur zu geringeren Erträgen, kann der VN aufgrund der **Schadensminderungsobliegenheit (Ziff. 44)** dazu verpflichtet sein, dass Schiff zunächst weiter einzusetzen und die Reparatur zurückzustellen. Auf der anderen Seite kann der VN aufgrund der Schadensminderungsobliegenheit aber auch verpflichtet sein, den Schaden sofort reparieren zu lassen. Das ist dann der Fall, wenn eine sofortige Reparaturmöglichkeit besteht und zeitnah keine Reederarbeiten anstehen, die parallel durchgeführt werden könnten. Stehen indes Reederarbeiten an, ist auszurechnen, ob der Ertragsausfall bei einer **Zurückstellung der Reparatur im Vergleich zu einer sofortigen Reparatur** wegen der nur hälftigen Ersatzpflicht während der Anreise und der gemeinsamen Reparaturzeit bei parallelen Reederarbeiten gem. Ziff. 77 und Ziff. 78 geringer ausfällt. Ist das der Fall, ist die Reparatur zurückzustellen.

---

[1] *Cepheus Shipping Corporation v. Guardian Royal Exchange Assurance PLC* (The Capricorn) [1995] 1 Lloyd's Rep. 622.

[2] Vgl. Ziff. 70 Rn. 28 ff.

[3] *Commentary* 352.

[4] *Commentary* 352.

III. Ziff. 72.3: Schadenshöchstversicherungssumme und Jahreshöchstversicherungssumme

Ziff. 72.3 begrenzt die Leistungspflicht des Versicherers für die einzelnen Schadensfälle jeweils auf die in der Versicherungspolice vereinbarte Anzahl der Tage je Schadenfall. Diese **Schadenshöchstversicherungssumme** muss folglich vereinbart werden, um die Haftung des Versicherers zu beschränken. Gleiches gilt gem. Ziff. 72.3 für die **Jahreshöchstversicherungssumme**, mithin die Anzahl der Tage, auf die Leistungspflicht des Versicherers für alle Schadensfälle eines Versicherungsjahres begrenzt ist. Mangels abweichender Vereinbarung kommt die Jahreshöchstversicherungssumme unabhängig davon, ob die Ertragsausfallversicherung für länger als ein Jahr abgeschlossen ist, je Versicherungsjahr zur Anwendung. 9

Die Schadenshöchstversicherungssumme **gilt gem. Ziff. 72.3 für jeden** einzelnen „Schadensfall". Gemeint ist der **Versicherungsfall**, mithin die Verwirklichung der nach Ziff. 70 versicherten Gefahr. **Sonderregelungen** für die Beurteilung der Frage, ob **ein oder mehrere Versicherungsfälle** anzunehmen sind, enthält **Ziff. 73.2.** Demnach gelten mehrere Schwerwetterschäden, Eisschäden oder Grundberührungen auf einer Reise als ein Versicherungsfall. Die Schadenshöchstversicherungssumme kommt demnach auch nur einmal zur Anwendung. Außerhalb des Anwendungsbereiches der Ziff. 73.2 ist jedoch zu ermitteln, ob ein oder mehrere Versicherungsfälle anzunehmen sind. Liegen mehrere Versicherungsfälle vor, da der Schaden nicht auf ein Schadensereignis, mithin einem äußeren Ablauf eines einheitlichen Geschehens zurückzuführen ist, sondern auf unterschiedliche objektiv voneinander abgrenzbare Vorgänge, ist die Schadenshöchstversicherungssumme (und der Selbstbehalt nach Ziff. 73) auf jeden Versicherungsfall anzuwenden.[5] 10

Die Schadenshöchstversicherungssumme sowie die Jahreshöchstversicherungssumme errechnen sich durch die Multiplikation der pro Tag versicherten Summe. Sowohl die Schadenshöchstversicherungssumme als auch die Jahreshöchstversicherungssumme sind demnach **jeweils in Tagen anzugeben.** Die pro Tag versicherte Summe bestimmt sich wiederum nach Ziff. 72.4 oder Ziff. 72.5. 11

Die Schadens- und Jahreshöchstversicherungssumme ist gem. Ziff. 16.2 in die Police aufzunehmen. 12

IV. Ziff. 72.4: Versicherte Summe

Ziff. 72.4 bestimmt, dass die **pro Tag versicherte Summe i.S.v. von 72.3** dem Betrag entspricht, den das Schiff unter dem jeweiligen Frachtvertrag nach Abzug aller Ausgaben verdient hätte. War das Schiff im Versicherungsfall nicht beschäftigt, gilt als pro Tag versicherte Summe i.S.v. Ziff. 72.4 die durchschnittliche Einnahme während des Ertragsausfalls von Schiffen vergleichbarer Bauart und Größe unter Abzug aller Ausgaben. Damit wird im Ergebnis der Versicherungswert entsprechend taxiert, wenn auch der Begriff Taxe nur in Ziff. 72.5 gebraucht wird. Eine Taxierung ist aber auch in diesem Fall notwendig, da sich für alle Einnahmemöglichkeiten ein einheitlicher Wert des versicherten Interesses nicht ermitteln lässt. 13

In Ertragsausfallpolicen wird häufig ***„chartered or unchartered"*** vereinbart. Damit wird erreicht, dass es für eine Ersatzpflicht unter der Ertragsausfallversicherung unerheb- 14

[5] Vgl. im Einzelnen dazu Ziff. 73 Rn. 6.

lich ist, ob das Schiff zum Zeitpunkt des Ertragsausfalls vercharter war oder nicht. Auch wird durch den Zusatz verdeutlicht, dass es für die Ersatzpflicht bedeutungslos ist, ob das Schiff irgendwelche tatsächlichen oder voraussichtlichen Beschäftigungen in Aussicht hatte.[6] Entsprechendes folgt bereits aus Ziff. 72.4 S. 2, weshalb der Zusatz *„chartered or unchartered"* bei einer Ertragsausfallversicherung nach Ziff. 70 ff. insoweit überflüssig ist. Allerdings wird dieser Zusatz teilweise auch verwendet, wenn die Parteien beabsichtigen, die Anwendung der Ziff. 72.4 im Fall von Reparaturen nach Beendigung des Versicherungsvertrages gem. Ziff. 80.2 auszuschließen.[7] Gleiches gilt für die Vereinbarung des Zusatzes ***„fixed and agreed"*** neben der nach Ziff. 72.5 vereinbarten Taxe.[8] Allein die Vereinbarung dieser Zusätze führt aber nicht dazu, dass im Fall von Ziff. 80.2 die Anwendung von Ziff. 72.4 ausgeschlossen ist. Das ist nur der Fall, wenn sich die Parteien auf eine entsprechende Bedeutung der Zusätze geeinigt haben.[9]

15 Maßgeblich ist im Fall einer **Vercharterung** die Charter, die **zum Zeitpunkt des Einnahmeverlustes** bestand. Bei einer Bareboat- und Zeitcharter wird regelmäßig ein Tages-, seltener ein Monatssatz für die zu zahlende Charter vereinbart. Die unter einer Reise- und Stückgutfrachtvertrag zu zahlende Charterfracht und Konnossementsfracht werden hingegen entweder als fester Betrag für die gesamte Beförderung vereinbart oder die Fracht wird nach Zahl, Maß oder Gewicht der beförderten Güter bemessen. **Zur Ermittlung des täglichen Einnahmeverlustes ist die zu zahlende Reisecharter und/oder Konnossementfracht durch die Anzahl der Tage zu teilen, die für die kontrahierte Reise im Regelfall einschließlich der üblichen Ballastreisen anfallen.** Die so ermittelten Tagessätze sind mit der **Anzahl der Ausfalltage oder**, soweit diese die in der **Police angegebene maximale Anzahl von Tagen pro Versicherungsfall** übersteigt, mit der in Police angegebenen maximalen Anzahl von Tagen zu **multiplizieren.** Hiervon sind wiederum die **Ausgaben abzuziehen**, die der Versicherungsnehmer bei Durchführung der Reise nach den Vereinbarungen für den Zeitraum des Ertragsausfalles hätte tätigen müssen. In Ansatz zu bringen sind hier demnach die **sog. variablen Kosten/Betriebskosten**, wie insbesondere ersparte Bunkerkosten, Hafengebühren, Lotsengelder etc., soweit diese nicht vom Charterer zu tragen sind. Kosten, die ohnehin angefallen wären, mithin **fixe Kosten**, die rechtlich notwendig oder wirtschaftlich begründet weiterhin angefallen sind, sind entgegen dem Wortlaut „alle Ausgaben" **nicht in Abzug zu bringen.**[10] Nicht in Abzug zu bringen sind daher beispielsweise das Bereederungsentgelt, regelmäßig die Heuer sowie Zins und Tilgung für laufende Darlehen. Nur dahingehend kann ein durchschnittlicher Versicherungsnehmer ohne versicherungsrechtliche Spezialkenntnisse bei verständiger Würdigung die Klausel verstehen. Auch ist für den Versicherer erkennbar, dass der Versicherungsnehmer auch in Bezug auf die fixen Kosten Versicherungsschutz begehrt.

16 War das **Schiff zum Zeitpunkt des Versicherungsfalls nicht unter einem Fracht- oder Mietvertrag beschäftigt**, ist die durchschnittliche Einnahme während der Zeit des Ertragsausfalls von Schiffen vergleichbarer Bauart und Größe unter Abzug aller Ausgaben zu ermitteln. Dabei ist auf Zeitchartermieten abzustellen, soweit der VN das Schiff vornehmlich oder ausschließlich auf Zeitcharterbasis einsetzt. Setzt der VN das Schiff aber nachweislich vornehmlich oder ausschließlich in freier Fahrt ein, ist auf die im Vergleich zur Zeitcharter regelmäßig höheren Reisefrachten abzustellen. In beiden Fällen

[6] *Cepheus Shipping Corporation v. Guardian Royal Exchange Assurance PLC* (The Capricorn) [1995] 1 Lloyd's Rep. 622.

[7] *Commentary* 356.

[8] *Commentary* 356.

[9] Vgl. dazu auch unten unter Rn. 19 und Ziff. 80 Rn. 9.

[10] *Richartz* 34 ff. in Anlehnung an *Mittelbach* 82 ff.

dürfen nur die Einnahmen von Schiffen vergleichbarer Bauart und Größe herangezogen werden. Das Alter der zum Vergleich herangezogenen Schiffe ist indes nicht relevant. War das Schiff im Linienverkehr eingesetzt, ist auf die durchschnittlichen Einnahmen von im Linienverkehr eingesetzten Schiffen vergleichbarer Bauart und Größe auf derselben Route abzustellen.

Endet der Fracht- oder Mietvertrag wegen des Versicherungsfalles, ist der Ertragsausfall nicht nach Ziff. 72.4 S. 2 sondern nach Ziff. 72.4 S. 1 zu ermitteln, denn Ziff. 72.4 S. 1 stellt ausdrücklich darauf ab, was das Schiff unter den jeweiligen Fracht- oder Mietvertrag „verdient hätte".

V. Ziff. 72.5: Taxe

Ist in der Versicherungspolice ein **fester Betrag pro Tag** vereinbart, gilt dieser als **versicherte Summe i.S.v. 72.3.** 17

In der Praxis werden fast ausschließlich Taxen i.S.v. Ziff. 72.5 S. 1 vereinbart. Dazu wird der Zusatz „fixed and agreed" vereinbart. Mittels diesem Zusatz wird nicht nur umschrieben, dass eine Taxe i.S.v. Ziff. 72.5 vereinbart ist. Vielmehr hat dieser Zusatz zur Folge, dass pro Tag vereinbarte Betrag als **feste Taxe** gilt, mithin das **Herabsetzungsrecht des Versicherers nach Ziff. 72.5 S. 2 abbedungen** ist. Ein solcher Ausschluss des Herabsetzungsrechts ist wirksam.[11] Ist das Herabsetzungsrecht nicht ausgeschlossen, kann der Versicherer gem. Ziff. 72.5 S. 2 unter den Voraussetzungen der Ziff. 10.4 die Taxe herabsetzen. 18

Die Taxe nach Ziff. 72.5 gilt nicht als versicherte Summe i.S.v. Ziff. 72.3, wenn ein Fall der zurückgestellten Reparatur vorliegt und der nach Ziff. 72.4 errechnete Betrag niedriger ist als der feste Betrag pro Tag nach Ziff. 72.5. Das bestimmt **Ziff. 80.2.** Bei Ertragsausfallversicherungen auf Grundlage des Nordic Plan wird indes die mit Ziff. 80.2 vergleichbare Regelung Clause 16-14 Abs. 2 regelmäßig durch das Hinzufügen der Worte *„fixed and agreed"* oder *„chartered or unchartered"* neben der Taxe abbedungen.[12] Haben sich die Parteien im Anwendungsbereich der DTV-ADS 2009 auf ein solches Verständnis geeinigt, treten diese Wirkungen sein. Allein die objektive Auslegung der Zusätze führt indes nicht zu diesem Ergebnis, denn ein durchschnittlicher Versicherungsnehmer ohne versicherungsrechtliche Spezialkenntnisse wird diesen Zusätzen keine solche Bedeutung beimessen. 19

Die Taxe ist gem. Ziff. 16.2 in die Police aufzunehmen. 20

C. Beweislast

Nach Ziff. 72.1 gilt der Grundsatz, dass der Versicherer das entschädigt, was dem VN an Fracht oder Miete pro Tag entgeht. Der **VN** hat demnach zunächst die **Anzahl der Tage**, an denen das Schiff aufgrund einer versicherten Gefahr keine oder nur teilweise Ertragsausfälle hatte, darzulegen. 21

---

[11] Str., so die heute wohl h.M. *Schwampe* TranspR **2009** 242 f.; ebenso, jedoch mit anderer Begründung *Richartz* 128 ff; anders noch RG 08.01.1919 RGZ 94 269, 271; Looks VersR **1991** 732.

[12] *Commentary* S. 356 f.

22 Ist **keine Taxe nach Ziff. 72.5 vereinbart**, hat der **VN** zudem die **abstrakte Beschäftigungsmöglichkeit** darzulegen. Da es sich bei der Ertragsausfallversicherung nach Ziff. 70 ff. jedoch um eine Gewinnversicherung handelt, steht dem Versicherungsnehmer die Beweiserleichterung des § 252 S. 2 zur Seite.[13] Ist, wie in der Praxis üblich, eine Taxe nach Ziff. 72.5 vereinbart, hat der VN nicht nachzuweisen, dass eine abstrakte Beschäftigungsmöglichkeit bestand.

23 Die **Vereinbarung einer Taxe** und gegebenenfalls den **Ausschluss des Herabsetzungsrechtes** nach Ziff. 10.4 hat ebenfalls der **VN** zu beweisen. Ist **keine Taxe vereinbart**, obliegt es dem **VN** den **Ertragsausfall** unter dem jeweiligen Fracht- oder Mietvertrag oder aber auf Grundlage der durchschnittlichen Einnahmen von Schiffen vergleichbarer Bauart und Größe zu beweisen.

24 Dem **Versicherer** obliegt die Beweislast für die Vereinbarung einer **Schadens- und Jahreshöchstversicherungssumme** i.S.v. Ziff. 72.3. Er hat zudem die **Voraussetzungen für das Herabsetzungsrecht** nach Ziff. 10.4 darzulegen. Demnach hat der Versicherer darzulegen, dass der taxierte Ertragsausfall um 20 % oder einen anderen in der Ertragsausfallpolice angegeben Prozentsatz gegenüber dem tatsächlichen Ertragsausfall übersetzt ist.

D. Rechtsvergleichende Hinweise

25 Ziff. 72.1 entspricht Clause 16-3 S.1 des Nordic Plan.

Ziff. 72.2 und Ziff. 72.3 entsprechen Clause 16-4.

Ziff. 72.4 entspricht Clause 16-5 und Ziff. 72.5 S. 1 entspricht weitestgehend Clause 16-6.

73 Selbstbehalt

73.1 Für jeden Schadensfall gilt der in der Versicherungspolice angegebene Selbstbehalt als vereinbart. Für Ertragsausfälle während des Selbstbehalts gewährt der Versicherer keinen Versicherungsschutz.

73.2 Mehrere Schwerwetterschäden, die das Schiff auf einer Reise von einem Hafen zum folgenden Hafen erleidet, gelten als ein Schadensfall. Das gleiche gilt für mehrere Eisschäden oder mehrere Grundberührungen in flachen Gewässern auf einer solchen Reise.

Übersicht

[13] *Sieg* TranspR 1998 9, 11; *Mittelbach* 201.

A. Einführung

Ziff. 73 verdrängt Ziff. 40. 1

Im Gegensatz zu Ziff. 40 ist der Selbstbehalt gem. Ziff. 73.1 nicht auf jedes „Schadensereignis" sondern auf **jeden „Schadensfall"** anzuwenden. Auch Ziff. 73.2 spricht von „Schadensfall" anstatt von Schadensereignis. Zudem ist in den Ziff. 70.2.1 und Ziff. 72.3 von „Schadensfall" die Rede. In all diesen Fällen mit Ausnahme von Ziff. 70.2.1[1] ist der **Versicherungsfall** unter der Ertragsausfallversicherung **gemeint**, mithin die Verwirklichung der nach Ziff. 70 versicherten Gefahr. Für die Beurteilung der Frage, ob ein oder mehrere Versicherungsfälle vorliegen und damit für die Frage, ob **ein oder mehrere Selbstbehalte** (und auch Schadenshöchstversicherungssummen i.S.v. Ziff. 72.3) zur Anwendung kommen, ist darauf abzustellen, **ob die Verwirklichung der versicherten Gefahr auf ein und dasselbe Schadensereignis zurückgeführt werden können.** Damit ist letztlich auch bei Ziff. 73 auf das Schadensereignis abzustellen. Das Schadensereignis definiert sich wiederum als äußerer Ablauf eines einheitlichen Geschehens.[2] Mehrere Schadensereignisse sind demnach dann anzunehmen, wenn unterschiedliche objektiv voneinander abgrenzbare Vorgänge anzunehmen sind. Dann kommen mehrere Selbstbehalte zur Anwendung. 2

B. Erläuterung der Klausel

I. 73.1: Selbstbehalt

Gem. Ziff. 73.1 gilt **für jeden Schadensfall** der in Versicherungspolice angegebene Selbstbehalt. Auch nach Ziff. 16.2 ist der Selbstbehalt in die Police aufzunehmen. Ist keine Police ausgestellt, gilt dennoch der zwischen den Parteien vereinbarte Selbstbehalt. Vor dem Hintergrund, dass der Ertragsausfall nach Tagen multipliziert mit der versicherten Summe berechnet wird, wird in der Praxis der Selbstbehalt nach Tagen vereinbart. Darauf stellt auch Ziff. 73.1 S. 2 ab, wenn dieser bestimmt, dass „während des Selbstbehalts" der Versicherer keinen Deckungsschutz gewährt. 3

Der **Selbstbehalt** ist **auf die nach Ziff. 72 ermittelten Tage**, für die der VN unter der Ertragsausfallversicherung Versicherungsschutz zu gewähren ist, **anzuwenden.** Bei teilweisem Ertragsausfall ist der Ertragsausfall auf Tage ganzen Ertragsausfalls umzurechnen. Auf diese wird dann der Selbstbehalt angewendet. Beispiel: Kann ein Schiff wegen eines ersatzpflichtigen Kaskoschadens für 40 Tage nur halbe Geschwindigkeit fahren und ist der Selbstbehalt für einen Zeitraum von 14 Tagen vereinbart, kommt ein Selbstbehalt von 28 Tagen zur Anwendung und für die weiteren 12 Tage hat der VN gem. 72.2 Anspruch auf Ersatz von 6 Tagen vollen Ertragsausfall. 4

Kommt es zu **mehreren abgrenzbaren Ertragsausfällen aufgrund eines Schadensfalles,** wird der **Selbstbehalt nur einmal** angewendet.[3] Beispiel: Eine Notreparatur dauert 6 Tage und die zeitlich spätere endgültige Reparatur 14 Tage, womit der VN bei einem Selbstbehalt von 14 Tagen Anspruch auf 6 Tage vollen Ertragsausfalls hat. 5

Liegen **mehrere abgrenzbare Schadensfälle** vor, ist der **Selbstbehalt auf jeden Schadensfall** anzuwenden. Zur Beurteilung der Frage, ob ein oder mehrere Selbstbehalte 6

[1] Vgl. dazu Ziff. 70 Rn. 35.

[2] *Schwampe* Seekaskoversicherung Klausel 21 Rn. 5.

[3] *Commentary* 357.

anzuwenden sind, kommt es maßgeblich darauf an, ob der Ertragsausfall auf ein einheitliches Geschehen oder mehrere objektiv voneinander abgrenzbare Vorgänge zurückzuführen ist. Letztlich wird aber eine Abgrenzung in der Ertragsausfallversicherung anders als in der Kaskoversicherung kaum erforderlich sein, denn der **Selbstbehalt für die unterschiedlichen Versicherungsfälle wird in der Ertragsausfallversicherung meist parallel laufen.** So beginnt der Selbstbehalt in der Ertragsausfallversicherung erst in dem Zeitpunkt zu laufen, in dem das Schiff wegen eines ersatzpflichtigen Kaskoteilschadens daran gehindert ist, Erträge zu erzielen. Das ist zwar anders als im Nordic Plan in Clause 16-7 nicht ausdrücklich in Ziff. 73.1 hervorgehoben. Das folgt aber daraus, dass Ziff. 73.1 auf den Schadensfall und damit auf die Verwirklichung der nach Ziff. 70 versicherten Gefahr abstellt. Kommt es zu mehreren kurz aufeinanderfolgenden abgrenzbaren ersatzpflichtigen Kaskoteilschäden, werden diese regelmäßig gleichzeitig zu einem Ertragsausfall führen. Die Selbstbehalte (und auch die Schadenshöchstversicherungssumme i.S.v. Ziff. 72.3) fangen deshalb grundsätzlich parallel an zu laufen und damit wirkt sich letztlich nur ein Selbstbehalt aus. Der VN hat dann nur Anspruch auf einmaligen Ertragsausfall.

Für den Fall, dass die **Selbstbehalte ausnahmsweise nicht parallel laufen**, da der eine früher endet als der andere, beispielsweise weil mit der Reparatur eines Kaskoteilschadens sofort begonnen wird, die Reparatur des anderen Kaskoteilschadens aber erst nach Ablauf des Selbstbehalts für den ersten Kaskoteilschaden erfolgen kann, enthalten die Ziff. 70 ff. DTV-ADS keine Regelung. Anders der Nordic Plan, der diesen Fall in Clause 16-12 Abs. 2 regelt. Danach hat der VN für die Zeit des zweiten Selbstbehaltes einen hälftigen Deckungsanspruch. Diese Regelung wird im *Commentary*[4] wiederum damit begründet, dass es unbillig wäre, dem VN für die Zeit des zweiten Selbstbehalts keine Deckung zu gewähren, da der VN gem. Clause 16-12 Abs. 1 auch einen Anspruch auf hälftigen Ertragsausfall hat, wenn er nicht versicherte parallele Reederarbeiten durchführt. Das müsse erst recht gelten, wenn der VN gleichzeitig zwei Kaskoteilschäden repariert, für die er grundsätzlich Anspruch auf den Ertragsausfall hat. Gleiches muss bei der Ertragsausfallversicherung nach den Ziff. 70 ff. gelten. Das ergibt, wie der Commentary[5] richtig hervorhebt, ein Erst-Recht-Schluss zu der Regelung zu parallelen Reederarbeiten in Ziff. 77.1. Zudem folgt dieses Ergebnis aus einem Erst-Recht-Schluss zu der Regelung in Ziff. 77.2, die bestimmt, dass der VN selbst dann, wenn es bei einer gleichzeitigen Reparatur von Kaskoteilschäden, die unter einem anderen Ertragsausfallversicherungsvertrag versichert sind, Anspruch auf die Hälfte der Versicherungsleistung hat.

7 Kommt es **während der Reparatur eines ersatzpflichtigen Kaskoteilschadens zu einem weiteren ersatzpflichtigen Kaskoteilschaden** – auch die Gefahr, dass es zu einem Kaskoteilschaden während einer Reparatur kommt ist gem. Ziff. 27 unter der Kaskoversicherung versichert – stellt sich ebenfalls die Frage, ob ein zweiter Selbstbehalt zur Anwendung kommt. Wie auch unter der Kaskoversicherung ist dieses zu bejahen und zwar unabhängig davon, ob der zu dem weiteren ersatzpflichtigen Kaskoteilschaden führende Werftfehler vorhersehbar war.[6] Führt der weitere ersatzpflichtige Kaskoteilschaden zu einem verlängerten Werftaufenthalt, kommt demnach ein weiterer Selbstbehalt zur Anwendung.

8 Bei **parallelen Reederarbeiten i.S.v. Ziff. 77 und Ziff.** 78 wird für die gemeinsame Reparaturzeit/Anreisezeit **außerhalb des Selbstbehalts die Hälfte des Ertragsausfalls** erstattet. Die Berechnung der gemeinsamen Reparaturzeit/ Anreisezeit erfolgt nach Ziff. 77.3.

4 *Commentary* 375.

5 *Commentary* 375.

6 **A.A.** *Commentary* 344.

Danach ist die überschneidende Zeit bei separater Reparatur/Anreise die gemeinsame Reparaturzeit/Anreisezeit. Darauf ist dann der Selbstbehalt anzuwenden, was für den VN den Vorteil hat, dass der Selbstbehalt auf den Zeitraum entfällt, für den er nur Anspruch auf hälftigen Ertragsausfall hat. Das wird für die Anreisezeit auch noch einmal ausdrücklich in Ziff. 78 S. 2 festgehalten, die bestimmt, dass Anreisezeit, die innerhalb des Selbstbehaltes bleibt, nicht aufgeteilt wird. Beispiel: Bei einer gemeinsame Reparaturzeit von 40 Tagen und einer Anreisezeit von 7 Tagen hat der VN bei einem Selbstbehalt von 14 Tagen Anspruch auf 33 Tage hälftigen Ertragsausfalls.

Tätigt der VN **außerordentliche Aufwendungen nach Ziff. 76**, ist der Ersatz dieser Aufwendungen gem. Ziff. 76.2 Abs. 1 S. 1 begrenzt auf den Betrag, den der Versicherer bedingungsgemäß hätte leisten müssen, wenn die außerordentlichen Aufwendungen nicht getätigt worden wären. Werden demnach **Aufwendungen getätigt, um einen Ertragsausfall, der innerhalb des Selbstbehalts geblieben wäre, abzuwenden oder zu mindern**, hat der VN gem. Ziff. 76.2 Abs. 2 **keinen Ersatzanspruch. Verkürzt der VN die Dauer eines Ertragsausfalls unterhalb des Selbstbehalts**, hat dieser Anspruch auf **Ersatz der Aufwendungen**, allerdings gem. Ziff. 76.2 nur **bis zu der Höhe, was der Versicherer bedingungsgemäß hätte leisten müssen**. Der Selbstbehalt ist demnach auch hier zu berücksichtigen. Beispiel: Reparaturdauer ohne Aufwendungen 20 Tage, nach Aufwendungen i.H.v. insgesamt 200.000,– 10 Tage, mithin 20.000,– pro Tag bei einem Selbstbehalt von 14 Tagen und einem vereinbarten Tagessatz von 10.000,–. Ohne Aufwendungen hätte der Versicherer 60.000,– erstatten müssen und nur auf diesen Betrag hat der VN gem. Ziff. 76.2 Abs. 1 S. 1 einen Anspruch, soweit die Aufwendungen nicht auf Veranlassung des Versicherers gemacht wurden oder der Versicherer diesen Aufwendungen dem Grunde nach zugestimmt hat. 9

II. 73.2: Mehrere Schwerwetterschäden, Eisschäden oder Grundberührungen ein Schadensfall

Ziff. 73.2 enthält eine **Sonderregelung für mehrere Schwerwetterschäden, Eisschäden oder Grundberührungen auf einer Reise**. Auf diese ist, auch wenn es sich um unterschiedliche Versicherungsfälle handelt nur ein Selbstbehalt anzuwenden. Die Regelung begründet sich darin, dass es in diesen Fällen ohnehin schwierig ist herauszufinden, ob die ersatzpflichtigen Kaskoschäden auf ein einheitliches Geschehen oder mehrere objektiv voneinander abgrenzbare Vorgänge zurückzuführen sind. Aus demselben Grund enthält auch die Kaskoversicherung in Ziff. 40.1 eine ähnliche Bestimmung. 10

Wann eine **Reise i.S.v. Ziff. 73.2 beginnt und endet** und wie mit der zwischen zwei Reisen liegenden Zwischenzeit umzugehen ist, ergibt sich aus **Ziff. 41.1 S. 2 und S. 3.** Letztlich kommt Ziff. 73.2 aber deshalb kaum praktische Bedeutung zu, da in der Ertragsausfallversicherung die Selbstbehalte in den in Ziff. 73.2 geregelten Fällen ohnehin parallel laufen würden, womit sich unabhängig von der Regelung der Ziff. 73.2 ohnehin praktisch nur ein Selbstbehalt auswirkt.[7] 11

[7] Vgl. dazu oben Rn. 6.

C. Beweislast

12 Der **Versicherer** hat zu beweisen, dass ein **Selbstbehalt** nach Ziff. 73.1 **vereinbart** wurde.

13 Der **VN** hat im Fall von Ziff. 73.2 dazulegen, dass der **Ertragsausfall auf mehrere Schwerwetterschäden, Eisschäden oder Grundberührungen auf einer Reise** zurückzuführen ist. In anderen Fällen, in denen **mehrere Versicherungsfälle** in Frage kommen, hat der VN nachzuweisen, **auf welchen Versicherungsfall der Ertragsausfall entfällt.**

D. Rechtsvergleichende Hinweise

14 Ziff. 73 ist an Clause 16-7 Abs. 1 und Abs. 2 des Nordic Plans angelehnt.

Clause 16-7 Abs. 2 spricht anders als Ziff. 73.2 S. 2 die **Grundberührung nicht ausdrücklich** an. Anders aber noch § 16-7 Abs. 3 des Norwegian Marine Insurance Plan in der Version von 1996. Der Commentary stellt jedoch klar, dass trotz der gestrichenen Regelung zu mehrerer Grundberührungen in flachen Gewässern, diese weiterhin als ein Versicherungsfall gelten.[8]

Der Nordic Plan enthält in Clause 16-7 (3) eine Regelung für einen **besonderen „Ertragsausfallmaschinenselbstbehalt"**. Eine entsprechende Bestimmung enthalten die DTV-ADS 2009 nicht.

74 Feststellung des Ertragsausfallschadens

Die Feststellung eines Schadens unter dieser Versicherung hat in gleicher Weise zu erfolgen, wie dies für die Kaskoversicherung bestimmt ist. Der Versicherer hat das Recht, in Bezug auf Schäden unter dieser Versicherung einen separaten Sachverständigen zu bestellen.

Übersicht

A. Einführung

1 Ziff. 74 verweist im Hinblick auf die Feststellung des Ertragsausfallsschadens auf die für die Kaskoversicherung geltenden Bestimmungen. Bei einer **Kaskoversicherung auf Grundlage der DTV-ADS** sind demnach die **Ziff. 62.1 und Ziff. 63** heranzuziehen. Ist aber die **Kaskoversicherung auf Grundlage anderer Bedingungen** abgeschlossen, ist der Ertragsausfallschaden nach den **für diese anderen Bedingungen geltenden Bestimmungen festzustellen.** Nur in dem unwahrscheinlichen Fall, dass die **Kaskobedingungen keine Bestimmungen zur Schadensfeststellung** enthalten, kann auf die Bestimmungen der **Ziff. 62.1 und Ziff. 63** zurückgegriffen werden, denn ein VN ohne versicherungsrechtliche Spezialkenntnisse kann Ziff. 74 nur dahingehend verstehen.

---

[8] *Commentary* 359.

Der VN hat dem Versicherer auf dessen Verlangen gem. Ziff. 45 alle Berichte, die von dem Kaskoversicherer im Zusammenhang mit dem fraglichen Kaskoteilschaden erstellt und dem VN zugeleitet worden sind, auszuhändigen. Gleiches gilt für mögliche Berichte von Sachverständigen, die der VN eingeschaltet hat oder sonstige weitere Berichte Dritter, wie beispielsweise Berichte der Ladung oder der Behörden, soweit diese Berichte dem VN zugeleitet worden sind.[1] 2

B. Erläuterung der Klausel

Ist die Kaskoversicherung auf Grundlage der DTV-ADS abgeschlossen, ist gem. **Ziff. 62.1** der **Schaden vor der Ausbesserung festzustellen**. Durch die gem. Ziff. 43 erforderliche Schadensanzeige, wird der Ertragsausfallversicherer hierzu in die Lage versetzt. **Ziff. 43 verpflichtet den VN auch zur Anzeige gegenüber dem Ertragsausfallversicherer** soweit dieser nicht zugleich der Kaskoversicherer ist und das unabhängig davon, ob der Kaskoschaden bereits einen Ertragsausfall nach sich zieht, denn die Frage, ob ein ersatzpflichtiger Kaskoschaden vorliegt, ist für die von Ertragsausfallversicherer getragene Gefahr erheblich. **Können sich der Ertragsausfallversicherer und der VN nicht über die Ursache und die Höhe des Schadens einigen**, können beide Parteien die **Feststellung durch Sachverständige** verlangen. Das Verfahren richtet sich dann **nach Ziff. 63**. 3

Gem. **Ziff. 74 S. 2** hat der **Ertragsausfallversicherer das Recht, einen separaten Sachverständigen** in Bezug auf die Ertragsausfallschäden **zu bestellen**. Dieses Recht kommt nur zum Tragen, wenn der Kaskoversicherer zugleich der Ertragsausfallversicherer ist und ein **Sachverständigenverfahren nach Ziff. 63 oder einer vergleichbaren Bestimmung anderer Kaskobedingungen** durchgeführt wird. In diesen Fällen wird demnach kein weiteres, gesondertes Sachverständigenverfahren in Bezug auf die Ertragsausfallschäden durchgeführt. Ist der Ertragsausfallversicherer nicht zugleich Kaskoversicherer, wird indes ein separates Sachverständigenverfahren nach Ziff. 63 oder einer vergleichbaren Bestimmung anderer Kaskobedingungen durchgeführt, hat der Ertragsausfallversicherer unabhängig von Ziff. 74 S.2 das Recht, einen Sachverständigen zu bestellen. Wird überhaupt kein Sachverständigenverfahren durchgeführt, hat der Ertragsausfallversicherer ebenfalls unabhängig von Ziff. 74 S. 2 das Recht, einen Sachverständigen zu bestellen. 4

Gem. **Ziff. 74, 62.1** ist die **Ursache und** die **Höhe** des Schadens **festzustellen.** 5

Ursache des Ertragsausfallschadens muss ein ersatzpflichtiger Kaskoschaden sein, um nach Ziff. 70 versichert zu sein. Demnach ist auch die Ursache des Kaskoschadens zu ermitteln, um feststellen zu können, ob tatsächlich ein ersatzpflichtiger Kaskoteilschaden Ursache des Ertragsausfalls war oder aber der Ertragsausfall auf eine der nach Ziff. 71 ausgeschlossenen Ursachen zurückzuführen ist.

Im Hinblick auf die **Höhe des Ertragsausfalles** haben, soweit eine Taxe nach Ziff. 72.5 vereinbart ist, haben nur dann Feststellungen zu den durchschnittlichen Chartereinnahmen von Schiffen vergleichbarer Bauart und Größe zu erfolgen, wenn ein Fall einer zurückgestellten Reparatur i.S.v. Ziff. 80.2 zu erwarten ist, der VN also beabsichtigt oder gezwungen ist, die Reparatur erst nach Ablauf des Versicherungsvertrags durchzuführen und absehbar ist, dass zu diesem Zeitpunkt kein Fracht- oder Mietver-

---

[1] *Ritter/Abraham* § 43 Anm. 27.

trag für das Schiff besteht. Im Übrigen sind insbesondere die genauen Ausfallzeiten festzustellen und vor dem Hintergrund der Beschränkung der Leistung des Ertragsausfallversicherers auf das kürzeste Reparaturangebot nach Ziff. 75.2 die Reparaturangebote zu bewerten. Ebenso sind die außerordentlichen Aufwendungen sowie für den Fall der Beschränkung der Ersatzpflicht im Hinblick auf die außerordentlichen Aufwendung nach Ziff. 76.2, die Leistungspflicht ohne die außerordentlichen Aufwendungen festzustellen. Weiter ist festzustellen, ob die Voraussetzungen für parallele Reederarbeiten i.S.v. Ziff. 77 gegeben sind und wenn ja, ist die gemeinsame Reparaturzeit entsprechend Ziff. 77.3 zu ermitteln. Zudem ist Anreisezeit zur Reparaturwerft festzustellen und zwar unabhängig von Ziff. 78 dann, wenn es auf der Anreise bereits zu Ertragsausfällen gekommen ist. Festzustellen ist auch, ob Arbeiten als parallele Reederarbeiten i.S.v. Ziff. 77 durchgeführt werden und wenn ja, welche Auswirkungen diese auf die Reparaturdauer haben. Werden zwei ersatzpflichtige Kaskoschäden repariert, für die der VN unter derselben Ertragsausfallversicherung versichert ist, ist festzustellen, ob diese gleichzeitig repariert werden oder aber versetzt. Darüber hinaus ist insbesondere festzustellen, ob die Voraussetzungen für den Ersatz von Ertragsausfällen nach Reparaturende gem. Ziff. 79 vorliegen.

C. Rechtsvergleichende Hinweise

6 Clause 16-8 des **Nordic Plan** verweist ausdrücklich auf die Bestimmung der Kaskoversicherungsbedingung des Nordic Plan (Clause 12-10), die Regelungen zur Schadensfeststellung enthält. Demnach erfolgt die **Schadensfeststellung** bei einer Ertragsausfallversicherung auf Grundlage des Nordic Plan unabhängig davon, welche Bedingungen auf die Kaskoversicherung Anwendung finden, **stets nach Clause 12-10**.

Anders als Ziff. 74 enthält Clause 16-8 des Nordic Plans keine Regelung dahingehend, dass der Ertragsausfallversicherer im Sachverständigenverfahren einen separaten Sachverständigen bestellen kann.

75 Auswahl der Reparaturwerft

75.1 Der Versicherer kann verlangen, dass von Reparaturwerften seiner Wahl Reparatur-Offerten eingeholt werden. Holt der Versicherungsnehmer solche Angebote nicht ein, ist der Versicherer selbst dazu berechtigt.

75.2 Die Entscheidung darüber, welche Werft die Reparatur durchführt, trifft allein der Versicherungsnehmer. Die Leistungspflicht des Versicherers ist in jedem Falle beschränkt auf das zeitlich kürzeste Reparaturangebot, deren Kosten der Versicherer im Rahmen der Kaskoversicherung vollen Umfangs trägt. Lässt der Versicherungsnehmer die Reparatur auf dieser Werft ausführen, ersetzt der Versicherer den Einnahmeverlust auch dann, wenn die Reparatur länger dauert als im Angebot der Reparaturwerft ausgewiesen.

Übersicht

A. Einführung

Ziff. 75 regelt das **Recht des VN die Reparaturwerft auszuwählen** und die **Konsequenzen, die eine solche Auswahl für die Deckung unter der Ertragsausfallversicherung haben können.** 1

Nach Ziff. 75 hat der VN **auf Verlangen des Versicherers Reparatur-Offerten einzuholen.** Ohne ein solches Verlagen, ist der VN folglich nicht dazu verpflichtet. Anders in der Kaskoversicherung nach Ziff. 62.3. Nach Ziff. 62.3 „hat" der VN dem Kaskoversicherer Reparaturofferten vorzulegen. Ist der Ertragsausfallversicherer zugleich der Kaskoversicherer, hat der VN folglich unabhängig von einem Verlangen nach Ziff. 75 Reparatur-Offerten vorzulegen, die auch die veranschlagte Reparaturdauer enthalten müssen. 2

Der VN hat dem Ertragsausfallversicherer auf dessen Verlangen gem. Ziff. 45 alle Reparatur-Offerten, die dieser in Erfüllung der Ziff. 62.3 für den Kaskoversicherer und auch im Übrigen eingeholt hat, auszuhändigen.[1] 3

Der **Kaskoversicherer und der Ertragsausfallversicherer** haben **gegenläufige Interessen.** Der Kaskoversicherer will eine so günstige Reparatur wie möglich, der Ertragsausfallversicherer eine so schnelle Reparatur wie möglich. Die Leistung des Ertragsausfallversicherers ist zudem gem. Ziff. 75.2 *„in jedem Fall"* beschränkt auf das zeitlich kürzeste Reparaturangebot. Auf der anderen Seite kann sich die Leistungspflicht des Kaskoversicherers auf das vom Kaskoversicherer gebilligte Angebot beschränken (vgl. Ziff. 62.3-3, 64.4), welches regelmäßig das günstigste Angebot sein wird. Dieses Spannungsverhältnis kommt dann besonders zum Tragen, wenn der Kaskoversicherer nicht zugleich der Ertragsausfallversicherer ist. Wählt der VN das **schnellste Angebot, obwohl** dieses **nicht das Günstigste** ist, stellt sich die Frage, ob die **zusätzlichen Reparaturkosten nach Ziff. 76 als außerordentliche Aufwendungen** zur Schadensminderung unter der Ertragsausfallversicherung nach Ziff. 76 verlangt werden können. 4

Dafür spricht, dass anders als im Nordic Plan der Kaskoversicherer den Ertragsausfall, der durch die Wahl einer günstigeren aber längeren Reparatur-Offerte bei dem VN wegen der Begrenzung der Leistungspflicht des Ertragsausfallversicherers auf das kürzeste Angebot nach Ziff. 75.2 verbleibt, nicht bis zu einer gewissen Höhe trägt. Nach Clause 12-12 des Nordic Plans trägt der Kaskoversicherer dieses Risiko jährlich bis zu 20 % der Kaskoversicherungssumme, denn der VN kann von dem Versicherer nach Clause 12-12 gerade auch dann eine entsprechende Zahlung verlangen, wenn er nicht das Günstigste sondern das schnellste Angebot wählt.[2]

Gegen eine Qualifizierung der Reparaturkosten, die beim VN verbleiben, wenn dieser nicht das günstigste sondern schnellste Reparaturangebot wählt, spricht die Regelung in Ziff. 75.2. Ziff. 75.2 sieht unabhängig davon, ob das Angebot mit der kürzesten veranschlagten Reparaturdauer auch das Günstigste ist, eine Leistungsbegrenzung auf das kürzeste Reparaturangebot vor. Würde Ziff. 76 auf die beim VN verbleibenden Reparaturkosten, wenn dieser nicht das günstigste sondern schnellste Reparaturangebot wählt, angewendet werden, würde die Ergebnis die Risikobeschränkung der Ziff. 75.2 unterlaufen werden.

Nach hier vertretener Auffassung schließt das eine Qualifizierung der durch die Wahl des teureren Reparaturangebots mit der am kürzesten veranschlagten Reparaturdauer von VN selbst zu tragenden Reparaturmehrkosten im Vergleich zum günstigsten Angebot nicht aus. Ziff. 75 schließt die Anwendung von Ziff. 76 nicht aus, denn Ziff. 75 regelt allein, was als Ertragsausfall ersetzt wird und nicht, welche Kosten als außeror-

---

1 *Ritter/Abraham* § 43 Anm. 27.

2 *Commentary* 362.

dentlichen Aufwendungen ersetzt werden können. Das ist allein in Ziff. 76 geregelt, der daher **neben Ziff. 75 uneingeschränkt anwendbar** bleibt[3], **weshalb beim VN verbleibende Reparaturmehrkosten** wegen der Wahl des schnellsten Reparaturangebots unter den Voraussetzungen der Ziff. 76 **zu ersetzen sind.**

B. Erläuterung der Klausel

I. Ziff. 75.1: Einholung von Reparatur-Offerten

5 Der VN hat gem. Ziff. 75.1 S. 1 **nur auf Verlangen Reparatur-Offerten einzuholen.** Das Verlangen des Versicherers muss sich gem. Ziff. 75.1 S. 1 auf „*Reparaturwerften seiner Wahl*" beziehen. Der Versicherer muss also selbst Reparaturwerften auswählen und den VN auffordern, von diesen Angebote einzuholen. Das Ganze muss ohne schuldhaftes Zögern („unverzüglich" i.S.v. § 121 BGB) nach der Schadensanzeige des VN in Gemäßheit der Ziff. 43 erfolgen.

6 Bei der Pflicht des VN zur Einholung von Reparatur-Offerten handelt es sich um eine **Obliegenheit.** Ziff. 75.1 enthält aber keine weitere Sanktion für den Fall der Verletzung dieser Obliegenheit sondern bestimmt in S. 2 lediglich, dass der Versicherer Reparatur-Offerten einholen kann, wenn das der VN trotz Aufforderung nicht tut. Auch Ziff. 75.2 sanktioniert die Verletzung der Obliegenheit nicht weiter, denn die Bestimmung begrenzt die Leitungspflicht auf das kürzeste Reparaturangebot, was wiederum eine objektive Risikobeschränkung darstellt und keine Rechtsfolge der Obliegenheitsverletzung des VN, wenn dieser entgegen dem Verlangen des Versicherers keine Reparatur-Offerten einholt. Demnach ist **auf Ziff. 46 zurückzugreifen**, wobei eine Leistungsfreiheit regelmäßig daran scheitern wird, dass der Versicherer selbst Reparaturangebote einholen kann. Das bestimmt Ziff. 75.2 S. 2 ausdrücklich gerade für den Fall, dass der VN entgegen der Aufforderung des Versicherers nach Ziff. 75.1 S. 1 keine Reparatur-Offerten einholt. Holt der Versicherer in diesen Fällen trotz tatsächlicher Möglichkeit und Kenntnis der Reparaturspezifikationen, die der VN dem Ertragsausfallversicherer auf dessen Aufforderung nach Ziff. 45 zur Verfügung zu stellen hat, keine Reparatur-Offerten ein oder fordert er den VN nicht unverzüglich oder überhaupt nicht zur Einholung von Reparatur-Offerten auf, ist der Ertragsausfallversicherer unbeschränkt (bis zur Höhe der Schadenshöchstversicherungssumme) leistungspflichtig. Ziff. 75.2 greift in diesen Fällen nicht.[4]

7 Anders als in der Kaskoversicherung gem. Ziff. 64.1 erhält der VN **keine Tenderentschädigung**, wenn dieser auf Verlangen des Versicherers Reparatur-Offerten einholt. Das ist darin begründet, dass das Schiff zu diesem Zeitpunkt entweder noch kein Ertragsausfälle hat, weil es weiter eingesetzt werden kann oder aber die Ertragsausfälle während dieser Zeit bereits vom Ertragsausfallversicherer ersetzt werden, soweit der Selbstbehalt nicht mehr zum Tragen kommt. Ist der **Ertragsausfallversicherer** für die Zeit der Tenderung **leistungspflichtig** und hat der VN **zugleich** einen **Anspruch gegen den Kaskoversicherer auf die Tenderentschädigung** greift zur Vermeidung einer Doppelversicherung **Ziff. 64.2.2.** Gem. Ziff. 64.2.2 sind von der Tenderentschädigung die Ertragsausfallversicherungsansprüche abzuziehen.[5]

---

[3] **A.A.** *Commentary* 370.

[4] So auch *Commentary* 362, wenn der Versicherer den VN nicht zur Einholung von Reparatur-Offerten auffordert.

[5] *Schwampe* Seekaskoversicherung Klausel 30 Rn. 25.

II. Ziff. 75.2: Beschränkung der Leistungspflicht

Der **VN kann frei entscheiden, welche Werft** er mit der Reparatur betraut. Das gilt in der Ertragsausfallversicherung genauso wie in der Kaskoversicherung. Liegen Reparatur-Offerten vor und der VN entscheidet sich nicht dazu, das Angebot mit der am kürzesten veranschlagten Reparaturdauer anzunehmen, ist die Leistungspflicht des Versicherers auf das zeitlich kürzeste Reparaturangebot beschränkt. Lässt der VN das Schiff hingegen auf der Werft mit dem zeitlich kürzesten Angebot reparieren, wird der Ertragsausfall (bis zur Höhe der Schadenshöchstversicherungssumme i.S.v. 72.3) auch dann ersetzt, wenn die Reparatur länger dauert als im Angebot veranschlagt. An dieser Stelle kommt das Spannungsverhältnis zwischen dem Interesse des Ertragsausfallversicherers an einer möglichst schnellen Reparatur und dem Interesse des Kaskoversicherers an einer günstigen Reparatur unabhängig von der Reparaturdauer besonders zum Tragen. Ist das Angebot mit der zeitlich kürzesten Reparaturdauer nicht zugleich das günstigste Angebot, entscheidet sich der VN aber zur Minderung des Ertragsausfalles für dieses Angebot, kann der VN unter den Voraussetzungen der Ziff. 76 die vom Kaskoversicherer nicht erstatteten Reparaturmehrkosten von dem Ertragsausfallversicherer als außergewöhnliche Aufwendungen ersetzt verlangen.[6] 8

Nimmt der VN das zeitlich kürzeste Reparaturangebot an, ersetzt der Ertragsausfallversicherer den Ertragsausfall auch dann, wenn die tatsächliche Reparaturdauer über die veranschlagte Dauer hinausgeht. Das gilt aber nur dann, wenn die Verlängerung auf die Reparatur des ersatzpflichtigen Kaskoschadens und nicht auf andere Umstände, beispielsweise bei Gelegenheit des Werftaufenthalts durchgeführte weitere, nicht unter der Kaskoversicherung versicherte Arbeiten, zurückzuführen ist. Gleiches gilt **im Fall von Streiks oder sonstigen Umstände, die die Reparaturdauer verlängern können** und die absehbar waren, soweit nicht der VN den Versicherer über diese Umstände informiert hat (wozu der VN nach Ziff. 44 verpflichtet ist) und der Versicherer trotzdem auf die Ausführung der Reparatur bei eben dieser Werft mit dem erhöhten Risiko einer verlängerten Reparaturdauer als veranschlagt bestanden hat. Dann ist dem Versicherer gem. Ziff. 15 verwehrt, einzuwenden, dass für die auf die Reparaturverlängerung entfallenden Zeiten wegen fehlender Kausalität kein Ertragsausfall ersetzt wird.[7] 9

Die **Leistungsbeschränkung** der Ziff. 75.2 auf das zeitlich kürzeste Reparaturangebot wird nur durch solche **Angebote** ausgelöst, die **Arbeiten veranschlagen, die von dem Kaskoversicherer im vollen Umfang gedeckt werden**. Ist der Kaskoversicherer nicht zugleich der Ertragsausfallversicherer, muss dieser demnach gesondert prüfen, ob die Reparatur-Offerten tatsächlich die Arbeiten beinhalten, die für die Beseitigung der unter der Kaskoversicherung gedeckten Schäden erforderlich sind. Ist die Kaskoversicherung nicht auf Grundlage der DTV-ADS 2009 abgeschlossen, hat die Prüfung auf Grundlage der vereinbarten Kaskobedingungen zu erfolgen. Ist die Kaskoversicherung auf Grundlage der DTV-ADS 2009 abgeschlossen oder existiert überhaupt keine Kaskoversicherung, ist die Prüfung auf Grundlage der Bestimmungen der DTV-ADS 2009 vorzunehmen unter Berücksichtigung von eventuell vereinbarten Deckungserweiterungen oder Deckungseinschränkungen. 10

In Clause 16-9 Abs. 2 wird geregelt, dass der VN verlangen kann, dass einzelne Reparatur-Offerten unberücksichtigt bleiben, wenn dafür berechtigte Gründe bestehen. Eine 11

[6] Vgl. dazu im Einzelnen oben Rn. 4 und Ziff. 76 Rn. 4.

[7] Vgl. dazu im Einzelnen Kommentierung zu Ziff. 70 Rn. 30.

entsprechende Regelung findet sich in den DTV-ADS 2009 nicht. Jedoch hat der **Versicherer auch im Anwendungsbereich der DTV-ADS 2009 gem. Ziff. 15 Reparatur-Offerten unberücksichtigt zu lassen, wenn der VN berechtigte Gründe gegen die Richtigkeit der Offerte gerade im Hinblick auf die veranschlagte Reparaturdauer vorbringt.**

C. Beweislast

12 Der VN ist für die **Dauer des Ertragsausfalles** beweisbelastet. Er hat daher die Reparaturdauer zu beweisen.

13 Der **Versicherer** muss, wenn er sich auf die Risikobeschränkung der Ziff. 75.2 berufen will, beweisen, dass **Reparatur-Offerten** nach Ziff. 75.1 eingeholt worden sind, der VN das **Angebot mit der kürzesten Reparaturdauer nicht angenommen** hat **und** die kürzest angebotene Reparaturdauer tatsächlich **überschritten** worden ist.

D. Rechtsvergleichende Hinweise

14 Ziff. 75.1 entspricht Clause 16-9 Abs. 1 des Nordic Plans. Ziff. 75 Abs. 2 entspricht Clause 16-9 Abs. 3 S. 1 und S. 2.

Für den Fall, dass die Kaskoversicherung nicht auf Grundlage des Nordic Plans abgeschlossen ist, sieht **Clause 16-9 S. 3 eine weitere Deckungseinschränkung**, die nicht in die DTV-ADS 2009 übernommen wurde. Nach Clause 16-9 S. 3 wird, wenn die Kaskoversicherung nicht auf Grundlage des Nordic Plans abgeschlossen ist, bei Annahme des Angebots mit der kürzesten Reparaturdauer für die Zeit, die über die angebotene Reparaturdauer hinausgeht, nur hälftiger Ersatz geleistet. Die Ertragsausfalldeckung unter dem Nordic Plan ist an dieser Stelle folglich enger als die nach den Ziff. 70 ff. DTV-ADS 2009.

76 Außerordentliche Aufwendungen

76.1 Soweit nicht bereits unter der Kaskoversicherung oder einer anderen Versicherung des Schiffes gedeckt, ersetzt der Versicherer solche außerordentlichen Aufwendungen, die erfolgen, um einen unter dieser Versicherung gedeckten Schaden abzuwenden oder zu mindern, wenn sie den Umständen nach geboten erscheinen oder auf Weisungen des Versicherers beruhen. Keine außerordentlichen Aufwendungen in diesem Sinne sind Aufwendungen, die unter Berücksichtigung aller Umstände schon zu Beginn der Reise absehbar waren.

76.2 Die Versicherungsleistung für außerordentliche Aufwendungen ist begrenzt auf den Betrag, den der Versicherer bedingungsgemäß hätte leisten müssen, wenn die außerordentlichen Aufwendungen nicht getätigt worden wären. Dies gilt nicht, wenn die Aufwendungen auf Veranlassung des Versicherers gemacht wurden oder der Versicherer diesen Aufwendungen dem Grunde nach zugestimmt hat.

Soweit durch außerordentliche Aufwendungen Einnahmeverlust vermieden wird, den der Versicherungsnehmer ganz oder teilweise hätte allein tragen müssen, trägt der Versicherungsnehmer die außerordentlichen Aufwendungen ganz oder pro rata selbst.

Übersicht

A. Einführung

Im Anwendungsbereich der Ziff. 76 gilt Ziff. 31 nicht. Demnach sind jedenfalls **Ziff. 31.1.1, 31.1.2 und 31.2 verdrängt**. Das gilt im Hinblick auf Ziff. 31.1.2 auch insoweit, wie dieser Weisungen eines von dem Versicherer benannten und in der Police namentlich bezeichneten Beauftragten den Weisungen des Versicherers gleichstellt. Eine entsprechende Regelung findet sich in Ziff. 76.1 nicht, weshalb der VN hier zu beweisen hat, dass der die Weisung erteilende Dritte von dem Versicherer dazu beauftragt war. **Nicht verdrängt** wird hingegen die Regelung zu dem Ersatz von Schadensermittlungs- und Schadensfeststellungskosten (**Ziff. 31.1.3**), denn insoweit enthält Ziff. 76 keine Regelung. 1

Ziff. 76 regelt lediglich die Ersatzfähigkeit von Aufwendungen zur Schadensabwendung oder Schadensminderung unter der Ertragsausfallversicherung. **Nicht geregelt** wird eine dahingehende **Obliegenheit**. Das ist auch nicht nötig, denn diese ergibt sich bereits aus **Ziff. 44**. 2

B. Erläuterung der Klausel

I. Ziff. 76.1: Außerordentliche Aufwendungen

Als außerordentliche Aufwendung unter der Ertragsausfallversicherung sind nach Ziff. 76 nur solche Aufwendungen versichert, die nicht bereits unter der Kaskoversicherung oder einer anderen Versicherung des Schiffes gedeckt ist. Demnach ist die **Deckung** der Ertragsausfallversicherung **subsidiär** zu der Deckung unter einer anderen Versicherung des Schiffes. Folglich ist auch im Fall von Maßnahmen, die neben einen Ertragsausfall zugleich einen unter der Kaskoversicherung versicherten Teilschaden abwenden, keine Aufteilung nach der h.A. im Anwendungsbereich des VVG[1] vorzunehmen. Eine Aufteilung wäre im Übrigen ohnehin nicht in Frage gekommen, da es sich bei der Ertragsausfallversicherung um eine See-Nebeninteressenversicherung handelt.[2] Jede Aufwendung, die zwar zu einer Verkürzung der Reparaturzeit führt aber letztlich auch den Kaskoschaden mindert oder abwendet, ist daher allein unter der Kaskoversicherung versichert.[3] Von besonderer Bedeutung ist hier, dass die Kaskofranchise gem. Ziff. 40.5.5 keine Anwendung auf die Aufwendungen zur Schadensabwendung oder Schadensminderung findet. Damit sind unter der Kaskoversicherung auch Aufwendungen, die innerhalb der Kaskofranchise bleiben, zu ersetzen, womit die Subsidiaritätsregelung der Ziff. 76.1 S. 1 also auch insoweit greift. 3

Im Gegensatz zu Ziff. 31 sind nach Ziff. 76.1 **nur *„außerordentliche"* Aufwendungen** unter der Ertragsausfallversicherung erstattungsfähig. Eine nähere Definition, was hie- 4

---

[1] MüKo-VVG/ *Looschelders* § 83 Rn 41 m.w.N.

[2] *Ritter/Abraham* § 32 Rn. 16.

[3] *Commentary* 367.

runter zu verstehen ist, fehlt. In Ziff. 76.1 S. 2 wird lediglich ausgeführt, dass keine außerordentlichen Aufwendungen im Sinne von Ziff. 76 Aufwendungen sind, die unter Berücksichtigung der Umstände schon zu Beginn der Reise absehbar waren. Was genau damit gemeint sein soll, wird nicht weiter präzisiert. Auch der *Commentary* zu der entsprechenden Vorschrift im Nodic Plan ist insoweit nicht hilfreich, da sich Ziff. 76.1 S. 2 nicht in Clause 16-11 findet. Allerdings helfen die im *Commentary* genannten Beispiele für nicht „außerordentliche" Aufwendungen ein wenig, den Begriff auszufüllen:

Der *Commentary* nennt zunächst als **Beispiel für nicht *„außerordentliche"* Aufwendungen** die Verbrauchskosten für ersatzweise gemietete Generatoren oder Boiler. Ebenso die Betriebskosten, soweit diese gegenüber den ohnehin anfallenden Schiffsbetriebskosten ohne das übergangsweise zur Ertragsausfallminderung genutzte Ersatzgerät nicht höher ausfallen. Die Miete, die An- und Abfahrtskosten sowie die Kosten des Auf- und Abbaus für die übergangsweise genutzten Ersatzgeräte sollen aber außergewöhnliche Aufwendungen darstellen. Ebenso Überstunden im Zusammenhang mit der Reparatur, ein Bonus, der dem Reparaturbetrieb für eine schnellere Reparatur versprochen wird, vorübergehende Reparaturen, soweit diese nicht bereits unter der Kaskoversicherung gedeckt sind (der Nordic Plan enthält insoweit mit Clauses 12-7 und Clause 12-8 Sonderbestimmungen, die keine Entsprechung in den DTV-ADS 2009 finden) und erhöhte Kosten für den Austausch anstatt der Reparatur von Teilen zur Verkurzung der Reparaturdauer sind nach dem *Commentary* außerordentliche Aufwendungen i.S.v. Ziff. 76.[4] Ebenso sind nach dem *Commentary* Luftfrachtkosten für die schnellere Beförderung zum Schiff außerordentliche Aufwendungen, wenn dadurch die Reparaturzeit verkürzt wird. Dem ist auch für Ziff. 76 zuzustimmen.

Als **weiteres Beispiel für nicht *„außerordentliche"* Aufwendungen** werden dann im *Commentary* die erhöhten Reisekosten, um das Schiff weiterhin gewinnbringend einsetzen zu können, genannt. In diesem Zusammenhang wird dann im *Commentary* das Beispiel gebildet, dass das Schiff die Hilfe von Schleppern zum Anlaufen von Häfen oder dem Durchfahren von Kanälen in Anspruch nimmt, da es aufgrund eines ersatzpflichtigen Kaskoschadens eine geringere Maschinenleistung oder einen Bugstrahlruderschaden hat.[5] Diese Beispiele können jedoch nur dann überzeugen, wenn der Schleppereinsatz ohnehin notwendig war bzw. von Reisebeginn an geplant war und jetzt nur zufällig gleichzeitig dazu führt, dass auch der Ertragsausfallschaden vermieden oder reduziert wird.

Schließlich nennt der *Commentary* als Beispiel für nicht *„außergewöhnliche"* Aufwendungen die Aufwendungen des VN, die beim VN im Hinblick auf den Kaskoschaden verbleiben können, wenn er sich wegen Ziff. 75 entscheidet, das kürzeste Reparaturangebot anzunehmen, das aber nicht zugleich das günstigste Reparaturangebot ist.[6] Wegen des Fehlens einer mit Clause 12-12 des Nordic Plans vergleichbaren Vorschrift überzeugt das im Anwendungsbereich der DTV-ADS 2009 indes nicht.[7]

5 Die außerordentlichen Aufwendungen müssen zudem für **Maßnahmen** anfallen, **die der Schadensabwendung- oder Minderung unter der Ertragsausfallversicherung dienen**. Das ist nicht der Fall bei Schadensverhütungsmaßnahmen. Das sind Maßnahmen, die der VN vor dem Zeitpunkt ergreift zu dem das Gefahrereignis eintritt, das den Schaden unvermeidlich herbeiführen würde, wenn der Schaden nicht abgewendet wird.[8]

---

4 *Commentary* 369 f.
5 *Commentary* 370.
6 *Commentary* 370.
7 Vgl. dazu auch Ziff. 75 Rn. 4.
8 So die Vorerstreckungstheorie der Rspr., die in der Seeversicherung lange anerkannt ist, vgl. *Ritter/Abraham* § 41 Anm. 7.

Die außerordentlichen Aufwendungen müssen den **Umständen nach geboten erscheinen oder auf Weisungen des Versicherers beruhen.** 6

Ob der VN die **Aufwendungen für geboten halten** durfte richtet sich nach den gleichen Maßstäben wie bei Ziff. 31.1.1. Entscheidend ist daher, ob aus ex-ante-Sicht die Maßnahmen zweckdienlich erscheinen.

Ziff. 76.1 stellt nur auf die **Weisungen des Versicherers** selbst ab und setzt diesen anders als Ziff. 31.1.2 nicht den Weisungen eines von dem Versicherer benannten und in der Police namentlich bezeichneten Beauftragten gleich. Ist der anweisende Dritte aber tatsächlich zu einer entsprechenden Weisung ermächtigt, gilt diese ohnehin als Weisung des Versicherers. Der VN hat allerdings den Nachteil, dass dieser im Hinblick auf die Bevollmächtigung beweisbelastet ist. Liegt eine **wirksame Weisung** vor, ist der **Anspruch** des VN auf Ersatz der außerordentlichen Aufwendungen **nicht nach Ziff. 76.2 begrenzt.**

II. Ziff. 76.2: Begrenzung auf den bedingungsgemäß geschuldeten Betrag

Tätigt der VN außerordentliche Aufwendungen nach Ziff. 76, ist der **Ersatz** dieser Aufwendungen **gem. Ziff. 76.2 Abs. 1 S. 1 begrenzt** auf den Betrag, den der Versicherer bedingungsgemäß hätte leisten müssen, wenn die außerordentlichen Aufwendungen nicht getätigt worden wären. Werden demnach Aufwendungen getätigt, um einen Ertragsausfall, der innerhalb des Selbstbehalts geblieben wäre, abzuwenden oder zu mindern, hat der VN gem. Ziff. 76.2 Abs. 2 keinen Ersatzanspruch. Verkürzt der VN die Dauer eines Ertragsausfalls unterhalb des Selbstbehalts, hat dieser Anspruch auf Ersatz der Aufwendungen, allerdings nur bis zu der Höhe, was der Versicherer bedingungsgemäß hätte leisten müssen[9]. 7

Die Begrenzung der Ziff. 76.2 auf das, was der Ertragsausfallversicherer bedingungsgemäß hätte leisten müssen, **gilt nicht, wenn der VN die Aufwendungen auf Weisung des Ertragsausfallversicherers getätigt hat oder** der **Ertragsausfallversicherer** den Aufwendungen **dem Grunde nach zugestimmt hat**, was wiederum nur möglich ist, wenn der VN an den Ertragsausfallversicherer mit der Bitte um Zustimmung herangetreten ist. 8

Der VN hat gem. Ziff. 76.2 Abs. 2 **nur einen anteiligen Anspruch auf Ersatz der Aufwendungen**, wenn dieser auch nur einen anteiligen Anspruch auf Ersatz des Ertragsausfalls hat. Einen anteiligen Deckungsanspruch hat der VN insbesondere bei parallelen Reederarbeiten i.S.v. Ziff. 77 und der Anreise zur Reparaturwerft bei parallelen Reederarbeiten (Ziff. 78). 9

C. Beweislast

Der VN muss beweisen, dass er **außerordentliche Aufwendungen zur Abwendung oder Minderung eines Ertragsausfallschadens** getätigt hat. Ebenso hat der VN die **Gebotenheit** der Aufwendungen zu beweisen, wenn diese nicht auf eine Weisung des Versicherers zurückzuführen sind. Darüber hinaus hat der VN, wenn er über den bedingungsgemäß geschuldeten Betrag hinausgehend Aufwendungen ersetzt verlangt, zu beweisen, dass er aufgrund einer **Weisung des Versicherers** gehandelt hat oder der **Versicherer den Aufwendungen dem Grunde nach zugestimmt hat.** Hat nicht der Versicherer 10

[9] Vgl. dazu auch Ziff. 73 Rn. 9.

sondern ein Dritter die Weisungen erteilt oder zugestimmt, hat der VN zu beweisen, dass der Dritte von dem Versicherer entsprechend bevollmächtigt war.

11 Der **Versicherer** muss beweisen, dass der **VN die Aufwendungen ganz oder teilweise selbst tragen muss**, da auch der vermiedene Ertragsausfall vom VN ganz oder teilweise hätte getragen werden müssen. Ebenso muss der Versicherer beweisen, dass er **bedingungsgemäß weniger hätte leisten müssen**, wenn die Aufwendungen nicht getätigt worden wären.

D. Rechtsvergleichende Hinweise

12 Im Gegensatz zu Ziff. 76 enthält Clause 16-11 eine Klarstellung dahingehend, dass sich die Ersatzfähigkeit der Aufwendungen unter der Kaskoversicherung nicht nach den Bestimmungen des Nordic Plans richtet, wenn für die Kaskoversicherung andere Bedingungen vereinbart sind, die nach Ziff. 16-1 S. 2 für die Ertragsausfallversicherung maßgeblich sind.

In Clause 16-11 werden die Kosten der Notreparatur neben den außergewöhnlichen Aufwendungen ausdrücklich angesprochen.

Eine der Ziff. 76.1 S. 2 entsprechende Regelung, die bestimmt, dass keine außerordentlichen Aufwendungen solche sind, die unter Berücksichtigung aller Umstände zu Beginn der Reise absehbaren waren, **findet sich in Clause 16-11 nicht.**

77 Parallele Reederarbeiten

77.1 Werden neben unter dieser Versicherung gedeckten Reparaturen oder während unter dieser Versicherung gedeckten anderen Einnahmeverlustzeiten vom Versicherungsnehmer Reparaturen ausgeführt, die nicht unter dieser oder einer anderen Einnahmeverlustversicherung gedeckt sind, so ersetzt der Versicherer für die gemeinsame Reparaturzeit außerhalb des Selbstbehaltes die Hälfte des Einnahmeverlustes, wenn diese Arbeiten

77.1.1 erforderlich sind, um Auflagen der Klassifikationsgesellschaft zu erfüllen oder

77.1.2 erforderlich sind zur Erhaltung der Wiederherstellung der Seetüchtigkeit mit Ausnahme solcher Arbeiten, die nicht einen Werftaufenthalt erfordert hätten, wenn sie separat ausgeführt worden wären.

77.2 Werden Reparaturen, die unter dieser Versicherung gedeckt sind, zusammen mit Reparaturen, die unter einer anderen Einnahmeverlustversicherung gedeckt sind, ausgeführt, so ersetzt der Versicherer für die gemeinsame Reparaturzeit außerhalb des Selbstbehaltes die Hälfte des Einnahmeverlustes.

77.3 Für die Berechnung der gemeinsamen Reparaturzeit wird die Reparaturzeit der einzelnen Reparatur, die bei separater Durchführung der betreffenden Reparaturen angefallen wäre, ermittelt. Gemeinsame Reparaturzeit ist die sich überschneidende Zeit.

Übersicht

A. Einführung

Ziff. 77 regelt, wie mit Ertragsausfällen umzugehen ist, die jedenfalls auch auf andere Umstände zurückzuführen sind, als die Reparatur des für Ziff. 70 maßgeblichen ersatzpflichtigen Kaskoschadens. Ohne diese Bestimmung, wäre allein nach dem causa proxima-Grundsatz zu beurteilen, ob der VN einen Anspruch auf Ersatz des Ertragsausfallschadens hat oder nicht. **Ziff. 77 verhindert in dessen Anwendungsbereich Streitigkeiten zwischen dem Versicherer und dem VN über die wirksamste Ursache.** Außerhalb des Anwendungsbereiches der Ziff. 77 ist jedoch nach dem causa proxima-Grundsatz zu beurteilen, welche von mehreren Ursachen für den Ertragsausfall die Wirksamste ist.[1] 1

In der Überschrift zu Ziff. 77 ist von „*Reederarbeiten*" die Rede, im Text selbst wird dann mal auf „*Reparaturen*", mal auf „*Arbeiten*" abgestellt. Der Begriff „*Reparaturen*" ist gegenüber „*Arbeiten*" enger, denn beispielsweise eine Wartung sollte unter den Begriff der „*Arbeiten*" aber nicht unter den Begriff „*Reparaturen*" fallen. **Maßgeblich** ist der **weitergehende Begriff der „*Arbeiten*"**, was sich bereits aus der Überschrift ergibt. 2

Unglücklich ist die Formulierung in Ziff. 77.1 „*Werden unter dieser Versicherung gedeckte Reparaturen ...*". Die **Ertragsausfallversicherung deckt keine Reparaturen**. Das ist auch nicht gemeint, denn im Folgenden stellt Ziff. 77.1 dann auf die „*... unter dieser Versicherung gedeckten anderen Einnahmeverlustzeiten...*" ab. Um allein diese „*unter der Versicherung gedeckten Einnahmeverlustzeiten während einer Reparatur des für Ziff. 70 maßgeblichen ersatzpflichtigen Kaskoschadens*" geht es auch im ersten Teil der Ziff. 77.1. Mit „*Einnahmeverlust*" ist wiederum nichts anderes gemeint als mit „*Ertragsausfall*" und mit „*Einnahmeverlustversicherung*" ist die „*Ertragsausfallversicherung*" gemeint. 3

B. Erläuterung der Klausel

I. Ziff. 77.1: Parallele Arbeiten zur Erfüllung von Klasseauflagen oder zur Erhaltung oder Wiederherstellung der Seetüchtigkeit

Ziff. 77.1 regelt, wie mit Ertragsausfälle, die nicht ausschließlich auf die Reparatur des für Ziff. 70 maßgeblichen Kaskoteilschadens sondern auch auf eine andere, weitere Reparatur zurückzuführen sind, umzugehen ist. Die durch die **weitere Reparatur (mit-) verursachen Ertragsausfälle** dürfen jedoch nicht unter derselben Ertragsausfallversicherung oder einer anderen Ertragsausfallversicherung versichert sein. Sind sie **bei einer anderen Ertragsausfallversicherung versichert**, kommt **Ziff. 77.2** zur Anwendung. Für den Fall, dass die durch die weitere Reparatur (mit-)verursachen Ertragsausfälle **bei derselben Ertragsausfallversicherung gedeckt** sind, enthält Ziff. 77 anders als der Nordic Plan (vgl. Clause 16-12 Abs. 2) keine Regelung. Laufen in diesem Fall die Selbstbehalte nicht parallel, beispielsweise weil mit der Reparatur eines Kaskoteilschadens sofort begonnen wird, die Reparatur des anderen Kaskoteilschadens aber erst nach Ablauf des Selbstbehalts für den ersten Kaskoteilschaden erfolgen kann, hat der VN für die Zeit des zweiten Selbstbehalts (Ziff. 73) einen hälftigen Deckungsanspruch. Das ergibt ein Erst-Recht-Schluss zu Ziff. 77.1 und Ziff. 77.2.[2] 4

Ertragsausfälle, die nicht ausschließlich auf die Reparatur des für Ziff. 70 maßgeblichen Kaskoteilschadens sondern auch auf eine andere, weitere Reparatur zurückzu- 5

[1] Vgl. dazu Ziff. 70 Rn. 28 ff.

[2] Vgl. dazu auch Ziff. 73 Rn. 6.

führen sind und nicht unter derselben Ertragsausfallversicherung oder einer anderen Ertragsausfallversicherung versichert sind, werden für die gemeinsame Reparaturzeit i.S.v. Ziff. 77.3 außerhalb des Selbstbehalts nur dann hälftig ersetzt, wenn diese zur Erfüllung von Auflagen der Klassifikationsgesellschaft (Ziff. 77.1.1) oder zur Erhaltung oder Wiederherstellung der Seetüchtigkeit (Ziff. 77.1.2) erforderlich sind.

Ziff. 77.1.1 erfordert, dass die **(mit-)ursächlichen Reparaturen zu Erfüllung von Auflagen der Klassifikationsgesellschaft erforderlich sind.** Auflagen sind abzugrenzen von Empfehlungen der Klassifikationsgesellschaften, für die Ziff. 77.1.1 nicht gilt. Bei welcher Gelegenheit die Auflage erteilt wurde, ist irrelevant. Ebenso kommt es nicht darauf an, ob die Frist zur Erfüllung der Auflage abgelaufen ist oder nicht.[3]

Ziff. 77.1.2 erfordert, dass die **Reparaturen zur Erhaltung oder Wiederherstellung der Seetüchtigkeit[4] erforderlich** sind und die Arbeiten bei separater Ausführung ebenfalls einen Werftaufenthalt erfordert hätten. Das Werftaufenthalterfordernis war noch in dem Norwegian Marine Insurance Plan in der Fassung von 1996 enthalten, ist dann aber gestrichen worden.[5]

Liegen die Voraussetzungen der Ziff. 77.1 vor, hat der VN für die gemeinsame Reparaturzeit i.S.v. Ziff. 77.3 außerhalb des Selbstbehalts (Ziff. 73) einen hälftiger Deckungsanspruch.

II. Ziff. 77.2: Parallele Reparatur weiterer Kaskoschäden, die leistungsauslösend unter einer anderen Ertragsausfallversicherung sind

6 Werden neben den für die Ertragsausfallversicherung maßgeblichen Reparaturen von ersatzpflichtigen Kaskoschäden **weitere Kaskoschäden beseitigt, die leistungsauslösend unter einer anderen Ertragsausfallversicherung sind**, hat der VN ebenfalls für die gemeinsame Reparaturzeit i.S.v. Ziff. 77.3 außerhalb des Selbstbehalts (Ziff. 73) einen hälftiger Deckungsanspruch gem. Ziff.77.2. Wird ein **für eine weitere, dritte Ertragsausfallversicherung** maßgeblicher Kaskoschaden parallel repariert und der VN hat auch gegenüber dem dritten Ertragsausfallversicherer einen Deckungsanspruch, reduziert sich der Deckungsanspruch des VN auf ein Drittel.[6]

III. Ziff. 77.3: Gemeinsame Reparaturzeit

7 Für die Bemessung des Ertragsausfalls nach Ziff. 77 ist die *„gemeinsame Reparaturzeit“* zu ermitteln. Dieses hat gem. Ziff. 77.3 dahingehend zu geschehen, dass zunächst die Zeit ermittelt wird, die bei separater Durchführung der Arbeiten erforderlich gewesen wäre. Die sich überschneidende Zeit ist die gemeinsame Reparaturzeit. Beispiel: Reparatur des für die Ertragsausfallversicherung maßgeblichen Schadens dauert 98 Tage bei gemeinsamer und separater Reparatur, die Arbeiten zur Erfüllung einer Klasseauflage 30 Tage bei einem Selbstbehalt von 14 Tagen. Der VN hat die 14 Tage Selbstbehalt zu tragen und 1/2 der sich überschneiden Reparaturzeit von 30 Tagen außerhalb des Selbstbehalts von 14 Tagen, mithin 22 Tage.

---

[3] *Commentary* 372.
[4] Zum Begriff vgl. Ziff. 33 Rn. 8.
[5] *Commentary* 373.
[6] *Commentary* 375.

C. Beweislast

Der **Versicherer** ist im Hinblick auf die **Durchführung paralleler Reederarbeiten** beweisbelastet. 8

Hat der Versicherer die Durchführung paralleler Reederarbeiten bewiesen, hat der **VN** zu beweisen, dass es sich um **Arbeiten** handelt, **die unter Ziff.** 77 **fallen.** 9

D. Rechtsvergleichende Hinweise

Clause 16-12 des Nordic Plans enthält über Ziff. 77 hinausgehend eine Regelung, dass auch dann ein hälftiger Deckungsanspruch besteht, wenn das Schiff gleichzeitig umgebaut wird (vgl. 16-12 Abs. 1 (c)). 10

Clause 16-12 enthält im Gegensatz zu Ziff. 77 eine Regelung, wie mit mehreren Kaskoschäden, die unter derselben Ertragsausfallversicherung die Deckung auslösen, umzugehen ist (vgl. Clause 16-12 Abs. 2).

78 Anreise zur Reparaturwerft bei parallelen Reederarbeiten

Beabsichtigt der Versicherungsnehmer parallel die Durchführung von unter dieser Versicherung gedeckten Reparaturen und anderen Reparaturen gemäß Ziff. 77, so ersetzt der Versicherer die durch die Anreise zur Reparaturwerft entstehenden Einnahmeverluste in entsprechender Anwendung von Ziff. 77. Anreisezeit, die innerhalb des Selbstbehaltes bleibt, wird nicht aufgeteilt.

Übersicht

A. Einführung

Ziff. 78 vervollständigt die Regelung zu parallelen Reederarbeiten (**Ziff.** 77) im Hinblick auf die Anreisezeit zur Reparaturwerft. Die Zeit nach Beendigung der Reparatur wird hingegen nicht von Ziff. 78 erfasst sondern ist in Ziff. 79 geregelt. 1

Ohne Ziff. 78 wäre nach Kausalitätsgrundsätzen zu beurteilen, ob der VN für die Anreisezeit einen Deckungsanspruch hat oder nicht. Ziff. 78 vermeidet aber nicht gänzlich mögliche Kausalitätsprobleme im Zusammenhang mit der Anreise zur Reparaturwerft. War das Schiff beispielsweise ohnehin auf dem Weg zur Werft, da Arbeiten zur Erfüllung eine Klasseauflage ausgeführt werden mussten und tritt erst während dieser Reise ein die Ertragsausfalldeckung auslösender ersatzpflichtiger Kaskoschaden ein, ist die Anreisezeit nicht aufzuteilen, denn causa proxima der Anreise war in diesem Fall die nicht versicherte Durchführung der Klasseauflage. Ersatz für die Dauer der Reparatur des auf der Anreise entstandenen, die Ertragsausfalldeckung auslösenden Kaskoteilschadens kann demnach allein unter den Voraussetzungen der Ziff. 77 verlangt werden, die Anreisezeit ist dabei außer Ansatz zu lassen. 2

3 Repariert der VN nur den die Ertragsausfalldeckung auslösenden ersatzpflichtigen Kaskoteilschaden, schuldet der Ertragsausfallversicherer für die Anreisezeiten zur Reparaturwerft (nach Ablauf des Selbstbehalts) Ertragsausfall. Ist jedoch in naher Zukunft ohnehin ein Werftaufenthalt geplant und handelt es sich um einen kleineren Kaskoteilschaden, der es ermöglicht, das Schiff weiter zu betreiben, kann der VN vor dem Hintergrund der Regelung in Ziff. 78 aufgrund der Schadensminderungsobliegenheit (Ziff. 44) verpflichtet sein, dass Schiff bis zum geplanten Werftaufenthalt weiter zu betreiben.[1]

4 Ziff. 78 spricht ebenso wie Ziff. 77.1 von „*... unter dieser Versicherung gedeckten Reparaturen ...*". **Die Ertragsausfallversicherung deckt aber keine Reparaturen.** Das ist hier auch nicht gemeint, sondern es geht, wie auch bei Ziff. 77, um die gedeckten Ertragsausfälle während einer Reparatur des für die Deckung nach Ziff. 70 maßgeblichen ersatzpflichtigen Kaskoteilschadens.

B. Erläuterung der Klausel

5 Nach Ziff. 78 kann hat der VN für die Anreisezeit zur Reparaturwerft bei parallelen Reederarbeiten Anspruch auf Ersatz des hälftigen Ertragsausfalls in entsprechender Anwendung von Ziff. 77. Die Bestimmung gilt auch bei einer Anreise zwecks Durchführung von Notreparaturen.

6 Erforderlich ist nach dem Wortlaut der Ziff. 78, dass der VN parallel zu der Reparatur des für den Ersatzanspruch unter der Ertragsausfallversicherung maßgeblichen ersatzpflichtigen Kaskoteilschadens die Durchführung von anderen Reparaturen gemäß Ziff. 77 „*beabsichtigt*". Demnach ist **darauf abzustellen, ob der VN zu Beginn der Anreise beabsichtigt hat, die parallelen Reederarbeiten i.S.v. Ziff. 77 durchzuführen.** Das wird für den Versicherer trotz der Auskunftsobliegenheit des VN nach Ziff. 45.1 schwer nachweisbar sein und bedeutet im Umkehrschluss, dass der VN bei fehlender Absicht zu Beginn der Anreise einen vollen Deckungsanspruch für die Anreisezeit hat, wenn er später entscheidet, parallele Reederarbeiten i.S.v. Ziff. 77 durchzuführen. Dieses Ergebnis erscheint zwar im Lichte der Ziff. 77 betrachtet nicht richtig zu sein, denn nach Ziff. 77 halbiert sich der Deckungsanspruch allein wegen der tatsächlichen Ausführung von parallelen Reederarbeiten und Ziff. 78 soll dieses Prinzip auf die Anreisezeit ausweiten. Die Ziff. 78 ist aber einer anderen Auslegung nicht zugänglich, denn aufgrund des eindeutigen Wortlauts kann ein durchschnittlicher Versicherungsnehmer ohne versicherungsrechtliche Spezialkenntnisse die Ziff. 78 nur dahingehend verstehen, dass seine Absicht zu Beginn der Reise maßgeblich ist. Für den VN ist das Abstellen auf dessen Absicht zu Beginn der Reise dann nachteilig, wenn er eine ursprünglich bestehende Absicht zur Durchrührung paralleler Reederarbeiten später aufgibt und nur den die Ertragsausfalldeckung auslösenden Kaskoschaden repariert. Dann hat er für die Anreisezeit außerhalb des Selbstbehalts nur einen hälftigen Deckungsanspruch, für die Reparaturzeit einen vollen Deckungsanspruch.

Beabsichtigt der VN von Beginn an Arbeiten durchzuführen, die keine parallelen Reederarbeiten i.S.v. Ziff. 77 darstellen, besteht nach dem causa proxima-Grundsatz für den durch diese Arbeiten verursachten Ertragsausfall während der Anreise und während der Durchführung dieser Arbeiten überhaupt keine Deckung. Zudem besteht auch dann keine hälftige Deckung für die Anreisezeit, wenn bei einem Werftaufenthalt, der nicht

[1] Vgl. dazu auch Ziff. 70 Rn. 30.

durch einen die Deckung auslösenden ersatzpflichtigen Kaskoteilschaden bedingt ist, ein die Deckung unter der Ertragsausfallversicherung auslösender ersatzpflichtiger Kaskoteilschaden entdeckt wird. Gleiches gilt, wenn erst auf der Anreise zur Reparaturwerft, die nicht durch einen die Deckung auslösenden ersatzpflichtigen Kaskoteilschaden bedingt ist, ein die Deckung auslösenden ersatzpflichtigen Kaskoteilschaden entsteht/ entdeckt wird.

Ziff. 78 S. 2 bestimmt ausdrücklich, dass die **Anreisezeit nur außerhalb des Selbstbehalts aufzuteilen** ist. Dieses Zusatzes hätte es nicht bedurft, da Ziff. 78 S. 1 auf Ziff. 77 verweist, der wiederum ausdrücklich bestimmt, dass die Hälfte des Ertragsausfalles „*außerhalb des Selbstbehalts*" ersetzt wird. Für den VN hat das den Vorteil, dass sich der Selbstbehalt nicht „verdoppelt". Beispiel: Würde auch die Anreisezeit aufgeteilt, hätte der VN bei einer Anreisezeit von 30 Tagen und einem Selbstbehalt von 15 Tagen überhaupt keinen Deckungsanspruch für die Anreise. Da aber der Selbstbehalt nicht aufgeteilt wird, hat der VN in dem Beispielsfall einen Deckungsanspruch für 7,5 Tage Ertragsausfall. 7

C. Beweislast

Der **Versicherer** hat zu beweisen, dass der VN bereits **zu Beginn der Reise beabsichtigt** hat, **parallele Reederarbeiten** i.S.v. Ziff. 77 durchzuführen. 8

Der **VN** hat dann zu beweisen, dass es sich um **Arbeiten handelt, die unter Ziff. 77 fallen.** 9

D. Rechtsvergleichende Hinweise

Ziff. 78 ist an Clause 16-10 Abs. 2 des Nordic Plans angelehnt. Allerdings wird anders als bei Ziff. 78 im Hinblick auf den Verteilungsmaßstab nicht auf die Bestimmung des Nordic Plans zu parallelen Reederarbeiten verwiesen, die ebenfalls eine hälftige Aufteilung vorsieht (vgl. Clause 16-12). Vielmehr bestimmt **Clause 16-10 Abs. 2**, dass eine **pro rata-Aufteilung** entsprechend der jeweiligen Reparaturdauer zu erfolgen hat. Im *Commentary* wird hierzu ausgeführt, dass man sich bewusst gegen eine pauschale hälftige Aufteilung entschieden habe, da eine solche pauschale Aufteilung zu unbilligen Ergebnissen führen würde, wenn die Reederarbeiten im Vergleich zu der Reparatur des für den Ertragsausfall maßgeblichen Kaskoteilschaden nur ein geringes Gewicht hätten.[2] Beispiel: Anreise (außerhalb des Selbstbehalts) 20 Tage, Reederarbeiten 10 Tage und Reparatur des die Deckung auslösenden Kaskoteilschaden 90 Tage. Bei hälftiger Aufteilung Anspruch auf 10 Tage Ertragsausfall für die Anreise, bei der pro rata-Lösung Anspruch auf 18 Tage Ertragsausfall [(90/100) × 20 Tage Anreise]. 10

Gem. Clause 16-10 Abs. 1 ist dann keine Aufteilung vorzunehmen, wenn die Anreise zur Reparaturwerft einem einzelnen Umstand zugeordnet werden kann. Das wiederum deckt sich mit der Rechtslage unten den DTV-ADS 2009 für den Fall, dass der VN nicht von Beginn an die Absicht hatte, parallele Reederarbeiten i.S.v. Ziff. 77 auszuführen, denn dann kommt der causa proxima-Grundsatz zur Anwendung.[3]

Über Ziff. 78 hinausgehend, regelt Clause 16-10 Abs. 3, dass die Aufteilung auch dann pro rata vorzunehmen ist, wenn Reparaturvorbereitungsmaßnahmen durchgeführt

[2] *Commentary* 366 f.

[3] Vgl. oben Rn. 6.

werden, wie eine Tenderung, Besichtigungen oder eine Tankreinigung, allerdings gilt das nur soweit die jeweilige Reparaturvorbereitungsmaßnahme nicht einer einzelnen Ursache nach Ziff. 16-10 Abs. 1 zugeordnet werden kann.

79 Ertragsausfälle nach Reparaturende

Nach Beendigung von Reparaturen umfasst die Leistung des Versicherers Ertragsausfälle für die Zeit, die das Schiff benötigt,

79.1 um unter dem zum Zeitpunkt des Versicherungsfalles laufenden Fracht- oder Mietvertrag die Reise oder sonstige Beschäftigung wieder aufzunehmen,

79.2 um unter einem bei Eintritt des Versicherungsfalls bereits geschlossenen, aber noch nicht angetretenen Fracht- oder Mietvertrag den ersten Ladehafen anzulaufen. Von der Leistung des Versicherers ist jedoch die Zeit in Abzug zu bringen, die das Schiff benötigt hätte, um zu dem Ladehafen zu gelangen, wenn der Unfall, der zum Zeitverlust geführt hat, nicht eingetreten wäre.

Übersicht

A. Einführung

1 Ziff. 79 regelt, wie mit **Ertragsausfällen nach Reparaturende** umzugehen ist. Danach gilt der Grundsatz, dass nur dann Ersatz geleistet wird, wenn das Schiff tatsächlich beschäftigt ist und zwar unter einem Fracht- oder Mietvertrag, der bereits zum Zeitpunkt des Versicherungsfalls bestand. Nicht gedeckt ist daher der Fall, dass der Fracht- oder Mietvertrag wegen des Versicherungsfalls beendet wird.

2 **Unter den Voraussetzungen der Ziff. 79** hat der VN **Anspruch auf vollen Ertragsausfall.** Das gilt auch dann, wenn während des Werftaufenthaltes parallele Reederarbeiten i.S.v. Ziff. 77 durchgeführt worden sind.

B. Erläuterung der Klausel

3 Nach Beendigung der Reparatur sind Ertragsausfälle nur gedeckt, wenn das Schiff die Reise oder sonstige Beschäftigung unter einem bereits zum Zeitpunkt des Versicherungsfalls laufenden Fracht- oder Mietvertrag wieder aufnimmt (Ziff. 79.1) oder aber einen bereits bei Eintritt des Versicherungsfalls geschlossenen, aber noch nicht angetretenen Fracht- oder Mietvertrag antritt (Ziff. 79.2 S. 1).

4 Der Versicherungsfall unter der Ertragsausfallversicherung tritt in dem Zeitpunkt ein, in dem es zu einem Ertragsausfall aufgrund eines ersatzpflichtigen Kaskoschadens kommt. Das kann staffelweise passieren, weil beispielsweise zunächst nur eine **Notreparatur** durchgeführt wird und erst im Anschluss eine **endgültige Reparatur.** Dann gilt **Ziff. 79 sowohl** für den Zeitpunkt ab Beendigung der **Notreparatur als auch** ab dem Zeitpunkt der Beendigung der **endgültigen Reparatur.**

Nach **Ziff. 79.1** wird Ertragsausfall bis zum Zeitpunkt der **Wiederaufnahme eines zum Zeitpunkt des Versicherungsfalls laufenden Fracht- oder Mietvertrages** erstattet. Unter einer Zeitcharter nimmt das Schiff in dem Zeitpunkt wieder die Beschäftigung wieder auf, in dem es on-hire geht. Bei Reisefrachtverträgen, wenn das Schiff den Ort erreicht hat, an dem es schadensbedingt seine Reiseroute verlassen musste. Im Gegensatz zu Ziff. 79.2 werden Zeiten im Zusammenhang mit der Wiederaufnahme der Reise oder Beschäftigung, die das Schiff unabhängig von der Unterbrechung ohnehin gehabt hätte, nicht in Abzug gebracht. 5

Hat das Schiff zum Zeitpunkt des Ertragsausfalles wegen der Reparatur des für die Ertragsausfallversicherung maßgeblichen Schadens bereits einen Fracht- oder Mietvertrag abgeschlossen und ist dieser wegen der Reparatur nicht beendet worden sondern das Schiff tritt nach der Beendigung der Reparatur die Beschäftigung an, wird Ertragsausfall für die Zeit, die das Schiff bis zum ersten Ladehafen benötigt, gewährt. **Abzuziehen** ist **gem. Ziff. 79.2 S. 2** aber die Zeit, die das Schiff ohnehin benötigt hätte. Dabei ist allerdings nicht auf den Versicherungsfall unter der Ertragsausfallversicherung abzustellen sondern auf „*den Unfall, der zum Zeitverlust geführt hat*“, mithin auf den ersatzpflichtigen Kaskoteilschaden. 6

Liegen die Voraussetzungen der Ziff. 79 vor, wird dennoch für den Zeitraum keine Deckung gewährt, den das Schiff beispielsweise wegen Eises den Hafen nicht verlassen kann.[1] Denn Voraussetzung einer Ertragsausfalldeckung nach Reparaturende ist weiterhin, dass es wegen den Nachwirkungen der Reparatur des maßgeblichen Kaskoteilschadens zu Ertragsausfällen kommt. Das ist nicht der Fall, wenn die Ursache für den Ertragsausfall allein auf einen anderen Umstand wie Eis zurückzuführen ist. 7

C. Beweislast

Der **VN** hat zu beweisen, dass dieser nach Beendigung der Reparatur eine Reise oder sonstige **Beschäftigung** unter einem bereits zum Zeitpunkt des Versicherungsfalles bestehenden Fracht- oder Mietvertrag wieder aufnimmt oder aber die Beschäftigung unter einem bereits zum Zeitpunkt des Versicherungsfalles geschlossenen Fracht- oder Mietvertrag nach Beendigung der Reparatur **aufnimmt.** 8

Nimmt der **VN** eine Beschäftigung unter einem bereits zum Zeitpunkt des Versicherungsfalles geschlossenen Fracht- oder Mietvertrag auf, hat der Versicherer darzulegen, **wie lange das Schiff benötigt hätte, um zu dem Ladehafen zu kommen, wenn es nicht zu dem ersatzpflichtigen Kaskoschaden gekommen wäre.** Hierzu kann der Versicherer nach Ziff. 45.1 von dem VN Auskunft verlangen. 9

D. Rechtsvergleichende Hinweise

Clause 16-13 des Nordic Plans enthält neben den in Ziff. 79 genannten Fällen der Wiederaufnahme/ des erstmaligen Antritts einer Beschäftigung unter einem Fracht- oder Mietvertrag zwei weitere Fälle, in denen Ertragsausfall nach Reparaturende ersetzt wird. Dabei geht es um Schiffe, die im Linienverkehr eingesetzt werden und Passagierschiffe (vgl. Clause 16-13 (c) und (d)). 10

[1] Vgl. dazu auch Ziff. 70 Rn. 28 ff.

Eine Ziff. 79.2 S. 2 entsprechende Klausel, dass ohnehin angefallener Zeitaufwand im Zusammenhang mit dem erstmaligen Antritt einer Beschäftigung abzuziehen ist, findet sich nicht in Clause 16-13.

Clause 16-13 erklärt die Regelung für die Anreise zur Reparaturwerft bei parallelen Reederarbeiten (Clause 16-10) für anwendbar. Demnach hat der VN bei parallelen Reederarbeiten, wenn diese nicht die alleinige Ursache des Werftaufenthalts waren, nur einen pro rata-Anspruch auf Ersatz des Ertragsausfalls nach Beendigung der Reparatur.[2]

80 Reparaturen nach Beendigung des Versicherungsvertrages

80.1 Der Versicherer ist für Ertragsausfälle, die durch Reparaturen nach Ablauf des Versicherungsvertrages entstehen, nur dann leistungspflichtig, wenn diese Reparaturen innerhalb von zwei Jahren nach Ablauf des Versicherungsvertrages durchgeführt werden.

80.2 Ertragsausfälle, die durch zurückgestellte Reparaturen nach Ablauf des Versicherungsvertrages entstehen, werden auch dann, wenn im Versicherungsvertrag ein fester Betrag pro Tag gem. Ziff. 72.5 ausgewiesen ist, nur gemäß Ziff. 72.4 ersetzt, wenn der nach Ziff. 72.4 errechnete Betrag niedriger ist als der feste Betrag pro Tag.

Übersicht

A. Einführung

1 Ziff. 80 enthält eine **Ausschlussfrist von zwei Jahren nach Ablauf des Versicherungsvertrages.** Bis zu diesem Zeitpunkt müssen die Reparaturen „*durchgeführt*" sein. Das ist darin begründet, dass der VN unter der Ertragsausfallversicherung, anders als unter der Kaskoversicherung nach Ziff. 62, den für den Ertragsausfall maßgeblichen Kaskoteilschaden grundsätzlich nicht sofort zu reparieren hat. Der VN kann gegenüber dem Ertragsausfallversicherer vielmehr zur Zurückstellung der Reparatur aufgrund der Schadensminderungsobliegenheit (Ziff. 44) verpflichtet sein.[1] Dennoch hat der Versicherer ein Interesse daran, zu wissen, welchen Betrag er unter der Ertragsausfallversicherung schuldet, um den Schadensfall schließen zu können. Der unter der Ertragsausfallversicherung geschuldete Betrag ergibt sich aber erst nach Reparatur des nach Ziff. 70 maßgeblichen ersatzpflichtigen Kaskoteilschadens. Deshalb verpflichtet Ziff. 80 den VN innerhalb von zwei Jahren die Reparaturen durchzuführen.

2 Die Zweijahresfrist ist nicht auf die **Verjährungsfrist nach Ziff. 89** abgestimmt, die **fünf Jahre** beträgt und grundsätzlich auch für die Ertragsausfallversicherung nach Ziff. 70 ff. gilt. Jedoch hebelt die Bestimmung der Ziff. 80 die Verjährungsfrist nach Ziff. 89 nicht aus. Zwar sieht Ziff. 80 vor, dass der Versicherer nur dann „*leistungs-*

[2] Vgl. dazu im Einzelnen Ziff. 78 Rn. 10.

[1] Vgl. dazu auch Ziff. 70 Rn. 30.

pflichtig" ist, wenn die Reparaturen „*innerhalb von zwei Jahren nach Ablauf der Versicherungsvertrages*" durchgeführt werden. Werden die Reparaturen aber innerhalb von zwei Jahren nach Ablauf des Versicherungsvertrages durchgeführt, verjährt der Anspruch auf Ersatz des durch die Reparatur entstandenen Ertragsausfallschadens in fünf Jahren nach Ziff. 89.

B. Erläuterung der Klausel

I. Ziff. 80.1: Zweijährige Ausschlussfrist

Ziff. 80.2 bestimmt, dass der Versicherer nur dann „*leistungspflichtig*" ist, wenn die Reparaturen „*innerhalb von zwei Jahren nach Ablauf der Versicherungsvertrages*" durchgeführt werden. **3**

Die Formulierung „*leistungspflichtig*" legt nahe, dass es sich um keinen Ausschluss handelt, sondern um eine Obliegenheit. Dann ist jedoch die Wirksamkeit der Bestimmung wegen Nichtbeachtung des Verschuldens-[2] und nach richtiger Ansicht auch des Kausalitätsprinzips[3] zweifelhaft. Jedoch handelt es sich vorliegend um **keine Obliegenheit, sondern** um eine **Ausschlussfrist**. Solche Ausschlussfristen knüpfen zwar wie Obliegenheiten an ein bestimmtes Verhalten, im Fall von 80.1 die Durchführung der Reparatur innerhalb von zwei Jahren, an. Im Gegensatz zu Obliegenheiten bezwecken Ausschlussfristen regelmäßig eine objektive zeitliche Begrenzung der Leistungspflicht des Versicherers.[4] Solchen **Ausschlussfristen** sind **rechtssystematisch Kausalitätserfordernisse unbekannt**[5], weshalb eine Nichtbeachtung des Kausalitätsprinzips vorliegend nicht zur Unwirksamkeit der Bestimmung nach §§ 307 Abs. 2 Nr. 1, Abs. 1 BGB führt. Auch sind Ausschlussfristen, die unabhängig von einem Verschulden eine Leistungsfreiheit vorsehen, wirksam. Nach Ansicht der Rechtsprechung soll jedoch das Verschuldensprinzip dennoch für Ausschlussfristen, die eine Leistungsfreiheit unabhängig von einem Verschulden vorsehen, nach den Grundsätzen von Treu und Glauben gelten.[6] Diese Auslegung ist jedoch insofern bedenklich, als AVB objektiv auszulegen sind. Ein verständiger VN ohne versicherungsrechtliche Spezialkenntnisse kann einer Ausschlussklausel wie Ziff. 80.1 jedoch nicht entnehmen, dass die Leistungsfreiheit des Versicherers nur dann eintritt, wenn die Ausschlussfrist schuldhaft versäumt wurde.[7] Demnach tritt bei Ausschlussfristen **unabhängig von einem Verschulden** die **Leistungsfreiheit** ein und Ziff. 80.1 ist nicht nach § 307 BGB unwirksam. Das folgt bereits daraus, dass der vom BGH anerkannte Zweck solche Ausschlussfristen, die Vermeidung von Streitigkeiten, auch rechtfertigt, dass die Leistungsfreiheit unabhängig von einem Verschulden aus Seiten des VN

---

[2] Obwohl § 29 VVG gem. § 209 VVG nicht auf die Seeversicherung anzuwenden ist, ist nach Ansicht der Rechtsprechung zu § 6 VVG a.F. (Vorgängervorschrift zu § 28 VVG) das in dieser Vorschrift zum Ausdruck kommende Verschuldensprinzip ein Ausdruck anerkannter Grundsätze und Strukturen des Versicherungsrechts, welches auch in der Seeversicherung bei der Vereinbarung von Obliegenheiten zu berücksichtigen ist – vgl. BGHZ 2, 341; BGH VersR **1955** 570; **1971** 1056; **1980** 965; **1993** 223.

[3] Str., dahingehend, aber im Ergebnis ausdrücklich offen lassend: BGH VersR **1993** 224; anders hingegen wohl BGH VersR **1971** 1056.

[4] BGH **1982** 566, 567; **1992** 819; **1995** 82, 83; **1998** 175, 176.

[5] *Trölsch* 368.

[6] BGH VersR **1999** 1266, 1268; **1995** 82, 83.

[7] *Klimke* VersR **2010** 290, 291.

eintritt.[8] Für dieses Ergebnis spricht auch, dass der BGH im Anwendungsbereich des VVG nicht uneingeschränkt eine schuldhafte Versäumung einer Ausschlussfrist verlangt. So ist der Versicherer in der Unfallversicherung auch dann leistungsfrei, wenn der VN ohne Verschulden die Invalidität nicht innerhalb von 15 Monaten ärztlich festgestellt hat.[9] Allerdings qualifiziert der BGH entsprechende Bestimmungen in der Unfallversicherung nicht als Ausschlussfristen, sondern als eine „Anspruchsvoraussetzung".[10] Ist danach aber bereits im Anwendungsbereich des VVG die Vereinbarung einer „Anspruchsvoraussetzung" unabhängig von einem Verschulden des VN möglich, muss gleiches jedenfalls im Bereich der Ertragsausfallversicherung gelten, auf die als Seeversicherung nach § 209 VVG das VVG nicht anzuwenden ist. So hat der BGH auch die Wirksamkeit der Andienungsfrist des § 42 ADS, die sich in Ziff. 47 wiederfindet und, die eine Leistungsfreiheit nach Ablauf der Andienungsfrist von 15 Monaten auch unabhängig von einem Verschulden vorsieht, anerkannt.[11] Der BGH begründet das insbesondere damit, dass nur durch solche Fristen sichergestellt werden könne, dass nach deren Ablauf keine Ansprüche aus dem beendeten Versicherungsverhältnis erhoben werden, die beispielsweise Rückstellung erforderlich machen. Diese Begründung überzeugt[12] und zwar auch im Zusammenhang mit der Ziff. 80.1, denn der VN hat nach Ziff. 80.1 sogar 24 Monate nach Ablauf des Versicherungsvertrages Zeit, die Reparatur durchzuführen und damit die Leistungspflicht des Versicherers für die im Zusammenhang mit der Reparatur des nach Ziff. 70 maßgeblichen Kaskoteilschadens stehenden Ertragsausfälle herbeizuführen. Die Ausschlussfrist der Ziff. 80.1 kann daher wirksam vereinbart werden.

4 Der Versicherungsnehmer hat die Reparatur innerhalb von zwei Jahren **nach Ablauf des Versicherungsvertrages** durchzuführen. Die **Dauer des Versicherungsvertrages** richtet sich in Ermangelung einer abweichenden Vereinbarung nach **Ziff. 9**. Die Ertragsausfallversicherung wird, wie auch die übrigen Seeversicherungen, regelmäßig für ein Jahr abgeschlossen. Soweit die Versicherung nicht vorzeitig gem. Ziff. 9.3 endet, beginnt der Lauf der Zweijahresfrist am Tag nach dem in der Police angegebenen Enddatum. Das gilt nicht, wenn die Parteien keinen Anschlussvertrag abschließen sondern sich darauf einigen, die Versicherungsperiode zu verlängern. Dann beginnt die Zweijahresfrist am Tag nach dem Ablauf der Verlängerung. Die Zweijahresfrist beginnt zudem dann nicht am Tag nach dem in der Police angegebenen Enddatum, wenn der VN durch Erklärung gegenüber dem Versicherer die Verlängerung dem Versicherer nach **Ziff. 9.2** eine **Verlängerung herbeiführt**. Diese Möglichkeit hat der VN gem. **Ziff. 9.2 S. 1. 1. Alt.**, wenn das Schiff zum Zeitpunkt der Beendigung der Versicherung verschollen ist. Diese Regelung zielt zwar auf die Kaskoversicherung ab, ist aber als allgemeine Vorschrift des ersten Abschnittes auch auf die Ertragsausfallversicherung anwendbar. Verschollen ist ein Schiff nach Ziff. 60.2.2, wenn 2 Monate, gerechnet vom Tag der letzten Meldung, ohne Nachricht vom Schiff verstrichen sind. Maßgeblich für Ziff. 9.2 S. 1. 1. Alt. ist, dass zum Ablauf der vereinbarten Versicherungsperiode der Kontakt zu dem Schiff abgebrochen ist, denn die durch die Erklärung des Versicherungsnehmers herbeiführbare Verlängerung endet gem. Ziff. 9.2 S. 2 mit Ablauf der zwei Monate. Dann liegt wiederum ein einem Totalverlust gleichgestellter Fall vor, weshalb der Ausschluss der Ziff. 71 greift. Wird aber das Schiff vor Ablauf der zwei Monate aufgefunden und stellt sich heraus, dass das Schiff einen ersatzpflichtigen Kaskoschaden erlitten hat, ist auch die Ertragsausfallver-

---

[8] So auch *Klimke* a.a.O. 292.

[9] BGH VersR **2007** 1114, 1115; **2005** 639; **1998** 175, 176; **1978** 1036, 1037 f.

[10] BGH VersR **2005** 639.

[11] BGH VersR **1972** 88, 90.

[12] *Trölsch* 368; *Ritter/Abraham* § 42 Anm. 12.

sicherung entsprechend verlängert, wenn der VN die Erklärung nach Ziff. 9.2 S. 1 Alt. gegenüber dem Ertragsausfallversicherer abgegeben hat. Gleiches gilt gem. **Ziff. 9 S. 1 2. Alt.**, wenn das Schiff unterwegs einen ersatzpflichtigen Kaskoschaden, der die Seetüchtigkeit beeinträchtig erleidet. Unterwegs ist ein Schiff dann, wenn es eine Reise angetreten, aber noch nicht beendet hat.[13] Ein ersatzpflichtiger Kaskoschaden wirkt sich dann auf die Seetüchtigkeit aus, wenn das Schiff aufgrund des Schadens nicht in der Lage ist, die auf der konkreten Reise gewöhnlichen Gefahren zu bestehen.[14] **In beiden Fällen hat der VN** damit die **Möglichkeit den Beginn der Zweijahresfrist** nach Ziff. 80.1 bis zur Durchführung der Reparatur (vgl. Ziff. 9.2 S. 1. Alt.) oder Feststellung des Schadens (vgl. Ziff. 9.2 S. 2 2. Alt.) **durch empfangsbedürftige, formfreie Willenserklärung gegenüber dem Versicherer hinauszuschieben.** Dabei reicht eine Erklärung gegenüber dem Versicherer, wenn die Ertragsausfallversicherung zusammen mit der Seekaskoversicherung in einem einheitlichen Vertrag abgeschlossen ist. Ist indes die Ertragsausfallversicherung gesondert von der Seekaskoversicherung eingedeckt, hat eine gesonderte Anzeige gegenüber dem Ertragsausfallversicherer zu erfolgen, damit diesem die Möglichkeit eröffnet wird, entsprechende Rückstellungen zu bilden und die Prämie für die Verlängerung zu berechnen, auf die der Versicherer gem. Ziff. 9.2 S. 3 einen Anspruch hat.

Die Reparatur muss innerhalb von zwei Jahren nach Ablauf des Versicherungsvertrages *„durchgeführt“* sein. Ein Reparaturbeginn innerhalb der Zweijahresfrist ist folglich nicht ausreichend. Wird mit der **Reparatur vor Ablauf der Zweijahresfrist begonnen**, besteht nur für die Ertragsausfälle Deckung, die vor Ablauf der Zweijahresfrist entstanden sind. Wird die **Reparatur aufgeteilt** (Beispiel: Zunächst Notreparatur vor Ablauf der Zweijahresfrist und endgültige Reparatur nach Ablauf der Zweijahresfrist), sind nur der Ertragsausfall versichert, der auf Reparaturen innerhalb der Zweijahresfrist zurückzuführen ist.[15] **5**

II. Ziff. 80.2: Versicherte Summe bei zurückgestellten Reparaturen

Gem. Ziff. 80.2 werden Ertragsausfälle, die durch zurückgestellte Reparaturen nach Ablauf des Versicherungsvertrages entstehen, auch im Fall der Vereinbarung einer Taxe nach Ziff. 72.5 nach Ziff. 72.4 ersetzt, wenn der Ertragsausfall unter dem jeweiligen Fracht- oder Mietvertrag oder in Ermangelung eines solchen die durchschnittlichen Einnahmen während der Zeit des Ertragsausfalls von Schiffen vergleichbarer Bauart und Größe unter Abzug der variablen Kosten geringer ist als der bei Anwendung der Taxe errechnete Betrag. Sinn und Zweck dieser Bestimmung ist es, den Versicherer nicht damit zu belasten, dass der Reeder in starken Frachtmärkten Reparaturen zurückstellt, um dann in Zeiträumen zu reparieren, in denen weniger Fracht verdient werden kann. Der VN soll also nicht die Möglichkeit haben, auf Kosten des Versicherers zu spekulieren. **6**

Ziff. 80.2 findet Anwendung auf Ertragsausfälle, die durch zurückgestellte Reparaturen nach Ablauf des Versicherungsvertrages *„entstehen“*. Demnach greift Ziff. 80.2 auch dann, **wenn vor** Ablauf des Versicherungsvertrages mit der Reparatur begonnen wird, diese aber erst nach Ablauf des Versicherungsvertrages beendet werden. **Ertragsausfall vor Ablauf des Versicherungsvertrages** ist folglich nach Ziff. 70.5 zu berechnen, soweit **7**

---

[13] *Ritter/Abraham* § 68 Anm. 3 und § 96 Anm. 27.

[14] Zum Seetüchtigkeitsbergriff BGH VersR 1989 65; 1980 65.

[15] *Commentary* 380.

ein Taxe vereinbart ist, **Ertragsausfälle nach Ablauf des Versicherungsvertrages** nach Ziff. 70.4, soweit der Ertragsausfall niedriger ist als der nach Ziff. 70.5 berechnete Ertragsausfall. Das gilt jedoch nicht, wenn Ziff. 9.2 zur Anwendung kommt[16], denn nach Ziff. 9.2 S. 3 endet die Verlängerung erst, wenn die Reparatur durchgeführt ist.

8 Wird die Reparatur aufgeteilt (Beispiel: Zunächst Notreparatur vor Ablauf des Versicherungsvertrages und endgültige Reparatur nach Ablauf des Versicherungsvertrages), ist **jede Teilreparatur separat zu betrachten**.

9 Bei Ertragsausfallversicherungen auf Grundlage des Norwegian Plan wird die mit Ziff. 80.2 vergleichbare Regelung § 16-14 Abs. 2 Norwegian Marine Insuance Plan regelmäßig durch das Hinzufügen der Worte „*fixed and agreed*“ oder „*chartered or unchartered*“ neben der Taxe abbedungen.[17] Gleiches gilt bei einer Ertragsausfallversicherung auf Grundlage der Ziff. 70 ff. DTV-ADS 2009, wenn sich die Parteien auf eine solche Bedeutung der Klausel geeinigt haben. Allein die objektive Auslegung der Zusätze „*fixed and agreed*“ oder „*chartered or unchartered*“ kann allerdings eine solche Bedeutung der Zusätze nicht begründen.

C. Beweislast

10 Der VN muss beweisen, dass er die **Reparaturen innerhalb der Zweijahresfrist** durchgeführt hat. Will der VN die Anwendung von Ziff. 80.2 vermeiden, muss er beweisen, dass die **Ertragsausfälle vor Ablauf des Versicherungsvertrages** entstanden sind.

D. Rechtsvergleichende Hinweise

11 Reparaturen nach Beendigung des Versicherungsvertrages sind in Clause 16-14 des Nordic Plans geregelt. Im Gegensatz zu Ziff. 80 stellt Clause 16-14 nicht auf die Durchführung sondern **auf den Beginn der Reparaturen vor Ablauf der Versicherungsperiode** ab. Die Deckung unter dem Nordic Plan ist an dieser Stelle demnach weitergehend als die Deckung unter den DTV-ADS 2009.

Nordic Plan bestimmt in Clause 1-5 Abs. 5, dass, soweit die Ertragsausfallversicherung für länger als ein Jahr abgeschlossen ist, im Anwendungsbereich der Clause 16-14 eine fiktive Versicherungsperiode von einem Jahr gilt. Eine entsprechende Bestimmung kennen die DTV-ADS 2009 nicht, weshalb die Deckung unter den DTV ADS 2009 an dieser Stelle weitergehender ist.

81 Verkauf des Schiffes

Wird das Schiff vom Versicherungsnehmer zu einem anderen Zweck als der Abwrackung an einen Dritten verkauft, ohne dass Reparaturen, die zu gedeckten Ertragsausfällen geführt hätten, ausgeführt worden sind, so ist der Versicherer deckungspflichtig für den Ertragsausfall, der angefallen wäre, wenn der Versicherungsnehmer unmittelbar vor dem Verkauf des Schiffes die Reparaturen ausgeführt hätte.

---

[16] Vgl. dazu oben Rn. 4.

[17] *Commentary* 356.

Übersicht

A. Einführung

Ziff. 81 regelt, wie mit noch nicht entstandenen Ertragsausfällen umzugehen ist, wenn das **Schiff unrepariert verkauft wird**. Grund dieser Regelung ist, dass der Anspruch unter der Ertragsausfallversicherung für den Zeitraum der Reparatur erst mit der Durchführung der Reparatur begründet wird. Wird das Schiff aber vor der Reparatur veräußert, endet das Versicherungsverhältnis gem. Ziff. 9.3.2, 53.1. Der Anspruch auf Ersatz des Ertragsausfalls für die Zeit der Reparatur wird dadurch nicht berührt, die Reparatur kann aber von Seiten des VN nicht mehr durchgeführt werden. Dieser hätte dann nur die Möglichkeit, den Anspruch an den Käufer abzutreten. Um das zu vermeiden und, weil üblicherweise die zu erwartenden Ertragsausfälle aufgrund der noch ausstehende Reparatur bei der Kaufpreisbemessung berücksichtigt werden, bestimmt Ziff. 81, dass dem VN der zu erwartende Ertragsausfall ersetzt wird. Der Ertragsausfall wird jedoch dann nicht ersetzt, wenn der VN das Schiff zum Zweck der Abwrackung verkauft. In diesem Fall ist auch der zu erwartende Ertragsausfall aufgrund der ausstehenden Reparatur nicht bei der Kaufpreisbemessung berücksichtigt, denn bei einem Verkauf zum Zweck der Abwrackung ist auszuschließen, dass der Käufer das Schiff repariert. 1

B. Erläuterung der Klausel

Verkauft der VN das Schiff vor der Durchführung der Reparaturen zu einem anderem Zweck als der Abwrackung, wird der **Ertragsausfall fiktiv berechnet und ersetzt. Dabei gelten die Ziff. 70 ff. uneingeschränkt.** Der Ertragsausfallschaden ist demnach nach Ziff. 74 festzustellen und der Versicherer kann nach Ziff. 75 verlangen, dass Reparaturangebote eingeholt werden. Der Selbstbehalt (Ziff. 73) kommt zur Anwendung. Hingegen kommt Ziff. 76, soweit nicht bereits außerordentliche Aufwendungen getätigt worden sind oder im Zusammenhang mit dem Verkauf getätigt werden, nicht zur Anwendung. Parallele Reederarbeiten und die Anreisezeit in diesem Zusammenhang sind nach Ziff. 77, 78 zu behandeln. Zwar stellt Ziff. 77 auf die tatsächliche parallele Ausführung von nicht die Ertragsausfalldeckung auslösenden Reparaturen ab. Für Ziff. 81 ist es aber ausreichend, dass Reederarbeiten i.S.v. Ziff. 77 anstanden und nach dem gewöhnlichen Verlauf der Dinge parallel durchgeführt worden wären. Ertragsausfälle nach Reparaturende (Ziff. 79) werden im Fall eines Verkaufes nicht ersetzt, da in diesen Fällen auszuschließen ist, dass das Schiff die Beschäftigung unter einem Fracht- oder Mietvertrag des VN aufnimmt. Kein Ertragsausfall ist gem. Ziff. 80.1 zu ersetzen, wenn die Veräußerung nach Ablauf der Ausschlussfrist von zwei Jahren erfolgt. Erfolgt der Verkauf nach Ablauf des Versicherungsvertrages aber vor Ablauf der Ausschlussfrist gilt Ziff. 80.2. 2

Ziff. 81 stellt auf den „*Verkauf*“ ab, die Ziff. 53 und Ziff. 62.8 auf die „*Veräußerung*“. In beiden Fällen geht es um die **rechtsgeschäftliche Übertragung des Eigentümerinteresses.**[1] 3

[1] *Ritter/Abraham* § 50 Anm. 3.

4 Ziff. 81 kommt nur dann zur Anwendung, wenn das Schiff **nicht zum Zweck der Abwrackung** verkauft wird. Wird das Schiff zum Zweck der Abwrackung verkauft, hat der VN keinen Anspruch auf Ersatz des fiktiven Ertragsausfalls nach Ziff. 81. Verkauft der VN an einen Abwracker oder weiß der VN aus anderen Gründen, dass der Käufer das Schiff abwracken will, greift Ziff. 81 nicht. Andere Beweggründe als der Verkauf zum Zweck der Abwrackung sind unschädlich.

C. Beweislast

5 Der **VN** ist **beweisbelastet.** Er hat den nicht zum Zwecke der Abwrackung getätigten Verkauf ebenso wie die fiktive Reparaturdauer, für die er Ersatz begehrt, zu beweisen.

D. Rechtsvergleichende Hinweise

6 Der **Nordic Plan** enthält **keine der Ziff. 81 entsprechende Regelung.** Anders noch der Norwegian Marine Insurance Plan in der Version von 1996 in § 16-5 Abs. 2. § 16-5 Abs. 2 ist nicht beibehalten worden, da es nach norwegischer Ansicht regelmäßig auf Seiten des Käufers eines unreparierten Schiffes zu keinem Ertragsausfall kommt.[2] Deshalb ist entschieden worden, die Bestimmung ersatzlos zu streichen und im Fall eines Verkaufes dem VN nur dann Ertragsausfall (und gegebenenfalls Zinsen) zukommen zu lassen, wenn dieser das Schiff im Zusammenhang mit der Veräußerung repariert (vgl. Clause 16-15). Die Deckung unter dem Nordic Plan ist folglich hier enger als die unter den DTV-ADS 2009.

Fünfter Abschnitt: Minenklausel (soweit vereinbart)

82 Minenklausel

82.1 Im Sinne dieser Klausel sind

82.1.1 Kriegsereignisse: Krieg, Bürgerkrieg und kriegsähnliche Ereignisse;

82.1.2 Kriegswerkzeuge: Minen, Torpedos, Kriegsmunition und anderes explosives Kriegsmaterial sowie Sperren und Hindernisse, die anlässlich eines Krieges, Bürgerkrieges oder kriegsähnlicher Ereignisse verwendet oder errichtet wurden.

82.2 Der Versicherer leistet Ersatz für Schäden, verursacht durch Kriegswerkzeuge, die als Folge eines beendeten Kriegsereignisses vorhanden sind.

82.3 Der Versicherer leistet keinen Ersatz für Schäden, die sich aus der Verwendung von Kriegswerkzeugen während eines noch nicht beendeten Kriegsereignisses ergeben.

82.4 Treten die in Ziff. 82.2 und 82.3 genannten Gefahren in einer bestimmten Region auf, so kann der Versicherer diese betreffende Gefahr für diese Region (Sperrzone) durch Erklärung gegenüber dem Versicherungsnehmer mit einer Frist von 14 Tagen ausschließen. Der Versicherungsnehmer kann daraufhin den gesamten Vertrag mit einer Frist von einer Woche schriftlich kündigen.

---

[2] *Commentary* 381.

Die Erklärung des führenden Versicherers gilt gleichzeitig für alle Mitbeteiligten. Eine Erklärung des Versicherers gegenüber dem Makler gilt als gegenüber dem Versicherungsnehmer ausgesprochene Erklärung.

82.5 Für die Anwendung der Klausel gilt hinsichtlich der Schadenursache der Grundsatz der überwiegenden Wahrscheinlichkeit.

82.6 Soweit durch diese Police versicherte Gefahren dem Grunde oder der Höhe nach durch eine andere Versicherung gedeckt sind, leistet der Versicherer dieser Police keinen Ersatz.

82.7 Prämien und Bedingungen für Fahrzeuge und Geräte im Spezialeinsatz in Gewässern, die von Kriegswerkzeugen gemäß Ziff. 82.1.2 nicht geräumt sind, werden von Fall zu Fall vereinbart.

82.8 Sperrzonen werden im Anhang zur Police aufgeführt.

82.9 Die Ziffern 54 bis 57 und 60 bis 66 des Zweiten Abschnitts finden auf die Deckung unter der Minenklausel entsprechende Anwendung.

Übersicht

A. Einführung

I. Allgemeines

1 Ziff. 82 enthält die sog. Minenklausel, die unter geringen Änderungen den Wortlaut der DTV-Minenklausel 1989 in der Fassung von 2004 übernimmt. Abweichend zu der DTV-Minenklausel listet die Klausel selbst nicht die Sperrgebiete auf, sondern verweist auf einen gesonderten Anhang (Ziff. 82.8). Zusätzlich wurde in Ziff. 82.9 ein Hinweis auf die Geltung der Bestimmungen der Kaskoversicherung – ausgenommen die Ziff. 58 (maschinelle Einrichtungen) und Ziff. 59 (Konstruktionsfehler etc.) – aufgenommen.

II. Minenklausel

2 Die Minenklausel in Ziff. 82 kann als Baustein entweder zusätzlich zu der Kaskoversicherung oder eigenständig vereinbart werden. Sie stellt keinen reinen Wiedereinschluss einer in der Kaskoversicherung ausgeschlossenen Gefahr dar, weil sie zahlreiche eigene, die Kaskoversicherung abändernde und ergänzende Bestimmungen enthält.[1] In der Praxis wird sie selten allein, sondern weit überwiegend zusätzlich zu der Kaskoversicherung vereinbart.

[1] *Schwampe* Seekaskoversicherung Anhang Klausel 16 – DTV-Minenklausel Rn. 1; a.A. *von Fürstenwerth* Versicherung des Kriegsrisikos 18.

B. Definitionen

I. Kriegsereignisse

3 Kriegsereignisse sind Krieg, Bürgerkrieg und kriegsähnliche Ereignisse. Zur Definition der einzelnen Begriffe siehe Ziff. 35 Rn. 2 f.

II. Kriegswerkzeuge

1. Minen, Torpedos, Kriegsmunition

4 Diese Begriffe stellen eine beispielhafte Auflistung von explosiven Kriegsmaterial dar. Insoweit bedarf es keiner Abgrenzung dieser Kriegswerkzeuge. Ebenfalls unter die Kategorie Kriegswerkzeuge fallen alle Explosivstoffe, sofern sie Kriegsmaterial darstellen. Das ist der Fall, wenn das explosive Material Kriegszwecken dient. Es kann sich dabei Explosivmaterial handeln, das von vornherein zum Einsatz im Krieg bestimmt ist, als auch um solches, was grundsätzlich zivilen Zwecken dient, aber konkret zu Kriegszwecken verwendet wird.

2. Sperren und Hindernisse

5 Während durch eine Sperre eine Reisestrecke unpassierbar wird, erschwert ein Hindernis eine ansonsten mögliche Passage. Da beide Begriffe grundsätzlich der Kategorie Kriegswerkzeuge zugeordnet werden, bedarf es keiner Abgrenzung. Allerdings sind Sperren und Hindernisse nicht immer, sondern nur dann Kriegswerkzeuge i.S. der Klausel, wenn sie anlässlich eines Kriegsereignisses verwendet oder errichtet wurden. Die Errichtung erfordert, dass die Sperre oder das Hindernis geschaffen wird. Dagegen genügt es für die Verwendung, dass eine bereits bestehende Sperre oder ein Hindernis genutzt wird.[2]

6 Für die Errichtung oder Verwendung muss ein Kriegsereignis kausal sein („anlässlich"). Kommen sowohl versicherte als auch unversicherte Ursachen in Frage, dann muss das Kriegsereignis causa proxima sein.

C. Versicherte Gefahren

7 Nach Ziff. 82.2 besteht Versicherungsschutz für Schäden verursacht durch Kriegswerkzeuge, die als Folge eines beendeten Kriegsereignisses vorhanden sind. Für die Definitionen des Kriegsereignisses und des Kriegswerkzeugs siehe Rn. 3 f.

8 Der Versicherungsschutz ist auf Gefahren beschränkt, die sich aus beendeten Kriegsereignissen ergeben. Die Feststellung, wann ein Kriegsereignis beendet ist, ist äußerst schwierig, weil es in der modernen Zeit regelmäßig an einem Friedensvertrag oder einer Kapitulationserklärung einer der Parteien fehlt. Soweit nicht eine Partei vollständig zerstört wird, dann besteht heutzutage das Kriegsende zumeist in einem Zustand einer dauerhaften Besetzung bei der keine weiteren Kampfhandlungen konkret geplant sind. Im Ergebnis wird dies im Einzelfall anhand des konkreten Kriegszustandes zu prüfen sein.

---

[2] *Schwampe* Seekaskoversicherung Anhang Klausel 16 – DTV-Minenklausel Rn. 5.

Der Schaden muss durch das Vorhandensein des Kriegswerkzeuges verursacht sein. Vorhandensein im Sinne der Klausel setzt in Abgrenzung zu Ziff. 82.3 voraus, dass das Kriegswerkzeug nicht verwendet wird, es also den Schaden durch seine Existenz, sein schlichtes „Da-Sein“,[3] herbeiführt hat. Nicht gedeckt sind demgegenüber Schäden durch die Verwendung (Ziff. 82.3) oder das Vorhandensein von Kriegswerkzeugen bei nicht beendeten Kriegsereignissen und Schäden durch die Verwendung von Kriegswerkzeugen bei beendeten Kriegsereignissen.[4] 9

D. Nichtversicherte Gefahren

Gemäß Ziff. 82.3 sind Schäden durch die Verwendung von Kriegswerkzeugen während nicht beendeter Kriegsereignisse ausgeschlossen. Diese Bestimmung dient der Klarstellung, dass allein Schäden durch vorhandene Kriegswerkzeuge nach Beendigung des Krieges gedeckt sind, was sich allerdings bereits aus Ziff. 82.2 ergibt. 10

E. Geographischer Gefahrenausschluss

I. Teilkündigungsrecht des VR

Ziff. 82.4 bestimmt ein Teilkündigungsrecht des VR. Voraussetzung ist, dass in bestimmten Regionen, eine unter der Minenklauseln versicherte oder unversicherte Gefahr auftritt. Schließt der VR die Region vom Versicherungsschutz durch entsprechende Erklärung aus, wird die Region zur Sperrzone. Ein Anschlusskündigungsrecht wie bei der Kündigung des VR wegen Gewalthandlungen und Piraterie (Ziff. 37.3) hat der VN unter der Minenklausel nicht. Bis zum Ablauf der 14-tägigen Kündigungsfrist bleibt der Versicherer im Risiko. 11

II. Wirkung der Kündigung des führenden Versicherers

Die Führungsklausel in Ziff. 82.4 Abs. 2 S. 1 räumt dem VR Vollmacht zur Kündigung mit Wirkung auch für die Mitversicherer ein. Ein ausdrückliches Handeln des VR auch im Namen der Mitversicherer bedarf es nicht. Die Kündigung wirkt auch dann für alle Mitversicherer, wenn der Führende Versicherer nur in eigenem Namen handelt.[5] Ist die Minenklausel als Baustein zu der Kaskoversicherung der DTV-ADS 2009 genommen, dann gilt die Führungsklausel der Kaskoversicherung ergänzend. Die Besonderheiten der Führungsklausel in Ziff. 82.4 Abs. 2 S. 1 bleiben auf die Minendeckung beschränkt. 12

Ziff. 82.4 Abs. 2 S. 1 bestimmt zusätzlich eine Empfangsvollmacht des Maklers für den VN. Sie wirkt allerdings nur für die Minenklausel, auch wenn die Kaskoversicherung der DTV-ADS 2009 genommen ist. 13

---

[3] *Schwampe* Seekaskoversicherung Anhang Klausel 16 – DTV-Minenklausel Rn. 8.

[4] *Schwampe* Seekaskoversicherung Anhang Klausel 16 – DTV-Minenklausel Rn. 10.

[5] *Schwampe* Seekaskoversicherung Anhang Klausel 16 DTV Minenklausel Rn. 13.

F. Beweislast

14 Der VN hat die Entstehung des Schadens durch eine gedeckte Gefahr zu beweisen. Er muss also zunächst beweisen, dass ein Kriegsereignis vorgelegen hat, dass dieses zum Zeitpunkt des Schadenseintritts beendet war und dass der Schaden durch ein Kriegswerkzeug entstanden ist, das nur vorhanden war, aber nicht verwendet wurde. Bei einem Minenschaden obliegt es also dem VN, zu beweisen, dass es sich um eine alte Mine handelt.[6]

15 Der VN muss allerdings nicht den Vollbeweis führen, sondern ihm steht die Beweisregel in Ziff. 82.5 zur Verfügung. Diese folgt dem Grundsatz der überwiegenden Wahrscheinlichkeit der Schadenursache nach § 287 ZPO.[7] Danach hat der VN nur beweisen, dass die von ihm behauptete versicherte Schadenursache wahrscheinlicher als jede andere Ursache ist. Bei Ziff. 82.5 handelt sich um eine Beweisregel, nicht um eine Kausalitätsregel. Die unter den DTV-ADS 2009, damit auch für die Minenklausel, anwendbare Kausalitätsregel von der causa-proxima bleibt unverändert anwendbar. Es geht nicht um die wahrscheinlichste mehrerer mitwirkender Ursachen, sondern darum, mit Hilfe der Beweiserleichterung die wirksamste Ursache festzustellen.[8]

G. Subsidiarität

16 Nach der Subsidiaritätsklausel in Ziff. 82.6 tritt die Deckung der Minenklausel gegenüber anderen Versicherungen zurück. Voraussetzung ist, dass die anderen Versicherungen dem Grunde oder der Höhe nach versichern, was auch unter der Minenklausel gedeckt ist. Eine solche andere Versicherung kann die Kriegsversicherung nach dem sechsten Abschnitt der DTV-ADS 2009 oder eine ausländische Minenklausel bzw. Kriegsversicherung (z.B. Institute War and Strikes Clauses) sein. Dies bedeutet jedoch nicht, dass die andere Versicherung immer Vorrang vor der Minenklausel hat. Insoweit ist entscheidend, ob die andere Versicherung ebenfalls eine Subsidiaritätsklausel beinhaltet und wie diese ausgestaltet ist. Beispielsweise setzt sich die weitergehende Subsidiaritätsklausel in cl. 5.4 der Institute War and Strikes Clauses gegenüber der Subsidiaritätsklausel in Ziff. 82.6 durch.

H. Spezialeinsätze

17 Nach Ziff. 82.7 sollen Fahrzeuge und Geräte im Spezialeinsatz in nicht minenfreien Gewässern nur aufgrund besonderer Vereinbarung von Prämien und Bedingungen versichert werden. Weder die Minenklausel noch die DTV-ADS 2009 verwenden den Ausdruck „Fahrzeuge oder Geräte“. Gemeint sind solche Fahrzeuge oder Geräte, für die der Vertrag abgeschlossen wird.

18 Spezialeinsatz i.S. der Klausel ist der Einsatz eines Fahrzeuges oder Geräts in verminten Gewässern. Aus der Gestaltung der Klausel lässt sich schließen, dass nicht die spezielle Verwendung des Fahrzeugs gemeint ist. Vielmehr lassen bereits die äußeren Umstände in Form des nicht von Kriegswerkzeugen geräumten Gewässers den Einsatz speziell werden.[9]

---

[6] *Enge/Schwampe* Transportversicherung S. 359.
[7] *Enge/Schwampe* Transportversicherung S. 359.
[8] *Schwampe* Seekaskoversicherung Anhang Klausel 16 – DTV-Minenklausel Rn. 15.
[9] **A.A.** *Schwampe* Seekaskoversicherung Anhang Klausel 16 – DTV-Minenklausel Rn. 20.

Nicht geräumte Gewässer sind solche, in denen eine Räumung von Kriegswerkzeugen grundsätzlich in Betracht kommt und angezeigt ist, aber bislang nicht vorgenommen wurde.[10]

I. Sperrzonen

Ziff. 82.8 meint Sperrzonen, die vom VR mit Abschluss des Versicherungsvertrages festgelegt wurden. Der Begriff Sperrzone wird in Ziff. 82.4 bestimmt. Danach sind Sperrzonen solche Zonen, die der Versicherer gegenüber dem VN von der Deckung ausgeschlossen hat. Es handelt sich insoweit um eine Begrenzung des geographischen Deckungsbereichs. Anders als in Ziff. 82.4 sind die Sperrzonen ausgeschlossen, ohne das es einer Erklärung des VR bedarf. Welche Sperrzonen vereinbart sind, wird in einem gesonderten Anhang zu der Versicherungspolice festgehalten. **19**

Sechster Abschnitt: Kriegsversicherung (soweit vereinbart)

83 Geltungsbereich

83.1 Die Versicherung gilt für weltweite Fahrt, jedoch unter Ausschluss von Reisen von oder nach oder durch die im Anhang zur Versicherungspolice aufgeführten ausgeschlossenen Gebiete.

83.2 Für die im Anhang zur Police aufgeführten Gebiete besteht Versicherungsschutz nach den von Fall zu Fall gesondert zu vereinbarenden Bedingungen und Prämien, wenn der Versicherungsnehmer eine in oder durch ein solches Gebiet führende Reise dem Versicherer unverzüglich vor Reiseantritt anzeigt.

Übersicht

A. Einführung

I. Allgemeines

1 Ziff. 83 regelt das geltende Fahrtgebiet der Kriegsversicherung. Die Kriegsversicherung kann als Baustein zusätzlich zu der Kaskoversicherung im zweiten Abschnitt der DTV-ADS 2009 oder isoliert zu einer anderen Kaskoversicherung, etwa den englischen Institute Time Clauses – Hull, genommen werden.

---

[10] *Schwampe* Seekaskoversicherung Anhang Klausel 16 – DTV-Minenklausel Rn. 20.

II. Kriegsversicherung

2 Mit der Kriegsversicherung bestehen erstmals seit dem Zweiten Weltkrieg wieder Verbandsbedingungen für die Kriegskaskoversicherung in der Seeschifffahrt. Lange Zeit sahen sich die deutschen Seekaskoversicherer wegen der Kumulgefahr nicht in der Lage, einen Schutz gegen das voll Kriegsrisiko zu gewähren.[1] Ein erster Ansatz zur Deckung von Kriegsrisiken unter Verbandsbedingungen erfolgte durch die DTV-Minenklauseln 1989 zuletzt in der Fassung von 2004, die Schäden aus dem Vorhandensein von Minen oder anderen Kriegswerkzeugen als Folge eines vergangenen Krieges in den Versicherungsschutz der Kaskoversicherung versichern. Den Versicherungsschutz allein gegen das Minenrisiko bieten auch die DTV-ADS 2009 in der optional zu vereinbaren Minenklausel im Fünften Abschnitt. Mit dem Abschluss der Kriegsversicherung besteht kein Bedarf einer Deckung nach der Minenklausel, weil die Kriegsversicherung das Minenrisiko einschließt.

B. Geltungsbereich

I. Geographischer Ausschluss

3 Nach Ziff. 83.1 gilt die Kriegsversicherung für weltweite Fahrt. Dies erscheint angemessen, da der weit überwiegende Teil der Welt friedlich ist. Vielmehr sind Kriege meist regional begrenzt. Der VR kann mit Abschluss der Kriegsversicherung bestimmte, besonders gefährdete Gebiete vom Versicherungsschutz ausschließen. Werden Gebiete ausgeschlossen, handelt es sich um eine Begrenzung des geographischen Deckungsbereichs. Welche Gebiete ausgeschlossen sind, wird in einem gesonderten Anhang zu der Versicherungspolice festgehalten.

II. Wiedereinschluss von Fall zu Fall

4 Nach Ziff. 83.2 können die gemäß Ziff. 83.1 ausgeschlossenen Gebiete wieder in den Versicherungsschutz eingeschlossen werden, wenn der VN die Fahrt des Schiffes in oder durch ein solches Gebiet vor Antritt der Seereise unverzüglich anzeigt. Der Versicherungsschutz gilt nicht für alle zukünftigen Reisen in das Gebiet, sondern ausschließlich für die angezeigte Reise („von Fall zu Fall"). Der VR kann für die angezeigte Reise gesonderte Bedingungen und Prämie fordern. Zeigt der VN die Reise in das an sich ausgeschlossene Gebiet nicht an, dann besteht keine Deckung unter der Kriegsversicherung.

84 Versicherte Gefahren

84.1 Der Versicherer deckt Beschädigung von und Verlust des versicherten Schiffes, die entstanden sind durch:

84.1.1 Krieg, Bürgerkrieg, Revolution, Rebellion, Aufruhr und bürgerliche Unruhen, oder kriegerische Maßnahmen einer oder gegen eine kriegführende Macht sowie feindliche Verwendung von Kriegswerkzeug unabhängig vom Kriegszustand;

[1] *Enge/Schwampe* Transportversicherung S. 358.

84.1.2 Aufbringung, Beschlagnahme, Einziehung, Arrest oder Verfügung von legitimer oder angemaßter hoher Hand einschließlich aller sich daraus ergebenden Folgen und einschließlich aller darauf gerichteten Versuche, soweit nicht an anderer Stelle in diesen Bedingungen ausdrücklich mitversichert;

84.1.3 zurückgelassene Minen, Torpedos, Bomben oder andere zurückgelassene Kriegswaffen;

84.1.4 Streikende, ausgesperrte Arbeiter oder Personen, die an Arbeitskämpfen oder sonstigen nicht bereits in Ziff. 84.1.1 genannten zivilen Unruhen teilnehmen;

84.1.5 Terroristen oder sonstige Personen, die aus politischen Motiven oder mit dem Willen, Schaden zu verursachen, handeln;

84.1.6 Piraten. Wird das Schiff von Piraten für eine Zeit von mehr als 12 Monaten festgehalten, kann der Versicherungsnehmer die Versicherungssumme verlangen.

83.1.7 Detonation von Sprengstoffen oder Verwendung von Kriegswaffen durch böswillig handelnde Personen.

84.2 Das Schiff gilt als für den Versicherungsnehmer total verloren, wenn der die freie Verfügung über das Schiff für einen durchgehenden Zeitraum von mindestens 12 Monaten verloren hat aufgrund:

84.2.1 Beschlagnahme, Einziehung, Arrest, Verfügung von hoher Hand, Konfiszierung oder Enteignung,

84.2.2 Folgen einer Kriegshandlung oder Handlung zur nationalen Verteidigung, durch die das Schiff in einem Hafen, Kanal, Wasserweg oder sonstigem Zugang zur offenen See eingeschlossen ist.

Übersicht

A. Einführung

1 Ziff. 84.1 listet die in der Kriegsversicherung gedeckten Gefahren auf. Insoweit handelt es sich um eine Versicherung gegen benannten Gefahren. Die Aufzählung entspricht den Gefahren aus cl. 1 der englischen Institute War and Strike Clauses – Hulls Time (CL281) und ist ergänzt um weitere verwandte Risiken. Anders als unter den englischen Bedingungen ist auch Piraterie versichert.

B. Umfang der Versicherung

I. Versicherte Gefahren (Ziff. 84.1 DTV-ADS 2009)

2 In Ziff. 84.1 sind zunächst die üblichen Kriegsrisiken wie Krieg, Bürgerkrieg, Revolution, Rebellion, Aufruhr und bürgerliche Unruhen, oder kriegerische Maßnahmen einer oder gegen eine kriegführende Macht sowie feindliche Verwendung von Kriegswerkzeug unabhängig vom Kriegszustand versichert (84.1.1). Insoweit werden die in Ziff. 35.1.1

und 35.1.2 ausgeschlossenen Risiken durch die Kriegsversicherung wieder eingeschlossen (Ziff. 35.1.1, 35.1.2).

3 Daneben besteht in der Kriegsversicherung auch Versicherungsschutz für Aufbringung, Beschlagnahme, Einziehung, Arrest oder Verfügung von legitimer oder angemaßter hoher Hand einschließlich aller sich daraus ergebenden Folgen und einschließlich aller darauf gerichteten Versuche, soweit nicht an anderer Stelle in diesen Bedingungen ausdrücklich mitversichert (Ziff. 84.1.2). Die Kriegsversicherung schließt damit die in Ziff. 38.1 ausgeschlossenen Risiken wieder ein.

4 In der Kriegsversicherung sind die in Ziff. 35.1.3 ausgeschlossenen Gefahren von zurückgelassenen Minen, Torpedos, Bomben oder andere zurückgelassene Kriegswaffen versichert (Ziff. 84.1.3). Diese Risiken sind ebenfalls vom Versicherungsschutz der Minenklausel im fünften Abschnitt der DTV-ADS 2009 umfasst. Sind beide Versicherungen abgeschlossen, gelten die Bestimmungen der Minenklausel subsidiär (Ziff. 82.6).

5 Ebenfalls versichert sind Schäden verursacht durch streikende, ausgesperrte Arbeiter oder Personen, die an Arbeitskämpfen oder sonstigen nicht bereits in Ziff. 84.1.1 genannten zivilen Unruhen teilnehmen (Ziff. 84.1.4). Streik ist die gemeinsame, planmäßig durchgeführte Einstellung der Arbeit durch eine größere Anzahl von Arbeitnehmern innerhalb eines Betriebes oder eines Gewerbe- oder Berufszweigs zu einem bestimmten Kampfzweck, verbunden mit dem Willen, die Arbeit wieder fortzusetzen, wenn der Arbeitskampf beendet ist.[1] Aussperrung ist eine Maßnahme des Arbeitskampfes der Arbeitgeber, die darin besteht, das Arbeitsverhältnis mit dem Arbeitnehmer aufzuheben. Sie stellt keine Kündigung, sondern eine Suspendierung bis zum Ende des Arbeitskampfes dar.[2] Die Gefahren aus Ziff. 84.1.4 sind unter der Kaskoversicherung der DTV-ADS 2009 nicht ausgeschlossen. Doppelversicherung liegt dennoch nicht vor, weil die Kriegsversicherung wegen Ziff. 86.3 nur subsidiär gilt. Lediglich im Hinblick auf Arbeitsunruhen geht die Kriegsversicherung wegen der qualifizierten Subsidiaritätsklausel in Ziff. 37.1 vor.

6 Versicherungsschutz unter der Kriegsversicherung besteht auch für Terroristen oder sonstige Personen, die aus politischen Motiven oder mit dem Willen, Schaden zu verursachen, handeln (Ziff. 84.1.5). Für diese Gefahren besteht grundsätzlich auch Versicherungsschutz unter der Kaskoversicherung der DTV-ADS 2009. Wegen Ziff. 37.1 geht die Kriegsversicherung im Hinblick auf terroristische und politisch motivierte Gewalthandlungen vor. Dagegen besteht Versicherungsschutz unter der Kaskoversicherung für Handlungen von Personen mit dem Willen, Schaden zu verursachen, wegen Ziff. 86.3.

7 Die Kriegsversicherung deckt in Ziff. 84.1.6 die Gefahr der Piraterie, die durch Ziff. 35.1.4 grundsätzlich aus dem Versicherungsschutz herausgenommen ist. Ist die Gefahr der Piraterie nach Ziff. 35.1.4 S. 2 bereits in der Kaskoversicherung wieder eingeschlossen, dann gilt die Versicherung der Piraterie in der Kriegsversicherung wegen Ziff. 86.3 nur subsidiär. Wird das Schiff mehr als 12 Monate von Piraten festgehalten, kann der Versicherungsnehmer die Versicherungssumme verlangen.

8 Versicherungsschutz besteht in der Kriegsversicherung auch für die Detonation von Sprengstoffen oder Verwendung von Kriegswaffen durch böswillig handelnde Personen (Ziff. 84.1.7). Die Detonation unterscheidet sich von anderen Explosionsarten dadurch, dass die chemische Reaktion mit Überschallgeschwindigkeit im Sprengstoff abläuft, wodurch eine relativ große Knallerscheinung und Druckwelle erzeugt wird. Ist die Kasko-

---

[1] *Ehlers* Ziff. 2 Rn. 173.

[2] BAG Urteil v. 21.04.1971 NJW **1971** 1668.

versicherung der DTV-ADS 2009 ebenfalls genommen, dann gilt diese für die Gefahr der Detonation von Sprengstoffen vorrangig vor der Kriegsversicherung (Ziff. 86.3). Gleiches gilt für die böswillige Verwendung von Kriegswaffen. Diese Gefahr fällt nicht unter die Ausschlüsse der Kaskoversicherung.

II. Verlust der Verfügungsgewalt (Ziff. 84.2 DTV-ADS 2009)

Verliert der VN für mehr als zwölf Monate die Verfügungsgewalt über das Schiff aufgrund von Beschlagnahme, Einziehung, Arrest, Verfügung von hoher Hand, Konfiszierung oder Enteignung, Folgen einer Kriegshandlung oder Handlung zur nationalen Verteidigung, durch die das Schiff in einem Hafen, Kanal, Wasserweg oder sonstigem Zugang zur offenen See eingeschlossen ist, gilt das Schiff als für den VN verloren. 9

85 Entsprechende Anwendung von Bestimmungen des Zweiten Abschnitts

Die Ziffern 54 bis 57 und 60 bis 66 des Zweiten Abschnitts finden auf die Kriegsversicherung entsprechende Anwendung.

Die in Ziff. 85 angeführten Bestimmungen der Kaskoversicherung aus den DTV-ADS 2009 finden entsprechende Anwendung, d.h. sie sind auch dann analog anzuwenden, wenn nicht die Kaskoversicherung der DTV-ADS 2009, sondern eine andere Kaskoversicherung genommen wurde. Auf die Ausführungen zu den Bestimmungen kann verwiesen werden. 1

86 Besondere Ausschlüsse für die Kriegsversicherung

Unter die Versicherung fallen keine Schäden,

86.1 wenn und soweit sie verursacht worden sind durch:

86.1.1 jegliche Detonation jeglicher Kriegswaffe, die atomare oder nukleare Strahlung freisetzt, eine nukleare Reaktion erzeugt oder nuklear angetrieben ist (Nuklearwaffe);

86.1.2 Ausbruch eines Krieges, gleich ob förmlich erklärt oder nicht, zwischen einem oder mehreren der folgenden Staaten:

Großbritannien, Vereinigte Staaten von Amerika, Frankreich, Deutschland, Volksrepublik China sowie einem Mitgliedsstaat der Gemeinschaft unabhängiger Staaten;

86.1.3 Requirierung;

86.1.4 Aufbringung, Beschlagnahme, Einziehung, Arrest, Verfügung von hoher Hand, Konfiszierung oder Enteignung durch oder aufgrund einer Weisung einer öffentlichen Behörde des Staates, in welchem das Schiff registriert ist oder der Reeder seinen Sitz hat,

86.1.5 Aufbringung, Beschlagnahme, Einziehung, Arrest, Verfügung von hoher Hand, Konfiszierung oder Enteignung aufgrund von Quarantänebestimmungen oder aufgrund einer Verletzung von Zoll oder Handelsbestimmungen soweit nicht an anderer Stelle in diesen Bedingungen ausdrücklich mitversichert;

86.1.6 Maßnahmen der ordentlichen rechtlichen Gewalt, Nichtgestellung von Sicherheiten, Nichtbezahlung von Strafen oder irgendeinem finanziellen Grund,

86.2 wenn und soweit sie direkt oder indirekt verursacht sind oder in Zusammenhang stehen mit:

86.2.1 radioaktiver Strahlung oder radioaktiver Kontamination durch nukleare Brennstoffe oder nuklearen Abfall oder durch die Verbrennung von nuklearem Brennstoff;

86.2.2 radioaktiven, giftigen, explosiven oder anderweitig gefährlichen Eigenschaften einer nuklearen Einrichtung, eines nuklearen Reaktors oder sonstiger radioaktiver Materie;

86.2.3 jeglichen chemischen, biologischen, biochemischen, elektromagnetischen oder nuklearen oder atomaren Waffen.

86.3 wenn und soweit der Versicherungsnehmer Versicherungsschutz unter einer anderen Versicherung hat oder hätte, wenn diese Versicherung nicht bestehen würde.

1 Ausgeschlossen bleiben nach Ziff. 86.1.1 auch in der Kriegsversicherung die Schäden verursacht durch Nuklearwaffen, d.h. durch Detonationen jeglicher Kriegswaffen, die atomare oder nukleare Strahlung freisetzen, nukleare Reaktionen erzeugen oder nuklear angetrieben sind.

2 Gleichfalls ausgeschlossen ist der Krieg den Großmächten Großbritannien, USA, Frankreich, Deutschland, China sowie einem Mitgliedsstaat der Gemeinschaft unabhängiger Staaten (Ziff. 86.1.2).

3 Requirierung ist nach Ziff. 86.1.3 vom Versicherungsschutz ausgeschlossen.

4 Gemäß 86.1.4 sind Schäden durch Maßnahmen der öffentlichen Gewalt in Form von Aufbringung, Beschlagnahme, Einziehung, Arrest, Verfügung von hoher Hand, Konfiszierung oder Enteignung nicht versichert. Dieselben Maßnahmen vorgenommen von staatlichen Stellen aufgrund von Quarantäne-, Zoll- oder Handelsbestimmungen sind ebenfalls nicht gedeckt (Ziff. 86.1.5).

Ziff. 86.1.6 schließt Maßnahmen der ordentlichen rechtlichen Gewalt, Nichtgestellung von Sicherheiten, Nichtbezahlung von Strafen oder irgendeinem finanziellen Grund aus. Der Ausschluss für die Nichtgestellung von Sicherheiten betrifft grundsätzlich auch den Fall, dass der VR eine Sicherheit nach Ziff. 32 schuldet.

5 Ausgeschlossen sind Schäden im Zusammenhang mit radioaktiver Strahlung und jeglichen chemischen, biologischen, biochemischen, elektromagnetischen oder nuklearen oder atomaren Waffen (Ziff. 86.2).

Die Subsidiaritätsbestimmung in Ziff. 86.3 lässt die Kriegsversicherung hinter andere Versicherungen zurücktreten, die unter der Kriegsversicherung versicherte Gefahren ebenfalls decken.

87 Beendigung der Kriegsversicherung

87.1 Die Kriegsversicherung kann durch den Versicherer oder den Versicherungsnehmer jederzeit mit einer Frist von 7 Tagen gekündigt werden. Die Versicherung endet um 12 Uhr des siebten Tages, nach dem gekündigt wurde. Der Versicherer erklärt sich aber für den Fall der Kündigung durch ihn zur Fortsetzung der Versicherung einverstanden, wenn innerhalb der Kündigungsfrist eine neue Prämie und/oder neue Vertragsbedingungen für die Fortsetzung vereinbart sind.

87.2 Die Kriegsversicherung endet auch ohne Kündigung durch eine der Vertragsparteien automatisch bei Eintritt eines der folgenden Ereignisse:

87.2.1 bei Ausbruch eines Krieges, gleich ob förmlich erklärt oder nicht, zwischen einem oder mehreren der folgenden Staaten:

Großbritannien, Vereinigte Staaten von Amerika, Frankreich, Deutschland, China sowie einem Mitgliedsstaat der Gemeinschaft unabhängiger Staaten;

87.2.2 bei Requirierung des Schiffes.

Der VR kann gemäß Ziff. 87.1. die Kriegsversicherung mit einer Frist von 7 Tagen kündigen, nach Einigung mit dem VN allerdings unter geänderten Bedingungen fortsetzen. Dies entspricht der Verfahrensweise in der klassischen Kriegsversicherung. Die Kündigung der Kriegsversicherung geschieht zumeist dann, wenn sich die Lage in einer Region oder einem Gebiet bedrohlich verschlechtert hat. Bleibt der Konflikt regional begrenzt, dann wird die Kriegsversicherung unter Ausschluss der betroffenen Region oder/und einer erhöhten Mehrprämie fortgesetzt. 1

Bei einem Krieg zwischen den Großmächten Großbritannien, USA, Frankreich, Deutschland, China sowie einem der GUS-Staaten endet die Kriegsversicherung gemäß Ziff. 87.2.1 automatisch. Gleiches gilt, wenn eine Besatzungsmacht das Schiff zum Einsatz im Krieg requiriert (Ziff. 87.2.2). 2

88 Umfang der Haftung und besondere Regelungen für den Schadensfall

88.1 Der Versicherer kann nach Eintritt des Schadens vor Fälligkeit des Versicherungsanspruchs dem Versicherungsnehmer mitteilen, dass er sich durch Auszahlung der Versicherungssumme von allen weiteren Verbindlichkeiten befreit (Abandonerklärung).

88.2 Die Feststellung und Abwicklung eines Schadens unter dieser Versicherung hat in gleicher Weise zu erfolgen, wie dies im ersten und zweiten Abschnitt für die Kaskoversicherung bestimmt ist. Der Versicherer hat das Recht, in Bezug auf Schäden unter dieser Versicherung einen separaten Sachverständigen zu bestellen.

Nach Eintritt eines Schadens kann der VR gemäß Ziff. 88.1 die Kriegsversicherung durch Zahlung der Versicherungssumme abandonieren. Gemeint ist ein Schaden unter der Kriegsversicherung. Die Frist zur Abandonerklärung endet mit Fälligkeit der Entschädigungsforderung des VN, mithin frühestens einen Monat nach Vorlage einer Schadensrechnung samt Belegen durch den VN (Ziff. 48.2. S. 1).

Die Regelung in Ziff. 88.2 betont ausdrücklich die Anwendung der Bestimmungen zur Feststellung und Abwicklung des Schadens unter den Allgemeinen Vorschriften (Erster Abschnitt der DTV-ADS 2009) und der Kaskoversicherung, die im zweiten Abschnitt der DTV-ADS 2009 geregelt ist, die ohnehin wegen Ziff. 85 entsprechend anzuwenden sind. Der VR kann im Schadenfall einen eigenen Sachverständigen hinzuzuziehen.

Siebter Abschnitt: Schlussbestimmungen

89 Verjährung

Die Ansprüche aus dem Versicherungsverhältnisse verjähren in fünf Jahren. Die Verjährung beginnt mit dem Schluss des Jahres, in dem die Versicherung endigt oder die Verschollenheitsfrist abläuft.

Übersicht

A. Einführung

1 Ziff. 89 übernimmt den Wortlaut des § 48 ADS ohne Änderungen. Die Verjährungsfrist beträgt fünf Jahre. Insoweit weichen die DTV-ADS 2009 von der Regelverjährung des § 195 BGB (3 Jahre) ab.

B. Verjährung

I. Ansprüche aus dem Versicherungsvertrag

2 Unter dem Versicherungsverhältnis sind das durch Vertrag oder auf sonstige Weise entstandene Rechtsverhältnis des VN zum VR und seine Wirkungen zu verstehen.[1] Ansprüche aus dem Versicherungsverhältnis sind allerdings nur solche, die ihre rechtliche Grundlage in dem Versicherungsvertrag haben.[2] Hierzu zählen insbesondere Ansprüche des VR auf Prämie, Prämienzulagen, Zuschlagsprämie und Nebenkosten (z.B. Zinsen). Gemeint sind auch vertragliche Rückforderungsansprüche des VR aus nicht geschuldeter Entschädigung.[3] Diese verdrängen die gesetzlichen Rückforderungsansprüche des VR aus § 812 BGB,[4] die den Verjährungsfristen nach §§ 194 ff. BGB unterliegen. Erfasst von Ziff. 89 sind auch vertragliche Nebenansprüche des VR, insbesondere Schadensersatzansprüche wegen Nebenpflichtverletzung und Ansprüche auf Mitwirkung nach Rechtsübergang (Ziff. 50, 51); ebenso Ausgleichsansprüche im Falle von Doppelversicherungen.[5]

3 Gleichfalls unterliegen die Ansprüche des VN aus dem Versicherungsvertrag der Verjährung der Ziff. 89, insbesondere die Ansprüche auf Entschädigung, Ersatz von Aufwendungen und Kosten, Beiträge zur Havarie-grosse oder Gewinnbeteiligungen.[6] Erfasst sind auch die Ansprüche auf Aushändigung einer Police oder Schadenersatzansprüche wegen Nebenpflichtverletzung.

---

[1] BFHE 73 628; BStBl. III 1961 494.

[2] BGHZ 32 13; *Ritter/Abraham* § 48 Anm. 4; *Ehlers* Ziff. 24 Rn. 7 m.w.N.; **a.A.** Prölss/Martin/*Prölss* § 15 Rn. 5.

[3] *Ehlers* Ziff. 24 Rn. 8; Prölss/Martin/*Prölss* § 15 Rn. 5 m.w.N.

[4] BGH 18.09.1991 VersR **1991** 1357.

[5] *Ritter/Abraham* § 48 Anm. 3; *Ehlers* Ziff. 24 Rn. 7.

[6] *Ehlers* Ziff. 24 Rn. 7.

II. Verjährungsfrist von fünf Jahren

Die Ansprüche verjähren in fünf Jahren. Die Verjährungsfrist betrifft nur für bestehende Ansprüche; sie gilt nicht für Ansprüche, die z.B. wegen Versäumnis der Andienungsfrist (Ziff. 47) bereits erloschen sind. 4

III. Beginn der Verjährung

1. Ende der Versicherung

Die Verjährung beginnt mit dem Schluss des Jahres, in dem die Versicherung endigt. 5
Der Versicherungsvertrag endet gewöhnlich mit Zeitablauf, d.h. mit Ablauf der in Ziff. 9.1 vereinbarten Zeit. Die Versicherung kann aber auch vorzeitig durch die in Ziff. 9.3 aufgelisteten Fälle enden. Zu erwähnen sind insbesondere Veräußerung des Schiffes (Ziff. 53), Totalverlust oder gleichgestellte Fälle i.S. der Ziff. 60 sowie wirksam ausgeübte Kündigungsrechte der Parteien.

2. Ablauf der Verschollenheitsfrist

Bei Verschollenheit des Schiffes lässt sich das Ende der Versicherung nicht feststellen. 6
Für diesen Fall soll die Verjährung mit dem Schluss des Jahres beginnen, in dem die Verschollenheitsfrist (Ziff. 60.2.2) abläuft.

IV. Hemmung und Unterbrechung der Verjährung

Für die Hemmung und Unterbrechung der Verjährung gelten die §§ 203 ff. BGB. Die 7
Regelung des § 15 VVG gilt wegen § 209 VVG nicht. Insoweit ist die Verjährung nicht gehemmt, wenn der VN den Schaden anzeigt. Ebenfalls tritt keine Hemmung ein, wenn der VR die Zahlung verweigert.[7]

C. Beweislast

Erhebt eine der Parteien die Einrede der Verjährung, dann hat diese Partei den Beginn 8
und das Ende der Verjährung zu beweisen. Beruft sich eine der Parteien auf Hemmung oder Unterbrechung, dann ist diese insoweit beweispflichtig.

90 Anwendbares Recht

Das Versicherungsverhältnis unterliegt deutschem Recht.

Übersicht

[7] *Ritter/Abraham* § 48 Anm. 8.

A. Einführung

1 Wie bereits § 126 ADS bestimmt die Rechtswahlklausel in Ziff. 90, dass für das Versicherungsverhältnis deutsches Recht gilt. Anders als in § 126 S. 2 ADS fehlt der Zusatz, dass Vorschriften über die Transportversicherung keine Anwendung finden. Mit diesem Zusatz waren die bei Entstehung der ADS geltenden Vorschriften über das Seeversicherungsrecht in §§ 778 ff. HGB a.F. und über das Transportversicherungsrecht in §§ 129 ff. VVG a.F. gemeint. Diese Vorschriften waren dispositiv und konnten insoweit durch vertragliche Vereinbarung ausgeschlossen werden. Mit Wirkung der VVG-Reform zum 1. Januar 2008 sind die Vorschriften des Seeversicherungsrechts im HGB entfallen und des Transportversicherungsrechts neu in den §§ 130 ff. VVG geregelt. Die letztgenannten Vorschriften sind auch dispositiv, allerdings wegen § 209 VVG ohnehin auf die Seeschiffsversicherung nicht anzuwenden.

B. Anwendbares Recht

I. Deutsches Recht

2 Es gilt deutsches Recht. Hiervon sind grundsätzlich auch die Bestimmungen des VVG umfasst, welche jedoch gemäß § 209 VVG für die Gefahren der Seeversicherung und damit für die Seeschiffsversicherung keine Anwendung finden. Das VVG kann auch nicht herangezogen werden, um eine Frage zu entscheiden, die anhand der DTV-ADS 2009 nicht beantwortet werden kann.[1] Vielmehr ist insoweit auf das BGB zurückzugreifen, das als „lex generalis" den Rechtsverhältnissen zu DTV-ADS 2009 zugrunde liegt. Gleichfalls unterliegen die DTV-ADS 2009 als AVB dem Maßstab des AGB-Rechts (§§ 305 ff. BGB). Dies hat der BGH zu den ADS mehrfach entschieden.[2]

II. Ansprüche aus Versicherungsverhältnis

3 Ziff. 90 beschränkt die Wirkung der Rechtswahlklausel auf Ansprüche aus dem Versicherungsverhältnis. Welche Ansprüche hierzu zählen, ist unter Ziff. 89 Rn. 2 f. dargestellt.

91 Gerichtsstand

Für die Entscheidung von Streitigkeiten, die aus dem Versicherungsverhältnis entstehen, ist ausschließlich das Gericht zuständig, bei dem der Versicherer, bei Mitversicherung der führende Versicherer, seinen allgemeinen Gerichtsstand hat.

---

1 *Enge/Schwampe* Transportversicherung S. 40.
2 BGH 24.02.1986 VersR **1986** 696; BGHZ 77 88.

Schrifttum

Schwampe Die DTV-ADS – Neue Bedingungen für die Versicherung von Seeschiffen im deutschen Markt, VersR **2010** 1276; Zöller/Geimer/*Vollkommer* Zivilprozessordnung, 29. Auflage 2012.

Übersicht

A. Einführung

Ziff. 91 orientiert sich an der Gerichtsstandsvereinbarung in § 127 ADS. Zusätzlich aufgenommen wurde die Zuständigkeit des Gerichtsstandes des führenden Versicherers bei der Mitversicherung. Diese besteht in der Seeschiffsversicherung regelmäßig, was unter § 127 ADS zu dem Missstand einer Zuständigkeit verschiedener Gerichte führte, wenn die beteiligten Versicherer ihre Sitze im Zuständigkeitsbereich verschiedener Gerichte haben.[1] **1**

Nicht übernommen wurde die Regelung in § 127 S. 2 ADS, wonach zusätzlich den Gerichtsstand am Ort der Niederlassung zuständig ist, wenn der Vertrag durch die Niederlassung abgeschlossen wurde. Die Regelung hatte ihren Ursprung in § 48 VVG a.F., der auf die Vermittlungstätigkeit eines Versicherungsvertreters, insbesondere in welchem örtlichen Bereich dieser im Einzelfall vermittelnd tätig geworden ist, abstellte. Dadurch konnte der VN zwischen dem Gerichtsstand am Ort des VR und am Ort der Niederlassung wählen. Durch die VVG-Reform ist diese Vorschrift entfallen. Entsprechend bestand keine Veranlassung mehr, die Regelung des § 127 S. 2 ADS in die DTV-ADS 2009 zu übernehmen. **2**

B. Gerichtsstand

I. Gerichtsstand des Versicherers

Der allgemeine Gerichtstand des VR wird durch seinen Sitz bestimmt. Gemäß § 17 Abs. 1 S. 2 ZPO gilt als Sitz, wenn sich nichts anderes ergibt, der Ort, wo die Verwaltung geführt wird. Das für diesen Ort zuständige Gericht ist ausschließlich zuständig. Insbesondere kommen die besonderen Gerichtsstände nach §§ 20 ff. ZPO nicht in Frage. **3**

II. Streitigkeiten aus dem Versicherungsverhältnis

Streitigkeiten aus dem Versicherungsverhältnis meint alle mit der Begründung und Durchführung des Versicherungsverhältnisses verbundenen Streitigkeiten. Hierzu zählen nicht nur Klagen auf Erfüllung des Versicherungsvertrages oder wegen vertraglicher **4**

[1] *Schwampe* VersR **2010** 1276.

Nebenpflichten, sondern auch alle Klagen, die mit der Anbahnung oder (Rück-)Abwicklung des Versicherungsvertrages in Zusammenhang stehen. Dies meint auch Streitigkeiten, wenn der Versicherungsvertrag unwirksam oder nichtig ist. Eine Gerichtsstandsvereinbarung bleibt auch bei Nichtigkeit des Vertrages, der die Vereinbarung enthält, gültig.[2]

---

[2] BGH LM Nr. 4 zu § 38 ZPO; Zöller/Geimer/Vollkommer § 38 Rn. 8. m.w.N. **a.A.** *Ritter/Abraham* § 127 Anm. 4.

Allgemeine Bedingungen für die Versicherung von Flusskasko-Risiken 2008/2013 (AVB Flusskasko 2008/2013)

Schrifttum

Bremke/Gerhard Die AVB Flusskasko 2008 – Neuerungen und Änderungen im Überblick, TranspR **2008** 297; *Brunn* Erläuterungen zu den Allgemeinen Bedingungen für die Versicherung von Flusskasko-Risiken 1992 (1992); *ders.* Grundlagen und Probleme der Allgemeinen Bedingungen für die Versicherung von Flusskasko-Risiken, Vorträge zum Binnenschifffahrtsrecht (2003); *Gerhard* AVB Flusskasko 2008/2013. Und was macht der Markt? TranspR **2014** 361; *Jessen* Was ist ein

„Schiff"? VersR **2014** 670; *Lorenz* Der „Schiffahrtsunfall" i.S. des § 1 AVB-Flusskasko, VersR **1981**, 1001; *Schmidt* Grenzfälle frachtvertraglicher Haftung und ihre Versicherbarkeit – insbesondere bei Schub- und Schleppverträgen, VersR **2013** 418; *Schwampe* Die Bergung in der Transportversicherung, VersR 2007 177.

Vorbemerkungen zu den AVB Flusskasko 2008/2013

Übersicht

A. Entstehungsgeschichte

1 Bis ins Jahr 1992 wurden vom Deutschen Transportversicherungs-Verband DTV die „Allgemeinen Bedingungen für die Versicherungs-Police auf Kasko für die Schifffahrt auf Binnengewässern in der Fassung von 1986" (AVB Flusskasko 1986), die „Besonderen Bedingungen für die Flusskasko-Versicherung in der Fassung 1986" (BB Flusskasko 1986) und die „Klauseln für die Flusskasko-Versicherung 1985, Fassung 1986" (Klauseln Flusskasko 1986) empfohlen, die auf die Bedingungen und Klauseln aus den Vorkriegsjahren und zum Teil aus den 20er Jahren zurückgingen.[1] Zu Beginn der 90er Jahre wurden diese Bedingungen unter Berücksichtigung der dazu ergangenen Rechtsprechung, der für die Versicherung von Seeschiffen erstellten ADS 1919 und DTV-Kaskoklauseln 1978 sowie weiter unter Berücksichtigung von Maklerklauseln und Maklerpolicen überarbeitet.[2] Daraus entstanden die AVB Flusskasko 1992, die Grundlage der heutigen AVB Flusskasko 2008/2013[3] sind, sich teilweise sogar noch unverändert in diesen wiederfinden.

2 Eine erste Anpassung der AVB Flusskasko 1992 erfolgte aus wettbewerbsrechtlichen Gründen aufgrund der europäischen Gruppenfreistellungsverordnung 1992 (GVO 1992)[4] und führte zu den „AVB Flusskasko 1992 in der Fassung von 1994". Bei dieser Überarbeitung wurden insbesondere vielfältige Öffnungsklauseln („soweit nicht etwas anderes vereinbart ist") in die Bedingungen aufgenommen, um deren unverbindlichen Charakter zu unterstreichen.[5] Da es sich bei den AVB um Allgemeine Geschäftsbedingungen handelt und Individualvereinbarungen daher ohnehin ohne Weiteres vorgehen, zudem Ziff. 31.3 (auch schon in der Version der AVB Flusskasko 1992) ausdrücklich den Vorrang geschriebener Bedingungen und einzelner Klauseln vorsah, waren diese Öffnungsklauseln reine Kosmetik, die GVO 1992 verlangte sie aber (Art. 7 Abs. 1). Die der GVO 1992 nachfolgende GVO 2003[6] hob das Erfordernis des ausdrücklichen Hinweises auf die Möglichkeit einer anderweitigen Vereinbarung in den einzelnen Klauseln wieder auf. Aus den heutigen Bedingungen wurden die Öffnungsklauseln daher wieder entfernt.

---

1 *Brunn* Grundlagen und Probleme, 10 f.
2 *Brunn* Grundlagen und Probleme, 11.
3 http://www.tis-gdv.de/tis/bedingungen/avb/fluss/2537_2008_2013_AVB_Fluss.pdf.
4 Verordnung (EWG) Nr. 3932/92 der Kommission vom 21.12.1992, ABl. Nr. L 398 vom 31.12.1992, S. 7 ff.
5 *Brunn* Grundlagen und Probleme, 11; Thume/de la Motte/Ehlers/*Gerhard* Rn. 576.
6 Verordnung (EG) Nr. 358/2003 der Kommission vom 27.2.2003, ABl. Nr. L 53 vom 28.2.2003, S. 8 ff.

Zu einer weiteren Überarbeitung der AVB kam es dann für die AVB Flusskasko 2000; dabei wurden die Ziffern 4.7, 24 und 28 neu gefasst.[7] Später wurden die AVB Flusskasko 2000 auch in einer Fassung von 2004 angeboten. 3

Die VVG-Reform von 2007, die am 1.1.2008 in Kraft trat, machte eine erneute Überarbeitung der AVB Flusskasko 2000/2004 notwendig. Zunächst wurde durch den Gesamtverband der Deutschen Versicherungswirtschaft (GDV) eine Anpassung der AVB Flusskasko 2000/2004 an die VVG-Reform vorgenommen, die zu den „AVB Flusskasko 2000/2008" führte. Sodann sollten die AVB Flusskasko 2000 aber auch inhaltlich überarbeitet werden. Dies führte zu der Neufassung „AVB Flusskasko 2008",[8] die vom GDV alternativ zu den AVB Flusskasko 2000/2008 angeboten wurden.[9] 4

Die AVB Flusskasko 2008 wurden im Jahr 2013 in einer neuen Fassung veröffentlicht („AVB Flusskasko 2008 in der Fassung von 2013" oder „AVB Flusskasko 2008/2013"). Das sind die aktuellen Regeln. Die Änderungen von 2013 sind überschaubar. Im Wesentlichen ging es um die Integration der Donauklausel (in Ziffern 2, 8.1 und 24) und der Sanktionsklausel (in Ziff. 31 n.F.) sowie um die Reaktion auf den Aufsatz von Schmidt[10] zu Ziff. 4.8. 5

B. Verhältnis zum Gesetzesrecht

Die Binnenschiffkaskoversicherung ist gesetzlich in Kapitel 3 des Besonderen Teils (Teil 2) des VVG im Rahmen der Transportversicherung (§§ 130 ff. VVG) geregelt. Die Regelung umfasst die eigentliche Kaskoversicherung ebenso wie die typischerweise mitversicherten Ersatz-an-Dritte-Schäden (§ 130 Abs. 2 Satz 2 VVG). Die Bestimmungen sind, wie auch die Bestimmungen des Allgemeinen Teils des VVG (Teil 1), anwendbar, soweit sie nicht durch die AVB Flusskasko abbedungen werden. 6

Vorschriften des VVG, die die Vertragsfreiheit einschränken (etwa §§ 18, 32, 42, 87 VVG), finden gemäß § 210 Abs. 1 i.V.m. Abs. 2 Nr. 1 VVG keine Anwendung auf die Binnenschiffskaskoversicherung. Das betrifft halbzwingende ebenso wie beidseitig zwingende Vorschriften.[11] Flussschifffahrts-Kaskoversicherung und Binnensee-Kaskoversicherung sind gemäß Nr. 6 der Anlage Teil A zum Versicherungsaufsichtsgesetz VAG Großrisiken i.S.v. § 210 VVG, ebenso die Binnensee- und Flussschifffahrtshaftpflichtversicherung gemäß Nr. 12 der Anlage Teil A des VAG.[12] Eine AGB-Inhaltskontrolle nach den allgemeinen Regeln wird dadurch aber nicht ausgeschlossen. 7

Würden die AVB Flusskasko zur Grundlage eines Versicherungsverhältnisses gemacht, das nicht ein Großrisiko i.S.v. § 210 VVG ist, müssten sie sich hingegen an den zwingenden und halbzwingenden Vorschriften des VVG messen lassen. 8

Die AVB-Flusskasko-Bedingungen sind am Markt weit verbreitet.[13] 9

---

7 Thume/de la Motte/Ehlers/*Gerhard* Rn. 576.
8 *Bremke/Gerhard* TranspR **2008** 297.
9 Beckmann/Matusche-Beckmann/*Heiss/Trümper* § 38 Rn. 301.
10 *Schmidt* VersR **2013** 418 ff.
11 Prölss/Martin/*Klimke* § 210 VVG Rn. 7 (früher umstritten, dazu *Ehlers* TranspR **2006** 7, 8).
12 Genauer zum Verhältnis VVG/VAG *Ehlers* TranspR **2006** 7, 8.
13 Terbille/Höra/*Gercke/Gerhard*[3] § 11 Rn. 123.

1 Versicherter Gegenstand

1.1 Versichert ist das Schiff mit seinen maschinellen Einrichtungen, dem Zubehör und der Ausrüstung.

1.2 Einem Schiff sind gleichzusetzen: Baggereifahrzeuge, Krane, Elevatoren und alle sonstigen schwimmenden und beweglichen Anlagen und Geräte ähnlicher Art. Ausgenommen sind Luftkissenfahrzeuge.

1.3 Maschinelle Einrichtungen sind die Hauptantriebsanlage einschließlich Welle und Propeller, die Hilfsaggregate, Pumpen, Kühlanlagen und Decksmaschinen mit zugehörigen Einrichtungen.

1.4 Zubehör sind bewegliche Sachen, die, ohne Bestandteil des Schiffes zu sein, dem Betrieb des Schiffes dauernd zu dienen bestimmt sind und sich auf dem Schiff befinden, insbesondere das Inventar und das Mobilar.

Zubehör ist mitversichert, auch wenn es nicht Eigentum des VNs ist.

1.5 Ausrüstung sind die zum Betrieb des Schiffes erforderlichen zum Verbrauch bestimmten Gegenstände.

Übersicht

A. Einführung

I. Entstehungsgeschichte

1 Der Wortlaut von Ziff. 1 ist seit den AVB Flusskasko 1992 unverändert. In der Version der AVB Flusskasko 1986 war der versicherte Gegenstand noch nicht definiert.[1]

II. Inhalt und Zweck der Regelung

2 Der versicherte Gegenstand der Binnenkaskoversicherung wird in § 130 Abs. 2 VVG nicht definiert. Die AVB übernehmen die Aufgabe nur teilweise. Dabei weichen sie von dem ab, was Rechtsprechung und Lehre zu dem versicherten Gegenstand in § 130 Abs. 2 VVG herausgearbeitet haben.[2] Da der konkrete Gegenstand der Versicherung individuell vereinbart wird, kann der Zweck von Ziff. 1 sinnvollerweise nicht darin liegen, die Begriffe „Schiff" oder diesem „gleichzusetzende" Sache zu definieren (Ziff. 1.1 und 1.2), sondern nur darin, diese jeweilige Sachgesamtheit von dem abzugrenzen, was nicht zur Sachgesamtheit gehört (Ziff. 1.3, 1.4 und 1.5).

---

1 *Brunn* Erläuterungen Ziff. 1 Vorbemerkung.

2 Bruck/Möller/*Schwampe* § 130 VVG Rn. 66 f.; dazu auch unten Rn. 3 ff.

B. Erläuterungen

I. Schiff (Ziff. 1.1) und gleichzusetzende Sachen (Ziff. 1.2)

1. Verhältnis zu § 130 Abs. 2 VVG

Nach der zum Gesetzesrecht (§ 130 Abs. 2 VVG) entwickelten Dogmatik und heute als „verfestigte Rechtsanschauung" geltenden Definition sind Schiffe schwimmfähige Hohlkörper von nicht ganz unbedeutender Größe, die fähig und dazu bestimmt sind, auf oder unter dem Wasser fortbewegt zu werden und dabei Personen oder Sachen zu tragen.[3] Das Schiff ist dabei eine Sachgesamtheit einschließlich aller wesentlichen und nicht wesentlichen Bestandteile.[4] 3

Gemäß Ziff. 1.1 gehören ausdrücklich auch die maschinellen Einrichtungen sowie das Zubehör und die Ausrüstung zu dieser Sachgesamtheit. Diese drei Begriffe werden in den folgenden Absätzen der Vorschrift näher definiert. Dabei dürften maschinelle Einrichtungen in der Regel Bestandteile des Schiffs sein, während die Ausrüstung sich vom Zubehör dadurch unterscheidet, dass sie zum Verbrauch bestimmt ist. Das Zubehör ist nach dem Gesetz kein Bestandteil (§ 97 Abs. 1 Satz 1 BGB). 4

Grundsätzlich gilt die Dogmatik zu § 130 Abs. 2 VVG auch dann, wenn die AVB Flusskasko Vertragsbestandteil sind. Nach einer Auffassung soll die Definition im Versicherungsvertrag aber Vorrang haben, soll also durch AVB die Definition des Begriffs „Schiff" erfolgen können.[5] Daran ist richtig, dass VR und VN frei vereinbaren können, welcher Gegenstand versichert werden soll; den gesetzlichen Rahmen für ihre Vereinbarung können die Parteien aber nicht ändern. Nach richtiger Auffassung ist der gesetzliche Begriff des Schiffs der Parteivereinbarung daher nicht zugänglich.[6] Vereinbaren die Parteien die Versicherung eines Gegenstandes, der nicht „Schiff" im Sinne des § 130 Abs. 2 VVG oder im Sinne von Nr. 6 oder Nr. 12 der Anlage A zum VAG ist, sind diese Normen nicht anwendbar.[7] 5

Da die gesetzlichen Vorschriften keine eigene Definition enthalten, darf und sollte aber regelmäßig hinterfragt werden, inwieweit die oben erwähnte verfestigte Rechtsanschauung noch aktuell ist und den praktischen Bedürfnissen entspricht.[8] Um die Relevanz des Meinungsstreits zu verringern, ist außerdem bei der Auslegung der AVB im Zweifel davon auszugehen, dass die AVB im Einklang mit dem Gesetz stehen sollen. Letztlich kommt es auf die Definition in Ziff. 1.1 und 1.2 nicht entscheidend an, weil die zu versichernde Sache ohnehin in der Police konkret zu bezeichnen ist: Was in der Police steht, ist versichert. Für die Anwendbarkeit der gesetzlichen Vorschriften kommt es hingegen nur darauf an, ob der in der Police bezeichnete Gegenstand ein Schiff im Sinne der jeweiligen gesetzlichen Vorschrift ist. 6

---

[3] Bruck/Möller/*Schwampe* § 130 VVG Rn. 66 m.w.N.; Langheid/Wandt/*Kollatz* § 130 Rn. 19; zuletzt ausführlich *Jessen* VersR **2014** 670, 671 unter Berufung auf BGH 14.12.1951, NJW **1952** 1135 f.

[4] Bruck/Möller/*Schwampe* § 130 VVG Rn. 67; Prölss/Martin/*Koller* Ziff. 1 AVB Rn. 5; so wohl auch *Brunn* Erläuterungen Ziff. 1.1 und Thume/de la Motte/Ehlers/*Gerhard* Rn. 578.

[5] Prölss/Martin/*Koller* § 130 VVG Rn. 6 und Nr. 1 AVB Rn. 4.

[6] Bruck/Möller/*Schwampe* § 130 VVG Rn. 72.

[7] Bruck/Möller/*Schwampe* § 130 VVG Rn. 72.

[8] So etwa für das Definitionselement „Hohlkörper" *Jessen* VersR **2014** 670, 671.

2. Verhältnis zur CLNI

7 In Artikel 1 Abs. 2 Buchstabe b) des Straßburger Übereinkommens über die Beschränkung der Haftung in der Binnenschifffahrt (CLNI) vom 4. November 1988[9] – CLNI (1988) – werden als „Schiff" nur Binnenschiffe definiert, einschließlich Tragflächenboote, Fähren und Kleinfahrzeuge, nicht jedoch Luftkissenfahrzeuge; den Schiffen sollen Bagger, Kräne, Elevatoren und alle sonstigen schwimmenden und beweglichen Anlagen oder Geräte ähnlicher Art gleich stehen. Die Definition in Art. 1 Abs. 2 Buchstabe b) der CLNI 2012[10] ist fast gleichlautend, allerdings insoweit einschränkender, als ausdrücklich nur Schiffe erfasst sind, die „zum Erwerb durch Schifffahrt verwendet" werden.

8 An die Formulierung aus der CLNI(1988) lehnen sich die AVB an[11] Das ist aber nur die historische Erklärung für die Vorschrift. Für die Auslegung hat es weniger Bedeutung.

3. Bezeichnung in der Police

9 Den AVB lässt sich nicht entnehmen, dass die Definition in Ziff. 1 AVB Flusskasko den Begriff des Schiffs auf Binnenschiffe beschränke[12] oder gar auf zum Erwerb durch Schifffahrt verwendete Binnenschiffe. Da der versicherte Gegenstand in der Police allerdings ohnehin genau zu bezeichnen ist,[13] kommt es darauf in der Praxis nicht an; versichert ist zu den Bedingungen der AVB Flusskasko das in der Police bezeichnete Schiff. Ein VR kann also nicht unter Einbeziehung der AVB Flusskasko ein Schiff versichern und hinterher mit der Behauptung, es handele sich nicht um ein Binnenschiff oder werde nicht zum Erwerb durch Schifffahrt verwendet, deren Anwendbarkeit leugnen.

4. Gleichzusetzende Sachen

10 Ziff. 1.2 Satz 1 ist weitgehend deklaratorisch. Baggereifahrzeuge, Krane und Elevatoren sind, wie sich aus der Formulierung „und alle sonstigen schwimmenden Geräte und Anlagen" ergibt, in Ziff. 1.2 nur dann erfasst, wenn sie schwimmen. Es dürfte sich auch regelmäßig um Hohlkörper von nicht ganz unbedeutender Größe handeln, die fähig und dazu bestimmt sind, auf dem Wasser fortbewegt zu werden und dabei Sachen zu tragen.[14] Von dem Begriff „Schiff" des § 130 Abs. 2 VVG werden sie dann umfasst, ebenso von Nr. 6 und Nr. 12 der Anlage A zum VAG.

11 Auch die gemäß Ziff. 1.2 Satz 1 a.E. einem Schiff gleichzusetzenden „sonstigen schwimmenden und beweglichen Anlagen und Geräte ähnlicher Art" dürften größtenteils schon unter den Begriff „Schiff" im Sinne des § 130 VVG und der Anlage zum VAG fallen. Die Kriterien der Schwimmfähigkeit und der Fortbewegung sind per definitionem erfüllt. Das Kriterium der nicht ganz unbedeutenden Größe wird ebenfalls meist erfüllt sein und ließe sich aus den Worten „ähnlicher Art" als Voraussetzung ableiten, wenn man Kleinfahrzeuge nicht unter den Begriff „Schiff" fasst (dazu unten Rn. 15).

---

[9] BGBl. 1998 II S. 1643.

[10] Straßburger Übereinkommen von 2012 über die Beschränkung der Haftung in der Binnenschifffahrt vom 27. September 2012.

[11] *Brunn* Erläuterungen, Ziff. 1; Thume/de la Motte/Ehlers/*Gerhard* Rn. 580.

[12] So Prölss/Martin/*Koller* Nr. 1 Rn. 4; Thume/de la Motte/Ehlers/*Gerhard* Rn. 580; *Brunn* Grundlagen und Probleme, 12 f.

[13] *Brunn* Erläuterungen Ziff. 1 Vorbemerkung.

[14] Rechtsprechungsnachweise zu Schwimmkränen und Schwimmbaggern Bruck/Möller/*Schwampe* § 130 VVG Rn. 66.

Ob sich auch die Kriterien des Hohlkörpers und der Fähigkeit und Bestimmung, Personen oder Sachen zu tragen, aus den Worten „ähnlicher Art" als Voraussetzungen ablesen lassen, ist hingegen fraglich. Nach verbreiteter Auffassung sollen unter die in Ziff. 1.2 genannten „Anlagen" auch Bootsstege und Bootshäuser fallen und unter „Geräte" auch Hebeböcke und Landbagger auf Pontons.[15] Ob dies wirklich Anlagen und Geräte „ähnlicher Art" sind, kann allerdings bezweifelt werden. Um Schiffe im Sinne des § 130 Abs. 2 VVG und der Anlage zum VAG handelt es sich bei solchen Gegenständen in der Regel nicht. Das hätte zur Konsequenz, dass die Parteien, die für die Versicherung eines solchen Gegenstandes die AVB Flusskasko 2008 vereinbaren, zwar einen Versicherungsvertrag abschließen, aber keine Transportversicherung im Sinne der §§ 130 ff VVG[16] und möglicherweise keine Versicherung über ein Großrisiko im Sinne des § 210 VVG. Ziff. 1.2 ist je nach Auslegung der Worte „ähnlicher Art" entweder nur deklaratorisch zu verstehen (wenn man davon ausgeht, dass alle dort genannten Gegenstände insofern „ähnlicher Art" sein müssen, als dass sie unter den Begriff „Schiff" fallen wie er in § 130 Abs. 2 VVG und der Anlage zum VAG verwendet wird) oder als eine vertragliche Fiktion. Letztlich kommt es immer auf den in der Police konkret bezeichneten Gegenstand an. Wird die Geltung der AVB hinsichtlich eines Gegenstands vereinbart, der gemäß Ziff. 1.2 einem Schiff gleichzusetzen ist, der aber nicht unter die Definition eines Fluss- oder Binnenseeschiffs der Anlage zum VAG fällt, und wenn auch sonst keine Großrisikoversicherung im Sinne von § 210 VVG vorliegt, so sind die AVB zwar anwendbar, müssen sich in einem solchen Falle aber an den zwingenden und halbzwingenden Normen des VVG messen lassen. 12

In jedem Fall hat die Aufzählung in Ziff. 1.2 noch eine weitere Funktion durch die Verweisung in Ziff. 2.1 Abs. 2: Danach muss für die in Ziff. 1.2 aufgezählten Gegenstände – seien sie Schiffe im Sinne von VVG und VAG oder nur Schiffen gleichzusetzende Gegenstände – der Geltungsbereich des Versicherungsschutzes in der Police gesondert vereinbart werden. 13

5. Luftkissenfahrzeuge und Kleinfahrzeuge

Gemäß Ziff. 1.2 Satz 2 zählen Luftkissenfahrzeuge nicht zu den versicherten Gegenständen unter den AVB Flusskasko. Das geht auf Art. 1 Abs. 1 Buchstabe b) CLNI (1988) zurück. Auch insoweit gilt aber, dass ein VR, der ein Luftkissenfahrzeug versichert und dafür die AVB Flusskasko vereinbart, sich nicht hinterher darauf berufen kann, Luftkissenfahrzeuge seien gemäß Ziff. 1.2 Satz 2 ausgenommen; die Individualvereinbarung geht dann vor. 14

Umgekehrt verhält es sich mit „Kleinfahrzeugen". Diese sind zwar jedenfalls Schiffe im Sinne von Art. 1 Abs. 2 Buchstabe b) CLNI (1988), aber nicht ohne weiteres im Sinne des § 130 Abs. 2 VVG und der Anlage zum VAG. Solche „Kleinfahrzeuge" sollen von den AVB Flusskasko erfasst werden.[17] Das ist zweifelhaft, denn anders als in der CLNI werden sie von den AVB gerade nicht ausdrücklich erwähnt. Letztlich kommt es darauf nicht an, denn wenn die AVB Flusskasko in einem konkreten Fall für die Versicherung 15

[15] *Brunn* Erläuterungen Ziff. 1.2; Thume/de la Motte/Ehlers/*Gerhard* Rn. 581.

[16] Bruck/Möller/*Schwampe* § 130 VVG Rn. 71 f.; anders wohl Prölss/Martin/*Koller* Nr. 1 AVB Rn. 4; differenzierend danach, ob Schiffe „im Vordergrund stehen" *Ehlers* TranspR 2007 5, 11.

[17] Thume/de la Motte/Ehlers/*Gerhard* Rn. 580; Prölss/Martin/*Koller* Nr. 1 Rn. 4.

eines solchen Kleinfahrzeuges vereinbart werden und kein Großrisiko vorliegt, müssen sie sich jedenfalls an den zwingenden und halbzwingenden Bestimmungen des VVG messen lassen.

II. Maschinelle Einrichtungen (Ziff. 1.3)

16 Dass die maschinellen Einrichtungen des Schiffs mitversichert sind, ergibt sich aus Ziff. 1.1. Was unter „maschinelle Einrichtungen" zu verstehen ist, bestimmt Ziff. 1.3. Aufgezählt werden neben der Hauptantriebsanlage einschließlich Welle und Propeller auch die Hilfsaggregate, Pumpen, Kühlanlagen und Decksmaschinen mit den zugehörigen Einrichtungen. Die Definition ist Klausel 20.1 Satz 1 DTV-Kaskoklauseln 1978 nachgebildet und beschränkt sich wie die DTV-Kaskoklausel auf Oberbegriffe, um technische Entwicklungen zu berücksichtigen.[18] Umfasst sind auch die Rohrleitungen mit Armaturen, elektrische Kabel und Vorrats- oder Betriebstanks.[19]

17 Die maschinellen Einrichtungen dürften regelmäßig Bestandteile des Schiffs und als solche ohnehin mitversichert sein. Ziff. 1.3 dient daher zum einen der Klarstellung. Zum anderen hat Ziff. 1.3 aber auch als Bezugnahmepunkt für Ziff. 3.2.1.9 Bedeutung.

III. Zubehör (Ziff. 1.4)

18 Dass das Zubehör mitversichert ist, ergibt sich aus Ziff. 1.1. Was zum Zubehör gehört, ergibt sich aus Ziff. 1.4. Diese Bestimmung gibt inhaltlich § 97 Abs. 1 S. 1 BGB wieder[20] und hebt dabei das Inventar und Mobiliar noch hervor. Im Unterschied zu § 97 Abs. 1 S. 1 BGB heißt es in Ziff. 1.4 zwar nicht „in einem räumlichen Verhältnis", sondern „auf dem Schiff"; ein praktischer Unterschied ergibt sich daraus allerdings nicht.

19 Zum Zubehör zählen auf dem Schiff befindliche Boote, Anker, Ketten, Trossen, Lukendeckel, Karten, Radar, Funkgeräte und andere nautische Instrumente und Restaurationszubehör auf Fahrgastschiffen,[21] nicht aber die zum Verbrauch bestimmten Sachen.

20 Inventar und Mobiliar sind nur dann unter 1.4 fallendes Zubehör, wenn sie nicht ohnehin schon (wesentliche oder nicht wesentliche) Bestandteile des Schiffs sind, weil sie mit dem Schiff verbunden oder in das Schiff eingebaut sind.[22] Mobiliar und Inventar, die nicht Bestandteil des Schiffes sind, sind aber nur dann Zubehör, wenn sie dauernd dem Betrieb des Schiffs dienen[23] und nicht allein persönlichen oder privaten Zwecken;[24] die Formulierung „insbesondere das Inventar und das Mobiliar" bedeutet keine Erweiterung des Zubehörbegriffs.

21 Nicht zum Zubehör gehören die persönlichen Effekten der Besatzung, also die Gegenstände des persönlichen Bedarfs; sie können als Mannschaftseffekten nach besonderen AVB, den AVB Mannschaftseffekten 1994/2008,[25] versichert werden.[26]

---

[18] *Brunn* Erläuterungen Ziff. 1.3; Thume/de la Motte/Ehlers/*Gerhard* Rn. 583.

[19] Prölss/Martin/*Koller* Nr. 1 AVB Rn. 6.

[20] *Brunn* Erläuterungen Ziff. 1.4 AVB; Thume/de la Motte/Ehlers/*Gerhard* Rn. 584.

[21] Prölss/Martin/*Koller* Ziff. 1 AVB Rn. 7.

[22] *Brunn* Erläuterungen Ziff. 1.4 AVB.

[23] Prölss/Martin/*Koller* Ziff. 1 AVB Rn. 7; *Brunn* Erläuterungen Ziff. 1.4; Thume/de la Motte/Ehlers/*Gerhard* Rn. 585.

[24] *Brunn* Erläuterungen Ziff. 1.4; Thume/de la Motte/*Gerhard* Rn. 585.

[25] http://www.tis-gdv.de/tis/bedingungen/avb/fluss/325_mannschaftseffekte_2008.pdf

[26] *Brunn* Erläuterungen Ziff. 1.4; Prölss/Martin/*Koller* Ziff. 1 AVB Rn. 9; Thume/de la Motte/Ehlers/*Gerhard* Rn. 586.

Das Besondere an der Versicherung des Zubehörs ist, dass sie sich gemäß Ziff. 1.4 Abs. 2 auch auf Gegenstände erstreckt, die nicht im Eigentum des VNs stehen, z.B. auch auf unter Eigentumsvorbehalt gekaufte, geleaste oder sicherungsübereignete Gegenstände und Geräte.[27] 22

Für die Versicherung des Zubehörs dürften die § 130 ff. VVG auf den ersten Blick nur gelten, wenn und soweit die zu dieser gesetzlichen Norm entwickelte Definition des Schiffs das Zubehör umfasst. Dennoch erscheint es sachgerecht, den Versicherungsvertrag an dieser Stelle nicht auseinanderzureißen. Wenn die Versicherung sich auf ein Schiff im Sinne von § 130 Abs. 2 VVG bezieht, gelten die Vorschriften der Transportversicherung auch für die Zubehörgegenstände mit; insoweit ist die Ausgestaltung durch Parteivereinbarung zuzulassen.[28] 23

IV. Ausrüstung (Ziff. 1.5)

Aus Ziff. 1.1 ergibt sich, dass die Ausrüstung mitversichert ist; was zur Ausrüstung gehört, umschreibt Ziff. 1.5. Zum Betrieb des Schiffes erforderlich und zum Verbrauch bestimmt sind z.B. Brennstoffe, Öle, Proviant, bei Fahrgastschiffen auch die Speisen und Getränke für Passagiere.[29] 24

In der älteren Literatur war umstritten, ob auch zum Verkauf bestimmte Waren auf Fahrgastschiffen dazugehören, weil sie nicht für den Betrieb des Schiffs erforderlich seien.[30] In der neueren Literatur werden solche Waren zur Ausrüstung gezählt.[31] 25

Die Ausrüstung ist nur eingeschränkt versichert, Ziff. 3.1.1 Abs. 2. 26

2 Geltungsbereich und Fahrtgrenzen

2.1 Versicherungsschutz besteht auf allen europäischen Binnengewässern, sofern nicht im Schiffszeugnis oder -attest die Zulassung zum Verkehr eingeschränkt ist.

Für Gegenstände gemäß Ziff. 1.2 wird der Geltungsbereich in der Police vereinbart.

Fahrten auf der Donau und den damit in Verbindung stehenden Wasserstraßen bis zu den jeweiligen Schwarzmeerhäfen sind mitversichert.

Für Fahrten auf der Donau und den damit in Verbindung stehenden Wasserstraßen ab Bratislava gilt insbesondere Ziff. 8.1.

2.2 Wird eine auf bestimmte Fahrtgebiete eingeschränkte Verkehrszulassung des Schiffes, insbesondere durch Eintragung im Schiffszeugnis oder -attest, erweitert, so sind Überschreitungen der Fahrtgrenzen des bisherigen Geltungsbereichs nur dann versichert, wenn dies vor Reiseantritt vereinbart worden ist.

---

[27] *Brunn* Erläuterungen Ziff. 1.4 AVB; Thume/de la Motte/Ehlers/*Gerhard* Rn. 584.

[28] So wohl auch Bruck/Möller/*Schwampe* § 130 VVG Rn. 67.

[29] *Brunn* Erläuterungen Ziff. 1.5 AVB; Prölss/Martin/*Koller* Nr. 1 AVB Rn. 9; Thume/de la Motte/Ehlers/*Gerhard* Rn. 587.

[30] *Brunn* Erläuterungen Ziff. 1.5; anders aber jetzt Thume/de la Motte/Ehlers/*Brunn*[1] Rn. 429.

[31] Thume/de la Motte/Ehlers/*Gerhard* Rn. 587; in der Vorauflage Thume/de la Motte/*Brunn*[1] Rn. 429.

Übersicht

A. Einführung

I. Entstehungsgeschichte

1 Der Wortlaut von Ziff. 2.1 Abs. 1 und 4 und Ziff. 2.2 entspricht dem von Ziff. 2 AVB Flusskasko 1992. Zwischenzeitlich, in den AVB Flusskasko 2000, war in Ziff. 2.1 eine Öffnungsklausel eingefügt worden („soweit nicht etwas anderes vereinbart ist“); diese ist aber wieder entfallen. Die Regelung in den Besonderen Bedingungen Flusskasko 1986 war sowohl inhaltlich als auch systematisch eine andere.[1] Mit der Fassung der AVB Flusskasko 2008/2013 wurden in Ziff. 2.1 der zweite und dritte Absatz eingefügt.

II. Inhalt und Zweck der Regelung

2 Trotz der weiten Formulierung der Klausel kann ihr Zweck nur in einer Einschränkung des Versicherungsschutzes liegen, denn das Gesetzesrecht sieht in § 130 Abs. 2 VVG schlicht eine Versicherung „gegen die Gefahren der Binnenschifffahrt“ vor: Solche können auch auf außereuropäischen Binnengewässern außerhalb der Beschränkungen des Schiffzeugnisses oder -attests liegen. Dann sind sie aber nach den AVB nicht versichert.

3 Durch die erst mit der Fassung 2013 eingefügten Absätze 2 und 3 in Ziff. 2.1 soll die bislang bei Bedarf separat von den AVB zu vereinbarende, vom GDV als Zusatzklausel zur Verfügung gestellte DTV-Donauklausel in die AVB integriert werden;[2] die Donauklausel wird damit auf die Ziffern 2.1., 8.1 und 24 verteilt. Die in Ziff. 2 Abs. 1 der Donauklausel noch vorgesehene Anmeldepflicht von Fahrten auf der Donau ist dabei entfallen; sie wurde als obsolet angesehen, weil das Fahrtgebiet bei Vertragsschluss üblicherweise bekannt sei. Es ist allerdings sehr fraglich, ob es den Vertragsparteien in der Praxis wirklich bei Vertragsschluss bekannt ist.[3]

4 Nach allgemeiner Meinung handelt es sich bei der unter Ziff. 2.2 vorgesehenen, auf bestimmte Fahrtgebiete eingeschränkten Verkehrszulassung um eine objektive Risikobegrenzung, so dass die Regelung für Gefahränderungen (Ziff. 11.2) nicht anzuwenden ist.[4] Ziff. 2 ist insgesamt als objektive Risikobegrenzung anzusehen.

---

1 Dazu *Brunn* Erläuterungen Vorbemerkung zu Klausel 2.

2 Kritisch dazu *Gerhard* TranspR **2014** 361, 361 f.

3 *Gerhard* TranspR **2014** 361, 362.

4 *Brunn* Erläuterungen Ziff. 2.2; Thume/de la Motte/Ehlers/*Gerhard* Rn. 590; Prölss/Martin/*Koller* AVB Nr. 2 Rn. 2.

B. Erläuterungen der Bestimmung

I. „Geltungsbereich“

1. Für Schiffe, die nicht zu den in Ziff. 1.2 aufgezählten Sachen gehören (Ziff. 2.1 Absatz 1)

Mit „Geltungsbereich“ ist nicht der Geltungsbereich einer Norm gemeint, sondern das Fahrtgebiet, in dem Versicherungsschutz besteht. Es muss sich um europäische Binnengewässer handeln und das versicherte Schiff muss zum Verkehr auf dem Gewässer zugelassen sein. 5

a) **Europäische Gewässer.** Versicherungsschutz besteht grundsätzlich auf allen europäischen Binnengewässern. Das ist im Vergleich zu Ziff. 1 Besondere Bedingungen Flusskasko 1986 eine erhebliche Ausdehnung des Fahrtgebietes („Geltungsbereichs“).[5] Im Vergleich zum Gesetz bleibt es aber eine Einschränkung.[6] 6

Die Donau und die mit ihr in Verbindung stehenden Wasserstraßen sind europäische Gewässer, sie bedürfen daher keiner besonderen Erwähnung. Allerdings wird der Versicherungsschutz für Fahrten der Donau unterhalb von Bratislava nur eingeschränkt angeboten, und zwar mit Einschränkungen bei Gewässerverschmutzungen (Ziff. 8.1) und bei der Verpflichtung zu Sicherheitsleistungen (Ziff. 24). Zu diesem Zweck wurde zunächst die DTV-Donauklausel entwickelt, die Fahrten in dieses Gebiet außerdem anmeldepflichtig machte. Die DTV-Donauklausel gilt, wenn AVB Flusskasko 2000/2008 oder AVB Flusskasko 2008 in der Fassung von 2008 vereinbart sind, nur dann, wenn sie gesondert vereinbart wird. 7

Mit der Vereinbarung der AVB Flusskasko 2008/2013 soll eine gesonderte Vereinbarung obsolet gemacht werden, indem die Donauklausel in diese Fassung im Wesentlichen (aber ohne die Anmeldepflicht) integriert wird (Ziff. 8.1 und Ziff. 24). 8

b) **Binnengewässer.** Die seewärtigen Grenzen sind im Unterschied zu Ziff. 1 Besondere Bedingungen Flusskasko 1986 nicht definiert,[7] es gelten die allgemeinen Regeln.[8] 9

c) **Einschränkungen im Schiffszeugnis oder -attest.** Versicherungsschutz besteht nur, während das Schiff ein Gewässer befährt, für das es nach Schiffszeugnis/-attest zum Verkehr zugelassen ist. Gemeint ist das gemäß §§ 6, 7 Binnenschiff-Untersuchungsordnung ausgestellte Schiffszeugnis/-attest.[9] 10

In der Literatur wird an dieser Stelle auch darauf hingewiesen, dass beim Befahren von Binnengewässern, für die ein besonderes Patent erforderlich ist, ein entsprechender Patentinhaber an Bord sein müsse.[10] Das ist richtig, aber keine Frage des Fahrtgebietes („Geltungsbereichs“), sondern ausschließlich eine Frage der richtigen Bemannung (Ziff. 3.2.1.2). Das ist von Bedeutung für die Beweislastverteilung: Tritt ein Versicherungsfall innerhalb des versicherten Fahrtgebietes ein, aber fehlte ein dafür notwendiges Patent, so hat der Versicherungsnehmer den Ort des Eintritts des Versicherungsfalls zu beweisen, der Versicherer aber das Fehlen des Patents. 11

---

5 *Brunn* Erläuterungen Vorbemerkung zu Ziff. 2.

6 Siehe oben Rn. 2.

7 *Brunn* Erläuterungen Vorbemerkung zu Ziff. 2.

8 Dazu *Hartenstein* Binnenschifffahrtsrecht und Seeschifffahrtsrecht in: Kuhlen/Lorenz/Riedel/Schäfer/Schmidt/ Wiese Probleme des Binnenschifffahrtsrechts XIII (2013) 58; *Ramming* Hamburger Handbuch zum Binnenschifffahrtsrecht (2009) Rn. 14 ff.

9 Thume/de la Motte/Ehlers/*Gerhard* Rn. 588.

10 *Brunn* Erläuterungen Ziff. 21.; Prölss/Martin/*Koller* AVB Ziff. 2 Rn. 1.

2. Für Schiffen gleichzusetzende Anlagen und Geräte ähnlicher Art (Ziff. 2.1 Absatz 2)

12 Für die Gegenstände, die in Ziff. 1.2 aufgeführt sind, muss – unabhängig davon, ob es sich im Sinne des Gesetzes um ein „Schiff" handelt – das Fahrtgebiet („der Geltungsbereich") in der Police vereinbart werden. Unerwähnt bleibt, welche Konsequenzen das Unterlassen einer solchen Vereinbarung hätte. Naheliegend wäre, dass bei Fehlen einer Festlegung des versicherten Fahrtgebietes mangels Vereinbarung der essentialia negotii kein wirksamer Vertrag vorliegt und daher schlicht kein Versicherungsschutz besteht. Um diese schwere Konsequenz zu vermeiden, wird die Auffassung vertreten, dass mangels einer ausdrücklichen Vereinbarung des Fahrtgebietes Ziff. 2.1 Abs. 1 subsidiär gilt.[11] Das dürfte in den meisten Fällen richtig sein. Letztlich kommt es aber auf die Auslegung der Willenserklärungen im Einzelfall an.

II. Überschreitung der bisherigen Fahrtgrenzen nach erweiterter Verkehrszulassung (Ziff. 2.2)

13 Die Ausdehnung einer vorher eingeschränkten Verkehrszulassung eines Schiffes auf weitere Fahrtgebiete nach Abschluss des Versicherungsvertrags bedeutet nicht, dass mit der Ausweitung der Verkehrszulassung auch der Versicherungsschutz auf die neuen Fahrtgebiete automatisch ausgeweitet wird. Ziff. 2.2 regelt im Gegenteil, dass dann eine Vereinbarung mit dem Versicherer notwendig ist, die diesem Gelegenheit zur Prämienanpassung gibt. Es handelt sich auch bei Ziff. 2.2 wie oben unter A. 2. beschrieben um eine objektive Risikobegrenzung.

3 Umfang des Versicherungsschutzes

3.1 Versicherte Gefahren, Aufwendungen und Kosten

3.1.1 Der Versicherer leistet Ersatz für Verlust oder Beschädigung des versicherten Schiffes, verursacht durch
- **Schiffahrtsunfall;**
- **Brand, Blitzschlag, Explosion;**
- **höhere Gewalt;**
- **Einbruch-Diebstahl, Beraubung, Vandalismus.**

Der Versicherer leistet für Teilschäden an der Ausrüstung jedoch nur Ersatz, sofern diese durch Brand, Blitzschlag und Explosion verursacht werden.

3.1.2 Der Versicherer leistet ferner gemäß Ziffer 3.1.1 Ersatz für Schäden
- **an dem versicherten Schiff während des Aufenthalts im Dock, auf dem Helgen und auf dem Slip;**
- **an Teilen des versicherten Schiffes und seines Zubehörs, die vorübergehend von Bord genommen werden. Eine anderweitig bestehende Versicherung geht dieser Versicherung voran.**

---

[11] Thume/de la Motte/Ehlers/*Gerhard* AVB Rn. 589.

3.1.3 Ferner leistet der Versicherer Ersatz für:

3.1.3.1 Ersatz an Dritte gemäß Ziffer 4;

3.1.3.2 Beiträge, die der Versicherungsnehmer zur großen Haverei gemäß Ziffer 5 zu leisten hat;

3.1.3.3 Aufopferung gemäß Ziffer 6;

3.1.3.4 Kosten der Wrackbeseitigung gemäß Ziffer 7;

3.1.3.5 Schäden an dem versicherten Schiff, verursacht durch hoheitliche Maßnahmen bei Gewässerverschmutzung gemäß Ziffer 8;

3.1.3.6 Kosten der Schadenabwendung und -minderung gemäß Ziffern 27.1.1 und 27.1.2;

3.1.3.7 Kosten der Schadenermittlung gemäß Ziffer 27.1.3;

3.1.3.8 Kosten der Schadenfeststellung gemäß Ziffer 27.1.4.

3.2 Nicht versicherte Gefahren und nicht ersatzpflichtige Schäden

3.2.1 Der Versicherer leistet keinen Ersatz für Schäden verursacht

3.2.1.1 durch vorsätzliches oder grob fahrlässiges Handeln des Versicherungsnehmers auch dann, wenn er das Schiff selbst führt. Das Verhalten der Schiffsbesatzung und des Lotsen bei der Ausführung von Dienstverrichtungen hat der Versicherungsnehmer nicht zu vertreten.

3.2.1.2 dadurch, dass das versicherte Schiff nicht fahrtüchtig, insbesondere
- nicht gehörig ausgerüstet, bemannt oder beladen ist;
- nicht die erforderlichen Papiere, insbesondere nicht, soweit vorgeschrieben,
- ein Attest der Schiffsuntersuchungskommission (SUK)

oder
- eine Klasse einer der Klassifikationsgesellschaften, Germanischer Lloyd, Lloyd's Register, Bureau Veritas besitzt.

Dies gilt nicht, wenn der Versicherungsnehmer die Fahruntüchtigkeit nicht zu vertreten hat.

3.2.1.3 durch Fahren durch feststehendes Eis (Forcieren von Eis), soweit dies nicht zur Rettung von Schiff und Ladung gemäß Ziffer 5.2.2 geschieht;

3.2.1.4 an Welle, Sternbuchse und Schraube durch Eis, soweit die Schäden nicht durch Fahren durch feststehendes Eis (Forcieren von Eis) zur Rettung von Schiff und Ladung gemäß Ziffer 5.2.2 verursacht wurden;

3.2.1.5 durch Streik, Aussperrung, Arbeitsunruhen, terroristischen oder politischen Gewalthandlungen, unabhängig von der Anzahl der daran beteiligten Personen, Aufruhr und sonstigen bürgerlichen Unruhen;

3.2.1.6 durch Krieg, Bürgerkrieg oder kriegsähnliche Ereignisse und durch feindliche Verwendung von Kriegswerkzeugen, unabhängig vom Kriegszustand, oder durch vorhandene Kriegswerkzeuge als Folge einer dieser Gefahren;

3.2.1.7 durch Beschlagnahme, Entziehung oder sonstige Eingriffe von hoher Hand; Für einen durch gerichtliche Verfügung oder ihre Vollstreckung entstehenden Schaden bleibt die Verpflichtung des Versicherers zur Leistung bestehen, wenn der Versicherer dem Versicherungsnehmer zu ersetzen hat, was dieser zur Befriedigung des der Verfügung zugrundeliegenden Anspruchs leisten muss.

3.2.1.8 durch Kernenergie oder sonstiger ionisierender Strahlung;

3.2.1.9 an den maschinellen Einrichtungen, gemäß Ziffer 1.3
- durch Bedienungsfehler;

– durch Explosionen beim Betrieb in den maschinellen Einrichtungen, deren Wirkung auf diese betreffende maschinelle Einrichtung beschränkt bleibt;

3.2.1.10 durch Abnutzung im gewöhnlichen Gebrauch, Alter, Rost, Korrosion oder Kavitation;

3.2.1.11 durch Nichtbeachtung der für die Beförderung gefährlicher Güter geltenden gesetzlichen Vorschriften, Verordnungen und behördlichen Bestimmungen, es sei denn, der Versicherungsnehmer weist nach, dass er die Vorschriften beachtet und das Erforderliche getan hat, um ihre Einhaltung bei der Beförderung sicherzustellen, oder dass er die Beförderung weder kannte noch kennen musste;

3.2.1.12 durch zu tiefe Abladung. Dies gilt nicht, wenn der Versicherungsnehmer die zu tiefe Abladung nicht zu vertreten hat.

3.2.1.13 aus der Verwendung von chemischen, biologischen, biochemischen Substanzen oder elektromagnetischen Wellen als Waffen mit gemeingefährlicher Wirkung, und zwar ohne Rücksicht auf sonstige mitwirkende Ursachen;

3.2.2 Der Versicherer leistet ferner keinen Ersatz für mittelbare Schäden aller Art.

Übersicht

A. Einführung

I. Entstehungsgeschichte

1 Ziff. 3 hatte schon in den AVB Flusskasko 1992 den fast identischen Wortlaut. Zwischenzeitlich war dieser in den AVB Flusskasko 2000 um Öffnungsklauseln („soweit nicht etwas anderes vereinbart ist“) in Ziff. 3.1.1 Abs. 2, Ziff. 3.2.1 und Ziff. 3.2.2

erweitert worden, die in der Version 2008 wieder entfallen sind. In Ziff. 3.2.1 AVB Flusskasko 2008 ist im Vergleich zu den Vorgängerversionen der Text leicht, aber entscheidend geändert worden; statt „leistet keinen Ersatz für Verlust oder Beschädigung des versicherten Schiffes, verursacht durch ...“ heißt es nun „leistet keinen Ersatz für Schäden verursacht durch ...“. Damit wird klargestellt, dass die Ausschlüsse und Einschränkungen nicht auf die Kaskoschäden beschränkt sind. Weiter ist Ziff. 3.2.1.5 im Vergleich zu den Vorgängerversionen geändert worden, die neben Aufruhr und innere Unruhen nur „politische Gewalthandlungen“ nannten. In Ziff. 3.2.1.7 sind im Vergleich zu den Vorgängerversionen die Worte „oder sonstige Entziehung durch Verfügung von hoher Hand“ ersetzt worden durch „Entziehung oder sonstige Eingriffe von hoher Hand“. Schließlich ist Ziff. 3.2.1.13 durch die AVB Flusskasko 2008 neu eingeführt worden.

II. Inhalt und Zweck der Regelung

Ziff. 3 ist eine der zentralen Regelungen der AVB Flusskasko, weil durch diese Ziff. die durch das Gesetz vorgesehene Allgefahrendeckung (§ 130 Abs. 2 VVG)[1] abbedungen und durch eine Versicherung benannter Gefahren ersetzt wird. 2

B. Erläuterungen der Bestimmung

I. Vorbemerkung versicherte Gefahren, Aufwendungen und Kosten (Ziff. 3.1)

Der Versicherungsschutz nach den AVB Flusskasko ist – im Gegensatz zum Versicherungsschutz nach § 130 Abs. 2 VVG – keine Allgefahrenversicherung, sondern (nur) eine Versicherung bestimmter benannter Gefahren: Nur wenn der Schaden durch eine der aufgezählten versicherten Gefahren verursacht wurde, besteht Versicherungsschutz.[2] Diese Abweichung von § 130 Abs. 2 VVG ist zulässig.[3] 3

Die Beweislast für das Vorliegen eines versicherten Ereignisses und der Kausalität trägt der VN oder Versicherte.[4] 4

Welcher Kausalitätsbegriff in der Regelung gemeint ist, ist umstritten. Nach einer Auffassung ist auf die Kausalitätsverknüpfung zwischen versicherter Gefahr und eingetretenem Schaden die causa-proxima-Lehre anwendbar; es komme auf die Ursache an, die den Schaden überwiegend herbeigeführt hat.[5] Nach anderer Auffassung ist Kausalität im Sinne der Adäquanztheorie gemeint.[6] Letzteres dürfte richtig sein. Die Lehre von der causa proxima hat ihren Ursprung im (englischen) Seeversicherungsrecht.[7] Ob sie mittlerweile über Allgemeine Versicherungsbedingungen auch Eingang in andere Versiche- 5

---

1 Bruck/Möller/*Schwampe* § 130 VVG Rn. 89.

2 Beckmann/Matusche-Beckmann/*Heiss/Trümper* Versicherungsrechts-Handbuch § 38 Rn. 304.

3 Thume/de la Motte/Ehlers/*Gerhard* Rn. 592; *Ehlers* TranspR **2007** 5, 11.

4 Thume/de la Motte/Ehlers/*Gerhard* Rn. 592.

5 Thume/de la Motte/*Brunn* Rn. 433.

6 Thume/de la Motte/Ehlers/*Gerhard* Rn. 592; Beckmann/Matusche-Beckmann/*Hess/Trümper* Versicherungsrechts-Handbuch § 38 Rn. 304, unter Berufung auf Honsell/*Schauer* Berliner Kommentar Vorbem. 49–68a VVG Rn. 26 ff. und 30.

7 *Schwampe* Versicherungen der gewerblichen Seeschifffahrt, TranspR **2006** 55, 57.

rungszweige gefunden hat, etwa über Ziff. 2.6 DTV-Güter 2000/2008,[8] ist insoweit nicht relevant, denn die AVB Flusskasko erwähnen die causa-proxima-Lehre jedenfalls nicht, und zwar weder bei der Enumeration der versicherten Gefahren (zugunsten des Versicherers) noch bei den Ausschlüssen (bei denen die causa-proxima-Lehre für den VN günstig wäre);[9] einzige Ausnahme ist Ziff. 4.7.1, zweiter Halbsatz.[10]

6 Die versicherten Gefahren werden in Ziff. 3.1.1 aufgezählt; Ziff. 3.1.2 enthält keine zusätzlichen Gefahren, sondern stellt den Umfang der unter Ziff. 3.1.1 genannten Gefahrenversicherung klar. Ziff. 3.1.3 zählt sodann in acht Unterpunkten zusätzlich zu Ziff. 3.1.1 (und Ziff. 3.1.2) versicherte Schäden, Aufwendungen und Kosten auf.

II. Verlust oder Beschädigung des Schiffes (Ziff. 3.1.1 und 3.1.2)

7 In Ziff. 3.1.1 (und Ziff. 3.1.2) handelt es sich um Sachversicherung und um die Ersatzleistungen für eingetretene Schäden an Sachen,[11] hier um Verlust oder Beschädigung des versicherten Schiffes. Die Wortwahl ist an dieser Stelle etwas ungenau, weil mit dem Begriff „Schiff“ in Ziff. 3.1.1 sinnvollerweise die in Ziff. 1 beschriebene Sachgesamtheit gemeint sein muss; andernfalls bestünde teilweise entgegen der Ankündigung in Ziff. 1 gemäß Ziff. 3 doch keine Versicherung für einzelne Gegenstände. Genauer hätte es also in Ziff. 3.1.1 heißen müssen „des versicherten Gegenstandes“ statt „des versicherten Schiffes“.

8 Das versicherte Interesse ist das Sacherhaltungsinteresse des Schiffseigners, der nach § 1 BinSchG Eigentümer des Schiffes ist. Ist ein Ausrüster der Versicherungsnehmer, der nicht selbst Eigentümer des Schiffes ist, liegt trotz der Fiktion des § 2 BinSchG eine Versicherung für fremde Rechnung des Eigentümers des Schiffes vor.[12]

9 Der Verlust oder die Beschädigung des versicherten Gegenstandes muss durch eine der im Folgenden aufgezählten Gefahren eingetreten sein.

1. Schifffahrtsunfall (Ziff. 3.1.1 Abs. 1, erster Spiegelstrich)

10 Ein Schifffahrtsunfall liegt nach der Rechtsprechung vor, wenn ein Schaden durch ein plötzliches, von außen wirkendes Ereignis an dem Schiff (genauer: an dem versicherten Gegenstand) entsteht.[13] Die einzelnen Merkmale dieser Definition sind umstritten. Einigkeit besteht darüber, dass der Begriff „Schifffahrtsunfall“ grundsätzlich nicht einschränkender zu verstehen ist als der Begriff „Unfall“, wie er etwa in den AVB Wassersport verwendet wird[14] (siehe aber unten Rn. 27). Zu Recht weist Koller darauf hin, dass für das Vorliegen eines Schifffahrtsunfalls grundsätzlich (aber nicht ausnahmslos) erforderlich ist, dass das Schiff im Wasser liegt.[15] Allerdings ist das ohne praktische Relevanz, weil ausdrücklich auch dann Versicherungsschutz besteht, wenn das Schiff im Dock, auf dem Helgen oder auf dem Slip liegt (Ziff. 3.1.2, erster Spiegelstrich).

---

8 So Thume/de la Motte/Ehlers/*Ehlers* DTV-Güter Rn. 39 f.; dagegen aber Beckmann/Matusche-Beckmann/*Heiss/Trümper* Versicherungsrechts-Handbuch § 38 Rn. 153.

9 Dafür Thume/de la Motte/Ehlers/*Thume* § 130 VVG Rn. 420.

10 Dazu unten Ziffer 4 Rn. 14.

11 *Brunn* Erläuterungen zu Ziffer 3.1.1.

12 Thume/de la Motte/Ehlers/*Gerhard* Rn. 591.

13 OLG Hamburg 15.1.1976 VersR **1976** 582; BGH 15.6.1970 VersR **1970** 753; OLG Hamburg 22.6.1981 VersR **1982** 565; dazu auch *Lorenz* VersR **1981** 1001, 1002 f.

14 Prölss/Martin/*Koller* AVB Nr. 3 Rn. 7; Thume/de la Motte/*Brunn* Rn. 434.

15 Prölss/Martin/*Koller* AVB Nr. 3 Rn. 7.

a) **Plötzlich.** Das Merkmal „plötzlich“ in der Definition des Unfalls durch die Rechtsprechung bedeutet „unerwartet“ und „nicht vorhersehbar“.[16] Ein zeitliches Element beinhaltet das Merkmal „plötzlich“ aber nicht, auch das langsame Eindringen von Wasser über mehrere Stunden hin kann „plötzlich“ sein.[17] Das Eindringen des Wassers darf aber nicht auf Alter oder Abnutzung des Materials beruhen.[18] Auch auf eine Unfreiwilligkeit (aus Sicht des Versicherungsnehmers/Versicherten) kommt es nicht an.[19] **11**

b) **Von außen.** In der Literatur wird so differenziert, dass Ursache des Schadens nicht ein äußeres Ereignis sein muss, wohl aber ein Einwirken von außen,[20] wobei „außen“ nicht notwendigerweise außerhalb des Schiffes bedeutet, sondern außen im Verhältnis zu dem beschädigten Material, so dass sogar Schiffs- oder Motorinnenraum „außen“ liegen können.[21] **12**

Mangels „Einwirkung von außen“ sind bloße „Betriebsschäden“ keine Schifffahrtsunfälle;[22] dabei handelt es sich um unmittelbar zum normalen Betrieb und zur gewöhnlichen Verwendung des Schiffes gehörende und sich als Folgen des normalen, internen Betriebsvorgangs darstellende Schäden, wie z.B. Maschinenschäden oder ein Schaden, der durch die unsachgemäße Be- oder Entladung hervorgerufen wird.[23] Eine unsachgemäße Be- oder Entladung ist Betriebsschaden; auch wenn sie durchaus unerwartet und schädigend „von außen“ auf den versicherten Gegenstand einwirken kann, handelt es sich dennoch nicht um einen Schiffsunfall.[24] **13**

Eine Einwirkung „von außen“ ist grundsätzlich das Eindringen von Wasser.[25] Ob die Ursache des Wassereindringens wirklich immer unerheblich ist[26] muss aber bezweifelt werden. Im Fall einer Verursachung durch unsachgemäßes Be- oder Entladen dürfte es sich um einen nicht versicherten Betriebsschaden handeln. **14**

Nicht von außen einwirkend sind jedenfalls normale Abnutzung und Verschleiß,[27] und zwar auch dann nicht, wenn ein verschlissenes Teil nachgibt und dadurch „von außen“ auf andere Teile einwirkt. Ziff. 3.2.1.10 ist insoweit deklaratorischer Natur.[28] Auch auf die Ausschlussklausel für Gefahrgüter kommt es nicht an, wenn schon kein versichertes Ereignis vorliegt.[29] Das ist von Bedeutung für die Beweislastverteilung, denn das Vorliegen eines versicherten Ereignisses ist vom Versicherungsnehmer/Versicherten zu beweisen. **15**

---

16 Zur Wasserportfahrzeugversicherung: OLG Hamm 4.2.1976 VersR **1978** 58; OLG Köln 30.10.1974 VersR **1975** 237; OLG Nürnberg 27.2.1975 VersR **1975** 897, 897 f.; Beckmann/Matusche-Beckmann/*Heiss/Trümper* Versicherungs-Rechtshandbuch § 38 Rn. 305; Thume/de la Motte/*Brunn* Rn. 434; Thume/de la Motte/Ehlers/*Gerhard* Rn. 593; *Lorenz* VersR **1981** 1001, 1005.

17 Prölss/Martin/*Koller* AVB Nr. 3 Rn. 2.

18 **A.A.** LG Berlin 5.3.2001 NVersZ **2002** 410.

19 Prölss/Martin/*Koller* Rn. 5 f.; Thume/de la Motte/Ehlers/*Gerhard* Rn. 596; so auch schon (entgegen dem Zitat bei Koller) Thume/de la Motte/*Brunn* Rn. 437; ausführlich *Lorenz* VersR **1981** 1001, 1007 f.

20 *Lorenz* VersR **1981** 1001, 1002 und 1005 ff.; *Brunn* Erläuterungen Ziffer 3.1.1 Schifffahrtsunfall.

21 Prölss/Martin/*Koller* AVB Nr. 3 Rn. 3.

22 Prölss/Martin/*Koller* AVB Nr. 3 Rn. 3; *Brunn* Erläuterungen Ziffer 3.1.1 Schifffahrtsunfall; Thume/de la Motte/Ehlers/*Gerhard* Rn. 594 m.w.N. d. Rspr.

23 OLG Hamburg 22.6.1981 VersR **1982** 565; Thume/de la Motte/Ehlers/*Gerhard* Rn. 594; grundsätzlich auch Prölss/Martin/*Koller* AVB Nr. 3 Rn. 3.

24 OLG Hamburg 22.6.1981 VersR **1982** 565.

25 OLG Hamm 12.2.1982 VersR **1982** 1041.

26 So wohl OLG Hamm 12.2.1982 VersR **1982** 1041; Prölss/Martin/*Koller* AVB Nr. 3 Rn. 3.

27 Thume/de la Motte/Ehlers/*Gerhard* Rn. 595; Prölss/Martin/*Koller* Rn. 2.

28 Prölss/Martin/*Koller* Nr. 3 AVB Rn. 2.

29 HansOLG Hamburg VersR **1976** 582.

2. Brand, Blitzschlag, Explosion (Ziff. 3.1.1 Abs. 1, zweiter Spiegelstrich)

16 Für die in den AVB Flusskasko verwendeten Begriffe „Brand", „Blitzschlag" und „Explosion" bestehen keine Besonderheiten. Die Begriffe sind so zu verstehen, wie in § 1 AFB 2008.[30]

17 Als Brand gilt ein Feuer, das ohne einen bestimmungsgemäßen Herd entstanden ist oder ihn verlassen hat und sich aus eigener Kraft auszubreiten vermag.[31] Ein Rußbrand in einem Kessel oder Schornstein eines Schiffs ist kein bestimmungsgemäßes Feuer in einem bestimmungsgemäßen Herd.[32]

18 Blitzschlag ist der unmittelbare Übergang des Blitzes auf Sachen.[33]

19 Explosion ist eine auf dem Ausdehnungsbestreben von Gasen oder Dämpfen beruhende, plötzlich verlaufende Kraftäußerung. Eine Explosion eines Behälters liegt nur vor, wenn seine Wandung in einem solchen Umfang zerrissen wird, dass plötzlich der Ausgleich des Druckunterschieds innerhalb und außerhalb des Behälters stattfindet; wird im Inneren eines Behälters eine Explosion durch chemische Umsetzung hervorgerufen, so ist ein dadurch an dem Behälter entstehender Schaden auch dann zu ersetzen, wenn seine Wandung nicht zerrissen ist.[34]

3. Höhere Gewalt (Ziff. 3.1.1 Abs. 1, dritter Spiegelstrich)

20 Höhere Gewalt ist nach der Rechtsprechung ein außergewöhnliches, unvorhersehbares von außen auf den Betrieb einwirkendes Ereignis, das auch bei Anwendung äußerster Sorgfalt nicht abzuwenden ist.[35] Ein Betriebsschaden ist kein Fall höherer Gewalt.[36]

4. Einbruch-Diebstahl, Beraubung, Vandalismus (Ziff. 3.1.1 Abs. 1, vierter Spiegelstrich)

21 Auch bezüglich der Begriffe „Einbruch-Diebstahl", „Beraubung" und „Vandalismus" bestehen für die AVB Flusskasko keine Besonderheiten; gemeint sind die Begriffe, wie sie auch in den Allgemeinen Bedingungen für die Einbruch-Diebstahl und Raubversicherung (AERB 2008) verwendet werden.[37]

5. Teilschäden an der Ausrüstung (Ziff. 3.1.1 Abs. 2)

22 Gemäß Ziff. 3.1.1 Abs. 2 ist die Ausrüstung nur eingeschränkt versichert. Bei Teilschäden an der Ausrüstung besteht Versicherungsschutz nämlich nur, wenn diese Schäden durch Brand, Blitzschlag oder Explosion verursacht wurden, nicht aber im Falle der anderen versicherten Gefahren.

---

30 Thume/de la Motte/Ehlers/*Gerhard* Rn. 597; Prölss/Martin/*Koller* Rn. 8.

31 *Brunn* Erläuterungen Ziffer 3.1.1 Brand.

32 Prölss/Martin/*Koller* Rn. 8 m.w.N. d. Rspr.

33 *Brunn* Erläuterungen Ziffer 3.1.1 Blitzschlag.

34 *Brunn* Erläuterungen Ziffer 3.1.1 Explosion.

35 Zur allgemeinen Definition der höheren Gewalt (in casu zum Reichshaftpflichtgesetz) BGH 23.10.1952 BGHZ 7, 338, 339 = VersR **1953** 27, 28; zum Merkmal „von außen" in der Wassersportfahrzeug-Versicherung OLG Celle 23.12.1977 VersR **1978** 917, 917 f.; Prölss/Martin/*Koller* Rn. 9; Thume/de la Motte/Ehlers/*Gerhard* Rn. 598; beide m.w.N. d. Rspr.

36 So zu den AVB Wassersport OLG Celle 23.12.1977 VersR **1978** 917, 917 f.; Prölss/Martin/*Koller* Rn. 9; Thume/de la Motte/Ehlers/*Gerhard* Rn. 598; beide m.w.N. d. Rspr.

37 Thume/de la Motte/Ehlers/*Gerhard* Rn. 599; Prölss/Martin/*Koller* Rn. 10; Beckmann/Matusche-Beckmann/*Heiss/Trümper* Versicherungsrechts-Handbuch § 38 Rn. 307.

Der Begriff „Teilschäden“ soll sich dabei auf den versicherten Gegenstand insgesamt beziehen, also auf das Schiff als Sachgesamtheit im Sinne von Ziff. 1.1.[38] Es kommt also nicht darauf an, ob die Ausrüstung selbst nur zum Teil oder insgesamt Schaden erlitten hat, sondern darauf, ob das Schiff im Sinne von Ziff. 1.1 insgesamt Schaden erlitten hat.[39] 23

6. „Werftschäden“ (Ziff. 3.1.2, erster Spiegelstrich)

Bei den unter dem 1. Spiegelstrich von Ziff. 3.1.2 genannten „Werftschäden“ handelt es sich um eine Klarstellung: Versicherungsschutz besteht auch, wenn sich eine versicherte Gefahr realisiert, während das versicherte Schiff im Dock, auf dem Helgen oder auf dem Slip liegt. Auch der Zeitraum während des Ein- und Ausdockens sowie beim Slippen soll erfasst sein.[40] Der Begriff „Schifffahrtsunfall“ wird durch Ziff. 3.1.2, zweiter Spiegelstrich nicht erweitert. Allerdings kann es auch beim Aufenthalt im Dock oder beim Slippen zu einem Schifffahrtsunfall kommen.[41] 24

7. Von Bord genommene Teile und Zubehör (Ziff. 3.1.2, zweiter Spiegelstrich)

Einzelne Teile der Sachgesamtheit Schiff und seines Zubehörs sind auch dann versichert, wenn sie vorübergehend von Bord genommen werden. Bezüglich des Zubehörs handelt es sich insofern um eine Erweiterung, da gemäß Ziff. 1.4 Zubehör zunächst nur ist, was sich auf dem Schiff befindet. Aus der Formulierung „von Bord genommen“ ergibt sich, dass Versicherungsschutz nur für solche Gegenstände besteht, die sich zuvor an Bord befunden haben.[42] Das Merkmal „vorübergehend“ bedeutet, dass die Absicht bestehen muss, dass der Gegenstand in absehbarer Zeit wieder auf das Schiff gelangt. 25

Praktisch relevant ist die Vorschrift insbesondere für Teile, die zwecks Reparatur von Bord genommen werden. Oft werden diese an Bord dann vorübergehend durch andere Gegenstände ersetzt, die mit Anbordnahme zu Teilen des Schiffes oder zu Zubehör werden, so dass auch diese versichert sind.[43] 26

Da gemäß Ziff. 3.1.2 Ersatz „gemäß Ziff. 3.1.1“ geleistet wird, muss das nicht an Bord befindliche Teil oder Zubehör auch durch eine gemäß Ziff. 3.1.1 versicherte Gefahr verloren gegangen oder beschädigt worden sein. Wenn in der Literatur die Auffassung vertreten wird, dass statt eines Schifffahrtsunfalles auch ein anderer Transportmittelunfall (etwa auf dem Weg zur Reparatur) ausreiche,[44] widerspricht dies dem Wortlaut der Bestimmung und überzeugt nicht. 27

Die Versicherung gemäß Ziff. 3.1.2, zweiter Spiegelstrich ist gemäß Satz 2 subsidiär gegenüber dem Versicherungsschutz aus einer anderen Versicherung (einfache Sub- 28

---

[38] *Brunn* Erläuterungen Ziffer 3 Teilschäden/Ausrüstung; Thume/de la Motte/Ehlers/*Gerhard* Rn. 600; Prölss/Martin/*Koller* Nr. 3 AVB Rn. 11.

[39] Prölss/Martin/*Koller* Nr. 3 AVB Rn. 11; etwas unklar *Brunn* Erläuterungen Ziffer 3 Teilschäden/Ausrüstung, zweiter Absatz; Thume/de la Motte/Ehlers/*Gerhard* Rn. 600.

[40] Thume/de la Motte/Ehlers/*Gerhard* Rn. 601; Prölss/Martin/*Koller* Ziffer 3 Rn. 12.

[41] Prölss/Martin/*Koller* Ziffer 3 Rn. 12.

[42] Thume/de la Motte/Ehlers/*Gerhard* Rn. 602; *Brunn* Erläuterungen Ziffer 3.1.2 von Bord genommene Teile/Zubehör Erl. 3; Prölss/Martin/*Koller* Nr. 3 Rn. 13.

[43] Thume/de la Motte/Ehlers/*Gerhard* Rn. 602; *Brunn* Erläuterungen Ziffer 3.1.2 von Bord genommene Teile/Zubehör Erl. 3.

[44] Thume/de la Motte/Ehlers/*Gerhard* Rn. 602; *Brunn* Erläuterungen Ziffer 3.1.2 von Bord genommene Teile/Zubehör Erl. 3; Prölss/Martin/*Koller* Nr. 3 Rn. 13.

sidiaritätsklausel). Soweit der Versicherungsnehmer/Versicherte von einem anderen VR Ersatz verlangen kann, ist der KaskoVR unter den AVB Flusskasko demnach nicht zur Ersatzleistung verpflichtet.[45]

III. Weitere versicherte Schäden, Aufwendungen und Kosten (Ziff. 3.1.3)

29 Die in Ziff. 3.1.3.1 bis Ziff. 3.1.3.8 aufgezählten Schäden, Aufwendungen und Kosten verweisen jeweils auf die Ziffern 4 bis 8 und 27.1.1 bis 27.1.4 und werden dort erläutert.

IV. Nicht versicherte Gefahren und nicht ersatzpflichtige Schäden (Ziff. 3.2)

1. Vorbemerkung

30 Die Versicherung benannter Gefahren gemäß Ziff. 3.1 wird durch die Ausschlüsse in Ziff. 3.2 weiter eingeschränkt. Während der Versicherungsnehmer/Versicherte zunächst die Beweislast dafür trägt, dass eine versicherte Gefahr und ein ersatzpflichtiger Schaden gemäß Ziff. 3.1 vorliegen, ist es Sache des Versicherers, nachzuweisen, dass eine bestimmte Gefahr oder ein bestimmter Schaden gemäß Ziff. 3.2 doch nicht versichert oder ersatzpflichtig ist.

31 Ziff. 3.2 gilt, wie sich der Systematik entnehmen lässt, nicht nur für die in Ziff. 3.1.1 und Ziff. 3.1.2 genannten Fälle, sondern auch für die unter Ziff. 3.1.3 aufgezählten.[46] Bezüglich der Ersatz-an-Dritte-Deckung (Ziff. 3.1.3.1 und Ziff. 4) ist dies in Ziff. 4.10 in Bezug auf Ziff. 3.2.1 noch einmal ausdrücklich erwähnt, um klarzustellen, dass die Einschränkungen aus Ziff. 4.7 und 4.8 nicht abschließend sind.

2. Vorsätzliches oder grob fahrlässiges Handeln (Ziff. 3.2.1.1)

32 In Abweichung von § 81 Abs. 2 VVG und in Übereinstimmung mit § 137 Abs. 1 VVG[47] ist der VR von der Leistung insgesamt frei, wenn der VN den Schaden vorsätzlich oder grob fahrlässig verursacht, es gilt das „Alles-oder-Nichts-Prinzip".

33 Die Leistungsfreiheit besteht, wie die Vorschrift ausdrücklich klarstellt, auch dann, wenn der VN das Schiff selbst führt. Die Klarstellung erfolgt deshalb, weil das vorsätzlich oder grob fahrlässige Handeln eines Dritten, der das Schiff führt, gemäß § 137 Abs. 2 VVG und gemäß Ziff. 3.2.1.1 Satz 2 nicht zum Deckungsausschluss führt.

34 Gemäß Ziff. 3.2.1.1 Satz 2 lässt vorsätzliches oder grob fahrlässiges Verhalten der Schiffsbesatzung oder eines Lotsen den Versicherungsschutz nicht entfallen. Wie sich aus § 3 Abs. 2 und § 21 Abs. 1 BinSchG ergibt, gehören zur Schiffsbesatzung nicht nur die Schiffsmannschaft („insbesondere die Steuerleute, Bootsleute, Matrosen, Schiffsknechte, Schiffsjungen, Maschinisten und Heizer"), sondern auch der Schiffer/Schiffsführer[48] und alle übrigen auf dem Schiff angestellten Personen. Auf die viel diskutierte Frage, ob der

[45] Thume/de la Motte/Ehlers/*Gerhard* Rn. 603.

[46] Thume/de la Motte/Ehlers/*Gerhard* Rn. 605; *Bremke/Gerhard* TranspR **2008** 297.

[47] Abweichungen von § 137 VVG allerdings in Ziffer 3.2.1.1 Satz 2.

[48] *Von Waldstein/Holland* § 21 BinSchG Rn. 3; Thume/de la Motte/Ehlers/*Gerhard* Rn. 607; Prölss/Martin/*Koller* Rn. 18.

Schiffsführer im Binnenschifffahrtsrecht Repräsentant des Versicherungsnehmers ist,[49] kommt es daher an dieser Stelle nicht an: Sein Verhalten hat sich der VN nach der ausdrücklichen Regelung des Satzes 2 von Ziff. 3.2.1.1 nicht zurechnen zu lassen.

Ziff. 3.2.1.1 geht insoweit über § 137 Abs. 2 VVG hinaus, als jegliches Verhalten bei der Ausführung von Dienstverrichtungen ausgenommen ist, nicht nur das Verhalten bei der Führung des Schiffes.[50] 35

Liegt ein grob fahrlässiges oder vorsätzliches Organisationsverschulden des Versicherungsnehmers vor, führt dieses, wenn es kausal für den Eintritt des Versicherungsfalls ist, auch zur Leistungsfreiheit.[51] Die Beweislast liegt beim Versicherer; den VN trifft aber eine ganz erhebliche sekundäre Darlegungslast, wenn es darum geht, welche Anweisungen er gegeben hat und mit welchen Maßnahmen er dafür gesorgt hat, dass sie umgesetzt werden. 36

3. Fahruntüchtigkeit (Ziff. 3.2.1.2)

Ist das versicherte Schiff nicht fahrtüchtig, entfällt der Versicherungsschutz. Anders als in § 138 Satz 1 VVG muss das Schiff nicht nur bei Antritt der Reise fahrtüchtig sein, sondern während der gesamten Reise.[52] 37

Ein Schiff ist fahrtüchtig, wenn es geeignet ist, die normalen Gefahren der Binnenschifffahrt zu bestehen; dazu gehört auch, dass es die notwendige Stabilität besitzt.[53] Es kommt auf die jeweils geplante Reise an („relative Fahrtüchtigkeit").[54] Während das Gesetz in § 138 VVG zwischen der Fahruntüchtigkeit und der nicht ausreichenden Ausrüstung oder Bemannung unterscheidet,[55] ist nach den AVB die nicht ausreichende Ausrüstung oder Bemannung ein Fall der Fahruntüchtigkeit. 38

Die Fahruntüchtigkeit ist in den AVB nicht in Ziff. 15 bei den Obliegenheiten geregelt, sondern in Ziff. 3.2 bei den Risikoausschlüssen. Dennoch enthält sie ein subjektives Element, weil der Risikoausschluss gemäß Ziff. 3.2.1.2 Satz 2 nicht gilt, wenn der VN die Fahruntüchtigkeit nicht zu vertreten hat. Die – fragwürdige[56]– Rechtsprechung des Bundesgerichtshofs aus dem Jahr 2011[57] ist daher für Ziff. 3.2.1.2 praktisch nicht relevant, weil die vertragliche Regelung der AVB vor § 138 VVG Vorrang hat.[58] Teilweise wird Ziff. 3.2.1.2 als „verhüllte Obliegenheit" bezeichnet.[59] Eine solche Bezeichnung führt zu der jüngst aufgedeckten Problematik, ob verhüllte Obliegenheiten dem Transparenzgebot des AGB-Rechts (§ 307 Abs. 1 Satz 2 BGB) entsprechen[60] Der Vorwurf der Intransparenz ist in Bezug auf Ziff. 3.2.1.2 allerdings nicht berechtigt. Es handelt sich gemäß Ziff. 3.2.1.2 Satz 2 ganz klar und „unverhüllt" um einen „Verschuldenstatbestand". Ein objektiver Risikoausschluss liegt nicht vor.[61] Die Bezeichnung „verhüllte 39

---

[49] Gegen eine solche Repräsentantenstellung *Brunn* Erläuterungen Ziffer 3.2.1.1 Erl. 2; Thume/de la Motte/Ehlers/*Gerhard* Rn. 608; Prölss/Martin/*Koller* Rn. 18.

[50] *Bremke*/*Gerhard* TranspR **2008** 297.

[51] Thume/de la Motte/Ehlers/*Gerhard* Rn. 606.

[52] Thume/de la Motte/Ehlers/*Gerhard* Rn. 609; *Brunn* Erläuterungen Ziffer 3.2.1.2 Begriff Erl. 1; Prölss/Martin/*Koller* Ziffer 3 Rn. 19.

[53] *Brunn* Erläuterungen Ziffer 3.2.1.2 Begriff Erl. 1; Thume/de la Motte/Ehlers/*Gerhard* Rn. 609.

[54] Bruck/Müller/*Schwampe* § 138 VVG Rn. 15.

[55] Bruck/Möller/*Schwampe* § 138 VVG Rn. 14.

[56] Bruck/Möller/*Schwampe* § 138 VVG Rn. 7 ff.

[57] BGH 18.5.2011 VersR **2011** 1048 ff.

[58] Bruck/Möller/*Schwampe* § 138 VVG Rn. 8.

[59] Thume/de la Motte/Ehlers/*Gerhard* Rn. 610 unter Berufung auf BGH 24.5.2000 TranspR **2002** 255, 256 (eine Entscheidung zu den AVB Werkverkehr).

[60] Zweifel äußert Koch VersR **2014** 283, 286 f.

[61] *Brunn* Erläuterungen Ziffer 3.2.1.2 Beweislast bei Fahruntüchtigkeit Erl. 1; Thume/de la Motte/Ehlers/*Gerhard* Rn. 611.

Obliegenheit" wäre aber mangels „Verhüllung" auch nicht ganz richtig. Die Bezeichnung subjektiver Risikoausschluss[62] scheint daher treffend.

40 Das Verschulden des Versicherungsnehmers wird nach der Formulierung von Absatz 2 der Ziff. 3.2.1.2 vermutet;[63] schon bei – vom VN nicht widerlegter – einfacher Fahrlässigkeit liegt insgesamt Leistungsfreiheit vor.[64]

41 a) **Nichtgehörige Ausrüstung, Bemannung, Beladung (erster Spiegelstrich).** Das Schiff ist nicht gehörig ausgerüstet, wenn nicht die Ausrüstung an Bord ist oder funktionstüchtig ist, die auf der geplanten Reise benötigt wird, etwa die erforderlichen Karten.[65]

42 Das Schiff ist nicht gehörig bemannt, wenn entweder nicht die gesetzlich vorgeschriebene Mindestanzahl an Besatzungsmitgliedern an Bord ist (quantitativ) oder die Besatzungsmitglieder nicht die erforderlichen Qualifikationen, insbesondere Patente oder Führerscheine haben (qualitativ).[66] Dabei kommt es für die Erforderlichkeit der Qualifikation (Papiere) auf die entsprechende Reise an.[67] An der gehörigen Bemannung mangelt es auch dann, wenn etwa der Schiffsführer aufgrund des Genusses alkoholischer Getränke oder aus anderen Gründen in der sicheren Führung des Fahrzeugs behindert ist.[68]

43 Das Schiff ist nicht gehörig beladen, wenn es überladen ist, oder wenn die Ladung falsch gestaut ist, insbesondere wenn das Schiff dadurch instabil wird.[69]

44 b) **Fehlen erforderlicher Papiere (zweiter bis vierter Spiegelstrich).** Das Schiff ist auch dann nicht fahrtüchtig, wenn die erforderlichen Papiere nicht an Bord sind, insbesondere das SUK-Attest oder ein Klassezertifikat der aufgeführten Klassifikationsgesellschaften. Verfügt ein Schiff nicht über das Zertifikat einer der Klassifikationsgesellschaften, sondern nur über ein SUK-Attest, so soll dies ausreichen.[70]

4. Eisschäden (Ziff. 3.2.1.3 und 3.2.1.4)

45 Schäden, die durch das Fahren durch feststehendes Eis („Forcieren von Eis") entstehen, sind nach den AVB Flusskasko 2008 nicht versichert. Eine Ausnahme besteht nach Ziff. 3.2.1.3, wenn das Forcieren von Eis zur Rettung von Schiff und Ladung gemäß Ziff. 5.2.2. geschieht.

46 Nach verbreiteter Literaturmeinung soll Versicherungsschutz auch für Schäden bestehen, die durch Forcieren von Eis entstanden sind, wenn das Schiff zur Eisfahrt ausgerüstet ist.[71] Nach den AVB kommt es auf die Ausrüstung des Schiffes unter dieser Ziff. allerdings nicht an. Schäden, die durch das Forcieren von Eis entstanden sind, sind schlicht nicht versichert. Etwas anderes kann natürlich vereinbart werden, dann kommt es auf die Ausrüstung an. Ist aber nichts Abweichendes vereinbart, besteht auch bei entsprechender Ausrüstung kein Versicherungsschutz.

---

62 Prölss/Martin/*Koller* Ziffer 3 Rn. 22.
63 Prölss/Martin/*Koller* Ziffer 3 Rn. 22.
64 Bruck/Müller/*Schwampe* § 138 VVG Rn. 13.
65 Bruck/Müller/*Schwampe* § 138 VVG Rn. 21.
66 Bruck/Müller/*Schwampe* § 138 VVG Rn. 23.
67 Thume/de la Motte/Ehlers/*Gerhard* Rn. 610.
68 Thume/de la Motte/Ehlers/*Gerhard* Rn. 610.
69 Näher Bruck/Möller/*Schwampe* § 138 VVG Rn. 20.
70 *Brunn* Erläuterungen Ziffer 3.2.1.2 Attest, Klasse, Erl. 4.
71 Thume/de la Motte/Ehlers/*Gerhard* Rn. 612; Prölss/Martin/*Koller* Ziffer 3 Rn. 23; zuvor schon Thume/de la Motte/*Brunn* Rn. 454.

Es kommt auch nicht darauf an, ob die Schifffahrt insgesamt eingestellt wurde;[72] in der Praxis dürfte dies natürlich in der Regel der Fall sein. 47

Schäden, die an Welle, Sternbuchse oder Schraube durch Eis entstehen, sind gemäß Ziff. 3.2.1.4 nicht versichert. Dies gilt nicht nur für das Fahren durch feststehendes Eis. Auch für diesen Ausschluss gibt es aber die Ausnahme, dass Schäden, die durch das Forcieren von Eis zur Rettung von Schiff und Ladung gemäß Ziff. 5.2.2 verursacht wurden, entgegen dem Ausschluss doch versichert sind. 48

Für Eisschäden gilt gemäß Ziff. 9.3 eine besonders zu vereinbarende Franchise. 49

Es wird vertreten, dass es sich bei Ziff. 3.2.1.3 um eine verhüllte Obliegenheit handeln soll;[73] dies hatte der Bundesgerichtshof zu § 61 ADS ausdrücklich so entschieden.[74] In den ADS ist § 61 die Ausnahme zur Allgefahrendeckung, die gemäß § 28 ADS ausdrücklich auch Schäden durch Eis umfasst. Das ist in den AVB Flusskasko anders; dies lässt es gerechtfertigt erscheinen, die Eisklauselziffern 3.2.1.3 und 3.2.1.4 als objektiven Risikoausschluss zu verstehen. Dafür spricht auch, dass der materielle Gehalt der Vorschrift, auf den es nach dem BGH für die Unterscheidung ankommt[75] eher die „individualisierende Beschreibung eines bestimmten Wagnisses" enthält als die Forderung eines bestimmten Verhaltens des VN. 50

5. Streik und Gewalthandlungen (Ziff. 3.2.1.5 und 3.2.1.6)

Ziff. 3.2.1.5 ist seit den AVB Flusskasko 2008 erheblich erweitert und umfasst jetzt Streik, Aussperrung, Arbeitsunruhen, außerdem ausdrücklich auch terroristische und politische Gewalthandlungen, Aufruhr und sonstige bürgerliche Unruhen. Die Formulierung ist an Ziff. 2.4.1.2 DTV Güter 2000/2008 angelehnt.[76] 51

Ziff. 3.2.1.6 ist angelehnt an Ziff. 2.4.1.1 DTV Güter 2000/2008. Diese Ziff. umfasst Krieg, Bürgerkrieg und kriegsähnliche Ereignisse sowie die feindliche Verwendung von Kriegswerkzeug. Krieg ist ein versicherungsrechtlicher Begriff.[77] 52

6. Eingriffe von hoher Hand (Ziff. 3.2.1.7)

Ziff. 3.2.1.7 wird in der Version der AVB Flusskasko 2008 offener formuliert als zuvor. Erfasst werden Beschlagnahme, Entziehung und sonstige Eingriffe von hoher Hand, also alle verfügungsbeschränkenden oder -entziehenden staatlichen Akte unabhängig von der gewählten Rechtsform.[78] Es kommt nicht darauf an, ob der Eingriff von hoher Hand rechtmäßig ist.[79] 53

Nach verbreiteter Auffassung soll es darauf ankommen, dass der Hoheitsakt „gegen das versicherte Schiff gerichtet" ist.[80] Die behördliche Sperrung eines Kanals etwa soll nicht unter Ziff. 3.2.1.7 fallen.[81] Diese Einschränkung überzeugt nicht. Hoheitliche Akte richten sich in der Regel nicht gegen Sachen, sondern an Personen. Wenn das versicherte Schiff an den Ursachen für die Sperrung unbeteiligt war, liegt aber in der Regel ohnehin schon kein Versicherungsfall im Sinne von Ziff. 3.1 vor. Andernfalls muss differenziert 54

---

[72] So wohl *Brunn* Erläuterungen Ziffer 3.2.1.4 Erl. 1.
[73] Prölss/Martin/*Koller* Ziffer 3 Rn. 23.
[74] BGH 8.3.1982 VersR **1982** 645.
[75] BGH 18.5.2011 VersR **2011** 1048, 1050.
[76] Thume/de la Motte/Ehlers/*Gerhard* Rn. 613.
[77] Näher *Ehlers* r+s **2002** 133, 134.
[78] Thume/de la Motte/Ehlers/*Gerhard* Rn. 616.
[79] Thume/de la Motte/Ehlers/*Gerhard* Rn. 617.
[80] *Brunn* Erläuterungen Ziffer 3.1.7 Erl. 3; Thume/de la Motte/Ehlers/*Gerhard* Rn. 618; Prölss/Martin/*Koller* Ziffer 3 Rn. 26.
[81] *Brunn* Erläuterungen Ziffer 3.1.7 Erl. 3; Thume/de la Motte/Ehlers/*Gerhard* Rn. 618.

werden: Schäden, die erst kausal durch den Eingriff von hoher Hand entstehen, sind dann gemäß Ziff. 3.2.1.7 nicht ersatzpflichtig, andere können es sein.

55 Vom Ausschluss des Ziff. 3.2.1.7 ausgenommen sind die Schäden, die durch eine gerichtliche Verfügung oder ihre Vollstreckung entstehen, der ein Anspruch zugrunde liegt, für dessen Befriedigung der VR dem VN einstehen muss. Gedacht ist an den Arrest durch einen Dritten, der Ansprüche gegen den VN geltend macht, für die der VR dem VN gegenüber einzustehen hat.[82]

7. Kernenergie (Ziff. 3.2.1.8)

56 Die Gefahren der Kernenergie und ionisierenden Strahlen sind mit Rücksicht auf die unübersehbaren Auswirkungen ausgeschlossen.[83]

8. Maschinelle Einrichtung (Ziff. 3.2.1.9)

57 Die maschinellen Einrichtungen sind gemäß Ziff. 1.3 versicherter Gegenstand. Von der Versicherung ausgenommen sind aber Schäden an den maschinellen Einrichtungen, die durch Bedienungsfehler oder räumlich beschränkte Explosionen verursacht werden. Geht die Wirkung der Explosion über die maschinelle Einrichtung hinaus, besteht Versicherungsschutz, und zwar dann auch für die maschinellen Einrichtungen.[84] Das ist richtig, denn die Explosion ist dann nicht mehr „räumlich beschränkt".

9. Abnutzungsschäden (Ziff. 3.2.1.10)

58 Schäden durch Abnutzung im gewöhnlichen Gebrauch, Alter, Rost, Korrosion oder Kavitation sind nicht versichert.[85] Nach verbreiteter Meinung sind auch Alter, Rost, Korrosion und Kavitation nur ausgeschlossen, wenn sie „im gewöhnlichen Gebrauch" eintreten.[86] Dem Wortlaut der AVB entspricht dies aber nicht und ist daher abzulehnen.

59 Wie bei anderen Ausschlüssen sind auch bei diesem die Voraussetzungen grundsätzlich vom VR zu beweisen. Allerdings hat zuerst der VN das Vorliegen eines Versicherungsfalls zu beweisen. Da ein „Unfall" per definitionem nicht vorliegt, wenn Schadensursache Verschleiß ist (siehe oben Rn. 15), liegt die Beweislast faktisch oft beim Versicherungsnehmer.[87]

10. Gefahrguttransporte (Ziff. 3.2.1.11)

60 Zur Beförderung gehören auch das Laden und das Löschen.[88] Ausgeschlossen sind Schäden, die – adäquat kausal[89] – durch die Nichtbeachtung von Vorschriften über die Gefahrgutbeförderung verursacht wurden. In Betracht kommen deutsche und ausländische Gesetze, Verordnungen und behördliche Bestimmungen, etwa Verwaltungsakte.

---

82 Thume/de la Motte/Ehlers/*Gerhard* Rn. 619; Prölss/Martin/*Koller* Ziffer 3 Rn. 26.

83 *Brunn* Erläuterungen Ziffer 3.2.1.8; Thume/de la Motte/Ehlers/*Gerhard* Rn. 620.

84 Prölss/Martin/*Koller* Nr. 3 Rn. 29.

85 *Brunn* Erläuterungen Ziffer 3 Abnutzungsschäden Erl. 1 f.; Thume/de la Motte/Ehlers/*Gerhard* Rn. 623.

86 *Brunn* Erläuterungen Ziffer 3.2.1.10 Abnutzungsschäden Erl. 1; Prölss/Martin/*Koller* Nr. 3 Rn. 30.

87 Illustrativ (zu den AVB Flusskasko 1986) OLG Schleswig 25.11.1999, OLGR **2000** 133.

88 Prölss/Martin/*Koller* Nr. 3 Rn. 32.

89 Anders (nämlich causa proxima) Prölss/Martin/*Koller* Nr. 3 Rn. 32.

Der Begriff der gefährlichen Güter wird in den AVB seit 1992 nicht mehr definiert.[90] 61 Ob unmittelbar auf eine Definition aus einem bestimmten anderen Gesetz abzustellen ist,[91] ist zweifelhaft. Maßgeblich für die Auslegung von AVB ist das Verständnis des durchschnittlichen VN. Dieses dürfte aber dahingehen, dass die Güter, die vom Europäischen Übereinkommen über die internationale Beförderung gefährlicher Güter auf Binnenwasserstraßen (ADN) umfasst werden, auch gefährliche Güter auch im Sinne der AVB sind. Sodann kommt es darauf an, dass die verletzten Bestimmungen nach ihrer jeweils eigenen Definition für die Beförderung gefährlicher Güter vorgesehen sind. Es kommt hingegen nicht darauf an, dass sich gerade die Gefahr verwirklicht hat, deren Vermeidung die entsprechende Vorschrift bezweckte.

Hat die Nichtbeachtung einer Gefahrgutvorschrift den Schaden verursacht (Beweis- 62 last beim Versicherer), kann sich der VN entlasten, wenn er die Vorschriften beachtet und das Erforderliche getan hat, um ihre Einhaltung sicherzustellen, oder wenn er beweist, dass er die Beförderung weder kannte noch kennen musste. Eine Einschränkung der Zurechnung des Verhältnisses der Schiffbesatzung und des Lotsen, wie sie sich in Ziff. 3.2.1.1 Satz 1 findet, kennt Ziff. 3.2.1.11 nicht. Für die Zurechnung gelten hier demnach die allgemeinen versicherungsrechtlichen Grundsätze.[92] Der VN hat auch für seine Repräsentanten einzustehen.[93] An die Beweislast des Versicherungsnehmers, dass er die Vorschriften beachtet und das Erforderliche getan hat, um ihre Einhaltung sicherzustellen, ist ein strenger Maßstab anzusetzen, denn die sichere Beförderung von Gefahrgut erfordert eine gute Organisation. Die Entlastungsmöglichkeit mangels Kenntnis oder Kennenmüssens scheitert, wie sich aus der Legaldefinition in § 122 Abs. 2 BGB ergibt, schon bei fahrlässiger Unkenntnis.[94] Gemeint sind insbesondere Fälle, in denen dem Schiffer falsch deklarierte Ware übergeben wird.[95]

11. Zu tiefe Abladung (Ziff. 3.2.1.12)

Zu tiefe Abladung liegt vor bei einer Beladung, die zur Folge hat, dass die Wassertiefe 63 auf der zu befahrenden Strecke nicht ausreicht.[96] Es muss die Abladetiefe der jeweils zu befahrenden Strecke berücksichtigt werden. Die zu tiefe Abladung kann zugleich zur Fahruntüchtigkeit führen.[97]

12. Gemeingefährliche Waffen (Ziff. 3.2.1.13)

Ziff. 3.2.1.13 wurde durch die AVB Flusskasko 2008 neu eingeführt und soll Schäden 64 vom Versicherungsschutz ausschließen, die Folgen einer sogenannten „Dirty Bomb" sind.[98] Ziff. 3.2.1.13 spricht von Schäden „aus der Verwendung von chemischen, biologischen, biochemischen Substanzen oder elektromagnetischen Wellen als Waffen mit gemeingefährlicher Wirkung".

---

[90] *Brunn* Erläuterungen Ziffer 3.2.1.11 Gefährliche Güter.

[91] So wohl *Brunn* Erläuterungen Ziffer 3.2.1.11 Gefährliche Güter in Bezug auf die Definition der damaligen ADNR.

[92] Anders wohl Prölss/Martin/*Koller* Nr. 3 Rn. 32.

[93] *Brunn* Erläuterungen Ziffer 3.2.1.11 Beweislast; Prölss/Martin/*Koller* Nr. 3 Rn. 32.

[94] *Brunn* Erläuterungen Ziffer 3.2.1.11 Beweislast.

[95] *Brunn* Erläuterungen Ziffer 3.2.1.11 Beweislast.

[96] Prölss/Martin/*Koller* Nr. 3 Rn. 33.

[97] BGH 15.10.1979 VersR **1980** 65, 66.

[98] Thume/de la Motte/Ehlers/*Gerhard* Rn. 626.

13. Mittelbare Schäden (Ziff. 3.2.2)

65 Mittelbare Schäden sind etwa der entgangene Gewinn und Nutzungsausfall, aber auch weitere Kosten wie Hafen-, Schleusen-, Kanalgelder, Lotsengebühren und Leichterkosten.[99]

66 Zu beachten ist, dass mittelbare Schäden im Rahmen von Ziff. 4 (Ersatz an Dritte) versichert sind; Ziff. 4.10 lässt ausdrücklich nur die Ausschlüsse gemäß Ziff. 3.2.1 unberührt, nicht aber die Bestimmung der Ziff. 3.2.2, von der durch Ziff. 4 abgewichen wird.

4 Ersatz an Dritte

4.1 Der Versicherer gewährt dem Versicherungsnehmer Versicherungsschutz auch für den Fall, dass er einem Dritten wegen des Verlustes oder der Beschädigung von Sachen aufgrund gesetzlicher Bestimmungen Ersatz zu leisten hat und der Verlust bzw. die Beschädigung durch unmittelbare navigatorische Maßnahmen im Zusammenhang mit der Teilnahme am Schiffsverkehr verursacht worden sind.

4.2 Die Leistungspflicht des Versicherers umfasst
- die Prüfung der Haftpflichtfrage;
- den Ersatz der Entschädigung, welche der Versicherungsnehmer aufgrund eines von dem Versicherer abgegebenen oder genehmigten Anerkenntnisses, eines von ihm geschlossenen oder genehmigten Vergleichs oder einer richterlichen Entscheidung zu zahlen hat;
- die Abwehr unberechtigter Ansprüche.

4.3 Im Versicherungsfall hat der Versicherungsnehmer die Weisungen des Versicherers zu befolgen.

4.4 Kommt es in einem Versicherungsfall zu einem Rechtsstreit über den Anspruch zwischen dem Versicherungsnehmer und dem Geschädigten oder dessen Rechtsnachfolger, so führt der Versicherer auf seine Kosten den Rechtsstreit im Namen des Versicherungsnehmers.

4.5 Der Versicherer ist bevollmächtigt, alle ihm zur Beilegung oder Abwehr des Anspruchs zweckmäßig erscheinenden Erklärungen im Namen des Versicherungsnehmers abzugeben.

4.6 Übersteigen die Haftpflichtansprüche die Versicherungssumme gemäß Ziffer 14.2, so hat der Versicherer die Prozesskosten nur im Verhältnis der Versicherungssumme zur Gesamthöhe der Ansprüche zu tragen. Das gleiche gilt, wenn in dem Rechtsstreit Haftpflichtansprüche geltend gemacht werden, für die kein Versicherungsschutz besteht.

4.7 Der Versicherungsschutz bezieht sich nicht auf Haftpflichtansprüche

4.7.1 wegen Schäden verursacht durch
- das Freiwerden von flüssigen oder gasförmigen Stoffen sowie Chemikalien,
- sonstige gefährliche Güter im Sinne des § 5h Abs. 1 Satz 2 Binnenschifffahrtsgesetz,

es sei denn, diese Schäden sind als nächste Folge eines Zusammenstoßes des versicherten Schiffes mit einem anderen Schiff an diesem oder den darauf befindlichen Sachen eingetreten;

[99] Prölss/Martin/*Koller* Nr. 3 Rn. 34.

4.7.2 wegen sonstiger Umweltschäden an Natur und Landschaft im Sinne des § 1 Bundesnaturschutzgesetz.

4.8 Der Versicherer leistet keinen Ersatz für Verlust oder Beschädigung von Sachen, die sich an Bord des versicherten Schiffes befinden. Dies gilt auch für solche Sachen, die sich an Bord einer Einheit befinden, die mit dem versicherten Schiff einen Verband im Sinne des § 104 1. HS BinSchG bildet. Dieser Ausschluss gilt nicht für den Ersatz für Verlust oder Beschädigung der mit dem versicherten Schiff einen Verband bildenden Einheit selbst.

4.9 Im Falle der Kollision zwischen Schiffen desselben Versicherungsnehmers hat jedes Schiff bzw. dessen Versicherer seinen eigenen Schaden zu tragen.

4.10 Die Ausschlüsse gemäß Ziffer 3.2.1 bleiben unberührt.

Übersicht

A. Einführung

I. Entstehungsgeschichte

1 Der Text von Ziff. 4 AVB 2008 entspricht im Wesentlichen dem Text von Ziff. 4 AVB 1992, allerdings wurden Ziff. 4.7.1, zweiter Spiegelstrich, Ziff. 4.7.2 und Ziff. 4.10 neu eingefügt, Ziff. 4.10 durch die Neufassung 2008, die Änderungen in Ziff. 4.7.1 und Ziff. 4.7.2 schon in der Version von 2004 (Ziff. 4.7.1 wurde bei der Änderung 2008 nur redaktionell neu gefasst und in Spiegelstriche unterteilt). Zwischenzeitlich (AVB Flusskasko 2000) hatten Ziffern 4.7, 4.8 und 4.9 Öffnungsklauseln enthalten („soweit nicht etwas anderes vereinbart ist“), die aber in der Version von 2008 wieder entfallen sind. Mit der AVB-Version 2008/2013 wurde in Ziff. 4.8 die Sätze 2 und 3 ergänzt.

II. Inhalt und Zweck der Regelung

2 Ziff. 4 AVB Flusskasko enthält das in der Schiffskaskoversicherung traditionelle Element der Haftpflichtversicherung. Versichertes Interesse ist das Haftungsinteresse des Schiffseigners oder im Falle eines Ausrüstungsverhältnisses des Ausrüsters.[1] Streitig ist,

[1] Thume/de la Motte/Ehlers/*Gerhard* Rn. 629.

ob das Eigentümerinteresse ohne Weiteres[2] oder nur bei entsprechender Vereinbarung[3] mitversichert ist, wenn der Ausrüster die Versicherung eindeckt. In der Regel dürfte eine stillschweigende Vereinbarung vorliegen, denn das Haftungsrisiko trifft regelmäßig den Ausrüster, während das Sacherhaltungsinteresse dem Eigentümer zuzurechnen ist.

3 Inhaltlich geht Ziff. 4 über die gesetzliche Vorbild-Vorschrift des § 130 Abs. 2 Satz 2 VVG hinaus, denn es geht nach den AVB nicht nur um Haftpflichtschäden aus einer Kollision.

B. Erläuterungen der Bestimmung

I. Vorbemerkung

4 Die Haftpflichtversicherung von Ziff. 4 AVB ist nur in Verbindung mit der Kaskoversicherung möglich.[4] Sie unterliegt § 130 Abs. 2 Satz 2 VVG und nicht §§ 100 ff. VVG,[5] allerdings nur wenn eine Versicherung über ein Schiff im Sinne des § 130 VVG abgeschlossen wurde.[6] Dann unterliegt sie allerdings auch in Bezug auf solche Gefahren, die nicht im § 130 Abs. 2 Satz 2 VVG, sondern nur in den AVB aufgeführt sind, nicht den §§ 100 ff. VVG,[7] zum Beispiel bei Ersatz-an-Dritte-Ansprüchen ohne Kollision mit einem anderen Schiff.

II. Haftung für Sachschäden Dritter

1. Verlust oder Beschädigung von Sachen

5 Gedeckt sind nur Sachschäden einschließlich der durch sie hervorgerufenen Vermögensschäden, nicht aber Personenschäden oder reine Vermögensschäden.[8] Dies weicht vom gesetzlichen Versicherungsschutz in § 130 Abs. 2 VVG ab, der seinerseits auch Personenschäden und reine Vermögensschäden ohne zugrundeliegenden Sachschaden erfasst, doch ist diese Abweichung zulässig;[9] reine Vermögensschäden ohne zugrundeliegenden Sachschaden sind beim Zusammenstoß von Schiffen, wie § 130 Abs. 2 VVG ihn erfordert, ohnehin schwer vorstellbar.

6 Nicht versichert ist die Ladung an Bord des versicherten Schiffes oder eines mit diesem verbundenen Leichters (dazu unten Ziff. 4.8).

2. Haftung gegenüber einem Dritten

7 a) **Haftung aufgrund gesetzlicher Bestimmungen.** Die Haftung muss aufgrund gesetzlicher Bestimmungen gegeben sein. Dies können privat- oder öffentlich-rechtliche Bestimmungen sein, inländische oder ausländische. Es muss keine Verschuldenshaftung sein; im Gegenteil ist die Deckung bei Vorsatz oder grober Fahrlässigkeit des Versicherungs-

---

2 So Thume/de la Motte/Ehlers/*Gerhard* Rn. 629.
3 So Bruck/Müller/*Schwampe* § 130 VVG Nr. 82.
4 Thume/de la Motte/Ehlers/*Gerhard* Rn. 628.
5 Thume/de la Motte/Ehlers/*Gerhard* Rn. 628; *Gerhard* Auswirkungen, 7.
6 Siehe oben Ziff. 1 Rn. 5.
7 *Gerhard* Auswirkungen, 6 f.
8 Prölss/Martin/*Koller* Nr. 4 Rn. 1.
9 Bruck/Müller/*Schwampe* § 130 VVG Rn. 83.

nehmers gemäß Ziff. 3.2.1.1 i.V.m. Ziff. 4.10 ausgeschlossen; grob fahrlässiges Verhalten des als Schiffsführer agierenden Versicherungsnehmers ist mithin nicht versichert.[10]

b) Verursachung durch navigatorische Maßnahmen im (unmittelbaren) Zusammenhang mit der Teilnahme am Schiffsverkehr. Es ist nicht Voraussetzung, dass ein Zusammenstoß des versicherten Schiffes mit einem anderen Schiff stattgefunden hat.[11] Insoweit gehen die AVB über den Inhalt von § 130 Abs. 2 Satz 2 VVG hinaus. Dennoch bleibt es bei der Einordnung in die Transportversicherung gemäß §§ 130 ff. VVG ohne Anwendbarkeit der Vorschriften über die allgemeine Haftpflichtversicherung in §§ 100 ff. VVG.[12] 8

Die Wortkombination „unmittelbare navigatorische Maßnahmen" ist nicht gelungen und nicht ganz klar,[13] „unmittelbar" kann sich nicht sinnvoll auf „navigatorisch" beziehen. Bei der Formulierung soll es sich um eine „modernere und klarere" handeln als in der Vorbild-Vorschrift Klausel 34.1 DTV-Kaskoklauseln 1978/1984.[14,15] In Klausel 34.1 DTV-Kasko heißt es „bei der Bewegung des Schiffes oder durch navigatorische Maßnahmen in unmittelbarem Zusammenhang mit der Teilnahme am Schiffsverkehr verursacht". „Unmittelbar" bezieht sich dort also auf „Zusammenhang"; das mag auslegungsbedürftig sein,[16] ist aber verständlicher. Vorliegen muss nach Ziff. 4.1 eine verkehrsbezogene Maßnahme, die auf Teilnahme am Schiffsverkehr ausgerichtet ist; nicht erfasst sind rein technische Maßnahmen wie etwa die Übernahme von Treibstoff, das Be- oder Entladen oder Reinigungs- oder Instandhaltungsarbeiten.[16] 9

III. Umfang der Leistungspflicht (Ziff. 4.2, 4.4 und 4.6), Weisungsrecht (Ziff. 4.3) und Vollmacht (Ziff. 4.5)

Der VR hat die Haftpflichtfrage zu prüfen, unberechtigte Ansprüche abzuwehren und berechtigten Ansprüchen nachzukommen. Dabei handelt er im pflichtgemäßen Ermessen.[18] 10

Gegenüber dem VN hat der VR im Versicherungsfall ein Weisungsrecht.[19] 11

Der VR ist berechtigt, aber auch verpflichtet, einen Haftpflichtprozess für den VN auf eigene Kosten zu führen.[20] Die Prozesskosten hat er allerdings, wenn die Ansprüche über die Versicherungssumme hinausgehen, gemäß Ziff. 4.6 Satz 1 nur im Verhältnis der Versicherungssumme zur Gesamthöhe der Ansprüche zu tragen. Der VR trägt die Prozesskosten auch dann nur teilweise, wenn der Prozess über Haftpflichtansprüche geführt wird, für die kein Versicherungsschutz besteht (Ziff. 4.6 Satz 2). Für die Einschränkung, dass diese Bestimmung nur gilt, wenn die Versicherungssumme überschritten wird,[21] geben die AVB keinen Anhaltspunkt her. 12

In Ziff. 4.5 gewährt der VN dem VR Regulierungsvollmacht.[22] 13

---

[10] Anders wohl Thume/de la Motte/Ehlers/*Gerhard* Rn. 633.

[11] Zur früheren Rechtslage *Brunn* Erläuterungen Vorbemerkung zu Ziffer 4.

[12] Bruck/Müller/*Schwampe* § 130 VVG Rn. 77.

[13] Prölss/Martin/*Koller* Nr. 4 AVB Rn. 3.

[14] http://www.tis-gdv.de/tis/bedingungen/avb/see/sk_0401_dtv_kaskoklauseln.pdf

[15] *Brunn* Erläuterungen Ziffer 4.1 Erl. 6.

[16] Zur Auslegung Thume/de la Motte/Ehlers/*Schwampe* AVB Seekasko Rn. 303.

[17] Näher Thume/de la Motte/Ehlers/*Gerhard* Rn. 634; Prölss/Martin/*Koller* Nr. 4 Rn. 3.

[18] Thume/de la Motte/Ehlers/*Gerhard* Rn. 635.

[19] Dazu Thume/de la Motte/Ehlers/*Gerhard* Rn. 636.

[20] *Brunn* Erläuterungen Ziffer 4.4 Prozessführung.

[21] Thume/de la Motte/Ehlers/*Gerhard* Rn. 639.

[22] Dazu Thume/de la Motte/Ehlers/*Gerhard* Rn. 638.

IV. Ausschlüsse

1. Gefährliche Güter (Ziff. 4.7.1) und Umweltschäden (Ziff. 4.7.2)

14 Schäden, die durch das Freiwerden von flüssigen oder gasförmigen Stoffen sowie Chemikalien oder durch sonstige gefährliche Güter verursacht werden, fallen nicht unter den Versicherungsschutz.[23] Eine Ausnahme, deren Vorliegen der VN nachzuweisen hat, sind Schäden, die als nächste Folge eines Zusammenstoßes des versicherten Schiffes mit einem anderen Schiff an diesem oder an den darauf befindlichen Sachen eintreten. Der Zusammenstoß mit einem anderen Schiff setzt eine Berührung mit einem anderen Schiff voraus, Fernschädigungen reichen nicht, Zusammenstöße mit anderen Gegenständen auch nicht.[24] Dass die AVB an dieser Stelle die Worte „als nächste Folge" verwenden, spricht dafür, dass in dieser Ziff. ausnahmsweise[25] eine Kausalität im Sinne der causa-proxima-Lehre gemeint ist.

15 Ausgeschlossen (ohne Ausnahme) sind gemäß Ziff. 4.7.2 auch sonstige Umweltschäden.[26]

2. Sachen an Bord (Ziff. 4.8)

16 Gemäß Ziff. 4.8 sind Sachen, die sich an Bord des versicherten Schiffes befinden, insbesondere also die Ladung, nicht von der Ersatz-an-Dritte-Versicherung gemäß Ziff. 4 AVB erfasst, diese Versicherung bezieht sich nur auf „Sachen außerhalb des versicherten Schiffes".[27]

17 Bis zur Neufassung im Jahr 2013 hatte es mit dieser Aussage in Ziff. 4.8 sein Bewenden. Die Formulierung war aber problematisch, weil damit die Haftpflicht für Ladung auf mitgeführten Leichtern versichert war, eine ausdehnende Auslegung des Ausschlusses in Ziff. 4.8 ließ sich letztlich nicht begründen.[28]

18 Die von *Schmidt* angeregte Ergänzung der AVB[29] wurde mit der Neufassung der AVB in 2013 fast wörtlich umgesetzt; seitdem ist Ziff. 4.8 um Satz 2 und 3 ergänzt. Nunmehr ist ausdrücklich festgehalten, dass auch Sachen, die sich an Bord einer Einheit befinden, die mit dem versicherten Schiff einen Verband bilden, von dem Ausschluss in Ziff. 4.8 Satz 1 erfasst sind. Die Einheit selbst, also der Schubleichter, ist aber nicht umfasst.

19 Die Formulierung in Ziff. 4.8 Satz 2 wird kritisiert, weil sie (nur) auf den „Verband im Sinne des § 104 1. HS BinSchG" verweist, was den Wortlaut des § 104 1. HS BinSchG, der keine Definition des „Verbands" enthält, nicht ganz trifft[30]. Die Kritik ist nicht unberechtigt. Allerdings beeinträchtigt es die Wirksamkeit von Abs. 2 nicht; das Verständnis des durchschnittlichen VN dürfte dahingehen, dass mit „Verband im Sinne § 104 1. HS BinSchG" sowohl die in § 104 1. HS BinSchG genannten Schleppzüge als auch die dort genannten Schubverbände und schließlich auch die Verbände von fest gekoppelten Schiffen mit eigener Antriebskraft gemeint sind.

[23] Zur Parallelkonstellation im Seerecht *Enge* Ölverschmutzung der Meere und Versicherung VersR **1981** 207, 208 f.
[24] Thume/de la Motte/Ehlers/*Gerhard* Rn. 640.
[25] Siehe oben Ziff. 3 Rn. 5.
[26] Dazu Thume/de la Motte/Ehlers/*Gerhard* Rn. 641.
[27] Thume/de la Motte/Ehlers/*Gerhard* Rn. 642.
[28] *Schmidt* VersR **2013** 418, 429.
[29] *Schmidt* VersR **2013** 418, 430.
[30] *Gerhard* TranspR **2014** 361, 362.

3. „Schwesterschiffe“ (Ziff. 4.9)

Kollidieren zwei Schiffe desselben Schiffseigners (oder Ausrüsters), entstehen daraus keine Haftungsansprüche, denn der Schiffseigner (oder Ausrüster) als Geschädigter kann nicht Ansprüche gegen sich selbst als Schädiger (oder für den Schädiger Haftenden) haben. Ohne Haftungsanspruch kann es auch keine Ersatz-an-Dritte-Deckung geben. Aus dem Wunsch heraus, Kollisionen zwischen Schiffen desselben Schiffseigners („Reeders“) so zu behandeln wie Kollisionen zwischen Schiffen verschiedener Schiffseigner oder Reeder werden in der Seeversicherung und in anderen Bedingungswerken für die Flusskaskoversicherung mitunter sogenannte „Schwesterschiffsklauseln“ vereinbart.[31] Diese fingieren dann Eigentum unterschiedlicher Personen und damit – für die Zwecke der Ersatz-an-Dritte-Versicherung – Haftungsansprüche. Eine solche Schwesterschiffklausel kennen die AVB-Flusskasko nicht. Ziff. 4.9 stellt das klar. 20

Die Regelung in Ziff. 4.9 soll nach allgemeiner Meinung „nicht Hilfs- und Bergelöhne betreffen“.[32] Näher erläutert oder gar begründet wird das nicht. Gemeint ist wohl, dass Ziff. 4.9 trotz seines weitgehenden Wortlauts nicht Wirkungen haben soll, die über den Anwendungsbereich der Ersatz-an-Dritte-Versicherung hinausgehen. 21

4. Sonstige Ausschlüsse (Ziff. 4.10)

Die Ausschlüsse gemäß Ziff. 3.2.1 gelten auch für die Haftpflichtversicherung gemäß Ziff. 4 AVB.[33] Das war in der Version der AVB 2000 noch anders: Da es Ziff. 4.10 noch nicht gab und Ziff. 3.2.1 anders formuliert war, hatte die Rechtsprechung insbesondere nicht Ziff. 3.2.1.1 auf die Ersatz-an-Dritte-Schäden angewendet, sondern stattdessen die gesetzliche Vorschrift (§ 132 VVG a.F.).[34] 22

5 Große Haverei

5.1 Der VR leistet Ersatz für Beiträge, die der VN zur großen Haverei zu leisten hat. Der Umfang der Leistung des VRs wird durch eine nach Gesetz aufgemachte und von den zuständigen Dispache-Prüfungsstellen anerkannte Dispache bestimmt. Eine entsprechend den Rhein-Regeln IVR aufgemachte Dispache gilt als gesetzmäßig.

5.2 Der VR leistet auch Ersatz im Rahmen der Regeln für große Haverei für

5.2.1 Winter- und Überwinterungskosten gemäß § 82 Ziffern 4, 5 BinSchG; ausgenommen sind Kosten für die Bewachung des Schiffes;

5.2.2 Schäden, die zur Rettung von Schiff und Ladung beim Anlaufen oder Verlassen eines wegen Eises geschlossenen Hafens oder durch Fahren durch feststehendes Eis (Forcieren von Eis) entstanden sind.

5.3 Sind ausschließlich Güter des VNs verladen, gelten die Bestimmungen für große Haverei sowie die Rhein-Regeln IVR mit Ausnahme der Regeln IX (Zinsen) und XVII (Bareinschüsse).

5.4 Der VR leistet jedoch nur insoweit Ersatz, als ein versicherter Schaden durch die Haverei-Maßregel abgewendet werden sollte.

---

[31] Eine solche Klausel lag etwa dem Urteil des BGH vom 18.4.2012, VersR **2012** 852 ff. zugrunde.

[32] Thume/de la Motte/Ehlers/*Gerhard* Rn. 643; Prölss/Martin/*Koller* Nr. 4 AVB Rn. 7; *Brunn* Erläuterungen Ziffer 4.9.

[33] *Bremke/Gerhard* TranspR **2008** 297.

[34] BGH 18.5.2011 VersR **2011** 1048, 1049.

Übersicht

A. Einführung

I. Entstehungsgeschichte

1 Ziff. 5 AVB Flusskasko 2008 ist identisch mit Ziff. 5 AVB Flusskasko 1992.[1]

II. Inhalt und Zweck der Regelung

2 Die Große Haverei (Havarie-grosse) ist der schifffahrtsrechtliche Verteilungsmechanismus, der einen Interessenausgleich im Wesentlichen zwischen dem Eigentümer des Schiffes und dem Eigentümer der zur Ladung gehörenden Frachtstücke bewirken soll, wenn Maßnahmen ergriffen oder Schäden erlitten werden, um Schiff und Ladung aus einer gemeinsamen Gefahr zu erretten (§ 78 Abs. 1 BinSchG). Der Schiffseigner kann dann verpflichtet sein, in die Havarie-grosse einzuzahlen. Das ist funktional mit Schadenabwendungskosten vergleichbar, wird aber rechtstechnisch nicht ohne weiteres als Schaden oder Schadenminderung eingestuft. Zur Herstellung der Parallelität dient Ziff. 5, nach der auch die Einzahlungen in eine Große Haverei versichert sind. Dabei entsprechen Ziff. 5.1 Abs. 1 Satz 1 und Ziff. 5.4 im Wesentlichen § 130 Abs. 3 VVG. Insbesondere können Bergelöhne in die Havarie-grosse eingehen.[2]

B. Erläuterungen der Bestimmung

I. Beiträge zur großen Haverei bei Maßnahmen zur Abwendung eines versicherten Schadens (Ziff. 5.1 und 5.4)

3 Versichert sind, wie in § 130 Abs. 3 VVG,[3] nur die Beiträge zur Großen Haverei, nicht weitergehende Zahlungspflichten. Gemäß Ziff. 5.4 sind sie nur versichert, soweit die Maßnahme der Großen Haverei (die AVB sagen „Haverei-Maßregel") zur Abwendung eines versicherten Schadens diente. Die Höhe des Beitrags – aber auch das Ob – werden durch die Dispache bestimmt (Ziff. 5.1 Satz 2).

4 Gemäß Ziff. 9.2 wird die Abzugsfranchise auf die gemäß Ziff. 5 zu leistende Versicherungsdeckung nicht angewendet.

---

1 Zu den Wurzeln in den AVB 1986 *Brunn* Erläuterungen Ziff. 5.1.

2 *Schwampe* VersR **2007** 1177, 1181.

3 Bruck/Müller/*Schwampe* § 130 VVG Rn. 108.

II. Nach dem Gesetz aufgemachte Dispache (Ziff. 5.1 Satz 2 und 3)

Das Vorliegen der Dispache ist Voraussetzung für die Ersatzleistung des VRs.[4] Das soll nach Teilen der Literatur nicht gelten, wenn die Aufmachung der Dispache ohne Verschulden des VNs unterbleibt,[5] doch bleiben Grund und Aufhänger einer solchen Einschränkung im Ungewissen. 5

„Gesetzmäßig" sind nach den AVB jedenfalls die Dispachen nach den Regeln der IVR. Die AVB sprechen noch von „Rhein-Regeln IVR". Allerdings hat die IVR ihre ehemaligen „Rhein-Regeln IVR" überarbeitet und im Jahre 2006 in einer Fassung veröffentlicht, die nicht mehr mit „Rhein-Regeln IVR" überschrieben ist, sondern mit „Havarie-Grosse-Regeln IVR". Dass dies in den AVB Flusskasko 2008 und 2008/2013 nicht umgesetzt wurde, dürfte ein Redaktionsfehler sein, es ist davon auszugehen, dass die „Havarie-Grosse-Regeln IVR" gemeint waren. AGB-rechtlich stößt es nicht auf Bedenken, wenn man die Rechtsfolge der Vorschrift („Eine entsprechend den Rhein-Regeln IVR aufgemachte Dispache gilt als gesetzmäßig.") auch auf gemäß den „Havarie-grosse-Regeln IVR" aufgemachte Dispachen bezieht, denn der VN als Vertragspartner des Verwenders hat daraus einen Vorteil. Sollte es einmal vorkommen, dass eine Dispache noch nach den alten Rhein-Regeln IVR aufgemacht wurde, muss der VR die Vorschrift allerdings auch gegen sich gelten lassen: auch eine solche Dispache gilt dann als gesetzmäßig. 6

III. Winter- und Überwinterungskosten (Ziff. 5.2.1) und Eisschäden (Ziff. 5.2.2)

Im Rahmen der großen Haverei sollen „Winter- und Überwinterungskosten im Sinne von § 82 Ziff. 4 und 5 BinSchG a.F." gedeckt sein (Ziff. 5.2.1), ebenso sind Schäden gedeckt, die zur Rettung von Schiff und Ladung im Anlaufen oder Verlassen eines wegen Eises geschlossenen Hafens oder durch Forcieren von Eis entstanden sind (Ziff. 5.2.2). 7

Die Verweisung in Ziff. 5.2.1 auf § 82 BinSchG a.F. geht seit der Seerechtsreform vom 24. April 2013 ins Leere, da die entsprechende Vorschrift des Binnenschifffahrtsgesetzes aufgehoben wurde. Der Begriff der „Winter- und Überwinterungskosten" ist daher zunächst ohne Bezugnahme auf § 82 BinSchG a.F. auszulegen. Nach den allgemeinen Grundsätzen kommt es darauf an, wie ein durchschnittlicher VN ihn bei verständiger Würdigung, aufmerksamer Durchsicht und Berücksichtigung des erkennbaren Sinnzusammenhangs verstehen kann und muss[6]. Der Zusammenhang zur großen Haverei ist dabei zu berücksichtigen. Soweit der Begriff bei dieser allgemeinen Auslegung hinter dem zurückbleiben sollte, was in § 82 BinSchG a.F. umschrieben ist, muss § 82 BinSchG a.F. zur inhaltlichen Ausfüllung von Ziff. 5.2.1 weiter herangezogen werden. Einschränkungen des Versicherungsschutzes dürfen sich daraus aber nicht ergeben, denn der Verweis auf eine nicht mehr geltende Norm ist für den VN als Vertragspartner des Verwenders nicht transparent. 8

Für den Fall, dass die Schäden zur Rettung von Schiff und Ladung entstanden sind, 9
ist der in Ziffern 3.2.1.3 und 3.2.1.4 enthaltene Anschluss jeweils unter Verweis auf

---

[4] *Brunn* Erläuterungen Ziff. 5.1 Ersatzleistung Erl. 3; Thume/de la Motte/Ehlers/*Gerhard* Rn. 646.

[5] Thume/de la Motte/Ehlers/*Gerhard* Rn. 646; zuvor schon Thume/de la Motte/*Brunn*[1] Rn. 485.

[6] BGH 11.5.2005 VersR 2005 976.

Ziff. 5.2.2 eingeschränkt. Auch die in Ziff. 5.2.1 genannten Kosten (Winter- und Überwinterungskosten) müssen aber gemäß Ziff. 5.4 zur Abwendung versicherter Schäden entstanden sein.

IV. Güter des VNs (Ziff. 5.3)

10 Durch Ziff. 5.3 wird klargestellt, dass Versicherungsschutz für den Beitrag zur Großen Haverei auch besteht, wenn ausschließlich Güter des VNs verladen sind. Allerdings dürfen dann für die Berechnung der Versicherungsdeckung bestimmte Regeln der Havarie-grosse Regeln IVR nicht angewendet werden. Auch hier ist die Verweisung auf die „Rheinregeln IVR" veraltet; die Regeln der IVR heißen jetzt „Havarie-Grosse Regeln IVR". Regel IX bezieht sich auf die Zinsen und Regel XVII auf Bareinschlüsse.

11 Aufgabe von Ziff. 5.3 kann es allerdings – trotz des mit dieser Tendenz verknappten Wortlautes – nicht sein, klarzustellen, dass die IVR-Regeln (mit Ausnahme von Regeln IX und XVII) auch im Fall der Verladung nur eigener Güter gelten.[7] Welche Regeln für die Havarie-grosse und die Aufmachung der Dispache gelten, wird nicht im Versicherungsvertrag geregelt, sondern ist aus dem Blickwinkel des Versicherungsverhältnisses als gegeben vorauszusetzen. Dabei muss die Dispache, wie Ziff. 5.1 Satz 2 fordert, „nach dem Gesetz aufgemacht sein", wobei eine nach den IVR-Regeln aufgemachte Dispache als gesetzmäßig gilt. Die IVR-Regeln sind weit verbreitet und werden in der Praxis oft Anwendung finden. Da es sich um vertragliche Regeln handelt, kann es aber durchaus sein, dass im Einzelfall die Regeln nicht oder nicht korrekt vertraglich einbezogen wurden und daher nicht gelten.

6 Aufopferungen

6.1 Der Versicherer leistet Ersatz für Aufopferungen versicherter Gegenstände nach den Bestimmungen für die besondere Haverei gemäß Ziff. 22.

6.2 Der Anspruch auf die dem Versicherungsnehmer in großer Haverei zustehende Vergütung geht mit seiner Entstehung auf den Versicherer über.

Der Versicherer hat jedoch den Überschuß dem Versicherungsnehmer herauszugeben, wenn die Vergütung die Entschädigung und die dafür notwendigen Aufwendungen übersteigt.

Übersicht

[7] So aber Thume/de la Motte/Ehlers/*Gerhard* Rn. 651.

A. Einführung

I. Entstehungsgeschichte

Der Wortlaut von Ziff. 6 in AVB Flusskasko 2008 ist identisch mit dem in AVB Flusskasko 1992; die AVB von 1986 enthielten noch keine Regel zur Aufopferung.[1] 1

II. Inhalt und Zweck der Regelung

Ziff. 6 steht im unmittelbaren Zusammenhang mit Ziff. 5, weil Aufopferungen in der Regel zu Havarie-grosse-Situationen führen. Ziff. 6.1 regelt den Ersatz für Aufopferungen allerdings zunächst unabhängig von dem Entstehen einer Havarie-grosse-Situation, erst Ziff. 6.2 regelt die Wirkungen der Havarie-grosse. 2

B. Erläuterungen der Bestimmung

I. Aufopferungen (Ziff. 6.1)

Aufopferungen sind Schäden, die dem versicherten Schiff oder den anderen versicherten Gegenständen zur Rettung von Schiff und Ladung aus gemeinsamer Gefahr vorsätzlich zugefügt werden, einschließlich dadurch verursachter weiterer, mittelbarer Schäden[2] Solche Aufopferungen führen regelmäßig zur Havarie-grosse-Situationen. Der Ersatz von Aufopferungen durch den Versicherer an den Versicherungsnehmer erfolgt aber zunächst unabhängig von dem Verteilungsverfahren der großen Haverei.[3] Sie werden wie Teilschäden des Schiffes behandelt und „gemäß Ziff. 22" ersetzt.[4] Ziff. 22 ist dabei nur eine Vorschrift zur Berechnung;[5] es muss gerade nicht eine „besondere Haverei" im Sinne des § 78 Abs. 3 BinSchG a.F. vorliegen, die eine große Haverei ausschließen würde. 3

Aus dem Zusammenhang mit Ziff. 5 und Ziff. 6.2 ergibt sich, dass die Aufopferung ebenfalls zur Abwendung einer versicherten Gefahr getätigt worden sein muss. 4

Eine Abzugsfranchise wird nicht angewendet (Ziff. 9.2). 5

II. Forderungsübergang (Ziff. 6.2 Abs. 1) und Auskehrung des Überschusses (Ziff. 6.2 Abs. 2)

Das Rechtsinstitut der Havarie-grosse sieht vor, dass die Eigentümer von Schiff, Ladung und Treibstoff sowie die Inhaber von Frachtforderungen in die Havarie-grosse einzahlen (§ 78 Abs. 1 Satz 2, Abs. 3 BinSchG i.V.m. § 591 HGB). Der Gesamtbetrag dient zur Zahlung oder zum Ausgleich der Schäden und Aufwendungen, für die die Havarie-grosse erklärt wurde. Dieser Ausgleich geht in der Regel an den Schiffseigner, der die Kosten vorgeschossen hat. Wenn nun statt des Schiffseigners sein Versicherer „in die Havarie-grosse einzahlt" und für die Schäden und Aufwendungen aufkommt, die Anlass für die Havarie-grosse waren, ist nur folgerichtig, dass die Auszahlung aus der 6

[1] *Brunn* Erläuterungen Ziff. 6 Vorbemerkung.
[2] Zum Begriff Prölss/Martin/*Koller* Nr. 6 AVB Rn. 1.
[3] Prölss/Martin/*Koller* Nr. 6 AVB Rn. 2.
[4] Prölss/Martin/*Koller* Nr. 6 AVB Rn. 2.
[5] Dazu unten Ziff. 22 Rn. 2.

Havarie-grosse nicht an den Versicherungsnehmer, sondern an den Versicherer vorzunehmen ist. Dies zu regeln ist Aufgabe von Ziff. 6.2.

7 Der Anspruch geht nach dem ausdrücklichen Wortlaut der Ziff. 6.2 schon mit seiner Entstehung auf den Versicherer über, nicht erst mit Zahlung des Beitrags durch den Versicherer.[6]

7 Wrackbeseitigung

7.1 Der VR leistet Ersatz für die entstandenen Kosten der Wrackbeseitigung, wenn als Folge einer versicherten Gefahr ein Staat oder eine zuständige Behörde aufgrund gesetzlicher Bestimmungen das Heben, Entfernen oder Vernichten des beschädigten versicherten Schiffes verlangt, oder für Rechnung des VNs selbst durchführt oder durchführen lässt.

7.2 Der VR leistet keinen Ersatz für jene Kosten, die bei einer Wrackbeseitigung hinsichtlich der Ladung entstehen. Dies gilt insbesondere für Kosten für ihre Bergung und Beseitigung und die Verhinderung von Umweltschäden.

7.3 Ansprüche gemäß Ziff. 27 gehen dieser Deckung voran.

Übersicht

A. Einführung

I. Entstehungsgeschichte

1 Ziffern 7.1 und 7.2 sind identisch mit den AVB Flusskasko 1992. Ziff. 7.3 wurde mit den AVB Flusskasko 2008 hinzugefügt. Vorgängerbestimmung war Klausel E der Klauseln Flusskasko 1986, die allerdings weitere Voraussetzungen hatte (Sinken des Schiffs und Abandon des VRs).[1] Zwischenzeitlich (AVB Flusskasko 2000) hatte Ziff. 7 eine Öffnungsklausel enthalten („soweit nicht etwas anderes vereinbart ist"), die aber in der Version von 2008 wieder entfallen ist.

II. Inhalt und Zweck der Regelung

2 Die Wrackbeseitigungskosten sind klassischer Bestandteil einer Schiffskaskoversicherung.

B. Erläuterungen der Bestimmung

3 Versichert ist das Kosteninteresse des zur Wrackbeseitigung verpflichteten VNs, wenn das versicherte Schiff als Folge einer versicherten Gefahr zum Wrack geworden ist; es kommt darauf an, dass das Schiff objektiv zum Wrack geworden ist.[2]

---

6 *Brunn* Erläuterungen Ziff. 6.2.

1 *Brunn* Erläuterungen Vorbemerkung zu Ziff. 7.

2 Thume/de la Motte/Ehlers/*Gerhard* Rn. 657.

Das Verlangen der (in- oder ausländischen) Behörde kann auf Grundlage privatrechtlicher oder öffentlich-rechtlicher Bestimmungen erfolgen. 4

Es gilt die Versicherungssumme des Ziff. 14.3, und zwar gemäß Ziff. 9.2 ohne Abzugsfranchise. 5

Die Kosten, die bei der Wrackbeseitigung hinsichtlich der Ladung entstehen, sind nicht gedeckt (Ziff. 7.2), auch nicht die vor Beseitigung des Schiffes notwendigen Entladekosten.[3] 6

Dass gemäß Ziff. 7.3 die Ansprüche gemäß Ziff. 27 der Deckung aus Ziff. 7 vorangehen, ist wegen der möglicherweise unterschiedlichen Versicherungssummen von Bedeutung.[4] Schadenminderungskosten bleiben danach ersatzfähig, auch wenn sich hinterher herausstellt, dass das Schiff schon ein Wrack war.[5] 7

8 Hoheitliche Maßnahmen bei Gewässerverschmutzung

8.1 Der Versicherer leistet Ersatz für Schäden an dem versicherten Schiff, verursacht durch Maßnahmen einer staatlichen Behörde, die sie in Ausübung hoheitlicher Gewalt trifft, um eine drohende Gewässerverschmutzung zu verhüten oder eine bereits eingetretene zu vermindern.

Dies gilt nicht für Fahrten auf der Donau und den damit in Verbindung stehenden Wasserstraßen ab Bratislava.

8.2 Voraussetzung für den Versicherungsschutz gemäß Ziffer 8.1, ist dass

8.2.1 das Ereignis, welches die drohende oder eingetretene Gewässerverschmutzung ausgelöst hat, die Folge einer versicherten Gefahr ist, und

8.2.2 die Maßnahme der staatlichen Behörde nicht durch den Versicherungsnehmer schuldhaft verursacht worden ist.

Übersicht

A. Einführung

I. Entstehungsgeschichte

Der Wortlaut ist identisch mit Ziff. 8 AVB Flusskasko 1992. Zwischenzeitlich (AVB Flusskasko 2000) hatte Ziff. 8.2 eine Öffnungsklausel enthalten („soweit nicht etwas anderes vereinbart ist"), die aber in der Version von 2008 wieder entfallen ist. Die Klausel ist angelehnt an die DTV Kaskoklauseln 1978/1994 (Klausel 18).[1] Mit der Version von 2013 wurde in Ziff. 8.1 ein zweiter Absatz eingefügt, der wiederum einen Teil der ehemaligen Donauklausel umsetzt. 1

---

3 Prölss/Martin/*Koller* Nr. 7 Rn. 3.

4 *Bremke/Gerhard* TranspR 2008 297, 298.

5 *Bremke/Gerhard* TranspR 2008 297, 298; Prölss/Martin/*Koller* Nr. 7 Rn. 3.

1 Thume/de la Motte/*Brunn* AVB-Kasko Rn. 499.

II. Inhalt und Zweck der Regelung

2 Nach dieser Ziffer sollen Schäden am Schiff ersetzt werden, die durch hoheitliche Maßnahmen des Gewässerschutzes verursacht wurden.

B. Erläuterungen der Bestimmung

3 Ziff. 8 deckt nur Schäden, die (durch bestimmte behördliche Maßnahmen) an dem versicherten Schiff entstehen. Voraussetzung ist, dass die abgewendete oder verminderte Gewässerverschmutzung durch ein Ereignis ausgelöst wurde (oder worden wäre), das Folge einer versicherten Gefahr ist (Ziff. 8.2.1), und dass den VN kein Verschulden trifft (Ziff. 8.2.2), also weder Vorsatz noch (einfache) Fahrlässigkeit.[2] Ein Zusatz wie in Ziff. 3.2.1.1 Satz 2 findet sich in Ziff. 8 nicht.

4 Ziff. 8.1 Abs. 2 setzt 4 Buchstabe a) Satz 1 der DTV-Donauklausel um.

9 Abzugsfranchise, Abzüge „neu für alt"

9.1 Es gilt die in der Versicherungspolice vereinbarte Abzugsfranchise. Sie wird auf jedes Schadenereignis angewendet.

9.2 Die Abzugsfranchise wird nicht angewendet

- **bei Totalverlust gemäß Ziff. 18 und in den Fällen, die ihm gemäß Ziff. 19.2 gleichzuachten sind;**
- **auf Beiträge zur großen Haverei gemäß Ziff. 5;**
- **bei Aufopferung gemäß Ziff. 6;**
- **auf Kosten der Wrackbeseitigung gemäß Ziff. 7;**
- **auf Schadenabwendungs-, Schadenminderungs-, Schadenermittlungskosten gemäß Ziff. 27.**

9.3 Für Eisschäden gilt die gemäß Ziff. 9.1 vereinbarte Abzugsfranchise bzw. der in der Police für Eisschäden in Höhe eines Prozentsatzes des ersatzpflichtigen Schadens vereinbarte Abzug.

9.4 Für den Fall, dass bei der Reparatur Teile der versicherten Gegenstände durch neue ersetzt werden, wird ein Abzug „neu für alt" vereinbart, der Alter, Abnutzung und Verschleiß Rechnung trägt.

Übersicht

[2] Thume/de la Motte/Ehlers/*Gerhard* Rn. 663.

A. Einführung

I. Entstehungsgeschichte

Ziff. 9.1 und 9.2 sind identisch mit AVB Flusskasko 1992, mit der einen Ausnahme, dass es nun „Aufopferung gemäß Ziff. 6“ heißt und nicht mehr „Aufopferungen gemaß Ziff. 6“. 1

Ziff. 9.3 ist identisch mit der Fassung in AVB Flusskasko 2000. In der Version von 1992 galt für Altschäden noch die Franchise gemäß Ziff. 9.1, allerdings mit einem Minimum in Höhe von 25 % des ersatzpflichtigen Schadens. 2

Ziff. 9.4 ist ebenfalls identisch mit der Fassung der AVB Flusskasko 2000. In der Version von 1992 hatte es noch feste Prozentsätze für die Abzüge „neu für alt“ gegeben. 3

II. Inhalt und Zweck der Regelung

In Kaskoversicherungen werden üblicherweise Franchisen vereinbart, allerdings oft ohne weitere Präzisierung. Ziff. 9 trägt dem Rechnung und regelt weitere Einzelheiten. 4

B. Erläuterungen der Bestimmung

Ziff. 9.1 hält fest, dass die Abzugsfranchise, wenn sie gelten soll, vereinbart werden muss und dann auf jedes Schadensereignis angewendet wird, das nicht in Ziff. 9.2 ausgenommen ist. Die vereinbarte Abzugsfranchise gilt daher insbesondere auch für die Ersatz-an-Dritte-Schäden aus Ziff. 4.[1] Da Einzelvereinbarungen vorgehen, kann etwas anderes selbstverständlich vereinbart werden. In Ziff. 9.3 ist dies für Eisschäden ausdrücklich angeregt. 5

Ziff. 9.4 schließlich sieht Abzüge vor, die über den Selbstbehalt hinausgehen, wenn der VN infolge werterhöhender Reparaturmaßnahmen andernfalls bereichert würde. Ziff. 9.3 bestimmt allerdings selbst keinen Abzug, sondern setzt eine entsprechende Vereinbarung voraus. Das ergibt sich aus Ziff. 22.2, erster Spiegelstrich. 6

10 Beginn und Ende der Versicherung

10.1 Die Versicherung beginnt und endet mit den in der Versicherungspolice angegebenen Daten. Dies gilt auch dann, wenn sich das versicherte Schiff im Zeitpunkt der Beendigung der Versicherung unterwegs befindet.

10.2 Ein für eine bestimmte Versicherungsperiode abgeschlossener Versicherungsvertrag verlängert sich stillschweigend um ein Jahr, wenn er nicht einen Monat vor Ablauf der Vertragszeit gekündigt wird.

---

[1] Thume/de la Motte/Ehlers/*Gerhard* Rn. 664; Prölss/Martin/*Koller* Nr. 9 Rn. 1.

Übersicht

A. Einführung

I. Entstehungsgeschichte

1 Der Wortlaut von Ziff. 10 ist seit den AVB Flusskasko 1992 unverändert. Zuvor gab es eine komplexere Regelung in §§ 14 bis 16 AVB Flusskasko 1986, die aber in Anlehnung an Klausel 2.1 DTV Kasko 1978 schon für die AVB Flusskasko 1992 vereinfacht wurde.[1]

II. Inhalt und Zweck der Regelung

2 Beginn und Ende der Versicherung sowie stillschweigende Verlängerung werden geregelt.

B. Erläuterungen der Bestimmung

3 Die vereinbarten Daten, insbesondere das Ende der Versicherung, gelten auch, wenn sich das versicherte Schiff zum Zeitpunkt der Beendigung unterwegs (Ziff. 10.1) oder in Reparatur befindet.[2]

4 Die automatische Verlängerung (Ziff. 10.2) soll nur gelten, wenn der Zeitraum der Versicherung periodisch festgelegt ist, nicht wenn er datenmäßig festgelegt ist.[3]

5 Auf das Ende des Versicherungsschutzes muss der VR nicht hinweisen.[4]

11 Gefahrumstände bei Vertragsabschluss und Gefahränderung

11.1 Gefahrumstände bei Vertragsabschluss

11.1.1 Der Versicherungsnehmer hat beim Abschluss des Vertrages alle für die Übernahme des Versicherungsschutzes gefahrerheblichen Umstände anzuzeigen und die gestellten Fragen wahrheitsgemäß und vollständig zu beantworten. Gefahrerheblich sind die Umstände, die geeignet sind, auf den Entschluss des Versicherers, den Vertrag überhaupt oder mit dem vereinbarten Inhalt abzuschließen, Einfluss auszuüben. Ein Umstand, nach dem der VR ausdrücklich oder schriftlich gefragt hat, gilt im Zweifel als gefahrerheblich.

Wird der Vertrag von einem Vertreter des Versicherungsnehmers geschlossen und kennt dieser den gefahrerheblichen Umstand, muss sich der Versicherungsnehmer so behandeln lassen, als habe er selbst davon Kenntnis gehabt.

---

[1] *Brunn* Erläuterungen Vorbemerkung zu Ziff. 10.

[2] *Brunn* Erläuterungen Ziff. 10.1.

[3] Prölss/Martin/*Koller* Nr. 10 Rn. 1.

[4] Prölss/Martin/*Koller* Nr. 10 Rn. 1; Thume/de la Motte/Ehlers/*Gerhard* Rn. 670.

11.1.2 Bei unvollständigen oder unrichtigen Angaben ist der Versicherer von der Verpflichtung zur Leistung frei.

Dies gilt auch dann, wenn die Anzeige deshalb unterblieben ist, weil der Versicherungsnehmer den Umstand infolge von grober Fahrlässigkeit nicht kannte.

Ist der Versicherungsfall bereits eingetreten, darf der Versicherer den Versicherungsschutz nicht versagen, wenn der Versicherungsnehmer nachweist, dass die unvollständige oder unrichtige Angabe weder auf den Eintritt des Versicherungsfalls noch auf den Umfang der Leistungspflicht Einfluss gehabt hat.

Verweigert der Versicherer die Leistung, kann der Versicherungsnehmer den Vertrag kündigen. Das Kündigungsrecht erlischt, wenn es nicht innerhalb eines Monats von dem Zeitpunkt an ausgeübt wird, zu welchem dem Versicherungsnehmer die Entscheidung des Versicherers, die Leistung zu verweigern, zugeht.

11.2 Gefahränderung

11.2.1 Der Versicherungsnehmer darf die Gefahr ändern und die Änderung durch einen Dritten gestatten.

Ändert der Versicherungsnehmer die Gefahr oder erlangt er von einer Gefahränderung Kenntnis, so hat er dies dem Versicherer unverzüglich anzuzeigen.

Hat der Versicherungsnehmer eine Gefahrerhöhung nicht angezeigt, so ist der Versicherer von der Verpflichtung zur Leistung frei, wenn der Versicherungsfall nach dem Zeitpunkt eintritt, zu dem die Anzeige dem Versicherer hätte zugehen müssen; es sei denn, die Verletzung der Anzeigepflicht beruhte nicht auf Vorsatz oder die Gefahrerhöhung hatte weder Einfluss auf den Eintritt des Versicherungsfalls noch auf den Umfang der Leistungspflicht des Versicherers.

Dem Versicherer steht für die Gefahrerhöhung eine zu vereinbarende Prämie zu, es sei denn, die Gefahrerhöhung war durch das Interesse des Versicherers oder durch ein Gebot der Menschlichkeit veranlasst oder durch ein versichertes, das Schiff bedrohendes Ereignis geboten.

Ein Kündigungsrecht des Versicherers wegen einer Gefahränderung besteht nicht.

11.2.2 Als Gefahränderung werden insbesondere angesehen

- Docken oder Slippen mit Ladung;
- nicht bestimmungsgemäßes Schieben, Schleppen oder Geschleppt werden, ausgenommen in Fällen von Hilfeleistung;
- Vercharterung, Bareboatcharterer
- Einsatz des Schiffes bei militärischen Manövern.

Übersicht

A. Einführung

I. Entstehungsgeschichte

Auch Ziff. 11 der AVB Flusskasko 1992 befasste sich schon mit den Gefahrumständen bei Vertragsabschluss und Gefahränderung, doch wurde die Regelung in den AVB Flusskasko 2008 ausführlicher gestaltet. Mit der Neuerung in 2013 wurde Ziff. 11.2.2 um das nichtbestimmungsgemäße Schieben, die Vercharterung und die Bareboatcharter ergänzt. 1

II. Inhalt und Zweck der Regelung

2 Ziff. 11 regelt Abweichungen von § 131 VVG (Anzeigepflichten) und § 132 VVG (Gefahränderung), die wiederum von § 19[1] und § 23 VVG abweichen.

B. Erläuterungen der Bestimmung

I. Gefahrumstände bei Vertragsabschluss (Ziff. 11.1)

3 Die Zurechnungsregel von Ziff. 11.1.1 Abs. 2 gehört systematisch in Ziff. 11.1.2, denn es geht bei der Zurechnung von Kenntnis um die Folgen eines Verstoßes gegen die Mitteilungspflichten gemäß Ziff. 11.1.1. Kennt der in Ziff. 11.1.1 Abs. 2 genannte Vertreter den gefahrerheblichen Umstand nicht, der VN aber schon, gelten die allgemeinen Regeln.

4 Gefahrerheblich sind alle Umstände, die geeignet sind, auf den Entschluss des VRs, den Vertrag überhaupt oder mit dem vereinbarten Inhalt abzuschließen, Einfluss auszuüben;[2] anders als in § 19 VVG ist der Begriff abstrakt und bürdet damit dem VN das Risiko einer Fehleinschätzung auf.[3]

5 Sind die Angaben des VNs unvollständig oder unrichtig, ist der VR von der Verpflichtung zur Leistung frei (Ziff. 11.1.2 Abs. 1). Das Vorliegen dieser Voraussetzungen hat der VR zu beweisen. Auf Verschulden kommt es zunächst nicht an.[4] Wenn allerdings Ziff. 11.1.2 Abs. 2 klarstellt, dass auch grob fahrlässige Unkenntnis des VNs von einem Gefahrumstand nichts an der Leistungsfreiheit ändert, muss daraus gefolgert werden, dass leicht fahrlässige Unkenntnis des VNs von dem Gefahrumstand nicht zur Leistungsfreiheit führt. Darin ist eine Ausnahme von der grundsätzlich bei Falschangaben gemäß Ziff. 11.1.2 Abs. 1 gegebenen Leistungsfreiheit zu sehen. Daher liegt die Beweislast für das Nichtvorliegen von grober Fahrlässigkeit (und Vorsatz) beim VN.[5]

6 Ziff. 11.1.2 Abs. 3 stellt für die Leistungsfreiheit das Erfordernis einer Kausalität auf

7 Ziff. 11.1.2 Abs. 4 entspricht wörtlich § 131 Abs. 2 VVG.

II. Gefahränderung (Ziff. 11.2)

8 Ziff. 11.2.1 ist § 132 VVG nachgebildet, allerdings in Ziff. 11.2.1 Abs. 3, zweiter Halbsatz mit Abweichungen gegenüber § 132 Abs. 2 Satz 2 VVG: Kenntnis des VRs schadet im Gegensatz zu § 132 Abs. 2 Satz 2 Nr. 1 VVG nach Ziff. 11.2.1 Abs. 3 nicht und grob fahrlässige Verletzung der Anzeigepflicht führt anders als in § 132 Abs. 2 Nr. 2 VVG gemäß Ziff. 11.2.1 Abs. 3 nicht zur Deckungspflicht.

9 Ein Kündigungsrecht gewährt Ziff. 11.2.1 Abs. 5 dem VR ebenso wenig wie § 132 Abs. 3 VVG.

---

1 Beckmann/Matusche-Beckmann/*Heiss/Trümper* Versicherungsrechts-Handbuch § 38 Rn. 317 halten die Abweichung für AGB-rechtlich „nicht unproblematisch".

2 *Gerhard* Auswirkungen 7.

3 Beckmann/Matusche-Beckmann/*Heiss/Trümper* Versicherungsrechts-Handbuch § 38 Rn. 317.

4 Prölss/Martin/*Koller* Nr. 11 Rn. 1.

5 Anders Prölss/Martin/*Koller* Nr. 11 Rn. 2 (zur Fassung 2000/2008, die noch anders lautete).

Ziff. 11.2.1 Abs. 4 gewährt dem VR in der Regel eine zu vereinbarende Prämie für die Gefahrerhöhung. **10**

Ziff. 11.2.2 zählt (nicht abschließend) bestimmte Gefahränderungen auf. Dazu gehört etwa das nichtbestimmungsgemäße Schieben, Schleppen oder Geschlepptwerden[6] Was „bestimmungsgemäß“ ist, dürfte sich im Wesentlichen nach dem Attest der Schiffsuntersuchungskommission (SUK) richten. **11**

12 Prämienzahlung, Stillliege-Rückgaben

12.1 Der Versicherungsnehmer hat die erste Prämie bei Aushändigung der Versicherungspolice zu zahlen, Folgeprämien am Ersten des Monats, in dem ein neues Versicherungsjahr beginnt.

12.2 Ist Ratenzahlung vereinbart, so gelten ausstehende Raten als gestundet. Sie werden sofort fällig, wenn der Versicherungsnehmer in Verzug gerät oder eine Entschädigung fällig wird.

12.3 Folgen nicht rechtzeitiger Prämienzahlung

12.3.1 Zahlt der Versicherungsnehmer die erste oder einmalige Prämie nicht rechtzeitig, sondern zu einem späteren Zeitpunkt, beginnt der Versicherungsschutz erst ab diesem Zeitpunkt. Das gilt nicht, wenn der Versicherungsnehmer nachweist, dass er die Nichtzahlung nicht zu vertreten hat.

12.3.2 Zahlt der Versicherungsnehmer die erste oder einmalige Prämie nicht rechtzeitig, kann der VR vom Vertrag zurücktreten, solange die Prämie nicht gezahlt ist. Der Versicherer kann nicht zurücktreten, wenn der Versicherungsnehmer nachweist, dass er die Nichtzahlung nicht zu vertreten hat.

12.3.3 Wird die Folgeprämie nicht rechtzeitig gezahlt, gerät der Versicherungsnehmer ohne Mahnung in Verzug, es sei denn, dass er die verspätete Zahlung nicht zu vertreten hat.

Der Versicherer wird den Versicherungsnehmer auf dessen Kosten in Textform zur Zahlung auffordern und eine Zahlungsfrist von mindestens zwei Wochen setzen.

Der Versicherer ist berechtigt, Ersatz des ihm durch den Verzug entstandenen Schadens zu verlangen.

12.3.4 Ist der Versicherungsnehmer nach Ablauf dieser Zahlungsfrist noch mit der Zahlung in Verzug, besteht ab diesem Zeitpunkt bis zur Zahlung kein Versicherungsschutz, wenn er mit der Zahlungsaufforderung nach Ziff. 12.3.3 darauf hingewiesen wurde.

12.3.5 Ist der Versicherungsnehmer nach Ablauf dieser Zahlungsfrist noch mit der Zahlung in Verzug, kann der Versicherer den Vertrag ohne Einhaltung einer Frist kündigen, wenn er den Versicherungsnehmer mit der Zahlungsaufforderung nach Ziff. 12.3.3 darauf hingewiesen hat.

Hat der Versicherer gekündigt, und zahlt der Versicherungsnehmer danach innerhalb eines Monats den angemahnten Betrag, besteht der Vertrag fort. Für Versicherungsfälle, die zwischen dem Zugang der Kündigung und der Zahlung eingetreten sind, besteht jedoch kein Versicherungsschutz.

[6] Dazu *Gerhard* TranspR **2014** 361, 363 f.

12.4 Liegt das versicherte Schiff still, ermäßigt sich die Prämie für den Zeitraum des Stilliegens um einen in der Police vereinbarten Prozentsatz, wenn der Versicherungsnehmer dem Versicherer das Stillliegen unverzüglich, spätestens nach Ablauf von 30 Tagen anzeigt.

Erfolgt die Stillliegeanzeige zu einem späteren Zeitpunkt, so errechnet sich die Ermäßigung ab dem Zeitpunkt der Stillliegeanzeige, es sei denn, der Versicherungsnehmer hat die Verspätung der Anzeige nicht zu vertreten.

Als Stillliegen ist regelmäßig anzusehen, wenn das Schiff mehr als 30 Tage ohne Ladung unbeschäftigt stillliegt. Das Stillliegen wird nicht unterbrochen, wenn das Schiff im Hafengebiet verholt, gedockt, geslippt oder auf Helgen genommen wird.

12.5 Prämienrückgaben bei Stillliegen werden nicht gewährt, wenn
- an dem versicherten Schiff Schäden repariert oder Umbauarbeiten durchgeführt werden;
- das versicherte Schiff wegen Eises, Hoch- und Niedrigwassers stillliegt oder weil Wasserstraßen geschlossen sind.

Übersicht

A. Einführung

I. Entstehungsgeschichte

1 Ziffern 12.1, 12.2 und 12.5 sind identisch mit der Fassung von 1992. Ziff. 12.3, der in der Version von 1992 (und in der von 2000) für die Folgen nicht rechtzeitiger Prämienzahlung schlicht auf §§ 38, 39 VVG (a.F.) verwies, wurde in der Version von 2008 durch eine ausführliche Regelung in Ziff. 12.3.1 bis Ziff. 12.3.5 ersetzt.[1]

2 Ziff. 12.4, der in der Version von 1992 noch eine starre Definition des Stillliegens (mehr als 30 Tage) und eine starre Regelung der Prämienermäßigung (50 %) vorsah, wurde bereits für die Version der AVB Flusskasko 2000 flexibler gestaltet und liegt seitdem in der heute geltenden Fassung vor.

3 Ziff. 12.4 wurde bei der Neugestaltung in 2013 um den zweiten Halbsatz in Absatz 1 sowie den zweiten Absatz ergänzt.

II. Inhalt und Zweck der Regelung

4 Geregelt werden, wie in §§ 33 ff. VVG, aber teilweise davon abweichend, die Modalitäten der Prämienzahlung sowie die Folgen der verspäteten Zahlung von Erst- und Folgeprämien, außerdem Vergünstigungen bei Stillliegen.

---

[1] *Gerhard* Auswirkungen S. 8.

B. Erläuterungen der Bestimmung

I. Prämienzahlung (Ziff. 12.1 bis 12.3)

Soweit in Ziff. 12.1 bis 12.3 nichts Abweichendes geregelt ist, gelten die Vorschriften des VVG. Teilweise sind die Bestimmungen auch gleichlautend. Werden Prämien aufgrund einer finanziellen Leistungsschwäche des VNs nicht gezahlt, ist dies kein Fall unverschuldeter Leistungsstörung.[2] 5

II. Prämienermäßigung bei Stillliegen (Ziff. 12.4 und 12.5)

Die Stillliege-Rückgaben finden im VVG keine Entsprechung, sondern können nur nach den AVB geschuldet sein. Dabei wurde der früher in den AVB enthaltene feste Prozentsatz aufgegeben. Stillliege-Rückgaben sind daher nur geschuldet, wenn die Police dazu einen bestimmten Prozentsatz vorsieht (Ziff. 12.4 Satz 1). Außerdem muss dass Stillliegen dem VR seit der Version von 2013 angezeigt werden[3]. 6

In den in Ziff. 12.5 genannten Fällen werden keine Rückgaben gewährt. Dabei setzt Ziff. 12.5 erster Spiegelstrich nicht voraus, dass das Schiff zum Zwecke von Reparatur oder Umbauarbeiten stillliegt, sondern es reicht aus, dass es repariert wird oder Umbauarbeiten durchgeführt werden, während es stillliegt. Wie in den Fällen von Ziff. 12.5 zweiter Spiegelstrich ist davon auszugehen, dass sich das Risiko des VR nicht wesentlich ändert, sodass eine Prämienreduzierung nicht gerechtfertigt wäre.[4] 7

Nach der Literatur sollen kleinere Reparaturen, die üblicherweise von der Besatzung ohne fremde Hilfe erledigt werden und das versicherte Risiko nicht beeinflussen, außer Betracht bleiben.[5] Das steht im Einklang mit dem erwähnten Zweck der Bestimmung. 8

Weitergehend sollen nach der Literatur auch Erhaltungs-, Wartungs- und Verschönerungsarbeiten keine Reparaturen in diesem Sinne sein, wenn sie nur vorgenommen werden, weil das Schiff stillliegt.[6] Dem ist nicht zu folgen, denn für eine solche (Rück-)Ausnahme gibt keinen Grund. 9

13 Versicherungswert

13.1 Versicherungswert ist der Zeitwert des versicherten Schiffes bei Beginn des jeweils laufenden Versicherungsjahres.

13.2 Zeitwert ist der Betrag, der allgemein erforderlich ist, um neue Sachen gleicher Art anzuschaffen, abzüglich eines dem Zustand der versicherten Sachen (Alter, Abnutzung, Gebrauch etc.) entsprechenden Betrages.

Übersicht

[2] Thume/de la Motte/Ehlers/*Gerhard* Rn. 681.
[3] *Gerhard* TranspR **2014** 361, 364.
[4] Thume/de la Motte/Ehlers/*Gerhard* Rn. 683.
[5] Prölss/Martin/*Koller* Nr. 12 Rn. 2; Thume/de la Motte/Ehlers/*Gerhard* Rn. 683.
[6] Prölss/Martin/*Koller* Nr. 12 Rn. 2.

A. Einführung

I. Entstehungsgeschichte

1 Der Wortlaut von Ziff. 13 ist seit den AVB Flusskasko 1992 unverändert. Zuvor, in § 22 AVB Flusskasko 1986, war Versicherungswert der Zeitwert zum Zeitpunkt des Schadens; allerdings gab es schon damals Ziff. 9 Besondere Bedingungen Flusskasko 1986, in der für den Versicherungswert auf den Zeitwert zu Beginn des laufenden Versicherungsjahres abgestellt wurde.[1]

II. Inhalt und Zweck der Regelung

2 Im Gesetz gibt es keine Vorschrift für die Bestimmung des Versicherungswerts in der Binnenschiffkaskoversicherung mehr.[2] Die allgemeine Bestimmung des § 88 VVG wird durch Ziff. 13 abgeändert.

B. Erläuterungen der Bestimmung

3 Ziff. 13.1 legt fest, dass es um den jeweiligen Zeitwert zu Beginn des Versicherungsjahres geht. Zubehör und Ausrüstung sind mit zu berücksichtigen,[3] ebenso die maschinellen Einrichtungen.[4]

4 Ziff. 13.2 definiert den Zeitwert näher. In der Literatur wird dabei zwischen technischem und merkantilem Zeitwert unterschieden.[5]

14 Versicherungssumme, Unterversicherung

14.1 Kaskoversicherung

14.1.1 Die Versicherungssumme soll dem Versicherungswert entsprechen. Ist sie niedriger als der Versicherungswert, so ersetzt der Versicherer den Schaden nur im Verhältnis der Versicherungssumme zum Versicherungswert. Dies gilt auch für Ersatzleistungen gemäß Ziff. 22 und für Beiträge zur großen Haverei gemäß Ziff. 5.

14.1.2 Ersatzleistungen des Versicherers für Schäden an dem versicherten Schiff und Beiträge zur großen Haverei, die durch ein Schadenereignis verursacht wurden, werden durch die Versicherungssumme begrenzt.

14.2 Ersatz an Dritte

Die versicherte Summe soll sich nach der Haftung des Versicherungsnehmers als Eigner oder Ausrüster des versicherten Schiffes aufgrund gesetzlicher Bestimmungen richten.

14.3 Wrackbeseitigung

Die Ersatzleistung des Versicherers für Kosten der Wrackbeseitigung richtet sich nach der in der Versicherungspolice vereinbarten Summe.

---

1 *Brunn* Erläuterungen Vorbemerkung zu Ziff. 13.

2 Thume/de la Motte/Ehlers/*Gerhard* Rn. 684.

3 Thume/de la Motte/Ehlers/*Gerhard* Rn. 684.

4 Prölss/Martin/*Koller* Nr. 13 Rn. 2.

5 Thume/de la Motte/Ehlers/*Gerhard* Rn. 685.

14.4 Bis zur Höhe der jeweils gemäß Ziffern 14.1 bis 14.3 versicherten Summen leistet der Versicherer für Kaskoschäden, Ersatz-an-Dritte-Schäden und Kosten der Wrackbeseitigung jeweils unabhängig voneinander Ersatz. Ein Summenausgleich findet nicht statt.

Übersicht

A. Einführung

I. Entstehungsgeschichte

Der Wortlaut ist identisch mit der Version der AVB Flusskasko 1992. Ziff. 14.1.2 enthielt in der Version der AVB Flusskasko 2000 noch eine Öffnungsklausel („soweit nicht etwas anderes vereinbart ist"), die wieder entfallen ist. Die Definition der Versicherungssummen und ihre Abgrenzung voneinander waren mit den AVB Flusskasko 1992 neu eingeführt worden.[1] **1**

II. Inhalt und Zweck der Regelung

Die Versicherungssummen für die Elemente Kaskoversicherung, Ersatz-an-Dritte-Versicherung und Wrackbeseitigung sollen klar und transparent und auf das jeweilige Element zugeschnitten definiert werden. **2**

B. Erläuterungen der Bestimmung

Die Versicherungssummen für Kasko, Ersatz-an-Dritte-Schäden und Wrackbeseitigung müssen vereinbart werden. Sie gelten jeweils unabhängig voneinander für den entsprechenden Bereich (Ziff. 14.4). **3**

I. Kasko (Ziff. 14.1)

Da die Versicherungssumme für die Kaskoversicherung sich nach dem Versicherungswert richten soll (Ziff. 14.1.1), der Versicherungswert sich aber gemäß Ziff. 13.1 jährlich ändern kann, ist eine jährliche Überprüfung der Versicherungssumme angezeigt. **4**

Die Kaskoversicherungssumme gilt auch für die Beiträge zur großen Haverei (Ziff. 14.1.1 Satz 3). Der potentielle Havarie-grosse-Beitrag lässt sich aber nicht im Voraus berechnen, weil er von der Höhe der Aufwendungen abhängig ist. **5**

---

[1] Näher *Brunn* Erläuterungen Vorbemerkung zu Ziff. 14.

6 Die Versicherungssumme begrenzt die Ersatzleistung des VRs (Ziff. 14.1.2) und damit auch die Erstattung von Havarie-grosse-Beiträgen aufgrund von Bergung;[2] bei Unterversicherung ist die Ersatzleistung niedriger als die Versicherungssumme (Ziff. 14.1.1 Satz 2).

II. Ersatz an Dritte (Ziff. 14.2)

7 Für Ersatz-an-Dritte-Schäden ist eine gesonderte Versicherungssumme zu vereinbaren, die sich nach der Haftung aufgrund gesetzlicher Bestimmungen richten soll (Ziff. 14.2).

8 Häufig wird die Summe vereinbart, auf die der Schiffseigner oder Ausrüster gemäß §§ 4 ff. BinSchG seine Haftung beschränken kann. Da die Vorschriften auf dem Straßburger Übereinkommen (CLNI) beruhen, sind die Berechnungen der Haftungsbeschränkungshöchstsummen in den anderen Vertragsstaaten (Luxemburg, Niederlande und Schweiz) ähnlich; sie sind allerdings nicht zwingend gleich, weil das Übereinkommen den Vertragsstaaten teilweise Optionen zur Verfügung stellt. Außerhalb der Vertragsstaaten gelten die Höchstsummen ohnehin nicht. Die Neufassung des Straßburger Übereinkommens („CLNI 2012") ist noch nicht in Kraft, ist aber darauf ausgerichtet, insbesondere einen geographisch weiteren Verbreitungsgrad zu erreichen.

9 Übersteigen die Haftpflichtansprüche die Versicherungssumme, gilt Ziff. 4.6.

III. Wrackbeseitigung (Ziff. 14.3)

10 Auch für die Kosten der Wrackbeseitigung (Ziff. 7) ist eine gesonderte Versicherungssumme zu vereinbaren. Anhaltspunkt kann die gemäß § 5j BinSchG berechnete Haftungshöchstsumme für Wrackbeseitigung sein.

15 Obliegenheiten des Versicherungsnehmers

15.1 Der Versicherungsnehmer ist verpflichtet,

15.1.1 jedes Schadenereignis dem Versicherer unverzüglich anzuzeigen,

15.1.2 für die Abwendung und Minderung des Schadens zu sorgen und, wenn die Umstände es gestatten, die Weisungen des Versicherers einzuholen.

Der Versicherer ist ohne Präjudiz für die Ersatzpflicht berechtigt, Maßnahmen zur Abwendung und Minderung eines Schadens selbst einzuleiten. Daraus entstehende Kosten und Schäden trägt der Versicherer.

15.1.3 bei Kollisionen den Gegner zur gemeinsamen Schadenbesichtigung aufzufordern, das Schadenausmaß gemeinsam schriftlich festzuhalten und den Gegner schriftlich haftbar zu machen.

15.1.4 dem Versicherer jede Auskunft zu erteilen, die für die Feststellung des Schadens oder des Umfangs seiner Leistungspflicht erforderlich ist. Er ist verpflichtet, alle Beweismittel, die für die spätere Aufklärung des Schadenherganges und der Schuldfrage von Bedeutung sein können oder für die Geltendmachung von Regressansprüchen notwendig

---

[2] *Schwampe* VersR 2007 1177, 1181.

sind, zu beschaffen und sicherzustellen sowie auf Verlangen des Versicherers Verklarung zu beantragen.

15.2 Der Versicherungsnehmer ist nicht berechtigt, ohne Einwilligung des Versicherers Prozesse zu führen oder Vergleiche zu schließen, sofern dabei die Rechte des Versicherers berührt werden.

15.3 Verletzt der Versicherungsnehmer diese oder sonst vertraglich vereinbarte Obliegenheiten vorsätzlich oder grob fahrlässig, ist der Versicherer von der Verpflichtung zur Leistung frei.

Bei vorsätzlicher und grob fahrlässiger Verletzung bleibt der Versicherer zur Leistung insoweit verpflichtet, als die Verletzung weder Einfluss auf die Feststellung des Versicherungsfalls noch auf die Feststellung oder den Umfang der dem Versicherer obliegenden Leistung gehabt hat. Dies gilt nicht bei Arglist.

Bezieht sich die Verletzung von Obliegenheiten auf eine nach Eintritt des Versicherungsfalls bestehende Auskunfts- oder Aufklärungsobliegenheit, wird der VR auch ohne gesonderte Mitteilung dieser Rechtsfolge an den Versicherungsnehmer von der Leistung frei.

Übersicht

A. Einführung

I. Entstehungsgeschichte

Ziff. 15.1 ist nahezu unverändert im Vergleich zur AVB Flusskasko 1992. Im Vergleich zur Version von 1992 (und 2000) ist in Ziff. 15.1.1 lediglich die besondere Anzeigeform für „Schäden über DM 10.000,00" entfallen. Ziff. 15.2 ist unverändert im Vergleich zur AVB Flusskasko 1992. In Ziff. 15.3 wurde die in der Version von 1992 (und 2000) vorgesehene Rechtsfolge der Leistungsfreiheit gemäß VVG ersetzt durch eine ausführlichere und differenzierte Regelung.[1] 1

II. Inhalt und Zweck der Regelung

In Ziff. 15.1 und 15.2 werden dem VN vertragliche Obliegenheiten auferlegt. Ziff. 2
15.3 regelt in Anlehnung und Abweichung von § 28 VVG die Folgen der Verletzung von Obliegenheiten.

---

1 *Gerhard* Auswirkungen, 9.

B. Erläuterungen der Bestimmung

I. Obliegenheiten

1. Anzeigepflicht (Ziff. 15.1.1)

3 Ziff. 15.1.1 entspricht § 30 Abs. 1 Satz 1 VVG. Angezeigt werden muss jedes Schadenereignis. Die Anzeige hat in Textform zu erfolgen (Ziff. 31.3).[2] Die Anzeigeobliegenheit eines Drittbegünstigten wird nicht ausdrücklich wiederholt, insoweit gilt § 30 Abs. 1 Satz 2 VVG.

2. Schadenabwendung und Schadenminderung (Ziff. 15.1.2)

4 Ziff. 15.1.2 ist § 82 VVG nachgebildet, ist aber nicht identisch. So regelt Ziff. 15.1.2 etwa, dass Weisungen einzuholen sind; daraus folgt, dass sie auch, wie § 82 Abs. 2 Satz 1 VVG ausdrücklich vorsieht, zu befolgen sind, auch wenn die Weisung nicht im Interesse des VNs ist.[3]

5 Kosten für Maßnahmen, die der VR selbst einleitet, trägt er selbst (Ziff. 15.1.2 Abs. 2 Satz 2). Das soll auch dann gelten, wenn die Voraussetzungen des § 683 BGB gegeben sind.[4]

3. Gemeinsame Schadensbesichtigung und Haftbarhaltung (Ziff. 15.1.3)

6 In Kollisionsfällen hat der VN den Gegner zur gemeinsamen Schadenbesichtigung aufzufordern und mit ihm gemeinsam das Schadenausmaß schriftlich „festzuhalten", also für eine kontradiktorische Schadenaufnahme zu sorgen. Außerdem muss er den Gegner schriftlich haftbar halten.

4. Auskünfte, Beweismittel, Verklarung (Ziff. 15.1.4)

7 Gemäß Ziff. 15.1.4 hat der VN dem VR Auskunft zu erteilen (Satz 1) und ist verpflichtet, Beweismittel zu beschaffen und sicherzustellen (Satz 2). Auf Verlangen des VRs hat er auch Verklarung zu beantragen (Satz 2 am Ende); da er selbst nicht antragsberechtigt ist, hat er den Schiffsführer, wie es § 11 Abs. 1 BinSchG vorsieht, zur Antragsstellung zu veranlassen.[5]

5. Keine Prozessführung, keine Vergleiche (Ziff. 15.2)

8 Der VN hat ohne Einwilligung des VR weder einen Prozess anzustrengen noch einen gegen ihn eingeleiteten Prozess selbst zu führen, wenn dabei Rechte des VRs berührt werden und dieser nicht eingewilligt hat. Wird der VN verklagt, hat er den VR davon unverzüglich zu unterrichten.[6]

---

[2] Anders Thume/de la Motte/Ehlers/*Gerhard* Rn. 693.

[3] *Brunn* Erläuterungen Ziff. 15.1.2 Erl. 1; Thume/de la Motte/Ehlers/*Gerhard* Rn. 694.

[4] Prölss/Martin/*Koller* Nr. 15 Rn. 4.

[5] Thume/de la Motte/Ehlers/*Gerhard* Rn. 697; Prölss/Martin/*Koller* Nr. 15 Rn. 8.

[6] *Brunn* Erläuterungen Ziff. 15.2.

II. Obliegenheitsverletzungen

Verletzt der VN eine Obliegenheit vorsätzlich oder auch nur grob fahrlässig, ist der VR in der Regel von der Verpflichtung zur Leistung frei (Ziff. 15.3 Abs. 1). Anders als in § 28 Abs. 2 VVG kommt es bei einer grob fahrlässigen Verletzung nicht nur zu einer Kürzung des Anspruchs, sondern zur Leistungsfreiheit („Alles-oder-Nichts-Prinzip“).[7] Die Beweislast für die Obliegenheitsverletzung und den Vorsatz oder die grobe Fahrlässigkeit[8] liegt nach der Formulierung der Vorschrift beim VR. 9

In der Version von 1992 und 2000 bezog sich Ziff. 15.3 nur auf die Obliegenheiten des VNs nach Eintritt des Versicherungsfalls, in der Version von 2008 sowohl auf diese als auch auf die sonst vertraglich vereinbarten Obliegenheiten.[9] 10

Eine Kündigung des Versicherungsvertrags durch den VR ist nicht Voraussetzung dafür, dass der VR sich auf eine schuldhafte Verletzung der Obliegenheit beruft.[10] 11

Ziff. 15.3 Abs. 2 entspricht § 28 Abs. 3 VVG. 12

§ 28 Abs. 4 VVG wird durch Ziff. 15.3 Abs. 3 wirksam abbedungen. Für eine geltungserhaltende Reduktion mit der Folge, dass der VR sich auf die Verletzung einer Anzeigepflicht nicht berufen darf, wenn er von dem Versicherungsfall auf andere Weise rechtzeitig Kenntnis erlangt hat,[11] gibt es keinen Grund. Ziff. 15.3 Abs. 2 ist ausreichend. 13

16 Feststellung des Schadens

16.1 Die Feststellung und Taxierung des Schadens wird vom Versicherer in Abstimmung mit dem Versicherungsnehmer durchgeführt.

16.2 Die Feststellung und Taxierung erfolgt nach Anzeige des Schadens am ersten hierzu geeigneten Ort; sie darf bis zum gelegentlichen Aufenthalt an der Werft verschoben werden, wenn die Fahrtüchtigkeit des Schiffes gewährleistet ist. Wenn Zweifel an der Fahrtüchtigkeit bestehen, muss sofort ein Sachverständiger hinzugezogen werden.

16.3 Hat der Versicherer einen Sachverständigen beauftragt, so soll die Schadentaxe insbesondere folgende Angaben enthalten:
- **die Darstellung des Schadenereignisses;**
- **die Ursache des Schadens;**
- **den Umfang des Schadens im Einzelnen;**
- **die Höhe des Schadens mit Einzelangabe der verschiedenen Positionen unter Hinweis auf den Einbau von Neuteilen;**
- **Verstärkungen und Verbesserungen durch die Reparatur mit der Angabe des Wertunterschiedes;**
- **die notwendige Dauer der Reparatur.**

Übersicht

[7] Thume/de la Motte/Ehlers/*Gerhard* Rn. 698.

[8] Anders für die grobe Fahrlässigkeit Prölss/Martin/*Koller* Nr. 15 Rn. 10.

[9] Thume/de la Motte/Ehlers/*Gerhard* Rn. 698; *Bremke/Gerhard* TranspR **2008** 297, 298.

[10] Thume/de la Motte/Ehlers/*Gerhard* Rn. 699.

[11] So Prölss/Martin/*Koller* Nr. 15 Rn. 10.

A. Einführung

I. Entstehungsgeschichte

1 Der Text von Ziff. 16 ist seit den AVB Flusskasko 1992 unverändert. Vorgängerregelungen finden sich in AVB Flusskasko 1986.

II. Inhalt und Zweck der Regelung

2 Ziff. 16 regelt die Modalitäten der Feststellung des Schadens.

B. Erläuterungen der Bestimmung

3 Anders als noch in den AVB Flusskasko 1986[1] muss die Feststellung des Schadens nicht durch einen Sachverständigen erfolgen, sondern kann gemäß Ziff. 16.1 vom VR in Abstimmung mit dem VN vorgenommen werden. Eine Zustimmung des VNs verlangt Ziff. 16.1 dabei nicht. Bei Meinungsverschiedenheiten ist Ziff. 17 zu beachten.

4 Den Zeitpunkt und Ort der Feststellung und Taxierung des Schadens legt Ziff. 16.2 fest: Grundsätzlich erfolgt die Feststellung am ersten hierzu geeigneten Ort. Bei Fahrtüchtigkeit darf sie ausnahmsweise verschoben werden. Zweifel an der Fahrtüchtigkeit des Schiffes hat der VN dem VR anzuzeigen, wobei eine Verletzung dieser Anzeigepflicht zur Leistungsfreiheit führen können soll.[2] Letzteres setzt eine Obliegenheitsverletzung voraus (Ziff. 15.3). Wenn Zweifel an der Fahrtüchtigkeit bestehen, muss sofort ein Sachverständiger hinzugezogen werden. Die Obliegenheit, bei Zweifeln an der Fahrtüchtigkeit ohne schuldhaftes Zögern einen Sachverständigen einzuschalten, ergibt sich aus Ziff. 15.1.4.[3]

5 Der VR muss den Schaden nicht selbst feststellen, sondern kann, wie sich aus Ziff. 16.3 ergibt, auch einen Sachverständigen beauftragen. Die von diesem zu erstellende Schadentaxe soll die in Ziff. 16.3 aufgezählten Angaben enthalten.

17 Sachverständigenverfahren

17.1 Anstelle der Feststellung des Schadens gemäß Ziff. 16 oder bei einem streitigen Ergebnis dieser Feststellungen können Versicherungsnehmer und Versicherer nach Eintritt des Versicherungsfalls vereinbaren, dass die Höhe des Schadens durch Sachverständige festgestellt wird. Das Sachverständigenverfahren kann durch Vereinbarung auf sonstige tatsächliche Voraussetzungen des Entschädigungsanspruchs sowie der Höhe der Entschädigung ausgedehnt werden.

Der Versicherungsnehmer kann ein Sachverständigenverfahren auch durch einseitige Erklärung gegenüber dem Versicherer verlangen.

17.2 Für das Sachverständigenverfahren benennen beide Parteien unverzüglich je einen Sachverständigen. Jede Partei kann die andere unter Angabe des von ihr benannten Sachverständigen zur Benennung des zweiten Sachverständigen schriftlich auffordern.

---

1 *Brunn* Erläuterungen Ziff. 16.1.

2 Thume/de la Motte/Ehlers/*Gerhard* Rn. 701.

3 Prölss/Martin/*Koller* Nr. 16 Rn. 1.

Wird der zweite Sachverständige nicht binnen zwei Wochen nach Empfang der Aufforderung bestimmt, so kann ihn die auffordernde Partei durch die Handelskammer benennen lassen, in deren Bezirk sich das versicherte Schiff befindet.

17.3 Beide Sachverständige wählen vor Beginn des Feststellungsverfahrens einen dritten Sachverständigen als Obmann. Einigen sie sich nicht, so wird der Obmann auf Antrag einer Partei oder beider Parteien durch die Handelskammer ernannt, in deren Bezirk sich das versicherte Schiff befindet.

17.4 Die Feststellungen der Sachverständigen müssen alle Angaben enthalten, die nach Aufgabenstellung für eine Beurteilung der Ursache des Schadens und für die Ersatzleistung des Versicherers notwendig sind.

17.5 Die Sachverständigen legen beiden Parteien gleichzeitig ihre Feststellungen vor. Weichen diese voneinander ab, so übergibt der Versicherer sie unverzüglich dem Obmann. Dieser entscheidet über die streitig gebliebenen Punkte innerhalb der durch die Feststellungen der Sachverständigen gezogenen Grenzen und legt seine Entscheidung beiden Parteien gleichzeitig vor.

17.6 Jede Partei trägt die Kosten ihres Sachverständigen. Die Kosten des Obmanns tragen beide Parteien je zur Hälfte.

17.7 Die Feststellungen der Sachverständigen oder des Obmanns sind verbindlich, wenn nicht nachgewiesen wird, dass sie offenbar von der wirklichen Sachlage erheblich abweichen.

17.8 Wenn die Sachverständigen oder der Obmann die Feststellungen nicht treffen können oder wollen oder sie ungewöhnlich verzögern, so sind andere Sachverständige zu benennen.

17.9 Durch das Sachverständigenverfahren werden die Obliegenheiten des Versicherungsnehmers gemäß Ziff. 15 nicht berührt.

Übersicht

A. Einführung

I. Entstehungsgeschichte

Der Text von Ziff. 17 ist seit den AVB Flusskasko 1992 unverändert. Zuvor enthielt § 31 AVB Flusskasko 1986 eine Vorgängerregel.[1] 1

II. Inhalt und Zweck der Regelung

Ziff. 17 gestaltet das förmliche Sachverständigenverfahren, das streitige Tatsachenfragen zwischen VR und VN oder Versichertem vor- oder außergerichtlich zu klären helfen soll. Es kommt selten zur Anwendung.[2] 2

---

1 *Brunn* Erläuterungen Vorbemerkung zu Ziff. 17.

2 *Brunn* Erläuterungen Vorbemerkung zu Ziff. 17; Thume/de la Motte/Ehlers/*Gerhard* Rn. 703.

B. Erläuterungen der Bestimmung

3 Das Sachverständigenverfahren bezieht sich gemäß Ziff. 17.1 Satz 1 auf die Feststellung des Schadens, kann aber gemäß Ziff. 17.1 Satz 2 auf andere Voraussetzungen des Entschädigungsanspruchs und die Höhe der Entschädigung ausgedehnt werden.

4 Können oder wollen die Sachverständigen die Feststellung nicht treffen oder verzögern sie sie, sind gemäß Ziff. 17.8 andere Sachverständige zu benennen. Dies ist eine Abweichung von § 84 Abs. 1 Satz 3 VVG (gerichtliche Entscheidung).

5 Gemäß Ziff. 17.7 sind die Feststellungen der Sachverständigen verbindlich, wenn sie nicht offenbar von der wirklichen Sachlage erheblich abweichen. Das entspricht § 84 Abs. 1 Satz 1 VVG, ist aber deutlicher als die Negativformulierung des Gesetzes.

18 Totalverlust

18.1 Ein Totalverlust des versicherten Schiffes liegt vor, wenn es dem Versicherungsnehmer ohne Aussicht auf Wiedererlangung entzogen, insbesondere wenn es unrettbar gesunken oder in seiner ursprünglichen Beschaffenheit zerstört ist.

18.2 Im Falle des Totalverlustes des versicherten Schiffes vergütet der Versicherer den Versicherungswert, soweit er nicht die Versicherungssumme gemäß Ziffer 14.1 übersteigt, abzüglich des Erlöses aus dem Verkauf des Wracks oder der geborgenen Gegenstände.

18.3 Der Versicherer hat das Recht zu wählen, ob die Rechte des Versicherungsnehmers an dem versicherten Schiff auf ihn übergehen sollen. Macht der Versicherer hiervon bis zur Anerkennung des Schadens keinen Gebrauch, so gehen diese Rechte nicht über.

Übersicht

A. Einführung

I. Entstehungsgeschichte

1 Der Wortlaut von Ziff. 18 ist seit der Fassung der AVB Flusskasko 1992 unverändert. Im Wesentlichen wurde die Regelung der AVB Flusskasko 1986 und Ziff. 9 BB Flusskasko 1986 übernommen.[1]

II. Inhalt und Zweck der Regelung

2 Ziff. 18 definiert den Totalverlust und regelt die Folgen. Auf ihn wird für Reparaturunfähigkeit und Reparaturunwürdigkeit in Ziff. 19.2 verwiesen.

---

1 *Brunn* Erläuterungen Vorbemerkung zu Ziffer 18.

B. Erläuterungen der Bestimmung

Bei Totalverlust wird gemäß Ziff. 18.2 der Versicherungswert vergütet, gedeckelt durch die Versicherungssumme und abzüglich eines Verkaufserlöses. Zu erinnern ist, dass eine Abzugsfranchise bei Totalverlust nicht angewendet wird (Ziff. 9.2). 3

Der VR kann bis zur Anerkennung des Schadens wählen, dass die Rechte an dem versicherten Schiff auf ihn übergehen, damit geht aber möglicherweise das Risiko einer Haftung einher.[2] Übt der VR das Wahlrecht nicht aus, gehen die Rechte an dem Schiff nicht auf ihn über. Die Rechtsansprüche gegen Dritte bleiben aber unberührt und gehen mit Regulierung über (§ 86 VVG).[3] 4

19 Reparaturunfähigkeit, Reparaturunwürdigkeit

19.1 Das versicherte Schiff ist

19.1.1 reparaturunfähig, wenn eine Reparatur überhaupt nicht möglich ist oder an dem Ort nicht durchgeführt werden kann, an dem es sich befindet und es auch nicht an einen Ort gebracht werden kann, wo die Reparatur durchführbar wäre;

19.1.2 reparaturunwürdig, wenn die Kosten der Reparatur ohne Abzug „neu für alt" höher sind als der Versicherungswert.

19.2 Reparaturunfähigkeit und Reparaturunwürdigkeit des versicherten Schiffes werden einem Totalverlust gleichgestellt.

Übersicht

A. Einführung

I. Entstehungsgeschichte

Der Wortlaut von Ziff. 19 ist seit den AVB Flusskasko 1992 unverändert. Zuvor gab es in den AVB Flusskasko 1986 zwar eine Regelung der Reparaturunfähigkeit und der Reparaturunwürdigkeit, jedoch keine Definition.[1] 1

II. Inhalt und Zweck der Regelung

Ziff. 19 enthält eine Definition der Begriff Reparaturunfähigkeit und Reparaturunwürdigkeit und regelt deren Rechtsfolgen. 2

---

[2] Prölss/Martin/*Koller* Nr. 18 Rn. 2; Thume/de la Motte/Ehlers/*Gerhard* Rn. 706.

[3] Thume/de la Motte/Ehlers/*Gerhard* Rn. 706.

[1] *Brunn* Erläuterungen Vorbemerkung zu Ziffer 19.

B. Erläuterungen der Bestimmung

3 Gemäß Ziff. 19.2 treten die Rechtsfolgen des Totalverlusts auch bei Reparaturunfähigkeit und Reparaturunwürdigkeit ein.

I. Reparaturunfähigkeit (Ziff. 19.1.1)

4 Es wird zwischen absoluter und relativer Reparaturunfähigkeit unterschieden.[2]

1. Absolute Reparaturunfähigkeit (Ziff. 19.1.1, erste Alternative)

5 Absolute Reparaturunfähigkeit liegt vor, wenn eine Reparatur überhaupt nicht möglich ist. In der Literatur wird ergänzt, dass daneben auch dann absolute Reparaturunfähigkeit vorliegen soll, wenn durch die Ausbesserung der Zustand vor Eintritt des Versicherungsfalls nicht im Wesentlichen wieder hergestellt werden kann.[3] Dem ist zuzustimmen, denn begrifflich bedeutet Reparatur Wiederherstellung. Richtig ist auch, dass zu einer solchen Wiederherstellung auch die Atteste und frühere Klassifikation gehören.[4]

2. Relative Reparaturunfähigkeit (Ziff. 19.1.1, zweite Alternative)

6 Relative Reparaturunfähigkeit liegt vor, wenn das Schiff an dem Ort, an dem es sich befindet, nicht repariert werden und auch nicht an einen Ort verbracht werden kann, wo die Reparatur möglich wäre. Dabei wird in der Literatur auch der Fall, in dem das Verbringen an einen Reparaturort aus Kostengründen unzumutbar ist, als Fall der relativen Reparaturunfähigkeit angesehen;[5] dies ist aber eine Frage der Reparaturunwürdigkeit, die in Ziff. 19.1.2 geregelt ist.

II. Reparaturunwürdigkeit (Ziff. 19.1.2)

7 Reparaturunwürdigkeit liegt vor, wenn die Kosten der Reparatur,[6] einschließlich der Kosten des Verbringens an einen Ort, an dem die Reparatur möglich ist, ohne Abzug „neu für alt" höher sind als der Versicherungswert. Die Reparaturkosten müssen die Reparatur versicherter Schäden betreffen.[7]

20 Reparaturkostenangebote

20.1 Der Versicherer kann verlangen, dass der Versicherungsnehmer mehrere Angebote zur Reparatur einholt. Der Versicherer kann auch selbst Angebote einholen.

20.2 Der Versicherer hat das Recht, die Ersatzleistung der Höhe nach durch das günstigste Angebot zu begrenzen.

---

[2] Zu dieser Terminologie siehe *Brunn* Erläuterungen Ziffer 19.1; Prölss/Martin/*Koller* Nr. 19 Rn. 1 f.

[3] Thume/de la Motte/Ehlers/*Gerhard* Rn. 708; ähnlich Prölss/Martin/*Koller* Nr. 19 Rn. 1.

[4] Thume/de la Motte/Ehlers/*Gerhard* Rn. 708; Prölss/Martin/*Koller* Nr. 19 Rn. 1.

[5] Prölss/Martin/*Koller* Nr. 19 Rn. 1; Thume/de la Motte/Ehlers/*Gerhard* Rn. 709.

[6] Zum Begriff der Reparaturkosten Prölss/Martin/*Koller* Nr. 19 Rn. 4.

[7] Thume/de la Motte/Ehlers/*Gerhard* Rn. 710.

Übersicht

A. Einführung

I. Entstehungsgeschichte

1 Der Wortlaut von Ziff. 20 ist seit den AVB Flusskasko 1992 unverändert. Die AVB Flusskasko 1986 enthielten noch keine entsprechende Klausel.

II. Inhalt und Zweck der Regelung

2 Der VR erhält durch Ziff. 20 die Möglichkeit, eine sogenannte[1] Tenderung zu erwirken. Ziff. 20.2 kann seine Ersatzleistung begrenzen.

B. Erläuterungen der Bestimmung

I. Mehrere Reparaturkostenangebote (Ziff. 20.1)

3 Der VN muss nicht von sich aus mehrere Angebote einholen, sondern nur wenn der VR es verlangt; bei der Einholung muss der VN aber seiner Obliegenheit zur Schadensminderung (Ziff. 15.1.2) genügen,[2] so dass er sich auf ein eingeholtes Angebot nicht grob fahrlässig verlassen darf. Dass der VR auch selbst Angebote einholen darf, dient der Vermeidung von Zeitverlust[3] und gibt dem VR Gelegenheit, seine Interessen wahrzunehmen.[4]

II. Begrenzung der Ersatzleistung (Ziff. 20.2)

4 Gemäß Ziff. 20.2 kann der VR die Ersatzleistung der Höhe nach auf den Betrag des günstigsten Angebots begrenzen. Das ist unabhängig davon, welches Angebot der VN annimmt.[5] Bei der Bestimmung des günstigsten Angebotes ist die Gesamtheit der mit einem Angebot verbundenen Kosten zu vergleichen, einschließlich eventueller Überführungskosten.[6] Begrenzt wird auf den entsprechenden Gesamtpreis. Andere Kriterien, insbesondere die Reparaturdauer, enthält Ziff. 20.2 hingegen nicht. Grundlage für eine „angemessen Berücksichtigung der Interessen des VNs“[7] kann daher nur das allgemeine Prinzip von Treu und Glauben sein. Vertragsfremde Interessen Dritter,[8] aber auch vertragsfremde Interessen des VNs selbst beeinflussen die Bestimmung des günstigsten Angebots nicht.

---

1 Prölss/Martin/*Koller* Nr. 20 Rn. 1.
2 So wohl auch Prölss/Martin/*Koller* Nr. 20 Rn. 1.
3 Thume/de la Motte/Ehlers/*Gerhard* Rn. 711; Prölss/Martin/*Koller* Nr. 20 Rn. 1.
4 Prölss/Martin/*Koller* Nr. 20 Rn. 1.
5 Unklar Thume/de la Motte/Ehlers/*Gerhard* Rn. 712.
6 Prölss/Martin/*Koller* Nr. 20 Rn. 3.
7 Thume/de la Motte/Ehlers/*Gerhard* Rn. 712; Prölss/Martin/*Koller* Nr. 20 Rn. 4.
8 Thume/de la Motte/Ehlers/*Gerhard* Rn. 712.

21 Durchführung der Reparatur

21.1 Schäden sind nach ihrer Feststellung gemäß Ziffer 16 unverzüglich zu reparieren. Die Reparatur kann zurückgestellt werden, sofern die Fahrtüchtigkeit des versicherten Schiffes nicht beeinträchtigt ist.

21.2 Der Versicherer ist berechtigt, die Durchführung der Reparatur selbst zu überwachen oder einen Sachverständigen mit der Überwachung zu beauftragen.

21.3 Der Versicherer leistet für Mehrkosten infolge verspäteter Reparatur keinen Ersatz.

21.4 Der Versicherer leistet ferner keinen Ersatz für weitere Schäden, die durch den nicht unverzüglich reparierten Schaden verursacht werden.

Übersicht

A. Einführung

I. Entstehungsgeschichte

1 Der Wortlaut von Ziff. 21 entspricht im Wesentlichen dem Wortlaut der Version von 1992, mit Ausnahme einer wohl redaktionellen Satzumstellung in Ziff. 21.3. Zwischenzeitlich hatten Ziffern 21.3 und Ziffern 21.4 Öffnungsklauseln („soweit nicht etwas anderes vereinbart ist“) enthalten, die wieder entfallen sind. Eine Vorgängerregelung hatten schon die AVB Flusskasko 1986 enthalten; diese wurde seit der Fassung von 1992 flexibler gestaltet.[1]

II. Inhalt und Zweck der Regelung

2 Ziff. 21 legt die grundsätzliche Reparaturpflicht fest und regelt die Folgen der Nichtdurchführung.

B. Erläuterungen der Bestimmung

I. Zeitpunkt der Reparatur (Ziff. 21.1) und Überwachung (Ziff. 21.2)

3 Es besteht eine Obliegenheit des VNs, Schäden reparieren zu lassen,[2] allerdings mit Besonderheiten bei der Beweislast und den Folgen einer Obliegenheitsverletzung.[3] Eine Ausnahme enthält Ziff. 22.4.

---

1 *Brunn* Erläuterungen Vorbemerkung zu Ziffer 21.

2 Prölss/Martin/*Koller* Nr. 21 Rn. 2; unklar („Reparaturpflicht“) hingegen Thume/de la Motte/Ehlers/*Gerhard* Rn. 713.

3 Prölss/Martin/*Koller* Nr. 21 Rn. 2.

Die Reparatur hat unverzüglich nach der Feststellung der Schäden gemäß Ziff. 16 zu erfolgen (Ziff. 21.1 Satz 1). Wenn die Fahrtüchtigkeit des versicherten Schiffes nicht beeinträchtigt ist, kann die Reparatur zurückgestellt werden (Ziff. 21.1 Satz 2). Einer Zustimmung des VRs bedarf es dazu nicht;[4] eine Abstimmung mit dem VR ist durch Ziff. 21.1 Satz 2 auch nicht gefordert,[5] empfiehlt sich aber dringend, insbesondere bei Zweifeln an der Fahrtüchtigkeit. Ob bei solchen Zweifeln jedenfalls unverzüglich zu reparieren ist[6] oder, wie in Ziff. 16.2 Satz 1, sofort ein Sachverständiger hinzugezogen werden muss, ist nicht geklärt. Die Dauer der Zurückstellung ist in Ziff. 21 nicht geregelt; die Grenze soll nach der Literatur bei der gesetzlichen Verjährung liegen.[7] 4

Gemäß Ziff. 21.2 darf der VR die Durchführung der Reparatur überwachen oder überwachen lassen. Er kann sich hierzu mit Weisungen an den VN wenden.[8] 5

II. Folgen späterer Reparatur (Ziff. 21.3 und 21.4)

Ziff. 21.3 betrifft Mehrkosten infolge verspäteter Reparatur. Für diese leistet der VR keinen Ersatz. Mehrkosten können technisch bedingt sein oder durch Preissteigerungen.[9] „Verspätet" bedeutet im Fall von Ziff. 21.1 Satz 1 das Gleiche wie nicht unverzüglich. Im Fall von Ziff. 21.1 Satz 2, also bei der gerechtfertigten Zurückstellung der Reparatur, bedeutet „verspätet", dass während des Zeitraums der Zurückstellung der Moment verpasst wurde, zu dem eine Reparatur ohne Mehrkosten hätte durchgeführt werden können. Das ergibt sich auch aus der Schadenminderungsobliegenheit (Ziff. 15.1.2). 6

Ziff. 21.4 betrifft die durch eine nicht unverzüglich vorgenommene Reparatur entstandenen weiteren Schäden. Bezugspunkt ist hier ausdrücklich die Unverzüglichkeit. Sich daraus ergebende Folgeschäden sind nicht gedeckt. 7

22 Besondere Haverei

22.1 Die Schadentaxe ist für die Berechnung des Schadens maßgebend, es sei denn, die tatsächlichen Reparaturkosten laut Rechnungen sind niedriger.

22.2 Abzuziehen sind von dem Schadenbetrag
- **der in der Police gemäß Ziffer 9.4 vereinbarte Abzug „neu für alt"**
- **der Erlös oder Wert noch vorhandener Teile, welche durch neue ersetzt werden oder zu ersetzen sind.**

22.3 Dem Versicherer sind die Reparaturkostenrechnungen unter Berücksichtigung aller Rabatte, Diskonte und sonstiger Nachlässe vorzulegen.

22.4 Der Versicherungsnehmer kann dem Versicherer unmittelbar nach der Feststellung des Schadens erklären, dass er das versicherte Schiff aus wichtigem Grund nicht reparieren werde. Als wichtiger Grund gilt auch der Verkauf bzw. die Abwrackung. Die Ersatzpflicht des Versicherers richtet sich dann nach dem Unterschied des Zeitwertes des versicherten Schiffes vor und nach dem Schaden und wird der Höhe nach durch die Schadentaxe begrenzt.

---

4 Prölss/Martin/*Koller* Nr. 21 Rn. 3.
5 Für die Notwendigkeit einer Abstimmung Thume/de la Motte/Ehlers/*Gerhard* Rn. 715.
6 So Thume/de la Motte/Ehlers/*Gerhard* Rn. 715.
7 Thume/de la Motte/Ehlers/*Gerhard* Rn. 715.
8 Prölss/Martin/*Koller* Nr. 21 Rn. 4.
9 Prölss/Martin/*Koller* Nr. 21 Rn. 5.

22.5 Der Anspruch des Versicherungsnehmers auf Ersatzleistung für ein zurückliegendes Schadenereignis entfällt, soweit der Schaden bei Eintritt eines Totalverlustes einer Reparaturunwürdigkeit oder Reparaturunfähigkeit des versicherten Schiffes noch nicht repariert ist.

Übersicht

A. Einführung

I. Entstehungsgeschichte

1 Ziff. 22 ist seit der Version der AVB Flusskasko 1992 im Wesentlichen unverändert. Eine Änderung hat (seit der Version der AVB Flusskasko 2000) Ziff. 22.2, erster Spiegelstrich insoweit erfahren, als darin nicht mehr auf den Abzug „neu für alt" gemäß Ziff. 9.4 verwiesen wird, sondern auf den in der Police gemäß Ziff. 9.4 vereinbarten Abzug „neu für alt". Ziff. 22.5 enthielt zwischenzeitlich, in der Version von 2000, eine Öffnungsklausel („soweit nicht etwas anderes vereinbart ist"), die wieder entfallen ist.

II. Inhalt und Zweck der Regelung

2 Die Überschrift von Ziff. 22 ist nicht ganz passend. Es ist zwar richtig, dass es in Ziff. 22 um die Schadensberechnung in Fällen der besonderen Haverei geht; darunter sind nach der mit der Seerechtsreform abgeschafften Definition in § 78 Abs. 3 BinSchG a.F. alle durch einen Unfall verursachten Schäden und Kosten zu verstehen, die nicht zur Großen Haverei gehören. Das trifft jedoch auch auf die vorangegangenen Ziffern zu. In Ziff. 22 wird im Wesentlichen die Berechnung des Schadens geregelt; das erklärt auch die systematische Stellung der Vorschrift nach den Ziffern 16 ff.

B. Erläuterungen der Bestimmung

I. Berechnung des Schadens nach Taxe und Rechnungen (Ziff. 22.1 bis 22.3)

3 Die Schadenstaxe (Ziff. 16) ist Grundlage für die Berechnung des Schadens. Liegen die tatsächlichen Reparaturkosten unter dem Betrag der Schadenstaxe, kommt es auf diese an (Ziff. 22.1). Für diesen Vergleich werden auch, wie sich aus Ziff. 22.3 ergibt, alle Rabatte, Diskonte oder sonstigen Nachlässe berücksichtigt. Damit der VR den Vergleich anstellen kann, sind ihm gemäß Ziff. 22.3 alle Rechnungen vorzulegen. Es handelt sich um eine Ausprägung der Auskunftsobliegenheit aus Ziff. 15.1.4, so dass Ziff. 15.3 anwendbar ist.[1]

[1] Thume/de la Motte/Ehlers/*Gerhard* Rn. 719.

Abzuziehen sind ein Abzug „neu für alt", wenn und soweit er in Ziff. 9.4 vereinbart ist (Ziff. 22.2, erster Spiegelstrich) sowie der Erlös aus dem Verkauf gebrauchter Teile (Ziff. 22.2, zweiter Spiegelstrich); letzteres auch dann, wenn die Teile der Reparaturwerft überlassen werden, und zwar, wie sich aus der Formulierung „Erlös oder Wert" ergibt, unabhängig davon, ob dadurch die Reparaturkosten niedriger sind.[2] 4

II. Nichtdurchführung der Reparatur (Ziff. 22.4)

Als Ausnahme zu Ziff. 21.1 Satz 1 kann der VN gemäß Ziff. 22.4 Satz 1 entscheiden, dass ein Schaden nicht repariert wird; er muss dies dem VR dann unmittelbar nach der Feststellung des Schadens erklären. Voraussetzung für die Entscheidung ist ein wichtiger Grund (Ziff. 22.4 Satz 2 und 3). 5

Liegen die Voraussetzungen für die Nichtdurchführung der Reparatur vor, richtet sich die Ersatzpflicht des VRs gemäß Ziff. 22.4 Satz 4 nach der Zeitwertdifferenz vor und nach dem Schaden, wird der Höhe nach aber durch die Schadentaxe begrenzt. Liegen die Voraussetzungen indessen nicht vor (kein wichtiger Grund oder keine rechtzeitige Erklärung) bleibt es bei den bisherigen Regelungen,[3] wenn die Parteien nichts anderes vereinbaren. 6

III. Folgen reparierter Schäden (Ziff. 22.5)

Tritt ein Totalverlust (Ziff. 18) oder ein Zustand der Reparaturunfähigkeit oder Reparaturunwürdigkeit (Ziff. 19) ein, ohne dass die Reparatur eines versicherten Schadens vorgenommen wurde (sei es wegen Ziff. 22.4 oder Ziff. 21.1 Satz 2 oder möglicherweise sogar vor Durchführung einer „unverzüglichen" Reparatur), gilt Ziff. 18.2. Danach wird der Versicherungswert ersetzt (begrenzt durch die Versicherungssumme), abzüglich möglicher Erlöse. Gemäß Ziff. 22.5 wird der nicht reparierte Schaden daneben aber nicht auch noch ersetzt. 7

Tritt der Totalverlust (oder die Reparaturunfähigkeit/-unwürdigkeit) im gleichen Versicherungsjahr auf wie der vorangegangene Schaden, entsteht dem VN durch die Regelung kein Nachteil, er wäre im Gegenteil bereichert, weil sich der Versicherungswert gemäß Ziff. 13.1 nach dem Zeitwert zu Beginn des laufenden Versicherungsjahres richtet.[4] 8

Anders ist es, wenn der Totalverlust (Reparaturunfähigkeit/-unwürdigkeit) erst in einem der folgenden Versicherungsjahre eintritt und der Vorschaden bei der Bestimmung des dann geltenden Versicherungswertes berücksichtigt wird. Teilweise wird die daraus folgende Benachteiligung hingenommen.[5] Teilweise wird vertreten, dass Ziff. 22.5 dann keine Anwendung findet.[6] Letzterem ist nicht zuzustimmen. Der Wortlaut von Ziff. 22.5 sieht eine Ausnahme nicht vor. 9

Die Formulierung „noch nicht repariert" in Ziff. 22.5 könnte man so verstehen, dass sich die Bestimmung auf Fälle bezieht, in denen eine Reparatur später noch stattfinden soll (Ziff. 21.1), nicht aber auf solche, in denen eine Reparatur gänzlich unterbleiben soll 10

---

2 Anders *Brunn* Erläuterungen Ziffer 22.2.

3 Anders Prölss/Martin/*Koller* Ziffer 22 Rn. 5.

4 *Brunn* Erläuterungen Ziffer 22.5.

5 So wohl *Brunn* Erläuterungen Ziffer 22.5 Erl. 3; Thume/de la Motte/*Brunn* Rn. 551.

6 Prölss/Martin/*Koller* Nr. 22 Rn. 6, der sich allerdings auf Brunn beruft.

(Ziff. 22.4); dagegen spricht allerdings die Systematik. Zu berücksichtigen ist, dass der VR weder bei der Zurückstellung der Reparatur (Ziff. 21.1 Satz 2) noch bei der Entscheidung zur Nichtdurchführung der Reparatur (Ziff. 22.4 Satz 1) seine Zustimmung gegeben haben muss; er hat insbesondere bei der Entscheidung zur Nichtdurchführung der Reparatur ein Interesse an schnellstmöglicher Klarheit über seine Entschädigungspflichten.

23 Schadensrechnung, Fälligkeit des Entschädigungsanspruches

23.1 Der Versicherungsnehmer kann die Zahlung nicht eher verlangen, als er dem Versicherer
- **eine Schadensrechnung vorgelegt,**
- **die von dem Versicherer geforderten Belege beigebracht hat**
- **und seit der Erfüllung dieser Obliegenheiten ein Monat verstrichen ist.**

23.2 Sind die Obliegenheiten bis zum Ablauf eines Monats seit der Anzeige des Schadens infolge eines Umstandes nicht erfüllt, den der Versicherungsnehmer nicht zu vertreten hat, so kann er die Zahlung von 75% des Betrages verlangen, den der Versicherer nach Sachlage mindestens zu zahlen hat.

Übersicht

A. Einführung

I. Entstehungsgeschichte

1 Der Wortlaut von Ziff. 23 ist seit der Version der AVB Flusskasko 1992 unverändert. In den AVB Flusskasko 1986 gab es keine Vorgängerregelung.[1]

II. Inhalt und Zweck der Regelung

2 Ziff. 23 regelt die Fälligkeit der Versicherungsleistung.

B. Erläuterungen der Bestimmung

I. Voraussetzungen der Fälligkeit (Ziff. 23.1)

3 Ziff. 23 Abs. 1 ist mit § 14 Abs. 1 VVG in Einklang zu bringen. Gemäß § 14 Abs. 1 VVG ist der Deckungsanspruch mit der Beendigung der zur Feststellung des Versicherungsfalles und des Umfanges der Leistung des VRs notwendigen Erhebungen fällig. Ge-

[1] *Brunn* Erläuterungen Vorbemerkung zu Ziffer 23.

mäß Ziff. 23.1 wird der Deckungsanspruch hingegen nicht eher fällig, als der VN dem VR eine Schadensrechnung vorgelegt und die vom VR geforderten Belege beigebracht hat und außerdem dann noch ein Monat seit Vorlage der Schadensrechnung und Beibringung der Belege verstrichen ist. Durch Ziff. 23 Abs. 1 wird die Fälligkeitsvorschrift des § 14 Abs. 1 VVG also in dem Sinne abbedungen, dass das Vorliegen der Voraussetzungen dieser Vorschrift für die Fälligkeit nicht mehr ausreicht. Für die Fälligkeit müssen neben[2] den Voraussetzungen des § 14 Abs. 1 VVG auch noch die von Ziff. 23.1 gegeben sein. Insbesondere soll der VR Gelegenheit haben, das Vorliegen eines Versicherungsfalls zu prüfen, bevor Fälligkeit eintritt. Auch die Formulierung von Ziff. 23.1 spricht dafür, dass die Fälligkeit nicht alleine durch die in den Spiegelstrichen aufgeführten Voraussetzungen festgelegt wird, sondern nur frühestens auch nach Vorliegen dieser Voraussetzungen eintreten kann.

Die Schadensrechnung ist eine geordnete Zusammenstellung der Beträge, die der VR **4** nach Auffassung des VNs für die einzelnen Schäden und Aufwendungen zu entrichten hat; zum Merkmal „geordnet" gehören Vollständigkeit und Richtigkeit.[3] Ziff. 23.1, zweiter Spiegelstrich ersetzt nicht § 31 Abs. 1 Satz 2 VVG, sondern lässt diesen unberührt.[4]

Eine unvollständige oder ungeordnete „Schadensrechnung" ist keine solche und setzt **5** die Monatsfrist daher nicht in Gang.[5] Fordert der VR keine Belege, kommt es auf deren Beibringung aber auch nicht an.[6]

II. Abschlagszahlung (Ziff. 23.2)

Ziff. 23.2 regelt den Anspruch auf Abschlagszahlungen abweichend von § 14 Abs. 2 **6** VVG und bedingt die gesetzliche Vorschrift dadurch ab.

Voraussetzung für eine Abschlagszahlung gemäß dem abbedungenen § 14 Abs. 2 VVG **7** war, dass die Erhebungen des VR nicht innerhalb eines Monats nach der Anzeige des Versicherungsfalles beendet sind, wobei diese Frist gehemmt ist, solange die Erhebungen infolge eines Verschuldens des VN nicht beendet werden können. Demgegenüber ist Voraussetzung für eine (geringere) Abschlagszahlung gemäß Ziff. 23 Abs. 2 dass der VN seine Obliegenheiten nicht innerhalb eines Monats nach Anzeige des Schadensfalls erfüllt, wenn er das nicht zu vertreten hat. Während der Anspruch auf Abschlagszahlungen nach dem abbedungenen Gesetz also auch zu einem späteren Zeitpunkt entstehen kann, kommt er nach den AVB entweder einen Monat nach der Anzeige zustande oder gar nicht.

In Abweichung von § 14 Abs. 2 VVG ist eine Abschlag nur in Höhe von 75 % des **8** mindestens zu zahlenden Betrages zu zahlen.

Der Abschlag ist auch nur dann zu zahlen, wenn der VN unverschuldet nicht die **9** Schadensrechnung und die geforderten Belege vorgelegt hat. Bei auch nur einfach fahrlässiger Nichtvorlage kann der VN keine Abschlagszahlungen verlangen.[7]

Voraussetzung für die Fälligkeit der Abschlagszahlung ist eine entsprechende Erklä- **10** rung des VNs, mit der er sie verlangt.[8]

Abschlagszahlungen sind Teilleistungen.[9] **11**

---

[2] Anders wohl Thume/de la Motte/Ehlers/*Gerhard* Rn. 723; Prölss/Martin/*Koller* Nr. 23 Rn. 3.

[3] *Brunn*, Erläuterungen Ziffer 23. Erl. 2.

[4] Thume/de la Motte/Ehlers/*Gerhard* Rn. 724.

[5] Anders Thume/de la Motte/Ehlers/*Gerhard* Rn. 724.

[6] Anders Thume/de la Motte/Ehlers/*Gerhard* Rn. 724.

[7] Anders Thume/de la Motte/Ehlers/*Gerhard* Rn. 725.

[8] *Brunn* Erläuterungen Ziffer 23.2 Erl. 3; Prölss/Martin/*Koller* Nr. 23 Rn. 4.

[9] Prölss/Martin/*Koller* Nr. 23 Rn. 4.

24 Sicherheitsleistung

Ist der Versicherungsnehmer zur Sicherheitsleistung für einen versicherten Schaden verpflichtet oder ist für einen solchen Schaden eine Sicherheitsleistung zur Abwendung eines drohenden Arrestes geboten, so übernimmt der Versicherer nach den Bedingungen der Versicherungspolice eine Garantie oder zahlt den zur Hinterlegung erforderlichen Betrag.

Übersteigt die Garantie für Ansprüche Dritter gemäß Ziffer 4 den tatsächlichen eingetretenen Sachschaden, so hat der Versicherungsnehmer den Versicherer in Höhe des übersteigenden Betrages von seiner Verpflichtung gegenüber Dritten freizustellen.

Diese Ziffer findet keine Anwendung auf Fahrten auf der Donau und den damit in Verbindung stehenden Wasserstraßen ab Bratislava.

Übersicht

A. Einführung

I. Entstehungsgeschichte

1 Ziff. 24 Abs. 1 ist seit der Version der AVB Flusskasko 1992 unverändert. Die AVB Flusskasko 1986 enthielten noch keine entsprechende Regelung.[1] Abs. 2 von Ziff. 24 wurde in der Version 2000 neu eingeführt. Abs. 3 der Ziff. wurde mit der Version von 2013 neu eingeführt.

II. Inhalt und Zweck der Regelung

2 Mit Ziff. 24 übernimmt der VR im Versicherungsfall über die gesetzlichen Verpflichtungen hinaus die Verpflichtung, für Sicherheiten aufzukommen, die der VN Dritten zu stellen hat oder die zur Abwendung eines Arrestes geboten sind.

B. Erläuterungen der Bestimmung

I. Verpflichtung zur Sicherheitsleistung (Ziff. 24 Abs. 1)

3 Voraussetzung ist zunächst, dass der VN Sicherheitsleistung für einen versicherten Schaden erbringen muss oder dass eine solche Sicherheitsleistung zur Abwendung eines drohenden Arrestes geboten ist. Typischerweise geht es um Verpflichtungen im Rahmen von Ersatz-an-Dritte-Schäden gemäß Ziff. 4. Der VN muss entweder (unabhängig von einem drohenden Arrest) zur Sicherheitsleistung verpflichtet sein oder es muss (auch

[1] *Brunn* Erläuterungen, Ziffer 24.

ohne eine solche Verpflichtung) ein Arrest drohen. Die erste Alternative (Verpflichtung zur Sicherheitsleistung) ist, da es nur um die Sicherheitsleistung für versicherte Schäden geht, im deutschen Recht kaum vorstellbar.[2] Die Pflicht zur Sicherheitsleistung ist allerdings ihrem Wortlaut nach nicht auf Inlandsfälle beschränkt.[3] Richtig ist, dass es nicht nur um den drohenden Arrest geht, sondern vor allem um die drohende Vollziehung eines Arrests[4] oder, so meistens in der Praxis, um die Aufhebung eines bereits vollzogenen Arrestes (§ 923 ZPO). Eine Garantie des VRs kann dann im Einzelfall in Betracht kommen[5] (§ 108 Abs. 1 Satz 1 ZPO). Sehr viel wahrscheinlicher ist aber, dass die Garantie einer Bank erforderlich ist (§ 108 Abs. 1 Satz 2 ZPO).

Eine Sicherheitsleistung, die mehr absichern soll als einen versicherten Schaden, muss der VR nicht erbringen. 4

II. Freistellungsanspruch (Ziff. 24 Abs. 2)

Ziff. 24 Abs. 2 wurde mit der Fassung 2004 eingefügt. Zweck des Absatzes soll sein, 5 dass in solchen Fällen, in denen der VR die Garantie für einen vom VN zu stellenden Haftungsfonds gemäß § 5f BinSchG übernommen hat, verhindert wird, dass der zur Verfügung gestellte Betrag gar nicht zur Regulierung von Sachschäden, sondern zur Regulierung von (gemäß Ziff. 4 nicht gedeckten) Personenschäden verwendet wird.[6] Hintergrund ist, dass gemäß § 5g BinSchG ein Teil des Sachhaftungsfonds auch für Personenschäden herangezogen werden kann.

Den erstrebten Zweck erreicht Ziff. 24 Abs. 2 allerdings nicht. Voraussetzung für den 6 Freihalteanspruch nach dieser Vorschrift ist nämlich nicht, dass der vom VR garantierte Sachhaftungsbetrag für den Ersatz von Personenschäden ausgegeben wird, sondern dass er die tatsächlich eingetretenen (nicht die tatsächlich ersetzten) Sachschäden übersteigt. In einem solchen Fall ist aus Sicht des KaskoVRs schon die Errichtung eines Haftungsfonds nicht sinnvoll.

Ziff. 24 Abs. 2 kann allerdings dann zur Anwendung kommen, wenn der VR, ob- 7 wohl er dazu nicht verpflichtet ist, zur Hemmung oder Aufhebung der Vollziehung eines Arrestes eine Garantie stellt oder über eine Bank stellen lässt, bei der der Garantiebetrag über den versicherten Schaden hinausgeht, etwa weil dem Arrestantrag noch weitere, nicht versicherte Haftpflichtansprüche gegen den VN zugrunde lagen. In einem solchen Fall hat der VN den VR in Höhe des übersteigenden Betrags gegenüber Dritten freizustellen.

III. DTV-Donauklausel

Ziff. 24 Abs. 3 setzt Ziff. 4 Buchstabe a) Satz 2 der DTV-Donauklausel um. Diese 8 sieht zusätzlich noch vor, dass „der VR über die Stellung einer Briefgarantie entscheidet". Das wiederholt Ziff. 24 Abs. 3 nicht, aber es bleibt für den VR natürlich eine Möglichkeit.

---

[2] Prölss/Martin/*Koller* Nr. 24 Rn. 1.
[3] Kritisch Prölss/Martin/*Koller* Nr. 24 Rn. 1.
[4] Prölss/Martin/*Koller* Nr. 24 Rn. 2.
[5] Kritisch Prölss/Martin/*Koller* Nr. 24 Rn. 2.
[6] Thume/de la Motte/Ehlers/*Gerhard* Rn. 731.

25 Verzug

Wird ein Streit zwischen Versicherer und Versicherungsnehmer durch gerichtliches oder schiedsgerichtliches Verfahren erledigt oder wird die Zahlung seitens des Versicherers aus einem anderen Grund verzögert, so hat der Versicherer dem Versicherungsnehmer einen über die gesetzlichen Zinsen hinausgehenden Verzugsschaden nicht zu ersetzen, es sei denn, dass der Versicherer die Zahlung grob fahrlässig oder vorsätzlich verzögert hat.

Übersicht

A. Einführung

I. Entstehungsgeschichte

1 Der Wortlaut von Ziff. 25 entspricht dem schon in der Version von 1992 enthaltenen Wortlaut. Zwischenzeitlich gab es in der Version von 2000 eine Öffnungsklausel („soweit nicht etwas anderes vereinbart ist"), die aber wieder entfallen ist. Die Vorgängerregelung fand sich schon in Ziff. 10 Besondere Bedingungen Flusskasko 1986.

II. Inhalt und Zweck der Regelung

2 Durch Ziff. 25 wird die Haftung des VRs für Verzugsschäden gemildert.

B. Erläuterungen der Bestimmung

3 Verzugsschäden hat der VR über die gesetzlichen Zinsen hinaus nur zu ersetzen, wenn der VN nachweist, dass Vorsatz oder grobe Fahrlässigkeit des VRs vorliegt.

26 Anderweitiger Ersatz

26.1 Ist das versicherte Schiff auch anderweitig versichert, so kann der Versicherer für etwaige Schäden nur insoweit in Anspruch genommen werden, als die anderweitige Versicherung dem Grunde nach nicht eintrittspflichtig ist oder der Höhe nach nicht ausreicht.

26.2 Für Schäden, welche das versicherte Schiff bei Bergungen oder bei Hilfeleistungen sowie bei der Verwendung zum Leichtern oder Schleppen erleidet, wird nur insoweit Ersatz geleistet, als der Versicherungsnehmer nicht durch die Vergütung dafür entschädigt worden ist.

Übersicht

A. Einführung

I. Entstehungsgeschichte

Der Wortlaut von Ziff. 26 gleicht dem Wortlaut in der Version von 1992 zwischenzeitlich hatten sowohl Ziff. 26.1 als auch Ziff. 26.2 Öffnungsklauseln („soweit nicht etwas anderes vereinbart ist") enthalten, die wieder entfallen sind. Eine Subsidiaritätsregelung war bereits in Ziff. 13 Besondere Bedingungen Flusskasko 1986 enthalten, eine Ziff. 26.2 entsprechende Regelung bereits in § 6 AVB Flusskasko 1986.[1] 1

II. Inhalt und Zweck der Regelung

Ziff. 26.1 enthält eine einfach Subsidiaritätsklausel, Ziff. 26.2 ist Ausfluss des Bereicherungsverbots. 2

B. Erläuterungen der Bestimmung

Wenn und soweit eine anderweitige Versicherung vorliegt, geht diese vor (Ziff. 26.1). Es liegt eine einfache Subsidiaritätsklausel vor.[2] 3

Aufgrund des versicherungsrechtlichen Bereicherungsverbots erhält der VN gemäß Ziff. 26.2 außerdem keine Ersatzleistung für Schäden, für die er als Berger (Ziff. 26.2 spricht noch von „Bergung oder Hilfeleistung") oder wegen Leichterns oder Schleppens entschädigt wurde (Ziff. 26.2).[3] 4

27 Schadenabwendungs-, Schadenminderungs-, Schadenermittlungskosten

27.1 Der Versicherer leistet, unabhängig vom Erfolg dieser Maßnahmen, Ersatz für

27.1.1 Aufwendungen, die der Versicherungsnehmer bei dem Eintritt des Versicherungsfalls zur Abwendung oder Minderung des Schadens macht und den Umständen nach für geboten halten durfte;

27.1.2 Aufwendungen, die der Versicherungsnehmer bei dem Eintritt des Versicherungsfalls gemäß den Weisungen des Versicherers macht;

27.1.3 Kosten, die durch die Ermittlung des dem Versicherer zur Last fallenden Schadens entstehen, soweit ihre Aufwendung den Umständen nach geboten war;

27.1.4 Kosten für die Schadenfeststellung durch einen von dem Versicherer oder mit seiner Zustimmung vom Versicherungsnehmer beauftragten Sachverständigen.

27.1.5 Aufwendungen und Kosten gemäß Ziffern 27.1.1 bis 27.1.4 hat der Versicherer auch dann zu tragen, wenn sie erfolglos bleiben.

27.1.6 Aufwendungen und Kosten nach Ziffern 27.1.1 bis 27.1.4 sind ohne Rücksicht darauf zu ersetzen, ob sie zusammen mit anderen Entschädigungen die Versicherungssumme übersteigen.

---

1 *Brunn* Erläuterungen Ziffer 26 Rn. 1 f.
2 Thume/de la Motte/Ehlers/*Gerhard* Rn. 734; Prölss/Martin/*Koller* Nr. 26 Rn. 1.
3 Dazu *Schwampe* VersR 2007 1180.

Übersicht

A. Einführung

I. Entstehungsgeschichte

1 Der Text von Ziff. 27.1 entspricht bis Ziff. 27.1.4 im Wesentlichen der Version von 1992; neu eingefügt wurde der Textteil „unabhängig vom Erfolg dieser Maßnahmen". Neu eingefügt wurden in der Version von 2008 auch Ziffern 27.1.5 und 27.1.6. In den AVB Flusskasko 1986 hat es keine Regelung darüber gegeben, wer die Kosten der Schadensabwendung, Schadenminderung und Schadenermittlung zu tragen hat.[1]

II. Inhalt und Zweck der Regelung

2 In Ziff. 27 wird, in Anlehnung an § 135 Abs. 1 VVG, die Einstandspflicht des VRs für Schadenabwendungs- und -minderungskosten sowie Schadensermittlungskosten geregelt.

B. Erläuterungen der Bestimmung

3 Nach Ziff. 27 trägt der VR die Kosten, die dem VN für Aufwendungen entstehen, die er bei Eintritt des Versicherungsfalls zur Abwendung oder Minderung des Schadens macht und für geboten halten darf (Ziff. 27.1.1) sowie für Aufwendungen, die er nach Weisungen des VR macht (Ziff. 27.1.2), außerdem die Kosten, die für die Ermittlung des Schadens anfallen, soweit sie geboten waren (Ziff. 27.1.3) und die Kosten des Sachverständigen, die der VR selbst oder der VN mit Zustimmung des VRs beauftragt hat (Ziff. 27.1.4).

4 Dass die Ersatzpflicht des VRs unabhängig vom Erfolg dieser Maßnahmen ist, ergibt sich sowohl aus dem einleitenden Satz von Ziff. 27.1 als auch aus der ausdrücklich dazu noch aufgenommenen Ziff. 27.1.5; es bleibt unklar, weshalb das Merkmal „unabhängig vom Erfolg" zweimal auftaucht.

5 Voraussetzung ist immer, dass die Abwendungs-/Minderungskosten sowie die Schadensermittlungs- und Sachverständigenkosten einen versicherten Schaden betreffen. Auch Bergungskosten können unter diese Vorschrift fallen.[2]

6 Die Schadensabwendungs-/-minderungskosten müssen entweder auf Weisung des VRs entstanden sein (Ziff. 27.1.2) oder der VN muss sie nach den Umständen für geboten gehalten haben dürfen. Dabei kommt es auf den Zeitpunkt an, in dem der VN gehandelt hat.[3] Weshalb dem VN bei der Einschätzung des Gebotenseins nur grobe Fahrlässigkeit (und Vorsatz) zur Last fallen soll,[4] ist allerdings unklar.

---

1 *Brunn* Erläuterungen Vorbemerkung zu Ziffer 27.

2 *Schwampe* VersR 2007 1177, 1182 f.

3 Thume/de la Motte/Ehlers/*Gerhard* Rn. 737.

4 Prölss/Martin/*Koller* Nr. 27 Rn. 1; Thume/de la Motte/Ehlers/*Gerhard* Rn. 738.

Bei den Kosten der Schadensermittlung ist die Formulierung eine andere, es kommt nicht darauf an, ob der VN die Kosten für geboten halten durfte, sondern darauf, ob sie den Umständen nach geboten waren (Ziff. 27.1.3). 7

Die gemäß Ziff. 27 entstandenen Aufwendungen und Kosten sind auch dann zu ersetzen, wenn sie zusammen mit anderen Entschädigungen die Versicherungssumme übersteigen (Ziff. 27.1.6).[5] Allerdings sind Schadensminderungsaufwendungen, die schon bei ihrer Vornahme für den VN erkennbar die Versicherungssumme übersteigen, grundsätzlich nicht geboten.[6] In besonderen Konstellationen, etwa bei der Bergung des Schiffs (aufgrund eines Versicherungsfalls) und der Ladung (nicht versichert), kann ein anteiliger Ersatz der Aufwendungen angezeigt sein.[7] 8

28 Abandon

28.1 Der Versicherer ist nach dem Eintritt eines Versicherungsfalls berechtigt, sich durch Zahlung der Versicherungssumme von allen weiteren Verbindlichkeiten zu befreien. Der Versicherer bleibt jedoch zum Ersatz der Kosten verpflichtet, welche zur Abwendung oder Minderung, Ermittlung oder Feststellung des Schadens oder zur Wiederherstellung oder Ausbesserung des versicherten Schiffes verwendet worden sind, bevor seine Erklärung, dass er sich durch Zahlung der Versicherungssumme befreien wolle, dem Versicherungsnehmer zugegangen ist, wobei solche Kosten ausgeschlossen bleiben, die unter der Police besonders gedeckt sind. Den verwendeten Kosten stehen solche Kosten gleich, zu deren Zahlung der Versicherungsnehmer bereits persönlich verpflichtet ist.

28.2 Das Recht, sich durch Zahlung der Versicherungssumme zu befreien, erlischt, wenn die Erklärung dem Versicherungsnehmer nicht binnen einer Woche nach dem Zeitpunkt, in dem der Versicherer von dem Versicherungsfall und seinen unmittelbaren Folgen Kenntnis erlangt hat, zugeht.

Übersicht

A. Einführung

I. Entstehungsgeschichte

Ziff. 28.1 übernimmt den Wortlaut von Ziff. 28 AVB Flusskasko 2000; dieser wiederum ist bis auf den neu eingefügten zweiten Halbsatz von Satz 2 („wobei solche Kosten ausgeschlossen bleiben, die …") identisch mit Ziff. 28 AVB Flusskasko 1992. Ziff. 28.2 wurde durch die AVB Flusskasko 2008 neu hinzugefügt. In den AVB Flusskasko 1986 war der Abandon noch nicht geregelt.[1] 1

---

[5] Anders noch in den AVB 200/2008, Beckmann/Matusche-Beckmann/*Heiss/Trümper* Versicherungsrechts-Handbuch § 38 Rn. 312.

[6] Thume/de la Motte/Ehlers/*Gerhard* Rn. 738.

[7] *Schwampe* VersR 2007 1177, 1182 f.

[1] *Brunn* Erläuterungen Ziffer 28 Rn. 1.

II. Inhalt und Zweck der Regelung

2 Ziff. 28 regelt in Anlehnung an § 141 VVG das Recht des VRs zum Abandon.

B. Erläuterungen der Bestimmung

I. Form der Willenserklärung

3 Die Erklärung des VRs gemäß Ziff. 28 ist eine einseitige empfangsbedürftige Willenserklärung.[2] Sie bedarf gemäß Ziff. 31.3 der Textform, die in § 141 VVG nicht vorgesehen ist.[3]

II. Befreiung von weiteren Verbindlichkeiten(Ziff. 28.1)

4 Durch die Erklärung des Abandon gemäß Ziff. 28.1 wird der VR zur Zahlung der Versicherungssumme und von allen weiteren Verbindlichkeiten befreit (Ziff. 28.1). Entscheidend für die Befreiung der „weiteren“ Verbindlichkeiten ist der Zeitpunkt des Zugangs der Abandon-Erklärung beim VN, nicht erst der Zahlungseingang der Versicherungssumme,[4] das ergibt sich aus Ziff. 28.1 Satz 2.

5 Die Befreiung bezieht sich grundsätzlich auf alle Versicherungsleistungen unter dem Vertrag, nicht nur die Kaskoversicherung als Aktivenversicherung.[5] Allerdings enthält Ziff. 28.1 Satz 2 eine Ausnahme für die Kosten, die zur Abwendung oder Minderung, Ermittlung oder Feststellung des Schadens oder zur Wiederherstellung oder Ausbesserung des versicherten Schiffes bereits verwendet wurden, bevor die Erklärung des Abandon dem VN zugegangen ist; dabei stehen solchen bereits aufgewendeten Kosten die Kosten gleich, zu denen der VN sich bereits persönlich Verpflichtungen hat (Ziff. 28.1 Satz 3). Darunter sind etwa Verpflichtungen aus bereits eingegangen Reparaturverträgen zu verstehen (Ziff. 28.1 Satz 3). Bezüglich der Schadensermittlungs- und -feststellungskosten weicht Ziff. 28.1 Satz 2 zugunsten des VNs von § 141 Abs. 1 Satz 2 ab.

6 Teilweise wird vertreten, dass im Falle der Erteilung eines Reparaturauftrags vor Empfang der Abandon-Erklärung der VN nur die Erstattung der Kosten verlangen kann, die er bei einer Kündigung des Reparaturvertrags zahlen müsste.[6] Das ergibt sich indes aus dem Text nicht. Es bleibt allerdings bei der Obliegenheit des VNs, den Schaden zu mindern und Weisungen einzuholen (Ziff. 15.1.2)[7] sowie etwa bei der Deckelung durch Ziff. 20.2 und den Voraussetzungen von Ziff. 27.[8]

7 Die Bedeutung des zweiten Halbsatzes aus Ziff. 28.1 Satz 2, der erst mit den AVB 2008 hinzugefügt wurde, ist unklar. Nach der Literatur soll durch den Halbsatz („wobei solche Kosten ausgeschlossen bleiben, die unter der Police besonders gedeckt sind“) klar-

---

[2] *Brunn* Erläuterungen Ziffer 28 Erl. 1; Bruck/Möller/*Schwampe* §§ 141 VVG Rn. 7 und Rn. 9 ff.

[3] Bruck/Möller/*Schwampe* § 141 VVG Rn. 7.

[4] Bruck/Möller/*Schwampe* § 141 VVG Rn. 16.

[5] Anders Thume/de la Motte/Ehlers/*Gerhard* Rn. 744; wie hier Bruck/Möller/*Schwampe* § 141 VVG Rn. 19.

[6] *Brunn* Erläuterungen Ziffer 28 Erl. 4; Prölss/Martin/*Koller* Nr. 28 Rn. 2.

[7] Str., dazu Prölss/Martin/*Koller* Nr. 28 Rn. 2.

[8] Vgl Bruck/Möller/*Schwampe* § 141 VVG Rn. 21 bezüglich der Voraussetzungen von § 86 VVG.

gestellt werden, dass der VR die Kosten einer Wrackbeseitigung nicht gemäß Ziff. 28, sondern ausschließlich unter den Voraussetzungen der Ziff. 7 zu ersetzen hat.[9] Wenn das gemeint ist, ist es mit den Worten „unter der Police besonders gedeckt" in Ziff. 28.1 Satz 2, zweiter Halbsatz allerdings sehr unbefriedigend formuliert. Die Formulierung sieht auch eine Beschränkung auf die Wrackbeseitigungskosten von Ziff. 7 nicht vor.

III. Frist (Ziff. 28.2)

Das Recht zum Abandon erlischt, wenn der VR es nicht innerhalb einer Woche nach **8**
Kenntnis des Versicherungsfalls und seiner unmittelbaren Folgen ausübt (Ziff. 28.2).

29 Kündigung nach Eintritt des Versicherungsfalls

29.1 Nach Eintritt des Versicherungsfalls können der führende Versicherer oder der Versicherungsnehmer den Versicherungsvertrag kündigen.

29.2 Die Kündigung ist in Textform zu erklären. Sie muss spätestens einen Monat nach Abschluss der Verhandlungen über die Entschädigung zugehen.

29.3 Kündigt der Versicherer, so wird die Kündigung einen Monat nach Zugang wirksam. Kündigt der Versicherungsnehmer, so kann er bestimmen, dass seine Kündigung sofort oder zu einem späteren Zeitpunkt wirksam wird, jedoch spätestens zum Schluss der laufenden Versicherungsperiode.

29.4 Im Falle der Kündigung hat der Versicherer die Prämie für die laufende Versicherungsperiode nach dem Verhältnis der noch nicht abgelaufenen zu der gesamten Dauer der Versicherungsperiode zurückzuzahlen.

Übersicht

A. Einführung

I. Entstehungsgeschichte

Ziffern 29.1, 29.2 und 29.3 sind im Wesentlichen unverändert seit den AVB Fluss- **1**
kasko 1992. In Ziff. 29.1 wurden allerdings die Worte „der VR" geändert in „der führende VR", und in Ziff. 29.2 wurde die Schriftform in Textform geändert; beide Änderungen wurden mit der Neufassung im Jahr 2008 vorgenommen.

Ziff. 29.4 wurde für die AVB Flusskasko 2008 neu gefasst; zuvor hatte Ziff. 29.4 **2**
danach unterschieden, ob die Kündigung vom VN oder vom VR ausgeht; in der Version von 2008 ist die Rechtsfolge bei Kündigung durch den VN der Rechtsfolge bei Kündigung durch den VR angeglichen worden.

---

[9] Thume/de la Motte/Ehlers/*Gerhard* Rn. 746.

3 In den AVB Flusskasko 1986 hatte es in § 40 eine Regelung der Kündigung nach Eintritt des Versicherungsfalls gegeben; danach stand nur dem VR ein Kündigungsrecht zu.[1]

II. Inhalt und Zweck der Regelung

4 Ziff. 29 regelt in Anlehnung und leichter Abweichung von § 92 Abs. 1 und 2 VVG das Kündigungsrecht der Vertragsparteien nach Eintritt eines Versicherungsfalls.

B. Erläuterungen der Bestimmung

5 Auf VRseite kann nur der führende VR kündigen (Ziff. 29.1); dadurch soll vermieden werden, dass MitVR die Mitversicherungsgemeinschaft sprengen.[2] Das Kündigungsrecht durch den führenden VR wird nicht durch Ziff. 30.2 beschränkt,[3] denn Ziff. 30.2 ist nur eine Beschränkung der Änderung von Kündigungsbestimmungen, nicht aber der Ausübung der Kündigung.

6 Die Erwähnung der Textform in Ziff. 29.2 Satz 1 ist aufgrund von Ziff. 32.3 überflüssig. Die Frist des Ziff. 29.2 Satz 2 entspricht § 92 Abs. 2 Satz 1 VVG. Eine Kündigung durch den VR wird immer einen Monat nach Zugang wirksam (Ziff. 29.3 Satz 1), eine Kündigung des VNs zu dem von diesem bestimmten Zeitpunkt zwischen sofort und dem Schluss der laufenden Versicherungsperiode (Ziff. 29.3 Satz 2)

7 Gemäß Ziff. 29.4 erfolgt die Prämienabrechnung unabhängig davon, wer die Kündigung ausspricht, stets pro rata temporis.[4]

30 Führung – Mitversicherung

30.1 Ist die Versicherung von mehreren Versicherern übernommen worden, haften diese stets nur für ihren Anteil und nicht als Gesamtschuldner.

30.2 Die vom führenden Versicherer mit dem Versicherungsnehmer getroffenen Vereinbarungen sind mit Ausnahme von Summenerhöhungen und Änderungen der Kündigungsbestimmungen für die Mitversicherer verbindlich. Das gleiche gilt für die Schadenregulierung und Regreßführung.

30.3 Der führende Versicherer ist auch bevollmächtigt, für die Mitversicherer Hypothekenklauseln und Verpfändungsanzeigen zu zeichnen sowie Garantieerklärungen abzugeben oder Sicherheiten gemäß Ziffer 24 zu leisten.

30.4 Anzeigen und Willenserklärungen gelten mit Zugang beim führenden Versicherer auch als den Mitversicherern zugegangen.

30.5 Der führende Versicherer ist von den Mitversicherern bevollmächtigt, Rechtsstreitigkeiten in ihrem Namen zu führen; dies gilt sowohl für Prozesse vor den ordentlichen Gerichten als auch bei Schiedsgerichten.

---

1 *Brunn* Erläuterungen Vorbemerkung zu Ziffer 29.

2 Thume/de la Motte/Ehlers/*Gerhard* Rn. 748; *Bremke/Gerhard* TranspR 2008 297, 299.

3 So aber Thume/de la Motte/Ehlers/*Gerhard* Rn. 748.

4 Thume/de la Motte/Ehlers/*Gerhard* Rn. 749; *Gerhard* Auswirkungen, 10.

Es wird jedoch auch ein nur gegen den führenden Versicherer wegen dessen Anteils erstrittenes Urteil oder ein nach Rechtshängigkeit geschlossener Vergleich oder ein solcher Schiedsspruch von den Mitversicherern als für sie verbindlich anerkannt. Sollte der Anteil des führenden Versicherers die Berufungs- oder Revisionssumme nicht erreichen, so ist der Versicherungsnehmer auf Verlangen des führenden Versicherers oder eines beteiligten Versicherers verpflichtet, die Klage auf den zweiten, erforderlichenfalls auch auf einen dritten und weitere Versicherer auszudehnen, bis diese Summe erreicht ist. Entspricht der Versicherungsnehmer diesem Verlangen nicht, so findet Satz 1 keine Anwendung.

Übersicht

A. Einführung

I. Entstehungsgeschichte

Der Wortlaut von Ziff. 30 ist seit der Version von 1992 fast unverändert. In Ziff. 30.2 wurden für die Version von 2008 die Worte „und Änderungen der Kündigungsbestimmungen" eingefügt. Vor 1992 gab es in den Klauseln Flusskasko 1986 eine Öffnungsklausel („Klausel F").[1] **1**

II. Inhalt und Zweck der Regelung

Ziff. 30 regelt die Mitversicherung im Außenverhältnis der VR zum VN und soll auch das Innenverhältnis der VR untereinander regeln. Dem führenden VR werden durch diese Bestimmung von den sie vereinbarenden MitVRn weitreichende Vollmachten eingeräumt. **2**

B. Erläuterungen der Bestimmung

I. Regelung des Innenverhältnisses der MitVR

Als Allgemeine Geschäftsbedingung im Vertragsverhältnis zwischen VR und VN kann Ziff. 30 unmittelbar nur das jeweilige Verhältnis der sie vereinbarenden einzelnen VR zum VN regeln. Um das Innenverhältnis der VR zueinander zu regeln, muss die Bestimmung von diesen untereinander vereinbart werden; das kann auch konkludent geschehen. Andernfalls können die AVB deren Verhältnis untereinander nur indirekt mitbestimmen[2]. Dann erteilt der MitVR dem führenden VR Außenvollmacht (§ 167 Abs. 1, zweite **3**

1 *Brunn* Erläuterungen Vorbemerkung zu Ziffer 30.

2 Anders wohl Thume/de la Motte/Ehlers/*Gerhard* Rn. 752.

Alternative BGB), indem er durch die AVB-Ziff. mit dem VN vereinbart, dass er den führenden VR bevollmächtigt.

4 In der Praxis werden die Versicherungsverträge oft durch Makler geschlossen. Wenn diese mit dem führenden VR die Geltung der AVB Flusskasko vereinbaren, müssen sie, insbesondere, wenn sie Mitversicherungsanteile im Ausland platzieren, dafür Sorge tragen, dass die AVB Flusskasko auch im Verhältnis zu den MitVRn vereinbart werden. Andernfalls riskieren sie, dass die in den AVB genannten Vollmachten für den führenden VR nicht wirksam erteilt werden.

II. Haftung nach Quote (Ziff. 30.1)

5 Die Mitversicherung ist eine Bündelung einzelner Versicherungsverträge, so dass, wie Ziff. 30.1 klarstellt, die einzelnen MitVR nicht als Gesamtschuldner, sondern jeder nur für den von ihm gezeichneten Anteil haften.[3]

III. Vollmachten des führenden VRs (Ziff. 30.2 bis 30.4)

6 Die MitVR werden grundsätzlich gegenüber dem VN durch den führenden VR vertreten. Der führende VR darf – dazu erteilen ihm die MitVR durch Vereinbarung von Ziff. 30.2 Satz 1 im Verhältnis zum VN Außenvollmacht – mit dem VN Vereinbarungen treffen und getroffene Vereinbarungen ändern; ausgenommen sind Vereinbarungen über Summenerhöhungen und Änderungen der Kündigungsbestimmungen (Ziff. 30.2 Satz 1). Der führende VR darf auch im Namen der MitVR den Schaden regulieren und Regress führen (Ziff. 30.2 Satz 2). Er darf für die MitVR Hypothekenklauseln und Verpfändungsanzeigen zeichnen und Garantieerklärungen abgeben sowie Sicherheiten leisten (Ziff. 30.3). Er ist schließlich empfangsbevollmächtigt für Willenserklärungen und Anzeigen des VNs (Ziff. 30.4).

IV. Rechtsstreitigkeiten (Ziff. 30.5)

7 Der führende VR erhält gemäß Ziff. 30.5 Abs. 1 durch die Vereinbarungen der MitVR mit dem VN auch Außenvollmacht zum Führen von Rechtsstreitigkeiten vor den ordentlichen Gerichten sowie vor Schiedsgerichten. Insbesondere darf er den Prozessbevollmächtigten bestellen.[4] Das gilt sowohl für Aktiv- als auch für Passivprozesse[5] und schließt vorprozessuale Handlungen mit ein.[6] Der führende VR kann also (aktiv) für die MitVR klagen, sei es gegen den VN (etwa wegen der Prämien oder auf Feststellung), sei es gegen Dritte (etwa zwecks Regress). Verklagt der VN die VR auf Deckung, kann der führende VR (passiv) im Namen aller MitVR den Prozess führen.

8 Der VN hat allerdings gemäß Ziff. 30.5 Abs. 2 auch die Möglichkeit, nur den führenden VR auf seinen Anteil zu verklagen und dennoch Bindungswirkung gegen alle VR zu erreichen.

---

[3] Thume/de la Motte/Ehlers/*Gerhard* Rn. 751.
[4] Prölss/Martin/*Koller* Nr. 30 Rn. 2.
[5] Prölss/Martin/*Koller* Nr. 30 Rn. 2.
[6] Thume/de la Motte/Ehlers/*Gerhard* Rn. 753.

31 Sanktionsklausel

Es besteht – unbeschadet der übrigen Vertragsbestimmungen – Versicherungsschutz nur, soweit und solange dem keine auf die Vertragsparteien direkt anwendbaren Wirtschafts-, Handels- oder Finanzsanktionen bzw. Embargos der Europäischen Union oder der Bundesrepublik Deutschland entgegenstehen.

Dies gilt auch für Wirtschafts-, Handels- oder Finanzsanktionen bzw. Embargos, die durch die Vereinigten Staaten von Amerika im Hinblick auf den Iran erlassen werden, soweit dem nicht europäische oder deutsche Rechtsvorschriften entgegenstehen.

Übersicht

A. Einführung

I. Entstehungsgeschichte

1 Die Sanktionsklausel ist erst in der Neufassung der AVB-Flusskasko von 2013 erstmals eingeführt worden. Die Klausel selbst ist aber nicht neu, sondern war zuvor schon als GDV-Musterbedingung bekannt.[1]

II. Inhalt und Zweck der Regelung

2 Durch die Sanktionsklausel schützen sich die VR davor, vertraglich für etwas einstehen zu müssen, was ihnen aufgrund von Sanktionen verboten ist.

B. Erläuterungen der Bestimmung

3 Sanktionen gegen bestimmte Staaten sind in den letzten Jahren des Öfteren erlassen worden und enthalten nicht selten Bestimmungen mit schwer vorhersehbaren Konsequenzen. Verstöße gegen Sanktionen können erhebliche Nachteile mit sich bringen. Mit der Sanktionsklausel versuchen die VR zu vermeiden, dass sie in ein Dilemma geraten. Solche Klauseln sind inzwischen Vertragsstandard geworden.[2]

4 Abs. 1 der Sanktionsklausel ermöglicht es den VRn, dass sie sich an die Wirtschafts-, Handels- und Finanzsanktionen und Embargos halten können, die von der Bundesrepublik oder der EU erlassen werden.

5 Ziff. 31 Abs. 2 befasst sich mit den Sanktionen und Embargos, die von den Vereinigten Staaten von Amerika erlassen werden. Auch diese können die VR beachten, ohne Vertragspflichten aus dem Versicherungsvertrag zu verletzen, allerdings nur soweit dem nicht europäische oder deutsche Rechtsvorschriften entgegenstehen, die ein Beachten der US-amerikanischen Sanktionen verbieten.

---

[1] *Gerhard* TranspR **2014** 361, 364.

[2] *Gerhard* TranspR **2014** 361, 364.

32 Schlussbestimmungen

32.1 Geschriebene Bedingungen und Klauseln gehen den AVB Flusskasko vor.

32.2 Soweit in den AVB Flusskasko oder den geschriebenen Bedingungen nichts Abweichendes bestimmt ist, gelten die deutschen gesetzlichen Vorschriften.

32.3 Anzeigen und Erklärungen bedürfen der Textform.

Übersicht

A. Einführung

I. Entstehungsgeschichte

1 Ziff. 32 der AVB 2008/2013 entspricht Ziff. 31 der früheren Versionen der AVB.

2 Der Wortlaut von Ziff. 32 ist seit den AVB Flusskasko 1992 nahezu unverändert; einzige Änderung ist die Ersetzung der Schriftform durch die Textform in Ziff. 31.3/32.3 seit der Version 2008. Für die Version von 1992 war die Regelung der AVB Flusskasko 1986 redaktionell überarbeitet worden.[1]

II. Inhalt und Zweck der Regelung

3 Ziff. 32 enthält in erfreulicher Kürze übliche Schlussvorschriften.

B. Erläuterungen der Bestimmung

4 Dass individuelle Vertragsabreden Vorrang vor den AVB haben, ergibt sich schon aus § 305 b BGB. Ziff. 32.1 gewährt geschriebenen Bedingungen und Klauseln auch dann Vorrang gegenüber den AVB, wenn sie nicht individuell verabredet werden, sondern vorformuliert sind, etwa in Form von Besonderen Bedingungen.

5 Ziff. 32.2 bestimmt, dass die deutschen gesetzlichen Vorschriften gelten, soweit die AVB Flusskasko oder die geschriebenen Bedingungen nichts Abweichendes bestimmen; auch die in Ziff. 32.1 genannten Klauseln hätten der Vollständigkeit halber in Ziff. 31.2 genannt werden sollen. Ziff. 32.2 enthält mit der Verweisung auf die deutschen gesetzlichen Vorschriften auch eine kollisionsrechtliche Rechtswahl[2] im Sinne von Art. 7 Abs. 2, Art. 3 Rom-I-VO. Eine Gerichtsstandsklausel oder Schiedsklausel enthalten die AVB hingegen nicht.

6 Ziff. 32.3 schreibt für Anzeigen und Erklärungen die Textform vor. Gemäß § 126b BGB sind daher Fax oder E-Mail regelmäßig ausreichend.[3]

---

[1] *Brunn* Erläuterungen Ziffer 31.

[2] Beckmann/Matusche-Beckmann/*Heiss*/*Trümper* Versicherungsrechts-Handbuch § 38 Rn. 320 (noch zum alten Recht des EGBGB a.F.).

[3] *Gerhard* Auswirkungen, 10.

Allgemeine Bedingungen für die Kasko-Versicherung von Wassersportfahrzeugen (AVB Wassersportfahrzeuge 2008)

Schrifttum

Bremke/Gerhard Die Allgemeinen Bedingungen für die Kasko-Versicherung von Wassersportfahrzeugen 2008 im Überblick, TransportR 2009, 15; *Ehlers* Auswirkungen der Reform des Versicherungsvertragsgesetzes, TransportR 2007, 5; *Flach* Auswirkungen des neuen Versicherungsvertragsgesetzes auf die Transportversicherungssparten, TransportR 2008, 56; *Gerhard* Die Auswirkungen der VVG-Reform auf die Wassersportkaskoversicherung, TransportR 2007, 458; *ders.* Ausgewählte Rechtsprechung zur Wassersport-Kaskoversicherung 2010–2012, TransportR 2014, 112.

Vorbemerkungen

Die nachfolgenden Erläuterungen beziehen sich auf die Versicherung von Wassersportfahrzeugen, die im Gegensatz zu See- bzw. Binnenschifffahrtskasko vorrangig nicht dem Transport von Gütern oder Passagieren dienen. Vielmehr dienen diese Wasserfahrzeuge Sport- und Vergnügungszwecken.[1] Allerdings können diese Wassersportfahrzeuge auch gewerblich nutzbar gemacht werden. Gerade der große Bereich der Vercharterung unterliegt den kaufmännischen Regelungen, die eine größere Vertragsfreiheit erfordern **1**

[1] BGH 14.01.1985 VersR **1985** 541, 542.

als die Nutzung durch private Verbraucher. Hier werden zum Teil große Yachten bis hin zu den so genannten Megayachten (das sind Yachten mit einer Mindestlänge von 60 Meter) inklusive Kapitän und Besatzung gewerblich an Interessenten verchartert. Mittlerweile sind bereits die so genannten Giga-Yachten auf dem Vormarsch. Das sind Schiffsbauten mit einer Länge von über 100 Meter.

Grundsätzlich dient die Unterscheidung zwischen Schiff als größerer Schiffskörper (damit auch Yacht) und Boot als kleinerer Schiffskörper lediglich der Klassifizierung von Wasserfahrzeuge nach Größe, Länge und Ausstattung. Im Inland werden Schiffe in ein Schiffsregister eingetragen. Der Internationale Bootsschein (IBS) weist eine Nummer für das Schiff als amtliches Kennzeichen aus und muss daher bei Benutzung von z.B. Binnenschifffahrtsstraßen am Boot angebracht sein. Für den Anwendungsbereich der AVB Wassersportfahrzeuge sind aber die Einteilung nach Schiffsklassen und die ordnungsrechtlichen Vorgaben unbeachtlich.

2 Um eine bessere Transparenz zu gewährleisten, befasst sich die vorliegende Kommentierung mit den Musterbedingungen des GDV in Form der AVB Wassersportfahrzeuge 2008 http://www.tis-gdv.de/tis/bedingungen/avb/wasser/330_avb_wassersp_2008.pdf. Es soll aber nicht verschwiegen werden, dass es eine Reihe von Spezialmakler (z.B. Fa. Pantaenius GmbH, Bavaria GmbH etc.) gibt, die sich mit der Versicherung von Wassersportrisiken befassen und dabei eigene Versicherungsbedingungen entwickelt haben. Diese können im Einzelfall von den Musterbedingungen des GDV abweichen (z.B. können diese Bedingungen den Versicherungswert als Neuwert bestimmen oder enthalten eine Schadenfreiheitsrabatt, der für jedes schadenfreie Jahr eine Prämienreduzierung beinhaltet). Auch die AVB Wassersport unterliegen als für eine Vielzahl von Versicherungsverträgen gedachte vorformulierte Versicherungsbedingungen der Einbeziehungs- und Inhaltskontrolle gem. § 305 ff BGB.

Allerdings gehen die Sondervorschriften des VVG den Einbeziehungserfordernissen des § 305 Abs. 2 BGB vor. Zu prüfen bleiben alle Versicherungsbedingungen am Maßstab des § 305c BGB, der überraschende und mehrdeutige Klauseln in Allgemeinen Geschäftsbedingungen als gegenstandslosen Vertragsbestandteil ansieht.

3 Die Kaskoversicherung für Wassersportfahrzeuge stellt die Absicherung des Eigentümerinteresses am Schiff dar. Dazu zählen im weiteren Sinne auch die Interessen eines kreditgebenden Institutes bei Ausstellung eines Sicherungsscheins bzw. Sicherungsübereignung an das Kreditinstitut.

4 Der Gebrauch von Wassersportfahrzeugen beschränkt sich nicht auf die Nutzung nationaler Gewässer, sondern die Fahrzeuge werden auch internationale Gewässer befahren. Das Befahren internationaler Gewässer kann bereits versicherungsrechtliche Auswirkungen haben. Für den VN kommt allein der dem Vertrag zugrundeliegende Geltungsbereich Bedeutung zu. Für den VR sind zwingend die aufsichtsrechtlichen Vorgaben der Risikobelegenheit zu beachten. Versichert ein VR z.B. ein Wassersportfahrzeug mit ständigem Liegeplatz im schweizerischen Teil des Bodensees, liegt nach der Verordnung über die Beaufsichtigung von privaten VU der Schweiz (Aufsichtsverordnung AVO der Schweiz vom 09.11.2005) eine Versicherungstätigkeit in der Schweiz nach Art. 1 vor, die voraussetzt, dass der VR eine Niederlassung in der Schweiz mit den entsprechenden schweizerischen Genehmigungen gegründet hat.

5 Grundsätzlich kann ein in einem Mitgliedstaat der EU zugelassener VR im Rahmen der Dienstleistungsfreiheit auch in anderen Mitgliedsstaaten tätig werden. Bei Wassersportbooten gilt hier nach Art. 7 III Rom I-VO das Recht des Mitgliedstaates, in dem das Risiko belegen ist, wobei bei zugelassenen Fahrzeugen aller Art das Recht des Zulassungsmitgliedsstaates gilt. Es wird dabei auf den räumlichen Schwerpunkt des Versiche-

rungsvertrages abgestellt.[2] Im Rahmen des Art. 7 Abs. 3a Rom I-VO müssen die Parteien des Versicherungsvertrages das Recht eines Mitgliedsstaates wählen, in dem zum Zeitpunkt des Vertragsschlusses das Risiko belegen ist.[3]

Vorausgesetzt der VR verfügt im eigenen Land über die Zulassung zum Betreiben dieser Sparte. In Deutschland wäre dazu die Zulassung durch die Aufsichtsbehörde BaFin nach Ziff. 6 der Anlage A zum VAG erforderlich.

Noch deutlich gravierender fällt dieses – zugegeben nicht alltägliche – Problem in den USA ins Gewicht. Dort wäre dann ein deutscher VR möglicherweise wegen unzulässigem Betreiben von Versicherungsgeschäft in den USA verantwortlich. Hier wären aber die Rechte bzw. Genehmigungserfordernisse der einzelnen amerikanischen Bundesstaaten entscheidend. Einem VR fällt eine deutlich gesteigerte Prüfpflicht zur Last, wenn der Bootseigentümer angibt, dass der Liege- und Winterplatz des Bootes sich in Florida befindet, obwohl das Wassersportfahrzeug eine Zulassung in Deutschland erhalten hat. Bei derartigen Konstellationen kann es zu Kollisionen der verschiedenen Rechte kommen, wenn ein Bundesstatt der USA die Risikobelegenheit am ständigen Liegeplatz definiert und somit eine gleichzeitige Zuständigkeit für die Rechtsanwendung erhebt.

Für den VN haben die aufsichtsrechtlichen Zulassungsfragen für den Versicherungs- **6**
vertrag keine Auswirkung, d.h. schließt der VR mit dem VN einen Versicherungsvertrag nach den AVB Wassersportfahrzeuge ab, obwohl das Schiff eine Risikobelegenheit im (Nicht-EU-)Ausland aufweist, hat der VN im Schadenfall einen vertraglichen Anspruch nach den AVB. Das aufsichtsrechtliche Problem besteht ausschließlich für den VR, der möglicherweise mangels Zulassung in dem jeweiligen Land gegen Ordnungsvorschriften oder gar Strafvorschriften des risikobelegenen Staates verstößt.

1 Gegenstand der Versicherung

1.1 Versichert sind das Fahrzeug, die Maschinenanlage, die technische Ausrüstung, das Zubehör, das Inventar, das Beiboot und die persönlichen Effekten.

1.2 Sofern im Versicherungsschein und oder den Nachträgen nichts Gegenteiliges vereinbart wurde, sind nicht versichert:
- **Foto-, Filmapparate, Phono-, Fernseh-, DVD-, Videogeräte und andere Geräte der Unterhaltungselektronik sowie deren Zubehör,**
- **Musikinstrumente**
- **Mobiltelefone und Laptops mit Zubehör, inkl. Software**
- **Bargeld, Schecks, Kreditkarten oder sonstige Zahlungsmittel mit Geldwert, Wertsachen, z.B. Pelze, Schmuck, Gemälde, Antiquitäten,**
- **Lebens- und Genussmittel,**
- **Tauch- und Wasserskiausrüstung, Windsurf- und Angelsportgeräte, Wave- und Kiteboards und deren Zubehör, sowie Fahrräder.**

---

[2] *Langheid/Wandt/Looschelders* Int VersR Rn. 36.

[3] *Bremke/Gerhard* TransportR 2009 15, 18.

Übersicht

A. Einführung

I. Entstehungsgeschichte

1 Die Fassung AVB Wassersportfahrzeuge 1985 in der Fassung August 1994 wurde nur hinsichtlich Ziff. 1.2 den sich zwischenzeitlich ergebenden Veränderungen der technischen Rahmenbedingungen angepasst.[1] Die stark diebstahlgefährdeten beweglichen Sachen wie Laptops, Mobiltelefone wurden neu in den Ausschlusskatalog aufgenommen. Ebenso die Erweiterung der nicht versicherten Sportgeräte Wave- und Kiteboard finden sich neu in den Bedingungen als Ausschluss wieder. Ansonsten wurde die Ziff. 1 unverändert übernommen.

II. Inhalt und Zweck der Regelung

2 Ziel der Regelung ist, dass der VR klar umschreibt und abgrenzt, welches Risiko er übernehmen will. Versicherter Gegenstand sind ausschließlich Wassersportfahrzeuge einschließlich ihrer kompletten Ausstattung, die ausschließlich Sport- und Vergnügungszwecken dienen.[2]

B. Erläuterungen der Bestimmungen

I. Versicherte Sachen (Ziffer 1.1)

1. Wassersportfahrzeuge

3 In der Kaskoversicherung für Wassersportfahrzeuge sind in aller Regel Schiffe jedweder Art versichert. Ein Schiff ist ein schwimmfähiger Hohlkörper von nicht ganz unbedeutender Größe, der fähig und bestimmt ist, auf oder unter dem Wasser fortbewegt zu werden und dabei Personen oder Sachen zu tragen.[3] Es müssen aber nicht nur Schiffe sein, die versichert werden können. Auch können z.B. Jet-Ski als Wasserfahrzeuge versichert werden.[4]

4 Von daher beschreibt Ziff. 1 als Gegenstand auch nicht den eingeschränkteren Schiffsbegriff, sondern durch die Benutzung des Begriffes Fahrzeug geht man über den

---

1 *Bremke/Gerhard* TransportR **2009** 15, 16.

2 BGH 14.01.1985 VersR 1985, 542.

3 Thume/de la Motte/Ehlers/*Gerhard* AVB Flusskasko Rn. 579.

4 OLG Frankfurt 19.3.2003 NJW-RR **2004** 28 f.

Begriff Schiff hinaus. Allerdings führt dies zur anschließenden Frage nach der Reichweite des Begriffes „Fahrzeug".

Die Reichweite des Fahrzeugbegriffes könnte damit auch Surfbretter und Kite-Boards im Sinne der Bedingung umfassen. Diese Frage wird man verneinen müssen, da grundsätzlich nicht die Fortbewegung auf dem Wasser als Fahrzeug im Vordergrund steht sondern die Betätigung als Sportgerät.

Aufgrund der Privatautonomie, die zwar mit den Einschränkungen des VVG zu versehen ist, können bei Einverständnis beider Parteien – VR und VN – und individueller Vereinbarung auch Surfbretter zum Gegenstand eines Versicherungsvertrages werden.[5] Vom Begriff Wassersportfahrzeug nach den AVB sind derartige Gräte aber nicht umfasst.

Die Stellung als Eigentümer ist für den Versicherungsschutz nicht zwingend notwendig. Ein versicherbares Interesse liegt schon dann vor, wenn der VN ein eigenes Interesse am Nichteintreten des Versicherungsfalls hat (z.B. weil er Eigentümer in der Zukunft werden sollte).[6] 5

2. Maschinenanlage

Die Maschinenanlage im Sinne des versicherten Gegenstandes besteht aus sämtlichen in das Schiff eingebauten Einrichtungen maschineller Art, die der Fortbewegung des Schiffes dienen. Das sind vorrangig die Motorenanlage, aber auch Außenbordanlagen. Dazu gehören auch die maschinellen und zum Teil selbstständigen Unterstützungsmaschinen wie Pumpen, Hilfsaggregate etc. 6

3. Technische Ausrüstung

Neben der Maschinenanlage ist auch die technische Ausrüstung mitversichert. Zur technischen Ausrüstung zählt letztendlich alles an technischen Zubehör, welches den Betrieb des Schiffes unterstützt. Dies können Navigationssysteme jeder Art sein. Damit sind aber nicht Mobiltelefone gemeint, die ebenfalls über ein Navigationssystem verfügen. Vielmehr sollte das technische Gerät überwiegend dem Bootsbetrieb dienen. Daher fehlt sowohl bei Mobiltelefonen als auch bei Laptops grundsätzlich der überwiegende Bootsbezug; siehe auch Ausschluss in Ziff. 1.2. 7

4. Zubehör

Als Zubehör bezeichnet man die beweglichen Sachen, die, ohne Bestandteile der Hauptsache zu sein, dem wirtschaftlichen Zweck der Hauptsache zu dienen bestimmt sind. Gemäß dieser Legaldefinition des § 97 BGB können als Zubehör damit auch verbrauchbare Sachen wie Kraftstoffvorräte anzusehen sein, da sie dem wirtschaftlichen Zweck – Betrieb des Bootes – dienen.[7] Nicht aber sind Lebensmittelvorräte als Zubehör einzustufen. Diese dienen gerade nicht unmittelbar dem Betrieb des Schiffes und sind daher ohne ausdrückliche Zusatzvereinbarung nicht versichert. 8

Keinesfalls jedoch stellt ein Kite-Board oder Surfbrett ein Zubehör im Sinne der Ziff. 1.1 dar. Diese Sportgeräte zählen nicht zur Ausstattung eines Schiffes.

---

[5] LG Osnabrück 28.10.1983 in VersR **1984**, 261.

[6] OLG Köln 30.4.1996 VersR **1997** 613, 614.

[7] *Palandt*/Ellenberger § 97 Rn. 5; a.A. Thume/de la Motte/Ehlers/*Gerhard* AVB Wassersport Rn. 764 m.w.N.

5. Inventar

9 Das Inventar wiederum ist die Einrichtung des Schiffes und muss zwar notwendigerweise nicht fest eingebaut sein, ist aber für einen dauerhafteren Aufenthalt an Bord gedacht.

6. Beiboot

10 Das Beiboot wird ausdrücklich genannt. Zwar ist das Beiboot theoretisch bereits als Zubehör vom Versicherungsschutz mit umfasst. Befindet sich jedoch das Beiboot auf Eigenfahrt, und damit außerhalb des Hauptbootes, soll auch für das Beiboot Versicherungsschutz bestehen.

7. Persönliche Effekten

11 Bei persönlichen Effekten handelt es sich um private Gegenstände, die ein Reisender üblicherweise mit sich führt, wobei er nicht notwendigerweise Eigentümer der Gegenstände sein muss. Der Begriff ist ungenau und kann nur anhand des Einzelfalles gesehen werden. Darüber entscheidet die Verkehrsauffassung.[8] Hier können Doppelversicherungen mit einer Reisegepäckversicherung oder auch Hausratversicherung auftreten. Ereignet sich z.B. ein Schiffsunglück, bei dem das Reisegepäck verloren geht, wird sowohl die Kaskoversicherung von Wassersportfahrzeugen als auch die Reisegepäckversicherung berühr werden, während bei einem Einbruch an Bord zusätzlich noch die Hausratversicherung tangiert sein kann. In Maklerbedingungen findet man oftmals einen prozentualen Anteil an der Gesamtversicherungssumme (z.B. 3 % der Gesamtversicherungssumme steht für Persönliche Effekten zur Verfügung).

II. Nichtversicherte Gegenstände (Ziffer 1.2)

12 Die dort aufgeführten Gegenstände sind nicht versichert. In Ziffer 1.2 wird von der objektiven Beschränkung der versicherten Risiken Gebrauch gemacht. Der VR begrenzt den Versicherungsgegenstand. In Maklerbedingungen finden sich z.T. Erweiterungen. So werden Kunstgegenstände bis 3.000,00 € Einzelwert mitversichert. Abgrenzungsprobleme zur technischen Ausrüstung als mitversicherte Gegenstände i.S. der Ziff. 1.1 sind nicht vorhanden, da diese immer überwiegend dem Schiffsbetrieb dienen. Das im Schiff eingebaute Radio wird nicht durch Ziff. 1.2 aus dem Versicherungsschutz genommen.

2 Geltungsbereich

Innerhalb des in dem Versicherungsschein dokumentierten Fahrtgebietes besteht Versicherungsschutz auf allen Gewässern, ferner während des Aufenthaltes außerhalb des Wassers, des Anlandholen und Zuwasserlassen sowie während der Transporte mit geeigneten Land-, Fluss- und Seefahrzeugen.

---

[8] Prölss/Martin/*Knappmann* AVBW 2008 Rn. 3.

Übersicht

A. Einführung

I. Entstehungsgeschichte

Die früheren AVB enthielten eine Einschränkung hinsichtlich des geographischen Geltungsbereiches. Man wollte nur Versicherungsschutz für Europa mit all seinen Binnengewässern und Flüssen bieten. Nicht versichert war das Befahren der europäischen Seegewässer. Dies hat man mit einer Öffnungsklausel in den AVB 2008 reformiert. Damit besteht nicht nur die Möglichkeit europäische Seegewässer zu befahren sondern darüber hinaus kann sogar weltweiter Geltungsbereich vereinbart werden. **1**

II. Inhalt und Zweck der Regelung

Inhalt und Zweck der Regelung ist die geografische Reichweite des Versicherungsschutzes festzulegen. Die offene Regelung des Geltungsbereiches zwingt die Parteien Fahrtgebiete zu bestimmen und diese exakt und für jede Vertragspartei nachvollziehbar festzulegen.[1] **2**

III. Anwendungsbereich

Der Anwendungsbereich der Ziffer 2 bezieht sich auf den örtlichen Geltungsbereich, der in der Regel von der Nutzung verschiedener Gewässer geprägt ist (als Ausnahme können Winterläger an Land definiert sein). Die Fahrtgebietsfestlegung kann sich auf Binnengewässer (Flüsse, Seen) oder aber auch auf Seegewässer beziehen. Daraus ergeben sich mögliche Überschneidungen zu unterschiedlichen Regelungen im VVG. Daher kann einerseits bei Binnengewässer möglicherweise die Schutzwirkung des VVG anwendbar sein und zwar dann, wenn es sich bei dem Risiko nicht um ein Großrisiko i.S. des § 210 handelt. Während bei der Fahrtgebietsfestlegung Seegewässer aufgrund der Regelung in § 209 die Risiken der See möglicherweise insgesamt aus dem Schutzbereich des VVG herausgenommen werden.[2] **3**

---

1 *Bremke/Gerhard* TransportR 2009 16.
2 *Flach* TransportR 2008 56 60; *Bremke/Gerhard* TransportR 2009 15.

1. Wassersportfahrzeuge als Seeversicherung i.S. der §§ 209 VVG

4 Die frühere Beschränkung des Versicherungsschutzes auf europäische Binnengewässer und Flüsse ist durch die offene Neuformulierung entfallen. Die AVB Wassersport können in der Neufassung auch die Gefahren der See mit abdecken. Vereinbaren die Parteien nunmehr das Mittelmeer als Fahrtgebiet ergeben sich Überschneidungen zur Seeversicherung und von daher stellt sich die Frage, ob das versicherte Wassersportfahrzeug ein Seerisiko i.S. des § 209 VVG wird, mit der Folge, dass das VVG insgesamt nicht anzuwenden wäre. § 209 VVG erfasst die Unternehmungen, die mit der Seeschifffahrt im engsten örtlichen und wirtschaftlichen Zusammenhang stehen. Richtigerweise ist auch ein Wassersportfahrzeug, welches ein hochseetaugliches Segelschiff oder Yacht sein kann, ein Seeschiff i.S. des § 209 VVG.[3] Stellt man den Normzweck des § 209 VVG in den Vordergrund will man die vertragsbeschränkenden Wirkungen des VVG zugunsten eines gewerblich und kaufmännisch handelnden VN vollständig entfallen lassen, damit für die Gestaltung des Versicherungsschutzes volle Vertragsfreiheit für alle Parteien besteht. Bei einem i.S. des HGB handelnden VN ist davon auszugehen, dass dieser eine besondere Geschäftskunde der Seerisiken aufweist und daher nicht auf den Schutz des VVG angewiesen ist.

5 Geht man umgekehrt davon aus, dass es sich bei den meisten VN, die ein Wassersportfahrzeug versichern lassen, um private Nutzer und damit Verbraucher i.S. des § 13 BGB handelt, kann ein Wegfall der Schutzfunktionen des VVG keinesfalls in Betracht kommen.[4] Zusammenfassend ist daher festzuhalten, dass nur in Ausnahmefällen, wenn gewerblich handelnde Personen als VN einer Wassersport- Kaskoversicherung auftreten, sich eine Nichtanwendung des VVG nach § 209 VVG ergeben kann.[5]

6 Daran anknüpfend stellt sich die Frage, ob sich die Nichtanwendbarkeit des VVG nach § 209 im Rahmen des Charterrisikos durch Vercharterung von Seeschiffen (z.B. Segelschiffe) gegeben sein kann, da wiederum der Charterer eines Schiffes als Wassersportfahrzeug meist ein privat handelnder Verbraucher sein wird. Entscheidend ist aber, dass ausschließlicher Vertragspartner des Versicherungsvertrages der gewerbliche Vercharterer ist und sich daher eine Anwendung des § 209 VVG ergibt.[6]

2. Wassersportfahrzeuge als Großrisiko i.S. des § 210 VVG

7 Nach § 210 VVG wird die Möglichkeit geschaffen, von den vertragsbeschränkenden Bedingungen des VVG abzuweichen, wenn es sich bei dem zu versichernden Risiko um ein Großrisiko handelt. Nach § 210 Abs. 2 Nr. 1 VVG i.V.m. Nr. 6a und b Anlage A zum VAG sind u.a. Fluss- und Binnenseeschiffe als Großrisiko möglich. Die Frage, ob ein Wassersportfahrzeug allein durch das Befahren von Flüssen oder Binnenseen zum Großrisiko aufsteigt, wird unterschiedlich beantwortet. Stellt man nur auf die reine Funktion als Binnenseeschiff oder Flussschiff ab, ergibt sich eine mögliche Anwendung des § 210 VVG.[7] Dagegen spricht die historische Betrachtung der AVB Wassersportfahrzeuge 1985, die die Befahrung europäischer Binnengewässer und Flüsse vorsah. Nach Ziffer 6a (Flussschiffe) und b (Binnenseeschiffe) der Anlage A zum VAG wären diese bereits als Großrisiko zu klassifizieren gewesen. Der BGH[8] hat bereits in seiner damaligen Ent-

---

[3] *Ehlers* TransportR 2007 5 11; *Gerhard* TransportR 2007 458.
[4] *Gerhard* TransportR 2007 459; a.A. *Ehlers* TransportR 2007 11.
[5] *Gerhard* TransportR 2007 460.
[6] *Bremke/Gerhard* TransportR 2009 16.
[7] *Ehlers* TransportR 2007 5, 6.
[8] BGH VersR 1985 541, 542.

scheidung darauf abgestellt, ob die Nutzung des Schiffes gewerblicher Art ist oder ob es reinen Sport- und Vergnügungszwecken dient. Es sind keine Gründe ersichtlich, warum aus heutiger Sicht von der Behandlung als Nichtgroßrisiko bei reinen Sport- und Vergnügungszwecken abgewichen werden muss. Die Beibehaltung des Zweckkriteriums bleibt sachlich richtig.[9]

Der Anwendungsfall des § 210 als Großrisiko bleibt im Einzelfall trotzdem möglich,[10] 8
wenn es sich z.B. um einen kaufmännischen Vercharterbetrieb handelt, der nicht nur Seeschiffe zu Sport- und Vergnügungszwecken verchartert, sondern sich auch mit der Vercharterung von Binnen- oder Flussschiffen zu Sport- und Vergnügungszwecken befasst. Hier wäre der Wegfall der Beschränkungen des VVG nach § 210 VVG möglich.[11]

B. Erläuterung der Bestimmung

I. Fahrtgebiet

In der Regel wird im Versicherungsschein ein bestimmtes Fahrtgebiet festgelegt. In der 9
Praxis gestaltet sich dies aber unter geografischen Abgrenzungskriterien als schwierig. Als Fahrtgebiet können alle Gewässer, auch künstliche Wasserstraßen wie Kanäle, die geeignet sind mit Wasserfahrzeugen befahren zu werden, gelten.[12] Gerade die häufig verwendete Formulierung „europäische Küstengewässer" führt zu erheblichen Unsicherheiten, da die Abgrenzung im Mittelmeer zwischen Europa und Asien eher als ungenau zu bezeichnen ist.[13] Abweichungen vom beantragten Fahrtgebiet durch den VR folgen den Regelungen des VVG unter der Voraussetzung, dass es sich bei den VN um einen Verbraucher i.S. des § 13 BGB handelt, und sich von daher die Anwendung des § 209 VVG verbietet. § 5 VVG verpflichtet den VR dem VN einen Hinweis mit Abweichungsinhalt zu erteilen. Erst nach Ablauf der Billigungsfrist ist der Vertrag gemäß Versicherungsschein zustande gekommen. Hat der VR den Hinweis nicht erteilt, kommt der Versicherungsvertrag gemäß § 5 Abs. 3 VVG nach dem Antrag des VN zustande.

1. Überschreitung des Fahrtgebietes als verhüllte Obliegenheit

Die Festlegung eines bestimmten Fahrtgebietes im Versicherungsvertrag stellt eine ver- 10
hüllte Obliegenheit dar. Verlässt der VN das versicherte Fahrtgebiet, liegt eine Verletzung nach § 28 VVG mit den entsprechenden Rechtsfolgen vor. Charakteristisch dafür ist, dass der VN durch eigene Verhaltensweisen den Versicherungsschutz erhalten kann, wenn er den Anforderungen entspricht, oder durch eigenes Verhalten den Versicherungsschutz durch Verletzung der Sicherungspflichten gefährdet bzw. ausschließt.[14] Im Gegensatz zu den Versicherungsausschlüssen muss der VN die Obliegenheiten verletzen. Dies kann bei vorsätzlicher Überschreitung der Fahrtgebietsgrenze zum vollständigen Verlust des Versicherungsschutzes gemäß Ziff. 12 AVB führen oder bei grob fahrlässiger Handlungsweise im Leistungsfall zumindest eine Quotelung nach Schwere der Schuld nach sich ziehen.

---

[9] *Gerhard* TransportR **2007** 458.
[10] Prölss/Martin/*Knappmann* Vor AVBW Rn. 2.
[11] Prölss/Martin/*Knappmann* AVBW Rn. 2.
[12] Thume/de la Motte/Ehlers/*Gerhard* AVB Wassersport Rn. 768.
[13] OLG Hamburg 14.05.2009 VersR. 2010 79.
[14] Prölss/Martin/*Prölss* § 28 Rn. 11 ff.

2. Darlegungs- und Beweislast bei gelegentlicher Überschreitung des versicherten Fahrtgebietes

11 Deutlich schwieriger gestaltet sich die Beurteilung, wenn im Versicherungsschein die Möglichkeit der gelegentlichen Überschreitung des festgelegten Fahrtgebiets mitversichert wird. Diese Möglichkeit wird bei einigen Bedingungswerken von Versicherungsmaklern automatisch mit gedeckt. Fest steht allerdings, dass der VN das festgelegte Fahrtgebiet verlassen hat. Will er sich nunmehr auf die vertragliche Deckungserweiterung beziehen, muss der VN die gelegentliche Überschreitung darlegen und beweisen, wobei die Anforderungen eher gering ausfallen dürften. Während den VR dann die Gegenbeweispflicht trifft eine zumindest öftere Überschreitung nachzuweisen. Die Verwendung von derart offenen Formulierungen im Versicherungsvertrag wie „gelegentlich" bergen für beide Seiten Unsicherheiten, die für VN und VR gleichermaßen unkalkulierbar sind. Vielmehr sollte die Reiseplanung des VN im Rahmen der Gefahrerhöhung den Umstand einer möglichen Fahrtgebietsüberschreitung anzeigen. Dies ist zwar umständlicher, vermeidet aber teure Streitfälle.

II. Landtransporte und Aufenthalte außerhalb des Wassers

12 Der Regelungsinhalt für den Versicherungsschutz an Land erschließt sich i.e. nicht ohne weiteres. Hier drängt sich insbesondere die Frage auf, ob grundsätzlich alle Landtransporte und Aufenthalte mitversichert sind, selbst wenn diese keinen Bezug zum eingeschränkt dokumentierten Fahrtgebiet aufweisen. Enthält der Versicherungsschein örtliche Einschränkungen, z.B. Fahrtgebiet Mittelmeer, besteht für das Anlandholen und Zuwasserlassen identisch eingeschränkter Versicherungsschutz – also nur für den Mittelmeerraum.

Dagegen besteht voller Versicherungsschutz während des Transportes und während der Aufenthalte außerhalb des Wassers (z.B. im Winterlager, Werft) – ohne Einschränkung auf ein Fahrtgebiet.[15] Unter Berücksichtigung einer wörtlichen Auslegung der Bedingung ergibt sich eine Einschränkung nur bei einem Gewässerbezug. Das Anlandholen bzw. das Zuwasserlassen hat einen Bezug zum Gewässer und unterliegt daher dem dokumentierten Fahrtgebiet. Bei Transporten wird nur die Geeignetheit des Fahrzeuges als verhüllte Obliegenheit vorgeschrieben.[16] Systematisch gehört eine derartige verhüllte Obliegenheit nicht in den Geltungsbereich, sondern eher in den Umfang des Versicherungsschutzes nach Ziff. 3.4 ff.

3 Umfang der Versicherung

3.1 Der Versicherer trägt alle Gefahren, denen die versicherten Sachen während der Dauer der Versicherung ausgesetzt sind.

3.2 Ausgeschlossen sind die

3.2.1 Gefahren des Krieges, Bürgerkrieges oder kriegsähnlicher Ereignisse und solche, die sich unabhängig vom Kriegszustand aus der feindlichen Verwendung von Kriegs-

[15] Thume/de la Motte/Ehlers/*Gerhard* AVB Wassersport Rn. 769; a.A. Prölls/Martin/*Knappmann* AVBW 2008 Rn. 2.

[16] Thume/de la Motte/Ehlers/*Gerhard* AVB Wassersport Rn. 769.

werkzeugen sowie aus dem Vorhandensein von Kriegswerkzeugen als Folge einer dieser Gefahren ergeben;

3.2.2 Gefahren von Streik, Aussperrung, Arbeitsunruhen, politischen Gewalthandlungen, Aufruhr und sonstigen bürgerlichen Unruhen;

3.2.3 Gefahren der Kernenergie sowie Schäden aus der Verwendung von chemischen, biologischen, biochemischen Substanzen oder elektromagnetischen Wellen als Waffen mit gemeingefährlicher Wirkung, und zwar ohne Rücksicht auf sonstige mitwirkende Ursachen.

3.2.4 Gefahren der Beschlagnahme, Entziehung oder sonstiger Eingriffe von hoher Hand.

3.3 Der Versicherer leistet Ersatz für Verlust oder Beschädigung der versicherten Sachen als Folge einer versicherten Gefahr, jedoch für

3.3.1 Schäden an

- der Maschinenanlage,
- der elektrisch oder durch Motor betriebenen technischen Ausrüstung,
- sowie den persönlichen Effekten,

nur, wenn sie durch Unfall des Fahrzeugs, Brand, Blitzschlag, Explosion, höhere Gewalt oder Diebstahl, mut- oder böswillige Handlungen betriebsfremder Personen verursacht worden sind.

3.3.2 Schäden an den versicherten Sachen bei Transporten nur, wenn sie durch Transportmittelunfall, Brand, Blitzschlag, Explosion, höhere Gewalt oder Diebstahl verursacht worden sind.

3.4 Der Versicherer leistet keinen Ersatz für Schäden, verursacht durch

3.4.1 anfänglich Fahr-/Seeuntüchtigkeit des Fahrzeugs

3.4.2 Konstruktions-, Fabrikations-, Materialfehler; versichert sind jedoch im Umfang dieser Bedingungen Verlust oder Beschädigung der versicherten Sache als Folge dieser Mängel;

- Alter, Abnutzung,
- Bearbeitung,
- gewöhnlichen Gebrauch (Lack-, Kratz-, Schrammschäden),
- Rost, Oxydation, Korrosion, Kavitation, Osmose,
- Frost, Eis, Sonneneinwirkung, Regen, Schnee,
- Fäulnis,
- Ungeziefer und/oder Nagetiere.

3.4.3 mangelhafte Vertäuung und Verankerung, unbemanntes Stillliegen vor offener Küste;

3.4.4 Verstöße gegen behördliche Vorschriften, gegen die Vorschriften eines Beförderungsunternehmens, ferner durch gerichtliche Verfügung und Vollstreckung;

3.4.5 nicht sachgemäße Verladung und Befestigung während des Transports;

3.4.6 Diebstahl nicht ordnungsgemäß verpackter oder nicht im abgedeckten und verzurrten oder verschlossenen Fahrzeug selbst befindlicher loser Teile;

3.4.8 Diebstahl von Außenbordmotoren, die nicht mit vom VDS oder einer vergleichbaren Stelle anerkannten Sicherungsmaßnahmen gesichert wurden.

3.4.9 Diebstahl des versicherten Fahrzeugs auf einem Trailer, der nicht mit vom VDS oder einer vergleichbaren Stelle anerkannten Sicherungsmaßnahmen gesichert wurden.

3.5 Der Versicherer leistet keinen Ersatz für Schäden, die eintreten, während das versicherte Fahrzeug zu anderen als sportlichen oder Vergnügungszwecken verwendet wird.

3.6 Mittelbare Schäden (Minderwert, Beeinträchtigung der Rennfähigkeit etc.) werden nicht ersetzt.

3.7.1 Der Versicherer ersetzt Aufwendungen des Versicherungsnehmers zur Abwendung oder Minderung des Schadens bei Eintritt des Versicherungsfalls, soweit sie der Versicherungsnehmer den Umständen nach für geboten halten durfte.

3.7.2 Der Versicherer hat den für die Aufwendungen erforderlichen Betrag auf Verlangen des Versicherungsnehmers vorzuschießen. Ist der Versicherer berechtigt, seine Leistung zu kürzen, so kann er auch den Aufwendungsersatz gemäß 3.7.1 entsprechend kürzen.

3.7.3 Aufwendungen des Versicherungsnehmers, die er gemäß den Weisungen des Versicherers macht, werden auch insoweit erstattet, als sie zusammen mit der sonstigen Entschädigung die Versicherungssumme übersteigen.

3.7.4 Der Versicherer ersetzt die Kosten der Wrackbeseitigung zusätzlich bis zur Höhe der Kasko-Versicherungssumme. Voraussetzung ist, dass ein versichertes Ereignis vorausgegangen und der Versicherungsnehmer zur Beseitigung des Wracks oder Übernahme der Kosten verpflichtet ist.

Übersicht

A. Einführung

I. Entstehungsgeschichte

1 Der Umfang der Versicherung wurde weitgehend aus der Vorversion der AVB Wassersportfahrzeuge 1985 übernommen. Der Komplex „Wrackbeseitigung“ wurde als versicherter Tatbestand direkt in die AVB 2008 formuliert und nicht – so die AVB Wassersportfahrzeuge 1985 – über Sonderbedingungen als Zusatz einschließbar gestaltet. Verzichtet wurde auf den früheren Ausschluss „Wildwasserfahrten oder Überqueren von Wehren“ mangels praktischer Bedeutung.

II. Inhalt und Zweck der Regelung

Inhaltlich beschreibt die Regelung die Ersatzleistung des VR sowie den Umfang der Gefahrtragung durch den VR. In Ziffer 3.1 bietet der VR grundsätzlich eine Allgefahrendeckung an, denen die versicherten Sachen ausgesetzt sind. In Ziffer 3.3.1 schränkt der VR den Schutz bei Schäden an der Maschinenanlage, der elektrisch oder durch Motor betriebenen technischen Ausrüstung sowie den persönlichen Effekten auf Basis einer Einzelgefahrendeckung ein.[1] Gleichzeitig werden in Ziffer 3.2, 3.4 und 3.5 Ausschlüsse und nicht versicherte Schäden beschrieben. 2

B. Erläuterung der Bestimmung

I. Allgefahrenversicherung (Ziffer 3.1)

Allgefahrenversicherung beinhaltet tatsächlich – nicht wie in der Sachversicherung –, sondern wie in der Transportversicherung definitiv alle Gefahren, denen das Schiff während der Dauer der Versicherung ausgesetzt ist.[2] Grundsätzlich besteht Versicherungsschutz gegen jede Gefahr; es sei denn, sie sind ausgeschlossen. Gefahren können sein Feuer, Blitzschlag, Hochwasser Seebeben, aber auch Krieg, Streik, uvm. Die in Vertragsbedingungen formulierten Ausschlüsse haben zum Ziel, die Gefahr objektiv – also ohne das ein Verhalten des VN hinzutreten muss – einzugrenzen. Wird dagegen ein Verhalten des VN als zusätzliche Bedingung formuliert, um den Ausschluss des Versicherungsschutzes zur Anwendung zu bringen, wandelt sich der Ausschluss in eine verhüllte Obliegenheit um, deren Vorliegen der VR nachweisen muss – z.B. Ziffer 3.4.3 Mangelhaftigkeit der Vertäuung und Verankerung oder in Ziffer 3.4.5 die unsachgemäße Verladung. Diese Modalitäten sind von der Verhaltensweise des VN abhängig. Daher liegt dann kein Ausschluss mehr vor. Um das Bedingungswerk klarer abgrenzbar zu halten, hätte der Bedingungsgeber das verlangte Verhalten des VN als Obliegenheiten formulieren müssen. 3

II. Ausschlüsse vom Versicherungsschutz (Ziffer 3.2)

Bei den in Ziffer 3.2.1 bis 3.2.4 handelt es sich um objektive Risikoausschlüsse, die anhand objektiver Tatsachen festzustellen sind, wobei ein Verhalten des VN nicht zum Tragen kommt.[3] Es handelt sich bei den Ausschlüssen um die in der Transportversicherung üblichen echten Ausschlüsse für Krieg, Bürgerkrieg, Streik etc. Von daher kann hinsichtlich der Definitionen der einzelnen Ausschlüsse auf die Ausführungen in den ADS – DTV-Güter 2000/20008 – verwiesen werden.[4] 4

Der Ausschlusskatalog ist abschließend. Daher sind die nicht ausdrücklich genannten ausgeschlossenen Gefahren versichert. Insofern sind die Gefahren der Piraterie mitversichert. Allerdings bleibt die Anwendung der Ziff. 10 AVB Wassersport – Herbeiführung eines Versicherungsfalls – unbenommen. 5

---

[1] a.A. OLG Karlsruhe 16.08.2011 VersR **2012** 854 855; dagegen zustimmend *Gerhard* TransportR **2014** 112.

[2] Prölss/Martin/*Koller* § 130 Rn. 9; OLG Stuttgart 21.10.2010 VersR **2012** 1032.

[3] MüKo/*Wandt* § 28 Rn. 49; Bruck/Möller/*Heiss* § 28 Rn. 17 ff.

[4] Thume/de la Motte/*Ehlers* Teil 5 Volle Deckung Rn. 113–137.

III. Ersatzleistung und Eingeschränkte Ersatzleistung (Ziffer 3.3)

6 Verwirklicht sich eine versicherte Gefahr, leistet der VR nicht für jede Art von Schaden. Vielmehr entschädigt der VR nur bei Verlust oder Beschädigung des versicherten Wassersportfahrzeuges (siehe Ziffer 8). Grundsätzlich besteht für alle Gefahren Versicherungsschutz, die nicht nach Ziff. 3.2 ausgeschlossen sind.

7 Dagegen werden in Ziffer 3.3.1 und 3.3.2 an den dort aufgezählten versicherten Gegenständen (z.B. Maschinenanlage, technische Ausrüstung, persönliche Effekten) nicht mehr alle Gefahren versichert, sondern nur nach dort benannten Einzelgefahren. Einzelgefahren sind durch die Übernahme des VR auf nur eine bestimmte Gefahr gekennzeichnet.[5] Von daher könnten die in den AVB dargestellten Einzelgefahren eine primäre Risikoabgrenzung durch den VR sein. Eine solche liegt vor, wenn das zu versichernde Risiko positiv unter von Beginn an nicht erfassten weiteren Gefahren beschrieben wird.[6] Mit der Folge, dass der VN den Eintritt der Einzelgefahr nachzuweisen hat.

Die Behandlung der in Ziffer 3.3.1 und 3.3.2 als primäre Risikobegrenzung ist nicht möglich. Durch die bereits bestehende primäre Risikoabgrenzung in Ziffer 1 (Gegenstand ist das Fahrzeug mit Maschinenanlage) mit der in Ziffer 3.1. folgenden Allgefahrendeckung erfolgte die primäre Risikobegrenzung bereits. Es liegt somit ein „Verbrauch der positiven Risikobegrenzung" vor. Will der VR ein bereits positiv beschriebenes Risiko in einem zweiten Schritt weiter eingrenzen, bleiben ihm nur die Möglichkeiten der sekundären Risikobegrenzung bzw. die Vereinbarung von Obliegenheiten, die der VN zu beachten hat. Eine sekundäre Risikoabgrenzung liegt vor, wenn der VR auf einer zweiten Stufe Risikobegrenzungen wählt, für die er allerdings die Beweislast trägt.[7] Eine Obliegenheit – auch eine verhüllte – knüpft an ein zu forderndes Verhalten des VN an.[8] Dies ist bei der Begrenzung auf Einzelgefahren nach Ziffer 3.3.1 und 3.3.2 nicht gegeben, da kein Verhalten des VN gefordert ist. Im Ergebnis kann die Vereinbarung der Einzel-gefahren nur als sekundäre Risikobegrenzung einzustufen sein, deren Vorliegen der VR zu beweisen hat. Der VR ist zwar sowohl für das Vorliegen einer verhüllten Obliegenheit als auch für die Anwendung der sekundären Risikobegrenzung beweispflichtig.[9] Jedoch reicht für die sekundäre Risikoabgrenzung das Vorliegen des Tatbestandes aus, während bei einer Obliegenheitsverletzung ein Verschulden des VN nachzuweisen ist.[10]

Zu beachten ist allerdings, dass der VN das Nichtvorliegen einer groben Fahrlässigkeit nach § 28 Abs.2 Satz 2 VVG nachzuweisen hat.

8 Die sekundäre Risikobegrenzung durch den VR ist u.a. dadurch motiviert, dass der reine Ausfall einer Maschinenanlage sowie der technischen Ausrüstung als innerer Betriebsschaden nicht versichert werden sollte. Ebenso sollte der ungeklärte Verlust – also aus jeder Ursache heraus – von persönlichen Effekten sachgerecht ausgeschlossen werden.

Ein Unfall eines Fahrzeugs i.S. der AVB liegt dann vor, wenn der Schaden durch ein Ereignis ausgelöst wurde, welches von außen plötzlich und unerwartet auf das Wasser-

---

[5] Prölss/Martin/*Prölss* § 1 Rn. 113.
[6] MüKo/*Wandt* § 28 Rn. 49.
[7] Bruck/Möller/*Heiss* § 28 Rn. 18; MüKo-*Wandt* § 28 Rn. 49.
[8] BGH 24.5.2000 VersR **2000** 969; Bruck/Möller/*Heiss* § 28 Rn. 16 m.w.N.
[9] OLG Karlsruhe 16.08.2011 Vers. **2012** 854, 855.
[10] Grundsätzlich zum Diskussionsstand: Bruck/Möller/*Heiss* § 28 Rn. 17 ff.; BGH VersR **2000** 969.

sportfahrzeug einwirkt.[11] Führt eine Grundberührung zum Kentern des Wasserfahrzeuges und dringt dadurch Wasser ein, liegt ein Unfall im Sinne der Bedingungen vor.[12]

IV. Vollständiges Entfallen der Ersatzleistung (Ziffer 3.4)

Die gesamte Vorschrift ist dem Wortlaut nach nicht eindeutig zuzuordnen, wobei eine Zuordnung als primäre Leistungsbegrenzung ausscheidet. Vielmehr behandeln die Ziffern 3.4.1–3.4.9 unterschiedliche Modalitäten, die im Einzelnen entweder sekundäre Risikobegrenzungen darstellen oder als verhüllte Obliegenheit, da ein Verhalten des VN „versteckt" gefordert ist, angesehen werden muss. Darauf weist die Verwendung der Formulierung „der Versicherer leistet keinen Ersatz" hin, während vertragliche Obliegenheiten regelmäßig dann vorliegen, wenn sie als Verhalten des VN vereinbart sind (z.B. ordnungsgemäße Sicherung eines Trailers, sachgemäße Vertäuung des Schiffs). **9**

1. Anfängliche Fahr-/Seeuntüchtigkeit des Fahrzeuges (Ziffer 3.4.1)

Anfängliche Fahr- und Seeuntüchtigkeit ist gegeben, wenn das Schiff nicht in der Lage ist, die auf einer konkreten Reise gewöhnlichen Gefahren zu bestehen.[13] Z.B. betankt der VN das Schiff unzureichend und ergibt sich eindeutig, dass dieses Verhalten geeignet ist, das vorgesehene Ziel nicht zu erreichen, liegt ein Fall der anfänglichen See- bzw. Fahruntüchtigkeit vor. Der VN kann mit einem Verhalten die Fahr- und Seetüchtigkeit erhalten bzw. wiederherstellen. Daher ist diese Vorschrift eine verhüllte Obliegenheit, da der VN durch eigenes Verhalten bzw. Handeln den Versicherungsschutz erhalten oder gefährden kann. **10**

2. Konstruktions-, Fabrikations-, Materialfehler (Ziffer 3.4.2)

Die gesamte Aufzählung in Ziffer 3.4.2 ist sekundäre Risikobegrenzung. Direkte Schäden aufgrund planerischer Mängel, die als Konstruktionsfehler anzusehen sind, sind nicht versichert. Jedoch sind – wie in Ziff. 20.2 DTV Kaskoklausel[14] – die daraus entstehenden mittelbaren Schäden vom Versicherungsschutz mit umfasst. Wurde z.B. die Ruderanlage falsch konstruiert und fährt das Schiff gegen ein Hindernis und es entstehen Schäden an der Außenhaut, so sind die Schäden an der Außenhaut gedeckt. Nicht mitversichert bleiben die Konstruktionsfehler an der Ruderanlage. Auch ursprüngliche Fabrikations- oder Materialfehler sind als sekundäre Risikobegrenzungen vom Versicherungsschutz ausgenommen, wobei die Folgenschäden durch den Fehler versichert bleiben. **11**

Die weitere Aufzählung in Ziffer 3.4.2 Alter, Abnutzung, Bearbeitung, gewöhnlicher Gebrauch bis hin zum Schaden durch Nagetiere ist einerseits als sekundäre Risikobegrenzung zu werten und nicht als verhüllte Obliegenheiten.[15] Andererseits ist diese Aufzählung aber auch abschließend. Hier handelt es sich immer um Schadenbilder, die aus einer normalen Benutzung heraus, herrühren und nicht aus einem konkreten Schadenereignis heraus entstehen.[16] **12**

---

[11] Thume/de la Motte/Ehlers/*Gerhard* aaO Rn. 778 m.w.N.

[12] OLG Frankfurt 19.3.2003 NJW-RR **2004** 28.

[13] Thume/de la Motte/Ehlers/*Schwampe* Teil 6 AVB Seekasko Rn. 210; BGH 15.10.1979 VersR **1980** 65, 66.

[14] Hans. OLG 3.1.2011 TranspR **2012** 152.

[15] *Gerhard* TransportR **2014** 112.

[16] Thume/de la Motte/Ehlers/*Gerhard* aaO Rn. 798 ff.

3. Mangelhafte Vertäuung und Verankerung (Ziffer 3.4.3)

13 Hier ist abzustellen auf die konkrete Lage beim Festmachen; die Dauer des Festmachens im Hafen. Dieser Teil der Vorschrift ist verhüllte Obliegenheit. Löst sich beispielsweise das Boot aufgrund Verwendung unzureichender oder mangelhafter Halteleinen ist eine Obliegenheitsverletzung gegeben.

Das unbemannte Abstellen vor der Küste ist dagegen sekundäre Risikobegrenzung.[17]

4. Verstöße gegen behördliche Vorschriften (Ziffer 3.4.4)

14 Die behördlichen Vorschriften müssen dem sicheren Betrieb des Schiffs dienen oder auch dem sicheren Befahren von Wasserwegen. Auch die behördlichen Vorschriften im Umgang mit gefährlichen Stoffen – z.B. Treibstoff – dienen der Sicherheit des Schiffsbetriebs und sind daher in den Anwendungsbereich Ziff. 3.4.4 einzubeziehen.

15 Die Vorschrift ist als verhüllte Obliegenheit abgefasst und durch das Verhalten des VN kann der Versicherungsschutz erhalten bleiben. Umgekehrt muss aber eine Kausalität zwischen dem Verstoß gegen behördliche Vorschriften und dem Schaden vorliegen.

Keinesfalls ausreichend für eine Leistungsfreiheit des VR bzw. für eine Reduzierung der Versicherungsleistung nach der Schwere der Schuld bei Vorliegen einer groben Fahrlässigkeit ist, dass der Bootsführer nicht über einen vorgeschriebenen Führerschein verfügt.[18] Übergibt der VN das Boot einem fachkundigen Bootsführer, der allerdings keinen Führerschein hat, bleibt der Versicherungsschutz bestehen. Die Sachunkundigkeit kann nicht darin begründet sein, dass der Bootsführer ohne Führerschein ist. Es liegt keine Obliegenheitsverletzung vor, da Ziffer 3.4.5 sich nur auf solche behördlichen Vorschriften bezieht, die die Fahrtüchtigkeit, Betriebssicherheit, den sicheren Umgang mit brennbaren und explosiven Sachen zum Gegenstand haben. Die Anwendung verbietet sich dagegen bei Verkehrsvorschriften und dergleichen.[19]

5. Nicht sachgemäße Verladung und Befestigung während des Transportes (Ziffer 3.4.5)

16 Die Verwendung eines verkehrsuntauglichen Trailers kann als nicht sachgemäße Verladung und damit als Obliegenheitsverletzung anzusehen sein. Ein sachgerechtes Verhalten hätte die Verwendung eines tauglichen Trailers vorausgesetzt. Ebenso verlangt die sachgemäße Befestigung ein Verhalten des VN. Es liegt eine verhüllte Obliegenheit vor.[20]

6. Diebstahl von Teilen des Fahrzeuges (Ziffer 3.4.6)

17 Nicht der Diebstahl des gesamten Wassersportfahrzeugs ist hier geregelt, sondern der Diebstahl einzelner, zum Schiff gehörender Teile, die sich wiederum an Ziff. 1.1 orientieren. Versicherungsschutz soll für die Wegnahme von Teilen nur geboten werden, wenn eine durch den VN einzurichtende Sicherung überwunden wird bzw. Sachen verschlossen aufbewahrt wurden. Da zum Erhalt des Versicherungsschutzes ein sicherndes Verhalten des

---

[17] a.A. Thume/de la Motte/Ehlers/*Gerhard* aaO Rn. 801.

[18] BGH 4.12.2000 II ZR 293/99, Beck RS **2001** 01044.

[19] BGH 4.12.2000 II ZR 293/99, Beck RS **2001** 01044.

[20] Thume/de la Motte/Ehlers/*Gerhard* aaO Rn. 807.

VN verlangt wird, liegt eine verhüllte Obliegenheit vor. Auch das Verschließen stellt eine Verhaltensanforderung an den VN dar und somit ebenfalls eine verhüllte Obliegenheit.[21]

7. Diebstahl von Außenbordmotoren (Ziffer 3.4.8)

Nicht versichert sind ungesicherte Außenbordmotoren. Durch die Anknüpfung an eine persönliche Handlungspflicht – Sichern des Motors durch den VN – wird eine (verhüllte) Obliegenheit begründet.[22] Der Motor muss gesichert sein. Insofern muss der VN zum Erhalt des Versicherungsschutzes eine fachlich „anerkannte Sicherungsmaßnahme" treffen. Eine ausreichende Sicherung liegt dann vor, wenn diese geeignet ist, die Wegnahme zeitlich und körperlich so zu erschweren, dass die Überwindung der Sicherung einen deutlichen Einsatz an körperlicher und krimineller Energie erfordert. Konkret entzünden sich hier Streitfälle zwischen dem VR und VN. Die Fälle des Diebstahls von Außenbordmotoren oder des gesamten Wassersportfahrzeugs (Ziff. 3.4.8, 3.4.9) sind geeignet hohes Streitpotential hervorzurufen. Hier trifft oftmals die subjektive Auswahl der vermeintlich gesicherten Abstellplätze durch den VN auf die hohen Sicherungsanforderungen des VR. Was der VN subjektiv für ausreichend hält, hält den Sicherungsanforderungen des VR gerade nicht stand. 18

Bei der Auslegung einer Versicherungsbestimmung ist davon auszugehen, welche Verständnismöglichkeit der durchschnittliche VN von dieser Bestimmung hat.[23]

Sichert ein VN mit einer sogenannten Stillstands-Kupplungssicherung kann er davon ausgehen, dass diese ausreichend i.S. der Bestimmung ist. Umgekehrt ist die bloße Befestigung des Außenbordmotors definitiv nicht ausreichend, da eine Befestigung keine Sicherung ist.[24]

8. Diebstahl des versicherten Fahrzeuges auf einem Trailer (Ziffer 3.4.9)

Die Besonderheit ist der Transport auf einem Trailer. Dadurch, dass sich das Boot bereits auf einem Transportmittel befindet, besteht bereits ein erhöhtes Wegnahmerisiko, welches durch geeignete Sicherungsmaßnahmen wieder zu reduzieren gilt. Der VN soll zu Sicherungsmaßnahmen angehalten werden. Von daher ist diese Norm als verhüllte Obliegenheit anzusehen. 19

V. Sport- oder Vergnügungszweck (Ziffer 3.5)

Andere Fahrten als Sport- und Vergnügungsfahrten sollen nicht versichert sein. Eine Probefahrt ist als Kaufvertragsgrundlage für einen sportlichen Zweck oder Vergnügungszweck und damit als Bestandteil des Versicherungsschutzes anzusehen – es sei denn, der mögliche Käufer verfolgt mit dem beabsichtigten Kauf weder einen sportlichen noch einen Vergnügungszweck (z.B. Schiff soll Rennzwecken dienen).[25] Aufgrund des in Ziffer 1 beschriebenen Gegenstandes Wasserfahrzeug zu sportliche Zwecken, handelt es sich bei Ziffer 3.5 um eine primäre Leistungsbegrenzung durch den VR. Der VN trägt hier die Beweislast, dass die Fahrt zu Sport- oder Vergnügungszwecken stattfand. 20

---

21 a.A. Thume/de la Motte/Ehlers/*Gerhard* aaO Rn. 808.
22 LG Bochum 29.7.2009 4 O 31/09.
23 OLG Schleswig 24.11.2005 DAR **2006** 280.
24 LG Bochum 29.7.2009 4 O 31/09.
25 OLG Köln 30.4.1996, VersR **1997** 613 615.

VI. Mittelbare Schäden (Ziffer 3.6)

21 Hier sind insbesondere merkantile Wertminderungen durch ausgeführte kaskoversicherte Reparaturen als nicht versichert anzusehen.[26]

VII. Ersatz von Aufwendungen (Ziffer 3.7.1–3.7.4)

1. Aufwendungen zur Abwendung oder Minderung des Schadens (Ziffer 3.7.1)

22 Voraussetzung ist, dass das drohende oder eingetretene Schadenereignis versichert ist. Bringt sich der VN grob fahrlässig mit seinem Schiff in eine Seenot-Situation, sind die Aufwendungen nicht zu erstatten, da er den Schadenfall selbst herbeigeführt hat. Fällt aber z.B. die Hauptmaschine aus und holt der VN kostenpflichtige Hilfe, sind diese Aufwendungen zur Rettung zu erstatten.

Bei der Frage, welche Rettungsmaßnahmen geboten waren, ist auf den Horizont eines durchschnittlichen VN als Bootsführer abzustellen. Dabei sind auch die konkreten Umstände der Rettungssituation zu berücksichtigen; z.B. ob der VN Weisungen des VR einholen kann. Ist dies möglich, muss er dies tun, um nicht Gefahr zu laufen, auf einem Teil der Kosten sitzen zu blieben.

2. Vorschuss von Aufwendungen (Ziffer 3.7.2)

23 Ziff. 3.7.2 regelt die Vorschusspflicht des VR. Bringt der VR ohne Vorbehalt den Vorschuss aus, hat er ohne Hinzutreten weiterer Umstände die Deckung dem Grunde nach anerkannt.

3. Aufwendungen aufgrund von Weisungen des VR (Ziffer 3.7.3)

24 Während die in Ziff. 3.7.1 und 3.7.2 genannten Rettungskosten Bestandteil der Versicherungssumme sind, regelt Ziff. 3.7.3 ausdrücklich, dass die Kosten, die der VN auf Weisung des Versicherers verursacht, auch erstattet werden und zwar in voller Höhe, wenn sie mit der Entschädigung die Versicherungssumme übersteigen. Treten nach den Anweisungen des VR neue Umstände hinzu, die den Versicherungsschutz entfallen lassen, entfällt auch die Erstattung der auf Weisung des VR entfallenden Rettungskosten.

Umgekehrt gilt bei Kenntnis des Versicherers, dass die Kosten auf Weisung des VR zu erstatten sind, wenn der VR von den Umständen, die den Versicherungsschutz entfallen lassen, Kenntnis hatte und trotzdem kostenpflichtige Weisung gegeben hat. Er hat damit die Deckung dem Grunde nach anerkannt.

4. Kosten der Wrackbeseitigung (Ziffer 3.7.4)

25 Wrackbeseitigung bedeutet die fachmännische Entsorgung des total beschädigten Schiffs inkl. des Bergungsvorganges.

Die Grenze ist die Versicherungssumme, die der VR zusätzlich zum (Total-) Schaden am Schiff ersetzt. Hier lauert für die VR eine mögliche Kumulierung von Schäden (z.B.

---

[26] Prölss/Martin/*Knappmann* Ziff. 3 AVBW Rn. 30.

Tornadoschäden im Hafen mit mehreren bei einem VR versicherten Schiffen). Zur besseren Risikotransparenz kann der VR die Wrackbeseitigung mit einer konkreten Versicherungssumme begrenzen.

Gerade die Bergung kann mit hohen Kosten verbunden sein. Sinkt z.B. das Schiff in der Nähe einer Hafeneinfahrt oder Fahrrinne, wird eine kostenintensive Bergung notwendig sein.

Auch hier gilt, dass ein versichertes Ereignis vorangegangen sein muss und der VN zur Beseitigung oder Kostenübernahme verpflichtet ist. Versenkt der VN das versicherte Boot mindestens grob fahrlässig oder um an die Versicherungssumme heran zu kommen, entfällt der Versicherungsschutz komplett – sowohl für das Schiff als auch für die Wrackbeseitigung, da die Wrackbeseitigung als unselbständige Versicherung zur Kaskoversicherung anzusehen ist.[27]

4 Vorvertragliche Anzeigepflichten des Versicherungsnehmers

4.1 Vollständigkeit und Richtigkeit von Angaben über gefahrerhebliche Umstände

Der Versicherungsnehmer hat bis zur Abgabe seiner Vertragserklärung dem Versicherer alle ihm bekannten Gefahrumstände anzuzeigen, nach denen der Versicherer in Textform gefragt hat und die für den Entschluss des Versicherers erheblich sind, den Vertrag mit dem vereinbarten Inhalt zu schließen. Der Versicherungsnehmer ist auch insoweit zur Anzeige verpflichtet, als nach seiner Vertragserklärung, aber vor Vertragsannahme der Versicherer Fragen im Sinne der Ziffer 4.1 stellt.

4.2 Rücktritt

4.2.1 Voraussetzungen des Rücktritts

Unvollständige und unrichtige Angaben zu den gefahrerheblichen Umständen berechtigen den Versicherer, vom Versicherungsvertrag zurückzutreten.

4.2.2 Ausschluss des Rücktrittsrechts

Der Versicherer hat kein Rücktrittsrecht, wenn der Versicherungsnehmer nachweist, dass er die unrichtigen oder unvollständigen Angaben weder vorsätzlich noch grob fahrlässig gemacht hat.

Das Rücktrittsrecht des Versicherers wegen grob fahrlässiger Verletzung der Anzeigepflicht besteht nicht, wenn der Versicherungsnehmer nachweist, dass der Versicherer den Vertrag auch bei Kenntnis der nicht angezeigten Umstände, wenn auch zu anderen Bedingungen, geschlossen hätte.

4.2.3 Folgen des Rücktritts

Im Fall des Rücktritts besteht kein Versicherungsschutz.

Tritt der Versicherer nach Eintritt des Versicherungsfalls zurück, darf er den Versicherungsschutz nicht versagen, wenn der Versicherungsnehmer nachweist, dass der unvollständig oder unrichtig angezeigte Umstand weder für den Eintritt des Versicherungsfalls noch für die Feststellung oder den Umfang der Leistung ursächlich war. Auch in diesem Fall besteht aber kein Versicherungsschutz, wenn der Versicherungsnehmer die Anzeigepflicht arglistig verletzt hat.

Dem Versicherer steht der Teil der Prämie zu, der der bis zum Wirksamwerden der Rücktrittserklärung abgelaufenen Vertragszeit entspricht.

---

[27] *Bremke/Gerhard* TransportR 2009 16.

4.3 Kündigung

Ist das Rücktrittsrecht des Versicherers ausgeschlossen, weil die Verletzung einer Anzeigepflicht weder auf Vorsatz noch auf grober Fahrlässigkeit beruhte, kann der Versicherer den Vertrag unter Einhaltung einer Frist von einem Monat in Schriftform kündigen.

Das Kündigungsrecht ist ausgeschlossen, wenn der Versicherungsnehmer nachweist, dass der Versicherer den Vertrag auch bei Kenntnis der nicht angezeigten Umstände, wenn auch zu anderen Bedingungen, geschlossen hätte.

4.4 Rückwirkende Vertragsanpassung

Kann der Versicherer nicht zurücktreten oder kündigen, weil er den Vertrag auch bei Kenntnis der nicht angezeigten Umstände, aber zu anderen Bedingungen, geschlossen hätte, werden die anderen Bedingungen auf Verlangen des Versicherers rückwirkend Vertragsbestandteil. Hat der Versicherungsnehmer die Pflichtverletzung nicht zu vertreten, werden die anderen Bedingungen ab der laufenden Versicherungsperiode Vertragsbestandteil.

Erhöht sich durch die Vertragsanpassung die Prämie um mehr als 10 % oder schließt der Versicherer die Gefahrabsicherung für den nicht angezeigten Umstand aus, kann der Versicherungsnehmer den Vertrag innerhalb eines Monats nach Zugang der Mitteilung des Versicherungsnehmers fristlos in Schriftform kündigen.

4.5 Ausübung der Rechte des Versicherers

Der Versicherer muss die ihm nach Ziffer 4.2 bis 4.4 zustehenden Rechte innerhalb eines Monats schriftlich geltend machen. Dabei hat er die Umstände anzugeben, auf die er seine Erklärung stützt. Die Frist beginnt mit dem Zeitpunkt, zu dem er von der Verletzung der Anzeigepflicht, die das von ihm geltend gemachte Recht begründet, Kenntnis erlangt.

Dem Versicherer stehen die Rechte nach den Ziffern 4.2 bis 4.4 nur zu, wenn er den Versicherungsnehmer durch gesonderte Mitteilung in Textform auf die Folgen einer Anzeigepflichtverletzung hingewiesen hat.

Der Versicherer kann sich auf die in den Ziffern 4.2 bis 4.4 genannten Rechte nicht berufen, wenn er den nicht angezeigten Gefahrumstand oder die Unrichtigkeit der Anzeige kannte.

4.6 Anfechtung

Das Recht des Versicherers, den Vertrag wegen arglistiger Täuschung anzufechten, bleibt unberührt. Im Fall der Anfechtung steht dem Versicherer der Teil der Prämie zu, der der bis zum Wirksamwerden der Anfechtungserklärung abgelaufenen Vertragszeit entspricht.

Übersicht

A. Einführung

I. Entstehungsgeschichte

Die VVG-Reform 2008 hat zur vollständigen Neuformulierung geführt. Die Vorgängerversionen der AVB Wassersportfahrzeuge 1985 behandelten die vorvertraglichen Anzeigepflichten nur durch einen allgemeinen Verweis auf das VVG. Im vorliegenden Bedingungswerk wird detailliert mit Rechtsfolgen auf die vorvertraglichen Anzeigepflichten eingegangen. 1

II. Inhalt und Zweck der Regelung

Gegenstand der Regelung sind die Informationsverpflichtungen als Obliegenheiten des VN über das zu versichernde Risiko. Der VR muss durch die Informationen in der Lage sein, dass Risiko ausreichend beurteilen zu können. 2

B. Erläuterung der Bestimmung

I. Informationspflicht (Ziffer 4.1)

Die Vorschrift Ziff. 4.1 orientiert sich am Leitbild des § 19 Abs. I VVG, der inhaltsgleich übernommen wurde. Dem VN wird die Pflicht auferlegt, alle gestellten Fragen zu beantworten. Der VR hat die Pflicht, alle für ihn wichtigen Informationen zu erfragen. Macht der VR von diesem Fragerecht keinen oder nur unzureichenden Gebrauch, wird er keine Rechtsfolgen aus einer Verletzung einer Obliegenheit durch den VN herleiten können. Der VR kann weder zurücktreten noch kündigen. 3

II. Erheblichkeit der Angaben (Ziffer 4.1)

Neben dem Erfordernis der Anzeigenobliegenheit des VN erfordert Ziff. 4.1 eine Erheblichkeit der Information für den Vertragsabschluss seitens des VR.[1] Sofern der VN seine Obliegenheit durch Falschbeantwortung verletzt hat, muss der VR darüber hinaus auch darlegen und beweisen, dass die Frage für den Vertragsabschluss des VR erheblich war; z.B. die Falschbeantwortung einer Staatsbürgerschaft dürfte im Fall einer Wassersportbootversicherung ohne gefahrerheblichen Bezug sein. 4

Kommt die Falschbeantwortung zustande durch einen Übermittlungsfehler durch die Antrag aufnehmende Stelle, wird man unterscheiden müssen, welchem Lager der Vermittler angehört. Ist die Antrag aufnehmende Stelle ein Agent des VR, greift die „Auge und Ohr"-Theorie. Damit kann der VR kein Recht gegen den VN herleiten.[2] Ist die Antrag aufnehmende Stelle ein Makler, der i.d.R. Interessenvertreter des VN ist, kann der VR von seinen Rechten Gebrauch machen. 5

Bei bewusster Falschinformation des VN an die Antrag aufnehmende Stelle, trägt der VN immer die Konsequenz seines Handels.

1 Bruck/Möller/*Rolfs* § 19 Rn. 63.

2 Bruck/Möller/*Rolfs* § 19 Rn. 122.

III. Rücktritt (Ziffer 4.2)

6 Bei unvollständigen und unrichtigen Angaben erhält der VR das Recht vom Vertrag zurückzutreten, sofern sich die unvollständigen und unrichtigen Angaben auf gefahrerhebliche Umstände beziehen.

Bedeutsam ist die Frage der Nachfragepflicht durch den VR. Füllt der VN den Antrag nur unvollständig aus, muss der VR nachfragen. Stellt der VR trotz unvollständiger Risikoinformationen einen Versicherungsschein aus, erlischt das Rücktrittsrecht.

IV. Ausschluss des Rücktrittrechtes (Ziffer 4.2.2)

7 Die Ziff. 4.2.2 regelt den Gutglaubenschutz des VN, wobei dem VR dann das Rücktrittsrecht verwehrt ist. Insbesondere ist an die Fälle zu denken, bei denen sich der VN auf Angaben des Vorbesitzers verlassen muss. Schwierig werden dann die Fälle, wenn der VN leicht nachprüfbare Angaben durch den Vorbesitzer unterlässt. Hier wird ein Gutglaubenschutz aus Gründen grob fahrlässiger Unterlassung nicht mehr vorliegen, so dass das Rücktrittsrecht des VR greift.[3]

V. Folgen des Rücktritts (Ziffer 4.2.3)

8 Der VR darf die Prämie behalten, die der abgelaufenen Vertragszeit entspricht, während gleichzeitig Versicherungsschutz nicht besteht.

Problematischer ist der Rücktritt des VR nach Eintritt des Versicherungsfalls. Der Tatbestand der Ziff. 4.2.3 unterscheidet zwei Konstellationen. Zum einen darf der VR den Schutz nicht versagen, wenn die fehlerhafte oder unterbliebene Angabe keinen Einfluss auf den Eintritt oder Umfang des Falls hat. Hierfür ist der VN voll beweispflichtig. Die zweite Konstellation betrifft die Anzeigepflichtverletzung durch Arglist.

Ist nämlich die Anzeigepflichtverletzung arglistig, entfällt – trotz Fehlens kausalen Einflusses – der Versicherungsschutz. Grund hierfür ist, dass die Grenze des Betrugs überschreitende Verhalten des VN. Allerdings obliegt dem VR die Beweisbarkeit des angeblichen Verhaltens.[4]

VI. Kündigung (Ziffer 4.3)

9 Besser wäre die Formulierung außerordentliches Kündigungsrecht unter Einhaltung einer Frist von einem Monat als Abgrenzung zur normalen (ordentlichen) Ablaufkündigung. Es besteht aber bis zur Wirksamkeit der Kündigung Versicherungsschutz.

VII. Rückwirkende Vertragsanpassung (Ziffer 4.4)

10 Es wird der Vertrag rückwirkend so gestellt, wie der VR ihn abgeschlossen hätte. Liegt keine durch den VN zu vertretende (Anzeige-)Pflichtverletzung vor, werden die vom VN beantragten Bedingungen ab der laufenden Versicherungsperiode wirksam.

---

[3] Prölss/Martin/*Prölss* § 19 Rn. 63 ff.

[4] Prölss/Martin/*Prölss* § 19 Rn. 67.

Meldet ein VN einen Schaden aus dem Vorjahr, beurteilt sich dieser nach den Bedingungen des VR – ohne Berücksichtigung der Antragswünsche des VN. Meldet der VN allerdings einen Schaden in dem laufenden Versicherungsjahr, besteht Versicherungsschutz nach den „Antragsbedingungen".

Es besteht bei der Vertragsanpassung durch den VR ein Kündigungsrecht des VN und **11** zwar fristlos.

Richtig ist, dass gemäß Ziff. 4.4 die Schriftform zu Lasten des VN eigentlich nicht verlangt werden kann.

§ 11 VVG als grundlegende Vorschrift für Kündigungen sieht eine Schriftform gerade nicht vor.[5]

Ob das Schriftformerfordernis in Versicherungsbedingungen tatsächlich eine Verein- **12** barung zum Nachteil des VN – der VN hat eine Beweisfunktion in den Händen – ist,[6] braucht hier nicht weiter erörtert zu werden, da in der Praxis eher die Einhaltung von Kündigungsfristen problematisch sind als die Formbedingung.

VIII. Ausübung der Rechte des Versicherers (Ziffer 4.5)

Der VR muss die drei Gestaltungrechte – Kündigung, Rücktritt, Vertragsanpassung – **13** ausüben, und zwar schriftlich. Erklärt der VR den Rücktritt und stellt sich heraus, dass eine Pflichtverletzung durch den VN nicht vorliegt, findet aufgrund Ziffer 4.2.2 S. 1 (Ausschluss des Rücktrittsrechts) keine Umdeutung statt. Eine Umdeutung in einen Rücktritt findet statt, wenn der VR die Anfechtung erklärt.[7] Dem VR bleibt nur die Möglichkeit unter Einhaltung einer Frist von einem Monat den Vertrag zu kündigen. Diese Vorgehensweise entspricht der Regelung des § 19 III VVG.

Der Zeitpunkt der Kenntnisnahme des Umstands, der eine Verletzung der Anzeige- **14** pflicht bedeutet, kommt in der Praxis entscheidende Bedeutung zu. Insbesondere ist nicht auf die Frist abzustellen, bei dem der Vorgang beim Sachbearbeiter des VR liegt, sondern wann die Information in den zurechenbaren Bereich des VR gelangte. Dies kann theoretisch schon beim Makler sein, der ohne Maklerauftrag des VN zum „Auge und Ohr" des VR werden kann. In vielen Maklerbedingungen findet sich zudem die Regelung, dass die Willenserklärung dem Versicherer als zugegangen gilt, wenn diese beim Makler eingeht.

Gerade bei ausländischen Fahrt- und Liegeplätzen kann der Postlauf eine wichtige Rolle spielen, wenn die Information an einen Agenten vor Ort gegeben wurde.

Die Ausübung der ihm zustehenden Gestaltungsrechte, und zwar auch die fristgerechte, **15** reicht für sich allein nicht aus. Vielmehr ist der VR nach Ziffer. 4.5 verpflichtet eine Begründung für eine Anzeigenverletzung zu erteilen sowie die Folgen dieser Verletzung zu beschreiben.

IX. Anfechtung (Ziffer 4.6)

Die Vorschrift ist zwar an § 22 VVG angelehnt, jedoch wird hier das Prämienschick- **16** sal mit geregelt. Die Wirkung der Anfechtung ergibt sich aus § 142 BGB; darin wird die Nichtigkeit des Versicherungsvertrages von Beginn an angeordnet.

[5] Prölss/Martin/*Prölss* § 11 Rn. 27.
[6] Prölss/Martin/*Knappmann* AVBW Nr. 4 Anm. 1.
[7] Prölss/Martin/*Prölss* § 21 Rn. 4 f.

17 Auch die Regelung, dass der VR die Prämie behalten darf bis zum Zeitpunkt des Wirksamwerdens der Anfechtungserklärung steht im Einklang mit den rechtlichen Regelungen. § 19 Abs. 1 VVG räumt dem VR das Recht dazu ein. Hat allerdings der VN die Jahresprämie komplett gezahlt und der VR eine unterjährig wirksame Anfechtung ausgesprochen, ist der VR aus bereicherungsrechtlichen Gründen verpflichtet, die überzahlten Beträge zurückzuerstatten. Diese Regelung entspricht § 39 Abs. 1 S. 2 VVG. Die Anfechtungsgründe hat der VR zu beweisen.

5 Gefahrerhöhung

5.1 Begriff der Gefahrerhöhung

5.1.1 Eine Gefahrerhöhung liegt vor, wenn nach Abgabe der Vertragserklärung des Versicherungsnehmers die tatsächlich vorhandenen Umstände so verändert werden, dass der Eintritt des Versicherungsfalls oder eine Vergrößerung des Schadens oder die ungerechtfertigte Inanspruchnahme des Versicherers wahrscheinlicher wären.

5.1.2 Eine Gefahrerhöhung kann insbesondere – aber nicht nur – vorliegen, wenn sich ein gefahrerheblicher Umstand ändert nach dem der Versicherer vor Vertragsschluss gefragt hat.

5.1.3 Als Gefahrerhöhung gilt insbesondere die Überlassung des Fahrzeugs an Dritte gegen Entgelt.

5.2 Pflichten des Versicherungsnehmers

5.2.1 Nach Abgabe seiner Vertragserklärung darf der Versicherungsnehmer ohne vorherige Zustimmung des Versicherers keine Gefahrerhöhung vornehmen oder deren Vornahme durch einen Dritten gestatten.

5.2.2 Erkennt der Versicherungsnehmer nachträglich, dass er ohne vorherige Zustimmung des Versicherers eine Gefahrerhöhung vorgenommen oder gestattet hat, so muss er diese dem Versicherer unverzüglich anzeigen.

5.2.3 Eine Gefahrerhöhung, die nach Abgabe seiner Vertragserklärung unabhängig von seinem Willen eintritt, muss der Versicherungsnehmer dem Versicherer unverzüglich anzeigen, nachdem er von ihr Kenntnis erlangt hat.

5.3 Kündigung oder Vertragsanpassung durch den Versicherer

5.3.1 Kündigungsrecht des Versicherers

Verletzt der Versicherungsnehmer seine Verpflichtung nach Ziffer 5.2.1, kann der Versicherer den Vertrag fristlos kündigen, wenn der Versicherungsnehmer seine Verpflichtung vorsätzlich oder grob fahrlässig verletzt hat. Das Nichtvorliegen von Vorsatz oder grober Fahrlässigkeit hat der Versicherungsnehmer zu beweisen. Weist der Versicherungsnehmer das Nichtvorliegen nach, kann der Versicherer den Vertrag unter Einhaltung einer Frist von einem Monat kündigen. Dies gilt nicht, wenn der Versicherungsnehmer nachweist, dass er die Pflichtverletzung nicht zu vertreten hat.

Wird dem Versicherer eine Gefahrerhöhung in den Fällen nach Ziffer 5.2.2 und 5.2.3 bekannt, kann er den Vertrag unter Einhaltung einer Frist von einem Monat kündigen.

5.3.2 Vertragsanpassung

Statt der Kündigung kann der Versicherer ab dem Zeitpunkt der Gefahrerhöhung eine seinen Geschäftsgrundsätzen entsprechend erhöhte Prämie verlangen oder die Absicherung der höheren Gefahr ausschließen.

Erhöht sich in diesem Fall die Prämie um mehr als 10 % oder schließt der Versicherer die Absicherung der höheren Gefahr aus, so kann der Versicherungsnehmer den Vertrag innerhalb eines Monats nach Zugang der Mitteilung des Versicherers ohne Einhaltung einer Frist kündigen. In der Mitteilung hat der Versicherer den Versicherungsnehmer auf dieses Kündigungsrecht hinzuweisen.

5.4 Erlöschen der Rechte des Versicherers

Die Rechte des Versicherers zur Kündigung oder Vertragsanpassung nach Ziffer 5.3 erlöschen, wenn diese nicht innerhalb eines Monats ab Kenntnis des Versicherers von der Gefahrerhöhung ausgeübt werden oder wenn der Zustand wiederhergestellt ist, der vor der Gefahrerhöhung bestanden hat.

5.5 Leistungsfreiheit wegen Gefahrerhöhung

5.5.1 Tritt nach einer Gefahrerhöhung der Versicherungsfall ein, so ist der Versicherer nicht zur Leistung verpflichtet, wenn der Versicherungsnehmer seine Pflichten nach Ziffer 5.2.1 vorsätzlich verletzt hat. Verletzt der Versicherungsnehmer diese Pflichten grob fahrlässig, so ist der Versicherer berechtigt, seine Leistung in dem Verhältnis zu kürzen, das der Schwere des Verschuldens des Versicherungsnehmers entspricht. Das Nichtvorliegen einer groben Fahrlässigkeit hat der Versicherungsnehmer zu beweisen.

5.5.2 Bei einer Gefahrerhöhung nach Ziffer 5.2.2 und 5.2.3 ist der Versicherer bei vorsätzlicher Verletzung der Pflichten des Versicherungsnehmers nicht zur Leistung verpflichtet, wenn der Versicherungsfall später als einen Monat nach dem Zeitpunkt eintritt, zu dem die Anzeige dem Versicherer hätte zugegangen sein müssen. Verletzt der Versicherungsnehmer seine Pflichten grob fahrlässig, so gelten Ziffer 5.5.1 Satz 2 und 3 entsprechend. Die Leistungspflicht des Versicherers bleibt bestehen, wenn ihm die Gefahrerhöhung zu dem in Satz 1 genannten Zeitpunkt bekannt war.

5.5.3 Die Leistungspflicht des Versicherers bleibt ferner bestehen,

a) soweit der Versicherungsnehmer nachweist, dass die Gefahrerhöhung nicht ursächlich für den Eintritt des Versicherungsfalles oder den Umfang der Leistungspflicht war oder

b) wenn zur Zeit des Eintrittes des Versicherungsfalles die Frist für die Kündigung des Versicherers abgelaufen und eine Kündigung nicht erfolgt war.

Übersicht

A. Einführung

I. Entstehungsgeschichte

Auch Ziffer 5 wurde wie Ziffer 4 durch die VVG-Reform 2008 geprägt. Die jetzige Klausel enthält neben der Begriffsdefinition auch die sich daraus ergebenden Rechtsfolgen. Der bloße Verweis der früheren AVB 1985 in Ziffer 14 auf das VVG reicht nicht mehr aus. 1

II. Inhalt und Zweck der Regelung

2 Ziel der Regelung ist es, die Informationspflicht des VN während der Laufzeit eines Vertrages festzulegen, die sich durch Veränderungen von Umständen ergeben und welche Handlungsverpflichtungen sich daraus ableiten lassen. Vielmehr sind jetzt den differenzierten Regelungen der §§ 23–28 VVG Rechnung getragen worden, die nach § 32 VVG zum Nachteil des VN nicht abänderbar sind.

B. Erläuterungen der Bestimmung

I. Gefahrerhöhung (Ziffer 5.1.1–5.1.2)

3 Die AVB definieren den Begriff der Gefahrerhöhung. Entscheidend ist dabei, dass eine Gefahrerhöhung objektiv erst **nach** Abgabe der Vertragserklärung des VN – meist in Form des Antrages – sich die tatsächliche Situation so verändert, dass sich die Wahrscheinlichkeit des Eintritts eines Versicherungsfalls nicht nur unwesentlich erhöht.

4 Nach den AVB liegt eine Gefahrerhöhung insbesondere auch vor, wenn es sich um Umstände handelt, nach denen der VR **nicht** gefragt hat. Diese Vorgabe muss als sehr kritisch beurteilt werden. Fragt der VR **nicht** ausdrücklich nach einem Umstand, erweckt er auch den Anschein, dass die Frage so wichtig nicht sein kann. Bei Wesentlichkeit für den Umstand, der auf seinen Entschluss Einfluss hat, hätte er die Frage gestellt.[1] Im Umkehrschluss kann dem durchschnittlichen VN die Obliegenheit nicht in das eigene Ermessen gestellt werden. Dieser müsste beurteilen, was für den VR wichtig wäre. Vielmehr sagt das Gesetz in § 19 VVG ausdrücklich, dass der VR Fragen in Textform zu stellen hat.

II. Entgeltliche Überlassung des Fahrzeuges an Dritte (Ziffer 5.1.3)

5 Es steht die Entgeltlichkeit im Vordergrund. Umgekehrt bedeutet: Die unentgeltliche Überlassung stellt gerade keine Gefahrerhöhung im Sinne der AVB dar. Überlässt der VN das Boot einem offensichtlich fachunkundigen Schiffsführer, wird man gemäß Ziff. 10 AVB die bis gegen Null gehende Quotelung für die grob fahrlässige Herbeiführung des Versicherungsfalls in Betracht zu ziehen haben.[2] Die gegenteilige Auffassung führt über Ziff. 5.5.1 AVB zu identischen Ergebnissen. Eine Entgeltlichkeit liegt nicht vor, wenn die übernehmenden Personen lediglich Kosten für verbrauchten Kraftstoff o.ä.m. übernehmen. Berechnet sich dagegen die Entgeltlichkeit nach dem Zeitraum der Überlassung, liegt eindeutig ein Fall nach Ziff. 5.1.3 AVB vor.

6 Das die entgeltliche Überlassung eine erhöhte Gefahrenquelle darstellt, liegt auf der Hand. Gerade das gewerbliche Verchartern muss der VR kennen.

III. Pflichten des VN (Ziffer 5.2)

7 Problematisch ist das subjektive Verständnis des VN, der möglicherweise nicht erkennt, hier eine Gefahrerhöhung vornehmen zu wollen.

---

1 *Rüffer/Halbach/Schimikowski* § 19 Rn. 5.

2 Thume/de la Motte/Ehlers/*Gerhard* Rn. 820.

Die Vorschrift entspricht § 23 Abs. 2 VVG. Der Anwendungsbereich ist aber eher selten einzustufen. Der VN baut in sein Wassersportfahrzeug einen deutlich stärkeren Motor ein und wird nach dem Einbau von Dritten darauf hingewiesen, dass dies „Probleme mit der Versicherung" geben kann. Dann sollte der VN unverzüglich – ohne jede schuldhafte Verzögerung – diesen Tatbestand seinem Versicherer anzeigen. Hier ist eine bestimmte Form der Anzeige nicht vorgesehen.[3] **8**

Diese Vorschrift entspricht § 23 Abs. 3 VVG. Hier sind vor allem an die Fälle zu denken, die den Liegeplatz im Hafen oder das Winterlager berühren. Werden z.B. bauliche Veränderungen im Hafen vorgenommen, ist eine derartige Gefahrerhöhung zwar unabhängig vom Willen des VN, jedoch bleibt die Verpflichtung zur Anzeige gegenüber dem VR, sobald er Kenntnis von den baulichen Maßnahmen hat. **9**

Umgekehrt muss der VR, wenn er Rechte aus einer Verletzung der Anzeigepflicht herleiten will, den Beweis der positiven Kenntnis des VN führen.

IV. Rechtsfolgen (Ziffer 5.3–5.5)

Die Rechtsfolgen reichen von Ziffer 5.3 Vertragsanpassung bis zur Kündigung durch den VR. Gleichzeitig wird in Ziffer 5.5 die Leistungsfreiheit des VR festgelegt, wenn der Schadenfall nach der Gefahrerhöhung eintritt. Die vollständige Leistungsfreiheit tritt jedoch nur ein, wenn der VN seine Informationspflichten vorsätzlich verletzt hat. Bei grob fahrlässiger Verletzung durch den VN wird entsprechend gequotelt nach der Schwere der Verfehlung. **10**

6 Versicherungssumme, Versicherungswert, Taxe

6.1 Versicherungswert ist der Zeitwert der zu versichernden Gegenstände zum Zeitpunkt des Vertragsabschlusses. Zeitwert ist der Betrag, der allgemein erforderlich ist, um neue Sachen gleicher Art anzuschaffen, abzüglich eines dem Zustand der versicherten Sachen (Alter, Abnutzung, Gebrauch etc.) entsprechenden Betrages.

6.2 Die Höhe der Versicherungssumme hat diesem Zeitwert zu entsprechen und gilt als „Feste Taxe".

6.3 Der Einwand der Unterversicherung ist ausgeschlossen.

Übersicht

[3] Prölss/Martin/*Prölss* § 23 Rn. 53.

A. Einführung

I. Entstehungsgeschichte

1 Das neue Regelwerk basiert nicht mehr auf dem Zeitwert als Versicherungswert. Darauf stellten die alten AVB 1985 in Ziff. 5.1 noch ab. Danach war der Zeitwert, der Betrag, der notwendig ist, um neue Sachen gleicher Art anzuschaffen unter Berücksichtigung des Zustandes der gerauchten Sache. Davon ist man im jetzigen Regelwerk abgegangen. Nunmehr findet der Begriff der festen Taxe Anwendung.

II. Inhalt und Zweck der Regelung

2 Inhaltlich soll in dieser Bestimmung der Versicherungswert festgelegt werden. Der der festen Taxe zugrundeliegende Zeitwert orientiert sich an dem zum Zeitpunkt des Vertragsschlusses bestehenden Wertes. Durch die Hinzunahme der Taxenregelung erhalten beide Versicherungsvertragsparteien eine Möglichkeit den Versicherungswert und damit die Versicherungssumme übereinstimmend zu vereinbaren.

B. Erläuterungen der Bestimmung

I. Versicherungssumme und Versicherungswert

3 Die Versicherungssumme ist die vertraglich festgelegte Höchstentschädigung. Insofern ist die Versicherungssumme vertragsbezogen, während der Versicherungswert gegenstandsbezogen ist. Der Versicherungswert orientiert sich am versicherten Gegenstand. Grundsätzlich soll die Versicherungssumme dem Versicherungswert entsprechen, um die Probleme einer Über- bzw. Unterversicherung zu vermeiden. Ausgangspunkt in der jetzigen Regelung ist der Zeitwert zum Zeitpunkt des Vertragsschlusses und nicht, wie in § 88 VVG geregelt, der Zeitpunkt des Versicherungsfalls bzw. unmittelbar vor dem Versicherungsfall.[1] Dieser Ausgangspunkt folgt aber der Verwendung des Zeitwertes als feste Taxe, den man übereinstimmend zum Vertragsbeginn festlegt.

Verzichten die Vertragsparteien auf die Zeitwertregelung als feste Taxe, muss in jedem Schadenfall der konkrete Versicherungswert ermittelt werden, um dann zu prüfen, ob der festgestellte Wert mit der Versicherungssumme übereinstimmt. Problematisch ist die Feststellung des Zeitwerts, wenn ein Totalschaden die Feststellung des Zeitwertes unmöglich macht bzw. nur sehr schwer möglich ist; z.B. wird das Boot. durch einen Brand total zerstört. Sehr aufwändig wird die Feststellung des Zeitwertes bei Teilschäden. Liegt dem Vertrag nur eine gesamte Versicherungssumme zugrunde, müsste zur konkreten Feststellung des Wertes nicht nur der Bootswert ermittelt werden, sondern darüber hinaus auch alle Ausrüstungs-, Zubehörs- und Inventarwerte.

4 Der Zeitwert soll den Versicherungswert darstellen. In einigen Maklerbedingungen wird der Neuwert als Versicherungswert vereinbart. Die Regelung in Ziff. 6.1 als analoge Normierung zu § 88 VVG legt den Zeitwert als Versicherungswert fest. Wird jedoch der Zeitwert oder auch der Neuwert zu hoch angesetzt und wird dieser Wert in eine feste Taxe niedergelegt, kann möglicherweise ein Anfechtungsgrund vorliegen.

[1] § 8 Nr. 1a AFB/AERB.

II. Taxe

Taxe bedeutet im Sinne des § 76 VVG nichts anderes, als die gemeinsame Festlegung eines festen Betrages (Pauschalbetrag) im Versicherungsvertrag. Die tatsächliche Verwendung des Begriffs „Taxe“ ist nicht erforderlich.[2] Diese Möglichkeit der Festlegung einer Taxe dient einerseits der Streitvermeidung über die tatsächliche Höhe des Versicherungswerts und Schadens. Aufgrund der vertraglichen Taxenregelung haben beide Parteien eine im Schadenfall anzuwendende Wertregelung getroffen. Gleichzeitig werden umfangreiche Feststellungen um die Ermittlung des Versicherungswertes vermieden. 5

Während in der Seekaskoversicherung[3] gemäß Ziff. 3 AVB Seekasko ebenso wie § 76VVG den Begriff „Taxe“ verwenden, geht die Regelung Ziff. 6.2 AVB nach diesseitiger Auffassung weiter. Ziff. 6.2 erweitert den Begriff Taxe auf den Begriff „feste Taxe“. Das VVG spricht in § 76 VVG nur von einer Taxe und regelt darüber hinaus die Abweichmöglichkeiten bei Vorliegen einer „erheblichen Abweichung“. Konkret bedeutet das in jedem Schadenfalls, dass der VR eine Prüfung des Zeitwerts vorzunehmen hat, um anschließend die Frage beantworten zu können, ob eine erhebliche Abweichung vorliegt. Damit wird aber letztlich die Streitvermeidung nicht unbedingt herbeigeführt. Einerseits muss der VR zum Teil erhebliche Kosten aufwenden um den Zeitwert feststellen zu lassen, andererseits wird man bei Vorliegen einer erheblichen Abweichung dem VN trotz Vereinbarung einer Taxe erklären müssen, dass eine Reduzierung der Taxe und damit Schadenleistung erfolgen wird. Für den VN liegt der Vorteil in der Vereinbarung der Taxe, dass die Beweislast bei Abweichungen auf den VR übergeht. 6

Ziff. 6.2 AVG normiert jedoch die „feste Taxe“. Durch die Begriffsverwendung „fest“ kristallisiert sich ein deutlich höherer Bindungsgrad an die vereinbarte Taxe heraus, als es im VVG zum Ausdruck kommt. Nach diesseitiger Auffassung verzichtet der VR bewusst auf das in § 76 VVG normierte Korrektiv der Herabsetzung bei erheblicher Abweichung zwischen Zeitwert und vereinbarter Taxe. 7

III. Unterversicherung

Der Unterversicherungsverzicht ist folgerichtig der Verwendung einer Taxe geschuldet und verhindert die umfangreiche Versicherungswertermittlung. 8

7 Prämie

7.1 Die in Rechnung gestellte Prämie enthält die Versicherungsteuer, die der Versicherungsnehmer in der jeweils vom Gesetz bestimmten Höhe zu entrichten hat.

7.2 Zahlung und Folgen verspäteter Zahlung / Erste oder einmalige Prämie

7.2.1 Fälligkeit der Zahlung
Die erste oder einmalige Prämie wird unverzüglich nach Ablauf von zwei Wochen nach Zugang des Versicherungsscheins fällig.

Ist die Zahlung der Jahresprämie in Raten vereinbart, gilt als erste Prämie nur die erste Rate der ersten Jahresprämie.

---

[2] Prölss/Martin/*Armbrüster* § 76 Rn. 4.
[3] Thume/de la Motte/Ehlers/*Schwampe* Teil 6 Rn. 24 ff.

7.2.2 Späterer Beginn des Versicherungsschutzes

Zahlt der Versicherungsnehmer die erste oder einmalige Prämie nicht rechtzeitig, sondern zu einem späteren Zeitpunkt, beginnt der Versicherungsschutz erst ab diesem Zeitpunkt, sofern der Versicherungsnehmer durch gesonderte Mitteilung in Textform oder durch einen auffälligen Hinweis im Versicherungsschein auf diese Rechtsfolge aufmerksam gemacht wurde. Das gilt nicht, wenn der Versicherungsnehmer nachweist, dass er die Nichtzahlung nicht zu vertreten hat.

7.2.3 Rücktritt

Zahlt der Versicherungsnehmer die erste oder einmalige Prämie nicht rechtzeitig, kann der Versicherer vom Vertrag zurücktreten, solange die Prämie nicht gezahlt ist. Der Versicherer kann nicht zurücktreten, wenn der Versicherungsnehmer nachweist, dass er die Nichtzahlung nicht zu vertreten hat.

7.3 Zahlung und Folgen verspäteter Zahlung / Folgeprämie

7.3.1 Fälligkeit der Zahlung

Die Folgeprämien werden zu dem jeweils vereinbarten Zeitpunkt fällig.

Die Zahlung gilt als rechtzeitig, wenn sie zu dem im Versicherungsschein oder in der Prämienrechnung angegebenen Zeitpunkt erfolgt.

7.3.2. Verzug

Wird die Folgeprämie nicht rechtzeitig gezahlt, gerät der Versicherungsnehmer ohne Mahnung in Verzug, es sei denn, dass er die verspätete Zahlung nicht zu vertreten hat.

Der Versicherer ist berechtigt, Ersatz des ihm durch den Verzug entstandenen Schadens zu verlangen.

7.3.3 Zahlungsaufforderung

Wird eine Folgeprämie nicht rechtzeitig gezahlt, kann der Versicherer dem Versicherungsnehmer auf dessen Kosten in Textform eine Zahlungsfrist bestimmen, die mindestens zwei Wochen betragen muss. Die Bestimmung ist nur wirksam, wenn sie die rückständigen Beträge der Prämie, Zinsen und Kosten im Einzelnen beziffert und die Rechtsfolgen angibt, die nach den Ziffern 7.3.4 und 7.3.5 mit dem Fristablauf verbunden sind.

7.3.4 Kein Versicherungsschutz

Ist der Versicherungsnehmer nach Ablauf dieser Zahlungsfrist noch mit der Zahlung in Verzug, besteht ab diesem Zeitpunkt bis zur Zahlung kein Versicherungsschutz, wenn er mit der Zahlungsaufforderung nach Ziffer 7.3.3 darauf hingewiesen wurde.

7.3.5 Kündigung

Ist der Versicherungsnehmer nach Ablauf dieser Zahlungsfrist noch mit der Zahlung in Verzug, kann der Versicherer den Vertrag ferner ohne Einhaltung einer Frist kündigen, wenn er den Versicherungsnehmer mit der Zahlungsaufforderung nach Ziffer 7.3.3 darauf hingewiesen hat.

Hat der Versicherer gekündigt, und zahlt der Versicherungsnehmer danach innerhalb eines Monats den angemahnten Betrag, besteht der Vertrag fort. Für Versicherungsfälle, die zwischen dem Zugang der Kündigung und der Zahlung eingetreten sind, besteht jedoch kein Versicherungsschutz.

Übersicht

A. Einführung

I. Entstehungsgeschichte

Die VVG Reform 2008 hat dazugeführt, dass eine umfangreiche Prämienregelung neu in die AVB aufgenommen worden ist, die mit den Grundgedanken der §§ 33, 37, 38 VVG übereinstimmt; lediglich die Behandlung der Ratenzahlung in Ziff. 7.2.1 ergänzt die VVG Regelungen. 1

II. Inhalt und Zweck der Regelung

Die Regelungen Ziff. 7 gliedert sich in Ziff. 7.2 als Erstprämie oder einmalige Prämie und in Ziff. 7.3 als Folgeprämie. Damit verbunden erfasst die Regelung auch die Rechtsfolgen der Nichtzahlung bzw. der verspäteten Zahlung. 2

B. Erläuterungen der Bestimmung

I. Prämie und Versicherungssteuer (Ziffer 7.1)

Ziff. 7.1 bestimmt, dass die in Rechnung gestellte Prämie nebst Versicherungssteuer zu entrichten ist. Die Versicherungssteuer beträgt in Deutschland derzeit 19 % und ist dann zu entrichten, wenn das Risiko – das Wassersportfahrzeug – in Deutschland liegt. Die Rechtsgrundlage bildet das VerStG. Ist dagegen die Risikobelegenheit im Ausland, muss der ausländische Versicherungssteuersatz erhoben und vom VR abgeführt werden. Liegt z.B. ein Boot in der Nordsee mit festem Liegeplatz in Dänemark ist der dänische Steuersatz zu erheben und vom Versicherer an das dänische Finanzamt abzuführen. Auch wenn der zugrundeliegende Versicherungsvertrag nach deutschem Recht abgeschlossen worden ist, bleibt für die Steuerentrichtung nur entscheidend in welchem Land das Wasserfahrzeug angemeldet worden ist.[1] 3

II. Prämie als Erstprämie (Ziffer 7.2)

Die Behandlung der Prämie als Erstprämie oder einmalige Prämie entspricht der Regelung des § 37 VVG. Eine abweichende Regelung zum VVG verbietet sich aufgrund des zwingenden Charakters des VVG.[2] Allerdings enthält Ziff. 7.2.1 darüber hinaus auch eine Regelung über die Behandlung der Jahresprämie als Ratenzahlung. Diese Regelung stellt keinen Verstoß gegen § 33 Abs. 2 VVG dar, da die Abweichung vom VVG zum Vorteil des VN gestaltet ist. Er muss die Jahresprämie nicht vollständig und sofort aufbringen, sondern kann dies in Raten zahlen. Danach gilt nur als Erstprämie die erste Rate der ersten Jahresprämie. Zahlt der VN diese rechtzeitig, sind Verzugsfolgen der nächsten Raten nur als Folgeprämie durch den VR zu behandeln. Ziff. 7.2.1 legt dem VN die Verpflichtung auf binnen zwei Wochen die Erstprämie zu zahlen. Versäumt er diese Frist und tritt in diesem Zeitraum ein Schaden ein, ist der VR von der Leistung frei (siehe Ziff. 7.2.2), wenn der VR den VN in Textform auf diese Rechtsfolge hingewiesen 4

---

1 *Langheid/Wandt/Looschelders* Int. Vers. Rn. 40.

2 Thume/de la Motte/Ehlers/*Gerhard* AVB Wassersport Rn. 826.

hat. Insofern kann die Ratenzahlungsregelung für den VN gravierende Rechtsnachteile vermeiden, wenn er sich lediglich mit einer Folgerate in Verzug befindet.

5 Allerdings setzt die gravierende Verzugsregelung der Erstprämie voraus, dass der Versicherungsschein dem VN auch zugegangen ist. Das bloße Übersenden der Rechnung mit Aufforderung zur Zahlung reicht nicht aus. Übersendet der VR allerdings einen unrichtigen – z.B. vom Antrag abweichenden – Versicherungsschein kann die Wirkung der Ziff. 7.1 und damit Leistungsfreiheit nach Ziff. 7.2.2 nicht eintreten.

III. Prämie als Folgeprämie (Ziffer 7.3)

6 Das Schicksal der Folgeprämie ergibt sich aus den Ziff. 7.3.1–7.3.5 im Einzelnen. Wichtig ist hierbei – analog § 38 VVG – dass der Versicherungsschutz nur versagt werden kann, wenn dem VN einen Zahlungsfrist gesetzt wurde und der VN schriftlich auf die Rechtsfolge – Entfallen des Versicherungsschutzes – hingewiesen wurde. Die Kosten dafür kann der Versicherer als Verzugsschaden geltend machen.

8 Ersatzleistung

8.1 Verlust versicherter Sachen

Gehen versicherte Sachen total verloren, werden sie ohne Aussicht auf Wiedererlangung entzogen oder sind sie in der ursprünglichen Beschaffenheit zerstört, so kann der Versicherungsnehmer den auf sie entfallenden Teil der Versicherungssumme abzüglich des Restwertes verlangen.

8.2 Beschädigung versicherter Sachen

Werden versicherte Sachen beschädigt, so kann der Versicherungsnehmer Ersatz für die zum Zeitpunkt des Schadeneintritts notwendigen Kosten für die Wiederherstellung der beschädigten Teile verlangen, jedoch nur bis zur Höhe der Versicherungssumme.

Übersicht

A. Einführung

I. Entstehungsgeschichte

1 Die Systematik der Regelung über die Ersatzleistung wurde wortgleich aus den AVB Wassersportfahrzeuge 1985 beibehalten.

II. Inhalt und Zweck der Regelung

2 Ziff. 8.1 behandelt den Verlust von einzelnen versicherten Sachen (z.B. Diebstahl des Außenbordmotors) bis hin zum Totalverlust (z.B. Untergang des Wassersportfahrzeuges). Ziff. 8.2 beschreibt die Ersatzleistung bei beschädigten Sachen.

B. Erläuterungen der Bestimmung

I. Totalverlust (Ziffer 8.1)

Der Verlust i.S. der Ziff. 8.1 umfasst die drei Tatbestände des Totalverlustes, der Entziehung ohne Aussicht auf Wiedererlangung und der Totalzerstörung. Die Begriffe Totalverlust und Totalzerstörung erklären sich selbst. Schwieriger ist die Frage, wann eine Entziehung ohne Aussicht auf Wiedererlangung vorliegt. Ohne Aussicht auf Wiedererlangung definiert sich ursprünglich aus den ADS (siehe auch Ziff. 17.1 DTV-Güter Volle Deckung). Die Entziehung muss zumindest unter Berücksichtigung einer zumutbaren Wartezeit endgültig sein. Der VN hat keine Möglichkeit in dieser Frist den versicherten Gegenstand wiederzuerlangen.[1] Wird das Wassersportfahrzeug z.B. durch Kaperung auf See entzogen, wird der Totalverlust auf der Hand liegen. Wird dagegen das Boot gestohlen und liegt in einem Hafen eines Landes mit einer ordentlichen Gerichtsbarkeit, kann der VN auf den Gerichtsweg verwiesen werden, um die Herausgabe zu erreichen. **3**

II. Beschädigung (Ziffer 8.2)

Im Rahmen der Ersatzleistung für beschädigte und versicherte Sachen ersetzt der VR die notwendigen Kosten der Wiederherstellung. **4**

Vertraglich verspricht der VR die Reparaturkosten, die notwendig sind. Der Maßstab der „Notwendigkeit" konkretisiert sich nicht aus § 249 BGB. Dort wird vielmehr geregelt, welchen Anspruch ein Geschädigter gegen einen Schädiger hat. Insofern sind die vom BGH entwickelten Grundsätze zur Erstattung fiktiver Reparaturkosten gerade in der Beurteilung vertraglich geschuldeter notwendiger Reparaturkosten nicht heranzuziehen.[2]

Notwendig sind die Reparaturkosten, die den Zustand der versicherten Sache vollumfänglich wieder herstellen. Dazu gehört nicht der absolute Anspruch auf Reparatur durch den Hersteller.[3] Gerade aus der Verwendung des Begriffs „notwendig" lassen sich keine Gründe dafür herleiten, dass eine Reparatur nur vom Hersteller durchgeführt werden kann. In der Praxis wird diese Frage von einem Sachverständigen zu beurteilen sein.

Repariert der VN seinen Schaden nicht und will auf fiktiver Basis abrechnen, steht ihm die Mehrwertsteuer nicht zu. Repariert der VN selbst, steht ihm die Mehrwertsteuer für die nachweislich gekauften Ersatzteile zu. Lässt der VN in einer Werkstatt reparieren, steht ihm die ausgewiesene Mehrwertsteuer als Bestandteil der Reparaturkosten zu;[4] es sei denn, der VN ist gewerblicher Vercharterer, dann ist wegen der Vorsteuerverrechnungsmöglichkeit die Position Mehrwertsteuer kein Schaden.

9 Fälligkeit der Geldleistung

9.1 Geldleistungen des Versicherers werden zwei Wochen nach der Beendigung der zur Feststellung des Versicherungsfalles und des Umfangs der Leistung des Versicherers notwendigen Erhebungen fällig.

---

1 Prölss/Martin/*Koller* DTV-Güter Volle Deckung Ziff. 17, 1.

2 OLG Hamm 25.11.2005 NZV **2006** 541.

3 OLG Hamm 25.11.2005 NZV **2006** 541.

4 OLG Hamm 25.11.2005 NZV **2006** 543.

9.2 Sind diese Erhebungen nicht bis zum Ablauf eines Monats seit der Anzeige des Versicherungsfalles beendet, kann der Versicherungsnehmer Abschlagszahlungen in Höhe des Betrags verlangen, den der Versicherer voraussichtlich mindestens zu zahlen hat. Der Lauf der Frist ist gehemmt, solange die Erhebungen infolge eines Verschuldens des Versicherungsnehmers nicht beendet werden können.

9.3 Wenn eine behördliche Untersuchung gegen den Versicherungsnehmer, den Fahrzeugführer oder einen der Insassen aus Anlass des Schadens eingeleitet ist, kann der Versicherer die Zahlung bis zum Abschluss der Untersuchung verweigern.

Übersicht

A. Einführung

I. Entstehungsgeschichte

1 Die alten AVB 1985 enthielten in Ziff. 7 lediglich die Regelung über Zahlung der Entschädigung, wenn der Versicherer seine Feststellungen abgeschlossen hat. Neu wurde in die AVB auch der Anspruch einer Abschlagzahlung zugunsten des VN aufgenommen. Wörtlich übernommen dagegen wurde die Regelung über behördliche Untersuchung und das daraus hergeleitete Zurückbehaltungsrecht des VR. Aufgegeben wurde dagegen die Regelung über die Übernahme der versicherten Sache durch den VR nach Ziff. 7.3 AVB Wassersportfahrzeuge 1985.

II. Inhalt und Zweck der Regelung

2 Ziff. 9 hat zum Ziel eine klare Regelung zu schaffen, wann eine Leistung in Geld durch den VR zu erbringen ist.

B. Erläuterungen der Bestimmung

I. Fälligkeit (Ziffer 9.1)

3 Die Regelungen über die Fälligkeit der Geldleistung entsprechen den Rechtsgedanken der §§ 14, 18.VVG. Danach ist die Leistung des VR binnen zwei Wochen nach endgültiger Feststellung durch den VR fällig. Zahlt der VR nach Ablauf dieser Frist nicht, befindet er sich in Verzug.

Anlass zu häufigen Streitigkeiten zwischen VR und VN gründet sich auf der Frage, welche Erhebungen durch den VR tatsächlich notwendig sind. Hier wird oftmals der Verwurf bewusster Zahlungsverzögerung erhoben. Die Fälligkeit der Leistung durch den VR ist erst gegeben, wenn die notwendigen Erhebungen abgeschlossen sind, wobei unnütze und überflüssige Ermittlungen durch den VR die Fälligkeit nicht berühren. Z.B.

wird man immer die Einsichtnahme des VR in amtliche Ermittlungsakten bei Vorliegen einer Straftat oder Ordnungswidrigkeit als notwendig erachten, auch wenn die Ermittlungen sich nicht gegen den Personenkreis aus Ziff. 9.3 richten.

II. Abschlagszahlungen (Ziffer 9.2)

Die Regelung dient dem Interesse des VN an einer beschleunigten Abwicklung eines **4** Schadens. Leistet der VR gemäß Ziff. 9.2 Abschlagszahlungen jedoch ohne Vorbehalt, hat er den Schadenfall dem Grunde nach anerkannt.

III. Behördliche Untersuchung

Allerdings räumt Ziff. 9.3 dem VR ein Zurückbehaltungsrecht seiner Leistung bis **5** zum Abschluss der behördlichen Untersuchung ein. Die Vorschrift Ziff. 9.3 dient dem Aufklärungsinteresse des VR. Gerade die Aufklärung von Unfallschäden auf See sind zeitintensiv und komplex. Hier darf der VR die Ergebnisse einer behördlichen Untersuchung abwarten.

10 Herbeiführung des Versicherungsfalls

Der Versicherer ist nicht zur Leistung verpflichtet, wenn der Versicherungsnehmer oder der Fahrzeugführer den Versicherungsfall vorsätzlich herbeiführt. Führt der Versicherungsnehmer den Versicherungsfall grob fahrlässig herbei, so ist der Versicherer berechtigt, seine Leistung in einem der Schwere des Verschuldens entsprechenden Verhältnis zu kürzen.

Übersicht

A. Einführung

I. Entstehungsgeschichte

Die alten AVB Wassersportfahrzeuge 1985 sahen in ihrer Ziff. 8 eine vollständige **1** Leistungsfreiheit des VR bei vorsätzlicher als auch bei grob fahrlässiger Herbeiführung vor. Die VVG Reform 2008 hat über die Norm des § 81 VVG den Rechtsfolgerahmen neu definiert. Danach ist der VR bei einer vorsätzlichen Herbeiführung des Versicherungsfalles weiterhin vollständig leistungsfrei. Jedoch ist nunmehr bei einer grob fahrlässigen Herbeiführung auf den Grad des Verschuldens des VN abzustellen und entsprechend die Leistung zu kürzen. Diese Quotelungsvorgabe des VVG wurde in die neuen

AVB aufgenommen. Verzichtet hat man in den neuen AVB auf den höchst problematischen Ausschluss bei Herbeiführung eines Schadenfalles durch Insassen. Nunmehr beschränkt man sich auf VN und Fahrzeugführer.

II. Inhalt und Zweck der Regelung

2 Durch Ziff. 10 wird das unsachgemäße Verhalten des VN bzw. Fahrzeugführer sanktioniert, in dem die Leistungsverpflichtung des VR vollständig entfällt bzw. reduziert wird.

B. Erläuterungen der Bestimmung

I. Vorsätzliche Herbeiführung (Ziffer 10 S. 1)

3 Die vorsätzliche Herbeiführung bedeutet Wissen und Wollen der Handlung. Meist wird im Bereich der Wassersportfahrzeugversicherung entweder eine Eigenhavarie oder eine sogenannte Auftragshavarie vorliegen, wobei das Ziel immer bleibt, durch die Beschädigung bzw. Untergang des Bootes die Versicherungssumme zu erhalten. Von daher wird in derartigen Fällen meist auch ein erheblicher Straftatbestand (z.B. Betrug i.S. des § 263 StGB) vorliegen.

II. Grob fahrlässige Herbeiführung (Ziffer 10 S. 2)

4 Grob fahrlässig handelt, wer die im Verkehr erforderliche Sorgfalt gröblich, in hohem Maße außeracht lässt und nicht beachtet, was unter gegebenen Umständen jedem einleuchtet.[1] Gerade das Fehlen jeglicher seemännischer Sorgfalt begründet einen schwerwiegenden Verstoß gegen die in der jeweiligen Situation erforderliche Beachtung sicherheitsrelevanter Bestimmungen.[2] In Ziff. 10 wird dem VR im Falle der grob fahrlässigen Herbeiführung eines Versicherungsfalls das Recht eingeräumt, die Leistung in Anbetracht der Schwere des Verschuldens entsprechend zu quoteln. Dieses in den AVB niedergelegte Quotelungsrecht folgt aus § 81 VVG. Gemäß § 81 II VVG und in Anlehnung an Ziff. 10 AVB kann der VR bei schweren Verstößen sogar eine Kürzung bis auf den vollständigen Wegfall der Versicherungsleistung vornehmen. Das OLG Celle[3] hat dies angenommen, wenn der Bootsführer in mehrfacher Hinsicht gegen Sorgfaltspflichten verstößt. Vorliegend hatte er altes Kartenmaterial mitgeführt sowie die Geschwindigkeit in einem Flachwassergebiet nicht angepasst. Das Führen eines Boots erfordert immer eine aufmerksame und umsichtige Fahrweise, wobei die Geschwindigkeit angemessen sein muss. Dies gilt in erhöhtem Maße bei schnellen Sportbooten. Befährt ein Schiffsführer ein unbekanntes Fahrtgebiet, muss er sich über die örtlichen Besonderheiten kundig machen, z.B. das Vorhandensein von Untiefen oder Felsen. Unterlässt er dies, liegt auf alle Fälle grobe Fahrlässigkeit vor.[4]

---

[1] OLG Köln 12.10.2010 VersR **2011** 1052.
[2] *Gerhard* TransportR **2014** 113.
[3] OLG Celle 7.7.2011 8 U 86/11.
[4] OLG Frankfurt 19.03.2003 NJW-RR **2004** 28, 29. LG Berlin 11.10.2000 NJW-RR **2002** 918.

Begibt sich jemand bewusst in ein bekanntes Piraterie-Gebiet, wird grobe Fahrlässigkeit vorliegen. Die vollständige Leistungsverweigerung kann nur anhand der Gesamtschau des Einzelfalls erfolgen.[5]

Beachtenswerte Besonderheiten ergeben sich durch das Verleihen eines Wassersport- 5
fahrzeuges. Dies kann im Rahmen eines echten Miet- oder Chartervertrag stattfinden, aber auch die private Überlassung des versicherten Bootes an Freunde und Bekannte, wirft aber die Frage nach der Zurechenbarkeit von Handlungen Dritter auf. Kommt es durch Handlungen des Dritten zu Schäden am versicherten Wassersportfahrzeug, stellt sich folgerichtig die Frage, welche Auswirkungen auf den Versicherungsschutz zu Lasten des VN sich ergeben können. Nicht jede Handlung eines Dritten ist automatisch dem VN zuzurechnen. Vielmehr verlangt die Rspr., dass der handelnde Dritte die Rechtsposition als Repräsentant einnimmt. Als Repräsentant wird derjenige angesehen, der die Befugnis hat, selbstständig in nicht ganz unbedeutendem Umfang für den VN zu handeln. An diese stellvertretende Risikoverwaltung werden mittlerweile hohe Anforderungen gestellt.[6] Übernimmt jemand eigenverantwortlich die Führung des Schiffes, so kennzeichnet die seitens des VN eingeräumte Stellung des Entleihers dessen Repräsentanteneigenschaft. Dessen Verhalten wäre dem VN – auch wenn der VN mit an Bord ist[7] – zuzurechnen. Entscheidend ist die Überlassung der Schiffsführung. Der Versicherungsschutz entfällt somit. Dagegen ist eine bloße Überlassung der Obhut über das Boot nicht geeignet, eine Repräsentantenstellung des Dritten zu begründen.[8] Insofern weicht die generelle Ausdehnung in den AVB auf jeden Fahrzeugführer – ohne Differenzierung, ob VN, Repräsentant oder bloßer Fahrzeugführer – von dem gesetzlichen Leitbild des § 81 VVG ab und ist daher unwirksam nach § 307 II S. 1 BGB.

Keine grobe Fahrlässigkeit liegt vor, wenn der VN in einem als sicher beschriebenen 6
Hafen einen ständigen Liegeplatz gemietet hat und bei Sturm kein professionelles Unternehmen zur Durchführung der Wache mit der Beaufsichtigung beauftragt hat.[9]

In Anwendung der Ziff. 3.4.9 besteht dann Versicherungsschutz auch an Land bzw. 7
während des Transports, wenn der Trailer ordnungsgemäß gesichert ist. Die Auswahl eines Abstellplatzes außerhalb des Wassers sollte sich daran orientieren, wie lange die beabsichtigte Standzeit voraussichtlich ist. Macht der VN lediglich eine Essenspause ist der Sorgfaltsanspruch geringer als wenn eine Übernachtung bevorsteht. Nach Auffassung des OLG Karlsruhe[10] rechtfertigt sich der Vorwurf der groben Fahrlässigkeit bei der Auswahl nur dann, wenn der VN sich in unverständlicher Weise über naheliegende Erwägungen bezüglich der Sicherheit hinweg gesetzt hatte. War der Trailer durch ein Schloss sowie einer Kugelsicherung gesichert und das Boot selbst auch abgeschlossen, entfällt der Vorwurf der groben Fahrlässigkeit.

C. Beweislast

Die Beweislast für die vollständige oder teilweise Leistungsverweigerung liegt immer 8
beim VR. Es rechtfertigt sich deshalb, strenge Beweisanforderungen i.S. des § 286 ZPO an den VR zu stellen. Jedoch darf es dem VR nicht unmöglich gemacht werden, zumin-

5 Thume/de la Motte/Ehlers/*Gerhard* Teil 6 Rn. 836 ff. m.w.N.

6 Prölss/Martin/*Prölss* § 28 Rn. 65 f.

7 OLG Köln 30.04.2002 VersR **2003** 1252.

8 OLG München 21.3.2006 VersR **2006** 1492, 1493.

9 OLG München 21.3.2006 VersR **2006** 1492, 1493.

10 OLG Karlsruhe 7.10.1993 12 U 47/93 Beck RS **2009** 18852.

dest anhand von beweisbaren Indizien einen anderen Geschehensablauf plausibel zu machen. Z.B. verlangt die Rechtsprechung bei dem Verdacht einer vorsätzlich herbeigeführten Eigenhavarie vom VR das Vorliegen von zu beweisenden Indizien, die in der Gesamtschau ein hohes Maß an Überzeugung ergeben, das vernünftigen Zweifeln Schweigen gebietet, ohne sie vollständig auszuschließen.[11] Gibt es die theoretische Möglichkeit eines anderen alternativen Geschehensablaufes, der gerade nicht grob fahrlässig wäre, so hat der VR den geforderten Beweis nicht erbracht.[12]

11 Verhalten nach dem Eintritt des Versicherungsfalls

11.1 Der Versicherungsnehmer hat dem Versicherer vor Beginn der Wiederinstandsetzung Gelegenheit zur Besichtigung und Feststellung des Schadens zu geben, ihm jede Untersuchung über Ursache und Höhe des Schadens und über den Umfang seiner Entschädigungspflicht zu gestatten.

Der Versicherungsnehmer hat dem Versicherer jede Auskunft auf Verlangen schriftlich zu erteilen und Belege beizubringen, sofern ihm dies billigerweise zuzumuten ist.

11.2 Der Versicherungsnehmer hat die Anweisungen für den Schadensfall unter 11.2.1 bis 11.2.7 zu befolgen

Der Versicherungsnehmer hat:

11.2.1 den Versicherungsfall dem Versicherer unverzüglich in Textform anzuzeigen,

11.2.2 für Minderung des entstandenen und Abwendung weiteren Schadens sorgen.

11.2.3 generell dem Versicherer zum Schadennachweis beschaffen,
- **Protokoll über den Unfallhergang, Ursache und Schäden,**
- **Unfallskizze,**
- **Namen, Anschriften der Beteiligten,**
- **Namen, Anschriften von Zeugen,**
- **Anschrift, Aktenzeichen der aufnehmenden Polizeidienststelle,**
- **Wertnachweis, z.B. Originalrechnungen,**
- **Berechnung des Gesamtschadens.**

11.2.4 bei Kollisionen:
- **Gegner zur gemeinsamen Schadenbesichtigung auffordern und Schadenausmaß gemeinsam schriftlich festhalten,**
- **Gegner schriftlich haftbar machen,**

11.2.5 bei Transportschäden dem Versicherer einreichen:
- **Beförderungspapiere (Originalfrachtbrief, Ladeschein und dergleichen.),**
- **schriftliche Abtretungserklärung des aus dem Beförderungsvertrag Berechtigten an den Versicherer,**
- **Bescheinigung des Transportunternehmens, in dessen Gewahrsam sich die versicherten Sachen bei Eintritt des Versicherungsfalles befunden haben, nämlich**
- **bei Eisenbahntransporten die bahnamtliche Bescheinigung,**
- **bei Transporten mit Kraftfahrzeug einen Bericht des Fahrzeugführers mit einer Stellungnahme des Unternehmers,**

---

[11] OLG Köln 22.8.2006 VersR **2007** 540, 541; OLG Köln 12.10.2010 VersR **2011** 1051.

[12] OLG Celle 18.12.2003 8 U 39/03.

11.2.6 und

Schäden durch Brand, Explosion, Einbruchdiebstahl und Diebstahl der zuständigen Polizeidienststelle melden und dieser eine Aufstellung der beschädigten bzw. entwendeten Sachen einreichen, Schäden durch Brand, Explosion, Einbruchdiebstahl und Diebstahl im Ausland der örtlich zuständigen Polizei- und Hafenbehörde im Ausland melden und zusätzlich im Inland bei der für den Wohnort des Geschädigten zuständigen Polizeidienststelle anzeigen.

11.2.7 Ein Verkauf beschädigter versicherter Sachen ist vor Anerkennung des Schadens ohne Einwilligung des Versicherers nicht gestattet.

Übersicht

A. Einführung

I. Entstehungsgeschichte

Die vorherigen AVB 1985 haben in der Ziff. 9.2. einen Verweis auf die gültigen „Anweisungen für den Schadenfall" enthalten. Diese Anweisungen sind nunmehr Bestandteil der Ziff. 11 geworden, wobei die Übernahme der Anweisungen wortgleich ist. Insofern ergeben sich keine Änderungen. **1**

II. Inhalt und Zweck der Regelung

Ziff. 11 schreibt dem VN Verhaltensweisen vor, wie er sich im Schadenfall zu verhalten hat. Diese Verhaltensweisungen sind als Obliegenheiten formuliert und ziehen bei Nichtbeachtung Rechtsfolgen gemäß Ziff. 12 AVB nach sich. Die Vorgabe nach Ziff. 11 konzentriert sich auf Obliegenheiten, die ausschließlich auf Verhaltensweisen nach dem Schadenfall gerichtet sind. Die Obliegenheiten nach dem Schadenfall unterscheiden sich in ihrer Anwendung nicht von den vor einem Schaden liegenden Obliegenheiten und sind dann gegeben, wenn der VN durch eigengesteuertes Verhalten den Erhalt bzw. Verlust des Versicherungsschutzes maßgeblich beeinflussen kann. **2**

B. Erläuterungen der Bestimmung

I. Verhalten des VN im Beschädigungsfall (Ziffer 11.1)

Im Beschädigungsfall hat der VN vor Beginn der Reparatur dem VR die Gelegenheit zur Besichtigung und Feststellung des Schadens zu geben. Macht der VN dies nicht, kann die Rechtsfolge nach Ziff. 12 bis zum Verlust des Versicherungsschutzes führen. Das KG **3** hat in der vorsätzlichen Weigerung des VN, dem VR den Schlüssel zum Sicherheitsschuh des Trailers auszuhändigen, einen Verlust des kompletten Versicherungsschutzes gesehen.[1]

Das Aufklärungsinteresse und die daraus abgeleitete Befugnis zugunsten des VR wird sehr weitgehend gesehen.[2]

4 Die Grenze des Aufklärungsrechts durch den VR ist erreicht, wenn objektiv erkennbar kein Zusammenhang zum Aufklärungsinteresse des VR besteht.[3]

In der Praxis führt oft die Heranziehung amtlicher Ermittlungsakten zum Streit. Gerade in Diebstahlfällen hat der VR ein gerechtfertigtes Interesse an den amtlichen Ermittlungsakten, während der VN die oftmals langen Zeiträume zwischen Anforderung der Ermittlungsakten und tatsächlichem Vorliegen beim VR nicht hinnehmen will.

5 Der VN muss auch ihn selbst belastender Umstände schildern (z.B. der VN räumt einen Steuerungsfehler ein). Das Weglassen belastender Tatsachen ist geeignet das Aufklärungsinteresse des VR zu gefährden. Die strafrechtlichen Schutzrechte eines Angeklagten (Beschuldigten) nach der StPO sind für die Beurteilung eines zivilrechtlichen Vertragsanspruchs nicht heranziehbar.

6 Hat aber der VR den Schadenfall bereits entschieden, indem er seine Eintrittspflicht verneint hat und hat der VN nach der Ablehnung unwahre Verhaltensweisen (hier Sicherung) behauptet, kann dies nicht zu einer Obliegenheitsverletzung i.S. der Ziff. 11 führen, da die Entscheidung des VR bereits gefallen ist.[4]

II. Einzelpflichten des VN im Schadenfall (Ziffer 11.2)

1. Schadenanzeige gegenüber dem VR (Ziffer 11.2.1)

7 Die Schadenanzeige ist in allen Versicherungssparten üblich. Es besteht hier keine Besonderheit zu § 30 VVG. Eine Form ist in § 30 VVG nicht vorgesehen, kann jedoch nach § 32 VVG zulässigerweise in AVB vereinbart werden.

2. Schadenminderung (Ziffer 11.2.2)

8 Der VN ist bei Eintritt des Versicherungsfalls verpflichtet, nach Möglichkeit für die Abwendung und Minderung des Schadens zu sorgen. Es handelt sich hier um eine Obliegenheit nach dem Schadenfall. Die zu ergreifenden Rettungsmaßnahmen müssen möglich und zumutbar sein.[5] Der VN ist keinesfalls verpflichtet, Leben oder Gesundheit zur Erfüllung der Rettungsobliegenheit einzusetzen.[6] Verletzt der VN die Rettungsobliegenheiten grob fahrlässig, greift über Ziff. 12 das Quotelungsprinzip – Schwere der Schuld – ein.

3. Schadennachweis (Ziffer 11.2.3)

9 Der VR soll anhand der o.g. Angaben und Nachweise in die Lage versetzt werden sich ein umfassendes Bild vom Schadenhergang zu machen. Dies stellt keine Besonderheit zu anderen Versicherungssparten dar.

---

1 KG VersR **2012** 569, 570.
2 KG VersR **2012** 569, 570.
3 Prölss/Martin/*Prölss* § 31 Rn. 7 ff.
4 OLG Schleswig DAR **2006** 280, 281; OLG Köln Beck Rechtsschutz **2007** 03817.
5 BGH 14.3.2006 VersR **2006** 821, 822.
6 Prölss/Martin/*Voit* § 82 Rn. 15.

4. Pflichten bei Kollisionen (Ziffer 11.2.4)

Gerade das Thema Kollisionen ist unter dem Einbezug Ziff. 11.2.3 aus Regressgründen nicht unbeachtlich. Hier geht es vor allem darum, Beweismittel zu sichern, um einen möglichen Schadenverursacher haftbar halten zu können. 10

5. Pflichten bei Transportschäden (Ziffer 11.2.5)

Auch in Ziff. 11.2.5 geht es vorrangig um die Sicherung der Regressrechte gegen den schadenverursachenden Frachtführer oder Spediteur. Der Anwendungsbereich 11.2.5 setzt voraus, dass der VN nicht selbst transportiert, sondern durch ein Beförderungsunternehmen den Transport hat durchführen lassen. Ein besonderes Thema werfen die sog. Gefälligkeitsüberführungen auf. Hier liegt gerade kein entgeltlicher Beförderungsvertrag zugrunde. Damit entfällt auch die strenge Haftung des Beförderers nach Frachtrecht.[7] Es verbleibt die Haftung nach § 823 ff. BGB mit dem vollen Verschuldensnachweis. 11

Hauptsächlich handelt es sich bei den meisten Transporten um Eigenüberführungen durch den VN, die der Versicherungsschutz regelmäßig mit umfasst.

6. Pflichten bei Vorliegen einer Straftat (Ziffer 11.2.6)

Erstattet der VN bei Vorliegen einer Straftat – meist in Fällen des Diebstahls – keine Anzeige bei der zuständigen Polizeibehörde ist der Versicherungsschutz berechtigterweise zu versagen. Selbst eine verspätete Anzeige verhindert die mögliche schnelle Wiedererlangung der versicherten Gegenstände durch die Strafverfolgungsbehörden. Meist wird es sich hierbei um eine vorsätzliche Obliegenheitsverletzung handeln. Im Einzelfall kann auch eine Quotelung wegen grober Fahrlässigkeit durch verspätete Anzeige vorliegen; insbesondere wenn die Anzeige im Ausland zu erstatten ist. Erstattet der VN keine Anzeige wird dies regelmäßig eine Verletzung einer Obliegenheit nach dem Schadenfall darstellen, die nach Ziff. 12.2 von einer Leistungskürzung bis hin zum vollständigen Wegfall der Versicherungsleistung gehen kann. 12

7. Nichtverkauf der beschädigten Sache (Ziffer 11.2.7)

Es greifen hier die Folgen einer vorsätzlichen Obliegenheitsverletzung nach dem Schadenfall. Konkret bedeutet dies den vollständigen Verlust des Versicherungsschutzes. 13

Verkauft der VN die beschädigte Sache – ohne Einwilligung des VR – entstehen Nachweisprobleme in der Schadenhöhe – auch wenn der Grund unstreitig ist. Die Schadenhöhe muss aber der VN nachweisen. Wenn er dies selbst durch einen Verkauf vereitelt, treffen ihn auch die Folgen daraus.

Dass der Verkauf selbst nach § 137 BGB nicht gestattet ist, dürfte nicht zu halten sein. Der VN ist Eigentümer der Sache und kann daher wirksame schuld- oder sachenrechtliche Verfügungen treffen. Die Ermittlung des VR stellt jedenfalls kein rechtsgeschäftliches Verfügungsverbot dar.

---

[7] *Koller* Transportrecht, § 407 HGB Rn. 31.

12 Rechtsfolgen bei Verletzung von Obliegenheiten

12.1 Kündigungsrecht des Versicherers

Verletzt der Versicherungsnehmer eine Obliegenheit aus diesem Vertrag, die er vor Eintritt des Versicherungsfalles zu erfüllen hat, kann der Versicherer den Vertrag innerhalb eines Monats ab Kenntnis von der Obliegenheitsverletzung fristlos kündigen. Der Versicherer hat kein Kündigungsrecht, wenn der Versicherungsnehmer nachweist, dass die Obliegenheitsverletzung weder auf Vorsatz noch auf grober Fahrlässigkeit beruhte.

12.2 Umfang des Versicherungsschutzes bei Obliegenheitsverletzung

Wird eine Obliegenheit aus diesem Vertrag vorsätzlich verletzt, verliert der Versicherungsnehmer seinen Versicherungsschutz. Bei grob fahrlässiger Verletzung einer Obliegenheit ist der Versicherer berechtigt, seine Leistung in einem der Schwere des Verschuldens des Versicherungsnehmers entsprechenden Verhältnis zu kürzen. Der vollständige oder teilweise Wegfall des Versicherungsschutzes hat bei Verletzung einer nach Eintritt des Versicherungsfalls bestehenden Auskunfts- oder Aufklärungsobliegenheit zur Voraussetzung, dass der Versicherer den Versicherungsnehmer durch gesonderte Mitteilung in Textform auf diese Rechtsfolge hingewiesen hat.

Weist der Versicherungsnehmer nach, dass er die Obliegenheit nicht grob fahrlässig verletzt hat, bleibt der Versicherungsschutz bestehen.

Der Versicherungsschutz bleibt auch bestehen, wenn der Versicherungsnehmer nachweist, dass die Verletzung der Obliegenheit weder für den Eintritt oder die Feststellung des Versicherungsfalls noch für die Feststellung oder den Umfang der dem Versicherer obliegenden Leistung ursächlich war. Das gilt nicht, wenn der Versicherungsnehmer die Obliegenheit arglistig verletzt hat.

Die vorstehenden Bestimmungen gelten unabhängig davon, ob der Versicherer ein ihm nach Ziffer 12.1 zustehendes Kündigungsrecht ausübt.

Übersicht

A. Einführung

I. Entstehungsgeschichte

1 Die AVB Wassersportfahrzeuge 1985 enthielten in Ziff. 10 lediglich den Hinweis auf Leistungsfreiheit bei Obliegenheitsverletzungen mit Querverweisung auf das VVG. Ziff. 12 in der jetzigen Fassung wurde aufgrund der VVG Reform 2008 vollständig neu gefasst. Berücksichtigt wurden Interessen des VN durch verstärkte Hinweispflichten des VR bzw. die Einführung nach dem Grad der Schwere der Schuld des VN bei grob fahrlässiger Obliegenheitsverletzung. Auch wurde der VR von seiner früheren Kündigungspflicht nach § 6 VVG (a.F.) befreit.

II. Inhalt und Zweck der Regelung

Die Regelung hat zum Ziel die unterschiedlichen Rechtsfolgen aufzuzeigen, wobei die Vorschrift der Ziff. 12 sich zwar nicht wörtlich, aber inhaltlich vollständig an § 28 VVG anlehnt. Systematisch geregelt werden in Ziff. 12.1 das Recht des VR zur Kündigung und in Ziff. 12.2 der Umfang des Versicherungsschutzes mit Quotelungsregelung. 2

B. Erläuterungen der Bestimmung

I. Kündigungsrecht des VR (Ziffer 12.1)

Das Kündigungsrecht des VR in Ziff. 12 erfasst nur die Obliegenheitsverletzungen vor Eintritt des Versicherungsfalles. Das Kündigungsrecht des VR anlässlich eines Schadenfalles ist gesondert in Ziff. 14 AVB geregelt und ist daher kein Anwendungsfall von Ziffer 12.1. 3

II. Leistungsumfang bei Obliegenheitsverletzungen (Ziffer 12.2)

Ziff. 12.2 umfasst die vorsätzlichen oder grob fahrlässigen Obliegenheitsverletzungen vor (damit auch die verhüllten Obliegenheiten) und nach dem Schadenfall. Dies entspricht auch dem Gedanken des § 28 VVG.[1] 4

Bei grob fahrlässiger Verletzung regelt Ziff. 12.2 unter Berücksichtigung der Quotelungsregelung des VVG die Möglichkeit bei vor dem Schadenfall liegende Obliegenheit die Kürzung der Versicherungsleistung entsprechend der Schwere vorzunehmen. Dies kann bis zum Komplettverlust des Versicherungsschutzes führen.[2] Hat ein Bootsführer in mehrfacher Hinsicht gegen Sicherheitsbestimmungen für den Seeverkehr verstoßen (altes Kartenmaterial, zu hohe Geschwindigkeit im Flachwasser), ist der Versicherungsschutz vollständig zu versagen.[3] 5

Bei Verletzungen von Obliegenheiten nach Eintritt des Versicherungsfalles gilt eine zusätzliche Hinweispflicht des VR. Der VR muss durch gesonderte Mitteilung in Textform auf den vollständigen oder teilweisen Wegfall des Versicherungsschutzes hingewiesen haben. Dies gilt nur bei Auskunfts- oder Aufklärungsobliegenheiten. Überreicht der VR dem VN eine auszufüllende Schadenanzeige, die die Rechtsfolgen Ziff. 12.2 beschreibt, reicht dies aus. 6

C. Darlegungs- und Beweislast

Grundsätzlich verliert der VN den Versicherungsschutz bei vorsätzlicher Obliegenheitsverletzung; es sei denn, der VN weist nach, dass die Verletzung der Obliegenheit keinen Einfluss auf den Eintritt oder die Feststellung bzw. Umfang hat. Bei einer Falschauskunft ist das Feststellungsinteresse des VR gefährdet und dem VN obliegt die Nachweispflicht, dass diese Falschauskunft keinen oder wenigstens einen geringen Einfluss auf den Schaden hatte. Der VN muss den geringeren Verschuldensgrad beweisen.[4] 7

---

[1] Bruck/Möller/*Heiss* § 28 Rn. 210 m.w.N.

[2] Bruck/Möller/*Heiss* § 28 Rn. 185.

[3] OLG Celle 7.7.2011 8 U 86/11.

[4] LG Bonn 16.1.1989 r+s **1990** 70.

13 Vorzeitige Beendigung des Versicherungsvertrages

Bei vorzeitiger Beendigung des Vertrages hat der Versicherer, soweit durch Gesetz nicht etwas anderes bestimmt ist, nur Anspruch auf den Teil der Prämie, der der abgelaufenen Vertragszeit entspricht.

Tritt der Versicherer wegen Zahlungsverzuges der Erstprämie, die der Versicherungsnehmer zu vertreten hat zurück, kann er eine angemessene Geschäftsgebühr verlangen.

Übersicht

A. Einführung

I. Entstehungsgeschichte

1 Die frühere Regelung über das Schicksal der Prämie bei vorzeitiger Beendigung eines Versicherungsvertrages hatte nur den Fall der Kündigung im Schadenfall vor Augen. Es ergab sich durch Ziff. 12 (a.F.) eine unterschiedliche Behandlung der Prämie, abhängig davon welche Vertragspartei die Kündigung vorgenommen hatte. Kündigte der VN, stand dem VR die volle Jahresprämie zu; umgekehrt erhielt der VR nur den Teil der „nicht verbrauchten“ Prämie. Die jetzige Regelung lässt dem VR in jedem Fall nur den Teil der Prämie, der zeitanteilig verbraucht wurde.

II. Inhalt und Zweck der Regelung

2 Ziel der Regelung ist es, dass Prämienschicksal bei vorzeitiger Beendigung des Vertrages im Einklang mit den Regelungen des VVG – insbesondere § 39 VVG – zu vereinbaren, da eine zum VVG abweichende Vereinbarung nach § 42 VVG auch für den Bereich Wassersportfahrzeuge nicht zulässig ist.[1]

B. Erläuterungen der Bestimmung

3 Auch der Eintritt eines Schadenfalls sieht keine andere Behandlung der Prämie vor.[2] Offen bleibt die Frage nach der angemessenen Geschäftsgebühr. Nicht angemessen ist jedenfalls die volle Jahresprämie.[3] Vielmehr wird sich die Frage an der tatsächlichen Kostenentstehung beim VR orientieren müssen.

---

1 Prölss/Martin/*Knappmann* § 42 Rn. 1.

2 Thume/de la Motte/Ehlers/*Gerhard* aaO Rn. 851.

3 Thume/de la Motte/Ehlers/*Gerhard* aaO Rn. 851.

14 Kündigung nach Eintritt eines Versicherungsfalles

14.1 Nach Eintritt eines Versicherungsfalles können beide Parteien den Versicherungsvertrag kündigen. Die Kündigung muss dem Vertragspartner spätestens einen Monat nach Beendigung der zur Feststellung des Versicherungsfalles und des Umfangs der Leistung des Versicherers notwendigen Erhebungen in Schriftform zugegangen sein.

14.2 Kündigt der Versicherungsnehmer, wird seine Kündigung sofort nach ihrem Zugang beim Versicherer wirksam. Der Versicherungsnehmer kann jedoch bestimmen, dass die Kündigung zu einem späteren Zeitpunkt, spätestens jedoch zum Ende des laufenden Versicherungsjahres, wirksam wird.

Eine Kündigung des Versicherers wird einen Monat nach ihrem Zugang beim Versicherungsnehmer wirksam.

Übersicht

A. Einführung

I. Entstehungsgeschichte

1 Das vorliegende Kündigungsrecht wurde aus Ziff. 12 AVB Wassersportfahrzeuge 1985 – mit Ausnahme der Prämienregelung im Schadenfall – übernommen.

II. Inhalt und Zweck der Regelung

2 Grundsätzlich dürfen nach § 92 VVG Kündigungsmöglichkeiten im Schadenfall in die AVB aufgenommen werden. Diese Kündigungsmöglichkeit dient den Interessen beider Parteien und darf daher auch nur gleichberechtigt vereinbart werden.

B. Erläuterungen der Bestimmung

3 Ziff. 14 behandelt die schadenfallbedingte Kündigung. Kündigungen sind als einseitige Willenserklärung bedingungsfeindlich. Eine Kündigung des VN ist unwirksam, wenn sie nur für den Fall gelten soll, dass der Schaden komplett reguliert wird.

4 Streitig ist gerade bei Kündigung durch den VR der Zeitpunkt. Entscheidend ist hier auf den Wortlaut der Ziffer 14 AVB abzustellen. Darin wird der Zeitpunkt der spätesten Kündigungsmöglichkeit genannt. Nämlich einen Monat nach Abschluss der Schadenfeststellung. Offen bleibt die Frage nach dem frühesten Zeitpunkt der Kündigung durch den VR. Dies kann nur ab Beginn eines Schadenfalles sein. Nach dem Wortlaut liegt ein Schadenfall dann vor, wenn er dem VR gemäß Ziffer 11.2.1 AVB gemeldet worden ist. Konkret bedeutet dies, dass der VR nach Eingang der Schadenmeldung sein Kündigungsrecht ausüben kann.

15 Dauer und Ende des Vertrages

15.1 Vertragsdauer

Der Vertrag ist für die im Versicherungsschein angegebene Zeit abgeschlossen.

15.2 Stillschweigende Verlängerung

Bei einer Vertragsdauer von mindestens einem Jahr verlängert sich der Vertrag um jeweils ein Jahr, wenn nicht dem Vertragspartner spätestens drei Monate vor dem Ablauf des jeweiligen Versicherungsjahres eine Kündigung zugegangen ist.

15.3 Vertragsbeendigung

Bei einer Vertragsdauer von weniger als einem Jahr endet der Vertrag, ohne dass es einer Kündigung bedarf, zum vorgesehenen Zeitpunkt.

Bei einer Vertragsdauer von mehr als drei Jahren kann der Vertrag schon zum Ablauf des dritten Jahres oder jedes darauffolgenden Jahres gekündigt werden; die Kündigung muss dem Vertragspartner spätestens drei Monate vor dem Ablauf des jeweiligen Versicherungsjahres zugegangen sein.

Übersicht

A. Einführung

I. Entstehungsgeschichte

1 Die Regelung über die Vertragslaufzeit wurde neu in die AVB aufgenommen und orientiert sich inhaltlich an den Regelungen der §§ 10–12 VVG.

II. Inhalt und Zweck der Regelung

2 Ziff. 15 legt den Rahmen fest, in dem sich die zulässige Laufzeit eines Vertrages bewegen kann.

B. Erläuterungen der Bestimmung

3 In der Praxis der Wassersportversicherung hat sich die Jahreslaufzeit mit einer dreimonatigen Kündigungsfrist zum Ablauf sowie mit automatischer jährlicher Verlängerung durchgesetzt. Die rechtlich mögliche Vereinbarung einer längeren Laufzeit ist die Ausnahme.

16 Zuständiges Gericht

16.1 Klagen gegen den Versicherer

Für Klagen aus dem Versicherungsvertrag gegen den Versicherer bestimmt sich die gerichtliche Zuständigkeit nach dem Sitz des Versicherers oder seiner für den Versicherungsvertrag zuständigen Niederlassung. Ist der Versicherungsnehmer eine natürliche Person, ist auch das Gericht örtlich zuständig, in dessen Bezirk der Versicherungsnehmer

zur Zeit der Klageerhebung seinen Wohnsitz oder, in Ermangelung eines solchen, seinen gewöhnlichen Aufenthalt hat.

16.2 Klagen gegen den Versicherungsnehmer

Ist der Versicherungsnehmer eine natürliche Person, müssen Klagen aus dem Versicherungsvertrag gegen ihn bei dem Gericht erhoben werden, das für seinen Wohnsitz oder, in Ermangelung eines solchen, den Ort seines gewöhnlichen Aufenthalts zuständig ist. Ist der Versicherungsnehmer eine juristische Person, bestimmt sich das zuständige Gericht auch nach dem Sitz oder der Niederlassung des Versicherungsnehmers. Das gleiche gilt, wenn der Versicherungsnehmer eine Offene Handelsgesellschaft, Kommanditgesellschaft, Gesellschaft bürgerlichen Rechts oder eine eingetragene Partnerschaftsgesellschaft ist.

16.3 Unbekannter Wohnsitz des Versicherungsnehmers

Sind der Wohnsitz oder der gewöhnliche Aufenthalt des Versicherungsnehmers im Zeitpunkt der Klageerhebung nicht bekannt, bestimmt sich die gerichtliche Zuständigkeit für Klagen aus dem Versicherungsvertrag gegen den Versicherungsnehmer nach dem Sitz des Versicherers oder seiner für den Versicherungsvertrag zuständigen Niederlassung.

Übersicht

A. Einführung

I. Entstehungsgeschichte

Die Regelung über den Gerichtsstand ist neu in die AVB aufgenommen worden. 1

II. Inhalt und Zweck der Regelung

Es werden in Ziff. 16 die Gerichtsstandregelungen analog der ZPO wiedergegeben. 2

B. Erläuterungen der Bestimmung

Vertragspartner einer Wassersportversicherung sind in den meisten Fällen eine natürliche Person und der VR. Dafür hätte es einer Regelung in den AVB nicht bedurft, da die vorliegende Regelung inhaltlich die ZPO Bestimmung wiedergibt und trägt den Erfordernissen des § 215 VVG Rechnung, in dem Klagen gegen den VN an dessen Wohnsitz oder gewöhnlichen Aufenthaltsort zu erheben sind. Allerdings sind in dieser speziellen Sparte der Versicherung auch gewerbliche Vercharterer anzutreffen, die oftmals juristische Personen sind und zusätzlich mit Sitz im Ausland sich befinden. Für diese Fälle kommt die in den AVB getroffene Gerichtsstandregelung zum Zug. Auch tauchen in der Praxis Zuständigkeitsprobleme mit ausländischen Gerichtsständen auf. Zwar ist der vertragliche Gerichtsstand nach dem Sitz des VR bestimmt. Hat jedoch der VN seinen Aufenthaltsort nicht im Geltungsbereich der EU bzw. ist der Liegeplatz des Schiffes im Ausland – außerhalb der EU – und reicht der VN seine Klage im Ausland ein und erkennt 3 das ausländische Gericht – gerade wegen der Risikobelegenheit im Hafen des ausländischen Staates – die Zuständigkeit an, kann es zu Zuständigkeitsproblemen kommen.

Umgekehrt muss der VR bei Klagen gegen den VN – gerade bei Klagen wegen ausstehenden oder rückständigen Prämien – beachten, dass auch hier möglicherweise ein ausländischer Gerichtsstand gegeben sein kann.

17 Anzuwendendes Recht, Verhältnis zum VVG

Für diesen Vertrag gilt deutsches Recht. Ergänzend gelten die Bestimmungen des Gesetzes über den Versicherungsvertrag (VVG).

Übersicht

A. Einführung

I. Entstehungsgeschichte

1 In den alten AVB fand sich in Ziffer 14 lediglich einen Hinweis auf ergänzende Anwendung des VVG. Nunmehr erklärt Ziffer 17 darüber hinaus die insgesamt vorzunehmende Anwendung des deutschen Rechtes.

II. Inhalt und Zweck der Regelung

2 Ziel ist die Sicherstellung, dass der Vertrag unter Anwendung deutschen Rechts – insbesondere des VVG – fällt. Gerade in Bezug auf ausländische Liegeplätze des Wassersportfahrzeuges ist dies geboten, um Kollisionen mit dem ausländischen Recht zu vermeiden.

B. Erläuterungen der Bestimmung

3 Gem. Verordnung über Informationspflichten bei Versicherungsverträgen (VVG-InfoV) hat der VR, den VN als natürliche Person und Verbraucher in einer Verbraucherinformation über Tatsachen und Rechte zu unterrichten. Die Information soll auch die Angabe des anzuwendenden Rechts enthalten. Die Bestimmung über die Rechtsanwendung ist zwingend erforderlich, da ansonsten die Gefahr eines ausländischen Gerichtsstands, ggfls. unter Anwendung ausländischen Rechts, besteht.

Sachregister

Die fetten Zahlen verweisen auf die Ziffern/Abschnitte, die mageren auf die Randnummern.